RESPONSABILIDADE CIVIL

Carlos Roberto Gonçalves

Mestre em Direito Civil pela Pontifícia Universidade Católica de São Paulo (PUC-SP). Desembargador aposentado do Tribunal de Justiça de São Paulo. Membro da Academia Brasileira de Direito Civil e do Instituto Brasileiro de Direito Contratual. Compõe o corpo de árbitros do Centro de Arbitragem e Mediação da Federação das Indústrias de São Paulo (Fiesp).

RESPONSABILIDADE CIVIL

24ª edição

2025

- O autor deste livro e a editora empenharam seus melhores esforços para assegurar que as informações e os procedimentos apresentados no texto estejam em acordo com os padrões aceitos à época da publicação, *e todos os dados foram atualizados pelo autor até a data de fechamento do livro*. Entretanto, tendo em conta a evolução das ciências, as atualizações legislativas, as mudanças regulamentares governamentais e o constante fluxo de novas informações sobre os temas que constam do livro, recomendamos enfaticamente que os leitores consultem sempre outras fontes fidedignas, de modo a se certificarem de que as informações contidas no texto estão corretas e de que não houve alterações nas recomendações ou na legislação regulamentadora.

- Data do fechamento do livro: 20/12/2024

- O autor e a editora se empenharam para citar adequadamente e dar o devido crédito a todos os detentores de direitos autorais de qualquer material utilizado neste livro, dispondo-se a possíveis acertos posteriores caso, inadvertida e involuntariamente, a identificação de algum deles tenha sido omitida.

- Direitos exclusivos para a língua portuguesa
  Copyright ©2025 by
  Saraiva Jur, um selo da SRV Editora Ltda.
  Uma editora integrante do GEN | Grupo Editorial Nacional
  Travessa do Ouvidor, 11
  Rio de Janeiro – RJ – 20040-040

- Atendimento ao cliente: https://www.editoradodireito.com.br/contato

- Reservados todos os direitos. É proibida a duplicação ou reprodução deste volume, no todo ou em parte, em quaisquer formas ou por quaisquer meios (eletrônico, mecânico, gravação, fotocópia, distribuição pela Internet ou outros), sem permissão, por escrito, da **SRV Editora Ltda.**

- Capa: Tiago Fabiano Dela Rosa
  Diagramação: Eramos Serviços Editoriais

- **DADOS INTERNACIONAIS DE CATALOGAÇÃO NA PUBLICAÇÃO (CIP)**
  VAGNER RODOLFO DA SILVA – CRB-8/9410

G635r   Gonçalves, Carlos Roberto
         Responsabilidade civil / Carlos Roberto Gonçalves. – 24. ed. - São Paulo : Saraiva
         Jur, 2025.

928 p.

ISBN 978-85-5362-500-0 (Impresso)

1. Direito. 2. Direito civil. 3. Responsabilidade civil. I. Título.

                             CDD 347
2024-4405   CDU 347

Índices para catálogo sistemático:
1. Direito civil   347
2. Direito civil   347

Respeite o direito autoral

Aos meus pais.

Apresentação

A responsabilidade civil ganha cada vez mais importância no cenário atual, tratando-se de um dos temas mais dinâmicos do direito civil. O direito não permanece estático, evolui de maneira avassaladora.

A sociedade vem sofrendo mudanças influenciadas pelas novas tecnologias. A comunicação cada vez mais rápida, novos hábitos, crescimento populacional, entre outros fatores, tornam as relações cada vez mais complexas. No âmbito da responsabilidade civil, a constatação não é fácil.

O crescimento das demandas judiciais visando à responsabilização civil por danos advindos das relações é cada vez maior, e dessa forma uma análise e acompanhamento das jurisprudências são de suma importância para entender o instituto, assim como as teses jurídicas e súmulas que refletem as decisões consolidadas dos Tribunais Superiores.

Temas como o Marco Civil da Internet, Direito ao Esquecimento, uso de imagem, relação de subordinação, prestação de serviços, acidente de trânsito, desabamento de prédio, transporte aéreo, *overbooking*, extravio de mercadorias, transporte marítimo, transações bancárias, erro médico, construtora, locação, acidente do trabalho, entre outros, são abordados ao longo da obra.

Nesse contexto, a 24ª edição da obra *Responsabilidade civil* reafirma o compromisso com o leitor de abrir um debate cada vez mais amplo. Enfim, procurou-se tornar esta obra a mais completa possível, perfeitamente afinada com os novos rumos da responsabilidade civil.

O Autor

ÍNDICE

| Livro I
Ideias Gerais sobre a Responsabilidade Civil |

1. **Introdução**... 1
2. **A responsabilidade civil nos primeiros tempos e seu desenvolvimento** 3
3. **Culpa e responsabilidade** 6
4. **Imputabilidade e capacidade** 8
   4.1. A responsabilidade dos amentais 8
      4.1.1. Situação anterior ao Estatuto da Pessoa com Deficiência 8
      4.1.2. Modificações introduzidas pelo Estatuto da Pessoa com Deficiência 12
   4.2. A responsabilidade dos menores 12
5. **Responsabilidade civil e responsabilidade penal** 13
6. **Responsabilidade subjetiva e responsabilidade objetiva** 15
7. **Responsabilidade contratual e extracontratual** 18
8. **Responsabilidade extracontratual por atos ilícitos e lícitos (fundada no risco e decorrente de fatos permitidos por lei)** 21
9. **Responsabilidade nas relações de consumo** 21
10. **Pressupostos da responsabilidade civil** 22

| Livro II
Elementos Essenciais da Responsabilidade Civil |

> Título I
> Ação ou Omissão do Agente
>
>> Capítulo I
>> Responsabilidade Extracontratual
>>
>>> Seção I
>>> *Responsabilidade por ato próprio*

1. **Ação ou omissão: infração a um dever** 25

2.	Ato praticado contra a honra da mulher		26
3.	**Calúnia, difamação e injúria**		27
3.1.		Ofensa divulgada pelos meios de comunicação (rádio, jornal, televisão etc.)	28
	3.1.1.	Ofensa moral em programa de rádio	31
	3.1.2.	Fato ocorrido em programa de televisão	31
	3.1.3.	Danos morais e materiais decorrentes de publicação jornalística	33
	3.1.4.	Legitimidade passiva da empresa jornalística	34
	3.1.5.	Veiculação de notícia verdadeira	34
	3.1.6.	Republicação de fotografia humilhante, para fins publicitários	35
	3.1.7.	Publicação ostensiva tachando policial, posteriormente inocentado, de ladrão	35
	3.1.8.	Divulgação pela imprensa de fatos constantes de inquérito policial	35
	3.1.9.	Troca de acusações pela imprensa	35
4.	**Demanda de pagamento de dívida não vencida ou já paga**		36
4.1.		Cobrança excessiva, mas de boa-fé	38
4.2.		Protesto indevido de título	39
5.	**Responsabilidade decorrente do abuso do direito**		39
5.1.		Princípio da boa-fé e da probidade	42
5.2.		Proibição de *venire contra factum proprium*	44
5.3.		*Suppressio, surrectio e tu quoque*	44
5.4.		*Duty to mitigate the loss*	45
6.	**Responsabilidade decorrente do rompimento de noivado**		47
6.1.		Rompimento de noivado com casamento já agendado	51
6.2.		Rompimento de noivado com convites para o casamento já distribuídos, estando a noiva grávida	51
6.3.		Rompimento injustificado pelo réu, casando-se imediatamente com outra	52
6.4.		Rompimento de noivado em circunstâncias injuriosas à honra da mulher	52
6.5.		Improcedência da ação de indenização por rompimento de noivado	52
6.6.		Rompimento de namoro. Descabimento de indenização por danos morais e materiais	53
7.	**Responsabilidade decorrente da ruptura de concubinato e de união estável**		54
8.	**Responsabilidade civil entre cônjuges**		61
8.1.		Ações de divórcio e de indenização: independentes, mas podem ser cumuladas	64
8.2.		Esposa que pratica adultério e registra filho extraconjugal em nome do marido	65

8.3.	Inexistência da obrigação de indenizar por parte do cúmplice no adultério	67
8.4.	Adultério e responsabilidade civil	67
9.	**Responsabilidade civil por dano ecológico (ambiental)**	**68**
9.1.	O direito ambiental	68
9.2.	A responsabilidade civil por dano ecológico	69
9.3.	A responsabilidade objetiva do poluidor e as excludentes do caso fortuito ou da força maior	71
9.4.	Os instrumentos de tutela jurisdicional dos interesses difusos	73
9.5.	A reparação do dano ambiental	75
9.5.1.	Dano causado por desmatamento de mata natural Atlântica em propriedade particular	80
9.5.2.	Preexistência de elemento poluidor no local	80
9.5.3.	Danos causados por deslizamento de morro em virtude das chuvas	81
9.5.4.	Ação civil pública proposta pelo Ministério Público	81
9.5.5.	Dano ao meio ambiente provocado por depósito de lixo	81
9.5.6.	Pedido de transferência de instalações de empresa poluidora	81
9.5.7.	Comércio de aves silvestres	82
9.5.8.	Denunciação da lide	82
9.5.9.	Ausência dos requisitos para a concessão de medida liminar	82
9.5.10.	Extermínio de aves de pequeno porte	82
9.5.11.	Ação civil pública: competência e solidariedade passiva	82
9.5.12.	Poluição industrial	82
9.5.13.	Lançamento de produtos tóxicos em rio	83
9.5.14.	Rompimento de duto	83
10.	**Responsabilidade civil por dano atômico**	**83**
11.	**Violação do direito à própria imagem**	**85**
11.1.	Publicação ou uso de fotografia, não autorizados	89
11.2.	Imagem veiculada em programa de televisão	90
11.3.	Uso comercial, não autorizado, de fotografia	90
11.4.	Reprodução desautorizada de fotografia, sem, porém, ofensa à imagem	91
11.5.	Exposição de defeitos físicos de entrevistado, contra a sua vontade	91
11.6.	Publicação de notícia ofensiva à imagem, porém de interesse público	92
12.	**A AIDS e a responsabilidade civil**	**92**
12.1.	Responsabilidade do hospital em virtude de morte causada por transfusão de sangue contaminado	93
12.2.	Responsabilidade civil do Estado	94
12.3.	Inexistência do nexo de causalidade	95

12.4.	Auxiliar de enfermagem que alega ter sido contaminado pelo vírus da AIDS	95
12.5.	Não contratação de candidato a emprego considerado "apto" em processo seletivo	95
12.6.	Resultado falso de exame realizado por laboratório	96
12.7.	Invasão de privacidade	96
13.	**Responsabilidade civil na Internet**	**96**
13.1.	O comércio eletrônico	96
13.2.	A responsabilidade civil	97
13.3.	O Marco Civil da Internet – O direito ao esquecimento	101
13.4.	Ofensa aos direitos autorais na divulgação de obra pela Internet	104
13.5.	Validade de certidão negativa, para fins de inventário, obtida por meio da Internet	104
13.6.	Bloqueio dos *sites*, com prejuízo concreto à parte contrária. Inadmissibilidade	105
13.7.	Tutela antecipada para sustar o uso de nome de domínio na Internet	105
13.8.	Tutela antecipada para suspender os efeitos de registro de nome empresarial na Internet	105
13.9.	Dano moral provocado por mensagens ofensivas da honra divulgadas na Internet	105
13.10.	Comentários difamatórios no Facebook	105
13.11.	Google não é responsável por notícias exibidas em busca	106
14.	**Responsabilidade civil no esporte profissional e nas atividades de lazer**	**107**
14.1.	Álbum de figurinhas comercializado sem autorização do jogador. Exploração indevida da imagem	109
14.2.	Utilização da imagem do atleta, sem autorização	110
14.3.	Dano sofrido por jogador durante partida futebolística	110
14.4.	Morte de atleta durante atividade esportiva	110
14.5.	Horas extras: não devidas pelo período de concentração do jogador de futebol	110
14.6.	Liberação do passe do atleta em virtude de mora salarial	110
14.7.	Reparação de danos sofridos pelo torcedor	111
14.8.	Responsabilidade das academias de ginástica	111
14.9.	Responsabilidade civil dos clubes de futebol à luz dos tribunais	112

Seção II

Responsabilidade por ato ou fato de terceiro

1.	**Disposições gerais. Presunção de culpa**	113

2.	A responsabilidade solidária das pessoas designadas no art. 932 do Código Civil	116
2.1.	Responsabilidade solidária do anestesista e do cirurgião-chefe, quando houver relação de subordinação...	117
2.2.	Responsabilidade dos genitores pelos danos causados por seu filho esquizofrênico...	118
2.3.	Responsabilidade solidária do pai pelos filhos menores	118
2.4.	Responsabilidade solidária do preponente por ato do preposto	118
3.	**Responsabilidade dos pais**...	119
3.1.	Cumulação de responsabilidade paterna com a responsabilidade de terceiros..	122
3.2.	Emancipação concedida pelos pais...	123
3.3.	Ilegitimidade passiva do genitor que não tem a guarda do filho.............	124
3.4.	Ilegitimidade passiva dos pais, quando terceiro é responsável pelo menor	126
3.5.	Responsabilidade por ato de filho maior	126
3.6.	Responsabilidade solidária dos pais e de terceiro	127
3.7.	Afastamento da responsabilidade do genitor que não detinha a guarda de filho menor...	127
3.8.	Responsabilidade dos pais por ato ilícito praticado pelo filho menor........	127
3.9.	Necessidade da demonstração de culpa do menor, para a configuração da responsabilidade dos pais...	127
3.10.	Menor atingido por tiro de revólver disparado por outro menor...............	128
4.	**Responsabilidade dos tutores e curadores**..	128
5.	**Responsabilidade dos empregadores ou comitentes pelos atos dos empregados, serviçais e prepostos**...	129
5.1.	Conceito de empregado, serviçal e preposto	129
5.2.	Responsabilidade presumida, *juris et de jure*	131
5.3.	Requisitos para a configuração da responsabilidade do empregador ou comitente...	133
5.4.	Responsabilidade do condomínio por ato de preposto	135
5.5.	Sentença penal condenatória do empregado..	135
5.6.	Responsabilidade do preponente por ato de seu preposto	136
5.7.	Responsabilidade do *shopping center* por crime praticado por empregado fora do horário de trabalho..	137
5.8.	Solidariedade passiva entre os causadores do dano	138
5.9.	Responsabilidade do hospital por erro médico de seu preposto	138
5.10.	Responsabilidade de empresa de assistência médica por ato cometido por médico credenciado	138

5.11.	Responsabilidade da empresa terceirizada e da contratante	138
5.12.	Responsabilidade do dono, ainda que o preposto não estivesse autorizado a dirigir o veículo	139
5.13.	Responsabilidade do dono, mesmo quando o veículo tenha sido usado pelo preposto sem autorização e fora do horário de trabalho	139
5.14.	Acidente de trânsito causado pelo empregado, com danos aos que viajavam de carona	140
5.15.	Denunciação da lide ao empregado. Inadmissibilidade	140
5.16.	Empregado que não é motorista da empresa, mas mero funcionário do setor de empacotamento	140
5.17.	Responsabilidade de frota de táxi por roubo de passageiro praticado pelo motorista	140
5.18.	Responsabilidade da pessoa jurídica	141
6.	**Responsabilidade dos educadores**	**141**
6.1.	A responsabilidade das escolas públicas	145
6.2.	Ação regressiva do estabelecimento de ensino contra os pais dos alunos	146
6.3.	A prática de *bullying* nas escolas: responsabilidade do educador ou dos pais?	146
6.4.	Responsabilidade do educador por educando maior de idade	149
7.	**Responsabilidade dos hoteleiros e estalajadeiros**	**150**
8.	**Responsabilidade dos que participaram no produto do crime**	**152**
9.	**Responsabilidade dos farmacêuticos**	**152**
9.1.	Responsabilidade civil por danos causados por remédios	153
9.2.	Responsabilidade no fornecimento de medicamentos genéricos	154
10.	**Responsabilidade civil dos empresários individuais e das empresas pelos produtos postos em circulação**	**154**
11.	**Responsabilidade das pessoas jurídicas de direito público**	**156**
11.1.	Evolução: da fase da irresponsabilidade à da responsabilidade objetiva	156
11.2.	Responsabilidade civil da Administração Pública na Constituição de 1988	159
11.2.1.	Responsabilidade das concessionárias de serviço público	163
11.2.2.	Responsabilidade das permissionárias de serviço público	164
11.3.	Responsabilidade civil do Estado pelos atos omissivos de seus agentes	164
11.3.1.	Morte de filho menor em creche municipal	170
11.3.2.	Buracos na via pública, sem a devida sinalização	170
11.3.3.	Tentativa de assalto a usuários do metrô, com morte	171
11.3.4.	Danos provocados por enchentes e escoamento de águas pluviais	171
11.3.5.	Morte de detento, na prisão	171
11.3.6.	Insuficiência de iluminação pública no local do sinistro	173
11.3.7.	Furto de veículo em logradouro público	173

11.3.8.	Veículo vistoriado apreendido posteriormente por ser objeto de furto．．．	174
11.3.9.	Dano causado por presidiário foragido da prisão ．．．．．．．．．．．．．．．．．．．．．．．	174
11.3.10.	Danos ocasionados por instituição financeira．．．．．．．．．．．．．．．．．．．．．．．．．．．．	174
11.3.11.	Invasão de propriedade particular por integrantes do MST．．．．．．．．．．．．	174
11.3.12.	Morte de menor, em comemoração promovida por delinquentes．．．．．．．	174
11.3.13.	Servidor baleado em Fórum．．	175
11.3.14.	Professora agredida fisicamente por aluno．．．．．．．．．．．．．．．．．．．．．．．．．．．．．．．．	175
11.3.15.	Tortura de menor em estabelecimento prisional．．．．．．．．．．．．．．．．．．．．．．．．．	175
11.4.	Sujeitos passivos da ação: Estado e funcionário．．．．．．．．．．．．．．．．．．．．．．．．．．．．．．．．．．	176
11.5.	Denunciação da lide ao funcionário ou agente público．．．．．．．．．．．．．．．．．．．．．．．．．．	179
11.6.	Responsabilidade civil do Estado em acidentes de veículos．．．．．．．．．．．．．．．．．．．．．	182
11.7.	Culpa do funcionário, culpa anônima, deficiência ou falha do serviço público．．	183
11.7.1.	Incêndio em casa de *shows*．．	184
11.7.2.	Preso colocado em regime semiaberto que volta a delinquir．．．．．．．．．．	184
11.7.3.	Defeito de semáforo．．．	184
11.7.4.	Falta de sinalização em pista rodoviária．．．．．．．．．．．．．．．．．．．．．．．．．．．．．．．．．．．	184
11.7.5.	Perdas e danos resultantes de enchentes．．．．．．．．．．．．．．．．．．．．．．．．．．．．．．．．．．	184
11.7.6.	Veículo atingido por ponte ruída．．	185
11.7.7.	Queda de árvore sobre veículo estacionado na via pública．．．．．．．．．．．．．	185
11.7.8.	Responsabilidade solidária do Estado e de empreiteira．．．．．．．．．．．．．．．．．	185
11.7.9.	Cassação de alvará de licença．．	185
11.7.10.	Bueiro indevidamente destampado．．．	185
11.7.11.	Irregular expedição de títulos de propriedade．．．．．．．．．．．．．．．．．．．．．．．．．．．．	186
11.7.12.	Abuso de autoridade．．	186
11.7.13.	Homicídio praticado por policial militar, contratado para zelar pela segurança de festa de casamento．．．	186
11.7.14.	Dano causado por disparo de arma de fogo de policial em tumulto público．．．	186
11.7.15.	Violência sexual sofrida por enferma no hospital psiquiátrico em que estava internada．．	187
11.7.16.	Desistência de desapropriação．．．	187
11.7.17.	Estado deve indenizar homem que levou tiro de Policial Militar de folga．．	187
11.8.	Dano resultante de força maior．．	188
11.8.1.	Danos causados por enchentes. Força maior．．．．．．．．．．．．．．．．．．．．．．．．．．．．．．	188
11.8.2.	Queda de árvore sobre veículo estacionado na via pública. Vendaval. Força maior．．	189
11.8.3.	Desmoronamento de aterro．．	189

11.9.	Culpa da vítima	189
11.9.1.	Culpa da vítima. Teoria do risco administrativo	189
11.9.2.	Morte em tiroteio com a polícia, iniciado pela vítima	190
11.9.3.	Culpa concorrente da vítima. Redução da indenização	190
11.9.4.	Travessia de avenida sem se utilizar da passarela para pedestre. Culpa exclusiva da vítima	190
11.10.	Atividade regular do Estado, mas causadora de dano	190
11.10.1.	Vítima de bala perdida	191
11.10.2.	Danos causados por obra pública	191
11.10.3.	Lesão sofrida por aluno em aula de educação física	191
11.10.4.	Vítima fatal de bala perdida, atingida enquanto assistia a um jogo de futebol em estádio público	192
11.10.5.	Dano causado por tombamento de imóvel	192
11.11.	Responsabilidade do Estado por atos predatórios de terceiros e movimentos multitudinários	192
11.11.1.	Atos depredatórios praticados pela multidão enfurecida	194
11.11.2.	Depredação. Danos causados à propriedade privada	194
11.11.3.	Responsabilidade civil do Estado, desde que provada a sua omissão	195
11.11.4.	Atuação ineficiente da polícia	195
11.12.	Responsabilidade civil do Estado decorrente de bala perdida	196
11.13.	Responsabilidade do Estado por atos judiciais	198
11.13.1.	Atos judiciais em geral	198
11.13.2.	Erro judiciário	202
11.13.3.	Ação direta contra o juiz	205
11.13.4.	Responsabilidade civil do promotor de justiça	206
11.13.5.	Prisão provisória. Absolvição posterior	207
11.13.6.	Réu preso preventivamente e absolvido por insuficiência de provas	208
11.13.7.	Excesso de prisão	208
11.13.8.	Erro judiciário. Prisão indevida	209
11.13.9.	Peticionário que, usando vários nomes, contribuiu para a confusão havida e da qual resultou sua prisão	210
11.13.10.	Requisição de abertura de inquérito policial	210
11.13.11.	Remessa de cópias de processo ao Ministério Público	210
11.13.12.	Condenação em lugar de outrem. Confusão com outra pessoa	210
11.13.13.	Réu absolvido em processo-crime por não terem sido bem evidenciadas as circunstâncias em que ocorreram os fatos	211
11.13.14.	Responsabilidade civil do juiz	211
11.13.15.	Erro judiciário. Indenização por danos materiais e morais	212

11.13.16. Responsabilidade civil do Estado em razão da morosidade judicial – Indenização indevida 212
11.14. Responsabilidade do Estado por atos legislativos 212
    11.14.1. Danos causados por lei inconstitucional 212
    11.14.2. Dano causado por lei constitucionalmente perfeita 213
    11.14.3. Imunidade parlamentar 214
    11.14.4. Deputado estadual. Ato praticado no exercício do mandato 215
    11.14.5. Vereador. Ato praticado no exercício do mandato 215
    11.14.6. Deputado federal licenciado e no exercício das funções de Ministro de Estado. Inviolabilidade 216
    11.14.7. Deputado federal cujas manifestações pela imprensa e internet não guardam nenhuma relação com o exercício do mandato 216
12. **A ação regressiva daquele que paga a indenização, contra o causador do dano** 216

Seção III
Responsabilidade pelo fato da coisa

1. **Da responsabilidade na guarda da coisa inanimada: origem, evolução e aplicação no direito brasileiro** 220
    1.1. Responsabilidade do dono do veículo que o empresta a terceiro 224
    1.2. Danos causados por queda de árvore 225
    1.3. Danos causados em via pública por instalações de concessionária de serviços elétricos 225
    1.4. Uso indevido de automóvel por faxineiro de condomínio 225
    1.5. Incêndio ocasionado em propriedade vizinha. Responsabilidade do proprietário 225
    1.6. Acidente em *test-drive* – Risco da concessionária 226
2. **Responsabilidade pela ruína do edifício** 226
    2.1. Deslizamento de área pertencente ao réu 228
    2.2. Queda de elevador 228
    2.3. Queda de veneziana de unidade condominial sobre veículo estacionado .. 228
    2.4. Desabamento de prédio 228
    2.5. Danos decorrentes de construção. Responsabilidade objetiva 229
    2.6. Queda de muro 229
3. **Responsabilidade resultante de coisas líquidas e sólidas (*effusis* e *dejectis*) que caírem em lugar indevido** 229
    3.1. Bomba lançada de apartamento, durante festejos 232
    3.2. Objeto caído de obra em construção 233
    3.3. Queda de árvore em logradouro público 233

3.4.	Arremesso de objeto sobre prédio vizinho. Impossibilidade para certos condôminos	233
3.5.	Ilegitimidade passiva *ad causam* do proprietário	234
3.6.	Veículo atingido por peça que se desprende de ônibus	234
3.7.	Bandeiras na sacada dos condomínios em tempos de Copa e eleições	234
4.	**Privação da guarda e responsabilidade**	234
5.	**Responsabilidade decorrente do exercício de atividade perigosa**	237
6.	**Responsabilidade em caso de arrendamento e de parceria rural**	243
7.	**Responsabilidade das empresas locadoras de veículos**	244
8.	**Responsabilidade em caso de arrendamento mercantil (*leasing*)**	245
9.	**Responsabilidade em caso de alienação fiduciária**	248

Seção IV
Responsabilidade pelo fato ou guarda de animais

1.	**A responsabilidade objetiva do art. 936 do Código Civil**	249
2.	**As excludentes admitidas e a inversão do ônus da prova**	252
3.	**Danos causados por mordida de cão feroz**	252
4.	**Animal em rodovia**	253

Capítulo II
Responsabilidade Contratual

Seção I
A responsabilidade decorrente dos transportes

1.	**O contrato de adesão**	255
2.	**Responsabilidade civil dos transportadores**	256
2.1.	Contrato de transporte – Disposições gerais	258
2.2.	O transporte de pessoas	258
2.2.1.	O transporte terrestre	262
2.2.1.1.	Transporte ferroviário	269
2.2.1.1.1.	Queda de trem. "Surfismo ferroviário"	269
2.2.1.1.2.	Viagem no estribo. Indenização	270
2.2.1.1.3.	"Pingente" acidentado. Indenização	270
2.2.1.1.4.	Queda do passageiro ao saltar do trem ainda em movimento	271
2.2.1.1.5.	Acidente ocasionado por falha no sistema do transportador	271
2.2.1.1.6.	Queda da plataforma em razão de tumulto causado pela multidão	271
2.2.1.1.7.	Movimentação do trem com porta aberta	272
2.2.1.1.8.	Transporte de passageiro. Cláusula de incolumidade	272
2.2.1.1.9.	Fato de terceiro estranho ao transporte	272

2.2.1.1.10.	Responsabilidade objetiva do transportador	273
2.2.1.1.11.	Perda parcial da carga transportada por mais de uma ferrovia	273
2.2.1.1.12.	Abalroamento de veículo em via férrea. Culpa concorrente .	273
2.2.1.1.13.	Atropelamento de pedestre ao atravessar o leito da ferrovia .	273
2.2.1.1.14.	Beneficiários da vítima que ingressam com ações distintas. Admissibilidade	274
2.2.1.1.15.	Passageiro de trem prensado pela porta do vagão ao nele pretender ingressar...	274
2.2.1.1.16.	Atropelamento em via férrea	274
2.2.1.2.	Transporte em ônibus	275
2.2.1.2.1.	Responsabilidade objetiva da empresa de transportes	275
2.2.1.2.2.	Colisão envolvendo dois veículos. Fato de terceiro..............	275
2.2.1.2.3.	Passageira importunada no interior de ônibus. Responsabilidade da transportadora. Dano moral	276
2.2.1.2.4.	Desaparecimento, no interior de ônibus, de pasta pertencente ao passageiro	276
2.2.1.2.5.	Explosão de pacote contendo artefatos pirotécnicos dentro de ônibus. Responsabilidade da transportadora	276
2.2.1.2.6.	Ônibus de excursão. Morte de passageiro.............................	276
2.2.1.2.7.	Acidente de trânsito. Culpa exclusiva da vítima...................	276
2.2.1.2.8.	Abertura de porta com o ônibus ainda em movimento..........	277
2.2.1.2.9.	Acidente. Solavanco do veículo. Indenização devida............	277
2.2.1.2.10.	Passageiro de ônibus enlouquecido. Agressão ao motorista..	277
2.2.1.2.11.	Fato de terceiro equiparado a caso fortuito	277
2.2.1.2.12.	Incêndio do veículo. Danos ao passageiro	278
2.2.1.2.13.	Indenização. Responsabilidade objetiva. Necessidade da prova do dano..	278
2.2.1.2.14.	Ônibus incendiado por vândalos. Queda de passageira.........	278
2.2.1.3.	Transporte rodoviário	278
2.2.1.3.1.	Transporte de mercadoria. Roubo de carga durante o trajeto do veículo	278
2.2.1.3.2.	Mercadoria avariada durante o transporte.............................	279
2.2.1.3.3.	Mercadoria extraviada	279
2.2.1.3.4.	Mercadoria furtada..	279
2.2.1.3.5.	Mercadoria roubada de veículo estacionado à noite em via pública	280
2.2.1.3.6.	Transporte de caixa não lacrada. Entrega aberta, com danos na mercadoria nela contida	280
2.2.1.3.7.	Malote bancário. Indenização devida em caso de assalto......	280

XIX

2.2.1.3.8. Motorista de ônibus indenizado em R$ 10 mil por assaltos sofridos 280
 2.2.1.3.9. Roubo de carga em transporte rodoviário em recente decisão do STJ 280
 2.2.2. O transporte aéreo 281
  2.2.2.1. Extravio de bagagem 285
  2.2.2.2. Extravio de mercadoria 286
  2.2.2.3. Atraso de voo 287
  2.2.2.4. Antecipação de voo sem comunicação aos passageiros 288
  2.2.2.5. Voo internacional fretado. Indenização por má prestação de serviços 288
  2.2.2.6. Substituição de passagem de classe executiva por classe econômica de outra companhia aérea 289
  2.2.2.7. Overbooking. Dano moral 289
  2.2.2.8. Apuração das causas em acidente. Não fluência do prazo prescricional 289
  2.2.2.9. Culpa grave da companhia aérea caracterizada 290
  2.2.2.10. Serviço de entrega rápida. Entrega não efetuada no prazo contratado 290
  2.2.2.11. Transporte sucessivo. Responsabilidade solidária da empresa brasileira 290
  2.2.2.12. Cancelamento de voo sem aviso prévio 290
  2.2.2.13. Companhia aérea que condiciona a validade do bilhete de volta à utilização do bilhete de ida 291
  2.2.2.14. Perda de voo por falha mecânica no avião 291
  2.2.2.15. Empresário é condenado a indenizar família de vítima de acidente aéreo 292
 2.2.3. O transporte marítimo 292
  2.2.3.1. Extravio de mercadoria 295
  2.2.3.2. Mercadoria avariada 295
  2.2.3.3. Competência. Foro de eleição 296
  2.2.3.4. Cláusula limitativa de responsabilidade 296
  2.2.3.5. Vistoria a destempo. Não responsabilidade da transportadora 296
  2.2.3.6. Desnecessidade de protesto e vistoria 297
2.3. O transporte de bagagem 297
2.4. O Código de Defesa do Consumidor e sua repercussão na responsabilidade civil do transportador 298
 2.4.1. O fortuito e a força maior 299
 2.4.2. Transporte aéreo e indenização tarifada 301

2.5.	O transporte de coisas	304
2.6.	O transporte gratuito	305
2.7.	A prescrição da pretensão indenizatória	310

Seção II
A responsabilidade civil dos estabelecimentos bancários

1.	**Natureza jurídica do depósito bancário**	312
2.	**Responsabilidade pelo pagamento de cheque falso**	313
3.	**Pagamento com cartões de crédito e saques em caixas eletrônicos e pela Internet**	318
4.	**Responsabilidade dos bancos pelo roubo de bens depositados em seus cofres**	322
5.	**A responsabilidade dos bancos em face do Código de Defesa do Consumidor**	326
6.	**Transferência de numerário para conta de terceiro e saque por terceiro, não autorizados pelo correntista**	329
7.	**Abertura de conta corrente com documento falso**	330
8.	**Lançamento indevido de débito em conta corrente**	332
9.	**Indenização por dano moral devida a funcionário usado como refém**	332
10.	**Porta giratória. Travamento. Dano moral**	332
11.	**Cheque extraviado por culpa do banco**	333
12.	**Pagamento de cheque pelo banco após o recebimento de contraordem**	334
13.	**Extravio de título entregue para cobrança**	334
14.	**Banco. Participação de prepostos da agência na prática do ato ilícito**	334
15.	**Contabilização irregular de aplicação em *open market***	335
16.	**Abertura de conta corrente sem autorização de correntista. Desvalorização da moeda**	335
17.	**Cheque transferido mediante endosso falso**	335
18.	**Culpa concorrente: obrigação do banco de indenizar cliente autor de operações ilegais**	336
19.	**Responsabilidade dos bancos pela segurança dos clientes**	336

Seção III
A responsabilidade dos médicos, cirurgiões plásticos e cirurgiões-dentistas

1.	**A responsabilidade dos médicos**	340
2.	**Responsabilidade pela perda de uma chance**	346

3.	O tratamento médico de risco...	349
4.	Transfusão de sangue em paciente cuja convicção filosófica ou religiosa não a admite...	349
5.	A responsabilidade do anestesista	351
6.	Erro médico: erro profissional, erro de diagnóstico, iatrogenia	353
7.	A responsabilidade dos cirurgiões plásticos	353
8.	A responsabilidade dos médicos, hospitais, laboratórios e planos de saúde em face do Código de Defesa do Consumidor........................	357
9.	A responsabilidade dos cirurgiões-dentistas e dos médicos-veterinários	364
10.	A responsabilidade dos hospitais	365
10.1.	Falha de serviço	365
10.2.	Negligência médica. Ferimento malcuidado	366
10.3.	Hospital municipal. Legitimidade passiva...	366
10.4.	Marido da vítima que contraiu novas núpcias. Legitimidade ativa...........	366
10.5.	Negligência do hospital. Inexistência de provas de que empreendeu buscas à localização dos parentes do morto	366
10.6.	Infecção hospitalar	367
10.7.	Morte de paciente após empreender fuga. Culpa não caracterizada	367
10.8.	Suicídio de paciente. Responsabilidade do hospital	367
10.9.	Recusa do hospital em receber paciente	367
10.10.	Remoção de paciente para outro hospital por meio inadequado	368
10.11.	Subtração de recém-nascido. Culpa *in vigilando* caracterizada	368
10.12.	Falha de hospital no tratamento de recém-nascido...........................	368
10.13.	Hospital público – Erro médico – Prescrição quinquenal	368
11.	Intervenção cirúrgica..	369
11.1.	Equipe médica que esquece agulha de sutura no organismo do paciente ..	369
11.2.	Profissional que desconsidera quadro clínico anormal de paciente	369
11.3.	Insucesso em intervenção cirúrgica. Inexistência de prova de conduta culposa	369
11.4.	Cirurgia realizada com imprudência..	369
11.5.	Indenização – Cirurgia de vasectomia	369
12.	Erro de diagnóstico	370
12.1.	Dois exames endoscópicos com diagnósticos totalmente diferentes	370
12.2.	Evolução do mal, com perda parcial da visão	370
13.	Ministração de medicamentos	370
13.1.	Obrigação de meio e não de resultado..	370
13.2.	Aplicação de droga básica. Culpa não comprovada..........................	370
13.3.	Choque alérgico provocado pela aplicação de injeção de analgésico	371

14. **Danos causados por anestesia** 371
    14.1. Choque resultante do uso de anestésico de alto risco 371
    14.2. Cirurgião e anestesista. Atos destacáveis 371
15. **Cirurgia plástica. Danos materiais e morais** 371
    15.1. Cirurgia estética. Obrigação de resultado 371
    15.2. Cirurgia estética com resultado diverso do pretendido pelo paciente 372
    15.3. Responsabilização do cirurgião, salvo culpa do paciente ou a intervenção de fator imprevisível 372
    15.4. Cirurgia estética. Negligência no pós-operatório 373
    15.5. Cirurgia plástica. Obrigação de resultado. Inadmissibilidade 373
    15.6. Defeitos da cirurgia. Indenização por danos morais e estéticos devida 373
16. **Nascituro e lesões sofridas durante o trabalho de parto** 373
    16.1. Danos morais. Retardamento do parto 373
    16.2. Lesões ao nascituro. Culpa do médico não comprovada 374
    16.3. Danos físicos irreversíveis, causados durante o trabalho de parto 374
17. **Plano de saúde** 374
    17.1. Internação em hospital não conveniado, por falta de vaga 374
    17.2. Internação em UTI. Cláusula limitativa de período 374
    17.3. Falta de clareza na redação de cláusula contratual. Nulidade de pleno direito 374
    17.4. Convênio de assistência médico-hospitalar. Contrato de adesão. Interpretação contra o estipulante 375
    17.5. Convênio médico. AIDS. Exclusão. Inadmissibilidade 375
    17.6. Cirurgia plástica. Exclusão de cobertura 375
    17.7. Recusa de atendimento a grávida, com quadro abortivo, em razão de prazo de carência 375
    17.8. Indenização devida a mulher que teve os seios retirados por erro médico ... 375
18. **Prescrição. Prazo** 376
19. **Cirurgião-dentista: casuística** 376
    19.1. Tratamento odontológico. Obrigação de resultado. Imperícia 376
    19.2. Responsabilidade civil odontológica. Nexo causal. Inexistência 377
    19.3. Inversão do ônus da prova 377
20. **Médico-veterinário: casuística** 377
    20.1. Animal submetido a cesariana 377
    20.2. Morte de cavalo de raça 377
    20.3. Morte de animal. Culpa configurada 377

Seção IV
Responsabilidade civil dos advogados

1. **Responsabilidade contratual. Obrigação de meio** 378

2. Responsabilidade pela perda de uma chance 380
3. Inviolabilidade profissional 384
4. Desídia do advogado, deixando prescrever a pretensão do cliente 385
5. Atuação ineficiente 385
6. Perda de prazo 386

Seção V
Responsabilidade civil do fornecedor no Código de Defesa do Consumidor

1. Aspectos gerais da responsabilidade civil no Código de Defesa do Consumidor 387
2. A responsabilidade pelo fato do produto e do serviço 389
3. A responsabilidade por vício do produto e do serviço 390
4. As excludentes da responsabilidade civil 393
5. Defeito em mercadoria ou na prestação de serviços 395
   - 5.1. Vacina contra febre aftosa. Morte dos animais 395
   - 5.2. Bombom com larvas de inseto ingerido por consumidor 396
   - 5.3. Consumidor que ingere refrigerante com corpo estranho 396
   - 5.4. Incêndio provocado por defeito de aparelho instalado pelo réu ... 396
   - 5.5. Banco. Devolução irregular de cheques por insuficiência de fundos ... 396
   - 5.6. Colocação em risco da saúde do consumidor 396
   - 5.7. Produto para tingir cabelos. Provocação de queda 397
6. Deficiência de informação 397
7. Defeito em veículo 397
   - 7.1. Veículo novo com defeito de fábrica 397
   - 7.2. Veículo importado com defeito de fabricação 399
   - 7.3. Falta de peças de reposição 399
8. Propaganda enganosa 399
   - 8.1. Responsabilidade do anunciante e do fabricante 399
   - 8.2. Oferta de veículo em estado de novo que, porém, apresenta defeitos graves 399
   - 8.3. Promoção para distribuição de prêmios a título de publicidade. Omissão de informação 400
   - 8.4. Concurso de prognóstico. Inexistência de ofensa ao CDC 400
9. Água – Corte no fornecimento 400
10. Energia elétrica 400
    - 10.1. Irregular interrupção do fornecimento do serviço 400
    - 10.2. Corte de energia elétrica 400
11. Acidente de consumo 401

11.1.	Danos provocados por acidentes em supermercado e *shopping center*	401
11.2.	Danos causados por brinquedo de parque de diversões	401
11.3.	Acidente com criança ocorrido em brinquedo infantil localizado em estabelecimento comercial	402
11.4.	Explosão de botijão de gás	402
11.5.	Tiroteio entre seguranças de loja e assaltantes	402
11.6.	Cliente de hipermercado, vítima de latrocínio	402
11.7.	Abertura de lata do tipo "abre fácil". Ferimento na mão esquerda da consumidora	402
12.	**Ônus da prova – Inversão**	403
12.1.	Condição de hipossuficiência técnica, e não econômica	403
12.2.	Inversão do ônus da prova. Faculdade concedida ao juiz	403
13.	**Rescisão de compromisso de compra e venda**	403
13.1.	Cláusula penal que prevê o decaimento das importâncias pagas pelo compromissário-comprador	403
13.2.	Perda das prestações pagas. Inadmissibilidade	404
14.	**Negativação do nome em banco de dados**	404
14.1.	Inadmissibilidade se o débito está sendo questionado em juízo	404
14.2.	Dano moral. Fixação exagerada do valor da causa	404
15.	**Linha telefônica. Desligamento indevido**	404
16.	**Responsabilização de jornal por prejuízo do leitor. Inadmissibilidade**	404
17.	**Cobrança abusiva de dívida no local de trabalho. Dano moral**	405

Seção VI

A responsabilidade dos empreiteiros e construtores

1.	**Contrato de construção**	405
2.	**Construção por empreitada**	406
3.	**Construção por administração**	407
4.	**A responsabilidade do construtor**	408
5.	**Responsabilidade pela perfeição da obra**	408
6.	**Responsabilidade pela solidez e segurança da obra**	409
7.	**Responsabilidade pelos vícios redibitórios**	411
8.	**Responsabilidade por danos a vizinhos e a terceiros**	412
9.	**O contrato de construção como relação de consumo (Código de Defesa do Consumidor)**	414
10.	**Danos a prédio vizinho**	415
10.1.	Danos provocados por circunstância imponderável e imprevisível	415
10.2.	Danos decorrentes de inobservância de normas de segurança	415

10.3.	Desabamento de edifício em construção	415
10.4.	Responsabilidade solidária do proprietário e do construtor	416
10.5.	Rachaduras. Nexo causal não comprovado	416
11.	**Desabamento de edifício recém-construído**	416
12.	**Defeitos de solidez e segurança da obra**	416
12.1.	Comprometimento das condições elementares de habitabilidade	416
12.2.	Infiltração de águas. Responsabilidade do construtor	417
12.3.	Vícios que afetam a solidez do edifício, a segurança e a saúde de seus moradores	417
13.	**Responsabilidade solidária do construtor e do incorporador**	417
14.	**Responsabilidade perante os adquirentes de unidades autônomas**	418
14.1.	Danos advindos de construção. Responsabilidade dos alienantes perante os adquirentes	418
14.2.	Responsabilidade do incorporador e construtor perante, também, os adquirentes das unidades	418
15.	**Responsabilidade do engenheiro civil**	418
15.1.	Dever de acompanhar a execução da obra	418
15.2.	Responsabilidade do engenheiro civil, projetista e fiscal da obra	418
15.3.	Engenheiro civil. Dever de examinar os materiais empregados	419
15.4.	Atraso na entrega da obra. Cláusula de tolerância	419

Seção VII

A responsabilidade dos depositários e encarregados da guarda e vigilância de veículos (estacionamentos, supermercados, restaurantes, "shopping centers" etc.)

1.	**Contrato de depósito, de guarda e análogos**	420
2.	**A responsabilidade dos donos de estacionamentos**	420
3.	**A responsabilidade dos proprietários de postos de combustíveis**	425
4.	**A responsabilidade dos donos de oficinas mecânicas**	426
5.	**A responsabilidade dos donos de restaurantes**	427
6.	**A responsabilidade dos proprietários de hotéis**	429
7.	**A responsabilidade das Escolas e Universidades**	430
8.	**A responsabilidade dos donos de supermercados e *shopping centers***	432
9.	**A responsabilidade dos condomínios edilícios**	441
10.	**Casos análogos**	446
10.1.	A responsabilidade dos hospitais	446
10.2.	A responsabilidade dos clubes sociais	447
10.3.	A responsabilidade dos empregadores	449

Seção VIII
A responsabilidade dos locadores

1. A responsabilidade civil na locação de coisa 450
2. Multa pelo atraso no pagamento de aluguéis e quotas condominiais. Inaplicabilidade do CDC 451
3. Direito de preferência 451
4. Ação movida contra os fiadores 452
5. Locador que entrega imóvel destinado a uso residencial sem condições de habitabilidade 452
6. Multa compensatória. Cobrança através de execução 453
7. Recusa do locador em receber de volta as chaves de imóvel locado 453
8. Multa legal. Inviabilidade da cobrança 453
9. Benfeitorias. Direito de retenção 453
10. Multa. Caráter indenizatório. Incidência a partir da citação 453
11. Incêndio. Dano no imóvel 454
12. Devolução do imóvel. Falta de pagamento dos tributos 454
13. Danos atribuídos ao locatário 454

Seção IX
Acidente de trabalho e responsabilidade civil

1. A responsabilidade civil decorrente de acidente de trabalho 454
2. Morte de empregado, vítima de assalto 459
3. Empregado vítima de acidente de veículo 461
4. Falta de fornecimento de segurança, fiscalização e equipamentos de proteção aos empregados 462
5. Ônus da prova 464
6. Culpa do empregador 464
7. Antecipação da tutela 465
8. Legitimidade passiva *ad causam* 465
9. Enfarte agudo do miocárdio 465
10. Competência para julgamento das ações de indenização 466
11. Responsabilidade do empregador nos casos de terceirização do serviço 467
12. *Motoboy* acidentado quando desempenhava atividade para a empresa. Responsabilidade objetiva desta 468
13. Empregado que se machucou quando praticava atividades esportivas pela empresa 468
14. Danos morais. Legitimidade ativa *ad causam* 469
15. Óbito do empregado. Disparos por arma de fogo efetuados por colega de trabalho 469

Seção X
A responsabilidade dos tabeliães

1. **Responsabilidade civil dos tabeliães em face da Constituição Federal de 1988** 469
2. **Responsabilidade objetiva do Estado e subjetiva dos tabeliães** 473

Título II
Da Culpa

Capítulo I
Conceito

1. **Elementos da culpa** 478
2. **Graus de culpa** 478
3. **Culpa e risco** 480

Capítulo II
A Culpa no Cível e no Crime (Efeitos civis da sentença penal)

1. **Unidade da jurisdição e interação entre as jurisdições civil e penal** 485
2. **A sentença condenatória proferida na esfera criminal** 491
   2.1. Fundamentos legais 491
   2.2. Medidas processuais adequadas 494
   2.3. Competência 496
   2.4. Legitimidade ativa e passiva 497
3. **A sentença absolutória proferida na esfera criminal** 498
   3.1. Insuficiência de provas para a condenação 498
   3.2. Quando o fato não constitui crime 500
   3.3. Ausência de culpa 501
   3.4. Inexistência do fato ou exclusão da autoria 501
   3.5. Estado de necessidade, legítima defesa, estrito cumprimento do dever legal e exercício regular de um direito 502
      3.5.1. Exercício regular de direito 502
      3.5.2. Estado de necessidade 503
      3.5.3. Legítima defesa 504
4. **Despacho de arquivamento do inquérito** 506
5. **Efeitos da coisa julgada civil na esfera criminal** 507
6. **Suspensão do curso da ação civil** 508

Título III
Da Relação de Causalidade

1. **O liame da causalidade** 511
2. **A pesquisa do nexo causal** 512
3. **A negação do liame da causalidade: as excludentes da responsabilidade** 515

Título IV
Do Dano e sua Liquidação

Capítulo I
Do Dano Indenizável

1. **Conceito e requisitos do dano** 516
2. **Espécies de dano** 519
   - 2.1. Dano material e moral, direto e indireto (reflexo ou em ricochete) 519
   - 2.2. Novos danos: pela perda de uma chance, danos morais coletivos e danos sociais 520
   - 2.3. A irreparabilidade do dano evitável (*duty to mitigate the loss*) 521
3. **Pessoas obrigadas a reparar o dano** 522
4. **Pessoas que podem exigir a reparação do dano** 524
   - 4.1. Titulares da ação de ressarcimento do dano material 524
     - 4.1.1. O lesado e os dependentes econômicos (cônjuge, descendentes, ascendentes, irmãos) 524
     - 4.1.2. A companheira 527
   - 4.2. Titulares da ação de reparação do dano moral, por danos diretos e indiretos ... 528
     - 4.2.1. Ofendido, cônjuge, companheiro, membros da família, noivos, sócios etc. 528
     - 4.2.2. Incapazes (menores impúberes, amentais, nascituros, portadores de arteriosclerose etc.) 530
     - 4.2.3. A pessoa jurídica 533
5. **Dano material e dano moral** 534
   - 5.1. Dano moral 534
     - 5.1.1. Conceito 534
     - 5.1.2. Bens lesados e configuração do dano moral 535
     - 5.1.3. Características dos direitos da personalidade. A intransmissibilidade e imprescritibilidade 536
     - 5.1.4. A prova do dano moral 538
     - 5.1.5. Objeções à reparação do dano moral 540

5.1.6.	Evolução da reparabilidade do dano moral em caso de morte de filho menor...	541
5.1.7.	A reparação do dano moral e a Constituição Federal de 1988.........	543
5.1.8.	Cumulação da reparação do dano moral com o dano material........	545
5.1.9.	Natureza jurídica da reparação..	548
5.1.10.	A quantificação do dano moral	549
5.1.10.1.	Tarifação e arbitramento...	549
5.1.10.2.	Critérios para o arbitramento da reparação, na Justiça Comum e na Justiça do Trabalho..	551
5.1.10.3.	O método bifásico na aferição do *quantum* da indenização..........	560
5.1.11.	Valor da causa na ação de reparação de dano moral.......................	561
5.1.12.	Sucumbência parcial do autor	562
5.1.13.	Antecipação da tutela nas ações de reparação de dano moral.........	562
5.1.14.	Súmulas do Superior Tribunal de Justiça relativas ao dano moral...	565
6.	**Casos especiais de dano moral – Doutrina e Jurisprudência**............	**567**
6.1.	Abandono afetivo – Dano moral (*v.* n. 6.45, Falta de afeto, abandono e rejeição dos filhos – Dano moral, *infra*)...	567
6.2.	Abordagem de cliente suspeito de furto em estabelecimento comercial ...	568
6.3.	Acidente do trabalho e responsabilidade civil (*v.* Livro II, Título I, Capítulo II, Seção IX, *retro*)...	570
6.4.	Advogados – Responsabilidade civil (*v.* Livro II, Título I, Capítulo II, Seção IV, *retro*)...	570
6.5.	Adultério e separação judicial..	570
6.6.	Agências de viagens e turismo	572
6.7.	Agressões verbais – Dano moral	573
6.8.	Apreensão indevida de veículo – Dano moral..	574
6.9.	Apuração de falta funcional – Inocorrência de dano moral	574
6.10.	AIDS e responsabilidade civil (*v.* Livro II, Título I, Capítulo I, Seção I, n. 12, *retro*)...	575
6.11.	Assédio moral	575
6.12.	Assédio sexual e dano moral	577
6.13.	Ato de terceiro – Responsabilidade dos pais, tutores, curadores, patrões, educadores, donos de hotéis, pessoas jurídicas de direito público (*v.* Livro II, Título I, Capítulo I, Seção II, *retro*)	579
6.14.	Bagagem – Extravio em transporte rodoviário e aéreo	579
6.15.	Bancos – Responsabilidade civil – Dano moral.....................................	580
6.16.	Banheiro – Limitação ao uso – Indenização por danos morais............	584
6.17.	Banho de espuma em danceteria...	585

6.18.	Cadastro de inadimplentes (SPC, Serasa etc.) – Inclusão do nome do devedor..	585
6.19.	Calúnia, difamação e injúria (*v.* Livro II, Título I, Capítulo I, Seção I, n. 3)...	589
6.20.	Carro – Demora no conserto...	589
6.21.	Cheque – Devolução indevida – Dano moral..	591
6.22.	Cheque pré-datado – Apresentação antes da data convencionada	591
6.23.	Cheque – Não aceitação por estabelecimento comercial	593
6.24.	Cigarros – Ação movida por consumidor contra o fabricante................	594
6.25.	Cobrança abusiva de dívida no local de trabalho	595
6.26.	Concurso público – Não convocação de candidato aprovado................	596
6.27.	Condomínio – Responsabilidade civil (*v.*, também, Livro II, Título I, Capítulo II (Responsabilidade contratual), Seção VII (A responsabilidade dos depositários e outros), item 9 (A responsabilidade dos condomínios edilícios))	597
6.28.	Cônjuges – Responsabilidade civil (*v.* Livro II, Título I, Capítulo I, Seção I, n. 8)...	598
6.29.	Código de Defesa do Consumidor – Responsabilidade civil (*v.* Livro II, Título I, Capítulo II, Seção V)...	598
6.30.	Contrato – Inadimplemento – Dano moral..	598
6.31.	Corpo estranho em refrigerantes e alimentos	599
6.32.	Criança vítima de agressão – Dano moral presumido..........................	600
6.33.	Culpa contratual e dano moral..	601
6.34.	Cumulação do dano moral com o dano estético (*v.* Livro II, Título IV, Capítulo II, Seção II, n. 2.2, *infra*)..	603
6.35.	Curso – Duração maior que o anunciado..	603
6.36.	Dano ambiental – Reparação (*v.* Livro II, Título I, Capítulo I, Seção I, n. 9, *retro*)...	603
6.37.	Dano atômico – Responsabilidade civil (*v.* Livro II, Título I, Capítulo I, Seção I, n. 10, *retro*)...	603
6.38.	Dano estético – Cumulação das indenizações de dano estético e dano moral (*v. Lesão corporal de natureza grave. O dano estético,* in Livro II, Título IV, Capítulo II, Seção II, n. 2.2)..	603
6.39.	Dano moral coletivo	603
6.40.	Dano material..	606
6.41.	Direito autoral – Violação..	606
6.42.	Direito do trabalho – Dano moral...	607
6.43.	Empreiteiros e construtores – Responsabilidade civil (*v.* Livro II, Título I, Capítulo II (Responsabilidade contratual), Seção VI, *retro*).................	610

6.44.	Energia elétrica – Corte indevido – Dano moral	610
6.45.	Falência – Responsabilidade do requerente pelo pedido denegado	611
6.46.	Fato da coisa e do animal – Responsabilidade (*v.* Livro II, Título I, Capítulo I (Responsabilidade Extracontratual), Seções III e IV, *retro*)	612
6.47.	Falta de afeto, abandono e rejeição dos filhos – Dano moral (*v.* n. 6.1, Abandono afetivo – Dano moral, *retro*)	612
6.48.	Festa de casamento frustrada	616
6.49.	Fotos – Atraso na entrega – Indenização devida	617
6.50.	Gravidez – Interrupção provocada por acidente	618
6.51.	Imagem (própria) – Violação do direito (*v.* Livro II, Título I, Capítulo I, Seção I, n. 11, *retro*)	619
6.52.	Intimidade (direito) – Reparação da ofensa	619
6.53.	Investigação de paternidade e dano moral	620
6.54.	Irmãos da vítima – Legitimidade e interesse em pleitear reparação por dano moral	621
6.55.	Lesão corporal – Indenização (*v.* Capítulo II, Seção II, n. 2, *infra*)	622
6.56.	Liberdade pessoal – Responsabilidade no caso de ofensa (*v.* Capítulo II, Seção II, n. 3, *infra*)	622
6.57.	Linha telefônica – Bloqueio	622
6.58.	Locação da coisa – Responsabilidade civil (*v.* Livro II, Título I, Capítulo II (Responsabilidade contratual), Seção VIII, *retro*)	623
6.59.	Marca – Uso indevido	623
6.60.	Médicos, hospitais, cirurgiões plásticos e cirurgiões-dentistas – Responsabilidade (*v.* Livro II, Título I, Capítulo II (Responsabilidade contratual, Seção III))	625
6.61.	Morte de pessoa da família (genitor, descendente, ascendente, cônjuge, companheiro) (*v.* Capítulo II, Seção II, n. 1, *infra*)	625
6.62.	Multa de trânsito – Cobrança indevida	625
6.63.	Noiva – Legitimidade para ajuizar ação indenizatória por dano moral	626
6.64.	Noivado – Rompimento (*v.* Livro II, Título I, Capítulo I, Seção I, n. 6, *retro*)	627
6.65.	*Overbooking* em viagem aérea	627
6.66.	Plágio – Dano moral presumido	628
6.67.	Plano de saúde – Recusa injusta de cobertura – Dano moral	628
6.68.	Preconceito racial e dano moral	630
6.69.	Reconvenção, sob alegação de tratar-se de ação temerária	631
6.70.	Redes sociais – Falsa imputação de crime	632
6.71.	Registro de criança fruto de adultério	632
6.72.	Registro de trabalhador – Ausência – Dano moral	633

6.73.	Remoção de restos mortais sem o consentimento da família	633
6.74.	Revista abusiva em empregado – Dano moral	634
6.75.	Salário – Pagamento sempre com atraso	635
6.76.	Salário mínimo – Fixação do dano moral a ele vinculada	636
6.77.	Supermercado – Extravio de bolsa depositada na recepção	637
6.78.	Tabeliães – Responsabilidade civil (*v.* Livro II, Título I, Capítulo II [Responsabilidade contratual], Seção X, *retro*)	637
6.79.	Telefone residencial – Veiculação para serviços de massagens e outros	637
6.80.	Televisão – Programas – Dano moral	638
6.81.	Transexual	639
6.82.	Transporte de pessoas e de coisas, transporte gratuito, extravio de bagagens etc. – Responsabilidade civil (*v.* Livro II, Título I, Capítulo II (Responsabilidade contratual), Seção I)	640
6.83.	Troca de bebês em maternidade	640
6.84.	Usurpação ou esbulho – Responsabilidade civil (*v.* Livro II, Título IV, Capítulo II, Seção II, n. 4, *infra*)	641

Capítulo II
Da Liquidação do Dano

Seção I
Princípios gerais

1.	**O dano moral**	641
2.	**O dano material. Perdas e danos: o dano emergente e o lucro cessante**	642
2.1.	Necessidade de demonstração plena da existência dos lucros cessantes, que não se presumem	643
2.2.	Vítima que permaneceu durante certo tempo com incapacidade absoluta	645
2.3.	Recorrente que explora atividade agropecuária e ficou anos sem dispor de seu veículo – Lucros cessantes devidos. Lucro cessante – Configuração – Quantificação	645
2.4.	Veículo entregue a concessionária para conserto – Demora razoável	645
2.5.	Aeronave fora de uso havia quatro anos – Lucros cessantes indevidos	646
2.6.	Lucros cessantes – Excessiva demora para o conserto do veículo	646
2.7.	Substituição do ônibus danificado por outro de reserva	646
2.8.	Verba relativa a aluguel de carro durante o período de reparação do veículo danificado	646
2.9.	Táxi danificado – Lucros cessantes	647
3.	**A situação econômica do ofensor e a equidade**	647

4.	**A influência de outros elementos**	648
4.1.	Cumulação da pensão indenizatória com a de natureza previdenciária	648
4.2.	Dedução do seguro obrigatório	650
5.	**Alteração da situação e dos valores**	651
5.1.	A correção monetária	651
5.1.1.	Correção monetária – Ato ilícito – Incidência sobre a condenação a partir do efetivo prejuízo	654
5.1.2.	Retenção de quantia em dinheiro – Restituição sem acréscimos – Inadmissibilidade	655
5.1.3.	Correção monetária – Ato ilícito – Fluência a partir do evento danoso, e não apenas do ajuizamento da ação	655
5.1.4.	Acidente de trânsito – Correção monetária – Incidência desde o prejuízo, ou seja, desde o desembolso	655
5.1.5.	Correção monetária – Acidente de trânsito – Incidência desde o orçamento	656
5.2.	A garantia do pagamento futuro das prestações mensais	656
5.2.1.	Indenização – Pensão – Inclusão do autor na folha de pagamento da ré	658
5.2.2.	Ato ilícito – Prestação de alimentos – Necessidade de constituição de garantia pelo devedor	658
5.2.3.	Indenização – Constituição de capital para assegurar o adimplemento da verba	658
5.3.	Prisão civil do devedor – Natureza da obrigação alimentar	659
5.4.	Atualização e revisão das pensões	660
5.5.	A incidência dos juros – Juros simples e compostos	662
5.6.	O cálculo da verba honorária	664

Seção II
A liquidação do dano em face do direito positivo, da doutrina e da jurisprudência

1.	**A indenização em caso de homicídio**	665
1.1.	Morte de filho	667
1.1.1.	Pensão – Morte de filho menor que não exercia atividade remunerada	672
1.1.2.	Acidente fatal – Indenização requerida pelos pais – Termo final	673
1.1.3.	Morte de criança – Sobrevida da vítima como termo final da pensão	673
1.1.4.	Verba pleiteada pelos pais do *de cujus*, solteiro e maior	674
1.1.5.	Filho menor, vítima fatal, desempregado à época do fato – Irrelevância	674

1.1.6.	Morte de filho menor – Pensão devida desde a data do evento	675
1.1.7.	Morte de filho menor que vivia com a mãe divorciada, não prestando qualquer auxílio material ao pai	675
1.2.	Morte de chefe de família	676
1.2.1.	Pensão por morte – Beneficiária que contraiu núpcias – Hipótese em que deixa de ser pensionada	678
1.2.2.	Pensão devida a filho menor – Direito de acrescer	678
1.2.3.	Ato ilícito – Pensão devida a partir do evento e até o momento em que a vítima atingiria a idade de 70 anos	678
1.3.	Morte de esposa	678
1.4.	Cálculo da indenização. O método bifásico como critério para a quantificação do dano moral	681
1.4.1.	Indenização – Pensão por morte de chefe de família – Fixação	683
1.4.2.	Pensão – Direito à indenização não afastado pelo benefício previdenciário	683
1.4.3.	Morte da esposa – Dano moral e material	684
1.4.4.	Vítima trabalhador autônomo – Não inclusão, no cálculo da pensão, do 13º salário	684
1.4.5.	Pensão – Vítima aposentada	684
1.4.6.	Ação de indenização – Jazigo perpétuo	684
1.4.7.	Pensão mensal aos pais da vítima – Critério para sua fixação e tempo de duração	685
1.4.8.	Pensão – Ação proposta por filha casada	685
1.4.9.	Pensão – Casamento da filha da vítima	685
2.	**A indenização em caso de lesão corporal**	**685**
2.1.	Lesão corporal de natureza leve	685
2.2.	Lesão corporal de natureza grave. O dano estético	686
2.3.	Inabilitação para o trabalho	690
2.3.1.	A indenização devida	690
2.3.1.1.	Perda da capacidade laborativa total e permanente	694
2.3.1.2.	Inexistência de incapacitação para o trabalho em face da intervenção cirúrgica – Verba indevida	695
2.3.1.3.	Pensionamento – Incapacidade absoluta	695
2.3.1.4.	Indenização – Incapacidade parcial e permanente	695
2.3.2.	A situação dos aposentados e idosos que não exercem atividade laborativa	696
2.3.3.	A duração da pensão e sua não cumulação com os benefícios previdenciários	696

		2.3.4.	O pagamento de pensão a menores que ainda não exercem atividade laborativa	698
3.	Responsabilidade no caso de ofensa à liberdade pessoal			699
4.	Responsabilidade em caso de usurpação ou esbulho			703

Livro III
Os Meios de Defesa ou as Excludentes da Responsabilidade Civil

1.	O estado de necessidade		705
	1.1.	Motorista – Manobra para evitar abalroamento de outro veículo – Dano a terceiro – Estado de necessidade que não o isenta da obrigação de indenizar..	707
	1.2.	Estado de necessidade – Reconhecimento no processo-crime – Fato que não isenta da sua reparação o causador do dano	708
	1.3.	Veículo oficial – Ação regressiva contra preposto, que agiu em estado de necessidade – Desacolhimento	709
2.	A legítima defesa, o exercício regular de um direito e o estrito cumprimento do dever legal		709
	2.1.	Ação indenizatória – Ato praticado em legítima defesa putativa, que não exclui o dever de indenizar – Responsabilidade civil estatal objetiva configurada – Verba devida	711
	2.2.	Responsabilidade civil – Legítima defesa – *Aberratio ictus*	712
	2.3.	Ato praticado em legítima defesa real	712
	2.4.	Alegação de legítima defesa – Suspensão da ação civil............................	713
	2.5.	Ato praticado no estrito cumprimento do dever legal	713
3.	A culpa exclusiva da vítima		714
	3.1.	Indenização – Morte da vítima – "Surfista" – Verba indevida...................	715
	3.2.	Vítima embriagada cambaleando em pista de rodovia durante a noite......	716
	3.3.	Morte causada por cerca eletrificada	716
	3.4.	Acidente do trabalho típico – Culpa exclusiva da vítima configurada	716
	3.5.	Acidente de trânsito – Ação de indenização – Culpa exclusiva da vítima configurada	716
	3.6.	Atropelamento – Indenização – Culpa exclusiva da vítima	716
	3.7.	Culpa concorrente	717
	3.8.	Culpa exclusiva da vítima	717
4.	O fato de terceiro..		717
	4.1.	O causador direto do dano e o ato de terceiro	717
	4.2.	O fato de terceiro e a responsabilidade contratual do transportador	718

4.3.	O fato de terceiro em casos de responsabilidade aquiliana	719
4.4.	A denunciação da lide e o fato de terceiro	721
4.5.	Ato de preposto – Arguição de fato de terceiro – Responsabilidade reconhecida – Direito de regresso assegurado contra o terceiro culpado pelo sinistro	724
4.6.	Acidente sofrido por passageiro – Causa estranha ao transporte	725
4.7.	Terceiro, único culpado pelo acidente de veículos	725
4.8.	Engavetamento de veículos – Indenizatória movida contra o primeiro a colidir – Admissibilidade	726
4.9.	Causador direto do dano que foi mero instrumento da ação de terceiro – Fato equiparado ao caso fortuito	726
4.10.	Denunciação da lide – Pretensão do denunciante de afastar sua responsabilidade	726
4.11.	Acidente de trânsito – Solidariedade passiva reconhecida	727
4.12.	Passageiro atingido por pedrada no interior de trem – Frequência do incidente que exclui a existência de caso fortuito	727
4.13.	Tumulto no interior de vagão de trem	727
4.14.	Colisão de ônibus – Passageiro que prefere demandar o proprietário do outro veículo – Legitimidade	727
4.15.	Assalto – Fato de terceiro – Indenização indevida	728
5.	**Caso fortuito e força maior**	728
5.1.	Queda de árvore – Vendaval – Caso fortuito ou força maior	733
5.2.	Alegação de defeitos mecânicos no veículo – Irrelevância – Indenização devida	734
5.3.	Furto de carga transportada – Caso fortuito ou força maior não caracterizados	734
5.4.	Roubo de veículo de estacionamento	734
5.5.	Roubo da carga durante o trajeto do veículo – Força maior	735
5.6.	Assalto à mão armada dentro de ônibus – Causa estranha ao transporte	735
5.7.	Instituições bancárias – Delitos ou fraudes praticados por terceiros	735
6.	**Cláusula de irresponsabilidade ou de não indenizar**	736
6.1.	Restaurante – Chaves do veículo entregues a manobrista – *Ticket* com menção a cláusula de não indenizar – Ineficácia	739
6.2.	Hotel – Furto em apartamento de hóspede – Ineficácia de aviso afixado nos quartos	740
6.3.	Turismo – Excursão em grupo – Desvio de malas – Cláusula de não indenizar	740
6.4.	Transporte marítimo – Mercadoria extraviada – Cláusula limitativa da indenização	741

XXXVII

7.	**A prescrição**	741
7.1.	Prescrição – Responsabilidade civil do Estado – Vítima contaminada pelo vírus HIV..	746
7.2.	Prescrição – Interrupção – Citação havida em ação idêntica anterior, julgada extinta sem conhecimento do mérito	746
7.3.	Prescrição – Prazo que somente começaria a fluir após a consolidação das lesões e estabelecida a incapacidade definitiva	746
7.4.	Acidente aeronáutico – Decadência – Prazo de dois anos	747
7.5.	Responsabilidade civil *ex delicto* – Prescrição – Fluência a partir da data do trânsito em julgado da decisão condenatória no juízo criminal	747
7.6.	Ressarcimento ao erário público – Imprescritibilidade	747
7.7.	Indenização por morte – Fluência do prazo prescricional a contar do óbito e não do acidente que o causou...	747
7.8.	Erro médico – Hospital público – Prescrição quinquenal	747
7.9.	Prescrição em ação penal não impede a ação indenizatória no juízo cível	748

Livro IV
Responsabilidade Civil Automobilística

TÍTULO I
Introdução

1.	**Novos rumos da responsabilidade civil automobilística**	749
2.	**Da culpa ao risco**	750
3.	**O Código de Trânsito Brasileiro**	753

TÍTULO II
Aspectos da Responsabilidade Civil Automobilística (em ordem alfabética)

1.	**Abalroamento**	755
2.	**Ação de reparação de danos**	755
2.1.	A propositura da ação	755
2.2.	Apuração dos danos em execução de sentença	755
2.3.	Coisa julgada...	756
2.4.	Foro competente...	757
3.	**Alienação de veículo**...	758
4.	**Alienação fiduciária**	758
5.	**Ambulâncias, veículos do Corpo de Bombeiros e viaturas policiais – Prioridade de passagem**..	759

6.	Animal na pista	761
7.	Arrendamento mercantil (*leasing*)	761
8.	Atropelamento	761
9.	Autoescolas e a responsabilidade pelos danos	765
10.	Auxílio previdenciário	765
11.	Benefício previdenciário	765
12.	Boletim de ocorrência	767
13.	Caso fortuito e força maior	769
14.	Certificado de propriedade	769
15.	Cessão gratuita de veículo	769
16.	Colisão	769
16.1.	Colisão com veículo estacionado irregularmente	769
16.2.	Colisão com veículo estacionado regularmente	771
16.3.	Colisão em cruzamento não sinalizado	772
16.4.	Colisão em cruzamento sinalizado	774
16.5.	Colisão e preferência de fato	777
16.6.	Colisão e sinal (semáforo) amarelo	778
16.7.	Colisão múltipla (engavetamento)	780
16.8.	Colisão na traseira	781
17.	Comodato	785
18.	Competência	785
19.	Compra e venda com reserva de domínio	785
20.	Compra e venda mediante contrato de alienação fiduciária	786
21.	Concubina	786
22.	Condenação criminal	786
23.	Contramão de direção	786
24.	Conversão à esquerda e à direita	788
25.	Correção monetária	791
26.	Cruzamento	792
27.	Culpa	792
27.1.	Culpa contra a legalidade	792
27.2.	Culpa presumida do causador do dano (presunção em favor da vítima)	793
28.	Cumulação de benefícios	797
29.	Dano	797
29.1.	Apuração em execução de sentença	797
29.2.	Comprovação do dano	797
29.3.	Dano estético	801
29.4.	Dano físico ou pessoal	801
29.5.	Dano patrimonial e dano moral	802

30.	Defeito mecânico	802
31.	Defeito na pista	802
32.	Denunciação da lide	804
33.	DER (Departamento de Estradas de Rodagem)	805
33.1.	Responsabilidade por acidente ocasionado na estrada por animais	806
33.2.	Responsabilidade por acidentes decorrentes de defeitos na pista e de falta ou deficiência de sinalização	808
34.	Derrapagem	809
35.	Dersa	810
36.	Despesas com funeral e sepultura	810
37.	Desvalorização do veículo	811
38.	Direito de acrescer	812
39.	Direito de preferência	813
40.	Dívida de valor	813
41.	Dono do veículo	813
42.	Eixo médio	813
43.	Embriaguez	813
44.	Engavetamento	820
45.	Estacionamento irregular	820
46.	Estacionamento regular	820
47.	Estado de necessidade	820
48.	Faixa de pedestres	820
49.	Falha mecânica	822
50.	Falta de habilitação legal	822
51.	Força maior	823
52.	Freios (defeito)	823
53.	Frenagem repentina	823
54.	Guarda da coisa	823
55.	Guincho	823
56.	Honorários advocatícios	824
57.	Ilegitimidade (e legitimidade) ativa *ad causam*	824
58.	Ilegitimidade (e legitimidade) passiva *ad causam*	826
59.	Imperícia	829
60.	Imprudência	830
61.	Indenização	832
62.	Juros	832
63.	*Leasing*	832
64.	Legitimidade *ad causam* ativa e passiva	832
65.	Lucros cessantes	833

66.	Mal súbito	833
67.	Marcha a ré	833
68.	Menor	835
69.	Motocicleta	835
70.	Neblina	836
71.	Obras na via pública	836
72.	Obstáculo na via pública	837
73.	Oficina mecânica	837
74.	Ofuscamento	837
75.	Ondulações transversais em vias públicas ("tartarugas")	838
76.	Ônus da prova	840
77.	Orçamento	842
78.	Partida de veículo estacionado junto à calçada	842
79.	Pensão	843
80.	Placa "PARE"	843
81.	Pneu	843
82.	Porta	843
83.	Preferência de fato	843
84.	Preferência de passagem	844
85.	Prescrição	844
86.	Propriedade do veículo	844
87.	Prova	848
87.1.	Considerações gerais	848
87.2.	Espécies e valor das provas (testemunhal, documental e pericial)	850
88.	Quitação	853
89.	Registro da venda do veículo no Cartório de Títulos e Documentos	854
90.	Responsabilidade civil	854
91.	Seguro facultativo de veículos	854
92.	Seguro obrigatório	859
93.	Semáforo com defeito	863
94.	Sinal (semáforo) amarelo e vermelho	864
95.	Sinalização (inexistência)	864
96.	Solidariedade	864
97.	Sucata	864
98.	Testemunha	865
99.	Tradição	865
100.	Transcrição (no Cartório de Títulos e Documentos) da venda do veículo	865
101.	Transporte de passageiros	865

102. **Transporte gratuito**	865
103. **Trator**	866
104. **Ultrapassagem**	867
105. **Velocidade excessiva**	869
106. **Venda de veículo**	869
107. **Verba honorária**	869
108. **Via preferencial**	869
109. **Vítima**	869
Bibliografia	871

Livro I
Ideias Gerais sobre a Responsabilidade Civil

1. Introdução

A tendência, hoje facilmente verificável, de não se deixar irressarcida a vítima de atos ilícitos sobrecarrega os nossos pretórios de ações de indenização das mais variadas espécies.

O tema é, pois, de grande atualidade e de enorme importância para o estudioso e para o profissional do Direito. Procuraremos focalizar, ao lado da legislação vigente e da teoria doutrinária, os novos rumos indicados pela jurisprudência e pelo direito positivo.

O trabalho será dividido em quatro partes. No Livro I será estudada a responsabilidade civil nos primeiros tempos e sua evolução, assim como as suas modalidades e a questão da imputabilidade.

No Livro II serão abordados os elementos essenciais da responsabilidade civil: ação ou omissão do agente (na responsabilidade extracontratual e na contratual), culpa, relação de causalidade e dano.

No Livro III serão analisados os meios de defesa ou as excludentes da responsabilidade civil.

E, no Livro IV, serão enfocados alguns aspectos relevantes da responsabilidade civil automobilística.

O instituto da responsabilidade civil é parte integrante do direito obrigacional, pois a principal consequência da prática de um ato ilícito é a obrigação que acarreta, para o seu autor, de reparar o dano, obrigação esta de natureza pessoal, que se resolve em perdas e danos.

Costuma-se conceituar a "obrigação" como "o vínculo jurídico que confere ao credor o direito de exigir do devedor o cumprimento de determinada prestação". A característica principal da obrigação consiste no direito conferido ao credor de exigir o adimplemento da prestação. É o patrimônio do devedor que responde por suas obrigações.

As fontes das obrigações previstas no Código Civil são: a vontade humana (os contratos, as declarações unilaterais da vontade e os atos ilícitos) e a vontade do Estado (a lei).

As obrigações derivadas dos "atos ilícitos" são as que se constituem por meio de ações ou omissões culposas ou dolosas do agente, praticadas com infração a um dever de conduta e das quais resulta dano para outrem. A obrigação que, em consequência, surge é a de indenizar ou ressarcir o prejuízo causado.

O Código Civil brasileiro dedicou poucos dispositivos à responsabilidade civil. Na Parte Geral, nos arts. 186, 187 e 188, consignou a regra geral da responsabilidade aquiliana e algumas excludentes. Na Parte Especial, estabeleceu a regra básica da responsabilidade contratual no art. 389 e dedicou dois capítulos, um à "obrigação de indenizar" e outro à "indenização", sob o título "Da Responsabilidade Civil".

A falta de sistematização da matéria no Código Civil de 1916 e o pequeno número de dispositivos a ela dedicados são atribuídos ao fato de não ter sido muito bem desenvolvida e difundida à época da elaboração do aludido diploma.

O surto industrial que se seguiu à I Grande Guerra e a multiplicação das máquinas provocaram o aumento do número de acidentes, motivando a difusão dos estudos então existentes.

Sob a influência da jurisprudência francesa, o estudo da responsabilidade civil se foi desenvolvendo entre nós. Importante papel nesse desenvolvimento coube, então, à doutrina e à jurisprudência, fornecendo subsídios à solução dos incontáveis litígios diariamente submetidos à apreciação do Judiciário.

O Projeto de Lei n. 634-B, de 1975, que se transformou no atual Código Civil, melhor sistematizou a matéria, dedicando um título especial e autônomo à responsabilidade civil. Contudo, repetiu, em grande parte, *ipsis litteris*, alguns dispositivos, corrigindo a redação de outros, trazendo, porém, poucas inovações. Perdeu-se a oportunidade, por exemplo, de se estabelecer a extensão e os contornos do dano moral, bem como de se disciplinar a sua liquidação, prevendo alguns parâmetros básicos destinados a evitar decisões díspares, relegando novamente à jurisprudência essa tarefa.

Em outros países, especialmente nos Estados Unidos, é bem difundido o contrato de seguro, que acarreta a distribuição do encargo de reparar o dano sobre os ombros da coletividade. No Brasil, o contrato de seguro ainda não é utilizado em larga escala. Como a indenização deve ser integral e completa, por maior que seja o prejuízo, independentemente do grau de culpa, pode acontecer que uma pessoa venha a atropelar um chefe de família e seja obrigada a indenizar e a fornecer pensão alimentícia àqueles a quem o defunto sustentava. E, desse modo, em muitos casos, para se remediar a situação de um arruína-se a do outro. A solução apontada para corrigir esse inconveniente é o contrato de seguro. O seguro obrigatório para cobertura de danos pessoais em acidentes de veículos, com dispensa de prova da culpa, representa uma evolução nesse setor.

No campo da responsabilidade civil encontra-se a indagação sobre se o prejuízo experimentado pela vítima deve ou não ser reparado por quem o causou e em que condições e de que maneira deve ser estimado e ressarcido.

Quem pratica um ato, ou incorre numa omissão de que resulte dano, deve suportar as consequências do seu procedimento. Trata-se de uma regra elementar de equilíbrio social, na qual se resume, em verdade, o problema da responsabilidade. Vê-se, portanto, que a responsabilidade é um fenômeno social[1].

---

1. Afranio Lyra, *Responsabilidade civil*, Bahia, 1977, p. 30.

O dano, ou prejuízo, que acarreta a responsabilidade, não é apenas o material. O direito não deve deixar sem proteção as vítimas de ofensas morais.

2. A responsabilidade civil nos primeiros tempos e seu desenvolvimento

A responsabilidade civil se assenta, segundo a teoria clássica, em três pressupostos: um dano, a culpa do autor do dano e a relação de causalidade entre o fato culposo e o mesmo dano[2].

Nos primórdios da humanidade, entretanto, não se cogitava do fator culpa. O dano provocava a reação imediata, instintiva e brutal do ofendido. Não havia regras nem limitações. Não imperava, ainda, o direito. Dominava, então, a vingança privada, "forma primitiva, selvagem talvez, mas humana, da reação espontânea e natural contra o mal sofrido; solução comum a todos os povos nas suas origens, para a reparação do mal pelo mal"[3].

Se a reação não pudesse acontecer desde logo, sobrevinha a vindita meditada, posteriormente regulamentada, e que resultou na pena de talião, do "olho por olho, dente por dente".

Sucede-se o período da composição. O prejudicado passa a perceber as vantagens e conveniências da substituição da vindita, que gera a vindita, pela compensação econômica. Aí, informa Alvino Lima, a vingança é substituída pela composição a critério da vítima, mas subsiste como fundamento ou forma de reintegração do dano sofrido[4]. Ainda não se cogitava da culpa.

Num estágio mais avançado, quando já existe uma soberana autoridade, o legislador veda à vítima fazer justiça pelas próprias mãos. A composição econômica, de voluntária que era, passa a ser obrigatória, e, ao demais disso, tarifada. É quando, então, o ofensor paga um tanto ou quanto por membro roto, por morte de um homem livre ou de um escravo, surgindo, em consequência, as mais esdrúxulas tarifações, antecedentes históricos das nossas tábuas de indenizações preestabelecidas por acidentes do trabalho[5]. É a época do Código de Ur-Nammu, do Código de Manu e da Lei das XII Tábuas.

A diferenciação entre a "pena" e a "reparação", entretanto, somente começou a ser esboçada ao tempo dos romanos, com a distinção entre os delitos públicos (ofensas mais graves, de caráter perturbador da ordem) e os delitos privados. Nos delitos públicos, a pena econômica imposta ao réu deveria ser recolhida aos cofres públicos, e, nos delitos privados, a pena em dinheiro cabia à vítima.

O Estado assumiu assim, ele só, a função de punir. Quando a ação repressiva passou para o Estado, surgiu a ação de indenização. A responsabilidade civil tomou lugar ao lado da responsabilidade penal[6].

---

2. André Besson, *La notion de garde dans la responsabilité du fait des choses*, Paris, Dalloz, 1927, p. 5.
3. Alvino Lima, *Da culpa ao risco*, São Paulo, 1938, p. 10.
4. *Da culpa*, cit., p. 11.
5. Wilson Melo da Silva, *Responsabilidade sem culpa e socialização do risco*, Belo Horizonte, Ed. Bernardo Álvares, 1962, p. 40.
6. Mazeaud e Mazeaud, *Traité théorique et pratique de la responsabilité civile, délictuelle et contractuelle*, 3. ed., t. 1, n. 19.

É na Lei Aquília que se esboça, afinal, um princípio geral regulador da reparação do dano. Embora se reconheça que não continha ainda "uma regra de conjunto, nos moldes do direito moderno", era, sem nenhuma dúvida, o germe da jurisprudência clássica com relação à injúria, e "fonte direta da moderna concepção da culpa aquiliana, que tomou da Lei Aquília o seu nome característico"[7].

Malgrado a incerteza que ainda persiste sobre se a "injúria" a que se referia a *Lex Aquilia* no *damnum injuria datum* consiste no elemento caracterizador da culpa, não paira dúvida de que, sob o influxo dos pretores e da jurisprudência, a noção de culpa acabou por deitar raízes na própria *Lex Aquilia*, o que justificou algumas das passagens famosas: *In lege Aquilia, levissima culpa venit* (Ulpianus, *pr*. 44, "Ad legem Aquilia", IX, II); *Impunitus es qui sine culpa et dolo malo casu quodam damnum comittit* (Gaius, *Institutiones*, 111, 211) etc.[8]

O direito francês, aperfeiçoando pouco a pouco as ideias românicas, estabeleceu nitidamente um princípio geral da responsabilidade civil, abandonando o critério de enumerar os casos de composição obrigatória. Aos poucos, foram sendo estabelecidos certos princípios, que exerceram sensível influência nos outros povos: direito à reparação sempre que houvesse culpa, ainda que leve, separando-se a responsabilidade civil (perante a vítima) da responsabilidade penal (perante o Estado); a existência de uma culpa contratual (a das pessoas que descumprem as obrigações) e que não se liga nem a crime nem a delito, mas se origina da negligência ou imprudência. Era a generalização do princípio aquiliano: *In lege Aquilia et levissima culpa venit*[9], ou seja, o de que a culpa, ainda que levíssima, obriga a indenizar.

A noção da culpa *in abstracto* e a distinção entre culpa delitual e culpa contratual foram inseridas no Código de Napoleão, inspirando a redação dos arts. 1.382 e 1.383. A responsabilidade civil se funda na culpa – foi a definição que partiu daí para inserir-se na legislação de todo o mundo[10]. Daí por diante observou-se a extraordinária tarefa dos tribunais franceses, atualizando os textos e estabelecendo uma jurisprudência digna dos maiores encômios.

O surto de progresso, o desenvolvimento industrial e a multiplicação dos danos acabaram por ocasionar o surgimento de novas teorias, tendentes a propiciar maior proteção às vítimas.

Nos últimos tempos vem ganhando terreno a chamada teoria do risco que, sem substituir a teoria da culpa, cobre muitas hipóteses em que o apelo às concepções tradicionais se revela insuficiente para a proteção da vítima[11]. A responsabilidade seria encarada sob o aspecto objetivo: o operário, vítima de acidente do trabalho, tem sempre direito à indenização, haja ou não culpa do patrão ou do acidentado. O patrão indeniza, não porque tenha culpa, mas porque é o dono da maquinaria ou dos instrumentos de trabalho que provocaram o infortúnio[12].

Na teoria do risco se subsume a ideia do exercício de atividade perigosa como fundamento da responsabilidade civil. O exercício de atividade que possa oferecer algum perigo

---

7. Aguiar Dias, *Da responsabilidade civil*, 4. ed., Rio de Janeiro, Forense, p. 34, n. 10.
8. Wilson Melo da Silva, *Responsabilidade*, cit., p. 46, n. 7.
9. Mazeaud e Mazeaud, *Traité*, cit., n. 36, p. 48.
10. Aguiar Dias, *Da responsabilidade*, cit., p. 37, n. 11.
11. João Batista Lopes, Perspectivas atuais da responsabilidade civil, *RJTJSP*, 57:14.
12. Washington de Barros Monteiro, *Curso de direito civil*, 5. ed., São Paulo, Saraiva, v. 5, p. 416.

representa um risco, que o agente assume, de ser obrigado a ressarcir os danos que venham resultar a terceiros dessa atividade.

Na legislação civil italiana encontra-se o exercício de atividade perigosa como fundamento da responsabilidade civil, com inversão do ônus da prova:

"Chiunque cagiona danno ad altri nello svolgimento di un'attività pericolosa, per sua natura o per la natura dei mezzi adoperati, è tenuto al risarcimento se non prova di avere adottato tutte le misure idonee a evitare il danno" (CC italiano, art. 2.050).

O agente, no caso, só se exonerará da responsabilidade se provar que adotou todas as medidas idôneas para evitar o dano. Disposições semelhantes são encontradas no Código Civil mexicano, no espanhol, no português, no libanês e em outros.

A responsabilidade objetiva funda-se num princípio de equidade, existente desde o direito romano: aquele que lucra com uma situação deve responder pelo risco ou pelas desvantagens dela resultantes (*ubi emolumentum, ibi onus; ubi commoda, ibi incommoda*). Quem aufere os cômodos (ou lucros) deve suportar os incômodos (ou riscos).

No direito moderno, a teoria da responsabilidade objetiva apresenta-se sob duas faces: a teoria do risco e a teoria do dano objetivo.

Pela última, desde que exista um dano, deve ser ressarcido, independentemente da ideia de culpa. Uma e outra consagram, em última análise, a responsabilidade sem culpa, a responsabilidade objetiva. Conforme assinala Ripert, mencionado por Washington de Barros Monteiro, a tendência atual do direito manifesta-se no sentido de substituir a ideia da responsabilidade pela ideia da reparação, a ideia da culpa pela ideia do risco, a responsabilidade subjetiva pela responsabilidade objetiva[13].

A realidade, entretanto, é que se tem procurado fundamentar a responsabilidade na ideia de culpa mas, sendo esta insuficiente para atender às imposições do progresso, tem o legislador fixado os casos especiais em que deve ocorrer a obrigação de reparar, independentemente daquela noção. É o que acontece no direito brasileiro, que se manteve fiel à teoria subjetiva no art. 186 do Código Civil. Para que haja responsabilidade, é preciso que haja culpa. A reparação do dano tem como pressuposto a prática de um ato ilícito. Sem prova de culpa, inexiste a obrigação de reparar o dano. Entretanto, em outros dispositivos e mesmo em leis esparsas, adotaram-se os princípios da responsabilidade objetiva, como nos arts. 936, 937 e 938, que tratam, respectivamente, da responsabilidade do dono do animal, do dono do edifício e do habitante da casa; e ainda arts. 927, parágrafo único, 933 e 1.299, que dizem respeito, respectivamente, à atividade potencialmente perigosa; à responsabilidade dos pais, tutores, curadores e patrões; e à responsabilidade decorrente do direito de vizinhança. A par disso, temos o Código Brasileiro de Aeronáutica, a Lei de Acidentes do Trabalho e outras leis especiais, em que se mostra nítida a adoção, pelo legislador, da responsabilidade objetiva.

O atual Código Civil manteve o princípio da responsabilidade com base na culpa, definindo o ato ilícito no art. 186, *verbis*:

---

13. Ripert, *O regime democrático e o direito civil moderno*, p. 333 e 361.

"Aquele que, por ação ou omissão voluntária, negligência ou imprudência, violar direito e causar dano a outrem, ainda que exclusivamente moral, comete ato ilícito".

No art. 927, depois de estabelecer, no *caput*, que "aquele que, por ato ilícito (arts. 186 e 187), causar dano a outrem, fica obrigado a repará-lo", dispôs, refletindo a moderna tendência, no parágrafo único, *verbis*:

"Haverá obrigação de reparar o dano, independentemente de culpa, nos casos especificados em lei, ou quando a atividade normalmente desenvolvida pelo autor do dano implicar, por sua natureza, risco para os direitos de outrem".

Adotou, assim, solução mais avançada e mais rigorosa que a do direito italiano, também acolhendo a teoria do exercício de atividade perigosa e o princípio da responsabilidade independentemente de culpa nos casos especificados em lei, a par da responsabilidade subjetiva como regra geral, não prevendo, porém, a possibilidade de o agente, mediante a inversão do ônus da prova, exonerar-se da responsabilidade se provar que adotou todas as medidas aptas a evitar o dano.

No regime do Código Civil de 1916, as atividades perigosas eram somente aquelas assim definidas em lei especial. As que não o fossem, enquadravam-se na norma geral do Código Civil, que consagrava a responsabilidade subjetiva. O referido parágrafo único do art. 927 do diploma em vigor, além de não revogar as leis especiais existentes, e de ressalvar as que vierem a ser promulgadas, permite que a jurisprudência considere determinadas atividades já existentes, ou que vierem a existir, como perigosas ou de risco. Esta é, sem dúvida, a principal inovação do novo Código Civil no campo da responsabilidade civil.

3. Culpa e responsabilidade

O Código Civil francês, em que se inspirou o legislador pátrio na elaboração dos arts. 159 e 1.518 do Código Civil de 1916, correspondentes, respectivamente, aos arts. 186 e 942 do atual diploma, alude à *faute* como fundamento do dever de reparar o dano (art. 1.382: "Tout fait quelconque de l'homme qui cause à autri un dommage oblige celui par la faute duquel il est arrivé à le réparer").

Devido à sua ambiguidade, o termo *faute* (falta ou erro) gerou muita discussão entre os franceses. Marty e Raynaud (*Droit civil*, Paris, 1962, v. 1, t. 2, n. 398) apontam a dificuldade na definição de culpa em face da conotação do vocábulo *faute*, que tem provocado confusão entre responsabilidade jurídica e responsabilidade moral.

Alguns autores, para definir a culpa, inspiram-se numa concepção moral de culpabilidade. Consideram somente o aspecto subjetivo: se o agente podia prever e evitar o dano, se quisesse, agindo livremente. Savatier, assim, a define como "inexecução de um dever que o agente podia conhecer e observar"[14]. Outros, como os irmãos Mazeaud, adotam o critério objetivo na definição da culpa, comparando o comportamento do agente a um tipo abstrato,

---

14. *Traité de la responsabilité civile en droit français*, Paris, 1951, v. 1, n. 4.

o *bonus paterfamilias*[15]. Se, da comparação entre a conduta do agente causador do dano e o comportamento de um homem médio, fixado como padrão (que seria normal), resultar que o dano derivou de uma imprudência, imperícia ou negligência do primeiro – nos quais não incorreria o homem-padrão, criado *in abstracto* pelo julgador – caracteriza-se a culpa[16].

O legislador pátrio, contornando a discussão sobre o vocábulo *faute*, preferiu valer-se da noção de ato ilícito como causa da responsabilidade civil. Assim, o art. 186 do Código Civil brasileiro define o que entende por comportamento culposo do agente causador do dano: "ação ou omissão voluntária, negligência ou imprudência". Em consequência, fica o agente obrigado a reparar o dano.

Aguiar Dias, a propósito, observou:

"Parece-nos sem sentido, em nosso direito, qualquer discussão semelhante à que lavrou ardente na França, sobre se o texto indicado exigia ou não a culpa para o estabelecimento da responsabilidade. E isto se deve a que o nosso legislador, em lugar de usar de palavra vaga, como é, em francês, a expressão *faute*, foi suficientemente preciso ao subordinar o dever de reparar a ação ou omissão voluntária, negligência ou imprudência".

E prossegue Aguiar Dias:

"Outra controvérsia evitada pelo Código, já o dissemos, é a que se trava em outros países a respeito da clássica distinção entre delitos e quase delitos, cuja utilidade, tanto como a da gradação da culpa (lata, leve e levíssima), é sumamente discutível. O Código engloba o objeto dessas classificações obsoletas na denominação genérica de atos ilícitos porque, à lei civil, não interessa de maneira nenhuma essa casuística"[17].

É consenso geral que não se pode prescindir, para a correta conceituação de culpa, dos elementos "previsibilidade" e comportamento do *homo medius*. Só se pode, com efeito, cogitar de culpa quando o evento é previsível. Se, ao contrário, é imprevisível, não há cogitar de culpa. O art. 159 do Código Civil de 1916 [*atual art. 186*] pressupunha sempre a existência de culpa *lato sensu*, que abrange o dolo (pleno conhecimento do mal e perfeita intenção de o praticar) e a culpa *stricto sensu* ou aquiliana (violação de um dever que o agente podia conhecer e observar, segundo os padrões de comportamento médio)[18].

A imprevidência do agente, que dá origem ao resultado lesivo, pode apresentar-se sob as seguintes formas: imprudência, negligência ou imperícia. O termo "negligência", usado no art. 186, é amplo e abrange a ideia de imperícia, pois possui um sentido lato de omissão ao cumprimento de um dever.

A conduta imprudente consiste em agir o sujeito sem as cautelas necessárias, com açodamento e arrojo, e implica sempre pequena consideração pelos interesses alheios. A negligência é a falta de atenção, a ausência de reflexão necessária, uma espécie de preguiça psíquica, em virtude da qual deixa o agente de prever o resultado que podia e devia ser pre-

---

15. *Traité*, cit., v. 1, n. 431 e s. e 380 e s.
16. Silvio Rodrigues, *Direito civil*, Saraiva, 1975, v. 4, p. 148, n. 53.
17. *Da responsabilidade*, cit., p. 434, n. 156.
18. Washington de Barros Monteiro, *Curso*, cit., p. 412.

visto. A imperícia consiste sobretudo na inaptidão técnica, na ausência de conhecimentos para a prática de um ato, ou omissão de providência que se fazia necessária; é, em suma, a culpa profissional[19].

O previsível da culpa se mede pelo grau de atenção exigível do *homo medius*. A *obligatio ad diligentiam* é aferida pelo padrão médio de comportamento; um grau de diligência considerado normal, de acordo com a sensibilidade ético-social.

Impossível, pois, estabelecer um critério apriorístico geral válido. Na verdade, a culpa não se presume e deve ser apurada no exame de cada caso concreto.

4. Imputabilidade e capacidade

Pressupõe o art. 186 do Código Civil o elemento imputabilidade, ou seja, a existência, no agente, da livre determinação de vontade. Para que alguém pratique um ato ilícito e seja obrigado a reparar o dano causado, é necessário que tenha capacidade de discernimento. Em outras palavras, aquele que não pode querer e entender não incorre em culpa e, *ipso facto*, não pratica ato ilícito.

Já lembrava Savatier que quem diz culpa diz imputabilidade. E que um dano previsível e evitável para uma pessoa pode não ser para outra, sendo iníquo considerar de maneira idêntica a culpabilidade do menino e a do adulto, do ignorante e do homem instruído, do leigo e do especialista, do homem são e do enfermo, da pessoa normal e da privada da razão[20].

4.1. A responsabilidade dos amentais

4.1.1. Situação anterior ao Estatuto da Pessoa com Deficiência

Os irmãos Mazeaud defenderam o princípio da ampla responsabilidade dos loucos em nome da culpa e foram criticados por Savatier, que a considerou uma culpa vazia de sentido. No seu entender, o ato ilícito praticado pelo inimputável acarreta ou a responsabilidade substitutiva ou a responsabilidade coexistente de outra pessoa, aquela a quem incumbia a sua guarda[21].

A concepção clássica considera, pois, que, sendo o amental (o louco ou demente) um inimputável, não é ele responsável civilmente. Se vier a causar dano a alguém, o ato se equipara à força maior ou ao caso fortuito. Se a responsabilidade não puder ser atribuída ao encarregado de sua guarda, a vítima ficará irressarcida.

Para alguns, a solução é injusta, principalmente nos casos em que o louco é abastado e a vítima fica ao desamparo. Agostinho Alvim exclamou: "O que perturba é, por exemplo, a situação de um louco rico, que causa prejuízo a uma pessoa pobre. É isto que certas legislações querem remediar. Haja vista Código das Obrigações suíço, que contém este princípio: 'Se a

---

19. José Frederico Marques, *Tratado de direito penal*, 2. ed., São Paulo, Saraiva, v. 2, p. 212, n. 7.
20. *Traité*, cit., n. 195, p. 246.
21. *Traité*, cit., n. 200, p. 249.

equidade o exige, o juiz pode condenar uma pessoa ainda incapaz de discernimento à reparação total ou parcial do prejuízo que ela causou' (art. 54, *pr.*)"[22].

Outros códigos contêm preceitos semelhantes, como o de Portugal (de 1966, art. 489), da Rússia Soviética (de 1923, art. 406), do México (art. 1.911), da China (de 1930, art. 187), da Espanha (art. 32), da Itália (de 1942, art. 2.047). O Código Civil peruano dispõe, no art. 1.140, *verbi gratia*: "En caso de daño causado por un incapaz privado de discernimiento, si la víctima no ha podido obtener una reparación de la persona que lo tiene bajo su guarda, el juez puede, en vista de la situación de las partes, condenar al mismo autor del daño a una indemnización equitativa".

No Brasil, o Código de 1916 silenciava a respeito. Na doutrina, entendiam alguns, como Clóvis Beviláqua e Spencer Vampré, que o amental devia ser responsabilizado, porque o art. 159 do referido diploma não fazia nenhuma distinção: "Aquele que... causar prejuízo... fica obrigado a reparar o dano". Acabou prevalecendo, entretanto, a opinião expendida pelo Prof. Alvino Lima: "Quando no art. 159 [*correspondente ao art. 186 do atual diploma*] se fala em ação ou omissão voluntária, ou quando se refere à negligência ou imprudência, está clara e implicitamente exigido o uso da razão, da vontade esclarecida. Há, aí, positivamente, a exigência de que na origem do ato ilícito esteja a vontade esclarecida do agente"[23].

Orozimbo Nonato, citado por Aguiar Dias, concordava com Alvino Lima, observando que o estudo do sistema da responsabilidade no Código Civil mostra que não há, no caso, exceção ao princípio da culpa provada: "Em face dos fundamentos psicológicos e morais da responsabilidade, o dano praticado pelo amental, quando não possa ser satisfeito pelo investido no dever de vigilância, é irreparável". Prosseguindo, afirmava que a atividade da pessoa privada de discernimento é uma força cega, comparável às forças naturais, assimilável ao caso fortuito, e, assim, a ninguém vincula se, porventura, não ocorre infração do dever de vigilância[24].

A jurisprudência consolidou-se nesse sentido: "Responsabilidade civil – Agente menor e alienado mental – Dano causado – Doença mental reconhecida, conquanto não decretada a interdição – Réu inimputável – Carência de ação decretada" (*RJTJSP*, *40*:102).

Entretanto, pessoas desprovidas de discernimento geralmente têm um curador, incumbido de sua guarda ou vigilância. E o art. 1.521, II, do Código Civil de 1916 responsabilizava o curador pelos atos dos curatelados que estivessem sob sua guarda, salvo se provasse que não houve negligência de sua parte (art. 1.523). Se a responsabilidade, entretanto, não pudesse ser atribuída à pessoa incumbida de sua guarda ou vigilância, ficaria a vítima irressarcida, da mesma maneira que ocorria na hipótese de caso fortuito.

Para muitos, no entanto, especialmente para Mário Moacyr Porto, este capítulo da responsabilidade civil estava a exigir uma corajosa revisão, pois o "exame ou avaliação das condições físicas e psíquicas do autor do dano – idade, educação, temperamento etc. – vale para informar ou identificar as razões determinantes do seu comportamento anormal, mas não

---

22. *Da inexecução das obrigações e suas consequências*, 3. ed., Ed. Jurídica e Universitária, p. 255, n. 178.
23. *Da culpa*, cit., p. 181.
24. Aguiar Dias, *Da responsabilidade*, cit., p. 436, n. 158.

para subtrair da vítima inocente o direito de obter uma reparação dos prejuízos sofridos em seus interesses juridicamente protegidos". Inspirado em doutrinadores franceses, acrescentou que a conduta do agente "deverá ser apreciada *in abstracto*, em face das circunstâncias 'externas', objetivas, e não em conformidade com a sua individualidade 'interna', subjetiva. Se um dano é 'objetivamente ilícito', é ressarcível, pouco importando que o seu agente seja inimputável. A culpa, nunca é demais repetir, é uma noção social, pois o objetivo não é descobrir um culpado, mas assegurar a reparação de um prejuízo" (*Temas de responsabilidade civil*, Revista dos Tribunais, 1989, p. 17).

Também Aguiar Dias procurou demonstrar que a teoria da irresponsabilidade absoluta da pessoa privada de discernimento estava em franca decadência, substituída pelo princípio da responsabilidade mitigada e subsidiária, fundamentada nos princípios de garantia e assistência social. O restabelecimento – afirmou – "do equilíbrio social violado pelo dano deve ser o denominador comum de todos os sistemas de responsabilidade civil, estabelecendo-se, como norma fundamental, que a composição ou restauração econômica se faça, sempre que possível, à custa do ofensor. O objetivo ideal do procedimento reparatório é restabelecer o *statu quo*. O lesado não deve ficar nem mais pobre, nem mais rico do que estaria sem o ato danoso" (*Da responsabilidade*, cit., t. 2, p. 439).

Depois de apontar o caminho percorrido até chegar, finalmente, ao reconhecimento da responsabilidade do amental em geral, ideia que toma corpo na doutrina e na jurisprudência, acrescentou: "A solução em nosso Direito ainda permanece no estádio da responsabilidade da pessoa encarregada da guarda. De forma que, se for possível a prova de que não houve negligência relativamente a esse dever, ficará a vítima, ainda que lesada por amental de fortuna, privada da reparação civil, solução que nos parece injusta e de todo contrária aos princípios que temos como orientadores da responsabilidade civil" (p. 440).

Em outra passagem, chegou a afirmar: "E se a pessoa privada de discernimento não está sob o poder de ninguém, responderão seus próprios bens pela reparação, como já fizemos sentir. A reparação do dano causado por pessoas nessas condições se há de resolver fora dos quadros da culpa" (p. 574, nota 932).

Silvio Rodrigues lembrou, também, que "muitos doutrinadores entendem que, em casos excepcionais e *de lege ferenda*, deve o juiz, por equidade, determinar que o patrimônio do amental responda pelo dano por ele causado a terceiro, quando, se isso não ocorresse, a vítima ficaria irressarcida" (*Direito civil*, cit., v. 4, p. 27).

Tal solução era merecedora de aplausos, principalmente quando aplicada naqueles casos em que o amental é abastado e pode ter penhorado parte de seu patrimônio sem se privar do necessário à sua subsistência.

Assimilando a melhor orientação já vigente nos diplomas civis de diversos países, o atual Código Civil, de 2002, substituiu o princípio da irresponsabilidade absoluta da pessoa privada de discernimento pelo princípio da responsabilidade *mitigada e subsidiária*, dispondo no art. 928:

"O incapaz responde pelos prejuízos que causar, se as pessoas por ele responsáveis não tiverem obrigação de fazê-lo ou não dispuserem de meios suficientes.
Parágrafo único. A indenização prevista neste artigo, que deverá ser equitativa, não terá lugar se privar do necessário o incapaz ou as pessoas que dele dependem".

Desse modo, se a vítima não conseguir receber a indenização da pessoa encarregada de sua guarda, poderá o juiz, mas somente se o incapaz for abastado, condená-lo ao pagamento de uma indenização equitativa.

Observe-se que a vítima somente não será indenizada pelo curador se este não tiver patrimônio suficiente para responder pela obrigação. Não se admite, mais, que dela se exonere, provando que não houve negligência de sua parte. O art. 933 do aludido diploma prescreve, com efeito, que as pessoas indicadas nos incisos I a V do artigo antecedente (pais, tutores, curadores, empregadores, donos de hotéis e os que gratuitamente houverem participado nos produtos do crime) responderão pelos atos praticados pelos terceiros ali referidos, "ainda que não haja culpa de sua parte".

A afirmação de que o incapaz responde pelos prejuízos que causar, se as pessoas por ele responsáveis "não tiverem obrigação de fazê-lo", tornou-se inócua em razão da modificação da redação do art. 928, *caput*, retrotranscrito, ocorrida na fase final da tramitação do Projeto do novo Código Civil no Congresso Nacional. O texto original responsabilizava tais pessoas por culpa presumida, como também o fazia o diploma de 1916, permitindo que se exonerassem da responsabilidade provando que foram diligentes. A inserção, na última hora, da responsabilidade objetiva, independente de culpa, no art. 933 do novo Código, não mais permite tal exoneração. Desse modo, como dito anteriormente, a vítima somente não será indenizada pelo curador se este não tiver patrimônio suficiente para responder pela obrigação.

Na Jornada de Direito Civil, promovida em Brasília pelo Centro de Estudos Judiciários do Conselho da Justiça Federal em setembro de 2002, foi aprovado o Enunciado n. 40, com a seguinte redação: "O incapaz responde pelos prejuízos que causar de maneira subsidiária ou excepcionalmente, como devedor principal, na hipótese de ressarcimento devido pelos adolescentes que praticarem atos infracionais, nos termos do art. 116 do Estatuto da Criança e do Adolescente, no âmbito das medidas socioeducativas ali previstas".

Dispõe, com efeito, o aludido art. 116 do Estatuto da Criança e do Adolescente (Lei n. 8.069/90) que, "em se tratando de ato infracional com reflexos patrimoniais, a autoridade poderá determinar, se for o caso, que o adolescente restitua a coisa, promova *o ressarcimento do dano*, ou, por outra forma, compense o prejuízo da vítima". Por *adolescente* deve-se entender a pessoa entre doze e dezoito anos de idade (art. 2º).

De salientar que, pela teoria da culpa anterior, muitos amentais podem ser civilmente responsabilizados. Isto não em virtude de uma culpa atual, mas remota, motivada, *verbi gratia*, pelo uso de drogas e de tóxicos, que os atuais insanos mentais teriam podido, então, prever que os arrastaria para o estado de alienação em que viriam a se encontrar mais tarde, por ocasião da prática de determinados atos danosos, no futuro[25].

Conforme ponderou Leonardo A. Colombo, se se chegar à conclusão de que o estado de insanidade mental, transitório ou permanente, do autor de um dano a ele próprio se possa atribuir, sua responsabilidade por tal dano estaria, desde logo, juridicamente firmada, acontecendo o mesmo com aqueles que voluntariamente se embriagam[26]. Mazeaud e Mazeaud lembram,

---

25. Wilson Melo da Silva, *Da responsabilidade civil automobilística*, 3. ed., Saraiva, 1980, p. 35, n. 8.
26. Leonardo A. Colombo, *Culpa aquiliana*, Buenos Aires, TEA, 1947, p. 176, n. 65.

em idêntica situação, os opiômanos, os cocainômanos, os morfinômanos e os usuários de maconha e psicotrópicos[27].

4.1.2. Modificações introduzidas pelo Estatuto da Pessoa com Deficiência

O referido sistema sofreu profunda alteração introduzida pela Lei n. 13.146, de 6 de julho de 2015, denominada "Estatuto da Pessoa com Deficiência", considerando o deficiente, o enfermo ou o excepcional pessoas plenamente capazes. A referida lei revogou expressamente os incisos II e III do art. 3º do Código Civil, que consideravam absolutamente incapazes os que, "por enfermidade ou deficiência mental, não tiverem o necessário discernimento para a prática desses atos" e os que, "mesmo por causa transitória, não puderem exprimir sua vontade". Revogou também a parte final do inciso II do art. 4º, que definia como relativamente incapazes os que, "por deficiência mental, tenham o discernimento reduzido", e deu nova redação ao inciso III, afastando "os excepcionais, sem desenvolvimento mental completo" da condição de incapazes.

As pessoas mencionadas nos dispositivos revogados, sendo agora "capazes", responderão pela indenização com os seus próprios bens, afastada a responsabilidade subsidiária prevista no mencionado art. 928 do Código Civil, mesmo que, "quando necessário", sejam interditados e tenham um curador, como o permite o art. 84, § 1º, da retromencionada Lei n. 13.146/2015.

4.2. A responsabilidade dos menores

O art. 156 do Código Civil de 1916 tratava da responsabilidade civil do menor púbere, nestes termos: "O menor, entre 16 (dezesseis) e 21 (vinte e um) anos, equipara-se ao maior quanto às obrigações resultantes de atos ilícitos, em que for culpado".

Sendo o menor impúbere, com menos de 16 anos, inimputável, tinha aplicação o art. 1.521, I, do referido diploma, que responsabilizava os pais pelos atos praticados pelos filhos menores que estivessem sob sua guarda. Desse modo, a vítima não ficaria irressarcida. O pai era responsável pelo filho menor de 21 anos. Se o filho tivesse idade entre 16 e 21 anos, e possuísse bens, poderia ser também responsabilizado, solidariamente com o pai ou sozinho (cf. *RJTJSP, 107*:150). Se fosse menor de 16 anos, somente o pai seria responsabilizado, pois era civilmente inimputável. Se o menor estivesse sob tutela, aplicar-se-ia o inciso II do referido art. 1.521, que responsabilizava o tutor pelos atos dos pupilos que se achassem sob seu poder.

O Código Civil de 2002 não contém dispositivo semelhante ao mencionado art. 156 do diploma de 1916. Porém, reduz o limite da menoridade, de 21 para 18 anos completos, permitindo que os pais emancipem os filhos menores que completarem 16 anos de idade. No art. 928, retrotranscrito, refere-se ao "incapaz" de forma geral, abrangendo tanto os

---

27. *Traité*, cit., p. 36. Cf. Wilson Melo da Silva, *Responsabilidade*, cit.

que não puderem exprimir sua vontade como os menores de 18 anos, que passariam a ter responsabilidade mitigada e subsidiária.

Em primeiro lugar, a obrigação de indenizar cabe às pessoas responsáveis pelo incapaz menor de 18 anos. Este só será responsabilizado se aquelas não dispuserem de meios suficientes para o pagamento. Mas a indenização, nesse caso, que deverá ser equitativa, não terá lugar se privar do necessário o incapaz, ou as pessoas que dele dependem. Não mais se admite que os responsáveis pelo menor, pais e tutores, se exonerem da obrigação de indenizar provando que não foram negligentes na guarda, porque, como já mencionado, o art. 933 do referido diploma dispõe que a responsabilidade dessas pessoas independe de culpa.

Na I Jornada de Direito Civil do Conselho da Justiça Federal foi aprovado o Enunciado n. 40, do seguinte teor: "O incapaz responde pelos prejuízos que causar de maneira subsidiária ou excepcionalmente como devedor principal, na hipótese do ressarcimento devido pelos adolescentes que praticarem atos infracionais nos termos do art. 116 do Estatuto da Criança e do Adolescente, no âmbito das medidas socioeducativas ali previstas".

Se os pais emancipam o filho, voluntariamente, a emancipação produz todos os efeitos naturais do ato, menos o de isentar os primeiros da responsabilidade pelos atos ilícitos praticados pelo segundo, consoante proclama a jurisprudência. Tal não acontece quando a emancipação decorre do casamento ou das outras causas previstas no art. 5º, parágrafo único, do Código Civil.

5. Responsabilidade civil e responsabilidade penal

A palavra "responsabilidade" origina-se do latim *respondere*, que encerra a ideia de segurança ou garantia da restituição ou compensação do bem sacrificado. Teria, assim, o significado de recomposição, de obrigação de restituir ou ressarcir.

Entre os romanos, não havia nenhuma distinção entre responsabilidade civil e responsabilidade penal. Tudo, inclusive a compensação pecuniária, não passava de uma pena imposta ao causador do dano. A *Lex Aquilia* começou a fazer uma leve distinção: embora a responsabilidade continuasse sendo penal, a indenização pecuniária passou a ser a única forma de sanção nos casos de atos lesivos não criminosos[28].

Discorrendo a respeito da distinção entre responsabilidade civil e responsabilidade penal, escreveu Aguiar Dias: "Para efeito de punição ou da reparação, isto é, para aplicar uma ou outra forma de restauração da ordem social é que se distingue: a sociedade toma à sua conta aquilo que a atinge diretamente, deixando ao particular a ação para restabelecer-se, à custa do ofensor, no *statu quo* anterior à ofensa. Deixa, não porque se impressione com ele, mas porque o Estado ainda mantém um regime político que explica a sua não intervenção. Restabelecida a vítima na situação anterior, está desfeito o desequilíbrio experimentado"[29].

Quando ocorre uma colisão de veículos, por exemplo, o fato pode acarretar a responsabilidade civil do culpado, que será obrigado a pagar as despesas com o conserto do outro veículo e todos os danos causados. Mas poderá acarretar, também, a sua responsabilidade penal, se

---

28. Cunha Gonçalves, *Tratado de direito civil*, v. 12, t. 2, p. 456 e 563.
29. *Da responsabilidade*, cit., p. 18 e 19, n. 5.

causou ferimentos em alguém e se se configurou o crime do art. 129, § 6º, ou o do art. 121, § 3º, do Código Penal. Isto significa que uma ação, ou uma omissão, pode acarretar a responsabilidade civil do agente, ou apenas a responsabilidade penal, ou ambas as responsabilidades.

É ainda Aguiar Dias quem explica com perfeição este fenômeno jurídico: "Assim, certos fatos põem em ação somente o mecanismo recuperatório da responsabilidade civil; outros movimentam tão somente o sistema repressivo ou preventivo da responsabilidade penal; outros, enfim, acarretam, a um tempo, a responsabilidade civil e a penal, pelo fato de apresentarem, em relação a ambos os campos, incidência equivalente, conforme os diferentes critérios sob que entram em função os órgãos encarregados de fazer valer a norma respectiva. Reafirmamos, pois, que é quase o mesmo o fundamento da responsabilidade civil e da responsabilidade penal. As condições em que surgem é que são diferentes, porque uma é mais exigente do que a outra, quanto ao aperfeiçoamento dos requisitos que devem coincidir para se efetivar"[30].

No caso da responsabilidade penal, o agente infringe uma norma de direito público. O interesse lesado é o da sociedade. Na responsabilidade civil, o interesse diretamente lesado é o privado. O prejudicado poderá pleitear ou não a reparação.

Se, ao causar dano, escreveu Afranio Lyra, o agente transgride, também, a lei penal, ele se torna, ao mesmo tempo, obrigado civil e penalmente. E, assim, terá de responder perante o lesado e perante a sociedade, visto que o fato danoso se revestiu de características que justificam o acionamento do mecanismo recuperatório da responsabilidade civil e impõem a movimentação do sistema repressivo da responsabilidade penal. Quando, porém, no fato de que resulta o dano não se acham presentes os elementos caracterizadores da infração penal, o equilíbrio rompido se restabelece com a reparação civil, simplesmente[31].

Quando coincidem, a responsabilidade penal e a responsabilidade civil proporcionam as respectivas ações, isto é, as formas de se fazerem efetivas: uma, exercível pela sociedade; outra, pela vítima; uma, tendente à punição; outra, à reparação – a ação civil aí sofre, em larga proporção, a influência da ação penal[32].

Sob outros aspectos distinguem-se, ainda, a responsabilidade civil e a responsabilidade penal. Esta é pessoal, intransferível. Responde o réu com a privação de sua liberdade. Por isso, deve estar cercado de todas as garantias contra o Estado. A este incumbe reprimir o crime e deve arcar sempre com o ônus da prova.

Na esfera civil, porém, é diferente. Há várias hipóteses de responsabilidade por ato de outrem. E a regra *actori incumbit probatio*, aplicada à generalidade dos casos, sofre hoje muitas exceções, não sendo tão rigorosa como no processo penal. Na responsabilidade civil não é o réu mas a vítima que, em muitos casos, tem de enfrentar entidades poderosas, como as empresas multinacionais e o próprio Estado. Por isso, mecanismos de ordem legal e jurisprudencial têm sido desenvolvidos para cercá-la de todas as garantias e possibilitar-lhe a obtenção do ressarcimento do dano.

---

30. *Da responsabilidade*, cit., p. 19, n. 5.
31. *Responsabilidade*, cit., p. 34.
32. Aguiar Dias, *Da responsabilidade*, cit., p. 21, n. 5.

A tipicidade é um dos requisitos genéricos do crime. É necessário que haja perfeita adequação do fato concreto ao tipo penal. No cível, no entanto, qualquer ação ou omissão pode gerar a responsabilidade civil, desde que viole direito e cause dano a outrem (art. 186 do CC).

Também a culpabilidade é bem mais ampla na área civil, segundo a regra *in lege Aquilia levissima culpa venit* (no cível, a culpa, ainda que levíssima, obriga a indenizar). Na esfera criminal nem toda culpa acarreta a condenação do réu, pois se exige que tenha certo grau ou intensidade. Conceitualmente, a culpa civil e a culpa penal são iguais, pois têm os mesmos elementos. A diferença é apenas de grau ou de critério de aplicação da lei, pois o juiz criminal é mais exigente, não vislumbrando infração em caso de culpa levíssima.

A imputabilidade também é tratada de modo diverso. Somente os maiores de 18 anos são responsáveis, civil e criminalmente, por seus atos. Admite-se, porém, no cível, que os menores de 18 anos sejam também responsabilizados, de modo equitativo, desde que não fiquem privados do necessário (art. 928, parágrafo único). Na esfera criminal, estão sujeitos apenas às medidas de proteção e socioeducativas do Estatuto da Criança e do Adolescente.

Enquanto a responsabilidade criminal é pessoal, intransferível, respondendo o réu com a privação de sua liberdade, a responsabilidade civil é patrimonial: é o patrimônio do devedor que responde por suas obrigações. Ninguém pode ser preso por dívida civil, exceto o devedor de pensão oriunda do direito de família. Desse modo, se o causador do dano e obrigado a indenizar não tiver bens que possam ser penhorados, a vítima permanecerá irressarcida.

6. Responsabilidade subjetiva e responsabilidade objetiva

Conforme o fundamento que se dê à responsabilidade, a culpa será ou não considerada elemento da obrigação de reparar o dano.

Em face da teoria clássica, a culpa era fundamento da responsabilidade. Esta teoria, também chamada de teoria da culpa, ou "subjetiva", pressupõe a culpa como fundamento da responsabilidade civil. Em não havendo culpa, não há responsabilidade.

Diz-se, pois, ser "subjetiva" a responsabilidade quando se esteia na ideia de culpa. A prova da culpa do agente passa a ser pressuposto necessário do dano indenizável. Dentro desta concepção, a responsabilidade do causador do dano somente se configura se agiu com dolo ou culpa.

A lei impõe, entretanto, a certas pessoas, em determinadas situações, a reparação de um dano cometido sem culpa. Quando isto acontece, diz-se que a responsabilidade é legal ou "objetiva", porque prescinde da culpa e se satisfaz apenas com o dano e o nexo de causalidade. Esta teoria, dita objetiva, ou do risco, tem como postulado que todo dano é indenizável, e deve ser reparado por quem a ele se liga por um nexo de causalidade, independentemente de culpa[33].

Nos casos de responsabilidade objetiva, não se exige prova de culpa do agente para que seja obrigado a reparar o dano. Ela é de todo prescindível, porque a responsabilidade se funda no risco.

---

33. Agostinho Alvim, *Da inexecução*, cit., p. 237, n. 169.

A classificação corrente e tradicional, pois, denomina objetiva a responsabilidade que independe de culpa. Esta pode ou não existir, mas será sempre irrelevante para a configuração do dever de indenizar. Indispensável será a relação de causalidade, entre a ação e o dano, uma vez que, mesmo no caso de responsabilidade objetiva, não se pode responsabilizar quem não tenha dado causa ao evento. Nessa classificação, os casos de culpa presumida são considerados hipóteses de responsabilidade subjetiva, pois se fundam na culpa, ainda que presumida.

Uma das teorias que procuram justificar a responsabilidade objetiva é a teoria do risco. Para esta teoria, toda pessoa que exerce alguma atividade cria um risco de dano para terceiros. E deve ser obrigada a repará-lo, ainda que sua conduta seja isenta de culpa. A responsabilidade civil desloca-se da noção de culpa para a ideia de risco, ora encarada como "risco-proveito", que se funda no princípio segundo o qual é reparável o dano causado a outrem em consequência de uma atividade realizada em benefício do responsável (*ubi emolumentum, ibi onus*); ora mais genericamente como "risco criado", a que se subordina todo aquele que, sem indagação de culpa, expuser alguém a suportá-lo.

Primitivamente, a responsabilidade era objetiva, como acentuam os autores, referindo-se aos primeiros tempos do direito romano, mas sem que por isso se fundasse no risco, tal como o concebemos hoje.

Mais tarde, e representando essa mudança uma verdadeira evolução ou progresso, abandonou-se a ideia de vingança e passou-se à pesquisa da culpa do autor do dano.

Atualmente, volta ela ao objetivismo. Não por abraçar, de novo, a ideia de vingança, mas por se entender que a culpa é insuficiente para regular todos os casos de responsabilidade[34].

Historicamente, a partir da segunda metade do século XIX foi que a questão da responsabilidade objetiva tomou corpo e apareceu como um sistema autônomo no campo da responsabilidade civil. Apareceram, então, importantes trabalhos na Itália, na Bélgica e em outros países. Mas foi na França que a tese da responsabilidade objetiva encontrou seu mais propício campo doutrinário de expansão e de consolidação[35]. São conhecidas, neste particular, as contribuições de Saleilles, Josserand, Ripert, Demogue, Mazeaud e Mazeaud, Savatier e outros. No Brasil, destacam-se os nomes dos professores Alvino Lima, Agostinho Alvim, Aguiar Dias, Orlando Gomes, San Tiago Dantas, Washington de Barros Monteiro, Caio Mário da Silva Pereira, Silvio Rodrigues, além de inúmeros juristas de escol, como Clóvis Beviláqua, Costa Manso, A. Gonçalves de Oliveira, Orozimbo Nonato e outros.

O Código Civil brasileiro filiou-se à teoria "subjetiva". É o que se pode verificar no art. 186, que erigiu o dolo e a culpa como fundamentos para a obrigação de reparar o dano. Espínola, ao comentar o dispositivo correspondente a este no Código Civil de 1916, teve estas palavras: "O Código, obedecendo à tradição do nosso direito e à orientação das legislações estrangeiras, ainda as mais recentes, abraçou, em princípio, o sistema da responsabilidade subjetiva"[36].

A responsabilidade subjetiva subsiste como regra necessária, sem prejuízo da adoção da responsabilidade objetiva, em dispositivos vários e esparsos. Poderiam ser lembrados, como de responsabilidade objetiva, em nosso diploma civil, os arts. 936, 937 e 938, que

---

34. Agostinho Alvim, *Da inexecução*, cit., p. 238, n. 170.
35. Wilson Melo da Silva, *Responsabilidade*, cit., p. 93.
36. *Breves anotações ao Código Civil brasileiro*, Rio de Janeiro, v. 1, n. 225.

tratam, respectivamente, da responsabilidade do dono do animal, do dono do prédio em ruína e do habitante da casa da qual caírem coisas. E, ainda, os arts. 929 e 930, que preveem a responsabilidade por ato lícito (estado de necessidade); os arts. 939 e 940, sobre a responsabilidade do credor que demanda o devedor antes de vencida a dívida ou por dívidas já pagas; o art. 933, pelo qual os pais, tutores, curadores e empregadores donos de hotéis e de escolas respondem, independentemente de culpa, pelos danos causados por seus filhos, pupilos, curatelados, prepostos, empregados, hóspedes, moradores e educandos; o parágrafo único do art. 927, que trata da obrigação de reparar o dano, independentemente de culpa, nos casos especificados em lei, ou quando a atividade normalmente desenvolvida pelo autor do dano implicar, por sua natureza, risco para os direitos de outrem.

Em diversas leis esparsas, a tese da responsabilidade objetiva foi sancionada: Lei de Acidentes do Trabalho, Código Brasileiro de Aeronáutica, Lei n. 6.453/77 (que estabelece a responsabilidade do operador de instalação nuclear), Decreto legislativo n. 2.681, de 1912 (que regula a responsabilidade civil das estradas de ferro), Lei n. 6.938/81 (que trata dos danos causados ao meio ambiente), Código de Defesa do Consumidor e outras.

Isto significa que a responsabilidade objetiva não substitui a subjetiva, mas fica circunscrita aos seus justos limites. A propósito, adverte Caio Mário da Silva Pereira: "... a regra geral, que deve presidir à responsabilidade civil, é a sua fundamentação na ideia de culpa; mas, sendo insuficiente esta para atender às imposições do progresso, cumpre ao legislador fixar especialmente os casos em que deverá ocorrer a obrigação de reparar, independentemente daquela noção. Não será sempre que a reparação do dano se abstrairá do conceito de culpa, porém quando o autorizar a ordem jurídica positiva. É neste sentido que os sistemas modernos se encaminham, como, por exemplo, o italiano, reconhecendo em casos particulares e em matéria especial a responsabilidade objetiva, mas conservando o princípio tradicional da imputabilidade do fato lesivo. Insurgir-se contra a ideia tradicional da culpa é criar uma dogmática desafinada de todos os sistemas jurídicos. Ficar somente com ela é entravar o progresso"[37].

Esta, também, é a orientação seguida na elaboração do Projeto de Lei n. 634-B/75, sob a supervisão de Miguel Reale, e que se transformou no atual Código Civil, conforme suas palavras: "Responsabilidade subjetiva, ou responsabilidade objetiva? Não há que fazer essa alternativa. Na realidade, as duas formas de responsabilidade se conjugam e se dinamizam. Deve ser reconhecida, penso eu, a responsabilidade subjetiva como norma, pois o indivíduo deve ser responsabilizado, em princípio, por sua ação ou omissão, culposa ou dolosa. Mas isto não exclui que, atendendo à estrutura dos negócios, se leve em conta a responsabilidade objetiva. Este é um ponto fundamental".

Na sequência, arremata Miguel Reale: "Pois bem, quando a *estrutura* ou *natureza* de um negócio jurídico – como o de transporte, ou de trabalho, só para lembrar os exemplos mais conhecidos – implica a existência de riscos inerentes à atividade desenvolvida, impõe-se a responsabilidade objetiva de quem dela tira proveito, haja ou não culpa. Ao reconhecê-lo, todavia, leva-se em conta a participação culposa da vítima, a natureza gratuita ou não de sua participação no evento, bem como o fato de terem sido tomadas as necessárias cautelas, fundadas em critérios de ordem técnica. Eis aí como o problema é posto, com a devida cautela,

---

37. *Instituições de direito civil*, 3. ed., Forense, v. 3, p. 507.

o que quer dizer, com a preocupação de considerar a totalidade dos fatores operantes, numa visão integral e orgânica, num balanceamento prudente de motivos e valores"[38].

A inovação constante do parágrafo único do art. 927 do Código Civil é significativa e representa, sem dúvida, um avanço, entre nós, em matéria de responsabilidade civil. Pois a admissão da responsabilidade sem culpa pelo exercício de atividade que, por sua natureza, representa risco para os direitos de outrem, da forma genérica como consta do texto, possibilitará ao Judiciário uma ampliação dos casos de dano indenizável. Poder-se-á entender, *verbi gratia*, que, se houve dano, tal ocorreu porque não foram empregadas as medidas preventivas tecnicamente adequadas.

7. Responsabilidade contratual e extracontratual

Uma pessoa pode causar prejuízo a outrem por descumprir uma obrigação contratual. Por exemplo: quem toma um ônibus tacitamente celebra um contrato, chamado contrato de adesão, com a empresa de transporte. Esta, implicitamente, assume a obrigação de conduzir o passageiro ao seu destino, são e salvo. Se, no trajeto, ocorre um acidente e o passageiro fica ferido, dá-se o inadimplemento contratual, que acarreta a responsabilidade de indenizar as perdas e danos, nos termos do art. 389 do Código Civil. Acontece o mesmo quando o comodatário não devolve a coisa emprestada porque, por sua culpa, ela pereceu; com o ator, que não comparece para dar o espetáculo contratado. Enfim, com todas as espécies de contratos não adimplidos.

Quando a responsabilidade não deriva de contrato, diz-se que ela é extracontratual. Neste caso, aplica-se o disposto no art. 186 do Código Civil. Todo aquele que causa dano a outrem, por culpa em sentido estrito ou dolo, fica obrigado a repará-lo. É a responsabilidade derivada de ilícito extracontratual, também chamada aquiliana.

Na responsabilidade extracontratual, o agente infringe um dever legal, e, na contratual, descumpre o avençado, tornando-se inadimplente. Nesta, existe uma convenção prévia entre as partes, que não é cumprida. Na responsabilidade extracontratual, nenhum vínculo jurídico existe entre a vítima e o causador do dano, quando este pratica o ato ilícito.

O Código Civil distinguiu as duas espécies de responsabilidade, disciplinando genericamente a responsabilidade extracontratual nos arts. 186 a 188 e 927 e s.; e a contratual, nos arts. 395 e s. e 389 e s., omitindo qualquer referência diferenciadora. É certo, porém, que nos dispositivos em que trata genericamente dos atos ilícitos, da obrigação de indenizar e da indenização (arts. 186 a 188, 927 e s. e 944 e s.), o Código não regulou a responsabilidade proveniente do inadimplemento da obrigação, da prestação com defeito ou da mora no cumprimento das obrigações provenientes dos contratos (que se encontra no capítulo referente aos efeitos das obrigações). Além dessas hipóteses, a responsabilidade contratual abrange também o inadimplemento ou mora relativos a qualquer obrigação, ainda que proveniente de um negócio unilateral (como o testamento, a procuração ou a promessa de recompensa) ou da lei (como a obrigação de alimentos). E a responsabilidade extracontratual compreende, por seu turno, a

---

38. Diretrizes gerais sobre o Projeto de Código Civil, in *Estudos de filosofia e ciência do direito*, Saraiva, 1978, p. 176-7.

violação dos deveres gerais de abstenção ou omissão, como os que correspondem aos direitos reais, aos direitos de personalidade ou aos direitos de autor (à chamada propriedade literária, científica ou artística, aos direitos de patente ou de invenções e às marcas)[39].

Há quem critique essa dualidade de tratamento. São os adeptos da tese unitária ou monista, que entendem pouco importar os aspectos sob os quais se apresente a responsabilidade civil no cenário jurídico, pois uniformes são os seus efeitos.

De fato, basicamente as soluções são idênticas para os dois aspectos. Tanto em um como em outro caso, o que, em essência, se requer para a configuração da responsabilidade são estas três condições: o dano, o ato ilícito e a causalidade, isto é, o nexo de causa e efeito entre os primeiros elementos[40].

Esta convicção é, hoje, dominante na doutrina. Nos códigos de diversos países, inclusive no Brasil, tem sido, contudo, acolhida a tese dualista ou clássica, embora largamente combatida.

Algumas codificações modernas, no entanto, tendem a aproximar as duas variantes da responsabilidade civil, submetendo a um regime uniforme os aspectos comuns a ambas. O Código alemão e o português, por exemplo, incluíram uma série de disposições de caráter geral sobre a "obrigação de indenização", ao lado das normas privativas da responsabilidade do devedor pelo não cumprimento da obrigação e das regras especificamente aplicáveis aos atos ilícitos. Ficaram, assim, fora da regulamentação unitária apenas os aspectos específicos de cada uma das variantes da responsabilidade.

Há, com efeito, aspectos privativos, tanto da responsabilidade contratual como da responsabilidade extracontratual, que exigem regulamentação própria. É o caso típico da exceção do contrato não cumprido (*exceptio non adimpleti contractus*) e da chamada "condição resolutiva tácita", nos contratos sinalagmáticos (art. 476 e parágrafo único do CC) e o que ocorre com as omissões e com os casos de responsabilidade pelo fato de outrem, no domínio da responsabilidade extracontratual (Antunes Varela, *A responsabilidade*, cit., p. 11).

Por esta razão, e pelos aspectos práticos que a distinção oferece, será ela observada neste trabalho. Vejamos, assim, quais as diferenciações geralmente apontadas entre as duas espécies de responsabilidade.

A primeira, e talvez mais significativa, diz respeito ao ônus da prova. Se a responsabilidade é contratual, o credor só está obrigado a demonstrar que a prestação foi descumprida. O devedor só não será condenado a reparar o dano se provar a ocorrência de alguma das excludentes admitidas na lei: culpa exclusiva da vítima, caso fortuito ou força maior. Incumbe-lhe, pois, o *onus probandi*.

No entanto se a responsabilidade for extracontratual, a do art. 186 (um atropelamento, por exemplo), o autor da ação é que fica com o ônus de provar que o fato se deu por culpa do agente (motorista). A vítima tem maiores probabilidades de obter a condenação do agente ao pagamento da indenização quando a sua responsabilidade deriva do descumprimento do contrato, ou seja, quando a responsabilidade é contratual, porque não precisa provar a culpa. Basta provar que o contrato não foi cumprido e, em consequência, houve o dano.

---

39. Antunes Varela, *A responsabilidade no direito*, São Paulo, 1982, p. 10.
40. Aguiar Dias, *Da responsabilidade*, cit., p. 157, n. 67.

Outra diferenciação que se estabelece entre a responsabilidade contratual e a extracontratual diz respeito às fontes de que promanam. Enquanto a contratual tem a sua origem na convenção, a extracontratual a tem na inobservância do dever genérico de não lesar, de não causar dano a ninguém (*neminem laedere*), estatuído no art. 186 do Código Civil.

Outro elemento de diferenciação entre as duas espécies de responsabilidade civil refere-se à capacidade do agente causador do dano. Josserand entende que a capacidade sofre limitações no terreno da responsabilidade simplesmente contratual, sendo mais ampla no campo da responsabilidade extracontratual[41]. A convenção exige agentes plenamente capazes ao tempo de sua celebração, sob pena de nulidade e de não produzir efeitos indenizatórios. Na hipótese de obrigação derivada de um delito, o ato do incapaz pode dar origem à reparação por aqueles que legalmente são encarregados de sua guarda. E a tendência de nosso direito é para a ampliação da responsabilidade delituosa dos incapazes, como se pode verificar no art. 928, que responsabiliza os incapazes em geral (loucos, menores etc.) pelos prejuízos que venham a causar.

Assiste razão, pois, a Josserand quando considera a capacidade jurídica bem mais restrita na responsabilidade contratual do que na derivada de atos ilícitos, porque estes podem ser perpetrados por amentais e por menores e podem gerar o dano indenizável, ao passo que somente as pessoas plenamente capazes são suscetíveis de celebrar convenções válidas.

Outro elemento de diferenciação poderia ser apontado no tocante à gradação da culpa. Em regra, a responsabilidade, seja extracontratual (art. 186), seja contratual (arts. 389 e 392), funda-se na culpa. A obrigação de indenizar, em se tratando de delito, deflui da lei, que vale *erga omnes*.

Consequência disso seria que, na responsabilidade delitual, a falta se apuraria de maneira mais rigorosa, enquanto na responsabilidade contratual ela variaria de intensidade de conformidade com os diferentes casos, sem, contudo, alcançar aqueles extremos a que se pudesse chegar na hipótese da culpa aquiliana, em que vige o princípio do *in lege Aquilia et levissima culpa venit*. No setor da responsabilidade contratual, a culpa obedece a um certo escalonamento, de conformidade com os diferentes casos em que ela se configure, ao passo que, na delitual, ela iria mais longe, alcançando a falta ligeiríssima[42].

Decidiu o Superior Tribunal de Justiça que o prazo aplicável à responsabilidade contratual deve ser o de 10 anos, e não de 03, como na responsabilidade extracontratual, *verbis*: "Inaplicabilidade do art. 206, § 3º, V, do Código Civil. Subsunção à regra geral do art. 205, do Código Civil, salvo existência de previsão expressa de prazo diferenciado"[43].

Quanto ao termo inicial da contagem do prazo prescricional, o Enunciado n. 14 da I Jornada de Direito Civil anuncia que: "1) O início do prazo prescricional ocorre com o surgimento da pretensão, que decorre da exigibilidade do direito subjetivo; 2) o art. 189 diz respeito a casos em que a pretensão nasce imediatamente após a violação do direito absoluto ou da obrigação de não fazer". Porém, nos Tribunais de Justiça e no Superior Tribunal de Justiça, encontram-se julgados que consideram a seguinte premissa: "O início do prazo prescricional, com base na *Teoria da Actio Nata*, não se dá necessariamente no momento em que ocorre a

---

41. *Derecho civil*, Buenos Aires, Bosch, 1951, v. 1, p. 343, n. 455.
42. Wilson Melo da Silva, *Da responsabilidade*, cit., p. 37, n. 9.
43. STJ, Corte Especial, EREsp 1.281.594-SP, j. 23-5-2019, rel. Min. Felix Fischer.

lesão ao direito, mas sim quando o titular do direito subjetivo violado obtém plena ciência da lesão e de toda a sua extensão"[44].

8. Responsabilidade extracontratual por atos ilícitos e lícitos (fundada no risco e decorrente de fatos permitidos por lei)

Via de regra a obrigação de indenizar assenta-se na prática de um fato ilícito. É o caso, por exemplo, do motorista, que tem de pagar as despesas médico-hospitalares e os lucros cessantes da vítima que atropelou, por ter agido de forma imprudente, praticando um ato ilícito.

Outras vezes, porém, essa obrigação pode decorrer, como vimos, do exercício de uma atividade perigosa. O dono da máquina que, em atividade, tenha causado dano a alguém (acidentes de trabalho, p. ex.) responde pela indenização não porque tenha cometido propriamente um ato ilícito ao utilizá-la, mas por ser quem, utilizando-a em seu proveito, suporta o risco (princípio em que se funda a responsabilidade objetiva).

Em outros casos, ainda, a obrigação de indenizar pode nascer de fatos permitidos por lei e não abrangidos pelo chamado risco social. Alguns exemplos expressivos podem ser mencionados, dentre outros: o dos atos praticados em estado de necessidade, considerados lícitos pelo art. 188, II, do Código Civil, mas que, mesmo assim, obrigam o seu autor a indenizar o dono da coisa, como prevê o art. 929 do mesmo diploma; o do dono do prédio encravado que exige passagem pelo prédio vizinho, mediante o pagamento de indenização cabal (art. 1.285 do CC); o do proprietário que penetra no imóvel vizinho para fazer limpeza, reformas e outros serviços considerados necessários (art. 1.313 do CC).

9. Responsabilidade nas relações de consumo

Determina a Constituição Federal que o "Estado promoverá, na forma da lei, a defesa do consumidor" (art. 5º, XXXII). Em cumprimento a essa determinação, foi elaborado o Código de Defesa do Consumidor (Lei n. 8.078/90), que entrou em vigor em março de 1991. Tal diploma legal é abrangente, tendo repercutido profundamente nas diversas áreas do direito, inovando em aspectos de direito penal, administrativo, comercial, processual civil, e civil, em especial.

Com a evolução das relações sociais e o surgimento do consumo em massa, bem como dos conglomerados econômicos, os princípios tradicionais da nossa legislação privada já não mais basta-

---

44. AgInt no AREsp 1.500.181-SP, 3ª T., rel. Min. Marco Aurélio Bellizze, j. 22-6-2021.
"Em homenagem ao princípio do *actio nata*, o termo inicial do prazo prescricional é a data do nascimento da pretensão resistida, o que ocorre quando se toma ciência inequívoca do fato danoso" (TJDFT, Ap. 07274039820188070001, 3ª T. Cív., rel. Des. Fátima Rafael, *DJe* 9-6-2021).
"No tocante à prescrição, a jurisprudência do Superior Tribunal de Justiça tem adotado a teoria da *actio nata*, segundo a qual a pretensão surge apenas quando há ciência inequívoca da lesão e de sua extensão pelo titular do direito violado" (REsp 1.770.890-SC, 3ª T., rel. Min. Ricardo Villas Bôas Cueva, *DJe* 26-8-2020).

vam para reger as relações humanas, sob determinados aspectos. E, nesse contexto, surgiu o Código de Defesa do Consumidor, atendendo a princípio constitucional relacionado à ordem econômica.

Partindo da premissa básica de que o consumidor é a parte vulnerável das relações de consumo, o Código pretende restabelecer o equilíbrio entre os protagonistas de tais relações. Assim, declara expressamente o art. 1º que o referido diploma estabelece normas de proteção e defesa do consumidor, acrescentando serem tais normas de ordem pública e interesse social. De pronto, percebe-se que, tratando-se de relações de consumo, as normas de natureza privada, estabelecidas no Código Civil de 1916, onde campeava o princípio da autonomia da vontade, e em leis esparsas, deixaram de ser aplicadas. O Código de Defesa do Consumidor retirou da legislação civil (bem como de outras áreas do direito) a regulamentação das atividades humanas relacionadas com o consumo, criando uma série de princípios e regras em que se sobressai não mais a igualdade formal das partes, mas a vulnerabilidade do consumidor, que deve ser protegido.

No referido sistema codificado, tanto a responsabilidade pelo fato do produto ou serviço como a oriunda do vício do produto ou serviço são de natureza objetiva, prescindindo do elemento culpa a obrigação de indenizar atribuída ao fornecedor. Em linhas gerais, estipula-se a reparação de danos, tanto patrimoniais como morais, na tutela da própria Constituição de 1988 (art. 5º, V) e sem prejuízo de sancionamentos outros cabíveis. Compreendem-se, em seu contexto, tanto danos a pessoa como a bens, prevalecendo a obrigação de ressarcimento nos casos de vício, falta ou insuficiência de informações, ou seja, tanto em razão de problemas intrínsecos como extrínsecos do bem ou do serviço. São limitadas as excludentes invocáveis pelo agente, "só" não sendo responsabilizado o fornecedor quando provar a culpa exclusiva do consumidor ou de terceiro, que não colocou o produto no mercado ou que, embora haja colocado o produto no mercado, o defeito inexiste (CDC, art. 12).

Determina-se expressamente a aplicação da teoria da desconsideração da personalidade jurídica (CDC, art. 28) e coloca-se como um dos direitos básicos do consumidor "a facilitação da defesa de seus direitos, inclusive com a inversão do ônus da prova, a seu favor, no processo civil..." (CDC, art. 6º, VIII).

10. Pressupostos da responsabilidade civil

O art. 186 do Código Civil consagra uma regra universalmente aceita: a de que todo aquele que causa dano a outrem é obrigado a repará-lo. Estabelece o aludido dispositivo legal, informativo da responsabilidade aquiliana:

"Aquele que, por ação ou omissão voluntária, negligência ou imprudência, violar direito e causar dano a outrem, ainda que exclusivamente moral, comete ato ilícito".

A análise do artigo supratranscrito evidencia que quatro são os elementos essenciais da responsabilidade civil: ação ou omissão, culpa ou dolo do agente, relação de causalidade, e o dano experimentado pela vítima.

Ação ou omissão – Inicialmente, refere-se a lei a qualquer pessoa que, por ação ou omissão, venha a causar dano a outrem. A responsabilidade pode derivar de ato próprio, de ato de terceiro que esteja sob a guarda do agente, e ainda de danos causados por coisas e animais que lhe pertençam.

O Código prevê a responsabilidade por ato próprio, dentre outros, nos casos de calúnia, difamação e injúria; de demanda de pagamento de dívida não vencida ou já paga; de abuso de direito.

A responsabilidade por ato de terceiro ocorre nos casos de danos causados pelos filhos, tutelados e curatelados, ficando responsáveis pela reparação os pais, tutores e curadores. Também o patrão responde pelos atos de seus empregados. Os educadores, hoteleiros e estalajadeiros, pelos seus educandos e hóspedes. Os farmacêuticos, por seus prepostos. As pessoas jurídicas de direito privado, por seus empregados, e as de direito público, por seus agentes. E, ainda, aqueles que participam do produto de crime.

A responsabilidade por danos causados por animais e coisas que estejam sob a guarda do agente é, em regra, objetiva: independe de prova de culpa. Isto se deve ao aumento do número de acidentes e de vítimas, que não devem ficar irressarcidas, decorrente do grande desenvolvimento da indústria de máquinas.

Culpa ou dolo do agente – Todos concordam em que o art. 186 do Código Civil cogita do dolo logo no início: "ação ou omissão *voluntária*", passando, em seguida, a referir-se à culpa: "negligência ou imprudência".

O dolo consiste na vontade de cometer uma violação de direito, e a culpa, na falta de diligência[45]. Dolo, portanto, é a violação deliberada, consciente, intencional, do dever jurídico.

Para obter a reparação do dano, a vítima geralmente tem de provar dolo ou culpa *stricto sensu* do agente, segundo a teoria subjetiva adotada em nosso diploma civil. Entretanto, como essa prova muitas vezes se torna difícil de ser conseguida, o nosso direito positivo admite, em hipóteses específicas, alguns casos de responsabilidade sem culpa: a responsabilidade objetiva, com base especialmente na teoria do risco.

A teoria subjetiva desce a várias distinções sobre a natureza e extensão da culpa. Culpa lata ou "grave" é a falta imprópria ao comum dos homens, é a modalidade que mais se avizinha do dolo. Culpa "leve" é a falta evitável com atenção ordinária. Culpa "levíssima" é a falta só evitável com atenção extraordinária, com especial habilidade ou conhecimento singular. Na responsabilidade aquiliana, a mais ligeira culpa produz obrigação de indenizar (*in lege Aquilia et levissima culpa venit*)[46].

A culpa pode ser, ainda, *in eligendo*: decorre da má escolha do representante, do preposto; *in vigilando*: decorre da ausência de fiscalização; *in comittendo*: decorre de uma ação, de um ato positivo; *in omittendo*: decorre de uma omissão, quando havia o dever de não se abster; *in custodiendo*: decorre da falta de cuidados na guarda de algum animal ou de algum objeto.

Relação de causalidade – É a relação de causa e efeito entre a ação ou omissão do agente e o dano verificado. Vem expressa no verbo "causar", utilizado no art. 186. Sem ela, não existe a obrigação de indenizar. Se houve o dano mas sua causa não está relacionada com o comportamento do agente, inexiste a relação de causalidade e também a obrigação de indenizar. Se, *verbi gratia*, o motorista está dirigindo corretamente e a vítima, querendo suicidar-se, atira-se sob as rodas do veículo, não se pode afirmar ter ele "causado" o acidente, pois na verdade foi um mero instrumento da vontade da vítima, esta sim responsável exclusiva pelo evento.

---

45. Savigny, *Le droit des obligations*, trad. Gerardin et Jozon, § 82.
46. Washington de Barros Monteiro, *Curso*, cit., p. 414.

Dano – Sem a prova do dano, ninguém pode ser responsabilizado civilmente. O dano pode ser material ou simplesmente moral, ou seja, sem repercussão na órbita financeira do ofendido. Pode ser, também, *coletivo* ou *social*. O Código Civil consigna um capítulo sobre a liquidação do dano, ou seja, sobre o modo de se apurarem os prejuízos e a indenização cabível. A inexistência de dano é óbice à pretensão de uma reparação, aliás, sem objeto[47].

O atual Código aperfeiçoou o conceito de ato ilícito ao dizer que o pratica quem "violar direito *e* causar dano a outrem" (art. 186), substituindo o "ou" ("violar direito *ou* causar dano a outrem") que constava do art. 159 do diploma de 1916.

Com efeito, o elemento subjetivo da culpa é o dever violado. A responsabilidade é uma reação provocada pela infração a um dever preexistente. No entanto, ainda mesmo que haja violação de um dever jurídico e que tenha havido culpa, e até mesmo dolo, por parte do infrator, nenhuma indenização será devida, uma vez que não se tenha verificado prejuízo. Se, por exemplo, o motorista comete várias infrações de trânsito, mas não atropela nenhuma pessoa nem colide com outro veículo, nenhuma indenização será devida, malgrado a ilicitude de sua conduta. A obrigação de indenizar decorre, pois, da existência da *violação de direito* e do *dano*, concomitantemente.

Observa Mário Moacyr Porto que o dever de reparar assume, ainda que raramente, o caráter de uma pena privada, uma sanção pelo comportamento ilícito do agente. Assim, o credor não precisa provar um prejuízo para pedir e obter pagamento de uma cláusula penal (art. 416 do CC); quem demandar dívida já paga fica obrigado a pagar em dobro ao devedor (art. 940 do CC); as ofensas aos direitos da personalidade autorizam uma reparação pecuniária mesmo que nenhum prejuízo material advenha das ofensas (*Temas*, cit., p. 12). São hipóteses de infração a uma norma jurídica tuteladora de interesses particulares.

Na ação de responsabilidade do produto, é o fornecedor que deve comprovar que o produto não apresentou defeito, contanto que o consumidor tenha demonstrado que o acidente de consumo foi causado pelo próprio produto. Assim entendendo a 3ª Turma do Superior Tribunal de Justiça deu provimento ao recurso especial apresentado por uma empresa que ajuizou ação de compensação por danos materiais e morais contra uma distribuidora de automóveis, devido ao fato de um veículo comprado ter se incendiado durante o uso. O incidente ocorreu pouco mais de dois anos após a compra do carro, que só era utilizado pela mesma pessoa. Em 2017, o veículo parou de funcionar e acabou pegando fogo, o que levou à sua destruição quase integral.

A relatora do Superior Tribunal de Justiça, Ministra Nancy Andrighi, explicou que, na ação de responsabilidade pelo fato do produto, basta ao consumidor demonstrar que o problema derivou do próprio produto adquirido e consumido. Foi o que fez a empresa na ação, ao provar que o carro se incendiou durante o uso. Não é ônus do consumidor provar que o produto adquirido é defeituoso. Essa função é do fornecedor, que só poderá se eximir de responsabilidade se comprovar, de forma cabal, a inexistência do defeito. "Embora as perícias realizadas não tenham identificado a causa do incêndio, a inexistência de defeito no veículo deveria ser comprovada pelas fornecedoras recorridas, que, não o fazendo, não se eximem de responsabilidade pelo fato do produto", concluiu a relatora[48].

---

47. Agostinho Alvim, *Da inexecução*, cit., p. 181, n. 143.
48. STJ, REsp 1.955.890, 3ª T., rel. Min. Nancy Andrighi, Revista *Consultor Jurídico* de 17-10-2021.

Livro II
Elementos Essenciais da Responsabilidade Civil

Título I
AÇÃO OU OMISSÃO DO AGENTE

Capítulo I
RESPONSABILIDADE EXTRACONTRATUAL

Seção I
Responsabilidade por ato próprio

1. Ação ou omissão: infração a um dever

O elemento objetivo da culpa é o dever violado. Para Savatier, "culpa é a inexecução de um dever que o agente podia conhecer e observar" (*Traité de la responsabilité civile en droit français*, v. 1, n. 4). A imputabilidade do agente representa o elemento subjetivo da culpa.

Clóvis Beviláqua, ao conceituar a culpa, põe em relevo o seu elemento objetivo: "Culpa, em sentido lato, é toda violação de um dever jurídico" (*Código Civil comentado*, obs. n. 1 ao art. 1.057). Para Rabut, "o estudo da jurisprudência não permite dúvida alguma sobre a existência de um primeiro elemento da culpa: ela supõe a violação de um dever anterior" (*De la notion de faute en droit privé*, p. 26). Segundo Marton, a responsabilidade é necessariamente uma reação provocada pela infração a um dever preexistente. A obrigação preexistente é a verdadeira fonte da responsabilidade, e deriva, por sua vez, de qualquer fator social capaz de criar normas de conduta (*Les fondements de la responsabilité civile*, Paris, 1938, n. 84, p. 84).

Qual a natureza do dever jurídico cuja violação induz culpa? Em matéria de culpa contratual, o dever jurídico consiste na obediência ao avençado. E, na culpa extracontratual, consiste no cumprimento da lei ou do regulamento. Se a hipótese não estiver prevista na lei ou no regulamento, haverá ainda o dever indeterminado de não lesar a ninguém, princípio este que, de resto, acha-se implícito no art. 186 do Código Civil, que não fala em violação de "lei", mas usa de uma expressão mais ampla: violar "direito".

A violação de um direito, como vimos, mesmo sem alegação de prejuízo ou comprovação de um dano material emergente, pode, em certos casos, impor ao transgressor a obrigação de indenizar, a título de pena privada (art. 416 do CC: hipótese de pena convencional; nos casos de violação dos chamados direitos da personalidade, como a vida, a saúde, a honra, a liberdade etc.).

A exigência de um fato "voluntário" na base do dano exclui do âmbito da responsabilidade civil os danos causados por forças da natureza, bem como os praticados em estado de inconsciência, mas não os praticados por uma criança ou um demente. Essencial é que a ação ou omissão seja, em abstrato, controlável ou dominável pela vontade do homem. Fato voluntário equivale a fato controlável ou dominável pela vontade do homem (Larenz, *Lehrbuch des Schuldrechts*, II, 11. ed., apud Antunes Varela, *A responsabilidade no direito*, p. 17-8).

Para Silvio Rodrigues, a ação ou omissão do agente, que dá origem à indenização, geralmente decorre da infração a um dever, que pode ser legal (disparo de arma em local proibido), contratual (venda de mercadoria defeituosa, no prazo da garantia) e social (com abuso de direito: denunciação caluniosa)[1].

O motorista que atropela alguém pode ser responsabilizado por omissão de socorro, se esta é a causa da morte, ainda que a culpa pelo evento caiba exclusivamente à vítima, porque tem o dever legal de socorrê-la. A responsabilidade civil por omissão, entretanto, ocorre com maior frequência no campo contratual.

Para que se configure a responsabilidade por omissão é necessário que exista o dever jurídico de praticar determinado fato (de não se omitir) e que se demonstre que, com a sua prática, o dano poderia ter sido evitado. O dever jurídico de agir (de não se omitir) pode ser imposto por lei (dever de prestar socorro às vítimas de acidente imposto a todo condutor de veículo pelo art. 176, I, do Código de Trânsito Brasileiro) ou resultar de convenção (dever de guarda, de vigilância, de custódia) e até da criação de alguma situação especial de perigo.

2. Ato praticado contra a honra da mulher

A ofensa à honra da mulher reparava-se, no sistema do Código Civil de 1916, em regra, pelo casamento. Se o ofensor, porém, não pudesse ou não quisesse casar-se, era obrigado a pagar-lhe uma soma, a título de dote, arbitrada pelo juiz, segundo a condição social e o estado civil da ofendida[2]. Podia a mulher preferir não se casar e exigir do ofensor a reparação civil, bem como a sua punição, em alguns casos, na esfera criminal.

O art. 1.548 do referido diploma previa quatro situações distintas em que cabia a fixação de dote por dano presumido, *verbis*: "A mulher agravada em sua honra tem direito a exigir do ofensor, se este não puder ou não quiser reparar o mal pelo casamento, um dote correspondente à sua própria condição e estado: I – se, virgem e menor, for deflorada; II – se, mulher honesta, for violentada, ou aterrada por ameaças; III – se for seduzida com promessas de casamento; IV – se for raptada".

O dote nada mais era do que uma indenização capaz de compensar prejuízo moral ou material experimentado pela mulher, ou ambos, conforme entendimento assentado na doutrina.

---

1. *Direito civil*, Saraiva, 1975, v. 4, p. 22, n. 9.
2. Washington de Barros Monteiro, *Curso de direito civil*, 5. ed., Saraiva, v. 5, p. 445.

O prejuízo material seria representado pela perda da virgindade e pela consequente diminuição ou exclusão da possibilidade de arranjar novos pretendentes e conseguir marido. O prejuízo moral consistiria numa insatisfação de natureza afetiva.

O importante era que a vítima não precisava provar a existência do dano. Este já era presumido. E a responsabilidade do ofensor era objetiva, na hipótese consignada no inciso I do referido art. 1.548, pois, desde que a vítima provasse que era menor e virgem, surgia para o deflorador a obrigação de indenizar[3].

O progresso e a mudança nos costumes têm provocado, contudo, modificações legislativas. No Direito Penal, alterações foram efetivadas no capítulo dos "crimes contra a honra da mulher", que não é mais aquela desprotegida e ingênua das décadas anteriores. Efetivamente, a Lei n. 11.106, de 28 de março de 2005, revogou os dispositivos do Código Penal concernentes aos crimes de sedução e de rapto, abolindo a expressão "mulher honesta". No campo do Direito Civil, a mudança já ocorreu, não só no direito de família como também no capítulo da responsabilidade civil.

Com efeito, o atual Código Civil não contém dispositivo similar ao art. 1.548 do diploma de 1916. Deixou de existir, pois, a presunção de dano e a responsabilidade objetiva do mencionado inciso I. Há, agora, a necessidade de prova do prejuízo e da ilicitude do ato, com base na regra geral que disciplina a responsabilidade civil. Se é verdade que o "tabu" da virgindade está desaparecendo, as vítimas encontrarão dificuldade para comprovar o dano, pois o prejuízo indenizável nesses casos é a dificuldade para conseguir futuro matrimônio! Restam apenas alguns danos de natureza patrimonial, e eventualmente de natureza moral, como o contágio de doença (AIDS, por exemplo, ou alguma doença venérea), aborto, despesas médicas e hospitalares e eventual reparação do dano moral decorrentes de violência sexual, posse mediante fraude, corrupção de menores, estupro etc.

3. Calúnia, difamação e injúria

O Código Penal tipifica a calúnia, a difamação e a injúria como crimes contra a honra. Dá-se a calúnia, segundo o art. 138 do estatuto penal, quando se imputa falsamente a alguém fato definido como crime. Segundo o art. 139, a difamação consiste na imputação a alguém de fato ofensivo à sua reputação. Ocorre a injúria quando se ofende a dignidade e o decoro de alguém.

Calúnia e difamação são crimes afins, pois ferem a honra objetiva, constituem-se da imputação de fatos e não dispensam a comunicação a outrem; por outro lado, entretanto, separam-se, já porque a calúnia requer seja crime o fato imputado, já porque a difamação prescinde da falsidade[4].

Dispõe o art. 953 do Código Civil:

"A indenização por injúria, difamação ou calúnia consistirá na reparação do dano que delas resulte ao ofendido.

---

3. RJTJSP, 30:77, 63:71; RT, 467:188, 447:75.
4. Magalhães Noronha, *Direito penal*, 4. ed., Saraiva, p. 133.

Parágrafo único. Se o ofendido não puder provar prejuízo material, caberá ao juiz fixar, equitativamente, o valor da indenização, de conformidade com as circunstâncias do caso".

Começa o dispositivo dizendo que, no caso de injúria, difamação ou calúnia, há obrigação de reparar o dano. É do dano patrimonial que aí se cogita. Pode consistir, por exemplo, em perda de emprego em virtude de falsa imputação da prática de crimes infamantes, como furto, apropriação indébita, criando dificuldades para a obtenção de outra colocação laborativa.

Como o prejuízo material é de difícil prova, manda o parágrafo único que, à sua falta, caberá ao juiz fixar, equitativamente, o valor da indenização, de conformidade com as circunstâncias do caso. Agostinho Alvim, ao tempo do Código Civil de 1916, em que esta matéria era tratada no parágrafo único do art. 1.547 do aludido diploma, afirmava tratar-se, na hipótese, de dano presumido[5]. A maioria dos doutrinadores já vislumbrava, no referido dispositivo legal, um caso em que se concedia indenização por dano moral[6]. Consiste este no sofrimento íntimo, no desgosto e aborrecimento, na mágoa e tristeza, que não repercutem no patrimônio da vítima.

O parágrafo único do mencionado art. 953 concede ao juiz o poder discricionário de decidir por equidade e de encontrar a medida adequada a cada caso, ao arbitrar o dano moral. Tal disciplina mostra-se bem melhor do que a do parágrafo único do art. 1.547 do Código Civil de 1916, que prefixava o *quantum* do dano moral com base no valor da multa prevista no Código Penal para os crimes de calúnia, difamação e injúria.

Os critérios a serem observados pelos juízes para a quantificação do dano moral, em cada caso, foram examinados e comentados no Livro II, Título IV, Capítulo I, n. 5.1.10, *infra*, ao qual nos reportamos.

3.1. Ofensa divulgada pelos meios de comunicação (rádio, jornal, televisão etc.)

Quando a ofensa à honra era divulgada pela imprensa, regia-se a reparação pela Lei de Imprensa (Lei n. 5.250, de 9-2-1967), que permitia o arbitramento do dano moral, que é presumido, em até 200 salários mínimos, em se tratando de conduta culposa.

Anteriormente, o Código Brasileiro de Telecomunicações (Lei n. 4.117, de 27-8-1962) previa, no art. 84, para a reparação do dano causado por calúnias ou injúrias divulgadas por meio de publicações, rádio, televisão etc. (portanto, de maior repercussão), indenização não inferior a cinco nem superior a cem vezes o maior salário mínimo vigente no País.

---

5. *Da inexecução*, cit., n. 161, p. 223: "Mas o parágrafo único manda que se pague, ainda que o ofendido não possa provar prejuízo, e fixa o montante. É certo que a calúnia e a injúria trazem, muitas vezes, o prejuízo patrimonial; mas não o é menos ser diabólica a prova do *quantum*, motivo por que as ações, ainda as mais bem encaminhadas, redundam, muitas vezes, em fracasso. Por isso a lei, neste como em outros casos, estabeleceu um *forfait*, para a hipótese em que o prejuízo não resulte provado. Portanto, dano patrimonial presumido".
6. Pontes de Miranda, *Tratado de direito privado*, v. 26, n. 3.108, p. 31-2; Silvio Rodrigues, *Direito civil*, cit., p. 35-6; Washington de Barros Monteiro, *Curso*, cit., p. 444; Yussef Said Cahali, *Dano*, cit., p. 87; Aguiar Dias, *Da responsabilidade*, cit., p. 820-1, n. 237.

Tal dispositivo foi revogado pelo Decreto-Lei n. 236, de 28-2-1967, editando-se a Lei de Imprensa (Lei n. 5.250, de 9-2-1967), que permitia, como já dito, o arbitramento do dano moral em até duzentos salários mínimos (arts. 51 e 52). Esse teto era previsto somente para os casos de calúnia. Para a difamação, o limite era de cem salários mínimos. E era de cinquenta salários mínimos para os casos de injúria.

Contudo, os referidos dispositivos legais não foram recepcionados pela Constituição Federal de 1988, consoante se tem decidido (*RSTJ, 116*:282). Toda indenização tarifada representa, hoje, uma restrição, um limite ao valor da indenização do dano moral, incompatível com a indenizabilidade irrestrita prevista na Carta Magna. Assim, com a entrada em vigor da Constituição Federal de 1988, o Superior Tribunal de Justiça editou a Súmula 281: "A indenização por dano moral não está sujeita à tarifação prevista na Lei de Imprensa". O Supremo Tribunal Federal, em julgamento histórico realizado no dia 30 de abril de 2009, pelo voto de sete de seus ministros, julgou procedente a ADPF n. 130, decidindo, em consequência, que a Lei de Imprensa (Lei n. 5.250, de 9-2-1967) era incompatível com a Constituição Federal de 1988. Determinou-se a suspensão completa de seus dispositivos, que conflitavam com a democracia e o Estado de Direito.

Depois desse julgamento, os juízes terão de basear-se na própria Constituição e nos Códigos Civil e Penal para julgar ações penais e de indenização movidas contra os jornalistas e os meios de comunicação em geral.

O principal debate, no referido julgamento, girou em torno do direito de resposta. Para a maioria dos ministros, esse direito está previsto na Constituição. Além disso, estaria em tramitação no Congresso Nacional um projeto de lei destinado a regulamentá-lo. Outros, no entanto, votaram contra a extinção total da referida lei, argumentando que tal fato acarretaria um vácuo normativo, não apenas quanto ao direito de resposta, mas também no tocante ao pedido de explicações, retratação, sigilo de fonte, exceção da verdade etc.

Assinale-se que os tribunais têm concedido sistematicamente, desde que verificado o pressuposto da culpabilidade, reparação do dano moral em favor do ofendido, conforme informa Yussef Said Cahali em sua obra *Dano e indenização*[7].

Nas ações de reparação do dano moral decorrentes de ofensa praticada por órgão da imprensa tem sido enfrentado o conflito entre o direito de informar de que desfruta a imprensa e o direito à honra assegurado aos cidadãos, decidindo-se que a ponderação de valores é a técnica pela qual o intérprete lida com valores constitucionais que se encontram em linha de colisão. Nessa linha, proclamou o Tribunal de Justiça do Rio de Janeiro: "Incorporando os ensinamentos do Direito Comparado, adotou a jurisprudência pátria, com firmeza, a doutrina constitucionalista, que afirma que o conflito entre direitos fundamentais será analisado à luz do juízo de ponderação do intérprete e dos princípios da proporcionalidade e da razoabilidade, tendo sempre em vista a preservação do núcleo essencial de cada direito violado, ou ameaçado de violação. Assim, no cotejo entre o direito à honra e o direito de informar, amparados como preceitos fundamentais, tem-se que este último só é apto a preponderar sobre o primeiro, quando a notícia for verdadeira e não só, mas quando também atender ao interesse público" (Ap. 2004.001.14732, 12ª Câm. Cív., rel. Des. Ernani Klausner, ac. reg.

---

7. *Dano*, cit., p. 90-1.

em 11-1-2005, *ADCOAS*, 8236600).D'outra feita, decidiu o mesmo Tribunal: "Não se pode olvidar que a maior atribuição da imprensa é prestar informação à sociedade. Todavia, este dever não pode se distanciar da constatação de que há um direito a ser preservado, qual seja o direito à imagem, que, segundo a melhor doutrina, é um bem personalíssimo, privativo de seu titular, protegido sob a égide do art. 5º, V e X, da Carta Magna, que, expressamente, prevê o direito à indenização por dano material, moral ou à imagem" (Ap. 2004.001.31517, 11ª Câm. Cív., ac. reg. em 31-3-2005, rel. Des. Mello Tavares, *Gazeta Juris*, 200510058).

Ainda sobre o tema, consoante entendimento firmado pelo Superior Tribunal de Justiça, "a liberdade de expressão, compreendendo a informação, a opinião e a crítica jornalística, por não ser absoluta, encontra algumas limitações ao seu exercício, compatíveis com o regime democrático, quais sejam: (I) o compromisso ético com a informação verossímil; (II) a preservação dos chamados direitos da personalidade, entre os quais incluem-se os direitos à honra, à imagem, à privacidade e à intimidade; e (III) a vedação de veiculação de crítica jornalística com intuito de difamar, injuriar ou caluniar a pessoa (*animus injuriandi vel diffamandi*)" (REsp 801.109/DF, 4ª T, rel. Min. Raul Araújo, j. 12-6-2012, *DJe* 12-3-2013). (AgInt no AREsp 2.402.891/DF, 4ª T., rel. Min. Marco Buzzi, j. 8-4-2024, *DJe* 11-4-2024).

Esse tem sido o entendimento do Supremo Tribunal Federal, como se pode verificar pelo extrato do voto do Min. Gilmar Mendes, tratando da utilização do princípio da proporcionalidade para solucionar as colisões de princípios constitucionais: "Nesse sentido, o princípio ou máxima da proporcionalidade determina o limite último da possibilidade de restrição legítima de determinado direito fundamental. A par dessa vinculação aos direitos fundamentais, o princípio da proporcionalidade alcança as denominadas colisões de bens, valores ou princípios constitucionais. Nesse contexto, as exigências do princípio da proporcionalidade representam um método geral para a solução de conflitos entre princípios, isto é, um conflito entre normas que, ao contrário do conflito entre regras, é resolvido não pela revogação ou redução teleológica de uma das regras conflitantes (...), mas antes e tão somente pela ponderação do peso relativo de cada uma das normas aplicáveis e aptas a fundamentar decisões em sentidos opostos" (Informativo n. 2.91-5).

No arbitramento da indenização em reparação do dano moral, o juiz terá em conta, dizia o art. 53 da Lei de Imprensa, notadamente, "a intensidade do sofrimento do ofendido, a gravidade, a natureza e repercussão da ofensa e a posição social e política do ofendido", bem como "a intensidade do dolo ou o grau de culpa do responsável, sua situação econômica...". Tais critérios passaram a ser aplicados pelos juízes no julgamento das ações de reparação do dano moral em geral, mesmo não regidas pela Lei de Imprensa. A emissora, culpada por ação ou omissão, era considerada responsável solidária pela calúnia, difamação ou injúria cometida por meio da radiodifusão (*RJTJSP*, 3:197). Pontes de Miranda, lembrado por Yussef Said Cahali, assinala que o dano não patrimonial pode ser a toda uma classe, ou grupo de pessoas, como o jornal que "ofende a honra dos cirurgiões de determinada clínica, ou bairro, ou cidade, ou dos sócios de algum clube (e. g., atribuindo serem jogadores profissionais)"[8].

A Constituição Federal de 1988 assegura o direito à indenização pelo dano material ou moral decorrente de violação de alguns direitos da personalidade, inclusive o direito à honra

---

8. *Tratado*, cit., t. 26, § 3.108, p. 34.

em geral, no inciso X do art. 5º, *verbis*: "São invioláveis a intimidade, a vida privada, a honra e a imagem das pessoas, assegurado o direito a indenização pelo dano material ou moral decorrente de sua violação". E no inciso V do mesmo dispositivo garante "o direito de resposta, proporcional ao agravo, além da indenização por dano material, moral ou à imagem".

Em nenhum desses dispositivos foi estabelecido qualquer limite ao arbitramento da reparação do dano moral.

Entendeu o Superior Tribunal de Justiça que houve abuso no direito de informar, em virtude de divulgação indevida do nome completo e da foto de adolescente falecido na prática de ato infracional, nestes termos: "Não obstante o caráter informativo dos noticiários demandados e seu perceptível interesse público, ficou claro o abuso no direito de informar. Em se tratando de adolescente, cabia às empresas jornalísticas maior prudência e cautela na divulgação dos fatos, do nome, da qualificação e da própria fotografia do menor, de forma a evitar a indevida e ilícita violação de seu direito de imagem e dignidade pessoal"[9].

D'outra feita, proclamou a aludida Corte: "Em se tratando de matéria veiculada pela imprensa, a responsabilidade civil por danos morais exsurge quando fica evidenciada a intenção de injuriar, difamar ou caluniar terceiro. Não configura regular exercício de direito de imprensa, para os fins do art. 188, I, do CC/2002, reportagem televisiva que contém comentários ofensivos e desnecessários ao dever de informar, apresenta julgamento de conduta de cunho sensacionalista, além de explorar abusivamente dado inverídico relativo à embriaguez na condição de veículo automotor, em manifesta violação da honra e da imagem pessoal das recorridas. Na hipótese de danos decorrentes de publicação pela imprensa, são civilmente responsáveis tanto o autor da matéria jornalística quanto o proprietário do veículo de divulgação (Súmula 221, STJ)"[10].

JURISPRUDÊNCIA

3.1.1. Ofensa moral em programa de rádio

- Dano moral – Opinião de radialista divulgada através de seu programa, a respeito do autor – Conotação ofensiva dos qualificativos – Agressão ao sentimento próprio de respeitabilidade – Lesão, ademais, à reputação social – Indenização devida (*RJTJSP*, *153*:20).
- Ofensa moral decorrente de entrevista dada ao vivo em programa radiofônico – Responsabilidade da emissora pelo risco inerente à atividade a que se propõe a empresa de comunicação – Corresponsabilidade da entrevistada, que assacou inverdades, por ela própria desmentidas em programa subsequente – *Quantum* indenizatório a ser suportado por ambas as partes (STJ, *RT*, *815*:207).

3.1.2. Fato ocorrido em programa de televisão

- Reportagem televisiva – Programa jornalístico – Dever de informação – Imagem – Danos morais – Liberdade de imprensa – Limites. Em se tratando de matéria veiculada pela

---

9. AgInt no REsp 1.406.120-SP, 4ª T., rel. Min. Lázaro Guimarães, *DJe* 22-11-2017.
10. STJ, REsp 1.652.588-SP, 3ª T., rel. Min. Villas Bôas Cueva, *DJe* 2-10-2017.

imprensa, a responsabilidade civil por danos morais exsurge quando fica evidenciada a intenção de injuriar, difamar ou caluniar terceiro. Não configura regular exercício de direito de imprensa, para os fins do art. 188, I, do CC/2002, reportagem televisiva que contém comentários ofensivos e desnecessários ao dever de informar, apresenta julgamento de conduta de cunho sensacionalista, além de explorar abusivamente dado inverídico relativo à embriaguez na condução de veículo automotor, em manifesta violação da honra e da imagem pessoal das recorridas. Na hipótese de danos decorrentes de publicação pela imprensa, são civilmente responsáveis tanto o autor da matéria jornalística quanto o proprietário do veículo de divulgação (Súmula 221, STJ) (STJ, REsp 1.652.588-SP, 3ª T., rel. Min. Villas Bôas Cueva, *DJe* 2-10-2017).

- Responsabilidade civil – Dano moral – Programa televisivo – Transmissão de reportagem inverídica (conhecida como "a farsa do PCC") – Ameaça de morte por falsos integrantes de organização criminosa – Efetivo temor causado nas vítimas e na população – Abuso do direito de informar. Na hipótese, verifica-se o abuso de direito de informação na veiculação da matéria, que, além de não ser verdadeira, propalava ameaças contra diversas pessoas, mostrando-se de inteira responsabilidade dos réus o excesso cometido, uma vez que – deliberadamente –, em busca de maior audiência e, consequentemente, de angariar maiores lucros, sabedores da falsidade ou, ao menos, sem a diligência imprescindível para a questão, autorizaram a transmissão da reportagem, ultrapassando qualquer limite razoável do direito de se comunicar (STJ, REsp 1.473.393-SP, 4ª T., rel. Min. Luis Felipe Salomão, *DJe* 23-11-2016).

- Liberdade de imprensa – Programa televisivo – Documentário exibido em rede nacional – Dano moral – Sequência de homicídios conhecida como chacina da Candelária – Reportagem que reacende o tema treze anos depois do fato – Veiculação inconsentida de nome e imagem de indiciado nos crimes – Absolvição posterior por negativa de autoria – Direito ao esquecimento dos condenados que cumpriram pena e dos absolvidos – Proteção legal e constitucional de dignidade da pessoa humana e das limitações positivadas à atividade informativa – Presunção legal e constitucional de ressocialização da pessoa. No caso, permitir nova veiculação do fato, com a indicação precisa do nome e imagem do autor, significaria a permissão de uma segunda ofensa à sua dignidade, só porque a primeira já ocorrera no passado, uma vez que, como bem reconheceu o acórdão recorrido, além do crime em si, o inquérito policial consubstanciou uma reconhecida "vergonha" nacional à parte. Condenação mantida (...) (STJ, REsp 1.334.097-RJ, 4ª T., rel. Min. Luis Felipe Salomão, j. 28-5-2013).

- Entrevista concedida em rede de TV e rádio – Danos morais – Pessoa jurídica – Ofensa à honra objetiva de instituição de ensino superior – Extrapolação dos limites da liberdade de manifestação de pensamento e crítica – Afirmação do entrevistado de que a conduta de instituição autora é permissiva e incentivadora do uso de substância entorpecente – Ação indenizatória movida por instituição de ensino superior de renome, a quem foi atribuída pelo réu, entrevista concedida à emissora de rádio e TV – Parcela de responsabilidade pelo crime, de grande repercussão nacional, que vitimou o casal Richthofen – Indenização fixada em R$ 10.000,00 (dez mil reais) confirmada diante das especificidades do caso concreto (STJ, REsp. 1.334.357-SP, 3ª T., rel. Min. Villas Bôas Cueva, *DJe* 15-4-2014).

- Dano moral – Programa humorístico de televisão – Ofensa à honra pessoal do autor – Inocorrência – Ataque satírico às pessoas que macularam corporação policial – Policial de bem, que a integra, não atingido – Hipótese, no entanto, de falta de interesse de agir e não impossibilidade jurídica do pedido – Recurso não provido (*JTJ*, Lex, *229*:83).
- Apresentador de programa de televisão que faz exposição vexatória do ex-companheiro da entrevistada, conduzindo a entrevista de forma tendenciosa, de modo a potencializar as acusações por esta apresentadas, transformando a entrevista num *show*, explorando indevidamente a intimidade do ofendido – Condenação, juntamente com a emissora de televisão, ao pagamento de 500 salários mínimos a título de dano moral (STJ, REsp 1.138.138-SP, 3ª T., rel. Min. Nancy Andrighi, disponível em <www.conjur.com.br>, acesso em 2-10-2012).

3.1.3. Danos morais e materiais decorrentes de publicação jornalística

- Responsabilidade civil – Dano moral – Divulgação indevida do nome completo e da foto de adolescente falecido na prática de ato infracional – Abuso no direito de informar – Ocorrência de dano moral indenizável. Não obstante o caráter informativo dos noticiários demandados e seu perceptível interesse público, ficou claro o abuso no direito de informar. Em se tratando de adolescente, cabia às empresas jornalísticas maior prudência e cautela na divulgação dos fatos, do nome, da qualificação e da própria fotografia do menor, de forma a evitar a indevida e ilícita violação de seu direito de imagem e dignidade pessoal (STJ, AgInt no REsp 1.406.120-SP, 4ª T., rel. Min. Lázaro Guimarães, *DJe* 22-11-2017).
- Dano moral – Veiculação de matéria jornalística – Conteúdo ofensivo – Responsabilidade civil – Discussão acerca da potencialidade ofensiva de matéria publicada em jornal de grande circulação, que aponta possível envolvimento ilícito de magistrado com ex-deputado ligado ao desabamento do edifício Palace II, no Rio de Janeiro. A honra e imagem dos cidadãos não são violadas quando se divulgam informações verdadeiras e fidedignas a seu respeito e que, além disso, são do interesse público. O veículo de comunicação exime-se de culpa quando busca fontes fidedignas, quando exerce atividade investigativa, ouve as diversas partes interessadas e afasta quaisquer dúvidas sérias quanto à veracidade do que divulgará. Ainda que posteriormente o magistrado tenha sido absolvido das acusações, o fato é que, conforme apontado na sentença de primeiro grau, quando a reportagem foi veiculada as investigações mencionadas estavam em andamento (STJ, REsp 1.297.567-RJ, 3ª T., rel. Min. Nancy Andrighi, *DJe* 2-5-2013).
- Dano moral – Divulgação de notícia, associando de modo oblíquo a condição de arbitrário à função pública do autor – Dolo ocorrente – Indenização devida (*RJTJSP*, *96*:345).
- Dano moral – Divulgação de notícias falsas e desonrosas, configuradoras de injúria – Manifesta imprudência da empresa jornalística – Obrigação de indenizar (*RJTJSP*, *91*:147).
- Calúnia na divulgação de fatos pela imprensa – Absolvição criminal, fundada em retratação posterior, que não elide a responsabilidade do jornal pela publicação de notícia colhida sem cautelas e que atinge a incolumidade moral de uma pessoa – Obrigação de reparação dos danos morais – Sentença confirmada (*RJTJSP*, *32*:141).

- Calúnia, injúria e difamação – Imprudência no desempenho de função jornalística – Sentido manifestamente equívoco de frases contidas em reportagem de vespertino – Fatos não havidos como ilícitos penais – Obrigatoriedade, porém, de reparação do dano moral (*RJTJSP*, *27*:173).
- Publicação jornalística que, ao narrar os fatos, menciona o nome da vítima de crime de estupro – Ato que expõe a ofendida, perante seu meio social, em flagrante ofensa à sua intimidade – Verba devida – Inteligência do art. 5º, X, da CF (TJSP, *RT*, *842*:164).
- As imputações, altamente desabonadoras, efetuadas em sucessivas reportagens, foram absolutamente temerárias, atingindo a honra objetiva dos promotores de justiça, desbordando do direito de informar e do exercício regular de direito, tendo em vista que, conforme apurado pelas instâncias ordinárias, não encontram ressonância na realidade, sendo nítida a culpa da ré, conforme se extrai da leitura da moldura fática apurada pela origem. No tocante ao valor arbitrado a título de compensação por danos morais, cumpre observar que, conforme jurisprudência consolidada no âmbito do STJ, só é possível a sua revisão, em sede de recurso especial, quando se mostrar manifestamente ínfimo ou exorbitante (STJ, REsp 1.294.47-DF, 4ª T., rel. Min. Luiz Felipe Salomão, *DJe* 12-2-2014).
- Ação indenizatória – Divulgação de matéria jornalística, em *site* de notícias, a respeito de estupro de vulnerável – Texto relatando fatos verídicos, mas encabeçado por manchete que permite ao leitor atribuir conduta ativa, acerca dos fatos, à própria vítima, menor de idade à época – Improcedência do pedido nas instâncias ordinárias – Insurgência da autora. Discussão quanto à responsabilidade civil de órgão de imprensa que, posto divulgue matéria jornalística relatando a ocorrência de fato verídico e sem identificar os envolvidos, intitula a respectiva manchete com termos que permitem atribuir à própria vítima conduta ativa, quando, em verdade, fora agente passiva do crime de estupro de vulnerável (REsp 1.875.402-SP, rel. Min. Marco Buzzi, 4ª T., j. 23-4-2024, *DJe* 9-5-2024).

3.1.4. Legitimidade passiva da empresa jornalística

- Empresa jornalística – Responsabilidade civil – Dano decorrente de publicação de entrevista injuriosa e difamatória – Indenização cabível e a cargo do órgão de imprensa, que deve exercer vigilância e controle da matéria que divulga – Inteligência e aplicação do art. 5º, IV e V, da CF (*RT*, *659*:143).
- Danos morais e materiais – A responsabilidade, em se tratando de divulgação por periódico, é não apenas da pessoa física ou jurídica que explora o meio de informação, como ainda dos autores da publicação tida por difamatória ou injuriosa (*JTJ*, Lex, *185*:117).

3.1.5. Veiculação de notícia verdadeira

- Ao divulgar fatos de sonegação fiscal em que se trata de notícia verdadeira, reportagem comum, mero repasse de informações obtidas de forma lícita, não cabe indenização por dano moral, pois nenhum ilícito cometeu a empresa jornalística (*RT*, *740*:296).

- A divulgação de fato verdadeiro (venda de monografias por bibliotecária que perdeu o emprego após a publicação da notícia), se destituída de abusos, nada mais é do que o exercício regular do direito constitucional de informar, assegurado no art. 22 da Constituição. Logo, se não há ilícito, não se pode falar em reparação moral – Indenização indevida (TJRS, Ap. 70.052.012.283-Torres, 10ª Câm. Cív., rel. Des. Paulo Roberto Lesa Franz, j. 29-11-2012).

3.1.6. Republicação de fotografia humilhante, para fins publicitários

- Dano moral – Jornal – Republicação de fotografia humilhante, quase três anos depois, para fins publicitários – Ato pretérito não mais revestido de interesse jornalístico – Verba devida (*JTJ*, Lex, *207*:109).

3.1.7. Publicação ostensiva tachando policial, posteriormente inocentado, de ladrão

- Não bastasse a constitucional presunção de inocência que milita a favor dos acusados, ainda não julgados, impedindo, entre outras causas, sua exposição à revolta pública, ofende a moral, a dignidade, a imagem de qualquer um, sobretudo de policial, sua exposição em Boletim da Corporação interna, com trinta mil homens, e não apenas no da unidade em que serve, apontando-o como preso e punido por crime de furto, do qual foi, afinal, julgado inocente (TJRJ, AC 10.604/98-Capital, 9ª Câm., rel. Des. Jorge M. Magalhães, *DJe* 15-4-1999).

3.1.8. Divulgação pela imprensa de fatos constantes de inquérito policial

- Não caracteriza dano moral a divulgação pela imprensa de fatos constantes de inquérito policial (TJRJ, Ap. 4.931/97-Capital, 1ª Câm., rel. Des. Paulo Sérgio Fabião, *DJe* 12 nov. 1998).
- Publicidade dada por autoridade policial a fatos delituosos com apuração em andamento e que não resultaram comprovados no termo final do inquérito, que restou arquivado pelo Poder Judiciário – Verba devida – Inteligência do art. 5º, V e X, da CF – Voto vencido (*RT*, *781*:407).

3.1.9. Troca de acusações pela imprensa

- Dano moral – Troca de acusações pela imprensa não gera dano – Os agentes públicos que expõem suas opiniões sobre investigações em andamento correm riscos de contra-ataques dos investigados e perdem quase que totalmente o direito de reclamarem na Justiça de eventual reação deselegante – Reforma da sentença de primeiro grau que condenou um ex-vereador a pagar indenização ao delegado seccional que o indiciou por crime de tráfico de entorpecentes (TJSP, 4ª Câmara de Direito Privado, rel. Des. Ênio Zuliani, disponível em <www.conjur.com.br>, acesso em 27-2-2010).

4. Demanda de pagamento de dívida não vencida ou já paga

O devedor não pode ser obrigado a pagar a dívida antes do vencimento, exceto nas hipóteses em que a lei o permite (*v.* CC, art. 333). A cobrança antes do vencimento constitui ato ilícito e implica, segundo dispõe o art. 939, obrigação do credor de esperar o tempo que faltava para o vencimento, descontar os juros correspondentes e pagar em dobro as custas processuais.

A cobrança de dívida já paga, ou de importância maior do que a devida, é punida com maior rigor. O art. 940 determina que, no primeiro caso, deverá devolver ao devedor o dobro do que dele cobrou, isto é, perde o montante do crédito e mais outro tanto. E, no caso de haver pedido mais do que lhe era devido, deverá devolver o equivalente ao que dele exigir, "salvo se houver prescrição".

Os tribunais, entretanto, na vigência do Código Civil de 1916, ao interpretarem os arts. 1.530 e 1.531, correspondentes, *ipsis litteris*, aos arts. 939 e 940 do novo diploma, exigiam prova de dolo ou malícia do credor para aplicar essa pena.

Confira-se: "A pena do art. 1.531 do Código Civil só cabe quando o autor pede com malícia aquilo que já tenha recebido ou faz cobrança excessiva, dolosamente" (*RT*, *407*:132). O Supremo Tribunal Federal cristalizou a orientação na Súmula 159, segundo a qual "a cobrança excessiva, mas de boa-fé, não dá lugar às sanções do art. 1.531". O Superior Tribunal de Justiça, por sua vez, decidiu: "Nos termos da jurisprudência da Segunda Seção do Superior Tribunal de Justiça, '(...) para se determinar a repetição do indébito em dobro deve estar comprovada a má-fé, o abuso ou leviandade, como determinam os artigos 940 do Código Civil e 43, parágrafo único, do Código de Defesa do Consumidor (...)" (AgInt no AgRg no AREsp 730.415-RS, 4ª T., rel. Min. Maria Isabel Gallotti, *DJe* 23-4-2018).

Dispõe o art. 941 do Código Civil:

"Art. 941. As penas previstas nos arts. 939 e 940 não se aplicarão quando o autor desistir da ação antes de contestada a lide, salvo ao réu o direito de haver indenização por algum prejuízo que prove ter sofrido".

Aguiar Dias, referindo-se aos dispositivos do Código Civil de 1916, correspondentes aos arts. 939 e 941 do atual diploma, criticava a colocação do assunto no título relativo às obrigações, dizendo: "Os arts. 1.530 a 1.532 do Código Civil estabelecem, embora colocados em título relativo às obrigações por atos ilícitos, simples formas de liquidação do dano causado pela cobrança indébita, que, evidentemente, não precisava ser definida como ato ilícito". E aplaudia a orientação jurisprudencial que exigia prova da malícia do autor para aplicação da pena, mencionando acórdão que argumentava com o fato de, a julgar contra a orientação dominante, estarem os tribunais criando entraves ao direito de acionar, pelo receio em que ficariam os litigantes de pagar em dobro, no caso de ser julgado improcedente o pedido. Em sua opinião, o art. 1.531 era harmônico com o sistema do Código Civil brasileiro e não era necessário que o viesse a declarar. O que fez foi estabelecer indenização especial, previamente liquidada, para o caso da cobrança indevida. E enfatizava: "Consideramos que existe uma presunção *juris tantum* contra o autor da cobrança, cabendo-lhe demonstrar que o seu erro é escusável, para que escape ao dever de reparar" (*Da responsabilidade*, cit., p. 515-9).

Na lição de Washington de Barros Monteiro, o disposto no art. 1.531 não se aplicava "sem a prova de má-fé da parte do credor, que faz a cobrança excessiva". E isso porque "a pena é tão grande e tão desproporcionada que só mesmo diante de prova inconcussa e irrefragável do dolo deve ser aplicada" (*Curso*, cit., p. 432). Tais considerações valem para o art. 940 do novo Código, que tem a mesma redação do referido art. 1.531 do *Codex* anterior. Relembre-se que a pena não pode ser pedida por simples contestação, mas sim por meio de ação autônoma ou pela via reconvencional.

A jurisprudência, no tocante à condição que considerava necessária à configuração do ilícito, utilizava as mais variadas expressões, como lembrava Yussef Said Cahali: dolo, má-fé, injustificável engano, inadvertência grosseira, culpa grave, malícia evidente com intuito único de prejudicar, desejo de enriquecimento, vontade de extorquir, tentativa de locupletação à custa alheia (*Dano*, cit., p. 126).

Não se confunde a pena do art. 940 do Código Civil com as sanções por dolo processual previstas nos arts. 79 a 81 do Código de Processo Civil de 2015. Malgrado resultem, todas, do dolo com que se houve a parte no processo, a primeira é obrigação imposta pelo direito material e as últimas resultam do direito processual.

Com efeito, o art. 940 do Código Civil estabelece uma sanção civil de direito material ou substantivo, e não de direito formal ou *adj*etivo, contra demandantes abusivos. Trata da responsabilidade civil do demandante por dívida já solvida, punindo o ato ilícito da cobrança excessiva. Essa responsabilidade civil decorre de infração de norma de direito privado e objetiva não só garantir o direito do lesado à segurança, protegendo-o contra exigências descabidas, como também servir de meio de reparação do dano, prefixando o seu montante e exonerando o lesado do ônus de provar a ocorrência da lesão.

Assim sendo, "não há que se falar em absorção do art. 1.531 do Código Civil [*de 1916, correspondente ao art. 940 do atual diploma civil*] pelos arts. 16 a 18 do Código de Processo Civil [de 1973, atuais arts. 79 a 81]. Há uma relação de complementação entre esses artigos, pois eles não se excluem, mas se completam, tendo por fim fixar a forma de indenização por perdas e danos" (Maria Helena Diniz, Análise hermenêutica do art. 1.531 do Código Civil e dos arts. 16 a 18 do Código de Processo Civil, *Jurisprudência Brasileira*, *147*:14).

O Supremo Tribunal Federal já decidiu que é cabível a condenação do litigante de má-fé por perdas e danos (arts. 16 a 18 do CPC) na própria ação em que aquela se verificou (*RTJ*, *110*:1127), havendo expressiva corrente doutrinária e jurisprudencial que admite a sua imposição de ofício pelo juiz (*RT*, *507*:201; *JTACSP*, *90*:333, *108*:406; *RP*, *3*:342), devendo ser arbitrada desde logo em porcentagem sobre o valor da causa ou da condenação, para evitar maior protelação com a remessa da parte ao arbitramento em execução (Francisco Cesar Pinheiro Rodrigues, Indenização na litigância de má-fé, *RT*, *594*:9; Antonio Celso Pinheiro Franco, A fixação da indenização por dolo processual, *JTACSP*, Revista dos Tribunais, *99*:9).

Entendemos que as sanções do art. 940 do Código Civil não podem ser pleiteadas nos embargos do devedor mas somente em ação autônoma, de natureza condenatória (ação de cobrança), ou em reconvenção, malgrado a questão seja controvertida na jurisprudência (cf., em sentido contrário, acórdão da 6ª Câm. do 1º TACSP, na Ap. 453.762-0, São José do Rio

Preto). É que os embargos de devedor têm natureza constitutiva negativa (ou desconstitutiva) ou declaratória, e jamais condenatória, por visar à desconstituição da relação jurídica líquida e certa retratada no título. Nessa linha, obtemperou o Superior Tribunal de Justiça: "Os embargos do devedor não se prestam à finalidade de cobrança. O pleito de indenização dos danos morais e patrimoniais não é defesa, mas, sim, pedido em sentido estrito, e sua veiculação em embargos do devedor é inviável, reclamando ação autônoma" (STJ, REsp 1.638.535-RJ, 3ª T., rel. Min. Moura Ribeiro, *DJe* 7-2-2017).

Tem-se entendido que, "Para os fins do art. 940 do Código Civil, se mostra desnecessária a formulação de reconvenção, sendo lícita a mera utilização de pedido contraposto. Precedentes do STJ" (TJMG, Apel. 10.024.123.012.809.001, 13ª Câm. Cív., rel. Des. Cláudio Maia, *DJe* 15-5-2014). Na mesma linha o entendimento do Superior Tribunal de Justiça: "Direito civil. Sanção prevista no art. 940 do Código Civil. Desnecessidade de se propor demanda autônoma" (AgInt no AREsp 846.710-RS, 3ª T., rel. Min. Paulo de Tarso Sanseverino, *DJe* 29-9-2017).

Jurisprudência

4.1. Cobrança excessiva, mas de boa-fé

Nota: Malgrado os acórdãos abaixo transcritos refiram-se aos arts. 1.530 e 1.531 do Código Civil de 1916 (atuais arts. 939 e 940), o seu conteúdo pode ser aproveitado, por terem esses artigos a mesma redação dos arts. 939 e 940 do atual diploma.

- Cobrança. Dívida paga. A interpretação doutrinária e jurisprudencial é no sentido de que a penalidade do art. 1.531, do CC, ante o seu caráter nitidamente draconiano, só deve ser aplicada no caso de má-fé. Julgamento antecipado da lide, não se permitindo a produção de provas para elidir a malícia, caracteriza cerceamento de defesa e vulneração ao disposto no art. 331, do CPC (STJ, *RT, 728*:191).

- Exceção de pré-executividade – Executado que teve seu nome registrado como inadimplente após pagamento do débito – Pagamento em dobro previsto no art. 1.531 do CC – Descabimento se não comprovada a má-fé do credor (*RT, 750*:286).

- Cobrança de comissão – Dúvida quanto ao valor da transação – Parte daquela já recebida – Tratando-se de cobrança excessiva, mas de boa-fé, não tem aplicação o art. 1.531 do CC (*RT, 598*:106).

- Pena do art. 1.531 do Código Civil – Inexistência de dolo do autor em ação de cobrança – Reconvenção repelida – Apelação não provida.

- Sem prova de má-fé de parte do credor que faz cobrança excessiva, não se comina a pena do art. 1.531 do Código Civil (*RT, 481*:78).

- Cobrança – Dívida já paga – Restituição em dobro – Pedido de restituição em concordata repelido por paga a obrigação – Má-fé não configurada – Inaplicabilidade das sanções do art. 1.531 do Código Civil – Súmula 159 do Supremo Tribunal Federal – Confirmação da sentença (*RJTJSP, 41*:43).

- Ação de cobrança – Improcedência – Dívida já paga – Inexistência de malícia do autor – Pena do art. 1.531 do Código Civil – Reconvenção improcedente. O disposto no art. 1.531 do Código Civil não se aplica sem a prova de malícia do credor que faz a cobrança excessiva (*RT, 406*:146).
- Nulidade do feito – Rejeição – Execução por quantia certa – Rito adequado – Contrato celebrado entre as partes – Reexame – Súmula 5/STJ – Sanção do art. 940 do Código Civil – Ausência de prova da má-fé do exequente – Afastamento – Agravo Interno improvido (AgInt no AREsp 1.380.757-MT, rel. Ministro Raul Araújo, 4ª T., j. 28-11-2022, *DJe* 1º-12-2022).

4.2. Protesto indevido de título

- Por aplicação analógica do art. 1.531 do CC (atual art. 940), admissível a fixação do *quantum* indenizatório, decorrente de protesto indevido de título já pago, no valor correspondente ao dobro do consignado na cártula (*RT, 716*:270).
- Responsabilidade civil – Apontamento de título a protesto – Divulgação em jornal de grande circulação – Danos morais – Reexame do conjunto fático-probatório – Decisão agravada mantida – Improvimento (AgRg no REsp 1.294.632-MG, rel. Min. Sidnei Beneti, 3ª T., j. 22-5-2012, *DJe* 4-6-2012).

5. Responsabilidade decorrente do abuso do direito

A doutrina do abuso do direito não exige, para que o agente seja obrigado a indenizar o dano causado, que venha a infringir culposamente um dever preexistente. Mesmo agindo dentro do seu direito, pode, não obstante, em alguns casos, ser responsabilizado.

Entre os romanos havia um princípio – *Nemine laedit qui jure suo utitur* (aquele que age dentro de seu direito a ninguém prejudica) – de caráter individualista e que, durante muitos anos, foi utilizado como justificador dos excessos e abusos de direito. Entretanto, tal princípio, por se mostrar injusto em certos casos em que era evidente o *animus laedendi*, embora não ultrapassasse o agente os limites de seu direito subjetivo, passou a ser substituído por outros princípios universalmente aceitos: o *nemine laedere* e o *summum jus, summa injuria*, pois é norma fundamental de toda a sociedade civilizada o dever de não prejudicar a outrem[11].

Esse dever é limitativo dos direitos subjetivos. Savatier mostra que a lei admite, em alguns casos, que alguém cause dano a outrem, sem a obrigação de repará-lo. Mas é preciso que esteja autorizado por um interesse jurídico-social proeminente. Menciona ele as hipóteses de legítima defesa, de exercício do direito de concorrência, do direito de promiscuidade e de vizinhança (v. arts. 1.301 e 1.302) e do direito de informação[12]. Em todos esses casos em que a vantagem de um pode representar dano ou prejuízo para o outro, não haverá a obrigação de reparação por parte daquele que age dentro dos limites objetivos da lei. Constituem eles,

---

11. Aguiar Dias, *Da responsabilidade*, cit., p. 526, n. 184.
12. *Traité*, cit., p. 49 e s., n. 35 e s.

entretanto, exceções do dever de não prejudicar a outrem, e, mesmo assim, desde que não ultrapassem os limites da equidade.

Prevalece na doutrina, hoje, o entendimento de que o abuso de direito prescinde da ideia de culpa. Afirma Aguiar Dias: "Vemos, pois, que o abuso de direito, sob pena de se desfazer em mera expressão de fantasia, não pode ser assimilado à noção de culpa. Inócua, ou de fundo simplesmente especulativo, seria a distinção, uma vez que por invocação aos princípios da culpa se teria a reparação do dano por ele causado"[13]. Com sua autoridade, observa Alvino Lima: "O maior prejuízo social constitui, pois, o critério fixador do ato abusivo de um direito. Daí se poder concluir que a culpa não reside, no caso do abuso de direito, causando dano a terceiros, num erro de conduta imputável moralmente ao agente, mas no exercício de um direito causador de um dano socialmente mais apreciável. A responsabilidade surge, justamente, porque a proteção do exercício deste direito é menos útil socialmente do que a reparação do dano causado pelo titular deste mesmo direito"[14].

Nessa linha, proclama o Enunciado n. 37 da I Jornada de Direito Civil do Conselho da Justiça Federal: "A responsabilidade civil decorrente do abuso do direito independe de culpa e fundamenta-se no critério objetivo-finalístico".

Por sua vez, Silvio Rodrigues considera que "o abuso de direito ocorre quando o agente, atuando dentro das prerrogativas que o ordenamento jurídico lhe concede, deixa de considerar a finalidade social do direito subjetivo e, ao utilizá-lo desconsideradamente, causa dano a outrem. Aquele que exorbita no exercício de seu direito, causando prejuízo a outrem, pratica ato ilícito, ficando obrigado a reparar. Ele não viola os limites objetivos da lei, mas, embora os obedeça, desvia-se dos fins sociais a que esta se destina, do espírito que a norteia"[15].

Vimos que o abuso de direito encontrava apoio na máxima *neminem laedit qui suo jure utitur* e que a jurisprudência combateu o princípio, criando a teoria do abuso de direito, que gerou normas legais em vários Códigos.

O Código Civil brasileiro de 1916 admitiu a ideia do abuso de direito no art. 160, I, embora não o tenha feito de forma expressa. Sustentava-se a existência da teoria em nosso direito positivo, mediante interpretação *a contrario sensu* do aludido dispositivo. Se ali estava escrito não constituir ato ilícito o praticado no exercício regular de um direito reconhecido, é intuitivo que constituía ato ilícito aquele praticado no exercício irregular ou abusivo de um direito.

É desta forma que se encontrava fundamento legal para coibir o exercício anormal do direito em muitas hipóteses. Uma das mais comuns enfrentadas por nossos tribunais era a reiterada purgação de mora pelo inquilino, na vigência da Lei n. 4.494/64 (Lei do Inquilinato). Veja-se: "*Despejo* – Falta de pagamento de aluguéis – Reiteradas purgações da mora – *Abuso do direito* caracterizado. Embora exista certa controvérsia na conceituação do uso irregular de um direito, asseveram os doutores com o beneplácito dos tribunais (*Revista dos Tribunais* 75/515, 241/522), é o seu exercício com a intenção de lesar, enquanto para outros, o uso irregular do direito tem um sentido mais amplo e se verifica não só quando há o *animus laedendi*, mas, também, quando tal exercício fere a sua finalidade econômico-social. E não padece dúvida que

---

13. *Da responsabilidade*, cit., p. 539, n. 184.
14. *Da culpa ao risco*, São Paulo, 1938, p. 83.
15. *Direito civil*, cit., p. 49.

a reiterada purgação da mora é ato que acarreta consequências danosas ao locador, abusando do direito o locatário que obriga o locador a promover contínuas ações de despejo para poder receber os aluguéis e, acionado por esse fato, continuou impontual" (*JTACSP, 4*:252).

Como se pode ver, a teoria do abuso de direito ganhou autonomia e se aplica a todos os campos do direito, extravasando, pois, o campo da responsabilidade civil, e gerando consequências outras que não apenas a obrigação de reparar, pecuniariamente, o prejuízo experimentado pela vítima[16]. E, ainda, que o critério usualmente adotado é o de que a ilicitude do ato abusivo se caracteriza sempre que o titular do direito se desvia da finalidade social para a qual o direito subjetivo foi concedido. Correta a observação de Silvio Rodrigues, de ter sido a concepção "de abuso de direito abraçada pelo legislador pátrio quando, no art. 5º da Lei de Introdução ao Código Civil, determinou que na aplicação da lei o juiz atenderá aos fins sociais a que ela se dirige e às exigências do bem comum" (*Direito civil*, cit., p. 55).

Sensível a tais considerações, o legislador expressamente disciplinou o abuso de direito como outra forma de ato ilícito, no atual Código Civil, nos seguintes termos:

"Art. 187. Também comete ato ilícito o titular de um direito que, ao exercê-lo, excede manifestamente os limites impostos pelo seu fim econômico ou social, pela boa-fé ou pelos bons costumes".

Muitos exemplos de atos abusivos, decididos pelos tribunais, podem ser apontados. Aguiar Dias menciona o citado por Lino de Morais Leme: "Matar o gado alheio que pasta em meu campo, por exemplo, é um abuso de direito, porque o direito requer... que eu respeite o direito alheio de propriedade sobre o gado, pois o direito existe como regra de coexistência social – é o conjunto orgânico de condições de vida e desenvolvimento do indivíduo e da sociedade". Menciona, ainda, dentre outros: requerer o credor arresto de bens que sabia não pertencerem ao devedor; requerer busca e apreensão sem necessidade; requerer falência de alguém quando as circunstâncias e as relações entre ele e o requerente não o autorizem; provocar prejuízos que excedam os incômodos ordinários da vizinhança etc. (*Da responsabilidade,* cit., p. 539 e s.).

Por sua vez, Silvio Rodrigues menciona outros exemplos: abusa de seu direito aquele que, para eliminar concorrência, requer a busca e apreensão, preliminar de queixa-crime, por suposta contrafação de patente de utilidade (*RT, 332*:226); o mandante que revoga a procuração sem nenhuma outra razão senão a de ser israelita o mandatário; o proprietário de fontes que, movido por emulação, as esgota em seu terreno, sem qualquer utilidade para si, mas com grave prejuízo para seus vizinhos etc. (*Direito civil*, cit., p. 47 e s.).

Dentre as várias fórmulas mencionadas pelos autores, observa-se que a jurisprudência, em regra, considera como abuso de direito o ato que constitui o exercício egoístico, anormal do direito, sem motivos legítimos, com excessos intencionais ou involuntários, dolosos ou culposos, nocivos a outrem, contrários ao destino econômico e social do direito em geral, e, por isso, reprovado pela consciência pública[17].

---

16. Silvio Rodrigues, *Direito civil*, cit., p. 59.
17. Plínio Barreto, *RT, 79*:506; Carvalho Santos, *Código Civil*, cit., v. 3, p. 341; Clóvis Beviláqua, *Código Civil*, cit., v. 1, p. 473; Jorge Americano, *Do abuso do direito no exercício da demanda*, p. 8; *RTJ, 71*:195; *RT, 487*:189.

Vários dispositivos legais demonstram que no direito brasileiro há uma reação contra o exercício irregular de direitos subjetivos. O art. 1.277 do Código Civil, inserido no capítulo do direito de vizinhança, permite que se reprima o exercício abusivo do direito de propriedade que perturbe o sossego, a segurança ou a saúde do vizinho. Constantes são os conflitos relativos a perturbação do sossego alegada contra clube de dança (*RT, 352*:298, *365*:196), boate (*RT, 459*:63, *561*:217, *611*:211), oficina mecânica (*RT, 350*:548, *470*:106, *481*:76, *567*:126), indústria (*RT, 336*:350, *472*:73, *491*:53), terreiro de umbandismo (*RT, 473*:222), pedreira (*RT, 172*:505, *352*:346), escola de samba (*RT, 565*:180) etc.

Também os arts. 939 e 940 do Código Civil estabelecem sanções ao credor que, abusivamente, demanda o devedor antes do vencimento da dívida ou por dívida já paga. E os arts. 1.637 e 1.638 também preveem sanções contra abusos no exercício do poder familiar, como a suspensão e a perda desse direito. O Código de Processo Civil de 2015, por sua vez, procura reprimir os abusos dos contendores, considerando-os litigantes de má-fé quando não procederem com lealdade e boa-fé e responsabilizando-os pelos prejuízos causados a outra parte (arts. 77 a 81). Esses preceitos são aplicáveis ao processo de execução, havendo sanção específica ao abuso de direito no processo de execução (arts. 776 e 771, parágrafo único, do CPC).

Cabe destacar que "A jurisprudência do Superior Tribunal de Justiça tem se orientado no sentido da excepcionalidade do reconhecimento de abuso do direito de ação, por estar intimamente atrelado ao acesso à justiça. Eventual abuso do direito de ação deve ser reconhecido com prudência pelo julgador, apenas quando amplamente demonstrado que o direito de ação foi exercido de forma abusiva. A análise acerca da configuração do abuso deve ser ainda mais minuciosa quando se tratar da utilização de ação voltada à tutela de direitos coletivos e um importante instrumento para a efetivação da democracia participativa, como é o caso da ação popular"[18].

Observa-se, assim, que o instituto do abuso do direito tem aplicação em quase todos os campos do direito, como instrumento destinado a reprimir o exercício antissocial dos direitos subjetivos. As sanções estabelecidas em lei são as mais diversas, podendo implicar imposição de restrições ao exercício de atividade e até sua cessação, declaração de ineficácia de negócio jurídico, demolição de obra construída, obrigação de ressarcimento dos danos, suspensão ou perda do pátrio poder e outras.

5.1. Princípio da boa-fé e da probidade

O princípio da boa-fé guarda relação com o princípio de direito segundo o qual ninguém pode beneficiar-se da própria torpeza. A reformulação operada pelo atual Código Civil com base nos princípios da socialidade, eticidade e operabilidade deu nova feição aos princípios fundamentais dos contratos, como se extrai dos novos institutos nele incorporados, *verbi gratia*: o estado de perigo, a lesão, a onerosidade excessiva, a função social dos contratos como preceito de ordem pública (CC, art. 2.035, parágrafo único) e, especialmente, a *boa-fé* e a *probidade*.

---

18. REsp 1.770.890-SC, 3ª T., rel. Min. Ricardo Villas Bôas Cueva, *DJe* 26-8-2020.

A boa-fé que constitui inovação do Código de 2002 e acarretou profunda alteração no direito obrigacional clássico é a *objetiva*, que se constitui em uma norma jurídica fundada em um princípio geral do direito, segundo o qual todos devem comportar-se de boa-fé nas suas relações recíprocas. Classifica-se, assim, como *regra de conduta*. Incluída no direito positivo de grande parte dos países ocidentais, deixa de ser princípio geral de direito para transformar-se em cláusula geral de boa-fé objetiva. É, portanto, fonte de direito e de obrigações (Nelson Nery Junior, *Contratos no Código Civil* – Apontamentos gerais, São Paulo, LTr, obra coletiva, 2003, p. 430-431).

A cláusula geral da *boa-fé objetiva* é tratada no Código Civil em três dispositivos, sendo de maior repercussão o art. 422:

"Art. 422. Os contratantes são obrigados a guardar, assim na conclusão do contrato, como em sua execução, os princípios da probidade e boa-fé".

Os demais são:

"Art. 113. Os negócios devem ser interpretados conforme a boa-fé e os usos do lugar de sua celebração".

"Art. 187. Também comete ato ilícito o titular de um direito que, ao exercê-lo, excede manifestamente os limites impostos pelo seu fim econômico ou social, pela boa-fé ou pelos bons costumes".

Os mencionados dispositivos legais contemplam funções relevantes da boa-fé objetiva.

O citado art. 187 estabelece a denominada *"função de controle ou de limite"*, ao proclamar que comete ato *ilícito* quem, ao exercer o seu direito, exceder manifestamente os *limites impostos pela boa-fé*. Cogita, assim, do chamado *abuso de direito*.

Na prática forense é comum o advogado se deparar, sobretudo nas ações de *improbidade administrativa*, com acusações cujo objeto central trata de erros ou falhas nos procedimentos legais determinados em lei – *vide* Lei de Licitação – e que acabam por originar a citada ação. Em outras palavras, a inobservância do rigoroso formalismo legal acaba maculando procedimentos licitatórios o que pode eventualmente ocasionar responsabilização por improbidade.

Por outro lado, nas ações de improbidade, em que a tutela jurídica visa proteger a coisa pública, não parece correto considerar que a não observância de todo e qualquer ato formal leve inquestionavelmente e necessariamente a dano a coisa pública. Deve-se, portanto, verificar o que ocasionou a inobservância no formal e o que de fato isso gerou à coisa pública. Nesse sentido, surge a possibilidade, nas ações de improbidade, dentro do controle judicial de legalidade dos atos administrativos, quando evidenciada a inobservância de determinado ato formal, da aplicação da convalidação do ato administrativo, ou seja, quando possível, validar o ato mesmo eivado de vício pelo Poder Judiciário. Assim, mesmo havendo vício no ato, poderá ser convalidado quando possível de ser sanado pelo controle judicial dos atos administrativos. O tema é de extrema relevância dentro do Direito Administrativo, especificamente nas ações de improbidade administrativa, que têm em suas entranhas natureza sancionadora.

Se uma lei mais favorável retroage para beneficiar o réu acusado de ter cometido um crime, não há razão lógica para não retroagir também quando o réu responde a um ilícito menos grave, como uma infração administrativa. Esse foi o entendimento do juízo da 17ª Vara Cível Federal de São Paulo ao reconhecer a prescrição intercorrente em processo de improbidade administrativa.

No caso, o acusado, que atuava como auditor fiscal da Receita Federal, teria adquirido bens de valores incompatíveis com a sua renda como servidor público entre 2003 e 2006.

O Ministério Público sustentou que o acusado também apresentou falsas declarações de bens na Declaração de Ajuste Anual do Imposto de Renda para simular empréstimos contraídos com pessoas físicas. Em sua defesa, o réu alegou a ocorrência da prescrição intercorrente prevista na nova Lei de Improbidade (Lei n. 14.230/2021). O Ministério Público, por sua vez, sustentou que o novo regramento só poderia ser aplicado aos fatos ocorridos após o início de sua vigência.

O juízo da 17ª Vara Cível Federal de São Paulo considerou que as novas regras de prescrição devem incidir imediatamente no caso, já que não fere qualquer ato jurídico perfeito ou direito adquirido, muito menos afronta coisa julgada que se mostre distante. Diante disso, o processo foi extinto (Revista *Consultor Jurídico*, 18-7-2002).

5.2. Proibição de *venire contra factum proprium*

Uma das principais funções do princípio da boa-fé é limitadora: veda ou pune o exercício de direito subjetivo quando se caracterizar *abuso da posição jurídica*. É no âmbito dessa função limitadora do princípio da boa-fé objetiva que são estudadas as situações de *venire contra factum proprium, suppressio, surrectio, tu quoque*.

Pela máxima *venire contra factum proprium non potest* é vedado ao contratante exercer um direito próprio contrariando um comportamento anterior, devendo ser mantida a confiança e o dever de lealdade decorrentes da boa-fé objetiva, depositada quando da formação do contrato. Depois de criar uma certa expectativa, em razão de conduta seguramente indicativa de determinado comportamento futuro, há quebra dos princípios de lealdade e de confiança se vier a ser praticado ato contrário ao previsto, com surpresa e prejuízo à contraparte (Flávio Tartuce, *Direito Civil*, 12. ed. São Paulo: GEN-Forense, 2017, p. 111.).

A referida máxima latina traduz, com efeito, o exercício de uma posição jurídica em contradição com o comportamento assumido anteriormente. O fundamento jurídico alicerça-se na proteção da confiança, lesada por um comportamento contraditório da contraparte, contrário à sua expectativa de benefício gerada pela conduta inicial do outro contratante.

A Súmula 370 do Superior Tribunal de Justiça, *verbi gratia*, proclama que *"caracteriza dano moral a apresentação antecipada de cheque pré-datado"*. Observa-se assim que, apesar do silêncio da lei, o *venire contra factum proprium* é consectário natural da repressão ao abuso de direito.

Na IV Jornada de Direito Civil promovida pelo Conselho da Justiça Federal foi aprovado o Enunciado n. 362, que assim dispõe: *"A vedação do comportamento contraditório (venire contra factum proprium) funda-se na proteção da confiança, tal como se extrai dos artigos 187 e 422 do Código Civil"*. Assim, por exemplo, o credor que concordou, durante a execução do contrato de prestações periódicas, com o pagamento em lugar ou tempo diverso do convencionado não pode surpreender o devedor com a exigência literal do contrato.

5.3. *Suppressio, surrectio* e *tu quoque*

Suppressio, surrectio e *tu quoque* são conceitos correlatos à boa-fé objetiva, oriundos do direito comparado. Devem ser utilizados como função integrativa, suprindo lacunas do contrato e trazendo deveres implícitos às partes contratuais. *Suppressio* significa a supressão, por renúncia tácita, de um direito ou de uma posição jurídica, pelo seu não exercício com o passar dos tempos (Flávio Tartuce, *Direito civil*, cit. p. 107).

A *suppressio* é, assim, a situação do direito que deixou de ser exercitado em determinada circunstância e não mais poderá sê-lo por, de outra forma, contrariar a boa-fé. Em suma, funda-se na tutela da confiança da contraparte e na situação de aparência que a iludiu perante o não exercício do direito. Malgrado se aproxime da figura do *venire contra factum proprium,* dele se diferencia basicamente, pois, enquanto no *venire* a confiança em determinado comportamento é delimitada no cotejo com a conduta antecedente, na *suppressio* as expectativas são projetadas apenas pela injustificada inércia do titular por considerável decurso do tempo, somando-se a isso a existência de indícios objetivos de que o direito não mais seria exercido.

Pode ser apontado como exemplo da *suppressio* a situação descrita no art. 330 do Código Civil, referente ao local do pagamento: *"O pagamento reiteradamente feito em outro local faz presumir renúncia do credor relativamente ao previsto no contrato"*.

O Superior Tribunal de Justiça, em acórdão relatado pela Min. Nancy Andrighi (REsp 1.202.514/RS, j. 21-6-2011), reconheceu na hipótese a incidência da *suppressio* para a hipótese de cobrança de correção monetária em contrato de mandato judicial, concluindo que "o princípio da boa-fé objetiva torna inviável a pretensão de exigir retroativamente a correção monetária dos valores que era regularmente dispensada, pleito que, se acolhido, frustraria uma expectativa legítima construída e mantida ao longo de toda a relação processual – daí se reconhecer presente o instituto da *suppressio*".

A *surrectio* é a outra face da *suppressio*, pois consiste no nascimento de um direito, sendo nova fonte de direito subjetivo, consequente à continuada prática de certos atos. A duradoura distribuição de lucros da sociedade comercial em desacordo com os estatutos pode gerar o direito de recebê-los do mesmo modo, para o futuro (Ruy Rosado de Aguiar Júnior, cit., p. 254-255).

Suppressio e *surrectio* são dois lados de uma mesma moeda: naquela ocorre a liberação do beneficiário; nesta, a aquisição de um direito subjetivo em razão do comportamento continuado. Em ambas preside a confiança, seja pela fé no não exercício superveniente do direito da contraparte, seja pela convicção da excelência do seu próprio direito.

No tocante à figura do *tu quoque*, verifica-se que aquele que descumpriu norma legal ou contratual, atingindo com isso determinada posição jurídica, não pode exigir do outro comportamento obediente ao preceito. Faz-se aqui a aplicação do mesmo princípio inspirador da *exceptio non adimpleti contractus*: quem não cumpriu contrato, ou a lei, não pode exigir o cumprimento de um ou de outro. Ou seja, o *tu quoque* veda que alguém faça contra o outro o que não faria contra si mesmo (Ruy Rosado de Aguiar Júnior, cit., p. 254-255).

5.4. Duty to mitigate the loss

A expressão *duty to mitigate the loss* ou "mitigação do prejuízo" constitui uma inovação verificada primeiramente no direito anglo-saxão (*doctrine of mitigation* ou *duty to mitigate the loss*), relacionada diretamente com a boa-fé objetiva e aprovada no Enunciado 169 da III Jornada de Direito Civil (STJ-CJF), nestes termos: "O princípio da boa-fé objetiva deve levar o credor a evitar o agravamento do próprio prejuízo".

Informa Antunes Varela (*Das obrigações em geral*, Coimbra, Almedina, 2. ed., 1973, v. I, p. 917) que o direito português assegura que a vítima do inadimplemento, mesmo quando não contribui para o evento danoso, tem não apenas o dever de proceder de sorte que o dano não se agrave, mas também o de tentar reduzi-lo na medida possível. Diez Picazo (*Fundamentos del derecho civil patrimonial*, 5. ed., Madrid: Civitas, 1996, v. 2, p. 689), por sua vez, afirma que o dever de mitigar os danos sofridos decorre do princípio da boa-fé e, quando descumprido, é um fato que "rompe la relación de causalidad, pues el aumento de los daños no es ya consecuencia direta e inmediata del incumplimiento, sino de la inacción o de la pasividade del acreedor". Na Itália, Francesco Galgano (*Diritto privato*, 4. ed., Padova: Cedam, 1987, p. 184) opina que o recíproco comportamento do credor e do devedor conforme o princípio da correção e da boa-fé é uma "obrigação geral acessória" cujo conteúdo não é predeterminável.

A mencionada máxima tem sido aplicada especialmente aos contratos bancários, em casos de inadimplência dos devedores, em que a instituição financeira, em vez de tomar as providências para a rescisão do contrato, permanece inerte, na expectativa de que a dívida atinja valores elevados, em razão da alta de juros convencionada no contrato (confira-se acórdão nesse sentido do TJSP, na Ap. 0003643-11.2012.8.26.0627, de 15-5-2015).

Essa conduta incorreta tem sido reprimida pelos nossos Tribunais, especialmente pelo Superior Tribunal de Justiça, para o qual "Os contratantes devem tomar as medidas necessárias e possíveis para que o dano não seja agravado. A parte a que a perda aproveita não pode permanecer deliberadamente inerte diante do dano. Agravamento do prejuízo, em razão da inércia do credor. Infringência dos deveres de cooperação e lealdade. (...) O fato e ter deixado o devedor na posse do imóvel por quase 7 (sete) anos, sem que este cumprisse com o seu dever contratual (pagamento das prestações relativas ao contrato de compra e venda), evidencia a ausência de zelo com o patrimônio do credor, com o consequente agravamento das perdas, uma vez que a realização mais célere dos atos de defesa possessória diminuiriam a extensão do dano. Violação ao princípio da boa-fé objetiva" (STJ, REs 758.518-PR, 3ª T., rel. Des. Conv. Vasco Della Giustina, j. 17-6-2010).

Decidiu o Superior Tribunal de Justiça que "se as questões trazidas à discussão foram dirimidas, pelo Tribunal de origem, de forma suficientemente ampla, fundamentada e sem omissões, deve ser afastada a alegada violação ao art. 1.022 do Código de Processo Civil de 2015. (...) Não configura cerceamento de defesa o julgamento da causa sem a produção da prova solicitada quando demonstrada a suficiência da prova existente nos autos (para a formação do convencimento do julgador) ou quando constatada a inutilidade da prova requerida. (...) Conforme a regra do art. 202, inciso V, parágrafo único, do Código Civil, qualquer ato judicial que constitua em mora o devedor interrompe a prescrição, que voltará a ser contada somente após o trânsito em julgado da decisão judicial que ponha fim ao processo que a interrompeu. (...) Nos termos da jurisprudência desta Corte, a simples demora no ajuizamento da ação não é causa suficiente para afastar os encargos moratórios do contrato, devendo, ainda, haver a criação de expectativa pelo credor de que a dívida seria cobrada menor ou mesmo não cobrada, ou, ainda, que tenha violado deveres anexos ao contrato" (AgInt no AREsp 2.079.543-GO, rel. Min. Maria Isabel Gallotti, 4ª T., j. 27-3-2023, *DJe* 31-3-2023).

A referida tese foi adotada no atual Código Civil, no capítulo concernente aos contratos de seguro. Dispõe, com efeito, o art. 769 do aludido diploma que "O segurado é obrigado a comunicar ao segurador, logo que saiba, todo incidente suscetível de agravar consideravelmente o risco coberto, sob pena de perder o direito à garantia, se provar que silenciou de má-fé". Na mesma linha, proclama o art. 771: "Sob pena de perder o direito à indenização, o segurado participará o sinistro ao segurador, logo que o saiba, e tomará as providências imediatas para minorar-lhe as consequências".

6. Responsabilidade decorrente do rompimento de noivado

O matrimônio é sempre precedido de uma promessa de casamento, de um compromisso que duas pessoas de sexo diferente assumem, reciprocamente.

Essa promessa era conhecida dos romanos pelo nome de *sponsalia* (esponsais), e, além de solene, gerava efeitos. Havia uma espécie de sinal ou arras esponsalícias, que o noivo perdia, ou até as pagava em triplo ou em quádruplo, se desmanchasse o noivado injustificadamente[19].

Vestígios dessa legislação ainda eram encontrados nas Ordenações do Reino, que vigoraram no Brasil no período da pré-codificação. O instituto dos esponsais, entretanto, não foi regulamentado pelo Código Civil de 1916 e desapareceu de nosso direito positivo, tornando-se inadmissível a propositura de ação tendente a compelir o noivo arrependido ao cumprimento da promessa de casamento[20].

É princípio de ordem pública que qualquer dos noivos tem a liberdade de se casar ou de se arrepender. O consentimento deve ser manifestado livremente e ninguém pode ser obrigado a se casar. O arrependimento, portanto, pode ser manifestado até o instante da celebração.

O fato de nosso legislador não ter disciplinado os esponsais como instituto autônomo demonstra, conforme assinala a doutrina, que preferiu deixar a responsabilidade civil pelo rompimento da promessa sujeita à regra geral do ato ilícito[21]. Tendo em vista as futuras e próximas núpcias, os noivos realizam despesas de diversas ordens: adquirem peças de enxoval, alugam ou compram imóveis, adiantam pagamentos de bufês, de enfeites da igreja e do salão de festas, pedem demissão de emprego etc. O arrependimento do outro acarretará, então, prejuízos ao que tomou tais providências. Se não houve justo motivo para a mudança de atitude, o prejudicado terá o direito de obter judicialmente a reparação do dano (cf. *RJTJSP*, *69*:150).

A resistência que alguns opõem a pretensões desta natureza se funda no argumento de que, a se deferir a indenização reclamada, estar-se-ia constrangendo, indiretamente, o promitente à execução *in natura* da promessa feita, por meio do casamento, como opção liberatória daqueles danos, o que seria contrário aos princípios que regem a instituição matrimonial (cf. *RT*, *360*:398). Não colhe, entretanto, tal argumento, pois a regra geral é que comete ato ilícito quem, agindo de forma contrária ao direito, causa dano a outrem, ainda que exclusivamente moral, ficando, em consequência, obrigado a repará-lo (CC, arts. 186 e 927).

Tem sido aplicada, naqueles casos em que a indenização não foi negada, a regra do art. 186 do Código Civil. Washington de Barros Monteiro enumera três requisitos para

---

19. Roberto de Ruggiero, *Instituições de direito civil*, trad. Ary dos Santos, 3. ed., São Paulo, p. 62, § 48.
20. Washington de Barros Monteiro, *Curso*, cit., v. 2, p. 34.
21. Yussef Said Cahali, *Dano*, cit., p. 103, n. 21.

que se reconheça a responsabilidade: "a) que a promessa de casamento tenha emanado do próprio arrependido, e não de seus genitores; b) que o mesmo não ofereça motivo justo para retratar-se, considerando-se como tal, exemplificativamente, a infidelidade, a mudança de religião ou de nacionalidade, a ruína econômica, a moléstia grave, a condenação criminal e o descobrimento de defeito físico oculto durante o noivado; c) o dano" (*Curso*, cit., v. 2, p. 34-5).

Discute-se a respeito da extensão do dano indenizável em casos desta natureza. Considero superada a opinião daqueles que sustentam que a indenização deve restringir-se exclusivamente às despesas realmente feitas em virtude do matrimônio futuro[22]. Hoje, predomina o entendimento de que a indenização deve ser ampla e abranger todos os danos advindos do rompimento imotivado do compromisso, como os decorrentes de despesas de toda ordem, de abandono de emprego ou de suspensão de estudos por determinação do noivo, de aquisição de bens móveis ou imóveis etc.[23]. A divergência que perdurou durante algum tempo dizia respeito somente ao dano moral. Entendiam alguns que o dano a ser reparado era somente o patrimonial, enquanto outros incluíam na indenização também o dano moral[24].

---

22. Roberto de Ruggiero, *Instituições*, cit., v. 2, p. 62.
23. Washington de Barros Monteiro, *Curso*, cit., v. 2, p. 35; Antônio Chaves, *Lições de direito civil*; direito de família, v. 1, p. 100-1: "O legislador italiano, pelo bom senso e equilíbrio com que conseguiu regulamentar, no art. 81 citado, o ressarcimento desses prejuízos, traçou uma diretriz que tem merecido aplausos unânimes, e que não pode deixar de ser considerada por quem quer que se detenha no exame da matéria. Estabelece o princípio da responsabilidade do trânsfuga da cadeia matrimonial, na falta do *giusto motivo*, e limita a reparação do dano causado à outra parte tão somente às despesas feitas e às obrigações contraídas em virtude daquela promessa, e ainda dentro das fronteiras em que as despesas e as obrigações correspondem à condição das partes. (...) Francesco Degni, respigando a jurisprudência italiana, aponta casos de ressarcimento de danos à mulher que tenha sido abandonada com declarações ofensivas, ou, durante o noivado, tenha sido obrigada a uma condição de vida que lhe ocasione prejuízos morais e materiais, ou a renunciar a uma sucessão ou doação, ou tenha sido obrigada ou simplesmente aconselhada pelo noivo, que depois não cumpriu a promessa, a demitir-se do emprego, ou a não permitir que obtivesse uma ocupação remunerada. (...) É de resto o critério geralmente admitido também na jurisprudência francesa e belga, como atesta Henri de Page" (p. 103).
24. Silvio Rodrigues, *Direito civil*, cit., p. 44: "A meu ver, repito, desde que haja rompimento injusto do noivado – e esse é o requisito básico para que a demanda possa prosperar –, pode o prejudicado, a despeito do silêncio da lei, reclamar a indenização do prejuízo experimentado. Entendo ademais que, em face do rompimento injustificado do noivado, poderá o juiz, igualmente, fixar uma indenização moderada para a reparação do dano moral". Georgette Nacarato Nazo, *Da responsabilidade civil no pré-contrato de casamento*, p. 139: "... aliás, o próprio art. 159 do Código Civil fala genericamente em prejuízo; logo, tanto será o prejuízo material como o moral". Yussef Said Cahali, *Dano*, cit., p. 108: "Vinculando-se os danos morais a circunstâncias injuriosas que podem envolver o arrependimento, não se deixa sem a reparação necessária o agravo moral provocado pela recusa manifestada só no momento da celebração; negá-lo seria levar-se a extremos abusivos o primado da plena vontade matrimonial, com o injustificável sacrifício de nobres e legítimos sentimentos do ofendido". Alípio Silveira, *A boa-fé no Código Civil*, v. 2, p. 223: "... a reparação abrangerá todos os prejuízos materiais e morais causados pela injusta ruptura". Antônio Chaves, *Lições*, cit., p. 101: "... não será absurdo prognosticar, para o futuro, um progressivo alargamento do entendimento, principalmente do ponto de vista da ressarcibilidade do dano moral injustamente ocasionado". Aguiar Dias, *Da responsabilidade*, cit., p. 176-7.

A respeito da primeira corrente, veja-se decisão inserta na *RT, 461*:214: "Os prejuízos causados à apelada com o imotivado rompimento do noivado no justo momento em que, já na igreja, esperava inutilmente a noiva pelo réu, devem mesmo ser pagos por este, segundo se apurar em execução como decidido está. Consigna-se que a indenização não é concedida pelo simples rompimento do noivado, pois não se ignora que ao réu era livre de casar ou não. Justificam-se os prejuízos sofridos com os gastos feitos para a realização das núpcias frustradas, o que deve ser levado a débito do réu, pelo princípio de que quem der causa a dano de outrem deve repará-lo. Ensina Pontes de Miranda ('Tratado de Direito Privado', t. 53/233) que, apesar de não consignar o Direito brasileiro a promessa de casamento, o noivado, como negócio jurídico, haverá lugar para o ressarcimento se um dos noivos fez despesas e tomou resoluções que lhe alteraram o ritmo de vida. Os esponsais são ato de dimensão ética e não entram no mundo jurídico, permanecendo, para o direito, no mundo ético, 'mas podem dar ensejo a lesões, que se considerem atos ilícitos absolutos, por serem provenientes de dolo ou mesmo só de culpa... e desde que o noivado determinou despesas, ou mudança de profissão ou suspensão de estudos, ou vendas para a preparação de situações necessárias ou acordadas para o futuro, e o rompimento causa perdas ou danos, e há culpa de um dos noivos, o direito à indenização exsurge'. (...) Tal como no caso presente, em que o apelante, maior, rompeu o compromisso sem nenhuma motivação, deixando que a apelada fizesse muitos gastos e até por imposição sua, dele apelante, deixasse o emprego, porque neste não se admitiam senão moças solteiras. Há que excluir do pedido, porém, o alegado prejuízo decorrente da ofensa moral, por improvados os danos patrimoniais decorrentes do traumatismo nervoso e é certo que tais danos deveriam ter sido provados na fase de cognição para que pudessem ser apurados na de execução".

O julgado mostra uma ultrapassada tendência da jurisprudência em considerar os danos morais, quando admitidos, incluídos na indenização por dano material. A reparação por danos materiais compensaria, por meios indiretos, o dano moral, não se admitindo a cumulação (STF, *RTJ, 82*:546-8 e 515).

Se o arrependimento for imotivado, além de manifestado em circunstâncias constrangedoras e ofensivas à sua dignidade e respeito (abandono no altar ou negativa de consentimento no instante da celebração), o direito à reparação do dano moral parece-nos irrecusável. Edgard Moura Bittencourt menciona, a propósito, ilustrativo caso ocorrido em León, Espanha, de um jovem que, ao ser interrogado se era de sua livre e espontânea vontade receber a noiva como legítima esposa, disse: "– Bem, para ser franco, não! Assim respondendo, retirou-se da Igreja, deixando a noiva desmaiada e atônita aquela porção de gente da alta sociedade que se comprimia no templo".

Comenta, então, Moura Bittencourt: "Essa menina, não resta dúvida, sofreu o que talvez nenhuma outra noiva terá sofrido: além da perda do noivo, a suprema injúria de uma humilhação pública. O noivo não seria punido civilmente pela ruptura da promessa, nem em nome de princípios jurídicos aplicáveis aos esponsais, mas pela humilhação, pelo escândalo infligido e pelo dano moral quando se converte em prejuízos materiais. É direito seu reconsiderar a escolha da esposa, mas é obrigação fazê-lo de forma discreta, sem ofensa, nem injúria, e com o mínimo de impiedade. Por agir de modo cruel e abusivo, por isso e não pelo arrependimento, é que deverá pagar" (*Família*, Rio de Janeiro, Ed. Alba, 1970).

A propósito, o Tribunal de Justiça de São Paulo enfatizou o cabimento de indenização por dano material e moral, cumulativamente, em caso de ruptura de noivado às vésperas do casamento sem motivo justificado, nestes termos: "A ruptura, sem motivo, da promessa de casamento pode dar lugar a indenização decorrente de dano material, evidenciado pela aquisição de móveis, e decorrente de dano moral, posto que o rompimento do noivado sempre afetará a pessoa da mulher, atingindo, de alguma forma, sua honra e seu decoro, notadamente quando já notória a data do casamento" (*RT*, *639*:58). "A ruptura de noivado, quando este ocorre após sinais de sua exteriorização, alcançando familiares e amigos, gera a indenização por dano moral, uma vez abalados os sentimentos da pessoa atingida, não só em relação a si própria como também perante os grupos sociais com os quais se relaciona" (*RT*, *741*:255).

A Sexta Câmara do Tribunal de Justiça do Ceará manteve sentença de Primeiro Grau que condenou comerciante a pagar indenização de R$ 10.000,00 por danos morais à ex-noiva, por não ter comparecido ao casamento civil agendado entre ambos. O relator, Des. Fonteneles Tomaz, asseverou que o dano moral, no caso, "decorre de dois aspectos expostos e fortemente comprovados: o não comparecimento do noivo à celebração do casamento civil, fato por si só ensejador da reparação, e a alegação do noivo de que deixou de contrair casamento com a autora em razão da mesma não ser virgem. O fato da jovem noiva não ser mais virgem, seja deflorada pelo noivo, conforme afirma a jovem, ou por outrem, conforme alega o apelante, não é capaz de elidir o fato causador do dano moral sofrido. Não se trata de simples rompimento de noivado. Houve exposição social ao ridículo e ampla repercussão do fato na pequena cidade de Palhano" (disponível em <www.editoramagister.com>, acesso em 20-5-2010).

O instituto dos esponsais é disciplinado em várias legislações modernas, havendo algumas que o consideram verdadeiro contrato, cujo inadimplemento produz a obrigação plena de indenizar (Códigos Civis alemão e suíço, leis escandinavas e direito anglo-americano). Outras não o tratam como um contrato, mas atribuem à parte repudiada uma indenização (Códigos Civis austríaco, espanhol, holandês, italiano, grego, mexicano, peruano, português, venezuelano). Os Códigos Civis brasileiro, francês e romeno silenciam completamente a respeito, enquanto outros Códigos, como o argentino, o chileno, o colombiano e o uruguaio, expressamente negam-lhe qualquer efeito[25].

Decisão do Tribunal de Justiça de São Paulo bem resume a orientação jurisprudencial atual: "Não há, na sociedade atual, reprovação pelo rompimento do noivado ou da promessa de casamento. Se não havia o dever legal de casar, o rompimento, em si, do relacionamento de namoro, de noivado ou mesmo da promessa de casamento, não caracteriza o dano moral, não respondendo, ainda, o causador pelo custeio do tratamento dos danos emocionais decorrentes do rompimento. O dano moral pode ocorrer, não pela desistência do casamento, mas pela forma como se processa. Quanto aos danos materiais devem ser ressarcidas as despesas e dívidas contraídas com os preparativos para a cerimônia e festa do casamento, viagem de lua de mel, vestido de noiva e outras afins, além da partilha dos bens que forem adquiridos pelo esforço comum e despesas feitas para aquisição e instalação do lar conjugal, sob pena de violação aos arts. 186 e 884 do Código Civil. Danos materiais relativos aos preparativos que devem

---

25. Eduardo Espínola, apud Antônio Chaves, *Lições*, cit., p. 74.

ser apurados em liquidação, diante de restituições no curso da ação de valores decorrentes do cancelamento de contratos" (TJSP, Apel. 0002942-15.2011.8.26.0650, 1ª Câm. Dir. Priv., rel. Des. Alcides Leopoldo e Silva Júnior, *DJe* 26-5-2015).

Jurisprudência

6.1. Rompimento de noivado com casamento já agendado

- Danos morais e materiais – Casamento já agendado, com aquisição de móveis, utensílios, expedição de convites e outros preparativos – Ruptura sem motivo justificado – Dever de indenizar do noivo. Cabe indenização por dano moral e material, pelo rompimento de noivado e desfazimento da cerimônia de casamento já programada, sem qualquer motivo justo (TJSP, Ap. 90.262-4-Ilha Solteira/Pereira Barreto, 6ª Câmara de Direito Privado, rel. Testa Marchi, j. 3-2-2000).

- Rompimento do noivado pelo réu 10 dias antes da celebração do casamento – Direito do noivo de repensar sua vida antes de contrair matrimônio – Pequeno período de duração do namoro – Ausência de situação vexatória, ou humilhante (TJSP, Ap. n. 0005378 – 6.2011.8.26.2011.8.26.0462, 9ª Câm. Dir. Priv., rel. Des. Galdino Toledo Junior, *DJe* 20-1-2015).

- Responsabilidade civil – Noivado – Rompimento – Indenização exigida pela noiva – Ação procedente em parte – Embargos recebidos parcialmente. Não ficando comprovados motivos ponderáveis para o desfazimento do noivado, assiste ao prejudicado o direito a ser ressarcido dos prejuízos (*RT*, *506*:256).

- "Indenização – Noivado – Rompimento – Ressarcimento das despesas havidas com a festa de noivado – Carência da ação, por não se vislumbrar ilicitude no rompimento – Doação – Joias dadas à noiva pelo noivo – Rompimento do noivado – Restituição pretendida, pelo noivo – Carência (*RJTJSP*, *32*:29).

6.2. Rompimento de noivado com convites para o casamento já distribuídos, estando a noiva grávida

- Reparação de danos morais decorrentes de rompimento de noivado, sem justificativa, estando a apelada grávida – Namoro que durou aproximadamente sete anos – Data marcada para o casamento, convites distribuídos, vestido de noiva confeccionado e edital publicado – Sentença de procedência – Recurso do réu improvido (*JTJ*, Lex, *178*:101).

- Homem que, abusando do direito que dispunha de findar a relação, o fez à completa revelia da ex-noiva, retirando da casa todos os pertences desta – móveis e roupas – colocando-os em um porão da residência. Mesmo fundado em razões compreensíveis para o término do relacionamento após a distribuição dos convites para o casamento, a situação criada levou a noiva a experimentar grande vergonha e humilhação perante parentes e amigos no pequeno lugar onde residiam. Além de ser sido expulsa de casa quando estava em viagem fora do país, a noiva experimentava uma gravidez de risco (TJSC, 4ª Câmara de Direito Privado, rel. Des. Eládio Torret Rocha, Revista *Consultor Jurídico*, 13-10-2011).

6.3. Rompimento injustificado pelo réu, casando-se imediatamente com outra

- Noivado – Danos moral e material – Rompimento injustificado e unilateral pelo réu, casando-se imediatamente com outra – Autêntica promessa de contratar – Descumprimento – Verbas devidas (*JTJ*, Lex, *20*:14).

6.4. Rompimento de noivado em circunstâncias injuriosas à honra da mulher

- Promessa de casamento – Circunstâncias gravemente injuriosas a envolver a ruptura do relacionamento amoroso, agravando a honra da mulher – Verba devida (*RT*, *779*:376).

- Rompimento de noivado – Danos morais e materiais causados pelo noivo flagrado pela noiva mantendo relações sexuais com outra mulher, na casa em que moravam, o que resultou no cancelamento do casamento marcado para dias depois e dos serviços contratados para a cerimônia. O término do relacionamento amoroso, embora seja fato natural da vida, gerará dever de indenizar por danos materiais e morais conforme as circunstâncias que ensejaram o rompimento (TJMG, Apel. 5298117-04.2007.8.13.0024, 10ª Câm. Cív., Des. Nita e Silva, *DJEMG* 21-9-2010).

- Rompimento de noivado, causando dor e humilhação na noiva abandonada – Dano moral. A ruptura do noivado, embora cause sofrimento e angústia ao nubente, por si só, não gera o dever de indenizar, pois, não havendo mais o vínculo afetivo, não faz sentido que o casal dê prosseguimento ao relacionamento. Todavia, se o rompimento do noivado ocorreu de forma extraordinária, em virtude de enganação, por meio de promessas falsas e mentiras desprezíveis, causando dor e humilhação na noiva abandonada, configuram-se os danos morais (TJMG, Apel. 1.0701.12.031001-9/001, rel. Des. Rogério Medeiros, *DJEMG*. 24-6-2016).

6.5. Improcedência da ação de indenização por rompimento de noivado

- Responsabilidade civil – Ação de indenização por danos morais – Danos que, segundo a inicial, decorrem do insucesso de relacionamento amoroso havido entre as partes – Alegação de que o réu omitiu manter união estável com terceira pessoa – Procedência decretada – Inconformismo – Acolhimento – Conjunto probatório indicativo de que as partes iniciaram relacionamento por meio de aplicativo, por brevíssimo período (poucos meses) – Embora reprovável a conduta do demandado (não obstante sustente que se separou da companheira, naquele período), cuida-se de situação que, apesar de constrangedora, não se mostrou apta a atingir a imagem da autora, tampouco que tenha sido submetida a situação vexatória ou de humilhação pública – Inexistência de ato ilícito a ensejar a indenização postulada – Precedentes – Sentença reformada – Recurso do réu provido, prejudicado o da autora (TJSP, Apelação Cível 1031523-38.2022.8.26.0100, rel. Salles Rossi, 8ª Câmara de Direito Privado, j. 16-8-2023).

- Noivado – Rompimento – Possibilidade de reparação dos danos morais afastada. Ausentes os requisitos do art. 186 do Código Civil, não é o caso de incidência de danos morais e materiais, ainda mais quando a parte autora não se incumbiu de provar os fatos alegados. Meros dissabores e frustrações advindas do rompimento do noivado não ensejam a condenação em indenização (TJMG, Apel. 1.0024.10.124748-4/0001, rel. Des. Pedro Aleixo, *DJEMG* 6-3-2017).

- Rompimento de noivado – Indenização por danos materiais e morais – Não cabimento. A simples ruptura de um noivado não pode ser causa capaz de configurar dano moral indenizável, salvo em hipóteses excepcionais, em que o rompimento ocorra de forma anormal e que ocasione, realmente, à outra pessoa uma situação vexatória, humilhante e desabonadora de sua honra, o que, no caso dos autos, como visto, não ocorreu. Não se há de falar em indenização por dano material, no caso de rompimento de noivado, se não há prova nos autos de culpa de quem quer que seja pelo rompimento havido e sequer das despesas realmente feitas com a preparação da cerimônia (TJMG, Apel. 1.0480.12.016815-2001, rel. Des. Evandro da Costa Teixeira, *DJEMG*, 15-12-2015).

- Rompimento de noivado – Inexistência da obrigação de indenizar. A promessa de casamento, baseada no compromisso amoroso entre o homem e a mulher, é eivada de subjetivismo e riscos, sendo que a sua ruptura não pode acarretar dano moral indenizável (TJSP, Apel. 386.368.4/0, 9ª Câm. Dir. Priv., rel. Des. José Luiz Galvão, *DJe* 9-6-2009).

- Noivado – Danos moral e material – Rompimento injustificado não comprovado – Verbas não devidas – Ação improcedente – Recurso não provido (*JTJ*, Lex, 22:102).

- Dano moral – Quebra de promessa de casamento – Rompimento do vínculo amoroso – Ato ilícito não caracterizado – Desconhecimento do estado civil do ex-amásio, ademais, não comprovado – Ação improcedente – Recurso não provido (*JTJ*, Lex, *215*:93).

- Fim de noivado – Dor, mágoa, tristeza que não configuram dano moral. O fim de um relacionamento afetivo, intenso e prolongado, naturalmente causa dor, tristeza e frustrações, porém o noivado, pela sua própria natureza, denota relacionamento precário e que sequer recebe a tutela legislativa. A verba indenizatória, se concedida, funcionaria como verdadeira *astreinte*, constrangendo os noivos à celebração do matrimônio, o que solaparia um dos elementos constitutivos desse enlace, que é a livre manifestação de vontade (TJRS, Ap. 70.055.881.965, 8ª Câm. Cív., rel. Des. Luiz Felipe Brasil Santos, j. 27-11-2013).

6.6. Rompimento de namoro. Descabimento de indenização por danos morais e materiais

- Sendo o Direito produto da cultura e estrutura da realidade social, o namoro, como é socialmente aceito, não obriga ao casamento, de forma que sua ruptura não é fato bastante a configurar dano moral, já que o dano moral também é um conceito normativo e a dor advinda disso não encerra a noção jurídica de dano injusto (TJSP, Ap. 193.991-4/0-00, rel. Des. Marcelo Benacchio).

7. Responsabilidade decorrente da ruptura de concubinato e de união estável

Para Pontes de Miranda, concubinato é a união prolongada daqueles que não se acham vinculados por matrimônio válido ou putativo. Segundo Ruggiero, consiste o concubinato na união entre o homem e a mulher, sem casamento. O conceito generalizado do concubinato, também chamado "união livre", tem sido invariavelmente, no entender de Washington de Barros Monteiro, o de vida prolongada em comum, sob o mesmo teto, com aparência de casamento. Edgard Moura Bittencourt (*O concubinato no direito*) transcreve a lição de Errazuriz: "A expressão *concubinato*, que em linguagem corrente é sinônima de união livre, à margem da lei e da moral, tem no campo jurídico mais amplo conteúdo. Para os efeitos legais, não apenas são concubinos os que mantêm vida marital sem serem casados, senão também os que contraíram matrimônio não reconhecido legalmente, por mais respeitável que seja perante a consciência dos contraentes, como sucede com o casamento religioso; os que celebrarem validamente no estrangeiro um matrimônio não reconhecido pelas leis pátrias, e ainda os que vivem sob um casamento posteriormente declarado nulo e que não reunia as condições para ser putativo. Os problemas do concubinato incidem, por conseguinte, em inúmeras situações, o que contribui para revesti-los da máxima importância".

A união livre difere do casamento sobretudo pela liberdade de descumprir os deveres a este inerentes. Por isso, a doutrina clássica esclarece que o estado de concubinato pode ser rompido a qualquer instante, qualquer que seja o tempo de sua duração, sem que ao concubino abandonado assista direito a indenização pelo simples fato da ruptura[26]. Savatier mostra que a união livre significa a deliberação de rejeitar o vínculo matrimonial, o propósito de não assumir compromissos recíprocos. Nenhum dos amantes pode queixar-se, pois, de que o outro se tenha valido dessa liberdade[27].

Na opinião de Aguiar Dias, não pode o concubinato, de si mesmo, fundamentar nenhum direito do amante abandonado. Mas sustenta, no mesmo passo, que o juiz, diante de um pedido dessa natureza, deve examinar se as circunstâncias não indicam a existência de um estado de fato caracterizador de culpa, malícia ou abuso, o que é, na realidade, muito mais frequente do que se pensa[28].

A realidade é que o julgador brasileiro passou a compreender que a ruptura de longo concubinato, de forma unilateral ou por mútuo consentimento, acabava criando uma situação extremamente injusta para um dos concubinos, porque em alguns casos, por exemplo, os bens amealhados com o esforço comum haviam sido adquiridos somente em nome do varão. Por outro lado, havia conflito entre o regime de bens que prevalecia em muitos países da Europa, que é o legal da separação, e o da comunhão de bens, vigorante então entre nós, ficando a mulher desprovida de qualquer recurso, em benefício de parentes afastados do marido, em caso de falecimento de imigrantes.

---

26. Aguiar Dias, *Da responsabilidade*, cit., p. 177, n. 74.
27. *Traité*, cit., n. 122 *bis*, p. 160.
28. *Da responsabilidade*, cit., p. 178, n. 74.

A posição humana e construtiva do Tribunal de Justiça de São Paulo acabou estendendo-se aos demais tribunais do País, formando uma jurisprudência que acabou sendo adotada pelo Supremo Tribunal Federal, no sentido de que a ruptura de uma ligação *more uxorio* duradoura gerava consequências de ordem patrimonial. Em duas direções se pronunciaram reiteradamente as Cortes brasileiras no amparo da concubina, consoante anotou Silvio Rodrigues em parecer publicado na *RT, 452*:43: "Uma no sentido de atribuir-lhe remuneração pelos serviços prestados ao companheiro no lar ou fora dele. Outra no sentido de entender que o concubinato não raro implicava o estabelecimento de uma sociedade de fato entre os concubinos, que conjugavam seus esforços para a formação de um patrimônio comum".

Washington de Barros Monteiro criticou a posição da jurisprudência, afirmando: "A concessão de salários ou de indenização à concubina situa o concubinato em posição jurídica mais vantajosa que a do próprio matrimônio, redundando em manifesto contrassenso e detrimento da justiça. (...) Como não tem direito à remuneração pelos serviços caseiros prestados, da mesma forma não pode reclamar meação nos bens deixados pelo amante" (*Curso*, cit., v. 2, p. 20-1).

A ideia que norteou a orientação contrária, firmada na jurisprudência, foi, no entanto, indubitavelmente, a de evitar um enriquecimento injusto e sem causa de um dos concubinos, em detrimento do outro. Esta a abalizada opinião de Edgard Moura Bittencourt, autor da melhor obra na literatura brasileira a respeito do assunto: "(...) o fundamento exato de toda a construção jurisprudencial não é, na rigidez dos conceitos, a sociedade de fato ou a prestação de serviços. O fulcro da decisão, confessada ou omitida, a verdadeira razão assenta-se na inadmissibilidade do enriquecimento ilícito, pois o homem que se aproveita do trabalho e da dedicação da mulher não pode abandoná-la sem indenização, nem seus herdeiros podem receber a herança sem desconto do que corresponderia ao ressarcimento. O equilíbrio econômico, que impede o enriquecimento ilícito, é a principal razão da sentença; a construção da partilha pela sociedade de fato ou da remuneração de serviços constituem, em última análise, simples técnica de julgamento"[29].

Aguiar Dias comunga desse entendimento: "Sem embargo da irrepreensível construção jurídica em que se baseia a concessão de salários, nessas hipóteses, à concubina o que nos parece é que disfarça a tendência dos tribunais para reconhecer à companheira, em determinados casos, um direito à indenização pelo rompimento do concubinato. Não temos por que censurar os juízes que assim procedem, uma vez que não encontrem melhor fórmula para, em casos em que a justiça e a equidade imponham uma reparação, não se quedarem inertes ante o preconceito de que, pela irregularidade de que se reveste, o concubinato não seja capaz de criar direito algum" (*Da responsabilidade*, cit., p. 180-1).

Em razão do cunho indenizatório de que se revestia a orientação jurisprudencial é que o assunto está sendo tratado nesta obra.

O Supremo Tribunal Federal acabou cristalizando a tendência jurisprudencial na Súmula 380, nestes termos: "Comprovada a existência de sociedade de fato entre os concubinos, é cabível a sua dissolução judicial, com a partilha do patrimônio adquirido pelo esforço comum".

A expressão final *esforço comum* ensejava dúvidas de interpretação na jurisprudência. Entendia uma corrente que a concubina só teria direito à participação no patrimônio formado

---

29. *O concubinato*, cit., v. 1, n. 7-D, p. 61.

durante a vida em comum se concorrera com seu esforço, trabalhando lado a lado do companheiro na atividade lucrativa. Decisões havia, por outro lado, entendendo que concorria igualmente para o enriquecimento do concubino a mulher que se atinha aos afazeres domésticos, propiciando-lhe o necessário suporte de tranquilidade e segurança para o desempenho de suas atividades profissionais.

O Supremo Tribunal Federal, na interpretação de sua Súmula, vinha decidindo: "Deve distinguir-se no concubinato a situação da mulher que contribui, com o seu esforço ou trabalho pessoal, para formar o patrimônio comum, de que o companheiro se diz único senhor, e a situação da mulher que, a despeito de não haver contribuído para formar o patrimônio do companheiro, prestou a ele serviço doméstico, ou de outra natureza, para o fim de ajudá-lo a manter-se no lar comum. Na primeira hipótese, a mulher tem o direito de partilhar com o companheiro o patrimônio que ambos formaram. Na segunda hipótese, a mulher tem o direito de receber do companheiro a retribuição devida pelo serviço doméstico a ele prestado, como se fosse parte num contrato civil de prestação de serviços, contrato esse que, ressabidamente, outro não é senão o bilateral, oneroso e consensual definido nos arts. 1.216 e s. do CC, isto é, como se não estivesse ligada, pelo concubinato, ao companheiro" (*RTJ, 84*:487, *90*:1022, *91*:590, *104*:290, *111*:704 etc.).

Sobre o *quantum* da retribuição salarial, entendeu o Supremo Tribunal Federal: "A quantia da remuneração não pode ser superior à do salário mínimo fixado em lei para o Município em que o serviço foi prestado, isto é, deve ser o da remuneração média do serviço doméstico registrada em tal Município no transcurso da correspondente prestação e na conformidade, é claro, do que for apurado mediante arbitramento, na execução" (*RTJ, 84*:491).

Já decidiu o Tribunal de Justiça de São Paulo, ao estabelecer uma indenização que compense os serviços prestados durante os anos de convivência harmônica, que: "À falta de melhores elementos e a fim de facilitar a execução, afigura-se razoável à Turma Julgadora fixar essa indenização em 1/3 dos bens descritos na inicial, que deverão ser avaliados por perito judicial, pagando o réu à autora a importância correspondente à terça parte de seu valor, no dia da avaliação, em três prestações mensais e consecutivas" (*RJTJSP, 69*:100).

Vários acórdãos do Tribunal de Justiça de São Paulo podem ser mencionados, nos quais se esposou a tese de que "é suficiente a permanência da concubina no lar, nas lides domésticas, para se lhe reconhecer direito em parte do patrimônio formado pelo companheiro" (*RT, 336*:248, *421*:143, *443*:146). No Supremo Tribunal Federal, como se viu, a orientação dominante era a de que, nesses casos, a concubina faria jus só a uma indenização correspondente aos serviços prestados. Esta jurisprudência predominava também no Tribunal de Justiça de São Paulo, como se pode verificar pelas decisões transcritas nas *RT, 552*:65, *550*:96, *606*:91, *630*:77, *632*:87, e *RJTJSP, 67*:50, *110*:338: "A sociedade de fato, e não a convivência *more uxorio*, é o que legitima a partilha dos bens entre os concubinos". E, também, no Tribunal de Justiça do Paraná (*v. RT, 635*:272).

Tendo em vista que, às vezes, um dos concubinos concorre com muito mais esforço para o aumento do patrimônio comum, já se decidiu que: "Assim como nas sociedades comerciais variável pode ser a cota dos sócios, nas sociedades de fato os haveres de cada sócio podem ser desiguais" (*RT, 552*:184, *632*:87; *RJTJSP, 111*:426; *RTJ, 118*:346).

Em demanda em que se pedia a extinção da sociedade de fato concubinária e a partilha do patrimônio comum, indeferida pelo juiz de primeira instância, assim se pronunciou o Tribunal de Justiça de São Paulo: "É certo que não compete ao juízo dissolver sociedades concubinárias ou de fato. Se o pedido da autora tivesse sido apenas este, estaria com a razão o Dr. Juiz ao concluir pela inépcia da inicial e pela impossibilidade jurídica da pretensão. Mas na inicial, se a apte. incorretamente pediu que se declarasse a dissolução daquela sociedade, igualmente pleiteou, uma vez que a vida concubinária chegara ao fim, a partilha do patrimônio constituído pelo esforço comum. E, nessa parte, o pedido é, em tese, inteiramente viável, não podendo o Magistrado eximir-se de se pronunciar a respeito pretextando impossibilidade jurídica da pretensão cumulada" (*RJTJSP*, 71:42-3).

No tocante, ainda, ao tema da concubina que se limita aos afazeres domésticos, o Tribunal de Justiça do Rio de Janeiro mostrava-se mais liberal. Confira-se: "*Concubinato* – Sociedade de fato – Direitos patrimoniais – Ação ordinária para declarar a existência de sociedade de fato, entre concubinos.

Segundo entendimento jurisprudencial calcado na melhor doutrina, ainda que a mulher nada tenha levado, mas desde que tenha acompanhado, com o seu apoio, interesse, respeito, coabitação, dentro de um ambiente de perfeita comunhão, os negócios do companheiro, não se lhe pode negar o direito à participação nos bens existentes" (TJRJ, 3º Gr. Câms., Ap. EI 6.967, j. 28-11-1979, v. un., rel. Des. Luis Steele, *DJRJ*, 11 set. 1980, p. 64, ementa).

Aduza-se que a corrente mais liberal e favorável à companheira, que já vinha sendo seguida pelo Tribunal de Justiça do Rio de Janeiro, acabou encontrando ressonância no Superior Tribunal de Justiça, que proclamou a distinção entre a mera concubina e a companheira com convivência *more uxorio*, para reconhecer o seu direito a participar do patrimônio deixado pelo companheiro, mesmo que não tenha exercido atividade econômica fora do lar (cf. REsp 1.40-RJ). Posteriormente, o mesmo Tribunal reiterou: "*Concubinato* – Sociedade de fato – Partilha de bens. O concubinato, só por si, não gera direito à partilha. Necessário que exista patrimônio constituído pelo esforço comum. Daí não se segue, entretanto, que indispensável seja direta essa contribuição para formar o patrimônio. A indireta, ainda que eventualmente restrita ao trabalho doméstico, poderá ser o bastante. Entretanto, havendo o acórdão negado tivesse a autora colaborado, de qualquer forma, para o acréscimo patrimonial, não se pode reconhecer existente sociedade de fato" (STJ, 3ª T., REsp 1.648-RJ, rel. Min. Eduardo Ribeiro, j. 27-31990, v. u., *DJU*, 16 abr. 1990, p. 2875, Seção I, ementa). "*Concubinato* – Sociedade de fato – Partilha dos bens. A simples convivência '*more uxorio*' não confere direito à partilha de bens, mas à sociedade de fato que dela emerge pelo esforço comum dos concubinos na construção do patrimônio do casal. Para a formação de tal sociedade, contudo, não se exige que a concubina contribua com os rendimentos decorrentes do exercício de atividade economicamente rentável, bastando a sua colaboração nos labores domésticos, tais como a administração do lar e a criação e educação dos filhos, hipóteses em que a sua parte deve ser fixada em percentual correspondente à sua contribuição. Recurso conhecido e provido em parte" (STJ, 4ª T., REsp 45.886SP, rel. Min. Torreão Braz, j. 16-8-1994, v. u., *DJU*, 26 set. 1994, p. 25657, Seção I, ementa). "*Sociedade de fato* – Reconhecimento de participação indireta da ex-companheira na formação do patrimônio adquirido durante a vida em comum – Partilha proporcional – Cabimento. Constatada a contribuição indireta da ex-companheira na constituição do patrimônio amealhado durante o período de convivência '*more uxorio*', contribuição consistente na realização das tarefas necessárias ao regular gerenciamento da casa, aí incluída a prestação de serviços domésticos, admissível o reconhecimento da existência de sociedade de fato e consequente direito à partilha proporcional. Na fixação do percentual, que necessariamente não implica meação no seu sentido estrito (50%), recomendável que o seu arbitramento seja feito com moderação, proporcionalmente ao tempo de duração da sociedade, à idade das partes e à contribuição indireta prestada pela concubina, orientando-se o juiz pelos critérios sugeridos pela doutrina e pela jurisprudência, com razoabilidade, valendo-se de sua experiência e bom-senso, atento à realidade da vida e às peculiaridades de cada caso" (STJ, 4ª T., REsp 183.718SP, rel. Min. Sálvio de Figueiredo Teixeira, j. 13-10-1998, v. u., ementa). No mesmo sentido: STJ, REsp 60.073-DF, 4ª T., rel. Min. César Asfor Rocha, *DJU*, 15 maio 2000.

Esse posicionamento também passou a ser adotado no Tribunal de Justiça de São Paulo: "*Concubinato* – Partilha de bens – Desnecessidade da contribuição direta da mulher na aquisição do patrimônio. Adquirido patrimônio durante a união estável, sujeita aos princípios jurídicos do Direito de Família, têm os concubinos, ou ex-concubinos, direito à partilha, ainda que a contribuição de um deles, em geral a mulher, não haja sido direta ou pecuniária, senão indireta, a qual tanto pode estar na direção educacional dos filhos, no trabalho doméstico, ou em serviços materiais doutra ordem, como na ajuda em termos de afeto, estímulo e amparo psicológico" (*RT, 729*:174).

As restrições ao concubinato existentes no Código Civil brasileiro, como a proibição de doações ou benefícios testamentários do homem casado à concubina, ou de sua inclusão como beneficiária de contrato de seguro de vida, passaram a ser aplicadas somente aos casos de concubinato adulterino, em que o homem vivia com a esposa e, concomitantemente, mantinha concubina. Quando, porém, encontrava-se separado de fato e estabelecia com a concubina um relacionamento *more uxorio*, isto é, de marido e mulher, tais restrições deixavam de ser aplicadas, passando a ser esta chamada de companheira.

Também começou a ser utilizada a expressão "concubinato impuro", em alusão ao adulterino, envolvendo pessoa casada em ligação amorosa com terceiro, ou aos que mantêm mais de uma união de fato. "Concubinato puro" ou companheirismo seria a convivência duradoura, como marido e mulher, sem impedimentos decorrentes de outra união (casos dos solteiros, viúvos, separados judicialmente, divorciados ou que tiveram o casamento anulado). A expressão "concubinato" é hoje reservada para designar o relacionamento amoroso com infração ao dever de fidelidade.

O grande passo em favor do companheirismo, no entanto, foi dado pela atual Constituição Federal, ao proclamar, no art. 226, § 3º:

"Para efeito da proteção do Estado, é reconhecida a união estável entre o homem e a mulher como entidade familiar, devendo a lei facilitar sua conversão em casamento".

A primeira regulamentação dessa norma constitucional adveio com a Lei n. 8.971, de 29 de dezembro de 1994, que definiu como "companheiros" o homem e a mulher que mantenham união comprovada, na qualidade de solteiros, separados judicialmente, divorciados ou viúvos, por mais de cinco anos, ou com prole (concubinato puro). A Lei n. 9.278, de 10 de maio de 1996, alterou esse conceito, omitindo os requisitos de natureza pessoal, tempo mínimo de convivência e existência de prole. Preceitua o seu art. 1º que se considera "entidade familiar a convivência duradoura, pública e contínua, de um homem e de uma mulher, estabelecida com o objetivo de constituição de família". Usou-se a expressão "conviventes" em substituição a "companheiros". Embora esse artigo não aluda expressamente à união estável pura, ou seja, não incestuosa e não adulterina, inegavelmente aplica-se a ela, pois objetiva a constituição familiar.

O art. 5º da última lei mencionada cuida da meação sobre os bens adquiridos durante o tempo de convivência, a título oneroso, considerando-os fruto do trabalho e da colaboração comum, salvo se houver estipulação contrária em contrato escrito, ou se a aquisição dos bens der-se com o produto de outros anteriores ao início da união (sub-rogação). Estabeleceu-se, assim, a presunção de colaboração dos conviventes na formação do patrimônio durante a vida em comum, invertendo-se o ônus probatório, que competirá ao que negar a participação do outro.

Portanto, somente se poderia arbitrar indenização à companheira se inexistissem bens a partilhar (não formação de patrimônio durante o período de convivência conjugal), ou se houvesse contrato estipulando a não comunicação dos adquiridos na constância da união estável, ou a aludida sub-rogação. Se existissem, e não houvesse contrato estipulando a exclusão, aquela faria jus à meação, incidindo a presunção de colaboração na formação do patrimônio. Confira-se: "A concubina faz jus à metade dos bens adquiridos durante o concubinato" (*RT*, *700*:142). "Inexistindo bens em comum, arbitra-se indenização à concubina pelos serviços prestados, não só domésticos como também profissionais, com base no seu tempo e qualidade" (TJDF, *RJ*, *232*:98). "A mulher que durante 10 anos presta serviços domésticos ao companheiro, e não tem direito à partilha de bens, pode pedir indenização pelos serviços" (STJ, *JSTJ/TRF*, *86*:228).

Parece-nos, entretanto, que, em face da regulamentação da união estável, reconhecida como entidade familiar, conferindo direito à meação e a alimentos aos companheiros, não mais se justifica o pagamento de indenização em caso de ruptura da convivência. Incensurável decisão nesse sentido do Tribunal de Justiça do Rio de Janeiro, na qual se proclamou: "Dissolvida a união estável por ato *inter vivos* ou *mortis causa*, a companheira faz jus a tudo quanto receberia se casada fosse; vale dizer: divisão do patrimônio e pensão alimentícia, repudiando-se a concessão de salários por serviços prestados, não só pela imoralidade que encerra, como também porque implica fazer incidir regras heterônomas à relação de cunho familiar, consoante reconhecido pelo próprio texto constitucional de vigência imediata. A aplicação de princípios e regras nas situações jurídicas atípicas exige que o intérprete proceda à busca analógica no mesmo ramo da ciência jurídica onde se situa o caso sujeito ao paradigma. Assim, dá-se provimento parcial ao apelo, para deferir o direito à percepção de um salário mínimo mensal, e não à retroação de um montante global, para fazer face às necessidades da concubina após a dissolução da relação espontânea por morte do companheiro e enquanto as mesmas perdurarem, como consectário da possibilidade de conferir-se alimentos à companheira" (Ap. 3.846/99-Capital, 10ª Câm. Civ., rel. Des. Luiz Fux, *DJe* 8-6-2000).

Disse, ainda, o mencionado relator: "Condenação em prestação de serviços domésticos. Descabimento por inexistência dessa espécie de relação entre pessoas que se propõem a viver maritalmente mediante mútua assistência, calcados na '*affectio maritalis*', que se distingue da '*affectio societatis*'. Não pode a mulher reclamar salário ou indenização como pagamento de '*pretium carnis*' ou como preço pela posse do seu corpo ou do gozo sexual que dele tira a pessoa amada, devido à imoralidade que reveste tal pretensão".

O Código Civil não trouxe grandes novidades no capítulo dedicado à união estável. Conceituou-a da seguinte forma:

"Art. 1.723. É reconhecida como entidade familiar a união estável entre o homem e a mulher, configurada na convivência pública, contínua e duradoura e estabelecida com o objetivo de constituição de família".

Assim como a Lei n. 9.278/96, não exigiu tempo mínimo de duração nem existência de prole. No tocante às relações patrimoniais, proclamou:

"Art. 1.725. Na união estável, salvo contrato escrito entre os companheiros, aplica-se às relações patrimoniais, no que couber, o regime da comunhão parcial de bens"

Desse modo, salvo convenção em contrário, comunicam-se, em regra, os bens que sobrevierem ao casal na constância do casamento (art. 1.658). Assegurou-se, portanto, à companheira, o direito à meação dos bens adquiridos durante o período de convivência.

O Código Civil distinguiu, também, companheirismo de concubinato:

"Art. 1.727. As relações não eventuais entre o homem e a mulher, impedidos de casar, constituem concubinato".

É o que, anteriormente, a doutrina chamava de "concubinato impuro". A separação de fato não impedirá o reconhecimento da união estável (art. 1.723, § 1º). Ao inserir, dentre os deveres dos companheiros, o de respeito e assistência, admitiu o direito a alimentos, durante a convivência e após a sua ruptura, direito este já expressamente assegurado no art. 1.694.

Permanecem válidas, portanto, as considerações feitas sobre a inadmissibilidade de os companheiros pleitearem indenização por serviços prestados, em caso de dissolução da união estável, devendo o relacionamento patrimonial entre eles reger-se pelas normas atinentes ao regime da comunhão parcial de bens e ao direito a alimentos.

O atual Código Civil, como já se afirmou, admite, expressamente, a constituição de união estável, no caso de a pessoa casada se achar separada de fato de seu cônjuge (cf. art. 1.723, § 1º).

A respeito da sociedade de fato entre homossexuais, decidiu o referido Superior Tribunal de Justiça: "Sociedade de fato – Homossexuais – Partilha do bem comum. O parceiro tem o direito de receber a metade do patrimônio adquirido pelo esforço comum, reconhecida a existência de sociedade de fato com os requisitos previstos no artigo 1.363 do Código Civil [*de 1916*]" (REsp 148.897-MG, 4ª T., rel. Min. Ruy Rosado de Aguiar, j. 10-2-1998, v. u.).

O Supremo Tribunal Federal, ao julgar a Ação Direta de Inconstitucionalidade (ADIn) 4.277 e a Arguição de Descumprimento de Preceito Fundamental (ADPF) 132 em 5 de maio de 2011, reconheceu a união homoafetiva como entidade familiar, regida pelas mesmas regras que se aplicam à união estável dos casais heterossexuais. Proclamou-se, com efeito vinculante, que o não reconhecimento da união homoafetiva contraria preceitos fundamentais como igualdade, liberdade (da qual decorre a autonomia da vontade) e o princípio da dignidade da pessoa humana, todos da Constituição Federal. A referida Corte reconheceu, assim, por unanimidade, a união homoafetiva como entidade familiar, tornando automáticos os direitos que até então eram obtidos com dificuldades na Justiça.

O Superior Tribunal de Justiça, logo depois, ou seja, no dia 11 de maio do mesmo ano, aplicou o referido entendimento do Supremo Tribunal Federal, por causa de seu efeito vinculante, reconhecendo também o *status* de união estável aos relacionamentos homoafetivos (2ª Seção, rel. Min. Nancy Andrighi).

8. Responsabilidade civil entre cônjuges

No tocante à indenização em caso de separação judicial com infração dos deveres conjugais, nada existe em nosso direito, tratado apenas no direito alienígena. Não estabelece a nossa lei nenhuma sanção pecuniária contra o causador da separação, por danos materiais ou morais sofridos pelo cônjuge inocente, conforme assinala Yussef Said Cahali: "Discretamente, nosso direito partilha do entendimento de que basta a imposição do encargo alimentar em favor do inocente, ou da manutenção do dever de assistência em favor do não responsável pela separação judicial, como forma suficiente de ressarcimento do prejuízo sofrido com a dissolução da sociedade conjugal" (*Divórcio e separação*, p. 301-3, n. 74).

Pedido dessa natureza foi apreciado pelo Tribunal de Justiça do Rio Grande do Sul, admitindo em tese a possibilidade de ser pleiteada indenização pela esposa, após separação judicial a que deu causa o marido por sevícias e injúrias contra ela praticadas, mas não acolhendo a pretensão sob o fundamento de inexistir, nos autos, prova de dano patrimonial. O interessante voto vencido do Des. Athos Gusmão Carneiro, entretanto, acolhia a pretensão, limitando a indenização ao dano moral, a ser liquidado por arbitramento. Em certo trecho de seu voto, o citado Desembargador discordou da observação de Yussef Said Cahali, retrotranscrita, afirmando: "Ora, eminentes Colegas, quer-me parecer encontram origem completamente diferente a pensão alimentícia que o cônjuge culpado deve ao cônjuge inocente e pobre, pensão que substitui o dever de assistência, e a indenização por danos morais sofridos pelo cônjuge inocente. Caio Mário da Silva Pereira ('Instituições de Direito Civil', t. V, Forense, n. 408), em tratando dos efeitos do desquite, afirmou: 'Afora os alimentos, que suprem a perda de assistência direta, poderá ainda ocorrer a indenização por perdas e danos (dano patrimonial e dano moral), em face do prejuízo sofrido pelo cônjuge inocente' (ob. cit., ed. 1972, p. 155)" (*RT, 560*:178-86).

Parece-nos que, se o marido agride a esposa e lhe causa ferimentos graves, acarretando, inclusive, diminuição de sua capacidade laborativa, tal conduta, além de constituir causa para a separação judicial, pode fundamentar ação de indenização de perdas e danos, com suporte nos arts. 186 e 950 do Código Civil. Da mesma forma deve caber a indenização, se o dano causado, e provado, for de natureza moral. O que nos parece, contudo, carecer de fundamento legal, no atual estágio de nossa legislação, é o pedido fundado no só fato da ruptura conjugal, ainda que por iniciativa do outro cônjuge. Já se decidiu, efetivamente, que coração partido por casamento rompido, mesmo sem motivo, não enseja dano moral. "Para que se caracterize o dever de reparação, é preciso conduta ilícita, o dano e a ligação clara entre aquela e o dano. Mas, nesta situação não há a menor possibilidade de se considerar tal fato como ação ilícita, partindo do princípio de que ninguém é obrigado a ficar com quem não queira". Acentuou o relator, no presente caso, ser incabível a utilização do Poder Judiciário para resolver situações cotidianas de mero dissabor afetivo (TJSC, 6ª Câm. de Dir. Privado, rel. Des. Alexandre D'Ivanenko, disponível em <www.lex.com.br>, acesso em 29-7-2014).

Provado, no entanto, que a separação, provocada por ato injusto do outro cônjuge, acarretou danos, sejam materiais ou morais, além daqueles já cobertos pela pensão alimentícia (sustento, cura, vestuário e casa), a indenização pode ser pleiteada, porque *legem habemus*: o art. 186 do Código Civil.

Mário Moacyr Porto comunga desse entendimento, obtemperando que a "concessão judicial da pensão não tira do cônjuge abandonado a faculdade de demandar o cônjuge culpado para obter uma indenização por outro prejuízo que porventura tenha sofrido ou advindo do comportamento reprovável do outro cônjuge, de acordo com o disposto no art. 159 do Código Civil" (*Temas*, cit., p. 65). Referia-se ao Código Civil de 1916. O dispositivo do atual diploma correspondente ao mencionado art. 159 é o art. 186.

Escudado em Oliveira Cruz (*Dos alimentos no direito de família*) e na doutrina francesa, sustenta o eminente jurista de Natal-RN que "a dívida de alimentos de que cuida o art. 19 da Lei 6.515, de 26-12-1977, é, na verdade, uma indenização por ato ilícito, que se cumpre sob a forma de pensão alimentar". A pensão "é uma indenização que substitui o benefício do dever de socorro que a lei edita em relação aos cônjuges, como as 'perdas e danos' são o equivalente da obrigação descumprida" (*Temas*, cit., p. 66).

Menciona, a seguir, a respeito da ação relativa a outros danos, que "na França, cuja legislação, a este propósito, muito se aproxima da nossa, é tranquila a admissão, de longa data, da ação de responsabilidade civil entre marido e mulher, como procedimento autônomo ou como pedido adicionado ao pedido de alimentos, em consequência da cessação do dever de socorro por culpa do cônjuge demandado. É ponto assente na doutrina e na jurisprudência francesas que a pensão de alimentos que se impõe ao cônjuge culpado indeniza, só e só, o prejuízo que resultou da dissolução anormal e culposa da sociedade conjugal. Se outro prejuízo ocorreu, ainda que ligado a causas que justificaram a dissolução da sociedade conjugal ou do próprio casamento, faculta-se ao cônjuge inocente e duplamente prejudicado demandar o cônjuge culpado com apoio no art. 1.382 do Código de Napoleão, que corresponde ao art. 159 do Código Civil brasileiro" (p. 70). Menciona, como exemplos, prejuízos materiais ou morais resultantes de sevícia, de lesão corporal de natureza grave e de difamação.

Prossegue, afirmando que a "ação fundamenta-se no art. 159 [*hoje, art. 186*] do Código Civil e é independente da ação que visa à dissolução litigiosa da sociedade conjugal e ao chamado 'divórcio-sanção'. As indenizações são, assim, cumuláveis. Os dois pedidos podem ser formulados em uma mesma demanda (CPC, art. 292 [de 1973, atual art. 327]). Nada impede, porém, que a indenização, com apoio no art. 159 [atual art. 186] do Código Civil, seja pleiteada antes ou depois da instauração do processo para a obtenção da dissolução contenciosa da sociedade conjugal, o divórcio. Na demanda intentada pelo esposo prejudicado contra o esposo culpado, com apoio no art. 159 [atual art. 186] do Código Civil, não é necessário provar ou, mesmo, alegar que 'necessita' do dinheiro da indenização, como na hipótese prevista no art. 19 da Lei 6.515. A indenização não tem, absolutamente, caráter alimentar e se baseia nos pressupostos do direito comum, quanto ao ressarcimento do dano decorrente de um delito civil" (p. 71-2).

Conclui afirmando, com apoio em Ripert: "A pensão a que alude o art. 19 da Lei do Divórcio repara tão somente o prejuízo que sofre o cônjuge inocente com a injusta supressão do dever de socorro. Outros prejuízos que resultarem da separação litigiosa ou do divórcio poderão ser ressarcidos com apoio nas regras do direito comum, isto é, na conformidade do art. 159

[atual art. 186] do Código Civil. Não ocorre, assim, uma dupla indenização pelo mesmo dano, mas indenizações diversas de prejuízos diferentes" (p. 73).

Mário Moacyr Porto sustenta ainda, com razão e com suporte em Planiol e Ripert, a admissibilidade de ação de indenização do cônjuge inocente contra o cônjuge culpado, no caso de anulação do casamento putativo, afirmando: "... no caso de a boa-fé limitar-se a um dos cônjuges (parágrafo único do art. 221 do CC), afigura-se-nos fora de dúvida que o cônjuge inocente poderá promover uma ação de indenização do dano que sofreu contra o cônjuge culpado, com apoio no art. 159 [atual art. 186] do Código Civil" (p. 83).

Também Álvaro Villaça Azevedo entende que, "provado o prejuízo decorrente do ato ilícito, seja qual for, o reclamo indenizatório não só de direito, como de justiça, é de satisfazer-se. De direito, porque o art. 159 de nosso Código Civil [*correspondente ao art. 186 do novo*] possibilita, genericamente, o pagamento de indenização para cobertura de qualquer dano causado por atuação ilícita, contratual ou extracontratual; e de justiça, porque quem causa prejuízo diminui o patrimônio alheio, desfalca-o, com seu comportamento condenável, daí não poder restar indene de apenação, repondo essa perda patrimonial ocasionada, de modo completo e eficaz" (Contrato de casamento, sua extinção e renúncia a alimentos na separação consensual, in *Estudos em homenagem ao Professor Washington de Barros Monteiro,* Saraiva, 1982, p. 52).

Por sua vez, Regina Beatriz Tavares da Silva, em síntese conclusiva, assevera: "A prática de ato ilícito pelo cônjuge, que descumpre dever conjugal e acarreta dano ao consorte, ensejando a dissolução culposa da sociedade conjugal, gera a responsabilidade civil e impõe a reparação dos prejuízos, com o caráter ressarcitório ou compensatório, consoante o dano seja de ordem material ou moral. O princípio da reparação civil de danos também se aplica à 'separação-remédio', em face do descumprimento de dever de assistência do sadio para com o enfermo mental, após a dissolução da sociedade e do vínculo conjugal. Por ser o casamento um contrato, embora especial e de Direito de Família, a responsabilidade civil nas relações conjugais é contratual, de forma que a culpa do infrator emerge do descumprimento do dever assumido, bastando ao ofendido demonstrar a infração e os danos oriundos para que se estabeleça o efeito, que é responsabilidade do faltoso. Na demonstração dos danos, não olvidamos que, sendo morais, surgem da própria ofensa, desde que grave e apta a produzi-los. Porém, os danos indenizáveis na responsabilidade contratual são aqueles decorrentes direta e imediatamente da inexecução do dever preestabelecido, de forma que os danos mediatos, que derivam do rompimento do matrimônio e somente têm ligação indireta com o descumprimento de dever conjugal, não são reparáveis no Direito posto" (*Reparação civil na separação e no divórcio,* Saraiva, 1999, p. 184).

Nessa esteira, decidiu o Tribunal de Justiça de São Paulo: "*Separação judicial* – Dano moral – Adultério – Causa determinante para a decretação da dissolução da sociedade conjugal – Verba devida ao cônjuge inocente somente se a violação do dever de fidelidade extrapolar a normalidade genérica, sob pena de *bis in idem*" (*RT, 836*:173).

Dentre os diversos casos de responsabilidade civil entre cônjuges julgados pelos nossos tribunais podem também ser citadas além do acórdão publicado na *RT, 560*:178-86, prolatado pelo Tribunal de Justiça do Rio Grande do Sul retromencionado, a Apelação n. 220.943-1/1, julgada pela 4ª Câmara de Direito Privado do Tribunal de Justiça de São Paulo em 9 de março de 1995, tendo como relator o Des. Olavo Silveira, em que o marido foi condenado a pagar indenização à mulher, por tê-la acusado, infundada e injuriosamente, na demanda de separação judicial, atribuindo-lhe a prática de adultério, que não restou provada, e causando-lhe dano moral; a Apelação n. 70.051.015.717, julgada pela 10ª Câm. Cív. do Tribunal de Justiça do Rio Grande do Sul, que condenou ex-marido, em novembro de 2012, a pagar indenização no valor de R$ 10.000,00, em virtude de sucessivas ofensas e ameaças proferidas, que se estenderam mesmo com o fim do casamento e causaram depressão à ex-mulher; e ainda a Apelação n. 272.221.1/2, apreciada pela 6ª Câmara de Direito Privado do mesmo Tribunal em 10 de outubro de 1996, atuando como relator o Des. Testa Marchi, julgamento este que culminou com a condenação da mulher a indenizar o consorte pela violação de dever conjugal, apresentando-se perante o marido e a sociedade com uma falsa gravidez, chegando a obter o afastamento deste do lar conjugal, sob este simulado argumento, sendo tal atitude considerada verdadeira "agressão à dignidade pessoal" do marido, provocando "um agravo moral que requer reparação, com perturbação nas relações psíquicas, na tranquilidade, nos sentimentos e nos afetos" do cônjuge.

O Superior Tribunal de Justiça também se pronunciou sobre o assunto, proclamando: "*Separação judicial* – Indenização – Dano moral – Cabimento. O sistema jurídico brasileiro admite, na separação e no divórcio, a indenização por dano moral. Juridicamente, portanto, tal pedido é possível: responde pela indenização o cônjuge responsável exclusivo pela reparação. Caso em que, diante do comportamento injurioso do cônjuge varão, a Turma conheceu do especial e deu provimento ao recurso por ofensa ao art. 159 do Cód. Civil [*de 1916*], para admitir a obrigação de se ressarcirem danos morais" (REsp 37.051-0, 3ª T., rel. Min. Nilson Naves, j. 17-4-2001).

8.1. Ações de divórcio e de indenização: independentes, mas podem ser cumuladas

Observa-se que não há consenso jurisprudencial quanto à competência para o julgamento do pedido de indenização por dano moral fundado nas relações familiares, pois cada Tribunal de Justiça tem suas próprias regras de competência.

Súmula 274 do TJRJ: "A competência para conhecer e julgar pedido indenizatório de dano moral decorrente de casamento, união estável ou filiação é do juízo de família".

Agravo de instrumento – Ação de divórcio c/c indenizatória – Decisão que determinou a emenda da inicial para exclusão do pedido de indenização por danos morais – Inconformismo – Possibilidade de cumulação de pedidos – Competência do Juízo da Vara de Família. De acordo com o art. 292 do CPC (atual art. 327), admite-se a cumulação de pedidos em um único processo, contra o mesmo réu, ainda que não haja conexão entre eles. Para tanto, basta que estejam atendidos os requisitos de admissibilidade da cumulação. No presente caso, a Agravante ajuizou ação de divórcio c/c indenizatória por danos morais em face do ora Agravado, em decorrência de supostos atos por este cometidos no decorrer da relação conjugal, que lhe teriam abalado a honra e dignidade. O Juízo da Vara de Família é competente para julgar o pedido de dano moral decorrente de relações familiares, abrangendo tanto o casamento como a união estável ou filiação (TJRJ, AgInt 0032099672011381900000, j. 18-9-2013).

Ação de divórcio cumulada com pedido de indenização por danos morais e partilha de bens – Magistrado que deixa de apreciar o pedido de indenização por danos morais por entender que o mesmo deve ser objeto de ação própria – Inconformismo da parte autora – Cumulação permitida – Precedentes na jurisprudência do STJ – Instrução probatória que se faz necessária para apreciação do alegado dano moral (TJRJ, Ap. 00086690320118190212, j. 7-8-2013).

A ação de separação litigiosa e a de indenização são independentes. Os pedidos, contudo, são cumuláveis e podem ser formulados em uma mesma demanda (CPC/73, art. 292, atual art. 327). Nada impede, porém, que a indenização, com apoio no art. 186 do Código Civil, seja pleiteada antes ou depois da instauração do processo para a obtenção da dissolução contenciosa da sociedade conjugal, e até mesmo em reconvenção, sendo competente, em qualquer caso, o juízo de família, e não o cível (TJSP, AgI 136.366-4/1-00, 6ª Câmara de Direito Privado, rel. Des. Mohamed Amaro, j. 15-6-2000).

"Pertence ao Juízo da Vara Cível comum a competência para o julgamento da ação de indenização por danos morais, ainda que o fato lesivo tenha ocorrido no contexto de relação conjugal" (TJES, 0020917-38.2016.8.08.0048, 4ª V. Família, juíza Maria Goretti Sant'Ana Castello, j. 16-3-2021).

8.2. Esposa que pratica adultério e registra filho extraconjugal em nome do marido

Cabe ação de reparação de danos contra a esposa que pratica adultério e registra filho extraconjugal em nome do marido, bem como contra a que oculta do pai verdadeiro a existência do filho. Assim, hipoteticamente, a esposa responderá perante o marido por ter dito que o filho era dele, bem como perante o amante, por ter ocultado dele essa circunstância. Para isso, entretanto, é necessário que ela saiba que o filho é de outro.

A propósito, o Tribunal de Justiça de Santa Catarina condenou a esposa a pagar ao marido indenização de R$ 50.000,00, por tê-lo traído e tido um filho com o amante, ocultando dele tal fato. O dano moral, segundo o autor da ação, configurou-se porque, sem saber que não era o pai da criança, a registrou e arcou com todas as providências referentes ao menor. Acentuou o relator do acórdão que "as consequências psicológicas do adultério – que foi divulgado, inclusive no ambiente de trabalho do varão – não podem ser ignoradas pelo Judiciário, a quem compete atribuir um valor pecuniário para amenizar o sofrimento experimentado pela vítima", aduzindo que "a indenização não cobre apenas os danos pelo adultério ou pelo fim do matrimônio. Visa, acima de tudo, a reparação pela perda da paternidade da criança" (Ap. 2009.005177-4, 4ª Câmara de Direito Privado, rel. Des. Luiz Fernando Boller, Revista *Consultor Jurídico*, 10-9-2011).

Por sua vez, a 10ª Câmara Cível do Tribunal de Justiça de Minas Gerais igualmente condenou a mulher a pagar indenização ao ex-marido, no montante de R$ 30.000,00, proclamando ter ela violado o dever de fidelidade, tanto no aspecto físico, com as relações sexuais adulterinas, quanto no aspecto moral, constante da deslealdade manifestada ao esconder a paternidade de seu filho. Reconheceu o relator, Desembargador Veiga de Oliveira, que o ex-marido experimentou, em consequência, "profundo abalo psicológico e sofrimento moral". Quanto ao amante, corréu na ação de indenização, entendeu o mencionado relator que não é solidariamente responsável a indenizar o marido traído, "pois tal fato não configura ilícito penal ou civil, não sendo o terceiro estranho à relação obrigado a zelar pela incolumidade do casamento alheio" (disponível em <www.editoramagister.com/noticia>, acesso em 10-3-2014).

Na mesma linha decidiu o Superior Tribunal de Justiça: "A esposa infiel tem o dever de reparar por danos morais o marido traído na hipótese em que tenha ocultado dele, até alguns anos após a separação, o fato de que criança nascida durante o matrimônio e criada como filha biológica do casal seria, na verdade, filha sua e de seu cúmplice. Não é possível ignorar que a vida em comum impõe restrições que devem ser observadas, entre as quais se destaca o dever de fidelidade nas relações conjugais (art. 1.566. I, do Código Civil), o qual pode efetivamente acarretar danos morais" (STJ, REsp 922.462-SP, 3ª T., rel. Min. Villas Bôas Cueva, j. em 4-4-2013).

Em princípio, animosidades ou desavenças de cunho familiar, ou mesmo relacionamentos extraconjugais, que constituem causas de separação judicial, não configuram circunstâncias ensejadoras de indenização. Confira-se:

Indenização – Dano moral – Separação judicial – Adultério – Causa determinante para a decretação da dissolução da sociedade conjugal – Verba devida ao cônjuge inocente somente se a violação do dever de fidelidade extrapolar a normalidade genérica, sob pena de *bis in idem* (*RT, 836*:173).

Ação de indenização por danos morais – Suposta traição conjugal – Pretensão do marido em receber indenização por suposta traição da ex-esposa – Situação vexatória não demonstrada – Ônus da prova que incumbia ao autor – Pedido inicial improcedente (TJPR, 1ª Turma Recursal, RI 0003696-77.2012.8.16.0139/0, *DJe* 22-10-2014).

Ação de divórcio – Sentimento de traição – Dano moral – Ausência de configuração – Dever de indenizar – Inexistência. A infidelidade, por si só, não gera direito à indenização por danos morais. As desilusões e os aborrecimentos no restrito campo dos sentimentos não são suficientes para gerar indenização por abalo moral (TJMG, Ap. 107021102337240001, *DJe* 10-2-2014).

Separação consensual, por si só, não induz a concessão de dano moral. Para que se possa conceder o dano moral é preciso mais que um simples rompimento da relação conjugal, mas que um dos cônjuges tenha, efetivamente, submetido o outro a condições humilhantes, vexatórias e que lhe afronte a dignidade, a honra e o pudor. Não foi o que ocorreu nesta hipótese, porque o relacionamento já estava deteriorado e o rompimento era consequência natural (TJRJ, Ap. 2000.001.19674, 2ª Câm. Cív., rel. Des. Gustavo Kuhl Leite, j. 10-4-2001).

A 10ª Câmara Cível do Tribunal de Justiça de Minas Gerais condenou a mulher a pagar indenização ao ex-marido, no montante de R$ 30.000,00, proclamando ter ela violado o dever de fidelidade, tanto no aspecto físico, com as relações sexuais adulterinas, quanto no aspecto moral, constante da deslealdade manifestada ao esconder a paternidade de seu filho. Reconheceu o relator, Desembargador Veiga de Oliveira, que o ex-marido experimentou, em consequência, "profundo abalo psicológico e sofrimento moral". Quanto ao amante, corréu na ação de indenização, entendeu o mencionado relator que não é solidariamente responsável a indenizar o marido traído, "pois tal fato não configura ilícito penal ou civil, não sendo o terceiro estranho à relação obrigado a zelar pela incolumidade do casamento alheio" (disponível em <www.editoramagister.com/noticia>, acesso em 10-3-2014).

Por sua vez, o Tribunal de Justiça de São Paulo reconheceu que mentir sobre paternidade de filho gera indenização por danos morais a quem acreditou durante anos ter relação biológica com a criança, condenando a mulher a indenizar o ex-marido em R$ 30.000,00 por não esclarecer a verdadeira paternidade do filho. Segundo a referida Corte, "extrapola o razoável o fato de ela ter ficado silente durante 15 anos sobre a possibilidade da paternidade ser outra" (Revista *Consultor Jurídico,* 5-2-2018).

8.3. Inexistência da obrigação de indenizar por parte do cúmplice no adultério

Decidiu o Superior Tribunal de Justiça que o cúmplice de adultério, ou seja, o amante, não tem a obrigação de indenizar por dano moral o marido traído. O autor da ação de indenização pleiteou a condenação do amante de sua mulher, alegando que da relação extraconjugal nasceu uma menina, que registrou como sua filha. A infidelidade, bem como a falsa paternidade na qual acreditava, acarretara-lhe dano moral passível de indenização, pois "anda cabisbaixo, desconsolado e triste".

Para o relator do recurso, Min. Luís Felipe Salomão, não há como o Judiciário impor um "não fazer" ao amante, decorrendo disso a impossibilidade de se indenizar o ato por inexistência de norma posta (legal e não moral) que assim determine. "É certo que não se obriga a amar por via legislativa ou judicial e não se paga o desamor com indenizações", afirmou, enfatizando ainda que nem a doutrina abalizada, nem tampouco a jurisprudência cogitaram de responsabilidade civil de um amante, que é estranho à relação jurídica existente entre o casal, relação da qual se origina o dever de fidelidade mencionado no art. 1.566, I, do Código Civil. "O casamento, se examinado tanto como uma instituição quanto contrato *sui generis*, somente produz efeitos em relação aos celebrantes e seus familiares, não beneficiando nem prejudicando terceiros", completou (STJ, 4ª T., disponível em <www.conjur.com.br>, acesso em 12-11-2009).

Na mesma linha proclamou a 3ª Turma da aludida Corte: "Direito Civil – Inexistência de responsabilidade civil do cúmplice de relacionamento extraconjugal no caso de ocultação de paternidade biológica" (STJ, REsp 922.462-SP, 3ª T., rel. Min. Villas Bôas Cueva, j. em 4-4-2013).

8.4. Adultério e responsabilidade civil

Em princípio, animosidades ou desavenças de cunho familiar, ou mesmo relacionamentos extraconjugais, que constituem causas de ruptura da sociedade conjugal, não configuram circunstâncias ensejadoras de indenização. Todavia, se o cônjuge inocente prova ter sofrido, em consequência da situação vexatória a que foi submetida, grave depressão relativa à decepção e desgostos, especialmente em virtude da humilhação sofrida, cabível pedido de indenização por dano moral, uma vez que se configura, nesses casos, lesão aos direitos da personalidade, nos quais se inclui a dignidade humana, assegurada na Constituição Federal. Tem-se decidido, a propósito:

Dano moral – Relacionamento extraconjugal – Indenização por danos morais – Infidelidade conjugal – Ausência de evidência do intuito de causar lesão. Infidelidade conjugal que, não obstante constitua descumprimento de dever basal do casamento, não configura, por si só, ato ilícito apto a gerar abalo moral indenizável. Ausência de evidência do intuito de causar lesão, humilhação ou ridicularizar o outro cônjuge. Sentença reformada (TJSP, Ap. 00077722020138260564, 31ª Câm. Ext. Dir. Priv., rel. Des. Salles Rossi, j. 11-10-2017).

Separação consensual, só por si, não induz a concessão de dano moral. Para que se possa conceder o dano moral é preciso mais que um simples rompimento da relação conjugal, mas que um dos cônjuges tenha, efetivamente, submetido o outro a condições humilhantes, vexatórias e que lhe afronte a dignidade, a honra e o pudor. Não foi o que ocorreu nesta hipótese, porque o relacionamento já estava deteriorado e o rompimento era consequência natural (TJRJ, Ap. 20000.001.19674, 2ª Câmara de Direito Privado, rel. Des. Gustavo Kuhl Leite, j. 10-4-2001).

Dano moral – Adultério – Indenização indevida – Contexto que não se apresentou de tal sorte excepcional, ou gerador de consequências mais pesarosas, a ponto de autorizar a indenização por dano moral (TJRJ, Ap. 2004.001.15985, 4ª Câmara de Direito Privado, rel. Des. Alberto Filho, j. 17-8-2004).

A exposição de cônjuge traído a situação humilhante que ofenda a sua honra, imagem ou integridade física ou psíquica enseja indenização por dano moral (TJDFT, Ap. 20160310152255, 7ª Turma Cível, rel. Des. Fábio Eduardo Marques, *DJe* 26-3-2018).

Ação de divórcio e indenizatória – Infidelidade comprovada – Humilhações e constrangimentos públicos – Dano moral configurado (AgInt no AREsp 1.673.702-SP, rel. Ministra Maria Isabel Gallotti, 4ª T., j. 14-9-2020, *DJe* 18-9-2020).

9. Responsabilidade civil por dano ecológico (ambiental)

9.1. O direito ambiental

A ação destruidora da natureza agravou-se neste século em razão do incontido crescimento das populações e do progresso científico e tecnológico, que permitiu ao homem a completa dominação da terra, das águas e do espaço aéreo. Com suas conquistas, o homem está destruindo os bens da natureza, que existem para o seu bem-estar, alegria e saúde; contaminando rios, lagos, com despejos industriais, contendo resíduos da destilação do álcool, de plástico, de arsênico, de chumbo ou de outras substâncias venenosas; devastando florestas; destruindo reservas biológicas; represando rios, usando energia atômica ou nuclear[30].

Em razão disso, a saúde pública vem sendo grandemente sacrificada, ocorrendo uma verdadeira proliferação de doenças produzidas por agressões aos ecossistemas, como a anencefalia e leucopenia; intoxicações, pelo uso desmedido de agrotóxicos e mercúrio e pela poluição dos rios, alimentos, campos e cidades.

O direito não poderia ficar inerte ante essa triste realidade. Viu-se, assim, o Estado moderno na contingência de preservar o meio ambiente, para assegurar a sobrevivência das gerações futuras em condições satisfatórias de alimentação, saúde e bem-estar. Para tanto, criou-se um direito novo – o direito ambiental – destinado ao estudo dos princípios e regras tendentes a impedir a destruição ou a degradação dos elementos da Natureza[31].

A palavra "ambiente" indica o lugar, o sítio, o recinto, o espaço que envolve os seres vivos ou as coisas. A expressão "meio ambiente", embora redundante (porque a palavra "ambiente"

---

30. Maria Helena Diniz, *Responsabilidade civil*, São Paulo, Saraiva, 1984, p. 390.
31. Hely Lopes Meirelles, Proteção ambiental e ação civil pública, *RT, 611*:7.

já inclui a noção de meio), acabou consagrada entre nós. Em sentido amplo, abrange toda a natureza original e artificial, bem como os bens culturais correlatos, de molde a possibilitar o seguinte detalhamento: "meio ambiente natural" (constituído pelo solo, a água, o ar atmosférico, a flora, a fauna), "meio ambiente cultural" (integrado pelo patrimônio arqueológico, artístico, histórico, paisagístico, turístico) e "meio ambiente artificial" (formado pelas edificações, equipamentos urbanos, comunitários, enfim todos os assentamentos de reflexos urbanísticos).

O meio ambiente, elevado à categoria de bem jurídico essencial à vida, à saúde e à felicidade do homem, é objeto, hoje, de uma disciplina que já ganha foros de ciência e autonomia: a ecologia (do grego *oikos* = casa + *logos* = estudo). Visa a ecologia, portanto, considerar e investigar o mundo como "nossa casa", sendo conhecida, por isso mesmo, como "ciência do *habitat*", na medida em que estuda as relações dos seres vivos entre si e deles com o ambiente[32].

Há, hoje, no mundo todo uma grande preocupação com a defesa do meio ambiente, pelos constantes atentados que vem sofrendo. O dano ecológico ou ambiental tem causado graves e sérias lesões às pessoas e às coisas. Como qualquer outro dano, deve ser reparado por aqueles que o causaram, seja pessoa física ou jurídica, inclusive a Administração Pública.

9.2. A responsabilidade civil por dano ecológico

A responsabilidade jurídica por dano ecológico pode ser penal e civil. O Código Penal brasileiro mostrava-se desatualizado para reprimir os abusos contra o meio ambiente, visto que ao tempo de sua elaboração não havia, ainda, preocupação com o problema ecológico. Urgia, portanto, que se reformulasse a legislação pertinente (Código Penal, Código de Águas, Código Florestal, Código de Caça, Código de Pesca, Código de Mineração) para que medidas de caráter preventivo e repressivo fossem estabelecidas no âmbito penal, capazes de proteger a sanidade do ambiente não só contra os atos nocivos de pessoas individuais como também de pessoas responsabilizadas pelos delitos ecológicos. A Lei n. 9.605, de 12 de fevereiro de 1998, que trata dos crimes ambientais, veio atender a esse reclamo.

No campo da responsabilidade civil, o diploma básico em nosso país é a "Lei de Política Nacional do Meio Ambiente" (Lei n. 6.938, de 31-8-1981), cujas principais virtudes estão no fato de ter consagrado a responsabilidade objetiva do causador do dano e a proteção não só aos interesses individuais como também aos supraindividuais (interesses difusos, em razão de agressão ao meio ambiente em prejuízo de toda a comunidade), conferindo legitimidade ao Ministério Público para propor ação de responsabilidade civil e criminal por danos causados ao meio ambiente.

Dispõe, com efeito, o § 1º do art. 14 do mencionado diploma: "Sem obstar à aplicação das penalidades previstas neste artigo, é o poluidor obrigado, independentemente da existência de culpa, a indenizar ou reparar os danos causados ao meio ambiente e a terceiros, afetados por sua atividade. O Ministério Público da União e dos Estados terá legitimidade para propor ação de responsabilidade civil e criminal por danos causados ao meio ambiente".

---

32. Edis Milaré, Meio ambiente: elementos integrantes e conceito, *RT*, *623*:32.

A responsabilidade civil independe, pois, da existência de culpa e se funda na ideia de que a pessoa que cria o risco deve reparar os danos advindos de seu empreendimento. Basta, portanto, a prova da ação ou omissão do réu, do dano e da relação de causalidade.

Também se mostra irrelevante, *in casu*, a demonstração da legalidade do ato. Em matéria de direito de vizinhança já vem a jurisprudência, de há muito, proclamando que a licença ou permissão da autoridade para o exercício de determinada atividade não autoriza que se causem danos aos vizinhos. Às vezes o ato ou a atividade desempenhada pelo causador do incômodo é perfeitamente normal e não abusiva, estando até autorizada por alvará expedido pelo Poder Público. Mesmo assim, se causar danos aos vizinhos, podem estes pleitear em juízo a redução e até a cessação do incômodo, se exercida no interesse particular, ou uma indenização, se preponderante o interesse público.

Na ação civil pública ambiental não se discute, necessariamente, a legalidade do ato. É a potencialidade do dano que o ato possa trazer aos bens e valores naturais e culturais que servirá de fundamento da sentença[33].

Assim, "ainda que haja autorização da autoridade competente, ainda que a emissão esteja dentro dos padrões estabelecidos pelas normas de segurança, ainda que a indústria tenha tomado todos os cuidados para evitar o dano, se ele ocorreu em virtude da atividade do poluidor, há o nexo causal que faz nascer o dever de indenizar" (Nelson Nery Junior, "Responsabilidade civil por dano ecológico e a ação civil pública", *Justitia, 126*:175).

Contudo, decidiu o então Tribunal Federal de Recursos que "a simples alegação de dano ao meio ambiente não autoriza a concessão de liminar suspensiva de obras e serviços públicos prioritários e regularmente aprovados por órgãos técnicos competentes. A lei torna possível a instauração de inquérito civil, medida de caráter pré-processual e que se instaura até mesmo extrajudicialmente" (Pleno, rel. Min. Gueiros Leite, j. 15-12-1988, *DJU*, 10 abr. 1989, p. 4995, Seção I, ementa).

A formulação de políticas de proteção ao meio ambiente nos diversos países gerou o princípio "poluidor-pagador", propagado pelos diversos setores que se preocupam com a tutela ambiental. Consiste em impor ao poluidor a responsabilidade pelos danos causados ao meio ambiente, arcando com as despesas de prevenção, repressão e reparação da poluição provocada. Não se deve entender, no entanto, que tal princípio crie um direito de poluir, desde que o poluidor se predisponha a indenizar os danos causados. Na realidade, o seu objetivo primordial deve ser, em primeiro lugar, o de prevenir o dano, desestimulando a prática de atos predatórios e prejudiciais ao meio ambiente.

Dado o "caráter de ordem pública de que goza a proteção do meio ambiente, institui-se a solidariedade passiva pela reparação do dano ecológico, o que significa dizer que, por exemplo, em um distrito industrial onde seja impossível individualizar-se o responsável pelo dano ambiental, todos serão solidariamente responsáveis. Essa responsabilidade passiva visa atender o interesse público de ser totalmente reparado o prejuízo causado, constituindo-se faculdade do credor vítima da poluição a escolha de mover o processo contra este ou aquele devedor, podendo escolher todos ou o que goza de melhor situação financeira...". "É, sobretudo, o interesse público que faz com que haja a solidariedade entre os degradadores do ambiente, a fim de garantir uma real, mais eficaz e mais rápida reparação integral do dano" (Fábio Dutra Lucarelli, "Responsabilidade civil por dano ecológico", *RT, 700*:16).

---

33. Edis Milaré, *RT, 623*:36.

Não seria lógico, realmente, que o dano ambiental permanecesse sem reparação quando não se pudesse determinar de quem efetivamente partiu a emissão que o provocou, especialmente quando tal fato ocorresse em grandes complexos industriais, com elevado número de empresas em atividade.

A solidariedade, como se sabe, não se presume; resulta da lei ou da vontade das partes (CC, art. 265). No caso do dano ambiental, tem sido considerada decorrência lógica da adoção do sistema de responsabilidade objetiva pela legislação brasileira. Em regra, quem tem o dever de indenizar é o causador do dano ambiental. Havendo mais de um causador, todos são solidariamente responsáveis pela indenização, conforme preceitua o art. 942, *caput,* do Código Civil. Assim já decidiu o Tribunal de Justiça de São Paulo, em ação civil pública movida contra diversas empresas poluidoras, pertencentes ao mesmo polo industrial, que foram responsabilizadas solidariamente (cf. *RT, 655*:83). Aduza-se que o art. 225, § 3º, da Constituição Federal sujeita todos os infratores das normas de proteção ambiental, pessoas físicas ou jurídicas, indistintamente, a "sanções penais e administrativas, independentemente da obrigação de reparar os danos causados".

Segundo Nelson Nery Junior, a solidariedade consagrada no texto do direito positivo brasileiro torna "irrelevante tenha sido produzido o dano por 'causa principal' ou 'causas secundárias', ou ainda, 'concausas'. Havendo dano causado por mais de uma pessoa, *todos* são solidariamente responsáveis". E aduz: "Em se tratando de dano ambiental, a continuidade delitiva é motivo bastante para a condenação *atual* da indústria poluente, não obstante tenha o dano sido provocado *também* por algum antecessor no tempo. É nisso que reside a indenização por responsabilidade objetiva solidária dos danos causados ao meio ambiente" (*Dano ambiental: prevenção, reparação e repressão*, diversos autores, Revista dos Tribunais, p. 284).

Nesse sentido a jurisprudência consagrada no Superior Tribunal de Justiça: "Os responsáveis pela degradação ambiental são coobrigados solidários, formando-se, em regra, nas ações civis públicas ou coletivas litisconsórcio facultativo" (STJ, *Jurisprudência em Teses* de n. 30, Tese n. 7, 18-3-2015). A tese n. 08, por seu turno, proclama: "Em matéria de proteção ambiental, há responsabilidade civil do Estado quando a omissão de cumprimento adequado do seu dever de fiscalizar for determinante para a concretização ou o agravamento do dano causado". Nessa linha, decidiu a mencionada Corte Superior: "Trata-se, todavia, de responsabilidade subsidiária, cuja execução poderá ser promovida caso o degradador direto não cumprir a obrigação, 'seja por total ou parcial exaurimento patrimonial ou insolvência, seja por impossibilidade ou incapacidade, por qualquer razão, inclusive técnica, de cumprimento da prestação judicialmente imposta, assegurado, sempre, o direito de regresso (art. 934, do Código Civil), com a desconsideração da personalidade jurídica, conforme preceitua o art. 50 do Código Civil" (REsp 1.071.741-SP, 2ª T. rel. Min. Herman Benjamin, *DJe* 16-12-2010).

9.3. A responsabilidade objetiva do poluidor e as excludentes do caso fortuito ou da força maior

A responsabilidade objetiva, como já dito, baseia-se na teoria do risco. Nela se subsume a ideia do exercício de atividade perigosa como fundamento da responsabilidade civil. O exercício de atividade que possa oferecer algum perigo representa, sem dúvida, um risco que o agente assume de ser obrigado a ressarcir os danos que venham resultar a terceiros. O princípio da responsabilidade por culpa é substituído pelo da responsabilidade por risco (socialização dos riscos). Neste passo, limita-se o campo das exonerações possíveis, com a absorção do caso fortuito.

Com efeito, é irrelevante a demonstração do caso fortuito ou da força maior como causas excludentes da responsabilidade civil por dano ecológico. No dizer de Nelson Nery Junior, "essa interpretação é extraída do sentido teleológico da Lei de Política Nacional do Meio Ambiente, onde o legislador disse menos do que queria dizer ao estabelecer a responsabilidade objetiva. Segue-se daí que o poluidor deve assumir integralmente todos os riscos que advêm de sua atividade, como se isto fora um começo da socialização do risco e de prejuízo... Mas não só a população deve pagar esse alto preço pela chegada do progresso. O poluidor tem também a sua parcela de sacrifício, que é, justamente, a submissão à teoria do risco integral, subsistindo o dever de indenizar ainda quando o dano seja oriundo de caso fortuito ou força maior" (*Justitia, 126*:174).

Jorge Alex Nunes Athias entende assistir razão aos que defendem a responsabilização objetiva sob a modalidade do risco integral, embora tal modalidade não tenha sido admitida em relação à Fazenda Pública. Mas, como observa, no caso da Fazenda Pública o dano é experimentado pelo particular. No caso do dano ambiental, porém, "a titularidade da indenização, que há de ser a mais completa possível, repousa na coletividade. Destarte, da mesma forma que a apropriação do bônus decorrente da atividade potencialmente causadora de dano ambiental é feita por quem põe em jogo a atividade, também o ônus que dela venha a decorrer deve ser por ela arcado, sob modalidade do risco integral" (*Dano ambiental: prevenção, reparação e repressão*, cit., p. 245-6).

Parece-nos, todavia, que tais excludentes devem ser admitidas, uma vez que não afastam eventual culpa do poluidor, mas afetam o nexo causal, rompendo-o.

Segundo a Tese n. 10 da *Jurisprudência em Teses* de 18 de março de 2015, elaborada pela Secretaria de Jurisprudência do Superior Tribunal de Justiça e atualizada em 21.07.2023, "A responsabilidade por dano ambiental é objetiva, informada pela teoria do risco integral, sendo o nexo de causalidade o fator aglutinante que permite que o risco se integre na unidade do ato, sendo descabida a invocação, pela empresa responsável pelo dano ambiental, de excludentes de responsabilidade civil para afastar sua obrigação de indenizar" (Tema 681).

O Superior Tribunal de Justiça conta com reiteradas decisões que aplicam o risco integral aos danos ambientais. Dentre os fundamentos, destaca-se que: "A teoria do risco integral constitui uma modalidade extremada da teoria do risco em que o nexo causal é fortalecido de modo a não ser rompido pelo implemento das causas que normalmente o abalariam (*v.g.* culpa da vítima; fato de terceiro, força maior). Essa modalidade é excepcional, sendo fundamento para hipóteses legais em que o risco ensejado pela atividade econômica também é extremado, como ocorre com o dano nuclear (art. 21, XXIII, *c*, da CF e Lei 6.453/1977). O mesmo ocorre com o dano ambiental (art. 225, *caput* e § 3º, da CF e art. 14, § 1º, da Lei 6.938/1981), em face da crescente preocupação com o meio ambiente. Nesse mesmo sentido, extrai-se da doutrina que, na responsabilidade civil pelo dano ambiental, não são aceitas as excludentes de fato de terceiro, de culpa da vítima, de caso fortuito ou de força maior.

Nesse contexto, a colocação de placas no local indicando a presença de material orgânico não é suficiente para excluir a responsabilidade civil"[34].

9.4. Os instrumentos de tutela jurisdicional dos interesses difusos

A Lei n. 7.347, de 24 de julho de 1985, disciplinou a ação civil pública de responsabilidade por danos causados ao meio ambiente, legitimando precipuamente o Ministério Público para propô-la, como também as entidades estatais, autárquicas, paraestatais e as associações que especifica e a Defensoria Pública (inciso II do art. 5º acrescentado pela Lei n. 11.488, de 15-1-2007), sem prejuízo da ação popular (art. 1º).

Estas duas ações têm objetivos assemelhados, mas legitimação de autores diferentes, pois a civil pública pode ser ajuizada pelo Ministério Público e pelas pessoas jurídicas acima indicadas, e a popular só pode ser proposta por cidadão eleitor (Lei n. 4.717/65, art. 1º). Ambas têm em comum a defesa dos interesses difusos da coletividade, e não o amparo do direito individual de seus autores. A Lei n. 7.347/85 é unicamente de caráter processual, devendo o pedido e a condenação basearem-se em disposição de alguma lei material da União, do Estado ou do Município que tipifique a infração ambiental a ser reconhecida e punida judicialmente, e independentemente de quaisquer penalidades administrativas ou de ação movida por particular para defesa de seu direito individual[35].

A criação, na Lei n. 7.347/85, de uma entidade beneficiária das indenizações (art. 13) visa possibilitar a mobilização e administração do dinheiro arrecadado à custa dos predadores condenados em prol da reconstituição do meio ambiente. O Fundo para Reconstituição de Bens Lesados foi regulamentado pelo Decreto n. 92.302, de 16 de janeiro de 1986.

Embora a ação civil pública seja de rito ordinário, admite a suspensão liminar do ato ou fato impugnado (art. 12), podendo ser precedida ou acompanhada de medida cautelar nominada ou inominada, bem como de pedido cominatório para impedir ou minimizar o dano ecológico, assim como para preservar os bens de valor histórico, artístico, estético, turístico e paisagístico (art. 4º) ameaçados de destruição ou depredação.

A reparação do dano ambiental pode consistir na indenização dos prejuízos, reais ou legalmente presumidos, ou na restauração do que foi poluído, destruído ou degradado. A responsabilização do réu pode ser repressiva da lesão consumada ou preventiva de uma consumação iminente. Melhor será, sempre, a ação preventiva, visto que há lesões irreparáveis *in specie*, como a derrubada ilegal de uma floresta nativa ou a destruição de um bem histórico, valioso pela sua origem e autenticidade. Daí por que a lei da ação civil pública admite a condenação em obrigação de fazer ou de não fazer (Lei n. 7.347/85, art. 3º). Em qualquer hipótese,

---

34. REsp 1.373.788-SP, 3ª T., rel. Min. Paulo de Tarso Sanseverino, j. 6-5-2014.
"A responsabilidade por dano ambiental é objetiva, informada pela teoria do risco integral, sendo o nexo de causalidade o fator aglutinante que permite que o risco se integre na unidade do ato, sendo descabida a invocação, pela empresa responsável pelo dano ambiental, de excludentes de responsabilidade civil para afastar a sua obrigação de indenizar" (REsp 1.374.284-MG, 2ª Seção, rel. Min. Luis Felipe Salomão, j. 27-8-2014).
35. Hely Lopes Meirelles, *RT, 611*:11.

a responsabilidade do réu é solidária, abrangendo todos os que cometeram ou participaram do fato lesivo[36].

Verifica-se, do que até aqui foi exposto, que existem, no direito brasileiro, dois instrumentos que servem à tutela jurisdicional dos interesses difusos: a ação popular (Lei n. 4.717/65) e a ação civil pública (Lei n. 7.347/85). No que toca à coisa julgada, ambas possuem a mesma disciplina, tendo a ação civil pública, inclusive, buscado inspiração na ação popular. Preceitua o art. 16 da Lei n. 7.347/85: "A sentença civil fará coisa julgada 'erga omnes', nos limites da competência territorial do órgão prolator, exceto se o pedido for julgado improcedente por insuficiência de provas, hipótese em que qualquer legitimado poderá intentar outra ação com idêntico fundamento, valendo-se de nova prova".

O mencionado dispositivo prevê as seguintes hipóteses: *a*) a ação é julgada *procedente*, adquirindo autoridade de coisa julgada *erga omnes*; *b*) a ação é julgada *improcedente*, por ser *infundada*, adquirindo também autoridade de coisa julgada *erga omnes*; *c*) a ação é julgada *improcedente* por *deficiência de provas*, não adquirindo autoridade de coisa julgada e permitindo, assim, a qualquer legitimado, inclusive ao que já a propôs, intentar novamente a ação, amparado por novas provas[37].

Para o cabimento da ação popular, "é necessário que se demonstre a ilegalidade do ato administrativo, bem como se prove sua lesividade, seja sob o aspecto material seja sob o moral. Não se deve adotar a lesividade presumida em função da irregularidade formal do ato" (STJ, EREsp 260.821-SP, rel. p/ o acórdão Min. João Otávio de Noronha, j. 23-11-2015). É pressuposto, pois, para a propositura da ação popular ambiental que haja um ato lesivo ao meio ambiente (Celso Antonio Pacheco Fiorillo, *Curso de Direito Ambiental Brasileiro*, Saraiva, 18. ed., 2018, p. 734).

A Constituição Federal de 1988 dedicou um capítulo à proteção do meio ambiente (art. 225 e §§), proclamando que "todos têm direito ao meio ambiente ecologicamente equilibrado, bem de uso comum do povo e essencial à sadia qualidade de vida, impondo-se ao Poder Público e à coletividade o dever de defendê-lo e preservá-lo para as presentes e futuras gerações".

No § 1º estabeleceu, em seus incisos, medidas para assegurar a efetividade desse direito. As condutas e atividades consideradas lesivas ao meio ambiente, segundo dispõe o § 3º, sujeitarão os infratores, pessoas físicas ou jurídicas, a sanções penais e administrativas, independentemente da obrigação de reparar os danos causados. A Floresta Amazônica Brasileira, a Mata Atlântica, a Serra do Mar, o Pantanal Mato-Grossense e a Zona Costeira foram considerados patrimônio nacional. Sua utilização far-se-á, na forma da lei, dentro de condições que assegurem a preservação do meio ambiente, inclusive quanto ao uso dos recursos naturais (art. 4º).

No capítulo referente às funções institucionais do Ministério Público, inseriu-se a de "promover o inquérito civil e a ação pública, para a proteção do patrimônio público e social, do meio ambiente e de outros interesses difusos e coletivos" (art. 129, III).

A Constituição atual ampliou largamente o objeto da ação civil pública, ao incluir a "proteção de outros interesses difusos e coletivos" ao lado da proteção de valores já elencados na Lei n. 7.347/85, possibilitando com tal previsão a defesa de todo e qualquer interesse difuso e de todo interesse público, de cunho social e indisponível.

---

36 . Hely Lopes Meirelles, *RT*, *611*:11.
37. Álvaro Luiz Valery Mirra, A coisa julgada nas ações para tutela de interesses difusos, *RT*, *631*:79.

9.5. A reparação do dano ambiental

A reparação do dano ambiental, como já afirmado, pode consistir na indenização dos prejuízos, reais ou legalmente presumidos, ou na restauração do que foi poluído, destruído ou degradado. A responsabilidade do réu pode ser repressiva da lesão consumada ou preventiva de sua consumação iminente.

O dano deve ser certo e atual. Certo, no sentido de que não pode ser meramente hipotético ou eventual, que pode não vir a concretizar-se. Atual é o que já existe ou já existiu no momento da propositura da ação que visa à sua reparação (*v. Conceito e requisitos do dano*, no Livro II, Título IV, Capítulo I, n. 1, *infra*).

A regra de que o dano deve ser sempre atual não é, porém, absoluta. Admite-se que seja também, em certos casos, futuro, em decorrência da alegação de fato novo, direta ou indiretamente relacionado com as consequências do fato danoso, mas inconfundível com o dano pelo lucro cessante e com o dano verificado no momento da liquidação. Pode, assim, ser objeto de reparação um prejuízo futuro, porém certo no sentido de que seja suscetível de avaliação na data do ajuizamento da ação de indenização (Mazeaud e Mazeaud, *Traité*, 4. ed., v. 1, n. 217).

Na questão do dano ambiental é bastante possível a previsão de reparação de um dano ainda não inteiramente realizado mas que fatalmente se produzirá, em decorrência de fatos já consumados e provados, como nas hipóteses de dano decorrente de atividades nucleares, danos à saúde e aos rios decorrentes do emprego de agrotóxicos, danos aos ecossistemas de uma região em razão de vazamento de oleoduto etc. (*v. Responsabilidade civil por dano atômico*, in Livro II, Título I, Capítulo I, Seção I, n. 10, *infra*).

Todos os danos aos elementos integrantes do patrimônio ambiental e cultural, bem como às pessoas (individual, social e coletivamente consideradas) e ao seu patrimônio, como valores constitucional e legalmente protegidos, são passíveis de avaliação e de ressarcimento, perfeitamente enquadráveis tanto na categoria do dano patrimonial (material ou econômico) como na categoria do dano não patrimonial (pessoal ou moral), tudo dependendo das circunstâncias de cada caso concreto, conforme acentua Helita Barreira Custódio, em artigo publicado na *RT*, *652*:14 sob o título de "Avaliação de custos ambientais em ações jurídicas de lesão ao meio ambiente".

Depois de anotar que o dano ambiental vem sendo considerado um *tertium genus* entre o dano patrimonial e o dano não patrimonial, pelos reflexos direta e indiretamente prejudiciais à vida, à saúde, à segurança, ao trabalho, ao sossego e ao bem-estar da pessoa humana individual, social ou coletivamente considerada, a referida civilista aduz que, "para os fins de avaliação de custos ambientais de ordem natural ou cultural, superada é, nos dias de hoje, a tradicional classificação civil de 'bens ou coisas suscetíveis do comércio' e 'bens ou coisas fora do comércio' (ar, água do mar), uma vez que estes últimos bens, indispensáveis à vida em geral, são suscetíveis de avaliação econômica e ressarcimento" (p. 20).

É de ponderar, ainda, que se devem considerar, na apuração do prejuízo, o dano emergente e o lucro cessante, a teor do estatuído no art. 402 do Código Civil. Para o ressarcimento do dano já consumado e do eventual lucro cessante, condena-se o responsável à restauração do que foi poluído, destruído ou degradado.

Darlan R. Bittencourt e Ricardo K. Marcondes, em trabalho a respeito do tema, publicado na *RT*, *740*:53, apresentaram as seguintes conclusões:

"1. A responsabilidade é uma posição jurídica consequente, derivada da relação jurídica anterior, onde a inobservância de uma obrigação ou a ocorrência de um determinado fato previsto em norma legal ocasionou lesão a um bem jurídico tutelado, submetendo o violador (responsável) a deveres decorrentes desta lesão.

2. Um mesmo fato danoso ao meio ambiente pode ensejar as três espécies de responsabilização: civil, penal e administrativa, pois seus fundamentos são distintos e independentes.

3. O ordenamento jurídico adotou o sistema da responsabilidade objetiva como técnica de particular importância à reparação dos danos causados ao meio ambiente, contemplando a teoria do risco integral.

4. Todo homem e todo cidadão têm direito a uma qualidade de vida sadia e um meio ambiente ecologicamente equilibrado, que deve ser assegurado a todos como garantia constitucional.

5. O direito ao meio ambiente sadio, pleno e global pode ser incluído na categoria dos direitos difusos, pois trata-se de um bem indivisível do qual todos os indivíduos da sociedade desfrutam, sendo todos e cada um deles legítimos e titulares do interesse incidente, ainda que, em certas ocasiões, conflitem com interesses de certos grupos da mesma sociedade.

6. As reivindicações coletivas, baseadas nos interesses difusos, devem se mostrar claramente úteis e necessárias para o bem-estar social e para os objetivos fundamentais esculpidos no art. 3º da Carta Magna de 1988.

7. A tutela do meio ambiente expressa-se como direito fundamental, indivisível, não particularizável individualmente, de conteúdo econômico-social, conexo a um dever, também fundamental de todos (Estado e cidadão), de defender e preservar, econômica e socialmente, o bem jurídico, meio ambiente ecologicamente equilibrado.

8. O nexo causal verifica-se objetivamente e de forma atenuada. Basta a existência de lesão e do risco preexistente de criá-la. O risco deve ser considerado condição da existência do dano, ainda que não se possa mostrar que foi sua causa direta.

9. São sujeitos responsáveis pela reparação do dano ambiental todos aqueles que, por conduta ou por força de lei, colocam-se em posição jurídica potencialmente lesiva à qualidade ambiental, criando assim risco de produzir tais danos. Todos que assim se comportarem respondem solidariamente na forma do art. 1.518, *in fine*, do CC [*de 1916, correspondente ao art. 942 do novo*].

10. Remanesce a responsabilidade objetiva e solidária do Estado nas questões ambientais, sem qualquer possibilidade de excludentes, pois o Poder Público é o sujeito responsável pelo controle, vigilância, planificação e fiscalização do meio ambiente. A responsabilidade do Estado por danos ambientais encontra fundamento no art. 225, § 3º, da CF e não no art. 37, § 6º, da mesma Carta, pois neste a proteção é de bens individuais, naquele, de direito difuso insuscetível de desamparo jurídico. O Superior Tribunal de Justiça, em julgamento realizado em junho de 2007, considerou a União Federal, por omissão no dever de fiscalizar, solidariamente responsável pelos danos causados ao meio ambiente, ao longo de duas décadas, por empresas mineradoras (REsp 646.493-SC, 2ª T., rel. Min. João Otávio de Noronha).

11. É impensável a prescrição da pretensão reparatória do dano ambiental, por tratar-se de matéria de ordem pública, indisponível, de titularidade difusa e para a qual a Carta Política de 1988 prevê proteção perpétua".

O Superior Tribunal de Justiça decidiu que o direito ao pedido de reparação de danos ambientais está protegido pela imprescritibilidade por se tratar de direito inerente à vida, fundamental e essencial à afirmação dos povos, independentemente de estar expresso ou não em texto legal (REsp 1.120.117, 2ª T., rel. Min. Eliana Calmon, *DJe* 19-11-2009). A mesma Turma Julgadora proclamou, em outro caso, que, "Conquanto não se possa conferir ao direito fundamental do meio ambiente equilibrado a característica de direito absoluto, certo é que ele se insere entre os direitos indisponíveis, devendo-se acentuar a imprescritibilidade de sua reparação, e a sua inalienabilidade, já que se trata de bem de uso comum do povo (art. 225, *caput*, da CF/1988). Em teoria de direito ambiental, não se cogita em direito adquirido à devastação, nem se admite a incidência da teoria do fato consumado" (REsp 1.394.025-MS, rel. Min. Eliana Calmon, *DJe* 18-10-2013).

A conclusão de n. 10, malgrado robustecida pela transcrição da opinião de Rodolfo Camargo Mancuso no sentido de que "remanesce a responsabilidade objetiva e solidária do Estado nas questões ambientais", conflita com a correta posição de Toshio Mukai no sentido de que "a responsabilidade solidária da administração se dará objetivamente nas atividades sujeitas à aprovação pelo Poder Público, quando o ato administrativo for lícito, e subjetivamente, quando for ilícito, quando houver omissão do poder de polícia; quando de acidentes ecológicos com causas múltiplas e por fatos da natureza" (*Direito ambiental sistematizado*, Forense Universitária, p. 63). Todavia, considera a atividade clandestina, a culpa da vítima e a força maior como fatores que não ensejam a responsabilização do Estado, visto que está calcada na teoria do risco administrativo.

Proclama a Súmula 467 do Superior Tribunal de Justiça: "Prescreve em cinco anos, contados do término do processo administrativo, a pretensão da administração pública de promover a execução da multa por infração ambiental".

Confiram-se, ainda, teses que refletem a jurisprudência ambiental consolidada no Superior Tribunal de Justiça, publicadas em 18 de março de 2015, na *Jurisprudência em Teses* de n. 30, atualizada em 21.07.2023:

Tese 1: Admite-se a condenação simultânea e cumulativa das obrigações de fazer, de não fazer e de indenizar na reparação integral do meio ambiente.

Tese 2: É vedado ao Instituto Brasileiro do Meio Ambiente e dos Recursos Naturais Renováveis – IBAMA – impor sanções administrativas sem expressa previsão legal.

Tese 3: Não há direito adquirido a poluir ou degradar o meio ambiente, não existindo permissão ao proprietário ou possuidor para a continuidade de práticas vedadas pelo legislador.

Tese 4: Os princípios da precaução e do *in dubio pro natura* servem de fundamento para a inversão do ônus probatório, de modo a atribuir a quem supostamente promoveu o dano ambiental a prova de que não o causou ou de que a substância lançada ao meio ambiente não lhe é potencialmente lesiva.

Tese 5: É defeso ao IBAMA impor penalidade decorrente de ato tipificado como crime ou contravenção, cabendo ao Poder Judiciário referida medida.

Tese 6: O emprego de fogo em práticas agropastoris, florestais e agroindustriais depende de prévia autorização do órgão ambiental competente. (Art. 27, parágrafo único, da Lei n. 4.771/1965 (antigo Código Florestal) c/c Art. 16 do Decreto n. 2.661/1998.)

Tese 7: Na ação civil pública ou coletiva por danos ambientais, a responsabilização civil pela degradação ambiental é solidária, logo a pretensão pode ser ajuizada contra qualquer um dos corresponsáveis, a regra geral é o litisconsórcio facultativo.

Tese 8: Em matéria de proteção ambiental, há responsabilidade civil do Estado quando a omissão de cumprimento adequado do seu dever de fiscalizar for determinante para a concretização ou o agravamento do dano causado.

Tese 9: As obrigações ambientais possuem natureza *propter rem*, sendo possível exigi-las, à escolha do credor, do proprietário ou possuidor atual, de qualquer dos anteriores, ou de ambos, ficando isento de responsabilidade o alienante cujo direito real tenha cessado antes da causação do dano, desde que para ele não tenha concorrido, direta ou indiretamente (Tese julgada sob o rito do art. 1.036 do CPC/15 – Tema 1204). (Redação anterior: A obrigação de recuperar a degradação ambiental é do titular da propriedade do imóvel, mesmo que não tenha contribuído para a deflagração do dano, tendo em conta sua natureza *propter rem*.)

Tese 10: A responsabilidade por dano ambiental é objetiva, informada pela teoria do risco integral, sendo o nexo de causalidade o fator aglutinante que permite que o risco se integre na unidade do ato, sendo descabida a invocação, pela empresa responsável pelo dano ambiental, de excludentes de responsabilidade civil para afastar sua obrigação de indenizar (Tese julgada sob o rito do art. 543-C do CPC/1973 – Tema 681).

Tese 11: Prescreve em cinco anos, contados do término do processo administrativo, a pretensão da Administração Pública de promover a execução da multa por infração ambiental (Súmula n. 467/STJ) (Tese julgada sob o rito do art. 543-C/1973 – Tema 329).

Posteriormente, em fevereiro de 2019, o mencionado Tribunal Superior, na mesma *Jurisprudência em Teses*, Edição 119 (atualizada em 21-08-2023), divulgou novamente 11 teses sobre o dano ambiental, quais sejam:

Tese 1: A responsabilidade por dano ambiental é objetiva, informada pela teoria do risco integral, sendo o nexo de causalidade o fator aglutinante que permite que o risco se integre na unidade do ato, sendo descabida a invocação, pela empresa responsável pelo dano ambiental, de excludentes de responsabilidade civil para afastar sua obrigação de indenizar (Tese julgada sob o rito do art. 543-C do CPC/1973 – Temas 681 e 707, letra *a*).

Tese 2: Causa inequívoco dano ecológico quem desmata, ocupa, explora ou impede a regeneração de Área de Preservação Permanente – APP –, fazendo emergir a obrigação *propter rem* de restaurar plenamente e de indenizar o meio ambiente degradado e terceiros afetados, sob o regime de responsabilidade civil objetiva.

Tese 3: O reconhecimento da responsabilidade objetiva por dano ambiental não dispensa a demonstração do nexo de causalidade entre a conduta e o resultado.

Tese 4: A alegação de culpa exclusiva de terceiro pelo acidente em causa, como excludente de responsabilidade, deve ser afastada, ante a incidência da teoria do risco integral e da responsabilidade objetiva ínsita ao dano ambiental (art. 225, § 3º, da CF e do art. 14, § 1º, da Lei n. 6.938/81), responsabilizando o degradador em decorrência do princípio do poluidor-pagador (Tese julgada sob o rito do art. 543-C do CPC/1973 – Tema 438).

Tese 5: É imprescritível a pretensão de reparação civil de dano ambiental (Repercussão Geral – Tema n. 999/STF).

Tese 6: O termo inicial da incidência dos juros moratórios é a data do evento danoso nas hipóteses de reparação de danos morais e materiais decorrentes de acidente ambiental.

Tese 7: A inversão do ônus da prova aplica-se às ações de degradação ambiental (Súmula n. 618/STJ).

Tese 8: Não se admite a aplicação da teoria do fato consumado em tema de Direito Ambiental (Súmula n. 613/STJ).

Tese 9: Não há direito adquirido à manutenção de situação que gere prejuízo ao meio ambiente.

Tese 10: O pescador profissional é parte legítima para postular indenização por dano ambiental que acarretou a redução da pesca na área atingida, podendo utilizar-se do registro profissional, ainda que concedido posteriormente ao sinistro, e de outros meios de prova que sejam suficientes ao convencimento do juiz acerca do exercício dessa atividade.

Tese 11: É devida a indenização por dano moral patente o sofrimento intenso do pescador profissional artesanal, causado pela privação das condições de trabalho, em consequência do dano ambiental (Tese julgada sob o rito do art. 543-C do CPC/1973 – Tema 439).

Em 2023, as edições n. 214, 215 e 216 da Jurisprudência em Tese do Tribunal Superior de Justiça foram responsáveis pela consolidação de 30 posicionamentos em matéria ambiental, dentre os quais se destacam:

Tese 1 (Edição 214): "A responsabilidade civil da Administração Pública por danos ao meio ambiente, decorrente de sua omissão no dever de fiscalização, é de caráter solidário, mas de execução subsidiária (Súmula n. 652/STJ)".

Tese 2 (Edição 214): "A responsabilidade do Estado por dano ambiental decorrente de sua omissão no dever de controlar e fiscalizar, nos casos em que contribua, direta ou indiretamente, tanto para a degradação ambiental em si mesma, como para o seu agravamento, consolidação ou perpetuação, é objetiva, solidária e ilimitada".

Tese 3 (Edição 214): "A tutela ambiental é dever de todas as esferas de governo, à luz do princípio do federalismo cooperativo ambiental consolidado na Lei Complementar n. 140/2001".

Tese 4 (Edição 214): "O ordenamento jurídico brasileiro confere a todos os entes federativos o dever-poder de polícia ambiental, que engloba a competência de fiscalização, regida pelo princípio do compartilhamento de atribuição, e a competência de licenciamento, na qual prevalece o princípio da concentração mitigada de atribuição".

Tese 5 (Edição 215): "A cumulação de obrigação de fazer, de não fazer e de indenizar na reparação de dano ambiental não é obrigatória e está relacionada à impossibilidade de recuperação total da área degradada".

Tese 6 (Edição 215): "O termo inicial do prazo prescricional para o ajuizamento de ação de indenização decorrente de dano ambiental se inicia quando o titular do direito subjetivo violado tem conhecimento do fato e da extensão de suas consequências, conforme a Teoria da *Actio Nata*".

Tese 7 (Edição 215): "É possível o reconhecimento da figura do consumidor por equiparação (*bystander*) na hipótese de danos individuais decorrentes do exercício de atividade empresarial causadora de impacto ambiental, em virtude da caracterização do acidente de consumo".

Tese 8 (Edição 216): "A Justiça Federal é competente para processar e julgar os crimes ambientais quando houver evidente interesse da União, de suas autarquias ou empresas públicas federais".

Tese 9 (Edição 216): "A responsabilidade administrativa ambiental é de natureza subjetiva".

Tese 10 (Edição 216): "É possível a responsabilização penal da pessoa jurídica por crimes ambientais independentemente da persecução penal concomitante da pessoa física que a represente, logo não incide a Teoria da Dupla Imputação".

Tese 11 (Edição 216): "O termo inicial do prazo prescricional para a propositura da ação de indenização em razão do desenvolvimento de doença grave decorrente de dano ambiental é a data da ciência inequívoca dos efeitos danosos à saúde".

A aludida Corte Superior editou seis súmulas atinentes ao direito ambiental. São elas:

Súmula 467: "Prescreve em cinco anos, contados do término do processo administrativo, a pretensão da Administração Pública de promover a execução da multa por infração ambiental".

Súmula 613: "Não se admite a aplicação da teoria do fato consumado em tema de Direito Ambiental".

Súmula 618: "A inversão do ônus da prova aplica-se às ações de degradação ambiental".

Súmula 623: "As obrigações ambientais possuem natureza *propter rem*, sendo admissível cobrá-las do proprietário ou possuidor atual e/ou dos anteriores, escolha do credor".

Súmula 629: "Quanto ao dano ambiental, é admitida a condenação do réu à obrigação de fazer ou à de não fazer cumulada com a de indenizar".

Súmula 652: "A responsabilidade civil da Administração Pública por danos ao meio ambiente, decorrente de sua omissão no dever de fiscalização, é de caráter solidário, mas de execução subsidiária".

JURISPRUDÊNCIA

9.5.1. Dano causado por desmatamento de mata natural Atlântica em propriedade particular

- A obrigação de recompor em parte área desmatada não exclui a obrigação de indenizar os irreversíveis danos ambientais. Agredindo-a, embora em seu próprio domínio rural, o réu fica sujeito à intervenção do Estado para a devida recomposição do dano que causou (*RJTJSP, 153*:123).

9.5.2. Preexistência de elemento poluidor no local

- Demonstrada por perícia a poluição ambiental provocada por derramamento de óleo no mar por barcaça, irrelevante a preexistência de elemento poluidor no local para afastar a responsabilidade. O art. 14 da Lei 6.838/81 não exige a caracterização de atitude culposa para a imposição de decreto condenatório em tal hipótese, e a existência de multa, consoante estabelecida pela Lei 5.357/67, não o impede, eis que essa condenação é independente da aplicação das penalidades ali previstas (*RT, 620*:69).

9.5.3. Danos causados por deslizamento de morro em virtude das chuvas

■ Concausas – Contribuição omissiva do Estado por falta anônima do serviço e comissiva da empresa loteadora do terreno – Condenação solidária de ambos os réus (CC, art. 1.518), sendo dispensável, na hipótese, a invocação à teoria da responsabilidade objetiva do Poder Público – Atenuação da responsabilidade deste, diante da ocorrência dos fatos da Natureza (*RT*, *625*:157).

9.5.4. Ação civil pública proposta pelo Ministério Público

■ Proposta ação civil pública pelo Ministério Público, não pode mais dela desistir, devendo prosseguir até o encerramento do processo, isto é, até a prolação da sentença, uma vez que, partindo-se do conceito de obrigatoriedade de propô-la, decorre, naturalmente, a indisponibilidade desta mesma ação (*RT*, *635*:201).

■ O Ministério Público, quando propõe ação civil pública para proteção dos direitos do consumidor, está agindo no interesse da coletividade, tanto que não pode desistir da ação. Assim, não poderá também ser condenado nas verbas da sucumbência quando a demanda for julgada improcedente (*RT*, *639*:73).

9.5.5. Dano ao meio ambiente provocado por depósito de lixo

■ Instalação de usina de reciclagem de lixo – Atividade poluidora e que não pode ser localizada em zona residencial – Medida liminar concedida para paralisação das obras independentemente de justificação prévia – Admissibilidade – Cautela justificada para evitar a consumação da lesão – Inexistência, ademais, de autorização expressa dos órgãos estaduais para implantação do sistema – Aplicação dos arts. 642, 796, 798 e 888, VIII, do CPC [de 1973, atuais arts. 297 e 822] e 3º, 4º, 5º, 11 e 12 da Lei 7.347/85 (*RT*, *629*:118).

■ Depósito de lixo industrial e urbano sobre aterro sanitário situado às margens de córrego abastecedor da região – Liminar visando à imediata paralisação da coleta – Indeferimento – Situação que persiste há vários anos – Impossibilidade de a Municipalidade dar pronto destino à descarga – Necessidade de perquirição das reais condições do local e de possíveis soluções municipais (*RT*, *640*:106).

■ Ação indenizatória – Dano moral e material – Ilegitimidade ativa – Não ocorrência – Siderúrgica – Dano ambiental – Responsabilidade objetiva – Nexo de causalidade comprovado (STJ, ARg no AREsp 820.193, rel. Min. Moura Ribeiro, *DJe* 9-3-2017).

9.5.6. Pedido de transferência de instalações de empresa poluidora

■ Admissibilidade – Possibilidade de decretação como tutela dos interesses que a lei visa a proteger – Preliminar de impossibilidade jurídica do pedido afastada. Acarretando dano a um número indeterminado de vítimas, o mínimo que poderá ocorrer nas ações ambientais será a cessação incontinenti da causa danosa, quer através da transferência da atividade para outro local, em que não se manifeste a gravosidade contra o ambiente, ou, na impossibilidade, a cessação definitiva da atividade (*RT*, *634*:63).

9.5.7. Comércio de aves silvestres

■ Dano ecológico – Patrimônio biológico – Infração aos artigos 3º da Lei Federal n. 5.197, de 1967, 3º da Lei Federal n. 6.938, de 1981, e 14 da Lei Federal n. 7.347, de 1985 – Verba devida – Recurso não provido. O comércio estava sendo exercido em nome do apelante ou por sua ordem, através de aves por ele adquiridas. É o suficiente. O poluidor, que causa dano ao ambiente, tem definição legal e é aquele que proporciona, mesmo indiretamente, degradação ambiental. E o poluidor é sujeito ao pagamento de indenização, além de outras penalidades (*RJTJSP*, *113*:207).

9.5.8. Denunciação da lide

■ Ação proposta pelo Ministério Público assentada em disposição legal – Denunciação da lide – Não cabimento – Inexistência de lei ou contrato a impor o regresso, nos mesmos autos, senão disposição civil genérica que poderá ser acionada pelas vias próprias – Recurso não provido (*RJTJSP*, *109*:133).

9.5.9. Ausência dos requisitos para a concessão de medida liminar

■ Sustação de obras – Degradação e poluição do meio ambiente – Ausência de comprovação técnica dos danos ecológicos – Ocorrência, outrossim, de graves prejuízos decorrentes da paralisação das obras – Eventual irregularidade na prorrogação dos alvarás de construção que não basta para a concessão da medida pretendida – Liminar cassada – Recurso provido (*RJTJSP*, *120*:298).

9.5.10. Extermínio de aves de pequeno porte

■ Responsabilidade civil – Dano causado ao meio ambiente em razão do extermínio de aves de pequeno porte, utilizadas em churrasco promovido no município de Embu – Comprovação efetiva do dano ecológico – Responsabilidade solidária do Prefeito Municipal e do corréu reconhecida – Indenização devida (*RJTJSP*, *105*:134).

9.5.11. Ação civil pública: competência e solidariedade passiva

A Justiça Estadual é a competente para o conhecimento e julgamento de ação civil pública contra sociedade de economia mista, conforme a Súmula 556 do STF.

■ A solidariedade passiva dos causadores do dano ambiental decorre da lei, ou seja, do art. 942, *caput*, segunda parte, do CC, que determina a solidariedade na responsabilidade extracontratual, independentemente de conserto prévio e de unidade de propósitos (*RT*, *655*:83).

9.5.12. Poluição industrial

■ Responsabilidade civil – Responsabilidade objetiva da empresa, vedada a condenação solidária de seu diretor ante a inexistência de prova de dolo ou culpa (*JTACSP*, *RT*, *111*:222).

9.5.13. Lançamento de produtos tóxicos em rio

- Dano ecológico – Morte de peixes e degradação do meio ambiente, ocasionados por derrame de resíduo tóxico em rio – Culpa da empresa-ré – Dispensa, por cuidar-se de responsabilidade objetiva – Suficiência do encadeamento etiológico entre a ação e o resultado – Verba devida (*RJTJSP, 136*:194).

9.5.14. Rompimento de duto

- Dano ecológico – Poluição ambiental – Art. 14, § 1º, da Lei n. 6.938/81. É o poluidor obrigado, independentemente de culpa, a indenizar ou reparar os danos causados ao meio ambiente e a terceiros, afetados por sua atividade (*RSTJ, 59*:246).

10. Responsabilidade civil por dano atômico

Alguns acidentes ocorridos em atividades e instalações nucleares e radioativas vêm preocupando o mundo todo, dadas as proporções dos danos coletivos que acarretaram, despertando a atenção dos juristas para os seus efeitos. Dentre esses acidentes de grande repercussão e de enormes proporções podem ser mencionados o ocorrido na usina nuclear de Chernobyl, em Kiev, na antiga União Soviética; o vazamento atômico na usina americana de Three Miles, nos Estados Unidos; e o acidente ocorrido em Goiânia, com a cápsula de Césio-137 apropriada por um particular, considerado o mais grave dos acidentes radiológicos (fora das instalações) e o de maior extensão acontecido até hoje.

No Brasil, a preocupação dos ecologistas está voltada principalmente para as usinas nucleares instaladas no Município de Angra dos Reis, no Estado do Rio de Janeiro, e em outras programadas para diversas localidades do país, em razão do risco de eventual vazamento, com prejuízos incalculáveis para a coletividade.

A questão primordial consiste em estabelecer a responsabilidade jurídica do causador do dano. Tal assunto é magistralmente desenvolvido por Carlos Alberto Bittar, com amparo em vasta bibliografia, em sua obra *Responsabilidade civil nas atividades nucleares*, publicada pela Editora Revista dos Tribunais em 1985.

A atividade nuclear está regulamentada não só por convenções e tratados internacionais, mas também pelas leis de nações mais desenvolvidas tecnologicamente, dando origem a um novo ramo jurídico, o direito nuclear, que consiste, nas palavras de Guido Soares, no "conjunto de princípios e normas que regem as atividades relacionadas à utilização de energia nuclear com fins pacíficos". Devido às consequências danosas e aos grandes perigos das atividades nucleares, as convenções internacionais e as legislações optaram pela responsabilidade objetiva, fundada na teoria do risco[38].

---

38. Maria Helena Diniz, *Responsabilidade civil*, cit., p. 400.

Assim, todas as legislações, com exceção da dos Estados Unidos da América, adotaram um sistema de responsabilidade de que toda noção de culpa é "excluída"[39].

O Brasil, seguindo essa diretriz, promulgou diversos diplomas legais e regulamentadores da atividade nuclear ou atômica, merecendo destaque a Lei n. 6.453/77, que estabelece, em seu art. 4º, a responsabilidade civil do operador de instalação nuclear, independentemente da existência de culpa, pela reparação de dano causado por acidente nuclear.

No caso das usinas instaladas, a empresa exploradora é responsável pelos danos causados, independentemente de prova de culpa, a ser produzida pela vítima. Acidentes podem verificar-se em situações diversas, seja com o vazamento, seja com um abalroamento, seja com o transporte de material atômico. Em qualquer caso a responsabilidade é de quem explora a empresa, a usina ou o transporte[40].

É preciso lembrar que, no Brasil, é o Estado quem monopoliza a produção de energia nuclear, autorizando as instalações de usinas nucleares; fiscalizando suas atividades; controlando a tecnologia e o pessoal que manipula esse material e que trabalha em suas instalações; regendo e executando a sua política por meio da Comissão Nacional de Energia Nuclear (CNEN)[41].

A atual Constituição Federal atribui à União os serviços e instalações nucleares de qualquer natureza, e estabelece que os danos nucleares estão subordinados ao princípio da responsabilidade objetiva (art. 21, XXIII).

Embora a responsabilidade nuclear se configure mesmo se o dano for oriundo de caso fortuito e força maior, que não têm o condão de a elidir, a Lei n. 6.453/77 admite algumas atenuantes, pois: *a*) no art. 6º dispõe que, "provado haver o dano resultado exclusivamente de culpa da vítima, o operador será exonerado, apenas em relação a ela, da obrigação de indenizar"; *b*) no art. 7º prescreve que o operador "somente tem direito de regresso contra quem admitiu, por contrato escrito, o exercício desse direito, ou contra pessoa física que, dolosamente, deu causa ao acidente"; *c*) no art. 8º admite a exoneração do explorador por fatos excepcionais, salientando que não responde por ele "pela reparação do dano resultante de acidente nuclear causado diretamente por conflito armado, hostilidade, guerra civil, insurreição ou fato de natureza excepcional"[42].

Tendo em vista que a irradiação, qualquer que seja a sua causa, pode provocar danos diretos, como também gerar moléstias graves cuja ação não será imediata mas suscetível de ser detectada com o correr do tempo, Caio Mário da Silva Pereira (*Responsabilidade civil*, cit., p. 55-9) indaga sobre a possibilidade de indenização do chamado "dano futuro". Baseado especialmente na doutrina francesa, afasta a possibilidade de indenização do "dano futuro hipotético", pois não se compadece com o dever de reparação a simples "eventualidade". Na etiologia da responsabilidade civil é indispensável a "certeza" do dano, embora não se requeira que seja "presente".

Depois de mencionar que as decisões das Cortes de Justiça dos Estados Unidos, tendo em vista que é difícil determinar o dano em nível de "certeza razoável", têm recorrido a dados

---

39. Jean-Paul Piérard, *Responsabilité civile, energie atomique et droit comparé*, p. 461.
40. Caio Mário da Silva Pereira, *Responsabilidade civil*, 2. ed., Forense, 1990, p. 59.
41. Carlos Alberto Bittar, *Responsabilidade civil nas atividades nucleares*, cit., p. 113.
42. Maria Helena Diniz, *Responsabilidade civil*, cit., p. 405.

estatísticos, além da opinião de técnicos, afirma que, na sua opinião, não se pode dispensar o elemento causal. "A base estatística é muito falha, pois que na teoria norte-americana do *but for* a diferença mínima de um ou dois por cento reverte a obrigação ressarcitória. O que se compreende, em termos de responsabilidade atômica, é que haverá maior elasticidade na investigação da relação de causalidade entre o dano e o acidente atômico, levadas em consideração circunstâncias especiais de tempo e distância, a que não pode ser estranho o fator probabilidade" (*Responsabilidade civil*, cit., p. 56-7). E conclui: "A determinação do dano mobiliza o desenvolvimento do conceito de 'certeza', que obedecerá a critério mais elástico, como acima referido. O exame de cada caso permitirá determinar que a certeza do prejuízo não pode deixar de atentar num critério de razoável probabilidade, uma vez que os efeitos da radiação atômica, detectados ou não no momento, poderão positivar-se num futuro mais ou menos remoto, e num raio de ação mais ou menos extenso" (p. 59).

A Lei n. 6.453/77, no entanto, restringe o conceito de dano nuclear àquele que envolva materiais nucleares existentes em "instalação nuclear", ou dela procedentes ou a ela enviados, deixando a descoberto de seu rígido e adequado sistema protetivo os eventos danosos relativos a "instalações radioativas", que em outros países também se encontram sob a égide da responsabilidade nuclear.

Carlos Alberto Bittar, em artigo publicado no *Jornal do Advogado* (dezembro de 1987, n. 148, p. 8-9) sob o título "Goiânia: responsabilidade civil nuclear", lembra que, em razão disso, tais atividades ficam subordinadas aos princípios e regras da teoria geral da responsabilidade civil e, quando muito, conforme o caso, aos das atividades perigosas, se possível o encarte. Por essa razão, "impõe-se, imediatamente, a formulação de projeto de lei, por parte de nossos legisladores, tendente a submeter aos efeitos da Lei 6.453, de 17-7-77, os acidentes radiológicos ocorridos fora de instalações nucleares ou de transporte de substâncias nucleares (estes, já por ela alcançados), abrangendo-se todas as situações possíveis, inclusive as decorrentes de desídia no uso, na guarda e na conservação de materiais nucleares".

Na sequência, acrescenta que, com isso, "objetivar-se-á a responsabilidade – que, no caso de Goiânia, embora solidária, alcançando todos que contribuíram para o evento, dentro do correspondente nexo causal, é insuficiente, face às limitações do direito comum – decorrendo, assim, o sancionamento e a consequente indenização ao lesado, da simples constatação da existência do acidente nuclear, independentemente, portanto, de prova de culpa (como naquela lei)".

Sem dúvida que merecem aplauso tais sugestões, pois com a uniformidade de solução para as diversas situações, ajustar-se-ão ao espírito protetivo da legislação especial as atividades desenvolvidas nas "instalações radioativas", assim consideradas aquelas em que existam riscos de contaminação pelo grau de perigo que as substâncias empregadas concentrem, em face do respectivo espectro.

11. Violação do direito à própria imagem

O direito à própria imagem integra o rol dos direitos da personalidade. No sentido comum, imagem é a representação pela pintura, escultura, fotografia, filme etc. de qualquer objeto e, inclusive, da pessoa humana, destacando-se, nesta, o interesse primordial que apresenta o rosto.

Sobre o direito à própria imagem, não pode ser aceita, segundo o Prof. Antônio Chaves, a definição segundo a qual seria o direito de impedir que terceiros venham a conhecer a imagem de uma pessoa, pois não se pode impedir que outrem conheça a nossa imagem, e sim que a use contra a nossa vontade, nos casos não expressamente autorizados em lei, agravando-se evidentemente a lesão ao direito quando tenha havido exploração dolosa, culposa, aproveitamento pecuniário, e, pior que tudo, desdouro para o titular da imagem (*RT, 451*:12).

A proteção do direito à imagem resultou de um longo e paulatino trabalho pretoriano, visto não decorrer de texto expresso. À falta de melhor esteio, invocava-se o art. 666, X, do Código Civil de 1916, que focalizava, no entanto, antes uma limitação do direito do pintor e do escultor, em favor do proprietário de retratos ou bustos de encomenda particular e da própria pessoa representada e seus sucessores imediatos. Deu-lhe nova redação o art. 49, I, *f*, da Lei n. 5.988/73, que regulava os direitos autorais.

Outras vezes, eram mencionados os arts. 82 e 100 da mesma lei. O primeiro regulava a reprodução de obra fotográfica, e o segundo, o direito de arena, assegurado à entidade desportiva e ao atleta que participava de espetáculo desportivo público. Quando a veiculação de fotografia pela imprensa denigria a imagem, os lesados se utilizavam, também, de dispositivos da Lei de Imprensa (Lei n. 5.250, de 9-2-1967) e do Código Brasileiro de Telecomunicações (Lei n. 4.117, de 27-8-1962).

Aresto do Supremo Tribunal Federal, depois de observar que o direito à própria imagem emanava das restrições dos arts. 666, X, *in fine*, do Código Civil de 1916 e 49, I, *f*, e 82 da Lei n. 5.988/73, justamente quando esta lei se referia às limitações aos direitos do autor, ao fazer depender do titular da imagem o exercício do direito de reprodução ou divulgação pelo autor da obra, acabou por proclamar que, "embora parcos os dispositivos legais que se dediquem ao momentoso tema, a proteção à imagem, como direito decorrente ou integrante dos direitos essenciais da personalidade, está firmemente posta em nosso Direito Positivo".

Na oportunidade, foi confirmada decisão do Tribunal de Justiça do Rio de Janeiro, no sentido de que a reprodução da imagem da embargada é emanação da própria pessoa e somente ela poderia autorizar sua reprodução, ainda que o fotógrafo seja o autor da obra protegida. E essa autorização não existiu. O referido aresto, publicado na *RT, 568*:215, tem a seguinte ementa: "Direito à imagem – Fotografia. Publicidade comercial. Indenização. A divulgação da imagem de pessoa, sem o seu consentimento, para fins de publicidade comercial, implica locupletamento ilícito à custa de outrem, que impõe a reparação do dano. Recurso extraordinário não conhecido".

Na doutrina, destaca-se o trabalho de Walter Moraes, publicado na *RT, 444*:11 e citado em voto do Min. Djaci Falcão (*RTJ, 103*:205), em que o ilustre professor pondera que "se a lei conferiu ao sujeito representado um direito de impedir a disposição de sua imagem é porque ofereceu tutela aos seus interesses relativos a tal bem, reservou-lhe um direito a ele. Ora, no plano dos fatos, seria absurda e ilusória a tutela da imagem que ao mesmo tempo facultasse a estranho dispor dela à revelia do sujeito, porque, no mais das vezes, a intervenção posterior do retratado poderia ser tardia e ineficaz; portanto, uma tutela frustrada *a priori*".

Esse trabalho pretoriano já se encontrava praticamente consolidado, quando a Constituição Federal de 1988 veio afastar qualquer dúvida que porventura ainda pudesse pairar a respeito da tutela do direito à própria imagem.

Com efeito, a referida Constituição declara invioláveis "a intimidade, a vida privada, a honra e a *imagem* das pessoas, assegurado o direito a indenização pelo dano material ou moral decorrente de sua violação" (art. 5º, X). E o inc. V do mesmo dispositivo assegura "o direito de resposta, proporcional ao agravo, além da indenização por dano material, moral ou à imagem".

A nova Carta erigiu, assim, expressamente, o direito à própria imagem à condição de direito individual, conexo ao da vida, integrando o conjunto dos "direitos à privacidade", juntamente com o direito à intimidade, à vida privada e à honra.

Segundo José Afonso da Silva, a "inviolabilidade da imagem da pessoa consiste na tutela do aspecto físico, como é perceptível visivelmente, segundo Adriano de Cupis, que acrescenta: 'Essa reserva pessoal, no que tange ao aspecto físico – que, de resto, reflete também personalidade moral do indivíduo – satisfaz uma exigência espiritual de isolamento, uma necessidade eminentemente moral'" (*Curso de direito constitucional positivo*, 5. ed., Revista dos Tribunais, p. 186, n. 12).

E, a respeito da indenização, aduziu o conceituado constitucionalista que "a Constituição foi explícita em assegurar, ao lesado, direito a indenização por dano material ou moral decorrente da violação da intimidade, da vida privada, da honra e da imagem das pessoas, em suma, do direito à privacidade" (p. 187, n. 14).

Via de regra, as decisões judiciais têm determinado que o *quantum* da verba indenizatória seja arbitrado na fase de execução, por perito ligado ao ramo.

O Código Civil dedicou um capítulo novo aos direitos da personalidade (arts. 11 a 21), visando à sua salvaguarda, sob múltiplos aspectos, desde a proteção dispensada ao nome e à *imagem* até o direito de se dispor do próprio corpo para fins científicos ou altruísticos.

A transmissão da *palavra* e a divulgação de *escritos* já eram protegidas pela Lei n. 9.610, de 19 de fevereiro de 1998, que disciplina toda a matéria relativa a direitos autorais. O art. 20 do Código Civil, considerando tratar-se de direitos da personalidade, prescreve que poderão ser proibidas, a requerimento do autor e sem prejuízo da indenização que couber, se lhe atingirem a honra, a boa fama ou a respeitabilidade, ou se se destinarem a fins comerciais, salvo se autorizadas, ou se necessárias à administração da justiça ou à manutenção da ordem pública. Complementa o parágrafo único que, em se "tratando de morto ou de ausente, são partes legítimas para requerer essa proteção o cônjuge, os ascendentes ou descendentes".

Em menção ao art. 20 do Código Civil, foi editado o Enunciado n. 279 pela IV Jornada de Direito Civil, com o seguinte teor: "A proteção à imagem deve ser ponderada com outros interesses constitucionalmente tutelados, especialmente em face do direito de amplo acesso à informação e da liberdade de imprensa. Em caso de colisão, levar-se-á em conta a notoriedade do retratado e dos fatos abordados, bem como a veracidade destes e, ainda, as características de sua utilização (comercial, informativa, biográfica), privilegiando-se medidas que não restrinjam a divulgação de informações". O mesmo tratamento é dispensado à exposição ou à utilização da *imagem* de uma pessoa, que o art. 5º, X, da Constituição Federal considera um direito inviolável. A reprodução da imagem é emanação da própria pessoa e somente ela pode autorizá-la. A Carta Magna foi explícita em assegurar, ao lesado, direito a indenização por dano material ou moral decorrente da violação da intimidade, da vida privada, da honra e da imagem das pessoas. Nos termos do art. 20 do Código Civil, a reprodução de imagem para fins comerciais, sem autorização do lesado, enseja o direito a indenização, ainda que não lhe tenha atingido a honra ou a respeitabilidade.

Confira-se, a propósito, a Súmula 403 do Superior Tribunal de Justiça: "Independe de prova do prejuízo a indenização pela publicação não autorizada de imagem de pessoa com fins econômicos ou comerciais".

Dispõe o Enunciado n. 587 do Conselho da Justiça Federal: "O dano à imagem restará configurado quando presente a utilização indevida desse bem jurídico, independentemente da concomitante lesão a outro direito da personalidade, sendo dispensável a prova do prejuízo do lesado ou do lucro do ofensor para a caracterização do referido dano, por se tratar de modalidade de dano *in re ipsa*".

Proclamou o Superior Tribunal de Justiça que usar o nome de uma pessoa em publicidade sem autorização é tão danoso quanto utilizar a imagem do indivíduo, gerando dever de indenizar mesmo sem prova de dano moral. O caso teve início quando uma revista noticiou que o apresentador de programa de televisão comprou imóvel em empreendimento imobiliário da empresa. A construtora, então, teria utilizado essa reportagem em uma propaganda sobre o conjunto de imóveis. Asseverou o relator, Min. Paulo de Tarso Sanseverino, que "o dano é a própria utilização indevida da imagem com fins lucrativos, sendo dispensável a demonstração do prejuízo material ou moral", aduzindo que "a sutileza de, na espécie, não se tratar da exposição da imagem do autor, conhecido apresentador de programa televisivo, senão do uso desautorizado do seu nome, não altera a conclusão no sentido de que não é necessária a comprovação dos danos causados ao demandante" (STJ, REsp 1.645.614, 3ª T., rel. Min. Paulo de Tarso Sanseverino, disponível em Revista *Consultor Jurídico*, 3-7-2018).

A ofensa ocasionada pela divulgação pela imprensa de um fato revestido, naquele momento, da plena convicção de sua veracidade, após o mínimo cumprimento do dever de apuração e sob a perspectiva de um interesse legítimo, mesmo que posteriormente venha a ser modificado pela conclusão das investigações, isenta o seu autor de responsabilização. Inversamente, a imputação de fatos tidos como verdadeiros, porém com a omissão do resultado exculpatório que excluiu os envolvidos de qualquer responsabilidade pelos ilícitos divulgados, assumindo o resultado danoso, implica a responsabilização civil de quem a promover (STJ, REsp 1.263.973, 3ª T., rel. Min. Villas Bôas Cueva, *DJe* 29-3-2012).

O Supremo Tribunal Federal, em 2015, julgou procedente ação direta de inconstitucionalidade, prestigiando a liberdade de expressão e afastando a censura prévia das biografias não autorizadas, para: "a) em consonância com os direitos fundamentais à liberdade de pensamento e de expressão, de criação artística, produção científica, declarar inexigível o consentimento de pessoa biografada relativamente a obras biográficas literárias ou audiovisuais, sendo por igual desnecessária autorização de pessoas retratadas como coadjuvantes (ou de seus familiares, em caso de pessoas falecidas; b) reafirmar o direito à inviolabilidade da intimidade, da privacidade, da honra e da imagem da pessoa, nos termos do inc. X do art. 5º da Constituição da República, cuja transgressão haverá de se reparar mediante indenização"[43].

---

43. STF, ADIn 4.815, rel. Min. Carmen Lúcia, j. 10-6-2015.

JURISPRUDÊNCIA

11.1. Publicação ou uso de fotografia, não autorizados

- Direito de imagem – Dano moral. A princípio, a simples utilização de imagem da pessoa, sem seu consentimento, gera o direito ao ressarcimento das perdas e danos, independentemente de prova do prejuízo. Súmula 403/STJ (STJ, REsp 801.109, 4ª T., rel. Min. Raul Araújo, *DJe* 12-3-2013).

- Direito de imagem – Dano moral – Fotografia de estudante da rede pública de ensino, portador de deficiência, publicada no periódico do Município sem anuência dos responsáveis – Uso indevido – Violação a direito personalíssimo evidenciada – Verba devida (STJ, *RT, 840*:232).

- Direito de imagem – Menor de idade – Dano moral. O dever de indenização por dano à imagem de criança veiculada sem a autorização do representante legal é *in re ipsa* (REsp 1.628.700-MG, 3ª T., rel. Min. Ricardo Villas Bôas Cueva, *DJe* 1º-3-2018).

- Direito de imagem – Violação – Perdas e danos – Comercialização de camisetas com foto de renomado esportista falecido, sem a autorização da empresa titular do direito – Irrelevância de que se trate de mero esboço, quando a imagem é, de pronto, reconhecível – Locupletamento ilícito evidenciado – Verba correspondente ao lucro obtido com as vendas e apurável em arbitramento – Dano moral inocorrente (*JTJ*, Lex, *204*:85).

- Direito à imagem – Violação – Publicação de fotografia em jornal – Exibição não autorizada – Propaganda de caráter cultural e institucional – Circunstância que não elide o direito a indenização – Ação procedente (*JTJ*, Lex, *208*:155).

- Direito à própria imagem – Violação – Indenização devida. O retrato de uma pessoa não pode ser exposto ou reproduzido, sem o consentimento dela, em decorrência do direito à própria imagem, atributo da pessoa física e desdobramento do direito da personalidade (*RSTJ, 68*:358).

- Indenização – Danos moral e material – Publicação, em boletim oficial, de fotografia sem autorização e correta indicação de autoria – Ato ilícito caracterizado – Verba devida (*RT, 747*:408).

- Direito à própria imagem – Violação – Utilização de fotografia em editorial de revista dirigido a determinada classe de consumidores sem autorização do fotografado – Inadmissibilidade – Irrelevância de não haver lucro direto nessa divulgação – Indenização devida – Verba a ser arbitrada na fase de execução por perito ligado ao ramo publicitário – Não é a onerosidade da publicação para terceiros que gera o direito da autora a indenização, mas a simples divulgação de sua fotografia sem a respectiva autorização (*RT, 629*:106).

- Empresa que utiliza, sem autorização, imagem de funcionário, usando-a indevidamente em campanha na internet, pode ter de pagar indenização por dano moral (TST, AIRR 862-25.2010.524.002, 5ª T., rel. Des. Maria das Graças S. D. Laranjeira, Revista *Consultor Jurídico*, 24-9-2012).

11.2. Imagem veiculada em programa de televisão

V., também, *Televisão – Programas – Dano moral,* in Livro II, Título IV, Capítulo I, n. 6.80, *infra*.

■ Responsabilidade civil – Danos morais – Imagem – Programa jornalístico – Reportagem com conteúdo ofensivo – Regular exercício de direito – Não configuração – Responsabilidade solidária da emissora e dos jornalistas – Súmula 221/STJ (STJ, REsp 1.652.588-SP, 3ª T., rel. Min. Villas Bôas Cueva, *DJe* 2-10-2017).

■ Hipótese em que o autor apareceu em reportagem sobre o "ronco" veiculada pela ré na TV dormindo no banco de um ônibus – Inocorrência de qualquer referência de caráter ofensivo, humilhante, maldoso ou vulgar que pudesse denegrir a imagem do autor – Reportagem informativa, de interesse público e realizada em local público – Uso indevido da imagem não caracterizado – Constrangimentos que não passaram de dissabores do cotidiano – Indenização indevida (TJSP, Ap. 471.141.4/9-00, 1ª Câmara de Direito Privado, rel. Des. Rui Cascaldi, j. 9-2-2010).

11.3. Uso comercial, não autorizado, de fotografia

■ Ainda que se trate de pessoa pública, o uso não autorizado de sua imagem, com fins exclusivamente econômicos e publicitários, gera danos morais. A jurisprudência do STJ firmou-se no sentido de que a indenização pela publicação não autorizada de imagem de pessoa com fins econômicos ou comerciais independe de prova do prejuízo (Súmula n. 403/STJ). Assim, a obrigação de indenizar, tratando-se de direito à imagem, decorre do próprio uso indevido desse direito, não havendo, ademais, que se cogitar de prova da existência de prejuízo. Cuida-se, portanto, de dano *in re ipsa*, sendo irrelevante que se trate de pessoa notória (STJ, 3ª T., *Informativo n. 509*, de 5-12-2012).

■ O uso não autorizado da imagem de atleta em cartaz de propaganda de evento esportivo, ainda que sem finalidade lucrativa ou comercial, enseja reparação por danos morais, independentemente da comprovação de prejuízo. A obrigação da reparação pelo uso não autorizado de imagem decorre da própria utilização indevida do direito personalíssimo. Assim, a análise da existência de finalidade comercial ou econômica no uso é irrelevante. O dano, por sua vez, conforme a jurisprudência do STJ, apresenta-se *in re ipsa*, sendo desnecessária, portanto, a demonstração de prejuízo para a sua aferição (STJ, REsp 299.832, 3ª T., rel. Min. Ricardo Villas Bôas Cueva, *DJe* 27-2-2013).

■ Ato ilícito – Direito à imagem – Publicação não autorizada de fotos de renomado ator de televisão em catálogo promocional de empresa de vestuário – Reparação devida, mormente se houve intenção de explorar e usufruir vantagem – Irrelevância de que tal divulgação não tenha sido desprestigiosa (*RT, 782*:236).

■ Dano à imagem – Publicação não autorizada de fotografia de modelo profissional seminua, em revista de grande tiragem – Ato ilícito absoluto – Verba devida – Arbitramento prudencial excessivo – Redução determinada – Aplicação do artigo 5º, incisos V e X, da Constituição da República – Recurso provido para esse fim (*JTJ,* Lex, *223*:62).

- Direito à própria imagem – Uso de fotografias de jogadores de futebol para compor "álbum de figurinhas" – Inadmissibilidade – Hipótese em que o direito de arena atribuído às entidades esportivas limita-se à fixação, transmissão e retransmissão do espetáculo desportivo público – Inteligência da Lei n. 8.672/93 ("Lei Zico") (STJ, REsp 46.420-0-SP, 4ª T., rel. Min. Ruy Rosado de Aguiar, j. 12-9-1994, *RT, 714*:253).
- Direito à própria imagem – Publicidade – Fins lucrativos – Falta de autorização – Indenização devida. Direito à proteção da própria imagem, diante da utilização de fotografia em anúncio com fim lucrativo sem a devida autorização da pessoa correspondente. Indenização pelo uso indevido da imagem. Tutela jurídica resultante do alcance do Direito Positivo. Recurso extraordinário não conhecido (*RT, 558*:230).
- Propaganda – Imagem alheia em propaganda pela televisão, com fins inegavelmente lucrativos – Inexistência de autorização – Direito de personalidade – Ressarcimento devido. A ninguém é dado, sem a precisa autorização, televisar imagem alheia em propaganda lucrativa. Fazendo-o, o devido ressarcimento será uma consequência de direito (*RT, 464:*226).
- Responsabilidade civil – Danos moral e material – Imagem pessoal do autor comercializada e publicada em revista pornográfica, sem o seu consentimento – Irrelevância de encontrar-se em segundo plano no contexto fotográfico, nem ter seu nome veiculado – Ação procedente – Verba a ser apurada em execução por arbitramento – Recurso provido (*RJTJSP, 117*:177).

11.4. Reprodução desautorizada de fotografia, sem, porém, ofensa à imagem

- Direito de personalidade – Direito à própria imagem – Violação – Descaracterização – Reprodução desautorizada de fotografia para fins publicitários – Hipótese em que a imagem não concorre direta e claramente para o êxito da propaganda na qual utilizada, por inidentificável a pessoa do retratado, desconhecida, ademais, no meio publicitário – Conjunto fotográfico em que sobressai outro elemento – Indenização não devida (TJRJ, *RT, 637*:158).
- Direito à própria imagem – Violação inocorrente – Reprodução desautorizada de fotografia em revista – Conjunto fotográfico em que sobressai outro elemento, sendo difícil, quase impossível, descobrir a figura do retratado – Indenização não devida (TJSP, *RT, 661*:69).
- Direito de imagem – Uso indevido – Utilização, em reportagem, de fotografia de campanha publicitária – Mera notícia jornalística – Ausência da aferição de qualquer vantagem comercial – Indenização indevida – Embargos infringentes – Voto vencedor e vencido (*RJTJSP, 153*:196).

11.5. Exposição de defeitos físicos de entrevistado, contra a sua vontade

- Indenização – Danos morais e ofensa à imagem – Artista que ao ser entrevistado solicita que não exponham na matéria seus defeitos físicos (amputação das duas pernas), que ele ocultava do público – Pedido não atendido pela revista – Verba devida – Inteligência do art. 5º da CF (*RT, 700*:144).

11.6. Publicação de notícia ofensiva à imagem, porém de interesse público

- Indenização – Dano moral – Publicação de notícia ofensiva à imagem de Delegado de Polícia – Fato que diz respeito ao interesse público, devendo ser exposto ao conhecimento de todos – Ação improcedente (*RJTJSP*, *145*:108).

12. A AIDS e a responsabilidade civil

O mundo todo tem-se preocupado com os problemas que a AIDS vem causando às pessoas. O Brasil figura entre os países recordistas em número de pessoas portadoras do vírus da AIDS; portanto, as consequências civis e criminais do contágio e da transmissão da doença ganham, aqui, relevância.

Já se proclamou que pratica crime de homicídio o portador do vírus da AIDS que, consciente e dolosamente, transmite a doença a outra pessoa, sabedor que para esse mal inexiste cura.

De acordo com a teoria subjetiva adotada pelo nosso Código Civil, só se pode atribuir responsabilidade civil a alguém com base na culpa em sentido lato, que abrange tanto o dolo como a culpa em sentido estrito ou aquiliana.

Assim, a responsabilidade individual, em princípio, exige a prova do dolo (*animus laedendi*) ou da culpa *stricto sensu* (negligência, imprudência ou imperícia), sem o que não caberia a indenização (Limongi França, Aspectos jurídicos da AIDS, *RT*, *661*:21).

São bastante comuns, no Brasil, os casos de transmissão da doença por bancos de sangue, hospitais e laboratórios, especialmente por fornecerem sangue contaminado para transfusão em hemofílicos e outras pessoas e por uso de seringas não descartáveis. Todos conhecem o drama do jornalista Henfil e de seus irmãos, vítimas desse tipo de negligência. A responsabilidade, nesse caso, é profissional, contratual e, portanto, objetiva, isto é, configurável em face da suficiente relação de causa e efeito entre a pessoa jurídica responsável e a efetividade dos prejuízos.

Não se pode deixar de reconhecer culpa na pessoa que, tendo consciência de ser portador do vírus, mantém conjunção carnal, especialmente do tipo anal (mais suscetível de transmissão), sem tomar as necessárias cautelas, como o uso de preservativo. Sua culpa, nesse caso, corresponde ao dolo eventual, pois está assumindo, conscientemente, o risco da transmissão. Se, entretanto, ignora ter contraído o vírus da doença, nem tem razões para supor que o contraiu, não se lhe pode atribuir culpa.

Nesse sentido, o *Superior Tribunal de Justiça* manifestou-se nos seguintes termos: "O parceiro que suspeita de sua condição soropositiva, por ter adotado comportamento sabidamente temerário (vida promíscua, utilização de drogas injetáveis, entre outros), deve assumir os riscos de sua conduta, respondendo civilmente pelos danos causados. Na hipótese dos autos, há responsabilidade civil do requerido, seja por ter ele confirmado ser o transmissor (já tinha ciência de sua condição), seja por ter assumido o risco com o seu comportamento, estando patente a violação a direito da personalidade da autora (lesão de sua honra, de sua intimidade e, sobretudo, de sua integridade moral e física), a ensejar reparação pelos danos morais sofridos"[44].

---

44. REsp 1.760.943-MG, 4ª T., rel. Min. Luis Felipe Salomão, *DJe* 6-5-2019.

Não se deve olvidar a possibilidade de existir, em certos casos, culpa concorrente da vítima. Esta tem, também, a obrigação de se prevenir contra eventual contaminação, em certas circunstâncias. Quem procura um profissional do sexo, tem consciência de que está correndo um sério risco de contrair a doença. Se não usa preservativo, sem dúvida concorre para o evento. Em caso de dano, a indenização será reduzida proporcionalmente ao grau de culpa concorrente da vítima.

A reparação do dano abrange o dano emergente e os lucros cessantes. Compreende, assim, o pagamento de todas as despesas médico-hospitalares, bem como o que a vítima razoavelmente deixou de lucrar. A indenização deve cobrir tanto o prejuízo material como o moral, pois a Constituição Federal de 1988 afastou qualquer dúvida sobre a possibilidade de se pleitear indenização, também, por dano moral, como dissemos em outra parte deste livro (cf. *A reparação do dano moral e a Constituição Federal de 1988*, in Livro II, Título IV, Capítulo I, n. 5.1.7). Após a morte, a família terá direito à indenização, tanto material como moral.

Diante da independência da responsabilidade civil em face da responsabilidade penal (CC, art. 935), a ação de indenização pode ser ajuizada mesmo que não tenha havido condenação por crime de homicídio, de perigo de contágio de moléstia grave, de perigo para a vida ou saúde de outrem, ou de algum outro fato típico. Entretanto, a condenação criminal transitada em julgado faz coisa julgada no cível, podendo o lesado ou seus sucessores promover, desde logo, a execução do título executivo judicial que então se formou. Aduza-se que os especialistas não têm considerado a AIDS uma doença venérea, pois, embora sexualmente transmissível, não é doença que se contrai exclusiva e primacialmente pelo ato sexual.

É possível ocorrer, ainda, em relação à AIDS, o crime de omissão de socorro por parte de hospitais e mesmo de órgãos públicos encarregados de cuidar de pessoa portadora do vírus da AIDS. Comprovada a omissão e o agravamento da doença em razão dela, ou mesmo a contaminação, impõe-se o reconhecimento do dever de indenizar.

Ainda no tocante aos hospitais e outros órgãos de atendimento de pessoas doentes, é de lembrar que pode ocorrer, nesses locais, contaminação culposa de pessoas em decorrência de negligência de enfermeiros e outros funcionários no uso de seringas não descartáveis ou por ferirem, com a agulha ou com sangue ou algum outro instrumento, descuidadamente, alguma outra pessoa. Responde o hospital pela negligência de seus prepostos.

Também os cirurgiões-dentistas podem ser responsabilizados por negligência, se não tiverem o necessário cuidado na assepsia de seus instrumentos, especialmente os utilizados para anestesia, vindo a atuar como intermediários na transmissão da doença, de um para outro cliente.

JURISPRUDÊNCIA

12.1. Responsabilidade do hospital em virtude de morte causada por transfusão de sangue contaminado

- Ação de indenização por danos, de cunho material e moral, decorrentes da contaminação do autor pelo vírus HIV, por ocasião de seu nascimento, em que fora submetido ao procedimento de transfusão de sangue, sem a observância de dever de cuidado – Manutenção da sentença de procedência pelo Tribunal de origem, com acréscimo de fundamentação (reconhecimento da responsabilidade objetiva do hospital) – Culpa contratual devidamente reconhecida (STJ, REsp 655.761-SP, 4ª T., rel. Min. Marco Buzzi, *DJe* 3-2-2015).

- Ação de indenização por danos materiais e compensação por danos morais – Parto por cesárea – Transfusão de sangue – Transmissão de HIV – Defeito na prestação do serviço – Janela imunológica – Rompimento do nexo de causalidade – Não ocorrência – Responsabilidade objetiva mantida. O defeito na prestação do serviço consiste em, apesar de saber do risco da janela imunológica, ainda assim o hospital optar por realizar a transfusão de sangue. Este cálculo diz respeito à conduta do hospital, como risco adquirido no desenvolvimento de sua atividade, e não do paciente que se submete ao procedimento (STJ, REsp 1.647.786, 3ª T., rel. Min. Nancy Andrighi, *DJe* 26-5-2017).

- Hospital – Morte causada por transfusão de sangue contaminado pelo vírus da AIDS – Não realização dos testes de detecção – Ação procedente – A análise do sangue a ser transfundido é obrigatória, pois quem realiza a transfusão responde pelos danos que o ato cirúrgico possa vir a causar por sua imprudência, imperícia, negligência ou dolo – Não era necessária lei obrigando a análise do sangue a ser transfundido – Existência, no entanto, de lei, impondo dever explícito – Não se trata só da síndrome de deficiência imunológica, mas de qualquer patologia transmissível pelo sangue (*RJTJSP, 149*:175).

- Indenização – Hospital – Morte de filho menor vitimado pela AIDS, anos depois de ter recebido transfusão de sangue – Época, porém, em que não havia obrigatoriedade legal do uso do teste anti-HIV – Legislações do Estado de São Paulo e de âmbito nacional que tornaram referido teste obrigatório, editadas posteriormente ao fato alegado – Nexo causal não demonstrado – Ação improcedente (*RT, 707*:52).

- Indenização – Hospital e Clínica de Hemoterapia – Morte de filho menor, vitimado pela AIDS – Responsabilidade do hospital, por não ter realizado o teste anti-AIDS no sangue a ser utilizado, conforme exigência da Lei Estadual 5.190, de 20-6-1986, já vigente ao tempo em que foi colhido o material do doador – Responsabilidade contratual do hospital que adquiriu sangue de laboratório não confiável, justificando a condenação solidária (TJSP, Ap. 170.026-SP, rel. Urbano Ruiz, j. 4-8-1992, *Boletim da AASP*, n. 1.847, p. 156).

- Indenização – Aids – Vírus adquirido através de infusão de sangue, em decorrência de ato e omissão de funcionários de nosocômio – Indenização que deve corresponder à dor suportada e à possibilidade do hospital – Majoração de verbas indenizatórias. Em se tratando de ato ilícito a indenização deve ser a mais completa possível, aquilatadas, além da posição socioeconômica dos ofendidos, as reais possibilidades do responsável, pena de tornar inexequível o julgado. Valor relativo a danos morais majorado, bem como aquele devido a título de pensão mensal, observados os parâmetros demonstrados nos autos (*JTJ*, Lex, *196*:91).

12.2. Responsabilidade civil do Estado

- Ação indenizatória – Prescrição – Responsabilidade civil do Estado – Vítima contaminada pelo vírus HIV após transfusão de sangue em hospital da rede pública – Prazo prescricional contado a partir da data em que o lesado tomou conhecimento do fato e não do procedimento médico que desencadeou o infausto (STJ, *RT, 749*:246).

- Responsabilidade civil do Estado – AIDS – Contaminação por transfusão de sangue – Pacientes hemofílicos – Juros de mora incidentes sobre *quantum* indenizatório por danos morais – Termo *a quo* – Danos emergentes e lucros cessantes – Improvimento do agravo interno – Manutenção da decisão recorrida (AgInt no AREsp n. 1.867.566/RJ, rel. Min. Francisco Falcão, 2ª T., j. 7-12-2021, *DJe* 13-12-2021).

- Responsabilidade civil do Estado – Recurso Especial em Embargos Infringentes – Contaminação por HIV – Transfusão de sangue – Transmissão da patologia ao marido e aos filhos da vítima – Procedimento anterior à Lei n. 7.649/1988 – Apelo raro veiculado pela divergência jurisprudencial – Existência de precedentes deste STJ (REsp 1.299.900/RJ, rel. Min. Humberto Martins, *DJe* 13.3.2015 e REsp 768.574/RJ, rel. Min. Castro Meira, DJ 29.3.2007), reconhecendo a responsabilidade objetiva e integral administrativa em tais casos – Parecer do MPF pelo conhecimento e provimento do apelo raro – Agravo conhecido para conhecer e dar provimento ao recurso especial dos particulares, restabelecendo a sentença de primeiro grau (AREsp n. 657.893/RJ, rel. Min. Napoleão Nunes Maia Filho, 1ª T., j. 26-11-2019, *DJe* 29-11-2019).

12.3. Inexistência do nexo de causalidade

- Responsabilidade civil – Hospital – Contágio pelo vírus da AIDS – Nexo de causalidade não demonstrado – Autor hemofílico desde o nascimento e que deve ter realizado transfusões de sangue em outros locais – Ação improcedente – Recurso não provido (*JTJ*, Lex, *232*:93).

- Dano moral – Assistência ao doente com AIDS – Improcedência da pretensão de receber do pai do parceiro que morreu com AIDS a indenização pelo dano moral de ter suportado sozinho os encargos que resultaram da doença – Dano que resultou da opção de vida assumida pelo autor e não da omissão do parente, faltando o nexo de causalidade (STJ, 4ª T., REsp 148.897-MG, rel. Min. Ruy Rosado de Aguiar, j. 10-2-1998, v. u.).

12.4. Auxiliar de enfermagem que alega ter sido contaminado pelo vírus da AIDS

- Dano material e moral – Auxiliar de enfermagem que alega ter sido contaminado pelo vírus da Aids em decorrência do exercício de sua profissão, e, em decorrência da doença, ter sofrido atos discriminatórios e preconceituosos – Culpa do empregador não demonstrada – Verba indevida (*RT*, *755*:378).

12.5. Não contratação de candidato a emprego considerado "apto" em processo seletivo

- O candidato a emprego que, após passar por um rígido processo seletivo e obter o *apto* para ocupar o cargo dentro da empresa, ao ser submetido a exame hematológico, descobriu ser portador do vírus da AIDS, e, por tal motivo, não foi admitido, deve ser indenizado pelos danos morais, indiscutivelmente sofridos (TJRJ, Ap. 21.180/99-Capital, 7ª Câm. Civ., rel. Des. Marly Macedônio França, *DJe* 28-9-2000).

12.6. Resultado falso de exame realizado por laboratório

- Impõe-se a reparação por dano moral, decorrente de exame laboratorial fornecido por ambulatório estadual que apura que a paciente possui o vírus da AIDS, sendo posteriormente constatado que tal resultado não correspondia à verdade (*RT, 778*:246; *JTJ*, Lex, *226*:71).

- Dano moral – Exame preventivo contra Aids – Resultado falso positivo nas etapas I e II do procedimento – Negativação sorológica pelo teste de Western Blot – Ausência de culpa da clínica no procedimento – Dano não caracterizado (TJRO, Ac. 02.001926-2-Porto Velho, rel. Des. José Pedro do Couto, j. 29-10-2002).

- Responsabilidade civil – Reparação de dano moral – Prescrição – Matéria preclusa – Exame laboratorial HIV – AIDS – Falso positivo – Dever de informar o paciente sobre a possibilidade do resultado não ser conclusivo – Responsabilidade do laboratório – Indenização por danos morais – Quantum excessivo – Sucumbência recíproca – Súmula n. 326/STJ – Recurso Especial conhecido em parte e, nesta extensão provido. Negligente o laboratório, displicente sua conduta, sendo responsável pela ausência de informação suficiente e adequada ao paciente do resultado de sua sorologia anti-HIV, ressalvando inclusive a possibilidade do resultado se mostrar equivocado, bem como de realizar novos exames, uma vez ciente de que o exame realizado não era conclusivo (REsp 707.541/RJ, rel. Min. Hélio Quaglia Barbosa, 4ª T., j. 12-12-2006, *DJ* 30-4-2007).

12.7. Invasão de privacidade

- Indenização – Dano moral – Invasão de privacidade – Propalar ser alguém portadora de AIDS – Autora colaboradora doméstica da ré – Alegação não comprovada – Obtenção, por esta, junto a centro médico, e com extrema facilidade, do resultado dos exames laboratoriais – Fato que se deu de forma discreta e sem repercussão – Verba não devida (*JTJ,* Lex, *230*:96).

- O simples fato de se indagar a um paciente se iria realizar um exame de HIV, dentro do contexto fático de um laboratório de análises clínicas, não leva o julgador à conclusão de invasão da intimidade do mesmo (Tribunal Recursal dos Juizados Especiais-DF, Proc. ACJ 20040110039130, rel. Alfeu Machado, *DJU*, 9-8-2004, p. 63).

13. Responsabilidade civil na Internet

13.1. O comércio eletrônico

Crescem, a cada dia, os negócios celebrados por meio da Internet. Entretanto, o direito brasileiro não continhanenhuma norma específica sobre o comércio eletrônico, nem mesmo no Código de Defesa do Consumidor. Ressalve-se a Medida Provisória n. 2.000-2/2001, que confere às assinaturas eletrônicas o mesmo poder e validade daquelas lançadas de próprio punho nos documentos, e a Lei n. 12.965, de 23 de abril de 2014, denominada "O Marco Civil da Internet", considerada uma espécie de Constituição da Internet por estabelecer princípios, garantias, direitos e deveres para o seu uso no Brasil, tanto para os usuários quanto para os provedores de conexão e de aplicativos do sistema.

No estágio atual, a obrigação do empresário brasileiro que dele se vale para vender os seus produtos ou serviços, para com os consumidores, é a mesma que o referido diploma atribui aos fornecedores em geral. A transação eletrônica realizada entre brasileiros está, assim, sujeita aos mesmos princípios e regras aplicáveis aos demais contratos aqui celebrados.

No entanto, o contrato de consumo eletrônico internacional obedece ao disposto no art. 9º, § 2º, da Lei de Introdução às Normas do Direito Brasileiro, que determina a aplicação, à hipótese, da lei do domicílio do proponente. Por essa razão, se um brasileiro faz a aquisição de algum produto oferecido pela Internet por empresa estrangeira, o contrato então celebrado rege-se pelas leis do país do contratante que fez a oferta ou proposta. Assim, malgrado o Código de Defesa do Consumidor brasileiro (art. 51, I), por exemplo, considere abusiva e não admita a validade de cláusula que reduza, por qualquer modo, os direitos do consumidor (cláusula de não indenizar), o internauta brasileiro pode ter dado sua adesão a uma proposta de empresa ou comerciante estrangeiro domiciliado em país cuja legislação admita tal espécie de cláusula, especialmente quando informada com clareza aos consumidores. E, nesse caso, não terá o aderente como evitar a limitação de seu direito.

Da mesma forma, o comerciante ou industrial brasileiro que anunciar os seus produtos no comércio virtual deve atentar para as normas do nosso Código de Defesa do Consumidor, especialmente quanto aos requisitos da oferta. Podem ser destacadas as que exigem informações claras e precisas do produto, em português, sobre o preço, qualidade, garantia, prazos de validade, origem e eventuais riscos à saúde ou segurança do consumidor (art. 31), e as que se referem à necessidade de identificação dos fabricantes pelo nome e endereço (art. 33). Se as informações transmitidas são incompletas ou obscuras, prevalece a condição mais benéfica ao consumidor (CDC, arts. 30 e 47). E, se não forem verdadeiras, configura-se vício de fornecimento, sendo que a disparidade entre a realidade do produto ou serviço e as indicações constantes da mensagem publicitária, na forma dos arts. 18 e 20 do mencionado Código, caracteriza vício de qualidade.

Anote-se que essas cautelas devem ser tomadas pelo anunciante e fornecedor dos produtos e serviços, como único responsável pelas informações veiculadas, pois o titular do estabelecimento eletrônico onde é feito o anúncio não responde pela regularidade deste nos casos em que atua apenas como veículo. Do mesmo modo não responde o provedor de acesso à Internet, pois os serviços que presta são apenas instrumentais e não há condições técnicas de avaliar as informações nem o direito de interceptá-las e de obstar qualquer mensagem.

13.2. A responsabilidade civil

A responsabilidade extracontratual pode derivar de inúmeros atos ilícitos, sendo de se destacar os que dizem respeito à concorrência desleal, à violação da propriedade intelectual, ao indevido desrespeito à intimidade, ao envio de mensagens não desejadas e ofensivas da honra, à divulgação de boatos infamantes, à invasão de caixa postal, ao envio de vírus etc. Identificado o autor, responde ele civilmente pelos prejuízos causados a terceiros. Especialmente no caso da transmissão ou retransmissão de vírus, demonstrada a culpa ou dolo do agente e identificado o computador, presume-se que o proprietário do equipamento, até prova em contrário, é o responsável pela reparação dos prejuízos materiais e morais, nos termos do art. 5º, X, da

Constituição Federal. É de se ponderar, contudo, que muitas mensagens de ordem pessoal são recebidas e, inocentemente, retransmitidas com vírus, culminando com a contaminação de uma grande quantidade de aparelhos. Nessa hipótese, não se há falar em responsabilidade civil dos transmitentes, por inexistir a intenção de causar prejuízo a outrem, salvo se evidenciada a negligência do usuário.

Diferente a situação dos provedores, cuja culpa é evidenciada pelo fato de permitirem que algum vírus passe por seus computadores e se aloje no equipamento de seu cliente. Ocorrerá, na hipótese, defeito do serviço, pois o cliente confia que a tecnologia empregada pelo prestador de serviço possa evitar o ataque ao seu computador.

Havendo ofensa à intimidade, à vida privada, à honra e à imagem das pessoas, podem ser responsabilizados não somente os autores da ofensa como também os que contribuíram para a sua divulgação.

A propósito, preleciona Antonio Jeová Santos (*Dano moral na Internet*, Ed. Método, 2001) que é objetiva a responsabilidade do provedor, quando se trata da hipótese de *information providers*, em que incorpora a página ou o *site*, pois, "uma vez que aloja a informação transmitida pelo *site* ou página, assume o risco de eventual ataque a direito personalíssimo de terceiro". A responsabilidade é estendida – prossegue – "tanto aos conteúdos próprios como aos conteúdos de terceiros, aqui estabelecidos como diretos e indiretos, respectivamente. Quando ocorre o conteúdo próprio ou direto, os provedores são os autores. As notas ou artigos foram elaborados pelo pessoal da empresa que administra o provedor. A respeito dos conteúdos de terceiros ou indiretos, também são responsáveis em forma objetiva, já que antes de realizar o *link* a outra página ou *site*, necessariamente, teve que ser analisada e estudada. De maneira tal que, ao eleger livremente a incorporação do *link*, necessariamente tem que ser responsável por isso" (p. 119).

Mais adiante, aduz o mencionado autor: "O provedor, para tornar mais agradável seu portal e, assim, conseguir maior número de assinantes, contrata conhecidos profissionais da imprensa que passam a colaborar no noticiário eletrônico. Difundem notícias, efetuam comentários, assinam colunas, tal como ocorre em jornais impressos. São passíveis de ofender pessoas, sujeitando-se à indenização por dano moral. Enquanto não houver lei específica que trate da matéria, a interpretação que os Tribunais vêm fazendo quanto à aplicação da Lei de Imprensa (Lei n. 5.250/67) serve perfeitamente para a aplicação de casos de ofensa pela Internet praticada por jornalistas. A notícia é a mesma. Houve mudança apenas do suporte. O que antes vinha em forma de jornal impresso, agora surge na tela do computador... "É palmar a atuação dos provedores, em tudo similar à de editores quando oferecem este tipo de serviço. Prestando informações, atuam como se fossem um diretor de publicações, entre elas jornais, revistas e periódicos. A responsabilidade prevista na Lei de Imprensa é a mesma para editores de jornais e estes meios modernos de informação" (p. 120-121).

Ressalve-se a revogação da Lei de Imprensa e a aplicação, nesses casos, do Código Civil.

Desse modo, aplica-se à hipótese a Súmula 221 do Superior Tribunal de Justiça, *verbis*: "São civilmente responsáveis pelo ressarcimento de dano, decorrente de publicação pela imprensa, tanto o autor do escrito quanto o proprietário do veículo de divulgação".

No tocante à *Internet service providers* e ao *hosting service providers,* reconhece Antonio Jeová Santos que o assunto encontra-se inçado de dificuldades. No seu entender, a responsabilidade de quem explora esses tipos de serviços será sempre subjetiva. No primeiro, há apenas a entrega de serviço para possibilitar a conexão à Internet, ao passo que o *hosting service providers* tem como função abrigar (hospedagem) *sites* e páginas, atuando como hospedeiro tecnológico virtual. Não há interferência no conteúdo que o usuário coloca na página ou *site*.

Para o mencionado doutrinador, a responsabilidade dos provedores, nesses casos, somente ocorrerá se atuarem com alguma modalidade de culpa, quando, por exemplo, são informados de que "algum *site* ou página está veiculando algum fato antijurídico e infamante e nada fazem para coibir o abuso. A responsabilidade decorre do fato de que, alertados sobre o fato, preferem manter a página ou *site* ofensivo. Se não derem baixa, estarão atuando com evidente culpa e sua responsabilidade é solidária com o dono da página ou sítio" (p. 122). Em resumo – aduz – "podemos concluir que às empresas que exploram a *information providers* a responsabilidade é plena pelo que ocorre em seus conteúdos. Com relação aos *hosting providers*, serão responsáveis desde que tenham sido notificados do conteúdo ilícito que estão propagando e houver demora para baixar a página ou *site*. As empresas de *access providers* não terão responsabilidade porque apenas entregam o ciberespaço aos demais servidores" (p. 127).

A indenização por danos morais causados via Internet não é, todavia, tema pacífico na jurisprudência. Responsabilizando o provedor, proclamou a Segunda Turma do Superior Tribunal de Justiça: "Quem viabiliza tecnicamente, quem se beneficia economicamente e, ativamente, estimula a criação de comunidades e página de relacionamento na internet é tão responsável pelo controle de eventuais abusos e pela garantia dos direitos da personalidade de internautas e terceiros como os próprios internautas que geram e disseminam informações ofensivas aos valores mais comezinhos da vida em comunidade, seja ela real ou virtual" (REsp 111.76-3-RO, rel. Min. Herman Benjamin, *DJU*, 9-3-2010).

Posteriormente, a Terceira Turma da referida Corte proclamou que não cabe à empresa provedora o exame prévio de todo o conteúdo do material que transita pelo *site*, uma vez que atua ela, *in casu*, como provedora de conteúdo – já que apenas disponibiliza as informações inseridas por terceiros no *site*. Desse modo, não responde de forma objetiva pelo conteúdo ilegal desses dados. Asseverou a relatora, Min. Nancy Andrighi, que o provedor deve assegurar o sigilo, a segurança e a inviolabilidade dos dados cadastrais de seus usuários, além de garantir o pleno funcionamento das páginas que hospeda. Entretanto, não pode ser obrigado a exercer um monitoramento prévio das informações veiculadas por terceiros, pois não se trata de atividade intrínseca ao serviço por ele prestado (controle, inclusive, que poderia resultar na perda de eficiência e no retrocesso do mundo virtual), razão pela qual a ausência dessa fiscalização não pode ser considerada falha do serviço.

Ressalvou, no entanto, a mencionada Relatora que, a partir do momento em que o provedor toma conhecimento da existência do conteúdo ilegal, deve promover a sua remoção imediata; do contrário, será responsabilizado pelos danos daí decorrentes. Nesse contexto, frisou que o provedor deve possuir meios que permitam a identificação dos seus usuários de forma a coibir o anonimato, sob pena de responder subjetivamente por *culpa in omittendo* (REsp 1.193.764-SP, j. 14-12-2010).

Posteriormente, a mesma Turma Julgadora reconheceu que o fato de o serviço prestado pelo provedor de serviço de Internet ser gratuito não desvirtua a relação de consumo e que o provedor de pesquisa é uma espécie do gênero provedor de conteúdo, pois não inclui, hospeda, organiza ou de qualquer outra forma gerencia as páginas virtuais indicadas nos resultados disponibilizados, se limitando a indicar *links* nos quais podem ser encontrados os termos ou expressões de busca fornecidos pelo próprio usuário. A filtragem do conteúdo das pesquisas feitas por cada usuário não constitui atividade intrínseca ao serviço prestado pelos provedores de pesquisa, de modo que não se pode reputar defeituoso, nos termos do art. 14 do CDC, o *site* que não exerce esse controle sobre os resultados das buscas.

Aduziu a Relatora, Min. Nancy Andrighi, que "os provedores de pesquisa realizam suas buscas dentro de um universo virtual, cujo acesso é público e irrestrito, ou seja, seu papel se restringe à identificação de páginas na *web* onde determinado dado ou informação, ainda que ilícito, estão sendo livremente veiculados. Dessa forma, ainda que seus mecanismos de busca facilitem o acesso e a consequente divulgação de páginas cujo conteúdo seja potencialmente ilegal, fato é que essas páginas são públicas e compõem a rede mundial de computadores e, por isso, aparecem no resultado dos *sites* de pesquisa".

Acrescentou o aresto que "os provedores de pesquisa não podem ser obrigados a eliminar do seu sistema os resultados derivados da busca de determinado termo ou expressão, tampouco os resultados que apontem para uma foto ou texto específico, independentemente da indicação do URL da página onde este estiver inserido. Não se pode, sob o pretexto de dificultar a propagação de conteúdo ilícito ou ofensivo na *web*, reprimir o direito da coletividade à informação. Sopesados os direitos envolvidos e o risco potencial de violação de cada um deles, o fiel da balança deve pender para a garantia da liberdade de informação assegurada pelo art. 220, § 1º, da CF/88, sobretudo considerando que a Internet representa, hoje, importante veículo de comunicação social de massa".

E concluiu: "Preenchidos os requisitos indispensáveis à exclusão, da *web*, de uma determinada página virtual, sob a alegação de veicular conteúdo ilícito ou ofensivo – notadamente a identificação do URL dessa página – a vítima carecerá de interesse de agir contra o provedor de pesquisa, por absoluta falta de utilidade da jurisdição. Se a vítima identificou, via URL, o autor do ato ilícito, não tem motivo para demandar contra aquele que apenas facilita o acesso a esse ato que, até então, se encontra publicamente disponível na rede para divulgação" (REsp 1.316.921-RJ, j. 26-6-2012).

Em pedido de indenização por dano moral decorrente de mensagens com conteúdo ofensivo, enviadas pelo usuário via *e-mail*, ressaltou a aludida 3ª Turma do Superior Tribunal de Justiça que não se aplica aos provedores de correio eletrônico a responsabilidade objetiva prevista no art. 927, parágrafo único, do Código Civil. Enfatizou ainda que, "por mais que se diga que um *site* é seguro, a Internet sempre estará sujeita à ação de *hackers*, que invariavelmente conseguem contornar as barreiras que gerenciam o acesso a dados. Assim, a impossibilidade de identificação da pessoa responsável pelo envio da mensagem ofensiva não caracteriza necessariamente defeito na prestação do serviço de provedoria de *e-mail*, não se podendo tomar como legítima a expectativa da vítima, enquanto consumidora, de que a segurança imputada a esse serviço implicaria a existência de meios de individualizar todos os usuários que diariamente encaminham milhões de *e-mails*. Mesmo não exigindo ou registrando os dados pessoais dos usuários do Hotmail, a Microsoft mantém um meio suficientemente eficaz de rastreamento desses usuários, que permite localizar o seu provedor de acesso (este sim com recursos para, em tese, identificar o IP do usuário), medida de segurança que corresponde à diligência média esperada de um provedor de correio eletrônico" (REsp 1.300.161-RS, disponível em <www.editoramagister.com>, acesso em 6-8-2012).

Na VI Jornada de Direito Civil promovida pelo Conselho da Justiça Federal foi aprovado o Enunciado n. 554, do seguinte teor: "Independe de indicação do local específico da informação a ordem judicial para que o provedor de hospedagem bloqueie determinado conteúdo ofensivo na internet".

13.3. O Marco Civil da Internet – O direito ao esquecimento

Segundo Marco Antonio Araujo Junior, em entrevista publicada no *Jornal Carta Forense* de julho de 2014, a Lei n. 12.965/2014 é considerada uma espécie de Constituição da Internet, estabelecendo princípios, garantias, direitos e deveres para uso da Internet no Brasil, tanto para os usuários quanto para os provedores de conexão e de aplicativos de Internet.

Garantindo o direito à inviolabilidade da intimidade e da vida privada do usuário, assim como do fluxo e do sigilo de suas comunicações, aduziu o mencionado jurista, "o Marco Civil declarou que o acesso à Internet é essencial ao pleno exercício da cidadania. Assim, sendo considerado serviço essencial, enquadra-se na regra do art. 22 do Código de Defesa do Consumidor, devendo ser fornecido de maneira contínua, sem interrupções de conexão, salvo por débito diretamente decorrente de sua utilização. Vários direitos são garantidos ao usuário da Internet no texto do Marco Civil, dentre eles a garantia de que sua vida privada não será violada; a garantia de que a qualidade da conexão estará alinhada com o que foi contratado e de que seus dados só serão repassados a terceiros com sua expressa anuência, salvo em casos judiciais".

Vários são os objetivos declarados na referida lei, sendo de se destacar os seguintes: a) promover o direito de acesso à Internet a todos os usuários da rede; b) promover o acesso à informação, ao conhecimento e à participação na vida cultural e na condução dos assuntos públicos; promover a inovação e fomentar a ampla difusão de novas tecnologias e modelos de uso e acesso.

Dispõe o art. 18 do aludido Marco Civil:

"Art. 18. O provedor de conexão à internet não será responsabilizado civilmente por danos decorrentes de conteúdo gerado por terceiros".

Verifica-se que a lei em apreço, em consonância com o posicionamento já firmado pela jurisprudência, isenta o provedor de conexão à Internet de responsabilidade civil por danos decorrentes de conteúdo gerado por terceiros. Justifica-se o posicionamento pelo fato de o provedor de conexão à Internet não ter controle ou ingerência sobre o conteúdo criado e divulgado pelos seus usuários.

Por sua vez, dispõe o art. 19 da lei ora comentada:

"Art. 19. Com o intuito de assegurar a liberdade de expressão e impedir a censura, o provedor de aplicações de internet somente poderá ser responsabilizado civilmente por danos decorrentes de conteúdo gerado por terceiros se, após ordem judicial específica, não tomar as providências para, no âmbito e nos limites técnicos do seu serviço e dentro do prazo assinalado, tornar indisponível o conteúdo apontado como infringente, ressalvadas as disposições legais em contrário".

Em comentários disponíveis em: <www.conjur.com.br>, de 5 de maio de 2014, ressaltam André Zonaro Giachetta, Ciro Torres Freitas e Pamela Gabrielle Menegueti: "Essa previsão legal coloca fim à divergência jurisprudencial quanto ao momento a partir do qual o provedor de aplicações de internet poderia se tornar civilmente responsável pelos danos decorrentes de conteúdo criado e divulgado pelos usuários. Não mais se sustentam as alegações no sentido de que o provedor de aplicações de internet seria responsável de forma objetiva ou caso não procedesse à remoção após o recebimento de notificação extrajudicial".

Não resta dúvida, todavia, de que tal regulamentação irá dificultar a reparação civil do consumidor, criando uma proteção ao provedor de aplicações de Internet, aqui abrangido qualquer tipo de rede social existente, no que concerne à responsabilização desta por conteúdos ilícitos publicados por seus usuários e, consequentemente, consumidores.

Segundo prescreve o art. 20 do Marco Civil em tela, sempre que tiver informações de contato do usuário diretamente responsável pelo conteúdo a que se refere o art. 19, deverá comunicá-lo sobre os motivos da indisponibilização, "com informações que permitam o contraditório e a ampla defesa em juízo, salvo expressa previsão legal ou expressa determinação judicial fundamentada em contrário".

Na sequência, proclama o art. 21:

"Art. 21. O provedor de aplicações de internet que disponibilize conteúdo gerado por terceiros será responsabilizado subsidiariamente pela violação da intimidade decorrente da divulgação, sem autorização de seus participantes, de imagens, de vídeos ou de outros materiais contendo cenas de nudez ou de atos sexuais de caráter privado quando, após o recebimento de notificação pelo participante ou seu representante legal, deixar de promover, de forma diligente, no âmbito e nos limites técnicos do seu serviço, a indisponibilização desse conteúdo.
Parágrafo único. A notificação prevista no *caput* deverá conter, sob pena de nulidade, elementos que permitam a identificação específica do material apontado como violador da intimidade do participante e a verificação da legitimidade para apresentação do pedido".

O mencionado Marco Civil da Internet foi regulamentado em 11 de maio de 2016 pelo Decreto n. 8.771, que se encontra em vigor desde 10 de junho e tem por foco a neutralidade da rede e a proteção a registros, dados pessoais e comunicações privadas, tendo sido atualizado pela Lei n. 13.709, de 14 de agosto de 2018, mediante alteração dos arts. 7º, 16, 61, 62, 63 e 65.

Segundo José Eduardo Pieri e Rebeca Garcia (Repercussões práticas da regulamentação do Marco Civil da Internet, Revista *Consultor Jurídico*, 18-6-2016), "o decreto dá importante passo para usuários, provedores e empresas que se valem da internet para desenvolver e criar negócios – traz mais luz a um ambiente que ainda carece de uma lei de proteção de dados e de maior segurança jurídica (...) O decreto deixa também incertezas, não só pela amplitude de conceitos ou por manter abertos temas como critérios de aplicação de sanções, mas por ser mesmo novidade. Seu esclarecimento dependerá, sobretudo, do amadurecimento pela prática comercial e jurídica, incluindo a interpretação a ser dada pelos tribunais. Uma coisa é certa: as repercussões da regulamentação são diversas e relevantes, e já estão na ordem do dia de usuários e empresas".

O denominado *"Direito ao Esquecimento"*, na Internet – tema polêmico –, tem sua origem associada a dois interesses: a) de ressocialização de criminosos que já tenham cumprido a pena que lhes foi imposta e b) a proteção da pessoa quanto a informações vexatórias ou inverídicas relativas a fatos passados. A propósito, dispõe o Enunciado n. 531 da VI Jornada de Direito Civil do Superior Tribunal de Justiça: "A tutela da dignidade da pessoa humana na sociedade da informação inclui o direito ao esquecimento". Já o Enunciado n. 576 da VII Jornada de Direito Civil aduz que: "O direito ao esquecimento pode ser assegurado por tutela judicial inibitória".

Como pontifica Anderson Schreiber ("Direito ao Esquecimento", in: *Direito Civil – Diálogos entre a doutrina e a jurisprudência*, obra coletiva, GEN-Atlas, 2018, p. 70-71), "Tecnicamente, o direito ao esquecimento é, portanto, um direito (a) exercido necessariamente por uma pessoa humana; (b) em face de agentes públicos ou privados que tenham a aptidão fática de promover representações daquela pessoa sobre a esfera pública (opinião social), incluindo veículos de imprensa, emissoras de TV, fornecedores de serviços de busca na internet etc.; c) em oposição a uma recordação opressiva dos fatos, assim entendida a recordação que se caracteriza, a um só tempo, por ser desatual e recair sobre aspecto sensível da personalidade, comprometendo a plena realização da identidade daquela pessoa humana, a apresentá-la sob falsas luzes à sociedade".

E prossegue: "É emblemático o exemplo da pessoa transexual: tendo mudado de sexo, aquela pessoa não deve ser mais apresentada, quer pelo Estado, em repartições públicas, quer pela mídia privada, em reportagens ou entrevistas, como alguém que nasceu homem e se tornou mulher, ou vice-versa, porque se esse fato passado, embora verdadeiro e público, for constantemente recordado, a sua apresentação à sociedade será sempre deturpada, por dar excessivo peso a um fato pretérito que obscurece sua identidade atual. Como se vê, há íntima vinculação entre o direito ao esquecimento e a dignidade da pessoa humana, noção fundante da ordem constitucional brasileira (art. 1º, II, CF). Isso não torna o direito ao esquecimento um direito absoluto. Muito ao contrário, exige delicado sopesamento em caso de colisão com outros direitos fundamentais do mesmo grau hierárquico.

A rigor, na ponderação de Bruno Miragem (*Direito Civil:* responsabilidade civil, Saraiva, 2015, p. 836), "no âmbito da proteção de dados pessoais, o uso e a divulgação dos dados naturalmente devem ser limitados a critérios de adequação temporal e finalidade, de modo a consagrar-se o direito ao esquecimento, cuja violação geral gera responsabilidade por eventuais danos que venha a causar. Nesse sentido, aliás, o art. 7º, X, da Lei n. 12.965/2014 (Marco Civil da Internet) estabelece como direito do usuário de internet a 'exclusão definitiva dos dados pessoais que tiver fornecido a determinada aplicação da internet, a seu requerimento, ao término da relação entre as partes, ressalvadas as hipóteses de guarda obrigatória de registros previstas nesta Lei". As questões que permanecem sob discussão residem, em relação à internet, sobre quem tem o dever de promover a adequação, exclusão ou restrição de acesso sobre dados pessoais que não atendam aos critérios mencionados. E, nesses termos, a quem é imputável a responsabilidade no caso de desatendimento desses critérios, considerando as atividades que caracterizam os denominados provedores de busca e os provedores de conteúdo".

A ideia de um direito ao esquecimento foi considerada incompatível com a Constituição Federal pelo Supremo Tribunal Federal (STF, RE 1.010.606, j. 11-02-2021, in Revista *Consultor*

Jurídico de 11-2-2021). A referida Corte aprovou a seguinte tese com repercussão geral: "É incompatível com a Constituição a ideia de um direito ao esquecimento, assim entendido como o poder de obstar, em razão da passagem do tempo, a divulgação de fatos ou dados verídicos e licitamente obtidos e publicados em meios de comunicação social analógicos ou digitais. Eventuais excessos ou abusos no exercício da liberdade de expressão e de informação devem ser analisados caso a caso, a partir dos parâmetros constitucionais – especialmente os relativos à proteção da honra, da imagem, da personalidade em geral – e as expressas e específicas previsões legais nos âmbitos penal e cível".

Ressaltou o relator, Min. Dias Toffoli, que "não há previsão legal do direito ao esquecimento e não se pode restringir a liberdade de expressão e imprensa. Eventuais abusos ou excessos devem ser analisados posteriormente, caso a caso".

Jurisprudência

13.4. Ofensa aos direitos autorais na divulgação de obra pela Internet

- Tutela antecipada – Direito autoral – Indenização por danos morais e materiais – Divulgação de obra literária via Internet – Suspensão de divulgação dos artigos – Cabimento e pertinência – Agravo provido para esse fim. O fato de as obras e as informações transmitidas através da Internet estarem sob a forma digital não retira delas a característica de criação humana, passíveis de proteção jurídica, configurando a verossimilhança do direito alegado, hábil à antecipação da tutela (TJSP, AgI 122.834/4-SP, 2ª Câmara de Direito Privado, rel. Des. Cintra Pereira, j. 26-10-1999).

- Material plagiado na Internet – Responsabilidade solidária do provedor – Material didático da autora utilizado, sem autorização, em *blogs* hospedados no serviço oferecido pelo Google – Notificação do provedor, pedindo que o conteúdo fosse retirado do ar – Exclusão efetuada, porém, só após a intimação judicial. O provedor não responde objetivamente pelo conteúdo inserido pelo usuário em sítio eletrônico, por não se tratar de risco inerente à sua atividade. Está obrigado, no entanto, a retirar imediatamente o conteúdo moralmente ofensivo, sob pena de responder solidariamente com o autor direto do dano (STJ, AREsp 259.482-MG, 3ª T., rel. Min. Sidnei Beneti, disponível em <www.editoramagister.com>, acesso em 20-5-2013).

13.5. Validade de certidão negativa, para fins de inventário, obtida por meio da Internet

- Inventário – Certidão negativa quanto à dívida ativa da União, obtida por meio da Internet – Não aceitação, com ordem de juntada de outra, fornecida pela Secretaria da Receita Federal – Portaria da Procuradoria-Geral da Fazenda Nacional, que concede a esse documento os mesmos efeitos da certidão negativa comum – Aplicação do disposto na Lei Federal 9.800/99 – Recurso a que se dá provimento (TJSP, AgI 139.645-4, 1ª Câmara de Direito Privado, rel. Des. Luís de Macedo, j. 16-11-1999).

13.6. Bloqueio dos *sites*, com prejuízo concreto à parte contrária. Inadmissibilidade

- Propriedade industrial – Busca e apreensão – Revista eletrônica – Bloqueio dos *sites* para acesso interno e externo – Fixação de pesada multa – Determinação em audiência de justificação – Inadmissibilidade – Prejuízo concreto à parte contrária – Suspensão dos efeitos da liminar concedida até o julgamento do mérito – Recurso provido (*JTJ*, Lex, *234*:250).

13.7. Tutela antecipada para sustar o uso de nome de domínio na Internet

- Tutela antecipada – Objetivo – Abstenção do uso de nome de domínio na "internet" – Deferimento – Potencialidade do dano que ocorre com o desrespeito à prioridade do uso – Recurso não provido. O nome de domínio é concedido em função da ordem de prioridade da formulação do pedido perante a organização competente para registro, pois os nomes devem ser únicos para que sejam eficazes o funcionamento da rede e a localização exata dos seus inúmeros usuários (TJSP, AgI 196.454-4-SP, 10ª Câmara de Direito Privado, rel. Des. Quaglia Barbosa, j. 26-6-2001).

13.8. Tutela antecipada para suspender os efeitos de registro de nome empresarial na Internet

- Tutela antecipada – Objetivo – Suspensão de efeitos de registro de nome empresarial na "internet" – Litigantes pertencentes à mesma associação e localizados em unidades da Federação distintas – Verossimilhança do alegado – Deferimento mantido – Hipótese, no entanto, de lide complexa, com possibilidade de dano, alcançando terceiros usuários dos "sites" – Permissão do uso pela ré até solução final, porém com inclusão da unidade da Federação de origem – Recurso provido para esse fim (TJSP, AgI 194.468-4-SP, 8ª Câmara de Direito Privado, rel. Des. Ribeiro dos Santos, j. 28-5-2001).

13.9. Dano moral provocado por mensagens ofensivas da honra divulgadas na Internet

- Mesmo cuidando-se de *site* na Internet, não se pode permitir a permanência de mensagens que denigram a imagem dos agravados, nada tendo a ver com a liberdade de expressão ou de imprensa, pois, consoante o art. 5º, X, da CF, são invioláveis a intimidade, a vida privada, a honra e a imagem das pessoas, assegurado o direito de indenização pelo dano moral e material decorrente de sua violação (TJSP, AgI 283.271-4/6, 9ª Câmara de Direito Privado, rel. Des. Sérgio Gomes, j. 1º-4-2003).

13.10. Comentários difamatórios no Facebook

- A publicação de comentários difamatórios no Facebook, sem comprovação do que se diz, gera indenização por danos morais. O requerido ultrapassou os limites do direito à manifestação ao depreciar e caluniar o autor na rede social (TRT, 10ª Região, Proc. 000873-27.2013.5.10.0006, rel. Des. Mauro Santos de Oliveira Goes, j. 16-6-2014, Revista *Consultor Jurídico*, 10-7-2014).

- Provedores de redes sociais devem agir imediatamente após denúncia de utilização de fotos de terceiros em páginas fictícias, os chamados perfis falsos. Ao ser comunicado de que determinado teto ou imagem possui conteúdo ilícito, deve o provedor agir de forma enérgica, retirando o material do ar imediatamente, sob pena de responder solidariamente com o autor direto do dano, em virtude da omissão praticada. Não há direito que ostente caráter absoluto, tendo a liberdade de expressão a obrigação de não ofender os direitos da pessoa. Condenação do Facebook (TJMG, rel. Des. Alberto Diniz Júnior, Revista *Consultor Jurídico*, 12-3-2018).

- Responsabilidade civil do provedor de aplicação – YouTube – Obrigação de fazer – Remoção de conteúdo – Fornecimento de localizador URL da página ou recurso da internet – Comando judicial específico – Necessidade. A ordem que determina a retirada de um conteúdo da internet deve ser identificada claramente. O Marco Civil da Internet elenca, entre os requisitos de validade da ordem judicial para a retirada de conteúdo infringente, a "identificação clara e específica do conteúdo, sob pena de nulidade, sendo necessário, portanto, a indicação do localizador URL. Na hipótese, conclui-se pela impossibilidade de cumprir ordens que não contenham o conteúdo exato, indicado por localizador URL, a ser removido, mesmo que o acórdão recorrido atribua ao particular interessado a prerrogativa de informar os localizadores únicos dos conteúdos supostamente infringentes (STJ, REsp 1.698.647-SP, 3ª T., rel. Min. Nancy Andrighi, j. 6-2-2018).

- Responsabilidade civil do provedor de aplicação – Rede social – Facebook – Obrigação de fazer – Remoção de conteúdo – Fornecimento de localizador URL da página ou recurso da internet. Aos provedores de aplicação aplica-se a tese da responsabilidade subjetiva, segundo a qual o provedor de aplicação torna-se responsável solidariamente com aquele que gerou o conteúdo ofensivo se, ao tomar conhecimento da lesão que determinada informação causa, não tomar as providências necessárias para a sua remoção. Precedentes. Necessidade de indicação clara e específica do localizador URL do conteúdo infringente para a validade de comando judicial que ordene sua remoção da internet. O fornecimento do URL é obrigação do Requerente. (SJT, REsp 1.642.560-SP, 3ª T., rel. Min. Marco Aurélio Bellizze, *DJe* 29-11-2017).

13.11. Google não é responsável por notícias exibidas em busca

- As pessoas atingidas por publicações nocivas em *sites* e *blogs* devem ajuizar ações diretamente contra os responsáveis pela elaboração e publicação dos conteúdos danosos e não mover ações contra o *site* encarregado de apenas localizar os conteúdos já existentes e publicados na internet. De acordo com jurisprudência do Superior Tribunal de Justiça, não há defeito ou ilegalidade na prestação dos serviços fornecidos pelos *sites* de pesquisa nos casos em que estes apenas identificam conteúdos nocivos relacionados a terceiros (TJRJ, 27ª Câm. Cív., AgI 0066189-04.2013.8.19.0000, rel. Des. Tereza C. S. Bittencourt Sampaio, j. 11-12-2013).

- Registra-se que o Superior Tribunal de Justiça fixou balizas para a responsabilização civil dos provedores: "Esta Corte fixou entendimento de que '(i) não respondem objetivamente pela inserção no site, por terceiros, de informações ilegais; (ii) não podem ser obrigados a exercer um controle prévio do conteúdo das informações postadas no site por seus usuários; (iii) devem, assim que tiverem conhecimento inequívoco da existência de dados ilegais no site, removê-los imediatamente, sob pena de responderem pelos danos respectivos; (iv) devem manter um sistema minimamente eficaz de identificação de seus usuários, cuja efetividade será avaliada caso a caso'" (STJ, AgInt no REsp 1.504.921-RJ, 4ª T., rel. Min. Luis Felipe Salomão, j. 16-8-2021).

14. Responsabilidade civil no esporte profissional e nas atividades de lazer

O desenvolvimento do esporte, com a cobertura dos jogos de futebol, tênis, voleibol e outros pela televisão, pelos jornais e por revistas especializadas, em nível internacional, tem proporcionado a valorização do atleta profissional. O seu relacionamento com os clubes, contudo, nem sempre se tem desenvolvido de modo amistoso. Algumas leis foram promulgadas no Brasil para regulamentar esse relacionamento, sendo mais conhecidas as denominadas "Lei Pelé" e "Lei Zico". Cada vez mais, porém, a Justiça Comum e a Justiça do Trabalho têm sido convocadas para dirimir os diversos conflitos surgidos entre os atletas e seus clubes, entre os atletas e as entidades desportivas, ou entre os diversos clubes, muitas vezes com um vaivém de liminares e com grande repercussão na mídia.

Depois da Lei n. 8.672/93 ("Lei Zico"), desapareceu da hierarquia da justiça desportiva o Tribunal Superior de Justiça Desportiva. Nesse caso, a falta de recurso a tal instância não impede o acesso ao Judiciário (*RSTJ, 135*:468). Sendo a causa de pedir de relação de trabalho, ainda que fundada em normas de direito civil, é da justiça especializada a competência para conhecer e julgar a ação em que se pede dano moral, como se infere do art. 114, última parte, da Constituição Federal. Os Tribunais Esportivos são entidades com competência para resolver questões de ordem estritamente esportiva.

Constitui ofensa aos direitos da personalidade a publicação de álbuns de figurinhas, a realização de filmes e de programas de televisão, com utilização econômica da imagem do atleta profissional, sem a sua autorização. O direito de arena, que a lei atribui às entidades esportivas, limita-se à fixação, transmissão e retransmissão do espetáculo desportivo público, mas não compreende o uso da imagem dos jogadores fora da situação específica do espetáculo.

O uso não autorizado de imagem de atleta em cartaz de propaganda caracteriza utilização indevida de direito personalíssimo, podendo gerar direito à indenização não só por dano material, mas também por dano moral. Irrelevante, nesse contexto a ausência de finalidade econômica no uso, que é indevido em si mesmo (STJ, REsp 299.832, 3ª T., rel. Min. Villas Bôas Cueva, *DJe* 27-2-2013).

Tem-se decidido que a mora salarial do clube futebolístico, que detém o passe do atleta, assegura a este a ruptura indireta do contrato (aplicação do art. 33 da Lei n. 9.615, de 1998 – Lei Pelé). A tutela antecipada, deferida no processo, visa a preservar o direito ao trabalho, nos termos do art. 5º, *caput*, da Constituição Federal, sem, portanto, qualquer violação a direito líquido e certo do clube inadimplente (TRT, 15ª Reg., MS 00022142/99-5-Bragança Paulista, rel. Juiz Luiz Antonio Lazarim, *DOESP*, de 31-8-1999).

Salvo prova de excessos das normas contidas na Lei n. 6.354/76, não faz jus o atleta profissional de futebol a horas extras, repouso semanal remunerado e adicional noturno (TRT, 4ª Reg., 1ª T., RO 6.609/90-RS, rel. Juiz Carlos C. Fraga, j. 5-2-1992). Em razão da habitualidade, a parcela paga ao técnico de futebol a título de "bicho" tem natureza salarial e integra a sua remuneração para todos os efeitos legais.

O advento do Estatuto de Defesa do Torcedor (Lei n. 10.671, de 15-5-2003) veio beneficiar o esporte profissional, ao qual especificamente se aplica, estabelecendo normas de proteção e defesa do torcedor, seja no tocante à transparência na organização das competições esportivas, com a criação de um "Ouvidor da Competição", seja no estabelecimento de regras de segurança do torcedor, de proteção à aquisição de ingressos, de disciplina do transporte para os estádios, de fiscalização da sua alimentação durante as partidas e da higiene dos produtos alimentícios vendidos no local etc., submetendo ainda as entidades da administração do desporto, bem como a liga ou a entidade de prática desportiva que violarem as disposições da lei, às seguintes sanções: a) destituição de seus dirigentes; b) suspensão por seis meses dos seus dirigentes; c) impedimento de gozar de qualquer benefício fiscal em âmbito federal; e d) suspensão por seis meses dos repasses de recursos públicos federais.

Releva frisar que o art. 3º da aludida lei equipara a entidade responsável pela organização da competição e a entidade de prática desportiva detentora do mando de jogo (agremiação ou direção da equipe desportiva) a *fornecedor*, nos termos do Código de Defesa do Consumidor. Em consequência, proclama o art. 19 do Estatuto que "as entidades responsáveis pela organização da competição, bem como seus dirigentes, respondem solidariamente com as entidades de que trata o art. 15 e seus dirigentes, independentemente da existência de culpa, pelos prejuízos causados a torcedor que decorram de falhas de segurança nos estádios ou da inobservância do disposto neste capítulo".

As atividades esportivas de lazer também podem causar acidentes e acarretar a responsabilidade civil dos promotores do evento e dos próprios praticantes, devido à exposição destes ao perigo, bem como de terceiros. Muitas delas envolvem riscos, como, por exemplo, as artes marciais e o *rafting*.

Na V Jornada de Direito Civil do Conselho da Justiça Federal foi aprovado o Enunciado n. 447, do seguinte teor: "As agremiações esportivas são objetivamente responsáveis por danos causados a terceiros pelas torcidas organizadas, agindo nessa qualidade, quando, de qualquer modo, as financiem ou custeiem, direta ou indiretamente, total ou parcialmente".

A conscientização da população de que a prática de esportes melhora a saúde e a qualidade de vida das pessoas tem gerado uma grande procura pelas academias de ginástica e pelos serviços de profissionais especializados, denominados *personal trainers*. Outras vezes a busca é por atividades de risco, que liberam a adrenalina e provocam emoções.

Releva salientar que os responsáveis pelas academias de ginástica e o *personal trainer* têm o dever de informar o aluno sobre todos os riscos que os exercícios e os treinamentos podem gerar. Devem respeitar a boa-fé do consumidor e jamais expor a saúde e a segurança do praticante e do aluno a risco (Eduardo Walmory Sanches, *Responsabilidade civil das academias de ginástica e do "personal trainer"*, Juarez de Oliveira, 2006, p. 124).

A responsabilidade civil do *personal trainer*, como a de todo profissional liberal, é *subjetiva* (CDC, art. 14, § 4º). Todavia, a das academias de ginástica é *objetiva*, pois tanto a responsabilidade pelo fato do produto ou serviço como a oriunda do vício do produto ou serviço são de natureza objetiva, prescindindo do elemento culpa a obrigação de indenizar atribuída ao fornecedor. Em linhas gerais, estipula-se a reparação de danos, tanto patrimoniais como morais, na tutela da própria Constituição de 1988 (art. 5º) e sem prejuízo de sancionamentos outros cabíveis. Compreendem-se, em seu contexto, danos tanto a pessoa como a bens, prevalecendo a obrigação de ressarcimento nos casos de vício, falta ou insuficiência de informações, ou seja, tanto em razão de problemas intrínsecos como extrínsecos do bem ou do serviço.

No sistema do Código de Defesa do Consumidor são limitadas as excludentes invocáveis pelo agente, só não sendo responsabilizado o fornecedor quando provar a culpa exclusiva do consumidor ou de terceiro, que não colocou o produto no mercado ou que, embora haja colocado o produto no mercado, o defeito inexiste (art. 12).

A propósito, decidiu o Tribunal de Justiça do Rio de Janeiro: "Academia de ginástica e lutas marciais. Aluno lesionado durante o treinamento. Relação de consumo. Fato do serviço. Acidente de consumo. Serviço prestado sem a segurança e eficiência que dele se deveria esperar. Responsabilidade objetiva. Os praticantes de atividades físicas e de esportes violentos, que buscam a orientação de empresas profissionais especializadas, pagando pelos serviços que contratam, têm o direito de exigir do fornecedor a prestação de serviços eficientes e seguros, preservando sua saúde e integridade, com a observância das indispensáveis cautelas para que se evitem acidentes. Provado o fato lesivo e o nexo de causalidade, impunha-se à prestadora de serviços provar que atuou de forma adequada, ou que o evento lesivo tenha ocorrido em razão do fortuito, força maior, fato exclusivo de terceiro ou por culpa exclusiva da vítima. Não feita essa prova, responde a ré pelos prejuízos causados" (Ap. 2003.001.03591, 4ª Câm. Cív., rel. Des. Fernando Cabral, j. 24-6-2003).

Na mesma linha assentou o Superior Tribunal de Justiça: "Relação de consumo criada entre o judoca e a academia de ginástica que ele frequentava implica dever de pagar indenização quando ocorre acidente que resulta em grave dano à saúde do atleta, causado por negligência ou culpa de algum professor" (REsp 473.085-RJ, rel. Min. Castro Filho, j. 15-6-2004).

JURISPRUDÊNCIA

14.1. Álbum de figurinhas comercializado sem autorização do jogador. Exploração indevida da imagem

- A exploração indevida da imagem de jogadores de futebol em álbum de figurinhas, com o intuito de lucro, sem o consentimento dos atletas, constitui prática ilícita a ensejar a cabal reparação do dano. O direito de arena, que a lei atribui às entidades desportivas, limita-se à fixação, transmissão e retransmissão de espetáculo esportivo, não alcançando o uso da imagem havido por meio da edição de "álbum de figurinhas" – Precedente da Quarta Turma – Recursos especiais não conhecidos (*RSTJ, 121*:121).

14.2. Utilização da imagem do atleta, sem autorização

■ O direito de arena é uma exceção ao direito de imagem, e deve ser interpretado restritivamente. A utilização com intuito comercial da imagem do atleta fora do contexto do evento esportivo não está por ele autorizada. Dever de indenizar que se impõe (STJ, AgRg no AgI 141.987-SP, 3ª T., rel. Min. Eduardo Ribeiro, j. 15-12-1997).

■ Direito autoral – Direito à imagem – Produção cinematográfica e videográfica – Futebol – Garrincha e Pelé – Participação do atleta – Utilização econômica da criação artística, sem autorização – Direito dos sucessores à indenização. O direito à imagem reveste-se de duplo conteúdo: moral, porque direito de personalidade; patrimonial, porque assentado no princípio segundo o qual a ninguém é lícito locupletar-se à custa alheia. A utilização da imagem de atleta mundialmente conhecido, com fins econômicos, sem a devida autorização do titular, constitui locupletamento indevido, ensejando a indenização, sendo legítima a pretensão dos seus sucessores (STJ, REsp 74.473-RJ, 4ª T., rel. Min. Sálvio de Figueiredo Teixeira, j. 23-2-1999, *RSTJ, 122*:302).

14.3. Dano sofrido por jogador durante partida futebolística

■ Indenização – Responsabilidade civil – Clube de futebol – Dano sofrido por jogador durante partida futebolística – Limitação do exercício profissional – Indenizabilidade – Acidente de trabalho – Culpa presumida do empregador, por tratar-se de atividade de risco. Há dano indenizável na atividade futebolística, quando ocorre a limitação do exercício profissional do jogador – Recurso provido (*JTJ,* Lex, *177*:81). No mesmo sentido: TST, 1ª T., Proc. TST-RR-393600-47.2007.5.12.0050, rel. Min. Walmir Oliveira da Costa, j. 26-2-2014.

14.4. Morte de atleta durante atividade esportiva

■ Sociedade esportiva – Ausência de cuidados médicos eficientes, tanto de caráter tecno-humano como de instrumentália – Negligência do clube caracterizada – Verba devida – Recurso não provido (*JTJ,* Lex, *177*:97).

14.5. Horas extras: não devidas pelo período de concentração do jogador de futebol

■ A concentração é obrigação contratual e legalmente admitida, não integrando a jornada de trabalho, para efeito de pagamento de horas extras, desde que não exceda de 3 dias por semana. Recurso de revista a que se nega provimento (TST, 4ª T., RR 405.769-SP, rel. Min. Antonio J. B. Levenhagen, j. 29-3-2000).

14.6. Liberação do passe do atleta em virtude de mora salarial

■ Correta a decisão de primeira instância que concede liminarmente autorização para liberação do passe de atleta profissional de futebol, uma vez caracterizado atraso reiterado no pagamento do salário. O ajuizamento de ação de consignação em pagamento referente a 3 meses de salário não socorre o agravante. Antes evidencia a mora contumaz de que trata o art. 31 da Lei n. 9.615/98. Há, ainda, no caso, notícia de insuficiência da importância consignada e de descumprimento da lei no tocante a depósitos de FGTS e contribuições previdenciárias (TRT, 21ª Reg., AgRg 00-003110/00-RN, rel. Juiz Raimundo de Oliveira, j. 24-2-2000, *LTr*, 64-10/1299).

14.7. Reparação de danos sofridos pelo torcedor

- Torcedor que, pagando ingresso para assistir partida de futebol, no transcorrer do jogo, de modo injusto e violento, se vê atirado, por um grupo de baderneiros, contra o gradil da arquibancada que se rompe e, em razão disso, é lançado ao fosso existente no local – Verba devida pela entidade responsável pela administração do estádio – Impossibilidade de se falar em excludente de responsabilidade – Voto vencido (*RT*, 777:380).

- Torcedor agredido e roubado em estádio de futebol – Indenização devida pela Suderj (autarquia estadual que administra o estádio do Maracanã) e pelo Clube Regatas do Flamengo, com base no art. 14 do Estatuto do Torcedor, segundo o qual a responsabilidade pela segurança do torcedor em evento esportivo é da entidade de prática desportiva detentora do mando de jogo e de seus dirigentes (TJRJ, Proc. 0025116-25.2008.8.19.0001, disponível em <www.editoramagister.com>, acesso em 9-1-2013).

- Torcedor atingido por rojão em partida de futebol – Ação de indenização movida contra a Prefeitura de Ilhabela, condenada ao pagamento de indenização de R$ 5.000,00 por danos morais e R$ 996,00 por danos materiais. Quem pretende organizar um campeonato de futebol deve zelar para que os procedimentos de segurança – como a revista a impedir a entrada de objetos como rojões, armas etc. – evitem a ocorrência de eventos danosos como o relatado. Principalmente, em se tratando de um campeonato de futebol com a presença de crianças e adolescentes (TJSP, Ap. 0001909-11.2006.8.26.0247, 3ª Câm. de Dir. Privado, rel. Des. Marrey Uint, disponível em <www.lex.com.br/noticia>, de 12-7-2014).

14.8. Responsabilidade das academias de ginástica

- Dano moral – Configuração – Queda de componentes, ou anilhas, de aparelho em academia de ginástica atingindo e causando lesões na autora, que fazia exercícios no local – Causa de dano moral, uma vez subsistindo dores ainda um ano depois – Responsabilidade da ré pela preservação da integridade física dos alunos – Dever de indenizar, até independentemente de culpa – Inteligência do disposto nos arts. 186 e 927 e seu parágrafo único, do Código Civil – Indenização que se arbitra em R$ 5.000,00 dadas as peculiaridades do caso (TJSP, Proc. 0015783-71.2010.8.26.0005, 14ª Câm. Dir. Priv., rel. Des. José Tarciso Beraldo, j. 26-10-2011).

- Academia de ginástica – Exercício físico de alto impacto – Aluna sem condicionamento físico – Falha do serviço – Responsabilidade objetiva – Dano moral configurado – Academia de ginástica que não observa a falta de condicionamento físico de aluna para a prática de exercício de alto impacto responde pelos danos físicos e morais por ela sofridos (TJRJ, Ap. 0004813-22.2006.8.19.0207, 7ª Câm. Cív., rel. Des. José Geraldo Antonio, j. 12-5-2010).

- Responsabilidade civil – Queda em vestiário de academia – Consumidora com necessidades especiais – Dever de cuidado assumido – Falha na prestação do serviço – Acidente de consumo – Responsabilidade civil objetiva – Danos morais e materiais (TJRS, Emb. Infr. 70.033.598.947, Quinto Grupo de Câmaras Cíveis, rel. Des. Iris H. M. Nogueira, j. 19-10-2010).

14.9. Responsabilidade civil dos clubes de futebol à luz dos tribunais

- Responsabilidade civil – Tumulto em estádio de futebol – Artefato explosivo – Negativa de prestação jurisdicional – Não ocorrência – Estatuto do torcedor – Código de Defesa do Consumidor – Falha na segurança – Fato do serviço – Culpa de terceiros – Não configuração. Na hipótese, deve responder pelos danos causados aos torcedores o time mandante que não se desincumbiu adequadamente do dever de minimizar os riscos da partida, deixando de fiscalizar o porte de artefatos explosivos nos arredores do estádio e de organizar a segurança de forma a evitar tumultos na saída da partida (REsp 1.773.885-SP, 3ª T., Ministro Relator Ricardo Villa Bôas Cueva, j. 30-8-2022, *DJe* 5-9-2022).

O Superior Tribunal de Justiça decidiu:

"Além disso, o art. 19 da mesma lei prevê a responsabilidade solidária e objetiva pelos prejuízos causados a torcedor que decorram de falhas de segurança". Ressalta-se, ainda, que essa lei adota, no tocante à responsabilidade, a aplicação subsidiária do Código de Defesa do Consumidor, notadamente dos seus arts. 12 a 14, que tratam da responsabilidade do fornecedor por fato do serviço ou produto que, como se sabe, é aquele vício grave que gera acidentes de consumo, bem como, em seu art. 3º, equipara a fornecedor a entidade responsável pela organização da competição e a entidade de prática desportiva detentora do mando de jogo. Não há dúvidas, portanto, de que a teoria da responsabilização no caso concreto é de ordem objetivada, ligada ao fato e ao risco da atividade e desprendida da prova da culpa (teoria subjetiva). Por outro lado, a legislação brasileira citada não adota a teoria do risco integral, admitindo, portanto, a isenção da responsabilidade, caso comprovada a culpa exclusiva da vítima ou de terceiro ou a ausência de dano".

A Corte fundamentou a decisão utilizando o art. 13 do Estatuto do Torcedor, que traz o "artigo 1, *verbis*: "O torcedor tem direito a segurança nos locais onde são realizados os eventos esportivos antes, durante e após a realização das partidas". Sendo assim, o responsável pelo espetáculo deverá proteger os consumidores do evento.

O Estatuto do Torcedor regula:

"Art. 17. É direito do torcedor a implementação de planos de ação referentes a segurança, transporte e contingências que possam ocorrer durante a realização de eventos esportivos.

Parágrafo 1º Os planos de ação de que trata o caput serão elaborados pela entidade responsável pela organização da competição, com a participação das entidades de prática desportiva que a disputarão e dos órgãos responsáveis pela segurança pública, transporte e demais contingências que possam ocorrer, das localidades em que se realizarão as partidas da competição".

Dito isto, a Corte entendeu que não bastava apenas o clube convocar os policiais militares. Eles também deviam agir e atuar na segurança dos torcedores presentes.

- Ação de compensação de danos materiais e morais – Estatuto de Defesa do Torcedor – Prequestionamento Parcial – Negativa de prestação jurisdicional – Inocorrência – Obrigação da agremiação mandante de assegurar a segurança do torcedor antes, durante e após a partida – Descumprimento – Reduzido número de seguranças no local – Fato exclusivo de terceiro – Inexistência – Dissídio jurisprudencial – Ausência de similitude fática. O clube mandante deve promover a segurança dos torcedores na chegada do evento, organizando a logística no entorno do estádio, de modo a proporcionar a entrada e a saída de torcedores com celeridade e segurança (REsp 1.924.527, 3ª T., Ministra Nancy Andrighi, j. 15-6-2021, *DJe* 17-6-2021). Em 2020, o Clube de Regatas Flamengo também foi condenado por não garantir a segurança no estádio. O jogo foi entre Flamengo e Palmeiras no ano de 2016, realizado em Brasília. Os tribunais estão decidindo que há responsabilidade dos clubes em falta de segurança que possa ocasionar dano aos torcedores presentes.

Seção II
Responsabilidade por ato ou fato de terceiro

1. Disposições gerais. Presunção de culpa

No sistema da responsabilidade subjetiva, deve haver nexo de causalidade entre o dano indenizável e o ato ilícito praticado pelo agente. Só responde pelo dano, em princípio, aquele que lhe der causa. É a responsabilidade por fato próprio, que deflui do art. 186 do Código Civil. A lei, entretanto, estabelece alguns casos em que o agente deve suportar as consequências do fato de terceiro. Neste particular, estabelece o art. 932 do Código Civil:

"São também responsáveis pela reparação civil:

I – os pais, pelos filhos menores que estiverem sob sua autoridade e em sua companhia;
II – o tutor e o curador, pelos pupilos e curatelados, que se acharem nas mesmas condições;
III – o empregador ou comitente, por seus empregados, serviçais e prepostos, no exercício do trabalho que lhes competir, ou em razão dele;
IV – os donos de hotéis, hospedarias, casas ou estabelecimentos onde se albergue por dinheiro, mesmo para fins de educação, pelos seus hóspedes, moradores e educandos;
V – os que gratuitamente houverem participado nos produtos do crime, até a concorrente quantia".

Em complementação, prescreve o art. 933:

"As pessoas indicadas nos incisos I a V do artigo antecedente, ainda que não haja culpa de sua parte, responderão pelos atos praticados pelos terceiros ali referidos".

A responsabilidade por fato de outrem tem causado certa perplexidade na doutrina e na jurisprudência brasileiras, em face de o Código Civil de 1916, no caso, haver-se desviado das rotas seguras traçadas por outras legislações.

Havia, de um lado, a direção indicada pelo mais que centenário Código Civil da França, que estabelece a presunção *juris tantum* de culpa dos indiretamente responsáveis pelos atos ilícitos de outrem, somente aceitando e admitindo escusa no caso que possam provar lhes tenha sido, moral e materialmente, impossível evitar o evento danoso, não podendo isentar-se da responsabilidade mediante prova de não culpa.

De outro lado havia o sistema, cujo expoente é o Código Civil alemão, para o qual, em matéria de ato ilícito, a responsabilidade indireta não é tão grave, porque há a possibilidade de o demandado eximir-se, alegando que empregou diligência para evitar o ocorrido.

O Código Civil de 1916 afastou-se dos rumos assinalados, optando pela solução mais conservadora, que adotou no art. 1.523. Estipulou, assim, que o sujeito passivo da atividade delituosa ou ilícita devia provar que o responsável indireto concorreu com culpa ou negligência[45].

Originou-se tal anomalia, derrogadora dos princípios comuns, universais, que regulam a matéria, de uma emenda do Senado Federal ao projeto primitivo, como diz Clóvis Beviláqua: "Esta prova deverá incumbir aos responsáveis, por isso que há contra eles presunção legal de culpa; mas o Código, modificando a redação dos projetos, impôs o ônus da prova ao prejudicado. Essa inversão é devida à redação do Senado" (*Código Civil*, cit., v. 5, p. 288).

A balbúrdia que então, de certo modo, estabeleceu-se no direito brasileiro foi atenuada pela jurisprudência, ao sopro renovador da boa doutrina. Pois na maioria das vezes tornava-se difícil para a vítima provar que houve negligência ou imprudência também do patrão (culpa *in vigilando, in eligendo*), e, assim, só podia cobrar a indenização do empregado, cujo patrimônio nem sempre era suficiente para responder pela reparação. Pontes de Miranda afirmou que o ônus da prova deixado ao que sofreu o dano constitui a doutrina desejada pelos mais fortes e afirma que a política social-democrática quer a solução extrema e oposta: a exclusão da possibilidade de desoneração dos patrões. Partindo de tais constatações, disse que "a solução tecnicamente conciliante e justa é a da presunção da culpa, ilidível pela prova de haver tido todos os cuidados reclamados pelas circunstâncias"[46].

---

45. *RT, 425*:187.
46. Pontes de Miranda: "Os atos do art. 1.521 não induzem responsabilidade pela culpa de outrem, mas pela ação de outrem. Os alemães dizem com todo propósito: não contêm exceção ao princípio da culpa (*Verschuldungsprinzip*) nem criam responsabilidade por culpa alheia (*Haftung fur fremdes Verschulden*), como bem afirmaram Goldmann e Lilienthal. Trata-se de responsabilidade própria e não por culpa alheia. Agora, esta culpa deve presumir-se, desde que as circunstâncias não afastem a presunção. Quando o art. 1.523 declara que as pessoas referidas no art. 1.521 são responsáveis quando culpadas não se choca com o art. 1.521 porque o princípio do art. 1.521 é o da culpa do pai, do tutor, do curador, do patrão, do amo, ou comitente, dos donos de hotéis, hospedarias, hospitais e colégios. Há unanimidade de fundamento nos dois dispositivos (...) O lesado tem de provar que a pessoa encarregada do trabalho causou o dano, quando o executava, e mais: o laço de vigilância; porém o réu pode provar que o dano se daria se houvesse procedido com todo cuidado e vigilância, ou que procedeu com toda a diligência. A que se reduz o art. 1.523, perguntar-se-á. À simples explicação de que o art. 1.521 não constitui exceção ao princípio da culpa (*Verschuldungsprinzip*): dá responsabilidade pela própria culpa e não pela de outrem. A culpa do responsável consiste em não haver exercido, como

A jurisprudência foi mais longe, pois há casos em que o dano pode ocorrer, não obstante aqueles cuidados reclamados pelas circunstâncias. Entendeu-se que, isso provado, não seria justo deixar o lesado sem nenhuma reparação. Seria necessário estabelecer uma presunção *juris et de jure* de culpa do patrão pelos atos culposos praticados por seu preposto. E foi o que acabou acontecendo, com o advento da Súmula 341 do Supremo Tribunal Federal, que será comentada adiante, e referente ao inc. III do art. 1.521 do Código Civil de 1916.

Em 1927, o Código de Menores (Dec. n. 17.943-A, de 12-10-1927) expressamente consignou a presunção de culpa dos genitores pelos atos ilícitos praticados por seus filhos. Suprimiu o requisito – do inc. I do art.1.521 – do menor estar sob o poder e em companhia do pai e reverteu o ônus da prova de culpa. Dispunha o art. 68, § 4º, do Código de Menores de 1927: "São responsáveis pela reparação civil do dano causado pelo menor os pais ou a pessoa a quem incumbia legalmente a sua vigilância, salvo se provar que não houve de sua parte culpa ou negligência".

A presunção de culpa dos pais era relativa, pois admitia prova em contrário (presunção *juris tantum*). O legislador permitiu que o pai se exonerasse da responsabilidade, desde que provasse não ter havido de sua parte culpa ou negligência. Portanto, não se adotou a teoria da responsabilidade independentemente de culpa, no caso dos pais. Preferiu-se solução um tanto tímida, presumindo-se a culpa e admitindo-se prova em contrário.

A solução mais avançada e consentânea com os novos rumos da responsabilidade civil sobreveio somente com o Código Civil de 2002, que expressamente adotou a responsabilidade independente de culpa, no caso dos pais, tutores, curadores, empregadores, donos de hotéis, hospedarias, casas ou estabelecimentos onde se albergue por dinheiro, mesmo para fins de educação. O Código de Defesa do Consumidor já havia adotado a responsabilidade objetiva, independentemente de culpa, em relação aos prestadores de serviços em geral.

Predomina assim, atualmente, o entendimento de que uma solução verdadeiramente merecedora de chamar-se justa só poderia achar-se na teoria do risco. Com efeito, estaria longe de corresponder ao senso de justiça a solução por via da qual se permitisse deixar ao lesado

---

devera, o dever de vigiar, de fiscalizar (culpa *in vigilando*) ou de não haver retirado do serviço ou de haver aceito quem não podia exercer com toda correção o encargo (culpa *in eligendo*).
O laço de vigilância a que impropriamente chamou culpa o art. 1.523 é que dá origem (ao entendimento) de que não há presunção de culpa contra as pessoas do art. 1.521. Mas essa, na verdade, existe. Com efeito, não vemos proveito algum no art. 1.521 se não a encerra: porque escusado era que dispusesse sobre uma responsabilidade que os princípios gerais já tinham consignado e não se aplica somente àquelas pessoas do art. 1.521, mas a todas que causarem danos a terceiros" (Direito das obrigações, in *Manual do Código Civil*, de Paulo de Lacerda, n. 291, p. 406; Carvalho Santos, *Código Civil*, cit., v. 20, p. 264-6).
Orlando Gomes: "(...) como não se admitem contradições entre disposições do mesmo Código, consoante tranquila regra de hermenêutica, doutrina e jurisprudência, em maioria, procuraram conciliá-las, pelo entendimento de que o art. 1.521 encerra uma presunção relativa de culpa, que pode ser vencida pela prova em contrário produzida por aquele cuja culpa é presumida. (...) a vítima não precisa provar que houve culpa *in vigilando*. A lei presume. Basta, portanto, que o ofendido prove a relação de subordinação entre o agente direto e a pessoa incumbida legalmente de exercer sobre ele a vigilância, e que prove ter ele agido de modo culposo, para que fique estabelecida a presunção *juris tantum* de culpa *in vigilando*" (*Obrigações*, p. 345).

o prejuízo por ele sofrido, simplesmente porque aquele que devia responder pelo dano conseguiu provar que usou de todos os recursos possíveis no sentido de evitar o resultado lesivo. Tal solução importaria transferir à vítima a responsabilidade do prejuízo por ela sofrido em decorrência de ato de outrem[47].

A ideia de risco é a que mais se aproxima da realidade. Se o pai põe filhos no mundo, se o patrão se utiliza do empregado, ambos correm o risco de que, da atividade daqueles, surja dano para terceiro. É razoável que, se tal dano advier, por ele respondam solidariamente com os seus causadores diretos aqueles sob cuja dependência estes se achavam[48].

Não será demasia acrescentar que incumbe ao ofendido provar a culpa do incapaz, do empregado, dos hóspedes e educandos. A exigência da prova da culpa destes se coloca como antecedente indeclinável à configuração do dever de indenizar das pessoas mencionadas no art. 932.

Na V Jornada de Direito Civil do Conselho da Justiça Federal foi aprovado o Enunciado n. 451, do seguinte teor: "A responsabilidade civil por ato de terceiro funda-se na responsabilidade objetiva ou independentemente de culpa, estando superado o modelo de culpa presumida".

2. A responsabilidade solidária das pessoas designadas no art. 932 do Código Civil

A responsabilidade civil é, em princípio, individual, consoante se vê do art. 942 do Código Civil. Responsável pela reparação do dano é todo aquele que, por ação ou omissão voluntária, negligência ou imprudência, haja causado prejuízo a outrem.

Há casos, entretanto, em que a pessoa pode responder não pelo ato próprio, mas pelo ato de terceiro ou pelo fato das coisas ou animais. Muitas vezes, para que "justiça se faça, é necessário levar mais longe a indagação, a saber se é possível desbordar da pessoa causadora do prejuízo e alcançar outra pessoa, à qual o agente esteja ligado por uma relação jurídica, e, em consequência, possa ela ser convocada a responder. Aí situa-se a responsabilidade por fato de outrem ou pelo fato das coisas, ou 'responsabilidade indireta' ou 'responsabilidade complexa', que Trabucchi explica, quando a lei chama alguém a responder pelas consequências de fato alheio, ou fato danoso provocado por terceiro" (Caio Mário da Silva Pereira, *Responsabilidade civil*, cit., p. 93, n. 77).

Pode acontecer, ainda, o concurso de agentes na prática de um ato ilícito. Tal concurso se dá quando duas ou mais pessoas praticam o ato ilícito. Surge, então, a solidariedade dos diversos agentes, assim definida no art. 942, 2ª parte, do Código Civil: "(...) e, se a ofensa tiver mais de um autor, todos responderão solidariamente pela reparação".

E o parágrafo único do aludido dispositivo assim dispõe:

"São solidariamente responsáveis com os autores os coautores e as pessoas designadas no art. 932".

---

47. Afranio Lyra, *Responsabilidade civil*, 1977, p. 75.
48. Silvio Rodrigues, *Direito civil*, cit., p. 68.

Assim, ocorre a solidariedade não só no caso de concorrer uma pluralidade de agentes, como também entre as pessoas designadas no art. 932, isto é, os pais, pelos filhos menores que estiverem sob sua autoridade e em sua companhia; o tutor e o curador, pelos pupilos e curatelados, que se acharem nas mesmas condições; o empregador ou comitente, por seus empregados, serviçais e prepostos, no exercício do trabalho que lhes competir, ou em razão dele; os donos de hotéis, hospedarias, casas ou estabelecimentos onde se albergue por dinheiro, mesmo para fins de educação, pelos seus hóspedes, moradores e educandos; os que gratuitamente houverem participado nos produtos do crime, até a concorrente quantia.

Em consequência, a vítima pode mover a ação contra qualquer um ou contra todos os devedores solidários (cf. *RJTJSP, 86*:174; *RT, 613*:70).

Com o art. 942 do Código Civil, "o direito positivo brasileiro instituiu um 'nexo causal plúrimo'. Em havendo mais de um agente causador do dano, não se perquire qual deles deve ser chamado como responsável direto ou principal. Beneficiando, mais uma vez, a vítima permite-lhe eleger, dentre os corresponsáveis, aquele de maior resistência econômica, para suportar o encargo ressarcitório". A ele, "no jogo dos princípios que disciplinam a teoria da responsabilidade solidária, é que caberá, usando da ação regressiva ('actio de in rem verso'), agir contra os coobrigados, para de cada um haver, 'pro rata', a quota proporcional no volume da indenização. Ou, se for o caso, regredir especificamente contra o causador direto do dano" (Caio Mário da Silva Pereira, *Responsabilidade civil,* cit., p. 91, n. 73).

Essa regra não vale para a área trabalhista, uma vez que o art. 223-E da Consolidação das Leis do Trabalho, introduzido pela Lei n, 13.367, de 13 de julho de 2017, dispõe que "São responsáveis pelo dano *extrapatrimonial* todos os que tenham colaborado para a ofensa ao bem jurídico tutelado, na proporção da ação ou da omissão".

Proclama o Enunciado n. 41 da I Jornada de Direito Civil do Conselho da Justiça Federal, acertadamente: "A única hipótese em que poderá haver responsabilidade solidária do menor de 18 anos com seus pais é ter sido emancipado nos termos do art. 5º, parágrafo único, I, do CC".

JURISPRUDÊNCIA

2.1. Responsabilidade solidária do anestesista e do cirurgião-chefe, quando houver relação de subordinação

- Somente caberá a responsabilização solidária do chefe da equipe médica quando o causador do dano atuar na condição de subordinado, sob seu comando (STJ, EREsp 605.435, 2ª Seção, rel. Min. Nancy Andrighi, disponível em <www.editoramagister.com>, de 30-9-2011).

- Responsabilidade dos médicos cirurgião e anestesista – Predominância da autonomia do anestesista, durante a cirurgia – Solidariedade e responsabilidade objetiva afastadas. Não há solidariedade decorrente de responsabilidade objetiva, entre o cirurgião-chefe e o anestesista, por erro médico deste último durante a cirurgia (STJ, EREsp 605.435-RJ, 3ª Seção, rel. Min. Raul Araújo, *DJe* 28-11-2012).

- O médico cirurgião, ainda que se trate de chefe de equipe, não pode ser responsabilizado por erro médico cometido exclusivamente pelo médico anestesista (STJ, REsp 1.790.014-SP, 3ª-T., rel. Min. Paulo de Tarso Sanseverino, j. 11-5-2021).

2.2. Responsabilidade dos genitores pelos danos causados por seu filho esquizofrênico

■ Os pais de portador de esquizofrenia paranoide que seja solteiro, maior de idade e more sozinho têm responsabilidade civil pelos danos causados durante os recorrentes surtos agressivos de seu filho, no caso em que eles, plenamente cientes dessa situação, tenham sido omissos na adoção de quaisquer medidas com o propósito de evitar a repetição desses fatos, deixando de tomar qualquer atitude para interditá-lo ou mantê-lo sob sua guarda e companhia (STJ, REsp 1.101.324-RJ, 324-RJ, rel. Min. Antonio Carlos Ferreira, *DJe* 12-11-2015).

2.3. Responsabilidade solidária do pai pelos filhos menores

■ Acidente de trânsito – Condutor menor – Responsabilidade dos pais e do proprietário do veículo – Desnecessidade de demonstração de culpa. Em matéria de acidente automobilístico, o proprietário do veículo responde objetiva e solidariamente pelos atos culposos de terceiro que o conduz e que provoca o acidente (STJ, REsp 1.637.884-SC, 3ª T., rel. Min. Nancy Andrighi, *DJe* 23-2-2018).

■ Responsabilidade civil dos pais pelos atos ilícitos de filho menor – Legitimidade passiva, em solidariedade, do genitor que não detém a guarda – Possibilidade (STJ, REsp 777.327-RS, 3ª T., rel. Min. Massami Uyeda, *DJe* 1º-12-2009).

2.4. Responsabilidade solidária do preponente por ato do preposto

■ Ação de compensação por danos morais – Relação de preposição entre a diocese e o padre a ela vinculado – Subordinação configurada. O STJ há muito ampliou o conceito de preposição (art. 932, III, do CC/02) para além das relações empregatícias, ao decidir que na configuração de tal vínculo "não é preciso que exista um contrato típico de trabalho; é suficiente a relação de dependência ou que alguém preste serviço sob o interesse e o comando de outrem" (REsp n 304.673-SP, 4ª T., rel. Min. Barros Monteiro, *DJe* 11-3-2002). Evidencia-se, no particular, a subordinação caracterizadora da relação de preposição, porque demonstrada a relação voluntária de dependência entre o padre e a Diocese à qual era vinculado, de sorte que o primeiro recebia ordens, diretrizes e toda uma gama de funções do segundo, e, portanto, estava sob seu poder de direção e vigilância, mesmo que a ele submetido por mero ato gracioso (voto religioso). A gravidade dos fatos reconhecidos em juízo, sobre crimes sexuais praticados por religiosos contra menores, acarreta responsabilidade civil da entidade religiosa, dado o agir aproveitando-se da condição religiosa, traindo a confiança que nela depositam os fiéis (STJ, REsp 1.393.699-PR, 3ª T., rel. Min. Nancy Andrighi, *DJe* 24-2-2014).

■ Comprovada a relação de emprego entre o condomínio e o manobrista e tendo as circunstâncias em que ocorreu o evento, revelado que este se verificou por culpa do preposto, provocando uma sucessão de colisões com outros veículos regularmente estacionados, não se pode deixar de reconhecer a responsabilidade solidária do condomínio pelas perdas e danos (*RT*, 576:124, 628:154).

- Responsabilidade civil – Acidente de trânsito – Direito de acrescer – Efeito automático da condenação – Responsabilidade do empregador pelos atos de seus prepostos na vigência do CCB/16 – É presumida a culpa do patrão ou comitente pelo ato culposo do empregado ou preposto (Súmula 341/STF (STJ, AgRg no REsp 1.389.254-ES, 3ª T., rel. Min. Paulo de Tarso Sanseverino, *DJe* 17-4-2015).
- Responsabilidade objetiva do preponente e subjetiva do preposto. A responsabilidade do empregador depende da apreciação quanto à responsabilidade antecedente do preposto no dano causado – que é subjetiva – e a responsabilidade consequente do preponente, que independe de culpa, observada a exigência de o preposto estar no exercício do trabalho ou o fato ter ocorrido em razão dele (STJ, REsp 1.072.577-PR, 4ª T., rel. Min. Luis Felipe Salomão, *DJe* 26-4-2012).

3. Responsabilidade dos pais

O art. 932, I, considera também responsáveis pela reparação civil "os pais, pelos filhos menores que estiverem sob sua autoridade e em sua companhia". Preferiu-se a expressão "sob sua autoridade" do que "sob seu poder", utilizada pelo Código de 1916.

A responsabilidade paterna independe de culpa (CC, art. 933). Está sujeito à reparação do dano, por exemplo, o pai que permite ao filho menor de 18 anos sair de automóvel. Se o filho, culposamente, provoca acidente de trânsito, o lesado tem direito de acionar o pai, para obter a indenização. Da mesma forma, responde pelo ressarcimento do dano causado pelo filho o pai que não o educa bem ou não exerce vigilância sobre ele, possibilitando-lhe a prática de algum delito, como o incêndio, o furto, a lesão corporal e outros. Em todos esses casos, comprovado o ato ilícito do menor, dele decorre, por via de consequência e independentemente de culpa do pai, a responsabilidade deste.

Orlando Gomes defende a tese de que, "se a responsabilidade do pai pressupõe a prática de ato ilícito pelo filho, isto é, ação ou omissão voluntária, negligência ou imprudência, é lógico que não há responsabilidade paterna enquanto o filho não tiver capacidade de discernimento. Um menor de quatro anos não sabe o que faz. Se a outrem causa dano, não se pode dizer que agiu culposamente; se não há culpa, ato ilícito não praticou; se não cometeu ato ilícito, o pai não responde pela reparação do dano, porque a responsabilidade indireta supõe a ilicitude no ato de quem causa o prejuízo" (*Obrigações*, cit., p. 348).

O ponto de vista do ilustre mestre baiano, entretanto, não tem sido aceito. Conforme assevera Afranio Lyra, "os filhos são, para os pais, fonte de alegrias e esperanças e são, também, fonte de preocupações. Quem se dispõe a ter filhos não pode ignorar os encargos de tal resolução. Assim, pois, em troca da razoável esperança de alegrias e amparo futuro, é normal contra o risco de frustrações, desenganos, decepções e desilusões. Portanto, menos que ao dever de vigilância, impossível de ser observado durante as 24 horas de cada dia, estão os pais jungidos ao risco do que pode acontecer aos filhos pequenos, ao risco daquilo que estes, na sua inocência ou inconsciência, possam praticar em prejuízo alheio. A realidade indica que é muito mais racional e menos complicado entender que a responsabilidade dos pais pelos danos causados por seus filhos menores se funda no risco" (*Responsabilidade*, cit., p. 71).

A verdade é que a responsabilidade dos pais não é afastada, quando inexiste imputabilidade moral em virtude da ausência de discernimento. Para os subjetivistas, o fundamento está na culpa direta dos pais, consistente na omissão do dever de vigilância. Para a teoria objetiva, a responsabilidade, no caso, funda-se na ideia do risco e da reparação de um prejuízo sofrido pela vítima injustamente, estabelecendo o equilíbrio dos patrimônios, atendendo-se à segurança da vítima, na lição de Alvino Lima (*Da culpa*, cit., p. 174).

O Tribunal de Justiça de São Paulo reconheceu a responsabilidade civil do pai, em virtude de seu filho de 4 anos de idade ter cegado o olho de uma menina com uma pedrada, conforme acórdão inserto na *RJTJSP, 41*:121, com a seguinte ementa: "*Indenização* – Responsabilidade civil – Menor de idade – Responsabilidade do pai, por presumida culpa *in vigilando* – Verbas devidas de despesas de assistência e tratamento, bem como dote por dano estético deformante".

Se a responsabilidade paterna é decorrência do dever de guarda, com mais razão se configura no caso do menor sem discernimento, porque a obrigação de zelar por ele e de vigiá-lo é mais rigorosa. Afirma Savatier que é precisamente esse estado de coisas (desenvolvimento incompleto da inteligência e da vontade) que, longe de poder desculpar os pais, lhes impõe a vigilância, de onde a lei terá, por sua conta, uma presunção de periculosidade (*Traité*, cit., p. 323).

Por sua vez, Mazeaud e Tunc prelecionam: "Aqueles que, com apoio na jurisprudência, não admitem que o menor inimputável e o louco possam cometer um ato culposo não podem exigir que o menor pratique um ato ilícito para submeter-se às disposições do art. 1.384, al. 4, do CC. Do contrário, eles seriam obrigados a declarar que o pai não é responsável, nos termos do art. 1.384, al. 4, cada vez que o menor ainda não tivesse atingido a idade da razão ou fosse louco. Ora, semelhante consequência é inadmissível. A verdade, com efeito, é que os redatores do Código Civil pretenderam facilitar a ação da vítima, mesmo quando o menor, autor do dano, fosse inteiramente incapaz, porque é precisamente nesse tempo que o dever de vigilância incumbe mais severamente ao pai"[49].

Assim, nada impede o magistrado de apreciar o ato do menor inimputável – ato que ocasionou o dano – em face das suas circunstâncias objetivas, externas, para concluir se o ato incriminado foi normal, regular, coincidente com as regras do direito, ou não. Se provado ficar que o ato do menor privado de discernimento, abstratamente considerado, não violou nenhuma obrigação preexistente, força é convir que a ação promovida pela vítima contra o pai do menor inimputável deverá ser prontamente repelida, pois não se compreenderia que os representantes do menor incapaz, culpados por presunção legal, continuassem "culpados" pela prática de um ato que ocasionou um prejuízo mas não vulnerou nenhuma norma jurídica. *A contrario sensu*: se o ato praticado pelo menor absolutamente incapaz foi "objetivamente ilícito", não importa indagar se o menor é ou não inimputável, pois o pai não responde pelo filho, mas pela sua própria culpa[50].

Assim a jurisprudência: "O fato de o agente do ato ilícito ser menor inimputável não retira seu caráter de ilicitude. Na órbita civil, havendo culpa dos pais por omissão, estes respondem solidariamente pela reparação do dano causado pelo filho em detrimento de outrem" (*RT, 641*:132).

---

49. H. Mazeaud, L. Mazeaud e A. Tunc, *Traité*, cit., v. 1, p. 861, n. 763.
50. Mário Moacyr Porto, *Temas*, cit., p. 59.

Malgrado a opinião de Alvino Lima (*A responsabilidade civil pelo fato de outrem*, Forense, p. 266) de que a responsabilidade dos pais é subsidiária, tem prevalecido a corrente que entende ser ela solidária, podendo a vítima, em consequência, mover a ação contra o menor ou contra seus pais, ou contra ambos (litisconsórcio passivo). Entretanto, o atual Código Civil adotou o critério de que a responsabilidade do incapaz, esta sim, é subsidiária e mitigada, pois só responde pelos prejuízos que causar a terceiros se as pessoas por ele responsáveis não tiverem obrigação de fazê-lo ou não dispuserem de meios suficientes. A indenização, nesse caso, que deverá ser equitativa, não terá lugar se privá-lo do necessário ao seu sustento, ou as pessoas que dele dependem (art. 928 e parágrafo único).

O referido sistema, entretanto, como já dito, sofreu profunda alteração introduzida pela Lei n. 13.146/2015, denominada "Estatuto da Pessoa com Deficiência", considerando o deficiente, o enfermo ou o excepcional pessoas plenamente capazes, dando nova redação aos arts. 3º e 4º do Código Civil. As pessoas mencionadas nos dispositivos revogados, sendo agora "capazes", responderão pela indenização com os seus próprios bens, afastada a responsabilidade subsidiária dos incapazes em geral prevista no mencionado art. 928 do diploma civil, transformada em mitigada e *solidária*, mesmo que, "quando necessário", sejam interditadas e tenham um curador. Antes dessa alteração, a única hipótese em que poderia haver responsabilidade solidária do menor de 18 anos com seu pai era se tivesse sido emancipado aos 16 anos de idade. Fora isso, a responsabilidade era exclusivamente do pai, ou exclusivamente do filho, se aquele não dispusesse de meios suficientes para efetuar o pagamento e este pudesse fazê-lo, sem privar-se do necessário (responsabilidade subsidiária e mitigada, como já dito).

Pontificam Cristiano Chaves de Farias, Felipe Braga Netto e Nelson Rosenvald (*Novo tratado de responsabilidade civil*, 2. ed., Saraiva, 2017, p. 160) que a "hermenêutica do conceito de 'incapacidade' transcende o conceito da menoridade e alcança as pessoas sob curatela. A vigência do Estatuto da Pessoa com Deficiência não afetou a aplicação do art. 928 do Código Civil. A Lei n. 13.146/2015 caminha no sentido personalista da Convenção de Direito das Pessoas com Deficiência. Em seu art. 2º conceitua a pessoa com deficiência como aquela que tem impedimento de longo prazo de natureza física, mental, intelectual ou sensorial. De acordo com o art. 84, '*A pessoa com deficiência tem assegurado o direito ao exercício de sua capacidade legal em igualdade de condições com as demais pessoas*'. O § 1º do mesmo art. 84 preconiza que: '*Quando necessário, a pessoa com deficiência será submetida à curatela, conforme a lei*. Em arremate, o § 3º aduz que '*A definição de curatela de pessoa com deficiência constitui medida protetiva extraordinária, proporcional às necessidades e às circunstâncias de cada caso, e durará o menor tempo possível*'".

Aduzem os cultos doutrinadores que "equivocam-se os que creem que a partir da vigência do Estatuto todas as pessoas que forem interditadas serão consideradas plenamente capazes. A garantia de igualdade reconhece uma presunção geral de plena capacidade a favor das pessoas com deficiência. Isso significa que, através de relevante inversão da carga probatória, a incapacidade surgirá excepcional e amplamente justificada. Por conseguinte, a Lei n. 13.146/2015 mitiga, mas não aniquila a teoria das incapacidades do Código Civil. As pessoas deficientes submetidas à curatela são removidas do rol dos absolutamente incapazes do Código Civil e enviadas para o catálogo dos relativamente incapazes, com uma renovada terminologia. Doravante, o ser humano com deficiência não será uma pessoa absolutamente incapaz, mesmo se submetida à curatela. É desproporcional e desumano atrelar a curatela à incapacidade absoluta".

A propósito da entrada em vigor do mencionado Estatuto da Pessoa com Deficiência (Lei n. 13.146/2015), observa Flávio Tartuce (*Manual de responsabilidade civil*, Forense/ Método, 2018, p. 598) que se nota "a retirada do sistema da previsão relativa aos enfermos e deficientes mentais sem discernimento para a prática dos atos da vida civil (antigo art. 3º, II, do CC). Com relação às pessoas que, por causa transitória ou definitiva, não puderem exprimir vontade, deixaram de ser absolutamente incapazes (anterior art. 3º, III, do CC) e passaram a ser relativamente incapazes (novo art. 4º, III). Além disso, não há mais menção no artigo das pessoas com discernimento reduzido (inciso II) e dos excepcionais sem desenvolvimento mental completo (inciso III), caso do portador da síndrome de *Down*. Em suma, diante dessas mudanças, as pessoas com deficiência passam a ser plenamente capazes como regra, respondendo civilmente como qualquer outro sujeito e não se aplicando mais o art. 928 da codificação material, mas as regras gerais de responsabilidade civil, a que estão sujeitas qualquer pessoa".

Na doutrina, referem-se à responsabilidade solidária dos pais, dentre outros, Caio Mário da Silva Pereira (*Responsabilidade civil*, cit., p. 98), Maria Helena Diniz (*Responsabilidade civil*, cit., p. 342), Antonio Junqueira de Azevedo (*Responsabilidade*, cit., p. 61-64), Carvalho Santos (*Código Civil*, cit., v. 3, p. 299).

A jurisprudência também entende, maciçamente, ser caso de responsabilidade solidária, máxime após a entrada em vigor do mencionado Estatuto da Pessoa com Deficiência.

O art. 942, parágrafo único, do Código Civil não deixa nenhuma dúvida, pois prescreve:

"São solidariamente responsáveis com os autores os coautores e as pessoas designadas no art. 932".

3.1. Cumulação de responsabilidade paterna com a responsabilidade de terceiros

Além da responsabilidade solidária entre pai e filho, pode haver cumulação de responsabilidade paterna com a responsabilidade de terceiros, como lembra Antonio Junqueira de Azevedo (*Responsabilidade*, cit., p. 64), citando os seguintes acórdãos: "Tendo o menor perdido o globo ocular em razão de disparo efetuado com arma de pressão, são civilmente responsáveis pela indenização os pais do menor que disparou a arma e os pais do menor que emprestou a arma" (*RJTJRS*, 90:285). "Responsabilidade civil – Acidente de trânsito – Condenação criminal de réu menor púbere, motorista do veículo emprestado, causador do acidente fatal – Indenizatória procedente, reconhecida a responsabilidade do pai e da empresa emprestadora do veículo" (*JTACSP*, Saraiva, 74:23).

Nessa linha, sublinhou o Superior Tribunal de Justiça: "Em matéria de acidente automobilístico, o proprietário do veículo responde objetiva e solidariamente pelos atos culposos de terceiros que o conduz e que provoca o acidente"[51].

---

51. STJ, REsp 1.637.884-SC, 3ª T., rel. Min. Nancy Andrighi, *DJe* 23-3-2018.

3.2. Emancipação concedida pelos pais

O poder familiar cessa com a maioridade, aos 18 anos, ou com a emancipação, aos 16. Se os pais emancipam o filho, voluntariamente, a emancipação produz todos os efeitos naturais do ato, menos o de isentar os primeiros da responsabilidade solidária pelos atos ilícitos praticados pelo segundo, consoante proclama a jurisprudência. Tal não acontece quando a emancipação decorre do casamento ou das outras causas previstas no art. 5º, parágrafo único, do Código Civil. Vejamos a jurisprudência, que se orienta nesse sentido: "*Responsabilidade civil* – Colisão de veículos – Motorista menor emancipado – Irrelevância – Pai corresponsável – Ação procedente. O fato de o motorista culpado ser menor emancipado não afasta a responsabilidade do pai, a quem pertence o veículo causador do dano" (*RT, 494*:92).

O Supremo Tribunal Federal já decidiu, igualmente: "Ainda que o filho menor púbere seja emancipado, o pai, não obstante, é responsável pela reparação, nos termos dos arts. 1.521 e 1.523 do Código Civil [*de 1916*]" (*RTJ, 62*:108).

No mesmo sentido decisões dos extintos 1º Tribunal de Alçada Civil de São Paulo e Tribunal de Alçada do Rio Grande do Sul, insertas, respectivamente, em *JTACSP*, Revista dos Tribunais, *102*:79 e *RT, 639*:172, esta última com a expressiva ementa: "A emancipação concedida pelo pai ao filho menor é liberalidade exclusivamente benéfica deste. Tem a finalidade de liberá-lo de assistência, facilitando-lhe a prática dos atos jurídicos. Desavém ao pai utilizá-la para descartar-se da responsabilidade pelos atos do filho menor na idade em que os riscos se maximizam – da puberdade até a maioridade, porque torna mascarada a libertação do pátrio poder.

Nestas circunstâncias, a delegação total da capacidade outorgada pelo pai ao filho menor não compreende exoneração da responsabilidade, que não se substitui, nem se sucede, para delir a solidariedade nascida do ato ilícito.

Não é nulo, mas ineficaz, o ato da emancipação em face de terceiros e do menor, prejudicial pela totalidade da carga na obrigação de indenizar, por isso cognoscível o defeito e pronunciável de ofício no próprio processo".

Parece-nos defensável a responsabilidade solidária do pai somente quando se trata de emancipação voluntária, cessando, porém, totalmente quando deriva do casamento ou das outras causas previstas no art. 5º, parágrafo único, do Código Civil.

Nesse sentido a lição de Caio Mário da Silva Pereira e de Carvalho Santos. O primeiro escreveu (*Responsabilidade civil*, cit., p. 100): "Em caso de emancipação do filho, cabe distinguir: se é a legal, advinda por exemplo do casamento, os pais estão liberados; mas a emancipação voluntária não os exonera, porque um ato de vontade não elimina a responsabilidade que provém da lei (cf. sobre menor emancipado: Sourdat, ob. cit., n. 827; Marty e Raynaud, ob. cit., n. 423; De Page, ob. cit., n. 973)".

E o segundo assim se manifestou (*Código Civil*, cit., v. 20, p. 216-7): "É preciso distinguir: na emancipação tácita, determinada pelo casamento, cessa a responsabilidade dos pais. Porque, se se trata de filho, torna-se ele próprio chefe de família; se é mulher, pelo casamento passa à autoridade marital. Se, porém, a emancipação é expressa, outra é a consequência. Pois a emancipação de um menor que se revela indigno da concessão que lhe foi outorgada é, no fim de contas, um ato inconsiderado e aos pais não se pode reconhecer o direito de exonerar-se por essa forma, da responsabilidade que a lei lhes impõe (Colmet de Santerre, v. 364, *bis*; Larombiere, art. 384; Marcade, idem)".

3.3. Ilegitimidade passiva do genitor que não tem a guarda do filho

O simples afastamento do filho da casa paterna por si só não elide a responsabilidade dos pais. "O pai não pode beneficiar-se com o afastamento do filho se decorrer o mesmo, precisamente, do descumprimento do pátrio poder de ter o menor em sua companhia e guarda, dirigindo-lhe a criação e a educação" (TJSP, *RT*, *380*:97). Ou, conforme afirma Orlando Gomes, o pai não deixa de "responder pelo filho menor, porque este, com o seu consentimento, esteja em lugar distante" (*Obrigações*, cit., p. 347).

Entretanto, se sob a guarda e em companhia da mãe se encontra o filho, por força de separação judicial, responde esta, e não o pai, conforme a jurisprudência tradicional. Confira-se: "Indenização – Responsabilidade civil – Acidente de trânsito – Veículo dirigido por menor – Ilegitimidade passiva do pai que não tem poderes de vigilância sobre ele, por deferida a guarda à própria mãe – Hipótese em que não se há de falar em culpa *in vigilando* – Exclusão do pai – Recurso provido para esse fim" (*RJTJSP*, *54*:182). "Responsabilidade civil – Casal desquitado – Filha sob guarda da mãe – Ilegitimidade passiva do pai".

A 6ª Câmara Cível do Tribunal de Justiça do Rio Grande do Sul manteve a condenação da mãe de um menor de idade pela prática de *ciberbullying*, reconhecendo que os pais têm responsabilidade pelas ofensas feitas pelos filhos através da Internet. Segundo a relatora do caso, Des. Liège Puricelli, "não há qualquer ilicitude por parte do provedor que hospedava a página, que demonstrou zelo e agilidade. Resta incontroversa a ilicitude praticada pelo descendente da demandada ante a prática de *bullying*, haja vista compreender a intenção de desestabilizar psicologicamente o ofendido, o qual resulta em abalo acima do razoável". Reconheceu, em consequência, a ocorrência do dano moral, uma vez que o filho da ré ofendeu os chamados direitos da personalidade, como à imagem e à honra (disponível em <www.conjur.com.br>, acesso em 2-7-2010).

O entendimento jurisprudencial, todavia, evoluiu no sentido de persistir a responsabilidade de ambos os pais quanto aos filhos menores, uma vez que o poder familiar não sofre alteração e não se extingue com a separação ou divórcio. Nessa linha, aresto da 4ª Turma do Superior Tribunal de Justiça, nos seguintes termos: "De toda sorte, a mera separação do casal, passando os filhos a residir com a mãe, não constitui, salvo em hipóteses excepcionais, fator de isenção da responsabilidade paterna pela criação e orientação da sua prole" (REsp 299.048-SP, rel. Min. Aldir Passarinho Júnior, *DJU*, 3-9-2001).

Apoiam-se os adeptos da referida corrente no art. 1.634 do Código Civil, que disciplina o exercício do poder familiar, bem como nos arts. 227 e 229 da Constituição Federal, que tratam, dentre outros, do dever imposto aos pais, com absoluta prioridade, de educar os filhos menores.

O Superior Tribunal de Justiça teve a oportunidade de proclamar, no julgamento de um caso em que a mãe, separada do marido, comprara a arma, dias antes dos fatos, utilizada pelo filho menor para atirar em desafeto, guardando-a sem qualquer cautela, que a referida genitora se expôs a risco, incorrendo em culpa *in vigilando*. Isso, por sua vez, aduziu o relator do acórdão, Min. Massami Uyeda, "é situação excepcional que isenta o genitor, que não detém a guarda e não habita no mesmo município, de responder solidariamente pelo ato ilícito cometido pelo menor, ou seja, deve ser considerado parte ilegítima" (REsp 777.327RS, 3ª T., j. 17-11-2009).

A propósito, prelecionam Cristiano Chaves de Farias, Felipe Braga Netto e Nelson Rosenvald (*Novo tratado de responsabilidade civil*, Saraiva, 2. ed., 2017) que "a separação dos pais não implica cessação do dever de educar – por parte de ambos. Por isso, não é a vigilância investigativa e diária (ou a ausência dela) que torna os pais responsáveis pelos danos causados pelos filhos menores. É muito mais o dever de educar, informar e contribuir – com amor e com limites – para a formação da personalidade dos filhos. Bem por isso, mesmo o pai (ou a mãe) que não resida junto com o filho causador do dano pode – se as circunstâncias do caso autorizarem – ser chamado a responder civilmente".

Nesse sentido, o Enunciado n. 450 da V Jornada de Direito Civil aduz que: "Considerando que a responsabilidade dos pais pelos atos danosos praticados pelos filhos menores é objetiva, e não por culpa presumida, ambos os genitores, no exercício do poder familiar, são, em regra, solidariamente responsáveis por tais atos, ainda que estejam separados, ressalvado o direito de regresso em caso de culpa exclusiva de um dos genitores". Tal entendimento tem prevalecido no Superior Tribunal de Justiça, como se pode verificar: "O fato de o menor não residir com o genitor, por si só, não configura excludente de responsabilidade civil. Há que se investigar se persiste o poder familiar com todos os deveres/poderes de orientação e vigilância que lhe são inerentes. Precedentes (AgRg no ARESP 220.930/MG, 3ª T., rel. Min. Sidnei Beneti, *DJe* 9-10-2012). "Ação de reparação civil movida em face dos pais e da avó de menor que dirigiu veículo automotor, participando de 'racha', ocasionando a morte de terceiro. Quanto à alegada ilegitimidade passiva da mãe e da avó, verifica-se, de plano, que não existe qualquer norma que exclua expressamente a responsabilização das mesmas, motivo pelo qual, por si só, não há falar em violação aos arts. 932, I, e 933 do CC. A mera separação dos pais não isenta o cônjuge, com o qual os filhos não residem, da responsabilidade em relação aos atos praticados pelos menores, pois permanece o dever de criação e orientação, especialmente se o poder familiar é exercido conjuntamente" (STJ, REsp 1.074.937-MA, 4ª T., rel. Min. Luis Felipe Salomão, *DJe* 19-10-2009).

Responsabilidade dos pais pelos atos praticados pelos filhos menores – Art. 931, I, do Código Civil. O art. 932, I, do CC, ao se referir a autoridade e companhia dos pais em relação aos filhos, quis explicitar o poder familiar (a autoridade parental não se esgota na guarda), compreendendo um plexo de deveres como proteção, cuidado, educação, informação, afeto, dentre outros, independentemente da vigilância investigativa e diária, sendo irrelevante a proximidade física no momento em que os menores venham a causar dano (STJ, REsp 1.436.401-MG, 4ª T., rel. Min. Luis Felipe Salomão, *DJe* 16-3-2017).

Concernente ao tema o Enunciado n. 450 do Conselho da Justiça Federal: "Considerando que a responsabilidade dos pais pelos atos danosos praticados pelos filhos menores é objetiva, e não por culpa presumida, ambos os genitores, no exercício do poder familiar, são, em regra, solidariamente responsáveis por tais atos, ainda que estejam separados, ressalvado o direito de regresso em caso de culpa exclusiva de um dos genitores".

3.4. Ilegitimidade passiva dos pais, quando terceiro é responsável pelo menor

Quando o titular da guarda ou o responsável pelo menor é terceiro, a ilegitimidade passiva do pai para ser demandado não pode deixar de ser reconhecida. O Supremo Tribunal Federal já decidiu que "responde solidariamente pelo dano causado por menor a pessoa que, não sendo seu pai, mãe, tutor, tem, como encarregada de sua guarda, a responsabilidade da vigilância, direção ou educação dele ou, voluntariamente, o traz em seu poder ou companhia" (2ª T., RE 76.876-MG, j. 16-11-1976, rel. Min. Leitão de Abreu, *DJU*, 31-12-1976, p. 11238).

Quando o menor é empregado ou preposto de outrem, a responsabilidade será do patrão (Caio Mário da Silva Pereira, *Responsabilidade*, cit., p. 99). Assim, tem sido decidido, como se pode verificar pelos seguintes arestos: "Ilegitimidade passiva *ad causam* – Trator dirigido por menor – Dano a veículo – Ação contra o pai daquele – Preliminar acolhida. O pai não responde por dano causado por filho menor que trabalha para outrem" (*RT, 554*:148). "Menor – Ato ilícito – Responsabilidade do pai – Inadmissibilidade – Prática enquanto se encontrava sob a responsabilidade do patrão. Não cabe a inclusão dos pais dos menores na condenação, pois encontravam-se eles sob a vigilância e fiscalização de seus patrões por ocasião da prática do ato ilícito, sobre os quais a autoridade paterna não exerceu nenhuma influência, cumprindo notar que o ilícito foi praticado quando os menores estavam trabalhando, à inteira disposição dos empregadores, além do que o ato foi praticado no exercício de suas funções" (*RT, 579*:119). "Nos termos do art. 1.521, I, do CC [*de 1916*], o pai responde pelos danos causados pelos filhos menores somente enquanto estiverem sob sua vigilância. Assim, se o menor, durante o horário de trabalho, apodera-se de veículo de terceiro que se encontrava para conserto e vem a colidi-lo contra poste de iluminação, causando prejuízos de elevada monta, cabe ao empregador a responsabilidade pela reparação" (*RT, 748*:272).

Se o filho está internado em estabelecimento de ensino, vigora a responsabilidade do educandário, por força do disposto no art. 932, IV, do Código Civil (Sourdat, *Traité général de la responsabilité civile*, v. 2, n. 818; Caio Mário da Silva Pereira, *Responsabilidade*, cit., p. 99).

Tendo em vista que, na adoção, o poder familiar e, consequentemente, a guarda se transferem do pai natural para o adotivo (art. 1.626 do CC), a responsabilidade se desloca para o adotante.

3.5. Responsabilidade por ato de filho maior

Finalmente, deve ser lembrado, como adverte Aguiar Dias, "que a responsabilidade dos pais só ocorre em consequência de ato ilícito de filho menor. O pai não responde, a esse título, por nenhuma obrigação do filho maior, ainda que viva em sua companhia. O mesmo não se pode dizer com relação ao filho maior, mas alienado mental. É claro que a responsabilidade do pai, nesse caso, não pode ser fundada no art. 932, n. I, mas sim no art. 186, pois decorre de omissão culposa na vigilância de pessoa privada de discernimento, não a fazendo internar ou não obstando ao ato danoso" (*Da responsabilidade*, cit., p. 561, nota 908).

Jurisprudência

3.6. Responsabilidade solidária dos pais e de terceiro

■ Acidente de trânsito – Evento causado por menor púbere, sem habilitação – Veículo de propriedade de terceiros – Responsabilidade solidária dos pais e dos titulares do bem – Encontram-se plenamente caracterizadas as responsabilidades dos envolvidos no evento, posto que a do menor condutor, por ser púbere, por força de sua imperícia ou inabilidade, a dos titulares do bem perigoso, por força de sua condição de comitentes e a do pai do menor, por ausência da necessária vigilância – Responsabilidade de todos, *in solidum*, pela prática do ilícito (*RT, 707*:85).

3.7. Afastamento da responsabilidade do genitor que não detinha a guarda de filho menor

■ Responsabilidade solidária dos pais – Separação do casal – Filhos que passaram a residir com a mãe – Fato que não afasta a responsabilidade do genitor pelos danos por eles causados a terceiro. De toda sorte, a mera separação do casal, passando os filhos a residir com a mãe, não constitui, salvo em hipóteses excepcionais, fator de isenção da responsabilidade paterna pela criação e orientação da sua prole" (REsp 299.048-SP, rel. Min. Aldir Passarinho Júnior, *DJU* 3-9-2001).

■ Acidente de trânsito – Responsabilidade do proprietário do veículo e dos pais do motorista – Afastamento, porém, da responsabilidade do pai, porque não detinha a guarda nem estava o filho em sua companhia, mas não a da mãe. Precedentes da Corte (STJ, REsp 540.459-0, 3ª T., rel. Min. Menezes Direito, j. 18-12-2003).

3.8. Responsabilidade dos pais por ato ilícito praticado pelo filho menor

■ Ato ilícito – Prática por menor – Dever de reparar o dano que compete aos pais – Ausência do pai à época que não o exime da responsabilidade – Verba devida (*RJTJSP, 124*:164, *132*:165).

■ Ato ilícito – Prática por menor inimputável – Hipótese em que respondem solidariamente pela reparação do dano causado (*RT, 641*:132).

■ Acidente de trânsito – Responsabilidade civil – Automóvel que era dirigido por filho menor da segurada, inabilitado – Hipótese em que a responsabilidade é da mãe, em razão dos atos praticados pelo filho (*RT, 809*:296).

3.9. Necessidade da demonstração de culpa do menor, para a configuração da responsabilidade dos pais

■ Atropelamento – Veículo dirigido por menor – Responsabilidade do pai que, no entanto, não exclui a obrigatoriedade de se demonstrar a culpa direta do menor (*RJTJSP, 5*:89).

- Colisão de veículos – Dirigente de um deles que não possuía habilitação para guiar e pela sua inexperiência provocou o acidente – Responsabilidade civil do pai pelos atos praticados pelo filho menor (*RJTJSP*, *17*:172).
- Acidente de trânsito – Menor não habilitado para dirigir – Presunção de culpa – Insuficiência – Necessidade de prova. Não basta apenas reconhecer a presunção de culpa, quando se trata de menor – Motorista – sem carteira de habilitação. Indispensável reconhecer se, no caso concreto, o motorista agiu por imprudência, negligência ou imperícia, máxime quando a prova testemunhal, a única colhida na instrução, lhe é favorável. Além do mais, o ônus da prova incumbe ao autor, quanto ao fato constitutivo do seu direito (art. 333, I, do CPC) (TARS, *Ajuris*, *29*:152).
- Ato ilícito – Atropelamento e morte – Aposta de corrida em via pública – Culpa caracterizada – Responsabilidade do pai pelo ato do filho menor – Aplicação do art. 932, I, do CC (*RT*, *566*:132).

3.10. Menor atingido por tiro de revólver disparado por outro menor

- Arma guardada sem cuidado – Responsabilidade do pai – Vítima da classe média – Reparação do dano moral – Ação procedente em parte (*RT*, *580*:201).

4. Responsabilidade dos tutores e curadores

Falecendo os pais, sendo julgados ausentes ou decaindo do poder familiar, os filhos menores são postos em tutela (CC, art. 1.728). Estão sujeitos à curatela: os que, por enfermidade ou deficiência mental, não tiverem o necessário discernimento para os atos da vida civil; os que, por outra causa duradoura, não puderem exprimir a sua vontade; os deficientes mentais, os ébrios habituais e os viciados em tóxicos; os excepcionais sem completo desenvolvimento mental; os pródigos; o nascituro e o enfermo ou portador de deficiência física (CC, arts. 1.767 e 1.779).

O tutor, depois de nomeado, passa a ser o representante legal do incapaz menor. Por sua vez, o curador representa o incapaz maior.

Segundo a noção, já enunciada, da responsabilidade objetiva das pessoas mencionadas no art. 932, a situação dos tutores e curadores é idêntica à dos pais: respondem pelos pupilos e curatelados nas mesmas condições em que os pais respondem pelos filhos menores.

Com efeito, dispõe o art. 933 do Código Civil que os pais, tutores, curadores, empregadores, donos de hotéis e de escolas e os que gratuitamente houverem participado nos produtos do crime, "ainda que não haja culpa de sua parte, responderão pelos atos praticados pelos terceiros ali referidos". O mencionado dispositivo criou, assim, uma responsabilidade objetiva, independente da ideia de culpa.

Na vigência do Código Civil de 1916, só a situação dos empregadores era assim considerada, em face da Súmula 341 do Supremo Tribunal Federal. O novo critério torna prejudicadas as considerações feitas por doutrinadores, ao tempo do Código Civil de 1916, de que o juiz, ao analisar a hipótese de dano causado por menor sob tutela, ou por amental, deveria ser muito mais benigno no exame da ausência de culpa do tutor e do curador do que em relação ao pai, cumprindo-lhe exonerar aqueles cada vez que não houvesse manifesta negligência de sua parte. Argumentava-se que não só a responsabilidade do tutor pelo ato danoso do pupilo como também a do curador, pelo ato do curatelado, não deviam ser examinadas com o mesmo rigor com que se encarava a responsabilidade do pai pelo ato praticado pelo filho menor, visto que a tutela e a curatela representam um ônus, um *munus publicum* imposto ao tutor e ao curador, que muitas vezes não são sequer remunerados. Nem se pode mais aceitar com menor rigor a escusa do tutor fundada em defeito de educação anterior do menor.

Com maior intensidade se revelará, sem dúvida, a responsabilidade do curador, quando não tomar providências para internar o interdito em estabelecimento adequado, sendo evidente a necessidade de tal medida. Cessa, entretanto, a sua responsabilidade, providenciada a internação, transferida que fica a quem o interdito tenha sido confiado. Confira-se: "*Responsabilidade civil* – Demente recolhido em clínica psiquiátrica – Fuga – Veículo de terceiro – Dano – Indenização.

A clínica psiquiátrica que recebe o amental em seu estabelecimento, mediante remuneração, não elide sua evidente culpa *in vigilando* pelos danos causados por ele a terceiros dentro ou fora de seu estabelecimento.

É irrelevante contrato assinado entre a clínica e o curador liberando-a de qualquer responsabilidade por possíveis atos do internado, em caso de fuga, uma vez que a delegação de vigilância do demente transfere a responsabilidade por seus atos se feita a estabelecimento específico, mediante paga" (*RT, 560*:201). "*Responsabilidade civil* – Ato ilícito – Hospital psiquiátrico – Morte de paciente durante tentativa de fuga – Ineficácia da cláusula excludente de responsabilidade estatuída no regulamento do sanatório – Dever jurídico de vigilância contraído *ipso facto* no ato de hospedar, independente do seu caráter gratuito ou oneroso – Ação procedente" (*RJTJSP, 126*:159).

Segundo entendimento esboçado no Enunciado n. 662 da IX Jornada de Direito Civil: "A responsabilidade civil indireta do curador pelos danos causados pelo curatelado está adstrita ao âmbito de incidência da curatela tal qual fixado na sentença de interdição, considerando o art. 85, *caput* e § 1º, da Lei n. 13.146/2015".

5. Responsabilidade dos empregadores ou comitentes pelos atos dos empregados, serviçais e prepostos

5.1. Conceito de empregado, serviçal e preposto

O art. 932, III, estabelece que o empregador ou comitente responde pelos atos dos empregados, serviçais ou prepostos, praticados no exercício do trabalho que lhes competir, ou em razão dele.

Consoante a lição de Antônio Chaves, "essa modalidade de responsabilidade complexa não compreende todas as categorias de prestação de serviços, mas unicamente as que se caracterizam pelo vínculo de preposição. Doméstico, empregado ou serviçal é a pessoa que executa um serviço, trabalho ou função, sob as ordens de uma outra pessoa, de sua família, ou ainda relativa aos cuidados interiores do lar. Preposto é aquele que está sob a vinculação de um contrato de preposição, isto é, um contrato em virtude do qual certas pessoas exercem, sob a autoridade de outrem, certas funções subordinadas, no seu interesse e sob suas ordens e instruções, e que têm o dever de fiscalizá-la e vigiá-la, para que proceda com a devida segurança, de modo a não causar dano a terceiros. Seja ou não preposto salariado, tenha sido sua escolha feita pelo próprio patrão, ou por outro preposto, o que importa é que o ato ilícito do empregado tenha sido executado ou praticado no exercício do trabalho subordinado, caso em que o patrão responderá em regra, mesmo que não tenha ordenado ou até mesmo proibido o ato. Não responde pelos atos dos empregados em greve, nem pelos que pratiquem fora das funções" (*Tratado de direito civil*, Revista dos Tribunais, 1985, v. 3, p. 97, n. 5).

Na fixação da exata noção do que seja a condição de empregado, serviçal ou preposto, a doutrina destaca a subordinação hierárquica, explicada como a condição de dependência, isto é, a situação daquele que recebe ordens, sob poder ou direção de outrem, independentemente de ser ou não assalariado (Mazeaud e Mazeaud, *Traité*, 4. ed., v. 1, n. 376 e 377; Serpa Lopes, *Curso de direito civil*, v. 5, n. 214 e 215; Aguiar Dias, *Da responsabilidade*, cit., v. 2, n. 190; Caio Mário da Silva Pereira, *Responsabilidade*, cit., p. 102, n. 82).

Requisito essencial, portanto, entre preponente e preposto é o vínculo de subordinação. A jurisprudência francesa caracteriza o vínculo de preposição como uma relação de subordinação, conceituando o comitente como aquele que tem o direito de dar ordens e instruções ao preposto. Preposto é, então, o indivíduo que trabalha sob a direção alheia, sem ter independência alguma nas funções que lhe foram confiadas. Não basta, porém, o laço de subordinação para que haja preposição. Ainda é preciso que a atividade do preposto seja em proveito do comitente.

O vínculo de preposição há, pois, de ser entendido como "relação funcional", sendo "preposto todo indivíduo que pratica atos materiais por conta e sob a direção de outra pessoa (Arnoldo Wald, *Obrigações*, cit., p. 380).

Desde "que alguém execute serviços por ordem e sob a direção de outrem, em favor de quem reverte o benefício econômico desse trabalho, caracterizada está a relação de subordinação ou preposição. Na obra autônoma, a exemplo da empreitada, falta esse vínculo, porque o trabalho é executado por ordem e sob a direção do empreiteiro, que afinal vem a ser o verdadeiro beneficiário econômico, embora a utilidade venha a ser usufruída por outrem. O estado de subordinação ou preposição não exige necessariamente a presença de um contrato típico do trabalho. Comissário será tanto o mandatário quanto quem se incumbe de, gratuita ou onerosamente, prestar serviço ou comissão. Verifica-se, no fundo, que o nexo de preposição põe o assento no preponente, por ser ele o beneficiário econômico, de modo a justificar sua responsabilidade pelo dano causado a outrem" (Antonio Lindbergh C. Montenegro, *Responsabilidade civil*, Anaconda Cultural, 1985, p. 97, n. 41).

Nessa linha, decidiu o Superior Tribunal de Justiça: "*Vínculo de preposição* – Motorista prestador de serviço terceirizado – Reconhecimento. Para o reconhecimento do vínculo de preposição, não é preciso que exista um contrato típico de trabalho; é suficiente a relação de dependência ou que alguém preste serviço sob o interesse e o comando de outrem" (*RSTJ, 164*:380).

Observa-se que a aludida Corte Superior confere interpretação ampla à "preposição", não exigindo uma relação formal, mas bastando a existência de relação subordinada ou no interesse de outrem (cf. REsp 1.387.236-MS, 3 T., rel. Min. Paulo de Tarso Sanseverino, *DJe* 2-12-2013). Por seu turno, a Súmula 492 do Supremo Tribunal Federal proclama: "A empresa locadora de veículos responde, civil e solidariamente com o locatário, pelos danos por este causados a terceiro, no uso do carro locado".

Segundo o art. 932, III, do Código Civil, "não se exige que o preposto esteja efetivamente em pleno exercício do trabalho, bastando que o fato ocorra 'em razão dele', mesmo que esse nexo causal seja meramente incidental, mas propiciado pelos encargos derivados da relação de subordinação. Na espécie, em virtude de desavenças relativas ao usufruto das águas que provinham das terras que pertencem aos requeridos, o recorrente foi ferido por tiro desferido pelo caseiro de referida propriedade. O dano, portanto, foi resultado de ato praticado no exercício das atribuições funcionais de mencionado empregado – de zelar pela manutenção da propriedade pertencente aos recorridos – e relaciona-se a desentendimento propiciado pelo trabalho a ele confiado – relativo à administração da fonte de água controvertida[52].

Por outro lado, não importa o fato de o dano resultar de ato praticado contra as ordens do empregador. Se, por exemplo, o empregado, dirigindo carro da empresa, dirige de forma abusiva, contra as instruções do seu chefe, fica caracterizada a responsabilidade solidária do empregador. Confira-se, a propósito: "Ação indenizatória – Responsabilidade civil do empregador por ato de preposto (art. 932, III, do CC) – Teoria da aparência – Responsabilidade objetiva.

Nos termos em que descrita no acórdão recorrido a dinâmica dos fatos, tem-se que o autor do evento danoso atuou na qualidade de vigia do local e, ainda que em gozo de licença médica e *desobedecendo os procedimentos da ré*, praticou o ato negligente na proteção do estabelecimento. Nos termos da jurisprudência do STJ, o empregador responde objetivamente pelos atos ilícitos de seus empregados e prepostos praticados no exercício do trabalho que lhes competir, ou em razão dele (arts. 932, III, e 933 do Código Civil. Precedentes (STJ, REsp 1.365.339-SP, 4ª T., rel. Min. Maria Isabel Gallotti, *DJe* 16-4-2013).

5.2. Responsabilidade presumida, *juris et de jure*

A Súmula 341 do Supremo Tribunal Federal tem a seguinte redação: "É presumida a culpa do patrão ou comitente pelo ato culposo do empregado ou preposto".

Tal presunção, segundo Wilson Melo da Silva, ainda na vigência do Código Civil de 1916, era *juris et de jure*, uma vez que, provada a culpa do preposto, estaria, *ipso facto*, fixada a responsabilidade civil do preponente. Firmada a culpabilidade do preposto na efetivação dos injustificados danos, não assistiria defesa ao preponente capaz de afastar de si a responsabilidade que, para ele, defluiria do só fato delitual do preposto.

Quando alguém fica obrigado, *ope legis*, a reparar danos ocasionados por terceiros que não se encontrem sob sua guarda e vigilância – prossegue o mencionado autor – o fato só se poderia explicar em virtude de uma responsabilidade objetiva, e nunca subjetiva (*Da responsabilidade*, cit., p. 286-287).

A aplicação da teoria objetiva a esses casos já foi por nós mencionada quando frisamos, com base em lições de Afranio Lyra e Silvio Rodrigues, que predomina, atualmente, o entendimento de que uma solução verdadeiramente merecedora de chamar-se justa só poderia achar-se na teoria do risco. Com efeito, estaria longe de corresponder ao senso de justiça a solução por via da qual se permitiria deixar ao lesado o prejuízo por ele sofrido, simplesmente porque aquele que, na

---

52. STJ, REsp 1.433.566-RS, 3ª T., rel. Min. Nancy Andrighi, *DJe* 31-5-2017.

forma do art. 1.521 do Código Civil de 1916 devia responder pelo dano, conseguiu provar que usou de todos os recursos possíveis no sentido de evitar o resultado lesivo.

Tal solução importaria transferir à vítima a responsabilidade do prejuízo por ela sofrido em decorrência do ato de outrem (v. nota 43, *retro*).

A ideia de risco é a que mais se aproxima da realidade. Se o pai põe filhos no mundo, se o patrão se utiliza do empregado, ambos correm o risco de que, da atividade daqueles, surja dano para terceiro. É razoável que, se tal dano advier, por ele respondam solidariamente com os seus causadores diretos aqueles sob cuja dependência estes se achavam (*v.* nota 51, *retro*).

Procedente, sob esse aspecto, a crítica que faz Afranio Lyra (*Responsabilidade*, cit.) à redação da Súmula 341 do Supremo Tribunal Federal, pois o que deve ser presumida é a responsabilidade e não a culpa do patrão ou comitente.

Lembra, com efeito, Antonio Lindbergh C. Montenegro (*Responsabilidade*, cit., p. 95, n. 40) que um "dos campos onde o emprego da teoria subjetiva (culpa *in vigilando* e culpa *in eligendo*) tem recebido mais críticas é no da responsabilidade do empregador. Chega-se a tachar de ridícula a existência de um dever de fiscalização e de escolha que se exige do patrão, no mundo de hoje, quando em face das grandes organizações que proliferam nos centros urbanos ele sequer conhece dez por cento de seus empregados. Mais prático é explicar a responsabilidade do empregador através da teoria objetiva, através do princípio do risco proveito ou mesmo do risco da empresa".

Na verdade, prossegue, "em face da organização moderna do trabalho, com a transformação da economia de base patriarcal e artesanal em linha industrial, a figura do patrão se torna cada vez mais anônima, em relação ao controle da atividade do preposto. De par disso, como nota Bonvicini, a própria especialização do trabalho conduz a uma autonomia executiva no âmbito da diretriz empresarial. Isso sem falar na diminuição, cada vez maior, do poder de escolha e conservação dos empregados que se atribui ao empregador, em face das leis trabalhistas".

Consoante anota Wilson Melo da Silva, a "jurisprudência, inclusive a do Supremo Tribunal Federal, com uma certa reiteração, tem conceituado a presunção de culpa que pesa sobre o patrão, amo ou comitente, pelo ilícito perpetrado por seu preposto no exercício de suas funções ou por ocasião delas, como sendo uma presunção, não mais apenas 'legis tantum', mas uma verdadeira presunção 'legis et de lege', irrefragável, equipolente, por isso mesmo, à própria responsabilidade objetiva" (*Da responsabilidade*, cit., p. 290, n. 94).

Também Arnoldo Wald lembra que a "atitude dos nossos tribunais é de fato no sentido de não admitir a prova de que não houve culpa do patrão, uma vez provada a do preposto. A alegada presunção 'juris tantum' se transforma assim numa presunção 'juris et de jure', já que o patrão não se pode exonerar de sua responsabilidade alegando que escolheu preposto devidamente habilitado para o exercício da função" (*Obrigações*, cit., p. 397, n. 265).

Caio Mário da Silva Pereira igualmente afirma que a responsabilidade indireta do empregado percorreu uma curva de cento e oitenta graus, partindo da concorrência de culpa, caracterizada pela culpa *in eligendo* ou *in vigilando*; passando pela presunção de culpa do preponente; e marchando para a responsabilidade objetiva (*Responsabilidade*, cit., p. 105, n. 82).

Tais considerações valem, hoje, como reminiscências históricas, pois o Código Civil, como já se afirmou, consagrou a responsabilidade objetiva, independente da ideia de culpa, dos empregadores e comitentes pelos atos de seus empregados, serviçais e prepostos (art. 933), afastando qualquer dúvida que ainda pudesse existir sobre o assunto e tornando prejudicada a referida Súmula 341 do Supremo Tribunal Federal, que se referia ainda à "culpa presumida" dos referidos responsáveis.

Resta ao empregador somente a comprovação de que o causador do dano não é seu empregado ou preposto, ou que o dano não foi causado no exercício do trabalho que lhe competia, ou em razão dele.

Quando o art. 933 do Código Civil enuncia que os empregadores, ainda que não haja culpa de sua parte, responderão pelos atos praticados pelos seus empregados, serviçais e prepostos, está-se referindo aos atos ilícitos, aos atos culposos em sentido lato, compreendendo a culpa e o dolo do empregado. Havendo dolo ou culpa *stricto sensu* do empregado na causação do dano, presume-se, *ipso facto* e de forma irrefragável, a responsabilidade (e não a culpa, por se tratar de responsabilidade objetiva) do empregador.

5.3. Requisitos para a configuração da responsabilidade do empregador ou comitente

Para que haja responsabilidade do empregador por ato do preposto, é necessário que concorram três requisitos, cuja prova incumbe ao lesado:

1º) qualidade de empregado, serviçal ou preposto, do causador do dano (prova de que o dano foi causado por preposto);

2º) conduta culposa (dolo ou culpa *stricto sensu*) do preposto;

3º) que o ato lesivo tenha sido praticado no exercício da função que lhe competia, ou em razão dela.

Como já dito, o importante nessas relações é o vínculo hierárquico de subordinação.

Importa, também, o exame da normalidade do trabalho. Assim, "se o ato ilícito foi praticado fora do exercício das funções e em horário incompatível com o trabalho, não acarreta a responsabilidade do empregador. Isso não significa, porém, que o empregador fique exonerado de responsabilidade porque o ato do empregado se revista de dolosidade, ou seja, contra suas instruções. Em matéria de acidente de trânsito a nossa jurisprudência vem sufragando a tese de que o proprietário do veículo, causador do desastre, responde pelo ato do preposto, embora estivesse a dirigi-lo abusivamente, fora do horário de trabalho. Nesses casos, via de regra, leva-se em conta ao mesmo tempo o caráter perigoso da coisa e a culpa *in vigilando*" (Antonio L. C. Montenegro, *Responsabilidade*, cit., p. 97), ou, principalmente, a teoria do guarda (proprietário) da coisa inanimada.

Tema que provoca dissensões é o relativo à responsabilidade do patrão em caso de uso abusivo do veículo.

Adverte Antonio Lindbergh C. Montenegro que, se o proprietário prova que tomava todas as precauções quanto à guarda da coisa e, mesmo assim, se deu o seu uso abusivo, restará isento de responsabilidade. Na realidade, aduz, "não se compreende a responsabilidade do empregador, se ele comprova que guardava diligentemente o veículo e que empregou o motorista porque possui carteira de habilitação e não registrava antecedentes criminais. Se, a despeito dessas precauções, o motorista age abusivamente, tem-se que ele pratica um furto, como um ladrão qualquer" (*Responsabilidade*, cit., p. 97-8). Nesses casos, não se pode dizer que o ato foi praticado no exercício da função ou por ocasião dela, inexistindo, pois, conexão de tempo, de lugar e de trabalho.

Assenta De Page que a responsabilidade do preponente existe "desde que o ato danoso seja cometido durante o tempo do serviço, e esteja em relação com este serviço", não ocorrendo se o ato realmente verificou-se fora do serviço, isto é, sem conexão nem de tempo, nem de lugar de serviço com as funções confiadas ao agente (*Traité élémentaire*, v. 2, n. 989, p. 949).

Consoante consigna Caio Mário da Silva Pereira (*Responsabilidade*, cit., p. 104, n. 82), respaldado em Carvalho Santos e Demogue, "em se apurando esses extremos, o empregador responde pelo dano causado, e é obrigado a repará-lo. Trata-se de um princípio de ordem pública. De nada vale o patrão anunciar que não se responsabiliza pelos acidentes, pois que se trataria de declaração unilateral de vontade, que não tem o efeito de elidir a responsabilidade".

Para Martinho Garcez Neto, "haja ou não abuso de função, o que importa é que o ato, culposo ou doloso, seja cometido no exercício da função ou por ocasião dela, para que fique determinada a responsabilidade indireta pela reparação civil" (*Responsabilidade civil*, 3. ed., Saraiva, 1975, p. 238).

De acordo com os exatos termos do inc. III do art. 932, o preponente é responsável pelo ato ilícito praticado, ainda que não mais durante a execução dos serviços que lhe são afetos, mas "em razão" deles.

Segundo Washington de Barros Monteiro e outros autores de nomeada, como Pontes de Miranda (Do direito das obrigações, in *Manual Lacerda*, 1927, v. 16, 3ª parte, t. 1, p. 328, n. 231) e Wilson Melo da Silva (*Da responsabilidade*, cit., p. 294), a expressão "no exercício do trabalho ou por ocasião dele", constante do art. 1.521, III, do Código Civil de 1916 deve ser entendida de modo amplo e não restritivo. Para a caracterização dessa responsabilidade, pouco importa que o ato lesivo não esteja dentro das funções do preposto. Basta que essas funções facilitem sua prática (*Curso*, cit., v. 5, p. 422).

Aduz Wilson Melo da Silva que, se "foi a função que possibilitou ao preposto a prática, colateral, do ato danoso, uma estreita relação de causa e efeito ter-se-ia estabelecido, aí, entre a função e o dano ocasionado a terceiro. Se na ausência da função, oportunidade não haveria para que o dano acontecesse, segue-se disso que a ela estaria ele ligado de maneira necessária. E quem responde pelo principal deve responder, ainda, pelo que lhe é conexo" (*Da responsabilidade*, cit., p. 294-5).

O empregador não é responsável pelo dano se a vítima sabia que o preposto procedia fora de suas funções. Da mesma forma, se o lesado age de forma precipitada, sem observar as cautelas normais no seu relacionamento com o preposto. Já se decidiu que, "se a vítima do dano sabia que o motorista não estava exercendo as suas funções normais e, também, que não estava no horário de serviço, não pode pretender responsabilizar a empregadora" (TARJ, *RT*, 715/258).

Tem predominado, na jurisprudência, mediante aplicação da teoria da aparência, a orientação de que é suficiente a aparência de competência do preposto para acarretar a responsabilidade do comitente. Considera-se suficiente a razoável aparência do cargo. Exige-se, também, a boa-fé do lesado, ou seja, a convicção deste de que o preposto achava-se no exercício de suas funções, na ocasião da prática do abuso.

Desse modo se justifica a aplicação da teoria em relação ao homem de trabalho que, em hospedaria, toma em depósito as bagagens do viajante, ou do empregado a quem o viajante confia uma soma ou objetos preciosos, parecendo razoavelmente que fosse para este preposto (*Novíssimo Digesto Italiano*, 1956, v. 1, p. 718). No entanto, é preciso frisar que o dever de responder decorre do fato de a pessoa ter criado no tráfego jurídico uma situação capaz de merecer a confiança de outrem a respeito de determinado negócio jurídico, como lembra Antonio Lindbergh C. Montenegro, com base na doutrina alemã (*Responsabilidade*, cit., p. 101-2).

No campo da responsabilidade civil automobilística, tem-se entendido que, confiado um veículo a uma oficina mecânica para reparos, responsável pelos acidentes porventura ocorridos a tal veículo, durante o tempo de sua permanência na oficina, seria apenas o proprietário desta e não o dono do veículo, por inexistir qualquer vínculo de preposição entre o dono do carro e a oficina ou seus empregados. Os empregados da oficina são prepostos dos responsáveis por esta e não dos proprietários dos veículos ali deixados.

Wilson Melo da Silva pondera que, no entanto, se o dono do carro entrega o veículo a empregado da oficina para que este, em momentos de folga, fora de seus horários normais de trabalho, promova os consertos reclamados, em casos tais estabelece-se um vínculo de preposição entre ambos. Assim, pelos acidentes ocorridos durante os consertos ou por ocasião das provas experimentais de rua com os mesmos, a obrigação de reparar recairia sobre o dono do carro, visto que, na espécie, surgiria ele como o verdadeiro preponente. Diferente, porém, a hipótese em que o proprietário da oficina, por liberalidade, anui em que, por alguns instantes, dentro do horário de serviço do empregado, e mesmo em algum recanto da mesma, o mecânico possa dar algum andamento à tarefa ajustada diretamente pelo preposto, em caráter particular. É que o acidente teria tido lugar "por ocasião" ou durante o momento do desempenho normal das tarefas do preposto para com seu preponente ordinário (o dono da oficina) (*Da responsabilidade*, cit., p. 299-300).

JURISPRUDÊNCIA

5.4. Responsabilidade do condomínio por ato de preposto

- Condomínio – Ato de preposto – Furto de bens praticado por porteiro – Guarda das chaves de apartamento em razão do emprego – Responsabilidade presumida do condomínio – Artigo 1.521, inciso III, do Código Civil [*de 1916*] – Verba devida – Recurso provido para esse fim. Responde o condomínio por danos causados por seu preposto (*JTJ*, Lex, *214*:96).

- Condomínio – Responsabilidade civil – Ato de preposto – Vigia de edifício que abandona seu serviço na portaria e se apossa de carro de condômino estacionado na garagem e o danifica – Veículo que se encontrava com uma das portas destravadas, encontradas as chaves pelo empregado escondidas no quebra-sol – Indenização para reparação do dano devida (*RT, 648*:120).

5.5. Sentença penal condenatória do empregado

- Sentença penal condenatória, transitada em julgado, responsabilizando empregado pelo falecimento de companheiro durante a jornada de trabalho – Responsabilidade do empregador caracterizada – Verba devida (*RT, 744*:280).

5.6. Responsabilidade do preponente por ato de seu preposto

■ Responsabilidade civil – Acidente de trânsito fatal – Culpa do motorista – Empregado da agravante – Responsabilidade objetiva e solidária. Nos termos dos arts. 932, III, e 933 do CC, o empregador responde objetivamente pelos atos ilícitos de seus empregados e prepostos praticados no exercício do trabalho que lhes competir, ou em razão dele, de modo que, reconhecida a culpa do empregado por acidente que causou danos a terceiros, a responsabilidade do empregador é objetiva (AgInt no AREsp 1.367.751-SP, rel. Min. Raul Araújo, 4ª T., j. 3-6-2024, *DJe* 7-6-2024).

■ Acidente de trânsito – Atropelamento de criança – Culpa caracterizada – Responsabilidade da empresa em face da prática do ato por seu preposto – Verba devida (*RT*, *750*:329).

■ Responsabilidade civil por ato de terceiro – Dever de guarda e vigilância – Empregado e empregador – Relação de subordinação. Segundo o art. 932, III, do CC/02, não se exige que o preposto esteja efetivamente em pleno exercício do trabalho, bastando que o fato ocorra "em razão dele", mesmo que esse nexo causal seja meramente incidental, mas propiciado pelos encargos derivados da relação de subordinação. Na espécie, em virtude de desavenças relativas ao usufruto das águas que provinham das terras que pertencem aos requeridos, o recorrente foi ferido por tiro desferido pelo caseiro de referida propriedade. O dano, portanto, foi resultado de ato praticado no exercício das atribuições funcionais de mencionado empregado – de zelar pela manutenção da propriedade pertencente aos recorridos – e relaciona-se a desentendimento propiciado pelo trabalho a ele confiado – relativo à administração da fonte de água controvertida (STJ, REsp 1.433.566-RS, 3ª T., rel. Min. Nancy Andrighi, *DJe* 31-5-2017).

■ Responsabilidade civil do empregador por ato de preposto (art. 932, III, do CC) – Responsabilidade objetiva. Nos termos da jurisprudência do STJ, o empregador responde objetivamente pelos atos culposos de seus empregados e prepostos praticados no exercício do trabalho que lhes competir, ou em razão dele (arts. 932, III, e 933 do Código Civil. Precedentes (STJ, AgRg no Ag 1.162.578-DF, 4ª T., rel. Min. Maria Isabel Gallotti, *DJe* 9-3-2016).

■ Apropriação indevida de valores por advogado – Causídico vinculado a sindicato – Responsabilidade solidária da entidade sindical – Relação de preposição configurada. O propósito recursal consiste em definir se o sindicato é responsável pelos prejuízos causados a filiado em decorrência da apropriação indevida de valores por advogada vinculado à entidade sindical. A responsabilidade do empregador ou comitente é restrita aos atos dos empregados, serviçais e prepostos praticados no exercício do trabalho que lhes competir ou em razão dele (art. 932, III, do CC/02). O termo comitente significa a pessoa que dá ordens e instruções a empregado, preposto ou serviçais. Para a incidência do art. 932, III, do CC/02 é prescindível a existência de relação de emprego ou de trabalho, sendo suficiente que haja uma relação jurídica de dependência entre o autor direto do fato e o responsável ou que alguém preste serviço sob o interesse e o comando de outrem (REsp 2.080.224/SP, rel. Ministra Nancy Andrighi, 3ª T., j. 24-10-2023, *DJe* 30-10-2023).

■ Garoto de cinco anos de idade que fora atingido na nuca por disparo de arma de fogo realizado por preposto da recorrente, contratado para realizar serviço de segurança – Dever de indenizar caracterizado. Na hipótese em tela, as instâncias ordinárias reputaram configurada a responsabilidade civil da empregadora, ora recorrente, porquanto o evento danoso guardara relação com o exercício do trabalho do empregado, isto é, com o desempenho da função de vigilante (STJ, REsp 1.248206-SP, 4ª T., rel. Min. Marco Buzzi, *DJe* 2-9-2015).

- Responsabilidade civil do empregador por ato do preposto – Disparo de arma de fogo praticado por preposto dentro de propriedade do empregador e em decorrência do seu trabalho – Responsabilidade do empregador (STJ, AgRg no AREsp 139.980-PR, 4ª T., rel. Min. Raul Araújo, *DJe* 24-6-2015).

- Responsabilidade civil – Acidente de trânsito – Responsabilidade do empregador pelos atos de seus prepostos na vigência do CC/16. "É presumida a culpa do patrão ou comitente pelo ato culposo do empregado ou preposto" (Súmula 341/STF. Possibilidade de cumulação da pensão indenizatória com o correspondente benefício previdenciário sem ofensa ao princípio da reparação integral (STJ, AgRg no REsp 1.389.254-ES, 3ª T., rel. Min. Paulo de Tarso Sanseverino, *DJe* 17-4-2015).

- Morte ocorrida durante o exercício laboral – Empregador – Responsabilidade. Reconhecida a prática de ato doloso do empregado partícipe, o qual teve conhecimento prévio da data e das circunstâncias relacionadas ao transporte de valores exatamente em razão de suas atividades na empresa, a responsabilidade da empregadora pelos danos causados por seu empregado é objetiva. Precedentes (STJ, REsp 1.385.943-MG, 4ª T., rel. Min. Maria Isabel Gallotti, *DJe* 11-4-2014).

- Responsabilidade civil do empregador – Acidente de trabalho – Culpa de preposto. No caso concreto, é incontroversa a ocorrência do acidente do trabalho no interior do estabelecimento e no respectivo horário laboral. A responsabilidade civil do empregador, por sua vez, está presente porque a lesão decorreu de imperícia verificada em trabalho executado por outro preposto do réu, o qual deveria possuir treinamento adequado para manusear corretamente o equipamento (STJ, REsp 685.801-MG, 4ª T., rel. Min. Antonio Carlos Ferreira, *DJe* 16-10-2014).

- Hospital – Morte de paciente por omissão e negligência dos prepostos do estabelecimento – Indenização devida. Responde o preponente pelos atos de seus prepostos se deles advierem danos para terceiros (*RT*, *606*:184).

- Responsabilidade civil da instituição financeira por ato do preposto. Controvérsia acerca da responsabilidade civil de uma instituição financeira pelos desvios de valores perpetrados por gerente em prejuízo de cliente. Condenação à obrigação de restituir os valores desviados e à obrigação de indenizar os danos morais experimentados pelo cliente. Precedentes (STJ, REsp 1.569.767-RS, 3ª T., rel. Min. Paulo de Tarso Sanseverino, *DJe* 9-3-2016).

5.7. Responsabilidade do *shopping center* por crime praticado por empregado fora do horário de trabalho

- *Shopping center* – Assalto e sequestros praticados por funcionário, fora do horário correspondente à jornada de trabalho – Irrelevância – Indenização devida pela empregadora. A expressão "no exercício do trabalho ou por ocasião dele", constante do artigo 1.521, III, do Código Civil [*de 1916, correspondente ao art. 932, III, do novo*], deve ser entendida de modo amplo e não restritivo. Para a caracterização dessa responsabilidade pouco importa que o ato lesivo não esteja dentro das funções do preposto. Basta que essas funções facilitem sua prática. Assim, a responsabilidade do patrão, pelos atos do preposto, só pode ser elidida quando o fato danoso por este praticado não guardar relação alguma com sua condição de empregado (TJSP, Ap. 107.191-4/5-00-SP, 10ª Câmara de Direito Privado, rel. Des. Ruy Camilo, j. 24-10-2000).

5.8. Solidariedade passiva entre os causadores do dano

■ Ato ilícito – Solidariedade passiva entre os causadores do dano caracterizada – Indenização exigível de qualquer um dos responsáveis, não obstante aquele que pagou poder exigir do codevedor sua cota (*RT*, *660*:134).

5.9. Responsabilidade do hospital por erro médico de seu preposto

■ Caracterizado erro médico, que causou danos a paciente internado em hospital, não se pode deixar de responsabilizar o nosocômio pelo pagamento de indenização em conjunto com os funcionários denunciados à lide que agiram com culpa grave (*RT*, *637*:55).

■ Erro médico – Prática por médico assistente ao qual se atribuiu o *status* de preposto – Irrelevância da inexistência de relação empregatícia – Membro do corpo clínico que trabalha sob autorização e supervisão do hospital – Recurso não provido (*RJTJSP*, *120*:178).

■ Médico – Dano decorrente de erro profissional – Culpa autônoma caracterizada – Responsabilidade solidária do hospital inadmissível – Hipótese, ademais, em que é sócio-cotista do nosocômio; e não empregado, serviçal ou preposto (*RT*, *639*:52).

5.10. Responsabilidade de empresa de assistência médica por ato cometido por médico credenciado

■ Empresa de assistência médica – Lesão corporal provocada por médico credenciado – Responsabilidade solidária da selecionadora pelos atos ilícitos do selecionado – Credor a quem cabe escolher entre os codelinquentes o que melhor lhe convier para figurar no polo passivo da lide – Ilegitimidade afastada (*RT*, *653*:93).

5.11. Responsabilidade da empresa terceirizada e da contratante

V. Acidente de trabalho e responsabilidade civil, in: Livro II, Título I, Capítulo II (Responsabilidade Contratual), Seção IX.

■ Responsabilidade civil objetiva – Responsabilidade subsidiária – Tomador de serviço – Subordinação jurídica do prestador – Necessidade – Terceirização – Requisitos. O tomador de serviço somente será objetivamente responsável pela reparação civil dos ilícitos praticados pelo prestador nas hipóteses em que estabelecer com este uma relação de subordinação da qual derive um vínculo de preposição (REsp 1.171.939/RJ, 3ª T., Ministra Nancy Andrighi, j. 7-12-2010, *DJe* 15-12-2010).

5.12. Responsabilidade do dono, ainda que o preposto não estivesse autorizado a dirigir o veículo

- Acidente automobilístico – Veículo apropriado por pessoa de velho conhecimento do dono, a quem o veículo havia sido confiado, com as respectivas chaves, para ser lavado – Furto. Ainda que o preposto tenha abusivamente se apoderado da direção do veículo, porque não autorizado expressamente pelo dono, este responderá solidariamente pelos prejuízos que aquele causar a terceiro (TAMG, Ap. 16.700, Belo Horizonte, rel. Humberto Theodoro).

5.13. Responsabilidade do dono, mesmo quando o veículo tenha sido usado pelo preposto sem autorização e fora do horário de trabalho

- O dono do automóvel responde pelo dano causado a terceiro, em colisão culposa, mesmo quando o carro tenha sido utilizado por preposto fora de seu trabalho (*RT*, *483*:84; *493*:57).
- Pouco importa saber se o acidente ocorreu, ou não, em horário de trabalho do motorista, se não negada a sua condição de empregado e não demonstrado que o acesso à máquina não decorreu de outro fato senão o vínculo que mantinha com a demandada (TJMG, Ap. 50.467, in *Responsabilidade civil*, de Humberto Theodoro Júnior, LEUD, p. 224, n. 90).
- Empregado fora do horário de trabalho com veículo da empresa requerida – Veículo retirado do pátio da empresa à noite por funcionário – Acesso que lhe era possibilitado – Estado de embriaguez e envolvimento em acidente com vítima – Responsabilidade objetiva do empregador e proprietário do veículo (TJ-MT, Apel. 00116788320108110000 11678/2010, 2ª Câm. Cív., rel. Des. Marilsen Andrade Addario – *DJe* 18-2-2014).
- Não exclui a responsabilidade civil do preponente a circunstância de o preposto ter causado o acidente de veículo fora do serviço e contra ordens e regulamentos internos (TAMG, Ap. 19.187, Uberaba, rel. Humberto Theodoro).
- Para gerar a obrigação de indenizar para o preponente, não é preciso que o ato ilícito do preposto seja praticado em serviço. Basta que o acesso do motorista ao veículo tenha decorrido da relação existente entre ele e o patrão (TAMG, Ap. 18.876, Belo Horizonte, rel. Humberto Theodoro).
- A circunstância de ter o acidente ocorrido num domingo, fora do horário de trabalho do empregado da empresa demandada, é irrelevante. O que é decisivo é que o motorista tenha acesso ao veículo causador do evento danoso, em razão do vínculo empregatício existente. Estando comprovado que o evento decorreu de ato culposo do motorista, presume-se a corresponsabilidade do patrão (Súmula 341 do STF) (TAMG, Ap. 20.443, Boa Esperança, rel. Humberto Theodoro).
- Abalroamento de veículo – Empregado que, em dia de folga, entra na sede da empresa e de lá sai dirigindo caminhão – Responsabilidade do empregador pelos danos causados. Responde o empregador pela imprudência ou imperícia do seu empregado que, em dia de folga, dirigindo mal um caminhão de sua propriedade, ocasiona danos a terceiros (*RT*, *491*:66, *490*:86, *483*:84, *430*:271).

5.14. Acidente de trânsito causado pelo empregado, com danos aos que viajavam de carona

■ Se as vítimas fatais de acidente de trânsito, que viajavam de carona na cabina do caminhão envolvido no sinistro, não tinham nenhum vínculo empregatício com a empresa proprietária do veículo, não há responsabilidade do empregador pelo evento danoso, mormente se o transporte gratuito realizado pelo preposto não era do conhecimento ou autorizado pelo preponente (*RT, 800*:280).

■ O uso da motocicleta pelo empregado para fins diversos daqueles relativos ao trabalho configura abuso ou desvio de atribuições, que exclui o nexo causal e, por conseguinte, a responsabilidade do patrão pelo evento danoso que venha a vitimar terceiro, mormente quando este aceitou a *carona* do motociclista ébrio sabendo que ele não estava exercendo as suas funções laborais nem se encontrava no horário de serviço (TJES, Ap. 35.060.053.887, *DJe* 3-8-2007).

■ Ação indenizatória – Acidente com veículo – Vítima fatal – Preposto que convida esposa para acompanhá-lo em viagem a serviço da empresa sem o conhecimento desta – Falecimento da carona – Indenização não devida pelo empregador (TJMS, Ap. 2004.004519-0, *DJe* 15-10-2004).

5.15. Denunciação da lide ao empregado. Inadmissibilidade

■ Reparação de danos – Denunciação da lide ao empregado causador do dano – Inadmissibilidade – Preposto que não agiu dolosamente – Inteligência do art. 462, § 1º, da CLT. As normas específicas afastam a incidência da regra geral. Portanto, pela prevalência do disposto no art. 462, § 1º, da CLT sobre o art. 1.524 do CC de 1916 não pode o empregador denunciar à lide o empregado ante dano que este tenha causado a terceiro, a não ser que tenha agido dolosamente (*RT, 613*:128; *611*:131).

5.16. Empregado que não é motorista da empresa, mas mero funcionário do setor de empacotamento

■ A circunstância de não ser o empregado "motorista" da empresa, mas mero funcionário no setor de empacotamento, em nada altera a situação: isto porque, em tema de responsabilidade civil, a conceituação de preposto desvincula-se de rigorosa relação empregatícia. Uma coisa só é necessária para que seja preposto: a possibilidade de receber ordens de um comitente, ou, em outros termos, a subordinação. Se este funcionário provocou o dano, ainda que estivesse dirigindo sem o consentimento do patrão, por força do que aqui se acentuou, em nada arredou ou diminuiu a responsabilidade deste último (*RT, 532*:84).

5.17. Responsabilidade de frota de táxi por roubo de passageiro praticado pelo motorista

■ Frota de táxi – Roubo de passageiro praticado pelo motorista – Indenização devida. O serviço de táxi é serviço de utilidade pública, e, sendo explorado por uma frota, responde esta pelos danos na hipótese de um dos motoristas praticar assalto contra passageiro (*RT, 612*:87).

5.18. Responsabilidade da pessoa jurídica

■ A pessoa jurídica deve responder por danos materiais causados por membros que a representam – Pedido amparado no princípio da responsabilidade civil previsto nos arts. 186 do Código Civil e 5º, incisos V e X, da Constituição Federal, presentes os requisitos para sua configuração: dano, conduta ilícita e nexo de causalidade (TRF, 3ª Região, Proc. 0035675-38.2000.4.03.6100/SP, 1ª T., disponível em <www.conjur.com.br>, acesso em 10 ago. 2014).

6. Responsabilidade dos educadores

Os pressupostos de aplicação do princípio da responsabilidade dos educadores, e também dos donos de hospedarias em geral, consistem na apuração de que a instituição recolhe ou interna a pessoa com o fito de lucro. Não haveria a responsabilidade, *a contrario sensu*, para quem desse pousada gratuita, bem como pelo fato danoso dos que frequentassem a casa eventualmente[53].

No caso do hospedador e do educador a título gratuito, pondera, entretanto, com sabedoria, Aguiar Dias que "não se compreende que se albergue alguém para lhe proporcionar ou permitir o dano, através de terceiro". E acrescenta: "É indubitável que lhe incumbe (ao dono da casa), mesmo quando hospedador gratuito, um dever de segurança em relação à pessoa do hóspede". No seu entender, tudo estará em examinar, dado o caso concreto, até que ponto interveio a colaboração do dono da casa no fato danoso. E enfatiza, a seguir: "No caso, por exemplo, do educandário, de forma nenhuma se poderia julgar o aluno que goze desse favor a descoberto da garantia que o diretor do estabelecimento lhe deve". Em nota a este comentário, afirma: "O mesmo ocorre nas escolas públicas de ensino gratuito. O Estado responde pelos danos sofridos pelo aluno em consequência de ato ilícito de outro (Carvalho Santos, ob. cit., vol. 20, pág. 240). É claro que na responsabilidade do educador influi consideravelmente a circunstância de má educação anterior do aluno" (*Da responsabilidade*, cit., p. 588 e nota 962).

Nos estabelecimentos de ensino exsurge uma concorrência de situações entre a responsabilidade do pai e a do professor. Os professores, no seu trabalho, exercem sobre os seus alunos um encargo de vigilância que é sancionado pela presunção de culpa. No entender de conceituados autores, como Alvino Lima, Serpa Lopes e outros, em relação aos mestres e educadores preside a mesma ideia que influi na responsabilidade dos pais, com esta diferença de que a responsabilidade dos educadores é vinculada a um dever de vigilância pura e simplesmente, enquanto aos pais incumbe não só a vigilância como a educação[54].

Silvio Rodrigues não concorda com aqueles que vislumbram no inciso IV do art. 1.521 do Código Civil de 1916, que corresponde ao atual, uma responsabilidade ampla dos educadores. No seu entender, o aludido dispositivo legal somente tem aplicação aos diretores de colégios de "internato", por atos praticados por estudantes ali internos que, escapando à vigilância dos diretores ou de seus prepostos, causem dano a terceiros. E a responsabilidade, que normalmente competiria aos pais, transferida aos donos de casas de ensino onde se albergam estudantes, "é

---

53. Caio Mário da Silva Pereira, *Instituições*, cit., p. 504, n. 281.
54. Alvino Lima, *Da culpa*, cit., n. 13; Serpa Lopes, *Curso*, cit., p. 283, n. 220.

muito mais atenuada e só se caracteriza quando houver manifesta negligência do diretor ou seu preposto, sendo certo que o encargo de provar tal negligência compete à vítima" (*Direito civil*, cit., p. 80, n. 30).

Entretanto, com mais propriedade, *data venia*, Aguiar Dias preleciona que, embora o aludido dispositivo não faça referência a "educadores", como faz a lei francesa, "a nossa fórmula é mais geral: a ideia de vigilância é mais ampla do que a de educação, devendo entender-se que essas pessoas respondem pelos atos dos alunos e aprendizes, durante o tempo em que sobre eles exercem vigilância e autoridade. Os danos por que respondem são, ordinariamente, os sofridos por terceiros, o que não quer dizer que os danos sofridos pelo próprio aluno ou aprendiz não possam acarretar a responsabilidade do mestre ou diretor do estabelecimento".

E menciona dois exemplos, tirados de Pontes de Miranda: o do "diretor do estabelecimento que se esquece de prevenir o pai ou parente sobre a doença de um dos colegiais ou pessoas internadas; e o do professor de química, que deixa no chão pedaços de fósforos com os quais se queima um aluno" (*Da responsabilidade*, cit., p. 587, n. 194). Podemos lembrar, ainda, a hipótese em que um aluno fere um seu colega, não logrando a escola provar que houve vigilância adequada.

Assim, quando o aluno se encontra em regime de externato, a "responsabilidade é restrita ao período em que o educando está sob a vigilância do educador (Serpa Lopes, ob. cit., n. 284), compreendendo o que ocorre no interior do colégio, ou durante a estada do aluno no estabelecimento, inclusive no recreio (Pontes de Miranda), ou em veículo de transporte fornecido pelo educandário. O mais que ocorra fora do alcance ou da vigilância do estabelecimento estará sujeito ao princípio geral da incidência de culpa. O Tribunal de Justiça do Rio de Janeiro reconheceu a responsabilidade do estabelecimento de ensino por dano sofrido durante a recreação (*Adcoas*, 1986, n. 106.239)" (Caio Mário da Silva Pereira, *Responsabilidade*, cit., p. 107).

Os educadores são prestadores de serviço. Com a entrada em vigor do atual Código Civil, preocuparam-se os operadores do direito em saber se essa atividade continuava regida pelo Código de Defesa do Consumidor, lei especial que responsabiliza os fornecedores e prestadores de serviço em geral de forma objetiva, só admitindo como excludente a culpa exclusiva da vítima, malgrado também se possa alegar o caso fortuito ou força maior, porque rompem o nexo de causalidade.

Embora o Código Civil seja bastante amplo, não esgota toda a matéria do direito privado. Se fosse essa a intenção do legislador, teria trazido para o seu bojo tudo o que consta da legislação especial. Todavia, o art. 593 do atual diploma dispõe:

"A prestação de serviço, que não estiver sujeita às leis trabalhistas ou a lei especial, reger-se-á pelas disposições deste capítulo".

Verifica-se, portanto, que as regras do Código Civil sobre prestação de serviço têm caráter residual, aplicando-se somente às relações não regidas pela Consolidação das Leis do Trabalho e pelo Código do Consumidor, sem distinguir a espécie de atividade prestada pelo locador ou prestador de serviços, que pode ser profissional liberal ou trabalhador braçal.

Desse modo, o capítulo concernente à prestação de serviço, no Código Civil, teve sua importância diminuída, interessando mais ao prestador de menor porte, seja pessoa física ou jurídica, e ao trabalhador autônomo, como os profissionais liberais.

O aludido diploma cogita do contrato de prestação de serviço apenas enquanto civil no seu objeto e na disciplina, executado sem habitualidade, com autonomia técnica e sem subordinação.

No caso dos educadores não há incompatibilidade entre o que dispõe o Código de Defesa do Consumidor a respeito dos prestadores de serviço em geral e o Código Civil, pois ambos acolheram a responsabilidade objetiva, independentemente de culpa. Sendo remunerado, caracteriza-se na hipótese relação de consumo, atraindo a incidência do Código de Defesa do Consumidor que, no caso, prevalece sobre o regime do Código Civil (Bruno Miragem, *Direito civil: responsabilidade civil*, cit., p. 319). A propósito, decidiu o Superior Tribunal de Justiça: "Responsabilidade civil – Escola maternal particular – Falecimento de menor por asfixia mecânica proveniente de aspiração de alimento – Ação de indenização por danos materiais e morais – Prestador de serviço – Responsabilidade objetiva.

No caso, o serviço prestado pela escola maternal foi defeituoso, a qual tem o dever de zelar pela segurança das crianças no período em que estão sob seus cuidados, de modo que, frustrada essa expectativa, deve a instituição responder objetivamente pelos danos ocorridos, em consonância com o art. 14 do Código de Defesa do Consumidor e 933 do Código Civil, sendo prescindível perquirir acerca da existência da culpa" (STJ, REsp 1.376.460-RS, 3ª T., rel. Min. Marco Aurélio Bellizze, *DJe* 30-9-2014).

Neste caso, não prevalece cláusula de não indenizar que, porventura, seja imposta pelo fornecedor do serviço. Nesses termos, quaisquer danos que decorram de serviços defeituosos prestados pelo fornecedor (dono do estabelecimento educacional) serão de sua responsabilidade, independentemente de culpa (Bruno Miragem, cit., p. 320).

Também responde a escola por danos sofridos pelos alunos fora do estabelecimento educacional em atividade escolar, como ocorre nos passeios por ela organizados e acompanhados. Nessa conformidade, decidiu o Superior Tribunal de Justiça: "Acidente ocorrido com aluno durante excursão organizada pelo colégio – Existência de defeito – Fato do serviço – Responsabilidade objetiva – Ausência de excludentes de responsabilidade" (STJ, REsp 762.075-DF, 4ª T., rel. Min. Luis Felipe Salomão, *DJe* 29-6-2009).

Assim, se o art. 933 do Código Civil preceitua que as pessoas indicadas nos incisos I a V do artigo antecedente (pais, tutores, curadores, empregadores, donos de hotéis e de escolas e os que gratuitamente houverem participado nos produtos do crime) terão responsabilidade objetiva, respondendo pelos terceiros ali referidos "ainda que não haja culpa de sua parte", é porque quis afastá-los da culpa presumida consagrada no art. 1.521 do diploma de 1916. Neste, a presunção de culpa dos educadores era relativa, pois admitia prova em contrário (presunção *juris tantum*). A culpa consistia no fato de não haver exercido, como deveria, o dever de vigiar, de fiscalizar (culpa *in vigilando*). Permitia-se, assim, que se exonerasse da responsabilidade, desde que provasse não ter havido de sua parte culpa ou negligência.

O Código Civil atual, de 2002, adotou solução mais severa, não os isentando de responsabilidade, ainda que não haja culpa de sua parte.

Podemos especificar as seguintes situações:

a) se o dano é causado pelo aluno contra terceiros, a escola responde pelos prejuízos, independentemente de culpa. Tem, porém, ação regressiva contra os alunos (porque os seus pais não têm a obrigação de responder pelos atos praticados por seus filhos na escola), se estes puderem responder pelos prejuízos, sem se privarem do necessário (CC, art. 928 e parágrafo único).

Veja-se, a propósito, decisão do Supremo Tribunal Federal (*RJTJSP*, *25*:611) referente ao caso de um colégio que funcionava em um edifício e sofreu ação de indenização movida pelo condomínio, porque alunos estragaram o elevador: "Assim agindo, faltou o réu com a necessária vigilância, indiferente à indisciplina dos alunos no interior do edifício. Deve, portanto, responder pelos atos daqueles que, na escola, no seu recinto, estavam sujeitos ao seu poder disciplinar, ficando-lhe assegurado o direito de ação regressiva contra os responsáveis pelos menores e contra os alunos maiores que participaram dos fatos determinantes do dano".

b) se o dano é sofrido pelo próprio aluno (na aula de química, por exemplo), a vítima pode mover, representada pelo pai, ação contra o estabelecimento.

A propósito, veja-se: "Responsabilidade civil. Acidente ocorrido em laboratório de Química de estabelecimento de ensino. Caso fortuito. Inocorrência. Falta de cautelas de segurança. Caracterização da culpa e do nexo causal. Vítima que não exerce atividade laborativa. Irrelevância. Indenização devida" (*RT*, *612*:44 e *RJTJSP*, *106*:371).

E ainda: "Responsabilidade civil. Faculdade de Educação Física. Morte de aluno no curso de aula de natação. Método arriscado de ensino. Culpa do professor. Responsabilidade solidária da Universidade, segunda ré. Indenização devida" (*RT*, *597*:173). "*Indenização e responsabilidade civil por dano moral* – Menor que foi agredido e humilhado em estabelecimento escolar – Alegação da ré de que o fato foi simples brincadeira no pátio da escola – Ausência de vigilância de quem tem obrigação de zelar pela integridade física e moral dos alunos – Procedência decretada – Recurso desprovido" (*JTJ*, Lex, *207*:112). "Estabelecimento oficial de ensino – Responsabilidade civil do Estado – Dano material – Aluno alvejado por colega, ficando paraplégico – Pensão vitalícia e custeio de tratamento psicoterápico – Verba devida" (*JTJ*, Lex, *230*:83 e 101). "Aluno atingido por lápis no olho, atirado com um estilingue por colega durante a aula, tendo a córnea perfurada – Indenização devida pelo colégio em que estudavam – Falha na prestação do serviço – Responsabilidade objetiva" (TJRJ, Proc. 0015319-31.2006.8.19.0054, disponível em <www.editoramagister.com>, acesso em 7-12-2012).

Decidiu-se, no entanto, em outra oportunidade: "*Indenização* – Estabelecimento de ensino – Acidente sofrido por estudante, ocorrido em interior de educandário, quando da prática de esporte – Quadra que se apresentava em condições regulares ao exercício de atividade física – Fato proveniente de caso fortuito – Verba indevida" (*RT*, *815*:346).

O estabelecimento, comercial ou de ensino, tem obrigação de guarda e vigilância de veículos estacionados em suas dependências. Com esse entendimento, a 13ª Câmara Cível do Tribunal de Justiça de Minas Gerais condenou uma instituição de ensino a indenizar em R$ 70.000,00 um aluno que foi sequestrado no estacionamento da empresa. Segundo o relator, Des. Alberto Henrique, restou configurada a falha na prestação de serviço, "uma vez que a instituição ré não ofereceu a segurança adequada à parte autora. É evidente a responsabilidade de compensação ao usuário do estacionamento da universidade pelos danos sofridos, especialmente porque a instituição não foi diligente no dever que lhe competia, agindo com inegável culpa *in vigilando*", completou (AC. 1.0000.19.142984-4/001, Revista *Consultor Jurídico* de 5-4-2020).

6.1. A responsabilidade das escolas públicas

A responsabilidade, quanto às escolas públicas, cabe ao Estado (Carvalho Santos, *Código Civil*, cit., p. 240; De Page, *Traité*, cit., n. 982), vigorando as regras da responsabilidade civil das pessoas jurídicas de direito público (Caio Mário da Silva Pereira, *Responsabilidade*, cit., p. 107).

JURISPRUDÊNCIA

- "Responsabilidade civil do Estado. Indenização. Lesão causada por professor em aluno de estabelecimento de ensino municipal durante partida de futebol realizada em aula de Educação Física. Alegação de ser consequência natural e inerente à atividade desportiva. Inadmissibilidade. Competição realizada como atividade obrigatória no 'curriculum' e no interior da escola. Obrigação desta de zelar pela integridade física dos alunos, em razão da própria natureza do serviço prestado. Reparação de danos devida independentemente de prova de culpa. Declarações de votos vencedor e vencido" (*RT*, 642:104).

- Morte de criança em escola pública que se encontrava em obras – Responsabilidade civil do Estado – Hipótese em que o acórdão reconheceu expressamente a ocorrência do nexo causal tanto do Estado quanto da empresa responsável pela obra pública – Irresignação interna contra a manutenção da decisão denegatória da origem que aplicou ao caso a Súmula 7/STJ – Alegação que objetiva a redução da reparação moral fixada em R$ 74.640,00 (AgInt no AREsp 686.292/SC, rel. Ministro Napoleão Nunes Maia Filho, 1ª T., j. 17-2-2020, *DJe* de 3-3-2020).

- "Responsabilidade civil do Município – Dano moral – Autora que teve queda de altura aproximada de 3 (três) metros no interior de Escola Pública, quando a criança (5 anos) se encontrava em brinquedo inflável no dia comemorativo do 'dia das crianças' – Lesão grave no cotovelo esquerdo, com necessidade de cirurgia – Responsabilidade objetiva identificada, com fixação de verba reparatória bem arbitrada – Recurso da Municipalidade ré não provido" (TJSP, Ap. 0006736-42.2012.6.26.0510, 9ª Câm. Dir. Público, rel. Des. João Batista M. Rebouças de Carvalho, disponível em: <www.conjur.com.br> de 24-8-2015).

- "Município deve indenizar pais de criança que morreu engasgada em creche – Condenação do Município a indenizar em R$ 100.000,00 os pais de uma criança de três anos que morreu asfixiada após engasgar com uma salsicha – Responsabilidade subjetiva do Município, já que se trata de ato omissivo atribuído a agente público, no caso os professores que se encontravam na sala e não teriam tido a devida atenção na guarda dos alunos que ali estavam" (Comarca de Jacareí-SP, Juíza Mariana Sperb, Revista *Consultor Jurídico*, 15-3-2020).

- "Responsabilidade civil do Estado – Homicídio cometido contra adolescente dentro de estabelecimento de ensino – Danos materiais e morais – Pretensão inicial voltada à reparação material e moral do autor, absolutamente incapaz, em decorrência do homicídio de sua mãe, dentro do estabelecimento de ensino em que esta estudava – Rompimento do dever de segurança estatal em relação à pessoa que se encontrava sob sua guarda (omissão específica – responsabilidade objetiva – art. 37, § 6º, da CF/88) – Nexo de causalidade configurado" (TJSP, Apel./Reexame Necessário 0029354-82.2008.8.26.0554, 4ª Câm., rel. Des. Paulo Barcellos Gatti, j. 3-2-2014).

6.2. Ação regressiva do estabelecimento de ensino contra os pais dos alunos

Caio Mário da Silva Pereira comenta a situação descrita na letra *a*, *retro*, em que se reconheceu ao educandário direito regressivo contra os alunos ou seus pais, afirmando que "a questão é delicada, pois que, se o estabelecimento tem o dever de vigilância e responde pelos atos do educando, dificilmente se pode compreender que tenha ação regressiva para se ressarcir do dano causado ao estabelecimento, a outro aluno ou a terceiro. Sourdat detém-se no assunto, para distinguir: se o aluno estava em condições de discernir, há ação contra ele; mas, contra o pai, a situação é diferente, porque, confiado o menor ao estabelecimento, assume este a sua vigilância (ob. cit., ns. 880 e 881)" (*Responsabilidade*, cit., p. 108).

Inteiramente procedente esta última assertiva. Com efeito, não se justifica o regresso contra os pais dos menores, relativa ou absolutamente incapazes, porque o estabelecimento, ao acolhê-los, recebe a transferência da guarda e vigilância, sendo, portanto, responsável se o aluno pratica algum ato lesivo a terceiro (Caio Mário da Silva Pereira, *Responsabilidade*, cit., p. 107), mesmo em regime de externato, restrita a responsabilidade ao período em que o educando está sob a vigilância do educador.

Assim, no caso mencionado na letra *a*, *retro*, decidido pelo Supremo Tribunal Federal (*RJTJSP*, *25*:611), não se mostra correta a decisão na parte em que assegurou o direito de regresso também contra os responsáveis pelos menores, pois estão eles na mesma situação dos educadores (ambos são responsáveis por ato de outrem) e houve a transferência temporária dessa responsabilidade, dos primeiros para os últimos.

É pressuposto da responsabilidade do educador que o prejuízo tenha sido causado pelo educando no momento que estava sob a sua vigilância.

6.3. A prática de *bullying* nas escolas: responsabilidade do educador ou dos pais?

A expansão da prática de *bullying* entre crianças e adolescentes, especialmente no interior das escolas, tem preocupado a sociedade, a ponto de alguns Estados e Municípios brasileiros terem elaborado cartilhas destinadas a prevenir a violência nos estabelecimentos de ensino e aprovado leis dispondo sobre medidas de conscientização, prevenção e combate ao *bullying* escolar, que deverão integrar o projeto pedagógico das escolas públicas (cf. Lei Municipal n. 14.957, de 16 de julho de 2009, da cidade de São Paulo).

Bullying é palavra inglesa que significa usar o poder ou força para intimidar e humilhar, de modo repetitivo e intencional, sendo utilizada para descrever atos de violência física, verbal ou psicológica. A palavra bulicídio (do inglês *bullicide*) tem sido empregada para designar o suicídio cometido por vítimas de *bullying*.

Como já mencionado, os educadores são prestadores de serviço. O Código de Defesa do Consumidor responsabiliza os fornecedores e prestadores de serviço em geral de forma objetiva, só admitindo como excludente a culpa exclusiva da vítima, embora também possam alegar o caso fortuito ou força maior, porque rompem o nexo de causalidade. O art. 933 do Código Civil também prevê a responsabilidade objetiva dos donos de escolas.

A jurisprudência, por essa razão, tem corretamente reconhecido a responsabilidade objetiva, isto é, independentemente de culpa, dos estabelecimentos de ensino, nos casos de *bullying* praticados no período em que o educando está sob sua vigilância. Ao receber o estudante em seu estabelecimento, o educador, seja particular ou público, assume o grave compromisso de velar pela preservação de sua integridade física, moral e psicológica, devendo empregar todos os meios necessários ao integral desempenho desse encargo jurídico, sob pena de responder civilmente pelos danos ocasionados ao aluno.

Nessa linha, no julgamento proferido pelo Tribunal de Justiça do Rio de Janeiro em 2 de fevereiro de 2011 (Ap. 0003372-37.2005.8.0208, 13ª Câm. Cív.), asseverou o relator, Des. Ademir Pimentel, que, havendo falha na prestação de serviço por estabelecimento de ensino, a responsabilidade é objetiva, diante do reconhecimento de dano moral advindo da prática de *bullying*. Trata-se de relação de consumo, afirmou, "e a responsabilidade da ré, como prestadora de serviços educacionais, é objetiva, bastando a simples comprovação do nexo causal e do dano". No mesmo sentido já decidira o referido Tribunal, em 9 de julho de 2008 (2ª T., rel. Des. Waldir Leôncio Lopes Júnior), outro caso de *bullying* escolar.

Também o Tribunal de Justiça de Minas Gerais condenou um colégio a pagar a um ex-aluno indenização por danos morais no valor de R$ 10.000,00 por um estudante ter sido vítima de *bullying* dentro da instituição de ensino e, também, ter sido vítima de mensagem difamatória, publicada por *hacker* no *site* da escola. Frisou o relator, Des. Tibúrcio Marques, que "restou demonstrado que o recorrente sofreu várias agressões verbais e físicas de um colega de sala, que iam muito além de pequenos atritos entre adolescentes, no interior do estabelecimento réu, no ano de 2009, os quais caracterizam o fenômeno denominado *bullying*. É certo que tais agressões, por si só, configuram dano moral cuja responsabilidade de indenização seria do colégio em razão de sua responsabilidade objetiva. (...) Resta evidenciado que a escola não tomou medidas para solucionar o problema, não proporcionou tratamento adequando ao caso, lesando o bem maior a ser protegido, ou seja, a dignidade do autor/adolescente" (Proc. 1.0024.10.142345-7/002, 15ª Câm. Cív., Revista *Consultor Jurídico*, 19-5-2013).

Também já foi dito que inexiste, nesses casos, responsabilidade solidária dos pais, uma vez que a obrigação destes é transferida temporariamente à escola. Descabe, portanto, ação regressiva desta contra os pais, que não são prestadores de serviço. Os pais somente poderão ser responsabilizados, excepcionalmente, quando comprovado o nexo de causalidade entre a sua conduta e o dano sofrido pela vítima, como, por exemplo, quando descuidou da guarda de arma de fogo, que foi levada pelo filho à escola. Ou, como afirma Henri Lalou, quando o ato danoso "precede d'une faute du pére", como no caso de deixar uma faca nas mãos da criança (*Traité pratique de la responsabilité civile*, n. 980, p. 590). Dificilmente, em um sistema regido pelo Código de Defesa do Consumidor, poder-se-á responsabilizar os pais, que não são prestadores de serviço, pela má ou deficiente educação dos filhos.

Há, todavia, uma corrente minoritária, refletida em algumas poucas decisões judiciais (cf. TJSP, Ap. 251.17-4/0-00, 9ª Câmara "A" de Direito Privado, rel. Des. Durval A. Rezende Filho, j. 30-5-2006; Ap. 512.126-4/8-00, 6ª Câmara de Direito Privado, rel. Des. Sebastião Carlos Garcia, j. 26-3-2009), cujos seguidores reconhecem a responsabilidade das escolas e dos pais pelos atos de *bullying* ocorridos nas dependências daquelas. Para Silvano Andrade de Bomfim, "não se pode lançar aos educandários toda a responsabilidade pelos atos de seus alunos, sobretudo em nossos dias, tornando cômodo aos pais assoberbados pela dinâmica da vida moderna, e que já não conseguem educar e incutir nos filhos valores de moralidade, ética e civismo, a libertação de todo e qualquer prejuízo que seus infantes promovam no âmbito escolar"(*Bullying* e responsabilidade civil: uma nova visão do direito de família à luz do direito civil constitucional, *Revista Brasileira de Direito das Famílias e Sucessões*, IBDFAM, n. 22, jun./jul. 2011, p. 72).

Os adeptos dessa corrente fundamentam o seu entendimento no art. 227 da Constituição Federal, que estabelece ser dever da família "assegurar à criança e ao adolescente, com absoluta prioridade", o direito à educação, bem como no art. 205 do aludido diploma, que proclama ser a educação dever da família, "visando ao pleno desenvolvimento da pessoa, seu preparo para o exercício da cidadania". Reportam-se, ainda, ao art. 229 da Carta Magna, que prevê o dever dos pais de assistir, criar e educar os filhos menores, como um verdadeiro múnus público, bem como a dispositivos, no mesmo sentido, do Estatuto da Criança e do Adolescente (arts. 4º e 22).

Entretanto, tais dispositivos visam apenas à proteção dos direitos dos filhos menores, como preleciona Uadi Lammêgo Bulos (*Constituição Federal anotada*, Saraiva, 4. ed., p. 1289), em comentário ao art. 227 da Constituição Federal, retromencionado: "Norma que consagra uma recomendação em defesa da criança e do adolescente". O descumprimento das referidas normas pode acarretar a suspensão ou a perda do poder familiar. Não tratam elas, todavia, da responsabilidade civil dos pais pelos danos praticados pelos filhos menores contra terceiros. Esta matéria é disciplinada atualmente, como já dito, no Código de Defesa do Consumidor e no Código Civil.

A Lei n. 13.185, de 26 de novembro de 2015, instituiu o Programa de Combate à Intimidação Sistemática (*Bullying*) em todo o território nacional (art. 1º). Observa-se que a referida lei é voltada, essencialmente, ao assédio em estabelecimentos de ensino, em clubes e agremiações recreativas, uma vez que o art. 5º proclama expressamente que é dever dos *referidos estabelecimentos* "assegurar medidas de conscientização, prevenção, diagnose e combate à violência e à intimidação sistemática (*bullying*)", sendo um dos objetivos do aludido Programa "capacitar docentes e equipes pedagógicas para a implementação das ações de discussão, prevenção, orientação e solução do problema" (art. 4º, II).

A lei em apreço considera intimidação sistemática (*bullying*) "todo ato de violência física ou psicológica, intencional e repetitivo que ocorre sem motivação evidente, praticado por indivíduo ou grupo, contra uma ou mais pessoas, com o objetivo de intimidá-la ou agredi-la, causando dor e angústia à vítima, em uma relação de desequilíbrio de poder entre as partes envolvidas" (art. 1º, § 1º).

O legislador não foi feliz ao inserir, no texto legal, a expressão "*sem motivação evidente*". Constitui tal fato, efetivamente "um contrassenso legal", visto que "ainda que exista motivo evidente, ainda que se trate de um agressor (*bully*) que colhe os frutos da violência perpetrada contra suas vítimas, não existe no ordenamento jurídico a possibilidade de se fazer justiça com as próprias mãos, sob pena de se incorrer no crime previsto no art. 345 do Código Penal" (Ana Paula S. Lazzareschi de Mesquita, "Recém-sancionada, Lei de combate ao *bullying* é distante da realidade", disponível em <www.conjur.com.br> de 16 nov. 2015).

Caracteriza-se a intimidação sistemática (*bullying*), aduz o art. 2º, em caráter exemplificativo e não taxativo, "quando há violência física ou psicológica em atos de intimidação, humilhação ou discriminação e, ainda: I – ataques físicos; II – insultos pessoais; III – comentários sistemáticos e apelidos pejorativos; IV – ameaças por quaisquer meios; V – grafites depreciativos; VI – expressões preconceituosas; VII – isolamento social consciente e premeditado; VIII – pilhérias". No parágrafo único do aludido dispositivo, a mencionada Lei n. 13.185/2015 preceitua que "Há intimidação sistemática na rede mundial de computadores (*cyberbullying*) quando se usarem os instrumentos que lhe são próprios para depreciar, incitar a violência, adulterar fotos e dados pessoais com o intuito de criar meios de constrangimento psicossocial".

A lei em epígrafe tem caráter *preventivo* e não punitivo, uma vez que um de seus objetivos é "evitar, tanto quanto possível, a punição dos agressores, privilegiando mecanismos e instrumentos alternativos que promovam a efetiva responsabilização e a mudança de comportamento hostil". Criminalizar o *bullying* é uma das propostas apresentadas pela Comissão de Reforma do Código Penal. De acordo com a inovação, o *bullying*, com a denominação de "intimidação vexatória", passaria a constituir o § 2º do art. 147 do Código Penal, com previsão de pena de prisão de um a quatro anos.

6.4. Responsabilidade do educador por educando maior de idade

Embora a lei brasileira e a francesa silenciem a respeito da responsabilidade do educador, quando se trata de educando maior de idade, Demogue entende que, em se tratando de educandos maiores, nenhuma responsabilidade cabe ao educador ou professor, pois é natural pensar que somente ao menor é que se dirige essa responsabilidade, porquanto o maior não pode estar sujeito a essa mesma vigilância que se faz necessária a uma pessoa menor (*Traité des obligations en général*, t. 5, n. 854, p. 35). Sourdat, igualmente, nega, sem distinção, a responsabilidade do professor pelo aluno maior, sob o fundamento de que as relações que existem entre eles resultam de uma vontade livre de sua parte e que o aluno maior não precisa ser vigiado como o é o menor: é senhor de seus atos e de seus direitos, e tem plena responsabilidade pelo que faz (*Traité*, cit., n. 877, p. 119).

Daí por que a presunção de responsabilidade não alcançará o professor universitário, porque ele não tem o dever de vigilância sobre os estudantes que, por serem maiores, não precisam ser vigiados, sendo senhores de seus atos e de seus direitos, tendo plena responsabilidade pelo que fizerem. Logo, não se poderá presumir responsabilidade do professor de ensino superior nem mesmo por acidente ocorrido durante trabalho por ele presidido (Sourdat, *Traité*, cit., n. 877; Serpa Lopes, *Curso*, cit., n. 283; Maria Helena Diniz, *Responsabilidade civil*, cit., p. 361).

Exclui-se, pois, a responsabilidade dos estabelecimentos de ensino superior, em que há missão de instruir mas não de vigiar, e o aluno não se encontra, normalmente, sob a vigilância do professor ou do educandário (Aguiar Dias, *Da responsabilidade*, cit., n. 194; Mazeaud e Mazeaud, *Responsabilité civile*, I, n. 804; Demogue, *Obligations*, v. V, n. 852, apud Caio Mário da Silva Pereira, *Responsabilidade*, cit., p. 107).

Proclama a Súmula 595 do Superior Tribunal de Justiça: "As instituições de ensino superior respondem objetivamente pelos danos suportados pelo aluno/consumidor pela realização de curso não reconhecido pelo Ministério da Educação, sobre o qual não lhe tenha sido dada prévia e adequada informação".

7. Responsabilidade dos hoteleiros e estalajadeiros

O inc. IV do art. 932 também responsabiliza o hospedeiro pelos prejuízos causados pelos seus hóspedes, seja a terceiros, seja a um outro hóspede.

Em primeiro lugar, conforme lembra Serpa Lopes, em razão de o dono do hotel ser obrigado a uma vigilância permanente do comportamento dos seus hóspedes, estabelecendo regulamentos em torno da atividade de cada um deles em face dos demais; em segundo, porque se impõe ao hoteleiro certa disciplina na escolha dos hóspedes que admite (*Curso*, cit., p. 283, n. 219).

Sendo o hoteleiro um prestador de serviços, encontra-se na mesma situação dos educadores, sujeitando-se, no tocante à responsabilidade por atos de seus hóspedes (responsabilidade indireta), ao Código de Defesa do Consumidor, como se afirmou no item anterior, tendo responsabilidade objetiva, independentemente de culpa.

As hipóteses cogitadas neste inciso são difíceis de ocorrer. Raramente se vê um dono de hotel ser responsabilizado por dano a terceiro causado por seu hóspede. Mas pode, eventualmente, ocorrer em atropelamentos verificados no pátio do hotel ou em brigas no interior da hospedaria, por exemplo.

Os casos mais frequentes são aqueles disciplinados no art. 649, parágrafo único, do Código Civil, que prevê a responsabilidade dos donos de hotéis, hospedarias, ou casas de pensão, pelos furtos e roubos que perpetrarem as pessoas empregadas ou admitidas em suas casas. O aludido dispositivo atribui aos hospedeiros a responsabilidade, como depositários, pelas bagagens dos viajantes, ainda quando o prejuízo decorra de roubos ou furtos perpetrados por pessoas empregadas em suas casas.

Reconheceu o Superior Tribunal de Justiça, na vigência do Código Civil de 1916, a culpa presumida do dono do hotel por ato de hóspede que lesionou o gerente, assinalando que a "lei presume a culpabilidade do hoteleiro por ato do seu hóspede. Cabe ao estabelecimento tomar todas as medidas de segurança e precaução, por cuja falta ou falha é responsável" (REsp 69.437-SP, 4ª T., rel. Min. Barros Monteiro, j. 6-10-1998, *DJU*, 14 dez. 1998, p. 242).

Trata-se de responsabilidade contratual. Equipara-se ao depósito necessário. Só cessa provando-se que o dano não podia ser evitado (caso fortuito ou força maior) ou que a culpa foi do hóspede, que deixou a janela aberta, por exemplo.

Por força do depósito necessário previsto no art. 649 do CC, "cumpre ao hospedeiro assegurar a incolumidade pessoal do hóspede no local, bem como a de seus bens que se achem em poder dele, sendo irrelevante o fato de os bens desaparecidos não serem de uso próprio, eis que caracterizados como bagagem" (*RT, 632*:96).

Veja-se: "Furto ocorrido em hotel – Evento causado pela falha do serviço – Contratação de apenas dois vigias que não era suficiente para garantir a integridade física dos hóspedes e de suas bagagens – Inocorrência de força maior" (*RT, 816*:204).

A responsabilidade dos hoteleiros só diz respeito aos bens que, habitualmente, costumam levar consigo os que viajam, como roupas e objetos de uso pessoal, não alcançando quantias vultosas ou joias, exceto se proceder culposamente ou se o hóspede fizer depósito voluntário com a administração da hospedaria. Isto é assim porque o hoteleiro, o hospedeiro e o estalajadeiro se oferecem à confiança do público, que não tem oportunidade de verificar a idoneidade dos estabelecimentos por eles explorados. O hospedeiro tem o dever de manter a bagagem no estado em que a recebeu em seu estabelecimento; se esta se perder ou se deteriorar, há presunção *juris tantum* de sua culpabilidade.

O hóspede lesado, para receber a indenização a que faz jus, só terá de comprovar o contrato de hospedagem e o dano dele resultante (Maria Helena Diniz, *Responsabilidade civil*, cit., p. 245).

No caso do depósito necessário (bagagens), poderá o hoteleiro ter excluída tal responsabilidade se provar que o prejuízo não poderia ter sido evitado (CC, art. 650; força maior, como no caso de roubo à mão armada ou violências semelhantes (CC, art. 642); e culpa exclusiva do hóspede. Todavia, decidiu o Tribunal de Justiça do Rio de Janeiro: "É responsável o hotel, em face de assalto à mão armada, fato previsível e repetido ali, por duas vezes, ante a falta de vigilância exercida por um só servidor, a horas mortas, incapaz de evitar ou tentar evitar o evento, daí a responsabilidade da ré pelo não cumprimento de seu dever de vigilância e guarda. Assalto a quarto deixa evidente a responsabilidade do hoteleiro, a quem incumbe o dever de provar e demonstrar precauções tomadas para segurança dos hóspedes" (Ap. 2004.001.32931, 3ª Câm. Cív., rel. Des. Rocha Passos, ac. reg. em 4-11-2005, *Gazeta Juris*, 2006003013).

O roubo à mão armada costuma ser considerado caso de força maior, excludente da responsabilidade dos depositários em geral (cf. *RT, 604*:84), desde que tenha sido executado em circunstâncias que excluam toda a culpa daquele que o invoca. Diante da manifesta negligência do depositário, não se configura a força maior (*RJTJSP, 101*:141).

Assim, no caso de depósito voluntário (joias guardadas no cofre do hotel), pode o hoteleiro invocar a excludente da força maior, em caso de roubo à mão armada, provada a inexistência de negligência de sua parte e que o fato não pode ser afastado ou evitado.

Já decidiu o Tribunal de Justiça do Rio de Janeiro ser ineficaz aviso afixado nos quartos dos hotéis, no sentido de que o estabelecimento não se responsabiliza pelo furto de objetos deixados nos apartamentos, visto que a lei brasileira não fez distinção entre os valores integrantes da bagagem do hóspede, se de maior ou menor valor, se roupas ou se dinheiro, de sorte a permitir ao julgador mandar indenizar determinados valores, e não outros. Simples aviso não tem o condão de postergar a regra legal (*RT, 572*:177).

Também o Tribunal de Justiça de São Paulo determinou o pagamento de indenização pelo furto em quarto de hotel de aparelhos de videocassete pertencentes a hóspede, considerando-os como integrantes da bagagem e interpretando aviso de que "a gerência não se responsabiliza por objetos ou dinheiro deixados nos apartamentos porque existem cofres à disposição dos hóspedes, com os Caixas de recepção", como previsão relacionada com joias e valores, não a aparelhos como os desaparecidos (*RJTJSP, 114*:150).

É de ponderar que o art. 51, I, do Código de Defesa do Consumidor considera nulas de pleno direito as cláusulas contratuais que atenuem, por qualquer forma, a responsabilidade do fornecedor de produtos e prestador de serviços. E, na relação entre hóspede e hospedeiro, que não envolva a responsabilidade indireta deste, mas constitua relação de consumo, continua aplicável a legislação consumerista.

Pondera Aguiar Dias que a expressão "onde se albergue por dinheiro" levaria a supor que, sendo gratuita a hospedagem, não há responsabilidade do hospedeiro pelo ato do preposto, o que não é exato, pois a responsabilidade pode basear-se no art. 932, III, do novo CC, se se trata de ato de preposto. A questão se complica se o ato, porém, for de outro hóspede, morador ou educando. O eminente jurista completa o seu pensamento, afirmando: "É indubitável que lhe incumbe, mesmo quando hospedador gratuito, um dever de segurança em relação à pessoa do hóspede, pois não se compreende que se albergue alguém para lhe proporcionar ou permitir o dano, através de terceiro" (*Da responsabilidade*, cit., p. 588, n. 194).

8. Responsabilidade dos que participaram no produto do crime

No inc. V, o art. 932 trata da responsabilidade dos que gratuitamente houverem participado nos produtos do crime. São obrigados solidariamente à reparação civil até à concorrente quantia. Embora a "pessoa não tenha participado do delito, se recebeu o seu produto, deverá restituí-lo, não obstante ser inocente, do ponto de vista penal"[55].

O caso é de ação *in rem verso*. A utilidade do dispositivo é pura e simplesmente lembrar uma hipótese de *actio in rem verso*, que não depende de texto legal e a respeito da qual não se compreende a necessidade de afirmação expressa pelo legislador[56].

Se alguém participou gratuitamente nos produtos de um crime, é claro que está obrigado a devolver o produto dessa participação até a concorrente quantia. O dispositivo somente consagra um princípio geralmente reconhecido, que é o da repetição do indevido[57].

9. Responsabilidade dos farmacêuticos

O Código Civil de 1916 destacou a responsabilidade do farmacêutico por fato de outrem em dispositivo autônomo, dispondo, no art. 1.546, que o "farmacêutico responde solidariamente pelos erros e enganos de seu preposto". Pretendeu-se agravar a responsabilidade do aludido profissional, tornando-a presumida e objetiva.

O atual diploma, entretanto, já responsabiliza objetivamente, independentemente da ideia de culpa, os empregadores em geral, por atos de seus empregados serviçais e prepostos (art. 933). É de ressaltar que, de acordo com o art. 34 do Código de Defesa do Consumidor, o fornecedor do produto ou serviço é solidariamente responsável pelos atos de seus prepostos ou representantes autônomos, tal como o patrão ou comitente responde pelos atos de seus prepostos.

O art. 951 dispõe que o disposto nos arts. 948, 949 e 950, que disciplinam a liquidação do dano em caso de homicídio e de lesão corporal, "aplica-se ainda no caso de indenização devida por aquele que, no exercício de atividade profissional, por negligência, imprudência ou imperícia, causar a morte do paciente, agravar-lhe o mal, causar-lhe lesão, ou inabilitá-lo para o trabalho".

Como prestador de serviço, o farmacêutico tem, por ato próprio, responsabilidade subjetiva fundada no art. 14, § 4º, do Código de Defesa do Consumidor, desde que atue na

---

55. Washington de Barros Monteiro, *Curso*, cit., p. 423.
56. Aguiar Dias, *Da responsabilidade*, cit., p. 589, n. 195.
57. Miguel Maria de Serpa Lopes, *Curso*, cit., p. 284, n. 221.

qualidade de profissional liberal. Relembre-se que o aludido diploma admite inversão do ônus da prova. Modernamente, o farmacêutico deixa, na maioria das vezes, de manipular receitas, fazer curativos ou aplicar injeções, passando a atuar como comerciante, dedicando-se à venda de medicamentos pré-fabricados. Nesse caso, deve ser tratado não como profissional liberal, mas como qualquer fornecedor de produtos, cuja responsabilidade independe de culpa, nos termos do art. 12 do mencionado Código.

Segundo Aguiar Dias, a responsabilidade do farmacêutico decorre, ordinariamente, da desobediência às prescrições médicas, de sua errada execução, ou do exercício ilegal da arte médica (*Da responsabilidade*, cit., p. 325). Pode, ainda, na dicção de Rui Stoco, "advir da venda de substâncias proibidas, venda de drogas vencidas ou deterioradas, venda de medicamentos liberados ou controlados sem receita médica ou da troca do produto receitado pelo médico por outro, ainda quando ele ou seu preposto ignore a composição do remédio vendido ou as incompatibilidades dele com o organismo do cliente ou com o tratamento prescrito. A prática de receitar ou "sugerir" este ou aquele medicamento por parte do farmacêutico ou seu preposto ou sua aplicação no paciente por qualquer via de ingresso no organismo (oral, nasal, muscular, venosa etc.), além de caracterizar infração prevista na lei penal (CP, art. 282 – exercício ilegal da medicina), poderá acarretar responsabilidade civil se dessa prática resultar danos à pessoa" (*Responsabilidade civil*, 4. ed., Revista dos Tribunais, p. 281, n. 13.00).

Deve-se aí incluir, também, a responsabilidade pela venda de remédios falsificados, como tem acontecido ultimamente, de forma surpreendente.

Já se decidiu: "Em caso de morte que ocorre logo após aplicação de injeção de antibiótico, ministrada por farmacêutico, que não tem licença para receitar, é lícito presumir a relação de causalidade, ainda mais em se tratando de relação de consumo, à qual se aplica a teoria do risco" (TJRJ, Ap. 10.963-99-Capital, 10ª Câm. Cív., rel. Des. Sylvio Capanema de Souza, *DJe* 24-8-2000).

9.1. Responsabilidade civil por danos causados por remédios

A responsabilidade do fornecedor de medicamentos enquadra-se na responsabilidade por fato do produto, prevista no art. 12 do Código de Defesa do Consumidor, estendida ao comerciante pelo art. 13. Tal responsabilidade decorre da violação do dever de não colocar no mercado produtos sem a segurança legitimamente esperada, cujos defeitos acarretam riscos à integridade física e patrimonial dos consumidores. Ocorrido o dano, o fornecedor terá de indenizar a vítima independentemente de culpa, ainda que não exista entre ambos qualquer relação contratual.

Nesse sentido, destaca-se o entendimento da 3ª Turma do Superior Tribunal de Justiça: "o fato de o uso de um medicamento causar efeitos colaterais ou reações adversas, por si só, não configura defeito do produto se o usuário foi prévia e devidamente informado e advertido sobre tais riscos inerentes, de modo a poder decidir, de forma livre, refletida e consciente, sobre o tratamento que lhe é prescrito, além de ter a possibilidade de mitigar eventuais danos que venham a ocorrer em função dele"[58].

---

58. STJ, REsp 1.774.372-RS, 3ª T., rel. Min. Nancy Andrighi, *DJe* 18-5-2020.

O fornecedor logrará exonerar-se da obrigação de indenizar se provar que o defeito não existe (CDC, art. 12, § 3º, II) ou que não lançou o medicamento no mercado (art. 12, § 3º, I). Igualmente, o fato exclusivo da vítima ou de terceiro exclui, também, a responsabilidade do fornecedor por inexistir, nesses casos, defeito do produto. Assim, como afirma Sérgio Cavalieri Filho, se a vítima, apesar de devidamente informada, faz uso incorreto do medicamento, em doses inadequadas, ou se a enfermeira, culposa ou intencionalmente, aplica medicamento errado no paciente – ou em doses excessivas – causando-lhe a morte, não haverá nenhuma responsabilidade do fornecedor do medicamento. O fato exclusivo da vítima ou de terceiro exclui o próprio nexo causal (Responsabilidade civil por danos causados por remédios, *Revista Justiça*, p. 21).

9.2. Responsabilidade no fornecimento de medicamentos genéricos

A Lei n. 9.787, de 10 de fevereiro de 1999, veio alterar a Lei n. 6.360, de 23 de setembro de 1976, que dispõe sobre a vigilância sanitária, estabelece o medicamento genérico, dispõe sobre a utilização de nomes genéricos em produtos farmacêuticos e dá outras providências, entre as quais está a previsão de edição de normas regulamentadoras dos "critérios para a dispensação de medicamentos genéricos nos serviços farmacêuticos governamentais e privados, respeitada a decisão expressa de não intercambialidade do profissional prescritor".

Nos termos da referida lei, quando houver equivalência terapêutica entre um medicamento de referência e outro haverá intercambialidade. Isto porque o produto farmacêutico intercambiável é o "equivalente terapêutico de um medicamento de referência, comprovados, essencialmente, os mesmos efeitos de eficácia e segurança" (art. 1º, XXIII, que alterou o art. 3º da Lei n. 6.360/76).

Quando houver similaridade com um medicamento de referência e pretendendo-se, entre ambos, a intercambialidade (equivalência terapêutica), tem-se o medicamento *genérico*, assim definido: "medicamento similar a um produto de referência ou inovador, que se pretende ser com este intercambiável".

Se o médico vetar a intercambialidade e o farmacêutico fornecer outro medicamento, ainda que similar, terá a sua responsabilidade caracterizada em caso de dano causado ao consumidor. Estabeleceu-se, na lei, a presunção de que o silêncio do médico vale como autorização para o farmacêutico, ou o mero atendente de farmácia, vender ao paciente qualquer medicamento, desde que intercambiável com o medicamento de referência. O fornecimento, nesse caso, de outro remédio que não tenha equivalência terapêutica com o de referência, por conta do farmacêutico, pode também acarretar a sua responsabilidade, independentemente de cogitação de culpa.

10. Responsabilidade civil dos empresários individuais e das empresas pelos produtos postos em circulação

Dispõe o art. 931 do Código Civil:

"Ressalvados outros casos previstos em lei especial, os empresários individuais e as empresas respondem independentemente de culpa pelos danos causados pelos produtos postos em circulação".

A expressão "independentemente de culpa" evidencia ter o Código estabelecido nesse dispositivo mais uma cláusula geral de responsabilidade objetiva, acentuando ainda mais a sua indiscutível opção objetivista para melhor resolver a problemática dos acidentes de consumo (Carlos Alberto Menezes Direito e Sérgio Cavalieri Filho, *Comentários ao novo Código Civil*, v. 13, p. 182).

O dispositivo em apreço tem a finalidade específica de proteger o consumidor. Entretanto, antes que entrasse em vigor o atual Código Civil, foi editado o Código de Defesa do Consumidor, que aborda a mesma matéria de forma ampla e completa.

Pode-se assim considerar que, na legislação especial ressalvada, concernente à responsabilidade pelo fato e pelo vício do produto, insere-se o Código de Defesa do Consumidor, comentado no Livro II, Título I, Capítulo II, Seção V, n. 2 e 3, *infra*, aos quais nos reportamos.

Não havendo nenhuma incompatibilidade entre o referido diploma e o disposto no transcrito art. 931 do Código Civil, permanecem válidas e aplicáveis às hipóteses de responsabilidade pelo fato ou pelo vício do produto as disposições da legislação especial consumerista.

Aguiar Dias critica a redação do art. 931 do Código Civil em vigor, dizendo que "padece, sem necessidade, de deselegante redação, pois a expressão 'empresários' abrange o termo 'empresas'. O empresário pode ser individual e pode ser coletivo, assim como a empresa não se define, necessariamente, como pessoa jurídica. Seria mais feliz uma fórmula abrangente, segundo a qual se estabelecesse que os empresários respondem pelos prejuízos resultantes dos riscos criados pelas suas atividades, à vida, à saúde e à segurança de terceiros, o que teria como campo de incidência todos os casos de proteção contra a poluição em geral e de danos relacionados com o abuso do direito de vizinhança, de incômodos e moléstias decorrentes dessas atividades" (*Da responsabilidade civil*, 10. ed., p. 33, n. 12).

Na realidade, o dispositivo em questão terá sua aplicação restrita aos poucos casos em que a atividade empresarial não configurar relação de consumo.

Resumindo a situação, concluem Carlos Alberto Menezes Direito e Sérgio Cavalieri Filho (*Comentários*, cit., v. 13, p. 194-195).

"1) O dispositivo em exame contém uma cláusula geral de responsabilidade objetiva que abarca todos os produtos cujo fornecimento cria risco para o usuário e a sociedade.

2) Tal responsabilidade, embora ancorada na teoria do risco do empreendimento, tem por fato gerador o defeito do produto, que se configura quando este não oferece a segurança legitimamente esperada, noção que se extrai do artigo 12 e § 1º do Código de Defesa do Consumidor.

3) Embora comuns as áreas de incidência do artigo 12 e a do artigo 931, as disciplinas jurídicas de ambos estão em perfeita sintonia, fundadas nos mesmos princípios e com vistas aos mesmos objetivos. A disciplina do primeiro, todavia, por sua especialidade, só tem incidência quando há relação de consumo, reservando-se ao Código Civil, muito mais abrangente, a aplicação de sua cláusula geral nas demais relações jurídicas, contratuais e extracontratuais".

Nesse sentido, o Enunciado n. 42 aprovado na Jornada de Direito Civil promovida pelo Centro de Estudos Judiciários do Conselho da Justiça Federal em Brasília, no período de 11 a 13 de setembro de 2002, do seguinte teor: "O artigo 931 amplia o conceito de fato do produto existente no artigo 12 do Código de Defesa do Consumidor, imputando responsabilidade civil à empresa e aos empresários individuais vinculados à circulação dos produtos".

Posteriormente, na IV Jornada de Direito Civil realizada no mês de outubro de 2006, foi aprovado o seguinte Enunciado: "Aplica-se o artigo 931 do Código Civil, haja ou não relação de consumo".

11. Responsabilidade das pessoas jurídicas de direito público

11.1. Evolução: da fase da irresponsabilidade à da responsabilidade objetiva

A responsabilidade civil do Estado é considerada, hoje, matéria de direito constitucional e de direito administrativo. Em sua evolução, podemos observar que, nos primórdios, subsistia o princípio da irresponsabilidade absoluta do Estado (*The King can do no wrong*). Após passar por vários estágios, atingiu o da responsabilidade objetiva, consignada no texto constitucional em vigor, que independe da noção de culpa.

O art. 15 do Código Civil brasileiro de 1916, pertencente à fase civilística da responsabilidade do Estado[59] pelos atos de seus representantes, condicionava-a à prova de que estes houvessem procedido de modo contrário ao direito, nestes termos:

"Art. 15. As pessoas jurídicas de direito público são civilmente responsáveis por atos dos seus representantes que nessa qualidade causem danos a terceiros, procedendo de modo contrário ao direito ou faltando a dever prescrito por lei, salvo o direito regressivo contra os causadores do dano".

Tal dispositivo foi parcialmente revogado pela Constituição de 1946, dispensando aquele requisito, que não foi restaurado pelas que se lhe seguiram. O art. 107 e seu parágrafo único da Emenda Constitucional n. 1, de 17 de outubro de 1969, dispunham:

"Art. 107. As pessoas jurídicas de direito público responderão pelos danos que seus funcionários, nessa qualidade, causarem a terceiros.
Parágrafo único. Caberá ação regressiva contra o funcionário responsável, nos casos de culpa ou dolo".

Agora, expressa-se a Constituição de 1988 no sentido de que:

"As pessoas jurídicas de direito público e as de direito privado prestadoras de serviços públicos responderão pelos danos que seus agentes, nessa qualidade, causarem a terceiros, assegurado o direito de regresso contra o responsável nos casos de dolo ou culpa" (art. 37, § 6º).

Não se exige, pois, comportamento culposo do funcionário. Basta que haja o dano, causado por agente do serviço público agindo nessa qualidade, para que decorra o dever do Estado de indenizar. A jurisprudência nesse sentido, inclusive a do Pretório Excelso, é pacífica. Confira-se: "A responsabilidade civil das pessoas de Direito Público não depende de prova de culpa, exigindo apenas a realidade do prejuízo injusto" (*RTJ*, *55*:516; *JTJ*, Lex, *203*:79; *RT*, *745*:278).

---

59. Aguiar Dias, *Da responsabilidade*, cit., p. 607, n. 201.

Essa responsabilidade abrange as autarquias e as pessoas jurídicas de direito privado que exerçam funções delegadas do Poder Público. Já assim proclamava a jurisprudência, antes mesmo da Constituição atual. Veja-se: "Insere-se na responsabilidade da autarquia rodoviária o dano causado a veículo, em virtude de queda de barreira, devido a chuvas, pois que, prevista a ocorrência, está dentro das possibilidades técnicas a sua prevenção" (TFR, 1ª T., AC 101.356-PR, rel. Min. Dias Trindade, j. 24-3-1987, v. un., *DJU*, 28 maio 1987, p. 10.255, ementa).

Ou, ainda: *Litisconsórcio* – Responsabilidade subsidiária da Fazenda do Estado, frente às obrigações de autarquia – Ilegitimidade de parte da Fazenda Pública, entretanto, na ação de indenização – Recurso improvido (TJSP, AgI 048.265.5/8-SP, 7ª Câmara de Direito Público, rel. Des. Sérgio Pitombo, j. 8-6-1998).

O vigente Código Civil tratou do assunto no art. 43, *verbis*:

"As pessoas jurídicas de direito público interno são civilmente responsáveis por atos dos seus agentes que nessa qualidade causem danos a terceiros, ressalvado direito regressivo contra os causadores do dano, se houver, por parte destes, culpa ou dolo".

Acrescentou, apenas, a palavra "interno", não trazendo nenhuma inovação, mesmo porque, como já se afirmou, esta matéria é hoje tratada em nível constitucional.

Já se decidiu: "*Responsabilidade civil do Estado* – Ilícito causado por agente público, fora do serviço, usando indevidamente veículo oficial – Uso do automóvel decorrente da função pública exercida pelo servidor, que lhe permitia acesso ao bem público – Nexo de causalidade evidenciado – Verbas devidas pelo ente público ou autárquico" (*RT, 840*:386).

A Constituição Federal adotou a teoria da responsabilidade objetiva do Poder Público, mas sob a modalidade do risco administrativo. Deste modo, pode ser atenuada a responsabilidade do Estado, provada a culpa parcial e concorrente da vítima, bem como pode até ser excluída, provada a culpa exclusiva da vítima (cf. *RTJ, 55*:50). Não foi adotada, assim, a teoria da responsabilidade objetiva sob a modalidade do risco integral, que obrigaria sempre a indenizar, sem qualquer excludente.

Nesse sentido a lição de Hely Lopes Meirelles (*Direito administrativo brasileiro*, 12. ed., Revista dos Tribunais, p. 601-2), refletida na jurisprudência: "Responsabilidade civil do Estado – Indenização – Teoria objetiva – Risco administrativo – Necessidade de existência de nexo causal entre o evento e o serviço público – Atribuição do evento fatídico à própria ação da vítima – Improcedência do pedido – Recurso improvido" (TJMG, *RT, 611*:221).

Ainda no mesmo sentido: "Assim, se o risco administrativo não significa que a indenização sempre será devida, pois não foi adotada a teoria do risco integral, e se a culpabilidade da vítima está reconhecida e está, quanto ao ofensor, afastada a ilicitude do fato, a douta sentença merece ser mantida. É que, 'enquanto não evidenciar a culpabilidade da vítima, subsiste a responsabilidade objetiva da Administração. Se total a culpa da vítima, fica excluída a responsabilidade da Fazenda Pública; se parcial, reparte-se o *quantum* da indenização' (Hely Lopes Meirelles, 'Direito Administrativo Brasileiro', 12ª ed., p. 561)" (*RT, 613*:63 e *757*:308).

Há várias teorias tendentes a fundamentar o sistema da responsabilidade objetiva adotado pelo direito brasileiro, buscando atenuar as consequências de uma concepção levada a extremos. Observa-se, até hoje, uma certa confusão na doutrina a respeito das teorias já mencionadas, a do risco integral e a do risco administrativo. Essa confusão, no entanto, é mais de ordem semântica, pois todos partilham do entendimento de que as regras constitucionais impuseram a responsabilidade objetiva do Estado pela reparação do dano, não significando, contudo, que tal responsabilidade subsista em qualquer circunstância, mas podendo ser excluída em caso de culpa da vítima ou de força maior.

Essa aparente divergência foi bem analisada por Weida Zancaner Brunini, que assim se expressou: "Julgamos tratar-se de mera questão semântica, porque o simples exame de obras como a de, por exemplo, Octávio de Barros, faz ver que esse autor, declarando-se reiteradamente em comunhão com os adeptos da teoria do risco integral, em momento nenhum preceitua o ressarcimento nos casos de força maior ou de culpa da vítima: ao contrário, deixa bem claro o seu posicionamento, do qual, aliás, não se afastam os demais doutrinadores adeptos da modalidade do risco integral: '...se o fato foi imputado ao próprio prejudicado, não lhe socorre o direito à indenização. E o velho princípio do direito romano, adotado pela Constituição: *Qui culpa sua damnum sentit, non videtur damnum sentire*' (*Da responsabilidade pública*, p. 95). Prova disto é o preceituado por Mazagão e Pedro Lessa, que jamais deram à teoria do risco integral a interpretação emprestada a esta modalidade por Lopes Meirelles" (*Da responsabilidade extracontratual da Administração Pública*, Revista dos Tribunais, 1981, p. 59-61).

Na realidade, como bem apreendeu a mencionada autora, usam-se rótulos diferentes para designar coisas iguais. Assim, quando Octávio de Barros (*Responsabilidade pública*, Revista dos Tribunais, 1956), Washington de Barros Monteiro (*Curso*, cit., Parte Geral), Yussef Said Cahali (*Responsabilidade civil do Estado*, Revista dos Tribunais, 1982) e outros afirmam que a teoria do risco integral é a que mais se identifica com a responsabilidade objetiva adotada pela Constituição Federal, de acordo com os princípios da igualdade dos ônus e encargos sociais, na realidade estão atribuindo ao dispositivo constitucional os mesmos efeitos atribuídos por Hely Lopes Meirelles e outros que afirmam a adoção da teoria do risco administrativo.

Daí, talvez, a razão de Caio Mário ter proclamado que "o direito positivo brasileiro consagra a teoria do risco integral ou risco administrativo" (*Responsabilidade*, cit., p. 142), praticamente identificando as duas teorias e explicando que o Estado responde sempre perante a vítima, independentemente de culpa do servidor, respondendo este perante o Estado em se provando que procedeu culposa ou dolosamente. Mas – acrescentando – isso não significa que o Estado é responsável em qualquer circunstância, aplicando-se, no que couber, as excludentes de responsabilidade, podendo a culpa da vítima afastar ou diminuir essa responsabilidade.

A rigor, portanto, deve-se simplesmente mencionar a adoção, em nível constitucional, da teoria do risco, sem qualquer qualificação. Yussef Said Cahali entende que a distinção feita por Hely Lopes Meirelles entre risco integral e risco administrativo revela-se artificiosa, porque não é estabelecida em função de uma distinção conceitual entre as duas modalidades de risco pretendidas, mas simplesmente em função das consequências irrogadas a uma ou outra modalidade. No seu entender, "deslocada a questão para o plano da causalidade, qualquer que seja a qualificação atribuída ao risco – risco integral, risco administrativo, risco proveito – aos tribunais se permite a exclusão ou atenuação daquela responsabilidade do Estado quando fatores outros, voluntários ou não, tiverem prevalecido ou concorrido como "causa" na verificação do "dano injusto".

Na sequência, afirma: "Assim, a) o dano é injusto, e como tal sujeito ao ressarcimento pela Fazenda Pública, se tem como causa exclusiva a atividade, ainda que regular, da Administração; b) o dano deixa de qualificar-se juridicamente como injusto, e como tal não autoriza a indenização, se tem como causa exclusiva o fato da natureza ou do próprio prejudicado; c) o dano é injusto, mas sujeito a responsabilidade ressarcitória atenuada, se concorre com a atividade regular ou irregular da Administração, como causa, fato da natureza ou do próprio prejudicado. Desse modo, no pressuposto de que 'a Constituição Federal em tema de responsabilidade civil adotou a teoria do risco' (1ª Câmara Cível do TJSC, 21-7-77; RT 532/246), permite-se o reconhecimento da responsabilidade do Estado ainda que não se prove culpa ou falha da máquina administrativa".

Concluindo esse capítulo, asseverou: "Mas será no exame das 'causas do dano' que se irá determinar os casos de exclusão ou atenuação da responsabilidade do Estado, excluída ou atenuada esta responsabilidade em função da ausência da causalidade ou da causalidade concorrente na verificação do dano injusto" (*Responsabilidade civil*, cit., p. 33-4).

Observe-se que a teoria do risco, sem qualificações, conduz necessariamente à responsabilidade objetiva em sua plenitude, com a dispensa de qualquer pressuposto de falha do serviço, ou culpa anônima da administração, na verificação do evento danoso. No plano da responsabilidade objetiva, "o dano sofrido pelo administrado tem como 'causa' o fato da atividade administrativa, regular ou irregular; incompatível, portanto, com qualquer concepção de culpa administrativa, culpa anônima do serviço, falha ou irregularidade no funcionamento deste. A questão se desloca, assim, para a investigação da 'causa' do evento danoso, objetivamente considerada mas sem se perder de vista a regularidade da atividade pública, a anormalidade da conduta do ofendido, a eventual fortuidade do acontecimento, na determinação do que seja o 'dano injusto', pois só este merece reparação" (Yussef Cahali, cit., p. 27).

Proclamou o Superior Tribunal de Justiça: "A responsabilidade civil do Estado é objetiva, mormente quando se tratar de risco criado por ato comissivo de seus agentes. A comprovação de dano e autoria basta para fazer incidir as regras do art. 37, § 6º, da Constituição, e 927, parágrafo único, do CC" (STJ, REsp 1.140387, 2ª T., rel. Min. Herman Benjamin, *DJe* 23-4-2010).

11.2. Responsabilidade civil da Administração Pública na Constituição de 1988

Houve alteração da Constituição de 1988, em relação à anterior, no tocante à responsabilidade civil da Administração Pública. Estendeu-se essa responsabilidade, expressamente, às pessoas jurídicas de direito público e às de direito privado, prestadoras de serviços públicos. E substituiu-se a expressão "funcionários" por outra mais ampla: "agentes". Essas inovações trouxeram à discussão dois temas ainda não inteiramente pacificados no âmbito do direito público: o de serviço público e o de agente público.

José da Silva Pacheco, em parecer publicado na *RT*, 635:103, depois de ampla digressão sobre essas alterações, apresentou as seguintes e corretas conclusões:

"3.1. Houve, pelo art. 37, § 6º, da CF de 1988, alteração no concernente à responsabilidade civil, inspirada no princípio basilar do novo Direito Constitucional de sujeição de todas as pessoas, públicas ou privadas, aos ditames da ordem jurídica, de modo que a lesão aos bens jurídicos de terceiros traz como consequência para o causador do dano a obrigação de repará-la.

3.2. Seguindo a evolução, que se observa como tendência universal, atingiu-se, com o § 6º do art. 37 da CF de 1988, novo patamar para envolver a responsabilidade das pessoas jurídicas de Direito Público (União, Estados, Distrito Federal, Municípios e autarquias) e de Direito Privado (empresas públicas, sociedades de economia mista e sociedades privadas concessionárias) pelos danos causados, diretamente, pela execução de serviço público.

3.3. Tendo sido usada a expressão 'serviço público', há que concebê-la como gênero, de que o serviço administrativo seria mera espécie, compreendendo a atividade ou função jurisdicional e também a legislativa, e não somente a administrativa do Poder Executivo; e, no que se refere ao 'agente', deve ser entendido no sentido de quem, no momento do dano, exercia atribuição ligada à sua atividade ou função. Desse modo, abrange o § 6º do art. 37 da CF a responsabilidade da União, dos Estados, do Distrito Federal, Municípios e autarquias; dos Poderes Legislativo, Judiciário e Executivo; das empresas públicas, sociedades de economia mista e sociedades privadas, quando no exercício de serviço público e por dano diretamente causado pela execução desse serviço, para cuja caracterização exclui-se o critério orgânico ou subjetivo".

A substituição do vocábulo "funcionário" pelo vocábulo "agente" atende à sugestão de Miguel Seabra Fagundes no sentido de que "no concernente à responsabilidade civil das pessoas jurídicas de direito público, pelos danos que seus 'agentes' causem a terceiros, temos que seria próprio substituir a expressão 'funcionários' (até aqui, aliás, entendida lucidamente pela jurisprudência como abrangente de quaisquer servidores e não apenas dos estritamente caracterizados como 'funcionários'), com propriedade, por 'quaisquer agentes públicos'. Com isso, incorporar-se-ia ao texto, afastando-se controvérsias acaso ainda suscetíveis, a lição dos tribunais, de sorte a ficar assente que do gari e do praça de pré ao Presidente da República, todo e qualquer servidor estatal compromete, quando agindo nessa qualidade, a responsabilidade civil por dano a terceiro, da entidade a que serve" (O direito administrativo na futura Constituição, *Revista de Direito Administrativo, 168*:5, n. 4).

Preleciona Paulo Sérgio Gomes Alonso (*Pressupostos da responsabilidade objetiva*, São Paulo, Saraiva, 2000, p. 122) que "está claro que a expressão *agente*, colocada no texto constitucional, compreende a pessoa que exerce qualquer atividade inerente ao serviço público, pela prática de qualquer ato seu que venha a provocar dano a alguém".

A propósito, pondera Marco Aurélio Bezerra de Melo (*Direito civil: responsabilidade civil*, GEN-Forense, 2019, p. 439: "Dessa forma, se determinado Município recrutar cidadãos, a título precário, para trabalho temporário de combate à epidemia de dengue, e uma dessas pessoas chamadas a esse serviço causar dano material e/ou moral a um munícipe, a responsabilidade civil será objetiva do Município".

Tem sido decidido que a "pessoa jurídica de direito privado, na qualidade de concessionária de serviço público, responde imediata e diretamente pelos danos que as empresas contratadas causarem a terceiros, não se necessitando indagar da culpa ou dolo, pois sua responsabilidade está ancorada na culpa objetiva e surge do fato lesivo, conforme dispõe o art. 37, § 6º, da CF" (*RT*, 745:278). E mais: "*Responsabilidade civil* – Serviço público – Sobrecarga de energia elétrica que ocasionou danos em aparelhos eletroeletrônicos pertencentes a estabelecimento comercial – Responsabilidade objetiva da concessionária do serviço – Verba devida" (TJSP, *RT*, 836:201).

O Supremo Tribunal Federal, em julgamento com repercussão geral reconhecida por unanimidade, realizado no mês de agosto de 2009, definiu que há responsabilidade objetiva das empresas de ônibus, permissionárias de serviço público, mesmo em relação a terceiros que não sejam seus usuários (no caso, um ciclista). Acentuou o relator que a Constituição Federal não faz qualquer distinção sobre a qualificação do sujeito passivo do dano, ou seja, "não exige que a pessoa atingida pela lesão ostente a condição de usuário do serviço" (STF, RE 591.874-MS, rel. Min. Ricardo Lewandowski).

Indaga-se se o Poder Público tem responsabilidade subsidiária ou solidária pelos atos danosos causados pela concessionária no exercício da atividade transferida. Celso Antônio Bandeira de Mello entende que a responsabilidade direta é da concessionária, porque gere o serviço por sua conta, risco e perigo. Aduz que, contudo, pode dar-se o fato de o concessionário encontrar-se em situação de insolvência e, nesse caso, "parece indubitável que o Estado terá de arcar com os ônus daí provenientes. Pode-se, então, falar em responsabilidade subsidiária (não solidária) existente em certos casos, isto é, naqueles em que os gravames suportados por terceiros hajam procedido do exercício, pelo concessionário, de uma atividade que envolveu poderes especificamente do Estado" (*Prestação de serviços públicos e administração indireta*, 2. ed., Revista dos Tribunais, p. 57-8).

Yussef Said Cahali, por sua vez, observa: "Tratando-se de concessão de serviço público, permite-se reconhecer que, em função do disposto no art. 37, § 6º, da nova Constituição, o Poder Público concedente responde objetivamente pelos danos causados pelas empresas concessionárias, em razão da presumida falha da Administração na escolha da concessionária ou na fiscalização de suas atividades, desde que a concessão tenha por objeto a prestação de serviço público, atividade diretamente constitutiva do desempenho do serviço público; responsabilidade direta e solidária, desde que demonstrado que a falha na escolha ou na fiscalização da concessionária possa ser identificada como a causa do evento danoso".

Como exemplos de hipóteses mais frequentes, o referido autor menciona as de "omissão de fiscalização das atividades econômicas privadas sujeitas a autorização governamental (estabelecimentos de crédito e financiamento; companhias de seguros; estabelecimentos de ensino; venda de fogos de artifício em estabelecimentos particulares), ou sob controle direto da Administração (manutenção de elevadores dos edifícios públicos)". E, na sequência, aduz: "Tratando-se de danos oriundos de comportamentos alheios à própria prestação do serviço público (ou privado autorizado), a responsabilidade do Poder Público reveste-se de caráter subsidiário ou complementar, porém não em função de uma eventual insolvência da empresa concessionária, mas em função de omissão culposa na fiscalização da atividade da mesma" (*Responsabilidade*, cit., 2. ed., p. 151).

A propósito, decidiu a 7ª Câmara de Direito Público do Tribunal de Justiça de São Paulo: "*Litisconsórcio* – Responsabilidade subsidiária da Fazenda do Estado, frente às obrigações de autarquia – Ilegitimidade de parte da Fazenda Pública, entretanto, na ação de indenização – Recurso improvido.

Assenta a doutrina que sempre irrompe a possibilidade de o Estado atender, de modo subsidiário, às obrigações de autarquias. Entenda-se: tanto que esgotado o patrimônio da autarquia, ou entidade autárquica, responde o Estado, reforçando-o, apoiando-o. Não se cogita, portanto, de solidariedade. Inocorrendo ausência ou escassez de meios para pagar – garantia do credor – não se pode demandar primeiro, ou de forma conjunta, o garante subsidiário. Desútil tornar seguro o que, ainda, inseguro não se acha" (AgI 048.265.5/8-SP, rel. Des. Sérgio Pitombo, j. 8-6-1998).

O Superior Tribunal de Justiça, por sua vez, destacou: "Ação de responsabilidade civil. Acidente com rede elétrica. Incidência na espécie do art. 17 do Código de Defesa do Consumidor. Responsabilidade objetiva da concessionária de serviço público. Denunciação da lide. Impossibilidade. Aplicação do art. 88 do Código de Defesa do Consumidor. Súmula 83/STJ" (REsp 1.680.693-RN, 2ª T., rel. Min. Herman Benjamin, *DJe* 20-10-2017).

Aduz Yussef Said Cahali que esses mesmos princípios da responsabilidade civil objetiva aplicam-se também às empresas *permissionárias* de serviço público, em seus vários aspectos, "pois é manifesta a similitude das situações propiciadas por ambos os institutos de direito administrativo" (*Responsabilidade*, cit., p. 158).

A 2ª Turma do Supremo Tribunal Federal, em ação de reparação de danos movida contra empresa de ônibus, *permissionária de serviço de transporte coletivo*, em virtude de colisão do coletivo com um automóvel, decidiu, por maioria de votos: "A responsabilidade civil das pessoas jurídicas de direito privado prestadoras de serviço público é objetiva relativamente aos usuários do serviço, não se estendendo a pessoas outras que não ostentem a condição de usuário. Exegese do art. 37, § 6º, da CF" (RE 262.651-SP, j. 16-11-2004, *DJU*, 6 maio 2005).

Salientou o relator, Min. Carlos Velloso, que "a *ratio* do dispositivo constitucional que estamos interpretando parece-me mesmo esta: porque o '*usuário é detentor do direito subjetivo de receber um serviço público ideal*', não se deve exigir que, tendo sofrido dano em razão do serviço, tivesse de provar a culpa do prestador desse serviço. Fora daí, vale dizer, estender a não usuários do serviço público prestado pela concessionária ou permissionária a responsabilidade objetiva – CF, art. 37, § 6º – seria ir além da *ratio legis*".

A questão é, porém, controvertida, havendo diversos posicionamentos doutrinários contrários ao mencionado entendimento. Parece-nos, *permissa venia*, mais adequado ao sistema constitucional brasileiro o ponto de vista de Celso Antônio Bandeira de Mello, transcrito no mencionado acórdão: "Quando o Texto Constitucional, no § 6º do art. 37, diz que as pessoas 'de direito privado prestadoras de serviços públicos responderão pelos danos que seus agentes nesta qualidade causarem a terceiros', de fora à parte a indispensável causação do dano, nada mais exige senão dois requisitos para que se firme dita responsabilidade: 1) que se trate de pessoa prestadora de serviço público; 2) que seus agentes (causadores do dano) estejam a atuar na qualidade de prestadores de serviços públicos. Ou seja: nada se exige quanto à qualificação do sujeito passivo do dano; isto é: não se exige que sejam usuários, nesta qualidade atingidos pelo dano. Com efeito, o que importa, a meu ver, é que a atuação danosa haja ocorrido enquanto a pessoa está atuando sob a titulação de prestadora de serviço público, o que exclui apenas os negócios para cujo desempenho não seja necessária a qualidade de prestadora de serviço público. Logo, se alguém, para poder circular com ônibus transportador de passageiros do serviço público de transporte coletivo, necessita ser prestadora de serviço público e causa dano a quem quer que seja, este foi causado na qualidade de prestadora dele. Donde sua responsabilidade é a que está configurada no § 6º do art. 37".

Releva também destacar trecho do bem fundamentado voto vencido do Min. Joaquim Barbosa, como segue: "Entendo que a primeira e incontornável reflexão que se impõe, quando postulada uma reparação por danos causados por concessionários de serviço público, é a seguinte: nas mesmas circunstâncias em que produzido o dano, caso estivesse envolvida não uma concessionária, mas a própria Administração, estaria a vítima legitimada a receber indenização? Se positiva a resposta, o dever de indenizar é imperativo. Isso porque, como já dito, é a natureza da atividade causadora do dano, isto é, o fato de que ela é exercida em prol da coletividade, que conduz à obrigação de indenizar o particular. Ora, o fato de a prestação do serviço ser transferida temporariamente a uma empresa privada concessionária não tira da atividade sua natureza eminente público-estatal. Na concessão, é bom não esquecer, o particular concessionário apenas 'faz as vezes do Estado', isto é, ele *'agit pour le compte de l'Etat'*, como bem diz René Chapus. (...) Penso, pois, que introduzir uma distinção adicional entre usuários e não usuários do serviço significa um perigoso enfraquecimento do princípio da responsabilidade objetiva, cujo alcance o constituinte de 1988 quis o mais amplo possível".

Este entendimento acabou prevalecendo em julgamento posterior, com repercussão geral reconhecida por unanimidade, realizado no mês de agosto de 2009, no qual a Suprema Corte brasileira definiu que há responsabilidade objetiva das empresas de ônibus, permissionárias de serviço público, mesmo em relação a terceiros que não sejam seus usuários (no caso, um ciclista). Acentuou o relator que a Constituição Federal não faz qualquer distinção sobre a qualificação do sujeito passivo do dano, ou seja, "não exige que a pessoa atingida pela lesão ostente a condição de usuário do serviço" (STF, RE 591.874-MS, rel. Min. Ricardo Lewandowski).

Jurisprudência

11.2.1. Responsabilidade das concessionárias de serviço público

- Ação de responsabilidade civil – Acidente com rede elétrica – Incidência na espécie do art. 17 do Código de Defesa do Consumidor – Responsabilidade objetiva da concessionária de serviço público – Denunciação da lide – Impossibilidade – Aplicação do art. 88 do Código de Defesa do Consumidor – Súmula 83/STJ (STJ, REsp 1.680.693-RN, 2ª T., rel. Min. Herman Benjamin, *DJe* 20-10-2017).

- Responsabilidade objetiva – Rede elétrica – O risco da atividade de fornecimento de energia elétrica é altíssimo sendo necessária a manutenção e fiscalização rotineira das instalações. Reconhecida, portanto, a responsabilidade objetiva e o dever de indenizar (STJ, REsp 1.095.575-SP, 3ª T., rel. Min. Nancy Andrighi, *DJe* 26-3-2013).

- Ação de indenização – Atropelamento por coletivo urbano – Responsabilidade objetiva da prestadora de serviço público. Consoante consabido, à luz do disposto no § 6º do art. 37 da Constituição da República de 1988, a responsabilidade civil da concessionária de serviço público observa a teoria do risco administrativo, ou seja, cuida-se de responsabilidade objetiva condicionada à demonstração da relação de causalidade entre a atividade administrativa e o dano suportado pelo particular. Ademais, nos termos do art. 927 do Código Civil, a empresa que desempenha atividade de risco e, sobretudo, colhe lucros desta, deve responder pelos danos que eventualmente ocasione a terceiros, independentemente da comprovação de dolo ou culpa em sua conduta. Precedentes (STJ, AgRg no AREsp 204.156-MG, 4ª T., rel. Min. Marco Buzzi, *DJe* 31-8-2015).

- Responsabilidade civil – Concessionária de serviço público – Danos sofridos por veículo que atropelou animal solto na pista de rodovia sob sua concessão – Nexo de causalidade entre a omissão do poder público e o prejuízo sofrido pelo autor – Responsabilidade objetiva da concessionária reconhecida – Precedentes do STF: AgI 666.253 e RE 272.839 (STF, 2ª T., HC 100.863-SP, rel. Min. Ellen Gracie, j. 4-12-2009).
- Responsabilidade civil – Concessionária de serviço público envolvida em acidente de veículos – Responsabilidade objetiva – Ação de regresso. Agravo provido para melhor exame do extraordinário (STF, AgRg no AgI 209.782-SP, rel. Min. Marco Aurélio, j. 18-6-1999).
- Responsabilidade civil – Acidente de trânsito – Atropelamento próximo à faixa de segurança – Responsabilidade objetiva da concessionária de linha de ônibus (TJRS, Ap. 598.174.720, 12ª Câm. Cív., rel. Des. Madalena Carvalho, j. 13-8-1998).

11.2.2. Responsabilidade das permissionárias de serviço público

- Responsabilidade civil – Atropelamento provocado por motorista de ônibus pertencente a empresa permissionária de transporte coletivo – Responsabilidade objetiva – Art. 37, § 6º, da Constituição Federal (STJ, REsp 44.980-MG, 4ª Turma, rel. Min. Barros Monteiro).
- Acidente de trânsito – Transporte coletivo – Queda de passageiro – Responsabilidade objetiva. É objetiva a responsabilidade da empresa de ônibus, que atua no ramo do transporte coletivo urbano, devendo a permissionária de serviço público ser responsabilizada por queda do usuário do serviço (TJMG, Ap. 2.0000.00.497169-7-000, 13ª Câm. Cív., rel. Des. Maia Viani, *DJe* 9-8-2006).

11.3. Responsabilidade civil do Estado pelos atos omissivos de seus agentes

Não apenas a ação produz danos. "Omitindo-se, o agente público também pode causar prejuízos ao administrado e à própria administração. A omissão configura a culpa 'in omittendo' e a culpa 'in vigilando'. São casos de 'inércia', casos de 'não atos'. Se cruza os braços ou se não vigia, quando deveria agir, o agente público omite-se, empenhando a responsabilidade do Estado por 'inércia' ou 'incúria' do agente. Devendo agir, não agiu. Nem como o 'bonus pater familiae', nem como o 'bonus administrator'. Foi negligente, às vezes imprudente e até imperito. Negligente, se a solércia o dominou; imprudente, se confiou na sorte; imperito, se não previu as possibilidades da concretização do evento. Em todos os casos, culpa, ligada à ideia de inação, física ou mental" (José Cretella Júnior, *Tratado de direito administrativo*, Forense, v. 8, p. 210, n. 161).

Celso Antônio Bandeira de Mello, em artigo sobre a "Responsabilidade extracontratual do Estado por comportamentos administrativos" (*RT*, 552, p. 11-20), apresenta várias conclusões, algumas das quais, por pertinentes, merecem ser aqui transcritas:

"*a*) A responsabilidade do Estado no Direito brasileiro é ampla. Inobstante, não é *qualquer* prejuízo patrimonial relacionável com ações ou omissões do Estado que o engaja na obrigação de indenizar. (...)

f) Quando o comportamento lesivo é comissivo, os danos são *causados* pelo Estado. Causa é o evento que produz certo resultado. O art. 107 da Carta Constitucional estabelece que o Estado responde pelos danos *causados*.

g) No caso de dano por comportamento comissivo, a responsabilidade do Estado é *objetiva*. Responsabilidade objetiva é aquela para cuja irrupção basta o nexo causal entre a atuação e o dano por ela produzido. Não se cogita de licitude ou ilicitude, dolo ou culpa.

h) Quando o comportamento lesivo é omissivo, os danos são causados pelo Estado, mas por evento alheio a ele. A omissão é condição do dano, porque propicia sua ocorrência. Condição é o evento cuja ausência enseja o surgimento do dano.

i) No caso de dano por comportamento omissivo, a responsabilidade do Estado é *subjetiva*. Responsabilidade *subjetiva* é aquela cuja irrupção depende de procedimento contrário ao Direito, doloso ou culposo.

j) O Estado responde por omissão quando, devendo agir, não o fez, inocorrendo no ilícito de deixar de obstar àquilo que podia impedir e estava obrigado a fazê-lo".

Assim, para o conceituado administrativista, "a 'omissão' do Estado em debelar o incêndio, em prevenir as enchentes, em conter a multidão, em obstar ao comportamento injurídico de terceiro, terá sido 'condição' da ocorrência do dano, mas 'causa' não foi" e, assim, "a responsabilidade do Estado será 'subjetiva'".

A 2ª Turma do Supremo Tribunal Federal, pelo voto do Min. Carlos Velloso, reconhecendo a culpa do Poder Público por não zelar devidamente pela incolumidade física de detento, ameaçado por outros presos e por eles assassinado, proclamou que, em se tratando de "ato omissivo do Poder Público, a responsabilidade passa a ser subjetiva, exigindo dolo ou culpa, numa de suas três vertentes, negligência, imperícia ou imprudência, não sendo, entretanto, necessário individualizá-la" (*RT*, 753:156).

Esse posicionamento já foi sustentado, há muitos anos, por Oswaldo Aranha Bandeira de Mello (*Princípios gerais de direito administrativo*, Forense, v. 2, p. 487, n. 40.7) e conta com o aplauso de Maria Helena Diniz (*Responsabilidade civil*, cit., p. 416). No entanto, foi refutado por Toshio Mukai, ao fundamento de que "as obrigações, em direito, comportam causas, podendo elas ser a lei, o contrato ou o ato ilícito". Assim – prossegue –, "causa, nas obrigações jurídicas (e a responsabilidade civil é uma obrigação), é todo fenômeno de transcendência jurídica capaz de produzir um poder jurídico pelo qual alguém tem o direito de exigir de outrem uma prestação (de dar, de fazer ou não fazer)". Conclui, em consequência, que a omissão, ou o comportamento omissivo, pode ser causa e não condição. "Em outros termos, o comportamento omissivo do agente público, desde que deflagrador primário do dano praticado por terceiro, é a causa e não simples condição do evento danoso. Portanto, há que se examinar, em cada caso concreto, se o evento danoso teve como causa a omissão grave de representante do Estado; se teve, a responsabilidade subjetiva do Estado (por culpa 'in omittendo') aparece; se não teve, isto é, se o dano ocorreu por omissão do funcionário, incapaz de ser caracterizado como causa daquele, tal omissão não gerará a responsabilidade civil do Estado" (*Responsabilidade solidária da administração por danos ao meio ambiente*, Conferência pronunciada no II Simpósio Estadual de Direito Ambiental, 11 a 13 de novembro de 1987, Curitiba, Paraná, SUREHMA).

Para Álvaro Lazzarini, igualmente, "o artigo 107 da Constituição da República também contempla, além da responsabilidade por atos comissivos, aquela que decorra de atos omissivos". Em artigo publicado na *RJTJSP, 117*:8, sob o título "Responsabilidade civil do Estado por atos omissivos de seus agentes", demonstra o mencionado autor o entendimento, em especial da jurisprudência, de que não só por ação, "mas também por omissão pode ocorrer o dano suscetível de reparação civil por parte do Estado", enfatizando: "Se presente a omissão em quaisquer dos três Poderes do Estado, e não só no Poder Executivo, e dessa omissão ocorrer dano a terceiros, o Estado deve recompor o patrimônio ofendido, respondendo, assim, civilmente pelo dano acarretado pelo agente estatal".

Nesse trabalho apresenta, ainda, um panorama amplo da jurisprudência, mencionando vários casos em que se reconheceu a responsabilidade do Estado por atos omissivos, com aplicação do art. 107 da Constituição então em vigor, como o publicado na *RJTJSP, 93*:133, em que se entendeu que a Fazenda do Estado devia responder civilmente pelos danos que o autor, seu servidor, teve ao ver tolhido, por mais de dois anos, o seu direito público subjetivo de aposentar-se aos trinta e cinco anos de serviço, lesão essa que ocorreu pela falta de zelo e, em especial, de presteza do agente administrativo que se houve com quebra do dever funcional respectivo; o julgado pela 1ª Câmara Civil do Tribunal de Justiça de São Paulo (Ap. 97.691-1, Botucatu), em que se reconheceu ter havido omissão, e assim abuso de poder passível de obrigação indenizatória da Municipalidade local ao ofendido, quando o Executivo, diante da vacância de cargo público, deixou de colocá-lo em acesso, dentro do prazo legal, prejudicando servidor que sustentava ser o único funcionário com direito e em condições de ter acesso ao cargo vago; o publicado na Lex – *JSTF, 14*:59, em que o Supremo Tribunal Federal responsabilizou objetivamente o Estado pelo ato faltoso de escrevente; o publicado na *RJTJSP, 97*:342, em que se proclamou que mesmo quando a culpa é anônima pela omissão é possível reconhecer a responsabilidade civil do Estado, responsabilizando-se, no caso, municipalidade que mantinha um balneário no qual morreu afogado um munícipe, em momentos de lazer; o publicado na Lex – *JTFR, 9*:288, em que o Tribunal Federal de Recursos se pronunciou no sentido de que o erro técnico na feitura de obras públicas, aliado à omissão de serviços indispensáveis a um mínimo de segurança devido aos habitantes do local, deve ser indenizado se causa lesão; o publicado na *RT, 445*:84, em caso em que oficial da Polícia Militar, portador de esquizofrenia, suicidou-se, quando internado em estabelecimento hospitalar da Corporação, em razão de deficiente vigilância que lhe possibilitou a fuga, por ele encontrada no Batalhão onde servia; o publicado na *RF, 214*:106, em que o extinto Tribunal Federal de Recursos responsabilizou a União por omissão do Exército, quando um petardo usado em exercícios e esquecido em um terreno baldio explodiu e causou mutilações e deformidades em um menor; o publicado na *RDP*, jul./dez. *81*:222, n. 59-60, em que, por omissão do carcereiro, operário recolhido ao xadrez do II Exército, preso em cela isolada com fundamento no AI n. 5, de 1968, morreu por estrangulamento; o publicado na *RJTJSP, 93*:156, referente a responsabilidade por danos causados a aluno do ensino público por um colega menor; os referentes à omissão na atividade de polícia, publicados na *RJTJSP, 20*:125 (omissão da autoridade policial de plantão), *RT, 389*:161 (inércia, ante movimento multitudinário, com depredação e saque); e o da Ap. 72.409-1-SP, da 1ª Câmara Cível, em que se reconheceu a responsabilidade do Estado pelo fato de a autoridade policial civil da cidade paulista de Matão ter efetuado a transferência de veículo, sem requisitar o seu prontuário junto à autoridade policial de trânsito do seu Estado de origem, no caso o do Rio de Janeiro, em que se frisou não desculpar a omissão da autoridade policial civil de Matão o fato de o veículo ser objeto de crime patrimonial, pois, embora o Estado não seja responsável por atos criminosos de terceiros, na verdade ele o é pelos atos omissivos de seus agentes, seja qual for a sua investidura administrativa, quando, no exercício de suas atribuições legais, pratiquem erros ou se omitam, como na hipótese versada no aludido julgado.

Pode-se, assim, afirmar que a jurisprudência tem entendido que a atividade administrativa a que alude o art. 37, § 6º, da Constituição Federal abrange tanto a conduta comissiva como a omissiva. No último caso, desde que a omissão seja a causa direta e imediata do dano.

Com efeito, no julgamento do RE 109.615-RJ, referente a acidente ocorrido nas dependências de escola municipal, por omissão da administração em evitar que uma criança, durante o recreio, atingisse o olho de outra, acarretando-lhe a perda total do globo ocular direito, proclamou o Supremo Tribunal Federal, pelo voto do relator, Min. Celso Mello: "A *teoria do risco administrativo*, consagrada em sucessivos documentos constitucionais brasileiros, desde a Carta Política de 1946, confere fundamento doutrinário à responsabilidade civil objetiva do Poder Público pelos danos a que os agentes públicos, *por ação ou omissão*, houverem dado caso. Essa concepção teórica, que informa o princípio constitucional da responsabilidade civil objetiva do Poder Público, *faz emergir*, da mera ocorrência de ato lesivo causado à vítima pelo Estado, o *dever* de indenizá-la pelo dano pessoal e/ou patrimonial sofrido, *independentemente* de caracterização de culpa dos agentes estatais ou de demonstração de falta do serviço público. As circunstâncias do presente caso – apoiadas em pressupostos fáticos soberanamente reconhecidos pelo Tribunal *a quo* – evidenciam que o nexo de causalidade material restou plenamente configurado *em face do comportamento omissivo* em que incidiu o agente do Poder Público (funcionário escolar), que se absteve de adotar as providências reparatórias que a situação estava a exigir...".

Em outro caso, relatado pelo Min. Moreira Alves, a mesma Excelsa Corte manteve esse entendimento, afirmando que "não ofende o art. 37, § 6º, da Constituição Federal acórdão que reconhece o direito de indenizar a mãe do preso assassinado dentro da própria cela por outro detento". O Estado, com base nesse entendimento, foi responsabilizado objetivamente pela *omissão* no serviço de vigilância dos presos (cf. *RT, 765*:88).

O aludido Tribunal proclamou, no julgamento de outro recurso, que o Estado é responsável pela morte de detentos dentro de presídios, se for comprovado que seu dever de proteger as pessoas ali encarceradas não foi cumprido. Frisou o relator que, "se o Estado tem o dever de custódia, tem também o dever de zelar pela integridade física do preso. Tanto no homicídio quanto no suicídio há responsabilidade civil do Estado" (ARE 638.467-RS, rel. Min. Luiz Fux, Revista *Consultor Jurídico*, 30-3-2016).

D'outra feita, enfatizou o Pretório Excelso, em aresto da lavra do Min. Ilmar Galvão: "Caracteriza-se a responsabilidade objetiva do Poder Público em decorrência de danos causados, por invasores, em propriedade particular, quando o Estado se omite no cumprimento de ordem judicial para envio de força policial ao imóvel invadido" (RE 283.989-PR, 1ª T., *DJU* 13-9-2002).

Vide ainda: Responsabilidade civil – Ação de indenização por danos materiais e morais – Morte de internado em centro de atendimento socioeducativo – Responsabilidade objetiva da Administração Pública. É cediço que, em se tratando de agressão a detento em estabelecimento prisional, é objetiva a responsabilidade do Estado, a teor do art. 37, 6º, da CF, pois há dever de zelar pela segurança e incolumidade física do preso sob sua custódia, aplicando-se a mesma interpretação a menor, internado em centro de atendimento socioeducativo. Hipótese em que restou demonstrado nos autos que o internado foi vítima de homicídio por seu colega de quarto, por asfixia, evidenciando-se a falha do estabelecimento quanto à garantia de segurança ao menor, notadamente porque evidenciado que vinha sendo vítima de agressões e ameaças pelos demais internos (TJRS, Apel. 70.055.393045, 10ª Câm. Cív., rel. Des. Paulo Roberto Lessa Franz, j. 26-9-2013).

"*Responsabilidade civil do Estado* – Ato omissivo – Morte de portador de deficiência mental internado em hospital psiquiátrico do Estado, com fuga e suicídio posterior do paciente – Falta no dever de vigilância – Incidência de indenização por danos morais (STJ, REsp 602.102-RS, 2ª T., rel. Min. Eliana Calmon, *DJe* 21-2-2005).

Responsabilidade civil do Estado por omissão – Morte em decorrência de disparo de arma de fogo no interior de hospital público – Ausência de vigilância – Falha específica no dever de agir – Excludente de ilicitude – Não ocorrência (REsp 1.708.325/RS, relator Min. Og Fernandes, 2ª T., j. 24-5-2022, *DJe* 24-6-2022).

Para Flávio de Araújo Willeman, a propósito do art. 43 do Código Civil de 2002, que trouxe para o plano infraconstitucional a responsabilidade objetiva da Administração Pública, "não há mais espaço para sustentar a responsabilidade subjetiva das pessoas jurídicas de direito público, baseada na culpa. Não fosse pela ausência de norma legal neste sentido, mas também em razão de regras explícitas e específicas em sentido contrário, que determinam a incidência da responsabilidade civil objetiva, baseada na teoria do risco administrativo" (*Responsabilidade civil das agências reguladoras*, Lumen Juris, 2005, p. 27).

Salientou, ainda, o mencionado autor: "Por outro lado, não se pode chegar ao absurdo de imaginar que todas as situações que configurarem omissão estatal serão passíveis de fazer surgir o dever de indenizar das pessoas jurídicas de direito público, com fundamento na sua responsabilização objetiva. O Estado não pode ser concebido como um segurador universal de todos os males ocorridos na sociedade, mais especificamente do segmento regulado. Somente as omissões específicas é que devem ser levadas em consideração para a deflagração do nexo de causalidade e, assim, da consequente obrigação de indenizar, ante a regra inserta no art. 43 do Código Civil de 2002" (*Responsabilidade civil*, cit., p. 31-32).

Nesse sentido, a jurisprudência, como se pode verificar:

"*Indenização* – Fazenda Pública – Veículo furtado em garagem de residência – Mau funcionamento do serviço público – Inocorrência – Inobrigatoriedade, no caso, da presença do ente estatal para evitar a ocorrência – Ação improcedente" (*JTJ*, Lex, *227*:64).

"*Responsabilidade civil do Estado* – Furto de veículo estacionado nas imediações de feira livre – Alegação de falha no serviço de policiamento em logradouros e locais públicos – Inexistência da demonstração de imperícia ou descuido dos agentes responsáveis pela segurança pública – Verba indevida" (*RT*, *757*:162).

"*Responsabilidade civil do Estado* – Sequestro seguido de morte – Suposta omissão do Estado – Ação julgada improcedente – Recurso do autor – Somente se havida a chamada omissão específica do Estado, na prestação dos seus serviços públicos de Segurança e Justiça, teria razão o recorrente. Não configurada tal hipótese, correta a decisão recorrida, a qual é mantida por seus próprios e jurídicos fundamentos" (TJRJ, Ap. 2002.001.13261, 6ª Câm. Cív., rel. Des. Gilberto Rego, j. 13-2-2003).

"*Responsabilidade civil do Estado* – Omissão – Vítima que se encontrava em um bar quando foi atingida por disparos de arma de fogo – Autoria desconhecida – Não se pode, com base apenas na generalizada precariedade dos serviços de segurança pública, imputar a cada Estado a responsabilidade pelos delitos cometidos em seu respectivo território. A responsabilidade do Estado por omissão só pode ser reconhecida se houver nexo causal entre a falta do serviço e o evento. Em outras palavras, não se pode responsabilizar o Estado apenas porque, genericamente, sejam falhos os serviços de segurança, de saúde etc. A responsabilidade por omissão somente poderá ser reconhecida se demonstrado que, no caso particular, seus agentes deixaram de praticar atos que, razoavelmente, deles se podiam exigir" (TJSP, *JTJ*, Lex, *198*:97).

O Tribunal de Justiça de São Paulo já decidiu que o Município não responde por furto de veículo estacionado em local abrangido pela "zona azul", por não guardar a hipótese nenhuma similitude com o contrato de depósito gerado pelo estacionamento de veículos de usuários em terrenos ou garagens de estabelecimentos comerciais, como supermercados e *shopping centers*. Veja-se a ementa: "*Indenização* – Furto de veículo estacionado em local abarcado pelo sistema 'zona azul' – Obrigação de indenizar inexistente – Potencial do contrato esgotado com a venda do talão autorizador do estacionamento e recebimento do respectivo preço – Inaplicabilidade da Lei Federal n. 8.078, de 1990 – Recurso não provido" (*RJTJSP*, *152*:91).

Na mesma linha, assentou o Tribunal de Justiça do Rio de Janeiro: "*Responsabilidade civil do Estado*. Estacionamento rotativo de carro em logradouro público. Furto de veículo. Pagamento pelo uso de vaga que confere ao usuário somente a utilização do local em via pública, de uso comum do povo. Sistema que tem por escopo ordenar o espaço público, garantindo a necessária rotatividade de automóveis em grandes centros urbanos. Inexistência do dever de guarda do bem sob prometida vigilância e proteção. Contrato de depósito não caracterizado. Reparação indevida" (*RT*, *841*:333).

E o Supremo Tribunal Federal também entendeu inexistir responsabilidade civil do Estado por dano decorrente de assalto por quadrilha de que fazia parte preso foragido vários meses antes. Proclamou a Corte que "A responsabilidade do Estado, embora objetiva por força do disposto no artigo 107 da Emenda Constitucional n. 01/69 (e, atualmente, no § 6º do artigo 37 da Carta Magna), não dispensa, obviamente, o requisito, também objetivo, do nexo de causalidade entre a ação ou a omissão atribuída a seus agentes e o dano causado a terceiros. No caso, é inequívoco que o nexo da causalidade inexiste e, portanto, não pode haver a incidência da responsabilidade prevista no § 6º da atual Constituição. Com efeito, o dano decorrente do assalto por uma quadrilha de que participava um dos evadidos da prisão não foi o efeito necessário da omissão da autoridade pública que o acórdão recorrido teve como causa da fuga dele, mas resultou de concausas, como a formação da quadrilha, e o assalto ocorrido cerca de vinte e um meses após a evasão. Recurso extraordinário conhecido e provido" (RE 130.764-1-PR, 1ª T., rel. Min. Moreira Alves, j. 12-5-1992, v. u., *DJU*, 7 ago. 1992, p. 11782, Seção I, ementa, *RT*, *688*:230).

"Havendo nos autos prova suficiente de prisão indevida, resta certo o direito à indenização por danos morais, cuja mensuração deve observar o caráter pedagógico, compensatório e punitivo da medida. Assim decidiu a 8ª Câmara Cível do Tribunal de Justiça de Minas Gerais. A não colocação do autor da ação em liberdade ocorreu em virtude de equívocos, que foram solucionados apenas após quatro meses, fixando-se a indenização no montante de R$ 7.000,00 (Apel. 1.0261.18.004956-9/001, Revista *Consultor Jurídico*, 3-4-2020.

JURISPRUDÊNCIA

11.3.1. Morte de filho menor em creche municipal

■ Responsabilidade civil – Falecimento de criança em creche – Ação de indenização por danos materiais e morais – Pressupostos presentes para a responsabilização da ré – Incontroversa a ocorrência do evento morte durante o período em que a menor estava sob a guarda da requerida – Morte por broncoaspiração – Presença de álcool no sangue da criança – Comprovada a negligência da demandada – Caso fortuito não caracterizado (TJSP, Apel. 0002305-34.2012.8.26.0002, 25ª Câm. Dir. Priv., rel. Azuma Nishi, DJe 10-7-2017).

■ Indenização por danos morais e materiais – Morte de menor – Ilegitimidade passiva – Inocorrência – Creche mantida pela Prefeitura Municipal de São Paulo e o convênio firmado para a manutenção das despesas materiais da entidade – Responsabilidade objetiva do Município (TJSP, Apel.; REEX 0036792-42.2010.8.26.0053, 5ª Câm. Dir. Público, rel. Des. Franco Cocuzza. DJe 21-6-2012).

■ Responsabilidade civil do Estado – Morte de filho menor em creche municipal – Desnecessidade da cogitação da licitude ou ilicitude do fato de culpa dos funcionários – Suficiência do nexo de causalidade entre o fato lesivo e a atitude da referida creche – Aplicação da teoria do risco administrativo – Verba devida pelo Município (*RT, 780*:348).

■ Danos morais e materiais – Morte de criança de tenra idade, em creche, por ingestão de pão contendo raticida – Hipótese em que a responsabilidade do Município é objetiva (*RT, 810*:393).

11.3.2. Buracos na via pública, sem a devida sinalização

■ Indenização – Dano moral e pensão mensal vitalícia – Boletim de ocorrência da Polícia Federal, que destaca que o acidente ocorreu após o condutor do carro perder o controle do automóvel ao cruzar um buraco e que a condição da pista e a sinalização vertical eram ruins, além de não haver acostamento nem sinalização horizontal, o que evidencia a omissão do Estado em manter as condições de trafegabilidade – Configurada a responsabilidade do Estado por conduta omissiva por falta de conservação de vias (TRF, 1ª Reg., Proc. 2007.36.00.010479, rel. Des. Jirair Aram Meguerian, Revista *Consultor Jurídico*, 26-5-2018).

■ Indenização – Acidente de trânsito – Evento ocasionado por buraco na via pública sem a devida sinalização – Inexistência de culpa da vítima – Verba devida em face do princípio da teoria do risco administrativo – Inteligência do art. 37, § 6º, da CF (*RT, 747*:285).

■ Indenização por dano moral – Queda de ciclista em via pública devido a um buraco não sinalizado – Má conservação da rua comprovada – Responsabilidade objetiva da Municipalidade – Ação procedente (TJSP, Ap. 0018302-98.2011.8.26.0032, 9ª Câm. de Dir. Público, rel. Des. Carlos Eduardo Pachi, disponível em <www.conjur.com.br>, acesso em 9 fev. 2014).

11.3.3. Tentativa de assalto a usuários do metrô, com morte

- Responsabilidade civil – Metrô – Danos moral e material – Tentativa de assalto, com resultado morte, nas dependências de estação – Dever da entidade de zelar pela segurança dos seus usuários – Indenização devida, além das despesas de luto e funeral (TJSP, Ap. 67.754-5-SP, 7ª Câmara de Direito Privado, rel. Jovino de Sylos Neto, j. 26-3-2001).

11.3.4. Danos provocados por enchentes e escoamento de águas pluviais

- Responsabilidade civil por danos causados pelas fortes chuvas – Admissibilidade, desde que fique provado que o município, por sua omissão ou atuação deficiente, concorreu de modo decisivo para o evento, deixando de realizar as obras que razoavelmente lhe seriam exigíveis (STJ, REsp 1.125.304, 2ª T., Min. Castro Meira, *DJe* 28-2-2011).

- Responsabilidade civil do Estado – Município – Indenização – Enchentes causadas por fortes chuvas trazendo prejuízos aos moradores da localidade afetada – Comprovação, por laudo pericial, de tratar-se de fato imprevisível e anormal – Caso fortuito caracterizado – Verba indevida (*RT, 749*:260).

- Responsabilidade civil – Fazenda Pública – Danos resultantes de enchente – Mau funcionamento do serviço público demonstrado – Instalação dos autores na zona crítica de inundação que não libera a Municipalidade da obrigação de indenizar – Verba devida (*JTJ, Lex, 210*:89).

- Indenização – Fazenda Pública – Dano decorrente de escoamento de águas pluviais – Utilização de viela pública confinante com o imóvel dos autores – Omissão da municipalidade na prestação de serviço público caracterizada – Inexistência de obra definitiva para solucionar o problema – Nexo com o dano sofrido bem demonstrado – Recurso não provido (*JTJ, Lex, 234*:111).

- Indenização – Fazenda Pública – Dano causado a imóvel devido a enchente – Estado de calamidade pública declarado em razão das chuvas no município – Imóvel construído nas margens de córrego – Caso fortuito caracterizado – Exclusão da responsabilidade da Prefeitura – Ação improcedente (*JTJ, Lex, 232*:91).

11.3.5. Morte de detento, na prisão

- Responsabilidade civil do Estado por morte de detento – Arts. 5º, XLIX, e 37, § 6º, da Constituição Federal – Repercussão geral constitucional que assenta a tese de que, em caso de inobservância do seu dever específico de proteção previsto no art. 5º, inc. XLIX, da Constituição Federal, o Estado é responsável pela morte do detento. A morte do detento pode ocorrer por várias causas, como, v.g., homicídio, suicídio, acidente ou morte natural, sendo que nem sempre será possível ao Estado evitá-la, por mais que adote as precauções exigíveis. A responsabilidade civil estatal resta conjurada nas hipóteses em que o Poder Público comprova causa impeditiva da sua atuação protetiva do detento, rompendo o nexo de causalidade da sua omissão com o resultado danoso (STF, RE 841.526-RS, Pleno, rel. Min. Luiz Fux, *DJe* 29-7-2016).

- Ação de indenização por danos morais c/c alimentos – Morte do genitor em cárcere – Filho menor – Responsabilidade civil do Estado configurada. Comprovada e incontroversa a morte do genitor da criança quando se encontrava sob a custódia do Estado, recolhido a estabelecimento prisional, e não configurada qualquer excludente da responsabilidade, faz jus o filho ao ressarcimento pelos danos morais e materiais por ele experimentados em razão da falta de observância pelo Estado de seu dever específico de proteção ao preso posto sob sua guarda, deixando de preservar a sua integridade física e moral (art. 5º, XLIX, CF/88) (TJMG, Apel. 1.0313.11.002955-7/003, 7ª Câm. Cív., rel. Des. Peixoto Henriques, j. 30-1-2018).
- Indenização por danos morais – Responsabilidade civil do Estado – Assassinato de preso – Direito à incolumidade. É dever do Estado zelar pela incolumidade dos presos, sendo responsável pela indenização por danos que vierem a sofrer nas prisões, independentemente da prova de culpa dos servidores do presídio. A indenização por dano material pressupõe a comprovação de dependência econômica em relação à vítima. A verba indenizatória decorrente de dano moral tem como objetivo minimizar a dor e a aflição suportada em decorrência da morte da vítima (TJMG, Apel. n. 1.0453.08.016362-0/001, 7ª Câm. Cív., rel. Des. Wander Marotta, *DJe* 4-2-2011).
- Responsabilidade civil do Estado – Danos moral e material – Morte de detento ocasionada por policiais militares durante o episódio de invasão da Casa de Detenção – Dever de o Estado garantir a vida e a integridade física do carcerário – Verbas devidas aos pais do *de cujus* (TJSP, *RT, 842*:168).
- Indenização – Preso assassinado por outro detento – Verba devida – O assassinato de preso na prisão por outro detento gera ao Poder Público o dever de indenizar, pois cumpre ao Estado tomar as medidas necessárias para assegurar a integridade física dos seus custodiados, o que efetivamente não ocorre quando o agente público, além de recolher o encarcerado à cela com excesso de lotação, não toma as medidas necessárias para evitar a introdução de arma no recinto (STF, *RT, 751*:202).
- Indenização – Assassinato de preso cometido por outros detentos dentro de estabelecimento penal destinado a criminosos de alta periculosidade – Inexistência do conhecimento, por parte dos agentes públicos responsáveis pela vigilância do presídio, de qualquer tipo de inimizade entre a vítima e seus matadores – Culpa não caracterizada – Verba indevida – Voto vencido (TJRJ, *RT, 752*:323).
- Responsabilidade civil – Morte de preso durante rebelião – Responsabilidade objetiva do Estado – Art. 37, § 6º, da Constituição Federal – Ação indenizatória ajuizada pela mãe da vítima – Pedido de indenização por danos morais procedente – Valor indenizatório dentro da razoabilidade (R$ 120.000,00) a título de danos morais, corrigido monetariamente a partir da decisão e acrescida de juros de mora desde o evento danoso (TJSP, Ap. 9059091-53.2009.8.26.0000, 4ª Câm. de Dir. Público, rel. Des. Luís Fernando Camargo de Barros Vidal, j. 14-10-2013).
- Indenização por danos morais e materiais – Morte de preso em dependência de Distrito Policial, por trauma toracoabdominal – Responsabilidade civil do Estado – Art. 37, § 6º, da Constituição Federal – Pedido de indenização por danos morais – Proce-

dência – Pedido de indenização por danos materiais – Parcial provimento (TJSP, Ap. 9063025-19.2009.8.26.0000, 3ª Câm. Extr. de Direito Público, rel. Des. Eutálio Porto, j. 17-6-2014).

- Responsabilidade civil do Estado – Danos materiais e morais – Detento morto por colegas de carceragem – Violação do dever constitucional de guarda – Verba devida, ainda que demonstrada a ausência de culpa dos agentes públicos – Inteligência do art. 5º, XLIX, da CF (STF, *RT, 837*:129).

- Morte de detento em unidade prisional – Responsabilidade objetiva do Estado – Jurisprudência do STJ – Danos materiais e morais – *Quantum debeatur* não exorbitante – Revisão – Reexame de fatos e provas – Impossibilidade – Súmula 7/STJ – Razões recursais deficientes – Súmula 284/STF. Consoante a orientação do STJ, é objetiva a responsabilidade do Estado (art. 37, § 6º, da CF) em indenizar a família do detento que estava sob sua custódia e foi assassinado dentro da carceragem, visto que não cumpriu o dever constitucional de assegurar a integridade física do preso, conforme disposto no art. 5º, XLIX, da Constituição Federal. Quanto ao valor da indenização, a jurisprudência firme do STJ é no sentido de que, na via especial, a possibilidade de revisão do valor arbitrado na origem, a ensejar a mitigação do óbice da Súmula 7/STJ, ocorre excepcionalmente, quando o montante estabelecido seja irrisório ou exorbitante, hipóteses não demonstradas no caso (AgInt no REsp 2.033.128-TO, rel. Min. Herman Benjamin, 2ª T, j. 27-3-2023, *DJe* 4-4-2023).

11.3.6. Insuficiência de iluminação pública no local do sinistro

- Responsabilidade civil do Estado – Colisão entre bicicletas em via pública – Morte da vítima – Insuficiência da inexistência de iluminação pública no local do sinistro para caracterizar a responsabilidade objetiva do Poder Público Municipal – Acidente fatal, ademais, que ocorreu por culpa dos ciclistas – Verba indevida (*RT, 755*:272).

11.3.7. Furto de veículo em logradouro público

- Indenização – Fazenda Pública – Parqueamento – Furto de veículo em logradouro público – Ação movida contra a Companhia de Engenharia de Tráfego. O fato de ser cobrada do usuário tarifa para estacionamento em via pública não torna a entidade responsável pela indenização em caso de furto. A natureza da relação jurídica estabelecida criou, para o usuário, apenas o direito de estacionar o veículo em local que seria de uso comum do povo e, para o ente público, o dever de respeitar o estacionamento no período contratado. Não houve depósito e nem nasceu, da referida relação, dever de guarda (TJRJ, EI 24/98 na Ap. 1.989/97, 3º Gr. de Câms., rel. Des. Marcus Faver, j. 26-8-1998).

- Indenização – Fazenda Pública – Veículo – Furto em via pública – Ato de terceiro – Inexistência de vínculo direto entre o resultado danoso e o ato omissivo de agente da Administração – Responsabilidade objetiva do Estado não configurada – Teoria do risco integral não adotada pelo nosso ordenamento jurídico – Ação improcedente (*JTJ*, Lex, *232*:95).

11.3.8. Veículo vistoriado apreendido posteriormente por ser objeto de furto

■ Responsabilidade civil do Estado – Veículo vistoriado pelo Departamento de Trânsito que posteriormente foi apreendido pela autoridade policial por ser objeto de furto – Fato que não transfere para o Estado o dever de ressarcir o prejuízo – Adquirente que deve diligenciar quanto à legitimidade do título do vendedor (STF, *RT*, 776:159).

11.3.9. Dano causado por presidiário foragido da prisão

■ Responsabilidade civil do Estado – A prática de homicídio por preso em regime semiaberto, há muito tempo foragido, não gera a responsabilidade do Estado em reparar o dano, se não restar comprovada a falha, na vigilância dos detentos, que tenha propiciado a fuga (STF, *RT*, 758:126).

■ Responsabilidade civil do Estado – Indenização – Fuga de preso – Episódio atribuído à incúria dos policiais – Se a fuga do presidiário, atribuída à incúria dos policiais responsáveis pela guarda e vigilância do detento ao acompanhá-lo a consultório dentário fora da prisão, e os homicídios por ele praticados não foram ocasionais, mas resultantes de predisposição do fugitivo, movido por sentimento de vingança, resultando da evasão a prática dos delitos, é dever do Estado indenizar a família de uma das vítimas, em face da responsabilidade objetiva, fundada no risco administrativo (STF, RE 136.247-2-RJ, 1ª T., rel. Min. Sepúlveda Pertence, j. 20-6-2000, *RT*, 783:199).

11.3.10. Danos ocasionados por instituição financeira

■ Responsabilidade civil do Estado – Indenização – Danos ocasionados por instituição financeira – Omissão do Banco Central do Brasil pela ausência de intervenção ou liquidação extrajudicial – Verba devida às vítimas – Voto vencido (*RT*, 756:403).

11.3.11. Invasão de propriedade particular por integrantes do MST

■ Responsabilidade civil do Estado – Indenização – Invasão de propriedade particular por integrantes do Movimento dos Sem-Terra (MST) – Liminar em ação de reintegração de posse – Omissão da Polícia Militar – Demora no comparecimento ao local da invasão e ineficácia da sua atuação para desocupar a fazenda – Descumprimento do dever jurídico estatal – Prejuízos materiais demonstrados – Dano moral indevido – Ação procedente em parte (TJSP, Ap. 350.899-5/8-SP, 8ª Câmara de Direito Público, rel. Des. Toledo Silva, j. 3-3-2004).

11.3.12. Morte de menor, em comemoração promovida por delinquentes

■ Responsabilidade civil do Estado – Morte de menor atingido por projétil de arma de fogo disparado em comemoração promovida por delinquentes – Fato que não acarreta o dever de indenizar do ente público, uma vez que não se pode atribuir a esse a condição de segurador universal – Inexistência, ademais, de qualquer omissão estatal no cumprimento de seus deveres constitucionais – Verba indevida (*RT*, *809*:338).

11.3.13. Servidor baleado em Fórum

- Responsabilidade civil do Estado – Servidor baleado em Fórum – Dever do Estado de zelar pela integridade física dos servidores nas dependências do Fórum – Lesões decorrentes da ausência de segurança no local – Omissão caracterizada – Indenização devida (TJSP, 2ª Câmara de Direito Privado, rel. Des. Samuel Júnior, disponível em <www.conjur.com.br>, acesso em 21-3-2010).

- Estado deve pagar danos morais por morte de advogado em fórum de São Paulo, decidiu o Superior Tribunal de Justiça. As excludentes de responsabilidade afastam a obrigação de indenizar apenas nos casos em que o Estado tenha tomado medidas possíveis e razoáveis para impedir o dano causado. Não é o caso quando o poder público permite o ingresso no fórum de pessoa portando arma de fogo, réu em ação penal. O Ministro Herman Benjamin, da referida Corte, afirmou que se aplica ao caso o art. 927 do Código Civil, segundo o qual há obrigação de reparar o dano (REsp 1.869.046-SP, rel. Ministro Herman Benjamin, j. 15-12-2020).

11.3.14. Professora agredida fisicamente por aluno

- Demonstrado nos autos o nexo causal entre a inação do poder público e o dano sofrido pela vítima, que já vinha sofrendo ameaças de morte e comunicara o fato à direção da escola, exsurge a obrigação de indenizar (STJ, REsp 1.142.245-DF, 2ª T., rel. Min. Castro Meira, disponível em <www.editoramagister.com>, acesso em 5/nov/2010).

- O Estado não pode ser responsabilizado por agressão física de mãe de aluno contra professora no interior de escola pública, quando não comprovada a omissão estatal (TJDFT, Ap. 07012752420178070018, 1ª Turma Recursal dos Juizados Especiais Cíveis e Criminais do DF, rel. juíza Soníria Rocha Campos D'Assunção, j. 31-8-2018).

11.3.15. Tortura de menor em estabelecimento prisional

- Responsabilidade do Estado – Ato omissivo – Exasperação do valor da indenização por danos morais, porquanto revela-se ínfima e fora dos parâmetros adotados por esta Corte em casos análogos a condenação do Poder Público, tamanha a gravidade das lesões experimentadas pelo autor, menor custodiado em cadeia pública e que foi atacado pelos colegas de cela e submetido às mais variadas formas de tortura física e moral, tudo em decorrência da omissão de agentes do Estado, que não souberam administrar o estabelecimento prisional, nem cumpriram com o seu mister de garantir a integridade física dos que ali se encontravam. Indenização aumentada para 200 salários mínimos (STJ, REsp 1.201.326-SP, 2ª T., rel. Min. Castro Meira, *DJe* 11-10-2012).

11.4. Sujeitos passivos da ação: Estado e funcionário

Observa Oswaldo Aranha Bandeira de Mello que "a ação de indenização, proposta pela vítima, pode ter como sujeito passivo o próprio agente público ou mesmo o Estado. Isso porque age aquele como elemento ativo do órgão de um organismo moral, cuja formação e exteriorização da vontade depende dele para atuar". Assim, "isso pode fazer o particular, se fundada a ação em culpa ou dolo do agente público, propondo a ação contra ambos, agente público e Estado, como responsáveis solidários, ou mesmo só contra o agente público" (*Princípios*, cit., p. 481-482).

Yussef Said Cahali mostra, entretanto, que a determinação dos sujeitos passivos, que integrarão a lide, na ação indenizatória contra o Estado, deve ser examinada necessariamente a partir de uma distinção fundamental que decorre do art. 107 e seu parágrafo único da Constituição de 1969 que se achava então em vigor. Assim, somente no caso de ação indenizatória ajuizada com fundamento na responsabilidade objetiva do Estado, em razão de falha administrativa, de risco da atividade estatal, de culpa anônima do serviço, de culpa presumida da administração, é lícito dizer, com Hely Lopes Meirelles, que "a ação de indenização da vítima deve ser ajuizada unicamente contra a entidade pública responsável, não sendo admissível a inclusão do servidor na demanda" (*Direito administrativo brasileiro*, cit., p. 610). Nesse caso, afirma Cahali (*Responsabilidade civil do Estado*, cit., p. 93), e somente nele, em que o pedido do autor não individualiza dolo ou culpa do funcionário, não será admissível nem mesmo a denunciação da lide ao funcionário.

Quando, porém, a pretensão indenizatória é deduzida com fundamento em ato doloso ou culposo do funcionário – aduz – nada há na lei que impeça a cumulatividade subjetiva da ação, de modo a obstar o seu exercício desde logo contra a Fazenda Pública e o funcionário faltoso. Mesmo quanto à possibilidade que tem o ofendido de propor a ação apenas contra o funcionário faltoso, nenhuma contestação séria é produzida em oposição à mesma (*Responsabilidade civil*, cit., p. 96-98).

Adilson Dallari, igualmente, sustenta que, se o administrado quiser, poderá apenas e tão somente acionar o funcionário, assinalando que, no caso, a vítima teria o inconveniente de ter de provar a culpa do funcionário, mas em compensação se livraria das notórias dificuldades da execução contra a Fazenda Pública: o particular tem o ônus da prova, mas vê facilitada a execução da sentença judicial (*Regime constitucional dos servidores públicos*, Revista dos Tribunais, 1976, p. 122-123).

O Supremo Tribunal Federal tem feito a distinção já apontada, como se pode verificar no aresto publicado na *RTJ, 118*:1097, relatado pelo Min. Carlos Madeira, em caso de ação de responsabilidade civil movida contra titular de cartório de protestos de títulos por dano causado a particular, em virtude de ato de seu ofício. O voto do mencionado relator bem resume o pensamento daquela Suprema Corte, nestes termos: "Segundo a teoria do risco administrativo, a ação de indenização da vítima, em virtude da responsabilidade civil do Estado, há de ser dirigida unicamente contra a pessoa de direito público envolvida. Provada a culpa do servidor no ato lesivo ao particular, cabe apenas a ação regressiva do Estado. Como resume Hely Lopes Meirelles, 'o legislador constituinte bem separou as responsabilidades: o Estado indeniza a vítima; o funcionário indeniza o Estado'.

Entretanto, demonstrada desde logo a responsabilidade subjetiva, isto é, a culpa do servidor, tem o Supremo Tribunal Federal admitido que a ação de indenização se exerça diretamente contra o causador do dano.

Não é esta uma 'recaída civilística', para adotar uma expressão de Aguiar Dias em seu trabalho sobre responsabilidade civil (*Responsabilidade Civil em Debate*, Forense, 1983, pág. 12).

O Ministro Cunha Peixoto bem situou a questão, ao dizer, no voto que proferiu como Relator do RE 90.071-SC: 'Há, pois, duas responsabilidades: a da Administração perante o lesado, baseada na teoria do risco administrativo, e a do autor do dano, com fundamento na teoria da culpa. Quem deve ao lesado, em princípio, é aquela; mas este também é responsável pela dívida, desde que tenha agido com culpa ou dolo'. E adiante, a propósito do art. 105 da Constituição de 1967, acrescentou: 'Por outro lado, a norma visa a proteção do lesado. Propondo ação apenas contra a Administração, compete-lhe provar apenas a materialidade do fato e o nexo de causalidade, isto é, que do ato praticado pelo funcionário lhe adveio dano. Nada mais. Se dirigir o pleito contra o funcionário, terá de demonstrar também a culpa ou dolo do autor do dano' (*RTJ* 96/240).

O Ministro Moreira Alves aduziu, no voto no RE 99.214-RJ, de que foi Relator, que: 'Essa é a orientação que se me afigura correta, e sua fundamentação demonstra que o disposto no artigo 107 da Constituição Federal [de 1969] não impede que a vítima promova ação direta contra o funcionário com base na responsabilidade subjetiva prevista no artigo 159 do Código Civil [*de 1916*]. Com efeito, o preceito constitucional, ao distinguir a responsabilidade do Estado como objetiva e a do funcionário como subjetiva, dando àquele ação regressiva contra este, visou apenas facilitar a composição do dano à vítima, que pode acionar o Estado independentemente de culpa do funcionário, não tendo, portanto, em mira impedir ação direta contra este, se se preferir arcar com os ônus da demonstração de culpa do servidor, para afastar os percalços da execução contra o Estado. O artigo 107 [da CF de 1969], ao aludir à ação regressiva do Estado contra o funcionário, demonstrada a culpa em sentido amplo deste, se referiu ao 'quod plerumque accidit' (ao que ocorre comumente), não atribuindo ao funcionário faltoso o benefício de ordem, que não resulta implícito da referência à ação de regresso, uma vez que essa ação existe até em casos de solidariedade, e que contraria o princípio de que a Administração Pública, sem lei expressa em contrário, não pode isentar de responsabilidade seu servidor, por não ter aquela disponibilidade sobre o patrimônio público" (*RTJ, 106*:1185-6). Nesse mesmo sentido é o voto do Ministro Antonio Neder, no RE 77.169, do qual foi relator, e que está na *RTJ, 92*:144.

Registre-se a propósito que o Supremo Tribunal Federal decidiu, no julgamento do RE 1.027.633-SP, que "Possui repercussão geral a controvérsia alusiva ao alcance do art. 37, § 6º, da Carta Federal, no que admitia a possibilidade de particular, prejudicado pela atuação da Administração Pública, formalizar ação judicial contra o agente público responsável pelo ato lesivo". Trata a Repercussão Geral 940 da responsabilidade civil subjetiva do agente público por danos causados a terceiros, no exercício de atividade pública.

A ação deve ser proposta dentro do prazo prescricional de três anos. No Código Civil de 1916, prescreviam em cinco anos as ações contra a Fazenda Pública (art. 178, § 10, VI). O atual Código unificou todos os prazos das ações de *ressarcimento de dano*, reduzindo-os a três anos, sem fazer nenhuma distinção entre os sujeitos passivos. Confira-se:

"Art. 206. Prescreve:
(...)
§ 3º Em três anos:
(...)
V – a pretensão de reparação civil".

Sustentam alguns que o Decreto n. 20.910, de 6 de janeiro de 1932, que estabelece o prazo de 5 anos para a prescrição de direitos e ações contra a Fazenda Pública, encontra-se ainda em vigor. Todavia, tal decreto deve ser entendido como regra geral e aplicado quando não houver outro fixado por lei.

O fato de o Código Civil em vigor ter, no art. 43, tratado expressamente da responsabilidade civil do Estado, reproduzindo norma que já constava da Constituição Federal e apenas acrescentando a palavra *interno*, demonstra que tal matéria foi regulada pelo aludido diploma, devendo ser-lhe aplicadas as regras gerais, inclusive as concernentes à prescrição.

Deve-se ainda ponderar que o objetivo do aludido Decreto n. 20.910/32 era, nitidamente, beneficiar a Fazenda Pública, não podendo, por isso, permanecer em vigor diante de nova norma mais benéfica, trazida a lume pelo art. 206, § 3º, do Código Civil de 2002. *V.*, a propósito, o item 7 ("A prescrição") do Livro III ("Os meios de defesa ou as excludentes da responsabilidade civil"), *infra*.

Os prazos prescricionais não correm, todavia, contra os absolutamente incapazes, conforme dispõe o art. 198, I, do Código Civil. Assim, efetivamente, tem-se decidido:

"Acidente de trânsito – Prescrição – Execução – Fazenda Pública – Demanda proposta por companheira e filho menor do falecido julgada procedente – Prazo prescricional que não corre contra incapazes – Pensão mensal, ademais, de caráter alimentar – Hipótese em que a demora na satisfação da execução não pode ser imputada aos credores que aguardavam o pagamento do precatório" (TJSP, *RT*, *840*:281).

Decidiu o Superior Tribunal de Justiça, ainda na vigência do Código de 1916, que, se o ato do qual pode exsurgir a responsabilidade civil do Estado está sendo objeto de processo criminal, o lapso prescricional da ação de reparação de dano começa a fluir, excepcionalmente, da data do trânsito em julgado da sentença penal. Na hipótese, o recorrido foi ferido por policial militar e, em vez de ajuizar, desde logo, ação cível (CC de 1916, art. 1.525), preferiu aguardar, por 15 anos, a sentença penal condenatória transitada em julgado. "O direito faz parte de um sistema. Assim, suas normas e princípios devem ser interpretados de modo coerente, harmônico, com resultado útil. Dessarte, não se pode invocar, como faz o recorrente, a prescrição do fundo de direito. Tal interpretação levaria ao absurdo e à iniquidade: se o próprio CPC confere executoriedade à sentença penal condenatória transitada em julgado (art. 584, II), não se poderia, coerentemente, obrigar a vítima a aforar a ação civil dentro dos cinco anos do fato criminoso. Afastamento do Decreto n. 20.910/32" (REsp 137.942-RJ, 2ª T., rel. Min. Ari Pargendler, j. 5-2-1998).

O Código Civil em vigor incorporou tal orientação, trazendo-a para o art. 200, que assim preceitua: "Quando a ação se originar de fato que deva ser apurado no juízo criminal, não correrá a prescrição antes da respectiva sentença definitiva".

11.5. Denunciação da lide ao funcionário ou agente público

No Estado de São Paulo, principalmente, não se vinha admitindo a denunciação da lide ao agente causador do dano na ação de indenização que o particular intenta contra a Administração para receber os prejuízos sofridos, caso o Poder Público deixe de reconhecer, de imediato, o dolo ou a culpa de seu preposto.

"A responsabilidade civil do Estado por ato de funcionário não comporta obrigatória denunciação da lide a este. O direito de regresso só poderá ser exercido quando demonstrada a culpa ou o dolo do servidor. Assim, se na contestação a Administração defende seu servidor, sustentando que o mesmo não agiu com dolo ou culpa, não pode, ao mesmo tempo, denunciá-lo à lide. Tal contradição inviabiliza a utilização do instituto, sendo de se decretar a inépcia do pedido de intervenção" (*RT, 631*:159).

Yussef Said Cahali diz que o argumento mais vigoroso obstativo da denunciação da lide neste caso encontra seu fundamento no princípio da lealdade processual e na falta de legítimo interesse. Em realidade – acrescenta –, "a denunciação do funcionário público implica necessariamente na 'confissão' da responsabilidade civil do Estado pela denunciante, na medida em que se resolve no reconhecimento expresso do dolo ou culpa de seu servidor, como fundamento da denúncia; exaurida nesses termos da lide principal, cumpre ao Estado simplesmente adimplir a obrigação ressarcitória, mostrando-se imoral e desproposital pretender servir-se do mesmo processo instaurado pelo ofendido para, inovando a fundamentação da ação, recuperar de terceiro aquilo que já deveria ter pago, na composição do dano sofrido pela vítima; e desde que só este pagamento efetivamente realizado legitima a pretensão fazendária regressiva contra o funcionário culpado, resta-lhe apenas a ação direta de regresso para o reembolso" (*Responsabilidade civil*, cit., p. 94).

No entanto, quando o Estado admite a culpa ou o dolo de seu funcionário, entende Cahali que se deve admitir a denunciação. Acertada, no seu entender, a jurisprudência que aplica à risca a regra do art. 70, III, do Código de Processo Civil [de 1973, atual art. 125, II], no sentido da obrigatoriedade da denunciação àquele que estiver obrigado, pela lei ou pelo contrato, em ação regressiva, a indenizar o prejuízo do que perder a demanda (*Responsabilidade civil*, cit., p. 102).

Há, no entanto, forte corrente doutrinária e jurisprudencial que interpreta de forma restritiva o aludido dispositivo do Código de Processo Civil, não admitindo a denunciação em todos os casos em que há o direito de regresso, pela lei ou pelo contrato, mas somente quando se trata de garantia do resultado da demanda, ou seja, quando, resolvida a lide principal, torna-se automática a responsabilidade do denunciado, independentemente de discussão sobre sua culpa ou dolo (caso das seguradoras), isto é, sem a introdução de um fato ou elemento novo.

Vicente Greco Filho entende que a admissão da denunciação ante a simples possibilidade de direito de regresso violaria a economia processual e a celeridade da justiça, porque num processo seriam citados inúmeros responsáveis ou pretensos responsáveis numa cadeia imensa e infindável, com suspensão do feito primitivo e em prejuízo da vítima, que teria de aguardar anos até a citação final de todos. E violar-se-ia, também, o princípio da singularidade da ação e da jurisdição, com verdadeira denegação de justiça (*Direito processual civil brasileiro*, Saraiva, 1986, v. 1, p. 142-143).

Entende Vicente Greco Filho que "a solução se encontra em admitir, apenas, a denunciação da lide nos casos de ação de garantia, não admitindo para os casos de simples ação de regresso, i.e., a figura só será admissível quando, por força da lei ou do contrato, o denunciado for obrigado a garantir o resultado da demanda, ou seja, a perda da primeira ação, 'automaticamente', gera a responsabilidade do garante. Em outras palavras, não é permitida, na denunciação, a intromissão de fundamento jurídico novo, ausente na demanda originária, que não seja responsabilidade direta decorrente da lei e do contrato" (*Direito processual*, cit., p. 143).

A admissão da denunciação da lide ao funcionário na ação movida pelo administrado contra o Estado, em que o autor está dispensado da prova da culpa daquele, por se tratar de hipótese de responsabilidade objetiva, mesmo quando o réu confessa a culpa ou o dolo de seu agente, importaria em permitir-se a intromissão de fundamento jurídico novo, ausente na demanda originária, qual seja, a discussão do dolo ou da culpa do funcionário.

Aduz Vicente Greco Filho que, "por tradição histórica, uma das finalidades da denunciação é a de que o denunciado venha a coadjuvar na defesa do denunciante e não litigar com ele, arguindo fato estranho à lide primitiva. Pode, é certo, o denunciado negar a qualidade de garante ou alegar a inexistência do vínculo da garantia, mas não introduzir indagação sobre matéria de fato nova" (*Direito processual*, cit., p. 143).

Malgrado a divergência existente na jurisprudência, com decisões em sentido contrário, admitindo a denunciação quando a reparação de danos se funda na culpa do preposto (*RT*, *611*:128, *526*:221, *518*:99; *RJTJSP*, *114*:156), grande número de arestos sufragava o entendimento da mencionada corrente restritivista. Assim, os publicados na *RJTJSP*, *51*:72, em que foi indeferida a denunciação ao funcionário motorista do veículo envolvido no acidente porque não seria lícito sujeitar-se o autor da demanda a fazer prova de culpa do funcionário; na *RT*, *534*:148, proclamando que "a denunciação da lide tem aplicação apenas nos casos de ação de garantia e de simples ação de regresso"; na *RJTJSP*, *110*:293, não aceitando a denunciação devido à inexistência de relação jurídica de garantia entre denunciante e denunciado, sendo inadmissível a intromissão de fundamento jurídico novo, no caso de responsabilidade direta decorrente de lei ou de contrato. Esta orientação constitui reiteração de inúmeros julgados do Tribunal de Justiça de São Paulo, encontrados nas *RJTJSP*, *72*:103, *83*:113, *85*:282, *80*:134, *97*:309, *98*:160, *100*:305, *111*:331, *112*:61 e 360.

Tal entendimento predominou durante largo tempo no Tribunal de Justiça de São Paulo, que o considerava ajustado aos delineamentos do instituto, o que, entretanto, não obstava à parte interessada exercer por ação própria o direito regressivo. Isto porque a obrigatoriedade constante do *caput* do art. 125, II, do Código de Processo Civil não quer significar a perda do direito material ante a falta de denunciação e, sim, o perecimento do direito de promover o regresso no mesmo processo, desde que possível, a teor do inc. III, como já se acentuou (*Boletim da AASP*, n. 1.535, p. 117).

Em suma, nas hipóteses de mero regresso, não se tratando de ação de garantia, para uns a litisdenunciação, embora não obrigatória, é possível. Para outros, que restringem as hipóteses de aplicação do art. 125, II, do Código de Processo Civil, a denunciação não é obrigatória nem possível.

A falta ou mesmo o indeferimento da denunciação não acarretam a perda do direito de regresso (*RT*, *492*:159), consagrado em preceito constitucional. Permanece incólume o direito da Administração sucumbente de voltar-se, regressivamente, contra aquele, para o reembolso do que houver despendido com a condenação que lhe foi imposta (Yussef Said Cahali, *Responsabilidade civil*, cit., p. 103). Se no caso da evicção (CPC [de 1973], art. 70, I) é condição essencial a denunciação da lide ao alienante, para que o adquirente possa exercitar o direito, que da evicção lhe resulta (CC de 1916, art. 1.116, correspondente ao art. 456 do atual CC), já quanto ao direito de regresso, no caso do inc. III do art. 70 do Código de Processo Civil [de 1973], o direito material não condiciona o seu exercício ou a sua sobrevivência à denunciação da lide: os efeitos da não denunciação esgotam-se, assim, no âmbito do processo, quanto a eventuais obrigações de terceiros que não integraram a lide; o demandado apenas se terá privado da faculdade de ver declarada, no próprio processo, a responsabilidade do denunciado pelo reembolso, com eficácia executiva da sentença contra aquele (Yussef Said Cahali, Solidariedade passiva e pluralidades de sujeitos, in *Responsabilidade civil*, cit., p. 103).

Somente, pois, nos casos de evicção (CPC, art. 70, I [de 1973, atual art. 125, I]) é que a denunciação se torna obrigatória, sob pena de perda do direito material. Na hipótese do inc. II a perda é apenas do direito processual de ver declarada, na mesma sentença, a responsabilidade do denunciado pelo reembolso, permanecendo, porém, incólume o direito de regresso da Administração contra o funcionário, em ação autônoma.

Várias decisões foram proferidas pelo Superior Tribunal de Justiça no sentido de se permitir a denunciação da lide pelo Estado ao seu funcionário, sem estar obrigado, para tanto, a confessar a ação, afirmando que tal direito lhe é assegurado pelos arts. 37, § 6º, da Constituição Federal, e 70, III, do Código de Processo Civil [de 1973], bem como pelo princípio processual da eventualidade. Confiram-se, a propósito, os seguintes arestos:

"O Estado, quando réu em processo de indenização por acidente de trânsito, tem direito de denunciar a lide ao motorista que conduzia o veículo oficial. Requerida a denunciação, em tal processo, é defeso ao Juiz condicioná-la à confissão de culpa, pelo Estado" (REsp 159.958-0-SP, 1ª T., rel. Min. Humberto Gomes de Barros, *DJU*, 27 abr. 1998).

"Na ação reparatória, pode a entidade pública promover a denunciação da lide ao seu preposto, sem necessidade de atribuir-lhe, desde logo, a culpa pela ocorrência. A exigência de que faça isso expressamente, sob pena de inépcia da respectiva petição, desnatura o instituto da denunciação da lide, inspirado pelo princípio da eventualidade" (*RSTJ*, 106:167-168).

"A administração pública tem direito subjetivo processual de denunciar à lide, na qualidade de terceiro, o seu funcionário, na forma do art. 70, III, do CPC [de 1973], nas ações de responsabilidade civil contra si intentadas. A referida denunciação, se requerida, não pode ser indeferida pelo juiz. Precedente: REsp 95.368-18, rel. Min. José Delgado, *DJU* 18-11-96. Recurso provido, por maioria" (REsp 100.158-0-DF, 1ª T., rel. Min. José Delgado, *DJU*, 27 jan. 1997).

Entretanto, a predominância de entendimento na mencionada Corte é no sentido de que, "se a litisdenunciação dificulta o andamento do processo, é de ser rejeitada" (REsp 61.455-PA, 2ª T., rel. Min. Eliana Calmon, *DJU*, 20 nov. 2000). Ademais, a Primeira Seção, por unanimidade, decidiu:

"Da análise do artigo 37, § 6º, da Constituição Federal, conclui-se que buscou o constituinte, ao assegurar ao Estado o direito de regresso contra o agente público que, por dolo ou culpa, cause danos a terceiros, garantir celeridade à ação interposta, com fundamento na responsabilidade objetiva do Estado. Dessarte, ainda que, a teor do que dispõe o artigo 70, III, do CPC, seja admitida a denunciação da lide em casos como tais, não é ela obrigatória.

A anulação do feito baseada no indeferimento da denunciação da lide ofenderia a própria finalidade do instituto, que é garantir a economia processual na entrega da prestação jurisdicional. Mais a mais, a não aceitação da litisdenunciação não impede o exercício do direito de regresso, tendo em vista que a Constituição Federal o assegura ao Estado para que, em ação própria, obtenha o ressarcimento do prejuízo. Embargos de divergência rejeitados" (STJ, 1ª S., EREsp 128.051-RS, rel. Min. Franciulli Netto, j. 25-6-2003).

11.6. Responsabilidade civil do Estado em acidentes de veículos

O progresso material da sociedade moderna desenvolveu atividades que criaram grandes riscos, como o transporte, o fornecimento de energia elétrica, o funcionamento de grandes complexos industriais. O conceito tradicional de culpa e os estreitos limites do art. 159 do Código Civil de 1916 passaram a ser considerados injustos e insuficientes para a reparação dos danos causados pelo exercício dessas e de outras atividades consideradas perigosas.

O risco criado na utilização da coisa perigosa passou a ser o parâmetro para a aferição da responsabilidade, surgindo então as inovações legislativas que instituíram a responsabilidade civil objetiva em casos de danos pessoais causados por veículos de transportes, por meio do seguro obrigatório. A responsabilidade presumida do transportador terrestre foi regulada inicialmente no Decreto n. 2.681, de 1912. Os danos causados por aeronaves a terceiros passaram a ser indenizados pelo Código Brasileiro do Ar, de forma objetiva. E os causados por barcos, pelo Decreto-Lei n. 116, de 1967. Assim, leis especiais começaram a ser editadas, apartando do regime comum de responsabilidade certas atividades perigosas, com destaque especial para os automóveis, dentre outras (Carlos Alberto Bittar, Responsabilidade civil nas atividades perigosas, in *Responsabilidade civil – Doutrina e jurisprudência*, São Paulo, Saraiva, p. 91).

O atual Código, ao sopro da nova doutrina, proclama, no parágrafo único do art. 927, que trata da obrigação de indenizar com base na culpa: "Haverá obrigação de reparar o dano, independentemente de culpa, nos casos especificados em lei, ou quando a atividade normalmente desenvolvida pelo autor do dano implicar, por sua natureza, risco para os direitos de outrem".

Esses novos rumos da responsabilidade civil automobilística, como anota Yussef Said Cahali, "informam particularmente a responsabilidade civil do Estado pelos danos causados aos particulares, quando da utilização dos veículos da Administração Pública, fazendo gerar daí, pelo menos, uma culpa presumida do servidor-motorista, suficiente para determinar a obrigação de reparar o dano. Impõe-se, assim, u'a maior largueza no exame da responsabilidade do Estado pelos danos resultantes do risco criado com a utilização de veículos, com a inversão do ônus probatório da excludente de culpa na causação do evento" (*Responsabilidade civil*, cit., p. 141).

Não bastasse, a substituição do vocábulo "funcionário", no texto constitucional atualmente em vigor, pelo vocábulo "agente" alcança quaisquer servidores, inclusive os motoristas de veículos oficiais. Por danos que causarem a terceiro, agindo nessa qualidade, comprometem a entidade pública a que servem, nos exatos termos do art. 37, § 6º, da Constituição Federal. Significa dizer que a vítima, nesses casos, está dispensada da prova da culpa do motorista da viatura oficial, pois o Estado responde pela indenização, independentemente de prova de culpa de seu agente. Mas, admitida a inversão do ônus da prova, poderá a Administração trazer à baila a questão da culpa ou da inexistência da relação de causalidade, demonstrando que o acidente ocorreu por fato ou culpa exclusiva da vítima. Neste caso, logrará exonerar-se da obrigação de indenizar. Se houver concorrência de culpa, do motorista-funcionário e do motorista do veículo particular, a indenização será devida apenas pela metade (*RJTJSP*, *50*:107; *RTJ*, *55*:30; *RT*, *741*:351, *755*:327).

O importante, na espécie, é ressaltar que o particular está dispensado da prova de culpa do motorista-funcionário: ela é presumida. Assim, basta a prova do dano e da relação de causalidade entre ele e a ação ou omissão do agente público. Se o Estado provar que o fato ocorreu em virtude de culpa exclusiva, ou concorrente, da vítima, poderá livrar-se por inteiro, ou parcialmente, da obrigação de indenizar. Mas se nada provar, ou seja, se a vítima não provar a culpa do motorista-funcionário (mas provar tão somente o dano e a mencionada relação de causalidade) e o Estado não provar a culpa exclusiva ou concorrente da vítima, arcará com a responsabilidade pela indenização integral reclamada.

Desse modo, a existência de provas conflitantes ou não suficientemente esclarecedoras dos fatos (qual dos motoristas é o culpado ou o causador do dano), em vez de beneficiar o Estado-réu e de conduzir ao pronunciamento do *non liquet* e da improcedência da ação, importa o reconhecimento da obrigação de indenizar (desde que provado o dano e a relação de causalidade), por se tratar de responsabilidade presumida. A contradição nos depoimentos ou a insuficiência de provas favorece, no entanto, o motorista-funcionário na lide secundária eventualmente instaurada, pois o regramento constitucional exige, para sua condenação, prova de culpa. Na via regressiva a responsabilidade do agente público é subjetiva.

Em abono às concepções expendidas, já se decidiu que "a tese aceitável, com base na teoria do risco, é a de que o Estado responde pelos danos causados ou produzidos diretamente por seus veículos, estejam ou não a seu serviço, independentemente da apuração de culpa de seus motoristas. Mas não pode responder pelos danos causados exclusivamente por motoristas de outros veículos que, em ultrapassagens proibidas e perigosas, se vejam forçados a manobras súbitas e desastrosas" (*RT*, *527*:206).

Ou, ainda:

"Transporte coletivo de passageiros – Atropelamento por ônibus urbano – Atividade da companhia municipal que se enquadra dentre as consideradas de risco – Responsabilidade objetiva prevista no art. 37, § 6º, da CF que não chega ao extremo do risco integral – Possibilidade de ser elidida pela demonstração da inexistência de culpa" (*RT*, *664*:103; *676*:121).

11.7. Culpa do funcionário, culpa anônima, deficiência ou falha do serviço público

O maior número de casos julgados pelos Tribunais diz respeito à responsabilidade civil da Administração quando o dano sofrido pelo particular (dano injusto) tem a sua causa exclusiva na culpa individuada do funcionário (ação ou omissão), na culpa anônima e na deficiência ou falha do serviço público (embora ocorrido o dano por ocasião de acontecimentos naturais). Assim:

JURISPRUDÊNCIA

11.7.1. Incêndio em casa de *shows*

■ O Município age com negligência ao permitir que casa de *shows* funcione sem alvará e sem a observância de normas de segurança, devendo indenizar o particular pelos danos morais sofridos em razão da presença no local no momento de incêndio (TJMG, Ap. 1.0024.03.045221-3/001, 4ª Câm. Cív., rel. Des. Moreira Diniz, *DJe* 7-3-2006).

■ O ente municipal falhou no exercício do poder de polícia, ao não coibir, ante a falta de alvará, o funcionamento do estabelecimento comercial, concorrendo, assim, para a produção dos danos decorrentes do infausto evento relatado nos autos (incêndio ocorrido na casa de *shows* denominada "Canecão Mineiro", em Belo Horizonte, no ano de 2001, que provocou a morte de sete pessoas e ferimentos em mais de trezentos frequentadores que lá se encontravam) (STJ, AgInt no REsp 1.498.163-MG, 1ª T., rel. Min. Sérgio Kukina, *DJe* 1º-4-2022).

11.7.2. Preso colocado em regime semiaberto que volta a delinquir

■ Responsabilidade civil do Estado – Dano moral – Preso condenado por estupro que, ao ter autorização para entrar em benefício de regime semiaberto, volta a delinquir – Deficiência do serviço público caracterizada – Verba devida (TJSP, *RT*, *833*:203).

11.7.3. Defeito de semáforo

■ Colisão de veículos em decorrência de defeito de semáforo – Omissão da Administração em tomar as providências necessárias ao restabelecimento da segurança do tráfego – Indenização devida (*RT*, *636*:161).

11.7.4. Falta de sinalização em pista rodoviária

■ Acidente de trânsito em virtude de falta de sinalização em pista rodoviária – Indenização devida pelo DER – Ocorrido o acidente por falha exclusiva do serviço público, que mantinha pista defeituosa e sem sinalização adequada, responde a autarquia encarregada desse mister administrativo pelos prejuízos causados (*RT*, *606*:133; *JTACSP*, Revista dos Tribunais, *100*:86).

11.7.5. Perdas e danos resultantes de enchentes

■ Transbordamento de rio de domínio estatal – Comprovados o prejuízo causado em razão de transbordamento de rio de domínio estadual e a omissão do Estado em ampliar a capacidade de vazão, bem como a negligência da Municipalidade em promover a captação de águas pluviais, reconhece-se a responsabilidade solidária desses dois entes, que devem arcar com a indenização independentemente da demonstração de culpa ou dolo de qualquer agente público

(*RT*, *636*:79, *607*:55, *530*:70; *RJTJSP*, *69*:103, *101*:145 – entendendo que a instalação dos autores na zona crítica de inundação não libera a Municipalidade da obrigação de indenizar, *RJTJSP*, *62*:92 e 96; *RTJ*, *70*:704).

11.7.6. Veículo atingido por ponte ruída

- Veículo atingido por uma laje tombada da Ponte das Bandeiras – Aplicabilidade da teoria do risco administrativo, que abrange as culpas anônimas e as exclusivas do serviço – Desnecessidade de investigação de culpa pessoal do funcionário – Obrigação da Municipalidade de ressarcir os danos (*RJTJSP*, *28*:93).
- Reparação de danos – Queda de caminhão ao passar por ponte ruída – Bem particular apossado administrativamente – Dever da Municipalidade de mantê-lo em perfeito estado de segurança – Indenização devida (*RT*, *608*:110).

11.7.7. Queda de árvore sobre veículo estacionado na via pública

- Responsabilidade da Municipalidade com base na teoria do risco administrativo – Inexistência de culpabilidade do autor, por ter estacionado perto de uma árvore em precárias condições, e da excludente de responsabilidade por uma chuva anormal, plenamente previsível (*RJTJSP*, *103*:149).

11.7.8. Responsabilidade solidária do Estado e de empreiteira

- Dano decorrente de culpa de empreiteiro na realização de obra pública – Responsabilidade solidária da Fazenda Pública – Admissibilidade (*RJTJSP*, *87*:122).
- Dano causado a terceiro por empreiteira de obra pública – É *jure et de jure* a presunção de culpa do Estado por atos da empreiteira que para ele executa obra pública, por isso mesmo é que se deve ver nos próprios atos ilícitos praticados pelo preposto a prova suficiente da culpa do preponente (STJ, REsp 106.485-AM, 4ª T., rel. Min. Asfor Rocha, j. 13-6-2000, *RSTJ*, *137*:414).

11.7.9. Cassação de alvará de licença

- Dano decorrente de cassação do alvará de licença após o início da construção – Ação acolhida (*RJTJSP*, *91*:136).

11.7.10. Bueiro indevidamente destampado

- Fazenda Pública – Responsabilidade civil – Morte de filhos menores, tragados por águas de bueiro, indevidamente destampado, durante forte temporal – Incúria da Administração caracterizada – Ininvocabilidade de culpa recíproca – Sentença confirmada (*RJTJSP*, *124*:139).

11.7.11. Irregular expedição de títulos de propriedade

■ Caracterizando-se a responsabilidade civil do Estado pela irregularidade das vendas de terras aos autores, com expedição de títulos aos mesmos, quando já não poderia fazê-lo, fica ele obrigado a pagar a indenização aos adquirentes assim prejudicados (*RTJ, 115*:757).

11.7.12. Abuso de autoridade

■ Invasão da Pontifícia Universidade Católica por policiais – Universitárias agredidas – Redução de capacidade laborativa – Indenização devida pelo Estado – O Estado responde por lesões causadas em alunos por policiais, ao invadirem escola para dissolver reunião daqueles em pátio do estabelecimento – Essa responsabilidade é objetiva (*RT, 553*:89).

■ Trabalhador braçal atingido no ombro por projétil de arma de fogo disparado por guarda municipal – Incapacidade total e permanente reconhecida – Excesso de poder caracterizado – Ação de indenização movida contra a Municipalidade procedente (*RJTJSP, 101*:132).

■ Dano moral – Abuso de autoridade – Policiais militares que, em patrulhamento de rotina, ordenaram que os autores estacionassem o veículo para procederem à revista – Ato realizado de forma desrespeitosa – Verba devida (*RT, 816*:200).

■ Dano moral – Abordagem policial excessiva – Caracterização. Verifica-se que o procedimento adotado pelos policiais no momento da abordagem do apelante ultrapassou a linha estabelecida entre o dever de investigação e o respeito ao cidadão. Portanto, a partir do instante em que o cidadão se sente ofendido por um ato da Administração Pública, resta caracterizado o dano moral e consequentemente o direito à reparação (TJRO, Ap. 100.001.2003.015757-8, rel. Des. Sansão Saldanha, j. 15-3-2006).

11.7.13. Homicídio praticado por policial militar, contratado para zelar pela segurança de festa de casamento

■ Inexigibilidade, para o reconhecimento da responsabilidade do Estado, de que o agente estivesse no exercício de suas funções – Sentença confirmada (*RJTJSP, 101*:128).

11.7.14. Dano causado por disparo de arma de fogo de policial em tumulto público

■ Policial que efetua disparo perseguindo foragido faz surgir a responsabilidade civil do Estado se do disparo resultou "bala perdida" que atinge adolescente. Desse modo, ao efetuar incontáveis disparos em via pública, ainda que em virtude de perseguição policial, os agentes estatais colocaram em risco a segurança dos transeuntes, e, por isso, em casos assim, devem responder objetivamente pelos danos causados (STJ, REsp 1.236.412, 2ª T., rel. Min. Castro Meira, *DJe* 17-2-2012).

■ Ação de indenização – Desnecessidade de identificação do agente na inicial – Denunciação da lide não obrigatória na espécie – Tarefa, ademais, que competiria ao próprio ente público – Suficiência da certeza de ser a bala proveniente de arma utilizada pela Polícia Militar – Responsabilidade de natureza objetiva e irretratável, diante da adoção da teoria do risco administrativo (*RT, 641*:139).

11.7.15. Violência sexual sofrida por enferma no hospital psiquiátrico em que estava internada

■ Responsabilidade objetiva do Estado – É relevante o fato da omissão na fiscalização de seus domínios, a permitir que um estranho ali penetrasse e lesionasse uma das internas – Fato perfeitamente previsível e evitável se operada a vigilância adequada – Aplicação da teoria do risco administrativo (TJRJ, Ap. 98.001.8.518-RJ, 9ª Câm. Cív., rel. Des. Antônio Felipe da Silva Neves, j. 10-12-1998).

11.7.16. Desistência de desapropriação

"Tem a jurisprudência do STF admitido a possibilidade de desistência da desapropriação, independentemente do consentimento do expropriado. Fica ressalvado ao expropriado, nas vias ordinárias, ingressar com ação para a reparação dos danos sofridos pelos atos de desapropriação que aconteceram, desde a imissão da autora na posse do imóvel até a reintegração do expropriado na posse do bem" (*RTJ, 137*:1.261).

11.7.17. Estado deve indenizar homem que levou tiro de Policial Militar de folga

■ Indenização por dano moral – Risco de morte – Policial militar de folga – Múnus público – Responsabilidade objetiva do Estado – Teoria do risco administrativo. O policial militar, ainda que de folga, agindo no exercício de sua função, acreditando que estava em defesa da sociedade, interpelou o autor/vítima em ato impróprio (realizando suas necessidades fisiológicas) em via pública, apontou a arma e a disparou. Atingindo o apelado nas costas, causando-lhe sofrimento e risco de morrer. A Constituição Federal, em seu art. 37, § 6º, estabelece que o Estado responde objetivamente pelos danos que seus agentes, nessa qualidade, causarem a terceiros. Constata-se que se trata de Responsabilidade Objetiva da Administração, aplicando-se a Teoria do Risco Administrativo, a qual prevê a obrigação de indenizar em razão da simples ocorrência da lesão causada ao particular por ato da Administração, não exigindo falta do serviço público ou culpa de seus agentes. No presente caso, ficou demonstrado o conjunto fático-probatório quando se verifica nitidamente que um ato da administração (disparo de arma de fogo por policial militar de folga atuando com múnus público) ligado por nexo de causalidade ocasionou um resultado danoso (o autor/vítima foi atingido pelo disparo e correu risco de vida). Na esfera do dano moral é necessário elaborar critérios onde não seja arbitrada uma quantia insignificante para o autor do ilícito e, ao mesmo tempo, não pode acontecer um enriquecimento sem causa pela parte lesada (Ap 0711652-54.2017.8.07.0018/DF, 7ª Turma, des. Romeu Gonzaga Neiva, j. 22-1-2020)..

11.8. Dano resultante de força maior

Há casos em que o dano resulta de força maior, de fatos inevitáveis da natureza, e não de qualquer atividade ou omissão do Poder Público, não se configurando a responsabilidade objetiva do Estado.

JURISPRUDÊNCIA

11.8.1. Danos causados por enchentes. Força maior

- Fortes chuvas – Danos causados à população – Omissão do poder público – Responsabilidade civil reconhecida. O STJ admite que o Município seja responsabilizado por danos como os causados pelas fortes chuvas, desde que fique provado que, por sua omissão ou atuação deficiente, concorreu de modo decisivo para o evento, deixando de realizar as obras que razoavelmente lhe seriam exigíveis (STJ, REsp 1.125.304, 2ª T., rel. Min. Castro Meira, *DJe* 28-2-2011).

- Danos causados em estabelecimento comercial em razão de enchente ocorrida por transbordamento do Rio Tamanduateí – Local notoriamente sujeito a tais fatos – Exposição deliberada a riscos – Incúria da Municipalidade não demonstrada – Embargos rejeitados (*RJTJSP*, 70:213, 88:144).

- Danos resultantes de enchentes ocasionadas por forte chuva – Ocorrência de força maior, a qual, conjugada com as circunstâncias fáticas emergentes da prova, afastam a responsabilidade do Município (STF, *RTJ*, 78:243).

- Fazenda Pública – Responsabilidade civil – Danos resultantes de enchentes ocasionadas por forte chuva – Providências tomadas pela Municipalidade no sentido de evitar a enchente – Contribuição do autor, para a perda, deixando de armazenar suas mercadorias em altura suficiente para protegê-las – Ação improcedente (*RJTJSP*, 89:202).

- Não responde a Prefeitura Municipal por danos causados por enchentes, se não provado que elas decorreram de defeitos técnicos de córrego, mas resultaram de precipitação pluviométrica excepcional (*RT*, 275:319).

- Responsabilidade civil do Estado – Alagamento – Danos morais e materiais – Obrigação de fazer. No caso em análise, constata-se que ocorreu chuva forte que ocasionou o alagamento que invadiu a casa do autor, porém não restou comprovado que o alagamento ocorreu por culpa da Administração Pública, em razão de eventual desvio do curso nas vias de águas pluviais. Verifica-se que o acontecimento foi proveniente de caso de força maior, pois apesar da reportagem colacionada aos autos, não resta comprovada a negligência do Município. Outrossim, jamais poderia a Administração Municipal impedir o evento que resultou no prejuízo patrimonial do apelante, já que fora produzido por um acontecimento natural, inevitável e imprevisível, sendo insuficiente quaisquer esforços por parte da municipalidade para impedi-lo. Nesse sentido, as circunstâncias do caso in concreto acabam por afastar a responsabilidade do Município em arcar com os danos materiais, muito menos de indenizá-lo por danos morais, haja vista não existir nos autos provas consistentes que evidenciem a omissão do apelante na produção do resultado. Agravo interno improvido (AgInt no AREsp 1.547.421-MS, rel. Ministro Francisco Falcão, 2ª T., j. 18-5-2020, *DJe* 20-5-2020).

11.8.2. Queda de árvore sobre veículo estacionado na via pública. Vendaval. Força maior

- Indenização – Fazenda Pública – Queda de árvore sobre veículo estacionado na via pública – Vendaval – Fenômeno meteorológico inevitável – Defeito fisiológico na árvore não comprovado – Inexistência de doença, praga ou falta de poda – Caso fortuito ou força maior – Caracterização – Verba não devida (*JTJ*, Lex, *211*:39).

11.8.3. Desmoronamento de aterro

- Indenização – Fazenda Pública – Danos moral e material – Desmoronamento de aterro sobre conjunto habitacional popular – Pedido fundado em *faute du service* – Inocorrência – Fato imprevisível na hipótese – Ausência de nexo causal entre a ação ou omissão administrativa e o evento lesivo – Ação improcedente – Recurso não provido (*JTJ*, Lex, *210*:86).

11.9. Culpa da vítima

Outras vezes o dano não se qualifica, também, como injusto porque encontra sua causa exclusiva no procedimento doloso ou culposo do próprio lesado.

JURISPRUDÊNCIA

11.9.1. Culpa da vítima. Teoria do risco administrativo

- Fazenda Pública – Responsabilidade – Culpa da vítima, excludente da responsabilidade do Poder Público – Teoria do risco administrativo, adotada pela Constituição, inconfundível com a teoria do risco integral (*RJTJSP*, *37*:32).
- A teoria do risco administrativo, embora dispense a prova da culpa da Administração, permite-lhe demonstrar a culpa da vítima, para excluir ou atenuar a indenização (*RT*, *434*:94; *RTJ*, *91*:377).
- Ação indenizatória – Contaminação pelo vírus HIV durante transfusão de Sangue – Risco administrativo – Responsabilidade civil objetiva do Estado. Conforme atual e sedimentado entendimento jurisprudencial do STF, a responsabilidade civil do Estado, seja por ato comissivo, seja por ato omissivo, é orientada pela teoria do risco administrativo e resulta na responsabilidade objetiva, presente o nexo causal entre a conduta, ou sua ausência, e o dano provocado ao cidadão. O contexto fático descrito no acórdão recorrido não permite concluir pela inexistência de nexo causal, pela ocorrência de cerceamento de defesa ou desproporcionalidade na fixação da pensão mensal vitalícia, razão pela qual eventuais

conclusões contrárias àquelas do acórdão recorrido dependeriam do reexame probatório (...) (AgInt no AREsp 2.025.085-SP, rel. Ministro Benedito Gonçalves, 1ª T., j. 20-3-2023, DJe 22-3-2023).

11.9.2. Morte em tiroteio com a polícia, iniciado pela vítima

- Indenização – Fazenda Pública – Suspeito de participação em crime de homicídio morto em tiroteio com a polícia – Culpa exclusiva da vítima, que iniciou o tiroteio – Abuso de autoridade não configurado – Inaplicabilidade do artigo 107 da Constituição da República de 1967 – Indenizatória promovida pelos familiares do falecido julgada improcedente – Recurso não provido (*RJTJSP, 126*:154).

11.9.3. Culpa concorrente da vítima. Redução da indenização

- Havendo culpa do comerciante que, sem as cautelas devidas, se instalou em zona sujeita a inundações, e culpa administrativa, a responsabilidade do Poder Público, pelos danos sofridos pelo particular, se reduz à metade (*RT, 455*:74).

- Rodovia oficial – Lama extravasada de canaletas – Falha nos serviços de inspeção – Indenização pela metade. O DER responde pelo acidente automobilístico ocorrido por motivo de omissão nos serviços de inspeção de rodovia oficial – Essa responsabilidade fica atenuada por metade se o evento ocorreu durante copiosas chuvas (*RT, 517*:128).

- Mesmo na ação de responsabilidade do Estado, fundada em culpa do funcionário (motorista causador de acidente automobilístico), a concorrência de culpa da vítima autoriza seja mitigado o valor da reparação (*RTJ, 55*:30).

- Responsabilidade do Poder Público, que independe de prova de dolo ou culpa – Prova, entretanto, no caso, de que houve culpa concorrente do particular, autor da demanda – Indenização devida apenas pela metade (*RJTJSP, 51*:72).

11.9.4. Travessia de avenida sem se utilizar da passarela para pedestre. Culpa exclusiva da vítima

- Vítima de atropelamento que atravessou uma movimentada avenida sem se utilizar da passarela para pedestre, localizada nas proximidades – Hipótese em que a culpa pelo evento foi exclusivamente sua – Fato que exclui a responsabilidade estatal – Aplicação da teoria do risco administrativo (*RT, 815*:387).

11.10. Atividade regular do Estado, mas causadora de dano

Há casos, no entanto, em que a atividade da Administração é regular, mas, por causar dano (injusto), legitima a ação de ressarcimento contra o Estado.

JURISPRUDÊNCIA

11.10.1. Vítima de bala perdida

- Policial que efetua disparo perseguindo foragido faz surgir a responsabilidade civil do Estado se do disparo resultou "bala perdida" que atinge adolescente. Ao efetuar incontáveis disparos em via pública, ainda que em virtude de perseguição policial, os agentes estatais colocaram em risco a segurança dos transeuntes, e, por isso, em casos assim, devem responder objetivamente pelos danos causados (STJ, REsp 1.236.412, 2ª T., rel. Min. Castro Meira, *DJe* 17-2-2012).

- Ação indenizatória. Vítima, terceiro em relação ao tiroteio, atingida por projétil. Inexistência de caso fortuito e de prova de culpa desta. Responsabilidade do Estado reconhecida (TJSP, lª Câm., Ap. 127.771-SP, rel. Des. Roque Komatsu, j. 11-9-1990, *Boletim da AASP* de 2 a 8-1-1991, n. 1.671, p. 2).

- Fazenda do Estado. Responsabilidade desta. Danos causados por disparos de arma de fogo, em perseguição a criminosos. Polícia militar que, embora considerada reserva do Exército Nacional, praticou atos da Administração local. Obrigação do causador do dano, ainda que ocorrente o estado de necessidade (*RJTJSP*, 29:46).

- Responsabilidade civil do Estado – Perseguição policial – Morte de criança atingida por bala perdida deflagrada pelo agente estatal – Indenização por danos morais – Argumento que visa a afastar o nexo de causalidade – Reexame de matéria fática – Impossibilidade (AgInt no AREsp 936.073-PB, rel. Ministro Sérgio Kukina, 1ª T., j. 18-4-2017, *DJe* 27-4-2017).

11.10.2. Danos causados por obra pública

- Danos causados à lavoura por obra pública – Responsabilidade objetiva da Administração. Departamento de Estradas de Rodagem. Responsabilidade solidária da firma empreiteira e construtora (*RJTJSP*, 40:96, 87:1220).

- Obra pública – Declínio do movimento comercial em decorrência de sua execução – Descaracterização – Mera concausa indireta e secundária dos prejuízos – Inaplicabilidade da teoria do risco administrativo – Indenização não devida (*RT*, 636:66).

- Ação de indenização movida por particular contra o Município, em virtude dos prejuízos decorrentes da construção de viaduto. Procedência da ação – A consideração no sentido da licitude da ação administrativa é irrelevante, pois o que interessa é isto: sofrendo o particular um prejuízo, em razão da atuação estatal, regular ou irregular, no interesse da coletividade, é devida a indenização, que se assenta no princípio da igualdade dos ônus e encargos sociais (STF, RE 113.587-5-SP, rel. Min. Carlos Velloso, 2ª T., *DJU*, 3 abr. 1992, n. 65, p. 4292).

11.10.3. Lesão sofrida por aluno em aula de educação física

- Lesão causada por professor em aluno de estabelecimento de ensino municipal durante partida de futebol realizada em aula de Educação Física. Alegação de ser consequência natural e inerente à atividade desportiva – Inadmissibilidade – Competição realizada como atividade obrigatória no "curriculum" e no interior da escola – Não há que se falar em não ter havido excesso ou imprudência por parte do funcionário, já que a responsabilidade civil das pessoas de Direito Público não depende de prova de culpa, exigindo apenas a realidade do prejuízo injusto (*RT*, *642*:104).

■ Ação de responsabilidade contra a administração, em que se requer a indenização por danos decorrentes de acidente em escola pública – Jurisprudência do STJ que admite o pensionamento diante da redução da capacidade de trabalho – Acidente em escola – Perda da visão – Responsabilidade da Administração – Pensionamento devido (STJ, AgInt. no AREsp 1.180.321-RS, 2ª T., rel. Min. Francisco Falcão, *DJe* 26-3-2018).

11.10.4. Vítima fatal de bala perdida, atingida enquanto assistia a um jogo de futebol em estádio público

■ O art. 37, § 6º, da Constituição Federal, somente envolve a responsabilidade objetiva da administração pelos danos causados a terceiros por seus agentes, nessa qualidade. Adoção da teoria do risco administrativo. Decorrendo o dano de ato predatório de terceiro, a responsabilidade do ente público só ocorrerá se comprovada a sua culpa subjetiva. Inexistindo prova de omissão específica ou atuação deficiente, não há como acolher-se o pretendido ressarcimento (TJRJ, Ap. 3.257/00-RJ, 1ª Câm. Cív., rel. Des. Amaury Arruda de Souza, j. 15-8-2000).

11.10.5. Dano causado por tombamento de imóvel

■ O tombamento, quando importar esvaziamento do valor econômico da propriedade, impõe ao Estado o dever de indenizar (STF, *RDA*, *200*:158).

■ O tombamento para proteção do patrimônio histórico e artístico nacional por si só não gera ao Poder Público a obrigação de conservar ou indenizar, salvo em circunstâncias especiais, não se aplicando ao caso a norma do art. 216, § 1º, da CF, que é, em essência, de conteúdo programático (STF, *RT*, *744*:152).

■ Indenização – Desapropriação indireta – Caracterização – Tombamento de área para preservação de paisagem natural – Perda do direito de explorar economicamente a coisa – Caracterização como apossamento administrativo e não como limitação administrativa – Indenização devida (*JTJ*, Lex, *177*:227).

■ Se, no ato de tombamento, não foram estabelecidas condições que acarretassem despesas extraordinárias para o proprietário, interdição do bem, prejuízo a sua utilização ou depreciação, não se pode falar em dever da União em indenizar ou conservar o bem; porém, ocorrendo desapropriação do imóvel tombado por Município, cumpre a esse o dever de reparar eventuais danos causados no imóvel (STF, *RT*, *744*:152).

11.11. Responsabilidade do Estado por atos predatórios de terceiros e movimentos multitudinários

Como mencionado no Livro II, Título I, Capítulo I, Seção II, item 11.3. *retro* ("Responsabilidade civil do Estado pelos atos omissivos de seus agentes"), nem todas as situações que configurarem omissão estatal serão passíveis de fazer surgir o dever de indenizar das pessoas jurídicas de direito público, com fundamento na sua responsabilização objetiva. Somente as *omissões específicas* é que devem ser levadas em consideração para a deflagração do nexo de causalidade e, assim, da consequente obrigação de indenizar.

Desse modo, nos casos de atos predatórios de terceiros e de movimentos multitudinários, ainda que colocada a questão em termos de responsabilidade objetiva do Estado, "não se prescinde da perquirição da presumida falha da polícia preventiva (responsabilidade objetiva por culpa presumida) *na situação concreta*, de modo a só deduzir aquela responsabilidade se o Estado *deveria ou poderia prevenir* os efeitos danosos do movimento multitudinário" (Yussef Said Cahali, *Responsabilidade*, cit., 2. ed., p. 493).

Se uma agressão contra a pessoa ou contra a propriedade for conhecida ou anunciada com antecedência, ou constituir uma sequência previsível de atos criminosos e de vandalismo que a polícia administrativa deva e possa evitá-la "e, não obstante, graças à inércia injustificável das autoridades, o atentado se realizar, animado ou auxiliado pela indiferença dos agentes da segurança pública, ao Estado incumbe indenizar o dano causado" (Pedro Lessa, *Do Poder Judiciário*, Francisco Alves, 1915, p. 170).

No tocante ao ônus da prova, pondera Aguiar Dias: "Há uma corrente de opinião que reconhece a obrigação de indenizar os danos causados por movimentos multitudinários quando tenha havido prévio aviso ou solicitação de garantias por parte da vítima, ou quando se demonstre que o Governo, funcionando regularmente, podia evitar esses danos e não o fez. Consagra-se, aí, a teoria da culpa, nos mais acanhados limites. Preferível o critério de alguns julgados que decidem, no sentido da inversão da prova, que o Estado responde pelo dano causado aos particulares por movimentos multitudinários sempre que não prove haver empregado todos os meios ao seu alcance para evitá-los" (*Da responsabilidade civil*, cit., 4. ed., v. 2, p. 638, n. 205).

Em casos de depredação de veículos de empresa particular por massa popular, decidiu-se que "o Estado pode ser compelido à composição de prejuízos decorrentes de danos causados pela multidão à propriedade privada, desde que omisso ou desidioso na prestação de garantias" (TJSP, *RT, 389*:161 e *RJTJSP, 5*:135). Essa orientação deve ser também adotada nos casos de incêndios de ônibus provocados por facções criminosas, repetitivos em certas ocasiões e, por isso mesmo, previsíveis.

Efetivamente, incorreria o Estado, indubitavelmente, em responsabilidade se o Poder Público omitisse as diligências e medidas a seu alcance, capazes de proteger a vida e os direitos dos particulares, em caso de atos predatórios de terceiros ou hostilidades coletivas. É que, como assevera José Urbano Feyh, "no caso de depredações, em que é violado ou obstruído o direito do particular à propriedade em virtude de momentânea falta do funcionamento regular do órgão policial, a responsabilidade civil é do Estado, cujo órgão de segurança pública, ou porque não quis ou por não poder, falhou na hora precisa em sua função precípua" (Responsabilidade civil do Estado por depredações populares a bens particulares, *RF, 112*:329).

Nesse sentido, a jurisprudência: "*Responsabilidade civil* – Fazenda Pública – Destruição e incêndio de imóveis em cidade causados por multidão em tumulto, inclusive com ataques ao Distrito Policial – Eventos previsíveis – Casa do autor atingida – Providências de prevenção não tomadas pelas autoridades policiais – Nexo causal entre o fato e a omissão do Estado.

Indenização do dano material devida" (TJSP, Ap. 120.721-5/4, 1ª Câmara de Direito Público, rel. Des. Danilo Panizza, j. 8-10-2002). "Desde que invocado socorro da autoridade, se esta não atendeu, não há negar a responsabilidade do Estado na indenização, certo de que não houve no caso particular provocação à massa popular por parte do prejudicado" (STF, RT, 313:644).

"Responde o Estado pelos danos causados à propriedade privada quando não toma providências adequadas para coibir a exaltação popular e as depredações dela consequentes" (TJSP, RDA, 49:198).

Por outro lado, predomina na jurisprudência o entendimento de que não responde civilmente o Estado pelos danos causados pela multidão ou terceiros, se não se provar ter havido omissão ou falta de diligência por parte dos agentes policiais. A questão se exaure, pois, na prova da *omissão faltosa* imputada à Administração Pública quanto à diligência a que estão obrigados os seus agentes no sentido da preservação da vida e da propriedade particular (Yussef Said Cahali, *Responsabilidade*, cit., 2. ed., p. 498).

Decidiu a propósito o Tribunal de Justiça do Rio de Janeiro que "o art. 37, § 6º, da Constituição não responsabilizou objetivamente a Administração por atos predatórios de terceiros; o Estado somente poderá ser responsabilizado se a vítima demonstrar a *falta de serviço* ou a omissão de agentes públicos, não bastando fazer genéricas referências sobre o abandono da cidade, que, embora notório, não é suficiente" (Ap. 3.590/93, 5ª Câm., rel. Des. Miguel Pachá, j. 26-10-1993).

Jurisprudência

11.11.1. Atos depredatórios praticados pela multidão enfurecida

■ Quando provada a culpa por omissão ou falta de diligência das autoridades policiais, o Estado responde civilmente pelos danos decorrentes de depredações praticadas pela multidão enfurecida (STF, RT, 225:581).

11.11.2. Depredação. Danos causados à propriedade privada

■ O Estado pode ser compelido à composição de prejuízos decorrentes de danos causados pela multidão à propriedade privada, desde que omisso ou desidioso na prestação de garantias (TJSP, RT, 389:161).

■ Responsabilidade civil do Estado – Danos causados à propriedade particular por movimentos populares – Omissão dos agentes policiais. Falha o Estado à sua missão precípua, de mantenedor da ordem, quando, por ação ou omissão, permite que movimentos populares, cuja prevenção ou repreensão lhe cabem, venham a causar prejuízos à fazenda particular dos cidadãos. A equiparação dos movimentos multitudinários à força maior é, em última análise, a negação absoluta e incompatível com a ordem pública que lhe cabe manter. É o Estado responsável sempre, quando não obtém a manutenção da ordem pública (*RT*, *337*:164, *357*:469, *367*:88 e 124, *379*:318, *389*:161, *468*:70, *553*:90 e *616*:49; *RJTJSP*, *94*:148, *107*:140 e 155, *109*:125 e *110*:161) (TJSP, rel. Des. Ernani de Paiva, j. 13-6-1991, *RJTJSP*, *133*:81).

11.11.3. Responsabilidade civil do Estado, desde que provada a sua omissão

- Responsabilidade civil do Estado – Assassinato de menor dentro de transporte coletivo – Possibilidade de o Estado responder por danos ligados a falhas na segurança pública (STJ, AgRg no REsp 1.297.938, 2ª T., rel. Min. Campbell Marques, *DJe* 17-4-2013).
- Motorista assaltado enquanto está parado em sinal de trânsito – Impossibilidade, todavia, de se afirmar que a deficiência do serviço do Estado, que não destacou agentes para prestar segurança em sinais de trânsito sujeitos a assaltos, tenha sido a causa necessária, direta e imediata do ato ilícito praticado pelo assaltante de veículo – Ausente o nexo causal, fica afastada a responsabilidade do Estado (STJ, REsp 843.060, 1ª T., *DJe* 24-2-2011).
- O Estado não responde civilmente por danos causados por multidão, a não ser que se prove ter havido, de sua parte, omissão ou falta de diligência (TJSP, *RT, 251*:299).
- Responsabilidade civil do Estado – Caracterização – Falha do serviço comprovada – Mesmo avisado da grave situação em curso, inerte se manteve o órgão encarregado do serviço de segurança da ordem jurídica, quando do desencadear do ataque à propriedade dos autores (TJSP, Ap. 73.242-1, 8ª Câm. Cív., j. 17-9-1986).
- Responsabilidade civil do Estado – Omissão dos encarregados de manter a segurança pública – A administração pública responde civilmente pela inércia em atender a uma situação que exigia a sua presença para evitar a ocorrência danosa (STF, *RDA, 97*:177).
- Responsabilidade civil – Omissão do Estado – Comprovado que as causas do evento danoso decorreram de omissão de quem deveria providenciar as condições de segurança necessárias, indeclinável é sua obrigação de indenizar (TJSP, *RT, 607*:55).

11.11.4. Atuação ineficiente da polícia

- Ação de indenização por danos morais – Prisão indevida. Autor, abordado por policiais militares, preso (em virtude de mandado de prisão que já havia sido cumprido). Sistema de Cadastro Nacional de Mandados de Prisão desatualizado – Sentença de procedência mantida – Responsabilidade do Estado configurada. (TJSP, Apel. 1015772-65.2016.8.26.0344, 9ª Câm. Dir. Público, rel. Des. Oswaldo Luiz Palu, *DJe* 21-3-2018).
- Responsabilidade civil do Estado – Transeunte atingido por disparo de arma de fogo, durante perseguição policial, causando-lhe sequelas permanentes – Danos morais – Pretendida redução do *quantum* indenizatório – Impossibilidade de revisão, na via judicial (STJ, AgInt no AREsp 1.209.518-DF, 2ª T., rel. Min. Assusete Magalhães, *DJe* 19-6-2018).
- Ação ordinária – Danos morais – Prisão indevida – Cabimento. Autor que foi detido como foragido da justiça, permanecendo em cárcere por três dias. Existência de homônimo – Desídia dos agentes estatais, posto que uma análise mais atenta da qualificação de ambos bastaria para evitar a ocorrência (filiação paterna, idade, local e data de nascimento diversos). Condenação mantida (TJSP, Apel. 3002109-85.2013.8.26.0581, 5ª Câm. Dir. Público, rel. Des. Nogueira Diefenthaler, *DJe* 29-4-2015).

- Indenização por danos morais – Prisão indevida. Inobservância de contramandado de prisão – Inobservado o comando judicial que obsta a prisão do autor, surge a responsabilidade civil do Estado e o dever de indenizar – Evidente falha no serviço público – Indenização devida – Sentença mantida (TJSP, Apel. 0005995-58.2012.8.26.0071, 2ª Câm. Dir. Público, rel. Des. Vera Angrisani, *DJe* 07-5-2014).
- Responsabilidade civil do Estado – Depredação e incêndio de escritório de empresa de energia elétrica – Atuação ineficiente da polícia – Ação de indenização procedente (TJSP, *RT*, *367*:123).
- Indenização – Fazenda Pública – A responsabilidade civil do Estado constitui condição de segurança da ordem jurídica em face do serviço público, de cujo funcionamento não deve resultar lesão a nenhum bem jurídico protegido. Se da inação do órgão público resultar ato danoso à propriedade, confere-se às vítimas o direito público subjetivo de exigir reparação, que deve ser a mais ampla possível, abrangendo também os bens móveis que guarnecem a propriedade danificada (TJSP, *RT*, *616*:49).

11.12. Responsabilidade civil do Estado decorrente de bala perdida

O crescimento da violência urbana tem aumentado, de forma alarmante, o número de vítimas de balas perdidas, especialmente nas grandes metrópoles. Avolumam-se, em consequência, as ações de indenização movidas contra o Estado, acusado de conduta omissiva, fundadas no art. 37, § 6º, da Constituição Federal.

A jurisprudência, todavia, não se mostra uniforme, no tocante à aplicação, à hipótese, do aludido dispositivo constitucional. Alguns julgados proclamam que, nos casos de confrontos entre bandidos e policiais, a vítima (ou seus familiares, em caso de morte desta) deve necessariamente, para obter a indenização pleiteada, provar que a bala que a atingiu saiu da arma de um dos policiais envolvidos no tiroteio. Outros, no entanto, a isentam do ônus de produzir tal prova, considerando suficiente a demonstração da ocorrência do confronto. Encontram-se no primeiro grupo, exemplificativamente, os seguintes arestos:

"A responsabilidade do Estado, ainda que objetiva em razão do disposto no art. 37, § 6º, da Constituição Federal, exige a comprovação do nexo de causalidade entre a ação ou a omissão atribuída a seus agentes e o dano. Não havendo nos autos prova de que o ferimento causado à vítima tenha sido provocado por disparo de uma das armas utilizada pelos Policiais Militares envolvidos no tiroteio, por improcedente se mostra o pedido indenizatório" (TJRJ, Emb. Infr. 2006.005.00292, 1ª Câm. Cív., rel. Des. Ernani Klausner, j. 30-1-2007).

"Inexistindo nos autos comprovação de que o projétil de arma de fogo causador do ferimento sofrido pela Apelante tenha partido de uma das armas utilizadas pelos Policiais Militares que participaram do confronto narrado na exordial, não há como se imputar ao Estado a responsabilidade pelo dano a ela causado" (TJRJ, Ap. 2004.001.04270, 7ª Câm. Cív., rel. Des. Rodrigues Cardozo, j. 17-8-2004).

"Responsabilidade civil do Estado – Bala perdida – Tiroteio entre policiais e bandidos. Inexistindo nos autos a comprovação de que o projétil de arma de fogo que causou o falecimento do pai e companheiro dos autores tenha partido de armas utilizadas pelos policiais militares, não há como se imputar ao Estado apelante a responsabilidade pelo dano causado" (TJRJ, Ap. 2007.001.40664, 14ª Câm. Cív., rel. Des. Pereira de Castro, j. 28-11-2007).

Tais julgados interpretam literalmente o § 6º do art. 37 da Constituição Federal, no sentido de que o Estado responde somente pelos danos que "seus agentes" causarem a terceiros, sendo excluída tal responsabilidade quando o disparo é efetuado pelo bandido. Daí a necessidade de se apurar de qual arma de fogo saiu o projétil lesivo.

Outros julgados, como dito, não exigem prova de que o disparo que feriu a vítima tenha partido da arma do policial. Confira-se:

"A autora foi atingida por um projétil durante um tiroteio havido entre policiais militares e assaltantes. A Fazenda do Estado não nega que o evento ocorreu durante o mencionado tiroteio. Mas nega a responsabilidade, porque não se comprovou de 'onde partiu a bala' que atingiu a menor (se dos revólveres dos policiais ou dos bandidos) e porque seria impossível controlar-se o armamento circulante (...) A autora teve violado o seu direito à segurança, sendo que o Estado tem o dever de assegurar a paz, a tranquilidade e a boa ordem aos membros da comunidade. O Estado, no caso, só se eximiria da responsabilidade se lograsse provar a culpa da vítima ou a ocorrência de caso fortuito (...) A segurança da autora deveria igualar-se à segurança buscada pelos agentes do Estado no exercício da coercitividade, na perseguição encetada contra os mencionados bandidos. E, se o tiro proveio da arma de um dos mencionados marginais, a negligência do Estado, que deve garantir a segurança, é evidente em permitir que qualquer um porte arma de fogo e muitos dela façam uso em lugar público" (TJSP, 1ª Câmara de Direito Público, j. 11-9-1990, in *Boletim da AASP*, 1.671/2).

"A troca de disparos de arma de fogo efetuada entre policiais e bandidos, conforme prova dos autos, impõe à Administração Pública o dever de indenizar, sendo irrelevante a proveniência da bala. A conduta comissiva perpetrada, qual seja, a participação no evento danoso causando dano injusto à vítima inocente conduz à sua responsabilização, mesmo com um atuar lícito, estabelecendo-se, assim, o nexo causal necessário" (TJRJ, Ap. 2007.001.32436, 9ª Câm. Cív., rel. Des. Abreu e Silva, j. 4-9-2007).

"Troca de tiros entre policiais militares e traficantes – Bala perdida – Autora atingida por projétil de arma de fogo, vindo a sofrer a amputação da mão direita – Dinâmica dos fatos reveladora da inexistência de plano de segurança para a atuação dos agentes públicos – Ineficiência da conduta perpetrada pelos policiais – Patente omissão do Poder Público – Dever genérico de segurança que na hipótese mostrou-se específico – Responsabilidade objetiva do Estado – Teoria do risco administrativo" (TJRJ, Ap. 2007.001.35622, rel. Des. Oliveira Souza, j. 25-9-2007).

Observa-se existir um consenso quanto ao dever de o Estado reparar o dano sofrido pela vítima de bala perdida, quando comprovado que esta proveio de arma disparada por agente público (conduta comissiva do agente público). A divergência localiza-se nos casos em que não se apura de qual arma partiu o disparo, ou naqueles em que se comprova que ele partiu da arma de um criminoso, em confronto com policiais.

Apesar da divergência existente nos tribunais, conforme demonstrado, a jurisprudência do Supremo Tribunal Federal mostra-se direcionada no sentido dos últimos acórdãos transcritos, como se pode verificar:

"Responde o Estado, por culpa aquiliana, se o cidadão é atingido no interior de seu lar, por bala perdida, em confronto entre policiais e criminosos, travado em via pública (...) O nexo de causalidade salta aos olhos, não cabendo, a esta altura, perquirir-se sobre a origem do disparo, se decorrente de arma de policial ou da bandidagem. O que surge com eficácia maior é a deficiência na prestação de um serviço essencialmente público como é o ligado à segurança" (STF, RE 383.074-RJ, rel. Min. Marco Aurélio, j. 20-4-2004).

"Responsabilidade civil do Estado – Tiroteio – Confronto entre policiais e meliantes – Nexo causal – Indenização – Danos materiais e morais. Para a configuração do nexo de causalidade em caso de tiroteio entre policiais e meliantes atingindo vítima inocente, não se exige prova direta de projétil de arma do agente público, sendo suficiente a demonstração do embate entre eles, causa necessária dos danos injustos perpetrados a terceiro, sem o qual o fato não teria ocorrido" (STF, RE 467.681-RJ, rel. Min. Sepúlveda Pertence, j. 17-3-2006).

Tais decisões fundam-se, basicamente, no *princípio da eficiência* de todo serviço público prestado pela Administração, inserido no *caput* do art. 37 da Constituição Federal pela Emenda Constitucional 19, de 4 de junho de 1998, ao lado dos princípios da impessoalidade, da moralidade, da publicidade e da legalidade. E levam em conta, também, os novos rumos da responsabilidade civil, direcionados para a *socialização dos riscos*.

Justifica-se a responsabilização do Estado pelos danos causados por balas perdidas, tenha a bala saído da arma do agente público ou da arma do criminoso, ou mesmo quando não se tenha apurado de qual delas partiu, nos casos bastante comuns na cidade do Rio de Janeiro, por exemplo, de operações armadas da polícia, planejadas para combater principalmente o tráfico de drogas e nas quais os policiais são recebidos à bala, estabelecendo-se o perigoso confronto que coloca em risco a vida das pessoas da comunidade. Tratando-se de incidente ocorrido em virtude de iniciativa dos agentes públicos, sem os cuidados necessários com a segurança dos moradores do local, que deveriam ser, antes, dali retirados, deve o Estado responder pelas suas consequências. Entretanto, quando os policiais são chamados para atender a uma ocorrência rotineira e reagem, ao serem recebidos à bala pelos criminosos, o Estado só deveria ser responsabilizado, parece-nos, quando a bala perdida saiu da arma dos referidos agentes públicos. Caso contrário, ou seja, se o Estado tiver de responder também, nesses casos, pelas consequências dos disparos efetuados pelos assaltantes, estar-se-ia atribuindo-lhe a condição de segurador universal e inibindo o trabalho de segurança pública que lhe é inerente. Pelo mesmo motivo, não deve responder o Estado pelas consequências de bala perdida de origem totalmente ignorada, partida de local desconhecido.

11.13. Responsabilidade do Estado por atos judiciais

11.13.1. Atos judiciais em geral

A antiga tese da irreparabilidade do prejuízo causado pelo ato judicial danoso vem, aos poucos, perdendo terreno para a da responsabilidade objetiva, que independe de culpa do agente, consagrada na Constituição Federal.

Durante muito tempo entendeu-se que o ato do juiz é uma manifestação da soberania nacional. O exercício da função jurisdicional se encontra acima da lei e os eventuais desacertos do juiz não poderão envolver a responsabilidade civil do Estado. No entanto, soberania não quer dizer irresponsabilidade. A responsabilidade estatal decorre do princípio da igualdade dos encargos sociais, segundo o qual o lesado fará jus a uma indenização toda vez que sofrer um prejuízo causado pelo funcionamento do serviço público.

A independência da magistratura também não é argumento que possa servir de base à tese da irresponsabilidade estatal, porque a responsabilidade seria do Estado e não atingiria a independência funcional do magistrado. Igualmente, não constitui obstáculo a imutabilidade da coisa julgada. Segundo João Sento Sé, a coisa julgada tem um valor relativo: "... se o que impede a reparação é a presunção de verdade que emana da coisa julgada, a prerrogativa da Fazenda Pública não pode ser absoluta, mas circunscrita à hipótese de decisão transitada em julgado. Logo, se o ato não constitui coisa julgada, ou se esta é desfeita pela via processual competente, a indenização é irrecusável" (*Responsabilidade civil do Estado por atos judiciais*, Bushatsky, 1976, p. 99-103).

Cumpre distinguir as diversas atividades desenvolvidas no âmbito do Poder Judiciário. O gênero "funções judiciais" comporta diversas espécies, como as funções "jurisdicionais" ("contenciosas" ou "voluntárias") e as "administrativas". Neste último caso, o juiz ou o tribunal atua como se fosse um agente administrativo. É quando, por exemplo, concede férias a servidor, realiza concurso para provimento de cargos ou faz tomada de preços para a aquisição de materiais ou prestação de serviços. A responsabilidade do Estado, então, não difere da dos atos da Administração Pública.

A propósito, preleciona Yussef Said Cahali: "Como Poder autônomo e independente, com estrutura administrativa própria e serviços definidos, o Judiciário, pelos seus representantes e funcionários, tem a seu cargo a prática de atos jurisdicionais e a prática de atos não jurisdicionais, ou de caráter meramente administrativo; quanto a estes últimos, os danos causados a terceiros pelos servidores da máquina judiciária sujeitam o Estado à responsabilidade civil segundo a regra constitucional, no que se aproximam dos atos administrativos, em seu conteúdo e na forma (Themístocles Brandão Cavalcanti, 'Tratado de Direito Administrativo', p. 439; e se aproveitando da distinção preconizada por Léon Duguit, 'Traité de Droit Constitutionnel', 3, p. 538)" (*Responsabilidade civil*, cit., p. 219-20).

A atuação judiciária propriamente dita, a atividade jurisdicional típica de dizer o direito no caso concreto contencioso ou na atividade denominada de jurisdição voluntária sujeita o magistrado à responsabilidade de que trata o art. 133, II, do Código de Processo Civil [de 1973, atual art. 143, II], reproduzido, na sua essência e com pequena alteração de redação, no art. 49 da Lei Orgânica da Magistratura Nacional (Álvaro Lazzarini, Responsabilidade civil do Estado por atos omissivos de seus agentes, *RJTJSP, 117*:21).

Nesse campo, cabe ainda outra distinção: saber se o ato foi praticado no exercício regular da função jurisdicional, ou se o juiz exorbitou dela. Observa Cahali que a jurisprudência de nossos tribunais, nas mais diversas situações submetidas a julgamento, timbra em reconhecer a irresponsabilidade civil do Estado pelas falhas do aparelhamento judiciário. No seu entender, tem-se associado a responsabilidade civil do Estado à responsabilidade civil do juiz, quando é certo que aquela responsabilidade deve ser perquirida no contexto mais amplo, nele se inserindo a questão da responsabilidade pelos atos judiciais danosos. Analisando separadamente as situações que eventualmente podem causar danos aos particulares, conclui:

"1 – No caso do 'erro judiciário', a regra específica do art. 630 do Código de Processo Penal, com o elastério preconizado anteriormente, resolve a problemática da responsabilidade civil do

Estado pela reparação dos danos. Do mesmo modo, nos casos de danos resultantes do abuso da autoridade judiciária da Lei 4.898, de 9-12-65, a responsabilidade reparatória estende-se à Fazenda Pública (Gilberto e Vladimir Passos de Freitas, 'Abuso de Autoridade', n. 56, pp. 63-64).

2 – Quando o juiz, 'no exercício de suas funções, proceder com dolo ou fraude', ou 'recusar, omitir ou retardar, sem justo motivo, providência que deva ordenar de ofício, ou a requerimento da parte', a sua responsabilidade por perdas e danos (art. 133 do Código de Processo Civil [de 1973, atual art. 143]) não exclui a corresponsabilidade objetiva e direta do Estado, a teor do art. 107 da Constituição da República (de 1969), pela sua reparação. Nesses casos, diz-se, há provisão legal explícita.

3 – Nos demais casos de danos ocasionados aos administrados pelo órgão do Estado investido das funções judiciais, admissível o reconhecimento da responsabilidade civil do Estado 'sem que isto moleste a soberania do Judiciário ou afronte o princípio da autoridade da coisa julgada' (aspectos, na realidade, impertinentes, para referendar a tese da irresponsabilidade), a pretensão indenizatória se legitima naqueles casos de culpa anônima do serviço judiciário, de falhas do aparelhamento encarregado da distribuição da Justiça, envolvendo inclusive as deficiências pessoais dos magistrados recrutados; assim, nos casos de morosidade excessiva da prestação jurisdicional com equivalência à própria denegação da Justiça, de 'erros grosseiros' dos juízes, relevados sob o pálio candente da falibilidade humana. Em tais casos, a regra constitucional do art. 107 assegura o direito à indenização dos danos efetivamente verificados" (*Responsabilidade civil*, cit., p. 222-3).

Em princípio, o fato jurisdicional regular não gera a responsabilidade civil do Estado. A esse propósito, anota Caio Mário da Silva Pereira: "... força é concluir que o fato jurisdicional regular não gera responsabilidade civil do juiz, e portanto a ele é imune o Estado. Daí a sentença de Aguiar Dias, que bem o resume, ao dizer que, segundo a doutrina corrente, os atos derivados da função jurisdicional 'não empenham a responsabilidade do Estado, salvo as exceções expressamente estabelecidas em lei' ('Da Responsabilidade Civil', vol. II, n. 214). Neste sentido decidiu o Tribunal de Justiça de São Paulo (*v.* Ulderico Pires dos Santos, 'Responsabilidade Civil na Doutrina e na Jurisprudência', n. 67, p. 124)" (*Responsabilidade*, cit., p. 151). Assim, o simples fato de alguém perder uma demanda e com isso sofrer prejuízo, sem que tenha havido erro, falha ou demora na prestação jurisdicional não autoriza a responsabilização do Estado pelo ato judicial.

Segundo Mário Moacyr Porto, "não é indispensável a verificação da ocorrência de culpa dos juízes e funcionários para que se caracterize a responsabilidade do Estado. Basta que o serviço se revele falho, deficiente, inoperante, para que o Poder Público responda pelo mau desempenho da prestação judicial a que está obrigado". Acrescenta, transcrevendo trechos das Constituições espanhola, portuguesa, italiana, iugoslava e soviética, que "há, hoje, uma tendência universal para se responsabilizar o Estado pelo insatisfatório funcionamento dos seus serviços judiciários" (*Temas*, cit., p. 155-6).

A distinção entre a responsabilidade pessoal dos magistrados e a do Estado é bem lembrada por Arruda Alvim: "Se, de uma parte, é bastante restrita a responsabilidade pessoal dos juízes, o que não exclui a responsabilidade civil do Estado, naquelas hipóteses em que se configure a responsabilidade dos juízes, devemos observar, por outro lado, que a responsabilidade do Estado, prescindindo-se da responsabilidade civil do juiz, de índole pessoal, é algo mais ampla.

Na realidade, entende-se como doutrina corrente que o Estado há de ser responsável por atos dos juízes pelo que estes, pessoalmente, todavia também o sejam, nos casos expressos em lei" (*Código de Processo Civil comentado*, Revista dos Tribunais, v. 5, p. 300).

Mário Moacyr Porto, depois de indagar quem deve arcar com o ônus da indenização quando a lei ordinária for omissa quanto à obrigatoriedade de indenizar o prejuízo resultante do ato do juiz e não apontar o responsável, responde: "A omissão da lei não implica a exoneração do dever de indenizar. O prejuízo, em face dos arts. 15 e 159 do CC (de 1916), deve ser ressarcido, além de que é princípio universal de Direito que todo dano injusto deve ser indenizado. Se a lei não informa quem deve pagar o prejuízo, cabe ao Estado indenizar, pois o juiz, como já dissemos, é um funcionário público em sentido lato, que somente responde pessoalmente e diretamente pelos danos que resultarem da sua conduta ilícita quando a lei expressamente o declarar, assegurada ao Estado a obrigatoriedade da ação regressiva, aludida no parágrafo único do art. 107 da Constituição [de 1969] e no art. 1º da Lei 4.619, de 28-4-65" (*Temas*, cit., p. 153).

Vale a pena transcrever a síntese conclusiva de José Cretella Júnior, ao sustentar a tese da responsabilidade do Estado por atos judiciais em sentido amplo, fundamentando-se em princípios publicísticos, que informam o moderno direito administrativo dando como válidas para o sistema jurídico brasileiro as seguintes proposições: "a) a responsabilidade do Estado por atos judiciais é espécie do gênero responsabilidade do Estado por atos decorrentes do serviço público; b) as funções do Estado são funções públicas, exercendo-se pelos três Poderes; c) o magistrado é órgão do Estado; ao agir, não age em seu nome, mas em nome do Estado, do qual é representante; d) o serviço público judiciário pode causar dano às partes que vão a juízo pleitear direitos, propondo ou contestando ações (cível); ou na qualidade de réus (crime); e) o julgamento, quer no crime, quer no cível, pode consubstanciar-se no erro judiciário, motivado pela falibilidade humana na decisão; f) por meio dos institutos rescisório e revisionista é possível atacar-se o erro judiciário, de acordo com as formas e modos que a lei prescrever, mas, se o equívoco já produziu danos, cabe ao Estado o dever de repará-los; g) voluntário ou involuntário, o erro de consequências danosas exige reparação, respondendo o Estado civilmente pelos prejuízos causados; se o erro foi motivado por falta pessoal do órgão judicante, ainda assim o Estado responde, exercendo a seguir o direito de regresso sobre o causador do dano, por dolo ou culpa; h) provado o dano e o nexo causal entre este e o órgão judicante, o Estado responde patrimonialmente pelos prejuízos causados, fundamentando-se a responsabilidade do Poder Público, ora na culpa administrativa, o que envolve também a responsabilidade pessoal do juiz, ora no acidente administrativo, o que exclui o julgador, mas empenha o Estado, por falha técnica do aparelhamento judiciário, ora no risco integral, o que empenha também o Estado, de acordo com o princípio solidarista dos ônus e encargos públicos" (Responsabilidade do Estado por atos judiciais, *RF*, *230*:46).

Discorrendo sobre o tema, em artigo publicado na *RT*, *652*:29, José Guilherme de Souza também concorda em que, "seja voluntário ou involuntário, todo erro que produza consequências danosas – em outras palavras, toda atividade judiciária danosa – deve ser reparado, respondendo o Estado civilmente pelos prejuízos, a ele assegurado o direito de regresso contra o agente público responsável pela prática do ato".

Maria Sylvia Zanella Di Pietro também entende inadmissível afastar-se a responsabilidade do Estado por atos jurisdicionais danosos, "porque podem existir erros flagrantes não só em decisões criminais, em relação às quais a Constituição adotou a tese da responsabilidade, como também nas áreas cível e trabalhista. Pode até ocorrer o caso em que o juiz tenha decidido com dolo ou culpa". Mesmo "em caso de inexistência de culpa ou dolo – acrescenta – poderia incidir essa responsabilidade, se comprovado o erro da decisão" (cit., p. 364).

Verifica-se, em conclusão, que as mais modernas tendências apontam no sentido da admissão da responsabilidade civil do Estado pelos danos experimentados por particulares, decorrentes do exercício da atividade judiciária.

11.13.2. Erro judiciário

A responsabilidade do Estado em decorrência de erro judiciário é expressamente reconhecida no art. 5º, LXXV, da Constituição Federal, nestes termos: "O Estado indenizará o condenado por erro judiciário, assim como o que ficar preso além do tempo fixado na sentença".

O texto assegura a reparação à vítima do erro judiciário, sem condicioná-la à revisão da sentença condenatória. E, por outro lado, "impondo ao Estado a obrigação de indenizar àquele que "ficar preso além do tempo fixado na sentença", estará implicitamente também assegurando ao sentenciado o direito de ser indenizado em virtude de prisão "sem sentença condenatória". Com efeito, não se compreende que, sendo injusta a prisão no que exceder o prazo fixado na sentença condenatória, seja menos injusta a prisão do réu que nela é mantido se ao final vem a ser julgada improcedente a denúncia pela sentença absolutória" (Yussef Said Cahali, *Responsabilidade*, cit., 2. ed., p. 603).

Tem-se decidido que a "configuração de erro judiciário, para efeito de indenização, não se compatibiliza com a absolvição pela inexistência de prova suficiente para condenação. Decisão com o suporte processual do art. 386, VI, do CPP, não é demonstrativa da certeza da inocência do réu. É técnica processual que se apoia na dúvida, em que prefere o erro judiciário que desfavorece a sociedade ao erro judiciário que ofenda o denunciado" (TJRS, Embs. 597.222.652-Capital, rel. Des. Tupinambá M. C. do Nascimento, j. 5-3-1999).

Igualmente, decidiu-se que "é indiscutível o direito do condenado de ser indenizado pelo período de tempo em que permaneceu preso (por erro cometido pelas autoridades judiciárias e policiais), cumprindo pena de outro indivíduo, seu homônimo" (TJSP, *RT*, *464*:101). E ainda que, "se uma pessoa foi encarcerada injustamente, sem qualquer motivo, e se, em tal situação, tinha o Poder Público a obrigação de manter e assegurar sua incolumidade física, por certo que deve responder pelas consequências dos danos que ele sofreu na prisão, pagando-lhe uma indenização que há de ser a mais completa possível" (TJSP, *RT*, *511*:88).

Registre-se a opinião de Rui Stoco (*Responsabilidade*, cit., 4. ed., p. 543), de que a desconstituição do julgado, pela revisão criminal ou pela ação rescisória, é condição para o ajuizamento da ação de indenização. Em abono, argumenta que a tese contrária acarretaria a "incerteza jurídica com a desestabilização dos julgados, tendo-se de fazer *tabula rasa* do instituto garantidor e estabilizador da coisa julgada". E exemplifica: "Figure-se a hipótese de um Juiz Substituto que, com apenas alguns dias de carreira, venha reconhecer, na ação civil de indenização, erro judiciário cometido, segundo seu entendimento, pelo Tribunal Pleno do

Supremo Tribunal Federal, confirmando, em sede de recurso extraordinário, decisão proferida em ação penal, invocando como fundamento do erro e razão de decidir a aplicação (ou confirmação da aplicação) de lei inconstitucional pela Suprema Corte. Estaria se postando como revisor de uma Corte Suprema, à qual a Lei Magna atribuiu a prerrogativa de guardiã da constitucionalidade das leis". Ressalva o mencionado autor, contudo, as seguintes situações: a do indivíduo que permaneceu preso, injustamente, sem motivação aparente; a do que tenha sido detido pela autoridade policial, com evidente abuso de poder; e a do que esteve cumprindo pena de outro indivíduo, seu homônimo. Conclui afirmando que a exigência de desconstituição do julgado, como pré-condição, só se refere à decisão de mérito.

Anote-se que, pelo nosso ordenamento, a decisão do referido juiz substituto estaria sujeita ao duplo grau de jurisdição, bem como a recurso extraordinário, a ser julgado pelo mesmo Supremo Tribunal Federal. Ademais, como obtempera, com acuidade, Maria Sylvia Zanella Di Pietro, nem seria obstáculo ao reconhecimento da responsabilidade do Estado por ato jurisdicional o argumento de que tal solução acarretaria ofensa à coisa julgada, pois "o fato de ser o Estado condenado a pagar indenização decorrente de dano ocasionado por ato judicial não implica mudança na decisão judicial. A decisão continua a valer para ambas as partes; a que ganhou e a que perdeu continuam vinculadas aos efeitos da coisa julgada, que permanece intangível. É o Estado que terá que responder pelo prejuízo que a decisão imutável ocasionou a uma das partes, em decorrência de erro judiciário" (*Direito administrativo,* 2. ed., Atlas, 1991, p. 364).

A propósito, enfatiza Yussef Said Cahali: "Embora seja certo que 'não é o *habeas corpus* meio adequado para obter o reconhecimento do erro judiciário', pretendeu-se que 'somente a revisão propiciará o exame da questão com pleno conhecimento de causa'. Sempre afirmamos, porém, que a preterição do pedido incidente na revisão criminal, ou a própria inexistência de uma prévia revisão criminal, não deve constituir óbice para o exercício da ação indenizatória por erro judiciário. Realmente, conforme se tem decidido, 'o inocente, condenado por crime que não cometeu, ou não praticou, tem direito de reclamar em sua reabilitação, no processo de revisão, indenização por perdas e danos, relativos aos prejuízos materiais ou morais que sofreu – mormente se cumpriu a pena. O Código de Processo Penal, em seu art. 630, faculta ao interessado requerer ao Tribunal de Justiça que reconheça o seu direito a essa indenização. Entretanto, quando não for feita essa reclamação no tempo próprio, o interessado não decai do direito de exigir a indenização por ação ordinária' (*RT, 329*:744)" (*Responsabilidade*, cit., 2. ed., p. 601).

Por sua vez, Luiz Antonio Soares Hentz assim se expressa: "A sustentação que se faz aqui é no sentido da desnecessidade de desconstituir o julgado cível ou criminal, podendo a indenização ser postulada como ação autônoma, já que a coisa julgada não opera impedimento a considerações sobre eventual desacerto do julgamento" (*Indenização do erro judiciário*, LEUD, 1995, p. 43).

A reparação do dano decorrente do erro judiciário deve ser, assim, como se tem proclamado, a mais completa possível, compreendendo o *material* efetivamente ocorrido, que abrange os danos emergentes e os lucros cessantes, e o *moral*, cumulativamente (cf. Súmula 37 do STJ). Dispõe o art. 954 do Código Civil que a indenização por ofensa à liberdade pessoal "consistirá no pagamento das perdas e danos que sobrevierem ao ofendido". Acrescenta, porém, que tem aplicação o disposto no parágrafo único do artigo antecedente, se o ofendido não puder provar prejuízo material. O referido parágrafo único diz que, nesse caso, "caberá ao juiz fixar, equitativamente, o valor da indenização, na conformidade das circunstâncias do caso". Refere-se ao dano moral.

Por essa razão, correto se nos afigura afirmar que, reconhecida a responsabilidade civil do Estado pelo erro judiciário, a indenização há de ser a mais completa possível (*RT*, *511*:88). E que a indenização por "perdas e danos deve compreender os prejuízos materiais e morais que sofreu o ofendido, e que serão apurados em execução, por arbitramento" (*RT*, *329*:744). Nesse mesmo sentido manifesta-se Yussef Said Cahali: "Portanto, pedidos e demonstrados os danos morais, impõe-se sua reparação, ainda que cumulada sua indenização com danos patrimoniais, fazendo-se seu arbitramento mediante estimação prudencial" (*Responsabilidade*, cit., 2. ed., p. 611).

E assim vem decidindo o Tribunal de Justiça de São Paulo:

"Responsabilidade civil – Erro judiciário – Dano moral – Indenização devida – Arbitramento. A indenização por dano moral é arbitrável, mediante estimativa prudencial que leve em conta a necessidade de, com a quantia, satisfazer a dor da vítima e dissuadir, de igual e novo atentado, o autor da ofensa" (*RJTJSP*, *137*:238).

"Erro judiciário – Prisão de pessoa errada – Indenização – Danos morais – Fixação do valor devido que fica a critério do Juiz" (Ap. 224.123-1, 4ª Câmara de Direito Público, rel. Des. Toledo Silva, j. 6-4-1995).

"Responsabilidade civil do Estado – Erro judiciário – Constrição sobre imóvel incorreto (AgInt no AREsp 2.013.249-SC, rel. Ministro Og Fernandes, 2ª T., j. 2-8-2022, *DJe* 9-8-2022).

Nenhuma indenização, contudo, será devida "se o erro ou a injustiça da condenação proceder de ato ou falta imputável ao próprio impetrante, como a confissão ou a ocultação de prova em seu poder" (CPP, art. 630, § 2º, *a*). Tal ressalva não se mostra incompatível com o texto constitucional. Trata-se de uma situação que decorre da inexistência da relação de causalidade. Se o erro tem por causa a conduta do próprio autor da ação de revisão penal, não se pode atribuir responsabilidade civil ao Estado. Falta, na hipótese, o necessário nexo causal.

Entretanto, a ressalva contida na letra *b* do mencionado § 2º do art. 630, no sentido de que "a indenização não será devida, se a acusação houver sido meramente privada", não foi recepcionada pela nova Constituição. A propósito do aludido dispositivo, que considerava estranhável, já dizia Mário Moacyr Porto: "Ora, quem julga é o juiz, é o Estado, pouco importando que a ação tenha se instaurado por iniciativa do Ministério Público ou queixa privada. A restrição, ao que parece, é de todo descabida" (Responsabilidade do Estado pelos atos de seus juízes, *RT*, *563*:14). Por sua vez, Yussef Said Cahali entende que a referida ressalva "já não mais prevalece diante da literalidade do art. 5º, LXXV, da Constituição de 1988, que não estabelece nenhuma distinção entre os processos criminais em que terá falhado a máquina judiciária na prestação jurisdicional. Aqui, a iniciativa da ação penal de que resultou a sentença condenatória desconstituída representa a causa remota do dano sofrido pelo ofendido; a causa imediata, eficiente e adequada, e que se sobrepõe àquela, é representada pelo erro judiciário na prolação da sentença condenatória. O que se pode admitir, apenas, é que, tendo a Justiça sido induzida em erro por fato imputável ao querelante, contra este caberia ação de regresso" (*Responsabilidade*, cit., 2. ed., p. 609).

11.13.3. Ação direta contra o juiz

Dispõe o art. 143, *caput*, do Código de Processo Civil que o juiz responderá, civil e regressivamente, por perdas e danos quando: "I – no exercício de suas funções, proceder com dolo ou fraude; II – recusar, omitir ou retardar, sem justo motivo, providência que deva ordenar de ofício, ou a requerimento da parte". Acrescenta o parágrafo único que "As hipóteses previstas no inciso II somente serão verificadas depois que a parte requerer ao juiz que determine a providência e o requerimento não for apreciado no prazo de 10 (dez) dias".

A responsabilidade pessoal do juiz está, assim, condicionada a que ele tenha agido com dolo ou fraude. A culpa no exercício da atividade jurisdicional, todavia, não o obriga a indenizar pessoalmente, podendo a vítima pleitear eventual ressarcimento do Estado.

Decidiu, com efeito, o Supremo Tribunal Federal:

"Responsabilidade objetiva – Ação reparatória de dano por ato ilícito. Ilegitimidade de parte passiva – Responsabilidade exclusiva do Estado. A autoridade judiciária não tem responsabilidade civil pelos atos jurisdicionais praticados. Os magistrados enquadram-se na espécie agente político, investidos para o exercício de atribuições constitucionais, sendo dotados de plena liberdade funcional no desempenho de suas funções, com prerrogativas próprias e legislação específica. Ação que deveria ter sido ajuizada contra a Fazenda Estadual – responsável eventual pelos alegados danos causados pela autoridade judicial, ao exercer suas atribuições –, a qual, posteriormente, terá assegurado o direito de regresso contra o magistrado responsável, nas hipóteses de dolo ou culpa. Legitimidade passiva reservada ao Estado. Ausência de responsabilidade concorrente em face dos eventuais prejuízos causados a terceiros pela autoridade julgadora no exercício de suas funções, a teor do art. 37, § 6º, da CF/88 – Recurso extraordinário conhecido e provido" (STF, RE 228.977.2-SP, 2ª T., rel. Min. Néri da Silveira, *DJU*, 12 abr. 2002, p. 66, v.u.).

Nessa linha a jurisprudência:

"Apelação cível. Responsabilidade civil. Ação de indenização por danos morais movida contra a magistrada por atos jurisdicionais. Ilegitimidade passiva. Pretensão a ser deduzida contra o ente público. O Juiz, como agente público, somente pode ser responsabilizado pelo Estado em ação regressiva, e não em demanda proposta diretamente pelo lesado.

Aquele que sofre dano em razão do exercício da atividade jurisdicional ou em virtude de erro judiciário praticado pelo Estado-juiz, deve ajuizar a pretensão indenizatória diretamente contra o Estado *lato sensu*, descabendo incluir o magistrado no polo passivo da lide. Precedentes do STF e do TJRS" (TJRS, Apel. 0392667-29-2017.8.21.70000, 10ª Câm., rel. Des. Catarina Krieger Martins, *DJERS* 13-3-2018).

"A responsabilidade civil do juiz por perdas e danos, prevista no artigo 143 do Código de Processo Civil, prescinde de ação autônoma, de forma que a parte prejudicada deve acionar, primeiramente, o Estado, a quem caberá voltar-se em regresso contra o magistrado responsável, nas hipóteses de dolo ou culpa. Desse modo, incabível a apreciação do intento por meio do recurso de apelação" (TJDF, Apel. 2017.07.1.000876-33, 1ª Turma, rel. Des. Simone Lucindo, *DJDFT* 28-2-2018).

Por sua vez, proclamou o Superior Tribunal de Justiça:

"Em benefício da própria sociedade, não se pode cogitar de responsabilidade objetiva do juiz pelas decisões tomadas no curso de um processo judicial. Se os juízes tivessem de decidir sob uma espada ameaçando-os de responsabilidade pessoal em caso de erro, as decisões não seriam tomadas com liberdade para o aplicar o Direito aos fatos. O art. 111, I, do CPC/1973, em norma reproduzida pelo art. 143, I, do CPC/2015, e, em especial, o art. 49, I, da Lei Orgânica da Magistratura Nacional – LOMAN (LC 35/79), estabelecem a responsabilidade pessoal do magistrado apenas quando ele proceder com dolo ou fraude" (STJ, REsp 1.221.997-AM, 2ª T., rel. Min. Herman Benjamin, *DJe* 5-2-2018).

11.13.4. Responsabilidade civil do promotor de justiça

Os representantes do Ministério Público receberam o mesmo tratamento que o art. 143, I, do Código de Processo Civil de 2015 dispensa aos magistrados. Dispõe, com efeito, o art. 181 do referido diploma legal:

"O membro do Ministério Público será civil e regressivamente responsável quando agir com dolo ou fraude no exercício de suas funções".

O supratranscrito dispositivo legal refere-se à responsabilidade pessoal do representante do Ministério Público por dolo ou fraude, e não à responsabilidade do Poder Público por atos daquele (STF-*RF, 294*:189).

Tem-se decidido que não responde civilmente a Fazenda Pública por ato opinativo do Ministério Público no procedimento judicial que não vincula o Poder Judiciário (*RTJ, 115*:806, pedido de alvará judicial). Assim, decidiu o Supremo Tribunal Federal:

"Cumpre enfatizar, apenas, o caráter meramente opinativo dos pareceres emitidos pelo Ministério Público, sem qualquer poder vinculativo dos atos dos órgãos do Poder Judiciário, em decorrência do que, se dano houve ao patrimônio dos ora agravantes, com ofensa à lei, resultou ele, sem dúvida, de decisão judicial, somente atacável pelas vias processuais próprias" (1ª T., rel. Min. Sydney Sanches, j. 20-8-1985).

Os promotores de justiça, assim como os magistrados, são agentes públicos e, por essa razão, não estão sujeitos a ação direta movida pelo lesado. Como já decidiu o Supremo Tribunal Federal, "os agentes políticos têm plena liberdade funcional, equiparável à independência dos juízes nos seus julgamentos, e, para tanto, ficam a salvo de responsabilidade civil por seus eventuais erros de atuação, a menos que tenham agido com culpa grosseira, má-fé ou abuso de poder. Nesta categoria encontram-se os Chefes de Executivo (Presidente da República, Governadores e Prefeitos) e seus auxiliares imediatos (Ministros e Secretários de Estado e de Município); os membros das Corporações Legislativas (Senadores, Deputados e Vereadores); os membros do Poder Judiciário (Magistrados em geral); os membros do Ministério Público (Procuradores da República e da Justiça, Promotores e Curadores Públicos). Tais agentes, portanto, não agem em nome próprio, mas em nome do Estado, exercendo função eminentemente pública, de modo que não há como lhes atribuir responsabilidade direta por eventuais danos causados a terceiros no desempenho de suas funções" (STF, RE 228.977.2-SP, 2ª T., rel. Min. Néri da Silveira, *DJU*, 12 abr. 2002, p. 66, v.u.).

Desse modo, como já dito no item anterior a respeito do juiz de direito, em caso de dolo ou fraude do promotor de justiça o lesado deve ajuizar a ação em face da Fazenda Estadual – responsável pelos eventuais danos causados pela autoridade ao exercer as suas atribuições, – a qual, posteriormente, terá assegurado o direito de regresso contra o responsável nas hipóteses de dolo ou culpa".

Nessa mesma linha, assinala Paulo Salvador Frontini: "Convém tornar clara a ascendência da norma constitucional (art. 37, § 6º) sobre o preceito da lei ordinária constante do novo Código de Processo Civil (art. 85). Quer isto dizer que, a despeito do conteúdo do art. 85 do novo Código, sempre que o órgão do Ministério Público agir com dolo ou fraude deverá pelos prejuízos responder o Estado" (A responsabilidade civil do órgão do Ministério Público, *Justitia, 83*:40).

Perfilhando o mesmo entendimento, assevera Hugo Nigro Mazzilli: "Os membros do Ministério Público são agentes políticos e, portanto, não se submetem à responsabilidade civil dos agentes públicos prevista no art. 37, § 6º, da Constituição Federal. Por gozarem de independência funcional, se submetem a um sistema próprio de responsabilidade. Assim, no exercício regular de sua função, o membro do Ministério Público não poderá ser responsabilizado pessoalmente, Se, em razão do exercício de sua função, um terceiro for prejudicado, este poderá requerer indenização do Estado. Quando tenham atuado no exercício regular das funções, não responsabilizam civilmente a si mesmos nem a instituição a que pertencem, mas apenas ao Estado" (*A defesa dos interesses difusos em juízo*, 21. ed., São Paulo, Saraiva, 2008, p. 613).

Decidiu o Superior Tribunal de Justiça: "Os membros do Ministério Público, por serem agentes políticos e gozarem de um regime especial de responsabilidade civil – que se destina à não interferência no livre e independente exercício de seu mister –, não são, quando agirem com culpa, responsáveis diretos pelos danos que causarem a terceiros atuando em suas atividades funcionais. Para haver responsabilidade direta e pessoal do Promotor de Justiça, segundo o art. 85 do CPC, é preciso que o agente tenha agido com dolo ou fraude, excedendo, portanto, sobremaneira os limites de sua atuação funcional" (STJ, REsp 1.435.582-MG, 3ª T., rel. Min. Nancy Andrighi, *DJe* 11-9-2014).

JURISPRUDÊNCIA

11.13.5. Prisão provisória. Absolvição posterior

- Prisão por prazo excessivo e absolvição, a final, por falta de provas. Há lesão a direito quando a condenação ocorreu sem que houvesse indício relevante que justificasse a acusação, obrigando o particular a suportar um dano injusto. Acusado que ficou preso preventivamente por sete meses sem que existissem indícios, sendo condenado à pena de 16 anos e que, depois de solto, permaneceu foragido para provar sua inocência, sendo absolvido em revisão criminal por negativa de autoria (AgRg no AREsp 15.256, 2ª T., rel. Min. Herman Benjamin, *DJe* 13-10-2011).

- Responsabilidade civil do Poder Público – Não caracterização – Descabimento do pedido indenizatório, por se acharem presentes os requisitos legais autorizativos da prisão provisória, cuja licitude não é descaracterizada pela posterior absolvição do acusado por falta de provas, no juízo criminal, não se configurando, na espécie, nenhuma das hipóteses previstas no art. 5º, LXXV, da CF (TJRJ, Ap. 2004.001.07719, 16ª Câm. Cív., reg. em 17-5-2005, rel. Des. Mário Robert Mannheimer).

- Responsabilidade civil do Estado – Ação de indenização por danos materiais e morais – Decretação de prisão – Retratação da vítima – Absolvição – Tribunal de origem que, diante do acervo fático da causa, entendeu não ter ocorrido erro judiciário, afastando a responsabilidade civil do Estado (EDcl no AgInt nos EDcl no AREsp 1.649.945-RS, rel. Ministro Herman Benjamin, 2ª T., j. 22-3-2021, *DJe* 5-4-2021).

11.13.6. Réu preso preventivamente e absolvido por insuficiência de provas

- Réu que ficou preso durante três anos e, posteriormente foi absolvido por falta de provas – Manutenção da prisão preventiva por prazo excessivo, com violação do princípio da dignidade humana – Cabível a indenização por danos morais, a ser paga pelo Estado (STJ, REsp 1.655.800, Revista *Consultor Jurídico*, 1º-7-2018).

- Indenização – Decreto segregatório dentro dos limites da ordem legal, sem que tenha havido qualquer ato de natureza culposa, erro judiciário, ilegalidade ou arbitrariedade – Verba indevida (*RT, 752*:319).

- Erro judiciário – Inocorrência – Prisão preventiva corretamente decretada, ante os elementos dos autos – Defensor que sequer se insurgiu contra o ato – Absolvição, posterior, por insuficiência de provas que não gera direito à indenização – Concorrência da vítima, ademais, para a superveniência do dano – Ação improcedente (*JTJ*, Lex, *210*:83 e *226*:119).

- Indenização – Fazenda Pública – Prisão determinada em processo criminal que culminou com a absolvição pelo Tribunal – Fato que, por si só, não significa erro na decisão monocrática – Inocorrência, ademais, da hipótese do art. 630 do CPP – Ação improcedente (*JTJ*, Lex, *175*:36).

- Responsabilidade civil do Estado – Prisão cautelar e posterior absolvição por falta de provas – Prisão considerada legal pela corte de origem – Revisão – Impossibilidade – Súmula 7/STJ – Recurso especial não conhecido (REsp 1.429.718-PE, rel. Ministro Napoleão Nunes Maia Filho, rel. para acórdão Min. Benedito Gonçalves, 1ª T., j. 6-12-2018, *DJe* 13-2-2019).

11.13.7. Excesso de prisão

- Apelado que, por omissão da autoridade policial, permaneceu preso por mais de 30 dias, além da condenação – Aplicabilidade do art. 5º, LXXV, da CF/88, eis que o direito à indenização nasce a partir do momento em que a permanência do apelado na prisão ultrapassar o tempo da pena imposta – Fixação do *quantum* da indenização, que não pode ser arbitrária, visto que há de se fixar um valor de acordo com as condições do condenado (TJSP, Ap. 149.809-1, 4ª Câmara de Direito Público, rel. Des. Alves Braga, j. 7-11-1991).

- Todos os cidadãos, mesmo os desonrados, infames ou depravados, são titulares dos direitos integrantes da personalidade. Ninguém fica deles privado, já que em todo indivíduo haverá, pelo menos, uma coisa moral, ou seja, uma zona intacta de atos e princípios morais. Assim é devida a indenização do dano moral ao condenado que ficou preso além do tempo fixado na sentença (TJRJ, EI 108/97, 1º Gr. de Câms. Civs., rel. Des. Marlan de Moraes Marinho, j. 9-3-1998).

- Indenização – Prisão por tempo superior ao da condenação – Prisão em flagrante – Prisão processual. O fato de ter sido absolvido pelo Tribunal do Júri nos crimes contra a vida, sendo colocado em liberdade no mesmo dia do julgamento, não gera direito indenizatório, posto que subsiste a certeza da materialidade delitiva e da autoria a ele atribuída, assim como a legalidade da prisão processual. A indenização decorrente de prisão processual somente é devida quando, no julgamento final, é reconhecida a inocência do réu, com negação da autoria ou da materialidade delitiva (*JTJ*, Lex, *184*:92).

- A manutenção da prisão preventiva por prazo excessivo e, ao fim, o julgamento por ausência de provas, fere a dignidade da pessoa humana que suporia o cárcere, bem como de seus familiares com sua ausência (STJ, REsp 1.655.800-AM, 1ª T., rel. Min. Benedito Gonçalves, *DJe* 2-8-2018).

11.13.8. Erro judiciário. Prisão indevida

- Responsabilidade civil – Condenação injusta – Indenização por dano moral – Responsabilidade do Estado – Lesão a direito quando a condenação ocorre sem que haja indício relevante que justifique a acusação, o que obriga o particular a suportar um dano injusto – Acusado condenado à pena de 16 anos e que conseguiu provar a sua inocência, em revisão criminal (STJ, AgRg no Agr. 1.429.216, 1ª. T., rel. Min. Arnaldo Esteves Lima, *DJe* 4-5-2012).

- Responsabilidade civil – Fazenda Pública – Dano moral – Erro judiciário – Prisão indevida – Autor com antecedentes criminais – Irrelevância – Verba devida (*JTJ*, Lex, *225*:87 e 139).

- Responsabilidade civil – Fazenda Pública – Danos moral e material – Erro judiciário – Prisão indevida – Sentença condenatória penal desconstituída em ação revisional – Responsabilidade objetiva do Estado, independentemente da apuração de culpa, ou dolo, pelos atos de seus agentes – Verbas devidas (*JTJ*, Lex, *225*:87).

- Indenização – Fazenda Pública – Danos morais e materiais – Prisão indevida – Inocorrência – Concessão de liberdade provisória subordinada à análise de condições objetivas e subjetivas, estas últimas não ostentadas – Prestação jurisdicional correta – Ação improcedente – Recurso não provido (*JTJ*, Lex, *198*:93).

- Indenização – Erro judiciário – Prisão injusta – Autor mantido em cadeia pública apesar de absolvido e sujeito à medida de segurança detentiva em estabelecimento adequado – Falta de vagas, como motivo alegado – Falha no funcionamento do aparelho estatal que não é causa elidente da responsabilidade – Verba devida. A Constituição da República, em vigor, além de conservar no art. 37, § 6º, a regra genérica da responsabilidade civil objetiva do Estado, cristalizada em nosso Direito, o obriga expressamente a indenizar o particular, quer no caso de erro judiciário, quer de prisão por tempo superior ao fixado na sentença (art. 5º, LXXV) (*JTJ*, Lex, *155*:74).

11.13.9. Peticionário que, usando vários nomes, contribuiu para a confusão havida e da qual resultou sua prisão

■ Se contribuiu o peticionário, usando de vários nomes, para a confusão havida e da qual resultou sua condenação e consequente prisão, permitindo, outrossim, com sua inércia que aquela passasse em julgado, não tem direito a indenização pelos prejuízos que alega ter sofrido em virtude do erro judiciário, reconhecido em revisão por ele requerida (*RT, 261*:88).

11.13.10. Requisição de abertura de inquérito policial

■ Indenização – Ato ilícito – Promotor de Justiça – Requisição de abertura de inquérito policial – Imposição do ofício público, diante da notícia de fato que poderia configurar crime – Inépcia da inicial – Recurso não provido (*JTJ*, Lex, *203*:85).

■ Indenização – Dano moral – Promotor de Justiça – Envio de peças de processo para instauração de inquérito policial – Conduta que não constitui ilícito civil, mas exercício das funções – Dolo não comprovado – Ilegitimidade passiva de parte – Carência de ação – Recurso não provido (*JTJ*, Lex, *186*:92).

11.13.11. Remessa de cópias de processo ao Ministério Público

■ Indenização – Remessa de cópias de processo ao Ministério Público, para fins penais – Tal ato judicial reflete exercício normal da jurisdição e na conformidade da legalidade estrita (art. 40 do CPP) – Nesta conformidade o ato judicial não empenha a responsabilidade do Estado – O oferecimento da denúncia pelo representante do Ministério Público contra o advogado ocorreu consoante imperativo legal – Exercício regular de direito, que não revela responsabilidade civil do Promotor de Justiça e, portanto, por este ato é imune o Estado. A ação não pode ter êxito (*JTJ*, Lex, *180*:98).

11.13.12. Condenação em lugar de outrem. Confusão com outra pessoa

■ Indenização – Fazenda Pública – Magistrado – Condenação do autor em lugar de outrem – Confusão com outra pessoa – Falha do serviço público quando do indiciamento do verdadeiro autor do delito – Responsabilidade objetiva do Estado e não pessoal do Juiz – Reparação inquestionável (*JTJ,* Lex, *200*:91).

■ Indenização – Dano moral – Prisão ilegal motivada por engano no nome do preso – Permanência na prisão por sete meses – Denunciação da lide do Juiz e dos funcionários subscritores do mandado de prisão, como agentes responsáveis pelo ato – Inadmissibilidade – Culpa e fato novo distintos da lide principal – Alargamento objetivo e subjetivo da demanda, desviando sua instrução e julgamento – Recurso não provido (*JTJ*, Lex, *205*:232).

11.13.13. Réu absolvido em processo-crime por não terem sido bem evidenciadas as circunstâncias em que ocorreram os fatos

- Indenização – Erro judiciário – Inocorrência – Réu absolvido em processo-crime por não terem sido bem evidenciadas as circunstâncias em que ocorreram os fatos – Inexistência de dolo ou fraude nos atos do Ministério Público ou do Judiciário quando no exercício de suas funções – Verba indevida – Inaplicabilidade do art. 37, § 6º, da CF (*RT*, *749*:285).

- Erro judiciário – Indenização devida somente quando o dolo fica comprovado – Prisão ocorrida por erro do acusado, que não comunicou mudança de endereço, ocasionando infrutíferas tentativas de intimação e citação no processo criminal. A medida judicial tomada estava em conformidade com os preceitos legais que a regulam, inexistindo qualquer irregularidade ou arbitrariedade na sua execução. Interpretação diversa comprometeria o princípio do livre convencimento do juiz, tornando inviável o exercício da função jurisdicional (TJSC, Ap. 2013.063244-3, 3ª Câm. de Dir. Público, rel. Des. Pedro Manoel Abreu, disponível em <www.conjur.com.br>, acesso em 13 out. 2014).

- Responsabilidade civil do Estado – Erro judiciário caracterizado – Ocorrência de negligência dos agentes públicos envolvidos na aferição da verdade dos fatos – Danos morais e materiais configurados – Impossibilidade de reexame fático-probatório (AgInt no AREsp 1.456.471-MS, rel. Min. Napoleão Nunes Maia Filho, 1ª T., j. 17-11-2020, *DJe* 24-11-2020).

11.13.14. Responsabilidade civil do juiz

- Indenização – Fazenda Pública – Ato de Juiz no exercício da jurisdição – Dolo, fraude, retardo ou omissão sem justo motivo inocorrentes – Dano, ademais, não comprovado – Ação improcedente – Recurso não provido (*JTJ*, Lex, *193*:104).

- Mesmo em caso de decisão judicial morosa, não cabe a responsabilidade civil do Estado por falta de serviço, quando a demora tem causa justificada (STF, *RDA*, *90*:140).

- Indenização – Responsabilidade civil do magistrado. A responsabilidade civil do magistrado somente se configura quando se apura tenha ele agido por dolo ou fraude e não pelo simples fato de haver errado. A independência funcional, inerente à Magistratura, tornar-se-ia letra morta se o juiz, pelo fato de ter proferido decisão neste ou naquele sentido, pudesse ser acionado para compor perdas e danos em favor da parte A ou da parte B pelo fato de a decisão ser reformada pela instância superior (*RJTJSP*, *48*:95).

- Responsabilidade objetiva – Ilegitimidade de parte passiva – Responsabilidade exclusiva do Estado – A autoridade judiciária não tem responsabilidade civil pelos atos jurisdicionais praticados. Os magistrados enquadram-se na espécie agente político, investidos para o exercício de atribuições constitucionais, sendo dotados de plena liberdade funcional no desempenho de suas funções, com prerrogativas próprias e legislação específica. Ação que deveria ter sido ajuizada contra a Fazenda Estadual – responsável eventual pelos alegados danos causados pela autoridade judicial, ao exercer suas atribuições –, a qual, posteriormente, terá assegurado o direito de regresso contra o magistrado responsável, nas hipóteses de dolo ou culpa. Legitimidade passiva reservada ao Estado. Ausência de responsabilidade concorrente em face dos eventuais prejuízos causados a terceiros pela autoridade julgadora no exercício de suas funções, a teor do art. 37, § 6º, da CF/88 (STF, RE 228.977.2-SP, 2ª T., rel. Min. Néri da Silveira, *DJU*, 12 abr. 2002).

11.13.15. Erro judiciário. Indenização por danos materiais e morais

■ Indenização – Responsabilidade civil do Estado – Nas hipóteses de erro judiciário (CPP, art. 630), a indenização por perdas e danos compreende os prejuízos materiais e morais, que sofreu, e que serão apurados em execução, por arbitramento (*RT*, *329*:744).

11.13.16. Responsabilidade civil do Estado em razão da morosidade judicial – Indenização indevida

A morosidade judicial não dá margem à responsabilidade civil do Estado, a não ser que se prove que o magistrado tenha sido negligente na apuração do processo, provocando retardamento injustificado – Reconhecimento da responsabilidade objetiva do Estado pelos atos judiciais que está subordinada a ocorrência de dolo ou fraude do julgador – Demora na tramitação do processo, *in casu*, em função de sua complexidade, não tendo o autor da ação indenizatória comprovado qualquer tipo de ilegalidade ou irregularidade na condução do processo pelo magistrado (TJRS, 10ª Câm. Cív., rel. Des. Paulo Roberto Lessa Franz, disponível em <www.conjur.com.br>, acesso em 14-8-2012).

11.14. Responsabilidade do Estado por atos legislativos

Diversos autores sustentam a tese da irresponsabilidade do Estado por atos legislativos causadores de dano injusto. Argumenta-se com a soberania do Poder Legislativo e a imunidade parlamentar. As funções do Legislativo, como poder soberano, são sempre legais.

Outros, porém, em posição diversa, admitem que o Estado responde sempre por atos danosos, causados quer por lei inconstitucional, quer por lei constitucional.

11.14.1. Danos causados por lei inconstitucional

Caio Mário da Silva Pereira, partindo do pressuposto de que o Poder Legislativo não pode exorbitar dos termos da outorga constitucional, afirma: "Votando lei cuja inconstitucionalidade é declarada formalmente pelo Judiciário, e com ela trazendo lesão a direito individual, o Legislador transpõe o limite de liceidade. Como o Legislativo é um poder através do qual o Estado procede no cumprimento de suas funções, força é concluir que o ilícito, cometido por via da atuação legislativa, sujeita o Estado à reparação do dano causado" (*Responsabilidade*, cit., p. 146).

Por sua vez, assevera José Cretella Júnior: "Se da *lei inconstitucional* resulta algum dano aos particulares, caberá a responsabilidade do Estado, desde que a inconstitucionalidade tenha sido declarada pelo Poder Judiciário". E aduz: "O que é imprescindível é que se verifique o nexo causal entre a lei inconstitucional e o dano ocorrido" (Responsabilidade civil do

Estado legislador, in *Responsabilidade civil – Doutrina e jurisprudência*, coord. Yussef Said Cahali, p. 181). Assim, o "Estado responde civilmente por danos causados aos particulares pelo desempenho inconstitucional da função de legislar" (STF, RE 153.464, rel. Celso de Mello, *RDP, 189*:305).

11.14.2. Dano causado por lei constitucionalmente perfeita

Entretanto, sobreleva indagar da responsabilidade do Estado em face da atividade legislativa normal, visto que mesmo a lei constitucionalmente perfeita pode causar um dano injusto aos particulares ou a certa categoria de particulares.

Yussef Said Cahali, depois de afirmar que a questão não comporta ser solucionada *in genere* mas examinada *in specie*, menciona as situações mais frequentemente discutidas na doutrina como passíveis de acarretar o dano indenizável: "... o particular desfruta de certas vantagens econômicas asseguradas por um ato legislativo, e sendo este modificado ou revogado, resulta para ele a supressão ou diminuição daquelas vantagens; o Estado estabelece a seu benefício um monopólio industrial ou comercial de certa atividade, que assim fica interdita aos particulares, sofrendo aqueles que a exerciam a sua privação" (*Responsabilidade civil*, cit., p. 230).

Cita, em relação à primeira situação, o reconhecimento, pela jurisprudência, em arestos publicados na *RT, 431*:141 e *JTACSP, 17*:28, da responsabilidade ressarcitória do Estado. Quanto ao estabelecimento de monopólio, menciona a lição de Themístocles Cavalcanti, no sentido de que, quando "a Constituição admite a intervenção do Estado na ordem econômica, inclusive a nacionalização e o monopólio de qualquer atividade comercial ou industrial, expressamente ressalva as garantias da Constituição, o que vale dizer, o direito à indenização, toda vez que esse monopólio importar na eliminação de empreendimentos já existentes, com prejuízo para a economia privada. Essa obrigação de indenizar é que constitui uma das características do regime ocidental, baseado ainda na economia individual e no direito de propriedade que as Constituições garantem em toda a sua plenitude, salvo o direito de desapropriação e, portanto, a obrigação para o Estado de indenizar a propriedade privada" (*Responsabilidade civil*, cit., p. 234).

Caio Mário da Silva Pereira, fundado em estudo de Jean-F. Brunet (*De la responsabilité de l'État legislateur*, p. 149), afirma que é na teoria do risco social que encontra suporte o princípio da responsabilidade do Estado pela atividade legislativa, quando esta rompe o "equilíbrio dos encargos e vantagens sociais em prejuízo de certas pessoas somente". No seu entender, o mesmo princípio constitucional que proclama a responsabilidade do Estado-Administração pelo dano causado, independentemente da apuração da culpa do servidor, que somente será levada em conta para a determinação do direito de regresso, serve de fundamento para a responsabilidade do Poder Legislativo. "Se assim é para os danos causados pela Administração, assim deve ser em se tratando de ato legislativo. O mesmo princípio da distribuição dos ônus e encargos sociais, acima proclamado, habilita a conclusão de que, sendo o dano causado pelo Estado legislador, o lesado tem direito à reparação, com o mesmo fundamento" (*Responsabilidade,* cit., p. 148). Cretella Júnior, em trabalho monográfico apoiado em excelentes doutrinadores e publicado pela Saraiva sob o título "Responsabilidade civil do Estado legislador", resumiu o seu pensamento sustentando a responsabilidade civil do Estado em decorrência: *a)* de ato legislativo danoso, embora perfeito e constitucional, desde que, configurando-se como medida geral e impessoal, na aparência, na verdade se apresente como pseudolei em tese; *b*) de ato legislativo danoso imperfeito, ilegal ou inconstitucional; *c*) de ato regulamentar ou decreto que exorbite da lei, em que se apoia, hipótese esta que o Poder Judiciário tem examinado, inexplicavelmente, como "ato legislativo" e não como "ato administrativo" (*Responsabilidade*, cit., p. 190).

A respeito do tema, podem ser encontradas decisões em *RDA*, *8*:133, *20*:142 e *144*:162.

Malgrado algumas decisões em contrário, tem sido proclamado pelos Tribunais, com mais propriedade, que as Câmaras Municipais não têm personalidade jurídica, não podendo integrar o polo passivo de ação indenizatória (*RJTJSP*, *122*:52). A ação deve ser movida "contra a Fazenda Municipal, que, unitariamente, representa os órgãos do poder a nível do Município. Inclusive a Câmara não é detentora de recursos próprios e, por conseguinte, não teria condições, em execução, de suportar o ônus de eventual condenação" (*RJTJSP*, *131*:124). As Edilidades, "embora disponham de capacidade processual ativa e passiva, para defesa de suas prerrogativas institucionais, como órgãos autônomos da Administração, não possuem personalidade jurídica, mas, apenas, a judiciária. Daí a desnecessidade de integrar a lide, como litisconsorte necessária, a Câmara Municipal em ação indenizatória proposta por seu funcionário contra a Municipalidade" (Rel. Min. Pádua Ribeiro, j. 2-10-1995, *RSTJ*, *93*:149).

Nesse sentido, com efeito, o posicionamento do Superior Tribunal de Justiça: "*Execução contra Câmara Municipal* – Inadmissibilidade – Ilegitimidade de parte. Em nossa organização jurídica, as Câmaras Municipais não têm personalidade jurídica. A capacidade processual é limitada a defender interesses institucionais próprios e vinculados à sua independência e funcionamento. Executivo fiscal promovido contra Câmara Municipal não tem condições de prosseguir, pela absoluta ilegitimidade do ente passivo demandado. Extinção do processo sem julgamento do mérito" (REsp 88.856-SP, 1ª T., rel. Min. José Delgado, j. 18-6-1996, *DJU*, 19 ago. 1996).

Assim também já decidiu o Supremo Tribunal Federal: "Tal como se dá no plano federal, também no plano estadual não se pode acionar uma Secretaria, a Assembleia Legislativa, o Tribunal de Justiça ou o Tribunal de Contas. Nessa ordem de considerações, os apelantes não poderiam dirigir sua pretensão de direito material contra a Assembleia Legislativa, que não tem orçamento, não tem receita e não pode ter despesa. Deveria demandar a Fazenda Pública, que é o mesmo Estado no seu aspecto financeiro" (STF, *RTJ*, *65*:799, rel. Min. Barros Monteiro, j. 2-4-1973).

11.14.3. Imunidade parlamentar

No tocante à imunidade parlamentar, por palavras, opiniões e votos, entendeu a 3ª Câmara de Direito Privado do Tribunal de Justiça de São Paulo que o art. 29, VIII, da Constituição Federal diz respeito tão somente à não possibilidade de ser o membro do Poder Legislativo processado criminalmente, não se estendendo à responsabilidade civil. Segundo a ementa do referido acórdão, "não cabe a aplicação da analogia à norma constitucional que preserva o direito dos representantes do Poder Legislativo de não serem processados criminalmente por suas opiniões, palavras e votos. A imunidade parlamentar não afasta o direito de o cidadão comum acioná-los civilmente por palavras e ofensas que ao mesmo causar prejuízos" (Ap. 86.879-4-Santos, rel. Des. Alfredo Migliore, j. 31-8-1999).

Diverso, porém, o entendimento do Supremo Tribunal Federal, como se pode ver: "A imunidade material prevista no art. 29, VIII, da CF (*'inviolabilidade dos vereadores por suas opiniões, palavras e votos no exercício do mandato e na circunscrição do Município'*) alcança o campo da responsabilidade civil". Com esse entendimento, a Turma deu provimento a recurso extraordinário interposto por vereador, para reformar acórdão proferido pela Turma do extinto Tribunal de Alçada do Estado de Minas Gerais, em ação de reparação de dano moral. Precedentes citados: RE 140.867-MS (j. 3-6-1996); HC 75.621-PR (*DJU*, 27 mar. 1998); RHC 78.026-ES (*DJU*, 9 abr. 1999); RE 210.917-RJ (j. 12-8-1998); RE 220.687-MG, rel. Min. Carlos Velloso (j. 13-4-1999).

E, ainda: "A imunidade parlamentar prevista no art. 53, *caput*, da CF (*'Os Deputados e Senadores são invioláveis por suas opiniões, palavras e votos'*) alcança a responsabilidade civil decorrente dos atos praticados por parlamentares no exercício de suas funções. É necessário, entretanto, analisar-se caso a caso as circunstâncias dos atos questionados para verificar a relação de pertinência com a atividade parlamentar". No caso em tela, o Tribunal deu provimento a recurso extraordinário para restabelecer a sentença de 1º grau que, nos autos de ação de indenização por danos morais movida contra deputada federal, determinara a extinção do processo sem julgamento de mérito devido à vinculação existente entre o ato praticado e a função parlamentar de fiscalizar o poder público (tratava-se, na espécie, de divulgação jornalística da *notitia criminis* apresentada pela deputada ao Procurador-Geral de Justiça do Estado do Rio de Janeiro contra juiz estadual por suposto envolvimento em fraude no INSS) (RE 210.907-RJ, rel. Min. Sepúlveda Pertence, j. 12-8-1998).

A tese 950 de repercussão geral do Supremo Tribunal Federal trata da responsabilidade civil objetiva do Estado por atos protegidos por imunidade parlamentar.

JURISPRUDÊNCIA

11.14.4. Deputado estadual. Ato praticado no exercício do mandato

- Responsabilidade civil – Ação de reparação de dano proposta contra deputados estaduais que, ao se manifestarem contra a concessão a militar de título de "Cidadão do Rio de Janeiro", fundaram seus votos na acusação de torturador feita por grupos de defesa dos direitos humanos – Improcedência – Apelação. Os deputados são invioláveis por suas opiniões, palavras e votos, se elas são manifestadas como decorrência do exercício do mandato parlamentar, principalmente quando fundados em fato que veio a se tornar público. Recurso improvido (TJRJ, Ap. 7.914/2000-RJ, 5ª Câm. Civ., rel. Des. Carlos Ferrari, j. 12-9-2000).

- Responsabilidade civil – Dano moral – Deputado Estadual – Ato ofensivo praticado no exercício do mandato – Imunidade parlamentar que não abrange infrações civis – Observações, durante atuação em CPI, acerca da idoneidade moral e funcional do autor, tidas como normais, para fundamentar a extinção do processo – Inadmissibilidade – Matéria de mérito – Extinção afastada – Recurso provido (*JTJ*, Lex, *225*:201, *228*:62).

11.14.5. Vereador. Ato praticado no exercício do mandato

- Responsabilidade civil – Dano moral – Ofensas que teriam sido atribuídas por vereador a vice-prefeito – Viabilidade da pretensão do ofendido – Imunidade parlamentar por opiniões, palavras e votos que não possui caráter absoluto – Exegese do artigo 29, inciso VI, da Constituição da República – Extinção do processo afastada – Recurso provido (*JTJ*, Lex, *235*:43).

- Imunidade material de vereador – Art. 29, VIII, da Constituição – Esta Corte já firmou o entendimento de que a imunidade concedida aos vereadores pelo art. 29, VIII, da Constituição por suas opiniões, palavras e votos diz respeito a pronunciamentos que estejam diretamente relacionados com o exercício de seu mandato, ainda que ocorram, dentro ou fora do recinto da Câmara dos Vereadores, inclusive em entrevistas à imprensa, desde que na circunscrição do Município (assim, HC 74201 e HD 81730). No caso, há o nexo direto entre a manifestação à imprensa e o exercício do mandato de vereador a impor o reconhecimento da imunidade constitucional em causa (STF, RE 354.987.1-SP, 1ª T., rel. Min. Moreira Alves, v.u., *DJU*, 2 maio 2003, p. 39).

11.14.6. Deputado federal licenciado e no exercício das funções de Ministro de Estado. Inviolabilidade

- Imunidade parlamentar – Condenação de deputado federal por danos morais – Irrelevância de se achar licenciado e no exercício das funções de Ministro de Estado – Inviolabilidade – Arredamento da responsabilidade civil e penal – Inteligência do art. 53 da CF – Ataques endereçados ao embargante relacionados com o exercício da atividade parlamentar – Sujeição, tão só, pelos excessos, ao poder disciplinar previsto no Regimento Interno da Câmara – Ação rescisória julgada procedente (TJSP, EI em Rescisória 237.465.4/1-01, 3ª Câmara de Direito Privado, rel. Des. Waldemar Nogueira Filho, j. 30-9-2003).

11.14.7. Deputado federal cujas manifestações pela imprensa e internet não guardam nenhuma relação com o exercício do mandato

- As opiniões ofensivas proferidas por deputados federais e veiculadas por meio da imprensa, em manifestações que não guardam nenhuma relação com o exercício do mandato, não estão abarcadas pela imunidade material prevista no art. 53 da CF/88 e são aptas a gerar dano moral (STJ, REsp 1.642.310-DF, 3ª T., rel. Min. Nancy Andrighi, *DJe* 18-8-2017).

12. A ação regressiva daquele que paga a indenização, contra o causador do dano

Nos casos de responsabilidade por fato de outrem, aquele que paga a indenização (o responsável indireto) tem direito regressivo (ação de *in rem verso*) contra o causador do dano. É o que dispõe o art. 934 do Código Civil:

> "Aquele que ressarcir o dano causado por outrem pode reaver o que houver pago daquele por quem pagou, salvo se o causador do dano for descendente seu, absoluta ou relativamente incapaz".

Este direito regressivo, de quem teve de ressarcir o dano causado por outrem, é de justiça manifesta, é uma consequência natural da responsabilidade indireta (Clóvis Beviláqua, *Código Civil*, cit., v. 5, p. 305).

Direito que existe "com caráter geral", tanto no direito francês como expressamente assentado nos códigos respectivos. Assevera Pontes de Miranda: assim, o art. 1.904 do Código Civil espanhol, o art. 1.123 do Código Civil argentino ("... el que paga el dano causado por sus dependientes o domésticos puede repetir lo que hubiese pagado, del dependiente, o doméstico, que lo causó por su culpa o negligencia"), o art. 2.325 do Código Civil chileno, o art. 1.326 do Código Civil uruguaio (*Tratado*, cit., t. 53, p. 164).

Assim também dispunha o Código Civil português no art. 2.380; e, a seu respeito, ponderava Cunha Gonçalves que o citado dispositivo mostrava que o comitente, na ação de regresso, podia exigir, ao seu preposto, tudo aquilo que pagara ao lesado (*Tratado de direito civil*, v. 12, p. 883). Não discrepou do mesmo teor o art. 500, 3, do estatuto vigente, de sorte que, se houver culpa do comissário, "o comitente que houver pago poderá exigir dele a restituição de tudo quanto pagou" (cf. João de Matos Antunes Varela, *Das obrigações em geral*, v. 1, p. 515) (*RJTJSP*, *114*:159).

O citado art. 934 abre exceção para o caso de ser o causador do dano descendente de quem pagou, não importa se absolutamente incapaz, ou relativamente apenas. A razão jurídica dessa exceção reside "em considerações de ordem moral e da organização econômica da família" (Caio Mário da Silva Pereira, *Responsabilidade*, cit., p. 109).

Pode parecer, à primeira vista, que nos demais casos de responsabilidade indireta sempre terá direito à ação regressiva quem houver suportado seus efeitos. Serpa Lopes, porém, com acuidade, observa: "Uma controvérsia de grande porte pode ser suscitada a propósito da aplicação desse direito regressivo: é ele assegurado, em todos os casos, aos tutores e curadores, em relação ao menor sob tutela ou ao incapaz?"

Em seguida, responde: "Quando cogitamos do problema da imputabilidade, assentamos o princípio de que os menores de 16 anos e o louco estavam fora de qualquer responsabilidade, precisamente não só pela sua condição de inimputáveis como ainda por se encontrarem sob a cobertura da responsabilidade dos respectivos tutores e curadores. Assim sendo, a obrigação que, em tais casos, pesa sobre os que têm a responsabilidade pela vigilância do *infans* e do louco fatalmente lhes sonega o direito regressivo: a sua culpa, nada obstante decorrer de fato de outrem, é igualmente uma culpa própria" (*Curso*, cit., v. 5, p. 285).

Na mesma linha, escreve Mário Moacyr Porto: "Segundo os comentadores mais seguidos do art. 1.524, a exceção feita aos descendentes resultaria de considerações morais, solidariedade familiar etc. Mas nos parece que, independentemente das razões invocadas, os pais jamais poderão reaver do seu filho incapaz o que houver pago aparentemente por ele, pela simples e decisiva razão de que o pai não paga pelo filho incapaz. Solve, ao contrário, dívida própria. Aliás, o art. 936 do Projeto de reforma do Código Civil de 1975 reproduz o art. 1.524, com um acréscimo: 'exceto se o causador do dano for descendente seu, absoluta ou relativamente incapaz', acréscimo que, pelas razões expostas, carece de utilidade".

No parágrafo seguinte, aduz: "E que dizer sobre o tutor em relação ao seu pupilo (menor incapaz) e do curador em relação ao seu representado (maior incapaz)? Como se viu, a responsabilidade do tutor e do curador baseia-se, igualmente, na culpa presumida (arts. 1.521, II, e

431 do CC). Se o tutor ou o curador, no cumprimento de uma decisão judicial, pagar à vítima o valor do dano praticado pelos seus representados absolutamente incapazes, a conclusão é a mesma. Não têm ação regressiva, não podem reaver o que houver pago, pois, considerados culpados por sentença, pagaram dívida própria e não dívida de seus representados inimputáveis. E se o menor, autor do dano, tiver mais de 16 anos, e o seu tutor houver pago a totalidade do prejuízo? Nesse caso, parece-nos, o tutor tem o direito a exigir do seu pupilo a quota que lhe couber (art. 913 do CC), desde que considerado, por decisão judicial, devedor solidário" (*Temas*, cit., p. 20-1).

Correta a asserção. Consoante anota Washington de Barros Monteiro, em comentário ao art. 913 do Código Civil, "satisfeita a obrigação por um dos devedores solidários, ela divide-se automaticamente, 'ope legis'. Pode o 'solvens', de tal arte, titulado pelo pagamento feito, voltar-se contra cada um dos demais coobrigados, para deles reclamar as respectivas quotas, ainda que a solidariedade, no caso, seja oriunda de ato ilícito e, pois, instituída pela lei" (*Curso de direito civil*, Saraiva, 4. ed., v. IV, p. 209, n. 10).

Os dispositivos legais citados pelos consagrados doutrinadores mencionados são os do Código Civil de 1916. O art. 1.524 corresponde ao art. 934; o 1.521, II, ao 932, II; o 431, ao 1.752; e o 913, ao 283, esses novos, todos do Código Civil de 2002.

Com relação ao direito de regresso dos patrões contra os empregados, formou-se jurisprudência, fundada no art. 462, § 1º, da Consolidação das Leis do Trabalho, no sentido de que somente se deve admiti-lo em caso de ocorrência de dolo ou culpa grave do empregado, e não em caso de culpa leve ou levíssima. Estabelece o aludido dispositivo que o patrão, em caso de dano causado pelo empregado, pode efetuar o desconto em seu salário, desde que tenha ocorrido dolo de sua parte. E a culpa grave, segundo princípio corrente, ao dolo se equipara.

A propósito, aresto do extinto 1º Tribunal de Alçada Civil de São Paulo proclamou a respeito do preceito da codificação trabalhista: "Essa norma legal, como a norma constitucional em relação aos funcionários públicos, por serem específicas, afastam a incidência da regra geral do art. 1.524 do Código Civil, que permite ao que ressarcir o dano causado por outrem, se este não for seu descendente, reaver daquele por quem pagou o que houver pago. O art. 462, § 1º, da CLT diz respeito, especificamente, a descontos nos salários do empregado, o que, em princípio, difere da denunciação da lide. Ali há uma questão de direito material, aqui, de direito processual. Todavia, com a mesma razão que não se admite a redução do salário do empregado – exceto na hipótese de dolo ou culpa grave (cf. Valentin Carrion, 'Comentários à Consolidação das Leis do Trabalho', p. 273, Ed. Rev. dos Tribs., 8ª ed., 1985) – também não se admite a denunciação da lide, pelo empregador ao empregado, a não ser nessa hipótese. Assim, pela prevalência do disposto no art. 462, § 1º, da Consolidação das Leis do Trabalho sobre o do art. 1.524 do Código Civil, não pode o empregador denunciar à lide o empregado seu, ante o dano que tenha este causado a terceiro, a não ser que tenha agido dolosamente".

A ementa do mencionado aresto (AgI 356.337, Campinas) encontra-se publicada na *RT*, *613*:128. No mesmo sentido decisões publicadas em *JTACSP*, *77*:73; *RJTJSP*, *114*:156; *RT*, *611*:131.

A questão, entretanto, é polêmica. O extinto Tribunal de Alçada do Rio Grande do Sul já se manifestou pela inaplicabilidade do art. 462, § 1º, da Consolidação das Leis do Trabalho às hipóteses de regresso do patrão contra o empregado. Veja-se: "Denunciação da lide – Indenização por ato ilícito – Empregador objetivamente responsável que denuncia empregado causador do dano – Admissibilidade – Preposto que responde solidariamente e está obrigado a indenizar, em ação regressiva, o prejuízo – Inaplicabilidade à espécie do art. 462, § 1º, da CLT, vez que não se trata de descontar salários – Irrelevância também da participação do empregado nos lucros da empresa – Não se há de confundir apuração de responsabilidade decorrente de ato ilícito com forma de execução de obrigação" (*RT, 650*:179).

Nesse sentido decisão do Superior Tribunal de Justiça, com a ementa seguinte: "Responsabilidade civil – Empregado. O art. 462, § 2º, da CLT veda o desconto, nos salários do empregado, de importância correspondente a indenização por danos, quando não decorra de dolo, ou isso não for convencionado. Não exclui entretanto a responsabilidade por danos causados culposamente (REsp n. 3.718-SP, 3ª T., rel. Min. Eduardo Ribeiro, j. 12-11-90; maioria de votos, *DJU*, 10-12-90, p. 14804, Seção I, ementa; *Boletim da AASP*, n. 1.686, de 17 a 23-4-91, p. 96; *RT, 666*:200)".

Efetivamente, o dispositivo invocado trata de desconto em salários, e não da responsabilidade do empregado por danos que cause ao empregador. Além de não excluir a responsabilidade por culpa, conduz a conclusão contrária. Como mencionado no aresto supra, "se unicamente na hipótese de dolo seria responsável o empregado, não haveria motivo para admitir-se o desconto, quando pactuado. Se responsabilidade só existe quando doloso o procedimento e, verificando-se este, já sendo possível o abatimento, não restaria lugar para prever-se fosse aquele admissível se convencionado".

A ação regressiva, no final das contas, acaba restrita aos empregadores; aos tutores, somente contra os tutelados que possam pagar a sua quota sem se privarem do necessário (art. 928, parágrafo único); aos curadores, somente contra os curatelados que se encontrarem na mesma situação dos referidos tutelados; aos educadores e donos de hospedarias em geral, contra, respectivamente, os educandos que também se encontrarem na mencionada situação e os hóspedes e moradores; e aos representantes das pessoas jurídicas de direito público, em casos de dolo ou culpa de seus agentes.

Fica, assim, excluída somente a possibilidade de haver ação regressiva dos pais contra os filhos menores e dos tutores, curadores e educadores contra os incapazes que não puderem privar-se do necessário.

Aguiar Dias lembra que, não obstante tenhamos, no art. 1.524 do Código Civil, proibição formal a que o pai exerça ação regressiva contra o filho, sustenta Pontes de Miranda que "o pai, nada podendo reaver do filho, pode, no entanto, ir à colação", consequência que o exímio jurista deduz da interpretação conjugada dos arts. 1.524 e 1.793, e que se não pode deixar de aceitar, sob pena de enfrentar inconciliável contradição entre esses dispositivos (*Da responsabilidade*, cit., p. 569, n. 188). Assim, os gastos extraordinários representados pelo ressarcimento do prejuízo poderão ir à colação.

Os citados arts. 1.524 e 1.793 do Código Civil de 1916 correspondem, respectivamente, aos arts. 934 e 2.010 do Código Civil de 2002.

Orlando Gomes coloca-se em posição diametralmente oposta: "Nem se pode admitir que a quantia paga seja conferida para igualar a legítima dos herdeiros. Admitir que deveria ser trazida à colação seria sustentar que o pai não respondeu por culpa própria, quando sabido que, em face da lei, responde por infração do dever de vigilância, que, em relação a ele, assume características próprias e pode ser exercido em condições especiais, dada a natureza do vínculo familiar" (*Obrigações*, cit., p. 356, n. 205).

Parece-nos, entretanto, mais justa a primeira posição, por não prejudicar o direito dos demais descendentes. Se o filho reiterar nessa prática, de forma abusiva, e não se permitir a colação, poderá solapar o patrimônio do ascendente, em detrimento dos outros descendentes, de bom comportamento. Mesmo porque, no caso, não estará havendo nenhum ressarcimento ao ascendente.

Pontes de Miranda entende, inclusive, injusta a exceção aberta pelo preceito do art. 1.524 do Código Civil de 1916, que, em caso de desigualdade de fortuna, pode recusar a um ascendente pobre ação regressiva contra o descendente rico, levando às vezes à absorção da fortuna do pai ou avô que pagou pelo ilícito do filho ou neto, sem direito à restituição (*Tratado*, cit., v. 53, § 5.504, p. 196).

Registre-se que Serpa Lopes, embora reconheça a existência da "desvantagem que esse dispositivo possa acarretar quando haja uma diferença de nível econômico entre o patrimônio do descendente em face do ascendente", objeta, no entanto, que é "uma circunstância excepcional que não diminui o valor do princípio geral consagrado em nosso Código". Aduz que se trata "de uma peculiaridade do nosso Direito, inspirada na ideia de resguardar um princípio de ordem moral e econômica pertinente à família. Entre ascendente e descendente há uma aproximação afetiva, um dever de vigilância e uma solidariedade moral" (*Curso*, cit., v. V, p. 285).

A questão da colação está, no entanto, em outro nível e não é afetada por essas considerações.

Na I Jornada de Direito Civil do Conselho da Justiça Federal foi aprovado o Enunciado n. 44, do seguinte teor:

"Na hipótese do art. 934 do CC, o empregador e o comitente somente poderão agir regressivamente contra o empregado ou preposto se estes tiverem causado dano com dolo ou culpa".

Seção III
Responsabilidade pelo fato da coisa

1. Da responsabilidade na guarda da coisa inanimada: origem, evolução e aplicação no direito brasileiro

A origem da teoria da responsabilidade na guarda da coisa inanimada remonta ao art. 1.384 do Código de Napoleão, que atribui responsabilidade à pessoa não apenas pelo dano por ela causado, mas, ainda, pelo dano causado pelas coisas sob sua guarda.

Comenta Savatier que "autores, como Josserand, preocupados com o problema da equidade levantado pela reparação dos acidentes do trabalho, tiveram a ideia de utilizar o art. 1.384 para tornar sistematicamente o dono de uma coisa inanimada responsável pelos danos por esta causados. Embora seja certo que o sentido dos textos deva evoluir com a vida do direito e as novas necessidades sociais, a fórmula utilizada se prestava muito mal ao resultado procurado:

não era, realmente, o dono da coisa que ela tornava responsável pelo dano por esta produzido, mas aquele que tivesse a guarda da coisa. Ora, o fim perseguido pelos intérpretes do art. 1.384 fora fazer o patrão responsável pelos acidentes causados por suas máquinas, mas o texto levava a atribuir a responsabilidade ao operário encarregado de manejar essas máquinas, visto ser este o verdadeiro guardião delas. Tornou-se necessário, portanto, considerar que o 'guardião' não era o 'operador', mas o 'dono da máquina'" (*Cours de droit civil*, t. 2, p. 149, n. 301).

Acrescenta, ainda, Savatier que a doutrina e a jurisprudência não hesitaram diante dessa acomodação e "o risco do fato de uma coisa tornaria o dono desta responsável pelo dano causado por acidente no qual a sua coisa houvesse desempenhado um papel direto e ativo. O responsável dirige a coisa em seu proveito, devendo, em contrapartida, suportar os seus riscos" (*Cours*, cit., p. 151, n. 303).

Todas as dúvidas foram sendo aplainadas pelo direito pretoriano e, ao final, a responsabilidade na guarda da coisa já não mais admitia distinções nem quanto a móveis ou imóveis, vícios da coisa ou fatos do homem, guarda jurídica ou a simples custódia a qualquer título, coisas perigosas ou não perigosas, compreendendo até mesmo os animais, notadamente os domésticos, como informa Besson[60].

A teoria da responsabilidade na guarda da coisa consagra inteiramente o princípio da responsabilidade objetiva, como é do magistério de Wilson Melo da Silva[61]. Por ela, os elementos da conduta normal e da diligência da imputabilidade moral não são apreciados, di-lo Alvino Lima (*Culpa e risco*, 2. ed., São Paulo, 1960, p. 89-90). Presume-se a responsabilidade do guarda ou dono da coisa pelos danos que ela venha a causar a terceiros. A presunção só é ilidível pela prova, a ser por ele produzida, de que o dano adveio de culpa da vítima ou de caso fortuito. Tal concepção representa um avanço em relação ao tradicional sistema baseado na ideia de culpa do agente causador do dano, a ser demonstrada pela vítima. Isto equivalia, muitas vezes, a deixá-la irressarcida, ante a impossibilidade de se produzir tal prova. A teoria da responsabilidade presumida do guardião da coisa, animada ou inanimada, veio reverter o ônus da prova, além de limitar a elisão da presunção às hipóteses de culpa da vítima e caso fortuito.

Não há, no Código Civil brasileiro, nenhum dispositivo que estabeleça, de forma genérica, a responsabilidade dos donos de objetos ou coisas que provoquem dano. Entretanto, inspirados na jurisprudência francesa, e usando da analogia com os arts. 1.527, 1.528 e 1.529 do Código Civil de 1916, correspondentes, respectivamente, aos arts. 936, 937 e 938 do diploma de 2002, os doutrinadores de nosso país passaram a defender a aplicação da aludida teoria no Brasil. Aguiar Dias, Alvino Lima, Wilson Melo da Silva e Agostinho Alvim, dentre outros, a defendem.

Aguiar Dias entende ser ilógico responsabilizar o proprietário do animal (art. 1.527) ou o dono do imóvel (arts. 1.528 e 1.529) e não responsabilizar, em medida igual, o proprietário das demais coisas inanimadas. E enfatiza: "Se o Código Civil francês admitiu a solução, nenhuma dúvida pode existir de que ela tem cabimento também em nosso direito, que se inspirou naquele, no tocante à definição e fundamentação da responsabilidade civil" (*Da responsabilidade*, cit., p. 463, n. 164).

---

60. Besson, *La notion de garde dans la responsabilité du fait des choses*, Paris, Dalloz, 1927, p. 115.
61. Wilson Melo da Silva, *Responsabilidade*, cit., p. 159.

Segundo Alvino Lima, a "apregoada culpa na guarda, criando uma verdadeira presunção *juris et de jure* de culpa, sem que o autor do dano possa provar a ausência de culpa, é, irretorquivelmente, a proclamação da teoria do risco" (*Culpa*, cit., n. 26).

Wilson Melo da Silva lembra que, não obstante a regra geral, ampla, das disposições do art. 159 do Código Civil, exceções a essa regra, e que consagram a teoria da responsabilidade objetiva, vamos encontrar, *v. g.*, nos arts. 1.519, 1.520, 1.528, 1.284 (*Responsabilidade*, cit., p. 143).

Os dispositivos mencionados pertencem ao Código de 1916 e correspondem, no atual Código, respectivamente, aos arts. 929, 930, 937 e 649.

Agostinho Alvim, em capítulos próprios de sua obra relativos à inexecução das obrigações, sempre deixa transparecer sua manifesta preferência pelos princípios da responsabilidade objetiva (*Da inexecução*, cit.).

Na jurisprudência, a aceitação da teoria da responsabilidade do guarda foi lenta. Tem sido aplicada, entretanto, em muitos casos: quando, por exemplo, se rompe um fio elétrico de alta tensão (*RT, 655*:100), ou estoura uma caldeira, ou se desprende o aro da roda de um veículo, ocorrendo danos. Poderíamos mencionar, como exemplos, as decisões insertas nas *RT, 703*:70 (explosão de caldeira), *737*:336 (queda de fio elétrico), *745*:234 (explosão em *shopping center*), *741*:384 (queda de placa de propaganda), *742*:375 (queda de árvore), *745*:261 (queda de carga transportada em carreta), *746*:368 (rompimento de rede de alta tensão), *741*:384 (queda de painel de publicidade), *573*:163 (queda de ponte).

Na realidade, na maioria das vezes não se torna necessário recorrer à teoria do guarda da coisa, solução pretoriana, para responsabilizar o causador do dano. No juízo cível, a culpa, ainda que levíssima, obriga a indenizar. Assim, em matéria de acidente de veículo, se é o próprio dono que está dirigindo o automotor causador do sinistro, e a culpa pode ser vislumbrada, aplica-se o art. 186 do Código Civil. Não paira dúvida de que há uma tendência para extrair o elemento culpa das circunstâncias do evento, a fim de admiti-la, ainda que de pouca intensidade. Entretanto, o contrário é verdadeiro: se não ficar demonstrada nenhuma parcela de culpa do condutor e dono do veículo, exonerada estará a sua responsabilidade. É que a jurisprudência não chegou ao ponto de responsabilizar o dono do veículo, quando ele próprio o está dirigindo e colide com outro, sem prova de negligência, imprudência ou imperícia. Pois haverá necessidade de se apurar qual dos dois motoristas, por sua culpa, deu causa ao evento. No entanto, diferentemente, tem sido decidido quando se trata de atropelamento ou de colisão com poste ou mesmo com outro veículo que se encontra estacionado. Nestes casos, como já se afirmou, tem-se feito referência à teoria do risco objetivo para responsabilizar o proprietário, independentemente de culpa (cf. *RT, 610*:111).

Hipótese em que a teoria do guarda tem sido invariavelmente aplicada é a do acidente provocado por culpa do condutor, que não é parente nem empregado ou preposto do dono do veículo. Neste caso, como não podem ser observados nem o art. 932, III, do Código Civil, nem a Súmula 341 do Supremo Tribunal Federal, aplica-se a teoria do guarda para responsabilizar o dono do veículo que o empresta a outrem. Confira-se:

"Responsabilidade civil – Acidente de trânsito – Responsabilidade do proprietário do veículo por ato culposo de terceiro. Há jurisprudência firmada no sentido de ser civilmente responsável o proprietário do veículo pelos danos causados por terceiros, de modo culposo, no uso do carro. Naturalmente, o uso precisará ter sido consentido" (STJ, REsp 1.072.577, 4ª T., rel. Min. Luis Felipe Salomão, *DJe* 26-4-2012).

"A jurisprudência tem reafirmado, em caso de acidente de trânsito, a responsabilidade solidária do proprietário do veículo" (STJ, REsp 1.044.527, 3ª T., rel. Min. Nancy Andrighi, *DJe* 01-3-2012).

"Responsabilidade civil – Acidente de trânsito – Condenação do proprietário pelo fato da coisa perigosa – Responsabilidade presumida do proprietário que entrega o veículo à direção de terceiro, seja seu preposto ou não" (*RJTJSP, 32*:61; *RT, 450*:99, *550*:130 e *741*:345).

"Acidente de trânsito – Responsabilidade do proprietário e pai de condutor do veículo causador de acidente que vitimou jovem de 19 anos – O proprietário do veículo que o empresta a terceiro responde por danos causados por seu uso culposo" (STJ, REsp 1.044.527, 3ª T., rel. Min. Nancy Andrighi, disponível em <www.editoramagister.com>, acesso em 26 out. 2011).

Essa responsabilidade, no entanto, somente existirá se o terceiro for o causador do acidente, por culpa. Veja-se: "Contra o proprietário de veículo dirigido por terceiro *considerado culpado* pelo acidente conspira a presunção *iuris tantum* de culpa *in eligendo* e *in vigilando*, em razão do que sobre ele recai a responsabilidade pelo ressarcimento do dano que a outrem possa ter sido causado" (STJ, REsp 109.309-0-MG, 4ª T., rel. Min. Asfor Rocha, *DJU*, 20 out. 1998).

O proprietário, por sua vez, tem ação contra o motorista a quem confiara a direção de seu veículo e que, por culpa, veio a danificá-lo, causando prejuízos ao primeiro (cf. *RT, 635*:293).

Em casos de danos a pessoas que são transportadas em veículos, como ônibus, bondes, trens etc., também é dispensável a aplicação da referida teoria, porque existe outro fundamento legal para responsabilizar o transportador. A jurisprudência, neste particular, tem entendido que se trata de responsabilidade "contratual" (contrato de adesão). A obrigação do transportador seria a de conduzir o passageiro incólume ao seu destino. Se aconteceu um acidente, houve inadimplemento contratual, surgindo a obrigação de indenizar, com base no art. 389 do Código Civil.

A jurisprudência, nestes casos, inspirava-se no Decreto n. 2.681, de 7 de dezembro de 1912, que regula a responsabilidade civil das estradas de ferro, considerada avançada para a época e que dispõe, no art. 17:

"As estradas de ferro responderão pelos desastres que nas suas linhas sucederem aos viajantes e de que resulte a morte, ferimento ou lesão corpórea. A culpa será sempre presumida, só se admitindo em contrário algumas das seguintes provas:
I – caso fortuito ou força maior;
II – culpa do viajante, não concorrendo culpa da estrada".

Essa regra acabou sendo estendida aos acidentes ocorridos com bondes elétricos, abrangendo posteriormente os ônibus, e, finalmente, todos os demais casos de transporte de pessoas onde a responsabilidade é "contratual": autolotações, táxis, barcos e até elevadores (Silvio Rodrigues, *Direito civil*, cit., v. 4, p. 104).

Agora temos o Código de Defesa do Consumidor (Lei n. 8.078, de 11-9-1990), que responsabiliza os prestadores de serviço (dentre os quais se incluem os transportadores), independentemente da existência de culpa (art. 14).

Embora se costume dizer que a responsabilidade pela guarda das coisas inanimadas é uma genial criação dos juízes franceses, Mário Moacyr Porto lembra que "Teixeira de Freitas, possivelmente o maior dos nossos juristas, antecipou-se aos franceses na formulação da teoria, que, como se sabe, constitui a mais destacada contribuição do gênio gaulês no domínio da responsabilidade civil. Assim é que no art. 3.690 do seu 'Esboço', subordinado ao título 'Do dano causado pelas coisas inanimadas', firmou, com extraordinária clarividência: 'Quando de qualquer coisa inanimada resultar dano a alguém, seu dono responderá pela indenização, a não provar que de sua parte não houve culpa'. Atenda-se a que o 'Esboço' data de 1865, isto é, antes de Laurent e Josserand aludirem à responsabilidade pelo fato da coisa, tal qual a entendemos hoje. Editou Teixeira de Freitas uma presunção de culpa em relação ao proprietário de 'qualquer coisa inanimada', o que vem confirmar o prolóquio de José Américo: 'Ver bem não é ver tudo, mas ver o que os outros não veem'" (*Temas*, cit., p. 106, n. 2).

JURISPRUDÊNCIA

1.1. Responsabilidade do dono do veículo que o empresta a terceiro

- O proprietário do veículo que o empresta a terceiro responde por danos causados pelo seu uso culposo. A culpa do proprietário configura-se em razão da escolha impertinente da pessoa a conduzir seu carro ou da negligência em permitir que terceiros, sem sua autorização, utilizem o veículo (STJ, REsp 1.044.527-MG, 3ª T., rel. Min. Nancy Andrighi, j. 24-0-2011).

- Responsabilidade do dono do veículo – O proprietário que o empresta a terceiro responde por danos causados pelo seu uso culposo. Culpa reconhecida pela prova dos autos (STJ, REsp 243.878-ES, 3ª T., rel. Min. Antônio de Pádua Ribeiro, *DJU*, 17 fev. 2003).

- Presume-se a responsabilidade do guarda ou dono da coisa pelos danos que ela venha a causar a terceiros (responsabilidade pelo fato da coisa). A presunção só é elidível por prova, a ser por ele produzida, de que o dano adveio de culpa da vítima ou de caso fortuito (*RT, 638*:91).

- Empréstimo de veículo – Ato culposo do motorista – Responsabilidade do proprietário. O dono do veículo responde pelos atos culposos de terceiro a quem o entregou, seja seu preposto ou não (*RT, 450*:99).

- Colisão de veículos – Transferência de auto não ultimada – Motorista não preposto do dono – Irrelevância – Ação indenizatória procedente. Pouco importa que o motorista culpado pelo acidente não seja preposto do dono do carro. Provada a culpa daquele, o proprietário é solidário, se consentiu que o mesmo o usasse (*RT, 505*:112).

- Acidente de trânsito – Veículo dirigido com o consentimento da proprietária – Obrigação de ressarcir os danos, causados por culpa exclusiva de seu preposto (*RJTJSP, 30*:109).

- Acidente de trânsito – Culpa de motorista – Laudo da Polícia Técnica – Indenização devida pelo proprietário. Se o laudo policial e as fotografias dos veículos estacionados no local do acidente demonstram a responsabilidade de um dos motoristas envolvidos no caso, o proprietário do veículo que dirigia deve ser responsabilizado pelo evento danoso (*RT, 555*:223).

- Responsabilidade civil – Ação de cobrança – Acidente de trânsito – Colisão com poste de iluminação pública – Reparação do dano – Responsabilidade do proprietário do veículo (REsp 895.419-DF, rel. Ministro Aldir Passarinho Junior, 4ª T., j. 3-8-2010, *DJe* 27-8-2010).

1.2. Danos causados por queda de árvore

- Responsabilidade civil – Queda de árvore – Danos materiais – Configuração do dever de indenizar. O Estado *lato sensu* responde objetivamente por eventuais danos causados, seja de ordem moral ou material, porque incide a teoria do risco objetivo da administração. Caso dos autos em que restou demonstrado que a árvore que tombou na via pública, causando avarias no automóvel da parte autora, estava em situações precárias. Considerando a responsabilidade do demandado pela fiscalização e poda das árvores localizadas nas vias públicas do município, bem como não logrando comprovar as alegações de caso fortuito e de força maior, deve ser condenado a reparar os danos materiais reclamados. Apelo desprovido (TJRS, Apel. 70.051.009.009, 9ª Câm. Cív., rel. Des. Tasso Delabary, j. 27-3-2013).
- Responsabilidade civil – Direito de vizinhança – Queda de árvore – Dano no imóvel vizinho – Obrigação de reparar os danos – Dano moral configurado. A queda de árvore em péssimo estado de conservação é fato previsível. Obrigação de reparar os danos causados pela queda. Abuso do direito de propriedade. Dano moral que decorre do fato. Valor arbitrado que atende as finalidades do instituto, além de pautar-se pelo princípio da razoabilidade. Manutenção da sentença (TJRJ, Ap. 0160715.91.2012.8.19.0001, *DJe* 8-11-2013).
- Responsabilidade civil – Queda de árvore – Danos causados à rede de alta e baixa tensão – Fato decorrente de forte temporal – Caso fortuito – Indenização indevida (*RT, 608*:217).

1.3. Danos causados em via pública por instalações de concessionária de serviços elétricos

- Concessionária de serviços elétricos – Danos causados em bens e pessoas, por suas instalações na via pública – Aplicação da chamada teoria do fato da coisa e não da teoria subjetiva da culpa – Às empresas se impõem cuidados especiais de guarda e conservação de tais bens, para que não ocasionem danos a terceiros (*RJTJSP, 44*:206).

1.4. Uso indevido de automóvel por faxineiro de condomínio

- Automóvel – Uso indevido por faxineiro de condomínio – Acidente – Responsabilidade do dono da coisa. Em face da presunção de causalidade, ao dono da coisa incumbe, ocorrido o dano, suportar os encargos dele decorrentes, restituindo o ofendido ao *status quo* ideal, por meio da reparação. Essa presunção não é irrefragável. Mas ao dono da coisa cabe provar que, no seu caso, ela não tem cabimento (*RT, 556*:122).

1.5. Incêndio ocasionado em propriedade vizinha. Responsabilidade do proprietário

- Ato de preposto – Culpa própria e não presumida do proprietário do imóvel, cuja queimada causou o prejuízo – Irrelevância de que a iniciativa não tenha sido tomada no exercício do trabalho que lhe competia, nem por ocasião dele – Ação procedente – Dever jurídico de evitar que o uso da propriedade se convertesse, ainda quando por ato de terceiro, preposto ou não, em fonte de dano aos confinantes, ou a coisas alheias (*RJTJSP, 116*:162).

1.6. Acidente em *test-drive* – Risco da concessionária

■ O consumidor não é responsável pelos danos causados por acidente a um veículo no qual fazia *test-drive*, pois o teste é uma ferramenta de *marketing*, com riscos que devem ser suportados pela revendedora de carros. Considera-se isento de responsabilidade o motorista que, ao perder o controle da direção durante o trajeto do *test-drive*, colidiu com um ônibus, dando perda total do veículo (TJSC, Ap. 2013.067196-4, 2ª Câm. de Dir. Civ., rel. Des. José Trindade dos Santos, disponível em <www.conjur.com.br>, acesso em 1º mar. 2014).

2. Responsabilidade pela ruína do edifício

Dispõe o art. 937 do Código Civil:

"O dono do edifício ou construção responde pelos danos que resultarem de sua ruína, se esta provier de falta de reparos, cuja necessidade fosse manifesta".

Há uma presunção de responsabilidade do dono do edifício ou construção, quando a casa cai sobre as propriedades vizinhas ou sobre os transeuntes. Ressalva-se, apenas, a ação regressiva contra o construtor. Facilita-se a ação de reparação para a vítima, que só precisa provar o dano e a relação de causalidade.

Embora o dispositivo em estudo dê a impressão de que a vítima tenha de provar também que a ruína do edifício ocorreu devido à falta de reparos cuja necessidade era manifesta, Aguiar Dias entende que a manifesta falta de reparos decorre do simples fato de ter havido a ruína: "tanto necessitava de reparos que caiu" (*Da responsabilidade*, cit., v. 2, p. 503, n. 176). Ao dono do prédio é que incumbe provar o contrário. Enfatiza Aguiar Dias: "Muito mais rara, quase impossível, é a hipótese de cair um edifício que não necessitasse de reparos. Faça o proprietário, que tem tão evidente dever de vigilância, prova de que ela ocorreu".

Desse modo, embora o legislador presuma a responsabilidade do dono do prédio pelos danos causados com a sua ruína, e malgrado a regra geral nesta matéria seja a de que tal presunção somente cede ante a prova de culpa da vítima ou de caso fortuito, no caso ora em estudo cogitou-se que tal presunção cede também ante a segura prova produzida pelo proprietário de que a ruína não derivou de falta de reparo, cuja necessidade fosse manifesta. É uma prova difícil, porque, como já observou Aguiar Dias, se caiu é porque necessitava de reparos.

A este respeito, assim se expressou Clóvis Beviláqua: "A responsabilidade do proprietário do edifício funda-se, no caso deste artigo, na violação do dever de reparar o edifício, ou qualquer construção, como canalizações, pontes, comportas, esgotos, andaimes. Mas o proprietário não se poderá escusar, alegando que ignorava o mau estado do edifício, ou que a culpa não lhe cabe, e sim ao construtor ou inquilino do prédio ou zelador da construção. Se a construção desaba, total ou parcialmente, por falta de reparo, cuja necessidade fosse manifesta, pelo dano causado a outrem responde o dono, ainda que em seguida lhe caiba o direito de se ressarcir contra o construtor ou contra o vendedor, segundo as hipóteses".

Na sequência, Clóvis mostra a diferença entre o nosso direito e o francês: "É porém de notar-se que a responsabilidade do proprietário não é tão absoluta no direito pátrio, como no francês. A necessidade de reparo deve ser manifesta. Esta restrição parece tirar à responsabilidade estabelecida no Código Civil brasileiro o caráter puramente objetivo que apresenta no direito francês, no suíço e em outras legislações. Mas a objetividade não desaparece inteiramente, porque o proprietário poderá achar-se ausente, ignorar, de fato, a necessidade do reparo, aliás manifesta aos olhos dos vizinhos ou transeuntes, e no entanto responderá pelo dano resultante da ruína" (*Código Civil*, cit., v. 5, p. 238).

A ideia inspiradora do legislador, no Brasil e na França, consoante muito bem sintetizou Silvio Rodrigues, é a de "criar uma presunção de responsabilidade para o proprietário, nos casos contemplados na lei, a fim de facilitar a tarefa da vítima que reclama indenização pelos prejuízos por ela experimentados e defluentes da ruína de edifícios. De modo que a vítima não tem que buscar descobrir quem foi o responsável pelo defeito de construção do prédio, nem que indagar se o inquilino é o culpado pela falta de reparos da qual resultou o desabamento de uma casa; não lhe compete averiguar se a queda da construção resultou de imperícia do arquiteto que a projetou, ou do engenheiro que fiscalizou o andamento da obra; e assim por diante. Houve desabamento decorrente da falta de reparos, ou de vício de construção? O proprietário é responsável. Este, após pagar a indenização, pode, se quiser, promover ação regressiva contra o culpado, quer seja o empreiteiro da construção, quer seja o inquilino que não procedeu aos reparos, nem de sua necessidade deu ciência ao locador, seja quem for enfim. A lei, em face da vítima, presume a responsabilidade do proprietário, que é a única pessoa com legitimação passiva para a ação" (*Direito civil*, cit., v. 4, p. 125-6).

Na mesma linha o ensinamento de Carvalho Santos: "O que se deve ter presente é que o preceito em apreço é absoluto, não admitindo nenhuma prova contrária. Quer dizer: a pessoa responsável não poderá alegar com proveito que o vício não lhe é imputável, nem que o ignorava, nem tampouco que não houve imprudência de sua parte, nem muito menos que estava de boa-fé, tendo adquirido o imóvel há muitos anos, nem, afinal, que a vítima não ignorava o estado das coisas. Somente ficará exonerada da responsabilidade, em suma, se provar um caso de força maior, como um terremoto, uma inundação etc. (cf. Sourdat, ob. cit., n. 1.468; Labori, ob. cit., n. 198)" (*Código Civil brasileiro interpretado*, p. 337).

Assim, na vigência do Código Civil de 1916 prevaleceu o entendimento de que a responsabilidade do proprietário decorre do só fato da ruína, e não da culpa, não se admitindo a prova por este produzida de que a necessidade de reparos não era manifesta.

O atual Código Civil reproduz, em seu art. 937, *ipsis litteris*, o art. 1.528 do Código de 1916. E se o fez, observa Sergio Cavalieri Filho (*Programa de responsabilidade civil*, 9. ed., p. 234), "foi porque o legislador entendeu que o texto então existente refletia bem o entendimento majoritário que se firmou. Sendo assim, é de se concluir que o Código de 2002 prestigiou esse entendimento, que deve ser mantido. Temos, então, nesse art. 937 uma presunção de responsabilidade do dono do edifício, e não mera presunção de culpa; responsabilidade objetiva, coerente com a teoria da guarda, e não subjetiva, que só poderá ser excluída por uma das causas de exclusão do próprio nexo causal – caso fortuito, força maior, fato exclusivo de terceiro ou da própria vítima".

Nesse sentido o Enunciado n. 556 da VI Jornada de Direito Civil: "A responsabilidade civil do dono do prédio ou construção por sua ruína, tratada pelo art. 937 do CC, é objetiva".

Convém aduzir que "se deve assimilar ao edifício ou construção tudo que no edifício está incorporado em caráter permanente, como, por exemplo, os elevadores, escada rolante etc., pois a lei se refere tanto aos imóveis pela natureza como aos que o são por destinação. O que não se pode fazer é aplicar, por 'analogia', o estatuto das estradas de ferro para solver questões resultantes de acidentes em elevadores, como, vez por outra, acontece" (Mário Moacyr Porto, *Temas*, cit., p. 116, n. 7).

JURISPRUDÊNCIA

2.1. Deslizamento de área pertencente ao réu

■ Indenização – Deslizamento de área pertencente ao réu – Nexo causal entre o deslizamento e os danos ocorridos no imóvel do autor – Situação que se equipara à de ruína de edifício ou construção – Responsabilidade do réu, proprietário da área – Inexistência de culpa do autor ou caso fortuito – Aplicabilidade do art. 1.528 [*atual art. 937*] do Código Civil (*RT, 724*:326).

2.2. Queda de elevador

■ Queda de elevador – Ineficiência de equipamento instalado – Responsabilidade civil objetiva. Edifício comercial com grande fluxo de pessoas. Equiparação a fornecedor. Relação consumerista. Demonstração de ineficiência de equipamento instalado pela corré Crel para impedir a movimentação do elevador com sobrepeso, bem como da ausência de cautelas do condomínio para impedir a entrada de usuários em excesso. Laudo pericial conclusivo, ainda, no que tange aos danos materiais e morais sofridos pelo autor, portador de sequela permanente. Responsabilidade mantida (TJSP, Apel. 0002545-21.2009.8.26.0554, 3ª. Câm. Dir. Priv., rel. Des. Carlos Alberto de Salles, *DJe* 15-2-2017).

■ Queda de elevador – Falta dos cuidados necessários manifesta – Condomínio a quem competia fiscalizar a ocorrência de excesso de pessoas no elevador – Falha técnica de manutenção – Responsabilidade das rés configurada. Indenização devida (TJSP. Apel. 0123723-67.2011.8.26.0100, 3ª Câm. Dir. Priv., rel. Des. Donegá Morandini, *DJe* 20-9-2013).

■ Queda de elevador – Desde que o acidente com elevador ocorreu por defeitos que afetavam a sua segurança, o proprietário do prédio e a empresa encarregada da sua conservação respondem solidariamente pela indenização devida à vítima (*RT, 433*:86; *504*:92).

2.3. Queda de veneziana de unidade condominial sobre veículo estacionado

■ Defeito de construção comprovado – Irrelevância – Indenização devida pelo proprietário, ante o descumprimento do dever de vigilância – Direito, no entanto, à ação de regresso contra a construtora – Incoerência de caso fortuito – Evento que era previsível (*RJTJSP, 108*:146).

2.4. Desabamento de prédio

■ Desabamento de prédio – Danos a veículo – Obrigação do proprietário daquele de indenizar – Ação procedente – Inexistência de caso fortuito. Conhecendo o proprietário a circunstância de o prédio estar sujeito a desabamento e negligenciando a sua reparação ou demolição, deve compor os prejuízos causados no veículo da autora em consequência da ruína de parte do prédio. Ademais, nos termos do art. 1.528 [*novo art. 937*] do Código Civil, a presunção de culpa milita contra o proprietário do prédio (*RT, 483*:178).

- Desabamento parcial e risco de desabamento total de prédio – Laudo pericial – Tutela antecipada deferida para determinar ao réu que pague aluguéis em imóvel semelhante ao atingido, sob pena de multa diária (TJ-PA, AgI 00459987720128140301, *DJe* 23-9-2015).
- Fica obrigado a indenizar o vizinho, ressarcindo os prejuízos que lhe causou, o proprietário que descurou do dever de conservar o imóvel que lhe pertence, isto é, que negligenciou a obrigação de manter em estado a coisa de sua propriedade, omitindo indesculpavelmente por exemplo a construção de um muro de arrimo que evitaria o desmoronamento do terreno sobre o prédio confinante (*RT, 335*:403).
- Responsabilidade civil – Desabamento de edifício – Vítimas – Ação de indenização – Propositura contra o proprietário – Procedência (*RT, 521*:267).
- Ação indenizatória de danos materiais e morais – Genitora dos autores que veio a óbito por esmagamento em decorrência de desmoronamento de parte do prédio da requerida (TJSP, Apelação Cível 1029960-33.2021.8.26.0071, rel. João Baptista Galhardo Júnior, 2ª Câmara de Direito Privado, j. 27-2-2024).

2.5. Danos decorrentes de construção. Responsabilidade objetiva

- Segundo a orientação dominante na doutrina e na jurisprudência, assentou-se que, na responsabilidade civil decorrente das relações de vizinhança, predomina a concepção da responsabilidade objetiva, na qual é dispensada a prova da culpa, porque decorre ela, exclusivamente, da nocividade do fato da construção (*RT, 474*:73).

2.6. Queda de muro

- Muro – Queda – Danos a automóvel – Indenização – Ação procedente – Aplicação do art. 1.529 do Código Civil [*novo art. 938*]. Tratando-se de responsabilidade por queda de muro e não de ruína de prédio, a norma a aplicar-se é a do art. 1.529 [*novo art. 938*] do Código Civil (*RT, 507*:84).

3. Responsabilidade resultante de coisas líquidas e sólidas (*effusis* e *dejectis*) que caírem em lugar indevido

A reparação do dano consequente ao lançamento de coisas (matérias líquidas ou corpos duros) de uma casa à rua é prevista no art. 938 do Código Civil, que assim dispõe:

> "Aquele que habitar prédio, ou parte dele, responde pelo dano proveniente das coisas que dele caírem ou forem lançadas em lugar indevido".

A responsabilidade, no caso, é puramente objetiva. Não se cogita da culpa. Já no direito romano a *actio de effusis et dejectis* se destinava a definir a responsabilidade em face do dano causado por uma coisa lançada de uma habitação para o exterior. Não se indagava se foi lançada propositadamente à rua ou se caiu acidentalmente. Se se havia despejado uma coisa líquida (*effusum*) ou lançado um objeto (*dejectum*) de um edifício sobre um lugar destinado à passagem pública, concedia-se contra o "*habitator*, independentemente de culpa", uma ação, variável em seu objeto de acordo com as hipóteses[62].

No direito francês, embora inexistente dispositivo expresso, aplica-se ao caso a presunção de responsabilidade do guarda da coisa. Com o mesmo caráter de responsabilidade objetiva, a legislação de vários países regulou a hipótese, como o Código Civil espanhol, que estabeleceu, no art. 1.910: "El cabeza de familia que habita una casa o parte de ella es responsable de los daños causados por las cosas que se arrojaren o cayeren de la misma".

O art. 938 do Código Civil brasileiro pode ser considerado exemplo mais flagrante da presunção de responsabilidade do guarda da coisa inanimada, em nosso direito. A vítima só tem de provar a relação de causalidade entre o dano e o evento. A presunção de responsabilidade do chefe de família que habita a casa (dono, locatário, usufrutuário, comodatário) só é removível mediante prova de culpa exclusiva da vítima (por ter provocado a queda do objeto) ou caso fortuito (que afasta a relação de causalidade). A responsabilidade, como dito, será do morador. Não seria justo, efetivamente, "atribuir essa responsabilidade ao dono do prédio, como no caso do art. 937, porque o proprietário não tem a guarda das coisas que guarnecem o prédio quando este está locado ou na posse de outrem" (Sergio Cavalieri Filho, *Programa*, cit., 9. ed., p. 235).

Na demonstração da culpa da vítima pode ser alegado que a coisa foi lançada em local adequado, destinado a esse fim (depósito de lixo, terreno interno), e que a vítima ali não deveria estar.

Embora a ideia inspiradora da regra tenha sido a de garantir o transeunte contra algum objeto que caia ou seja lançado, imprudentemente, do interior de uma residência, a jurisprudência a tem estendido a diversas situações. Assim é que já se decidiu que a construtora de uma obra deve indenizar o proprietário de veículo danificado em virtude da queda de andaime (*RT*, *506*:256); que a queda de um eucalipto é fato previsível e torna o proprietário do prédio onde ele se encontra responsável pelo dano causado (*RT*, *413*:324); que a queda de argamassa de cimento que se desprende de sacada de edifício e atinge transeunte sujeita os responsáveis pela obra a repararem os danos por este sofridos (*RT*, *412*:160).

Conforme ensina Clóvis, a responsabilidade é puramente objetiva: "Pouco importa que não haja postura municipal ou regulamento de higiene proibindo atirar coisas para fora da casa em lugar não destinado a esse mister. O ponto de vista do Código Civil é o dano à pessoa ou aos bens de outrem. A responsabilidade é objetiva e recai sobre o habitante da casa, que não se escusa alegando que o ato prejudicial foi praticado por outra pessoa" (*Código Civil*, cit., p. 239).

Em relação às coisas e líquidos lançados ou caídos de edifícios, sem que se consiga apurar de qual apartamento tombou, afirma Aguiar Dias que "a solução não pode ser outra senão a que já oferecia o Edito: responsabilidade solidária de todos os moradores" (*Da responsabilidade*, cit., p. 505, n. 177). Comenta, a seguir, o referido doutrinador: "É evidente que 'todos os moradores' corresponde a todos os habitantes a cuja responsabilidade seja possível atribuir o dano. Nos grandes edifícios de apartamentos, o morador da ala oposta à em que se deu a

---

62. Serpa Lopes, *Curso*, cit., v. 5, p. 309.

queda ou lançamento de objeto ou líquido não pode, decerto, presumir-se responsável pelo dano" (*Da responsabilidade*, cit., nota n. 836).

Na mesma esteira o pensamento de Pontes de Miranda: "No direito brasileiro, a solidariedade é por parte de todos os que poderiam ser os responsáveis. Assim, se o edifício tem duas alas de apartamentos, só uma das quais está em posição de ter coisas que caiam ou sejam lançadas, os habitantes dos apartamentos aí situados é que são legitimados passivos. Dá-se o mesmo a respeito dos andares" (*Tratado*, cit., Parte Especial, 1966, t. 53, p. 409).

Acolhendo a orientação de Aguiar Dias, a 7ª Câmara do extinto 1º Tribunal de Alçada Civil firmou a responsabilidade objetiva do condomínio, por não identificado o apartamento de onde o objeto fora atirado, mencionando, o aresto publicado em *JTACSP*, Revista dos Tribunais, *87*:138:

"A questão é solucionada pela inadmissibilidade de se imputar a conduta que ensejou o dano a alguém em especial. Logo, responde o condomínio. Evidente que o art. 1.529, ao dispor, em 1916, que 'aquele que habitar uma casa, ou parte dela, responde pelo dano proveniente das coisas que dela caírem ou forem lançadas em lugar indevido', previu a responsabilidade do habitante de uma 'casa', de vez que inexistiam, então, grandes edifícios de condomínio vertical. No entanto, nada impede a interpretação extensiva, de forma a abarcar, na compreensão do conceito, o condomínio, quando a lei fala 'aquele'. A subsunção do fato à hipótese legal... decorre do quanto se vem dizendo que a norma jurídica abarca, em seu conteúdo semântico, a responsabilidade não apenas do morador de edifício em condomínio mas deste próprio. A culpa anônima ou a responsabilidade sem culpa emerge do texto legal. O que responde pelo dano é 'aquele' que habita a casa. Por extensão, aquele que habita edifício em condomínio. Como se torna inadmissível que o lesado perquira sobre a autoria, o condomínio responde pelo dano causado".

Não é razoável que o lesado haja de investigar de qual unidade partiu a agressão ao seu imóvel, se toda a massa condominial é responsável pelo dano proveniente das coisas que caírem ou forem lançadas do prédio em que habitam. A repartição dos prejuízos pelos condôminos é questão de economia interna do condomínio, que poderá se ressarcir de todos os condôminos, ou exclusivamente daqueles de cujas unidades foram lançados os objetos, ou apenas das unidades de final "2" e "4" (*RT, 714*:152).

Silvio Rodrigues critica esse entendimento, nestes termos: "O dispositivo em comentário refere-se à responsabilidade daquele que habita uma casa 'ou parte dela'. O que vale dizer que, quando um prédio é habitado por muitas pessoas, cada uma ocupando fração delimitada do edifício, a responsabilidade pelo dano causado a terceiro com a queda de objetos é do ocupante daquela parte do edifício de onde caiu a coisa causadora do prejuízo. Pois é óbvio que, se a coisa caiu de um apartamento do quarto andar, não pode ser responsabilizado aquele que mora no décimo" (*Direito civil*, cit., v. 4, p. 134, n. 47).

Nesse sentido já decidiu o Tribunal de Justiça de São Paulo: "Dano causado por ocupante de unidade autônoma condominial – Autor da lesão que permanece no anonimato – Hipótese de ilegitimidade passiva *ad causam* do condomínio – Carência decretada" (*RJTJSP, 89*:173).

Caio Mário da Silva Pereira comunga desse entendimento: "Cumpre, nesse caso, apurar de onde veio o objeto causador do dano. Aguiar Dias lembra o critério de apurar a ala em que se deu a queda do objeto, para eximir o da ala oposta (ob. cit., n. 177). Neste sentido de se identificar a unidade de onde ele proveio, é de se considerar que, nos termos do que dispõe a Lei n. 4.591, de 16 de dezembro de 1964, art. 2º, cada unidade autônoma é tratada como objeto de propriedade exclusiva... é necessário assentar que, se de um edifício coletivo cai ou é lançada uma coisa, a inteligência racional do art. 1.529 [*hoje, art. 938*] não autoriza condenar todos os moradores, rateando a indenização ou impondo-lhes solidariedade (Silvio Rodrigues, ob. cit., n. 47). Se se impõe ao 'habitador' a responsabilidade, é preciso conciliá-la com a noção de unidade autônoma, pois que, se de uma delas ocorreu o fato danoso, somente quem a habita é o responsável, e não todos, indiscriminadamente" (*Responsabilidade*, cit., p. 125).

O Superior Tribunal de Justiça, embora admitindo a hipótese de a totalidade dos condôminos arcar com a responsabilidade reparatória por danos causados a terceiros quando ocorre a impossibilidade de se identificar o exato ponto de onde partiu a conduta lesiva, isentou, no caso em julgamento, os titulares de apartamentos que não contam com janelas ou sacadas para a via pública onde a recorrida foi atingida, responsabilizando apenas os proprietários de unidades de onde poderia ter caído ou sido lançado o objeto que atingiu a vítima, aceitando o "princípio da exclusão" daqueles que certamente não poderiam ter concorrido para o fato (*RSTJ*, *116*:259).

Segundo a orientação dominante, pois, a reparação dos danos causados por objetos lançados da janela de edifício é, em princípio, de responsabilidade do condomínio. "A impossibilidade de identificação do exato ponto de onde parte a conduta lesiva impõe ao condomínio arcar com a responsabilidade reparatória por danos causados a terceiros" (STJ, REsp 64.682-RJ, 4ª T., rel. Min. Bueno de Souza, *RSTJ*, *116*:259). Nessa linha, o Enunciado n. 557 da VI Jornada de Direito Civil: "Nos termos do art. 938 do CC, se a coisa cair ou for lançada de condomínio edilício, não sendo possível identificar de qual unidade, responderá o condomínio, assegurado o direito de regresso".

Se, todavia, se admitir a impossibilidade de o objeto ter sido atirado por morador da ala oposta do edifício, deve ser aplicado o princípio da "causalidade alternativa", pela qual todos os autores possíveis, isto é, os que se encontravam no grupo, ou seja, na mesma ala do prédio de onde veio o objeto causador do dano, serão responsabilizados solidariamente. Com a admissão da causalidade alternativa, "todos os autores possíveis, isto é, os que se encontravam no grupo, serão considerados, de forma solidária, responsáveis pelo evento, face à ofensa perpetrada à vítima, por um ou mais deles, ignorado o verdadeiro autor, ou autores" (Vasco Della Giustina, *Responsabilidade civil dos grupos*, Aide, p. 77).

Jurisprudência

3.1. Bomba lançada de apartamento, durante festejos

■ Danos causados em criança que se encontrava na rua – Prova insuficiente de que tenha sido lançada do apartamento dos réus – Ação de indenização julgada improcedente. O morador do edifício responde, independentemente de culpa, pelos danos causados a terceiro, em razão de objetos projetados para o exterior. Compete, porém, à vítima o ônus de provar o nexo de causalidade entre o dano sofrido e o lançamento de objeto oriundo do prédio ocupado pelo réu (TJMG, Ap. 61.498, São Sebastião do Paraíso, j. 11-8-1983).

3.2. Objeto caído de obra em construção

- Proprietário de edifício em construção – Materiais empilhados precariamente atirados por ventania sobre o telhado de residência vizinha – Ininvocabilidade de caso fortuito ou força maior – Inclusão, ademais, das despesas com móveis que guarnecem a residência, danificados por goteiras – Recurso provido (*RJTJSP, 132*:168).

- Objeto caído de obra em construção – Dano causado a terceiro – Inobservância das normas de segurança e proteção – Obrigação do construtor de indenizar – Ação procedente sem qualquer dependência da prova de culpa. Na *actio de effusis et dejectis* a responsabilidade é objetiva. Assim, provados o fato e o dano do mesmo resultante, a obrigação indenizatória surge como normal consequência (*RT, 441*:233).

- Queda de objeto de obra em construção – Responsabilidade civil – Responsabilidade solidária entre o construtor e o dono da obra (TJSP, Apelação Cível 0127495-14.2006.8.26.0100, rel. Alexandre Coelho, 8ª Câmara de Direito Privado, j. 19-8-2015).

3.3. Queda de árvore em logradouro público

- Queda de árvore em praça pública – Menores vitimadas – Indenização devida até que as vítimas completem 25 anos de idade – Recurso provido – Elevação da pensão mensal para 2/3 do salário mínimo vigente na região. Comprovada a culpa *in eligendo* e *in vigilando* da Municipalidade em acidente que provocou a morte de menores em virtude de queda de árvore em praça municipal, justifica-se a elevação da pensão mensal de 1/3 para 2/3 do salário mínimo vigente na região (*RT, 557*:97; *JTJ, 148*:78).

- Responsabilidade civil do Estado – Árvore em terreno estadual – Dia de chuva – Queda sobre veículo – Indenização devida. O Estado responde pelos danos causados por árvore plantada em terreno estadual que veio a tombar sobre veículo ali estacionado (*RT, 548*:52).

- Queda de árvore que danificou veículo da segurada – Sentença de improcedência – Responsabilidade objetiva do Município que exige a presença de nexo causal, rompido, *in casu*, diante da evidência de força maior – Municipalidade que comprovou manutenção da árvore meses antes do acidente, constatando a higidez de sua fitossanidade – Temporada de fortes chuvas que causaram evento que, apesar de previsível, era inevitável. Causa excludente de responsabilidade bem evidenciada (TJSP, Apelação Cível 1013568-04.2023.8.26.0053, rel. Jose Eduardo Marcondes Machado, 10ª Câmara de Direito Público, j. 4-12-2023).

3.4. Arremesso de objeto sobre prédio vizinho. Impossibilidade para certos condôminos

- A reparação de dano causado pelo arremesso de coisas de edifício sujeito a condomínio sobre a cobertura do prédio vizinho deve ser exigida de quem o causou, provada ou presumidamente. Havendo no edifício conjuntos ou apartamentos de onde são impossíveis os arremessos, manifesta se torna a ilegitimidade dos proprietários dessas partes para responderem pelo prejuízo e do síndico do condomínio para responder por todos, indistintamente (*RT, 530*:212).

3.5. Ilegitimidade passiva *ad causam* do proprietário

- Direito de vizinhança – Locatário de apartamento – Arremesso de detritos sobre prédio vizinho – Ação contra o proprietário – Ilegitimidade *ad causam* deste – Inteligência do art. 1.529 [*novo art.* 938] do Código Civil. A responsabilidade a que se refere o art. 1.529 [*novo art.* 938] do CC é objetiva, recaindo sobre o habitante da casa e não sobre o proprietário que a aluga e reside em outro local (*RT*, 528:62).

- Dano causado a automóvel por objeto atirado de edifício de apartamentos – Ação endereçada contra a dona do prédio e locadora das unidades autônomas – Ilegitimidade de parte, pois a responsabilidade civil recai sobre o habitante da casa, não respondendo o dono do edifício de apartamentos pelos danos causados pelos locatários – Processo extinto – Recurso provido (*RJTJSP*, 124:165).

3.6. Veículo atingido por peça que se desprende de ônibus

- Ação de indenização por danos morais e materiais – Acidente automobilístico – Defeito na fabricação do veículo – Desprendimento da roda – Causa determinante do acidente – Dano moral configurado (TJ-DF, Apel. 2010.031026445-6, 1ª T., rel. Des. Nídia Corrêa Lima, *DJe* 20-7-2015).

- Indenização – Acidente de trânsito – Desprendimento da roda de caminhão – Alegação de culpa de terceiro. Resta evidenciada a responsabilidade do proprietário do caminhão que negligencia na conservação ou manutenção do seu veículo, ocasionando o desprendimento do pneu que atinge terceiro (TJ-MT, Apel. 13376/2017, 5ª Câm. Cív., rel. Des. Carlos Alberto Alves da Rocha, *DJe* 22-3-2017).

3.7. Bandeiras na sacada dos condomínios em tempos de Copa e eleições

- Condomínio. Ação anulatória de regulamento interno e convenção condominial cumulada com pedidos de declaração de inexigibilidade de multa condominial e indenizatórios. Sentença de improcedência. Pretensão à reforma manifestada pelos autores. Pretensão à anulação da sentença que não pode ser acolhida. O magistrado, como destinatário da prova, pode indeferir as diligências inúteis ou meramente protelatórias, como dispõe o art. 370, parágrafo único, do Código de Processo Civil. Validade da convenção condominial e do regimento interno, que não contradizem o Código Civil em seu art. 1.336, inciso III. Instalação de bandeira e cortina de plásticos que causam danos à harmonia da fachada do edifício. Instalação de placas de vidro expressamente vedada pelo regimento interno. Multa por litigância de má-fé, nos termos dos artigos 80, inciso VII e 1.026, § 2º, ambos do Código de Processo Civil, bem aplicada. Recurso desprovido (TJSP, Apelação 1020071-52.2019.8.26.0224, 35ª Câmara de Direito Privado, rel. Des. Mourão Neto, j. 31-3-2022).

4. Privação da guarda e responsabilidade

Guardião da coisa é, ordinariamente, o seu proprietário. Ficando privado da guarda por furto e perdendo, pois, o seu controle, desaparece a sua responsabilidade. Entretanto, se a perda da posse decorreu de culpa sua, a ser provada pela vítima (como quando deixa as chaves do veículo em local em que possam ser apanhadas com facilidade por terceiros), responde, então, por negligência ou imprudência, com base no art. 186 do Código Civil.

Assim, em se tratando de veículo roubado ou furtado que tenha ocasionado dano a terceiros, uma primeira indagação se faz necessária: se o dono contribuiu ou não com alguma parcela de culpa para que a subtração ocorresse.

Responde pelo dano causado a terceiros pelo ladrão que esteja na posse do veículo o proprietário que não mantém sobre ele a adequada vigilância e o deixa, por exemplo, em local ermo em hora avançada da noite; ou em local de escassa iluminação e sem movimento; ou, mesmo durante o dia, em via pública, sem trancar as portas à chave, ou ainda com as chaves no contato. Nestes casos, incorre ele nas sanções do art. 186 do diploma civil, que obriga a reparar o dano todo aquele que o causa por ação ou omissão voluntária, com imprudência ou negligência.

Se, no entanto, o dono do veículo se mostra cuidadoso e vigilante, não o deixando em locais ou em situações que facilitem a ação dos ladrões, vulgarmente chamados de "puxadores", e até mesmo protegendo a sua posse por meio de alarmes ou outros sistemas e engenhos técnicos contra furtos, nenhuma parcela de culpa lhe pode ser atribuída se, mesmo assim, o veículo lhe é furtado ou roubado e o meliante, assumindo o volante, causa danos a terceiros. Neste caso, somente o ladrão poderia ser responsabilizado pelo acidente.

Assim têm decidido os nossos tribunais. Com efeito, a 3ª Turma do Superior Tribunal de Justiça decidiu, por unanimidade, que o dono e o guardião de veículo furtado não podem ser responsabilizados pelo atropelamento provocado pelo ladrão (Rel. Min. Humberto Gomes de Barros, disponível em <www.stj.gov.br>, acesso em 3 mar. 2006). Por sua vez, entendendo que, nas circunstâncias, não se podia afirmar que a proprietária do veículo tivesse agido culposamente, por ter o veículo sido subtraído por assaltantes armados, o Tribunal de Justiça de São Paulo isentou-a de qualquer responsabilidade pelos danos causados pelo marginal que dirigia o veículo e acabou por perder sua direção, projetando-o contra um prédio (ac., *RT, 466*:68)

Em outro caso, entretanto, em que evidente se mostrava a negligência do proprietário do veículo furtado, o mesmo Tribunal assim se pronunciou: "*Indenização* – Responsabilidade civil – Furto de veículo com posterior acidente de trânsito – Culpa de proprietário que deixa seu automóvel com a porta aberta e as chaves no contato ou no quebra-sol – Omissão no dever de vigilância – Responsabilidade pelos danos causados" (*RJTJSP, 46*:105).

Pode ocorrer, ainda, a hipótese de nem o proprietário nem o ladrão serem considerados responsáveis pelo evento danoso: quando a culpa pelo acidente foi unicamente da vítima. Neste caso, não teria importância o fato de se tratar de veículo roubado ou furtado. Isto porque a vítima, para reclamar indenização, tem sempre de demonstrar a culpa do motorista do veículo. Se o ladrão que o dirigia não se houve com culpa no sinistro, porque a culpa foi exclusivamente da vítima, não há que se falar em responsabilidade do meliante nem do proprietário.

Quando o proprietário é considerado responsável, por ter negligenciado a guarda do veículo e ensejado o furto, assiste-lhe o direito regressivo contra o ladrão causador do acidente, se ele tiver bens com que responder pela cota-parte do montante dos danos causados, uma vez que entre ambos, pela produção do *eventus damni,* uma solidariedade se estabeleceria, *ex vi* do disposto no art. 942 do nosso Código Civil, conforme lembra Wilson Melo da Silva (*Responsabilidade*, cit., p. 323, n. 107).

Acrescenta, ainda, o emérito jurista que a responsabilidade pura e simples do dono do veículo em face de terceiros, em toda e qualquer circunstância, culpado ou não culpado pelo fato do seu apossamento indébito, só se justificaria em face da adoção, no setor automobilístico, de uma responsabilidade objetiva pelo risco-criado ou, mesmo, pelo risco-proveito. E acrescenta: "Até lá, porém, ainda não chegamos, *de lege lata*, muito embora, *de lege ferenda*, uma tendência pronunciada pareça fazer encaminhar a responsabilidade civil automobilística nesse rumo" (*Responsabilidade*, cit., p. 325, n. 108).

O que a jurisprudência não tem admitido é a responsabilidade do dono do veículo, quando ele próprio o dirige ou quando entrega a sua direção a terceiro, e ocorre a colisão com outro, sem prova de imprudência, negligência ou imperícia, porque a solução da demanda depende da apuração do causador do dano. Deve ser responsabilizado o motorista do veículo que, por culpa, deu causa ao evento. No entanto, como já frisado, diferentemente tem sido decidido quando se trata de atropelamento ou de colisão com poste ou outro qualquer obstáculo. Nesses casos, tem sido admitida responsabilidade do dono do veículo, independentemente de culpa com base na teoria do risco objetivo (cf. *RT, 610*:111).

No direito francês fazia-se a distinção entre a guarda material e a guarda jurídica da coisa. O proprietário, como detentor da guarda jurídica, tendo o poder de direção sobre a coisa, seria o responsável pelos danos por ela causados, ainda que lhe houvesse sido furtada.

A propósito, sintetiza Silvio Rodrigues a ideia com perfeição: "Em rigor, se se admitir a distinção entre a guarda jurídica e a guarda material da coisa, mister se faz admitir responsabilidade do proprietário pela reparação do dano causado pela coisa de sua propriedade a terceiro, mesmo quando esteja sob a guarda material de quem a furtou. Pois nessa hipótese, embora privado da guarda material da coisa, conserva ele a guarda jurídica. Nesse sentido, de início manifestou-se a jurisprudência. Para ela, o ladrão se apresentava como um mero detentor da coisa, ou seja, guarda puramente material e não jurídico. Portanto, a condição de guarda continuava a ser desfrutada pelo proprietário usurpado, que, por conseguinte, continuava a responder pelo dano causado a terceiro pelo ladrão, quando no uso da coisa furtada. Em face das críticas recebidas, essa orientação foi alterada pelo célebre acórdão solene de 2 de dezembro de 1941, em que ficou proclamada a tese, hoje pacificamente aceita pela jurisprudência francesa, de que em virtude do furto o proprietário perde o uso, a direção e o controle da coisa, ficando, assim, privado de sua guarda" (*Direito civil*, cit., v. 4, p. 117, n. 44).

O famoso decisório das Câmaras Reunidas, datado de 2 de dezembro de 1941, mencionado por Capitant como um dos grandes arestos da jurisprudência civil francesa a respeito da matéria[63], assentou o princípio de que, pelos danos ocasionados a terceiros pelo ladrão que se encontrasse na direção do veículo roubado, responsável seria o ladrão e não o proprietário do veículo.

A moderna doutrina francesa não pensa mais como Besson[64] a respeito da guarda jurídica. Hoje, considera guarda da coisa o poder de fato sobre ela e não mais o poder jurídico. Os próprios Mazeaud, que tão calorosamente acolheram, nas três primeiras edições do *Traité*, a

---

63. Henri Capitant, *Les grands arrêts de la jurisprudence civile*, Paris, Dalloz, 1950, p. 319, n. 117.
64. André Besson, *La notion*, cit., p. 91.

tese de Besson, a ela, como expressamente o confessam, renunciaram a partir da quarta edição dessa mesma obra, conforme observa Wilson Melo da Silva (*Da responsabilidade*, cit., p. 318, n. 106). Lembra, ainda, o mesmo autor que, na Argentina e na Bélgica, a situação se assemelha, atualmente, à da França.

No Brasil, Aguiar Dias, baseando-se na doutrina de Mazeaud e Mazeaud anterior à quarta edição do *Traité*, distinguia entre a guarda jurídica e a guarda de fato, ao concluir pela não responsabilidade do ladrão, mas do dono do veículo (*Da responsabilidade*, cit., p. 458-9, n. 162). Por sua vez, Mário Moacyr Porto, com supedâneo em Capitant, Josserand e outros, sustentava posição oposta, concluindo pela inocuidade de uma guarda jurídica sem a posse, sem a possibilidade de exercício, sobre o veículo, de qualquer direção e vigilância[65].

Em conclusão, pode-se afirmar que se acha consagrado, hoje, o princípio de que a guarda da coisa implica o poder que sobre ela tenha determinada pessoa em dado instante. Assim, o responsável pelo evento danoso tanto pode ser o proprietário que esteja ao volante de seu veículo, ou um preposto seu, como o próprio ladrão que o mantenha sob seu controle e direção. Dependendo das circunstâncias em que ocorreu a ilícita subtração, tanto pode ser responsabilizado o proprietário como o ladrão.

Na França existe o art. 1.384, § 1º, do Código Napoleônico, que permite responsabilizar o ladrão por uma responsabilidade própria, independentemente de indagação da negligência do proprietário pela perda da posse do seu veículo. No Brasil, entretanto, inexiste dispositivo similar àquele do Código Napoleônico. Com algumas poucas exceções, e inexistindo dispositivo que verse especificamente sobre a responsabilidade civil pelo fato da coisa que alguém tenha sob sua guarda, a matéria se acha atrelada, em nosso direito, ao princípio genérico, informativo da culpa, do art. 186 do Código Civil.

Isso significa que, pelos danos ocasionados pelo ladrão do carro roubado, pode ser responsabilizado o seu proprietário, se se comprovar que, de alguma forma, por negligência, contribuiu para que o ladrão se apossasse indevidamente do veículo. No entanto, tal responsabilidade recairá exclusivamente sobre o ladrão, se o proprietário tomou todas as cautelas aconselháveis para impedir a injusta apropriação levada a efeito por aquele.

5. Responsabilidade decorrente do exercício de atividade perigosa

A teoria do risco teve o seu desenvolvimento acentuado a partir da introdução das máquinas no processo industrial e com os problemas relacionados aos acidentes de trabalho. O surto industrial do início do século provocou a disseminação do uso de máquinas, criando risco maior para certas atividades.

Logo se percebeu a necessidade de dar maior proteção às vítimas, a quem a teoria clássica, baseada na culpa, impunha enormes dificuldades para a obtenção do ressarcimento dos prejuízos sofridos. Passou-se, então, à concepção de que aquele que, no seu interesse, criar um risco de causar dano a outrem, terá de repará-lo, se este dano ocorrer. Impunha-se

---

65. Mário Moacyr Porto, *Ação de responsabilidade civil e outros estudos*, Revista dos Tribunais, 1966, p. 57 e s., cap. 6.

a responsabilidade pela criação ou pelo controle do risco pelo homem, baseada na máxima de que deve suportar os ônus e encargos do exercício de determinada atividade aquele que aufere os lucros dela resultantes. A responsabilidade objetiva funda-se, efetivamente, num princípio de equidade, existente desde o direito romano: aquele que lucra com uma situação deve responder pelo risco ou pelas desvantagens dela resultantes (*Ubi emolumentum, ibi onus; ubi commoda, ibi incommoda*). Quem aufere os cômodos (lucros) deve suportar os incômodos (riscos).

Tem a doutrina anotado, dentro da teoria do risco, uma responsabilidade decorrente do exercício de atividade perigosa, tomada em sentido dinâmico, relativa à utilização de diferentes veículos, máquinas, objetos e utensílios; e outra responsabilidade, de cunho estático dos bens, que se incluem na responsabilidade pelo fato das coisas.

Na legislação italiana, como já expusemos no Livro I, n. 2, encontra-se o exercício de atividade perigosa como fundamento da responsabilidade civil, com inversão do ônus da prova: "Chiunque cagiona danno ad altri nello svolgimento di un'attività pericolosa, per sua natura o per la natura dei mezzi adoperati, è tenuto al rissarcimento se non prova di avere adottato tutte le misure idonee a evitare il danno" (CC italiano, art. 2.050).

O agente, no caso, só se exonerará da responsabilidade se provar que adotou todas as medidas idôneas para evitar o dano. Disposições semelhantes são encontradas no Código Civil espanhol, no português, no libanês e em outros, como no mexicano, que estabelece:

"1.913. Quando uma pessoa faz uso de mecanismos, instrumentos, aparelhos ou substâncias perigosas por si mesmas, pela velocidade que desenvolvem, por sua natureza explosiva ou inflamável, pela energia da corrente elétrica que conduzam ou por outras causas análogas, está obrigada a responder pelo prejuízo que causar, mesmo que não obre ilicitamente, a não ser que demonstre que esse prejuízo foi produzido por culpa ou negligência inescusável da vítima".

O atual Código Civil reflete a moderna tendência no parágrafo único do art. 927, *verbis*:

"Haverá obrigação de reparar o dano, independentemente de culpa, nos casos especificados em lei, ou quando a atividade normalmente desenvolvida pelo autor do dano implicar, por sua natureza, risco para os direitos de outrem".

Adota, assim, solução mais avançada e mais rigorosa que a do direito italiano, também acolhendo a teoria do exercício de atividade perigosa e o princípio da responsabilidade independentemente de culpa nos casos especificados em lei, a par da responsabilidade subjetiva como regra geral, não prevendo, porém, a possibilidade de o agente, mediante a inversão do ônus da prova, exonerar-se da responsabilidade se provar que adotou todas as medidas aptas a evitar o dano.

Trata-se da mais relevante inovação introduzida no atual Código Civil, na parte atinente à responsabilidade civil. Antes, a responsabilidade independentemente de culpa somente existia nos casos especificados em lei, ou seja, em alguns artigos esparsos do Código Civil e em leis especiais. Atualmente, mesmo inexistindo lei que regulamente o fato, pode o juiz aplicar o princípio da responsabilidade objetiva, independentemente de culpa, baseando-se no dispositivo legal mencionado, "quando a atividade normalmente desenvolvida pelo autor do dano implicar, por sua natureza, risco para os direitos de outrem".

Desse modo, toda vez que surgir uma atividade nova, resultante do progresso, poderá o Judiciário, independentemente de sua regulamentação em lei especial, considerá-la perigosa, se, por sua natureza, implicar risco para os direitos de outrem, responsabilizando objetivamente os que, exercendo-a, causarem danos a terceiros.

Quem entre nós se aprofundou no estudo dessa teoria foi o Prof. Carlos Alberto Bittar, em termos que procurarei a seguir resumir, reportando-me a uma de suas obras (Responsabilidade civil nas atividades perigosas, in *Responsabilidade civil*, cit.), em referência apenas às páginas.

"A obrigação de reparar o dano surge, pois, do simples exercício da atividade que o agente desenvolve em seu interesse e sob seu controle, em função do perigo que dela decorre para terceiros. Tem-se então o risco como fundamento de responsabilidade. Passou-se, assim, de um ato ilícito (teoria subjetiva) para um lícito, mas gerador de perigo (teoria objetiva), para caracterizar-se a responsabilidade civil. Com efeito, inserem-se dentro desse novo contexto atividades que, embora legítimas, merecem, pelo seu caráter de perigosas – seja pela natureza (fabricação de explosivos e de produtos químicos, produção de energia nuclear etc.), seja pelos meios empregados (substâncias, máquinas, aparelhos e instrumentos perigosos, transportes etc.) –, tratamento jurídico especial em que não se cogita da subjetividade do agente para a sua responsabilização pelos danos ocorridos" (p. 90).

"A doutrina – especialmente a italiana, em razão da disposição de seu Código – tem oferecido importantes elementos para a definição, em concreto, do caráter perigoso da atividade. Deve ser considerada perigosa aquela atividade que contenha em si uma grave probabilidade, uma notável potencialidade danosa, em relação ao critério da normalidade média e revelada por meio de estatísticas, de elementos técnicos e da própria experiência comum. Definida em concreto como perigosa a atividade, responderá o agente pelo simples risco, ficando a vítima obrigada apenas à prova do nexo causal, não se admitindo, outrossim, escusas subjetivas do imputado, a par de outras notas diferenciais que serão adiante apontadas" (p. 93).

"Desde fins do século passado, leis próprias, destacadas dos códigos, começaram a ser editadas, apartando do regime comum de responsabilidade certas atividades perigosas. De início, no plano dos acidentes do trabalho em geral, essa nova orientação veio a ser sufragada nas atividades de exploração de estradas de ferro, navios a vapor, minas, fios telefônicos, telegráficos, trabalhos hidráulicos, pontes e grandes edificações, produção de gás e de energia e transporte aéreo, marítimo e terrestre, com destaque especial para os automóveis dentre outras" (p. 91).

"No tocante a danos resultantes da utilização de um veículo terrestre para o transporte de pessoas temos o DL n. 2.681, de 7-12-1912, sobre acidentes nas estradas de ferro, responsabilizando a companhia ferroviária ainda que concorra culpa da vítima e só a exonerando dessa responsabilidade se a culpa for exclusivamente desta. Quanto aos danos causados por aeronaves a terceiros, reza o Código Brasileiro do Ar que a empresa proprietária se responsabiliza por todos os prejuízos que a aeronave causar a pessoas ou bens, de forma objetiva. Relativamente às pessoas transportadas, a jurisprudência tem equiparado aos trens todos os meios de transporte e acolhido a responsabilidade do dono, quando o veículo circule com o seu consentimento. Tanto o proprietário como o condutor de barco (Dec.-lei n. 116, de 25-1-1967) deverão reparar os prejuízos, sem que se verifique se infringiram ou não as normas relativas à arte de navegar. Há, entre nós, seguro obrigatório de responsabilidade civil para os proprietários de veículos automotores (Dec.-lei n. 73, de 21-11-1966)" (p. 99).

"Embora não seja tarefa fácil a determinação da periculosidade, devem ingressar nessa noção aquelas atividades que, pelo grau de risco, justifiquem a aplicação de uma responsabilidade especial. Isso significa que não somente as enumeradas em disposições legais ou em leis especiais merecem essa qualificação, mas aquelas que revelem 'periculosidade intrínseca ou relativa aos meios de trabalho empregados', na fórmula consagrada pela Suprema Corte italiana" (p. 94).

"Mas, dentro dos estreitos limites de uma codificação subjetivista, como o Código Civil brasileiro em vigor, poderão as vítimas ficar ao desamparo, em alguns casos, se a jurisprudência não completar o quadro protecionista da responsabilidade civil ante a realidade de novas situações de perigo que possam surgir, a par das já consagradas, como a da responsabilidade dos comitentes e das pessoas jurídicas de direito público. Nossos repertórios de jurisprudência estão plenos de questões sobre responsabilidade civil, em que se evidencia a problemática do perigo, principalmente quanto a acidentes com veículos automotores, destacando-se as que vêm acatando de frente a objetividade da responsabilidade do Estado nesse campo. Relativamente a atividades perigosas, vem a jurisprudência, mesmo sem texto expresso, acolhendo o risco como fundamento da responsabilidade, como ocorre na área de transporte" (p. 95).

"Realçando-se os traços diferenciais em relação ao regime comum, para assentamento das ideias principais, pode-se observar que: a) nas atividades não perigosas, domina a noção de ilícito, ou seja, de conduta juridicamente condenada, exigindo-se prova de dolo ou culpa do agente; nas atividades perigosas, ao revés, a atividade é lícita, mas perigosa, sujeitando o exercente – que se tem por obrigado a velar para que dela não resulte prejuízo – ao ressarcimento pelo simples implemento do nexo causal; b) portanto, nas atividades não perigosas, é a prática do ilícito o fato gerador da responsabilidade e, nas perigosas, o exercício da atividade carregada de risco; c) o fundamento, nas primeiras, é a culpa; nas segundas, o risco; d) nas atividades não perigosas, a responsabilidade é individual, podendo ser direta ou indireta (própria, ou de pessoa ou de coisa relacionada); nas perigosas, a responsabilidade é da empresa exploradora, existindo tendência concretizada em certas situações, de socialização dos riscos, não se cogitando, no entanto, da responsabilidade indireta; e) enquanto nas primeiras a vítima é obrigada a demonstrar, em concreto, a existência da subjetividade do lesante na produção do dano, nas segundas, deve simplesmente provar o implemento do nexo causal; f) limita-se, ademais, para as últimas, o campo das exonerações possíveis, com a absorção do caso fortuito, isto é, não se cogita do fortuito – ou se o aparta – como excludente de responsabilidade" (p. 100-1).

Ao final, o ora citado Prof. Carlos Alberto Bittar apresenta as suas conclusões: "Nascida sob a égide da teoria do ato ilícito, a responsabilidade civil evoluiu no sentido de alcançar atividades carregadas de perigo, independentemente da noção de culpa. A objetivação de sua base – fundada no risco da atividade e que atingiu o grau máximo na exploração pacífica do átomo – veio a estender o seu campo de aplicação, exatamente para assegurar às vítimas a respectiva reparação, de difícil consecução no regime comum, em face da necessidade de prova de culpa. Lastreada na distinção das atividades humanas em perigosas e não perigosas – cujo alcance tem sido delineado por doutrina e por jurisprudência –, prima pela preocupação com a pessoa humana, em face dos mecanismos e aparatos técnicos que o denominado 'maquinismo' trouxe à vida diária, pondo em risco bens e valores fundamentais do homem e da sociedade. Inserida no contexto da ideia de socialização dos riscos, a nova fórmula vem insinuando-se em leis especiais e em alguns códigos, formando ora sistema especial de responsabilidade, que conta com conceitos, princípios e regras próprias, cujas linhas gerais traçamos, comparando-o com o regime comum" (p. 101).

A redação do mencionado parágrafo único do art. 927 do Código Civil, no trecho em que alude a "atividade normalmente desenvolvida pelo autor do dano" que implicar, "por sua natureza, risco para os direitos de outrem", tem suscitado dúvidas de interpretação na doutrina. Entendem alguns, como Sérgio Cavalieri Filho (*Programa de responsabilidade civil*, 5. ed., Malheiros Ed., 2004, p. 172), que a palavra "atividade" indica serviço, atuação reiterada, habitual, organizada empresarialmente para realizar fins econômicos.

Tal entendimento afasta a possibilidade de se aplicar o dispositivo em apreço às atividades sem fins lucrativos, meramente recreativas, e às exercidas esporadicamente, embora perigosas pelos riscos que oferecem às pessoas.

Parece-nos, todavia, que o legislador não teve a intenção de restringir a aplicação, entre nós, da teoria do exercício da atividade perigosa, uma vez que adotou, como foi dito, solução mais avançada e mais rigorosa que a do direito italiano e do direito português, afastando a possibilidade de o agente, mediante a inversão do ônus da prova, exonerar-se da responsabilidade se provar que adotou todas as medidas aptas a evitar o dano.

O Tribunal assim se pronunciou: "A responsabilidade civil subjetiva é a regra no Direito brasileiro, exigindo-se a comprovação de dolo ou culpa. Possibilidade, entretanto, de previsões excepcionais de responsabilidade objetiva pelo legislador ordinário em face da necessidade de justiça plena de se indenizar as vítimas em situações perigosas e de risco (...)" (RE 828040, rel. Alexandre de Moraes, Tribunal Pleno, j. 12-03-2020, *DJe* 25-6-2020).

Razão assiste, pois, a José Acir Lessa Giordani (*A responsabilidade civil objetiva genérica no Código Civil de 2002*, Lumen Juris, 2004, p. 91) quando afirma que o termo "atividade" é utilizado pelo parágrafo único do art. 927 "no sentido que lhe atribui o vernáculo, não vislumbrando na hipótese qualquer conotação técnica que se lhe possa ser atribuída". Atividade, aduz o mencionado autor, "é ação, ocupação, conduta, devendo ser interpretada não restritivamente, mas sim ampliativamente, em conformidade com os anseios por uma melhor justiça em matéria de responsabilidade".

Ademais, tendo sido acolhida, no dispositivo em tela, a teoria do *risco criado*, e não do *risco proveito*, como entende a melhor doutrina, não se pode atribuir à vítima o ônus de demonstrar que o causador do dano exerce atividade lucrativa.

Como exemplos de atividades sem fins econômicos abrangidas pelo aludido parágrafo único do art. 927 do Código Civil em vigor podem ser citados os "rachas" organizados por jovens nas ruas das grandes cidades, colocando em risco a vida de outros motoristas, bem como a chamada "farra do boi" (declarada inconstitucional pelo STF), realizada em Estados do Sul, com animais perigosos soltos pelas ruas, num autêntico "salve-se quem puder". No direito comparado, como lembra Leonardo de Faria Beraldo (A responsabilidade civil no parágrafo único do art. 927 do Código Civil e alguns apontamentos do direito comparado, *RF*, *376*:131-143), "a *caça* (tanto a esportiva quanto a recreativa) é incluída dentre as atividades perigosas, embora não seja propriamente uma atividade no sentido econômico ou empresarial".

Haveria realmente necessidade de a atividade perigosa ser exercida reiteradamente para o agente incidir na responsabilidade objetiva, independente de culpa? Penso que não.

O advérbio "normalmente", empregado no dispositivo ora comentado, não consta dos códigos de outros países, como Itália, Portugal, Líbano, México etc., que adotaram a teoria do exercício da atividade perigosa antes de nós. Ao utilizá-la, pretendeu o novel legislador apenas deixar claro que a responsabilidade do agente será objetiva quando a atividade por ele exercida contiver uma notável potencialidade danosa, em relação ao critério da normalidade média. É a aplicação da teoria dos atos *normais* e *anormais*, medidos pelo padrão médio da sociedade. Basta que, mesmo desenvolvida "normalmente" pelo autor do dano, a atividade seja, "por sua natureza", por implicar "riscos para os direitos de outrem", potencialmente perigosa, não havendo necessidade de um exercício anormal, extraordinário, para que assim seja considerada.

Em matéria de responsabilidade civil extracontratual decorrente de acidente que envolve mais de um veículo, a jurisprudência tem-se ainda utilizado do critério da culpa para solucionar os diversos litígios que são instaurados. No entanto, em casos de atropelamento, sem culpa da vítima, ou de abalroamentos de veículos parados ou de postes e outros obstáculos, tem-se feito referência à teoria do risco objetivo ou do exercício de atividade perigosa, para responsabilizar o motorista ou o proprietário do veículo, afastando-se a alegação de caso fortuito em razão de defeitos mecânicos ou de problemas de saúde ligados ao condutor.

Assim, a atividade de dirigir veículos, quando exercida de modo normal, isto é, com prudência e observância dos regulamentos, não representa risco para os direitos de outrem. Não constitui por si, por sua natureza, atividade perigosa, abrangida pelo mencionado parágrafo único do art. 927 do Código Civil, pois necessita, para que represente risco para terceiros, de um exercício anormal, ou seja, efetuado com imprudência, negligência ou imperícia.

Nessa linha, Caio Mário da Silva Pereira, comentando o parágrafo único do art. 929 do Projeto de Lei n. 634-B/75, que redundou no parágrafo único do art. 927 do atual diploma, preleciona: "Desde logo exclui-se a ideia de *anormalidade* do ato danoso, uma vez que o Projeto cogita de vincular a obrigação ressarcitória a uma 'atividade normalmente desenvolvida' pelo causador do dano. Encarada, pois, a questão sob esse aspecto, ou seja, tendo em vista tratar-se de *ato normal*, o que se leva em conta, no primeiro plano, é que a vítima não necessita provar se o agente estava ou não estava no exercício de sua atividade habitual, ou se procedia dentro dos usos e costumes do ambiente social em que opera. Por outro lado, descabe para o causador do dano a escusativa de não haver incidido em um comportamento excessivo. A eliminação destas qualificações retira, portanto, a doutrina do risco criado de qualquer influência da teoria subjetiva" (*Responsabilidade*, cit., p. 305).

Acrescenta o mencionado autor, mais adiante: "De outro lado, muito embora a ideia de proveito haja influenciado de maneira marcante a teoria do risco, a meu ver é indispensável eliminá-la, porque a demonstração, por parte da vítima, de que o mal foi causado não porque o agente empreendeu uma atividade geradora do dano, porém porque desta atividade ele extraiu um proveito, é envolver, em última análise, uma influência subjetiva na conceituação da responsabilidade civil" (*Responsabilidade civil*, cit., p. 307).

Em conclusão, afirma Sebastião Geraldo de Oliveira, "não é necessário que haja comportamento *anormal* ou ilícito do empregador para gerar o direito à indenização, pois o simples exercício da atividade, ainda que *normalmente* desenvolvida, pode acarretar o direito à indenização, caso tenha provocado danos à vítima" (*Indenizações por acidente do trabalho ou doença ocupacional*, 2. ed., São Paulo, LTr, 2006, p. 110).

Decidiu-se, portanto, que:

"A culpa dos motoristas nos acidentes de trânsito está sendo considerada objetivamente pelo Excelso Pretório (*RTJ* 51/631), com base no direito francês, que não repugna ao nosso direito positivo, por se considerar o automóvel um aparelho sumamente perigoso" (TJSP, *RDCiv*, *3*:304).

"O fato de um carro estar irregularmente estacionado em local proibido não isenta de culpa o motorista do veículo que com ele colidiu" (TJSP, *RT*, *510*:126).

"Pela aplicação da teoria da guarda da coisa, a condição de guardião é imputada a quem tem o comando intelectual da coisa, não obstante não ostentar o comando material ou mesmo na hipótese de a coisa estar sob a detenção de outrem, como o que ocorre frequentemente nas relações entre preposto e preponente" (STJ, REsp 1.072.577, 4ª T., rel. Min. Luiz Felipe Salomão, *DJe* 26-4-2012).

"A culpa do proprietário configura-se em razão da escolha impertinente da pessoa a conduzir seu carro ou da negligência em permitir que terceiros, sem sua autorização, utilizem o veículo" (STJ, REsp 604.758, 3ª T., rel. Min. Nancy Andrighi, *DJe* 1º-3-2012).

"Como casos fortuitos ou de força maior não podem ser consideradas quaisquer anormalidades mecânicas, tais como a quebra ou ruptura de peças, verificada em veículos motorizados" (*RF*, *161*:249)."Não se considera caso fortuito o rompimento do 'burrinho' dos freios do veículo" (*RT*, *431*:74).

"A teoria objetiva preceitua que a culpa não será elemento indispensável ou necessário para a constatação da responsabilidade civil, retirando o foco de relevância do culpado pelo dano para transferi-lo para o responsável pela reparação do dano. A preocupação imediata passa ser a vítima e o reequilíbrio do patrimônio afetado pela lesão. O fato danoso, e não o fato doloso ou culposo, desencadeia a responsabilidade. (...)" (REsp 1.984.282-SP, rel. Ministro Luis Felipe Salomão, 4ª T., j. 16-8-2022, *DJe* 22-11-2022).

A propósito do tema, dispõe o Enunciado n. 555 da VI Jornada de Direito Civil do Conselho da Justiça Federal: "Os 'direitos de outrem' mencionados no parágrafo único do art. 927 do CC devem abranger não apenas a vida e a integridade física, mas também outros direitos, de caráter patrimonial ou extrapatrimonial".

6. Responsabilidade em caso de arrendamento e de parceria rural

Tanto a doutrina como a jurisprudência já vinham aceitando, mesmo antes do atual Código Civil, a teoria que responsabiliza os proprietários de bens, móveis ou imóveis, utilizados em atividades perigosas, especialmente se para fins lucrativos.

A exploração de canaviais e de alguns outros tipos de cultura constitui, por exemplo, atividade dessa natureza, por envolver sempre perigo de dano às propriedades vizinhas em virtude da necessidade de queimadas, que se sucedem em épocas próprias. Tais queimadas exigem cuidados especiais que, se não forem tomados, acarretam, quase sempre, consequências danosas e a responsabilidade do rurícola negligente (cf. *RT, 535*:149, *526*:65; *JTACSP*, Saraiva, *79*:15).

Assim, já se decidiu que não só o arrendatário mas também o proprietário da terra, que igualmente aufere os cômodos da atividade exercida por aquele, seja na condição de arrendador ou de parceiro-outorgante, podem ser responsabilizados pelos referidos danos (*JTACSP*, Revista dos Tribunais, *101*:92).

Na maioria das vezes, no entanto, o fundamento invocado tem sido outro:

"Os princípios que vigoram para a vizinhança regem os casos de prejuízo ocasionado a imóvel rural por queimada feita em propriedade vizinha", tendo aplicação o art. 72 do Código Civil [*novo art. 1.299*] (TJSP, *RT*, *270*:299).

Com base no aludido dispositivo legal tem-se responsabilizado o proprietário do imóvel, solidariamente com o engenheiro responsável ou construtor, pelos danos causados por construção a prédio vizinho. Assim também é de considerar solidariamente responsáveis, pelos danos causados às propriedades vizinhas, resultantes de queimadas, o arrendador e o arrendatário do imóvel em que o fogo teve início, ou o parceiro e o proprietário. Provada a negligência do arrendatário, contra ele terá o proprietário direito de regresso. Veja-se:

"*Responsabilidade civil* – Fogo ateado em mato por meeiro – Imóvel vizinho atingido – Separação por estrada – Irrelevância – Ação de indenização contra o proprietário – Procedência.

Pelo prejuízo causado por fogo a imóvel vizinho responde o dono do imóvel onde foi ateado, mesmo por meeiro ou arrendatário" (*RT*, *411*:148, *421*:118, *440*:97 e *490*:94).

Da mesma forma pode ocorrer essa responsabilidade se a atividade diz respeito à cria ou engorda de animais e estes invadem e danificam a propriedade vizinha. Diferente, porém, deve ser a solução se outra é a atividade e algum animal que o arrendatário conserva no imóvel para uso particular causa dano à propriedade vizinha. Neste caso, somente este pode ser acionado, na condição de dono do animal.

7. Responsabilidade das empresas locadoras de veículos

A responsabilidade solidária do locador de veículos pelos prejuízos causados pelo locatário foi firmada pela jurisprudência pátria e é objeto da Súmula 492 do Supremo Tribunal Federal, *verbis*:"A empresa locadora de veículo responde, civil e solidariamente com o locatário, pelos danos por este causados a terceiros, no uso do carro locado".

Tal Súmula acrescentou, segundo alguns, um novo caso de responsabilidade por fato de terceiro, consagrando a responsabilidade objetiva do locador, tenha agido com culpa ou não (Maria Helena Diniz, *Responsabilidade civil*, cit., p. 362; Arnaldo Rizzardo, *A reparação nos acidentes de trânsito*, 2. ed., Revista dos Tribunais, p. 218). Para outros, a responsabilidade da locadora, nos termos da aludida Súmula, não é direta nem indireta, não se apoia na lei ou doutrina pátria: é um novo tipo de responsabilidade, puramente pretoriano (Mário Moacyr Porto, *Temas*, cit., p. 120; Wilson Melo da Silva, *Da responsabilidade*, cit., p. 333, n. 112).

Mário Moacyr Porto critica a Súmula 492, afirmando ser "de todo em todo inadmissível que se imponha à locadora, no exercício regular e autorizado da sua atividade mercantil, uma 'automática' obrigação de indenizar o dano resultante da culpa exclusiva do locatário do automóvel" (*Temas*, cit., p. 120).

O Supremo Tribunal Federal, por mais de uma vez decidindo a respeito do assunto, proclamou que, na locação mercantil, age com "culpa" e responde solidariamente o locador que não destina parte do seu lucro à cobertura da eventual insolvência do condutor para indenizar (*RTJ*, *37*:594, *41*:796, *45*:65). De um desses acórdãos consta o seguinte trecho:

"Que a solidariedade passiva da empresa proprietária na composição do dano se regula pelo art. 159 [*novo art. 186*] do C. Civ. e no Código Nacional de Trânsito (*RTJ*, 37/594). Assim, resulta a solidariedade de lei, no caso, o invocado art. 159 do C. Civ. [*de 1916, correspondente ao art. 186 do vigente CC*], pois que será irrisório pretender-se que proceda com a diligência e cautela normais aquele que explora o comércio de aluguel de automóveis e, com fins de lucro, põe ao alcance de qualquer pessoa, mesmo que regularmente habilitada, a locação de tais veículos, sem antes prover à solvência do usuário, em caso de responsabilidade civil. A necessidade de reparar o dano é a mais imperiosa determinação da lei. Daí se ter de conceituar como culposa negligência a falta de adequada cobertura da eventual incapacidade econômica do arrendatário, que, como no caso presente, era um desconhecido, que desapareceu sem compor os prejuízos que causou ao recorrente" (*RTJ*, *41*:796).

Parece-nos, no entanto, que a solução melhor se ajusta à responsabilidade objetiva, que se funda na teoria da guarda da coisa inanimada, ou seja, na teoria que atribui responsabilidade à pessoa não apenas pelo dano por ela causado, mas, ainda, pelo dano causado pelas coisas sob sua guarda. Guardião da coisa é ordinariamente o seu proprietário. É responsável por dirigir a coisa em seu proveito, devendo, em contrapartida, suportar os seus riscos.

Como já dito, presume-se a responsabilidade do guardião ou dono da coisa pelos danos que ela venha a causar a terceiros. A presunção só é ilidível pela prova, a ser por ele produzida, de que o dano adveio de culpa da vítima ou de força maior.

O Tribunal de Justiça do Rio de Janeiro invocou também, como fundamento legal, os arts. 2º, 14 e 17 do Código de Defesa do Consumidor:

"Estabelecida a culpa do condutor do veículo locado ao sair da sua pista de direção para abalroar frontalmente dois outros veículos que trafegavam na pista destinada à direção oposta, emerge a culpa solidária da proprietária desse automóvel, empresa locadora, exploradora mercantil de atividade de indústria e prestadora de serviços, não só pelo disposto na Súmula 492 do STF, plenamente aplicável, na forma dos arts. 159 e 1.521 do Código Civil [*de 1916*], como pelas regras da culpa presumida, estatuídas no Código de Defesa do Consumidor nos seus arts. 2º, 14 e 17, notadamente o derradeiro, que abrange a todas as vítimas do evento" (Embs. 206/98 na Ap. 3.441/98-Capital, 7º Gr. de Câms., rel. Des. Rudi Loewenkron, *DJe* 4-3-1999).

8. Responsabilidade em caso de arrendamento mercantil (*leasing*)

Bastante polêmica a responsabilidade solidária das empresas que exploram o ramo de arrendamento mercantil de veículos.

Uma corrente jurisprudencial bastante expressiva segue a orientação do Supremo Tribunal Federal, que proclamava a inaplicabilidade da Súmula 492 aos contratos de arrendamento mercantil, como se pode ver:

"*Responsabilidade civil* – Acidente de trânsito – Veículo objeto de arrendamento mercantil – Hipótese em que o arrendador não é solidariamente responsável pelos danos causados a terceiros pelo arrendatário no uso do carro – Contrato que não se confunde com o de locação – Inaplicabilidade, portanto, da Súmula 492 do STF, desconhecido o instituto do *leasing* à época de sua edição" (STF, *RT*, *634*:213).

Nesse mesmo sentido decisões insertas em *RT*, *574*:216, *606*:134, *640*:121.

Outra corrente, no entanto, sustenta a existência de responsabilidade solidária entre o arrendador e o arrendatário, em razão da semelhança do contrato de *leasing* com o de locação:

"*Arrendamento mercantil* – Semelhança com o *leasing* – Responsabilidade solidária entre a locadora e arrendatário – Desvalia da cláusula atribuidora da responsabilidade exclusiva ao arrendatário por dano causado a terceiro – Legitimidade de parte da entidade financeira" (*JTACSP*, Saraiva, *80*:37; *JTACSP*, Revista dos Tribunais, *95*:18; 1º TACSP, 5ª Câm., AgI 329.434, São Caetano do Sul, j. 5-9-1984; 2ª Câm., Ap. 354.418, São Paulo, j. 17-12-1986).

Argumentam os adeptos dessa corrente que são indisfarçáveis as semelhanças entre o *leasing* e a locação, devendo por isso ser aplicada, também ao primeiro, a Súmula 492 do Supremo Tribunal Federal. Ademais, a propriedade do bem objeto de contrato de *leasing* permanece com a entidade financeira enquanto não exercido o direito de opção de compra por parte do arrendatário. Sendo o automóvel coisa perigosa, o seu proprietário deve responder pelos danos que possa causar a outrem pelo simples fato de permitir a sua circulação. Uma empresa comercial que, com o objetivo de lucro, adquire veículos e os arrenda, está a admitir que tais veículos sejam postos em circulação para atenderem à sua finalidade econômica, pelo que não pode deixar de responder pelos danos que venham a causar. É o risco próprio da atividade econômica (*ubi emolumentum, ibi onus*). Embora a locação de veículos não se confunda com o contrato de *leasing*, em ambas as hipóteses o proprietário não tem o menor poder de vigilância sobre a forma como está sendo usado o veículo, nem se pode dizer que escolheu bem ou mal o condutor. São situações análogas que merecem o mesmo tratamento.

Na doutrina, Arnaldo Rizzardo é da mesma opinião, destacando a responsabilidade objetiva do arrendador, semelhantemente à do locador, por ter o arrendatário apenas a posse, permanecendo o domínio com o primeiro (*A reparação*, cit., p. 273, e *RT*, *602*:22).

Para essa corrente, pois, não é o fato de a arrendadora não ter a direção ou o poder de fato sobre a coisa que afasta a sua responsabilidade pelos danos causados pelo locatário. O que caracteriza essa responsabilidade é o risco criado com o exercício de uma atividade lucrativa (risco-proveito).

No entanto, as situações são diversas e não devem ser confundidas.

Basta verificar o conceito de *leasing* expendido por Arnoldo Wald (*RT*, *415*:9) para bem se perceber a finalidade do instituto e a sua natureza jurídica, nitidamente diferentes da locação: "O 'leasing', também denominado na França 'crédit bail' e na Inglaterra 'hirepurchase', é um contrato pelo qual uma empresa, desejando utilizar determinado equipamento ou um certo imóvel, consegue que uma instituição financeira adquira o referido bem, alugando-o ao interessado por prazo certo, admitindo-se que, terminado o prazo locativo, o locatário possa optar entre a devolução do bem, a renovação da locação ou a compra pelo preço residual fixado no momento inicial do contrato". Trata-se, segundo o mencionado autor, de uma fórmula intermediária entre a compra e venda e a locação.

José Wilson Nogueira de Queiroz (*Arrendamento mercantil* ("*leasing*"), 2. ed., Forense, 1983, p. 6) e Paulo Roberto Tavares Paes (*Leasing*, Revista dos Tribunais, 1977, p. 1) também destacam, nos conceitos que apresentam do instituto, a necessidade de a empresa utilizar determinado equipamento e o fato de conseguir que outra o adquira e o alugue à empresa interessada; esta consegue, assim, utilizar determinado bem de que necessita, por intermédio de uma sociedade de financiamento.

O que mais distingue os dois institutos é o fato de o exercício de atividade perigosa com fins lucrativos, ou seja, a exploração econômica da máquina ou do veículo tido como perigoso, ser feita, na locação, pelo locador, e, no arrendamento mercantil, pelo arrendatário, servindo o arrendador, preponderantemente, como mero intermediário. Quem, na verdade, explora a máquina na sua atividade comercial ou industrial, ou seja, com fins lucrativos e completa autonomia, é o arrendatário.

Na locação, o que se destaca é a exploração econômica do veículo, pela locadora. Lucra ela com a circulação do veículo, para uso temporário do locatário, escolhendo-o livremente na ocasião da compra e locando-o a diversas pessoas, sem mesmo se assegurar de sua idoneidade financeira para garantir eventual dano causado a terceiros, e sendo a responsável por sua conservação. Ou, como já se acentuou:

"Visa, tão só, aos veículos destinados a locação, e nada mais; locação de veículos, como tal, exploração comercial bem definida, onde o proprietário do bem não tem qualquer intenção de venda, nem o locatário de compra; o primeiro, como é óbvio, quer explorar a possibilidade comercial do veículo, fazendo-o objeto de sua atividade, não abrindo mão, por isso, da propriedade, nem remotamente; o segundo, jamais, na locação, revelaria a menor intenção de aquisição do veículo, mas sua vontade caminha apenas para o uso, por um certo tempo e mediante pagamento; implícito que a devolução do veículo é parte inafastável do contrato, findo o uso ou a locação. Na espécie 'leasing' a compra do veículo se faz com endereço certo e para uso temporário de uma determinada pessoa, que adquire o direito de compra; no comércio da locação, o locador tem interesse em manter frota de veículos, de sua propriedade e independentemente do possível usuário" (*RT*, *606*:134).

Locação e arrendamento mercantil têm, pois, finalidades distintas. Conforme acentua Celso Benjó, o instituto do *leasing* "visa, primordialmente, ao aumento de produtividade das empresas através do seu reaparelhamento, e não à satisfação de financiamento a pessoas naturais" (*RF*, *274*:25).

Com efeito, reza o art. 1º da Lei n. 6.099/74, que introduziu o *leasing* no Brasil, em seu parágrafo único: "Considera-se arrendamento mercantil a operação realizada entre pessoas jurídicas, que tenha por objeto o arrendamento de bens adquiridos a terceiros pela arrendadora, para fins de uso próprio da arrendatária e que atendam às espécies desta".

No caso do *leasing*, a máquina é usada para atender às necessidades da arrendatária, que sobre ela mantém a posse direta, podendo contratar um preposto para, em nome e por conta da preponente, operá-la. Destarte, não existe como ver qualquer culpa da arrendante no uso indevido da máquina pela arrendatária ou por preposto desta, nem relação de causalidade entre o dano porventura causado a terceiro, em face do ato ilícito praticado com a máquina, e a atividade de financiador do arrendante (*RT*, *574*:218).

A responsabilidade civil por ato ilícito decorrente da utilização de veículo objeto de *leasing* é, pois, do arrendatário, até porque não pode o arrendante interferir nas condições de uso da coisa. Inexiste, pois, vínculo de atributividade em relação ao *lessor* de maneira a justificar sua posição no polo passivo da demanda (*RT, 640*:121).

Aduza-se que não cabe à empresa de *leasing* aprovar o equipamento a ser adquirido, definir as suas condições e serventia. Compete-lhe apenas a aquisição, ou, em última instância, o financiamento. Serão os profissionais da locatária que examinarão o bem e concluirão quanto à aprovação. Em face de tais relações, não é aceita a reclamação por eventuais defeitos do equipamento, junto à locadora. Justamente porque o arrendador adquire o bem conforme indicações técnicas do arrendatário, não se lhe aplicam as normas sobre vícios redibitórios – assinala Fábio Konder Comparato, um dos primeiros estudiosos do *leasing* no Brasil. P. R. Tavares explica a razão: "A instituição financeira exerce, em última análise, a função de simples intermediária entre aquela e o vendedor do material, o que faz com que não se lhe possa imputar qualquer responsabilidade" (apud Arnaldo Rizzardo, *A reparação*, cit., p. 255).

Esses traços do instituto realçam ainda mais o papel de simples intermediária da empresa arrendadora, enquanto a arrendatária faz do veículo o objeto de sua atividade e por isso deve responder pelos danos que o exercício dessa atividade causar a terceiros. Não há solidariedade passiva entre ambas, como bem proclamou o Supremo Tribunal Federal ao não aplicar a Súmula 492 aos casos de *leasing*.

Nesse mesmo sentido também já se pronunciou o Superior Tribunal de Justiça:

"*Arrendamento mercantil* ('*leasing*') – Arrendadora – Responsabilidade – Teoria do risco – Inaplicabilidade.A arrendadora não é responsável pelos danos provocados pelo arrendatário. O 'leasing' é operação financeira na qual o bem, em regra objeto de promessa unilateral de venda futura, tem a sua posse transferida antecipadamente. A atividade, aliás, própria do mercado financeiro, não oferece potencial de risco capaz de por si acarretar a responsabilidade objetiva, ainda que a coisa arrendada seja automotor. Recurso especial conhecido e provido" (REsp 5.508-SP, 3ª T., , rel. Min. Cláudio Santos, j. 30-10-1990).

9. Responsabilidade em caso de alienação fiduciária

Em sentido lato, a alienação fiduciária é o negócio jurídico pelo qual uma das partes adquire, em confiança, a propriedade de um bem, obrigando-se a devolvê-la quando se verifique o acontecimento a que se tenha subordinado tal obrigação, ou lhe seja pedida a restituição (Orlando Gomes, *Alienação fiduciária em garantia*, 1970, p. 18, n. 16). Ou é o negócio jurídico através do qual o adquirente de um bem móvel transfere o domínio do mesmo ao credor que emprestou o dinheiro para pagar-lhe o preço, continuando, entretanto, o alienante a possuí-lo pelo *constituto possessorio,* resolvendo-se o domínio do credor, quando for ele pago de seu crédito (Silvio Rodrigues, *Direito civil*, cit., v. 3, p. 184).

Mediante o *constituto possessorio*, o adquirente do veículo transfere para o financiador a propriedade resolúvel do bem e a posse indireta, permanecendo na posse direta. No momento em que for satisfeito todo o crédito, o domínio da empresa financiadora se resolve automaticamente e a propriedade plena se reincorpora ao patrimônio do adquirente. Enquanto está pagando as prestações, o devedor fiduciante assume a condição de depositário e de possuidor direto do bem; e o credor fiduciário a de titular do domínio resolúvel e possuidor indireto.

No entanto, nenhuma razão existe para responsabilizar o último, solidariamente com o devedor fiduciante, pelos atos ilícitos que este praticar na utilização do veículo. É ainda mais acentuada no caso da alienação fiduciária, em comparação com o do *leasing*, a inaplicabilidade da Súmula 492 do Supremo Tribunal Federal, pois naquele a propriedade vai-se transferindo ao fiduciante à medida que se efetua a satisfação das prestações. E se reintegra no seu patrimônio a propriedade plena quando do pagamento da última parcela, automaticamente, independentemente de qualquer outra manifestação da vontade. Tanto "se expressa a consolidação do domínio na alienação fiduciária que na venda decorrente da busca e apreensão a quantia restante, após satisfeito o crédito da sociedade financeira, será entregue ao alienante fiduciário" (Arnaldo Rizzardo, *A reparação*, cit., p. 277).

A transferência da propriedade resolúvel ao credor fiduciário não passa de um expediente técnico criado pelo legislador para garantia das instituições financeiras especializadas em financiar o crédito ao consumidor final – o que não é suficiente para enredá-las com o devedor fiduciante e responsabilizá-las solidariamente pelos danos que este causar a terceiros no uso do veículo.

Decidiu o Superior Tribunal de Justiça:

"Ação de busca e apreensão – Contrato de financiamento de veículo, com alienação fiduciária em garantia regido pelo Decreto-Lei 911/69 – Incontroverso inadimplemento das quatro últimas parcelas (de um total de 48) – Extinção da ação de busca e apreensão (ou determinação para aditamento da inicial, para transmudá-la em ação executiva ou de cobrança), a pretexto da aplicação da teoria do adimplemento substancial – Descabimento – Absoluta incompatibilidade da citada teoria com os termos da lei especial de Regência – Reconhecimento – Emancipação do bem ao devedor condicionada ao pagamento da integralidade da dívida, assim compreendida como os débitos vencidos, vincendos e encargos apresentados pelo credor, conforme entendimento consolidado da Segunda Seção, sob o rito dos recursos especiais repetitivos (REsp n. 1.418.593-MS)" (STJ, REsp 1.622.555-MG, 2ª Seção, rel. Min. Marco Aurélio Bellizze, DJe 16-3-2017).

Seção IV
Responsabilidade pelo fato ou guarda de animais

1. A responsabilidade objetiva do art. 936 do Código Civil

O art. 936 do Código Civil estabelece a presunção *juris tantum* de responsabilidade do dono do animal, nestes termos:

"Art. 936. O dono, ou detentor, do animal ressarcirá o dano por este causado, se não provar culpa da vítima ou força maior".

A responsabilidade do dono do animal é, portanto, objetiva. Basta que a vítima prove o dano e a relação de causalidade entre o dano por ela sofrido e o ato do animal. Trata-se de presunção vencível, suscetível de prova em contrário. Permite-se, com efeito, ao dono do animal que se exonere da responsabilidade, provando qualquer uma das excludentes mencionadas: culpa da vítima ou força maior.

Assim: "Tratando-se de acidente de veículo ao atropelar uma rês, em estrada oficial, ao dono do carro cabe apenas provar o fato e o dano. O proprietário da rês só pode exonerar-se oferecendo a prova das excludentes do art. 1.527 do Código Civil [*de 1916, correspondente ao art. 936 do atual diploma*]" (TJSP, *RT, 465*:77).

Adverte Silvio Rodrigues que "a prova da relação de causalidade, que incumbe à vítima, é fundamental. Assim, se o agricultor promove ação de ressarcimento do dano por ele experimentado em sua lavoura, pela sua destruição por porcos pertencentes a seu vizinho, e se não consegue provar que os animais que destruíram a sua lavoura pertenciam ao réu, certamente verá sua ação julgada improcedente, pois não conseguiu demonstrar a relação de causalidade entre o dano e o evento que o gerou" (*Direito civil*, cit., v. 4, p. 140, n. 49).

A propósito, preleciona Sérgio Cavalieri Filho (*Programa*, cit., 9. ed., p. 229) que, à luz do art. 1.527 do Código Civil de 1916, "não havia como fugir da presunção de culpa *in vigilando* ou *in custodiendo*. E assim era porque aquele dispositivo permitia ao dono ou detentor do animal elidir sua responsabilidade provando que o guardava com cuidado preciso. Havia, portanto, a inversão do ônus da prova quanto à culpa, que deixava de incumbir à vítima e passava ao guarda".

Mas, prossegue, "o Código de 2002 mudou de posição. O art. 936 não mais admite ao dono ou detentor do animal afastar sua responsabilidade provando que o guardava e vigiava com cuidado preciso, ou seja, provando que não teve culpa. Agora, a responsabilidade só poderá ser afastada se o dono ou detentor do animal provar fato exclusivo da vítima ou força maior. Temos, destarte, uma responsabilidade objetiva tão forte que ultrapassa os limites da teoria do risco criado ou do risco-proveito".

A responsabilidade ainda compete ao dono quando o animal se encontra sob a guarda de um seu preposto, pois este age por aquele[66]. Pode, no entanto, passar ao arrendatário, comodatário ou depositário, a quem a guarda foi transferida[67]. Ou mesmo ao ladrão, quando o dono é privado da guarda em virtude de furto ou roubo.

Tem-se decidido que o fato de o Departamento de Estradas de Rodagem construir cerca ao longo da rodovia não implica sua responsabilidade por acidente ocasionado por animais que, varando a cerca, ganham a estrada (*RT, 446*:101). As cercas que o DER levanta ao longo das rodovias têm por objetivo simples demarcação de limites, uma vez que pela rodovia só trafegam veículos; aos proprietários lindeiros cabe reforçá-las de modo a evitar a saída de animais (*RT, 493*:54).

Mas o DERSA responde por acidente com automóvel causado por animais na Via dos Imigrantes (*RT, 523*:96, *715*:178), por se tratar de rodovia de trânsito rápido, de acesso controlado. A propósito, decidiu o Tribunal Federal de Recursos: "Tratando-se de via expressa para a qual são estabelecidas condições especiais de conservação e segurança e por cujo uso é

---

66. Silvio Rodrigues, *Direito civil*, cit., v. 4, p. 141, n. 50.
67. Aguiar Dias, *Da responsabilidade*, cit., v. 4, p. 512, n. 179.

cobrado preço público, responsável é a autarquia por omissão do dever de vigilância, permitindo o ingresso de animais que surpreendem os usuários, causando-lhes danos" (AC 52.634-RS, 4ª T., rel. Min. Carlos Alberto Madeira, *Adcoas*, n. 69.822/80).

Assim também decidiu o extinto 1º Tribunal de Alçada Civil de São Paulo: "Atropelamento de animal em rodovia – Empresa responsável pela administração de estradas de rodagem que tem o dever jurídico de fiscalizar as cercas lindeiras da rodovia, exigindo que os proprietários reforcem-nas, evitando, assim, o transpasse de semoventes – Verba devida ao particular, pois trata-se de fato previsível e não fortuito – Voto vencido" (*RT, 780*:270).

Podem ser responsabilizados, pelos danos causados por animais em rodovias, os seus proprietários e a concessionária de serviços públicos encarregada de sua conservação e exploração. Dispõe, com efeito, o art. 1º, §§ 2º e 3º, do Código de Trânsito Brasileiro (Lei n. 9.503, de 23-9-1997):

> "Art. 1º (...)
> § 2º O trânsito, em condições seguras, é um direito de todos e dever dos órgãos e entidades componentes do Sistema Nacional de Trânsito, a estes cabendo, no âmbito das respectivas competências, adotar as medidas destinadas a assegurar esse direito.
> § 3º Os órgãos e entidades componentes do Sistema Nacional de Trânsito respondem, no âmbito das respectivas competências, objetivamente, por danos causados aos cidadãos em virtude de ação, omissão ou erro na execução e manutenção de programas, projetos e serviços que garantam o exercício do direito do trânsito seguro".

O trânsito, em condições seguras, passou a ser um direito de todos e um dever do Estado, representado pelos órgãos e entidades componentes do Sistema Nacional de Trânsito, especialmente as concessionárias e permissionárias desses serviços, que exploram as rodovias com a obrigação de administrá-las e de fiscalizá-las.

O Código de Defesa do Consumidor, por sua vez, no art. 14, responsabiliza os prestadores de serviços em geral (inclusive, portanto, as referidas concessionárias e permissionárias), independentemente da verificação de culpa, pelo defeito na prestação dos serviços, podendo assim ser considerada a permanência de animal na pista de rolamento, expondo a risco os usuários. Não bastasse, a Constituição Federal, no art. 37, § 6º, responsabiliza objetivamente as pessoas jurídicas de direito privado, prestadoras de serviço público, pelos danos que seus agentes causarem a terceiros, por ação ou omissão.

Desse modo, responde o dono do animal, objetivamente, pelos danos que este causar a terceiros, inclusive nas rodovias, somente se exonerando se provar culpa da vítima, caso fortuito ou força maior. Responde, também de forma objetiva, a concessionária ou permissionária encarregada da administração e fiscalização da rodovia, nos termos do art. 14 do Código de Defesa do Consumidor e do art. 37, § 6º, da Constituição Federal, salvo se provar culpa exclusiva da vítima, caso fortuito ou força maior. O primeiro responde por ser o dono do animal, encarregado de sua guarda, devendo manter em ordem os muros e cercas de seus imóveis, para evitar que fuja para as estradas. A segunda, por permitir que o animal ingresse ou permaneça na rodovia, provocando risco de acidentes e criando insegurança para os usuários.

Preceitua o art. 942, 2ª parte, do Código Civil que, "se a ofensa tiver mais de um autor, todos responderão solidariamente pela reparação". A concessionária, se condenada, terá ação regressiva contra o dono do animal, para cobrar deste a sua quota-parte.

Decidiu, com efeito, o Tribunal Regional Federal da 4ª Região: "A responsabilidade pela presença de animais em rodovia, que se destina ao tráfego de alta velocidade – e, como tal, pressupõe perfeito isolamento de seus terrenos marginais – recai sobre a autarquia encarregada da construção e manutenção das estradas de rodagem nacionais. Na via de regresso, demonstrada a ilicitude do comportamento do proprietário de animais, poderá o ente público ressarcir-se do valor pago a título de indenização" (Ap. 17.273-RS, 1ª T., Relª Ellen Gracie Northfleet, *DJU*, 22 maio 1991).

O interesse dos proprietários em evitar a saída dos animais advém da circunstância de pesar sobre eles a responsabilidade presumida, que os obriga a indenizar os danos causados a terceiros por seus animais, na forma do art. 936 do Código Civil, permitida a exoneração somente se lograrem provar alguma das excludentes previstas.

De acordo com a jurisprudência do Superior Tribunal de Justiça, a concessionária da rodovia responde objetivamente por qualquer defeito na prestação do serviço e pela manutenção da rodovia em todos os aspectos. Responde até mesmo pelos acidentes provocados pela presença de animais na pista, como concluiu o Min. Aldir Passarinho Jr., relator do REsp 573.260-RS, julgado pela 4ª Turma em 27-10-2009.

2. As excludentes admitidas e a inversão do ônus da prova

Pelo sistema do Código Civil (art. 936), cabendo aos donos ou detentores de animais a sua custódia, a responsabilidade pelos acidentes por eles provocados recai, *ipso facto*, sobre os respectivos donos ou detentores. Trata-se de responsabilidade presumida, *ope legis*. Sendo uma presunção vencível, ocorre a inversão do ônus da prova.

Assim, aos donos ou detentores dos animais causadores de acidentes incumbe provar, se pretenderem exonerar-se de tal responsabilidade, que o acidente ocorreu ou por imprudência da vítima, ou por caso fortuito ou força maior.

O aludido art. 936 somente permite a exoneração da responsabilidade do dono ou detentor do animal em casos de culpa da vítima ou força maior, equiparando tal responsabilidade à do guarda da coisa inanimada, na forma elaborada pela jurisprudência francesa, conforme já anotara Silvio Rodrigues (*Direito civil*, cit., v. 4, p. 146, n. 52).

JURISPRUDÊNCIA

3. Danos causados por mordida de cão feroz

■ Indenização – Danos causados a menor mordido por animal durante estadia em hotel de veraneio – Responsabilidade do estabelecimento pela prestação dos seus serviços – Verba devida. Se o hotel mantinha os animais sem as cautelas normais para proteção dos hóspedes, especialmente as crianças, responde pela sua negligência, pelos acidentes que eventualmente aconteçam (*RT, 713*:205).

- Indenização – Ataque por cães bravios – Danos físicos e morais – Culpa *in vigilando* caracterizada – Reparação devida. Demonstrada a culpa *in vigilando* daqueles que mantêm sob sua guarda cães ferozes, os danos físicos e morais causados à vítima, que em nada concorreu para o evento, devem ser ressarcidos, de modo mais amplo possível, pelo proprietário ou por quem tem a guarda dos animais (*RT*, *727*:274).
- Indenização – Ataque inesperado de cão – Existência de cicatrizes de pequena extensão, espalhadas pelos membros superiores e inferiores da vítima – Verba indevida por dano estético, pois não espelham deformação – Reparação devida, no entanto, a título de dano moral, diante do trauma causado pelo evento refletido de forma marcante no psicológico da ofendida (*RT*, *764*:268).
- Responsabilidade civil – Ato ilícito – Passeio com cão perigoso ("Doberman") em local inadequado – Responsabilidade pelo risco assumido. O cão "Doberman", usado na guarda de residências, é reconhecidamente perigoso. Se alguém assume o risco de possuir animal com essa característica, assume todos. Levando-o a passear em lugar inadequado, seu proprietário só pode ser considerado imprudente, respondendo pelos danos provocados (*RT*, *589*:109).
- Responsabilidade civil – Ataque de cão feroz ("Rotweiler") – Proprietário do animal – Dever de indenizar – Configurada a responsabilidade do dono do animal, pertinente que se diga que o simples fato de a autora possuir um plano de saúde não faz com que o réu se exima da responsabilidade de reparar o dano provocado pelo ataque de seu cão (TJRJ, Ap. 2003.001.18047, 6ª Câm. Cív., rel. Des. Albano Mattos Corrêa, *DJe* 24-6-2004).

4. Animal em rodovia

- Indenização por danos materiais e morais – Responsabilidade civil objetiva – Concessionária – Colisão com animal que se encontrava na pista – Nexo de causalidade – Inexistência de nexo de causalidade entre a conduta da Administração Pública e a ocorrência de evento danoso, tendo em vista que os elementos probatórios demonstram somente que o acidente ocorreu, mas não que houve negligência da apelante. Não comprovação do nexo de causalidade (TJSP, Apelação Cível 1012464-19.2022.8.26.0309, rel. Marcelo Berthe, 2ª Câmara de Direito Público, j. 17-7-2024).
- A concessionária é responsável pela conservação e fiscalização da estrada, devendo responder pelo acidente ocorrido devido ao ingresso de animal na pista (TJSP, Apelação Cível 1014504-42.2023.8.26.0566, Rel. Claudio Augusto Pedrassi, 2ª Câmara de Direito Público, j. 1-7-2024).
- Animal na pista – Acidente de trânsito – Danos materiais – Responsabilidade civil – Dever de indenizar – Responsabilidade do dono do animal (STJ, AgRg no AREsp 775.611-RS, 2ª T., rel. Min. Humberto Martins, *DJe* 20-11-2015).
- Colisão de veículo com animal em estrada – Responsabilidade objetiva da concessionária. Por cobrar pedágio pelo uso da estrada, a concessionária tem de garantir não somente a manutenção de sua estrutura física mas também a livre circulação dos veículos de forma segura (TJSP, Ap. 0009695-49.2008.8.26.0114, 7ª Câm. Dir. Público, rel. Des. Coimbra Schmidt, disponível em <www.conjur.com.br>, acesso em 24-12-2012).

- Acidente de trânsito – Colisão de veículo com animais que se encontravam no leito da rodovia – Reparação dos danos devida pelo proprietário dos semoventes, mormente se inexistentes provas da efetiva guarda e vigilância dos irracionais ou da ocorrência de caso fortuito ou força maior (*RT, 774*:266).
- Acidente de trânsito – Colisão de motocicleta com cachorro – Queda do condutor – Lesões corporais (TJSP, Apelação Cível 1000006-83.2022.8.26.0142, rel. Carlos Henrique Miguel Trevisan, 29ª Câmara de Direito Privado, j. 19-7-2024).
- Responsabilidade civil – Gado em estrada de rodagem – Vaca apanhada por caminhão – Estragos ao veículo – Obrigação do proprietário do animal de indenizar – Defesa consistente em culpa de terceiros. O detentor do animal é obrigado a mantê-lo em logradouro próprio e seguro. Assim, se porventura desobedece à regra legal, seja por negligência ou omissão, responderá pelos prejuízos que ele venha a causar a alguém, pouco importando, na contingência, que terceiros hajam provocado oportunidade para o evento danoso. Nessa hipótese, o dono do animal indenizará e, posteriormente, voltar-se-á contra aqueles (*RT, 464*:92).
- Responsabilidade civil – Choque de veículos com animais em rodovia – Inocorrência de caso fortuito – Ação contra o dono dos animais – Procedência. Procede ação de indenização contra o dono do animal causador de dano, salvo se houver prova de uma das situações do art. 936 do CC. O caso fortuito só pode resultar de causa estranha à vontade do devedor. O rompimento da cerca não é, evidentemente, um fato assim. Todo homem prudente pode preveni-lo e obstá-lo, com adoção de cuidados precisos (*RT, 526*:60). No mesmo sentido: *RT, 495*:217, *465*:77, *458*:199, *444*:81.
- Responsabilidade civil – Animal em estrada – Choque com automóvel – Inexistência de culpa do dono do animal.Não procede com culpa o dono de animal que o conduz, puxado por uma corda, em estrada vicinal (*RT, 556*:141).
- Responsabilidade civil – Animais na Via dos Imigrantes – Causa de acidente com automóvel – Ação de indenização contra o Dersa – Procedência. O Dersa responde por acidente com automóvel causado por animais na Via dos Imigrantes (*RT, 523*:96).
- Responsabilidade civil – Indenização por danos materiais e morais – Lesões provocadas por mordidas de cão – Responsabilidade objetiva – Dono do animal – Art. 936 do CC (TJRS, Apel. 70.050.875/070, 9ª Câm. Cív., rel. Des. Marilene B. Bernardi, *DJe* 23-01-2013). Cabe ao dono do animal o ônus da prova das excludentes da responsabilidade previstas no art. 936 do Código Civil. E a falta de prova torna-o responsável pelo ressarcimento dos danos e lucros cessantes advindos de colisão havida com veículo. Não provada a assertiva de ser, um dos réus, dono ou detentor do animal, situação confessada pelo outro réu, não há como pretender-se ocorrente a solidariedade passiva para o cumprimento da obrigação (*RT, 518*:228).
- Responsabilidade civil – Gado – Atropelamento em rodovia – Pretendido direito de indenização pelo proprietário das reses – Inadmissibilidade. Cumprindo ao proprietário de animais o dever de guardá-los e vigiá-los com o cuidado preciso, falece-lhe direito de obter indenização por atropelamento de gado ocorrido em estrada municipal, onde a tropa foi posta a circular à noite, sem quaisquer cautelas especiais (*RT, 462*:256).

- Responsabilidade civil – Acidente de trânsito – Atropelamento de animal, causando danos ao veículo – Responsabilidade do Dersa, que cobra pedágio pelo uso da rodovia – Configuração da culpa *in vigilando* – Regressiva procedente contra a autarquia (*JTACSP*, 76:153).

- Responsabilidade civil – Tratando-se de via expressa para a qual são estabelecidas condições especiais de conservação e segurança e por cujo uso é cobrado preço público, responsável é a autarquia por omissão do dever de vigilância, permitindo o ingresso de animais que surpreendem os usuários, causando-lhes danos (TFR, 4ª T., AC 52.634-RS, rel. Min. Carlos Alberto Madeira, v. un., *Adcoas*, n. 69.822/80).

Capítulo II
RESPONSABILIDADE CONTRATUAL

Seção I
A responsabilidade decorrente dos transportes

1. O contrato de adesão

A responsabilidade contratual está disciplinada precipuamente nos arts. 389 e seguintes do Código Civil. Origina-se da convenção, das mais diversas formas de contratos não adimplidos, com dano ao outro contratante.

Dentre as várias espécies de contratos, figura o contrato de adesão. Trata-se de uma categoria de contrato em que as partes não discutem amplamente as suas cláusulas, como acontece no tipo tradicional. No contrato de adesão as cláusulas são previamente estipuladas por uma das partes, às quais a outra simplesmente adere. Há uma espécie de preponderância da vontade de um dos contratantes.

Há neles um regulamento, previamente redigido por uma das partes, e que a outra aceita ou não; trata-se de um *cliché* contratual, segundo as normas de rigorosa estandardização, elaborado em série; se a outra parte se submete, vem a aceitar-lhe as disposições, não pode mais tarde fugir ao respectivo cumprimento[68].

O transporte de passageiros constitui típico exemplo dessa categoria de contrato. Quem toma um ônibus, ou qualquer outro meio de transporte, tacitamente celebra um contrato de adesão com a empresa transportadora. Com o pagamento da passagem, o transportado aderiu ao regulamento da empresa. Esta, implicitamente, assume a obrigação de conduzi-lo ao seu destino, são e salvo. Se, no trajeto, ocorre um acidente e o passageiro fica ferido, configura-se o inadimplemento contratual, que acarreta a responsabilidade de indenizar, nos termos dos arts. 389 e 734 do Código Civil.

---

68. Washington de Barros Monteiro, *Curso*, cit., v. 5, p. 33.

2. Responsabilidade civil dos transportadores

A responsabilidade do transportador pode ser apreciada em relação aos seus empregados, em relação a terceiros e em relação aos passageiros.

No tocante aos seus *empregados*, como o cobrador, a responsabilidade será derivada de acidente de trabalho, em razão da relação de emprego existente. A indenização, hoje, é devida pelo INSS. Contudo, se houver dolo ou qualquer grau de culpa do empregador, poderá ser pleiteada também uma indenização pelo Direito Comum contra o empregador (CF, art. 7º, XXVIII) (*v.* Livro II, Título I, Capítulo II, Seção IX, n. 1, *infra*).

Por considerar que houve conduta negligente, o juiz Daniel Cordeiro Gazola, da Vara do Trabalho de Bom Despacho (MG), condenou uma transportadora a pagar R$ 3 mil em indenização por danos morais a um ajudante de motorista que dormia no baú do caminhão. Na hipótese mencionada, a empresa não fornecia diárias em valor suficiente para custear um alojamento adequado ao homem que auxiliava o motorista no transporte de mercadorias. Em sua decisão, o magistrado considerou que "a empregadora agiu de forma negligente, em descumprimento do dever de conceder ao trabalhador condições adequadas de higiene e saúde. Tal fato extrapola o poder diretivo e deságua na ofensa à dignidade humana do empregado, ensejando indenização por danos morais".

Dessa forma o magistrado decidiu que "é suficiente para o reconhecimento da obrigação da empresa de reparar os danos morais causados ao trabalhador" (Proc. n. 0011674-78.2021.5.03.0050, *in* Revista *Consultor Jurídico* de 26-9-2002.

Em relação a *terceiros*, como o dono do outro veículo abalroado, ou o pedestre atropelado, a responsabilidade do transportador é extracontratual (*v.* n. 7, *retro*). Não há vínculo contratual entre os personagens envolvidos. O fundamento da responsabilidade era, originariamente, o art. 159 do Código Civil de 1916, que consagrava a responsabilidade subjetiva. Entretanto, com o advento do art. 37, § 6º, da Constituição Federal, tornou-se ela objetiva, na modalidade do risco administrativo, pois o referido dispositivo a estendeu às pessoas jurídicas de direito privado prestadoras de serviço público. O transporte coletivo é serviço público, transferido às empresas mediante concessão ou permissão.

Como o referido dispositivo constitucional prevê a responsabilidade objetiva das permissionárias de serviço público por danos que causarem a *terceiros*, entendendo-se por essa expressão os que não têm com elas relação jurídica contratual, a sua aplicação está restrita aos casos de responsabilidade extracontratual, só podendo ser afastada se o transportador provar caso fortuito ou força maior e culpa exclusiva da vítima, bem como fato exclusivo de terceiros.

O Código de Defesa do Consumidor também atribui responsabilidade objetiva ao prestador ou fornecedor de serviços (art. 14). E, no art. 17, equipara ao consumidor todas as vítimas do sinistro, inclusive o que, embora não tendo relação contratual com o fornecedor, sofre as consequências de um acidente de consumo. Segundo Sérgio Cavalieri Filho, "Nada mudou o Código de Defesa do Consumidor quanto à natureza dessa responsabilidade porque já era objetiva a partir da Constituição de 1988; mudou, entretanto, a sua base jurídica. Não mais necessitamos agora do mecanismo da *responsabilidade pelo fato de terceiro* porque o transportador não responde pelo fato do preposto (art. 1.521, III, Código Civil [*de 1916*]), mas sim por fato próprio – o defeito do serviço. E mais, na medida em que o Código do Consumidor, em seu art. 17, equiparou ao consumidor todas as vítimas de acidente de consumo, ainda que estranhas a uma relação contratual, ficou aqui superada a clássica dicotomia entre responsabilidade contratual e extracontratual". Na sequência, aduz: "A responsabilidade nas relações de consumo ficou submetida a uma disciplina única, tendo em vista que o fundamento da responsabilidade do fornecedor, em qualquer hipótese, é o defeito do produto ou serviço lançado no mercado e que vem a dar causa a um acidente de consumo" (*Programa de responsabilidade civil*, Malheiros Editores, 2. ed., p. 211, n. 60.1).

O art. 22 e parágrafo único do Código de Defesa do Consumidor estabelecem que os órgãos públicos, por si ou suas empresas, concessionárias, permissionárias ou sob qualquer outra forma de empreendimento, além de serem obrigados a fornecer serviços adequados, eficientes e seguros, respondem pelos danos que causarem aos usuários, na forma prevista no referido diploma.

A incidência do Código de Defesa do Consumidor nos casos de acidentes ocorridos por ocasião do transporte de passageiros não ficou prejudicada com a entrada em vigor do atual Código Civil. Dispõe este, no art. 731, que "o transporte exercido em virtude de autorização, permissão ou concessão, rege-se pelas normas regulamentares e pelo que for estabelecido naqueles atos, sem prejuízo do disposto neste Código". E o art. 732 ressalva a aplicabilidade da legislação especial aos contratos de transporte, em geral, desde que não contrarie as disposições do estatuto civil. Da mesma forma, dispõe o art. 593 do mesmo diploma que "a prestação de serviço, que não estiver sujeita às leis trabalhistas ou à *lei especial*, reger-se-á pelas disposições deste Capítulo" (grifos nossos).

Decidiu-se que, "Para a caracterização da responsabilidade civil, antes de tudo, há de existir e estar comprovado o nexo de causalidade entre o evento danoso e a conduta comissiva ou omissiva do agente e afastada qualquer das causas excludentes do nexo causal, tais como a culpa exclusiva da vítima ou de terceiro, o caso fortuito ou a força maior. Há indissociável relação de consumo entre a empresa que presta serviço de transporte por fretamento e os passageiros do ônibus, pois, de um lado, figura a empresa que fornece o serviço de transporte e, do outro, o consumidor direto, destinatário final do serviço, sendo certo que a responsabilidade decorrente do contrato de transporte de pessoas é objetiva. No caso específico do transporte de pessoas, os terceiros vitimados devem ser considerados consumidores por equiparação, embora não tendo participado diretamente da relação de consumo, sejam vítimas de evento danoso resultante dessa relação (AgInt no AREsp 2.355.144-SP, rel. Min. João Otávio de Noronha, 4ª T., j. 10-6-2024, *DJe* 12-6-2024).

Não há incompatibilidade entre o Código Civil e o Código de Defesa do Consumidor, visto que ambos adotam a responsabilidade objetiva do transportador, só elidível mediante a prova de culpa exclusiva da vítima, do caso fortuito e da força maior, ou do fato exclusivo de terceiro, porque tais excludentes rompem o nexo de causalidade. Malgrado não sejam todas mencionadas expressamente nos referidos diplomas, não podem deixar de ser aceitas como excludentes da responsabilidade do transportador, por afastarem, como mencionado, o nexo causal.

O presente capítulo trata especificamente da responsabilidade do transportador em relação ao *passageiro*, de natureza contratual.

O atual Código Civil disciplinou o contrato de transporte em capítulo próprio (Capítulo XIV do Título VI), dividindo-o em três seções, intituladas: "Disposições gerais", "Do transporte de pessoas" e "Do transporte de coisas" (arts. 730 a 756).

2.1. Contrato de transporte – Disposições gerais

Preceitua o art. 730 do Código Civil:

"Pelo contrato de transporte alguém se obriga, mediante retribuição, a transportar, de um lugar para outro, pessoas ou coisas".

Trata-se, como já se mencionou, de contrato de adesão.

O art. 732 do referido diploma procura compatibilizar as normas deste capítulo com a legislação especial referente a transportes, prescrevendo:

"Aos contratos de transporte, em geral, são aplicáveis, quando couber, desde que não contrariem as disposições deste Código, os preceitos constantes da legislação especial e de tratados e convenções internacionais".

Foi, assim, ressalvada a legislação especial sobre transportes, como o Código de Defesa do Consumidor, o Código Brasileiro de Aeronáutica, a Convenção de Varsóvia etc., no que não contrariam as disposições do Código Civil.

No transporte denominado "cumulativo", de responsabilidade de mais de uma empresa, "cada transportador se obriga a cumprir o contrato relativamente ao respectivo percurso, respondendo pelos danos nele causados a pessoas e coisas" (CC, art. 733). "O dano, resultante do atraso ou da interrupção da viagem, será determinado em razão da totalidade do percurso" (§ 1º). "Se houver substituição de algum dos transportadores no decorrer do percurso, a responsabilidade solidária estender-se-á ao substituto" (§ 2º).

Ocorre o transporte cumulativo quando vários transportadores efetuam, sucessivamente, o deslocamento contratado. Para ser assim considerado, faz-se mister que haja *unidade* da relação contratual a que se vinculam os diversos transportadores. No aludido contrato vários transportadores realizam o transporte, por trechos, mediante um único bilhete que estabelece a unidade, como se a obrigação estivesse sendo cumprida por uma única empresa.

A redação do § 2º do dispositivo em epígrafe não deixa dúvida de que foi estabelecida a *solidariedade passiva* entre todos os obrigados. Não bastasse, o art. 756 do Código Civil declara, peremptoriamente, que, "no caso de transporte cumulativo, todos os transportadores respondem solidariamente pelo dano causado perante o remetente, ressalvada a apuração final da responsabilidade entre eles, de modo que o ressarcimento recaia, por inteiro, ou proporcionalmente, naquele ou naqueles em cujo percurso houver ocorrido o dano".

2.2. O transporte de pessoas

A responsabilidade do transportador é objetiva. No direito brasileiro, a fonte dessa responsabilidade encontra-se no Decreto n. 2.681, de 7 de dezembro de 1912, que regula a responsabilidade civil das estradas de ferro.

Tal diploma, considerado avançado para a época em que foi promulgado, destinava-se a regular tão somente a responsabilidade civil das ferrovias. Entretanto, por uma ampliação jurisprudencial, teve sua aplicabilidade estendida a qualquer outro tipo de transporte: ônibus, táxis, lotações, automóveis etc.

Inicialmente, referido decreto teve a sua aplicação estendida aos bondes elétricos, dada a semelhança com os trens. Posteriormente, a ideia foi transferida para os ônibus, automóveis e todas as espécies de transportes, até mesmo aos elevadores!

O Decreto n. 2.681 contém em si, conforme observa Wilson Melo da Silva (*Da responsabilidade*, cit., p. 68, n. 22), implícita, a obrigação de o transportador levar, são e salvo, o passageiro até o local de seu destino, obrigação essa apenas elidível pelo caso fortuito, força maior ou culpa exclusiva (não concorrente) da vítima. Dispõe, com efeito, o art. 17 do referido regulamento:

"Art. 17. As estradas de ferro responderão pelos desastres que nas suas linhas sucederem aos viajantes e de que resulte a morte, ferimento ou lesão corpórea.

A culpa será sempre presumida, só se admitindo em contrário algumas das seguintes provas:

I – caso fortuito ou força maior;

II – culpa do viajante, não concorrendo culpa da estrada".

É mister lembrar que, sendo o transporte um contrato de adesão, a vítima (que não chegou incólume ao seu destino porque sofreu um dano no trajeto) não está obrigada a provar a culpa do transportador. Basta provar o fato do transporte e o dano, para que se caracterize a responsabilidade deste pelo "inadimplemento contratual". Entretanto, tomando-se como fundamento dessa responsabilidade o Decreto n. 2.681, de 1912, não haverá redução da indenização em caso de culpa concorrente. Porque só admite a referida lei a exclusão da responsabilidade do transportador por culpa do viajante, não concorrendo culpa daquele.

De acordo, pois, com o Decreto n. 2.681, de 1912, a culpa concorrente da vítima não exonera o transportador da obrigação de compor os danos. Somente a culpa exclusiva da vítima pode exonerá-lo. A presunção de culpa representa a plena aceitação da teoria do risco, na criação dos riscos no seu próprio interesse (STF, *RTJ*, *84*:634).

Com a entrada em vigor do Código de Defesa do Consumidor mudou o fundamento da responsabilidade civil do transportador, que passou a ser o defeito do produto ou do serviço, causador de um acidente de consumo. Porém, o referido estatuto manteve o princípio da responsabilidade objetiva do prestador de serviços, admitindo como excludentes somente a comprovada inexistência do defeito e a culpa exclusiva da vítima ou de terceiro (art. 14, § 3º), que rompem o nexo causal (sendo admissível, pelo mesmo motivo, o caso fortuito ou a força maior). A culpa concorrente do consumidor não foi considerada excludente nem causa de redução da indenização, sendo indiferente, pois, no sistema da legislação consumerista, que o passageiro tenha contribuído também com culpa.

Contudo, o Código Civil veio a modificar essa situação, malgrado tenha mantido a responsabilidade objetiva do transportador e proibido qualquer cláusula de não indenizar. Com efeito, dispõe o art. 734:

"O transportador responde pelos danos causados às pessoas transportadas e suas bagagens, salvo motivo de força maior, sendo nula qualquer cláusula excludente da responsabilidade".

Embora não mencionadas expressamente, devem ser admitidas também as excludentes da culpa exclusiva da vítima e do fato exclusivo de terceiro, por extinguirem o nexo de causalidade.

Considerando que, em outros dispositivos, o Código refere-se conjuntamente ao caso fortuito e à força maior, pode-se inferir, da leitura do dispositivo supratranscrito, que o fato de ter sido mencionada somente a força maior revela a intenção do legislador em considerar excludentes da responsabilidade do transportador somente os acontecimentos naturais, como raio, inundação, terremoto etc., e não os fatos decorrentes da conduta humana, alheios à vontade das partes, como greve, motim, guerra etc. Mesmo porque a jurisprudência já, de há muito, tem feito, com base na lição de Agostinho Alvim, a distinção entre "fortuito interno" (ligado à pessoa, ou à coisa, ou à empresa do agente) e "fortuito externo" (força maior, ou *Act of God* dos ingleses). Somente o fortuito externo, isto é, a causa ligada à natureza, estranha à pessoa do agente e à máquina, exclui a responsabilidade deste em acidente de veículos. O fortuito interno, não. Assim, tem-se decidido que o estouro dos pneus, a quebra da barra de direção, o rompimento do "burrinho" dos freios e outros defeitos mecânicos em veículos não afastam a responsabilidade do condutor, porque previsíveis e ligados à máquina, como exposto em *Caso fortuito e força maior*, in Livro III, n. 5, *infra*, ao qual nos reportamos.

Pode-se considerar, pois, que o transportador assume uma obrigação de resultado: transportar o passageiro são e salvo, e a mercadoria sem avarias, ao seu destino. A não obtenção desse resultado importa o inadimplemento das obrigações assumidas e a responsabilidade pelo dano ocasionado. Não se eximirá da responsabilidade provando apenas ausência de culpa. Incumbe-lhe o ônus de demonstrar que o evento danoso se verificou por força maior, culpa exclusiva da vítima ou ainda por fato exclusivo da vítima. "O acidente ocorrido no interior de ônibus afeto a transporte público coletivo, que venha a causar danos aos usuários, caracteriza defeito do serviço, nos termos do art. 14 do CDC, a atrair o prazo de prescrição quinquenal previsto no art. 27 do mesmo diploma legal. Hipótese em que não houve o implemento da prescrição, na medida em que o acidente ocorreu em 4-9-2002 e a ação indenizatória foi ajuizada pela usuária na data de 16-5-2006 (STJ, REsp 1.461.535-MG, 3ª T., rel. Min. Nancy Andrighi, *DJe* 23-2-2018).

Ao tratar dos deveres do passageiro, o art. 738 dispôs que a "pessoa transportada deve sujeitar-se às normas estabelecidas pelo transportador, constantes no bilhete ou afixadas à vista dos usuários, abstendo-se de quaisquer atos que causem incômodo ou prejuízo aos passageiros, danifiquem o veículo, ou dificultem ou impeçam a execução normal do serviço". Aduziu o parágrafo único: "Se o prejuízo sofrido pela pessoa transportada for atribuível à transgressão de normas e instruções regulamentares, o juiz reduzirá equitativamente a indenização, na medida em que a vítima houver concorrido para a ocorrência do dano".

Verifica-se, assim, que a culpa concorrente da vítima constitui causa de redução do montante da indenização pleiteada, em proporção ao grau de culpa comprovado nos autos. No capítulo específico da "Responsabilidade Civil", esse princípio já havia sido adotado, *verbis*:

> "Art. 945. Se a vítima tiver concorrido culposamente para o evento danoso, a sua indenização será fixada tendo-se em conta a gravidade de sua culpa em confronto com a do autor do dano".

Desse modo, havendo incompatibilidade entre o Código de Defesa do Consumidor e o Código Civil, nesse particular, prevalecem as normas deste. Sendo assim, não poderão mais os tribunais condenar as empresas de transporte a pagar indenização integral às vítimas de acidentes, em casos de culpa concorrente desta, como vinha ocorrendo, por exemplo, nas hipóteses de passageiros que viajam no estribo do vagão ou como "pingentes", dependurados nas portas, que permanecem abertas, caracterizando a culpa do passageiro e também a da ferrovia, por não prestar o serviço com a segurança que dele legitimamente se espera, obrigando as pessoas que têm necessidade de usá-lo a viajar em condições perigosas, e por não vigiar para que tal não se verifique.

A jurisprudência do Superior Tribunal de Justiça já se encontra alinhada nesse rumo. Com efeito, no julgamento do REsp 729.397-SP, a 4ª Turma da aludida Corte reconheceu a culpa de jovem que viajava na escada externa de trem da Companhia Paulista de Trens Metropolitanos como "pingente", bem como a negligência da ferrovia por permitir tal situação. O relator, Min. Aldir Passarinho Júnior, reconheceu que ambas, empresa e vítima, têm culpa concorrente no episódio (disponível em <www.stj.gov.br>, acesso em 16 ago. 2006).

Também a 3ª Turma do mencionado Tribunal reconheceu, em caso em que a vítima igualmente viajava como pingente sem que houvesse lotação no vagão, a responsabilidade compartilhada entre o passageiro e a CBTU, "pois há situações em que não se pode deixar de reconhecer um comportamento de risco provocado pela própria vítima, motivador do acidente, porém com uma certa negligência do transportador" (disponível em <www.stj.gov.br>, acesso em 24 set. 2006, rel. Min. Castro Filho).

A respeito da responsabilidade civil da concessionária de transporte ferroviário, por morte decorrente de atropelamento em via férrea, o *Superior Tribunal de Justiça* já se manifestou: "A despeito de situações fáticas variadas no tocante ao descumprimento do dever de segurança e vigilância contínua das vias férreas, a responsabilização da concessionária é uma constante, passível de ser elidida tão somente quando cabalmente comprovada a culpa exclusiva da vítima. No caso de atropelamento de pedestre em via férrea, configura-se a concorrência de causas, impondo a redução da indenização por dano moral pela metade, quando: (i) a concessionária do transporte ferroviário descumpre o dever de cercar e fiscalizar os limites da linha férrea, mormente em locais urbanos e populosos, adotando conduta negligente no tocante às necessárias práticas de cuidado e vigilância tendentes a evitar a ocorrência de sinistros; e (ii) a vítima adota conduta imprudente, atravessando a via férrea em local inapropriado" (Tema Repetitivo 518 STF)[69]. A maior inovação trazida pelo atual Código Civil em matéria de responsabilidade civil encontra-se no parágrafo único do art. 927. Quando a atividade normalmente desenvolvida pelo autor do dano implicar, por sua natureza, risco para os direitos de outrem, responderá ele independentemente de culpa. Poderão os juízes considerar determinada atividade como perigosa, mesmo que não exista lei especial que assim a considere e responsabilize objetivamente o agente.

Segundo o entendimento de Carlos Alberto Bittar (*Responsabilidade civil*, cit., p. 93; *RT*, *590*:29), as atividades relacionadas a transportes estão inseridas na teoria do exercício da atividade perigosa. Entendo, todavia, que o referido parágrafo único não se aplica aos transportes

---

69. STJ, REsp 1.172.421-SP, 2ª Seção, rel. Min. Luis Felipe Salomão, *DJe* 19-9-2012.

em geral. Para estes existe regra específica, o art. 734, que já responsabiliza o transportador de forma objetiva, salvo unicamente motivo de força maior. O aludido art. 927 destina-se a regular outras atividades já existentes ou que venham a existir e que serão consideradas perigosas pela jurisprudência.

Na esfera legislativa podem ser mencionados a lei sobre estradas de ferro (Dec. n. 2.681, de 7-12-1912, avançada para a época e baseada em vetusta legislação da Polônia); o Código Brasileiro do Ar (desde o Dec.-Lei n. 483, de 8-6-1938; posteriormente Dec.-Lei n. 32, de 18-11-1966, com as alterações do Dec.-Lei n. 234, de 28-2-1967); o Código Brasileiro de Aeronáutica, de 1986; o Decreto-Lei n. 116, de 25 de janeiro de 1967, sobre transporte marítimo.

2.2.1. O transporte terrestre

Os problemas relacionados com o transporte terrestre (acidentes ocorridos em estradas de ferro, ou com ônibus, bondes, táxis, elevadores etc.) eram solucionados à luz do Decreto n. 2.681, de 1912, ou no plano contratual (contrato de adesão). Podia-se falar, pois, em dever legal e contratual do transportador em conduzir o passageiro são e salvo ao seu destino. Em qualquer desses casos, presumia-se a responsabilidade do transportador, que somente a afastava se provasse a ocorrência de caso fortuito, força maior ou culpa exclusiva da vítima.

A elaboração pretoriana em nosso país contribuiu decisivamente para a construção dogmática dessa responsabilidade, sendo exemplos as Súmulas 187 e 161 do Supremo Tribunal Federal, que estabelecem, respectivamente, que "a responsabilidade contratual do transportador, pelo acidente com passageiro, não é elidida por culpa de terceiro, contra o qual tem ação regressiva" e que "em contrato de transporte, é inoperante a cláusula de não indenizar".

Pode-se considerar, pois, que o transportador assume uma obrigação de resultado: transportar o passageiro são e salvo, e a mercadoria sem avarias, ao seu destino. A não obtenção desse resultado importa o inadimplemento das obrigações assumidas e a responsabilidade pelo dano ocasionado. Não se eximirá da responsabilidade provando apenas ausência de culpa. Incumbe-lhe o ônus de demonstrar que o evento danoso se verificou por caso fortuito, força maior ou por culpa exclusiva da vítima, ou ainda por fato exclusivo de terceiro. Denomina-se *cláusula de incolumidade* a obrigação tacitamente assumida pelo transportador de conduzir o passageiro são e salvo ao local do destino.

Em ação de indenização por ato libidinoso praticado por usuário contra passageira no interior de estação de trem, o Tribunal decidiu que "A responsabilidade decorrente do contrato de transporte de pessoas é objetiva (CC, arts. 734 e 735), sendo obrigação do transportador a reparação do dano causado ao passageiro quando demonstrado o nexo causal entre a lesão e a prestação do serviço, pois o contrato de transporte acarreta para o transportador a assunção de obrigação de resultado, impondo ao concessionário ou permissionário do serviço público o ônus de levar o passageiro incólume ao seu destino. É a chamada cláusula de incolumidade, que garante que o transportador irá empregar todos os expedientes que são próprios da atividade para preservar a integridade física do passageiro contra os riscos inerentes ao negócio, durante todo o trajeto, até o destino final da viagem. Essa responsabilidade, entretanto, não é por risco integral.

A teor da Súmula 187 do Supremo Tribunal Federal: 'a responsabilidade contratual do transportador, pelo acidente com o passageiro, não é elidida por culpa de terceiro, contra o qual tem ação regressiva'. Compreende-se na responsabilidade objetiva do transportador 'pelo acidente com o passageiro', qualquer acontecimento casual, fortuito, inesperado inerente à prestação do serviço de transporte de pessoas, ou seja, acidente que tenha nexo causal com o serviço prestado, ainda que causado por terceiro, desde que caracterize o denominado fortuito interno. A expressão 'acidente com o passageiro' não atrai a responsabilidade do transportador quanto a eventos, causados por terceiro, sem que tenham mínima relação direta com os serviços de transporte, isto é, por ocorrências estranhas ao serviço de transporte, provocadas por terceiro, as quais fujam completamente ao alcance preventivo do transportador, pois caracterizam o chamado fortuito externo.

O Código de Defesa do Consumidor, por sua vez, estatui: 'o fornecedor de serviços responde, independentemente da existência de culpa, pela reparação dos danos causados aos consumidores por defeitos relativos à prestação dos serviços', não sendo responsabilizado quando provar 'a culpa exclusiva do consumidor ou de terceiro' (art. 14, *caput* e § 3º).

Portanto, o ato, doloso ou culposo, estranho à prestação do serviço de transporte, causado por terceiro, não guarda nexo de causalidade com o serviço prestado e, por isso, exonera a responsabilidade objetiva do transportador, caracterizando fortuito externo. Noutro giro, o ato, doloso ou culposo de terceiro, conexo com a atividade do transportador e relacionado com os riscos próprios da atividade econômica explorada, caracteriza o chamado fortuito interno, atraindo a responsabilidade do transportador.

Assim, nos contratos onerosos de transporte de pessoas, desempenhados no âmbito de uma relação de consumo, o fornecedor de serviços não será responsabilizado por assédio sexual ou ato libidinoso praticado por usuário do serviço de transporte contra passageira, por caracterizar fortuito externo, afastando o nexo de causalidade" (REsp 1.833.722-SP, rel. Min. Raul Araújo, 2ª Seção, j. 3-12-2020, *DJe* 15-3-2021). Em caso de transporte coletivo, decidiu o Superior Tribunal de Justiça: "Indenização por danos morais – Transporte coletivo – Assédio sexual ocorrido dentro do vagão da CPTM – Cerceamento de defesa não caracterizado – Ato praticado por terceiro – Fato fortuito que afasta a responsabilidade objetiva da ré – Inexistência de nexo causal – Precedentes – Sentença mantida – Recurso desprovido" (REsp 1.662.551-SP, 3ª T., rel. Min. Nancy Andrighi, *DJe* 25-6-2018).

A jurisprudência, inclusive a do Superior Tribunal de Justiça, tem considerado causa estranha ao transporte, equiparável ao fortuito, disparos efetuados por terceiros contra os trens, ou pedras que são atiradas nas janelas, ferindo passageiros (*RT*, *642*:150, *643*:219; *RSTJ*, *781*:176), ou ainda disparos efetuados no interior de ônibus, inclusive durante assaltos aos viajantes (*RT*, *429*:260; *RTJ*, *96*:1201), exceto se, no caso das pedras atiradas contra trens, o incidente se torna frequente e em áreas localizadas, excluindo a existência do fortuito (*RT*, *650*:124). A constante incidência de assaltos a ônibus em certas regiões do País, porém, como São Paulo, Rio de Janeiro, Baixada Fluminense e outras, sem que as transportadoras tomem qualquer providência prática para inibi-los, está a justificar a corresponsabilidade dessas empresas, como recomenda Luiz A. Thompson Flores Lenz em artigo publicado na *RT*, *643*:51.

A jurisprudência do Superior Tribunal de Justiça chegou a se direcionar nesse sentido, como se pode verificar pela decisão daquela Corte: "Estrada de ferro. Morte de passageiro em decorrência de assalto no interior de composição ferroviária. Obrigação de indenizar. O caso fortuito ou a força maior caracteriza-se pela imprevisibilidade e inevitabilidade do evento. No Brasil contemporâneo, o assalto à mão armada nos meios de transporte de cargas e passageiros deixou de revestir esse atributo, tal a habitualidade de sua ocorrência, não sendo lícito invocá-lo como causa de exclusão da responsabilidade do transportador" (REsp 50.129-6, 4ª T., rel. Min. Torreão Braz, j. 29-8-1994, *DJU*, 17 out. 1994, p. 27899, Seção I, ementa, *Boletim da AASP*, n. 1.872, p. 131-e).

A mesma 4ª Turma do referido Superior Tribunal de Justiça, no julgamento do REsp 175.795, da Comarca de Ribeirão Preto, reiterou esse entendimento, responsabilizando empresa de ônibus por morte de passageiro, ocorrida durante assalto, por não ter sido comprovado que o fato ocorreu por força maior. Para o Min. Ruy Rosado de Aguiar, relator do processo, o fato só ocorreu por causa da existência do transporte, pois os assaltantes tinham interesse apenas no dinheiro do cobrador, o que caracteriza a responsabilidade da empresa. Aduziu que "nenhuma prova foi feita de que o cobrador e o motorista tenham agido corretamente no episódio no sentido de evitarem a morte da pequena vítima". Acredita o relator que, como os assaltos a ônibus têm sido frequentes em certos bairros de Ribeirão Preto, as transportadoras deveriam treinar seu pessoal para uma atuação calma e refletida nas situações de perigo.

A questão continua, entretanto, controvertida no próprio Superior Tribunal de Justiça, pois a 3ª Turma tem decidido de forma contrária: "Responsabilidade civil – Transporte municipal – Assalto praticado dentro do ônibus – Caso em que o fato de terceiro não guarda conexidade com o transporte – Exoneração da responsabilidade do transportador, de acordo com precedentes do STJ: REsps 13.351, 30.992 e 35.436" (REsp 74.534-RJ, rel. Min. Nilson Naves, j. 4-3-1997, v. u.).

No Tribunal de Justiça do Rio de Janeiro reina a mesma controvérsia, como se pode verificar:

"Ação de indenização proposta por viúvo e filhos menores de passageira de ônibus morta em razão de queda do veículo ocasionada durante um assalto – Responsabilidade da transportadora face o entendimento de que a frequência com que ocorrem os assaltos no interior dos coletivos da linha afasta a hipótese de caso fortuito, só admissível quando se trata de eventos imprevisíveis, o que não é o caso" (Rel. Des. Valéria Maron, *RT*, *742*:139).

"Não responde o transportador por dano decorrente de causa estranha ao transporte, provocado por grupo de delinquentes na prática do chamado *arrastão*. Tal fato, por ser inevitável e não guardar nenhuma conexidade com o transporte, equipara-se ao *fortuito externo* excludente do próprio nexo causal. O transporte, em casos tais, não é causa do evento, apenas a sua ocasião, pelo que não pode este ser incluído entre os riscos próprios do deslocamento" (*Adcoas*, 8171736, Embs. 09/98 na Ap. 3.362/96-Capital, rel. Des. Sérgio Cavalieri Filho).

"A transportadora não é responsável pela morte de passageiro, atingido por disparo de arma de fogo produzido por assaltante não identificado, porque o ato de terceiro que não a exonera de responsabilidade é aquele que guarda conexidade com o transporte" (*Adcoas*, 8171871, Ap. 292/98-Capital, rel. Des. Marlan de Moraes Marinho).

Também no Tribunal de Justiça de São Paulo se observa a mesma discrepância nos julgamentos, como se pode verificar:

"Morte de passageira em coletivo durante assalto – Caso de força maior ou fortuito que não se consumaram, já que são previsíveis assaltos violentos a ônibus de passageiros" (rel. Des. Vasconcelos Pereira, *Boletim da AASP*, n. 2.051, EI 20.781.4/6-01-Ribeirão Preto).

"Considera-se causa estranha ao transporte, equiparável ao caso fortuito, assalto praticado dentro do ônibus durante a viagem, quando tal incidente não for frequente, o que exime a empresa transportadora do pagamento da indenização para ressarcimento de prejuízos sofridos pelos passageiros" (Ap. 253.738-1-Osasco, rel. Des. Munhoz Soares, *JTJ*, Lex, *190*:96).

Pode-se afirmar, malgrado as divergências apontadas, que são encontradas na jurisprudência, em maior número, decisões no sentido de que o assalto à mão armada em interior de ônibus, embora se pudesse ter meios de evitá-lo, equipara-se ao caso fortuito, assim considerado o fato imprevisível, que isenta de responsabilidade o transportador, ao fundamento, especialmente, de que o dever de prestar segurança pública ao passageiro é do Estado, mercê do artigo 144 da Constituição Federal, não se podendo transferi-lo ao transportador. E também em razão de as dificuldades naturais para a empresa permissionária de transporte público dar segurança aos passageiros, não podendo manter prepostos armados dentro dos coletivos, nem transformá-los em carros blindados. As providências possíveis de ser tomadas envolvem, indubitavelmente, a adoção de medidas sofisticadas, que encareçam o preço da passagem. Este, contudo, não pode ser aumentado pela empresa, porque é fixado pelo Poder Público que outorga a permissão.

A propósito do tema, confiram-se, ainda, as seguintes decisões:

"Se o motorista de empresa de transporte coletivo de passageiros vem a falecer durante o trabalho, após tentar impedir a entrada de pessoa que se negava a pagar a passagem, cumprindo, desta forma, as determinações da empresa, é devida a indenização pela sua morte, pois aquele é responsável pela integridade física e pela segurança de seus prepostos pelo fato de manter linhas noturnas em percursos manifestamente perigosos, tanto que contrata seguranças para acompanharem as viagens" (TARS, *RT*, *741*:414).

"Embora tenha o transportador, em face do contrato de transporte, obrigação de levar o passageiro, são e salvo, até o seu destino, o assalto ao coletivo consubstancia fato de terceiro, alheio ao transporte em si, rompendo a responsabilidade da transportadora. Não há causalidade entre o assalto, fato estranho à exploração do transporte, aos riscos normais deste, e o contrato de transporte, devendo, pois, ser havido como fator excludente da responsabilidade da transportadora" (TJDF, rel. Des. Mário Machado, *Boletim da AASP*, n. 2.061, p. 50).

"O fato exclusivo de terceiro, especialmente quando doloso, configura o fortuito externo, que, por ser inteiramente estranho aos riscos do transportador, não pode ser a este imputado. É o que ocorre com morte de passageiro por disparo de arma de fogo no interior de coletivo, durante assalto" (Ap. 4.147/99-Nova Iguaçu, 14ª Câm. Civ., rel. Des. Marlan de Moraes Marinho, *DJe* 1º-6-2000). Trecho do voto vencido do Des. Ademir Paulo Pimentel: "O fato era e é perfeitamente previsível e faz parte do risco da atividade econômica. A culpa é contratual. Temos condenado os bancos nos assaltos praticados em seu interior. Qual o motivo de não se aplicar às empresas de ônibus o mesmo critério? Os riscos na reação não são semelhantes?".

A 2ª Seção do Superior Tribunal de Justiça, tendo como relator o Min. Barros Monteiro, acabou assentando que constitui causa excludente da responsabilidade da empresa transportadora o fato inteiramente estranho ao transporte em si, como é o assalto ocorrido no interior do coletivo (EREsp 232.649-RJ).

Em julgamento realizado posteriormente pela 4ª Turma da mencionada Corte, o Min. Jorge Scartezzini destacou que "a Segunda Seção do STJ já havia consolidado o entendimento de que a empresa de transporte não poderia ser responsabilizada por fato totalmente estranho ao transporte em si, como no caso de assaltos dentro de ônibus. O fato de terceiro, ação executada por alguém estranho à relação entre as partes, é equiparável à força maior e, portanto, exclui a responsabilidade da empresa transportadora" (REsp 822.666-RJ). A mesma 4ª Turma, posteriormente, seguiu a jurisprudência consolidada na aludida Corte Superior:

"Ação de indenização. Assalto. Interior de ônibus. Responsabilidade da empresa. Excludente. Caso fortuito. Decisão agravada mantida. Improvimento. Fato inteiramente estranho ao transporte (assalto à mão armada no interior de ônibus coletivo) constitui caso fortuito, excludente de responsabilidade da empresa transportadora" (STJ, AAgRg 1.336.152-SP, 4ª T., DJe 20-6-2011). No mesmo sentido: STJ, AgRg no Agravo 711.078-RJ. 3ª T., rel. Min. Sidnei Beneti, DJe 30-9-2008).

O Superior Tribunal de Justiça, posteriormente, decidiu que "Consoante a jurisprudência estabelecida neste Tribunal Superior, a relação da transportadora relativamente aos passageiros é objetiva, podendo, assim, ser eliminada por fortuito externo, força maior, fato exclusivo da vítima ou por fato doloso e exclusivo de terceiro – quando este não guardar conexão com a atividade de transporte" (AgInt no AREsp 2.203.708-PR, rel. Min. Marco Aurélio Bellizze, 3ª T., j. 27-3-2023, DJe 30-3-2023).

O mesmo Tribunal concluiu pela ausência de responsabilidade, em consonância com a jurisprudência desta Corte Superior sobre a matéria, há muito pacificada no sentido de que consubstancia causa excludente de responsabilidade da empresa de transporte concessionária de serviço público o roubo à mão armada perpetrado no interior do coletivo, uma vez que constitui fato inteiramente alheio ao contrato de transporte em si. Veja-se ainda:

"Assalto no interior de ônibus coletivo – Caso fortuito externo – Exclusão da responsabilidade da empresa transportadora – Matéria pacificada na Segunda Seção. A jurisprudência consolidada neste Tribunal Superior, há tempos, é no sentido de que o assalto à mão armada dentro de coletivo constitui fortuito a afastar a responsabilidade da empresa transportadora pelo evento dano daí decorrente para o passageiro" (STJ, Rcl 4518-RJ, Segunda Seção, rel. Min. Villas Bôas Cueva, DJe 7-3-2012).

Por ocasião do julgamento do REsp 1.853.361-PB, a 2ª Seção do STJ firmou o entendimento de que "'não há responsabilidade da empresa de transporte coletivo na hipótese de ocorrência de prática de ilícito alheio à atividade fim, pois o ato doloso de terceiro afasta a responsabilidade civil da concessionária por estar situado fora do desenvolvimento normal do contrato de transporte (fortuito externo), não tendo com ele conexão' (REsp n. 1.853.361/PB, relatora Ministra Nancy Andrighi, relator para acórdão Ministro Marco Buzzi, Segunda Seção, DJe de 5/4/2021.) Na hipótese em exame, contudo, *a responsabilização da empresa* que presta o serviço de transporte metroviário *se justifica em virtude da não adoção de procedimentos mínimos de segurança*, nos termos do disposto na Lei n. 6.149/74, inclusive para fins de suporte à vítima após o fato, de modo que *evidenciada falha na prestação do serviço* (...)" (REsp 1.611.429-SP, rel. Min. Maria Isabel Gallotti, 4ª T., j. 5-9-2023, DJe 21-9-2023). (grifos nossos). O contrato de transporte de pessoas abrangerá a obrigação de transportar a bagagem do passageiro ou viajante no próprio compartimento em que ele viajar ou em depósitos apropriados dos veículos, mediante despacho, hipótese em que o transportador fornecerá uma "nota de bagagem", que servirá de documento para a sua retirada no local de destino. O transporte de bagagem é acessório do contrato de pessoa, de modo que o viajante, ao contratar o transporte, pagando o bilhete de passagem, adquirirá o direito de transportar, consigo, sua bagagem, e o condutor assumirá a obrigação de fazer esse transporte. O passageiro só pagará o transporte de sua bagagem se houver excesso de peso, de tamanho ou de volume[70].

Quando é que tem início a responsabilidade do transportador?

Distingue Serpa Lopes o início do contrato de transporte do começo da obrigação de segurança: "A partir do momento em que um indivíduo acena para um veículo de transporte público, já o contrato teve início, diante da oferta permanente em que se encontra o veículo em trânsito. A responsabilidade pela integridade da pessoa do passageiro só se inicia, porém, a partir do momento em que esse mesmo passageiro incide na esfera da direção do transportador. Segue-se que o próprio ato do passageiro galgar o veículo já o faz entrar na esfera da obrigação de garantia".

Observa que a responsabilidade contratual do transportador pressupõe a formação de um contrato de transporte, de modo que afasta essa responsabilidade quando se trata de um passageiro clandestino. Também essa responsabilidade supõe um acidente ocorrido durante a vigência do contrato, mantendo-se até o momento de sua cessação, ou seja, até o momento em que um passageiro deixa a condução e atravessa o portão de saída da estação de desembarque. Assim, o transportador é responsável pelo acidente sofrido por um viajante no momento da descida de um ônibus, mesmo que se trate de um escorrego no estribo, ou mesmo quando já no solo se ainda não se havia desprendido inteiramente do veículo[71].

Adite-se que ao passageiro assiste o direito de segurança, que lhe deve ser garantido ainda que o contrato de transporte não se complete. Mesmo que, verificando ter tomado condução errada, dê sinal para descer; não se consumando o contrato, a obrigação de garantia existiu[72].

No tocante à responsabilidade das ferrovias, observa Caio Mário da Silva Pereira que dois aspectos devem ser considerados: "em relação às pessoas e coisas transportadas" e em face de "terceiros", ambos com notória repercussão no alargamento do conceito de responsabilidade.

Aduz que, no primeiro caso, trata-se de responsabilidade contratual, advinda do mesmo Decreto n. 2.681, de 1912. Recebendo o passageiro e sua bagagem, ou a mercadoria, a empresa assume a obrigação de conduzir uma ou outra, do ponto de embarque ao ponto de destino, em toda incolumidade. A ferrovia é responsável por qualquer dano que venha a ocorrer. Aplicam-se por conseguinte as normas reguladoras do adimplemento do contrato de transporte, sujeitando-se a contratante a reparar o prejuízo de maneira mais ampla: *damnum emergens* e *lucrum cessans*, compreendendo quanto às pessoas toda espécie de dano – ferimento, lesão corpórea, deformidade e morte (Dec. n. 2.681, arts. 17 e s.) (*Responsabilidade*, cit., p. 224-225).

Na verdade, o fundamento dessa responsabilidade encontra-se, hoje, no Código Civil, no capítulo que disciplina o "contrato de transporte", e no Código de Defesa do Consumidor,

---

70. Maria Helena Diniz, *Responsabilidade civil*, cit., p. 312.
71. M. M. de Serpa Lopes, *Curso*, cit., v. 5, p. 333-4.
72. Antônio Chaves, *Tratado*, cit., v. 3, p. 464.

naquilo que este não contraria as normas daquele. Ambos consagram a responsabilidade objetiva do transportador por danos causados ao passageiro.

Prescreve o art. 735 do Código Civil:

"A responsabilidade contratual do transportador por acidente com o passageiro não é elidida por culpa de terceiro, contra o qual tem ação regressiva".

O citado dispositivo tem a mesma redação da Súmula 187 do Supremo Tribunal Federal. Mais uma vez a jurisprudência antecipa-se à lei. Ocorrendo um acidente de transporte, não pode o transportador, assim, pretender eximir-se da obrigação de indenizar o passageiro, após haver descumprido a obrigação de resultado tacitamente assumida, atribuindo culpa ao terceiro (ao motorista do caminhão que colidiu com o ônibus, por exemplo). Deve, primeiramente, indenizar o passageiro para depois discutir a culpa pelo acidente, na ação regressiva movida contra o terceiro.

Em relação à responsabilidade extracontratual, ou seja, a danos causados a terceiros, o que prevalece é o art. 37, § 6º, da Constituição Federal, que responsabiliza de forma objetiva, na modalidade do risco administrativo, as pessoas jurídicas de direito público e as de direito privado, prestadoras de serviço público, pelos danos que seus agentes, nessa qualidade, causarem a terceiros. Assim, pertença a ferrovia ao Estado, ou a uma permissionária ou concessionária de serviço público, a sua responsabilidade pelos danos causados a terceiro será sempre objetiva, podendo ser elidida, porém, provada a culpa exclusiva da vítima, caso fortuito, força maior ou o fato exclusivo de terceiro.

No tocante, ainda, à responsabilidade contratual, a do transportador, no caso das ferrovias, tem início quando o passageiro passa pela roleta e ingressa na estação de embarque. Daí por diante estará sob a proteção da cláusula de incolumidade, respondendo a companhia de estrada de ferro pelos acidentes ocorridos com o passageiro ao subir ou descer do trem, por escorregar ou ser empurrado. Só não será responsabilizada se o dano decorrer de fato exclusivo de terceiro, estranho ao transporte.

Em certos meios de transporte distingue-se perfeitamente o momento da celebração do contrato e o de sua execução. Nas viagens aéreas, por exemplo, é comum a passagem ser comprada com antecedência. Nesses casos, a responsabilidade do transportador só terá início com a execução da avença. No transporte rodoviário, tendo em vista que a estação não pertence à transportadora, a execução se inicia somente com o embarque do passageiro, e só termina com o desembarque. Se o passageiro vem a se ferir em razão de queda ocorrida durante o embarque, porque o ônibus movimentou-se abruptamente, configura-se a responsabilidade do transportador, porque já se iniciara a execução do contrato. Do mesmo modo se a queda ocorrer por ocasião do desembarque.

A frequência de composição ferroviária trafegar carregando "pingentes" não exclui, antes agrava, a responsabilidade da transportadora (*RF*, *250*:261).

O Regulamento das Estradas de Ferro (Dec. n. 2.089, de 18-2-1963) contém normas que impõem às ferrovias a obrigação de dotar as passagens de nível de sinalização adequada, de cancela e de guardas, visando à segurança dos pedestres e dos veículos, em local de trânsito habitual. Reproduz, ainda, quanto ao transporte de passageiros, as mesmas exigências do Decreto n. 2.681, de 1912.

Observa Serpa Lopes que, em face da obrigação de segurança gerada contra o transportador pelo contrato de transporte, cria-se, por seu turno, para o viajante uma verdadeira obrigação de velar pela sua própria segurança. Numerosas são as obrigações que os tribunais exigem que sejam tomadas, numerosas as negligências e imprudências que tomam em consideração para eximir o transportador da responsabilidade pelo dano sofrido pelo viajante culposo (*Curso*, cit., p. 335, n. 226).

A mesma observação é feita por Caio Mário da Silva Pereira, citando Philippe Le Tourneau (*La responsabilité civile*, n. 440 e 441): "Não se pode considerar que o usuário é dispensado de velar pela própria segurança; a responsabilidade da ferrovia é elidida se o acidente proveio de culpa do usuário".

Por essa razão, o Superior Tribunal de Justiça vem decidindo, em caso de queda de trem por praticante de "surfismo ferroviário", que: "Descaracteriza o contrato de transporte a atitude da vítima, que, podendo viajar no interior do trem, se expõe voluntariamente a grave risco, optando injustificadamente por viajar no teto" (AI 34.427-1-RJ, rel. Min. Fontes de Alencar, j. 24-3-1993, *DJU*, 6 abr. 1993, p. 5954, n. 65).

No mesmo sentido decisão do Tribunal de Justiça do Rio de Janeiro:

"Responsabilidade civil – Queda de veículo – 'Surfista rodoviário' – Inocorrência.

Ocorre culpa exclusiva da vítima quando os autos denotam que, além de ter assumido a vítima o risco pelo evento que colheu sua vida, as condições que antecedem o fato demonstram a impossibilidade de o motorista evitar que a vítima permanecesse no teto do veículo, em face das ameaças sofridas dos demais passageiros que, como uma turba, invadiram o veículo" (Ap. 12.202/98-Capital, 13ª Câm. Civ., *DJe* 30-11-1998).

A propósito, preceitua o art. 738 do Código Civil:

"A pessoa transportada deve sujeitar-se às normas estabelecidas pelo transportador, constantes no bilhete ou afixadas à vista dos usuários, abstendo-se de quaisquer atos que causem incômodo ou prejuízo aos passageiros, danifiquem o veículo, ou dificultem ou impeçam a execução normal do serviço.

Parágrafo único. Se o prejuízo sofrido pela pessoa transportada for atribuível à transgressão de normas e instruções regulamentares, o juiz reduzirá equitativamente a indenização, na medida em que a vítima houver concorrido para a ocorrência do dano".

Se o passageiro adquiriu o bilhete com antecedência, poderá desistir da viagem, desde que dê aviso ao transportador "em tempo de ser renegociada" a passagem com terceiro. O art. 740 do Código Civil, que prevê essa possibilidade, não menciona qual o prazo para ser dado o aviso. No entanto, o Decreto n. 2.521, de 20 de março de 1998, que dispõe sobre serviços de transporte rodoviário interestadual e internacional de passageiros, mas vem sendo aplicado também ao transporte intermunicipal, estabelece o prazo de três horas antes da partida (art. 69).

Jurisprudência

2.2.1.1. *Transporte ferroviário*

2.2.1.1.1. *Queda de trem. "Surfismo ferroviário"*

- Ação indenizatória – Acidente fatal em trem – Sentença de improcedência – Responsabilidade da concessionária não comprovada – Passageiro "pingente" ou "surfista ferroviário" que viajava pendurado na composição.Não restou demonstrada a alegada falha na prestação do serviço prestado pela ré. Ausência de comprovação quanto aos fatos constitutivos do direito dos autores, na forma do art. 373, I, do CPC – Sentença que se mantém (TJRJ, Apel. 02766794020098190001, 25ª, Câm. Cív. Consumidor, rel. Des. Isabela Pessanha Chagas, *DJe* 8-2-2018).

- Transporte de passageiro – Queda de trem – "Surfismo ferroviário" – Descaracteriza o contrato de transporte a atitude da vítima que, podendo viajar no interior do trem, se expõe voluntariamente a grave risco, optando injustificadamente por viajar no teto – Improvimento do recurso (STJ, AI 34.427-1-RJ, rel. Min. Fontes de Alencar, j. 24-3-1993, *DJU*, 6 abr. 1993, p. 5954, n. 65; *RT, 758*:239).
- Responsabilidade civil – "Surfista ferroviário" – Culpa exclusiva da vítima. Risco assumido inteiramente pelo "surfista ferroviário", sendo inexigível e até mesmo impraticável nessa hipótese a fiscalização por parte da empresa. Recurso especial não conhecido (STJ, REsp 261.027-RJ, 4ª T., rel. Min. Barros Monteiro, *DJe* 19-4-2001).

2.2.1.1.2. Viagem no estribo. Indenização

- Responsabilidade civil – Passageiro de trem – Acidente – Menor – Viagem no estribo – Indenização – Cálculo. Devem as empresas de transporte reparar o dano consequente de desastre ocorrido com passageiro que viaja no estribo (*RT, 524*:72).

2.2.1.1.3. "Pingente" acidentado. Indenização

- Transporte de passageiro – Atropelamento de "pingente" – Culpa concorrente entre a empresa de transporte ferroviário e a vítima.Ao imputar à companhia de trens a responsabilidade pelo acidente ocorrido, a decisão primeva, dentre os diversos precedentes colacionados para embasar o *decisum*, trouxe precedente idêntico ao caso sob exame, que figurou, inclusive, na ementa da decisão monocrática. A jurisprudência do STJ firmou entendimento no sentido de que há culpa concorrente entre a concessionária do transporte ferroviário e a vítima, seja pelo atropelamento desta por composição ferroviária, hipótese em que a primeira tem o dever de cercar e fiscalizar os limites da linha férrea, mormente em locais de adensamento populacional, seja pela queda da vítima que, adotando um comportamento de elevado risco, viaja como 'pingente'. Em ambas as circunstâncias, concomitantemente à conduta imprudente da vítima, está presente a negligência da concessionária de transporte ferroviário, que não se cerca das práticas e cuidado necessário para evitar a ocorrência de sinistros (STJ, Ag.Int. nos EDcl. no REsp 1.175.601-SP, 4ª T., rel. Min. Luis Felipe Salomão, *DJe* 23-11-2017).
- Transporte de passageiro – Ferrovia – "Pingente" acidentado – Menor – Indenização – Cálculo. A ferrovia, permitindo ou tolerando "pingente" em carro de composição, assume o risco de perigo (*RT, 503*:123).
- Responsabilidade civil – Queda de trem – Morte da vítima. O fato de a vítima ter viajado como "pingente" não afasta a culpa da ferrovia, que é presumida (STF, *RTJ, 115*:1278).
- Acidente em ferrovia – Morte de viajante "pingente" – Dever de indenizar. A ferrovia não se exime de responsabilidade ao atribuir culpa exclusiva ao viajante "pingente", pelo acidente que o vitimou, dado que não presta o serviço em condições de não obrigar aos que

têm necessidade de usá-lo a viajar em condições perigosas e nem vigia para que tal não se verifique (STJ, RE 10.911-RJ, rel. Min. Dias Trindade, j. 21-6-1991, *DJU*, 19-8-1991, n. 159, p. 10995; *RT*, *748*:177).

2.2.1.1.4. Queda do passageiro ao saltar do trem ainda em movimento

- Responsabilidade civil – Transporte ferroviário – Morte de menor – Queda ao se projetar para fora de composição em movimento – Alegação de culpa exclusiva da vítima – Inocorrência – Reconhecida precariedade dos serviços – Indenização devida (*RT*, *607*:121).

- Responsabilidade civil – Acidente ferroviário – Lesões sofridas pela vítima ao saltar do vagão ainda em movimento – Responsabilidade da rede ferroviária não demonstrada – Indenizatória improcedente (*JTACSP*, Revista dos Tribunais, *110*:114).

2.2.1.1.5. Acidente ocasionado por falha no sistema do transportador

- Consumidor e Processual Civil – Contrato de transporte ferroviário – Responsabilidade civil – Colisão entre a composição em que viajava a autora com outro trem (AgInt no AREsp 1.996.549-RJ, rel. Min. Herman Benjamin, 2ª T., j.25-4-2022, *DJe* 23-6-2022).

- Responsabilidade civil – Metrô – Vítima que ficou com as pernas presas no vão onde ficam as borrachas das portas – Acidente fatal ocasionado por falha no sistema do transportador – Inexistência de culpa da vítima – Indenização devida (*RT*, *630*:110).

- Vítima presa e arrastada por composição férrea – Fechamento parcial da porta automática com a mão do passageiro se interpondo entre suas duas faces – Falha no sistema de segurança – Presunção legal de culpa da transportadora, que deve responder pelos danos sofridos pelo viajante a partir da aquisição do bilhete – Exclusão apenas nas hipóteses de caso fortuito, força maior ou culpa exclusiva da vítima, inocorrente na espécie (*RT*, *640*:125; *JTACSP*, Revista dos Tribunais, *117*:67).

- Desastre ferroviário – Responsabilidade só elidida por prova de força maior ou culpa do viajante – Falha no sistema de freio elétrico, que não isenta de responsabilidade – Recurso não provido (*RJTJSP*, *64*:164).

- Transporte ferroviário – Serviço público – Passageiro que, no interior de um dos vagões da composição férrea, é atirado para fora do trem em decorrência de superlotação do comboio – Culpa exclusiva da vítima não comprovada – Circunstâncias que evidenciam a deficiência do serviço prestado pela concessionária, traduzido na incapacidade de conter, de forma disciplinada, os passageiros que transporta rotineiramente – Verbas devidas (*RT*, *836*:210).

2.2.1.1.6. Queda da plataforma em razão de tumulto causado pela multidão

- Transporte ferroviário – Autora que foi empurrada e caiu no vão entre o vagão de trem e a plataforma – Responsabilidade objetiva da transportadora – Defeito na prestação de serviço pela falta de segurança na plataforma no momento do embarque e desembarque do trem – Existência de nexo causal entre o acidente e o dano caracterizado – Dano material e moral reconhecido e fixado de maneira razoável a compensar os danos sofridos (TJSP, Apel. 0026963-88.2013.8.26.0002, *DJe* 11-11-2014).

- Transporte coletivo de passageiros – Via férrea – Queda de usuário da plataforma em razão de tumulto causado pela multidão – Presunção legal de culpa da transportadora, que deve responder pelos danos sofridos pelo viajante a partir da aquisição do bilhete – Exclusão apenas nas hipóteses de caso fortuito, força maior ou culpa exclusiva da vítima, inocorrentes na espécie – Indenização devida (*RT*, *636*:128).
- Transporte de passageiros – Ingresso em trem de subúrbio – Queda sob as rodas – Vítima empurrada por multidão – Indenização devida. Tratando-se de acidente com passageiro que ia entrar no trem, a empresa transportadora responde pela indenização, independente de culpa (*RT*, *491*:99).

2.2.1.1.7. Movimentação do trem com porta aberta

- Vítima puxada para o interior de vagão por passageiro desconhecido – Movimentação com porta aberta – Indenização dos danos, pela metade, a alcançar cada participante (*RJTJSP*, *50*:115).
- Transporte ferroviário – Tráfego com porta aberta – Vítima empurrada para fora em virtude do excessivo número de passageiros – Presunção de culpa da ferrovia (*RJTJSP*, *50*:117).
- Acidente ferroviário – Indenização – Vítima que cai ao tentar entrar no vagão quando a composição já estava em movimento e após ter dado o sinal de partida – Fato que não afasta a responsabilidade da companhia – Partida que não poderia ser dada sem que as portas estivessem fechadas – Culpa exclusiva da vítima elidida – Verba devida (*RT*, *705*:128).

2.2.1.1.8. Transporte de passageiro. Cláusula de incolumidade

- Tratando-se de transporte de passageiro, no contrato está ínsita a cláusula de incolumidade, pela qual o transportador se responsabiliza de levar são e salvo o passageiro ao seu destino. A estrada só se exonera da obrigação de reparar, provando caso fortuito ou força maior, ou culpa do viajante (*RT*, *491*:63).

2.2.1.1.9. Fato de terceiro estranho ao transporte

- Responsabilidade civil – Contrato de transporte – Acidente sofrido por passageiro – Vítima fatal – Código de Defesa do Consumidor – Dec. n. 2.681/12 – Fato de terceiro – Fator de exclusão de responsabilidade – Inevitabilidade e Imprevisibilidade – Reexame de Prova – Conflito Aparente de Normas – Dano moral (REsp 293.292-SP, rel. Min. Nancy Andrighi, 3ª T., j. 20-8-2001, *DJ* 8-10-2001).
- Responsabilidade civil – Transporte ferroviário – Passageiro atingido por pedrada no interior de trem – Frequência do incidente que exclui a existência de caso fortuito – Indenização devida – Aplicação da Súmula 187 do STF (STF, *RT*, *610*:271).
- Transporte coletivo de passageiros – Via férrea – Responsabilidade civil do transportador – Morte de passageiro no interior da composição causada por disparo de arma de fogo efetuado por pessoa que se encontrava às margens da ferrovia – Fato de terceiro, estranho ao transporte, imprevisível e inevitável – Equiparação a caso fortuito – Exoneração da responsabilidade – Indenização não devida (*RT*, *642*:150).

2.2.1.1.10. Responsabilidade objetiva do transportador

■ Contratos de transporte – Responsabilidade objetiva – Obrigação de assegurar a incolumidade do passageiro – Apelações não providas. A responsabilidade do transportador requer que o dano ao passageiro ocorra durante a vigência do contrato, isto é, a partir do momento em que o indivíduo entra na estação de embarque, pede o bilhete no guichê ou faz um sinal ao transportador, até o instante em que deixa o veículo e atravessa o portão de saída da estação de desembarque. Se a ré exige do passageiro, já que passageiro é quem pagou o bilhete, a obrigação de vencer os trilhos e chegar à plataforma oposta, assume os riscos por fatos danosos (1º TACSP, Ap. 416.872-1-SP, 7ª Câm., rel. Vasconcellos Pereira, *Boletim da AASP*, n. 1.673, de 16-1-1991 a 22-1-1991, p. 13).

■ Responsabilidade objetiva do transportador – Fortuito interno – Ato libidinoso. Responsabilidade civil da transportadora. Ato libidinoso praticado contra passageira no interior de trem. Dano moral configurado. Fortuito interno. Conexidade com a atividade de transporte de pessoas (STJ, REsp 1.662.551-SP, 3ª T., rel. Min. Nancy Andrighi, *DJe* 25-6-2018).

■ Responsabilidade civil – Responsabilidade objetiva – Acidente ferroviário – Morte – Danos moral e material (REsp 721.091-SP, rel. Min. Jorge Scartezzini, 4ª T., j. 4-8-2005, *DJ* 1-2-2006).

2.2.1.1.11. Perda parcial da carga transportada por mais de uma ferrovia

■ Transporte de mercadorias – Via ferroviária – Perda parcial da carga transportada – Concorrência de mais de uma estrada de ferro no serviço de transporte – Indenização devida por aquela que aceitou o encargo – Responsabilidade sucessiva – Direito de regresso contra as demais (*RT*, *611*:213).

2.2.1.1.12. Abalroamento de veículo em via férrea. Culpa concorrente

■ Sendo a culpa pelo acidente ferroviário imputável tanto à vítima, por sua imprudência ao trafegar em passagens clandestinas, quanto à ferrovia, por inobservância do dever legal de conservar muros e tapumes na linha férrea, impende reconhecer o dever de indenizar proporcionalmente (STJ, REsp 46.491-9-RJ, 3ª T., rel. Min. Cláudio dos Santos, *DJU*, 16-2-1998, n. 32, p. 85).

■ Acidente ferroviário – Locomotiva *versus* automóvel – Culpa recíproca – Afastamento, uma vez que nem a vítima, menor impúbere, ou seus familiares estavam no volante do automóvel abalroado pela locomotiva da ré, não concorrendo para o acidente (STJ, REsp 1.203-RJ, 2ª T., rel. Min. Adhemar Maciel, *DJU*, 6-4-1998, n. 65, p. 70).

2.2.1.1.13. Atropelamento de pedestre ao atravessar o leito da ferrovia

■ Existência de prova de que o local do sinistro era usado pela população para travessia há longo tempo – Ausência de adequada sinalização – Responsabilidade da recorrida (FEPASA) em zelar pelas medidas de segurança reconhecida – Indenizatória procedente (*JTACSP*, *164*:231).

- Indenização – Atropelamento em ferrovia – Local ermo, impedindo travessias – Imprudência da vítima caracterizada – Improcedência da ação. Assentado que o local é ermo e com topografia que impede travessias, não havendo lá nenhum caminho público, resta apenas a extrema imprudência da vítima como causa eficiente ao evento danoso (*RT*, *724*:341).
- Responsabilidade civil – Acidente ferroviário – Atropelamento em via férrea – Morte de transeunte – Indenização por danos materiais e morais (REsp 1.479.864-SP, 3ª T., rel. Min. Paulo de Tarso Sanseverino, j. 20-3-2018, *DJe* 11-5-2018).

2.2.1.1.14. *Beneficiários da vítima que ingressam com ações distintas. Admissibilidade*

- Acidente ferroviário – Beneficiários da vítima que ingressam com ações distintas, pleiteando danos morais e materiais – Admissibilidade. Indenização concedida por danos materiais decorrentes de morte da vítima em acidente ferroviário não impede que os beneficiários pleiteiem, em outra demanda, pelo mesmo fato, ressarcimento de dano moral não reclamado na ação anterior, porque se trata de pedido e causa de pedir diferentes (*RT*, *739*:409).

2.2.1.1.15. *Passageiro de trem prensado pela porta do vagão ao nele pretender ingressar*

- Transporte ferroviário de pessoas – Responsabilidade civil – Fechamento das portas na perna de passageira – Escoriações – Natureza leve – Prova pericial demonstrando ausência de sequelas e de afastamento das atividades habituais ou do trabalho – Dano moral não configurado – Recurso não provido (TJSP, Apel. 0179748-66.2012.8.26.0100, *DJe* 14-1-2016).
- Contrato de transporte – Passageiro de trem prensado pela porta do vagão ao nele pretender ingressar – Início da execução do contrato – Culpa presumida da estrada de ferro. A responsabilidade da transportadora – empresa ferroviária – começa no momento da execução do contrato, como tal entendido não aquele em que o viajante penetra no veículo, mas quando chega à estação de embarque e ingressa no recinto destinado aos passageiros. Vítima que, ademais, no caso, buscou ingressar no vagão quando a porta ainda se encontrava aberta. Contrato de transporte caracterizado. A ferrovia só se exonera da obrigação de reparar o dano provando o caso fortuito, ou a força maior, ou a culpa exclusiva do viajante (*RSTJ*, *58*:386).

2.2.1.1.16. *Atropelamento em via férrea*

- Acidente ferroviário – Atropelamento – Vítima fatal – Ausência de muros de proteção – Culpa concorrente da empresa. Há culpa concorrente entre a concessionária de transporte ferroviário e a vítima, por atropelamento em via férrea, porquanto cabe à empresa fiscalizar e impedir o trânsito de pedestres nas suas vias. Precedentes (STJ, EDcl no AgRg no AREsp 128.717, 3ª T., rel. Min. João Otávio de Noronha, *DJe* 11-6-2014). No mesmo sentido: REsp 1.257.427-SP, 3ª T., rel. Min. Nancy Andrighi, *DJe* 17-12-2002).
- Atropelamento em via férrea – Culpa exclusiva ou concorrente da vítima – Reparação por danos morais e estéticos – Caráter irrisório – Majoração – Não comprovação do exercício de atividade laborativa. O Superior Tribunal de Justiça firmou orientação de que somente é admissível o exame do valor fixado a título de danos morais em hipóteses excepcionais, quando for verificada a exorbitância ou a índole irrisória da importância arbitrada, em flagrante ofensa aos princípios da razoabilidade e da proporcionalidade, como na hipótese

dos autos. A jurisprudência desta Corte se firmou no sentido de que, mesmo não comprovado o exercício de atividade laborativa, a pensão decorrente de ato ilícito é devida, no valor equivalente a um salário mínimo. Precedentes (STJ, REsp 1.525.356-RJ, 4ª T., rel. Min. Raul Araújo, *DJe* 2-12-2015).

2.2.1.2. Transporte em ônibus

2.2.1.2.1. Responsabilidade objetiva da empresa de transportes

- Acidente no interior de ônibus – Transporte público coletivo – Direito do consumidor – Fato do serviço. O acidente ocorrido no interior de ônibus afeto a transporte público coletivo, que venha a causar danos aos usuários, caracteriza defeito do serviço, nos termos do art. 14 do CDC, a atrair o prazo de prescrição quinquenal previsto no art. 27 do mesmo diploma legal – Hipótese em que não houve o implemento da prescrição, na medida em que o acidente ocorreu em 04/09/2002 e a ação indenizatória foi ajuizada pela usuária na data de 16-5-2006 (STJ, REsp 1.461.535-MG, 3ª T., rel. Min. Nancy Andrighi, *DJe* 23-2-2018).

- Arremesso de pedra contra ônibus – Fortuito externo. O arremesso de pedra contra ônibus, fato doloso atribuído a terceiro que não se encontrava no veículo de transporte coletivo, constitui fortuito externo, caracterizando motivo de força maior que exclui a responsabilidade do transportador pela reparação dos danos causados ao passageiro. Embargos de divergência não conhecidos (STJ, EREsp 1.318.095-MG, 2ª Seção, rel. Min. Raul Araújo, *DJe* 14-3-2017).

- Queda de passageira em ônibus após freada brusca do veículo – Lesões na coluna e nas costelas – Responsabilidade comprovada na origem – Culpa concorrente ou de terceiro afastada – Indenização por danos morais – Razoabilidade – Recurso desprovido. Na esteira da jurisprudência firmada nesta Corte, a responsabilidade do transportador em relação aos passageiros é contratual e objetiva, nos termos dos arts. 734, *caput*, 735 e 738, parágrafo único, do Código Civil de 2002, somente podendo ser elidida por fortuito externo, força maior, fato exclusivo da vítima ou por fato doloso e exclusivo de terceiro – quando este não guardar conexidade com a atividade de transporte (STJ, AgInt no AREsp 908.814-RS, 4ª T., rel. Min. Raul Araújo, *DJe* 26-8-2016).

- Acidente de trânsito. Atropelamento em faixa de pedestre. Transporte de pessoas por fretamento. Responsabilidade civil. Pressupostos. Configuração. Consumidor por equiparação (STJ, AgInt no AREsp 2.355.144-SP, 4ª T., rel. Min. João Otávio de Noronha, j. 10-6-2024, *DJe* 12-6-2024).

2.2.1.2.2. Colisão envolvendo dois veículos. Fato de terceiro

- O fato de terceiro que não exonera de responsabilidade o transportador, como alinhado em precedentes da Corte, "é aquele que com o transporte guarda conexidade, inserindo-se nos riscos próprios do deslocamento. O mesmo não se verifica quando intervenha fato inteiramente estranho, devendo-se o dano a causa alheia ao transporte em si" (*RSTJ*, *130*:274).

2.2.1.2.3. Passageira importunada no interior de ônibus. Responsabilidade da transportadora. Dano moral

■ A obrigação mais importante do transportador, que reside na cláusula de incolumidade, é conduzir o passageiro a salvo, ao seu lugar de destino, devendo tomar todas as providências e cautelas necessárias a fim de evitar qualquer acontecimento funesto ao passageiro. Tendo a autora, ao longo da viagem, por diversas vezes, comunicado e pedido providências ao motorista do ônibus de propriedade da ré, no sentido de fazer cessar a agressão a ela imposta pelo passageiro, que se sentava ao seu lado, que, na frente de todos, a importunava com repugnantes atos obscenos, em profundo desrespeito à sua dignidade humana, e não tendo o preposto da ré tomado nenhuma providência para inibir tal comportamento lesivo à reputação e decoro da autora, a ratificação da sentença que, aplicando o Código de Defesa do Consumidor, uma vez caracterizada a responsabilidade objetiva, julgou procedente o pedido autoral que se impõe (TJRJ, Ap. 13.575/99-Capital, 7ª Câm., rel. Des. Marly Macedônio França, *DJe* 3-2-2000).

2.2.1.2.4. Desaparecimento, no interior de ônibus, de pasta pertencente ao passageiro

■ O transportador responde não só pela integridade física do transportado, como pela preservação de bens que ele carrega consigo. Ao manter a porta aberta durante todo o período de almoço, a transportadora só fez agravar o risco inerente à atividade explorada. Dano moral caracterizado (TJRJ, Ap. 10.264/99-RJ, 5ª Câm., rel. Des. Carlos Ferrari, j. 9-11-1999).

2.2.1.2.5. Explosão de pacote contendo artefatos pirotécnicos dentro de ônibus. Responsabilidade da transportadora

■ O julgado que examina cuidadosamente a prova dos autos para afastar a ocorrência de fato de terceiro e concluir pela responsabilidade do preposto da transportadora, que autorizou o ingresso de passageiro portando pacote de dimensão a exigir expressa autorização, e que entrou em combustão durante o trajeto, não autoriza o trânsito do especial. A peculiaridade do caso sob julgamento não enseja sua equiparação com outras hipóteses, assim a de assalto, de pedras atiradas contra o veículo e, ainda, a de assassinos que, dissimulados de passageiros, praticam atos de violência no interior do transporte coletivo (STJ, REsp 78.458-RJ, 3ª T., rel. Min. Menezes Direito, *DJU*, 29-9-1997).

2.2.1.2.6. Ônibus de excursão. Morte de passageiro

■ Responsabilidade civil – Ônibus de excursão – Morte de passageiro – Aplicação da teoria do risco – Responsabilidade solidária do contratante e da transportadora (*RT, 712*:168).

2.2.1.2.7. Acidente de trânsito. Culpa exclusiva da vítima

■ Acidente de trânsito – Vítima fatal – Passageiro de ônibus que, ao procurar descer do mesmo, bateu a cabeça num poste e faleceu em virtude das lesões sofridas – Inexistência de prova de culpa do motorista, sendo que o fato ocorreu já fora do conduzido, estando este parado – Responsabilidade objetiva excluída quando o fato se dá por conta exclusiva do próprio ofendido – Indenizatória improcedente (*JTACSP, 163*:248).

2.2.1.2.8. *Abertura de porta com o ônibus ainda em movimento*

■ Responsabilidade civil – Queda de coletivo – Culpa – Nexo de causalidade. Age com culpa o motorista que abre a porta do ônibus e possibilita a descida de passageiro com o veículo ainda em movimento e que venha a cair. Morte provocada por meningoencefalite com falência múltipla de órgãos tem estreita relação com lesão cerebral sofrida pela vítima na queda do coletivo em movimento, máxime quando não há precedente histopatológico (TJGO, Ap. 40.429-0/190, 1ª Câm., rel. Des. Arivaldo da Silva Chaves, j. 10-9-1996).

■ Acidente de trânsito – Morte do marido da autora decorrente de queda de coletivo que viajava com a porta traseira aberta – Responsabilidade da proprietária pelo transporte do passageiro, até o seu destino, são e salvo – Indenizatória procedente (*JTACSP*, Revista dos Tribunais, *106*:265).

2.2.1.2.9. *Acidente. Solavanco do veículo. Indenização devida*

■ Responsabilidade civil – Passageiro de ônibus – Solavanco do veículo – Acidente – Indenização devida. A transportadora, para eximir-se da responsabilidade em caso de acidente com passageiro, deve demonstrar caso fortuito ou culpa exclusiva da vítima (*RT, 509*:140).

2.2.1.2.10. *Passageiro de ônibus enlouquecido. Agressão ao motorista*

■ Responsabilidade civil – Passageiro de ônibus enlouquecido – Agressão ao motorista – Perda de direção – Acidente grave – Morte de menor – Ação de indenização – Procedência.Sobre a empresa de transportes recai a responsabilidade de todo acidente ocorrido ao passageiro, mesmo quando a ela nenhuma culpa lhe possa ser atribuída (*RT, 496*:70).

■ Responsabilidade civil – Transporte de passageiro – Responsabilidade da transportadora. É obrigação da transportadora deixar no destino, sãos e salvos, seus passageiros. Responde, em princípio, sendo presumida a sua culpa. Para eximir-se tem de provar caso fortuito ou força maior, quando não, culpa exclusiva do passageiro. Não constitui fato de terceiro, equiparado à força maior, excludente da responsabilidade da transportadora, a agressão de um passageiro, em possível acesso de loucura, ao motorista do ônibus, provocando desastre (*RT, 491*:68).

2.2.1.2.11. *Fato de terceiro equiparado a caso fortuito*

■ Responsabilidade civil – Transporte oneroso de passageiros – Pedra arremessada contra ônibus – Ato doloso de terceiro – Força maior – Fortuito externo – Responsabilidade afastada. O ato de terceiro que seja doloso ou alheio aos riscos próprios da atividade explorada, é fato estranho à atividade do transportador, caracterizando-se como fortuito externo, equiparável à força, rompendo o nexo causal e excluindo a responsabilidade civil do fornecedor (STJ, EREs- 1.318.095-MG, Segunda Seção, rel. Min. Raul Araújo, *DJe* 14-3-2017).

■ Responsabilidade civil – Indenização – Transporte ferroviário de pessoas – Acidente – Pedra lançada de fora para dentro do vagão – Lesões corporais – Culpa de terceiro – Indiscutibilidade – Fortuito externo configurado – Ausência de nexo causal entre a conduta danosa e a atuação da ré – Fortuito externo configurado – Recurso desprovido – Sentença mantida (TJSP, Apel. 0080437-49.2005.8.26.0100, *DJe* 12-9-2013).

- Responsabilidade civil – Transportadora. A transportadora não pode ser responsabilizada por fato que vitimou passageiro em consequência de disparo feito no interior da viatura por terceiro (*RT*, *429*:260; *RTJ*, *96*:1201).

2.2.1.2.12. Incêndio do veículo. Danos ao passageiro

- É dever elementar do transportador assegurar a incolumidade do passageiro até seu destino final. Só a culpa exclusiva da vítima, ou o caso fortuito, é capaz de eliminar a responsabilidade civil do transportador pelos danos sofridos pelo passageiro durante a viagem (TAMG, Ap. 17.129, Poços de Caldas).

2.2.1.2.13. Indenização. Responsabilidade objetiva. Necessidade da prova do dano

- Responsabilidade civil – Transporte de passageiro – Responsabilidade objetiva – Prova do dano – Necessidade. Para reclamar indenização de danos pessoais sofridos durante o transporte, o passageiro não precisa provar culpa do motorista pelo evento danoso. Mas o mesmo não se dá com o dano, pois não há responsabilidade civil, em hipótese alguma, sem a prova do efetivo prejuízo suportado pela vítima (TAMG, Ap. 18.759, Carmo da Mata).

2.2.1.2.14. Ônibus incendiado por vândalos. Queda de passageira

- A ação dos dois piromaníacos, no interior do coletivo, não pode ser considerada fato inerente ao transporte. Trata-se de excludente da responsabilidade, nos termos da jurisprudência da Seção de Direito Privado da Corte Nacional (TJRJ, Ap. 2005.001.48148, 10ª Câm. Cív., rel. Des. Garcez Neto, j. 2-2-2006).

2.2.1.3. Transporte rodoviário

2.2.1.3.1. Transporte de mercadoria. Roubo de carga durante o trajeto do veículo

- Ação regressiva – Contrato de transporte – Roubo de carga – Improcedência – Ocorrência de força maior a afastar a responsabilidade da transportadora – Pretensão de reforma – Descabimento – A ocorrência de roubo qualificado pelo emprego de arma de fogo durante o transporte de carga caracteriza-se como força maior resultante de fato de terceiro, notadamente porque inexiste elementos nos autos de que a transportadora ou o motorista tenham agido com dolo ou culpa – Ação improcedente. Recurso desprovido, com majoração dos honorários advocatícios (TJSP, Ap. Cível 1004133-90.2022.8.26.0004, 11ª Câm. Dir. Priv., rel. Des. Walter Fonseca, j. 31-7-2024).

- Responsabilidade civil – Contrato de transporte – Ação indenizatória – Roubo de carga, sob ameaça de arma de fogo, ocorrido durante o transporte rodoviário – Culpa da transportadora e da seguradora não demonstrada – Excludente da responsabilidade verificada – Ocorrência de força maior – Improcedência mantida – Apelo desprovido: (TJSP, Ap. 0017088-10.20068.26.0562, 37ª Câm. Dir. Priv., rel. Des. Dimas Carneiro, *DJe* 6-2-2013).

- Transporte de carga – Roubo da mercadoria – Força maior – Inevitabilidade não caracterizada – Dever de vigilância da transportadora. O entendimento uniformizado na Colenda 2ª

Seção do STJ é no sentido de que constitui motivo de força maior, a isentar de responsabilidade a transportadora, o roubo da carga sob sua guarda. (REsp 435.865-RJ). Contudo, difere a figura do roubo, quando comprovada a falta de diligência do preposto da transportadora na vigilância do veículo e carga suprimidos (STJ, REsp 899.429-SC, 4ª T., rel. Min. Aldir Passarinho Júnior, *DJe* 17-12-2010).

- Roubo de carga – Demanda regressiva de seguradora contratada pelo proprietário dos bens em face da transportadora. Subtração da carga, mediante ação armada de assaltantes – Causa independente, desvinculada à normal execução do contrato de transporte, que configura fato exclusivo de terceiro, excludente da responsabilidade civil – entendimento consolidado neste superior tribunal de justiça. Alusão, ademais, no aresto atacado, da adoção de providências concretas por iniciativa da transportadora visando à prevenção da ocorrência – Recurso desprovido (STJ, AgRg no REsp 1.036.178-SP, 4ª T., rel. Des. Marco Buzzi, *DJe* 19-12-2011).

2.2.1.3.2. Mercadoria avariada durante o transporte

- Transporte rodoviário de mercadorias – Avarias das mercadorias transportadas – Responsabilidade objetiva do transportador – Reconhecimento – Art. 794 do Código Civil – Obrigação de resultado e ausência de prova de causa excludente (caso fortuito ou força maior excludente de responsabilidade. Art. 393 do Código Civil e 12, V, da Lei n. 11.442/2007) – Risco da atividade e não recusa do transporte por irregularidade na embalagem da carga. – Art. 746 do Código Civil – Dever de indenização integral afirmado (TJSP, Apel. 1008930-88.2017.8.26.0003, 18ª Câm. Dir. Priv., rel. Des. Henrique R. Clavisio, *DJESP* 8-2-2018, p. 2.157).

- Transporte de mercadorias – Indenização – Danos na mercadoria transportada – Alegação de deficiente acondicionamento da carga – Recebimento, pela transportadora, porém, sem qualquer oposição – Culpa desta caracterizada – Verba devida (*RT*, *715*:167).

- Transporte de mercadorias – Avaria da carga – Culpa do transportador que é presumida, somente admitindo-se prova consistente em casos fortuitos, força maior, ou que a perda ou avaria se deu por vício intrínseco da coisa – Presunção não elidida – Responsabilidade do transportador – Indenização devida (*RT*, *718*:148).

2.2.1.3.3. Mercadoria extraviada

- Entrega em endereço diverso do avençado – Necessidade da entrega ao destinatário ou pessoa expressamente autorizada – Responsabilidade da transportadora reconhecida – Indenizatória procedente (*JTACSP*, Revista dos Tribunais, *111*:63).

2.2.1.3.4. Mercadoria furtada

- Inexistência de caso fortuito ou força maior – Regressiva da seguradora contra a transportadora – Fixação do *quantum* indenizatório no valor da mercadoria – Indenizatória parcialmente procedente (*JTACSP*, Revista dos Tribunais, *108*:140).

- Seguro – Mercadoria furtada – Insuficiência de provas – Responsabilidade da transportadora – Indenizatória ajuizada pela seguradora sub-rogada procedente (*JTACSP*, Revista dos Tribunais, *109*:116).

- Mercadoria furtada no trajeto contratado – Inocorrência de caso fortuito, uma vez comprovada a negligência da transportadora (abandono do veículo em lugar impróprio) – Indenização devida (*JTACSP*, Revista dos Tribunais, *83*:111).

2.2.1.3.5. Mercadoria roubada de veículo estacionado à noite em via pública

- Permanência do ajudante do motorista pernoitando, no veículo – Falta de maiores precauções – Obrigação de resultado – Dever da transportadora em ressarcir os prejuízos causados pela ação criminosa (*JTACSP*, Revista dos Tribunais, *96*:175).

2.2.1.3.6. Transporte de caixa não lacrada. Entrega aberta, com danos na mercadoria nela contida

- Contrato de transporte – Aceitação, para transporte, de caixa que não estava convenientemente lacrada – Entrega desta aberta, com danos na mercadoria nela contida – Presunção de culpa do transportador não elidida – Regressiva de indenização procedente (*JTACSP*, *159*:208).

2.2.1.3.7. Malote bancário. Indenização devida em caso de assalto

- Contrato de transporte – Malote bancário – Indenização devida em caso de assalto – Inadmissibilidade da alegação de força maior. Empresas transportadoras contratadas por instituições bancárias têm o dever de indenizá-las, em caso de roubo de malote, não podendo se eximir de tal responsabilidade sob a alegação de força maior. O possível roubo é previsível, impondo ao transportador a cautela, no sentido de evitar o resultado danoso" (STJ, REsp 965.520, 4ª T., rel. Min. Aldir Passarinho Júnior, disponível em <www.editoramagister.com>, acesso em 25 jun. 2010).

2.2.1.3.8. Motorista de ônibus indenizado em R$ 10 mil por assaltos sofridos

- Um motorista da empresa de ônibus Expresso Metropolitano Transportes Ltda. será indenizado em R$10 mil por causa dos assaltos sofridos durante o trabalho. Para os Desembargadores da 2ª Turma do Tribunal Regional do Trabalho da 5ª Região (TRT-5), a atividade desempenhada no transporte coletivo é de risco acentuado e gera estresse e desgaste. Cabe recurso da decisão. Para o desembargador Renato Simões, para quem o trabalho no transporte coletivo apresenta riscos em face do grande número de assaltos ocorridos, a sentença deve ser reformada para definir o pagamento de dano moral no valor de R$ 10 mil (Processo 0000631-77.2020.5.05.0001, *in* Revista *Consultor Jurídico*, 8-10-2002).

2.2.1.3.9. Roubo de carga em transporte rodoviário em recente decisão do STJ

- De acordo com o Superior Tribunal de Justiça, tendo como Relator o Ministro Moura Ribeiro, "o roubo de carga em transporte rodoviário, mediante uso de arma de fogo, exclui a responsabilidade da transportadora perante a seguradora do proprietário da mercadoria transportada, quando adotadas as cautelas que razoavelmente dela se poderia esperar" (*vide* Revista *Consultor Jurídico*, 11-9-2022).

2.2.2. O transporte aéreo

V., também, *"Overbooking" em viagem aérea*, in Livro II, Título IV, Capítulo I, n. 6.62, *infra*.

Com relação aos acidentes aéreos, é preciso observar não só o que dispõe o Código Brasileiro de Aeronáutica (Lei n. 7.565, de 19-12-1986) como também a Convenção de Varsóvia de 1929, a Convenção de Budapeste de outubro de 1930, a Convenção de Haia de 1955 e o Protocolo Adicional de Montreal de 1975.

A reparação dos prejuízos sofridos por pessoas e coisas transportadas subordina-se aos princípios da responsabilidade contratual, e está regulada pelo Código Brasileiro de Aeronáutica (arts. 246 a 287). O referido diploma revela-se, entretanto, tímido e inseguro. Proclama a responsabilidade pelo acidente com a aeronave em voo ou na superfície, ocorrido a bordo ou em operação de embarque ou desembarque. Mas, em seguida, abre ensanchas à defesa, eximindo a empresa no caso de culpa exclusiva do passageiro.

Como assinala Caio Mário da Silva Pereira, em comentário feito ainda na vigência do extinto Código Brasileiro do Ar, tendo em vista que o passageiro pouco ou nada pode fazer, melhor seria consagrar puramente a teoria objetiva. A empresa que opera o transporte aéreo, a seu proveito, deverá assumir o risco integral pelos danos causados às pessoas e coisas transportadas, eximindo-se exclusivamente por força maior ou caso fortuito (*Responsabilidade*, cit., p. 239-40).

A Convenção de Varsóvia estabelece uma responsabilidade subjetiva, com culpa presumida, do transportador aéreo, ao afirmar que responde "o transportador pelo dano ocasionado por morte, ferimento ou qualquer outra lesão corpórea sofrida pelo viajante, desde que o acidente, que causou o dano, haja ocorrido a bordo da aeronave, ou no curso de quaisquer operações de embarque ou desembarque" (art. 17), aduzindo que o "transportador não será responsável se provar que tomou, e tomaram os seus prepostos, todas as medidas necessárias para que se não produzisse o dano, ou que lhes não foi possível tomá-las" (art. 20, I). "O fato do passageiro, concorrente ou exclusivo, pode atenuar ou elidir a responsabilidade do transportador" (art. 21). O que se tem observado, contudo, é que os tribunais, interpretando os mencionados dispositivos, têm atribuído responsabilidade objetiva ao transportador, não elidível nem pela força maior.

A Convenção de Varsóvia disciplina o transporte aéreo internacional, assim considerando aquele cujos pontos de partida e pontos de destino, haja ou não interrupção de transporte ou baldeação, estejam situados no território de duas Altas Partes Contratantes, ou mesmo no de uma só, havendo escala prevista em território sujeito à soberania ou autoridade de outro Estado, seja ou não contratante (art. 1º). O que caracteriza, portanto, o transporte internacional é o fato de o ponto de partida ou de chegada do voo localizar-se em um dos países signatários da Convenção. Não se tratando de voo doméstico, inaplicável se torna o Código Brasileiro de Aeronáutica. É da competência exclusiva da Justiça brasileira processar e julgar ações oriundas de contrato de transporte aéreo internacional, quando no bilhete de transporte figura o Brasil como ponto de destino, aplicando-se à hipótese o art. 28 da Convenção de Varsóvia (TARJ, Ap. 8.185, AgRg 1.184, 2ª Câm., rel. Juiz Rodrigues Lema).

O Código Brasileiro de Aeronáutica disciplina o transporte aéreo realizado exclusivamente dentro do território nacional e foi elaborado à luz dos preceitos estatuídos na Convenção de Varsóvia.

Segundo se tem entendido, o referido diploma legal "abraçou a *teoria objetiva,* visto que impôs responsabilidade ao transportador como decorrência do risco da sua atividade, somente podendo este exonerar-se nas hipóteses fechadas previstas na lei" (Luis Camargo Pinto de Carvalho, Observações em torno da responsabilidade civil no transporte aéreo, *Revista do Advogado,* São Paulo, n. 46). A presunção de responsabilidade só pode ser elidida "se a morte ou lesão resultar, exclusivamente, do estado de saúde do passageiro, ou se o acidente decorrer de sua culpa exclusiva" (art. 256, § 1º, *a*). Não há referência a fortuito interno ou externo, nem a fato exclusivo de terceiro. Dispõe, ainda, o mencionado art. 256 que a responsabilidade do transportador aéreo se estende aos *passageiros gratuitos,* que viajarem por cortesia, e aos tripulantes, diretores e empregados que viajarem na aeronave acidentada, *sem prejuízo da eventual indenização por acidente de trabalho* (§ 2º, *a* e *b*).

De qualquer forma, a Constituição Federal de 1988 dispôs, no art. 21, XII, *c*, competir à União "explorar, diretamente ou mediante autorização, concessão ou permissão, a navegação aérea, aeroespacial e a infraestrutura aeroportuária". E o art. 37, § 6º, estendeu a responsabilidade objetiva, fundada no risco administrativo, às pessoas jurídicas de direito privado prestadoras de serviços públicos (empresas aéreas concessionárias e permissionárias). Tais dispositivos sobrepõem-se ao Código Brasileiro de Aeronáutica e à Convenção de Varsóvia, prevalecendo, pois, a responsabilidade objetiva prevista na Carta Magna.

O Plenário do Supremo Tribunal Federal decidiu que os conflitos que envolvem extravios de bagagem e prazos prescricionais ligados à relação de consumo em transporte aéreo internacional de passageiros devem ser resolvidos pelas regras estabelecidas pelas convenções internacionais sobre a matéria, ratificadas pelo Brasil.

A mencionada Corte, apreciando o tema 210 da repercussão geral, por maioria e nos termos do voto do Relator, em 25-5-2017 deu provimento ao recurso extraordinário, para reduzir o valor da condenação por danos materiais, limitando-o ao patamar estabelecido no art. 22 da Convenção de Varsóvia, com as modificações efetuadas pelos acordos internacionais posteriores. Em seguida, o Tribunal fixou a seguinte tese: "Nos termos do art. 178 da Constituição da República, as normas e os tratados internacionais limitadores da responsabilidade das transportadoras aéreas de passageiros, especialmente as Convenções de Varsóvia e Montreal, têm prevalência em relação ao Código de Defesa do Consumidor". Proclamou-se, assim, que deve ser dada prevalência à concretização dos comandos das mencionadas convenções, ratificadas pelo Brasil e compatíveis com a Constituição de 1988, às quais se confere *status* supralegal.

Em consequência, decidiu o Superior Tribunal de Justiça:

"Extravio de bagagem. Transporte aéreo internacional. Ação regressiva. Seguradora contra o causador do dano. Não aplicação do Código de Defesa do Consumidor. Convenção de Montreal. Incidência. Tese fixada em repercussão geral. Inovação recursal" (STJ, AgInt no REsp 1.711.866, 3ª T., rel. Min. Villas Bôas Cueva, *DJe* 27-3-2018).

"Responsabilidade civil. Extravio de bagagem. Transporte aéreo internacional. Danos materiais reconhecidos. Limites da responsabilidade civil. Convenção de Montreal. Regime de indenização tarifada. Incidência. Tese fixada em repercussão geral" (REsp 1.707.806, 3ª. T., rel. Min. Villas Bôas Cueva, *DJe* 18-12-2017).

O art. 732 do Código Civil, como já visto, dispõe que "aos contratos de transporte, em geral, são aplicáveis, quando couber, desde que não contrariem as disposições deste

Código, os preceitos constantes da legislação especial e de tratados e convenções internacionais". Continuam aplicáveis ao transporte aéreo, portanto, no que não contrariam o Código Civil, o Código Brasileiro de Aeronáutica, a Convenção de Varsóvia e o Código de Defesa do Consumidor.

É objetiva a responsabilidade do proprietário das aeronaves por danos causados a pessoas em terra por coisas que delas caírem, ou lançadas por necessidade de aliviar o peso, conforme já dispunha o Código Brasileiro do Ar (Dec. n. 483, de 8-6-1938), princípio esse não modificado pelos diplomas mais recentes que alteraram o referido Código (Dec.-Lei n. 32, de 18-11-1966, Dec.-Lei n. 234, de 28-12-1967, Lei n. 7.565, de 1986, art. 268). Mesmo em caso de força maior o proprietário é responsável, e o cálculo da indenização está sujeito ao direito comum (*RT, 543*:108).

O art. 269 do Código Brasileiro de Aeronáutica, que limita a responsabilidade das empresas aéreas pelos *danos causados a terceiros*, perdeu eficácia a partir da entrada em vigor da Constituição Federal de 1988, que estendeu a responsabilidade objetiva, atribuída ao Estado, às pessoas jurídicas de direito privado prestadoras de serviços públicos, pelos danos que seus agentes, nessa qualidade, causarem a terceiros (art. 37, § 6º), sem estabelecer qualquer limite para a indenização. Assim como não há limite para a responsabilidade civil do Estado, igualmente não há para a das concessionárias e permissionárias de serviços públicos, que emana da mesma fonte. A perda de eficácia do aludido dispositivo foi reafirmada com a promulgação do Código de Defesa do Consumidor. Em caso de dolo ou culpa, o art. 272 do citado Código Brasileiro de Aeronáutica já afastava a responsabilidade limitada do explorador da atividade aérea ou de seus prepostos. Pelos mesmos fundamentos, já não vige a responsabilidade limitada da administração dos aeroportos, em serviços de infraestrutura, pelos danos causados por seus agentes a passageiros ou coisas dentro do aeroporto, prevista no art. 280, II, do mesmo diploma, pois os operadores dos referidos serviços se enquadram na expressão *agentes públicos*.

O *transportador* responde pelo atraso no transporte aéreo, indenizando o passageiro que tinha confirmação de reserva. Dispõe, com efeito, o art. 737 do Código Civil, que o "transportador está sujeito aos horários e itinerários previstos, sob pena de responder por perdas e danos, salvo motivo de força maior". Desse modo, a companhia aérea que presta serviço de transporte de passageiros deve indenizá-los por prática de *overbooking*, como decidiu o Tribunal de Justiça de São Paulo: "Configurado o inadimplemento contratual e o defeito do serviço prestado pela transportadora, consistente na prática de *overbooking*, e não caracterizada nenhuma excludente de sua responsabilidade, de rigor o reconhecimento da responsabilidade e a condenação da ré na obrigação de indenizar os autores pelos danos decorrentes do ilícito em questão" (TJSP, Ap. 0001146-94.2013.8.26.0269, 38ª Câm. de Dir. Priv., rel. Des. Flávio Cunha da Silva, j. 29-1-2014).

De acordo com a orientação do Superior Tribunal de Justiça, "atraso inferior a 4 (quatro) horas não gera danos morais. Jurisprudência da Corte, na esteira do art. 3º da Resolução ANAC n. 141/2-10" (STJ, EDcl no REsp 1.280.372-SP, 3ª T., rel. Min. Villas Bôas Cueva, j. 19-3-2015). Todavia, se o atraso é superior ao mencionado, a companhia aérea responderá por danos materiais e morais. Confira-se: "Transporte aéreo. Voo internacional. Atraso de 14 horas a mais durante a conexão. Prejuízo ao desempenho de atleta em torneio internacional de tênis nos Estados Unidos, pois necessitava se adaptar ao local para a prévia climatização e descanso, por se tratar de local com variação de altitude. Indenização fixada em R$ 12.000,00"

(TJRJ, Apel, 0022446882016.8.19.0209, 2ª Câm. Cív., rel. Des. Alexandre Freitas, Revista *Consultor Jurídico*, 23-6-2018).

A agência de turismo, porém, "não tem relação direta com o dano, no caso de atraso de voo, quando o contrato não é de fretamento. O simples fato de disponibilizar hotéis e alimentação não se revela suficiente para elidir o dano moral da empresa aérea quando o atraso no voo se configura excessivo, a gerar pesado desconforto e perda de compromissos assumidos pelo passageiro" (TJMG, Ap. 2.0000.00.501705-4/000, rel. Des. Elpídio Donizetti, *DJe* 8-8-2006).

"O transportador não pode recusar passageiros, salvo os casos previstos nos regulamentos, ou se as condições de higiene ou de saúde do interessado o justificarem" (CC, art. 739). Questões de segurança, previstas nos regulamentos, podem justificar a referida recusa.

O Código Civil disciplina algumas questões que, embora aplicáveis ao transporte de pessoas em geral, ocorrem com mais frequência no transporte aéreo. Preceitua o art. 740, *verbis*:

"O passageiro tem direito a rescindir o contrato de transporte antes de iniciada a viagem, sendo-lhe devida a restituição do valor da passagem, desde que feita a comunicação ao transportador em tempo de ser renegociada".

Mesmo depois de iniciada a viagem, é facultado ao passageiro desistir do transporte, sendo-lhe devida a restituição do valor correspondente ao trecho não utilizado, desde que provado que outra pessoa haja sido transportada em seu lugar (§ 1º). O usuário que deixar de embarcar não terá direito ao reembolso do valor da passagem, salvo se provado que outra pessoa foi transportada em seu lugar, caso em que lhe será restituído o valor do bilhete não utilizado (§ 2º). Em todas as hipóteses previstas no art. 740 e parágrafos mencionados, o transportador terá direito de reter até cinco por cento da importância a ser restituída ao passageiro, a título de multa compensatória (§ 3º).

Se a viagem se interromper, por qualquer motivo alheio à vontade do transportador, ainda que em consequência de evento imprevisível, fica ele obrigado a concluir o transporte contratado em outro veículo da mesma categoria, ou, com a anuência do passageiro, por modalidade diferente, à sua custa, correndo também por sua conta as despesas de estada e alimentação do usuário, durante a espera de novo transporte (CC, art. 741).

Em contrapartida, o transportador, uma vez executado o transporte, tem direito de retenção sobre a bagagem de passageiro e outros objetos pessoais deste, para garantir-se do pagamento do valor da passagem que não tiver sido feito no início ou durante o percurso (art. 742).

Decidiu o Superior Tribunal de Justiça que a companhia aérea tem o dever de fornecer informações sobre a necessidade de obtenção de visto para o país de destino. Na hipótese, por entender que houve defeito na prestação de serviço por parte da Companhia Air France que, ao efetuar a venda de passagens aéreas com destino à França, não informou corretamente a necessidade de obtenção de visto para ingresso naquele país, causando transtornos às passageiras, a 3ª Turma da referida Corte, por unanimidade, condenou a empresa ao pagamento de R$ 20.000,00 a título de indenização por danos morais a mãe e filha. Segundo a relatora, Min. Nancy Andrighi, além de claras e precisas, as informações prestadas pelo fornecedor devem conter as advertências necessárias para alertar o consumidor a respeito do risco que, eventualmente, pode frustrar a utilização do serviço contratado (REsp 988.595-SP, 3ª T., rel. Min. Nancy Andrighi, *DJe* 9-12-2009).

Segundo o Superior Tribunal de Justiça, a "companhia aérea que condiciona a validade do bilhete de volta à utilização do bilhete de ida fere a lógica da razoabilidade e obtém enriquecimento indevido em detrimento do usuário dos serviços, que pagou previamente pelos dois trechos". No caso em julgamento, a aludida Corte condenou a companhia aérea "ao pagamento de indenização de R$ 25.000,00 por danos morais à passageira que teve o voo de volta cancelado após não ter se apresentado para embarque no voo de ida", sendo "abusiva a prática comercial sob a justificativa de não ter o passageiro se apresentado para embarque em voo antecedente, por afrontar direitos básicos do consumidor, tais como a vedação ao enriquecimento ilícito, a falta de razoabilidade nas sanções impostas e, ainda, a deficiência na informação sobre os produtos e serviços prestados" (STJ, REsp 1.595.731-RO, 4ª T., rel. Min. Luis Felipe Salomão, j. 14-11-2017).

JURISPRUDÊNCIA

2.2.2.1. Extravio de bagagem

- Ação de indenização por danos materiais e morais – Sentença de parcial procedência dos pedidos indenizatórios – Inconformismo do autor. 1. Transporte aéreo internacional. Extravio temporário de bagagem. Trecho Brasília-São Paulo-Lisboa-Paris. A restituição dos pertences do passageiro ocorreu quatro dias após o desembarque do voo de ida. Falha na prestação do serviço disponibilizado. Responsabilidade objetiva da requerida 2. Danos materiais. O autor comprovou o desembolso de valores próprios para a aquisição de vestuário, de itens de higiene e do serviço de mala extra, gastos decorrentes da privação da bagagem no exterior. Dispêndio que está abaixo do limite de 1.000 DES fixados no artigo 22, da Convenção de Montreal. 3. Dano moral configurado. Fato que excede o mero dissabor. Indenização que deve ser mantida em R$ 6.000,00, quantia que se mostra razoável para o caso concreto e que observa os parâmetros desta c. Câmara. Ausente pedido de redução do valor pela companhia aérea. Sentença reformada. Recurso provido (TJSP, Ap. Civ. 1025778-43.2023.8.26.0003, 23ª Câm. Dir. Priv., rel. Regis Rodrigues Bonvicino, *DJe* 31-7-2024).

- Extravio de bagagem – Transporte aéreo nacional (doméstico) – Ação regressiva da seguradora contra o causador do dano.Partindo-se da premissa de que a seguradora recorrente promoveu o pagamento da indenização securitária à passageira (titular do cartão de crédito) pelo extravio de sua bagagem, é inegável que esta sub-rogou-se nos direitos da segurada, ostentando as mesmas prerrogativas para postular o ressarcimento pelo prejuízo sofrido pela própria passageira. Dentro do prazo prescricional aplicável à relação jurídica originária, a seguradora sub-rogada pode buscar o ressarcimento do que despendeu com a indenização securitária, nos mesmos termos e limites que assistiam ao segurado. Precedentes (STJ, REsp 1.651.936-SP, 3ª T., rel. Min. Nancy Andrighi, *DJe* 13-10-2017).

- Transporte aéreo internacional – Extravio de bagagem – Danos materiais reconhecidos – Convenção de Montreal – Limites.O Supremo Tribunal Federal, no julgamento do RE n. 636.331-RJ, sob o regime da repercussão geral, consolidou o entendimento de que, "nos termos do art. 178 da Constituição da República, as normas e os tratados internacionais limitadores da responsabilidade das transportadoras aéreas de passageiro, especialmente as Convenções de Varsóvia e Montreal, têm prevalência em relação ao Código de Defesa do Consumidor". Diante da tese fixada pelo STF, é necessária a reorientação da jurisprudência anteriormente consolidada nesta Corte Superior (REsp 1.707.876-SP, 3ª T., Min. Villas Bôas Cueva, *DJe* 18-12-2017).

- Tratando-se de extravio de bagagem de passageiro de transporte aéreo internacional a legislação aplicável é a constante do Protocolo de Emenda à Convenção de Varsóvia para unificação de certas regras relativas à matéria (Dec. 20.784/31, modificado pelo Dec. 56.463/65), e não a Lei 7.565/86, que cuida do transporte aéreo local ou nacional. Assim, na hipótese de carga não registrada, o cálculo da indenização devida pela transportadora deve ser feito sobre 20k, franquia constante da passagem, cujo bilhete é o que vale entre as partes (art. III, 2, *b*, do Protocolo) (*RT*, *630*:124).

- A Convenção de Montreal, que trata da proteção dos usuários do transporte aéreo internacional, não tem regramento aplicável a indenizações por danos morais causados por extravio de bagagem. Nesses casos, aplicam-se as regras protetivas do Código de Defesa do Consumidor. Com esse entendimento a 3ª Turma do Superior Tribunal de Justiça negou recurso especial interposto pela Air France com o objetivo de limitar o valor da indenização fixado pelo Tribunal de Justiça do Rio Grande do Sul. A tese da companhia aérea é de que os limites indenizatórios disciplinados pela Convenção de Montreal aplicam-se também aos danos morais. O colegiado entendeu que, se assim fosse, o tratado deixaria expressamente consignado. Não é o que ocorre (STJ, REsp 1.824.066, 3ª T., rel. Min. Moura Ribeiro, Revista *Consultor Jurídico*, 17-6-2020).

2.2.2.2. *Extravio de mercadoria*

- Extravio de mercadoria – Hipótese de responsabilidade solidária de empresas de transporte. Se o transporte da carga é efetivamente feito por um único transportador, como no caso dos autos, esse transportador (transportador de fato) e a empresa contratada para promover o transporte internacional da mercadoria, que subcontratou a empresa aérea (transportador contratual) são solidariamente responsáveis pelo extravio da mercadoria ocorrido durante o transporte (STJ, REsp 900.250-SP, 3ª T., rel. Min. Sidnei Beneti, *DJe* 2-12-2010).

- Importação de bens – Transporte aéreo internacional – Descumprimento de exigências aduaneiras – Responsabilidade pelo perdimento jurídico das mercadorias – Agente de transporte que assumiu, contratualmente, responsabilidade pelo desembaraço – Transportadora que responde solidariamente nos limites estabelecidos pela convenção de montreal (AgInt nos EDcl no REsp 2.051.030-RJ, rel. Min. Moura Ribeiro, 3ª T., j. 22-4-2024, *DJe* 24-4-2024).

- Transporte aéreo internacional – Extravio de mercadoria – Indenização tarifada prevista na convenção de montreal (AgInt nos EDcl no AREsp 2.081.760-SP, rel. Min. Maria Isabel Gallotti, 4ª T., j. 27-3-2023, *DJe* 31-3-2023).

2.2.2.3. Atraso de voo

■ Indenização por danos materiais e morais – Parcial procedência – Transporte aéreo – Atraso em voo nacional – Chegada do autor ao destino almejado com atraso aproximado de 24 horas (TJSP, Ap. Cível 1057514-16.2022.8.26.0100, 11ª Câm. Dir. Priv., rel. Des. Walter Fonseca, j. 31-7-2024).

■ Indenizatória – Remarcação de voo – Danos morais – Inocorrência – Atraso inferior a 4 (quatro) horas não gera danos morais – Jurisprudência do Colendo Superior Tribunal de Justiça, na esteira do art. 3º da Resolução ANAC n. 141/2010 – Prática de *overbooking* não comprovada (STJ, EDcl no REsp 1.280.372-SP, 3ª T., rel. Min. Villas Bôas Cueva, j. 19-3-2015).

■ Ação de indenização – Transporte aéreo – Atraso do voo e *overbooking* – Danos morais e materiais – Aplicação do Código de Defesa do Consumidor – Ré que deve ser responsabilizada considerando que integra a cadeia de fornecedores dos serviços de transporte aéreo – Falha na prestação do serviço – Atraso injustificado de mais de 24 horas – Fato que decorre de sua atividade de risco – Danos materiais comprovados – Dano moral presumido – Mantido o valor de indenização de R$ 20.000,00 para cada autor – Recurso desprovido (TJSP, Apel. 1032442-43.2015.8.26.0562, 23ª Câm. Dir. Priv., rel. Des. Sérgio Shimura, *DJe* 6-6-2016).

■ Transporte aéreo – Voo internacional – Atraso de 14 horas a mais durante a conexão – Prejuízo no desempenho de atleta em torneio internacional de tênis nos Estados Unidos, pois necessitava se adaptar ao local para a prévia climatização e descanso, por se tratar de local com variação de altitude – Indenização fixada em R$ 12.000,00 (TJRJ, Apel. 0022446882016.8.19.0209, 2ª Câm. Cív., rel. Des. Alexandre Freitas, Revista *Consultor Jurídico*, 23-6-2018).

■ Atraso de voo – Responsabilidade objetiva do transportador, sendo o contrato de transporte um contrato de resultado – Ausência de excludente de responsabilidade. Se a empresa transportadora não prova que "tomou, e tomaram os seus prepostos, todas as medidas necessárias para que se não produzisse o dano, ou que não lhes foi possível tomá-las", é cabível a indenização (*RSTJ, 128*:271).

■ Transporte aéreo internacional – Atraso de quarenta e oito horas – Indenização devida – Aplicação da Convenção de Varsóvia.O atraso no transporte aéreo, causando transtornos, configura a ocorrência de dano, sendo devida a indenização, nos termos do art. 19 da Convenção de Varsóvia, por força da qual os atrasos não são toleráveis, gerando indenizações (*RT, 729*:224).

■ Atraso em voo internacional – Indenização tarifada – Convenção de Varsóvia – Adicional n. 3. A aprovação pelo Congresso de tratado internacional, mediante a edição de decreto legislativo, não basta para fazê-lo vigorar no Brasil, sendo indispensável a sua promulgação pelo Presidente da República, publicando-se no *DOU* o respectivo decreto presidencial. Na hipótese, sequer estando em vigor internacional, presentemente, o Protocolo Adicional n. 3, que depende de um número determinado de ratificações por parte de outros países e da edição de um decreto presidencial, aplica-se a Convenção de Varsóvia, promulgada pelo Decreto n. 20.703/31, com as alterações do Protocolo de Haia, promulgado pelo Decreto

n. 56.464/65. A indenização por atraso de voos internacionais, hipótese dos autos, prevista no art. 19 da Convenção de Varsóvia, é regida pela norma geral do art. 22 do mesmo diploma, relativo ao transporte de pessoas, nos termos do Protocolo de Haia que, dentre outros aspectos, alterou o limite de indenização, por passageiro, passando-o de 125.000 francos, equivalentes a 8.300 DES (Direitos Especiais de Saque), para 250.000 francos, equivalentes a 16.600 DES (cf. tabela de conversão prevista no Decreto n. 97.505/89). O item 3 do art. 22 da Convenção de Varsóvia, que fixa o limite indenizatório em 5.000 francos, equivalentes a 332 DES (cf. Decreto n. 97.505/89), incide apenas em relação aos objetos que o passageiro conserve sob sua guarda, não ao caso de atraso de voo (STJ, REsp 157.561-SP, 3ª T., rel. Min. Menezes Direito, j. 17-12-1998).

■ Transporte aéreo nacional – Atraso de vinte e quatro horas – Viagem que duraria apenas três horas – Indenização por dano moral devida – Alegação da empresa de que, durante a decolagem, um pássaro colidiu com o motor da aeronave, obrigando-a a pousar no aeroporto, para a devida manutenção. Trata-se, segundo a Turma Julgadora, de risco do negócio. As consequências da colisão do pássaro com a aeronave devem ser suportadas pela empresa, não se podendo admitir tal fato como terceiro que tenha culpa exclusiva pelo atraso, a elidir sua responsabilidade (TJRJ, Proc. 0053061-79.2011.8.19.0001, 15ª Câm. Cív., rel. Des. Celso Ferreira Filho, in Revista *Consultor Jurídico*, 21-12-2012).

■ Transporte aéreo internacional – Atraso em voo que ocasiona a perda de conexões e obriga os consumidores a passarem a noite em outro país – Falha na prestação de serviço – Não comprovação da ocorrência de situações meteorológicas adversas que poderiam impedir a realização de voos ou a aterrissagem no aeroporto de destino, que caracterizariam o caso fortuito ou força maior – Indenização moral devida (TJMG, 17ª Câm. Cív., rel. Des. Evandro da Costa Teixeira, disponível em <www.conjur.com.br> de 17-4-2015).

2.2.2.4. Antecipação de voo sem comunicação aos passageiros

■ Transporte aéreo – Alteração no plano de viagem dos autores – Antecipação do horário do voo de retorno, sem a comunicação dos demandantes – Falta de assistência aos passageiros – Dano material comprovado – Transtornos que transcendem o mero dissabor do cotidiano, ensejando o dano moral – *Quantum* indenizatório mantido (TJRS, Ap. 71.002.962.645, 1ª T. Recursal Cível, rel. Ricardo Torres Hermann, *DJe* 30-5-2011).

■ Antecipação de voo sem comunicação aos passageiros – Comparecimento destes ao aeroporto dentro do prazo previsto no contrato – Evidência de prejuízo decorrente da perda de um dia de viagem – Inexistência de prova que justifique a modificação do horário de partida – Responsabilidade objetiva caracterizada – Art. 19 da Convenção de Varsóvia – Indenizatória procedente (*JTACSP, 157*:197).

2.2.2.5. Voo internacional fretado. Indenização por má prestação de serviços

■ Responsabilidade solidária da fretadora e da afretadora. São solidariamente responsáveis as empresas fretadora e afretadora por danos causados a terceiros em transporte. Tratando-se de indenização por má prestação de serviços, a responsabilidade é contratual, incidindo os juros a partir da citação (STJ, REsp 538.829-RJ, 4ª T., rel. Min. Asfor Rocha, j. 9-9-2003).

2.2.2.6. Substituição de passagem de classe executiva por classe econômica de outra companhia aérea

- Dano moral e material evidenciados – Aplicabilidade dos arts. 5º, V, da CF e 159 do Código Civil de 1916 – Decisão mantida (1º TACSP, Ap. 863.580-9-SP, rel. Carlos Renato Azevedo Ferreira, j. 27-7-1999).

2.2.2.7. Overbooking. Dano moral

- Ação de indenização por danos materiais e morais – Transporte aéreo – Atraso de voo internacional, com perda de conexão – Improcedência – Pretensão de reforma – Parcial cabimento (TJSP, Ap. Cível 1113319-51.2022.8.26.0100, 11ª Câm. Dir. Priv., rel. Des. Walter Fonseca, j. 31-7-2024).

- Serviço de transporte aéreo – Relação de consumo – *Overbooking* – Ação indenizatória por danos materiais e morais – Realocação dos consumidores em outro voo – Viagem internacional – Perda da conexão – Situação que ultrapassa o mero aborrecimento cotidiano – Frustração da legítima expectativa do consumidor – *Quantum* indenizatório mantido (TJRJ, Ap. 0342673-73.2013.8.19.0001, 25ª Câm. Cív. Consumidor – rel. Des. Sérgio Seabra Varella, j. 17-5-2017).

- Serviço de transporte aéreo – *Overbooking* – Dano moral. Viagem aérea do Rio de Janeiro a Santa Catarina – Remanejamento – Desembarque em cidade diversa da destinatária – Atraso de 9 (nove) horas – Dano moral que decorre da falha na prestação do serviço, tendo em vista o comportamento descuidado da ré com os autores (TJRJ, Ap. 0220724-77.2016.8.19.0001, 24ª Câm. Cív. Consumidor, rel. Des. Geórgia de Carvalho Lima, j. 5-9-2017).

- Ação de indenização por danos morais – Empresa aérea – *Overbooking*. A autora alega ter sido impedida de embarcar em voo nacional com destino à cidade de Navegantes, com conexão no aeroporto de Congonhas, em razão de *overbooking*, havendo um longo período de espera e reclamação, restando realocada em outro voo e destino final para Florianópolis, ou seja, local diverso do inicial previsto – Sentença de procedência do pedido (TJRJ, Ap. 0006254-04.2016.8.19.0202, 26ª Câm. Cív. Consumidor, rel. Des. Natacha Gonçalves de Oliveira, j. 20-7-2017).

- Ação de indenização – Transporte aéreo – *Overbooking* e atraso do voo – Danos morais e materiais. Aplicação do Código de Defesa do Consumidor – Ré que deve ser responsabilizada considerando que integra a cadeia de fornecedores dos serviços de transporte aéreo. Falha na prestação do serviço. Atraso injustificado de mais de 24 horas. Fato que decorre de sua atividade de risco. Danos materiais comprovados. Dano moral presumido. Mantido o valor da indenização de R$ 20.000,00 (vinte mil reais) para cada autor. Recurso desprovido (TJSP, Ap. 1032442-43.2015.8.26.0562, 23ª Câm. Dir. Priv., rel. Des. Sérgio Shimura, *DJe* 6-9-2016).

2.2.2.8. Apuração das causas em acidente. Não fluência do prazo prescricional

- Ocorrido o acidente aéreo em país distante, não flui o lapso prescricional enquanto se apuram as causas do acidente, de cujo conhecimento pelos interessados depende o ajuizamento da ação (STJ, REsp 69.317-0-SP, 4ª T., rel. Min. Barros Monteiro, *DJU*, 20-10-1998).

2.2.2.9. Culpa grave da companhia aérea caracterizada

- Indenização devida – Danos materiais e morais comprovados – Aparelho comandado por piloto que tinha ciência da provável pane do radar do avião e que decolou a aeronave apesar de alerta sobre as condições insatisfatórias do tempo – Culpa gravíssima – Responsabilidade contratual – Caso fortuito não caracterizado e irrelevante na hipótese – Ação procedente – Recurso improvido (*JTACSP*, *164*:223).

- Responsabilidade civil – Acidente aéreo – Tentativa forçada de pouso em condições adversas – Culpa grave caracterizada – Arts. 106 do Código Brasileiro do Ar e 248 da Lei 7.565/86 – Indenizatória procedente (*JTACSP*, Revista dos Tribunais, *106*:118).

- Responsabilidade civil – Acidente aéreo – Falha do piloto, que, na condição de sócio do aeroclube, requisitou o avião para realizar sozinho voo de turismo – Responsabilidade pela morte da filha da autora, que com ele viajava – Inaplicabilidade dos arts. 80 a 97 do Código Brasileiro do Ar – Indenizatória ajuizada contra o aeroclube improcedente – Embargos infringentes recebidos para esse fim – Sentença mantida (*JTACSP*, Revista dos Tribunais, *105*:151).

- Responsabilidade civil – Ação de indenização decorrente de ato ilícito – Acidente aéreo – Colisão de aeronaves durante voo. Diversas mortes. Responsabilidade objetiva do transportador e da arrendadora. Sinistro ocorrido durante as comemorações do 55º aniversário do aeroclube de Lages. Nexo causal não configurado. Ausência de responsabilidade (REsp 1.414.803-SC, 4ª T., rel. Min. Luis Felipe Salomão, j. 4-5-2021, *DJe* 4-6-2021).

2.2.2.10. Serviço de entrega rápida. Entrega não efetuada no prazo contratado

- Relação de consumo – Serviço de entrega rápida – Entrega não efetuada no prazo contratado – Risco aéreo – Dano material – Código Brasileiro de Aeronáutica – Inaplicabilidade – Indenização não tarifada. Não prevalecem as disposições do Código Brasileiro de Aeronáutica que conflitem com o Código de Defesa do Consumidor. As disposições deste incidem sobre a generalidade das relações de consumo, inclusive as integradas por empresas aéreas. Quando o fornecedor faz constar de oferta ou mensagem publicitária a notável pontualidade e eficiência de seus serviços de entrega, assume os eventuais riscos de sua atividade, inclusive o chamado risco aéreo, cuja consequência não deve arcar o consumidor (STJ, REsp 196.031-0-MG, 3ª T., rel. Min. Antônio de Pádua Ribeiro, j. 24-4-2001, v. u.).

2.2.2.11. Transporte sucessivo. Responsabilidade solidária da empresa brasileira

- Acidente aéreo – Transporte sucessivo – Morte em território nacional – Transporte por empresa brasileira precedido de viagem internacional – Responsabilidade solidária da empresa brasileira – Recurso extraordinário não conhecido (STF, *JTACSP*, Revista dos Tribunais, *87*:170).

2.2.2.12. Cancelamento de voo sem aviso prévio

- Transporte aéreo – Cancelamento do voo – Família que somente conseguiu embarcar quase oito horas depois, sem, todavia, receber o devido auxílio. Tanto a empresa aérea quanto a que vendeu a passagem deveriam ter fornecido alimentação e acomodação do casal que viajava com a filha de dois anos. Incontroverso que os autores adquiriram passagem aérea, de ida e volta, do Rio de Janeiro para Salvador, no *site* eletrônico da ré, porém o horário de voo foi alterado, de forma unilateral, sem que tenha havido assistência eficiente e imediata aos passageiros. Indenização devida pela empresa aérea e pelo *site* de vendas (TJRJ, Apel. n. 0050729-07.2016.8.19.0001, rel. Des. Maria Luiza de Freitas Carvalho, Revista *Consultor Jurídico*, 23-6-2018).

- Ação de indenização por danos morais – Cancelamento de voo – Procedência – Pretensão para que seja afastada, ou reduzida, a indenização por danos morais – descabimento (TJSP, Ap. Cível 1027834-49.2023.8.26.0003, 11ª Câm. Dir. Priv., rel. Walter Fonseca, j. 31-7-2024).
- Indenização – Transporte aéreo – Atraso/cancelamento de voo – Dano moral – Ocorrência. Dano "in re ipsa". Contexto probatório a demonstrar a ocorrência de falha na prestação dos serviços pela companhia aérea. Alegação de necessidade de readequação da malha aérea que não exclui a responsabilidade da ré. Hipótese de fortuito interno. Fato previsível que integra o risco da atividade explorada pela companhia aérea, que não exclui sua responsabilidade, que, na hipótese, é objetiva, a teor do disposto no artigo 14, do Código de Defesa do Consumidor (TJSP, Ap. Cível 1003825-86.2024.8.26.0003, 19ª Câm. Dir. Priv., rel. Des. Jairo Brazil, j. 31-7-2024).

2.2.2.13. Companhia aérea que condiciona a validade do bilhete de volta à utilização do bilhete de ida

- A companhia aérea que condiciona a validade do bilhete de volta à utilização do bilhete de ida fere a lógica da razoabilidade e obtém enriquecimento indevido em detrimento do usuário dos serviços, que pagou previamente pelos dois trechos. Condenação ao pagamento de indenização de R$ 25.000,00 por danos morais a passageira que teve o voo de volta cancelado após não ter se apresentado para embarque no voo de ida. Abusiva a prática comercial consistente no cancelamento unilateral e automático de um dos trechos da passagem aérea, sob a justificativa de não ter o passageiro se apresentado para embarque em voo antecedente, por afrontar direitos básicos do consumidor, tais como a vedação ao enriquecimento ilícito, a falta de razoabilidade nas sanções impostas e, ainda, a deficiência na informação sobre os produtos e serviços prestados (STJ, REsp 1.595.731, 4ª T, rel. Min. Luis Felipe Salomão, Revista *Consultor Jurídico*, 15-11-2017).

2.2.2.14. Perda de voo por falha mecânica no avião

- Passageira que perdeu a conexão na classe executiva que tinha contratado, por atraso de uma hora do primeiro voo – Alegação da empresa aérea de que houve uma falha mecânica na aeronave, demandando a manutenção não programada, que ocasionou o atraso no voo. Todavia, o atraso do voo sob o argumento de urgente manutenção na aeronave configura fortuito interno, de modo que o auxílio não satisfatório da ré em relação à autora acarreta o dever de indenizar. Art. 737 do CC (TJ-MT, Apel. 121.365/2017, rel. Des. Sebastião de Moraes Filho, Revista *Consultor Jurídico*, 14-1-2018).

2.2.2.15. *Empresário é condenado a indenizar família de vítima de acidente aéreo*

■ Por entender que o réu foi omisso na fiscalização do uso de sua aeronave, que era utilizada para a prática de táxi aéreo de maneira irregular, a Magistrada Elaine Faria Evaristo, do Foro Central de São Paulo, condenou um empresário a indenizar a família de uma das vítimas de acidente aéreo. A aeronave do empresário não tinha autorização e qualificação legal para fazer transporte aéreo público de passageiros. Todavia, era usada para esse fim. Em novembro de 2019 o avião teve problemas na aterrissagem em um *resort* de luxo, na Bahia, e o acidente resultou em cinco mortes, entre elas a do piloto Tuka Rocha, filho dos autores da ação. Ao analisar os autos, a magistrada concluiu que ficaram comprovados o ato ilícito, a responsabilidade civil e o dever de indenizar por parte do empresário. Diante disso, ela condenou o dono do avião a pagar R$ 600 mil, com juros de 1%, a contar da data do acidente, aos pais do piloto. Morreram mais quatro pessoas.

2.2.3. O transporte marítimo

No transporte marítimo, a jurisprudência admite a cláusula limitativa de responsabilidade, desde que aposta em termos claros na passagem ou no conhecimento de transporte, de modo que o aderente não pudesse ignorar a sua existência. Por isso, deve ser recusada quando fundada em impresso estranho ao contrato ou que a ela apenas faça referência (Antonio Lindbergh C. Montenegro, *Responsabilidade*, cit., p. 167, n. 74).

Confira-se: "Validade da cláusula limitativa do valor da indenização devida em razão de avaria da carga objeto de transporte marítimo internacional. Nos termos da jurisprudência firmada no âmbito da Segunda Seção, considera-se válida a cláusula do contrato de transporte marítimo que estipula limite máximo indenizatório em caso de avaria na carga transportada, quando manifesta a igualdade dos sujeitos integrantes da relação jurídica, cuja liberdade contratual revelar-se amplamente assegurada, não sobressaindo, portanto, hipótese de incidência do art. 6º, inciso VI, do Código de Defesa do Consumidor, no qual encartado o princípio da reparação integral dos danos da parte hipossuficiente..."Nada obstante, é de rigor a aferição da razoabilidade e/ou proporcionalidade do teto indenizatório delimitado pela transportadora, o qual não poderá importar em quantia irrisória em relação ao montante dos prejuízos causados em razão da avaria da mercadoria transportada, e que foram pagos pela seguradora" (STJ, REsp 1.076.465-SP, 4ª T., rel. Min. Marco Buzzi, *DJe* 25-11-2013).

Nessa espécie de transporte, o incremento das importações e exportações em todos os países, com o enorme movimento de carga e descarga nos portos, passou a exigir a participação de um terceiro elemento entre o transportador e o dono da mercadoria ou consignatário: a operação de carga e descarga realizada pelos serviços portuários.

Estabelece o Decreto-Lei n. 116, de 25 de janeiro de 1967, que a responsabilidade da entidade portuária começa com a entrada da mercadoria em seus armazéns, pátios ou outros locais designados para o depósito, e somente cessa após a entrega efetiva no navio ao consignatário (art. 20). Por outro lado, "a responsabilidade do navio ou embarcação começa com o recebimento da mercadoria a bordo, e cessa com a sua entrega à entidade portuária ou trapiche municipal, no porto de destino, ao costado do navio" (art. 3º).

Como assinala Antonio L. C. Montenegro, "dessa dicotomia resulta que a entrega da mercadoria já não se faz, como outrora, ao consignatário, e, sim, à entidade portuária. Nessas condições, a obrigação de custódia ou segurança das mercadorias se distribui entre o transportador e a entidade portuária. O efeito principal dessa mudança de tratamento está em que, uma vez recebida, para embarque ou desembarque, a carga com volumes em falta, avariados ou sem embalagem, ou embalagem inadequada, sem que se faça ressalva e promova desde logo vistoria, a responsabilidade passa a ser do recebedor (§ 3º do art. 1º)".

Acrescenta, ainda, o referido autor: "Outra consequência desse novo sistema reside em que já não se faz de rigor, em matéria de transporte por água, a vistoria regulada pelo art. 756 e parágrafo do Código de Processo Civil de 1939, que nesse passo continuou em vigor, por determinação do art. 1.218 do vigente ordenamento processual. Por último, deve ser ressaltado que a partir do Decreto n. 116, de 25-11-1967, a culpa presumida do transportador marítimo, pelos danos advindos à carga, só deixa de prevalecer durante o período em que ela permanece sob a guarda da entidade portuária. No mais, a matéria continua regida pelo Código Comercial (art. 102), vale dizer, o transportador é responsável pela guarda, bom acondicionamento e conservação da mercadoria, salvo prova, a seu cargo, de vício próprio, força maior ou caso fortuito" (*Responsabilidade*, cit., p. 170).

A propósito, o Superior Tribunal de Justiça editou a Súmula 109, do seguinte teor: "O reconhecimento do direito a indenização, por falta de mercadoria transportada via marítima, independe de vistoria" (*DJU*, 5 out. 1994, p. 26557, n. 190).

É muito comum o transportador inserir, unilateralmente, no anverso do conhecimento de transporte, que é um autêntico contrato de adesão, *cláusula de eleição de foro*, de acordo com a sua exclusiva vontade, sem que haja qualquer possibilidade de discussão de seus termos pela parte contrária, especialmente pelo consignatário da carga.

Em se tratando de cláusula impressa, configura-se o abuso de direito do transportador, que faz prevalecer a sua vontade, de forma absoluta. Em geral, são indicados, como foros competentes, os de Londres e de Nova York. É evidente que, assim agindo, impõe o transportador ônus excessivo ao embarcador ou ao destinatário final do transporte de cargas, bem como ao segurador sub-rogado, que nem participa do ato de contratação, obrigando-os a se deslocarem, com custo extremamente elevado, para litigarem nas referidas e distantes cidades.

Não se tem admitido foro de eleição *nos contratos de adesão*, salvo demonstrando-se a inexistência de prejuízo para o aderente. Com efeito, a sua validade pressupõe a observância do princípio da igualdade dos contratantes, não respeitado nos contratos dessa espécie.

O Superior Tribunal de Justiça tem considerado ineficaz a cláusula de eleição de foro em contratos de adesão (cf. Theotonio Negrão, *Código de Processo Civil e legislação processual em vigor*, p. 213, nota 3b ao art. 111): a) "quando constitui um obstáculo à parte aderente, dificultando-lhe o comparecimento em juízo" (REsp 41.540-RS, 3ª T., rel. Min. Costa Leite, *DJU*, 9 maio 1994); b) se é "abusiva, resultando especial dificuldade para a outra parte" (REsp 40.988-8-RJ, 3ª T., rel. Min. Eduardo Ribeiro, *DJU*, 9 maio 1994, p. 10870); c) se o outro contratante "presumivelmente não pôde discutir cláusula microscopicamente impressa de eleição de foro" (REsp 34.186-RS, 4ª T., rel. Min. Athos Carneiro, *DJU*, 2 ago. 1993, p. 14257).

A mesma Corte, considerando que o art. 51, IV, do Código de Defesa do Consumidor declara nula de pleno direito a cláusula abusiva, que coloque o consumidor em desvantagem exagerada, ou seja, incompatível com a boa-fé e a equidade, tem proclamado: "A cláusula de eleição de foro inserida em contrato de adesão não prevalece se 'abusiva', o que se verifica quando constatado que dá prevalência de tal estipulação resulta inviabilidade ou especial dificuldade de acesso ao Judiciário" (*RSTJ*, *140*:330 e *129*:212. No mesmo sentido: *RT*, *774*:319, *780*:380, *781*:277, *784*:284, *787*:276 e 315, *791*:364 e *794*:331).

O contrato de transporte em geral é disciplinado pelo Código Civil nos arts. 730 a 756, e o transporte de coisas é tratado nos arts. 743 a 756. Segundo dispõe o retrotranscrito art. 732 do mencionado diploma, "aos contratos de transporte, em geral, são aplicáveis, quando couber, desde que não contrariem as disposições deste Código, os preceitos constantes da legislação especial e de tratados e convenções internacionais".

Como já mencionado, foi assim ressalvada a legislação especial sobre transportes, especialmente o Código de Defesa do Consumidor, no que não contraria as disposições do Código Civil.

O direito marítimo, observa Paulo Henrique Cremoneze (*Prática de direito marítimo*: o contrato de transporte marítimo e a responsabilidade civil do transportador, Quartier Latin, 2009, p. 29), emprega expressões próprias, nem sempre utilizadas pelo estatuto civil. Assim, *coisa* é normalmente substituída pela palavra *carga*. E a retribuição em dinheiro é denominada *frete*. São personagens do contrato de transporte marítimo o *transportador marítimo* (que não precisa ser proprietário da embarcação), o *consignatário* (destinatário final da carga) e a *entidade portuária*. O armador é apenas o organizador geral das condições necessárias para a viagem, cuidando do aparelhamento de um ou mais navios. O agente marítimo é representante do transportador marítimo e, conforme o caso, do armador, não sendo, a rigor, parte da relação jurídica de transporte, mas apenas mandatário do transportador. Há, ainda, o segurador da carga, que se responsabiliza pelas perdas decorrentes dos riscos do transporte marítimo, sub-rogando-se nos direitos do segurado.

Para Samir Keedi e Paulo C. C. de Mendonça (*Transportes e seguro no comércio exterior*, 2. ed., Aduaneiras, 2000, p. 69), transporte marítimo "é aquele realizado por navios a motor, de grande porte, nos mares e oceanos, e pode ser dividido em duas categorias, de acordo com sua finalidade: Longo curso – que é uma navegação internacional, isto é, o transporte de cargas entre portos de países diferentes; Cabotagem – que é uma navegação nacional, e significa o transporte de cargas entre portos marítimos nacionais e portos interiores do país localizados em rios".

Conforme já mencionado no item 1 da Seção I do Capítulo II do Título I do Livro II, *retro*, o contrato de transporte constitui típico *contrato de adesão*. No caso do transporte marítimo, a vontade do embarcador, ou do destinatário da carga, fica jungida à adesão aos termos contratuais previamente estipulados pelo transportador, mediante cláusulas impressas no conhecimento marítimo. Esse instrumento, embora importante numa lide forense, pode ser substituído por outros meios de prova, como prevê o art. 332 do Código de Processo Civil (de 1973, atual art. 369).

O contrato de transporte marítimo gera também para o transportador uma *obrigação de resultado*, pois assume ele, tacitamente, a obrigação de transportar a carga sã e salva ao seu destino. Se, no trajeto, ocorre um acidente e esta se perde ou se deteriora, configura-se o inadimplemento contratual, que acarreta a responsabilidade de indenizar, nos termos dos arts. 389 e 734 do Código Civil, como retromencionado.

Cumpre relembrar que o Código de Defesa do Consumidor também atribui responsabilidade objetiva ao prestador ou fornecedor de serviços (art. 14). E, no art. 17, equipara ao consumidor todas as vítimas do sinistro, inclusive o que, embora não tendo relação contratual com o fornecedor (caso do segurador, por exemplo), sofre as consequências de um acidente de consumo.

Jurisprudência

2.2.3.1. Extravio de mercadoria

- Transporte marítimo – Extravio de mercadoria – Não se faz indispensável a vistoria para embasar a pretensão de ressarcimento dirigida pelo destinatário da mercadoria ao transportador (STJ, REsp 50.039-7-RS, 3ª T., rel. Min. Eduardo Ribeiro, j. 9-8-1994, *DJU*, 26 set. 1994, p. 25649, n. 184).

- Transporte marítimo – Súmula 109 do Superior Tribunal de Justiça: "O reconhecimento do direito a indenização, por falta de mercadoria transportada via marítima, independe de vistoria" (*DJU*, 5 out. 1994, p. 557, n. 190).

2.2.3.2. Mercadoria avariada

- Transporte marítimo internacional – Perda de mercadoria – Óleo de palmiste – Perda de parte do produto inferior a 2% da carga transportada – Perda considerada natural, por se tratar de produto a granel – Percentual tolerável – Precedentes (TJSP, Apel. 1013864-94.2014.8.26.0100, *DJe* 7-11-2014).

- Ação regressiva – Transporte marítimo internacional de coisa – Seguro – Avaria nas mercadorias – Pagamento de indenização pela seguradora (autora) ao seu segurado – Sub-rogação nos respectivos direitos – Pretensão de ressarcimento – Sentença de improcedência, com fulcro art. 487, II, do CPC – Acerto – Ausência de relação de consumo entre a pessoa jurídica segurada e a transportadora – Teoria finalista – Mercadorias importadas que seriam utilizadas diretamente no desenvolvimento da atividade econômica da segurada, a qual, dessa forma, não pode ser considerada ser destinatária final dos produtos e, por conseguinte, consumidora (TJSP, Ap. Cível 1023268-29.2023.8.26.0562; 16ª Câm. Dir. Priv., rel. Des. Marcelo Ielo Amaro, j. 24-7-2024).

- Ação Regressiva de Ressarcimento de Danos – Indenização Securitária – Transporte marítimo de carga – Sentença de procedência – Insurgência da empresa ré – Pretensão da Ré para que seja reconhecida a decadência – Inocorrência – Art. 754 do Código Civil que não se aplica à seguradora – Súmula 188 do STF – Direito de regresso disciplinado pelo artigo 786, do Código Civil – Contrato de resultado – Responsabilidade objetiva da transportadora – Importadora que relatou a falta de 33.893 kg de mercadorias – Autora que se desincumbiu de seu ônus probatório Artigo 373, I, do Código de Processo Civil – Responsabilidade pelas avarias caracterizada – Nexo causal evidenciado – Ausência de causa de exclusão da responsabilidade – Precedentes jurisprudenciais – Juros de mora – Termo "a quo". Os juros de mora, tratando-se de relação contratual, devem ser contados da data da citação. Artigo 405, do Código Civil. Recurso parcialmente provido (TJSP, Ap. Cível 1012185-16.2023.8.26.0562, 18ª Câm. Dir. Priv., rel. Des. Ernani Desco Filho, j. 24-7-2024).

- Ação regressiva de ressarcimento de danos – Transporte marítimo – Produtos a granel – Incontroversa a perda de 2,10% da carga – Tolerância – Perda inferior a 5% que é considerada quebra natural, dada às características do produto transportado (TJSP, Ap. Cível 1028588-60.2023.8.26.0562, 21ª Câm. Dir. Priv., rel. Des. Fábio Podestá, j. 19-7-2024).

2.2.3.3. Competência. Foro de eleição

- Expedição pela transportadora do conhecimento de embarque (*Bill of Landing*) – Seguradora sub-rogada nos direitos da remetente – Competência do foro da agência onde contraída a obrigação – Art. 100, IV, *b*, do CPC – Exceção rejeitada – Decisão em uniformização de jurisprudência (*JTACSP*, Revista dos Tribunais, *107*:163).

- Ação indenizatória – Transporte marítimo internacional – Sentença de parcial procedência – Cláusula de eleição de foro estrangeiro – Pactuação que se revela ineficaz se o foro eleito implicar restrição do acesso da parte ao Poder Judiciário (TJSP, Ap. Cível 1023999-59.2022.8.26.0562, 24ª Câm. Dir. Priv., rel. Des. Pedro Paulo Maillet Preuss, j. 23-5-2024).

2.2.3.4. Cláusula limitativa de responsabilidade

- Direito marítimo – Transporte – Cláusula limitativa de responsabilidade – Validade – Precedente da Segunda Seção – Recurso desacolhido. É válida a cláusula limitativa da responsabilidade de indenizar inserida em contrato de transporte marítimo (STJ, REsp 36706-SP, 4ª T., rel. Min. Sálvio de Figueiredo Teixeira, *DJe* 9-12-1996).

- Transporte marítimo – Cláusula limitativa de responsabilidade. É válida a cláusula limitativa da responsabilidade de indenizar inserta em contrato de transporte marítimo. Precedentes. Recurso especial conhecido e provido (STJ, REsp 153.787-SP, 4ª T., rel. Min. Barros Monteiro, *DJU*, 6 abr. 1998, n. 65, p. 136).

2.2.3.5. Vistoria a destempo. Não responsabilidade da transportadora

- Direito comercial – Transporte marítimo internacional. Recebimento da mercadoria pela entidade portuária. Vistoria a destempo. Não responsabilidade da transportadora. Recurso inacolhido. I – Às entidades portuárias, em razão da legislação específica, em princípio compete a responsabilidade pelos bens descarregados sujeitos à sua guarda, pelo que a elas cumpre tomar oportunamente as cautelas previstas em lei. II – A responsabilidade da transportadora cessa com a entrega da mercadoria à entidade portuária, salvo se esta se resguarda nos termos da lei. III – O termo de avaria não tem o condão de substituir a vistoria exigida pelo Decreto-Lei n. 116/67 (STJ, REsp 9.739-0-RJ, 4ª T., rel. Min. Sálvio de Figueiredo, *DJU*, 20 abr. 1992, n. 75).

2.2.3.6. *Desnecessidade de protesto e vistoria*

■ Transporte marítimo – Indenização – Desnecessidade de protesto e vistoria. A jurisprudência deste Tribunal firmou-se no mesmo sentido da decisão recorrida. É de ler-se o enunciado da Súmula 109/STJ: "O reconhecimento do direito a indenização, por falta de mercadoria transportada via marítima, independe de vistoria" (STJ, REsp 62.861-0-RS, 4ª T., rel. Min. Barros Monteiro, *DJU*, 22 jun. 1995, n. 118, p. 19389).

2.3. O transporte de bagagem

Prescreve o art. 734 do Código Civil:

"O transportador responde pelos danos causados às pessoas transportadas e suas *bagagens*, salvo motivo de força maior, sendo nula qualquer cláusula excludente da responsabilidade".

O transporte de bagagem é acessório do contrato de transporte de pessoa. O viajante, ao comprar a passagem, adquire o direito de transportar consigo a sua bagagem. Ao mesmo tempo, o transportador assume, tacitamente, a obrigação de efetuar esse transporte. Se houver excesso de peso ou de volume, poderá ser cobrado um acréscimo.

Decidiu-se, na vigência do anterior Código Civil, que vigora, quanto à bagagem do passageiro, cujo extravio é frequente, a responsabilidade do transportador, porém limitada a uma quantia preestabelecida e puramente forfetária (*RT*, 576:243). Esta limitação não se aplica em caso de procedimento doloso – "de dolo *non praestando*" (Caio Mário da Silva Pereira, *Responsabilidade*, cit., p. 240).

O transporte de bagagem em ônibus é regulado pelo Decreto n. 68.961/71, que trata do transporte coletivo de passageiros em nível internacional e interestadual, mas vem sendo aplicado, também, ao transporte intermunicipal. A indenização, em caso de extravio de bagagem, é limitada a dois salários mínimos (art. 33), exigindo-se prévia declaração do excesso do valor dos bens, em razão do limite da franquia prevista, como ainda o pagamento de prêmio extra de seguro para a necessária cobertura do excedente, providências estas afetas exclusivamente aos passageiros. Tais exigências se destinam a resguardar, de forma eficaz, os interesses de ambos os contratantes, transportadora e usuário, sobretudo em consideração às sérias dificuldades da ulterior comprovação do valor real dos bens existentes na bagagem portada pelos passageiros de coletivos. Pensamos, no entanto, em face do Código de Defesa do Consumidor (que não prevê indenização tarifada, conforme exposto no Livro II, Título I, Capítulo II, Seção I, n. 2.4.2, *infra*), que a indenização deve ser completa, se houver prova dos valores transportados na bagagem, aceita pelo transportador. É de se relembrar que tal diploma admite a inversão do ônus da prova, para proteger o consumidor, como parte vulnerável das relações de consumo. O Tribunal de Justiça do Espírito Santo teve a oportunidade de proclamar: "Transporte coletivo de passageiros – Via rodoviária – Extravio de bagagem – Indenização – Responsabilidade da empresa, vez que se obriga necessariamente a garantir a segurança do bem – Nulidade, portanto, da cláusula que coloca o consumidor em desvantagem exagerada – Verba devida – Inteligência do art. 51 do Código de Defesa do Consumidor" (*RT*, 697:140).

O parágrafo único do art. 734 do atual Código Civil inova ao prever que "é lícito ao transportador exigir a declaração do valor da bagagem a fim de fixar o limite da indenização". Nesse caso, como foi dito, o valor declarado determina o montante da indenização. Pelo sistema anterior, transferia-se para o transportado a obrigação de produzir a prova do valor da bagagem. O referido diploma altera o critério, para afirmar que, em princípio, há de se aceitar o valor atribuído à bagagem pelo passageiro. Se a empresa quiser se resguardar quanto a esse *quantum*, deverá tomar a iniciativa de obter a declaração de valor da bagagem por parte do transportado. Desse modo, transferiu-se para a empresa a obrigação de definir previamente o valor da bagagem para, com isso, limitar a indenização. Não o fazendo, não haverá limitação. Poderá o transportador exigir o pagamento de prêmio extra de seguro, para a necessária cobertura de valores elevados.

2.4. O Código de Defesa do Consumidor e sua repercussão na responsabilidade civil do transportador

O Código de Defesa do Consumidor, em vigor desde 11 de março de 1991, trouxe profundas modificações à ordem jurídica nacional, estabelecendo um conjunto sistemático de normas, de naturezas diversificadas, mas ligadas entre si por terem como suporte uma relação jurídica básica, caracterizada como uma relação de consumo.

Com efeito, a mencionada legislação repercutiu profundamente nas diversas áreas do direito, inovando em aspectos de direito penal, administrativo, comercial, processual civil e civil, em especial.

Com a evolução das relações sociais e o surgimento do consumo em massa, bem como dos conglomerados econômicos, os princípios tradicionais da nossa legislação privada já não mais bastavam para reger as relações humanas, sob determinados aspectos. E, nesse contexto, surgiu o Código de Defesa do Consumidor atendendo a princípio constitucional relacionado à ordem econômica.

Partindo da premissa básica de que o consumidor é a parte vulnerável das relações de consumo, o Código pretende restabelecer o equilíbrio entre os protagonistas de tais relações. Assim, declara expressamente o art. 1º que o Código estabelece normas de proteção e defesa do consumidor, acrescentando serem tais normas de ordem pública e interesse social. De pronto, percebe-se que, tratando-se de relações de consumo, as normas de natureza privada, estabelecidas no Código Civil de 1916, onde campeava o princípio da autonomia da vontade, e em leis esparsas, deixam de ser aplicadas. O Código de Defesa do Consumidor retira da legislação civil (bem como de outras áreas do direito) a regulamentação das atividades humanas relacionadas com o consumo, criando uma série de princípios e regras em que se sobressai não mais a igualdade formal das partes, mas a vulnerabilidade do consumidor, que deve ser protegido.

É fora de dúvida que o fornecimento de transportes em geral é atividade abrangida pelo Código de Defesa do Consumidor, por constituir modalidade de prestação de serviço. Aplica-se aos contratos de transporte em geral, desde que não contrarie as normas que disciplinam essa espécie de contrato no Código Civil (CC, art. 732).

No tocante à responsabilidade civil do transportador, dois aspectos merecem destaque: 1º) a criação de uma responsabilidade objetiva semelhante à do Decreto n. 2.681, de 1912;

2º) a inexistência de limitação para a indenização, não havendo mais lugar para a chamada indenização tarifada, prevista para os casos de acidentes com aeronaves.

Tendo havido extravio de bagagem em transporte aéreo nacional (doméstico), acentuou o Superior Tribunal de Justiça, em ação regressiva da seguradora contra o causador do dano, que, "Partindo-se da premissa de que a seguradora recorrente promoveu o pagamento da indenização securitária à passageira (titular do cartão de crédito) pelo extravio de sua bagagem, é inegável que esta sub-rogou-se nos direitos da segurada, ostentando as mesmas prerrogativas para postular o ressarcimento pelo prejuízo sofrido pela própria passageira. Dentro do prazo prescricional aplicável à relação jurídica originária, a seguradora sub-rogada pode buscar o ressarcimento do que despendeu com a indenização securitária, nos mesmos termos e limites que assistiam ao segurado. Precedentes" (STJ, REsp 1.651.936-SP, 3ª T., rel. Min. Nancy Andrighi, *DJe* 13-10-2017).

2.4.1. O fortuito e a força maior

No sistema do Decreto n. 2.681, de 1912, a responsabilidade do transportador somente se afastaria se provasse a ocorrência de caso fortuito, força maior ou culpa exclusiva da vítima. O Código de Defesa do Consumidor estabelece, no art. 14, que o "fornecedor de serviços responde, independentemente de culpa, pela reparação dos danos causados aos consumidores" e "só não será responsabilizado quando provar: I – que, tendo prestado o serviço, o defeito inexiste; II – a culpa exclusiva do consumidor ou de terceiro" (§ 3º).

Observa-se que a semelhança está no fato de somente a culpa exclusiva do lesado (não a concorrente) ser aceita como causa exonerativa da responsabilidade. E a diferença é a de somente admitir as excludentes ali mencionadas, dentre as quais não se encontra o caso fortuito nem a força maior.

Com relação à culpa concorrente da vítima, já havíamos comentado (*v.* Livro II, Título I, Capítulo II, Seção I, n. 2.2, *retro*) que prevalece, agora, a regra dos arts. 738, parágrafo único, e 945 do atual Código Civil, que mandam o juiz reduzir a indenização pleiteada pelo lesado, na proporção do seu grau de culpa, em confronto com a do autor do dano.

Antonio Herman de Vasconcellos e Benjamin entende que o caso fortuito e a força maior excluem a responsabilidade do fornecedor, porque a regra é tradicional no nosso direito (*Comentários ao Código de Proteção do Consumidor*, São Paulo, Saraiva, p. 67, n. 8).

A interpretação literal do § 3º do aludido art. 14 levou-nos a sustentar, anteriormente, a inaplicabilidade da mencionada excludente aos casos regidos pelo Código de Defesa do Consumidor. Reformulamos, contudo, o nosso entendimento, considerando que o dispositivo em questão cuida exclusivamente do fator *culpa*. O fato inevitável, porém, rompe o *nexo de causalidade*, especialmente quando não guarda nenhuma relação com a atividade do fornecedor, não se podendo, destarte, falar em defeito do produto ou do serviço.

O Superior Tribunal de Justiça assim vem decidindo: "O fato de o art. 14, § 3º, do Código de Defesa do Consumidor não se referir ao caso fortuito e à força maior, ao arrolar as causas de isenção de responsabilidade do fornecedor de serviços, não significa que, no sistema por ele instituído, não possam ser invocados. Aplicação do art. 1.058 do Código Civil [*de 1916*]. A inevitabilidade, e não a imprevisibilidade, é que efetivamente mais importa para caracterizar o fortuito. E aquela há de entender-se dentro de certa relatividade, tendo-se o acontecimento como inevitável (sic) em função do que seria razoável exigir-se" (REsp 120.647-SP, 3ª T., rel. Min. Eduardo Ribeiro, *DJU*, 15 maio 2000, p. 156).

O mesmo Tribunal vem acolhendo a arguição de fortuito ou força maior, para isentar de responsabilidade os transportadores, autênticos prestadores de serviços, que são vítimas de roubos de carga, à mão armada, nas estradas. Confira-se: "*Transporte de mercadoria*. Roubo da carga durante o trajeto do veículo. Responsabilidade do transportador. Força maior. A presunção de culpa do transportador pode ser elidida pela prova da ocorrência de força maior (Decreto n. 2.681/1912, art. 1º, § 1º). O roubo da mercadoria em trânsito, uma vez comprovado que o transportador não se desviou das cautelas e precauções a que está obrigado, configura força maior, suscetível, portanto, de excluir a responsabilidade, nos termos da regra jurídica acima referida" (REsp 43.756-3-SP, 4ª T., rel. Min. Torreão Braz, j. 13-6-1994, *DJU*, 1º-8-1994, p. 18.658, n. 145).

Vide ainda: "Responsabilidade civil – Contrato de transporte – Ação indenizatória – Roubo de carga, sob ameaça de arma de fogo, ocorrido durante o transporte rodoviário – Culpa da transportadora e da seguradora não demonstrada – Excludente da responsabilidade verificada – Ocorrência de força maior – Improcedência mantida – Apelo desprovido" (TJSP, Apel. 0017088-10.20068.26.0562, 37ª Câm. Dir. Priv., rel. Des. Dimas Carneiro, *DJe* 6-2-2013).

Arruda Alvim distingue os dois momentos em que o caso fortuito pode ocorrer, afirmando que "até o momento em que o produto ingressa formalmente no mercado de consumo tem o fornecedor o dever de diligência de garantir que não sofra qualquer tipo de alteração que possa torná-lo defeituoso, oferecendo riscos à saúde e segurança do consumidor, mesmo que o fato causador do defeito seja a força maior. Por outras palavras, a ação da força maior, quando ainda dentro do ciclo produtivo, não tem a virtude de descaracterizar a existência de defeito juridicamente relevante (possivelmente *defeito de produção,* consoante a classificação que adotamos). Diversamente ocorre com a força maior quando verificada após a introdução do produto no mercado de consumo. Isto porque, após o ingresso do produto em circulação, não se pode falar em defeitos de criação, produção ou informação, que são sempre anteriores à inserção do produto no mercado de consumo... Ademais disso, reconhece-se na força maior o caráter de seccionadora do nexo de causalidade, indispensável para que haja responsabilidade civil, mesmo nos sistemas em que se prescinde da culpa, o que a faz servir como exoneradora da responsabilidade mesmo que não prevista expressamente na lei como eximente, porque permanece válida a regra de Direito Civil que reconhece à força maior a virtude de excluir a responsabilidade aquiliana" (*Código do Consumidor comentado*, 2. ed., Revista dos Tribunais, p. 127-128).

Sérgio Cavalieri Filho entende pertinente a distinção entre o fortuito interno e o externo, no que respeita aos acidentes de consumo, observando: "O *fortuito interno,* assim entendido o fato imprevisível e, por isso, inevitável ocorrido no momento da fabricação do produto ou da realização do serviço, não exclui a responsabilidade do fornecedor porque faz parte da sua atividade, liga-se aos riscos do empreendimento, submetendo-se à noção geral de defeito de concepção do produto ou de formulação do serviço. Vale dizer, se o defeito ocorreu antes da introdução do produto no mercado de consumo ou durante a prestação do serviço, não importa saber o motivo que determinou o defeito; o fornecedor é sempre responsável pelas suas consequências, ainda que decorrente de fato imprevisível e inevitável. O mesmo já não ocorre com o *fortuito externo*, assim entendido aquele fato que não guarda nenhuma relação com a atividade do fornecedor, absolutamente estranho ao produto ou serviço, via de regra ocorrido em momento posterior ao da sua fabricação ou formulação. Em caso tal, nem se pode falar em defeito do produto ou do serviço, o que, a rigor, já estaria abrangido pela primeira excludente examinada – *inexistência de defeito* (art. 14, § 3º, I)".

Em seguida, arremata o mencionado autor: "O fortuito externo, em nosso entender verdadeira força maior, não guarda nenhuma relação com o produto, nem com o serviço, sendo, pois, imperioso admiti-lo como excludente da responsabilidade do fornecedor, sob pena de lhe impor uma responsabilidade objetiva fundada no risco integral, de que o Código não cogitou" (*Programa*, cit., p. 375-376).

É imperioso anotar, como o fez Arnoldo Medeiros da Fonseca, que "não há acontecimentos que possam, *a priori*, ser sempre considerados casos fortuitos; tudo depende das condições de fato em que se verifique o evento. O que é hoje caso fortuito, amanhã deixará de sê-lo, em virtude do progresso da ciência ou da maior previdência humana" (*Caso fortuito e teoria da imprevisão*, 3. ed., Forense, p. 147). Assim, a "tempestade que desestabiliza e derruba uma aeronave pode justificar a admissão do caso fortuito. Contudo, se, antes mesmo de iniciar a decolagem, havia notícia do mau tempo e recomendação de se permanecer em terra, então não se poderá atribuir a essa condição desfavorável a causa do acidente, senão e apenas em razão da desídia, descaso e absurdo destemor dos responsáveis pelo aparelho" (Rui Stoco, *Responsabilidade*, cit., p. 156).

2.4.2. Transporte aéreo e indenização tarifada

A Convenção de Varsóvia limita a responsabilidade do transportador (art. 22). O sistema tarifado por ela adotado restringe a indenização, no transporte de pessoas, a 250.000 francos franceses por passageiro. Fazendo-se a conversão determinada pelo Decreto n. 97.505/89, tal montante transforma-se em 16.600 DES (Direitos Especiais de Saque), conforme dispõe o inciso I do art. 22.

No transporte de mercadorias ou de bagagem registrada, a responsabilidade é limitada à quantia de 250 francos, equivalente a 17 DES, por quilograma, até o limite de vinte quilogramas ou 5.000 francos, representando 332 DES. A responsabilidade do transportador com relação aos objetos que o passageiro conservar sob sua guarda limita-se também a 5.000 francos por passageiro ou 332 DES.

De acordo com o *Arrangement de Montreal* firmado pelos Estados Unidos da América do Norte com as companhias aéreas filiadas à CAB (*Civil Aeronautics Bordeaux* – organização norte-americana) e à IATA (*International Air Transport Association* – organização mundial de empresas aéreas), um total de 80 companhias aéreas comprometeu-se a aumentar os limites da responsabilidade para voos partindo, chegando ou com escalas nos Estados Unidos para 75.000 dólares americanos, ou 58.000 dólares americanos, com despesas processuais e honorários excluídos (cf. Stélio Bastos Belchior, A responsabilidade civil no transporte aéreo, *RF*, *327*:307).

A respeito da indenização tarifada, escreveu Nelson Nery Junior: "No sistema brasileiro do CDC sobre a responsabilidade do fornecedor, não existe limitação para a indenização, também denominada indenização tarifada. Em alguns ordenamentos jurídicos, o legislador impôs limite à responsabilidade, fixando um teto máximo a fim de garantir a continuidade da empresa e evitar-lhe a quebra. No Brasil não houve essa limitação pelo CDC, de modo que, havendo danos causados aos consumidores, o fornecedor deve indenizá-los em sua integralidade" (*Revista do Advogado*, 33:78).

Dir-se-á que a responsabilidade foi estabelecida, no Código de Defesa do Consumidor, em termos genéricos, e que norma genérica não revoga a de caráter especial. No entanto, como pondera Caio Mário da Silva Pereira, não se pode dizer "que uma lei geral nunca revogue uma lei especial, ou vice-versa, porque nela poderá haver dispositivo incompatível com a regra especial, da mesma forma que uma lei especial pode mostrar-se incompatível com dispositivo inserto em lei geral". Ao intérprete, acrescenta, "cumpre verificar, entretanto, se uma nova lei geral tem o sentido de abolir disposições preexistentes" (*Instituições*, cit., p. 92-3).

De acordo com a Lei de Introdução às Normas do Direito Brasileiro (art. 2º, § 1º), quando a lei nova passa a regular inteiramente a matéria versada na lei anterior, todas as disposições desta deixam de existir vindo a lei revogadora substituir inteiramente a antiga. Assim, "se toda uma província do direito é submetida a nova regulamentação, desaparece inteiramente a lei caduca, em cujo lugar se colocam as disposições da mais recente" (Caio Mário da Silva Pereira, *Responsabilidade,* cit., p. 92).

Ora, como já afirmamos, o art. 1º do Código de Defesa do Consumidor declara que o referido diploma estabelece normas de proteção e defesa do consumidor, acrescentando serem tais normas de ordem pública e interesse social. De pronto, percebe-se que, tratando-se de relações de consumo, as normas de natureza privada estabelecidas no Código Civil e em leis esparsas deixam de ser aplicadas. O mencionado Código retira da legislação civil, bem como de outras áreas do direito, a regulamentação das atividades humanas relacionadas com o consumo, criando uma série de princípios e regras em que se sobressai não mais a igualdade formal das partes, mas a vulnerabilidade do consumidor, que deve ser protegido.

Basta lembrar que a Constituição Federal de 1988 elevou a defesa do consumidor à esfera constitucional de nosso ordenamento. Em um primeiro momento, incluiu o legislador a defesa do consumidor entre os direitos e deveres individuais e coletivos, estabelecendo que "o Estado promoverá, na forma da lei, a defesa do consumidor" (art. 5º, XXXII), e, em um segundo momento, erigiu a defesa do consumidor à categoria de "princípio geral da atividade econômica" (art. 170, V), emparelhando-o com princípios basilares para o modelo político-econômico brasileiro, como o da soberania nacional, da propriedade privada, da livre concorrência e outros.

Como afirmou Arruda Alvim, garantia constitucional desta magnitude possui, no mínimo, como efeito imediato e emergente, irradiado da sua condição de princípio erigido em nossa Carta Magna, o condão de inquinar de inconstitucionalidade qualquer norma que possa constituir óbice à defesa desta figura fundamental das relações de consumo, que é o consumidor. Em decorrência do estabelecido no art. 1º, ou seja, a normatização tratada no Código de Defesa do Consumidor é de ordem pública e interesse social, concluindo-se que os comandos dele constantes são de natureza cogente, ou seja, não é facultado às partes a possibilidade de optar pela aplicação ou não de seus dispositivos que, portanto, não se derrogam pela simples convenção dos interessados, exceto havendo autorização legal expressa (*Código do Consumidor*, cit., art. 1º).

A 3ª Turma do Superior Tribunal de Justiça, contudo, vinha decidindo de forma contrária, reconhecendo a subsistência das normas restritivas, que estabelecem a indenização tarifada, da Convenção de Varsóvia, ainda que disponham diversamente do contido no Código de Defesa do Consumidor. Veja-se: "O tratado não se revoga com a edição de lei que contrarie norma nele contida. Perderá, entretanto, eficácia, quanto ao ponto em que exista antinomia, prevalecendo a norma legal. Aplicação dos princípios, pertinentes à sucessão temporal das normas, previstos na Lei de Introdução ao Código Civil. A lei superveniente, de caráter geral, não afeta as disposições especiais contidas em tratado. Subsistência das normas constantes da Convenção de Varsóvia, sobre transporte aéreo, ainda que disponham diversamente do contido no Código de Defesa do Consumidor" (REsp 58.736-MG, rel. Min. Eduardo Ribeiro, *RT, 731*:216).

Ocorre, porém, que o Supremo Tribunal Federal, no julgamento do RE 80.004-SE, realizado em 1977, analisando as correntes que se formaram a respeito da prevalência ou não dos tratados internacionais sobre as leis dos países que os firmarem, refutou a teoria *monista*, que prefere o direito internacional, e acolheu a *dualista,* que concede primazia ao direito positivo interno, decidindo, na ocasião, que embora "a Convenção de Genebra, que previu uma lei uniforme sobre letras de câmbio e notas promissórias, tenha aplicabilidade no direito interno brasileiro, não se sobrepõe ela às leis do País" (*RTJ, 83*:809).

Entretanto, como mencionado no item 2.2.2.1, *retro*, "O Supremo Tribunal Federal, no julgamento do RE n. 636.331-RJ, sob o regime da repercussão geral, consolidou o entendimento de que, "nos termos do art. 178 da Constituição da República, as normas e os tratados internacionais limitadores da responsabilidade das transportadoras aéreas de passageiro, especialmente as Convenções de Varsóvia e Montreal, têm prevalência em relação ao Código de Defesa do Consumidor". Diante da tese fixada pelo STF, é necessária a reorientação da jurisprudência anteriormente consolidada nesta Corte Superior (REsp 1.707.876-SP, 3ª T., Min. Villas Bôas Cueva, *DJe* 18-12-2017).

O entendimento da 4ª Turma da Corte Superior é no sentido de que "A controvérsia em exame, atinente à responsabilidade civil decorrente de extravio de mercadoria importada objeto de contrato de transporte celebrado entre a importadora e a companhia aérea, encontra-se disciplinada pela Convenção de Montreal, por força da regra de sobredireito inserta no artigo 178 da Constituição, que preconiza a prevalência dos acordos internacionais subscritos pelo Brasil sobre transporte internacional. Precedentes do STJ" (EREsp 1.289.629/SP, 2ª Seção, rel. Min. Luis Felipe Salomão, j. 25-5-2022, *DJe* 20-6-2022).

Tendo ocorrido o extravio da mercadoria durante o transporte aéreo internacional, que compreende o período durante o qual a carga se acha sob a custódia do transportador, e inexistindo informação acerca da existência ou não de declaração especial do expedidor de bagagem, questão fática imprescindível ao deslinde da controvérsia, necessário o retorno dos autos ao Tribunal de origem para que se analise a causa à luz da jurisprudência do Superior Tribunal de Justiça" (AgInt nos EDcl no AREsp 2.081.760-SP, 4ª T., rel. Min. Maria Isabel Gallotti, j. 27-3-2023, *DJe* 31-3-2023.)

Ainda, "Nos termos do artigo 178 da Constituição da República, as normas e os tratados internacionais limitadores da responsabilidade das transportadoras aéreas de passageiros, especialmente as Convenções de Varsóvia e Montreal, têm prevalência em relação ao Código de Defesa do Consumidor" (RE 636.331-RJ, Pleno, rel. Min. Gilmar Mendes, j. 25-5-2017, Repercussão Geral-Mérito, *DJe* 13-11-2017).

A controvérsia em exame, atinente à responsabilidade civil decorrente de extravio de mercadoria importada objeto de contrato de transporte celebrado entre a importadora e a companhia aérea, encontra-se disciplinada pela Convenção de Montreal, por força da regra de sobredireito inserta no artigo 178 da Constituição, que preconiza a prevalência dos acordos internacionais subscritos pelo Brasil sobre transporte internacional" (EREsp 1.289.629/SP, 2ª Seção, rel. Min. Luis Felipe Salomão, j. 25-5-2022, *DJe* 20-6-2022).

2.5. O transporte de coisas

O transporte de coisas está disciplinado nos arts. 743 a 756 do Código Civil, aplicando-se, no que couber e não conflitar com este, o Código de Defesa do Consumidor.

A coisa, entregue ao transportador, deve estar caracterizada pela sua natureza, valor, peso e quantidade, devendo ele, ao recebê-la, emitir conhecimento, com a menção dos dados que a identifiquem, obedecido o disposto em lei especial (arts. 743 e 744). "Poderá o transportador recusar a coisa cuja embalagem seja inadequada, bem como a que possa pôr em risco a saúde das pessoas, ou danificar o veículo e outros bens", e ainda a cujo "transporte ou comercialização não sejam permitidos, ou que venha desacompanhada dos documentos exigidos por lei ou regulamento" (arts. 746 e 747).

"Até a entrega da coisa, pode o remetente desistir do transporte e pedi-la de volta, ou ordenar seja entregue a outro destinatário, pagando, em ambos os casos, os acréscimos de despesa decorrentes da contraordem, mais as perdas e danos que houver" (art. 748). O transportador tomará todas as cautelas necessárias para manter a coisa em bom estado e entregá-la no destino no prazo ajustado ou previsto (art. 749).

A responsabilidade do transportador, que é presumida e limitada ao valor constante do conhecimento, começa no momento em que ele, ou seus prepostos, recebem a coisa; e só termina quando é entregue ao destinatário, ou depositada em juízo, se aquele não for encontrado (art. 750, que não prevê tarifação). "As mercadorias devem ser entregues ao destinatário, ou a quem apresentar o conhecimento endossado, devendo aquele que as receber conferi-las e apresentar as reclamações que tiver, sob pena de decadência dos direitos. No caso de perda parcial ou de avaria não perceptível à primeira vista, o destinatário conserva a sua ação contra o transportador, desde que denuncie o dano em dez dias a contar da entrega" (art. 754 e parágrafo único).

"Havendo dúvida acerca de quem seja o destinatário, o transportador deve depositar a mercadoria em juízo, se não lhe for possível obter instruções do remetente; se a demora puder ocasionar a deterioração da coisa, o transportador deverá vendê-la, depositando o saldo em juízo" (art. 755). "No caso de transporte cumulativo, todos os transportadores respondem solidariamente pelo dano causado perante o remetente, ressalvada a apuração final da responsabilidade entre eles, de modo que o ressarcimento recaia, por inteiro, ou proporcionalmente, naquele ou naqueles em cujo percurso houver ocorrido o dano" (art. 756).

"Se o transporte não puder ser feito ou sofrer longa interrupção, o transportador solicitará, incontinenti, instruções ao remetente, e zelará pela coisa, por cujo perecimento ou deterioração responderá, salvo força maior. Perdurando o impedimento, sem motivo imputável ao transportador e sem manifestação do remetente, poderá aquele depositar a coisa em juízo, ou vendê-la, obedecidos os preceitos legais e regulamentares, ou os usos locais, depositando o valor" (art. 753 e § 1º).

2.6. O transporte gratuito

Muito já se discutiu sobre se a responsabilidade do transportador, na hipótese de vítima transportada gratuitamente, é contratual ou extracontratual.

O aumento constante dos preços dos combustíveis tem incentivado o transporte gratuito, também chamado de "carona", solicitado nas estradas e nas cidades, principalmente por estudantes. É comum, também, o transporte de pessoas no assento traseiro de motocicletas.

Em um desses acidentes, causados pela imprudência e imperícia do motorista de uma motoneta que deu carona à autora, causando-lhe danos, o Tribunal de Justiça de São Paulo o condenou ao pagamento de indenização, entendendo tratar-se de culpa aquiliana. Eis o acórdão:

"A circunstância de ter, o réu, atendido a pedido da autora para que a transportasse, não exclui a obrigação de indenizar. Como observa Cunha Gonçalves ('Tratado de Direito Civil', 2ª ed., vol. 13, p. 253), 'a relação de cortesia é *voluntária*; o homem cortês não está isento de causar danos, até no exercício de sua amabilidade, porque a cortesia não é incompatível com a negligência ou a imprudência; tanto basta para que a sua responsabilidade seja exigível'. Na espécie, provada na ação penal a culpa do réu, por imprudência e imperícia, no evento, a responsabilidade pela indenização se impõe" (*RJTJSP*, Lex, *21*:174).

Na doutrina, Aguiar Dias sustenta ser contratual a responsabilidade do transportador a título benéfico, como Savatier na França e Peretti Griva na Itália. Eis o magistério de Aguiar Dias: "Sem embargo da indiscutível autoridade de seus opositores, nós adotamos, decididamente, a doutrina de Savatier e de Peretti Griva. O transporte gratuito transparece do acordo de vontades sobre a condução, *generis,* embora a sua caracterização encha de espanto as sensitivas da forma, que se detêm em esmiuçar pormenores menos importantes, quando o que importa é o conteúdo. O caráter contratual do transporte gratuito transparece do acordo de vontades sobre a condução, solicitada, oferecida, imposta por uma conveniência social etc. Tem o transportador a liberdade de não transportar, de não entrar em relações com o passageiro e só aí existe um sinal de que o acordo necessário ao contrato se fez" (*Da responsabilidade*, cit., v. 1, p. 199, n. 87).

Wilson Melo da Silva sustenta que, no Brasil, não há razão para qualquer dúvida, porque *legem habemus*. O transportador gratuito, segundo propõe, só deve ser responsabilizado em caso de dolo ou culpa gravíssima, porque esta ao dolo se equipara. Aplicável às hipóteses de transporte gratuito de pessoas seria o art. 1.057 do Código Civil [*de 1916*] (em correspondência com as disposições do art. 392 do atual diploma, que reza: "Nos contratos benéficos, responde por simples culpa o contratante, a quem o contrato aproveite, e por dolo aquele a quem não favoreça. Nos contratos onerosos, responde cada uma das partes por culpa, salvo as exceções previstas em lei"). O referido dispositivo apresenta melhor redação que o art. 1.057 do Código Civil de 1916, pois utiliza a expressão "contratos benéficos" em vez de "contratos unilaterais".

Ora, o transporte gratuito, benéfico, não traz vantagem ao transportador. É a ele que o contrato não favorece. Portanto, só deve ser responsabilizado, em caso de acidente, por dolo ou culpa gravíssima, ficando exonerado de qualquer responsabilidade em caso de culpa leve ou levíssima. "Se, por exemplo, atira, sem motivo plausível, o transportador, o próprio veículo contra um caminhão ou um muro, resultando disso ferimento ao transportado gratuitamente, fixada estaria sua obrigação de indenizá-lo pelos prejuízos que a vítima sofresse. Do mesmo modo, se, em condições notoriamente adversas, o transportador benévolo tenta, em alta velocidade, numa curva, uma ultrapassagem, daí surgindo o acidente que vitimou o gratuitamente transportado, tal culpa, equiparável ao dolo, compeli-lo-ia ao ressarcimento, *vis-à-vis* do passageiro do transporte gratuito, desinteressado, de simples cortesia ou até mesmo caritativo. Se por um ato de culpa ligeira, *id est*, por uma desatenção ou distração momentânea, acontece o desastre que acarrete dano à vítima, o transportador a título de beneficência ou cortesia não ficaria sujeito, juridicamente, a nenhuma obrigação ressarcitória" (Wilson Melo da Silva, *Da responsabilidade*, cit., p. 214, n. 65).

Silvio Rodrigues, que comunga da mesma opinião, enfatiza: "Entretanto, seria indesculpável eximir-se o transportador de responsabilidade pelo dano causado ao passageiro que ele conduzia gratuitamente, quando este dano derivou de culpa grave de sua parte. Se o desastre decorreu de ato abusivo, tal como a travessia de uma rua principal em alta velocidade, ou se o condutor arriscou-se a atravessar a rua quando o semáforo se encontrava fechado, em hipóteses desse jaez a culpa grave ao dolo se equipara e deve ser o motorista obrigado a reparar o dano experimentado pelo passageiro, embora o transporte fosse desinteressado. Todavia, em caso de culpa leve ou levíssima, e aplicando-se a regra do art. 1.057 do Código Civil, o transportador que conduz gratuitamente o seu passageiro não está sujeito a reparar" (*Direito civil*, cit., p. 108, n. 41).

O Superior Tribunal de Justiça, em acórdão relatado pelo Min. Sálvio de Figueiredo, proclamou: "Direito civil. Responsabilidade civil. Transporte gratuito. Orientação doutrinária. Recurso não conhecido. Segundo autorizada doutrina, o transportador somente responde perante o gratuitamente transportado se por dolo ou falta gravíssima houver dado origem ao dano" (RE 3.035-RS, 4ª T., j. 28-8-1990, *DJU*, 24 set. 1990, n. 184, p. 9984).

As reiteradas decisões nesse sentido da referida Corte deram origem à Súmula 145, do seguinte teor: "No transporte desinteressado, de simples cortesia, o transportador só será civilmente responsável por danos causados ao transportado quando incorrer em dolo ou culpa grave".

Em edições anteriores chegamos a manifestar nossa preferência pela tese contratualista, por ser a que menos tropeços poderia ensejar. Escrevemos, na ocasião: "A tese da responsabilidade aquiliana tem o inconveniente de punir o transportador cortês até por culpa levíssima, além do inconveniente de impor à vítima o ônus da prova. Se é penoso deixar sem reparação o viajante gratuito, que sofreu danos por culpa do transportador, igualmente o é permitir que este seja recompensado com dura punição em qualquer situação. Por isso, a aplicação do art. 1.057 a tais hipóteses parece-nos, realmente, a melhor solução. Além de ser a prevista em lei, teria a vantagem de responsabilizar o transportador somente nos casos de culpa grave ou dolo, exonerando-o de qualquer ônus em casos de culpa leve ou levíssima. Por outro lado, tratando-se de responsabilidade contratual, o simples fato do dano já importaria em inadimplemento contratual e responsabilidade do transportador. A este caberia o ônus de provar que não se houve com dolo ou culpa grave, facilitando, assim, o trabalho da vítima" (1ª a 5ª ed.).

No entanto, meditando melhor, optamos, já na 6ª edição, pela tese da responsabilidade aquiliana. Primeiramente, por não ser verdadeira a afirmação de que, adotando-se a tese contratualista, a situação da vítima estaria facilitada porque a simples ocorrência do dano já importaria em inadimplemento contratual e na responsabilidade do transportador, a quem caberia o ônus de provar que não se houve com dolo ou culpa grave. É que a chamada "cláusula de garantia" somente existe, implicitamente, nos contratos onerosos de pessoas, traduzindo a contraprestação do preço pago pelo transportado. No contrato gratuito ou benévolo de pessoas, inexistindo o pagamento de qualquer importância, deve incidir a regra do art. 392 do Código Civil, que exige a prova de culpa grave ou dolo do transportador.

Portanto, a tese contratualista com responsabilidade atenuada pelo art. 392 do Código Civil não oferece nenhuma vantagem para a vítima, pois a obriga a provar culpa grave ou dolo do transportador e não lhe confere direito à indenização em caso de culpa leve ou levíssima.

Pondera, com efeito, Mário Moacyr Porto: "Para quem admite e forceja demonstrar a contratualidade do transporte genuinamente gratuito, terá que igualmente concordar que, no Brasil, o passageiro de favor somente será admitido a pleitear uma indenização do transportador se provar que o evento danoso decorreu de comportamento 'doloso' de quem transporta, pois, como determina o art. 1.057 do Código Civil [*de 1916*], 'nos contratos unilaterais, responde por simples culpa o contraente, a quem o contrato aproveite, e só por dolo, aquele a quem não favoreça'. Se o propósito dos que, entre nós, se empenham em demonstrar a índole contratual do transporte gratuito é alcançar um mais vantajoso tratamento jurídico para o transportado de favor, raciocinam, ao que parece, de modo inconsequente, pois, no plano extracontratual, a culpa, mesmo levíssima, do transportador (*in lege aquilia et culpa levissima venit*) acarreta a sua responsabilidade pelos danos causados ao passageiro. No plano contratual, porém, o transportador só é responsável quando tiver agido 'dolosamente' (art. 1.057), o que, na prática, importa excluir a sua responsabilidade" (*Temas*, cit., p. 130, n. 4).

Em segundo lugar, porque a tese contratualista sem restrições, com presunção de culpa, como se dá no transporte oneroso (com cláusula de garantia ínsita), afigura-se injusta para com o motorista que faz uma cortesia, como bem assinala Caio Mário da Silva Pereira: "A ideia do transporte gratuito como contrato, e consequente obrigação de indenizar, embora goze foros de aceitação, não deixa de encontrar resistência, porque a sua generalização em certos casos atenta contra a realidade. Com efeito, não obstante a colheita pretoriana, a mim pessoalmente me parece que a assimilação absoluta ofende o senso de justiça. Não me parece de boa fundamentação jurídica que o motorista que faz um obséquio sem auferir qualquer proveito e muitas vezes movido por puro altruísmo (como no caso de conduzir um ferido ou doente apanhado na rua e levado a um hospital) possa ser questionado pelo que venha a ocorrer com a pessoa transportada, e compelido a indenizar pelo dano sofrido pelo passageiro durante o trajeto. Entendo eu que, com esse raciocínio, deve sustentar-se alteração conceitual, deslocando-se a ocorrência do terreno da responsabilidade contratual para a aquiliana, com aplicação do art. 159 do Código Civil [*de 1916*], em vez de se invocar uma presunção de culpa, caso em que o condutor somente se eximiria com a prova da 'não culpa'. Caberia, portanto, ao prejudicado evidenciar que a lesão ocorreu por culpa do transportador" (*Responsabilidade*, cit., p. 229-30).

Em terceiro lugar, porque é inegável que o legislador, ao inserir o art. 392 do Código Civil, teve em mira outras espécies de contratos unilaterais e benéficos e não os de transporte gratuito. A responsabilidade civil tem princípios e objetivos próprios, destacando-se os que se preocupam em não deixar as vítimas irressarcidas. Os seus rumos atuais apontam cada vez mais na direção de uma responsabilidade independentemente de culpa, fundada no risco. Assim, não se coadunaria com esses novos rumos a afirmação de que a vítima só faria jus à indenização se lograsse provar culpa grave ou dolo do transportador, nada percebendo se demonstrasse somente a culpa leve.

A tese da responsabilidade aquiliana é, portanto, a que melhor se ajusta ao chamado transporte benévolo ou de cortesia.

Pontes de Miranda entende que, em princípio, não há razão para serem necessariamente tratadas diferentemente a responsabilidade do transportador que recebe retribuição e a do transportador que ofereceu ou aceitou o contrato de transporte gratuito. Distingue, porém, o transporte gratuito do transporte por amizade, que não é contratual: "o chamado transporte amigável não é contrato, por inexistir vínculo jurídico, e sim apenas consenso que não entra no mundo jurídico. A responsabilidade, por isso mesmo, é extracontratual, constituindo ilícito absoluto o ato lesivo, estando o dever reparatório disciplinado pelos arts. 1.518 e 1.532 do CC [*de 1916*]" (*Tratado*, cit., v. 45, § 4.865, n. 1, 2 e 3, p. 5-4).

Mário Moacyr Porto, por sua vez, entende artificioso e forçado pretender-se que os gestos de pura cortesia possam ser catalogados como autênticos contratos. Citando Mazeaud e Tunc (*Traité*, v. 1, n. 112), afirma que "os atos de pura liberalidade ou cortesia, decorrentes dos hábitos sociais, não constituem contratos, pois tais gestos não criam obrigações e permitem a quem os prodigaliza a potestativa faculdade de suspendê-los ou revogá-los. Na verdade – aduz, com suporte ainda nos aludidos juristas franceses (n. 110) –, se, por exemplo, convido um meu amigo para jantar e o convite é aceito, sem dúvida que entre nós se fez um acordo de vontades para um fim determinado, mas nunca um contrato para jantar. Vingou, finalmente, o bom-senso, e a grande maioria dos Tribunais juntamente com os melhores juristas franceses repudiaram a tese do contrato de transporte gratuito, ficando, em consequência, firmado que o passageiro de favor teria que provar a culpa do transportador para alcançar uma indenização pelos danos sofridos. O passageiro é, para este fim, 'terceiro', posto em situação igual à do pedestre" (*Temas*, cit., p. 128-9, n. 2, e *RT*, *582*:15).

O Código Civil define o contrato de transporte como aquele pelo qual "alguém se obriga, mediante retribuição, a transportar, de um lugar para outro, pessoas ou coisas" (art. 730). É, portanto, contrato oneroso.

Logo adiante, preceitua: "Art. 736. Não se subordina às normas do contrato de transporte o feito gratuitamente, por amizade ou cortesia. Parágrafo único. Não se considera gratuito o transporte quando, embora feito sem remuneração, o transportador auferir vantagens indiretas".

Percebe-se claramente, pela leitura dos aludidos dispositivos, a adoção da responsabilidade extracontratual no transporte puramente gratuito e a da contratual, com a cláusula de garantia, no transporte aparentemente gratuito, restando, em consequência, prejudicada a retrotranscrita Súmula 145 do Superior Tribunal de Justiça.

A questão, todavia, continua polêmica, tendo o Superior Tribunal de Justiça proclamado: "Em matéria de acidente automobilístico, o proprietário do veículo responde objetiva e solidariamente pelos atos culposos do terceiro que o conduz e que provoca o acidente. Transporte de cortesia. Condutor menor. Responsabilidade dos pais e do proprietário do veículo. No transporte desinteressado, de simples cortesia, o transportador só será civilmente responsável por danos causados ao transportado quando incorrer em dolo ou culpa grave (Súmula 145 /STJ). Hipótese em que o Tribunal de origem aferiu a culpa grave do menor que conduzia o veículo" (STJ, Resp 1.637.884-SC, 3ª T., rel. Min. Nancy Andrighi, *Dje* 23-3-2018).

A propósito, asseverou a mencionada Corte Superior: "Em matéria de acidente automobilístico, o proprietário do veículo responde objetiva e solidariamente pelos atos culposos do terceiro que o conduz e que provoca o acidente. Transporte de cortesia. Condutor menor. Responsabilidade dos pais e do proprietário do veículo. No transporte desinteressado, de simples cortesia, o transportador só será civilmente responsável por danos causados ao transportado quando incorrer em dolo ou culpa grave (Súmula 145/STJ). Hipótese em que o Tribunal de origem aferiu a culpa grave do menor que conduzia o veículo (STJ, REsp 1.637.884-SC, 3ª T., rel. Min. Nancy Andrighi, *DJe* 23-2-2018).

No direito italiano faz-se a distinção entre o transporte de cortesia ou benévolo (inteiramente gratuito e regido pela responsabilidade extracontratual) e o transporte gratuito (caracterizado por um interesse econômico e regido pelas normas da responsabilidade contratual).

No transporte não oneroso há, realmente, o transporte inteiramente gratuito (transporte gratuito típico) e o transporte suposta e aparentemente gratuito. Naquele, o transportador atua por pura complacência, sem interesse no transporte. Neste, há uma utilidade das partes, seja porque o transportador pode ter algum interesse em conduzir o convidado não por pura e estrita cortesia, seja porque o transporte aparece vinculado a outras relações entre as mesmas partes, e daquelas apenas constitui um acessório. É aquele em que o transportador não tem um interesse patrimonial ou de qualquer ordem, ligado à aparente liberalidade (Wladimir Valler, *Responsabilidade civil e criminal nos acidentes automobilísticos*, v. 1, n. 70, p. 125).

Embora aparentemente o transporte seja gratuito, na verdade há uma compensação para o transportador, que, agindo na defesa de seu interesse, tira do ato o caráter de pura liberalidade. A relação jurídica determinada pelo transporte é, então, contratual, pois, como escreve Aguiar Dias, "embora a aparência indique um transporte gratuito, a realidade estabelece que há uma obrigação contratual ou legal, equiparada ao contrato oneroso de transporte" (*Da responsabilidade*, cit., p. 186).

Caio Mário da Silva Pereira também observa que a "caracterização da 'gratuidade do transporte' tem suscitado indagação a saber se é 'benévolo ou liberal' somente quando o condutor do veículo nada recebe em termos estritos, ou se se considera excluída a 'cortesia' se o transportado concorre de alguma forma, como por exemplo pagando o combustível ou estabelecendo reciprocidade com o transportador em dias ou horas alternados. Em hipóteses como estas ocorre o que se pode denominar 'gratuidade aparente', uma vez que existe contrapartida que teria o efeito de uma paga indireta. Não se configurando, destarte, transporte de pura cortesia, porém assemelhado ao oneroso ou remunerado, caracterizar-se-ia a responsabilidade contratual, vigorando como nesta qualidade a 'presunção de culpa' do motorista transportador ou 'presunção de causalidade', como prefere dizer Aguiar Dias. Transporte a título gratuito não se considera o dos empregadores quando conduzem empregado ao local do trabalho" (*Responsabilidade*, cit., p. 230, n. 183).

Não se pode afirmar que o transporte é totalmente gratuito quando o transportador, embora nada cobrando, tem algum interesse no transporte do passageiro. É o que acontece, *verbi gratia*, com o vendedor de automóveis, que conduz o comprador para lhe mostrar as qualidades do veículo; com o corretor de imóveis, que leva o interessado a visitar diversas casas e terrenos à venda; com o transportado, que paga uma parte do combustível; com o amigo, que é conduzido para fazer companhia ao motorista e conversar durante a viagem, afastando o sono etc. Tais casos não constituem hipóteses de contratos verdadeiramente gratuitos, devendo ser regidos, pois, pelas disposições do Código Civil – arts. 730 e 734 –, que estabelecem a culpa presumida do transportador, só elidível em caso de culpa exclusiva da vítima ou caso fortuito e força maior.

2.7. A prescrição da pretensão indenizatória

A jurisprudência do Superior Tribunal de Justiça encaminha-se no sentido de que se aplica aos contratos de transporte a regra do art. 27 do Código de Defesa do Consumidor, que fixa em cinco anos o prazo de prescrição da pretensão à reparação de danos causados por fato do produto ou do serviço.

No julgamento de recurso em que a transportadora sustentava a aplicação, à hipótese, do art. 206, § 3º, V, do Código Civil em vigor, que estabelece o prazo de três anos para "a pretensão de reparação civil", proclamou a 3ª Câmara da referida Corte:

"O CC/16 não disciplinava especificamente o transporte de pessoas e coisas. Até então, a regulamentação dessa atividade era feita por leis esparsas e pelo CCom, que não traziam dispositivo algum relativo à responsabilidade no transporte rodoviário de pessoas.

Diante disso, cabia à doutrina e à jurisprudência determinar os contornos da responsabilidade pelo defeito na prestação do serviço de transporte de passageiros. Nesse esforço interpretativo, esta Corte firmou o entendimento de que danos causados ao viajante, em decorrência de acidente de trânsito, não importavam em defeito na prestação do serviço e, portanto, o prazo prescricional para ajuizamento da respectiva ação devia respeitar o CC/16, e não o CDC.

Com o advento do CC/02, não há mais espaço para discussão. O art. 734 fixa expressamente a responsabilidade objetiva do transportador pelos danos causados às pessoas por ele transportadas, o que engloba o dever de garantir a segurança do passageiro, de modo que ocorrências que afetem o bem-estar do viajante devem ser classificadas de defeito na prestação do serviço de transporte de pessoas.

Como decorrência lógica, os contratos de transporte de pessoas ficam sujeitos ao prazo prescricional específico do art. 27 do CDC. Deixa de incidir, por ser genérico, o prazo prescricional do Código Civil" (REsp 958.833-RS, rel. Min. Nancy Andrighi, 3ª T., j. 8-2-2008, *DJU*, 25-2-2008).

Denota-se, pelas considerações encontradas no bojo do referido acórdão, a preocupação dos doutos ministros em proteger o passageiro, como consumidor, tido como hipossuficiente.

O que se deve afirmar, todavia, é que, em matéria de transporte, o Código Civil em vigor é lei especial, pois o disciplina de forma ampla e pormenorizada, enquanto o Código de Defesa do Consumidor não dedica a ele nenhuma palavra. Segundo Caio Mário da Silva Pereira, não se pode dizer "que uma lei geral nunca revogue uma lei especial, ou *vice-versa*, porque nela poderá haver dispositivo incompatível com a regra especial, da mesma forma que uma lei especial pode mostrar-se incompatível com dispositivo inserto em lei geral. Ao intérprete cumpre verificar, entretanto, se uma nova lei geral tem o sentido de abolir disposições preexistentes" (*Instituições de direito civil*, 19. ed., Forense, v. 1, p. 84).

O prazo prescricional seria, destarte, o do art. 206, § 3º, V, do Código Civil em vigor, de três anos. Sendo este diploma posterior à Medida Provisória 2.180-35, de 2001, que incluiu na

Lei n. 9.494/97, o art. 1º-C, estabelecendo o prazo prescricional de cinco anos para a obtenção de indenização por danos causados por agentes de pessoas jurídicas de direito público e de pessoas jurídicas de direito privado prestadoras de serviços públicos, as suas normas devem prevalecer, aplicando-se, neste caso, o princípio de que a lei posterior revoga a anterior.

Discorrendo a respeito da responsabilidade civil do transportador, Rui Stoco defende "a tese de que o CDC constitui lei genérica, que não substitui, nem se sobrepõe à lei específica que, no caso, é o Código Civil, que estabelece, expressamente, normas gerais sobre o transporte em geral nos arts. 730 e s., sendo certo que esse *Codex* contém regra de superdireito quando estabelece, impositivamente, no art. 732 que: 'Aos contratos de transporte, em geral, são aplicáveis, quando couber, *desde que não contrariem as disposições deste Código*, os preceitos constantes da legislação especial e de tratados e convenções internacionais'" (*Tratado de responsabilidade civil*, 9. ed., Revista dos Tribunais, p. 248).

Na mesma linha, a ponderação de Ruy Rosado de Aguiar Júnior: "No que tange às regras que enunciam condutas e suas consequências, a toda relação de consumo aplica-se o Código de Defesa do Consumidor. Porém, se o Código Civil, em vigor a partir de 2003, tem alguma norma que especificamente regula uma situação de consumo, nesse caso, há de se aplicar a norma do Código Civil, isso porque se trata de lei mais recente. Como exemplo, lembro as disposições que temos hoje sobre o contrato de transporte de pessoas e coisas que integram o atual Código Civil, e que compõem um capítulo próprio, não constantes do Código Civil de 1916. Ora, todos sabemos que o transporte é uma relação de consumo estabelecida entre um fornecedor de serviço e um consumidor desse serviço. Embora o legislador tenha posto isso no Código Civil, na verdade, ele está regulando uma relação de consumo, à qual se aplica o Código Civil, não o Código de Defesa do Consumidor" (*Revista da EMERJ*, v. 6, n. 24, 2003, p. 16-17).

Relembre-se que o Código Civil trata das relações entre o administrador e o administrado, pois o art. 43 regula a responsabilidade das pessoas jurídicas de direito público e das pessoas jurídicas de direito privado, prestadoras de serviço público. A reprodução do texto do art. 37, § 6º, da Constituição Federal foi intencional e teve esse significado.

Jurisprudência

- Acidente no interior de ônibus – Transporte público coletivo – Fato do serviço – Prescrição – Prazo quinquenal – Art. 27 do CDC. O acidente ocorrido no interior de ônibus afeto ao transporte público coletivo, que venha a causar danos aos usuários, caracteriza defeito do serviço, nos termos do art. 14 do CDC, a atrair o prazo de prescrição quinquenal previsto no art. 27 do mesmo diploma legal (STJ, REsp 1.461.535-MG, 3ª T., rel. Min. Nancy Andrighi, *DJe* 23-2-2018).

- Ação indenizatória – Atropelamento por composição férrea – Prescrição – Prazo quinquenal. O Superior Tribunal de Justiça entende possível a aplicação das normas do Código de Defesa do Consumidor nas relações entre o fornecedor e o consumidor por equiparação, sendo aplicado, portanto, o prazo quinquenal (STJ, AgInt no AREsp 1.017.427-RJ, 3ª T., rel. Min. Villas Bôas Cueva, *DJe* 19-5-2017).

- Atropelamento coletivo – Prestadora de serviço público – Transporte de passageiros – Prescrição quinquenal – Lei n. 9.494/1997. Consoante a jurisprudência desta Corte, o prazo de prescrição da pretensão indenizatória em desfavor de pessoa jurídica de direito privado prestadora de serviços públicos é quinquenal, a teor do que expressamente dispõe o art. 1º C da Lei n. 9.494/1997. (STJ, REsp 1.567.490-RJ, 3ª T., rel. Min. Villas Bôas Cueva, *DJe* 270902016).

■ Concessionária de serviço público – Responsabilidade civil causada por seu agente – Prazo prescricional – Cinco anos – Art. 1º C da Lei n. 9.494/1997. Na hipótese, a concessionária de serviço público prestadora do serviço de transporte causou danos ao recorrido em decorrência de colisão de veículos a que ela deu causa. Não se trata, portanto, de relação de consumo ou da regida pelo Decreto 20.910/1932, mas daquela disciplinada pelo art. 1º C da Lei n. 9.494/1997, incluído pela Medida Provisória 2.180-35/2001 (STJ, REsp 1.645.883-SP, 2ª T., *DJe* 4-4-2017).

■ Transporte aéreo internacional de carga – Embargos de declaração – Rejeição – Omissão, contradição ou obscuridade – Inocorrência – Ação regressiva – Seguradora – Denunciação da lide – Fundamento do acórdão não impugnado – Súmula 283/STF – Entrega do bem – Obrigação de incolumidade – Art. 749 do CC/02 – Quitação – Presunção legal – Prazo – Art. 754, *caput* e parágrafo único, do CC/02 – Reclamações e protestos – Informalidade – Transportadores – Solidariedade – Art. 756 do CC/02 – Efeito – Defesas reais ou comuns – Art. 281 do CC/02 – Avarias – Perdas – Ciência – Qualquer devedor solidário – Suficiência – Art. 10 do CPC/15 – Prequestionamento – Ausência – Súmula 211/STJ – Dissídio jurisprudencial – Similitude fática não demonstrada – Indenização – Tarifação – Seguradora – Convenções de Varsóvia e de Montreal – Incidência – Fundamento do acórdão não impugnado – Súmula 283/STF (REsp 1.876.800-SP, 3ª T., rel. Min. Nancy Andrighi, j. 16-3-2021, *DJe* 22-3-2021).

Seção II
A responsabilidade civil dos estabelecimentos bancários

V., também, n. 6.15 e 6.18, do Livro II, Título IV, Capítulo I (Do dano indenizável), *infra*, sobre dano moral nas atividades bancárias e inclusão do nome do devedor no SPC, Serasa etc.

1. Natureza jurídica do depósito bancário

À falta de legislação específica, as questões suscitadas a respeito da responsabilidade civil dos estabelecimentos bancários têm sido solucionadas à luz da doutrina e da jurisprudência. A responsabilidade pode ser contratual (na relação entre o banco e seus clientes) e aquiliana (danos a terceiros, não clientes). Os casos mais frequentes dizem respeito à responsabilidade contratual, oriunda do pagamento de cheques falsificados.

Nesse particular, tem prevalecido o entendimento de Aguiar Dias: "O depósito bancário é, com efeito, considerado depósito irregular de coisas fungíveis. Neste, os riscos da coisa depositada correm por conta do depositário, porque lhe são aplicáveis as disposições acerca do mútuo (Cód. Civil [*de 1916*], art. 1.280). Na ausência de culpa de qualquer das partes, ao banco toca suportar os prejuízos. Assumir o risco é, na hipótese, o mesmo que assumir a obrigação de vigilância, garantia, ou segurança sobre o objeto do contrato" (*Da responsabilidade*, cit., v. 1, n. 150-A).

Ainda que se possa considerá-lo depósito regular, faz-se mister lembrar que o depositário não responde pelos casos fortuitos nem de força maior, desde que os comprove.

2. Responsabilidade pelo pagamento de cheque falso

Aguiar Dias entende que, não havendo culpa de ninguém (caso do falsificador que obtém cheque avulso e o preenche na hora, com assinatura idêntica à do correntista), o banco deve responder civilmente e ressarcir o cliente, pois o dinheiro utilizado foi o seu. O cliente é, no caso, apenas um terceiro. O crime de falsidade foi dirigido contra o banco.

Apesar de o problema estar indubitavelmente adstrito ao campo da responsabilidade civil contratual, os julgados ainda se referem à culpa, e, muitas vezes, nela se baseiam. Poderíamos resumir a situação atual desta forma: quando nem o banco nem o cliente têm culpa, a responsabilidade é do primeiro. Esta é ainda evidenciada se houve culpa de sua parte, quando, por exemplo, a falsificação é grosseira e facilmente perceptível. A responsabilidade do banco pode ser diminuída, em caso de culpa concorrente do cliente, ou excluída, se a culpa for exclusivamente da vítima.

A propósito, dispõe a Súmula 28 do Supremo Tribunal Federal: "O estabelecimento bancário é responsável pelo pagamento de cheque falso, ressalvadas as hipóteses de culpa exclusiva ou concorrente do correntista".

A doutrina, porém, divide-se em três teorias principais que tentam solucionar o problema: a da culpa (clássica), a do risco profissional e a contratualista.

A teoria do risco profissional funda-se no pressuposto de que o banco, ao exercer a sua atividade com fins de lucro, assume o risco dos danos que vier a causar. A responsabilidade deve recair sobre aquele que aufere os cômodos (lucros) da atividade, segundo o basilar princípio da teoria objetiva: *Ubi emolumentum, ibi onus.*

Sérgio Carlos Covello entende que a teoria da culpa é insuficiente para o deslinde da questão, até porque casos há em que não é possível determinar a quem cabe a culpa, se ao emitente ou ao sacado. Por sua vez, a teoria do risco profissional tem em seu favor o fato de o estabelecimento de crédito ser uma entidade de fins altamente lucrativos, com melhores condições de arcar com o prejuízo. Mas nem por isso o banco há de ser sempre responsabilizado de maneira absoluta pelo cheque fraudado – o que seria injusto. Na sua opinião, a teoria contratualista parece ser a mais adequada, pois dosa essas duas correntes doutrinárias, buscando, assim, um equilíbrio (Responsabilidade dos bancos pelo pagamento de cheques falsos e falsificados, in *Responsabilidade civil – Doutrina e jurisprudência*, diversos autores, Saraiva, 1984, p. 280).

Aguiar Dias também vê, nesses casos, "um problema de responsabilidade civil contratual" (*Da responsabilidade*, cit., p. 398, n. 150-A).

Caio Mário da Silva Pereira igualmente assevera: "Em linhas gerais, e na necessidade de enunciar um princípio global, o que eu entendo deva prevalecer é que nas relações do estabelecimento bancário com o cliente prevalece a tese da responsabilidade contratual. A tendência de nossos Tribunais é agravar a responsabilidade dos bancos. Naqueles outros, que exorbitam do inadimplemento de contrato com o cliente, a tendência é pela aceitação da teoria do risco profissional" (*Responsabilidade*, cit., p. 193, n. 150).

Arnoldo Wald menciona que a doutrina estrangeira indica dois fundamentos que estão levando os tribunais a reconhecer um regime próprio de responsabilidade para o banqueiro. De um lado, a assemelhação aos concessionários de serviços públicos que exercem uma função delegada do Estado. De outro, a sofisticação crescente da ideia do risco profissional, na qual se introduziram certos fatores agravantes, decorrentes do conhecimento especializado do banqueiro e da dimensão cada vez maior das instituições financeiras, fazendo com que o cliente desconheça os chamados "mecanismos bancários" e se encontre numa incontestável situação de inferioridade ao contratar com o banqueiro. Daí, inclusive, as discussões sobre a legalidade de algumas cláusulas de não indenizar que costumam ser incluídas em contratos-padrão aos quais o cliente deve aderir (A responsabilidade contratual do banqueiro, *RT*, *582*:263, n. 37).

Para o mencionado jurista a ideia de que o banco participa de um verdadeiro serviço público de distribuição de crédito se justifica no Brasil pelo texto expresso da Lei da Reforma Bancária, que define o Sistema Financeiro Nacional, nele integrando, além do Conselho Monetário Nacional e dos bancos oficiais, "as demais instituições financeiras públicas e privadas" (art. 1º, V, da Lei n. 4.595, de 31-12-1964). Essa ideia se consolidou e se desenvolveu com a legislação posterior sobre intervenção e liquidação das instituições financeiras (Lei n. 6.024, de 13-3-1974) e sobre utilização do IOF (Dec.-Lei n. 1.342, de 8-8-1974). "Assim sendo, pela própria natureza dos serviços prestados pela instituição financeira, entendemos que se impõe a sua responsabilidade objetiva pelos mesmos motivos por que se estabeleceu a do Estado, que mereceu até ser consagrada constitucionalmente. Na realidade, sendo impossível ao cliente conhecer a vida interna da instituição financeira, pelo grau de complexidade que alcançou, justifica-se que esta responda objetivamente pelos danos causados, com base na teoria da culpa do serviço, consolidada e consagrada no campo do Direito Público" (Responsabilidade civil do banqueiro por atividade culposa, *RT*, *595*:40, n. 51 e 52).

Estes são, efetivamente, os rumos que a questão da responsabilidade dos bancos tomou em nosso país.

No momento, no entanto, como já se afirmou, as diretrizes que norteiam a jurisprudência podem ser resumidas desta forma: *a*) quando o correntista não concorreu para o evento danoso, os prejuízos decorrentes do pagamento de cheques fraudados devem ser suportados pelo banco; *b*) provada, pelo banco, a culpa do correntista na guarda do talonário, fica aquele isento de culpa; *c*) em caso de culpa concorrente (negligência do correntista, na guarda do talonário, e do banco, no pagamento de cheque com assinatura grosseiramente falsificada), os prejuízos se repartem; *d*) não provada a culpa do correntista, nem do banco, sobre este é que deve recair o prejuízo.

É de salientar, no entanto, que, com a entrada em vigor do Código de Defesa do Consumidor (Lei n. 8.078/90), os bancos em geral, como prestadores de serviços, passaram a responder pelo pagamento de cheque falso mesmo em caso de culpa concorrente do correntista, pois o referido diploma somente admite a exclusão da responsabilidade do fornecedor em caso de culpa exclusiva do consumidor ou de terceiro (art. 14, § 3º).

Inteiramente destoante das diretrizes jurisprudenciais aresto do Tribunal de Justiça de São Paulo em que, sem qualquer referência a eventual negligência do correntista, decidiu-se que se reconhece "a responsabilidade do banco pelo pagamento indevido de cheque falsificado quando a falsificação da assinatura se apresenta de forma grosseira, visível a olho desarmado sua falta de autenticidade. Se, entretanto, o cheque apresentado é pago porque, diante da semelhança da assinatura, não tem o funcionário dúvida em pagá-lo, não há como impor ao estabelecimento sacado a responsabilidade pelo indevido pagamento" (*RT, 631*:112).

Mais consentâneo com a orientação dominante e com a responsabilidade contratual dos banqueiros antigo acórdão publicado na *RT, 169*:614, em que se proclamou:

"Todas as vezes em que um falsário apresenta ao Banco um saque com a assinatura falsificada, a vítima visada é o Banco e não o correntista, cuja assinatura falsificada é apenas um meio para a consecução do fim. Quem recebe o cheque é o Banco e não o correntista; quem o examina é o Banco; quem pode exigir, ou dispensar provas de identidade, é o Banco. O correntista está alheio a tudo; ignora que alguém se apresenta com um cheque em que, aparentemente, figura a sua assinatura. Nenhuma providência pode tomar para evitar o êxito do criminoso. Se a falsidade for descoberta oportunamente, nenhum prejuízo sofrerá o Banco; se for bem-sucedida, é ele a vítima. Isso aliás constitui risco próprio do seu comércio. A regra da responsabilidade do Banco desaparece, ou fica atenuada, se se prova que o depositante concorreu com dolo ou culpa para o evento".

Nesse sentido a opinião de Caio Mário da Silva Pereira, manifestada em sua obra *Responsabilidade civil* (cit., p. 191, n. 146): "O banco, ao acatar o cheque falso, efetua o pagamento com dinheiro seu, uma vez que o depósito de coisa fungível (depósito irregular) equipara-se ao mútuo, e por este o banco (mutuário) adquire a propriedade da quantia recebida em depósito. Assim considerado, o cheque falso é um ato fraudulento montado 'contra o banco', e, portanto, cabe a este suportar-lhe as consequências. A velocidade de circulação dos cheques e o seu volume não permitem ao funcionário o minucioso exame de cada um. Se fosse exigida a verificação integral e minuciosa da assinatura do emitente, o atraso na liquidação dos cheques seria incompatível com o movimento diário. Em princípio cabe, portanto, ao banco suportar os prejuízos decorrentes do cheque falso. Esta obrigatoriedade, independentemente da apuração de culpa individualizada, desloca a responsabilidade para o terreno do risco profissional. O banco, contra o qual se considera dirigida a maquinação fraudulenta, responde pelo pagamento do cheque falso. Como escusativa, é aceita a prova da culpa exclusiva ou concorrente do correntista, que, não podendo ser direta, vale pelos indícios que envolvem o caso. Neste sentido, a defesa mais frequente do banco consiste em demonstrar a negligência do correntista na guarda dos carnês ('culpa *in vigilando*'); a sua imprudência em confiar o talão de cheques a pessoa incapaz ou de honestidade não comprovada ('culpa *in eligendo*'). Se não for possível imputar a culpa na falsificação do cheque nem ao correntista nem ao banqueiro, o banco deve sofrer a consequência, porque é contra ele que é urdida a trama".

Cabe salientar a orientação dos nossos tribunais em determinadas situações: *a*) ao banco cabe arcar com os prejuízos decorrentes de cheque falso, salvo prova de culpa do depositante; *b*) o banco é responsável no caso de atraso na remessa de fundos determinada pelo cliente; *c*) o banco, na sua qualidade de mandatário incumbido da cobrança de títulos, responde perante o cliente pelo prejuízo decorrente da falência do devedor, quando consente em prorrogação do prazo de pagamento sem expressa autorização do cliente ou quando retarda indevidamente o protesto de duplicata ou o faz de modo irregular; *d)* o banco é responsável quando recebe do devedor valor inferior ao devido. Pode-se acrescentar, ainda, a responsabilidade do banco pela recusa de pagamento de cheques regulares, embora cobertos por suficiente provisão.

O Tribunal de Justiça de São Paulo condenou também o banco a indenizar em R$ 15.000,00 reais, por danos morais, uma cliente que foi cobrada insistentemente por um débito inexistente, teve o seu nome encaminhado aos cadastros restritivos de créditos por quatro vezes e recebeu diversas mensagens intimidadoras para fazer acordo para o pagamento dos valores, além de 15 ligações por dia (TJSP, Proc. 1003934-05.2018.8.26.0038, 22ª Câm. Dir. Priv., rel. Des. Roberto Mac Cracken, Revista *Consultor Jurídico*, 2-4-2019).

Ao contrário, tem sido entendido que o banco não é responsável quando se recusa a pagar cheque em virtude de contraordem expressa dada pelo cliente ou quando protesta cambial, embora advertido da eventual falsidade da assinatura do devedor (Arnoldo Wald, *RT, 582*:261). No entanto, é reconhecida a sua responsabilidade quando descumpre contraordem de pagamento apresentada pelo emitente do cheque, pela impossibilidade de examinar a legitimidade da sustação do pagamento. O banco sacado, liberando o pagamento e contrariando a contraordem do sacador, responde perante o emitente do cheque (*RJTJSP, 86*:126).

Dispõe o art. 944, *caput*, do Código Civil: "A indenização mede-se pela extensão do dano". Por essa razão, o Superior Tribunal de Justiça exige comprovação do dano moral como pressuposto do dever de indenizar, na hipótese de saque indevido de valores depositados em conta corrente. Nessa trilha, proclama a Súmula 385 da aludida Corte Superior: "Da anotação irregular em cartório de proteção ao crédito, não cabe indenização por dano moral, quando preexistente legítima inscrição, ressalvado o direito ao cancelamento".

Como assinalam Venceslau Tavares Costa Filho e Silvano José Gomes Flumignan, em artigo publicado na Revista *Consultor Jurídico*, 26-3-2018, "a jurisprudência dominante do STJ não prescinde do prejuízo, já que a teoria do dano *in re ipsa* permite a comprovação de sua inexistência, como ocorre na hipótese da Súmula 385. Ademais, na violação de direitos patrimoniais não se opera nem mesmo a presunção de dano moral, como já decidia a Corte a respeito da violação de contrato e, agora, no desconto indevido em conta. O dano *in re ipsa* afasta tão somente a necessidade de prova do prejuízo, mas não a sua presença como um dos pressupostos da matéria".

Jurisprudência

- Banco deve indenizar cliente que foi vítima do golpe do boleto falso – Esse foi o entendimento da 14ª Câmara de Direito Privado do Tribunal de Justiça de São Paulo ao manter a condenação de um banco a indenizar uma cliente que foi vítima de um golpe pelo WhatsApp. Foi determinada a inexigibilidade da dívida, a exclusão do nome da autora de cadastros de proteção do crédito, e indenização por danos morais de R$ 5 mil (TJSP, 1003986-13.2022.8.26.0506, *in* Revista *Consultor Jurídico*, 17-9-2002).

- Ação declaratória c/c indenizatória – Contrato bancário de empréstimo consignado – Pedido fundamentado na alegação de não celebração do contrato e indevidos débitos nos proventos da autora – Revelia certificada – Presunção de veracidade dos fatos alegados na exordial – Responsabilidade da instituição financeira ré objetiva – Incidência do pg. ún., do art. 927, do CC e da Súm. 479, do STJ – Aplicação da teoria do risco profissional – Inexigibilidade do débito e dever de repetição do indébito caracterizadas. Dano moral configurado – Verificação de indevidos descontos em verba alimentar, que tem especial proteção do sistema legislativo. Requerente, não obstante, que deverá restituir à ré o valor creditado em razão do contrato declarado nulo – Incidência do art. 182, do CC – Inaplicabilidade, ao caso, do art. 39, III e pg. ún., do CDC – Recurso parcialmente provido (TJSP, Ap. Cível 1002321-15.2023.8.26.0477, 21ª Câm. Dir. Priv., rel. Miguel Petroni Neto, j. 4-7-2024).

- Ação de indenização por dano material e moral – Emissão de boleto falso – Falha na prestação do serviço – Contexto probatório a indicar a atuação de falsários com livre acesso aos dados do cliente – Culpa exclusiva da vítima não caracterizada – Teoria do risco – Fortuito interno – Serviço defeituoso – Insegurança demonstrada, através do vazamento de dados sigilosos – Restituição de valor que se faz de rigor – Dano moral – Ocorrência – Responsabilidade objetiva da instituição financeira – Dano "in re ipsa" – Indenização arbitrada em R$ 1.000,00 – Redução – Descabimento – Sentença – Mantida – Apelação não provida (TJSP, Ap. Cível 1004631-41.2023.8.26.0526, 19ª Câm. Dir. Priv., rel. Jairo Brazil, j. 31-7-2024).

- Contrato bancário – Golpe do boleto falso – Fatura de cartão de crédito idêntica à original – Recebimento pelo autor em endereço eletrônico e quitada em casa lotérica – Livre acesso do golpista aos dados da cliente e do cartão de crédito – Emissão de boleto conforme pactuado, não sendo exigível do consumidor que desconfiasse da fraude. Falha na prestação de serviço – Responsabilidade objetiva da instituição financeira – Súmula 479 do STJ – Débito inexigível. Dano moral – Não caracterizado – Negativação que não se efetivou. Recurso parcialmente provido, somente para deferir a restituição material (TJSP, Ap. Cível 1004156-18.2023.8.26.0322. Núcleo de Justiça 4.0 em Segundo Grau – Turma II (Direito Privado 2), rel. João Battaus Neto, j. 30-7-2024).

- Banco – Pagamento de cheques fraudulentos pela instituição bancária – Responsabilidade civil.As instituições bancárias respondem objetivamente pelos danos causados por fraudes ou delitos praticados por terceiros – como, por exemplo, abertura de conta-corrente ou recebimento de empréstimos mediante fraude ou utilização de documentos falsos –, porquanto tal responsabilidade decorre do risco do empreendimento, caracterizando-se como fortuito interno" (REsp 1.199.782-PR, rel. Min. Luis Felipe Salomão, Segunda Seção, j. 12-9-2011) (Recurso Representativo de Controvérsia (AgInT no AREsp 820.846-MA, 4ª T., rel. Min. Raul Araújo, *DJe* 2-10-2017)).

- O saque indevido de numerário em conta corrente não configura dano moral *in re ipsa* (presumido), podendo, contudo, observadas as particularidades do caso, ficar caracterizado o respectivo dano se demonstrada a ocorrência de violação significativa a algum direito da personalidade do correntista (STJ. REsp 1.573.859-SP, Apel. 2015/0296154-5, 3ª T., rel. Min. Marco Aurélio Bellizze, *DJe* 13-11-2017).

- Banco – Pagamento de cheque roubado e falsificado – Responsabilidade exclusiva do estabelecimento reconhecida em 2º grau, uma vez não provada culpa *in vigilando* do correntista.Declarando o acórdão ser o banco responsável pelo pagamento de cheque com assinatura falsa, 'se não comprovada a falta de cautela do correntista em guardar o talão', não há dissídio com a Súmula 28 do STF" (STJ, *RT*, *662*:192).

■ Banco – Não caracterização do dano moral por fraude bancária – Necessidade de comprovação do dano extrapatrimonial. A caracterização do dano moral exige que a comprovação do dano repercuta na esfera dos direitos da personalidade. A fraude bancária, nessa perspectiva, não pode ser considerada suficiente, por si só, para a caracterização do dano moral. Há que se avaliar as circunstâncias que orbitam o caso, muito embora se admita que a referida conduta acarrete dissabores ao consumidor. Assim, a caracterização do dano moral não dispensa a análise das particularidades de cada caso concreto, a fim de verificar se o fato extrapolou o mero aborrecimento, atingindo de forma significativa algum direito da personalidade do correntista (STJ, AgInt nos EDcl no AREsp 1.669.683-SP, 3ª T., rel. Min. Marco Aurélio Bellizze, j. 23-11-2020).

3. Pagamento com cartões de crédito e saques em caixas eletrônicos e pela Internet

No tocante aos cartões de crédito, os riscos do negócio correm por conta do empreendedor e regulam-se pelo art. 14 e § 3º do Código de Defesa do Consumidor. Assim, o furto, o roubo ou o seu extravio constituem riscos de responsabilidade do emissor, que só se exonerará provando a culpa exclusiva do titular e usuário do cartão de crédito.

Este "não pode responder pelo fato culposo dos estabelecimentos comerciais filiados ao sistema por não ter com eles nenhum vínculo contratual; nessa esfera o vínculo é com o próprio emissor do cartão, perante quem deve o estabelecimento responder pela sua falta de cautela. Em suma, o risco de aceitar o cartão, sem conferir assinaturas e sem exigir qualquer outro documento, é do vendedor. Se por falta de cautela acaba vendendo mercadoria a quem não é o legítimo portador do cartão, torna-se vítima de um estelionato, cujos prejuízos deve suportar. Não há que se falar no caso em compra e venda, mas em crime. Nesse caso, pode o emissor do cartão, como já vimos, negar-se a pagar a dívida alegando a má utilização do cartão. Se não obstante essa exceção, prefere assumir a dívida por conveniência do seu negócio, não pode depois transferir o seu prejuízo para o titular do cartão, que não tem nenhum vínculo com o estabelecimento comercial filiado ao sistema de cartão de crédito" (Sérgio Cavalieri Filho, *Programa*, cit., p. 302).

Na sequência, aduz Sérgio Cavalieri Filho, a respeito de saques em caixas eletrônicos e pela internet:

■ Os mesmos princípios devem ser aplicados nos casos de compras fraudulentas e saques criminosos em caixas eletrônicos, tão comuns em nossos dias, realizados por quadrilhas especializadas em falsificações e desvio de cartões de crédito ou eletrônicos. No regime do CDC, os riscos do negócio correm por conta do empreendedor – os bancos que exploram esse tipo de negócio – que, como vítimas do ilícito, devem suportar os prejuízos. De sorte que, constatada a fraude, o consumidor – titular da conta ou cartão – sequer deve ser molestado com qualquer tipo de cobrança (*Programa*, cit., p. 302-3).

O progresso decorrente da Internet obrigou os bancos a modernizarem os seus sistemas de saques, pagamentos, transferência de valores e depósitos, que podem ser feitos, agora, pelo sistema eletrônico. Tais sistemas, todavia, estão sujeitos a fraudes eletrônicas e às ações dos *hackers*, provocadoras de saques e transferência de numerário com senha falsa, por exemplo. A responsabilidade pelos riscos dessas inovações deve ser atribuída aos bancos, aplicando-se às hipóteses mencionadas na teoria do risco do empreendimento, que independe de prova de culpa.

Jurisprudência

- Ação declaratória de inexistência de débito c.c. obrigação de não fazer e indenização por danos morais – Remessa de cartão de crédito não solicitado pelo autor, sem desbloqueio, com cobrança de anuidade nas respectivas faturas – Sentença condenou o Banco réu por danos morais com base na Súmula 532 do STJ – Recurso exclusivo do autor defendendo a majoração dos danos morais fixados na sentença – Cabimento – Envio de cartão de crédito não solicitado, não desbloqueado ou utilizado, com cobrança de anuidade nas respectivas faturas – Abusividade evidenciada (art. 39, III, do CDC) – Danos morais configurados – Danos morais majorados em consonância com os critérios da razoabilidade e proporcionalidade, em valor inferior ao pretendido pelo autor – Recurso parcialmente provido (TJSP, Ap. Cível 1013756-67.2021.8.26.0020, 13ª Câm. Dir. Priv., rel. Francisco Giaquinto, j. 18-7-2024).

- Ação declaratória c/c indenização por danos morais e materiais – Responsabilidade da instituição financeira – Danos causados por ato de terceiro – Uso de cartão de crédito – Reexame de fatos e provas – Súmula 7 do STJ – Agravo interno improvido (AgInt no REsp 1.948.050-SP, 3ª T., rel. Min. Marco Aurélio Bellizze, j. 16-5-2022, *DJe* 18-5-2022).

- Recurso especial – Ação de indenização por uso fraudulento de cartão de crédito – Dano moral – Responsabilidade do lojista pelas compras feitas em seu estabelecimento com cartão extraviado, furtado ou fraudado – Dissídio jurisprudencial configurado – Ilegitimidade passiva do lojista (REsp n. 2.095.413-SC, rel. Min. Maria Isabel Gallotti, 4ª T., j. 24/10/2023, *DJe* 6-11-2023.)

- Ação de indenização – 1. Violação aos arts. 489 e 1.022 do CPC/2015 – Omissão e negativa de prestação jurisdicional – Vícios não configurados – 2. Cerceamento de defesa. Não ocorrência – Revisão inviável – Súmula 7/STJ – 3. Julgamento "citra petita" – Inexistência – 4. Falha na prestação de serviços afastada – Culpa exclusiva da vítima – Revisão – Impossibilidade – Súmula 7 do STJ – Agravo interno improvido (AgInt no AREsp n. 2.161.805/DF, rel. Min. Marco Aurélio Bellizze, 3ª T., j. 12-12-2022, *DJe* 14-12-2022).

- Cartão de crédito – Transações bancárias realizadas por terceiro – Contratação de cartão de crédito e emissão de faturas com dados cadastrais discrepantes – Fraude – Não comprovação pela instituição financeira de que a transação foi realizada pela parte autora – Falha na prestação do serviço – Risco do negócio – Súmula 479 do STJ – Dano material comprovado – Dano moral caracterizado – Dever de indenizar – Inscrição nos órgãos de proteção ao crédito

(TJPR, Processo Cível e do Trabalho, RI 0001778-82.2014.8.16.0037/0, 2ª T. Recursal, rel. James Hamilton de Oliveira Macedo, j. 16-2-2016).

■ Cartão de crédito – Cobrança indevida lançada em fatura de cartão de crédito – Fraude – Ausência de prova da contratação – Engano justificável não configurado – Falha na prestação de serviços – Responsabilidade da instituição bancária – Dano material configurado – Restituição simples – Envio de cartão de crédito sem solicitação – Prática abusiva – Inteligência da Súmula 532 do STJ – Dano moral configurado (TJPR, Processo Cível e do Trabalho, RI 0008150-79.2015.8.16.0112/0, 2ª T. Recursal, rel. Manuela Benke, *DJe* 22-8-2016).

■ Cartão de crédito – Responsabilidade civil – Débito indevido em conta corrente (saque) e compras lançadas no cartão de crédito não conhecidas pelo titular – Operações bancárias realizadas por falsários – Banco réu que não se eximiu do ônus de demonstrar a regularidade do débito, tampouco a efetividade das compras no cartão de crédito pelo autor – Responsabilidade objetiva da instituição financeira com base na teoria do risco da atividade (Súmula 479 do STJ) – Danos materiais configurados – Inexigibilidade do débito reconhecida (TJSP, Apel. n. 0000778-74.2010.8.26.0533, *DJe* 11-6-2015).

■ Cartão de crédito – Dano moral – Ofendido que teve furtado o seu cartão e usado indevidamente por terceiros – Dever da empresa de determinar que seus funcionários façam a conferência das assinaturas das notas de compra – Cobrança indevida – Tardia comunicação do furto pelo ofendido, junto ao estabelecimento comercial, que deve ser levado em conta para a fixação do *quantum* indenizatório – Verba devida (*RT, 839*:328).

■ Cartão de crédito – Ação declaratória de inexistência de débito c/c indenização por danos morais – Cartões de crédito – Prova de pagamento das faturas em data anterior à inscrição do nome do titular nos órgãos de proteção ao crédito – Responsabilidade objetiva das instituições financeiras – Aplicação do Código de Defesa do Consumidor – Súmula 297 do STJ, arts. 3º, § 2º, e 14 do CDC – Desnecessidade de prova da culpa – Conduta que revela a negligência da casa bancária ao exercer suas atividades – Dever de reparação – A instituição financeira responde, independentemente de culpa, pelos prejuízos oriundos da inscrição indevida decorrente do pagamento total do débito – Dano moral – Abalo presumido (TJSC, Apel. 344343 SC 2010.034434-3, *DJe* 29-7-2011).

■ Cartão de crédito – Responsabilidade civil – Instituição bancária – Incidência da Súmula 297 do Superior Tribunal de Justiça – Cartão de crédito não solicitado e não utilizado – Inscrição indevida em cadastro de proteção ao crédito – Configuração do ato ilícito – Dever de indenizar – Dano moral configurado (TJ-PI, Apel. 2011.0001000360-6, *DJe* 11-5-2012).

■ Agravo interno no agravo interno no agravo em recurso especial – Processo civil – Prestação jurisdicional – Deficiência – Não ocorrência – Cartão de crédito – Clonagem – Responsabilidade – Administradora – Credenciadora – Ilegitimidade passiva – Súmula n. 83/STJ – Prestação dos serviços – Falha – Revisão – Não cabimento – Súmulas n. 5 e 7/STJ (AgInt no AgRg no AREsp 731.449/CE, 3ª T., rel. Min. Ricardo Villas Bôas Cueva, j. 22-11-2022, *DJe* 29-11-2022).

■ Cartão de crédito – Dano moral – Negativação do nome do consumidor em órgãos de proteção ao crédito – Circunstância gerada por negligência da administradora do cartão – Ausência de comprovação de prejuízos de ordem financeira como pessoa física ou jurídica

– Hipótese em que a verba deve ser fixada em valor módico, em virtude de ter ocorrido o dano moral puro (*RT, 831*:283).

■ Cartão de crédito – Envio sem solicitação – Cobrança de anuidade, não paga – Indevida inscrição do nome da vítima em órgão de proteção ao crédito – Dano moral – Indenização (TJCE, Ap. 0000007-45.2006.8.06.0161, 8ª Câm., rel. Des. Váldsen da Silva Pereira, disponível em <www.editoramagister.com>, acesso em 25 nov. 2011).

■ Cartão de crédito – Bloqueio ocasionado por falha de comunicação que impediu a efetivação de pagamento de curso no exterior – Dever da administradora de ressarcir o consumidor pelo inquestionável transtorno ocasionado e pelas diversas ligações interurbanas realizadas para a resolução do problema – Hipótese, no entanto, em que não faz jus o autor ao ressarcimento das despesas pagas com o curso frequentado (*RT, 835*:224).

■ Consumidor – Responsabilidade civil – Danos – Fraude – Compra *on-line* – Produto nunca entregue – Responsabilidade objetiva das instituições financeiras – Serviços bancários – Intermediação financeira entre particulares – Compra e venda *on-line* – Participação – Ausência – Responsabilidade objetiva – Não configuração (REsp. 1.786.157-SP, 3ª T., rel. Min. Nancy Andrighi, j. 3-9-2019, *DJe* 5-9-2019).

■ Caixa eletrônico – Saques com cartão clonado – Responsabilidade objetiva da instituição financeira. É objetiva a responsabilidade da instituição financeira decorrente de defeito do serviço, consistente na falta de segurança, evidenciada por saques sucessivos de numerário da conta do correntista, em caixas eletrônicos, por meio de cartão magnético clonado, caso não demonstradas as excludentes previstas no art. 14, § 3º, do CDC (*RT, 806*:331).

■ Depósito em conta corrente – Operação realizada por meio de terminal eletrônico de autoatendimento – Desaparecimento da quantia depositada, cuja conferência foi efetuada posteriormente, sem a presença do depositante – Hipótese em que a instituição bancária tem o dever de ressarcir os prejuízos sofridos pelo cliente – Inegável desespero e desassossego suportado pela depositante que dá azo à compensação por danos morais – Verba devida (*RT, 834*:239).

■ Responsabilidade civil – Banco – Troca de cartão magnético e desvendamento de senha de correntista ocorridos no interior de agência bancária, com posterior saque de numerário da conta corrente efetuado por fraudadores – Fraude perpetrada em local que deveria ser vigiado – Circunstância de o evento danoso ter sido desencadeado por terceiro não identificado que não afasta o dever da instituição financeira de indenizar seu cliente, mormente se não comprovada culpa exclusiva da vítima no desencadeamento do dano (*RT, 836*:225).

■ Banco – Vítima de fraude no *internet banking* – Autora que, ao acessar o sistema empresarial *on-line* do banco e fornecer os dados exigidos a fim de registrar os boletos de cobrança, recebeu solicitação de atualização do navegador e constatou, no dia seguinte, em seu extrato, duas transações de pagamentos de contas – Burocracia interna do banco, que atrasou a análise do caso e uma resposta à empresa por dias, tempo suficiente para os fraudadores desviarem os valores da conta corrente da empresa. O requerido é prestador de serviços de massa e por essa razão responde pelos danos que sua atividade causar aos consumidores (padrão ou equiparados), pelo simples fato de sua atividade tê-los causado, independentemente de culpa ou de evento externo alheio à sua vontade (força maior ou caso fortuito), até porque se aplica ao caso a Teoria do Risco da Atividade (Diadema-SP, 4ª Vara Cível, Juiz José Pedro Rebello Giannini, Revista *Consultor Jurídico*, 24-3-2018).

- Banco – Correntista que teve senha do *internet bank* clonada – Responsabilidade objetiva da instituição financeira, conforme aponta o art. 14 do CDC, sobre o dano sofrido. A relação jurídica entre o correntista e o banco era de consumo, segundo o § 2º do art. 3º do Código de Defesa do Consumidor. Basta, portanto, o lesado demonstrar o nexo de causalidade entre a conduta da instituição e o resultado danoso (TRF, 3ª Região, Proc. 0003566-68.2005.4.03.6108-SP, disponível em <www.conjur.com.br>. Acesso em: 9 out. 2014).

- Banco – Operação via Internet – Prejuízos – Responsabilidade civil. A utilização de operações bancárias, via Internet, por se tratar de mecanismo que resulta em maior benefício ao Banco, pela redução de custos, gera-lhe correlatamente obrigações de garantir a segurança de ditas operações. Hipótese em que foi feita aplicação de R$ 100.000,00 na conta do autor, embora por este não solicitada, inexiste culpa da vítima, cabendo a responsabilidade do Banco pelos prejuízos morais advindos do indevido encerramento da conta, já que o débito existente ainda se encontra no limite contratual, da comunicação ao Bacen e inscrição no SPC dela decorrente (JECívRS, Rec. 71.000.516.476, rel. Juiz Ricardo T. Hermann, j. 24-6-2004).

- Banco deve indenizar cliente que foi vítima de golpista dentro de agência. As instituições bancárias são sempre responsáveis pela segurança das operações realizadas em suas dependências, não importa quais sejam as circunstâncias. Com esse entendimento a 2ª Câmara Cível do Tribunal de Justiça da Paraíba condenou o banco a pagar indenização de R$ 4.000,00 por danos morais causados a uma cliente que foi vítima de fraude em uma de suas agências. A cliente foi enganada por pessoa que se ofereceu para "ajudá-la" em um terminal bancário de autoatendimento. Com o golpe o criminoso conseguiu se apropriar de R$ 1.570,00 da vítima (Acórdão 0800047-2.2020.8.15.0251, in Revista *Consultor Jurídico* de 8-1-2022).

4. Responsabilidade dos bancos pelo roubo de bens depositados em seus cofres

Não resta nenhuma dúvida de que o banqueiro responde contratualmente perante os clientes pelas suas deficiências, inclusive em casos de subtração ilícita de objetos e valores depositados pelos clientes nos cofres que lhes são postos à disposição, tenha ou não havido violência.

O que se pode discutir é apenas a exata configuração da responsabilidade do banco nesses casos. Para tanto, faz-se mister o exame da natureza jurídica do contrato que se estabelece entre a entidade de crédito e o usuário dos cofres.

As regras de direito comum que mais se aproximam dessa realidade são as referentes à locação, ao depósito e à cessão de uso. Tendo em vista, porém, que o banqueiro, ao alugar as caixas de segurança, assume mais do que a simples guarda, pois coloca à disposição do cliente um verdadeiro serviço bancário, a avença não se ajusta perfeitamente a nenhuma dessas modalidades de contrato.

As restrições existentes a respeito da equiparação do contrato em questão a uma dessas figuras jurídicas levaram Yussef Said Cahali, fundado em considerações de Garrigues, a afirmar a configuração, na espécie, de contrato misto, integrado por elementos próprios do contrato de depósito e de elementos outros extraídos do contrato de locação, não se permitindo afirmar a primazia de uns sobre os outros. Assim, a cessão de uso é essencial; porém, o cliente não se limita à obtenção do arrendamento de uma caixa onde pretende depositar os bens que deseja guardar, senão que se exigem do banco, igualmente, a custódia e a proteção dessa mesma caixa; essa custódia não representa mero elemento secundário, mas se coloca no mesmo nível da cessão de uso; da concorrência desses elementos heterogêneos resulta uma duplicidade de causas (contrato com causa mista), que se fundem em um contrato único; se esse contrato se limitasse ao gozo de uma coisa alheia, se converteria em pura locação; se aquele dever de custódia a que se obriga o banco atuasse sobre as coisas introduzidas pelo cliente na caixa, se transformaria em um contrato de depósito; mas não é nem um nem outro, senão um contrato atípico, integrado por elementos heterogêneos (Responsabilidade dos bancos pelo roubo em seus cofres, *RT*, *591*:12).

Quem toma em locação um cofre de banco objetiva colocar em segurança os objetos que pretende ali depositar. O banco, ao oferecer esse serviço de segurança, assume um dever de vigilância e, portanto, uma obrigação de resultado e não simples obrigação de meio. Ao fazê-lo, passa a responder, portanto, pelo conteúdo do cofre. Entender de outra forma seria desconfigurar o contrato na sua finalidade específica. Identificada como de resultado, a obrigação da instituição bancária somente pode ser excluída diante do caso fortuito ou da força maior.

Mesmo assim, a natureza dos serviços de segurança oferecidos e da obrigação assumida exigem que faça a prova da absoluta inevitabilidade ou irresistibilidade do desfalque do patrimônio colocado sob sua custódia, devendo-se considerar, por exemplo, que o furto ou o roubo, como fatos previsíveis, não podem conduzir à aceitação do caso fortuito, mas, sim, ao reconhecimento de que terá falhado o esquema de segurança e vigilância prestado pelo banco.

Como assinala novamente Garrigues, citado por Yussef Said Cahali, só o estudo *in concreto* das circunstâncias de fato é que permitirá decidir se estamos ou não em presença de um caso fortuito, que exonera o banco. Assim, "não bastará invocarem-se certos acontecimentos que constituem os exemplos clássicos de caso fortuito ou de força maior, como são o incêndio, a inundação, o roubo, a greve etc. No caso de furto com arrombamento ou mediante emprego de chaves falsas, justamente o serviço de vigilância que o banco oferece e o sistema de segurança da caixa é que terão falhado, e, assim sendo, o banco é responsável por este fato" (*Responsabilidade dos bancos*, cit., p. 15).

O grande problema nesses casos reside, na realidade, na prova do efetivo prejuízo sofrido pelo cliente. Sem essa prova não há condições de obrigar o banco a indenizar o prejuízo simplesmente alegado pelo lesado.

Quanto a este requisito – adverte Yussef Said Cahali – nenhuma presunção favorece a quem quer que seja, cumprindo à parte que tem interesse na demonstração do dano ministrar-lhe a respectiva prova. Remarcado o serviço bancário de caixa de segurança pelo caráter sigiloso de seu conteúdo, manipulado a critério exclusivo do próprio cliente, ou de seu mandatário, terá ele, em consequência disto, de demonstrar a preexistência de valores e objetos depositados na caixa, se pretende ajuizar com êxito ação de responsabilidade civil contra o banco. Este não tem a relação ou o controle direto dos bens depositados ou retirados, e a simples declaração unilateral do cliente não tem eficácia a seu benefício; e mesmo a prova testemunhal deve ser recebida com reserva, seja em função do caráter sigiloso da utilização da caixa, seja, igualmente, porque, segundo a praxe, apenas o cliente tem acesso ao cofre-forte para sua abertura. A prova do dano, contudo, não se revela absolutamente impossível, citando os autores a hipótese de furto em que o assaltante tenha confessado a prática do delito e pelo menos uma parte dos bens subtraídos tenha sido recuperada em seu poder (*Responsabilidade dos bancos*, cit., p. 15-6).

Entende Yussef Said Cahali que se mostra mais razoável a estatuição de um contrato paralelo de seguro, com indenização tarifada em função do prêmio que se convencionar; o que poderá ser feito também através de cláusula inserida no próprio contrato, com acréscimo à retribuição pecuniária devida pelo usuário e assunção, pelo banco, do risco incondicionado, sem exclusão, assim, da própria força maior, ou do caso fortuito, garantindo a inviolabilidade do cofre, com desprezo da prova de um efetivo prejuízo pela subtração ilícita dos bens ali depositados (*Responsabilidade dos bancos*, cit., p. 16).

O Tribunal de Justiça de São Paulo já teve a oportunidade de condenar instituição financeira a indenizar cliente cujas joias e valores foram furtados de cofre alugado, reconhecendo a responsabilidade da empresa guardadora por existir a possibilidade de a depositante possuir joias e valores, dada sua posição socioeconômica, roborado o fato por prova testemunhal idônea. Afirmou o aresto, proferido em embargos infringentes:

"O fato do furto é incontroverso, consoante se lê do trabalho técnico trazido exordialmente. Que deve a empresa guardadora responder pela higidez e segurança dos bens sob sua responsabilidade depositados é cediço, ou não teria sentido a própria existência da prática, de resto onerosa. Que a embargada-autora podia possuir as joias e valores que afirmou ter, também se aceita porquanto compatível o patrimônio com seu extrato socioeconômico. O particular de resto foi 'quantum satis' corroborado por prova testemunhal isenta, cujo valor não pode ser depreciado. Exigência maior de comprovação inviabilizaria o próprio pedido, desobrigando o ente bancário sempre de qualquer responsabilidade. Compete ao Magistrado, sopesando as provas postas diante de si, ditar seu convencimento, sem que fique adstrito a comprovações quando as sabe impossíveis. Houvesse o embargante cumprido corretamente a obrigação primária pela qual foi pago, de manter a inviolabilidade do cofre e nem esta ação existiria, menos nos termos em que foi proposta" (*RJTJSP*, *122*:377).

No mesmo sentido aresto do Tribunal de Justiça do Rio de Janeiro, com a seguinte ementa:

"Responsabilidade civil – Banco – Cofre de aluguel violado – Furto de joias – Cláusula de não indenizar – Prevalência da obrigação de guarda e segurança – Prova do dano. O banco é civilmente responsável, no caso de subtração de valores, guardados em cofres-fortes, alugados a seus clientes. A cessão do uso do compartimento envolve uma particular prestação de proteção e segurança. Responsabilidade presumida elidível em caso fortuito ou força maior. Inválida a cláusula de não indenizar, porque excludente de obrigação essencial do contrato, qual seja, a de guardar o local dos cofres e implicitamente seu conteúdo.

Quanto aos danos e tendo em vista os princípios da liberdade probatória e da presunção de boa-fé, conjugados à extrema dificuldade da prova do conteúdo do cofre, definem-se pelas declarações da lesada, informações de seu joalheiro há 15 anos, depoimentos de um provecto amigo e pela avaliação indireta" (*RT*, *676*:151).

Em outro caso, a Corte Paulista afastou a defesa do banco, baseada na arguição de caso fortuito ou de força maior, afirmando que o roubo "praticado na agência bancária do réu era perfeitamente previsível, pois são até comuns os assaltos a bancos, com a subtração de valores guardados em cofres-fortes". Aduziu "tratar-se de fato que podia muito bem ter sido evitado, caso fossem tomadas cautelas elementares" (*RJTJSP*, *125*:216).

No referido julgamento foi considerada não escrita a cláusula excludente de responsabilidade do banco, "por frustrar os objetivos da avença, pois o banco vende segurança. Caso contrário, ninguém se valeria de seus serviços".

Na mesma linha, decidiu o Superior Tribunal de Justiça: "É de responsabilidade do banco a subtração fraudulenta dos conteúdos dos cofres que mantém sob sua guarda. Trata-se do risco profissional, segundo o qual deve o banco arcar com os ônus de seu exercício profissional, de modo a responder pelos danos causados a clientes e a terceiros, pois são decorrentes da sua prática comercial lucrativa. Assim, se a instituição financeira obtém lucros com a atividade que desenvolve, deve, de outra parte, assumir os riscos a ela inerentes. Está pacificado na jurisprudência do Superior Tribunal de Justiça o entendimento de que roubos em agências bancárias são eventos previsíveis, não caracterizando hipótese de força maior, capaz de elidir o nexo de causalidade, requisito indispensável ao dever de indenizar" (REsp 109.361-7-PE, 4ª T., rel. Min. João Otávio de Noronha, *DJe* 23-3-2009, in *RSTJ*, *214*:261).

Quanto à existência e à propriedade dos bens subtraídos, reconheceu-se que "a prova, tanto documental quanto testemunhal, é satisfatória e evidencia a sinceridade dos autores. As suas joias foram vistas no cofre e fora dele por terceiros e, além disso, algumas delas foram apreendidas pela polícia. Assim, não há razão alguma a sustentar as dúvidas levantadas pelo réu, sendo irrelevante, ainda, o fato de não ter havido declaração ao imposto de renda".

A prova do dano, em casos dessa natureza – escreveu Rodolfo de Camargo Mancuso –, "há que ser admitida com uma certa liberalidade, necessária para se evitarem injustiças. Assim, fará o autor prova, através do inquérito policial, de testemunhas, de depoimento pessoal, de documentos (especialmente a declaração de bens, no Imposto de Renda), dos fatos seguintes: que por sua posição social, econômica e profissional era possuidor de certos valores mobiliários em qualidade e quantidade compatíveis com seu *status*; que não locava o cofre para mantê-lo vazio ou para guardar objetos de pouca valia; que, *v.g.*, em virtude de constantes viagens ao exterior, via-se na contingência de manter uma reserva de dólares em local que pressupunha seguro; que, *v.g.*, no tocante às joias, pessoas probas e idôneas que delas tinham conhecimento podem descrevê-las e estimar seu valor etc. É claro que, além da persuasão que exsurja do conjunto probatório, será de enorme valia a pessoa mesma do autor da ação, isto é, sua honorabilidade pessoal, seu prestígio social que induzam no julgador a convicção de se tratar de cidadão que presumivelmente não viria a juízo para falsear a verdade ou para se aventurar em busca de lucro fácil" (Responsabilidade civil do banco em caso de subtração fraudulenta do conteúdo de cofre locado a particular, *RT*, *616*:32).

Em conclusão, afirma: "Descartada, por juridicamente ineficaz, a cláusula de exclusão de responsabilidade do banco, a prova do dano há que ser feita por todos os meios lícitos disponíveis. Da 'qualidade' e da 'idoneidade' dessa prova dependerá, mais do que em qualquer demanda, o sucesso da pretensão ressarcitória formulada pelo locatário do cofre bancário. Em todo caso, é o particular desde logo favorecido pela presunção *juris tantum* de culpa *in eligendo* ou *in vigilando* do banco, se já antes não for acolhida a tese do 'risco profissional' deste último, que já tangencia a responsabilidade objetiva".

Jurisprudência

- Direito civil e do consumidor – Agravo interno no agravo interno no recurso especial – Estacionamento de veículos – Roubo armado de cliente – Subtração de numerário retirado em agência bancária – Vínculo com a atividade – Inexistência – Caso fortuito externo – Nexo de causalidade – Rompimento – Responsabilidade civil – Ausência. Em se tratando de estacionamento de veículos oferecido por instituição financeira, o roubo sofrido pelo cliente, com subtração do valor que acabara de ser sacado e de outros pertences não caracteriza caso fortuito apto a afastar o dever de indenizar, tendo em vista a previsibilidade de ocorrência desse tipo de evento no âmbito da atividade bancária, cuidando-se, pois, de risco inerente ao seu negócio. Precedentes. (...). Diferente, porém, é o caso do estacionamento de veículo particular e autônomo – absolutamente independente e desvinculado do banco – a quem não se pode imputar a responsabilidade pela segurança individual do cliente, tampouco pela proteção de numerário anteriormente sacado (REsp. 1.487.050-RN, 4ª T., rel. Min. Luis Felipe Salomão, j. 5-11-2019, *DJe* 4-2-2020).

- Ação de indenização por dano material e moral – Contrato de aluguel de cofre – Roubo – Cláusula limitativa de uso – Validade – Precedentes do STJ – Agravo interno não provido – O STJ possui entendimento no sentido de que a cláusula limitativa de uso não ofende o Código de Defesa do Consumidor, pois pode restringir o objeto do contrato e, com isso, delimitar a extensão da obrigação, mas não é excludente de responsabilidade do banco. Precedentes (STJ, AgInt no AREsp 1.240.542-SP, 4ª T., rel. Min. Luis Felipe Salomão, *DJe* 22-5-2018).

- Responsabilidade civil – Danos materiais e morais – Roubo em agência bancária – Subtração de bens dos autores do interior de cofre – Prestação de serviços de depósito e locação – Dever de indenizar configurado – Responsabilidade objetiva do banco – Súmula 83/STJ – Existência e real extensão dos danos alegados – Reexame de provas – Impossibilidade – Súmula 7/STJ (AgRg no REsp 1.353.504-SP, rel. Min. Ricardo Villas Bôas Cueva, 3ª T., j. 18-6-2015, *DJe* 7-8-2015).

- Indenização – Estabelecimento bancário – Furto de joias depositadas em cofre de segurança – Circunstância passível de indenização, dada a responsabilidade do banco como profissional de segurança – Hipótese, porém, em que os autores não demonstraram o efetivo prejuízo sofrido – Ação improcedente (*RJTJSP*, *132*:166).

5. A responsabilidade dos bancos em face do Código de Defesa do Consumidor

Em face do Código de Defesa do Consumidor, a responsabilidade dos bancos, como prestadores de serviços, é objetiva. Dispõe, com efeito, o art. 14 do aludido diploma que o "fornecedor de serviços responde, independentemente da existência de culpa, pela reparação dos danos causados aos consumidores por defeitos relativos à prestação dos serviços, bem como por informações insuficientes ou inadequadas sobre sua fruição e riscos".

O § 1º esclarece que "o serviço é defeituoso quando não fornece a segurança que o consumidor dele pode esperar, levando-se em consideração as circunstâncias relevantes, entre as quais: I – o modo de seu fornecimento; II – o resultado e os riscos que razoavelmente dele se esperam; III – a época em que foi fornecido".

O fornecedor de serviços "só" não será responsabilizado, nos termos do § 3º, quando provar: "I – que, tendo prestado o serviço, o defeito inexiste; II – a culpa exclusiva do consumidor ou de terceiro".

O Código de Defesa do Consumidor incluiu expressamente as atividades bancárias, financeiras, de crédito e securitárias no conceito de serviço (art. 3º, § 2º). Malgrado a resistência das referidas instituições em se sujeitarem às suas normas, sustentando que nem toda atividade que exercem (empréstimos, financiamentos, poupança etc.) encontra-se sob sua égide, o Superior Tribunal de Justiça não vem admitindo qualquer interpretação restritiva ao aludido § 2º do art. 3º, afirmando que a expressão "natureza bancária e financeira e de crédito" nele contida não comporta que se afirme referir-se apenas a determinadas operações de crédito ao consumidor. Os bancos, "como prestadores de serviços especialmente contemplados no mencionado dispositivo, estão submetidos às disposições do Código do Consumidor. A circunstância de o usuário dispor do bem recebido através da operação bancária, transferindo-o a terceiros, em pagamento de outros bens ou serviços, não o descaracteriza como consumidor dos serviços prestados pelo banco" (REsp 57.974-0-RS, 4ª T., rel. Min. Ruy Rosado de Aguiar Júnior).

O Min. José Augusto Delgado, do referido Tribunal, também teve a oportunidade de comentar que a expressão *natureza bancária, financeira e de crédito* contida no § 2º do art. 3º não comporta que se afirme referir-se, apenas, a determinadas operações de crédito ao consumidor. Se a vontade do legislador fosse esta – afirmou –, "ele teria explicitamente feito a restrição, que, se existisse, daria ensejo a se analisar da sua ruptura com os ditames da Carta Magna sobre o tema" (Interpretação dos contratos regulados pelo Código de Proteção ao Consumidor, *Informativo Jurídico*, Biblioteca Ministro Oscar Saraiva, v. 8, n. 2, p. 109).

Tal orientação veio a se consolidar com a edição da Súmula 297 do aludido Superior Tribunal de Justiça, do seguinte teor: "O Código de Defesa do Consumidor é aplicável às instituições financeiras".

Nessa linha, o Supremo Tribunal Federal, no julgamento da ADIn 2.591, realizado aos 4 de maio de 2006, decidiu também aplicar o Código de Defesa do Consumidor às instituições financeiras. Extrai-se do voto do Min. Eros Grau o seguinte tópico: "A relação entre banco e cliente é, nitidamente, uma relação de consumo (...). É consumidor, inquestionavelmente, toda pessoa física ou jurídica que utiliza, como destinatário final, atividade bancária, financeira e de crédito".

No julgamento dos embargos de declaração posteriormente opostos, depois de reafirmado o cabimento da aplicação do Código de Defesa do Consumidor às instituições bancárias, explicitou a aludida Corte que o Conselho Monetário Nacional continua, todavia, a formular a política monetária. Ressaltou o relator, Min. Eros Grau, porém, a possibilidade de a taxa devida em cada operação ser examinada pelo Poder Judiciário: "Quem é consumidor vai obter este controle pelo Código de Defesa do Consumidor; e a pequena e a média empresa, pelo Código Civil".

Pode-se afirmar, portanto, que, embora a política monetária seja definida pelo Governo, o Código de Defesa do Consumidor aplica-se a todos os serviços e operações bancárias, inclusive às cláusulas que se referem à parte econômica do contrato, como as concernentes aos juros, que continuam submetidas às suas regras, como, por exemplo, as que prestigiam a boa-fé, a transparência e a lealdade. Poderão os juízes, desse modo, rever as taxas de juros, de acordo com o Código de Defesa do Consumidor.

O Código de Defesa do Consumidor não admite cláusula de não indenizar. A indenização derivada do fato do produto ou serviço não pode ser excluída contratualmente. O art. 51, I, considera abusiva e, portanto, nula a cláusula contratual que impossibilitar, exonerar ou atenuar a responsabilidade civil do fornecedor por vícios de qualquer natureza.

Com relação ao ônus da prova, é de ressaltar que, em linhas gerais, a alteração da sistemática da responsabilização, prescindindo do elemento culpa e adotando a teoria objetiva, não desobriga o lesado da prova do dano e do nexo de causalidade entre o produto ou serviço e o dano. No caso dos cofres em bancos locados a particulares, continua a pertencer ao lesado o ônus da prova referente ao conteúdo do cofre violado. No entanto, de acordo com o art. 6º, VIII, do Código de Defesa do Consumidor, o juiz pode inverter o ônus da prova quando "for verossímil a alegação" ou quando o consumidor for "hipossuficiente", sempre de acordo com "as regras ordinárias de experiência".

Responde, ainda, o estabelecimento bancário por informação falsa, dada a cliente, sobre a idoneidade financeira da pessoa com quem aquele vem a negociar. Decidiu, com efeito, o Tribunal de Justiça do Rio Grande do Sul:

"Responsabilidade civil – Banco – Informação falsa, dada a cliente, sobre a idoneidade financeira de determinada pessoa – Prejuízos sofridos pelo informado – Obrigação daquele de indenizar, embora existente a cláusula de não responsabilidade, se o informe foi prestado dolosamente" (*RT, 410*:378).

Pertinente ao assunto, Aguiar Dias, citando critério alvitrado por Josserand, analisa os atos cometidos pelo preposto, no exercício do trabalho, e com este relacionados, mas que importem deformação, abuso ou desvio de poder ou de funções. Tais atos geram a responsabilidade do preponente se o terceiro prejudicado estava de boa-fé e foi iludido pela "aparência" de que se revestia o preposto (*Da responsabilidade*, cit., p. 585, t. 2). Em consequência, "o patrão é responsável pelo ato ilícito do empregado que age na esfera de suas atribuições aparentes, e não pode opor ao prejudicado a circunstância de haver o dependente abusado de suas funções efetivas, se o terceiro não tinha conhecimento dessa delimitação" (Cassação italiana, *in* Aguiar Dias, *Da responsabilidade*, cit., p. 585, t. 2).

Proclama a Súmula 479 do Superior Tribunal de Justiça: "As instituições financeiras respondem objetivamente pelos danos gerados por fortuito interno relativo a fraudes e delitos praticados por terceiros no âmbito de operações bancárias".

Observa-se que a referida Corte afastou, nas hipóteses mencionadas, a possibilidade de se arguir o fortuito interno e o fato de terceiro como excludentes da responsabilidade bancária.

Decidiu o Tribunal de Justiça de São Paulo que instituição bancária que deixa de atender a solicitações e de transmitir informações ao consumidor, colocando em risco um compromisso de compra e venda, provoca danos morais. Consta do acórdão que resta evidente "o completo descaso da instituição financeira em relação aos ora apelados, o que extrapola os limites do mero aborrecimento. Além do pagamento de R$ 5 mil para cada autor, a instituição deve fornecer em até 10 dias tudo o que for necessário para a quitação do financiamento, sob pena de multa diária de R$ 500, limitada em R$ 10 mil" (TJSP, Apel. 1004274-54.2017.8.26.0564, 9ª Câm. Dir. Privado, rel. Alexandre Lazzarini, Revista *Consultor Jurídico*, 17-3-2018).

Por sua vez, o 2º Juizado Especial Cível de Brasília condenou instituição bancária ao pagamento de indenização de R$ 2 mil ao cliente, por ter descontado cheque pré-datado antes do prazo. Consta do *decisum* que o título emitido em benefício da autora foi confiado ao banco por força do contrato de custódia de cheques pós-datados. Mas o referido cheque foi depositado pela instituição financeira um mês antes da data do vencimento. Para a juíza, "ao promover a compensação antes do vencimento, o banco descumpriu o contrato de custódia e prestou serviço incompatível com a segurança que se esperava. Dessa maneira, atingiu a honra objetiva da pessoa jurídica, dano que é passível de indenização (Proc. 0745053-33.2017.8.07.0016, Revista *Consultor Jurídico*, 1º-4-2018).

Banco é condenado por cobrar juros abusivos em empréstimo consignado – O trabalho futuro e a aposentadoria de qualquer pessoa não podem ser capitalizados e trazidos a valor presente por uma taxa de juros. A fundamentação foi aplicada pelo juiz Rodrigo Garcia Martinez, da 9ª Vara Cível de Santos (SP), ao condenar um banco a indenizar uma aposentada em R$ 10 mil por dano moral. A mulher teve valores descontados de sua folha de benefício, inferior a um salário mínimo, em razão de cartão de crédito com reserva de margem consignada (RMC). A sentença declarou nulas as cláusulas do contrato de cartão de crédito com RMC elaborado pelo Banco Daycoval referentes aos juros, ao limite do desconto e ao parcelamento da dívida. Desse modo, fica a instituição financeira proibida de realizar novos débitos na aposentadoria da autora até que sejam revisados o parcelamento do déficit oriundo de empréstimo consignado, o limite mensal a ser descontado e a taxa de juros, que deverá ser compatível com essa modalidade de operação. A decisão, da qual cabe recurso, ainda determinou que o banco devolva em dobro a quantia de R$ 5.176,52, indevidamente descontada, sendo autorizada a compensação com dívidas de consumo efetuadas pela aposentada por meio do uso do cartão. O magistrado destacou que "o ser humano pode ser visto como um ativo, o que, por seu turno, também nos leva a aceitarmos um novo caminho para a servidão", muito mais silencioso e destrutivo do que aquele delineado pelos liberais, como Fiedrich Hayek" (*in* Revista *Consultor Jurídico*, 18-7-2002).

Jurisprudência

6. Transferência de numerário para conta de terceiro e saque por terceiro, não autorizados pelo correntista

■ Banco deve indenizar cliente que perdeu R$ 68 mil após ter o celular furtado. Com esse entendimento, a 14ª Câmara de Direito Privado do Tribunal de Justiça de São Paulo confirmou a condenação de um banco a devolver valores descontados da conta de uma cliente que teve o celular furtado. Além da restituição da quantia desviada pelos criminosos, o banco ainda pagará indenização por danos morais de R$ 5 mil. O banco sustentou que a demora da cliente em comunicar o furto do celular teria impossibilitado o imediato bloqueio da conta e o estorno das transações fraudulentas, configurando culpa exclusiva da vítima.

Mas, por unanimidade, a turma julgadora negou provimento ao recurso. Preconiza, ainda, o Código de Defesa do Consumidor, em seu art. 14, a responsabilidade objetiva do banco como prestador de serviços, o qual apenas não responde pelos danos daí advindos quando provar (§ 3º): "que, tendo prestado o serviço, o defeito inexiste; a culpa exclusiva do consumidor ou de terceiro", disse o relator, Dr. Lavínio Donizetti Paschoalão. No caso dos autos, conforme o desembargador, é "inafastável a responsabilidade do banco pelas transações fraudulentas efetuadas pelo aplicativo instalado no celular furtado da autora, "uma vez que, como é sabido, tal ferramenta é disponibilizada aos clientes pelas instituições financeiras para facilitar as transações bancárias, minimizando a necessidade de deslocamento até as agências". Para Paschoalão, natureza objetiva da responsabilidade do banco impõe que assuma o risco inerente à tal atividade, ou seja, que garanta a segurança das operações por meios eletrônicos, assim como no interior das agências, postos de atendimento ou caixas eletrônicos, não devendo permitir a livre ação de fraudadores.

■ Banco – Transferência não autorizada pelo correntista de numerário de sua conta corrente por terceiro – Obrigatoriedade da restituição, pela instituição financeira, do *quantum* indevidamente transferido – Fato de existir relacionamento entre o prejudicado e a pessoa que realizou a operação bancária que não afasta a responsabilidade do banco (*RT*, 753:261).

■ Banco – Correntista que cede a terceiro seu cartão magnético de movimentação de contas bancárias, com a respectiva senha de acesso, possibilitando que o estelionatário transfira numerário para seu nome – Verba indevida pela instituição financeira, uma vez que a responsabilidade pela guarda, zelo no uso e vigilância do cartão é exclusiva do correntista (*RT*, 764:243; JTJ, Lex, 227:73).

■ Banco – Saque em caderneta de poupança por terceiro – Responsabilidade da instituição financeira afastada se o evento somente se deu em face da infeliz negligência de um dos correntistas que forneceu ao estelionatário os documentos necessários para executar o ardil (*RT*, 768:387).

■ Banco – Transferência de grande quantia de dinheiro da conta de correntista para terceiro, após o recebimento de ordem via *fac-símile*, sem confirmar se o documento é, de fato, autêntico – Inexistência de culpa grave do cliente, força maior ou caso fortuito – Estabelecimento bancário que deve arcar com os prejuízos que causou ao correntista (*RT*, 765:225).

7. Abertura de conta corrente com documento falso

A 2ª Seção do Superior Tribunal de Justiça decidiu, seguindo a sistemática dos recursos repetitivos, que as instituições financeiras devem responder de forma objetiva no caso de fraudes cometidas por terceiros, indenizando as vítimas prejudicadas por fatos como abertura de contas ou obtenção de empréstimos mediante o uso de identificação falsa.

Frisou o relator, Min. Luis Felipe Salomão: "No caso de correntista de instituição bancária que é lesado por fraudes praticadas por terceiros – hipótese, por exemplo, de cheque falsificado, cartão de crédito clonado, violação do sistema de dados do banco –, a responsabilidade do fornecedor decorre de uma violação a um dever contratualmente assumido, de gerir com segurança as movimentações bancárias de seus clientes. Nos casos em julgamento, o serviço bancário se mostrou evidentemente defeituoso porque foi aberta conta em nome de quem verdadeiramente não requereu o serviço e, em razão disso, teve o nome negativado. Tal fato do serviço não se altera a depender da sofisticação da fraude, se utilizados documentos falsificados ou verdadeiros, uma vez que o vício e o dano se fazem presentes em qualquer hipótese". Segundo, ainda, o Relator, aplica-se nessas situações o art. 17 do CDC, que equipara ao consumidor todas as vítimas do evento. Argumentos como a sofisticação das fraudes ou a suposta boa-fé não afastam a responsabilidade dos bancos em relação a esses terceiros (REsps 1.199.782 e 1.197.929, disponível em <www.editoramagister.com>, acesso em 29 ago. 2011).

Posteriormente, em 1º-6-2017, a mesma Egrégia Segunda Seção do mencionado Superior Tribunal de Justiça, no julgamento do Recurso Especial Repetitivo n. 1.197.929-PR (Rel. Min. Luis Felipe Salomão, *DJe* de 12-9-2011), processado nos moldes do art. 543-C do CPC, firmou entendimento de que "as instituições bancárias respondem objetivamente pelos danos causados por fraudes ou delitos praticados por terceiros – como, por exemplo, abertura de conta corrente ou recebimento de empréstimos mediante fraude ou utilização de documentos falsos –, porquanto tal responsabilidade decorre do risco do empreendimento, caracterizando-se como fortuito interno. O Tribunal de origem, mediante análise do contexto tático-probatório dos autos, concluiu que não ficou caracterizado o dano moral, tendo em vista que o saque realizado na conta da recorrente decorreu única e exclusivamente de sua conduta imprudente de entregar seu cartão e senha a terceiro, com o objetivo de ser auxiliada no manuseio de equipamento eletrônico" (AgInt no AREsp 1.000.281-TO, 4ª T., rel. Min. Raul Araújo, *DJe* 14-6-2017). (*V*., também: AgInt no REsp 2.010.941-SP, 4ª T., rel. Min. Marco Buzzi, j. 27-3-2023, *DJe* 31-3-2023).

Efetivamente, trata-se de relação de consumo, sendo objetiva a responsabilidade do banco, prestador de serviços, na forma do art. 14 do Código de Defesa do Consumidor. Destarte, prescreve em cinco anos a pretensão à reparação dos danos, consoante dispõe o art. 27 do aludido diploma. Não se aplica à hipótese o parágrafo único do art. 927 do Código Civil, uma vez que somente a prestação de serviço que não estiver sujeita às leis trabalhistas ou a lei especial rege-se pelo Código Civil (CC, art. 593).

Jurisprudência

- Ação de indenização por danos materiais e morais – Responsabilidade civil configurada. As instituições bancárias respondem objetivamente pelos danos causados por fraudes ou delitos praticados por terceiros – como, por exemplo, abertura de conta corrente ou recebimento de empréstimos mediante fraude ou utilização de documentos falsos –, porquanto tal responsabilidade decorre do risco do empreendimento, caracterizando-se como fortuito interno" (STJ, REsp 1.199.782-PR, Segunda Seção, rel. Min. Luis Felipe Salomão, *DJe* 12-9-2011).

- Banco – Abertura de conta corrente com documento falso – Culpa aquiliana – Dano a terceiro não cliente – Responsabilidade de indenizar – Teoria do risco profissional – Culpa exclusiva, ou concorrente do autor não demonstrada – Ação procedente (*JTJ*, Lex, *230*:91).

- Dano moral – Banco – Estabelecimento bancário que abre conta corrente com documento falsificado – Não adoção das cautelas a que está obrigado – Culpa ensejadora de reparação caracterizada – Verba devida (*RT, 809*:361).

8. Lançamento indevido de débito em conta corrente

- Banco – Dano moral – Débito indevido verificado em conta corrente – Erro integralmente solucionado, com o crédito sendo efetivado, sem nenhuma indicação documental que apresente indícios de prejuízo material ou imaterial experimentado pela correntista – Mero aborrecimento, inerente à vida cotidiana, que não enseja a reparação financeira – Verba indevida (*RT, 831*:423).

- Dano moral – Banco – Falha na prestação de serviço de banco 24 horas que debitou indevidamente valor não sacado da conta corrente do cliente – Consumidor que não conseguiu efetuar pagamento de compra em supermercado por falta de provisão de fundos – Verba devida (*RT, 816*:341).

9. Indenização por dano moral devida a funcionário usado como refém

- Banco – Indenização por dano moral devida a ex-gerente, que teve sua família sequestrada e foi demitido injustamente – Conduta da instituição financeira que configurou abuso de direito, ao dispensar o gerente após o trauma vivido – Situação que impunha ao empregador oferecer o suporte necessário à recuperação de seu empregado para o seu pleno restabelecimento psicológico – o que não ocorreu (TST, RR 197000-80.2002.5.15.0006, disponível em <www.conjur.com.br>, acesso em 22 jun. 2010).

- Banco – Indenização por danos morais devida ao funcionário usado como refém em assalto à instituição – Trabalhador que, ao sair de sua residência em direção ao banco, foi abordado por criminosos, que mantiveram a sua família em cativeiro, enquanto o obrigaram a dirigir-se à agência, onde efetuaram o assalto – Responsabilidade do banco pela segurança dos empregados (TST, 6ª T., RR 112000-04.2002.5.02.0062, disponível em <www.conjur.com.br>, acesso em 12 nov. 2010).

10. Porta giratória. Travamento. Dano moral

- Responsabilidade civil – Travamento de porta giratória de agência bancária. Policial que se recusou a exibir carteira funcional – Dano moral não configurado (AgInt no AgInt no AREsp 933.687-SP, 4ª T., rel. Min. Raul Araújo, j. 14-3-2017, *DJe* 27-3-2017).

- Banco – Travamento de porta giratória – Exercício regular de direito – Não demonstração de excesso ou abuso pelos funcionários da CEF – Danos morais inexistentes. O simples travamento da porta giratória não gera dano moral, mas mero aborrecimento decorrente da vida em sociedade. A existência de mecanismos de segurança, tais como as portas com detectores de metais, constitui exercício regular de direito pelas instituições financeiras. A proibição do ingresso do apelante na agência não derivou de ato discriminatório dos prepostos da CEF, mas sim da falta de previsão do próprio correntista, que se dirigiu ao local calçando botas com pontas de aço. De todo esperado, nessas circunstâncias, o travamento da porta giratória (TRF-3, Ap. 0014775-24.2006.4.03.6100, *DJe* 11-3-2016).

- Banco – Porta giratória – Travamento no momento da saída do consumidor – Dano moral – Inocorrência. O travamento da porta giratória no momento da saída do consumidor da instituição financeira não configura, por si só, circunstância apta a causar dano moral. Havendo provas de que a porta giratória foi quebrada diante do emprego de força excessiva por parte do autor, a abordagem promovida por seguranças, sem que fique evidenciado qualquer excesso, constitui exercício regular do direito (TJDF, Ap. 20120710115924, *DJe* 15-5-2015).

- Banco – Responsabilidade civil extracontratual – Indenização por danos morais – Travamento de porta giratória – Demandante que ficou só de cuecas para adentrar na agência bancária – Ocorrência – Revelia – Caracterização – Artigos 285 e 319 do CPC (de 1973, atuais arts. 319 e s. e 344) – Incidência – Boletim de ocorrência que corrobora os fatos narrados pelo demandante – *Quantum* indenizatório arbitrado em R$ 10.000,00 – Admissibilidade (TJSP, Apel. 1004319-73.2013.8.26.0281, *DJe* 20-10-2015).

- Estabelecimento bancário – Travamento de porta giratória e agressões verbais do segurança da agência bancária – Humilhação e vexame pelo impedimento de ingressar no estabelecimento – Danos morais – Fixação em 20 (vinte) salários mínimos – Razoabilidade (STJ, AgRg no AREsp 114.-SP, 3ª T., rel. Min. Sidnei Beneti, *DJe* 29-6-2012).

- Banco – Dano moral – Cliente que, ao entrar em agência bancária, fica presa na porta detectora de metais, momento em que o segurança apontou-lhe arma de fogo – Vigilância despreparada que não esclareceu que simples maço de cigarros pudesse causar o travamento da porta – Verba devida (*RT*, *842*:193).

11. Cheque extraviado por culpa do banco

- Responsabilidade civil de banco – Cheque não compensado – Extravio – Ação indenizatória – Relação de consumo – Caracterização – Código de Proteção e Defesa do Consumidor – Aplicabilidade. Já decidiu a Corte que, extraviado o título por culpa do estabelecimento bancário, o beneficiário não está adstrito "a ajuizar ação para anular e substituir a promissória", podendo ingressar com a ação de responsabilidade civil (STJ, REsp 238.016-0-SP, 3ª T., rel. Min. Carlos Alberto Menezes Direito, *DJU*, 15-9-2000).

- Banco – Danos morais e materiais – Cliente que teve seus talonários de cheques extraviados – Hipótese em que os talonários estavam sob a custódia do estabelecimento bancário – Títulos que foram emitidos por terceiro e indevidamente compensados, causando prejuízo ao correntista – Impossibilidade de falar em caso fortuito ou força maior – Risco previsível na atividade bancária (*RT*, *818*:218).

- Responsabilidade civil – Banco – Devolução de cheque – Talonário furtado de agência bancária – Legitimidade passiva e responsabilidade da instituição financeira pelo dano, cujo valor se confunde com o do cheque – Precauções de praxe tomadas pelo autor ao receber a cártula como forma de pagamento – Responsabilidade concorrente afastada – Pagamento integral do valor determinado (*JTJ*, Lex, *229*:80).

12. Pagamento de cheque pelo banco após o recebimento de contraordem

■ Cheque – Contraordem – Pagamento pelo sacado após o recebimento da carta do emitente – Responsabilidade do estabelecimento bancário – Ação de cobrança procedente. É da doutrina e da jurisprudência que não cabe ao sacado examinar e julgar os motivos determinantes da contraordem. Esta questão é eminentemente do emitente, que assume integral responsabilidade pela contraordem, que pode ser pelos mais variados motivos (*RT, 511*:213).

■ Banco – Saque em conta corrente – Bloqueio solicitado e não realizado a tempo – Indenização devida. A instituição bancária que, avisada pelo correntista de que estaria havendo movimentação anormal em sua conta corrente, não procede a tempo ao bloqueio solicitado, possibilitando a realização de saque indevido, deve reparar o dano causado (JECívDF, Ap. 2006.01.1.001223-6, 2ª T. Recursal, rel. Juiz César Laboissiere Loyola, *DJ*, 25-8-2006).

13. Extravio de título entregue para cobrança

■ Cambial – Extravio – Fato verificado no interior do estabelecimento bancário incumbido da cobrança – Responsabilidade deste de zelar pela coisa e indenizar os prejuízos decorrentes de culpa pelo mau desempenho do mandato – Hipótese em que não houve extravio ou destruição da cártula em relação à esfera de ação do mandante e em que não se trata de matéria cambial – Desnecessidade, portanto, de propositura da ação de anulação prevista no art. 36 do Decreto 2.044/08 – Negligência autorizadora da indenização (*RT, 643*:68).

■ Indenização – Estabelecimento bancário – Cheque extraviado – Emissão do próprio sacado – Substituição do título condicionada à propositura da ação de anulação – Exigência descabida – Retardamento na substituição que se constitui em abuso de direito – Verba devida (*RJTJSP, 118*:183).

14. Banco. Participação de prepostos da agência na prática do ato ilícito

■ Banco – Indenização – Furto de cofre – Participação de prepostos da agência no delito – Verba devida pela instituição financeira, pois o patrão responde pelos atos praticados por seus empregados no exercício do trabalho que lhes compete ou em razão dele (*RT, 770*:360).

■ Banco – Apropriação de dinheiro de cliente por preposto – Obrigação de indenizar. O banco é responsável pelos negócios realizados em suas agências por seu preposto com clientes e correntistas (*RT, 547*:190).

■ Indenização – Responsabilidade civil – Agência bancária – Apropriação, pelo caixa, de depósitos não creditados – Devolução da quantia, com lucros cessantes e correção monetária (*RJTJSP, 65*:130).

- Indenização – Instituição financeira – Aplicações realizadas por prepostos – Agentes autônomos, do mesmo ramo de atividade, que captavam depósitos no edifício-sede da companhia – Fato que bem demonstra a responsabilidade da ré e a condição destes como seus prepostos – Art. 75 do C. Comercial (*RJTJSP*, *119*:158).

15. Contabilização irregular de aplicação em *open market*

- Responsabilidade civil – Banco – Contabilização irregular de quantias comprovadamente entregues por cliente para aplicação em *open market* – Obrigação de devolvê-las acrescidas dos respectivos rendimentos (*RT*, *639*:151).

16. Abertura de conta corrente sem autorização de correntista. Desvalorização da moeda

- Indenização – Estabelecimento bancário – Abertura de conta corrente sem autorização de correntista – Imobilidade do depósito – Situação prejudicial à autora – Desvalorização da moeda – Retenção indevida de dinheiro – Prejuízo a ser ressarcido (*RJTJSP*, *67*:10).

17. Cheque transferido mediante endosso falso

- O banco sacado ou o apresentante não respondem pelo pagamento de cheque transferido mediante endosso falso, tendo só a obrigação de verificar a regularidade da série de endossos, e não a de pesquisar a autenticidade das assinaturas dos endossantes (*RT*, *639*:65; *RJTJSP*, *124*:167).

- Pagamento de cheques fraudulentos pela instituição financeira – Responsabilidade civil configurada – Ressarcimento por perdas e danos. As instituições bancárias respondem objetivamente pelos danos causados por fraudes ou delitos praticados por terceiros – como, por exemplo, abertura de conta-corrente ou recebimento de empréstimos mediante fraude ou utilização de documentos falsos –, porquanto tal responsabilidade decorre do risco do empreendimento, caracterizando-se como fortuito interno (REsp 1.199.782-PR, Segunda Seção, rel. Min. Luis Felipe Salomão, *DJe* 12-9-2011). Recurso Representativo de Controvérsia (STJ, AgInt no AREsp 820846-MA, 4ª T., rel. Min. Raul Araújo, *DJe* 2-10-2017).

- Indenização – Valores subtraídos ilicitamente – Endosso falso em cheques – Ausência de responsabilidade da CEF. Não há conduta ilícita ou danosa por parte da CEF, nem nexo de causalidade entre sua conduta e os danos sofridos, pois mesmo considerando a hipotética relação consumerista entre a autora e a ré, a culpa seria exclusivamente de terceiros: os bancos sacados (Bamerindus, Banestado, etc.), e o corréu Antônio Donassan, responsável direto pelas falsificações de endossos" (STJ, REsp 1.343.552, 3ª T., rel. Min. Villas Bôas Cueva, *DJe* 3-10-2017).

- Contratos bancários – Responsabilidade civil – Instituições bancárias – Danos causados por fraudes ou delitos praticados por terceiros – Risco do empreendimento – Responsabilidade objetiva – Entendimento exarado no regime de julgamento de recursos repetitivos – Tema n. 466: As instituições bancárias respondem objetivamente pelos danos causados por fraudes ou delitos praticados por terceiros – como, por exemplo, abertura de conta-corrente ou recebimento de empréstimos mediante fraude ou utilização de documentos falsos –, porquanto tal responsabilidade decorre do risco do empreendimento, caracterizando-se como fortuito interno (REsp 1.199.782-PR, Segunda Seção, rel. Min. Luis Felipe Salomão, *DJe* 12-9-2011). Recurso Representativo de Controvérsia) (STJ, AgInt no AREsp 1.061.237, 3ª T., rel. Min. Marco Aurélio Belizze, *DJe* 2-8-2017).

18. Culpa concorrente: obrigação do banco de indenizar cliente autor de operações ilegais

- O Superior Tribunal de Justiça considerou legal a possibilidade de um banco ser condenado a indenizar correntista que teve sua conta encerrada porque praticava atividades ilícitas. Entenderam os Ministros que houve omissão por parte da instituição financeira, que nada fez para impedir as irregularidades e até se beneficiou do contrato com a correntista, enquanto ele existiu. A indenização, correspondente à metade do valor a ser apurado em execução, aduziram, decorre da indução a erro causada pela omissão das instituições (REsp 1.037.453-PR, 3ª T., rel. Min. Sidnei Beneti, disponível em <www.editoramagister.com>, acesso em 20 jun. 2011).

19. Responsabilidade dos bancos pela segurança dos clientes

- A Lei n. 7.102, de 20 de junho de 1983, obriga as instituições financeiras a garantir a segurança de todas as pessoas, clientes ou não, que procuram as suas agências, mediante sistema aprovado pelo Banco Central, que inclui, dentre outros requisitos, a presença de vigilantes, a colocação de alarmes e outros equipamentos eletrônicos e de filmagens, bem como artefatos que retardem e dificultem a ação de assaltantes. Verifica-se, desse modo, que a lei, tendo em vista os riscos inerentes à atividade bancária, impôs às instituições financeiras um dever de segurança às pessoas que utilizam os seus serviços. Não podem se eximir da responsabilidade alegando força maior, por ser o roubo fato previsível na atividade bancária. Assim decidiu o Superior Tribunal de Justiça, reconhecendo a responsabilidade do banco por roubo ocorrido no interior da agência, "por ser a instituição financeira obrigada por lei a tomar todas as cautelas necessárias a assegurar a incolumidade dos cidadãos" (REsp 227.364-AL, 4ª T., rel. Min. Sálvio de Figueiredo Teixeira).

- O Tribunal de Justiça do Rio de Janeiro, por sua vez, decidiu que, "tendo a Lei n. 7.102/83, em razão dos riscos inerentes à atividade bancária, criado para as instituições financeiras um dever de segurança em relação ao público em geral, a responsabilidade do banco, no particular, funda-se na teoria do risco integral. Por conseguinte, o seu dever de indenizar se impõe só em face do dano" (Ap. 17.241-00,17ª Câm. Cív., rel. Des. Nametala Jorge).

- Responsabilidade civil – 'Saidinha de banco' – Reserva de numerário de vultosa quantia entregue ao cliente em caixa de deficiente – Ausência de privacidade – Acesso visual do valor sacado por demais usuários do banco – Assalto sofrido pelo cliente ao sair da agência bancária – Dever de cautelas mínimas para garantia do consumidor – Fortuito interno – Responsabilidade do banco configurada. 1. O fornecedor de serviços responde pelos prejuízos causados por defeito na prestação do serviço, consoante dispõe o artigo 14 do CDC.2. Cabe ao banco destinar espaço reservado e sistema que evite exposição dos consumidores que saquem valores expressivos nos caixas de bancos, garantindo a inexistência de exposição aos demais usuários.3. Dever de zelar pela segurança dos destinatários de seus serviços, notadamente quando realizam operações de retirada de valores elevados (TJRJ, Ap. 2009.001.49066, rel. Des. Antonio Saldanha Palheiro). A 3ª Turma do Superior Tribunal de Justiça, todavia, decidiu que os bancos não têm responsabilidade por assaltos ocorridos na rua, após saída de agência bancária. Na hipótese, frisou a Relatora, Min. Nancy Andrighi, "não houve qualquer demonstração de falha na segurança interna da agência bancária que propiciasse a atuação dos criminosos fora das suas dependências. Ausência, portanto, de vício na prestação de serviços. O ilícito ocorreu na via pública, sendo do Estado, e não da instituição financeira, o dever de garantir a segurança dos cidadãos e de evitar a atuação dos criminosos". O assalto ocorreu "no interior de uma loja de artigos religiosos localizada em uma galeria ao lado do banco" (REsp 1.284.962, j. 11-12-2012). *V.* também entendimento reafirmado pela Eg. 3ª Turma e Em. Relatora Nancy Andrighi, ao rejeitar pedido de indenização feito por cliente assaltado na saída de uma agência bancária em Americana-SP, no julgamento do REsp 1.621.868, *DJe* 5-12-2017.

- Responsabilidade civil – Morte de cliente no interior de estabelecimento bancário, em meio a tiroteio travado entre assaltantes e seguranças – Dever indenizatório do banco. Ao banco incumbe o dever de resguardar a segurança dos clientes que acorrem ao seu estabelecimento, em horário em que este, por profissão e destinação, se abre ao público. Esse dever não se transfere à empresa de segurança contratada para tal fim. O dano sofrido pelo cliente, morto em tiroteio travado entre assaltantes e vigilantes, deve ser ressarcido pelo banco, dada a inoportunidade da reação. A falha no serviço indica *per se* culpa *in eligendo* do banco, do qual os vigilantes assumem a posição de prepostos, assim apresentando-se diante dos clientes" (TJRJ, Ap. 3.834-93, 6ª Câm., rel. Des. Laerson Mauro).

- A Primeira Turma do Tribunal Regional do Trabalho da 4ª Região (TRT-RS) condenou o banco a indenizar, em R$ 15.000,00, sua empregada, vítima de assalto na agência em que trabalhava. A referida empregada lidava com dinheiro dentro da agência e, após o assalto, teve que ser afastada das atividades e necessitou de atendimento psicológico. Frisou a mencionada Corte que o banco responde objetivamente pelo empregado vítima de assalto, porque trata-se de uma atividade de risco (Proc. 0001496-81.2012.5.04.0301, Revista *Consultor Jurídico*, 1º-4-2019).

- Assalto em caixa eletrônico ocorrido dentro da agência bancária – Morte da vítima – Dever de indenizar. Inocorrendo o assalto, em que houve vítima fatal, na via pública, porém, sim, dentro da agência onde o cliente sacava valor de caixa eletrônico após o horário do expediente, responde a instituição-ré pela indenização respectiva, pelo seu dever de proporcionar segurança adequada no local, que está sob a sua responsabilidade exclusiva (REsp 488.310-RJ, 4ª T., rel. Min. Aldir Passarinho Júnior).

- Indenização – Estacionamento em agência bancária – Furto de veículo – Responsabilidade pela guarda da coisa – Irrelevância dos avisos. Mesmo que não se descortine a figura contratual do depósito, responsável é o banco pelo furto de veículo ocorrido em seu estabelecimento, colocado à disposição dos clientes em atenção aos seus objetivos empresariais. Simples avisos de não responsabilidade não têm o condão de eximir o dono do estacionamento do seu dever de conservação do bem confiado à sua guarda (AgRg em AI 48.901-9-SP, 4ª T., rel. Min. Sálvio de Figueiredo Teixeira, j. 25-4-1994, v. u., *DJU*, 23 maio 1994).

- Civil – Estacionamento comercial vinculado a banco – Oferecimento de vaga para clientes e usuários – Corresponsabilidade da instituição bancária e da administradora do estacionamento – Roubo – Indenização devida. I. Tanto a instituição bancária locadora da área como a empresa administradora do estacionamento são responsáveis pela segurança das pessoas e veículos que dele fazem uso. II. A exploração comercial de estacionamento, que tem por escopo oferecer espaço e segurança aos usuários, afasta a alegação de força maior em caso de roubo havido dentro de suas instalações" (STJ, REsp 503.208, 4ª T., rel. Min. Aldir Passarinho Júnior, j. 26-5-2008).

- É parte legítima, em ação de indenização, a instituição financeira que mantém convênio com estacionamento, onde seu cliente é vítima de roubo. O assalto de cliente do banco em estacionamento conveniado causa-lhe dano passível de reparação, independentemente de culpa da instituição financeira, dada sua responsabilidade objetiva, derivada do risco de seu negócio. Cumpre ao banco e ao estacionamento o dever de garantir a segurança de seus clientes. O estacionamento conveniado pode ser considerado uma extensão da agência bancária e, ainda que a administração pertença a terceiro, cumpre a ela, também, cuidar da segurança em seu perímetro. Não há culpa exclusiva da vítima em assalto ocorrido nas dependências do estacionamento conveniado ao banco. Ao contrário, mostra prudência o cliente que se utiliza de local onde presume haver segurança (TJSP, Apel. 0252484-90.2009.8.26.0002, 14ª Câm. Dir. Priv., rel. Min. Melo Colombi, *DJe* 16-5-2012).

- A 11ª Câmara Cível do Tribunal de Justiça de Minas Gerais condenou agência bancária a indenizar uma cliente por danos materiais e morais devido ao que ela sofreu após ter sacado dinheiro. O banco alegou que o crime teria acontecido em via pública e que a correntista se expôs ao contar o dinheiro na vista de terceiros. A relatora, Des. Shirley Fenzi Bertão, afirmou que o evento em si já ensejava indenização por danos morais, pois quem sofre ameaça com arma de fogo está sujeito a "intenso sofrimento, angústia e abalo emocional. Compete a estabelecimentos dessa natureza instalar biombos ou divisórias nos caixas físicos e câmera do lado externo, entre outros cuidados básicos de segurança, sob pena de se responsabilizar pela ação de criminosos nas proximidades das agências. O fato de o assalto ter ocorrido fora das agências bancárias não exime a responsabilidade do banco, que é objetiva, sendo seu dever garantir a privacidade e segurança de seus clientes no momento do saque, que ocorreu no interior da agência, onde se iniciou a ação criminosa, tendo sua funcionária comunicado ao comparsa o saque de elevada quantia pela vítima" (Revista *Consultor Jurídico*, 3-4-2020).

- Tem sido decidido pelos Tribunais que a demora excessiva na prestação dos serviços bancários presenciais, em prazo superior aos definidos em legislação específica, gera dever de reparação. Em casos assim, o dano moral é presumido e, portanto, prescinde de prova de sua ocorrência por parte do consumidor. O entendimento foi fixado pelo Órgão Especial do Tribunal de Justiça de Goiás ao julgar Incidente de Resolução de Demandas Repetitivas. O caso concreto envolve pessoa que, em duas ocasiões, demorou cerca de uma hora para ser atendido pelos funcionários da agência bancária. Para o aludido Tribunal a ocorrência configura serviço impróprio, nos termos definidos pelo art. 20, § 2º, do Código de Defesa do Consumidor. A referida Corte fixou indenização de R$ 5.000,00 para cada uma das vezes que o cliente teve que aguardar na fila por mais de uma hora, afirmando: "É correto afirmar que as disposições legais que fixam prazos para o atendimento presencial do consumidor de serviços bancários geram para esse um direito subjetivo oponível ao prestador de serviço. Assim, uma vez transgredida a norma legal, ocorrerá a violação do direito do consumidor de ser atendido no prazo fixado na lei (Apel. 5273333-26.2019.8.09.0000, rel. Des. Waldeck Félix de Souza).

- D'outra feita, por entender que o sequestro sofrido por um gerente de banco quando chegava em casa, em razão do cargo que ele ocupava, a 2ª Turma do Tribunal Superior do Trabalho condenou a instituição financeira a pagar indenização, afirmando o relator, Min. José Roberto Pimenta, que a jurisprudência do TST vem adotando o entendimento de que a atividade bancária se enquadra perfeitamente como atividade de risco, de forma a atrair a aplicação da responsabilidade objetiva da instituição bancária. "O sequestro ocorreu em razão da função exercida pelo gerente, que permitia acesso a valores depositados no cofre da agência, criando uma situação de risco. Embora a ausência de segurança pública resulte em risco para o exercício de qualquer profissão, é inegável que os profissionais que desenvolvem atividades bancárias estão mais expostos a assaltos e sequestros" (RR-523-59.2015.5.20.0016, Revista *Consultor Jurídico*, 15-3-2020).

- *Responsabilidade civil* – Banco – Assalto verificado no recinto, defronte ao caixa, no ato da conferência do dinheiro – Falha no sistema de segurança do estabelecimento bancário – Ação de indenização movida pela vítima do crime – Procedência. A segurança ao público, dentro dos estabelecimentos bancários, deve ser mantida pela sua direção e em favor, primacialmente, dos usuários que correm risco e não auferem lucros. O banco é que, ao revés, auferindo o lucro, deve assumir a responsabilidade pela culpa de seus prepostos, encarregados da segurança, quando não cumprem com o dever e permitem a lesão (*RT, 502*:84; *RJTJSP, 62*:102).

- Indenização – Banco – Assalto ocorrido dentro de agência bancária, vindo um de seus clientes a ser atingido por projétil de arma de fogo – Verba devida pela instituição financeira, mesmo em casos de culpa exclusiva da vítima, fato de terceiro, caso fortuito ou força maior, pois sua responsabilidade se funda na teoria do risco integral – Interpretação da Lei 7.102/83 (TJRJ, *RT, 781*:366).

- Ação indenizatória – Danos materiais e morais – Assalto a agência bancária de empresa pública onde a vítima acabou sendo baleada em razão de troca de tiros entre os responsáveis pela segurança do estabelecimento e os assaltantes – Denunciação da lide contra a empresa prestadora de serviços de segurança – Inadmissibilidade (*RT, 760*:427).

- Responsabilidade civil – Banco – Cliente alvejado por tiro, em assalto ocorrido no estabelecimento bancário – Inadmissibilidade da alegação da natureza fortuita do evento, pois a hipótese é regida pela Lei 8.078/90 e o que se deve aferir é o atendimento da expectativa legítima de segurança, atenta aos riscos oferecidos pela atividade – Verba devida (RT, 779:393).
- Banco – Dano material – Titular de conta bancária que é abordada na fila do caixa por pessoa supostamente armada, coagindo-a a efetuar um saque de proporções vultosas – Culpa *in eligendo* da instituição bancária – Negligência caracterizada, inclusive pela atitude da funcionária do banco que não teve a sensibilidade de perceber a situação anômala ocorrida (TJSP, RT, 832:217).
- Assalto em via pública após a saída da instituição financeira – Consoante o entendimento consolidado desta Corte, as instituições financeiras são objetivamente responsáveis pelos danos decorrentes de assaltos ocorridos no interior de suas agências, em razão do risco inerente à atividade bancária, que envolve a guarda e movimentação de altos valores em dinheiro. Todavia, na via pública, incumbe ao Estado, e não à instituição financeira, o dever de garantir a segurança dos cidadãos e evitar a atuação de criminosos. O risco inerente à atividade bancária não torna o fornecedor responsável por atos criminosos perpetrados fora de suas dependências, pois o policiamento das áreas públicas traduz monopólio estatal (STJ, REsp 1.621.868-SP, 3ª T., rel. Min. Nancy Andrighi, *DJe* 18-12-2017).
- Ação indenizatória – Dano moral – Roubo seguido de morte no interior de agência bancária – filho da vítima (TJSP, Ap. Cível 1083358-12.2015.8.26.0100; 13ª Câm. Dir. Priv., rel. Nelson Jorge Júnior, j. 24-7-2024).

Seção III
A responsabilidade dos médicos, cirurgiões plásticos e cirurgiões-dentistas

1. A responsabilidade dos médicos

Não se pode negar a formação de um autêntico contrato entre o cliente e o médico, quando este o atende. Embora muito já se tenha discutido a esse respeito, hoje já não pairam mais dúvidas a respeito da natureza contratual da responsabilidade médica.

Aguiar Dias lembra que a tendência que Josserand observava na jurisprudência francesa acabou por firmar-se definitivamente, depois do famoso julgado de 20 de maio de 1936, da Câmara Civil da Corte de Cassação. Mostra, ainda, com razão que, malgrado colocada entre os casos de responsabilidade aquiliana, no nosso Código Civil a responsabilidade desses profissionais é contratual (*Da responsabilidade*, cit., p. 294-5).

Pode-se falar, assim, em tese, em inexecução de uma obrigação, se o médico não obtém a cura do doente, ou se os recursos empregados não satisfizerem. Entretanto, "o fato de se considerar como contratual a responsabilidade médica não tem, ao contrário do que poderia parecer, o resultado de presumir a culpa"[73]. Explica Savatier que a responsabilidade contratual pode ou não ser presumida, conforme se tenha o devedor comprometido a um resultado determinado ou a simplesmente conduzir-se de certa forma. É o que sucede na responsabilidade do médico, que não se compromete a curar, mas a proceder de acordo com as regras e os métodos da profissão (*Traité*, cit., n. 113, p. 147).

Portanto, para o cliente é limitada a vantagem da concepção contratual da responsabilidade médica, porque o fato de não obter a cura do doente não importa reconhecer que o médico foi inadimplente. Isto porque a obrigação que tais profissionais assumem é uma obrigação de "meio" e não de "resultado". O objeto do contrato médico não é a cura, obrigação de resultado, mas a prestação de cuidados conscienciosos, atentos, e, salvo circunstâncias excepcionais, de acordo com as aquisições da ciência[74]. Comprometem-se a tratar o cliente com zelo, utilizando-se dos recursos adequados, não se obrigando, contudo, a curar o doente. Serão, pois, civilmente responsabilizados somente quando ficar provada qualquer modalidade de culpa: imprudência, negligência ou imperícia.

Daí o rigor da jurisprudência na exigência da produção dessa prova. Ao prejudicado incumbe a prova de que o profissional agiu com culpa, a teor do estatuído no art. 951 do Código Civil, *verbis*: "O disposto nos arts. 948, 949 e 950 aplica-se ainda no caso de indenização devida por aquele que, no exercício de atividade profissional, por negligência, imprudência ou imperícia, causar a morte do paciente, agravar-lhe o mal, causar-lhe lesão, ou inabilitá-lo para o trabalho".

No mesmo sentido dispõe o art. 14, § 4º, do Código de Defesa do Consumidor: "A responsabilidade pessoal dos profissionais liberais será apurada mediante a verificação de culpa".

Assim a jurisprudência:

"Médico – Reparação de danos na eventualidade da atuação do profissional da medicina não levar ao resultado objetivado, gerando, ao revés, prejuízo – Verba devida somente se demonstrada convincentemente sua culpa, seja na modalidade de imprudência, negligência ou imperícia" (*RT*, *782*:253).

"Médico – Morte de paciente decorrente de transfusão sanguínea por ele determinada – Sangue utilizado incompatível com o do enfermo – Facultativo que não era responsável pela comparação das amostras sanguíneas nem pela conferência do material a ser utilizado – Culpa do médico inocorrente – Recurso não provido" (*JTJ*, Lex, *233*:87).

"Médico – Responsabilidade pessoal – Exigência de comprovação da culpa – O insucesso do tratamento – clínico ou cirúrgico – não importa automaticamente o inadimplemento contratual, cabendo ao paciente comprovar a negligência, imprudência ou imperícia do médico – O erro culpável precisa ter relação de causa e efeito com o dano, devendo ser avaliado com base em atuação de médico diligente e prudente" (STJ, REsp 992.821-SC, 4ª T., rel. Min. Luis Felipe Salomão, Revista *Consultor Jurídico*, 24-9-2012).

A prova da negligência e da imperícia constitui, na prática, verdadeiro tormento para as vítimas do desmazelo e do despreparo profissionais. Na maioria dos casos, os pedidos de indenização acabam sendo denegados, por falta de provas de culpa. É o que aconteceu,

---

73. Aguiar Dias, *Da responsabilidade*, cit., p. 296.
74. Aguiar Dias, *Da responsabilidade*, cit., p. 297.

verbi gratia, nos casos mencionados nas *RT*, *407*:174, *357*:196 e *523*:68. O último tem a seguinte ementa:

"Responsabilidade civil – Internamento em hospital – Amputação de perna – Indenização pleiteada – Inexistência de prova de culpa ou imperícia do profissional – Ação improcedente – Voto vencido.

Ainda que se admita a natureza contratual do serviço médico, não se pode presumir a culpa do profissional, por envolver obrigação de meio e não de resultado. Sem prova dessa culpa improcede ação de indenização".

Justificando o seu voto, o relator do mencionado acórdão afirmou: "O vistor judicial, em laudo que se afigura isento, reputa corretos quer o tratamento dado ao gesso, quer a medicação aplicada ao autor, durante todo o período de internamento, apontando, outrossim, a indispensabilidade da amputação parcial da perna, quando manifestada a gangrena. Conclui seu laudo asseverando que, 'pela observação dos relatórios de enfermagem e pelas anotações da evolução clínica e das prescrições médicas, nada há que possa ser definido como negligência ou imperícia, por parte do réu'. E nenhuma outra prova hábil a elidir a conclusão veio aos autos.

O voto vencido do Des. Geraldo Roberto, por sua vez, assinala: 'É sempre difícil apurar-se no pretório responsabilidade médico-hospitalar, porque a prova fica na dependência dos relatórios de enfermagem e das anotações e prescrições médicas, bem como de laudos de peritos médicos que podem estar inconscientemente dominados pelo 'esprit de corps'. Resta pouca margem de prova aos testemunhos leigos, de regra incompetentes ou impressionados'. Acresce que a Medicina não é ciência exata e a arte de curar requer, muita vez, dom divino (cf. René Savatier, 'Traité de la Responsabilité Civile', 2ª ed., t. II, n. 778)". Depois de percuciente análise das provas dos autos, vislumbrou culpa do réu na "demora de providências eficientes, contemporizando-se soluções, tangenciando mesmo a total inércia no combate, com êxito, ao estado gangrenoso que se instalava".

Na *Revista dos Tribunais* encontra-se caso, referido também por Silvio Rodrigues (*Direito civil*, cit., p. 258), em que, ao contrário do que costuma acontecer, entendeu-se provada a responsabilidade médico-hospitalar pelo dano causado a menor internada no Hospital das Clínicas e que sofreu amputação de braço, gangrenado por desídia dos atendentes. Apurou-se que um garrote havia sido esquecido em seu braço durante a noite, impedindo a circulação do sangue (*RT*, *367*:137). A *RJTJSP*, *64*:100-4, traz outro caso de condenação por negligência médico-hospitalar, de paciente atendida em ambulatório, com fortes dores abdominais e submetida a medicação, cujos exames constataram apendicite aguda, mas que não foi prontamente submetida a cirurgia, tendo falecido treze dias após a tardia intervenção cirúrgica. No caso, houve também voto vencido, entendendo não culposa a conduta dos médicos que trataram da vítima. Interessante, igualmente, caso inserto na *RT*, *529*:254, relativo a cirurgia estética, em que a ocorrência de infecção obstou o prosseguimento do tratamento avençado. Entendeu-se que se caracterizou o caso fortuito, restituindo-se as partes ao *statu quo ante*, com a devolução dos honorários.

Decidiu também o Tribunal de Justiça de São Paulo: "Responsabilidade civil – Erro médico – Caracterização – Negligência no atendimento que resultou na amputação do dedo da vítima – Profissional que, diante da gravidade da lesão, não encaminha o paciente para um especialista nem a um outro hospital para tratamento adequado" (*RT*, *807*:235).

A prova da negligência e da imperícia constitui, na prática, como já dito, verdadeiro tormento para as vítimas. Sendo o médico, no entanto, prestador de serviço, a sua responsabilidade, embora subjetiva, está sujeita à disciplina do Código de Defesa do Consumidor, que permite ao juiz *inverter o ônus da prova* em favor do consumidor (art. 6º, VIII).

Deve ser lembrado, ainda, que a hipossuficiência nele mencionada não é apenas econômica, mas precipuamente técnica. O profissional médico encontra-se, sem dúvida, em melhores condições de trazer aos autos os elementos probantes necessários à análise de sua responsabilidade. Decidiu, com efeito, o Tribunal de Justiça de São Paulo:

"Erro médico – Inversão do ônus da prova – Saneador que afasta preliminar de ilegitimidade passiva e que, ao inverter os ônus da prova em ação de ressarcimento de danos por erro médico, não só valoriza a função do Judiciário no quesito 'perseguição da verdade real', como faz absoluto o princípio da igualdade substancial das partes, suprindo a inferioridade da parte hipossuficiente (artigos 125, I, do CPC [de 1973, atual art. 139, I]; 5º, LV, da Constituição Federal; e 6º, VIII, da Lei n. 8.078/90)" (AgI 099.305.4-6-SP, 3ª Câmara de Direito Privado, rel. Des. Ênio Zuliani, j. 2-3-1999).

O Superior Tribunal de Justiça, na mesma linha, proclamou: "É possível a inversão do ônus da prova (art. 6º, VIII, do CDC), ainda que se trate de responsabilidade subjetiva de médico, cabendo ao profissional a demonstração de que procedeu com atenção às orientações técnicas devidas" (STJ, AgRg no AREsp 25.838, 4ª T., rel. Min. Luis Felipe Salomão, *DJe* 26-11-2012).

Poderá, no entanto, o facultativo responsabilizar-se expressamente pelo resultado do tratamento ou operação. Neste caso, afirma Teresa Ancona Lopes de Magalhães, "haverá implícita uma obrigação de segurança ou incolumidade, pelo qual o profissional se compromete chegar ao final do tratamento com o doente são e salvo, só se admitindo, então, como excludentes de sua responsabilidade a força maior, o caso fortuito ou a culpa exclusiva da vítima" (*O dano estético*, Revista dos Tribunais, 1980, p. 59).

Acrescenta a mencionada civilista que pode também haver responsabilidade delitual dos médicos quando, por exemplo, negam socorro, quando dão atestados falsos, quando por causa da falta de vigilância que deveriam ter exercido sobre o doente, este vem a causar dano a outra pessoa, como nos exemplos fornecidos por Savatier sobre o alienado mental que escapa do asilo ou no caso em que, por culpa do médico, há contágio de outra pessoa por seu cliente (p. 58-9).

Convém lembrar que não se exige que a culpa do médico seja grave, para responsabilizá-lo. Para tanto, basta a culpa levíssima, desde que haja o dano. Esta severidade é ainda maior no tocante aos médicos especialistas: "Ao médico que diz ter conhecimento e habilidade especiais para o tratamento de um órgão ou doença ou ferimentos específicos, é exigido desempenhar seu dever para com o paciente, empregando, como tal especialista, não meramente o grau normal de habilidade possuído pelos praticantes em geral, mas aquele grau especial de habilidade e cuidado que os médicos de igual posição, que dedicam especial estudo e atenção ao tratamento de tal órgão, doença ou ferimento, normalmente possuem, considerando-se o estágio do conhecimento científico àquele tempo" (Angela R. Holder, apud Wanderby Lacerda Panasco, *A responsabilidade civil, penal e ética dos médicos*, Forense, 1979, p. 21).

Embora o contrato médico integre o gênero "contrato de prestação de serviços", o seu conteúdo atende à especialidade própria a esse campo da atividade humana, não se confundindo com qualquer outro ajuste de prestação de serviços, até porque não há o dever de curar o paciente. Por isso, concorrem elementos e fatores que distinguem a culpa dos médicos da exigida para responsabilizar integrantes de outras profissões. A obrigação principal consiste no atendimento adequado do paciente e na observação de inúmeros deveres específicos. O dever geral de cautela e o saber profissional próprio do médico caracterizam o dever geral de bom atendimento. Dele se exige, principalmente, um *empenho* superior ao de outros profissionais.

O dever de informar, previsto no art. 6º, III, do Código de Defesa do Consumidor, está ligado ao *princípio da transparência* e obriga o fornecedor a prestar todas as informações acerca do produto e do serviço. Esse princípio é detalhado no art. 31, que enfatiza a necessidade de serem fornecidas informações corretas, claras, precisas e ostensivas sobre os serviços, "bem como sobre os riscos que apresentam à saúde e segurança dos consumidores". O aludido dever abrange o de se informar o médico acerca do progresso da ciência e sobre a composição e as propriedades das drogas que administra, bem como sobre as condições particulares do paciente, realizando, o mais perfeitamente possível, a completa anamnese.

Integra ainda o grupo dos deveres de informação o de orientar o paciente ou seus familiares a respeito dos riscos existentes no tocante ao tratamento e aos medicamentos a serem indicados.

Jurisprudência

- Ação indenizatória ajuizada em face do hospital e do profissional médico – Responsabilidade civil fundada em erro médico pugnando por danos morais por resultado oriundo de cirurgia de ligamentos do joelho – Infecção de grande porte suportada pelo paciente – Culpa no atendimento médico-hospitalar evidenciada – Sentença de parcial procedência da ação – Pagamento da verba indenizatória e despesas processuais pela instituição hospitalar por acordo – Extinção do feito frente ao nosocômio – Irresignação do profissional médico – Entendimento de que houve comprovação de danos causados pela atuação do médico para estancar a infecção – Manutenção da interpretação consignada na sentença – Conteúdo probatório suficiente para concluir nexo de causalidade – Culpa do profissional médico configurada – Presente dever de indenizar – Reponsabilidade civil configurada – Impugnação ao valor do dano moral não recepcionada – Manutenção do valor fixado pela razoabilidade e tempo decorrido para estancamento do resultado desfavorável ao paciente (TJSP, Ap. Cível 0040120-20.2012.8.26.0114, 2ª Câm. Dir. Priv., rel. Corrêa Patiño, j. 30-7-2024).

- Responsabilidade civil – Falha na prestação de serviços médicos – Comprovação – Responsabilidade solidária do médico e do hospital – Questões suscitadas que demandam dilação probatória – Impossibilidade (AgInt nos EDcl no AREsp 1.937.242/RJ, 3ª T., rel. Min. Marco Aurélio Bellizze, j. 20-11-2023, *DJe* 22-11-2023).

- Hospital público deve indenizar por não internar gestante de alto risco – O dever de indenizar, mesmo nas hipóteses de responsabilidade civil objetiva do Poder Público, supõe, dentre outros elementos, a comprovada existência do nexo de causalidade material entre o comportamento do agente e o evento danoso – Segundo a 3ª Câmara de Direito Público do

Tribunal de Justiça de São Paulo, ao confirmar a condenação do Estado e de um hospital público ao pagamento de indenização por não ter internado uma gestante de alto risco, o que levou à morte do bebê. A reparação ao casal foi fixada em R$ 50 mil.

- Erro médico – Ação de compensação por danos morais – Inexistência de administração de medicação – Estado vegetativo irreversível – Óbito precoce da genitora – Dano moral em ricochete (Tribunal de Justiça de São Paulo, 3ª Câm. de Direito Público, Acórdão 1000168-25.2020.8.26.0053, *in* Revista *Consultor Jurídico*, 3-8-2002).

- A responsabilidade civil por erro médico tem natureza contratual, pois era dever da instituição hospitalar e de seu corpo médico realizar o procedimento cirúrgico dentro dos parâmetros científicos. Entretanto, nas hipóteses em que ocorre o óbito da vítima e a compensação por dano moral é reivindicada pelos respectivos familiares, o liame entre os parentes e o causador do dano possui natureza extracontratual, nos termos do art. 927 do CC e da Súmula 54/STJ. Hipótese em que o erro médico configurado no particular foi concausa para concretos elementos de aflição moral, tais como: I) a parada cardiorrespiratória na paciente; II) período de internação hospitalar, em coma, de cento e cinquenta dias; III) estado vegetativo irreversível; IV) quatro anos de cuidados ininterruptos em casa; V) óbito precoce aos 58 anos de idade da genitora dos recorrentes. Compensação por danos morais fixada em 150 salários mínimos para cada recorrente (STJ, REsp 1.698.812-RJ, 3ª T., rel. Min. Nancy Andrighi, *DJe* 16-3-2018).

- Erro médico durante a aplicação de medicamento, que causou sequelas permanentes em criança que contava com 1 ano e três meses de idade – Ação movida em desfavor do Município de Santo André por se tratar de hospital municipal – Indenização por danos materiais, morais e estéticos, decorrentes de erro médico, que causou sequelas permanentes na menor. Na forma da jurisprudência do STJ, "é cabível o arbitramento de pensão vitalícia àqueles que sofreram lesão permanente e parcial à sua integridade física, resultando em redução de sua capacidade laborativa/profissional, consoante interpretação dada ao art. 1.539 do Código Civil de 1916, atual art. 950 do Código Civil de 2002" (STJ, AgRg no AREsp 636.383-GO, 4ª T., rel. Min. Luis Felipe Salomão, *DJe* de 10-9-2015). Procedência do pedido de pensão mensal, ressaltando que 'não há dúvidas de que não há prognóstico de cura para o autor que, para o resto da vida, sofrerá com o encurtamento de sua perna e dependerá do uso de uma prótese para amenizar o seu sofrimento e desconforto (STJ, AgInt no AREsp 1.136.381-SP, 2ª T., rel. Min. Assusete Magalhães, *DJe* 9-3-2018).

- Responsabilidade civil em face da violência sexual causada pelo médico – Notícia recente das mais polêmicas nos grandes meios de comunicação – Fato ocorrido em um hospital público (julho de 2002), no qual o médico é preso em flagrante por estuprar paciente durante parto – A responsabilidade no presente caso é direta do Poder Público, não sendo possível entrar com a ação diretamente contra o médico responsável pela violência. Entretanto, caso o argumento da ação contra o Estado se dê com base no dolo, é possível que o Poder Público peça a denunciação à lide, levando o médico para o processo inicial de indenização, encurtando, assim, o caminho para que médico responda civilmente pelos seus atos.

2. Responsabilidade pela perda de uma chance

O retardamento nos cuidados médicos, desde que provoque dano ao paciente, pode importar em responsabilidade pela *perda de uma chance*. Consiste esta na interrupção, por determinado fato antijurídico, de um processo que propiciaria a uma pessoa a possibilidade de vir a obter, no futuro, algo benéfico, e que, por isso, a oportunidade ficou irremediavelmente destruída. Frustra-se a chance de obter uma vantagem futura. Essa perda de chance, em si mesma, caracteriza um dano, que será reparável quando estiverem reunidos os demais pressupostos da responsabilidade civil.

A construção dessa hipótese – o dano derivado da "perda de uma chance" – deve-se à jurisprudência francesa, que desde o final do século XIX entende indenizável o dano resultante da diminuição de probabilidades de um futuro êxito, isto é, nos casos em que o fato gerador da responsabilidade faz perder a outrem a possibilidade (chance) de realizar um lucro ou evitar um prejuízo. Se a chance existia, e era séria, então entra no domínio do dano ressarcível.

Jurandir Sebastião, depois de enfatizar que o exercício da medicina envolve, como regra geral, contrato de "meio", obtempera que a obrigação assumida compreende "o dever de *empenho* técnico *adequado* e *satisfatório* por parte do médico, tal como expresso, dentre outros, nos arts. 2º, 5º, 14, 27 e 57 do Código de Ética Médica. Quando o *empenho* não é adequado *tecnicamente*, o quanto *necessário*, o paciente recebe menos do que deveria".

A *imperfeição técnica* profissional do médico ou a perfeição, mas com dedicação *insatisfatória*, e desde que não se configure *erro médico*, aduz, "poderá levar malefícios à saúde do paciente pela *perda da chance* de debelar prontamente a doença ou de simplesmente deixar de evitar sofrimento desnecessário. Ou, ainda, deixar de retardar a morte do paciente, com alguma qualidade de vida, pela ausência de boa *execução* da correta terapia. Tudo isso é evitável pelo correto diagnóstico e adequada terapia, ou seja, exato *cumprimento* do contrato de *empenho*".

O conceito de *perda de uma chance de cura*, assevera o mencionado autor, "envolve *erro* no *atuar* médico, por ação ou omissão, fazendo com que o paciente perca, efetivamente, a chance do não agravamento da doença ou perca a chance de eliminação do sofrimento desnecessário. Ou, ainda, perca a chance de retardar a morte, com preservação de razoável (possível) qualidade de vida ao paciente. Esse erro no *atuar* é mais grave do que o simples *erro profissional*, sem, entretanto, atingir o clássico conceito de *erro médico* (...) Enquanto o *erro profissional* envolve uma conduta com *ausência* de boa medicina, a *perda de uma chance* envolve a presença *de má atuação profissional*" (*Responsabilidade médica:* civil, criminal e ética, 3. ed., Belo Horizonte: Del Rey, 2003, p. 70-72).

A propósito do tema, assevera Miguel Kfouri Neto: "Às vezes, não é possível ao lesado provar que a atuação (ou omissão) do médico ocasionou o dano. É o caso, por exemplo, do retardamento no diagnóstico de certa enfermidade. Quando, enfim, o médico descobre qual a doença de que padece o enfermo, a terapia não mais surte efeito e a pessoa morre. Em muitos casos, não se pode afirmar, com certeza absoluta, que o diagnóstico precoce poderia salvar a vida do paciente, dada a virulência do mal. Não é possível provar, portanto, que o prejuízo fatal foi causado pela demora em diagnosticar. Mas ninguém põe em dúvida que o retardamento subtraiu, ao menos, uma chance, ou oportunidade, de a vítima sobreviver por mais tempo – ou até vir a se curar".

Na sequência, aduz o mencionado jurista: "Como essa causalidade entre a chance perdida e o resultado morte é incerta e improvável, a jurisprudência (a principiar pela França, em 1965) contenta-se com a indenização desse prejuízo 'intermediário'– no dizer de Jorge Gamarra (*Responsabilidade Médica*, Montevideo: FCU, 2001, p. 301). A reparação, no entanto, não é integral, posto que não se indeniza o prejuízo final, mas sim a chance perdida" (Graus de culpa e redução equitativa da indenização, *RT, 839*:47-68, set./2005).

Preleciona Ruy Rosado de Aguiar Júnior: "A teoria da perda de uma chance se aplica para a reparação civil do dano, no âmbito da responsabilidade civil, quando a ação de alguém (responsável pela ação ou omissão, objetiva ou subjetivamente) elimina a oportunidade de outrem, que se encontrava na situação de, provavelmente, obter uma vantagem ou evitar um prejuízo. O dano consiste na perda da oportunidade, e o nexo causal deve existir entre a ação do agente e a perda da chance. O dano indenizado é o diretamente emergente da frustração da oportunidade. No caso clássico, a perda da chance consiste na perda de oportunidade de obter uma vantagem (perder a oportunidade de concorrer), que não será mais alcançável. Pode haver a perda da oportunidade de evitar um dano, que acontece, mas que não foi causado pela ação do agente. Se o fosse, a responsabilidade seria pela integralidade do dano (Novos danos na responsabilidade civil. A perda de uma chance, in *Direito civil:* diálogos entre a doutrina e a jurisprudência, GEN-Atlas, São Paulo, 2018, p. 469-470).

A jurisprudência brasileira tem-se ocupado do tema. Assim, o Tribunal de Justiça do Rio Grande do Sul, em duas oportunidades, assentou:

"Comporta-se contra a prudência médico que dá alta a paciente, a instâncias deste, apesar de seu estado febril não recomendar a liberação, e comunicado, posteriormente, do agravamento do quadro, prescreve sem vê-lo pessoalmente. O retardamento dos cuidados, se não provocou a doença fatal, tirou do paciente razoável chance de sobreviver" (*RJTJRS, 158*:214).

"É responsável pelos danos patrimoniais e morais, derivados da morte do paciente, o hospital, por ato de médico de seu corpo clínico que, após ter diagnosticado pneumonia dupla, recomenda tratamento domiciliar ao paciente, ao invés de interná-lo, pois, deste modo, privou-o da chance (*perte d'une chance*) de tratamento hospitalar, que talvez o tivesse salvo" (Ap. 596.070.979-Porto Alegre, 5ª Câm. Cív., rel. Des. Araken de Assis, j. 15-8-1996).

A 3ª Turma do Superior Tribunal de Justiça ponderou que, embora seja "viva a controvérsia, sobretudo no direito francês, acerca da aplicabilidade da teoria da responsabilidade civil pela perda de uma chance nas situações de erro médico, é forçoso reconhecer sua aplicabilidade. Basta, nesse sentido, notar que a chance, em si, pode ser considerada um bem autônomo, cuja violação pode dar lugar à indenização de seu equivalente econômico, a exemplo do que se defende no direito americano. Prescinde-se, assim, da difícil sustentação da teoria da causalidade proporcional".

Frisou a Relatora, Min. Nancy Andrighi, que "nas hipóteses em que se discute o erro médico, a incerteza não está no dano experimentado, notadamente nas situações em que a vítima vem a óbito. A incerteza está na participação do médico nesse resultado, à medida que, em princípio, o dano é causado por força da doença, e não pela falha do tratamento. A conduta do médico não provocou a doença (câncer) que levou a óbito, mas, mantidas as conclusões do acórdão quanto às provas dos autos, apenas frustrou a oportunidade de uma cura incerta" (REsp 1.254.141-PR, disponível em <www.editoramagister.com>, acesso em 17 dez. 2012).

A mesma Turma decidiu, posteriormente: "Responsabilidade civil – Dano moral – Teoria da perda de uma chance – Menor – Criança – Descumprimento de contrato de coleta de células-tronco embrionárias do cordão umbilical do recém-nascido – Não comparecimento ao hospital – Legitimidade ativa da criança prejudicada – Dano extrapatrimonial caracterizado – Prova da certeza da chance perdida – Suficiência – Precedentes – ECA, arts. 2º, 3º, 4º, 5º, 15 e 70 – CDC, art. 14 – CF/88, art. 5º, V e X – CCB/2002, arts. 186 e 927.

Demanda indenizatória movida contra empresa especializada em coleta e armazenagem de células tronco embrionárias, em face da falha na prestação de serviço caracterizada pela ausência de prepostos no momento do parto. Legitimidade do recém-nascido, pois as crianças, mesmo da mais tenra idade, fazem jus à proteção irrestrita dos direitos da personalidade, entre os quais se inclui o direito à integralidade mental, assegurada a indenização pelo dano moral decorrente de sua violação" (STJ, REsp 1.291.247-MG, 3ª T., rel. Min. Paulo de Tarso Sanseverino, j. 19-8-2014).

Jurisprudência

- Ação de indenização por danos morais – Morte de recém-nascido por síndrome de aspiração meconial – Demora na realização do parto (22 horas) e a negativa em submeter a apelante ao parto cesariana – Falha do serviço caracterizada – Aplicação da teoria da perda de uma chance (AgInt no AREsp 2.397.705-SP, 2ª T., rel. Min. Francisco Falcão, j. 27-5-2024, *DJe* 29-5-2024).
- Ação indenizatória por erro médico e falha na prestação do serviço hospitalar – Ausência de violação do art. 1.022 do CPC – Responsabilidade do hospital pela perda de uma chance e quantum indenizatório (AgInt no AREsp 2.141.017-PR, 3ª T., rel. Min. Humberto Martins, j. 11-12-2023, *DJe* 18-12-2023).
- Erro médico – Aplicação da teoria da perda de uma chance – Possibilidade – Erro grosseiro – Ausência. A teoria da perda de uma chance pode ser utilizada como critério para a apuração de responsabilidade civil, ocasionada por erro médico, na hipótese em que o erro tenha reduzido possibilidades concretas e reais de cura de paciente. A apreciação do erro de diagnóstico por parte do juiz deve ser cautelosa, com tônica especial quando os métodos científicos são discutíveis ou sujeitos a dúvidas, pois nesses casos o erro profissional não pode ser considerado imperícia, imprudência ou negligência. Na espécie, a perda de uma chance remota ou improvável de saúde da paciente que recebeu alta hospitalar, em vez da internação, não constitui erro médico passível de compensação, sobretudo quando constatado que a sua morte foi um evento raro e extraordinário ligado à ciência médica (STJ, REsp 1.662.338-SP, 3ª T., rel. Min. Nancy Andrighi, *DJe* 2-2-2018).
- Erro médico – Responsabilidade civil do hospital – Indenização por danos morais (AgInt no AREsp 2.332.076-SP, 4ª T., rel. Min. João Otávio de Noronha, j. 28-8-2023, *DJe* 1-9-2023).
- Hospital particular – Recusa de atendimento – Omissão – Perda de uma chance – Danos morais – Cabimento. A omissão adquire relevância jurídica e torna o omitente responsável

quando este tem o dever jurídico de agir, de praticar um ato para impedir o resultado, como na hipótese, criando, assim, sua omissão, risco da ocorrência do resultado. A simples chance (de cura ou sobrevivência) passa a ser considerada como bem juridicamente protegido, pelo que sua privação indevida vem a ser considerada como passível de ser reparada (STJ, REsp 1.335.622-DF, 3ª T., rel. Min. Villas Bôas Cueva, *DJe* 27-2-2013).

3. O tratamento médico de risco

O art. 15 do Código Civil consagra importante direito da personalidade ao dispor: "Ninguém pode ser constrangido a submeter-se, com risco de vida, a tratamento médico ou a intervenção cirúrgica". A regra obriga os médicos, nos casos mais graves, a não atuarem sem prévia autorização do paciente, que tem a prerrogativa de se recusar a se submeter a um tratamento perigoso. A sua finalidade é proteger a inviolabilidade do corpo humano. Vale ressaltar, *in casu*, a necessidade e a importância do fornecimento de informação detalhada ao paciente sobre o seu estado de saúde e o tratamento a ser observado, para que a autorização possa ser concedida com pleno conhecimento dos riscos existentes.

Na impossibilidade de o doente manifestar a sua vontade, deve-se obter a autorização escrita, para o tratamento médico ou a intervenção cirúrgica de risco, de qualquer parente maior, da linha reta ou colateral até o 2º grau, ou do cônjuge, por analogia com o disposto no art. 4º da Lei n. 9.434/97, que cuida da retirada de tecidos, órgãos e partes do corpo de pessoa falecida.

Se não houver tempo hábil para ouvir o paciente ou para tomar essas providências, e se se tratar de emergência que exige pronta intervenção médica, como na hipótese de parada cardíaca, por exemplo, terá o profissional a obrigação de realizar o tratamento, independentemente de autorização, eximindo-se de qualquer responsabilidade por não tê-la obtido. Responsabilidade haverá somente se a conduta médica mostrar-se inadequada, fruto de imperícia, constituindo a causa do dano sofrido pelo paciente ou o seu agravamento.

4. Transfusão de sangue em paciente cuja convicção filosófica ou religiosa não a admite

Indaga-se se uma pessoa pode recusar-se a receber sangue alheio, por motivo de convicção filosófica e religiosa.

A questão tem sido levada à Justiça, a quem cabe decidir se a transfusão é indispensável à sobrevivência do paciente, resguardando a responsabilidade do médico.

O Tribunal de Justiça de São Paulo teve a oportunidade de apreciar o caso de uma jovem que dera entrada no hospital inconsciente e necessitando de aparelhos para respirar, encontrando-se sob iminente risco de morte, em estado comatoso, quando lhe foram aplicadas as transfusões de sangue. Por questões religiosas, afirmou ela em juízo, na ação de reparação por danos morais movida contra o hospital e o médico que a salvou, que preferia a morte a receber a transfusão de sangue que poderia evitar a eliminação física. Outra pessoa havia apresentado ao médico, no momento da internação, um documento que vedava a terapia da transfusão, previamente assinado pela referida jovem e que permanecia com o portador, para eventual emergência.

Entendeu o Tribunal, ao confirmar a sentença de improcedência da ação, que à apelante, embora o direito de culto que lhe é assegurado pela Lei Maior, não era dado dispor da própria vida, de preferir a morte a receber a transfusão de sangue, "a risco de que se ponha em xeque direito dessa ordem, que é intangível e interessa também ao Estado, e sem o qual os demais, como é intuitivo, não têm como subsistir" (Ap. 123.430.4-4-00-Votorantim-Sorocaba, 3ª Câmara de Direito Privado, rel. Des. Flávio Pinheiro). Concluiu a aludida Corte, assim, que o princípio constitucional que proíbe a pessoa de dispor da própria vida prevalece sobre o da dignidade humana.

Sublinhe-se que a Resolução n. 1.021/80 do Conselho Federal de Medicina e os arts. 46 e 56 do Código de Ética Médica autorizam os médicos a realizar transfusão de sangue em seus pacientes, independentemente de consentimento, *se houver iminente perigo de vida*. Destarte, a convicção religiosa só deve ser considerada se tal perigo, na hipótese, não for iminente e houver outros meios de salvar a vida do paciente.

Nesse tema, afirma Walter Ceneviva (*Direito constitucional brasileiro*, p. 46, n. 2), de modo incisivo: "A garantia à vida é plena, irrestrita, posto que dela defluem as demais, até mesmo contra a vontade do titular, pois é contrário ao interesse social que alguém disponha da própria vida".

A questão, todavia, é altamente controvertida, havendo respeitável corrente doutrinária e jurisprudencial que defende, com fundamento no princípio constitucional da dignidade da pessoa humana, o direito do paciente de escolher o tipo de tratamento médico que deseja ou não receber e inclusive o de não se sujeitar à transfusão de sangue. Essa corrente tem-se baseado no reconhecimento da validade do denominado "Testamento Vital" ou, mais corretamente, "Diretivas Antecipadas da Vontade", regulamentadas pela citada Resolução do Conselho Federal de Medicina e que aguarda disciplina legislativa.

A propósito, preleciona Álvaro Villaça Azevedo (Autonomia do paciente e direito de escolha de tratamento médico sem transfusão de sangue. *Parecer Jurídico*, 2010) que o referido documento, "portado pelas Testemunhas de Jeová, possui validade jurídica plena, sendo que declara as diretrizes antecipadas para tratamento de saúde que devem ser seguidas pelos médicos, bem como nomeia validamente dois procuradores para cuidarem da preservação de sua vontade expressa no mesmo documento que devem ser observadas quando da inconsciência do paciente. Assim, a não observância das diretrizes prévias do paciente constantes no documento, bem como a desconsideração do papel do procurador, sujeitará o profissional de saúde a ser responsabilizado no âmbito legal e ético".

Nesse sentido, o Tribunal de Justiça de São Paulo, ao apreciar pedido de um hospital para realizar transfusão sanguínea forçada em paciente Testemunha de Jeová portadora de câncer – o que equivaleria, na prática, a tortura e tratamento desumano – declarou: "Considera-se válida a declaração manuscrita da agravante copiada a fls. 26, bem como em documento impresso da própria agravada (fls. 66); ela é clara no sentido de que está ciente dos riscos a que se submete, bem como diz: 'não autorizo o tratamento indicado, transfusão, de acordo com meus dogmas e crenças religiosas'. Veja-se, como exemplo na legislação, o art. 10 da Lei 9.434/97 e o artigo 15 do Código Civil" (TJSP, AgI 054.972-63.2013.8.26.0000, j. 9-4-2013).

5. A responsabilidade do anestesista

O médico responde não só por fato próprio como também pode vir a responder por fato danoso praticado por terceiros que estejam diretamente sob suas ordens. Assim, por exemplo, presume-se a culpa do médico que mandou que enfermeira sua aplicasse determinada injeção da qual resultou paralisia no braço do cliente. Dentro de uma equipe, em princípio, é o médico-chefe quem se presume culpado pelos danos que acontecem, pois é ele quem está no comando dos trabalhos e só sob suas ordens é que são executados os atos necessários ao bom desempenho da intervenção. Mas a figura do anestesista é, nos dias atuais, de suma importância não só dentro da sala de operação, mas também no período pré e pós-operatório. Dessa forma, não pode mais o operador-chefe ser o único responsável por tudo o que aconteça antes, durante e após uma intervenção cirúrgica. A sua responsabilidade vai depender do exame do caso concreto. Fora de dúvida é a existência de responsabilidade autônoma do anestesista no pré e pós-operatório. A divergência ainda remanesce no caso de responsabilidade do anestesista dentro da sala de operação e sob o comando do cirurgião, podendo nesse caso a responsabilidade ser dividida entre os dois: cirurgião e anestesista. Na responsabilidade pelos atos dos auxiliares e enfermeiros é preciso distinguir entre os danos cometidos por aqueles que estão diretamente sob as ordens do cirurgião, ou os destacados especialmente para servi-lo, daqueles cometidos por funcionários do hospital. No primeiro caso, o cirurgião responderá. No segundo, a culpa deverá ser imputada ao hospital, a menos que a ordem tenha sido mal dada ou que tenha sido executada sob a fiscalização do médico-chefe, como, por exemplo, injeção aplicada diante do médico (Teresa Ancona Lopes de Magalhães, Responsabilidade civil dos médicos, in *Responsabilidade civil*, Saraiva, diversos autores, 1984, p. 316-8).

A propósito, decidiu o Superior Tribunal de Justiça: "A escolha do médico anestesista pelo cirurgião-chefe atribui a este a responsabilidade solidária pela culpa *in eligendo*, quando comprovado o erro médico pela imperícia daquele, pois, ao médico-chefe é a quem se presume a responsabilidade, em princípio, pelos danos ocorridos em cirurgia, eis que no comando dos trabalhos e sob suas ordens é que executam-se os atos necessários ao bom desempenho da intervenção" (*RT, 748*:182).

Acrescentou o referido aresto: "Escolhido que fosse o anestesista pelo paciente, induvidosamente sua seria a responsabilidade exclusiva".

De outra feita, proclamou a aludida Corte, em acórdão relatado pelo Min. Raul Araújo: "Em razão da moderna ciência médica, a operação cirúrgica não pode ser concebida apenas em seu aspecto unitário, mormente porque há múltiplas especialidades na medicina. Nesse contexto, considero que somente caberá a responsabilização solidária do chefe da equipe médica quando o causador do dano atuar na condição de subordinado, sob seu comando. Se este, por outro lado, atuar como profissional autônomo, no âmbito de sua especialidade médica, deverá ser responsabilizado individualmente pelo evento a que deu causa" (STJ, Segunda Seção, EREsp 605.435-RJ, disponível em <www.editoramagister.com>, acesso em 30 set. 2011).

Os erros do anestesista "podem ser de diagnóstico (avaliar o risco anestésico, a resistência do paciente), terapêutico (medicação pré-anestésica ineficaz, omissões durante a aplicação) e de técnica (uso de substância inadequada, oxigenação insuficiente, etc.). Sustenta-se que ele assume uma obrigação de resultado, desde que tenha tido oportunidade de avaliar o paciente antes da intervenção, e concluir pela existência de condições para a anestesia, assumindo a obrigação de anestesiá-lo e de recuperá-lo (Guilherme Chaves Sant'ana, *Responsabilidade civil dos médicos anestesistas*, p. 133 e ss.). Parece, todavia, que a álea a que estão submetidos o anestesista e seu paciente não é diferente das demais situações enfrentadas pela medicina, razão pela qual não deixa de ser uma obrigação de meios, ainda que se imponha ao profissional alguns cuidados especiais, na preparação do paciente, na escolha do anestésico, etc. Dele se exige acompanhamento permanente, não podendo afastar-se da cabeceira do paciente durante o ato cirúrgico, até a sua recuperação" (Ruy Rosado de Aguiar Jr., Responsabilidade civil do médico, *RT, 718*:43).

Jurisprudência

- Responsabilidade civil – Erro médico – Danos materiais e morais – Parcial procedência – Recurso especial do anestesista – Responsabilidade objetiva do hospital reconhecida em virtude do reconhecimento da culpa de seus médicos. O Tribunal *a quo*, com base no conjunto fático-probatórios dos autos, concluiu pela negligência dos profissionais médicos, que não acompanharam a paciente até a sua saída do quadro anestésico, nem sequer lhe prestaram assistência imediata no momento em que sofreu complicações decorrentes da anestesia (STJ, REsp 1.679.588-DF, 3ª T., rel. Min. Moura Ribeiro, *DJe* 8-8-2017).

- Erro médico – Predominância da autonomia do anestesista durante a cirurgia – Solidariedade e responsabilidade objetiva afastadas. Normalmente, só caberá a responsabilização solidária e objetiva do cirurgião-chefe da equipe médica quando o causador do dano for profissional que atue sob predominante subordinação àquele. No caso de médico anestesista, em razão de sua capacidade especializada e de suas funções específicas durante a cirurgia, age com acentuada autonomia, segundo técnicas médico-científicas que domina e suas convicções e decisões pessoais, assumindo, assim, responsabilidades próprias, segregadas, dentro da equipe médica. Destarte, se o dano ao paciente advém, comprovadamente, de ato praticado pelo anestesista, no exercício de seu mister, este responde individualmente pelo evento (EREsp 605435-RJ, Segunda Seção, rel. Min. Nancy Andrighi, *DJe* 28-11-2012).

- Afastamento da responsabilidade hospitalar por ausência de falha na prestação do serviço e de vínculo de preposição com os médicos (cirurgião e anestesista), cuja culpa fora reconhecida – Reconhecimento pelo acórdão embargado da ausência de responsabilidade da associação hospitalar por inocorrência de falha na prestação dos serviços e inexistência de vínculo entre a instituição e os profissionais a que se imputou o erro médico (STJ, AgRg nos EREsp 351.178-SP, Segunda Seção, rel. Min. Paulo de Tarso Sanseverino, *DJe* 31-5-2012).

- Erro médico – Responsabilidade dos médicos cirurgião e anestesista – Culpa de profissional liberal (CDC, art. 14, § 4º – Responsabilidade pessoal e subjetiva – Predominância da autonomia do anestesista, durante a cirurgia – Solidariedade e responsabilidade objetiva afastadas (STJ, EREsp 605.435-RJ, Segunda Seção, rel. p/Acórdão Min. Raul Araújo, *DJe* 28-11-2012).

6. Erro médico: erro profissional, erro de diagnóstico, iatrogenia

Não se tem considerado como culpável o *erro profissional*, que advém da incerteza da arte médica, sendo ainda objeto de controvérsias científicas. É que a imperfeição da ciência é uma realidade. Daí a escusa que tolera a falibilidade do profissional, como anota Rui Stoco (*Responsabilidade*, cit., p. 291). O *erro de técnica*, na expressão de Aguiar Dias, "é apreciado com prudente reserva pelos Tribunais. Com efeito, o julgador não deve nem pode entrar em apreciações de ordem técnica quanto aos métodos científicos que, por sua natureza, sejam passíveis de dúvidas e discussões" (Responsabilidade dos médicos, *COAD*, p. 10).

Também não acarreta a responsabilidade civil do médico a *iatrogenia*, expressão usada para indicar o dano que é causado pelo médico, ou seja, o prejuízo provocado por ato médico em pessoas sadias ou doentes, cujos transtornos são imprevisíveis e inesperados. Aproxima-se de uma simples imperfeição de conhecimentos científicos, escudada na chamada falibilidade médica, sendo por isso escusável. Diferente, porém, a situação quando o profissional se mostra imperito e desconhecedor da arte médica, ou demonstra falta de diligência ou de prudência em relação ao que se podia esperar de um bom profissional. Neste caso, exsurge a responsabilidade civil decorrente da violação consciente de um dever ou de uma falta objetiva do dever de cuidado, impondo ao médico a obrigação de reparar o dano causado.

Da mesma forma se tem afirmado que o *erro de diagnóstico*, que consiste na determinação da doença do paciente e de suas causas, não gera responsabilidade, desde que escusável em face do estado atual da ciência médica e não lhe tenha acarretado danos. Porém, diante do avanço médico-tecnológico de hoje, que permite ao médico apoiar-se em exames de laboratório, ultrassom, ressonância magnética, tomografia computadorizada e outros, maior rigor deve existir na análise da responsabilidade dos referidos profissionais quando não atacaram o verdadeiro mal e o paciente, em razão de diagnóstico equivocado, submeteu-se a tratamento inócuo e teve a sua situação agravada, principalmente se se verificar que deveriam e poderiam ter submetido o seu cliente a esses exames e não o fizeram, optando por um diagnóstico precipitado e impreciso.

7. A responsabilidade dos cirurgiões plásticos

Quanto aos cirurgiões plásticos, a situação é outra. A obrigação que assumem é de "resultado". Os pacientes, na maioria dos casos de cirurgia estética, não se encontram doentes, mas pretendem corrigir um defeito, um problema estético. Interessa-lhes, precipuamente, o resultado. Se o cliente fica com aspecto pior, após a cirurgia, não se alcançando o resultado que constituía a própria razão de ser do contrato, cabe-lhe o direito à pretensão indenizatória. Da cirurgia malsucedida surge a obrigação indenizatória pelo resultado não alcançado.

A indenização abrange, geralmente, todas as despesas efetuadas, danos morais em razão do prejuízo estético, bem como verba para tratamentos e novas cirurgias. Confira-se: "Indenização – Responsabilidade civil – Operação plástica – Dano estético – Verba devida relativamente aos danos morais e aos apurados quando da realização de nova cirurgia para reparação – Acréscimo de correção monetária – Decisão confirmada – Voto vencido" (*RJTJSP*, 65:174).

O cirurgião plástico assume obrigação de resultado porque o seu trabalho é, em geral, de natureza estética. No entanto, em alguns casos a obrigação continua sendo de meio, como no atendimento a vítimas deformadas ou queimadas em acidentes, ou no tratamento de varizes e de lesões congênitas ou adquiridas, em que ressalta a natureza corretiva do trabalho.

Ruy Rosado de Aguiar Jr. (*Responsabilidade*, cit., p. 40), depois de reconhecer que, no Brasil, a maioria da doutrina e da jurisprudência defende a tese de que se trata de uma obrigação de resultado, quando o paciente é saudável e apenas pretende melhorar a sua aparência, manifesta a sua opinião no sentido de que o "acerto está, no entanto, com os que atribuem ao cirurgião estético uma obrigação de meios. Embora se diga que os cirurgiões plásticos prometam corrigir, sem o que ninguém se submeteria, sendo são, a uma intervenção cirúrgica, pelo que assumiriam eles a obrigação de alcançar o resultado prometido, a verdade é que a álea está presente em toda intervenção cirúrgica, e imprevisíveis as reações de cada organismo à agressão do ato cirúrgico. Pode acontecer que algum cirurgião plástico, ou muitos deles assegurem a obtenção de um certo resultado, mas isso não define a natureza da obrigação, não altera a sua categoria jurídica, que continua sendo sempre a obrigação de prestar um serviço que traz consigo o risco".

Igualmente, o conceituado cirurgião plástico Juarez Moraes Avelar, em obra intitulada *Cirurgia plástica. Obrigação de meio* (São Paulo, Ed. Hipócrates, 2000), menciona a existência de componentes psicológicos que podem interferir decisivamente nas reações orgânicas dos pacientes, bem como uma série de outros componentes, como a conduta pós-operatória individual, que o levaram a optar pelo título de sua obra. Sustenta o mencionado autor que a cirurgia plástica é uma especialidade, como as demais áreas da Medicina, exposta às reações imprevisíveis do organismo humano e indesejadas consequências, sendo justo e humano considerá-la obrigação de meio e não obrigação de fim ou de resultado.

Contudo, malgrado a reconhecida autoridade e competência do consagrado jurista e do conceituado cirurgião e professor, tem sido reconhecida a existência de uma relação contratual de *resultado* entre médico e paciente nesses casos.

Correta se nos afigura a assertiva de Teresa Ancona Lopes quando afirma que, "na verdade, quando alguém, que está muito bem de saúde, procura um médico somente para melhorar algum aspecto seu, que considera desagradável, quer exatamente esse resultado, não apenas que aquele profissional desempenhe seu trabalho com diligência e conhecimento científico. Caso contrário, não adiantaria arriscar-se a gastar dinheiro por nada. Em outras palavras, ninguém se submete a uma operação plástica se não for para obter um determinado resultado, isto é, a melhoria de uma situação que pode ser, até aquele momento, motivo de tristezas" (*Responsabilidade*, cit., p. 62).

Por essa razão, a 3ª Turma do Superior Tribunal de Justiça firmou entendimento no sentido de que o cirurgião plástico, quando realiza trabalho de natureza estética, assume obrigação de resultado. Confira-se: "Cirurgia estética ou plástica – Obrigação de resultado (responsabilidade contratual ou objetiva) – Indenização – Inversão do ônus da prova. Contratada a realização da cirurgia estética embelezadora, o cirurgião assume obrigação de resultado (responsabilidade contratual ou objetiva), devendo indenizar pelo não cumprimento da mesma, decorrente de eventual deformidade ou de alguma irregularidade. No procedimento cirúrgico estético, em que o médico lida com paciente saudável que apenas deseja melhorar sua aparência física e, consequentemente, sentir-se psiquicamente melhor, estabelece-se uma obrigação de resultado que impõe ao profissional da medicina, em casos de insucesso da cirurgia plástica, presunção de culpa, competindo-lhe ilidi-la com a inversão do ônus da prova, de molde a livrá-lo da responsabilidade contratual pelos danos causados ao paciente em razão de ato cirúrgico" (REsp 81.101-PR, rel. Min. Waldemar Zveiter, *DJU*, 31 maio 1999, *RSTJ*, *119*:290 e *RT*, *767*:111).

A indenização deve abranger tanto os danos materiais acarretados ao paciente (despesas realizadas e as decorrentes de nova cirurgia, com o próprio cirurgião ou com outro profissional, de confiança daquele), como os danos morais decorrentes da frustração provocada e, muitas vezes, do agravamento da situação. Veja-se, a propósito, decisão do Tribunal de Justiça de São Paulo, condenando o cirurgião a pagar outra cirurgia à autora, facultando-lhe escolher o médico, dentre os atuantes residentes no País, inserta na *RJTJSP*, *99*:315.

No entanto, como observa Rui Stoco (*Responsabilidade*, cit., p. 299), há, "porém, casos em que o cirurgião, embora aplicando corretamente as técnicas que sempre utilizou em outros pacientes com absoluto sucesso, não obtém o resultado esperado. Se o insucesso parcial ou total da intervenção ocorrer em razão de peculiar característica inerente ao próprio paciente e se essa circunstância não for possível de ser detectada antes da operação, estar-se-á diante de verdadeira escusa absolutória ou causa excludente da responsabilidade". Nesse sentido decidiu o Superior Tribunal de Justiça:

"O profissional que se propõe a realizar cirurgia, visando a melhorar a aparência física do paciente, assume o compromisso de que, no mínimo, não lhe resultarão danos estéticos, cabendo ao cirurgião a avaliação dos riscos. Responderá por tais danos, salvo culpa do paciente ou a intervenção de fator imprevisível, o que lhe cabe provar" (Rel. Min. Eduardo Ribeiro, j. 28-11-1994, *RT*, *718*:270).

Nesses casos, inverte-se o ônus da prova. "A cirurgia estética é uma obrigação de resultado, pois o contratado se compromete a alcançar um resultado específico, que constitui o cerne da própria obrigação, sem o que haverá a inexecução desta. Nessas hipóteses, há a presunção de culpa, com inversão do ônus da prova. O uso da técnica adequada na cirurgia estética não é suficiente para isentar o médico da culpa pelo não cumprimento de sua obrigação" (STJ, REsp 1.395.254, 3ª T., rel. Min. Nancy Andrighi, j. 15-10-2013).

Ganha relevo a responsabilidade desses profissionais se a operação oferecia riscos e não advertiram o paciente, deixando de obter o seu consentimento. Entretanto, como adverte Aguiar Dias, "embora reconhecida a necessidade da operação, deve o médico recusar-se a ela, se o perigo da intervenção é maior que a vantagem que poderia trazer ao paciente. Sempre e em todos os casos, compete ao médico a prova de que existia esse estado de necessidade e de que a operação, normalmente encarada, não oferecia riscos desproporcionados ao fim colimado. Não vale, para nenhum efeito, neste particular, a prova do consentimento do cliente. Na matéria, em que predomina o princípio da integridade do corpo humano, norma de ordem pública, não vale a máxima *volenti non fit injuria*. Mas, ainda que não corresponda ao sucesso esperado, a operação estética pode bem deixar de acarretar a responsabilidade do profissional, desde que: a) seja razoavelmente necessária; b) o risco a correr seja menor que a vantagem procurada; c) seja praticada de acordo com as normas da profissão" (*Da responsabilidade*, cit., p. 324-5).

O Superior Tribunal de Justiça firmou o entendimento de que a cirurgia plástica gera obrigação de resultado. Veja-se:

Responsabilidade civil – Erro médico – Art. 14 do CDC – Cirurgia plástica – Obrigação de resultado – Caso fortuito – Excludente de responsabilidade. Os procedimentos cirúrgicos de fins meramente estéticos caracterizam verdadeira obrigação de resultado, pois neles o cirurgião assume verdadeiro compromisso pelo efeito embelezador prometido. Nas obrigações de resultado, a responsabilidade do profissional da medicina permanece subjetiva. Cumpre ao médico, contudo, demonstrar que os eventos danosos decorreram de fatores externos e alheios à sua atuação durante a cirurgia. Apesar de não prevista expressamente no CDC, a eximente de caso fortuito possui força liberatória e exclui a responsabilidade do cirurgião plástico, pois rompe o nexo de causalidade entre o dano apontado pelo paciente e o serviço prestado pelo profissional. Age com cautela e conforme os ditames da boa-fé objetiva o médico que colhe a assinatura do paciente em "termo de consentimento informado", de maneira a alertá-lo acerca de eventuais problemas que possam surgir durante o pós-operatório (STJ, REsp 1.180.815-MG, 3ª T., rel. Min. Nancy Andrighi, *DJe* 26-8-2010).

No sentido de que a responsabilidade do cirurgião plástico, a despeito de ser de resultado, continua subjetiva:

"Em procedimento cirúrgico para fins estéticos, conquanto a obrigação seja de resultado, não se vislumbra responsabilidade objetiva pelo insucesso da cirurgia, mas mera presunção de culpa médica, o que importa a inversão do ônus da prova, cabendo ao profissional elidi-la de modo a exonerar-se da responsabilidade contratual pelos danos causados ao paciente, em razão do ato cirúrgico" (STJ, REsp 985.888-SP, 4ª T., rel. Min. Luis Felipe Salomão, *DJe* 13-3-2012).

"A responsabilidade civil do hospital ou centro clínico é objetiva, nos termos do art. 14 do CDC e do art. 932, III, do CC. Assim, deve-se demonstrar apenas a existência do fato e a relação de causalidade entre este, o dano alegado e o ato a ele imputado. Por sua vez, em se tratando de cirurgia estética, via de regra, a responsabilidade civil do médico é subjetiva, com culpa presumida, porquanto assume obrigação de resultado, de modo que incumbe ao paciente, credor da prestação dos serviços, comprovar os danos sofridos, a conduta culposa do médico e o nexo de causalidade" (TJDFT, Ap. 00274017720158070001, 6ª T. Cív., rel. des. José Divino, *DJe* 2-7-2019).

Jurisprudência

- Indenização – Erro médico – Cirurgia plástica estética – Sentença de procedência com a condenação dos réus ao pagamento de danos morais e estéticos, bem como ao custeio de nova cirurgia (reparadora) – Julgamento antecipado da lide – Recurso das partes – Recurso de ambos os réus com preliminar de cerceamento de defesa – Controvérsia a respeito da falha na prestação de serviços médicos na realização de mamoplastia com implante de próteses – Obrigação de resultado que, contudo, continua sendo subjetiva, com culpa presumida, incumbindo ao cirurgião plástico o ônus da prova quanto à ausência de sua culpa – Questão eminentemente técnica, com exigência de conhecimentos específicos da área de Medicina – Indispensabilidade de realização de perícia médica, para justa solução da lide – Imperiosa a nulidade da sentença, com o retorno dos autos à origem para a realização da prova pericial (TJSP, Ap. Cível 1011364-17.2022.8.26.0604, 10ª Câm. Dir. Priv., rel. Angela Moreno Pacheco de Rezende Lopes, j. 5-7-2024).

- Agravo interno no agravo em recurso especial – Negativa de prestação jurisdicional – Omissão inexistente – Indenização – Dano moral – Cirurgia plástica – Natureza – Resultado – Erro médico – Não demonstrado – Responsabilidade civil – Afastamento (AgInt no AREsp 1.423.466-DF, 3ª T., rel. Min. Ricardo Villas Bôas Cueva, j. 30-3-2020, *DJe* 7-4-2020).

8. A responsabilidade dos médicos, hospitais, laboratórios e planos de saúde em face do Código de Defesa do Consumidor

O princípio da responsabilidade objetiva do prestador de serviços, consagrado no novo Código de Defesa do Consumidor, prevê uma única exceção, no § 4º do art. 14, que dispõe:

"A responsabilidade pessoal dos profissionais liberais será apurada mediante a verificação de culpa".

Não se alterou, portanto, a concepção já consagrada em nosso direito.

Como observa Antonio Herman de Vasconcellos e Benjamin (*Comentários ao Código de Proteção ao Consumidor*, p. 79-80), por "profissional liberal há que se entender o prestador de serviço 'solitário, que faz do seu conhecimento uma ferramenta de sobrevivência'. A exceção – prossegue – aplica-se, por conseguinte, apenas ao próprio profissional liberal, não se estendendo às pessoas jurídicas que integre ou para as quais preste serviço. O Código é claro ao asseverar que só para a 'responsabilidade pessoal' dos profissionais liberais é que se utiliza o sistema alicerçado em culpa. Logo, se o médico trabalhar para um hospital, responderá ele apenas por culpa, enquanto a responsabilidade civil do hospital será apurada objetivamente".

Se o médico tem vínculo empregatício com o hospital, integrando a sua equipe médica, responde objetivamente a casa de saúde, como prestadora de serviços, nos termos do art. 14, *caput*, do Código de Defesa do Consumidor. No entanto, se o profissional apenas utiliza o hospital para internar os seus pacientes particulares, responde com exclusividade pelos seus erros, afastada a responsabilidade do estabelecimento.

Confira-se, a propósito, o Enunciado n. 191 aprovado na III Jornada de Direito Civil do Conselho da Justiça Federal: "A instituição hospitalar privada responde, na forma do art. 932, III, do CC pelos atos culposos praticados por médicos integrantes de seu corpo clínico".

Estão também sujeitos à disciplina do referido Código, com responsabilidade *objetiva* e de *resultado*, os laboratórios de análises clínicas, bancos de sangue e centros de exames radiológicos, como prestadores de serviços.

Conforme observa Ruy Rosado de Aguiar Jr. (*Responsabilidade*, cit., p. 41), "O hospital responde pelo dano produzido pelas coisas (instrumentos, aparelhos) utilizadas na prestação dos seus serviços: 'ao dono da coisa incumbe, ocorrido o dano, suportar os encargos dele decorrentes, restituindo o ofendido ao *statu quo* ideal, por meio da reparação. Essa presunção não é irrefragável. Mas ao dono da coisa cabe provar que, no seu caso, ela não tem cabimento' (Aguiar Dias, *Da responsabilidade civil*, Forense, n. 165). Também responde pelos atos do seu pessoal, com presunção de culpa: 'É presumida a culpa do patrão ou comitente pelo ato culposo do empregado ou preposto' (Súmula 341 do STF). Isso, contudo, não dispensa que se prove a culpa do servidor, na prática do ato danoso. Isto é, o hospital não responde objetivamente, mesmo depois da vigência do Código de Defesa do Consumidor, quando se trata de indenizar dano produzido por médico integrante de seus quadros (TJSP, AgI 179.184-1, 5ª Câm. Civ.), pois é preciso provar a culpa deste, para somente depois se ter como presumida a culpa do hospital".

Nessa trilha, proclamou o Superior Tribunal de Justiça: "A responsabilidade dos hospitais, no que tange à atuação técnico-profissional dos médicos que neles atuam ou a eles sejam ligados por convênio, é subjetiva, ou seja, dependente da comprovação de culpa dos prepostos, presumindo-se a dos preponentes. Em razão disso, não se pode dar guarida à tese que objetiva excluir, de modo expresso, a culpa dos médicos e, ao mesmo tempo, admitir a responsabilidade objetiva do hospital, para condená-lo a pagar indenização por morte de paciente. O art. 14 do CDC, conforme melhor doutrina, não conflita com essa conclusão, dado que a responsabilidade objetiva nele prevista para o prestador de serviços, no presente caso, o hospital, circunscreve-se apenas aos serviços única e exclusivamente relacionados com o estabelecimento empresarial propriamente dito, ou seja, àqueles que digam respeito à estadia do paciente – internação –, instalações, equipamentos, serviços auxiliares – enfermagem, exames, radiologia – etc., e não aos serviços técnico-profissionais dos médicos que ali atuam, permanecendo estes na relação subjetiva de preposição – culpa" (REsp 258.389-SP, 4ª T., rel. Min. Fernando Gonçalves, *DJU*, 22 ago. 2005).

Em um processo movido por vítima de erro médico contra o hospital onde o dano ocorreu, é desnecessária a denunciação da lide contra os profissionais que participaram do procedimento. A responsabilidade da instituição é objetiva, pela prestação defeituosa do serviço. O caso ocorreu quando uma recém-nascida necessitou ser transferida da maternidade para o hospital para fazer cirurgia cardíaca de urgência. O procedimento foi efetuado pelos dois médicos, que apenas usaram as dependências clínicas para fazer a operação. A imperícia deles levou à retirada do osso externo e outros problemas de saúde. A ação foi movida tanto contra a maternidade quanto contra o hospital, mas não incluiu os médicos. Prevaleceu no Superior Tribunal de Justiça o voto do Ministro Paulo de Tarso Sanseverino, segundo o qual a discussão acerca da culpa dos profissionais não interessa ao caso, já que o hospital responde objetivamente pelo dano causado pela prestação defeituosa do serviço.

O voto vencedor, *in casu*, aplicou a jurisprudência pacífica nas turmas que julgam Direito Privado no Superior Tribunal de Justiça, no sentido de vetar a denunciação da lide em ações de indenização propostas por consumidor. A ideia é evitar a prorrogação das ações, que se tornariam mais longas a cada inclusão no polo passivo (STJ, REsp 1.832.371, 3ª T., rel. Min. Paulo de Tarso Sanseverino, in Revista *Consultor Jurídico* de 25 de junho de 2021).

Os contratos celebrados com as instituições privadas de assistência médica são tipicamente de adesão e suas cláusulas, muitas vezes, conflitam com o princípio da boa-fé e, principalmente, com as regras protetivas do Código de Defesa do Consumidor. Assim, por exemplo, a que limita o período de internação hospitalar de seus segurados. A 2ª Seção do Superior Tribunal de Justiça, sob esse fundamento, obrigou empresa de plano de saúde a pagar todo o tratamento de uma associada, por considerar abusiva cláusula contratual dessa espécie. Segundo o relator, Min. Sálvio de Figueiredo, a corrente que admite a validade da referida cláusula se baseia no princípio da autonomia da vontade, que assegura a liberdade de contratar, considerando obrigação do Estado, e não da iniciativa privada, a de garantir a saúde da população. Contudo, considerou mais adequada a que a considera abusiva, tendo em vista a hipossuficiência do consumidor, o fato de o contrato ser de adesão, a nulidade de cláusula que restringe direitos e a necessidade de se preservar o maior dos valores humanos, que é a vida. O mencionado relator não encontrou justificativa na limitação de internação imposta pelas seguradoras, afirmando que, "se a doença é coberta pelo contrato de seguro, não se mostra razoável a limitação ao seu tratamento. Até porque o consumidor não tem como prever quanto tempo durará a sua recuperação" (REsp 251.024-SP, j. 4-1-2000).

Esse posicionamento encontra-se, atualmente, cristalizado na Súmula 302 da aludida Corte, que assim dispõe: "É abusiva a cláusula contratual de plano de saúde que limita no tempo a internação hospitalar do segurado".

Quanto aos planos de saúde, proclama a Súmula 105 do Tribunal de Justiça de São Paulo: "Não prevalece a negativa de cobertura às doenças e às lesões preexistentes se, à época da contratação de plano de saúde, não se exigiu prévio exame médico admissional".

Podem ser mencionadas, ainda, as seguintes Súmulas do Superior Tribunal de Justiça:
a) Súmula 587: "A cláusula contratual de plano de saúde que prevê carência para utilização dos serviços de assistência médica nas situações de emergência ou de urgência é considerada abusiva se ultrapassado o prazo máximo de 24 horas contado da data da contratação".
b) Súmula 608: "Aplica-se o Código de Defesa do Consumidor aos contratos de plano de saúde, salvo os administrados por entidades de autogestão" (revogada a Súmula 469)".
c) Súmula 609: "A recusa de cobertura securitária, sob a alegação de doença preexistente, é ilícita se não houve a exigência de exames médicos prévios à contratação ou a demonstração de má-fé do segurado".

Segundo o Superior Tribunal de Justiça, substituições da rede credenciada de plano de saúde devem ser notificadas aos segurados com no mínimo 30 dias de antecedência. Quando o consumidor não é informado sobre o descredenciamento de algum hospital e ainda tem o atendimento negado pela instituição médica por causa de distrato, a responsabilidade pela situação embaraçosa é solidária entre as duas empresas, assim como os custos do tratamento de saúde. A referida Corte Superior, em consequência, condenou as duas empresas a responderem pela continuidade de um tratamento de quimioterapia em paciente diagnosticada com câncer de mama e ovário (STJ, REsp 1.725.092-SP, 3ª T., rel. Min. Nancy Andrighi, Revista *Consultor Jurídico*, 17-6-2018).

A mencionada Corte Superior também reafirmou a não obrigatoriedade do custeio de fertilização *in vitro* pelos planos de saúde. Tal entendimento já havia sido dado no julgamento dos REsp 1.590.221 e 1.692.179, respectivamente de novembro e dezembro de 2017, afastando a alegação de que o plano de saúde seria obrigado a oferecer atendimento nos casos de planejamento familiar, o que incluiria a inseminação artificial. Frisou a relatora, Min. Nancy Andrighi, que "a limitação da lei quanto à inseminação artificial (art. 10, III, LPS) apenas representa uma exceção à regra geral de atendimento obrigatório em casos que envolvem o planejamento familiar (art. 35-C, III, LPS). Não há, portanto, abusividade na cláusula contratual de exclusão de cobertura de inseminação artificial, o que tem respaldo na LPS e na RN 338/2013)".

Em caso em que a vítima sofreu um acidente vascular cerebral e foi hospitalizada, recebendo posteriormente alta médica com a recomendação de que continuasse o seu tratamento pelo sistema de *home care*, que foi negado pelo Plano de Saúde e veio a falecer, decidiu o Tribunal de Justiça de São Paulo:

"Plano de saúde. 'Home Care'. Morte da beneficiária, substituída por seu espólio. Abrangência de todos os serviços necessários à manutenção de sobrevida condigna. Danos morais configurados.

Evidente que não se pode negar ao consumidor o direito ao adequado tratamento, sob pena de quebra dos princípios da boa-fé objetiva e da função social do contrato, além do dever lateral de colaboração que devem nortear as relações contratuais, quanto mais se o caso exige para manutenção da saúde, de modo que inadmissível a negativa de tratamento na forma descrita na inicial. Interpretação de cláusula contratual envolvendo o tratamento em 'home care'. Súmula 90 do TJSP: 'Havendo expressa indicação médica para a utilização dos serviços de 'home care', revela-se abusiva a cláusula de exclusão inserida na avença, que não pode prevalecer'. Precedentes: STJ, Ag em REsp n. 65.735-RS, rel. Min. Sidnei Beneti, *DJe* 25-10-2011; TJSP, Apel. n. 9057916-29,2006.8.26.0000, rel. Des. Francisco Loureiro, j. 11-8-2011" (TJSP, Apel. n. 1003863-45.2017.8.26.0100-SP, 9ª Câm. Dir. Priv., rel. Des. Alexandre Lazzarini, j. 24-10-2017).

Publicada lei que derruba rol taxativo para cobertura de planos de saúde. Com a publicação da Lei n. 14.454 no *Diário Oficial da União* (21-9-2022), foi derrubado o chamado "rol taxativo" para a cobertura de planos de saúde. Assim, as operadoras de assistência à saúde poderão ser obrigadas a oferecer cobertura de exames ou tratamentos que não estão incluídos no rol de procedimentos e eventos em saúde suplementar. A norma é oriunda do Projeto de Lei n. 2.033/2022, aprovado no fim de agosto no Senado. O texto que alterou a Lei n. 9.656, de 1998, estabelece que o Rol de Procedimentos e Eventos em Saúde (Reps), atualizado pela Agência Nacional de Saúde Suplementar (ANS), servirá apenas como referência básica para os planos privados de saúde contratados a partir de 1º de janeiro de 1999. Caberá sempre à ANS editar norma com a amplitude das coberturas no âmbito da saúde suplementar, inclusive de transplantes e procedimentos de alta complexidade. Tratamentos fora dessa lista deverão ser aceitos, desde que cumpram uma das condicionantes: ter eficácia, à luz das ciências da saúde, baseada em evidências científicas e plano terapêutico; ter recomendações da comissão nacional de Incorporação de Tecnologias no Sistema Único de Saúde (Conitec); ou ter recomendação de, no mínimo, um órgão de avaliação de tecnologias em saúde que tenha renome internacional.

Hospital deve indenizar paciente tratado com remédio ao qual é alérgico. Por constatar falha no serviço, a 3ª Turma do Tribunal Regional Federal da 4ª Região condenou o Grupo Hospitalar Conceição (GHC), vinculado ao Ministério da Saúde, a indenizar em R$ 8 mil um homem que foi tratado com medicamento ao qual é alérgico após sofrer um acidente de trânsito. No hospital, o homem informou ser alérgico a cetoprofeno, um anti-inflamatório usado para combater sintomas como dor e febre. A restrição foi registrada no boletim de atendimento e foi colocada no paciente uma pulseira vermelha com o nome do remédio. Mesmo assim, a equipe médica aplicou o medicamento. Em casa, após ser liberado, o homem teve uma reação alérgica e precisou retornar ao hospital.

Em 2020, a 1ª Vara Federal de Porto Alegre estipulou a indenização. Ao TRF-4, o autor pediu o aumento do valor, enquanto o GHC requisitou a redução. A Desembargadora Marga Barth Tessler, relatora do caso, confirmou que os profissionais do hospital não observaram o prontuário médico, onde constava a informação sobre a alergia. Com relação à quantia da indenização, a magistrada considerou que o valor fixado na primeira instância seria adequado para o caso concreto, pois a reação alérgica não foi grave, mas causou "dano que ultrapassa mero aborrecimento" (*in* Revista *Consultor Jurídico*, 1º-9-2022).

JURISPRUDÊNCIA

- Plano de saúde – Ação de obrigação de fazer com pedido de tutela de urgência antecipada c/c danos morais – Negativa de internação em caráter emergencial – Danos morais configurados (AgInt no AREsp 2.441.569-MA, 4ª T., rel. Min. Raul Araújo, j. 3-6-2024, *DJe* 7-6-2024).

- Plano de saúde – Criança com transtorno do espectro autista – Restrição de cobertura – Pagamento de danos morais – Em atenção às circunstâncias expostas, à insuficiência e à precariedade da rede credenciada/referenciada, a ré tem obrigação de cobrir, de reembolsar, sem impor qualquer limite, todas as despesas, todos os custos decorrentes do tratamento multidisciplinar acima especificado, prescrito ao autor, ainda que desenvolvido, de forma justificada, fora de sua rede credenciada/referenciada. A ré não pode, a partir de omissão, de falta que lhe é imputável, extrair proveito econômico, prevalecendo-se de limitações de sua rede e das inerentes à cláusula de reembolso" (TJSP, Proc. 1010251-07.2021.8.26.0008, 3ª V. Cível, nov. 2021).

- Ação de cobrança c/c compensação por danos morais – Violação de súmula – Impossibilidade – Plano de saúde – Fornecimento de órtese – Urgência – Pagamento particular pelo beneficiário – Reembolso – Consumidor – Desvantagem exagerada – Dano moral – Mero aborrecimento – Descumprimento contratual. (...) 2. Ação de cobrança c/c compensação por danos morais, cuja órtese craniana, para tratamento de recém-nascida portadora de plagiocefalia posicional, sem a qual deveria ser submetida a grave e delicada neurocirurgia de quebra e modulação do crânio. 3. O propósito recursal consiste em definir: i) se a negativa em seu fornecimento no particular constitui hipótese de compensação por danos morais. 4. A interposição de recurso especial não é cabível quando ocorre violação de dispositivo constitucional ou de qualquer ato normativo que não se enquadre no conceito de lei federal, conforme disposto no art. 105, III, "a" da CF/88. 5. Confrontar o beneficiário com a hipótese de o plano de saúde cobrir apenas e tão somente a cirurgia de sua filha – e não a órtese que lhe é alternativa – representa situação de desvantagem exagerada, prática vedada pelo Código de Defesa do Consumidor. 6. A lei estabelece que as operadoras de plano de saúde não podem negar o fornecimento de órteses, próteses e seus acessórios indispensáveis ao sucesso da cirurgia, como por exemplo a implantação de *stents* ou marcapassos em cirurgias cardíacas. Se o fornecimento de órtese essencial ao sucesso da cirurgia deve ser custeado, com muito mais razão a órtese que substitui esta cirurgia, por ter eficácia equivalente sem o procedimento médico invasivo do paciente portador de determina moléstia. 7. Aborrecimentos decorrentes de relações contratuais, na forma como ocorrido na hipótese dos autos, estão ligados a vivência em sociedade, cujas expectativas são desatendidas de modo corriqueiro e nem por isso surgem abalos psicológicos com contornos sensíveis de violação à dignidade da pessoa humana (STJ, Resp 1.731.762/GO, 3ª T., rel. Min. Nancy Andrighi, *DJe* 28-5-2018).

■ Reajuste – Plano de saúde – Reavaliação do contrato e do conjunto fático-probatório dos autos – Inadmissibilidade – Incidência das Súmulas n. 5 e 7 do STJ. O reajuste de mensalidade de plano de saúde individual ou familiar fundado na mudança de faixa etária do beneficiário é válido desde que (I) haja previsão contratual, (II) sejam observadas as normas expedidas pelos órgãos governamentais reguladores e (III) não sejam aplicados percentuais desarrazoados ou aleatórios que, concretamene e sem base atuarial idônea, onerem excessivamente o consumidor ou discriminem o idoso" (REsp 1.568.244-RJ, Segunda Seção, rel. Min. Villas Bôas Cueva, *DJe* 19-12-2016). No caso concreto, o Tribunal de origem concluiu que o reajuste do plano de saúde, efetuado pela recorrente, foi oneroso e abusivo para os agravados. Entender de modo contrário implicaria reexame de matéria fática, o que é vedado em recurso especial (STJ, AgInt no AREsp 1.048.548-RS, 4ª T., rel. Min. Antonio Carlos Ferreira, *DJe* 1º-9-2017).

■ Contrato de plano de saúde – Rescisão unilateral por não pagamento da mensalidade – Notificação prévia do titular por via postal com aviso de recebimento – Validade – Renegociação da dívida e recebimento de mensalidade posterior à notificação – Comportamento contraditório da operadora – Manutenção do contrato. O plano de saúde não pode notificar sobre rescisão e depois renegociar dívida. Por considerar que houve comportamento contraditório do plano de saúde, a 3ª Turma do Superior Tribunal de Justiça invalidou a rescisão unilateral de contrato com base na inadimplência do titular. O beneficiário foi devidamente notificado, mas o colegiado considerou que a operadora gerou expectativa de que o plano seria mantido, ao renegociar a dívida e receber mensalidade mesmo após a notificação (STJ, Resp 1.995.100, 3ª T., rel. Min. Nancy Andrighi, *in* Revista *Consultor Jurídico*, 3-8-2022).

■ Plano de saúde – Emergência – Recusa no atendimento – Prazo de carência – Cláusula – Abusividade – Precedentes. Esta Corte Superior firmou o entendimento de que o período de carência contratualmente estipulado pelos planos de saúde não prevalece diante de situações emergenciais graves nas quais a recusa de cobertura possa frustrar o próprio sentido e a razão de ser do negócio jurídico firmado. Incidência da Súmula 568/STJ (STJ, Agint no AREsp 858.013-DF, 3ª T., rel. Min. Villas Bôas Cueva, *DJe* 16-8-2016).

■ Plano de saúde – Segurado com Hepatite C e carcinoma de fígado, que alega necessitar de cirurgia de transplante do órgão com urgência, para a qual está no segundo lugar na fila de espera nacional. O Superior Tribunal de Justiça reconhece cláusulas limitativas de direitos do consumidor, se claras e redigidas com destaque. Por outro lado, uma vez que determinada doença está coberta pelo plano, é abusiva a cláusula que restringe o tipo de tratamento a ser utilizado para a cura. Não é possível que o paciente seja privado de receber tratamento com o método mais moderno disponível no momento em que instalada a doença coberta (TJRJ, Apel. 0033855-38.2018.8.19.0000, 4ª Câm. Cív., Des. Myriam Medeiros da Fonseca Costa, Revista *Consultor Jurídico*, 7-7-2018).

- Laboratório clínico – Danos moral e material – Incorreção no resultado de exame de tipagem sanguínea e determinação do fator RH – Morte de recém-nascido pela incompatibilidade sanguínea – Nexo etimológico inquestionável – Verba devida (*JTJ*, Lex, *224*:78).
- Dano moral – Ambulatório – Diagnóstico equivocado – Apuração da presença do vírus da AIDS em paciente sadio – Verba devida (*JTJ*, Lex, *226*:71).
- Erro médico – Denunciação da lide ao hospital – Inadmissibilidade – Hipótese que não se enquadra nas previstas no artigo 70 do Código de Processo Civil [de 1973, atual art. 125] – Caso de chamamento ao processo (art. 77 do CPC [de 1973, atual art. 130]) – Erro inescusável – Denunciação rejeitada (*JTJ*, Lex, *231*:245).
- Se há solidariedade da empresa de assistência médica, do médico por ela credenciado e do hospital, na reparação dos danos, contra qualquer deles pode dirigir-se o pedido (TJRJ, AgI 1.475/92).
- Erro médico – Denunciação da lide ao hospital – Inadmissibilidade – Hipótese que não se enquadra nas previstas no artigo 70 do Código de Processo Civil [de 1973, atual art. 125] – Caso de chamamento ao processo (art. 77 do CPC [de 1973, atual art. 130]) – Erro inescusável – Denunciação rejeitada (*JTJ*, Lex, *231*:245).
- Não respondem por indenização decorrente de ato ilícito pela morte de paciente por infecção hospitalar os médicos que cuidaram da vítima, e sim o hospital onde permaneceu internada. A entidade hospitalar, como fornecedora de serviços, responde, independentemente de culpa, pela reparação de danos causados à família de paciente internado que veio a falecer em decorrência de infecção hospitalar, eximindo-se desta responsabilidade somente se conseguir provar a inexistência do defeito ou culpa exclusiva do consumidor ou de terceiro, nos termos do art. 14, *caput* e § 3º, I e II, da Lei 8.078/90 (*RT*, *755*:269).
- A responsabilidade do hospital por danos decorrentes dos serviços neles prestados é objetiva, nos termos do art. 14 do CDC e independe da demonstração de culpa dos profissionais médicos envolvidos no atendimento. Incidência da Súmula 83 do STJ. A revisão da indenização por dano moral apenas é possível na hipótese de o *quantum* arbitrado nas instâncias originárias se revelar irrisório ou exorbitante. Cabível a indenização por danos morais no presente caso, uma vez que a equipe médica do hospital foi negligente ao não realizar o exame clínico e não solicitar os procedimentos investigativos recomendados na hipótese, bem assim que a falta do diagnóstico foi fator determinante para o óbito do recém-nascido. Agravo interno desprovido (STJ, AgInt no AREsp 958.733-SP, 4ª T., rel. Min. Marco Buzzi, j. 24-4-2018).
- Erro médico – Equipe médica integrante do hospital – Prova da culpa em procedimento cirúrgico de paciente idosa – Responsabilidade do hospital. A responsabilidade dos hospitais, no que tange à atuação dos médicos contratados que neles laboram, é subjetiva, dependendo da demonstração de culpa do preposto, não se podendo, portanto, excluir a culpa do médico e responsabilizar objetivamente o hospital. Na hipótese, o Tribunal de origem registrou que houve culpa por parte dos médicos (cirurgião chefe e anestesista) integrantes do corpo clínico do hospital, tanto pela imprudência na aplicação tardia da anestesia geral em paciente idosa e na sua intubação, quanto na imperícia em evitar o vômito e sua respectiva aspiração, que culminaram com o seu óbito" (STJ, REsp 1.707.817-MS, 3ª T., rel. Min. Nancy Andrighi, *DJe* 7-12-2017).

9. A responsabilidade dos cirurgiões-dentistas e dos médicos-veterinários

No que tange aos cirurgiões-dentistas, embora em alguns casos se possa dizer que a sua obrigação é de meio, na maioria das vezes apresenta-se como obrigação de "resultado". Guimarães Menegale, citado por Aguiar Dias, observa com propriedade que o compromisso profissional do cirurgião-dentista envolve mais acentuadamente uma obrigação de resultados, porque "à patologia das infecções dentárias corresponde etiologia específica e seus processos são mais regulares e restritos, sem embargo das relações que podem terminar com desordens patológicas gerais; consequentemente, a sintomatologia, a diagnose e a terapêutica são muito mais definidas e é mais fácil para o profissional comprometer-se a curar" (Responsabilidade profissional do cirurgião-dentista, *RF, 80:*47 e s.; Aguiar Dias, *Da responsabilidade*, cit., p. 332, n. 121).

Na opinião de Artur Cristiano Arantes (*Responsabilidade civil do cirurgião-dentista*, Ed. Mizuno, 2006, p. 84), "o ato ilícito que pode ser cometido pelo Odontologista é a falta de diligência devida, quando o mesmo pode obrar com imprudência, negligência e imperícia. São os casos em que os pacientes são atendidos de forma mais superficial, ou melhor, sem o devido cuidado por parte do profissional, abrindo, destarte, possibilidade de dano, tanto pela sua atuação quanto pela sua omissão ou ainda pela falta de experiência".

Observa ainda o mencionado autor que "são controversas as opiniões entre legisladores e juristas, se a atividade de cirurgião-dentista deva ser classificada como sendo uma obrigação de resultado ou de meio. Mas a grande parte dos nossos juristas entende que, ao contrário dos procedimentos do campo da medicina, para maior parte dos tratamentos odontológicos, é possível prever um resultado final. Desta forma, tais tratamentos recaem, como regra, em obrigações de resultados, tendo o cirurgião-dentista, além dos deveres de empregar todo zelo necessário ao exercício de seu ofício e de utilizar os recursos de sua profissão, também a obrigação de garantir um fim esperado pelo paciente" (*Responsabilidade civil*, cit., p. 89).

A obrigação de resultado se torna mais evidente quando se trata de colocação de jaqueta, *pivot* e implantes, em que existe uma preocupação estética de parte do cliente.

O Ministro Luis Felipe Salomão, do Superior Tribunal de Justiça, no julgamento do REsp 1.238.746-MS, destacou que "nos procedimentos odontológicos, mormente os ortodônticos, os profissionais da saúde especializados nessa ciência, em regra, comprometem-se pelo resultado, visto que os objetivos relativos aos tratamentos, de cunho estético e funcional, podem ser atingidos com previsibilidade.

No mesmo sentido, o Tribunal de Justiça do Rio Grande do Sul admite que a obrigação assumida pelo cirurgião dentista é, principalmente, de resultado, recaindo sobre o profissional o ônus de provar que não agiu com culpa (Apel. 70.078.204.401, rel. Des. Eduardo Kraemer, j. 8-8-2020).

São válidos para os dentistas os comentários *retro*, a respeito da responsabilidade dos médicos e dos profissionais liberais em geral em face do Código de Defesa do Consumidor.

A obrigação do médico-veterinário é, em regra, de *meio*: o profissional obriga-se a empregar todos os seus conhecimentos técnicos na prestação de determinado serviço de sua especialidade, sem se comprometer, no entanto, a obter o resultado desejado pelo cliente. Todavia, em casos especiais, de cirurgia estética e de castração de animal, tem sido considerada de *resultado* a obrigação assumida pelo médico-veterinário. Confira-se:

"Médico-veterinário – Falha técnica na realização de vasectomia em cão de raça, executada sem sucesso, permanecendo o animal apto à reprodução – Obrigação de resultado – Responsabilidade civil reconhecida" (TJRJ, Ac. 3.871/96 [Reg. 101.097, Cód. 96.001.03871], 9ª Câm. Cív., rel. Des. Elmo Arueira, j. 25-9-1996).

O médico-veterinário é um prestador de serviços da categoria dos profissionais liberais. O proprietário do animal que recebe atendimento é o consumidor desse serviço. Na verificação da responsabilidade civil do aludido profissional aplica-se a teoria *subjetiva*, adotada no art. 14, § 4º, do Código de Defesa do Consumidor, exigindo-se prova de culpa em uma de suas modalidades: imprudência, negligência e imperícia. A responsabilidade das clínicas veterinárias é, no entanto, *objetiva*, como ocorre com os hospitais em geral (CDC, art. 14, *caput*). Veja-se:

"Clínica veterinária – Fuga de animal sob sua guarda – Responsabilidade objetiva, nos termos do art. 14, *caput*, do Código de Defesa do Consumidor, por danos materiais e morais" (TJPR, Ac. 0189202-6-Cascavel, 9ª Câm. Cív., rel. Des. Nilson Mizuta, j. 25-5-2003). No mesmo sentido: TJRS, Ap. 70.015.980.485, 9ª Câm. Cív., rel. Des. Odone Sanguiné, j. 25-10-2006).

JURISPRUDÊNCIA

10. A responsabilidade dos hospitais

10.1. Falha de serviço

- Ação de indenização por danos materiais e compensação por danos morais – Responsabilidade subjetiva do profissional liberal – Erro médico – Condenação solidária do hospital – Conduta negligente do médico plantonista que não adotou os procedimentos indispensáveis à realização adequada do parto, ocasionando sequelas neurológicas irreversíveis e prognóstico de vida reduzida do bebê. O reconhecimento da responsabilidade solidária do hospital não transforma a obrigação de meio do médico, em obrigação de resultado, pois a responsabilidade do hospital somente se configura quando comprovada a culpa do médico integrante de seu corpo plantonista, conforme a teoria de responsabilidade subjetiva dos profissionais liberais abrigada pelo Código de Defesa do Consumidor. Precedentes (STJ, REsp 1.579.954-MG, 3ª T., rel. Min. Nancy Andrighi, *DJe* 18-5-2018).

- Reparação de danos – Hospital – Prestação de serviços – Simples traumatismo no dedo de um menor que, não obstante o atendimento médico recebido, acaba se transformando em infecção grave a ponto de ser necessária a amputação cirúrgica do membro – Falha de serviço caracterizada – Verba devida pelo estabelecimento hospitalar, pois, nos termos do art. 14 da Lei 8.078/90, responde objetivamente, independentemente de culpa, pelos danos causados aos consumidores (*RT*, 768:353).

- Responsabilidade civil – Hospital – Infecção constatada quase um mês após o internamento hospitalar, tendo-se desenvolvido a ponto de ensejar a amputação da perna da vítima – Verba indevida somente se comprovada a inexistência de defeito da prestação do serviço ou a culpa exclusiva do paciente ou de terceiro – Interpretação do art. 14 e seu § 3º da Lei 8.078/90 (*RT*, *770*:347).

■ Dano moral – Erro médico – Culpa dos médicos e do nosocômio caracterizada – Falta de pesquisa da causa geradora do estado febril de menor que revelava quadro infeccioso – Ausência de retirada do espinho encravado no pé, o que acabou ensejando a amputação parcial da sua perna – Verba devida (*RT*, *818*:187).

10.2. Negligência médica. Ferimento malcuidado

■ Responsabilidade civil – Fazenda Pública – Danos moral e material – Hospital – Negligência médica – Ferimento malcuidado – Morte de paciente por septicemia e broncopneumonia – Nexo causal existente – Responsabilidade objetiva do réu por ato de seu preposto – Verbas devidas (*JTJ*, Lex, *229*:137).

10.3. Hospital municipal. Legitimidade passiva

■ Ação de indenização por danos morais – Morte de companheiro – Falha no serviço de atendimento médico mantido pelo Município – Acionamento do SAMU – Demora demasiada – Recurso do Município não conhecido – Necessidade de conferir à reparação também o caráter pedagógico ao ente público condenado, porquanto é inadmissível que o atendimento de urgência demore oito horas para responder a um chamado, tendo o companheiro da autora falecido (STJ, AgInt no AREsp 622.715-MG, 1ª T., rel. Min. Napoleão Nunes Maia Filho, *DJe* 9-3-2018).

■ Indenização – Hospital municipal – Legitimidade passiva deste que por primeiro recepcionou a vítima, efetuando exames de forma inconsequente e irresponsável, e não do nosocômio do Estado, para onde foi posteriormente transferida para tratamento e cirurgia – Lesões decorrentes de demora no atendimento e no diagnóstico de menor portadora de meningite – Negligência e desídia que importaram em graves sequelas – Ação procedente (*JTJ*, Lex, *225*:95).

10.4. Marido da vítima que contraiu novas núpcias. Legitimidade ativa

■ Responsabilidade civil – Hospital – Morte da esposa, após uma cesariana, decorrente de omissão profissional – Marido que contraiu novas núpcias – Irrelevância – Legitimidade ativa de parte (*JTJ*, Lex, *233*:87).

10.5. Negligência do hospital. Inexistência de provas de que empreendeu buscas à localização dos parentes do morto

■ Hospital – Dano moral – Atendimento à vítima fatal de atropelamento – Remessa do corpo ao Instituto Médico Legal e consequente sepultamento como indigente – Inexistência de provas de que empreendeu buscas à localização dos parentes do morto – Hipótese em que a vítima portava cartão de crédito – Negligência do nosocômio reconhecida – Verba devida (*JTJ*, Lex, *232*:267).

10.6. Infecção hospitalar

- Ação de indenização por danos materiais e compensação por danos morais – Soro contaminado – Contaminação comprovadamente ocorrida durante as etapas do processo de produção – Responsabilidade exclusiva do fabricante do produto – Responsabilidade do estabelecimento hospitalar – Não ocorrência – Ausência de comprovação de falha ou má-prestação intrínseco à atividade hospitalar. A responsabilidade objetiva para o prestador do serviço prevista no art. 14 do CDC, na hipótese do hospital, limita-se aos serviços relacionados ao estabelecimento empresarial, tais como à estadia do paciente (internação), instalações, equipamentos e serviços auxiliares (enfermagem, exames, radiologia). Quando a contaminação ocorre nas etapas de fabricação do produto, a responsabilidade por danos causados aos consumidores em razão da sua utilização é exclusiva do fabricante e não do hospital. Na hipótese, o hospital não prestou serviço defeituoso, pois restou demonstrado que todos os serviços intrínsecos à sua atividade foram corretos e a causa da contaminação dos pacientes decorreu exclusivamente do fabricante do produto, hipótese de fato exclusivo de terceiros, prevista no art. 14, § 3º, do CDC (STJ, REsp 1.556.973-PE, 3ª T., rel. Min. Nancy Andrighi, *DJe* 23-4-2018).

10.7. Morte de paciente após empreender fuga. Culpa não caracterizada

- Responsabilidade civil – Hospital – Descaracterização – Morte de paciente após empreender fuga – Vítima que fugiu de todas as internações, inclusive de outros hospitais – Vigilância permanente e exclusiva inadmissível – Culpa não caracterizada – Hipótese, ademais, em que era dependente economicamente, e não provedora de recursos – Indenização não devida – Voto vencido (*RT*, 637:58).

10.8. Suicídio de paciente. Responsabilidade do hospital

- Comprovada a culpa do hospital pelo suicídio de pessoa cuja condição emocional estava reconhecidamente abalada, deve o nosocômio responder pela omissão dos necessários cuidados. Mesmo ciente da intenção do paciente de cometer suicídio, nenhuma providência foi tomada, como forma de prevenir tal ato (STJ, 3ª T., rel. Min. Nancy Andrighi, j. 30-11-2006).

10.9. Recusa do hospital em receber paciente

- Danos morais – Recusa do hospital em receber paciente – Conduta omissiva – Dano moral *in re ipsa* – Dever de indenizar.Presente o dano moral – *in re ipsa* –, e, vislumbrada a conduta omissiva – recusa do hospital em receber a paciente –, da qual decorreram os prejuízos morais, devida é a indenização pleiteada, a fim de compensar o dano suportado pela vítima e, ao mesmo tempo, coibir a repetição da conduta danosa pelo ofensor (TJMG, Ap. 1.0145.05.218497-8/001, rel. Des. Elpídio Donizetti, *DJe* 6-10-2006).
- Médico de plantão que se recusou a atender paciente no hospital – Alegação de que os familiares não apresentaram a guia de atendimento do posto de saúde responsável – Re-

torno ao posto de saúde, onde a equipe tentou em vão um procedimento de reanimação da paciente, que veio a falecer – Condenação do médico ao pagamento de indenização aos familiares da vítima, no montante de R$ 21.000,00 (TJMG, 10ª Câm. Cív., disponível em <www.conjur.com.br>, acesso em 26-12-2012).

10.10. Remoção de paciente para outro hospital por meio inadequado

- Responsabilidade civil – Hospital – Remoção de paciente autorizada pelo estabelecimento hospitalar, por meio inadequado, para outro hospital – Morte da parturiente durante o trajeto – Nexo causal e negligência caracterizados – Verba devida (*RT, 747*:379).

10.11. Subtração de recém-nascido. Culpa *in vigilando* caracterizada

- Responsabilidade civil – Hospital – Subtração de recém-nascido – Comprovação de que a exígua segurança do nosocômio mostrou-se extremamente precária e impotente – Culpa *in vigilando* caracterizada – Verba devida (*RT, 777*:342).

10.12. Falha de hospital no tratamento de recém-nascido

- Bebê recém-nascido que teve paralisia cerebral em razão de negligência do hospital – Falta de acompanhamento médico correto – Poucas visitas médicas – Atendimento precário para minimizar os custos do tratamento – Condenação do hospital ao pagamento de todos os gastos realizados em benefício do tratamento da criança (fisioterapia e fonoaudiólogo), além de R$ 50.000,00 a título de reparação do dano moral (TJSP, 3ª Câmara de Direito Privado, rel. Des. Jesus Lofrano, j. 15-11-2011, disponível em <www.jurisway.org.br>, acesso em 28-11-2011).

10.13. Hospital público – Erro médico – Prescrição quinquenal

- Aplica-se a prescrição quinquenal, nos termos do art. 1º do Decreto 20.910/32, aos casos que envolvam empresa pública no desempenho de serviços públicos típicos, ou em atividade com fins sociais. Entendimento do STJ no julgamento do REsp 1.251.993-PR, ocorrido em 12-12-2012, no sentido de que o prazo prescricional para a propositura de ação de indenização por danos morais contra a Fazenda Pública rege-se pelo Decreto 20.910/32, regra especial, afastando-se a aplicação do Código Civil (Turma Nacional de Uniformização dos Juizados Especiais Federais (TNU), Proc. 2009.71.50.026328-7-RS, rel. Juiz Federal Gláucio Maciel, disponível em <www.editoramagister.com>, acesso em 20-5-2013).

- Prazo quinquenal para ingressar em juízo contra o Estado em virtude de erro médico tem início com a constatação do dano e não se interrompe pelos procedimentos administrativos cabíveis junto ao órgão profissional (STJ, Ap. 20130111918862, 6ª T. Cív., rel. Des. Esdras Neves, *DJe* 17-3-2015).

JURISPRUDÊNCIA

11. Intervenção cirúrgica

11.1. Equipe médica que esquece agulha de sutura no organismo do paciente

■ Fato não relacionado com a sintomatologia apresentada pelo mesmo – Irrelevância – Negligência caracterizada – Problemas agravados psicologicamente com a agulha de sutura abandonada no tórax – Inviabilidade de nova cirurgia em segurança – Verba devida – Direito de regresso do hospital contra o cirurgião responsável (*RT*, *719*:229; *JTJ*, Lex, *234*:125).

11.2. Profissional que desconsidera quadro clínico anormal de paciente

■ Responsabilidade civil – Profissional que desconsidera quadro clínico anormal de paciente – Agravamento – Cirurgia emergencial realizada no dia seguinte por outro médico – Negligência configurada – Indenização devida (*RT*, *608*:160).

11.3. Insucesso em intervenção cirúrgica. Inexistência de prova de conduta culposa

■ Responsabilidade civil – Médico – Insucesso em intervenção cirúrgica – Inexistência de prova de conduta culposa – Indenização indevida. Não se há de imputar responsabilidade indenizatória ao médico, em face do insucesso de intervenção cirúrgica, se não restar evidenciada sua conduta culposa, uma vez que o compromisso assumido constitui obrigação de meio e não de resultado (*RT*, *711*:182).

11.4. Cirurgia realizada com imprudência

■ Indenização – Danos materiais e morais decorrentes de cirurgia realizada com imprudência – Corresponsabilidade do médico que figurou como primeiro assistente, mas teve participação essencial no ato cirúrgico (*JTJ*, Lex, *196*:131).

11.5. Indenização – Cirurgia de vasectomia

■ Indenização – Erro médico – Cirurgia de vasectomia – Ônus da prova – Improcedência da ação. A jurisprudência tem classificado a cirurgia de vasectomia como obrigação de meio, não gerando indenização eventual gravidez indesejada, por não se tratar de método absoluto, eis que, estatisticamente, há uma possibilidade considerável de falha. Deixando o recorrente de produzir provas que demonstrem o alegado erro no procedimento cirúrgico, visto tratar-se de fato constitutivo do seu direito, desfigura-se a responsabilidade por danos morais ou materiais (TJGO, Ap. 87.115-8/188-Piracanjuba, rel. Des. Beatriz Figueiredo Franco, *DJe* 26-1-2006).

JURISPRUDÊNCIA

12. Erro de diagnóstico

12.1. Dois exames endoscópicos com diagnósticos totalmente diferentes

- Responsabilidade civil – Realização de dois exames endoscópicos com diagnósticos totalmente diferentes – Desnecessidade de prova pericial a constatar o erro do médico – Equívoco evidente – Recurso não provido (*RJTJSP, 120*:178).

12.2. Evolução do mal, com perda parcial da visão

- Indenização – Profissional que diagnostica corretamente a doença e aplica tratamento adequado – Evolução do mal, com perda parcial da visão – Impossibilidade de se cogitar da relação de causa e efeito entre a atividade do médico e o dano – Culpa descaracterizada – Verba indevida (*RT, 714*:206).

JURISPRUDÊNCIA

13. Ministração de medicamentos

13.1. Obrigação de meio e não de resultado

- Responsabilidade civil – Médico – Danos físicos atribuídos a tratamento por ele ministrado – Obrigação de meio e não de resultado – Regularidade da conduta do profissional – Culpa não configurada – Indenização afastada – Voto vencido. Se a prescrição da medicação foi pertinente e cercada das cautelas recomendáveis e não havendo prova de que o profissional da Medicina foi negligente, imperito ou imprudente no acompanhamento do tratamento, não há como considerar procedente a ação de indenização (*RT, 613*:46).

- Indenização – Erro médico – Lesões sofridas por paciente após ministração de medicamentos – Nexo de causalidade e culpa do médico não comprovados – Profissional, ademais, que assume uma obrigação de meio e não de resultado – Ação improcedente – Recurso improvido (*JTJ*, Lex, *183*:86).

13.2. Aplicação de droga básica. Culpa não comprovada

- Indenização – Erro médico – Profissional que se conduziu, diante dos sintomas do doente, como qualquer outro colega o faria – Epilepsia de origem endógena (de fatores hereditários e constitucionais) – Aplicação de droga básica – Superveniência de doença rara, de difícil diagnóstico – Imprudência, negligência ou imperícia, ademais, não comprovadas – Ação desacolhida – Recurso improvido (*JTJ*, Lex, *177*:90).

13.3. Choque alérgico provocado pela aplicação de injeção de analgésico

■ Responsabilidade civil – Morte resultante de choque alérgico provocado pela aplicação de injeção de analgésico – Inexistência da responsabilidade do médico que prescreveu o medicamento – Carência de ação contra ele e o hospital onde ocorreu o fato – Decisão confirmada – Voto vencido (*RT*, *357*:199).

JURISPRUDÊNCIA

14. Danos causados por anestesia

14.1. Choque resultante do uso de anestésico de alto risco

■ Responsabilidade civil – Médico anestesista – Falecimento em razão de choque anafilático decorrente do medicamento *alfatesin* – Alegação de fenômeno imprevisível na anestesia geral – Inadmissibilidade – Choque resultante do uso de anestésico de alto risco, com diluente impróprio no paciente, que se mostrou intolerante ao mesmo – Culpa demonstrada – Ação procedente (TJSP, Ap. 137.706-1, rel. Des. Renan Lotufo, j. 25-9-1992).

14.2. Cirurgião e anestesista. Atos destacáveis

■ Responsabilidade civil dos médicos – Cirurgião e anestesista – Atos destacáveis – Culpa inexistente.Com a evolução e o aprimoramento das técnicas cirúrgicas operou-se a divisão do trabalho, por equipes especializadas. A concepção unitária da operação cirúrgica é conceito ultrapassado. Tudo o que for destacável do ato operatório enseja a responsabilidade de quem o praticou e não necessariamente a do cirurgião. Impende, pois, isolar a atuação do anestesista frente ao caso concreto (TJRS, *RJ*, *75*:237, e *Ajuris*, *17*:75).

JURISPRUDÊNCIA

15. Cirurgia plástica. Danos materiais e morais

15.1. Cirurgia estética. Obrigação de resultado

■ Responsabilidade civil – Dano resultante de cirurgia estética – Hipótese em que não foi atingido o resultado previsto – Condenação do réu no custeio de outra cirurgia reparadora – Embargos rejeitados (*RJTJSP*, *99*:315).

- Responsabilidade civil – Médico – Dano estético resultante de cirurgia plástica – Reconhecimento da responsabilidade contratual em razão de inadimplemento, por assumir o cirurgião obrigação de resultado – Admissibilidade. O dano estético resultante de cirurgia plástica deve ser indenizado pelo médico em razão de inadimplemento contratual, já que assume ele obrigação de resultado (*RT, 638*:89).

- Responsabilidade civil – Ato ilícito – Dano estético – Intervenção de natureza mastológica – Nexo causal direto entre a deformidade gravosa e o comportamento culposo do médico – Recurso não provido (*RJTJSP, 132*:161).

- Cirurgia estética – Obrigação de resultado – Indenização – Dano material e dano moral. Contratada a realização de cirurgia embelezadora, o cirurgião assume obrigação de resultado, sendo obrigado a indenizar pelo não cumprimento da mesma obrigação, tanto pelo dano material quanto pelo moral, decorrente de deformidade estética, salvo prova de força maior ou caso fortuito (STJ, REsp 10.536-RJ, 3ª T., rel. Min. Dias Trindade, j. 21-6-1991, *DJU*, 19 ago. 1991, n. 159, p. 1093).

- Indenização – Mamoplastia da qual resultou deformidade estética – Deformação atribuída à flacidez da pele da paciente – Fato que, se não levado ao conhecimento da autora, caracterizou imprudência e, se desconhecido, caracterizou negligência – Procedência da ação mantida.Se a deformação dos seios deve ser atribuída à flacidez da pele da autora, resta incólume a culpa do cirurgião. Assim, duas hipóteses merecem destaque: Primeira, o réu que, evidentemente, examinou os seios da autora, percebeu a alegada flacidez da pele, ocultando esse fato da paciente, agindo com imprudência, pois como conceituado cirurgião que alega ser, devia prever o resultado indesejável da deformação apontada. Segunda, se não percebeu dita flacidez, agiu com negligência, outra modalidade de culpa (*RT, 713*:125).

- Cirurgia reparadora e estética – Indenização – Contratada a realização da cirurgia reparadora e estética, o cirurgião assume, na primeira, obrigação de meio, e, provado que agiu culposamente, fica obrigado a ressarcir os prejuízos materiais experimentados pela vítima. Na segunda, assume obrigação de resultado (responsabilidade contratual ou objetiva), devendo indenizar a vítima pelo não cumprimento do contrato, decorrente de deformidade ou de alguma irregularidade (*RT, 813*:354).

15.2. Cirurgia estética com resultado diverso do pretendido pelo paciente

- Cirurgia plástica – Erro profissional – Responsabilidade civil do estabelecimento hospitalar por erro profissional de sua equipe médica quando ocorre culpa *in eligendo* – Cirurgia estética com resultado diverso do pretendido pelo paciente (*RT, 566*:191).

15.3. Responsabilização do cirurgião, salvo culpa do paciente ou a intervenção de fator imprevisível

- Indenização – Médico – Realização de cirurgia plástica – Dano estético – Responsabilização, salvo culpa do paciente ou a intervenção de fator imprevisível, o que lhe cabe provar. O profissional que se propõe a realizar cirurgia, visando melhorar a aparência física do paciente, assume o compromisso de que, no mínimo, não lhe resultarão danos estéticos, cabendo ao cirurgião a avaliação dos riscos. Responderá por tais danos, salvo culpa do paciente ou a intervenção de fator imprevisível, o que lhe cabe provar (STJ, *RT, 718*:270).

15.4. Cirurgia estética. Negligência no pós-operatório

■ Responsabilidade civil – Médico – Cirurgia estética – Pós-operatório. Reconhecido no acórdão que o médico foi negligente nos cuidados posteriores à cirurgia, que necessitava de retoques, impõe-se sua condenação ao pagamento das despesas para a realização de tais intervenções (STJ, REsp 73.958-PR, 4ª T., rel. Min. Ruy Rosado de Aguiar, *DJU*, 11 mar. 1996).

15.5. Cirurgia plástica. Obrigação de resultado. Inadmissibilidade

■ Em caso de cirurgia embelezadora, se o cirurgião efetuou seu trabalho fazendo tudo que estava ao seu alcance e ainda assim o resultado atingido não foi o esperado pelo paciente, não pode disso gerar a presunção de culpa do cirurgião. Inaceitabilidade da tese de que se trata de obrigação de resultado, pois que se trata de obrigação cujo cumprimento se desenvolve em zona aleatória como é o corpo humano. A responsabilização resultaria, então, da verificação de um erro médico e aí esse erro deverá ser demonstrado (TJRJ, EI na Ap. 863/98, rel. Des. Alcântara de Carvalho, j. 14-1-1999).

15.6. Defeitos da cirurgia. Indenização por danos morais e estéticos devida

■ Responsabilidade civil – Erro médico – Culpa grave – Danos estético e moral. Em se tratando de pedido de indenização por cirurgia plástica malsucedida, provada a culpa, fica o profissional obrigado a restituir ao paciente os honorários, bem como a reparar os danos decorrentes do erro médico. Se em ação de indenização houve pedido de reparação pecuniária por danos morais e estéticos decorrentes de defeitos da cirurgia e outro para pagamento de despesas com futura cirurgia corretiva, atendido este, inadmissível será o deferimento do primeiro (TAMG, Ap. 11.111-3, 4ª Câm., rel. Juiz Macedo Moreira, *RJ, 231*:148).

JURISPRUDÊNCIA

16. Nascituro e lesões sofridas durante o trabalho de parto

16.1. Danos morais. Retardamento do parto

■ Indenização – Danos morais – Verba devida à mãe parturiente, cujo filho nasce morto por respirar mecônio no útero, em razão do retardamento do parto, por negligência e omissão médica (*RT*, 729:290).

16.2. Lesões ao nascituro. Culpa do médico não comprovada

■ Feto em posição invertida e distorcida de rotação são fatos naturais que escapam ao controle do profissional médico, não se podendo responsabilizá-lo por lesões que estes venham a causar na criança se não restar comprovado ter ele agido com negligência, imprudência ou imperícia (*RT*, *694*:84).

16.3. Danos físicos irreversíveis, causados durante o trabalho de parto

■ Responsabilidade civil – Erro médico – Lesões provocadas em nascituro, ocasionando-lhe danos físicos irreversíveis, durante o trabalho de parto – Ocorrência de inadimplemento na prestação de serviço – Omissão culposa caracterizada – Indenização devida (TJSP, Ap. 129.718-1, rel. Des. Roque Komatsu, j. 1º-11-1990).

JURISPRUDÊNCIA

17. Plano de saúde

17.1. Internação em hospital não conveniado, por falta de vaga

■ Internação – Falta de vaga em hospital conveniado – Paciente em estado grave – Internação em hospital não conveniado – Ressarcimento das despesas oriundas de internação – Falta de central de atendimento indicando quais hospitais conveniados possuem vagas em caso de emergência – Ressarcimento das despesas e indenização por dano moral devidos (*RT*, *738*:290).

17.2. Internação em UTI. Cláusula limitativa de período

■ Cláusula que prevê limite de 5 dias, com prorrogação desse prazo a critério da prestadora de serviços – Nulidade – Disposição contratual que se caracteriza como exagerada vantagem para a contratada e verdadeira restrição de direito para o contratante – Inteligência e aplicação do artigo 51, IV, do Código de Defesa do Consumidor (*RT*, *707*:73).

17.3. Falta de clareza na redação de cláusula contratual. Nulidade de pleno direito

■ Cobertura – Cirrose hepática – Doença crônica alegada – Exclusão – Necessidade de clareza na redação de cláusula, de modo a permitir sua imediata e fácil compreensão – Inocorrência – Utilização de linguagem de caráter médico desconhecida da maior parte das pessoas – Desconformidade com o Código de Defesa do Consumidor – Nulidade de pleno direito – Artigo 54, § 4º, do aludido diploma – Ação procedente (*JTJ*, Lex, *230*:177).

17.4. Convênio de assistência médico-hospitalar. Contrato de adesão. Interpretação contra o estipulante

- Contrato cujo entendimento pelos contratantes era o de que a cláusula excludente das epidemias não abrangia a AIDS. Nos contratos de adesão a interpretação das cláusulas duvidosas é sempre em favor dos aderentes e, ainda que não seja de adesão, o contrato deve ser interpretado contra o próprio estipulante que, podendo ser claro, não o foi (*RT, 725*:233).

17.5. Convênio médico. AIDS. Exclusão. Inadmissibilidade

- Alegação de que o tratamento está excluído das condições gerais do seguro, sob o argumento de consistir em doença infectocontagiosa – Inadmissibilidade – Infecção que é consequência, e não causa. A melhor interpretação do ajuste contratual é aquela que não exclui a síndrome da AIDS de cobertura do convênio médico (*RT, 726*:263).

17.6. Cirurgia plástica. Exclusão de cobertura

- Distinção entre modalidades reparadora e meramente estética – Finalidade corretiva, em etapa posterior de tratamento de lesões, após inúmeras operações sofridas – Antecipação da tutela deferida – Verossimilhança do direito da autora – Recurso não provido (*JTJ, Lex, 230*:242).
- Teses para os fins do art. 1.040 do CPC/2015: (i) é de cobertura obrigatória pelos planos de saúde a cirurgia plástica de caráter reparador ou funcional indicada pelo médico assistente, em paciente pós-cirurgia bariátrica, visto ser parte decorrente do tratamento da obesidade mórbida, e, (ii) havendo dúvidas justificadas e razoáveis quanto ao caráter eminentemente estético da cirurgia plástica indicada ao paciente pós-cirurgia bariátrica, a operadora de plano de saúde pode se utilizar do procedimento da junta médica, formada para dirimir a divergência técnico-assistencial, desde que arque com os honorários dos respectivos profissionais e sem prejuízo do exercício do direito de ação pelo beneficiário, em caso de parecer desfavorável à indicação clínica do médico assistente, ao qual não se vincula o julgador (STJ, REsp 1.870.834-SP, 2ª Seção, rel. Min. Ricardo Villas Bôas Cueva, j. 13-9-2023).

17.7. Recusa de atendimento a grávida, com quadro abortivo, em razão de prazo de carência

- Encaminhamento da paciente a tratamento pelo SUS, vindo a abortar – Responsabilidade solidária do hospital e da empresa que administra o plano de saúde – Hipótese de atendimento de urgência, sujeitando-se a um prazo de carência de apenas 24 horas – Verba devida (*RT, 842*:184).

17.8. Indenização devida a mulher que teve os seios retirados por erro médico

- Paciente que foi internada para fazer coleta de material num dos seios e teve as duas mamas retiradas sem o seu consentimento – Legitimidade passiva do plano de saúde e do médico

(STJ, REsp 1.133.386-RS, 4ª T., rel. Des. convocado Honildo de Mello Castro, disponível em <www.conjur.com.br>, acesso em 28 jul. 2010).

JURISPRUDÊNCIA

18. Prescrição. Prazo

■ Erro médico – Óbito do paciente – Danos morais – Prescrição – Termo inicial – Teoria da actio nata – Data da efetiva ciência do dano – Laudos médicos – Marco inaugural do prazo prescricional – O início do prazo prescricional, com base na teoria da actio nata, não se dá necessariamente quando da ocorrência da lesão, mas sim no momento em que o titular do direito subjetivo violado obtém plena ciência da ofensa e de sua extensão (AgInt no AREsp 1.311.258-RJ, 3ª T., rel. Min. Moura Ribeiro, j. 10-12-2018, *DJe* 13-12-2018).

■ Em se tratando de ação que objetiva o ressarcimento de despesas realizadas com cirurgia cardíaca para a implantação de "stent", em razão da negativa do plano de saúde em autorizar o procedimento, a relação controvertida é de natureza contratual. Não havendo previsão específica quanto ao prazo prescricional, incide o prazo geral de 10 (dez) anos, previsto no art. 205 do Código Civil, o qual começa a fluir a partir da data de sua vigência (11-1-2003), respeitada a regra de transição prevista no art. 2.028 (STJ, REsp 1.176.320-RS, 3ª T., rel. Min. Sidnei Beneti, j. 19-2-2013).

■ Indenização por danos morais – Prescrição não consumada – Falha na prestação de serviço médico caracterizada – Danos morais configurados (AgInt no AREsp 1.602.059-SP, 4ª T., rel. Min. Luis Felipe Salomão, j. 22-6-2020, *DJe* 30-6-2020).

19. Cirurgião-dentista: casuística

19.1. Tratamento odontológico. Obrigação de resultado. Imperícia

■ Responsabilidade civil – Ato ilícito – Danos decorrentes de cirurgia ortodôntica – Imprudência pelo uso de técnicas cirúrgicas não aprovadas pela comunidade científica e imperícia em virtude do comprometimento de enervações e da estrutura óssea – Ação procedente – Recurso não provido (*RJTJSP, 121*:90).

■ Dano material – Incorreção de tratamento odontológico – Profissional que age com imperícia – Hipótese em que os valores despendidos com o serviço inadequado devem ser reembolsados – Dever de serem pagas as despesas efetuadas com o novo tratamento protético realizado por outro dentista especializado (*RT, 818*:199).

■ Responsabilidade civil – Danos moral e material – Dentista – Caracterização da culpa do profissional pela baixa qualidade do serviço prestado consistente na construção de próteses dentárias – Dores físicas e abalo psíquico experimentados pela autora – Verba devida (*RT, 832*:215).

- A responsabilidade do ortodontista em tratamento de paciente que busca um fim estético-funcional é obrigação de resultado, a qual, se descumprida, gera o dever de indenizar pelo mau serviço prestado (STJ, REsp 1.238.746, 4ª T., rel. Min. Luis Felipe Salomão, disponível em <www.editoramagister.com>, acesso em 27 out. 2011).

19.2. Responsabilidade civil odontológica. Nexo causal. Inexistência

- Hipótese de extração total da arcada à adaptação da prótese – Dano estético não relacionado com imperícia, negligência, erro, falha de tratamento ou erro de diagnóstico – Ação improcedente – Recurso não provido (*JTJ*, Lex, *182*:94).

- Indenização – Responsabilidade civil odontológica – Nexo causal – Incomprovação – Negligência e imperícia não identificadas – Paciente portadora de doença periodontal crônica – Providências profiláticas especiais de iniciativa da autora inatendidas – Ação improcedente – Recurso improvido (*JTJ*, Lex, *241*:98).

19.3. Inversão do ônus da prova

- Responsabilidade civil – Cirurgião-dentista – Inversão do ônus da prova – Responsabilidade dos profissionais liberais. Não é automática a inversão do ônus da prova, no CDC (art. 6º, VIII). Ela depende de circunstâncias concretas que serão apuradas pelo juiz no contexto da "facilitação da defesa" dos direitos do consumidor. E essas circunstâncias concretas, nesse caso, não foram consideradas presentes pelas instâncias ordinárias (*RSTJ*, *115*:271).

JURISPRUDÊNCIA

20. Médico-veterinário: casuística

20.1. Animal submetido a cesariana

- Responsabilidade civil – Inocorrência – Médico-veterinário – Animal submetido a cesariana – Inexistência de prova de culpa do profissional – Ação improcedente (TJRS, Ap. 41.860, 4ª Câm. Cív., rel. Des. Bonorino Buttelli, j. 18-8-1982).

20.2. Morte de cavalo de raça

- Indenização – Morte de cavalo de raça – Tratamento dispensado ao problema do membro posterior esquerdo do animal que se mostrou adequado – Culpa afastada – Indenização indevida (TJRS, Ap. 70.004.927.539, 5ª Câm. Cív., rel. Des. Leo Lima, j. 10-4-2003).

20.3. Morte de animal. Culpa configurada

- Responsabilidade civil – Morte de animal – Culpa configurada em razão de omissão do dever geral de cautela – Indenização devida (TJRS, Rec. 71.000.610.188, 2ª T. Recursal, rel. Juiz Leandro Figueira Martina, j. 30-3-2005).

Seção IV
Responsabilidade civil dos advogados

1. Responsabilidade contratual. Obrigação de meio

O mandato é uma das formas de contrato previstas no Código Civil. O mandato judicial impõe responsabilidade de natureza contratual do advogado perante seus clientes.

Diferentemente do direito francês, em que, conforme ressalta Aguiar Dias, a função do advogado representa um *munus* público, em razão do que ela é tipicamente legal, no sistema do nosso direito o "advogado não é oficial público e, assim, sua responsabilidade é puramente contratual, salvo o caso de assistência judiciária" (*Da responsabilidade*, cit., p. 342, n. 123).

A responsabilidade do advogado se assemelha à do médico, pois não assume ele a obrigação de sair vitorioso na causa. São obrigações de meio as decorrentes do exercício da advocacia[75] e não de resultado. Suas obrigações contratuais, de modo geral, consistem em defender as partes em juízo e dar-lhes conselhos profissionais. O que lhes cumpre é representar o cliente em juízo, defendendo pela melhor forma possível os interesses que este lhe confiou[76]. Se as obrigações de meio são executadas proficientemente, não se lhe pode imputar nenhuma responsabilidade pelo insucesso da causa (cf. *RJTJSP*, 68:45).

Admite-se, no entanto, que a obrigação assumida pelo advogado possa, em determinados casos, ser considerada, em princípio, de *resultado*, como na elaboração de um contrato ou da minuta de uma escritura pública, por exemplo, em que se compromete, em tese, a ultimar o resultado. Somente o exame do caso concreto, todavia, poderá apurar a ocorrência de eventual falha do advogado e a extensão de sua responsabilidade.

O advogado responde pelos erros de fato e de direito cometidos no desempenho do mandato. Quanto aos últimos, é necessário que o erro em si se revista de gravidade, para conduzir à responsabilidade do advogado. Aguiar Dias fornece alguns exemplos de erros graves: a desatenção à jurisprudência corrente, o desconhecimento de texto expresso de lei de aplicação frequente ou cabível no caso, a interpretação abertamente absurda... (*Da responsabilidade*, cit., p. 343, n. 124).

Não se deve olvidar que o advogado é o primeiro juiz da causa. A propositura de uma ação requer estudo prévio das possibilidades de êxito e eleição da via adequada. É comum, hoje, em razão da afoiteza de alguns advogados, e do despreparo de outros, constatar-se o ajuizamento de ações inviáveis e impróprias, defeitos esses detectáveis *ictu oculi*, que não ultrapassam a fase do despacho saneador, quando são então trancadas. Amiúde percebe-se que a pretensão deduzida seria atendível. Mas, escolhida mal a ação, o autor, embora com o melhor direito, torna-se sucumbente. É fora de dúvida que o profissional incompetente deve ser responsabilizado, nesses casos, pelos prejuízos acarretados ao cliente.

---

75. Serpa Lopes, *Curso*, cit., p. 261, n. 206.
76. Aguiar Dias, *Da responsabilidade*, cit., p. 341 e 343, n. 123.

Pode responder o advogado pelo parecer desautorizado pela doutrina ou pela jurisprudência, induzindo o cliente a uma conduta desarrazoada, que lhe acarretou prejuízos.

A perda de prazo constitui erro grave. Por constar expressamente da lei, não se tolera que o advogado o ignore. Na dúvida entre prazo maior ou menor, deve a medida judicial ser tomada dentro do menor, para não deixar nenhuma possibilidade de prejuízo ao cliente.

O advogado deve ser diligente e atento, não deixando perecer o direito do cliente por falta de medidas ou omissão de providências acauteladoras, como o protesto de títulos, a notificação judicial, a habilitação em falência, o atendimento de privilégios e a preferência de créditos. Deve, inclusive, ser responsabilizado quando dá causa à responsabilidade do cliente e provoca a imposição de sanção contra este, nas hipóteses dos arts. 79 a 81 do Código de Processo Civil.

Aguiar Dias diz não ter dúvida em afirmar que o advogado que, incumbido de uma causa difícil, de duvidoso êxito, em face da jurisprudência dominante, contra a opinião do próprio cliente, recusar um acordo proposto pela parte contrária, fica responsável – se vem, como tudo indicava, a perder a demanda – pela quantia que o constituinte teria recebido, se não fosse a obstinação do seu procurador (*Da responsabilidade*, cit., p. 348, n. 128).

Carvalho Santos entende que não se deve exigir que o advogado recorra sempre. Só admite a sua responsabilidade quando haja probabilidade de reforma da sentença de que deveria ter recorrido, cabendo ao cliente a prova de que tal aconteceria (*Código Civil*, cit., v. 21, p. 321). É fora de dúvida, no entanto, que incorre em responsabilidade se deixa de recorrer, contrariando os desejos manifestados pelo cliente. A desobediência às instruções do cliente sempre pode acarretar a responsabilidade do advogado, já que tem ele o direito de renunciar ao mandato, se com elas não concordar.

Se o advogado se associa a um colega de profissão, torna-se responsável perante o cliente pelos atos prejudiciais do colega.

Não será, entretanto, qualquer erro que irá dar causa à responsabilidade civil do profissional, proporcionando a respectiva ação de ressarcimento.

E só quando ele for inescusável, patente, demonstrativo apenas de ignorância profunda é que terá justificativa o pedido de perdas e danos (Mário Guimarães de Souza, *O advogado*, Recife, 1935, p. 359).

Proclamou o Tribunal de Justiça de São Paulo que tão só a circunstância de os autores terem sido julgados carecedores da ação, por inteiramente inadequada, extinguindo-se o processo sem exame do mérito, não proporciona, automaticamente, o direito a eventual ressarcimento pelos danos sofridos, sendo necessária a comprovação da total inépcia do profissional e de sua autoria como causador direto do dano (*RJTJSP, 125*:177).

Frisou o aresto que desde longa data têm as leis responsabilizado o advogado quando este, em razão de dolo, culpa ou ignorância, acaba causando prejuízo ao seu patrocinado (Código de Justiniano, 4, 35, 13; Ordenações Afonsinas, 1, 13, §§ 3º e 7º; Ordenações Manoelinas,1, 318, §§ 29 e 35; Ordenações Filipinas, 1, 48, §§ 7º e 10).

E esta responsabilidade, que é, em princípio, tão só disciplinar – quer dizer, sujeita apenas às sanções previstas na legislação específica (art. 35 da Lei federal n. 8.906, de 1994, e Código de Ética Profissional) –, pode ser também civil e até penal, dependendo da gravidade do ato praticado.

Embora já afastada a ideia de gradação da culpa, mesmo porque, em tema de responsabilidade civil, aquela, por mínima que seja, se devidamente comprovada, já obriga a indenizar, realçam os autores a dificuldade da matéria quando a questão envolve a atividade do advogado no exercício de sua profissão. Atente-se, por primeiro, que o advogado não pode ser responsabilizado civilmente pelos eventuais conselhos que deu, convicta e honestamente, ao seu cliente, só porque não houve sucesso na ação que em seguida propôs, mas perdeu.

"O advogado não é responsável se os meios invocados podem ser honestamente sustentados" – dizia Demogue, apoiando-se na jurisprudência francesa de então. E era este, também, o entendimento de Appleton, Garsonnet e outros, consoante menciona Guimarães de Souza em seu clássico trabalho "*O advogado*" (Recife, 1935, p. 359-360).

Já decidiu a Quarta Turma do Superior Tribunal de Justiça que o advogado, embora seja um profissional liberal, não se enquadra no citado § 4º do art. 14 do Código de Defesa do Consumidor, uma vez que a advocacia é atividade regida pela Lei n. 8.906, de 1994 (Estatuto da Advocacia). Confira-se:

"Prestação de serviços advocatícios – Inaplicabilidade do Código de Defesa do Consumidor. Não há relação de consumo nos serviços prestados por advogados, seja por incidência de norma específica, no caso a Lei n. 8.906/94, seja por não ser atividade fornecida no mercado de consumo. As prerrogativas e obrigações impostas aos advogados – como, v.g., a necessidade de manter sua independência em qualquer circunstância e a vedação à captação de causas ou à utilização de agenciador (arts. 31, § 1º, e 34, III e IV, da Lei 8.906/94) – evidenciam natureza incompatível com a atividade de consumo" (STJ, REsp 532.377, 4ª T., rel. Min. Asfor Rocha, j. 21-8-2003).

A matéria, todavia, tornou-se controvertida, tendo a Terceira Turma da aludida Corte se posicionado em sentido contrário, como se pode ver:

"Prestação de serviços advocatícios – Código de Defesa do Consumidor – Aplicabilidade.

Aplica-se o Código de Defesa do Consumidor aos serviços prestados por profissionais liberais, com as ressalvas nele contidas" (STJ, REsp 364.168-SE, 3ª T., rel. Min. Antônio de Pádua Ribeiro, j. 20-4-2004).

A controvérsia, no entanto, encontra-se superada, uma vez que o Superior Tribunal de Justiça adotou a primeira posição, no sentido da inaplicabilidade das normas do Código de Defesa do Consumidor aos contratos de honorários advocatícios (cf. REsp AgRg no Ag. 1.380.692, 3ª T., rel. Min. Nancy Andrighi, *DJe* 30-5-2011; REsp 1.123.422, 4ª T., rel. Min. João Otávio de Noronha, *DJe* 15-8-2011).

Ernesto Lippmann escreveu que "A responsabilidade civil do advogado significa que este deverá, se considerado culpado, arcar com aquilo que seria razoavelmente ganho na demanda, ou, ainda, com os prejuízos que, comprovadamente, a parte perdedora sofrer em função da má atuação profissional. E há outras perdas, pois ser vencido numa demanda, sem dúvida, se traduz naquele estado depressivo, o que leva a uma compensação em dinheiro pelo dano moral" (A responsabilidade civil do advogado vista pelos tribunais, *RT, 787*:141).

2. Responsabilidade pela perda de uma chance

Aspecto relevante no estudo da responsabilidade civil do advogado é o que diz respeito à sua desídia ou retardamento na propositura de uma ação judicial. Utiliza-se, nesses casos, a expressão "perda de uma chance", simbolizando a perda, pela parte, da oportunidade de obter, no Judiciário, o reconhecimento e a satisfação integral ou completa de seus direitos.

Assim, segundo entendimento do Superior Tribunal de Justiça, "a falha na prestação de serviços advocatícios, caracterizada pela ausência de qualquer atuação do advogado na demanda para a qual foi contratado pode, em tese, caracterizar responsabilidade civil pela perda de uma chance, desde que houvesse efetiva probabilidade de sucesso, não fosse a conduta desidiosa do causídico" (STJ, REsp 1.877.375-RS, 3ª T., rel. Min. Nancy Andrighi, *DJe* 15-3-2022).

O advogado que, por exemplo, não apresenta recurso e ajuíza ação apenas depois do prazo prescricional deve pagar pelos danos materiais gerados ao cliente (TJDF, Proc. 20110111147224 25, 5ª Câm. Cív., rel. Des. João Egmont, j. 23-7-2014).

Segundo preleciona Ênio Zuliani (Responsabilidade civil do advogado, *Seleções Jurídicas*, Rio de Janeiro, COAD, out/nov. 2002, p. 8), o cliente "não perde uma causa certa; perde um jogo sem que lhe permitisse disputá-lo, e essa incerteza cria um fato danoso. Portanto, na ação de responsabilidade ajuizada por esse prejuízo provocado pelo profissional do direito, o juiz deverá, em caso de reconhecer que realmente ocorreu a perda dessa chance, criar um segundo raciocínio dentro da sentença condenatória, ou seja, auscultar a probabilidade ou o grau de perspectiva favorável dessa chance".

Aduz o mencionado autor que o "único parâmetro confiável para o arbitramento da indenização, por perda de uma chance, continua sendo a prudência do juiz", acrescentando que "a hipótese de culpa do advogado que, por omissão, não ingressa com ação rescisória no prazo decadencial (art. 495 do CPC [de 1973, atual art. 975]), não produz, de imediato ou de forma automática, o fato 'perda de uma chance', porquanto a probabilidade de sucesso de uma ação rescisória é sempre menor, por envolver o requisito 'vício' de julgamento ou 'erro de fato ou de direito', pressupostos difíceis de serem reunidos para apresentação".

Na busca do diagnóstico da conduta do advogado que perpetrou um dano ao seu cliente, afirmam Pablo Stolze Gagliano e Rodolfo Pamplona Filho (*Novo curso de direito civil*, 3. ed., Saraiva, v. 3, p. 294), inevitável é a ocorrência de situações em que a lesão ao patrimônio jurídico do cliente se tenha dado por uma conduta omissiva do profissional. Como se trata da "perda de uma chance, jamais se poderá saber qual seria o resultado do julgamento se o ato houvesse sido validamente realizado. Nessas situações, há hipóteses extremas em que fatalmente se reconhecerá que uma ação ajuizada é fadada à procedência ou à rejeição como uma aventura processual. A imensa gama de situações intermediárias, porém, impõe admitir que só há possibilidade de responsabilização se for sobejamente demonstrado o nexo de causalidade e a extensão do dano".

Conforme a melhor doutrina, a indenização da chance perdida será *sempre inferior* ao valor do resultado útil esperado. Como assinala Sérgio Savi (*Responsabilidade civil por perda de uma chance*, Atlas, p. 63), "se fosse possível afirmar, com certeza, que o recurso acaso interposto seria provido, a hipótese seria de indenização dos lucros cessantes e não da perda da chance, entendida, repita-se, como dano material emergente".

Na sequência, obtempera o mencionado autor: "Para a valoração da chance perdida, deve-se partir da premissa inicial de que a chance no momento de sua perda tem um certo valor que, mesmo sendo de difícil determinação, é incontestável. É, portanto, o valor econômico desta chance que deve ser indenizado, independentemente do resultado final que a vítima poderia ter conseguido se o evento não a tivesse privado daquela possibilidade (...). Assim, a chance de lucro terá sempre um *valor menor* que a vitória futura, o que refletirá no montante da indenização".

Mera possibilidade não é passível de indenização, pois a chance deve ser *séria* e *real* para ingressar no domínio do dano ressarcível. A teoria da perda de uma chance só pode ser aplicada aos casos em que o dano seja real, atual e certo, dentro de um juízo de probabilidade, e não de mera possibilidade, porque o dano potencial ou incerto, no âmbito da responsabilidade civil, em regra não é indenizável (STJ, REsp 1.236.809, 3ª T., rel. Min. Sidnei Beneti, j. 22-5-2014). (*V*., também: AgInt no REsp 1.740.267-DF, 3ª T., rel. Ministro Ricardo Villas Bôas Cueva, j. 20-5-2024, *DJe* 23-5-2024).

A quantificação do dano será feita por arbitramento (CC, art. 946) de modo equitativo pelo magistrado, que deverá partir do resultado útil esperado e fazer incidir sobre ele o percentual de probabilidade de obtenção da vantagem esperada. Desse modo, se o juiz competente para julgar a ação de indenização movida pelo cliente contra seu advogado desidioso entender, depois de uma análise cuidadosa das probabilidades de sucesso da ação em que este perdeu o prazo para a interposição do recurso adequado, que a chance de obter o resultado útil esperado era, por exemplo, de 70%, fará incidir esta porcentagem sobre tal resultado. Assim, a indenização pela perda da chance será fixada em 70% do valor pretendido na ação tornada infrutífera devido à negligência do advogado.

O advogado, como todo prestador de serviços zeloso e prudente, não deve sonegar informações ao cliente, devendo mantê-lo atualizado sobre o andamento da lide (CDC, art. 6º, III). Pode, por isso, ser responsabilizado se, em virtude de sua omissão, o cliente desistir da ação ou fizer um mau acordo.

O Superior Tribunal de Justiça aplicou a teoria da perda de uma chance no julgamento de um caso em que a autora da ação teve frustrada a chance de ganhar o prêmio máximo de R$ 1 milhão no programa "Show do Milhão", do canal de televisão SBT, em virtude da seguinte pergunta mal formulada: "A Constituição reconhece direitos dos índios de quanto do território brasileiro?". Como possíveis respostas, o programa apresentou quatro opções: (1) 22%; (2) 2%; (3) 4%; ou (4) 10%.

Tal pergunta não tem como ser respondida, porque a Constituição Federal não estabelece nenhum percentual do território brasileiro aos índios.

O relator, Min. Fernando Gonçalves, embora reconhecendo a perda de chance de ganhar o prêmio máximo do programa, calculou de forma matemática quais eram as reais chances que a autora tinha de acertar a "pergunta do milhão". Como havia quatro alternativas de resposta, decidiu que as chances eram de 25% e condenou a emissora ao pagamento de 25% dos R$ 500.000,00, que a autora viu-se impossibilitada de receber (REsp 788.548-BA, 4ª T., j. 8-11-2005).

Em outra oportunidade, a referida Corte se manifestou sobre a aplicação da teoria da perda de uma chance aos advogados, assinalando:

"A teoria da perda de uma chance (*perte d'une chance*) dá suporte à responsabilização do agente causador, não de dano emergente ou lucros cessantes, mas sim de algo que intermedeia um e outro: a perda da possibilidade de buscar posição jurídica mais vantajosa que muito provavelmente alcançaria se não fosse o ato ilícito praticado. Dessa forma, se razoável, séria e real, mas não fluida ou hipotética, a perda da chance é tida por lesão às justas expectativas do indivíduo, então frustradas. Nos casos em que se reputa essa responsabilização pela perda de uma chance a profissionais de advocacia em razão de condutas tidas por negligentes, diante da incerteza da vantagem não experimentada, a análise do juízo deve debruçar-se sobre a real possibilidade de êxito do processo eventualmente perdida por desídia do causídico. Assim, não é só porque perdeu o prazo de contestação ou interposição do recurso que o advogado deve ser automaticamente responsabilizado pela perda da chance, pois há que ponderar a probabilidade, que se supõe real, de que teria êxito em sagrar seu cliente vitorioso" (STJ, REsp 1.190.180-RS, 4ª T., rel. Min. Luis Felipe Salomão, j. 16-11-2010).

Por sua vez, a 3ª Turma do Superior Tribunal de Justiça, no julgamento de recurso em que se discutia a responsabilidade civil de profissional liberal por negligência, proclamou que, "mesmo comprovada a culpa grosseira do advogado, é difícil antever um vínculo claro entre esta negligência e a diminuição patrimonial do cliente, pois o sucesso do profissional liberal depende de outros fatores não sujeitos ao seu controle" (REsp 1.079.185-MG, rel. Min. Nancy Andrighi, *DJe* 4-8-2009).

Em resumo:

1. A indenização pela perda da chance jamais poderá ser igual à do benefício que o cliente auferiria com o provimento do recurso que deveria ter sido interposto pelo advogado negligente. Por não ter certeza da vitória do recurso, a indenização da chance perdida será sempre inferior ao resultado útil esperado.

2. Se fosse possível afirmar, com certeza, que o recurso acaso interposto seria provido, a hipótese seria de indenização dos lucros cessantes e não da perda de uma chance.

3. Para a valoração da oportunidade perdida, deve-se partir da premissa de que a chance, no momento de sua perda, tem um certo valor que, mesmo sendo de difícil determinação, é incontestável (tanto que pode ser objeto de cessão). É o valor econômico dessa chance que deve ser indenizado, independentemente do resultado inicial que a vítima poderia ter conseguido se o evento não o tivesse privado daquela possibilidade.

4. Assim, a chance de lucro será sempre de valor menor que a vitória futura – o que refletirá no montante da indenização.

5. A quantificação do dano deve ser feita de forma equitativa pelo juiz, que deverá partir do dano final e fazer incidir sobre este o percentual da probabilidade de obtenção da vantagem esperada.

6. A liquidação do dano da perda de uma chance se fará por arbitramento.

Decidiu a 3ª Turma do Superior Tribunal de Justiça que a Teoria da Perda de uma Chance só pode ser aplicada aos casos em que o dano seja real, atual e certo, dentro de um juízo de probabilidade, e não de mera possibilidade, porque o dano potencial ou incerto, no âmbito da responsabilidade civil, em regra não é indenizável (REsp 1.236.809, rel. Min. Sidnei Beneti, j. 22-5-2014).

Na V Jornada de Direito Civil do Conselho da Justiça Federal foi aprovado o Enunciado n. 444, *verbis*:

"A responsabilidade civil pela perda de chance não se limita à categoria de danos extrapatrimoniais, pois, conforme as circunstâncias do caso concreto, a chance perdida pode apresentar também a natureza jurídica de dano patrimonial. A chance deve ser séria e real, não ficando adstrita a percentuais aprioristicos".

Confira-se o posicionamento do Superior Tribunal de Justiça a respeito do tema:

Perda da chance – Omissões do advogado – Algo deveria ter sido feito e não foi (propositura de uma ação, interposição de um recurso, esclarecimento a respeito de algo que o cliente deveria ou não deveria fazer).

É certo que tem-se reconhecido, à luz das circunstâncias do caso concreto, o direito à indenização por dano moral diante, por exemplo, da ausência de propositura da ação principal (STJ, AgRg no Resp 1.149.718, 4ª T., rel. Min. Antônio Carlos Ferreira, *DJe* 4-3-2013).

Responsabilidade civil do advogado evidenciada pela negligência culposa, em razão da impetração de mandado de segurança fora do prazo e sem instruí-lo com os documentos necessários, frustrando a possibilidade da cliente, aprovada em concurso público, de ser nomeada ao cargo pretendido (STJ, EDcl no REsp 1.321.606, 4ª. T., rel. Min. Antônio Carlos Ferreira, *DJe* 8-4-2013).

Em caso de responsabilidade de profissionais da advocacia por condutas apontadas como negligentes, e diante do aspecto relativo à incerteza da vantagem não experimentada, as demandas que invocam a teoria da 'perda de uma chance' devem ser solucionadas a partir de uma detida análise acerca das reais possibilidades de êxito do processo, eventualmente perdidas em razão da desídia do causídico. Vale dizer, não é só o fato de o advogado ter perdido o prazo para a contestação, como no caso em apreço, ou para a interposição de recursos, que enseja sua automática responsabilização civil com base na teoria da perda de uma chance. É absolutamente necessária a ponderação acerca da probabilidade – que se supõe real – que a parte teria de se sagrar vitoriosa" (STJ, REsp 1.190.180, 4ª T., rel. Min. Luis Felipe Salomão, *DJe* 22-11-2010). No mesmo sentido: REsp 993.936, 4ª T., rel. Min. Luis Felipe Salomão, *DJe* 23-4-2012; REsp 1.758.767-SP, 3ª T., rel. Min. Paulo de Tarso Sanseverino, j. 9-10-2018, *DJe* 15-10-2018.

Advogado não pode ser responsabilizado por opinião emitida em parecer. Com efeito, não pode ser responsabilizado apenas por opiniões jurídicas e técnicas emitidas em razão de sua função, pois a culpa e o dolo não são presumidos. O sistema da OAB tem posição consolidada no sentido de defender os advogados públicos que emanam pareceres opinativos nos processos que lhes são afetos. O dolo ou a culpa do administrador público não se presume. Por isso, no mínimo deve estar assentada em fatos indicativos da existência do dolo ou culpa grave (dolo eventual) do administrador público (TJ-DF, Apel. 0010579-59.2015.8.07.0018, disponível em Revista *Consultor Jurídico*, 2-4-2018).

3. Inviolabilidade profissional

JURISPRUDÊNCIA

- Advogado – Admissibilidade somente quando o causídico, agindo em seu *munus*, não extrapole os limites da lei nem utilize expressões injuriosas de caráter pessoal, conforme interpretação do art. 7º, § 2º, da Lei 8.906/94 – Ofensas à dignidade do juiz – Indenização devida (*RT*, *747*:399).

- Advogado – Dano moral – Verba indevida. Conforme interpretação do art. 7º, § 2º, da Lei 8.906/94, palavras classificadas de ofensivas à honra do agente, insertas na defesa à ação por este proposta, não dão direito à indenização por dano moral, se os advogados não extrapolaram os limites dos autos, nem deram conhecimento das palavras a estranhos ao litígio (*RT, 761*:225).

- Advogado – Dano moral – Expressões ofensivas utilizadas em juízo, pela parte ou por seu procurador, compatíveis com os fatos discutidos no processo e que não foram escritas ou pronunciadas com a intenção de ofender – Verba indevida – Expressões injuriosas, no entanto, que devem ser coibidas na forma do art. 15 do CPC (*RT, 781*:355).
- Advogado – Dano moral – Imunidade judiciária – Caracterização – Expressões empregadas pelo causídico que, embora candentes, não patentearam a intenção de menoscabar ou de qualquer forma atingir a parte contrária em sua reputação e boa fama – Verba indevida – Inteligência do art. 133 da CF (*RT, 774*:240).

4. Desídia do advogado, deixando prescrever a pretensão do cliente

Jurisprudência

- Advogado – Desídia – O advogado que, por comprovada negligência, não cumpre as obrigações assumidas em contrato de mandato judicial, deixando prescrever o direito de seu constituinte a perceber prestações devidas, tem o dever de indenizar o dano causado em face de sua conduta culposa (*RT, 749*:267).
- Advogado – Prescrição da pretensão – Erro inescusável – Indenizatória ajuizada contra escritório de advocacia por cliente que perdeu a demanda – Pretensão ao ressarcimento do prejuízo sofrido com a sucumbência sob alegação de que houve erro inescusável do causídico ao não arguir a prescrição da ação – Acolhimento – Indenizatória procedente (*RT, 123*:45).
- Advogado – Dano moral – Negligência na atuação profissional – Caracterização – Ação trabalhista proposta só após o decurso do prazo de prescrição – Impossibilidade, entretanto, de avaliar o direito do reclamante – Indenização pela perda da chance de ver o pleito examinado pelo Judiciário – Modalidade de dano moral – Recurso provido para julgar procedente a ação (1º TACSP, Ap. 680.655-1-Martinópolis, *Boletim da AASP*, n. 1.986, p. 23).

5. Atuação ineficiente

Jurisprudência

- Indenizatória – Ação movida contra advogado que mal defendera os interesses dos autores em juízo – Improcedência – Hipótese em que o mesmo se sujeita, eventualmente, à sanção disciplinar mas não civil, mormente quando devolveu o que recebera a título de honorários – Pedido improcedente (TJSP, Ap. 113.443, 1ª Câm., rel. Des. Luiz de Azevedo, j. 15-2-1990).
- Advogado – Responsabilidade civil – Propositura de ação inadequada – Circunstância que não proporciona, automaticamente, o direito a eventual ressarcimento pelos danos sofridos – Necessidade da comprovação da total inépcia do profissional e de sua autoria como cau-

sador direto do dano – Inocorrência na espécie – Ação improcedente – Sentença confirmada (*RJTJSP*, *125*:176).

- Ação de perdas e danos – Atuação do advogado, que retém os autos por 14 meses – Responsabilidade civil – Responde o advogado, perante terceiro, pelo doloso retardamento do feito, ao reter o processo, durante 14 meses, sem qualquer justificação, violando os deveres éticos que presidem o exercício da profissão – Dano moral existente *in re ipsa*, traduzindo-se na angústia, frustração e revolta que sofreu a autora, depois de longa batalha judicial, por ela vencida, vendo-se impedida de logo receber os seus direitos, pela indevida retenção dos autos, sem a menor justificação – Indenização arbitrada moderadamente em 200 salários mínimos (TJRJ, Ac. 914/01-RJ, 10ª Câm. Cív., rel. Des. Sylvio Capanema de Souza, j. 8-5-2001).

- O advogado que age com comprovada imperícia, impedindo que seu cliente consiga uma posição mais vantajosa no processo, pode ser responsabilizado com base na Teoria da Perda de uma Chance – Adoção de estratégia errada – Para que seja configurada a perda de uma chance deve-se, primeiramente, ponderar quais seriam as reais probabilidades de obter êxito nas demandas patrocinadas, para então poder-se aferir acerca da culpa do causídico, no tocante à prestação de serviços. Verificado, *in casu*, o nexo de causalidade entre a conduta do advogado e o resultado da demanda (TJRS, Ap. 70.045.145.471, 16ª Câm. Cív., rel. Des. Roque Menine, j. 19-12-2013).

6. Perda de prazo

JURISPRUDÊNCIA

- Ação de indenização por danos morais e materiais – Advogado – Ausência de preparo – Perda de prazo – Obrigação de meio – Teoria da perda de uma chance – Mero dano hipotético – Reparação – Descabimento – A teoria da perda de uma chance preconiza que, quando houver uma probabilidade suficiente de ganho da causa, o responsável pela frustração deve indenizar o interessado – A chance deve ser real, e não uma simples esperança de reverter a condenação em eventual provimento do recurso (TJMG, Apel. Cível 1.0699.15.001544-3/001, rel. Des. Marcos Caldeira Brant, *DJEMG*, 23-2-2018).

- Advogado – Perda de prazo – Negligência – Dano moral – A perda de prazo configura negligência do advogado, acarretando consequências não patrimoniais à cliente, de quem se retirou a chance de continuar vivendo na residência que, por longo período, foi sua casa (STJ, REsp 1.079.185-MG, rel. Min. Nancy Andrighi, j. 11-11-2008).

- Advogado – Perda de prazo para contestar a ação – Dano moral – Chance desperdiçada. O advogado omisso com a defesa do cliente será obrigado a indenizar seus prejuízos caso se defina que a petição não interposta teria sido capaz de reverter o resultado declarado pela negligente conduta – o que está demonstrado nos autos (TJSP, 4ª Câmara de Direito Privado, rel. Des. Ênio Zuliani, jan. 2010, Revista *Consultor Jurídico*, 17-1-2010).

- Advogado – Alegação de negligência e imperícia de advogado, que seria responsável pela revelia e interposição intempestiva de apelação. Prova que só permite concluir pela culpa do profissional na última hipótese. Perda de uma chance. Possibilidade de indenização. Necessidade, porém, da seriedade e viabilidade da chance perdida. Circunstâncias não presentes na espécie. Acolhimento do pedido apenas para condenação do profissional ao ressarcimento dos honorários pagos pelos autores e preparo do recurso intempestivo (TJRS, Ap. 70.005.635.750, 6ª Câm., rel. Des. Carlos Alberto Álvaro de Oliveira, j. 17-11-2003).

Seção V
Responsabilidade civil do fornecedor no
Código de Defesa do Consumidor

1. Aspectos gerais da responsabilidade civil no Código de Defesa do Consumidor

O Código de Defesa do Consumidor (Lei n. 8.078/90) é de tal forma abrangente que provocou enorme repercussão nos diversos ramos do direito. Uma interpretação lógica, sistemática e razoável de nossos tribunais transformou-o num instrumento de efetiva proteção aos consumidores, sem dificultar ou impedir o nosso desenvolvimento econômico.

Os dois principais protagonistas do Código de Defesa do Consumidor são o consumidor e o fornecedor. Este é toda pessoa física ou jurídica, pública ou privada, nacional ou estrangeira, bem como os entes despersonalizados, que desenvolvem atividades de produção, montagem, criação, construção, transformação, importação, exportação, distribuição ou comercialização de produtos ou prestação de serviços (art. 3º).

Incluídos se acham nesse conceito, portanto, o produtor, o fabricante, o comerciante, o prestador de serviços, bem como os órgãos do Poder Público que desenvolvam as mencionadas atividades ou prestem serviços que caracterizem relação de consumo.

Observe-se que a lei se refere a fornecedor como aquele que desenvolve "atividade" de produção, montagem, comercialização etc., mostrando que é a atividade que caracteriza alguém como produtor. Ora, atividade significa não a prática de atos isolados, mas a de atos continuados e habituais. Assim, não é considerado fornecedor quem celebra um contrato de compra e venda, mas aquele que exerce habitualmente a atividade de comprar e vender. Assim como não é fornecedor quem vende a sua casa ou seu apartamento, mas o construtor que exerce a atividade de venda dos imóveis que constrói, habitual e profissionalmente.

O conceito de fornecedor está, assim, intimamente ligado à ideia de atividade empresarial. Desse modo, continua regida pelo Código Civil a compra e venda de carro usado entre particulares, inserindo-se, porém, no âmbito do Código de Defesa do Consumidor a compra do mesmo carro usado efetuada perante uma revendedora.

No campo específico da responsabilidade civil, já havia sido detectada a profunda transformação do conceito tradicional de culpa, como fundamento do dano indenizável, e a evolução lenta mas contínua em direção à responsabilidade objetiva, fundada no risco (*v. Culpa e risco*, in Livro II, Título II, Capítulo I, n. 3), notadamente no campo dos transportes, dos danos causados ao meio ambiente, das atividades nucleares etc.

O Código de Defesa do Consumidor, atento a esses rumos da responsabilidade civil, também consagrou a responsabilidade objetiva do fornecedor, tendo em vista especialmente o fato de vivermos, hoje, em uma sociedade de produção e de consumo em massa, responsável pela despersonalização ou desindividualização das relações entre produtores, comerciantes e prestadores de serviços, em um polo, e compradores e usuários do serviço, no outro. Em face dos grandes centros produtores, o comerciante perdeu a preeminência de sua função intermediadora.

No sistema codificado, tanto a responsabilidade pelo fato do produto ou serviço como a oriunda do vício do produto ou serviço são de natureza objetiva, prescindindo do elemento culpa a obrigação de indenizar atribuída ao fornecedor.

Em linhas gerais, estipula-se "a reparação de danos, tanto patrimoniais como morais, na tutela da própria Constituição de 1988 (art. 5º, V) e sem prejuízo de sancionamentos outros cabíveis. Compreendem-se, em seu contexto, tanto danos a pessoa como a bens, prevalecendo a obrigação de ressarcimento nos casos de vício, falta ou insuficiência de informações, ou seja, tanto em razão de problemas intrínsecos como extrínsecos do bem, ou do serviço".

A "responsabilidade é estendida, solidariamente, a todos os que compõem o elo básico na colocação de produtos no mercado quando autores da ofensa (art. 7º, parágrafo único). São limitadas as excludentes invocáveis pelos agentes, ampliando, assim, as possibilidades de êxito do lesado. Além disso, no caso de existência de lesões ou problemas com bens, consideram-se equiparadas a consumidor todas as vítimas (como, por exemplo, em uma família, as pessoas que tenham contraído doenças face a vícios de produto)".

Determina-se, por expresso, "a aplicação da teoria da desconsideração da personalidade jurídica (ou do superamento, ou do *disregard*), em relação a pessoas jurídicas e a grupos de sociedades, permitindo, assim, atingir-se o patrimônio dos sócios ou acionistas, para a satisfação de direitos dos lesados, quando ficar caracterizado o uso indevido da empresa para locupletamento pessoal. Nas hipóteses de grupos e de interligações de sociedades, estipula-se a responsabilidade subsidiária ou solidária, conforme o caso, das unidades agentes, para efeito de elidir-se evasivas relacionadas com a textura jurídica das concentrações de empresas. Mas, a fim de evitar dúvidas, e preso, nesse passo, ao regime convencional, o Código submete a responsabilidade dos profissionais liberais ao princípio da culpa, sujeitando-os, portanto, às prescrições do direito comum" (Carlos Alberto Bittar, *Direitos do consumidor*, Forense Universitária, p. 71-2).

Ao adotar o sistema da responsabilidade civil objetiva pelos danos causados a direitos do consumidor, o legislador brasileiro tomou o mesmo passo das modernas legislações dos países industrializados, como os Estados Unidos, a Inglaterra (*Consumer Protection Act*, de 1987), a Áustria, a Itália (Lei n. 183/87), a Alemanha e Portugal.

No sistema brasileiro, não existe limitação para a indenização, também denominada "indenização tarifada". De modo que, havendo danos causados aos consumidores, o fornecedor deve indenizá-los em sua integralidade. Essa indenização derivada do fato do produto ou serviço não pode ser excluída contratualmente. O art. 51 do Código de Defesa do Consumidor considera abusiva e, portanto, nula a cláusula contratual que impossibilitar, exonerar ou atenuar a responsabilidade civil do fornecedor por vícios de qualquer natureza, incluídos aqui os acidentes de consumo e os vícios redibitórios. Hoje em dia é muito comum vermos essas cláusulas de exclusão da responsabilidade civil em avisos existentes em estacionamentos de automóveis, por exemplo, as quais, a partir da entrada em vigor do Código de Defesa do Consumidor, não mais poderão ter eficácia (Nelson Nery Júnior, "Aspectos da responsabilidade civil do fornecedor no Código de Defesa do Consumidor", *Revista do Advogado*, n. 33, p. 78-9).

Como o art. 6º, VI, do Código de Defesa do Consumidor diz ser direito básico do consumidor a efetiva prevenção e reparação de danos patrimoniais e morais, individuais, coletivos e difusos, não resta mais nenhuma dúvida sobre a cumulatividade das indenizações por danos patrimoniais e morais causados ao consumidor. Tal sistemática veio pôr fim a antiga discussão que se formou em virtude de que a jurisprudência do Supremo Tribunal Federal, conquanto admita a indenização pelo dano moral, não permitia a cumulação dela com a indenização pelo dano patrimonial. A conjuntiva "e", ao invés da disjuntiva "ou", do art. 6º, VI, do Código de Defesa do Consumidor, deixa expressa a possibilidade de haver cumulação das indenizações por danos morais e patrimoniais ao direito do consumidor (Nelson Nery Júnior, *Revista do Advogado*, cit., p. 79). Nesse sentido proclama a Súmula 37 do Superior Tribunal de Justiça: "São cumuláveis as indenizações por dano material e dano moral oriundos do mesmo fato".

2. A responsabilidade pelo fato do produto e do serviço

Duas são as espécies de responsabilidade civil reguladas pelo Código de Defesa do Consumidor: a responsabilidade pelo fato do produto e do serviço e a responsabilidade por vícios do produto ou do serviço. Tanto uma como outra são de natureza objetiva, prescindindo do elemento culpa para que haja o dever de o fornecedor indenizar, exceção feita aos profissionais liberais, cuja responsabilidade pessoal continua sendo de natureza subjetiva (art. 14, § 4º).

A primeira é derivada de danos do produto ou serviço, também chamados de acidentes de consumo (extrínseca). A segunda, relativa ao vício do produto ou serviço (intrínseca), tem sistema assemelhado ao dos vícios redibitórios, ou seja, quando o defeito torna a coisa imprópria ou inadequada para o uso a que se destina, há o dever de indenizar.

Para efeito de indenização, é considerado *fato do produto* todo e qualquer acidente provocado por produto ou serviço que causar dano ao consumidor, sendo equiparadas a este todas as vítimas do evento (art. 17).

Enquadram-se nesses casos os danos, materiais e pessoais, decorrentes de acidente automobilístico ocorrido em virtude de defeito de fabricação da direção ou dos freios; de incêndio ou curto-circuito provocado por defeito de eletrodoméstico; de uso de medicamento nocivo à saúde; de emprego de agrotóxico prejudicial à plantação ou à pastagem etc. Se, por exemplo, "o consumidor compra lâmpada que vem a explodir diante do seu rosto, causando danos materiais e estéticos, haverá um fato do produto. O fato do produto ou do serviço também é chamado de acidente de consumo. Assim, consumidor que fratura dente ao morder peça metálica dentro do alimento sofre, por óbvio, acidente de consumo" (STJ, AgRg no REsp 1.220.998, 3ª T., rel. Min. Paulo de Tarso, *DJe* 21-8-2012).

Com relação ao fornecimento de *serviços defeituosos*, podem ser lembradas as hipóteses de danos materiais ou pessoais causados aos usuários dos serviços de transporte (acidentes aeroviários, p. ex.), dos serviços de guarda e estacionamento de veículo, de hospedagem, de construção etc.

De acordo com o § 1º do art. 12, é defeituoso o produto que não revele a segurança que poderia se esperar, levados em consideração sua apresentação, o uso e o risco que razoavelmente dele se espera e a época em que foi introduzido no mercado. Também se considera defeituoso, para efeitos de indenização, o produto que contenha informações insuficientes ou inadequadas sobre sua utilização e risco, inclusive as de caráter publicitário (art. 30).

Decidiu o Superior Tribunal de Justiça: "Responsabilidade civil. Direito do consumidor. Segurança condominial. Defeito na prestação do serviço. Furto. Imóvel residencial da autora. Assalto. Subtração de joias de família. Dever de indenizar. Conclusão do juízo de Primeira Instância de que as provas apontaram a empresa prestadora do serviço de segurança condominial como responsável exclusiva pelos danos causados à condômina, vítima de crime de furto, ocorrido em virtude do comportamento negligente do preposto da primeira e de elucidação dificultada pelo fato de não estar em funcionamento o circuito interno de TV, cuja implementação e manutenção eram também de sua responsabilidade. Interpretação das cláusulas contratuais (STJ, REsp 1.330.225-SC, 3ª T., rel. Min. Villas Bôas Cueva, *DJe* 24-10-2017).

Desde que o produto não contenha nenhum dos defeitos mencionados no art. 12, o simples fato de existir no mercado de consumo outro produto similar e de qualidade superior não o torna defeituoso (art. 12, § 2º).

A responsabilidade principal é exclusiva do fabricante, produtor, construtor ou importador do produto, sendo que o comerciante somente responde, subsidiariamente, quando os responsáveis principais não puderem ser identificados, bem como quando não conservar, adequadamente, os produtos perecíveis. Ressalva o parágrafo único do art. 13 o direito de regresso, na medida de sua participação no evento danoso, àquele que indenizar o prejudicado quando havia outros devedores solidários.

3. A responsabilidade por vício do produto e do serviço

Os bens ou serviços fornecidos podem ser afetados por *vícios de qualidade ou quantidade* que os tornem impróprios ou inadequados ao consumo a que se destinam ou lhes diminuam o valor, assim como por aqueles decorrentes da disparidade com as indicações constantes do recipiente, da embalagem, rotulagem ou mensagem publicitária (art. 18).

A responsabilidade decorre dos vícios inerentes aos bens ou serviços e, nesses casos, o evento danoso está *in re ipsa*.

O referido art. 18 do Código de Defesa do Consumidor estabelece a responsabilidade solidária de todos aqueles que intervierem no fornecimento dos produtos de consumo de bens duráveis ou não duráveis, em face do destinatário final.

O consumidor, em razão da solidariedade passiva, tem direito de endereçar a reclamação ao fornecedor imediato do bem ou serviço, quer se trate de fabricante, produtor, importador, comerciante ou prestador de serviços, como também pode, querendo, acionar o comerciante e o fabricante do produto, em litisconsórcio passivo.

Se o comerciante for obrigado a indenizar o consumidor, poderá exercer o direito de regresso contra os demais responsáveis, segundo sua participação no evento danoso (sem perquirição de culpa), nos termos do art. 13, parágrafo único, do mesmo Código.

Para evitar prejuízo ao consumidor com a demora que a denunciação da lide, como exercício do direito de regresso, acarretaria, o art. 88 veda expressamente o seu uso. Tendo em vista, porém, que o art. 90 proclama aplicarem-se às ações que objetivam a defesa do consumidor as normas do Código de Processo Civil, pode o fornecedor acionado chamar ao processo os demais devedores solidários (CPC/2015, arts. 130 a 132), para haver deles a respectiva cota-parte, prosseguindo no mesmo processo ou ajuizando contra eles ação autônoma.

A lei presume, entretanto, a participação exclusiva do fornecedor imediato na causação do dano, restringindo a ele a responsabilidade perante o consumidor, nos casos de fornecimento de produtos *in natura*, a não ser quando identificado claramente seu produtor (art. 18, § 5º), e nos casos de vícios de quantidade decorrentes de pesagem ou medição (art. 19, § 2º).

Constatado vício de qualidade dos bens fornecidos, o consumidor pode exigir a substituição das partes viciadas. Não sendo o vício sanado no prazo máximo de trinta dias, pode o consumidor, nos termos do § 1º do art. 18, exigir, alternativamente e à sua escolha:

"I – a substituição do produto por outro da mesma espécie, em perfeitas condições de uso;

II – a restituição imediata da quantia paga, monetariamente atualizada, sem prejuízo de eventuais perdas e danos;

III – o abatimento proporcional do preço".

Em linha de princípio, o consumidor só poderá fazer uso das alternativas supradescritas se o vício não for sanado no prazo máximo de trinta dias, contados do ato aquisitivo. Decidiu-se, a propósito: "Comprado veículo novo com defeito de fábrica, é responsabilidade do fabricante entregar outro do mesmo modelo, a teor do art. 18, § 1º, do Código de Defesa do Consumidor" (STJ, REsp 195.659-SP, 3ª T., rel. Min. Menezes Direito, *DJU*, 12 jun. 2000). Sem embargo, o consumidor poderá fazer uso imediato dessas alternativas sempre que, em razão da extensão do vício, a simples restituição das partes avariadas puder comprometer a qualidade ou características essenciais do produto, inclusive diminuindo-lhe o valor (art. 18, § 3º). Inclusive, poderá exigir a substituição do produto viciado por outro de espécie, marca ou modelo diversos, mediante complementação ou restituição de eventual diferença de preço (§ 4º do art. 18). O Código permite ainda que as partes (fornecedores e consumidores) convencionem a redução ou ampliação do prazo legal de garantia retrocitado, não podendo ser inferior a sete, nem superior a cento e oitenta dias (Zelmo Denari, Responsabilidade civil do fornecedor, *Revista do Advogado*, n. 33, p. 66).

O art. 26 do Código de Defesa do Consumidor dispõe que o direito de reclamar por vícios aparentes caduca em trinta dias para os bens não duráveis e em noventa dias, tratando-se de bens duráveis, iniciando-se a contagem do prazo decadencial da entrega efetiva do produto. O § 3º aduz que, tratando-se de vícios ocultos, o prazo decadencial inicia sua contagem na data em que ficar evidenciado o defeito.

Assim, o consumidor que apresenta reclamação perante o fornecedor, devidamente comprovada, para que seja sanado o vício, obsta a decadência (art. 26, § 2º) e deve aguardar o decurso do prazo de trinta dias para exercer o direito de formular um dos pedidos alternativamente previstos nos incisos do § 1º do art. 18. Essa nova reclamação, que tem agora novo objeto, deve também obedecer aos prazos do art. 26.

Com relação aos prazos decadenciais, é de se frisar que os dias que antecederam a primeira reclamação e aqueles que transcorrerem entre a negativa do fornecedor ou o decurso do prazo, legal ou contratual, para que sanasse o vício, e a nova reclamação, são computados para efeito de contagem do prazo decadencial.

Se o vício não for sanado e não for atendida a alternativa escolhida pelo consumidor, pode ele ir a juízo, respeitado o prazo decadencial do mencionado art. 26.

O Código prevê, ainda, nos arts. 18, 19 e 20, a possibilidade de, não sanado o vício, ser pedida a restituição da quantia paga pelo consumidor, monetariamente atualizada, "sem prejuízo de eventuais perdas e danos". Perdas e danos abrangem, conforme o art. 402 do Código Civil, o dano emergente e o lucro cessante. Assim, se o vício do material adquirido impediu o funcionamento de máquina ou a prestação de serviço que proporcionaria lucro ao consumidor, a indenização deve abranger também o lucro cessante, da mesma forma se o dinheiro devolvido, mesmo atualizado monetariamente, for insuficiente para adquirir o mesmo material.

O art. 19 do Código de Defesa do Consumidor trata dos vícios de quantidade do produto e assemelha-se aos dispositivos do Código Civil que regulam os vícios redibitórios. Prevê que, se o conteúdo líquido do produto for inferior às indicações constantes do recipiente, da embalagem, rotulagem ou de mensagem publicitária, pode o consumidor exigir, alternativamente e à sua escolha:

"I – o abatimento proporcional do preço;
II – complementação do peso ou medida;
III – a substituição do produto por outro da mesma espécie, marca ou modelo, sem os aludidos vícios;
IV – a restituição imediata da quantia paga, monetariamente atualizada, sem prejuízo de eventuais perdas e danos".

Pode, também, o consumidor optar pela substituição do bem por outro de espécie, marca ou modelo diversos (art. 19, § 1º).

A questão dos vícios de qualidade atinentes a serviços prestados é regulada no art. 20 do Código de Defesa do Consumidor, que faculta ao consumidor pleitear, à sua escolha, as seguintes reparações:

"I – a reexecução dos serviços, sem custo adicional e quando cabível;
II – a restituição imediata da quantia paga, monetariamente atualizada, sem prejuízo de eventuais perdas e danos;
III – o abatimento proporcional do preço".

O § 1º dispõe que a reexecução dos serviços poderá ser confiada a "terceiros devidamente capacitados, por conta e risco do fornecedor", não destoando, pois, do que já prevê o art. 249 do Código Civil e o art. 633 do Código de Processo Civil.

São considerados impróprios os serviços que se mostrem inadequados para os fins que razoavelmente deles se esperam, bem como aqueles que não atendam as normas regulamentares de prestabilidade (§ 2º).

Assim, caso o pedido seja posto em juízo, terá o magistrado de valer-se das regras da experiência comum (CPC/2015, art. 375) para decidir se o serviço se mostra inadequado para os fins que dele se espera, dentro do critério da razoabilidade, bem como de eventual perícia, se necessária, decidindo de acordo com o seu livre convencimento. No entanto, não terá o Judiciário a mesma liberdade para decidir sobre a adequação ou não de normas regulamentares de prestabilidade.

Ressalte-se, por fim, que os órgãos públicos, por si ou suas empresas, concessionárias, permissionárias ou sob qualquer outra forma de empreendimento, são obrigados a fornecer serviços adequados, eficientes, seguros e, quanto aos essenciais, contínuos.

Nos termos do parágrafo único do art. 22 "nos casos de descumprimento, total ou parcial, das obrigações referidas neste artigo, serão as pessoas jurídicas compelidas a cumpri-las e a reparar os danos causados, na forma prevista neste Código".

Observa-se, assim, que a responsabilidade das pessoas jurídicas de direito público e das pessoas jurídicas de direito privado prestadoras de serviço público não se limita à reparação do dano sob a forma de indenização, como previsto na Constituição Federal (art. 37, § 6º), pois nas ações movidas em defesa dos interesses e direitos dos consumidores pode já ser obtida antecipadamente a tutela pleiteada, determinando o juiz providências que assegurem o resultado prático equivalente ao cumprimento da obrigação, conforme o estabelecido no art. 84 do Código de Defesa do Consumidor.

4. As excludentes da responsabilidade civil

O Código de Defesa do Consumidor prevê, de forma taxativa ou exaustiva, as hipóteses de exclusão de responsabilidade do fabricante, produtor, construtor ou importador, ao proclamar, no art. 12, § 3º, que "só" não será responsabilizado quando provar:

"I – que não colocou o produto no mercado;

II – que, embora haja colocado o produto no mercado, o defeito inexiste;

III – a culpa exclusiva do consumidor ou de terceiro".

A exoneração da responsabilidade depende, pois, de prova, a ser produzida pelo acionado, de não ter colocado o produto no mercado, isto é, de ter sido introduzido no mercado de consumo sem seu conhecimento; ou de inexistência do defeito ou de culpa exclusiva do consumidor ou de terceiro.

Com relação ao ônus da prova, é de se ressaltar que, em linhas gerais, a alteração da sistemática da responsabilização, prescindindo do elemento da culpa e adotando a teoria objetiva, não desobriga o lesado da prova do dano e do nexo de causalidade entre o produto ou serviço e o dano. Em relação a estes elementos, entretanto, o juiz pode inverter o ônus da prova quando "for verossímil a alegação" ou quando o consumidor for "hipossuficiente", sempre de acordo com "as regras ordinárias de experiência" (art. 6º, VIII).

A inversão se dará pela decisão entre duas alternativas: verossimilhança das alegações ou hipossuficiência. Presente uma das duas, está o magistrado obrigado a determiná-la. O significado de hipossuficiência não é econômico, mas técnico. Para fins da possibilidade de inversão do ônus da prova, "tem sentido de desconhecimento técnico e informativo do produto e do serviço, de suas propriedades, de seu funcionamento vital e/ou intrínseco, dos modos especiais de controle, dos aspectos que podem ter gerado o acidente de consumo e o dano, das características do vício etc. Por isso, o reconhecimento da hipossuficiência do consumidor para fins de inversão do ônus da prova não pode ser visto como forma de proteção ao mais 'pobre'... Mesmo no caso de o consumidor ter grande capacidade econômica, a inversão do ônus da prova deve ser feita na constatação de sua hipossuficiência (técnica e de informação)", como preleciona Luiz Antonio Rizzatto Nunes (*Comentários ao Código de Defesa do Consumidor*, Saraiva, 2000, p. 123-4, n. 13.4).

Provados, portanto, o dano e o nexo causal com o produto ou serviço, ou desobrigado o consumidor dessa prova, ao fornecedor cumpre a prova das excludentes mencionadas, se não quiser arcar com a responsabilidade pela sua reparação. Dentre elas, a prova de que, embora haja colocado o produto no mercado, o defeito inexiste. O que dispensa o consumidor do ônus de provar o defeito. O Código também inverteu o ônus da prova, no art. 38, ao proclamar que a prova da veracidade e correção da informação ou comunicação publicitária cabe a quem as patrocina.

Só se admite como causa exonerativa da responsabilidade a culpa exclusiva do consumidor ou de terceiro, não a culpa concorrente, adotando-se o mesmo sistema do Decreto legislativo n. 2.681, de 1912, que trata da responsabilidade das estradas de ferro. Assim, mesmo havendo culpa concorrente da vítima, persistia a obrigação do fornecedor de indenizá-la por inteiro. Só ficaria exonerado dessa obrigação se provasse culpa exclusiva do consumidor ou do usuário do serviço, como tem sido reconhecido pela jurisprudência no caso dos "surfistas" da Central do Brasil, que viajam no teto das composições, contrariando as normas da ferrovia. O Código Civil, no entanto, lei posterior, prescreve que a culpa concorrente acarreta a redução da indenização, proporcionalmente ao grau de culpa da vítima (art. 945). Não tem mais aplicação, pois, por contrariar o Código Civil (art. 732), a regra do Código de Defesa do Consumidor que só prestigiava a culpa exclusiva da vítima, não emprestando nenhuma relevância à culpa concorrente.

Provada a culpa exclusiva do consumidor ou do terceiro, provada estará também, *ipso facto*, a inexistência do defeito, mencionada no inc. II do art. 12.

A excludente do caso fortuito, ou força maior, não foi inserida no rol das excludentes da responsabilidade do fornecedor. Isto porque, se o defeito foi causado por um fato inevitável (um raio, por exemplo) quando o produto já estava em mãos do consumidor, não se poderá falar em existência de defeito. Este, nos termos do Código, deve advir de projeto, de fabricação, construção, montagem, fórmulas, manipulação, apresentação ou acondicionamento. Na hipótese formulada, não se caracteriza o chamado "fato do produto". Entretanto, se o produto chegou alterado ao consumidor, ocasionando-lhe dano, porque a descarga elétrica provocada pelo raio ocorreu durante o processo de fabricação do produto, configurado estará o "fato do produto", ante o defeito apresentado.

Mesmo assim, a arguição da aludida excludente é admitida pela jurisprudência, pois o fato inevitável rompe o nexo de causalidade, especialmente quando não guarda nenhuma relação com a atividade de fornecedor, não se podendo, destarte, falar em defeito do produto ou do serviço.

O Superior Tribunal de Justiça assim vem decidindo:

"O fato de o art. 14, § 3º, do Código de Defesa do Consumidor não se referir ao caso fortuito e à força maior, ao arrolar as causas de isenção de responsabilidade do fornecedor de serviços, não significa que, no sistema por ele instituído, não possam ser invocadas. A inevitabilidade, e não a imprevisibilidade, é que efetivamente mais importa para caracterizar o fortuito. E aquela há de entender-se dentro de certa relatividade, tendo-se o acontecimento como inevitável em função do que seria razoável exigir-se" (REsp 120.647-SP, 3ª T., rel. Min. Eduardo Ribeiro, *DJU*, 15 maio 2000, p. 156).

O mesmo Tribunal vem acolhendo a arguição de fortuito ou força maior para isentar de responsabilidade os transportadores, autênticos prestadores de serviços, que são vítimas de roubos de carga, à mão armada, nas estradas (REsp 43.756-3-SP, 4ª T., rel. Min. Torreão Braz, *DJU*, 1º ago. 1994, p. 18658).

Em se tratando de fornecimento de serviços, o prestador "só" não será responsabilizado quando provar (art. 14, § 3º):

"I – que, tendo prestado o serviço, o defeito inexiste;
II – a culpa exclusiva do consumidor ou de terceiro".

A responsabilidade pessoal dos profissionais liberais será apurada mediante a verificação da culpa (art. 14, § 4º), podendo, pois, arguir as excludentes da responsabilidade civil geral, como a culpa da vítima, exclusiva ou concorrente, e o caso fortuito e a força maior.

Relembre-se, por derradeiro, que a indenização derivada do fato do produto ou serviço não pode ser excluída contratualmente. O art. 51, I, do Código de Defesa do Consumidor considera abusiva e, portanto, nula a cláusula contratual que impossibilitar, exonerar ou atenuar a responsabilidade civil do fornecedor por vícios de qualquer natureza, incluídos aqui os acidentes de consumo e os vícios redibitórios. Não vale, portanto, "cláusula de não indenizar", nem mesmo em favor dos profissionais liberais, que apenas não respondem de forma objetiva, mas depois de verificada a culpa.

O regime jurídico da responsabilidade pelos vícios do produto ou serviço é mais extenso do que o do Código Civil, por não admitir cláusula exonerativa (art. 25) e também porque o Código de Defesa do Consumidor não só contempla o vício redibitório, que torna a coisa imprópria ao uso a que se destina, como também estabelece o dever de indenizar pelo vício por inadequação, assim como por aqueles decorrentes da disparidade, com as indicações constantes do recipiente, da embalagem, rotulagem ou mensagem publicitária, respeitadas as variações de sua natureza (art. 18).

JURISPRUDÊNCIA

5. Defeito em mercadoria ou na prestação de serviços

5.1. Vacina contra febre aftosa. Morte dos animais

■ O vendedor e o fabricante de vacinas contra febre aftosa respondem solidariamente se vierem a morrer reses em que foram aquelas aplicadas (*RT*, *552*:80).

5.2. Bombom com larvas de inseto ingerido por consumidor

- Responsabilidade civil – Dano moral – Bombom com larvas de inseto ingerido por consumidor – Ajuizamento contra a empresa fabricante – Culpa exclusiva do autor ou de terceiro – Ônus da prova que cabia à ré – Artigo 6º, inciso VIII, do Código de Defesa do Consumidor – Verba devida (*JTJ*, Lex, *233*:76).

5.3. Consumidor que ingere refrigerante com corpo estranho

Vide Livro II, Título IV – Capítulo I, item 6.30

- Dano moral – Consumidor que ingere refrigerante com corpo estranho, de aparência abjeta – Repugnância e transtornos psicossomáticos experimentados – Verba devida – Sentença confirmada (*JTJ*, Lex, *230*:94).

- Alimento estragado – Dano moral – Autor que sofre dor psicológica ao descobrir ter ingerido refrigerante estragado, dentro do qual havia um batráquio em putrefação, fato notoriamente suficiente para uma grande repugnância, o que lhe causou, além de nojo e da humilhação, a preocupação com sua saúde, a ponto de procurar socorro médico. Deve, pois, ser indenizado de tal dano, independentemente de ter ou não prejuízo material (*RT*, *718*:102).

- Reparação de danos morais – fato do consumo – corpo estranho na garrafa de refrigerante – responsabilidade fornecedor (TJSP, Apelação Cível 1002506-79.2021.8.26.0006; Relator (a): Maria Lúcia Pizzotti; 30ª Câmara de Direito Privado; Data do Julgamento: 19/06/2024).

5.4. Incêndio provocado por defeito de aparelho instalado pelo réu

- Incêndio – Ação proposta contra o locador de serviços de instalação de alarme – Prova evidente de que o sinistro foi causado por defeito do aparelho – Verba devida (*JTJ*, Lex, *155*:116).

5.5. Banco. Devolução irregular de cheques por insuficiência de fundos

Vide "A responsabilidade civil dos estabelecimentos bancários", Seção II, *retro*.

- Responsabilidade civil – Banco – Devolução de cheques por insuficiência de fundos de cliente que tinha saldo de conta corrente comum, além de investimento de resgate automático, transferido para a do cheque especial, sem autorização expressa do mesmo – Falha de serviço caracterizada (*RT*, *779*:351).

5.6. Colocação em risco da saúde do consumidor

- Consumidor – Dano material e moral – Fabricante de massa de tomate que, sem prestar a devida informação, coloca no mercado produto acondicionado em latas cuja abertura requer certos cuidados – Verba devida, pois colocou em risco a saúde do consumidor (*RT*, *779*:208).

- Direito do consumidor. Fato do produto (acidente de consumo). Comercialização de alimento estragado. Ação indenizatória (TJSP; Apelação Cível 1018736-43.2023.8.26.0196; Relator (a): Alfredo Attié; 27ª Câmara de Direito Privado; j. 25/06/2024).

5.7. Produto para tingir cabelos. Provocação de queda

- Nos termos do art. 12, *caput* e § 3º, do CDC, o fabricante responde objetivamente pelos danos causados ao consumidor e, tendo em conta haver colocado o produto no mercado, somente se isentaria de responsabilidade se comprovasse a culpa exclusiva do consumidor, de terceiro ou, ainda, a inexistência de defeito, o que, entretanto, não restou demonstrado. As alegações, segundo as quais os cabelos da autora já estariam danificados e suscetíveis à queda, bem como de que a autora não teria realizado o teste alérgico, ou ainda de outro modo aplicado erroneamente o produto, não afastam a responsabilidade da empresa-ré, uma vez caracterizado o defeito do produto, eis que desatendeu as expectativas legítimas do consumidor, notadamente quanto aos riscos decorrentes de sua aplicação (TJRJ, Ap. 2005.001.54057, 5ª Câm. Cív., Relª Desª Suemei Meira, ac. reg. in 14-3-2006).

6. Deficiência de informação

- Consumidor – A alteração de produto comercializado sem a advertência obrigatória de contraindicação, pelo fabricante, fará com que ele seja responsabilizado pelo "risco criado" pela omissão ou deficiência de instrução para seu uso. Terá ele a culpa direta por levar a erro o consumidor que venha ministrar substância incompatível com o produto, ocasionando resultados danosos. Não é exigível cautela extraordinária do consumidor dentro de situação ordinária. Daí a impossibilidade de reconhecimento da minorante de culpa concorrente (*RT*, 646:167).

- Compromisso de compra e venda – dano moral – imóvel na planta – violação ao dever de informação – improcedência – inconformismo da autora – acolhimento (TJSP; Apelação Cível 1006848-74.2022.8.26.0079; Relator (a): Alexandre Coelho; Órgão Julgador: 8ª Câmara de Direito Privado; j. 29/11/2023).

7. Defeito em veículo

7.1. Veículo novo com defeito de fábrica

- Ação indenizatória. Sentença de procedência. Apelo da ré. A apelante não logrou desconstituir a convicção judicial de que o veículo novo, adquirido por considerável valor, apresentou mau funcionamento já nos primeiros meses de uso, com o surgimento de sucessivos problemas que o levaram reiteradas vezes à concessionária. Os vícios, aliás, não foram negados, limitando-se a apelante a aduzir que a consumidora não os informou, oportunamente, à concessionária, para fins de reparo. Ora, não incumbe à consumidora o diagnóstico pormenorizado dos problemas técnicos apresentados pelo veículo, que esteve à disposição da apelante para revisão integral e conserto definitivo, sem sucesso. Comprometida a segurança dos ocupantes e inviabilizada a fruição plena do bem, justifica-se o acolhimento da pretendida rescisão contratual, com a restituição de valores, não se exigindo que o veículo permanecesse disponível para reparos indefinidamente, inclusive por justificada quebra de confiança. Considerando que a situação narrada não acarretou ofensa à honra objetiva da pessoa jurídica consumidora, realmente não há falar em dano moral indenizável. Precedente. Sentença reformada em parte, afastada a indenização moral. Apelação parcialmente provida (TJSP; Apelação Cível 1106908-60.2020.8.26.0100; Relator (a): Carlos Dias Motta; Órgão Julgador: 26ª Câmara de Direito Privado; Data do Julgamento: 01/04/2024; Data de Registro: 01/04/2024)

- Veículo zero quilômetro que, em menos de 01 ano, fica, por mais de 50 dias, paralisado para reparos, por apresentar defeitos estéticos, de segurança, motorização e freios – Considera-se superado o mero dissabor pelo transtorno corriqueiro, tendo em vista a frustração e angústia, situação que invade a seara do efetivo abalo psicológico (STJ, REsp 1.249.363-SP, 3ª T., rel. Min. João Otávio de Noronha, *DJe* 17-3-2014).

- Responsabilidade do fabricante – Comprado veículo novo com defeito de fábrica, é responsabilidade do fabricante entregar outro do mesmo modelo, a teor do art. 18, § 1º, do Código de Defesa do Consumidor (STJ, REsp 195.659-SP, 3ª T., rel. Min. Menezes Direito, *DJU*, 12 jun. 2000, p. 106).

- Veículo automotor – Defeito de fabricação – Caracterização – Automóvel de luxo que, mesmo após a atuação do fabricante, continuou a apresentar superaquecimento interno, obrigando o comprador a utilizá-lo sem desfrutar do padrão mínimo de conforto esperável para a espécie – Responsabilidade do fabricante pela reparação do vício, sujeitando-o a substituir o veículo por outro da mesma espécie e em perfeitas condições de uso – Inteligência do art. 18, § 1º, da Lei 8.078/90 (*RT, 777*:270).

- Veículo zero quilômetro – Defeitos – Pretendida restituição das parcelas pagas – Inadmissibilidade se os problemas ocorridos com o automóvel foram sanados no prazo de 30 dias previsto em lei – Reparação a título de dano moral devida, no entanto, pelo aborrecimento, desconforto e angústia sofridos pelo adquirente, aliados à afronta, por parte da empresa, ao princípio da confiança (*RT, 781*:392).

- Veículo automotor – Dano moral – Consumidor – Automóvel zero quilômetro não utilizado por defeito de fabricação – Vício não sanado a contento pelo fornecedor do produto – Frustração experimentada pelo adquirente que impõe o dever de indenizar – Verba devida (*RT, 841*:276).

- Acidente provocado por defeito no pneu fabricado pela Goodyear – Responsabilidade objetiva – Vítima que ficou tetraplégica – Condenação da referida empresa ao pagamento de pensão mensal vitalícia no valor de um salário mínimo e à constituição de um capital para garantir o pensionamento. De acordo com o Código de Defesa do Consumidor, caberia à Goodyear demonstrar a exclusão de sua responsabilidade por uma das seguintes hipóteses: que não colocou o produto no mercado, que o defeito não existiu ou que a culpa foi exclusivamente do consumidor ou do terceiro. Se não se desincumbiu dessa prova, a responsabilidade está configurada (STJ, REsp 1.281.742-SP, 4ª T., rel. Min. Marco Buzzi, disponível em <www.conjur.com.br> em 29 nov. 2012).

7.2. Veículo importado com defeito de fabricação

- Consumidor – Compra e venda – Veículo importado que sofre pane em via movimentada, ocasionando colisão com outro veículo e perda total do bem – Verba devida pelo representante da fábrica estrangeira que importou o carro se constatado por prova pericial defeito no material empregado no automóvel (*RT, 778*:386).

- Concessionária de veículo – Veículo importado com defeito de fabricação – Alegação de ser mera intermediária na aquisição do veículo – Inadmissibilidade – Legitimidade passiva reconhecida – Inteligência dos arts. 18 e 20 da Lei 8.078/90. Os fornecedores de produtos de consumo duráveis ou não duráveis respondem solidariamente pelos vícios de qualidade ou quantidade que os tornem impróprios ou inadequados ao consumo a que se destinam ou lhes diminuam o valor (TJSP, AgI 44.158-4, 1ª Câmara de Direito Privado, rel. Roque Mesquita, j. 17-6-1997).

7.3. Falta de peças de reposição

- Consumidor – Indenização – Falta de manutenção em estoque, pelo fabricante de automóveis nacionais, de peças de reposição, ainda que tenham de ser importadas – Violação da regra do art. 32 do CDC, gerando ao consumidor o direito à indenização pelo período em que ficou impossibilitado de utilizar o seu veículo, nos termos do art. 84, § 1º, da Lei 8.078/90 (*RT, 754*:399).

8. Propaganda enganosa

8.1. Responsabilidade do anunciante e do fabricante

- Legitimidade passiva – Em caso de propaganda enganosa, só responde, perante o consumidor, o anunciante e o fabricante, não o comerciante (*RT, 737*:392).
- Compromisso de compra e venda. Imóvel em construção. Propaganda enganosa. Apartamento entregue em desconformidade com a unidade decorada apresentada quando da contratação. Demonstração de prejuízo em relação a aspectos funcionais e estéticos da habitação. Violação do dever de informação. Art. 39, IV, do CDC (TJSP; Apelação Cível 1017210-57.2020.8.26.0451; Relator (a): Augusto Rezende; Órgão Julgador: 1ª Câmara de Direito Privado; Data do Julgamento: 24/07/2024).

8.2. Oferta de veículo em estado de novo que, porém, apresenta defeitos graves

- Propaganda enganosa – Caracterização – Oferta de veículo em estado de novo, através de anúncio em jornal, que, porém, apresenta defeitos graves, constatados pelo comprador após dois dias da celebração da transação – Anulabilidade do negócio jurídico que se impõe – Aplicação dos arts. 86, 87, 147, II, do CC de 1916, e 37, § 1º, da Lei 8.078/90 (*RT, 773*:344).

8.3. Promoção para distribuição de prêmios a título de publicidade. Omissão de informação

- Propaganda enganosa – Caracterização – Promoção para distribuição de prêmios a título de publicidade, destinada a estimular o consumo de refrigerantes – Empresa responsável pelo evento que se omite de informar a todos os participantes do sorteio da existência de lote com problema de legibilidade das tampinhas premiadas e da utilização de mecanismos para conferir a autenticidade das mesmas – Consumidor que, desconhecendo tais fatos ao comprar o produto, acreditou ter sido sorteado, por possuir as tampas com os códigos vencedores – Recebimento do valor prometido que se impõe, uma vez que munido dos elementos que garantiam o prêmio – Inteligência do art. 37, § 1º, da Lei 8.078/90 (*RT, 773*:384).

8.4. Concurso de prognóstico. Inexistência de ofensa ao CDC

- Propaganda enganosa – Descaracterização – Concurso de prognóstico, conhecido como loteria do "certo e do errado", cujas regras encontravam-se resumidamente no verso dos volantes, além de terem sido amplamente divulgadas pela imprensa – Publicação dos concursos no *Diário Oficial da União* que garante a ampla divulgação dos mesmos – Inexistência de ofensa à Lei 8.078/90 (*RT, 778*:428).

9. Água – Corte no fornecimento

- Inadimplência – Débito de anterior locatário – Religação pleiteada pelo proprietário do imóvel – Negativa que fere o devido processo legal – Relação nova de consumo entre este e a fornecedora – Contas atrasadas que devem ser pagas pelo consumidor contratante – Embargos acolhidos (*JTJ, Lex, 225*:236).

10. Energia elétrica

10.1. Irregular interrupção do fornecimento do serviço

- Danos material e moral – Serviço público – Interrupção do fornecimento do serviço com base em alegação unilateral da prestadora da existência de fraude nos medidores que restou incomprovada – Verbas devidas (*RT, 779*:343).

10.2. Corte de energia elétrica

Vide Livro II, Título IV, item 6.42.
- Dano moral – Legitimidade de todo aquele que habitar a moradia para pleitear a verba – Prova do dano que se configura em matéria de mérito que não tem o condão de induzir à ilegitimidade de parte (*RT, 775*:380).

11. Acidente de consumo

11.1. Danos provocados por acidentes em supermercado e *shopping center*

Vide Livro II, Título II, Seção VII, item 8.

- Responsabilidade do comerciante – Escorregão da vítima em um líquido branco derramado no piso do supermercado, vindo a cair e fraturar uma perna – Dever de indenizar – Responde o comerciante, independentemente de culpa, pela reparação dos danos causados aos consumidores por defeitos relativos à prestação de serviços (TJRJ, Ap. 533/95, 2ª Câm., rel. Des. Sérgio Cavalieri).

- Supermercado – Acidente envolvendo menor – Engrenagens, que movem a esteira rolante do caixa, desprotegidas – Lesão corporal parcial e permanente – Culpa dos pais, por negligência ao dever de vigilância – Culpa do supermercado pela falta de segurança – Culpa concorrente reconhecida – Inteligência do artigo 159 do Código Civil de 1916 [*correspondente ao art. 186 do atual*] – Ação procedente, em parte (*JTJ*, Lex, *231*:102).

- *Shopping Center* – Lesão corporal grave sofrida em seu interior – Ato de terceiro. Não se pode pretender que o serviço de segurança prestado pelo *Shopping* seja invulnerável, nem se exigir uma garantia absoluta acerca da integridade física dos frequentadores, em vista de atos inesperados e imprevisíveis de terceiros, equiparáveis, por isso, à força maior ou caso fortuito, causas que também excluem a responsabilidade civil. Em suma, não há nexo de causalidade entre a atividade desenvolvida pelo estabelecimento e um ato de terceiro que, dissimuladamente, seguindo os passos de pessoa determinada, ingressa no interior do *Shopping* para matá-la, alvejando outras pessoas em ação rápida, repentina e fulminante, sem possibilidade de ser evitada (TJSP, Ap. 82.292-4-SP, 9ª Câmara de Direito Privado, rel. Des. Ruiter Oliva, j. 5-10-1999).

11.2. Danos causados por brinquedo de parque de diversões

- Indenização – Dano moral e estético – Usuário de brinquedo de parque de diversões que sofre queda, ficando com grande cicatriz, em virtude de fratura no tornozelo – Ausência de comprovação de que o fato ocorreu por culpa da vítima – Verba devida (*RT*, *832*:340).

- Responsabilidade civil – Indenização por danos materiais e morais – Acidente ocorrido em touro mecânico de parque de diversões (Altitude Park) – Fratura no braço (TJSP, Ap. Cível 1015723-66.2022.8.26.0068, 36ª Câm. Dir. Priv. rel. Milton Carvalho, j. 22-7-2024).

- Responsabilidade civil – Ação de indenização por danos morais – Acidente ocorrido em parque de diversões (TJSP, Ap. Cível 1032556-29.2022.8.26.0564, 31ª Câm. Dir. Priv., rel. Antonio Rigolin, j. 28-6-2024).

11.3. Acidente com criança ocorrido em brinquedo infantil localizado em estabelecimento comercial

■ Indenização – Acidente com criança ocorrido em brinquedo infantil localizado em estabelecimento comercial destinado a alimentação – Verba indevida, pois cabe aos pais a proteção dos filhos. Improcede o pedido de indenização formulado em face de estabelecimento comercial dedicado ao ramo de alimentos objetivando o recebimento de despesas médicas efetuadas em decorrência de acidente com criança, ocorrido em brinquedo infantil instalado no estabelecimento por mera liberalidade, sem fins lucrativos, eis que incumbe aos pais a proteção dos filhos, e as providências para afastá-los dos perigos (*RT, 753*:342). Prestação de serviços. Acidente em brinquedo de parque de diversões. Autora, menor de idade, que sofreu lesões no estabelecimento da ré enquanto brincava em cama elástica. Falha na prestação do serviço (TJSP, Ap. Cível 1001329-43.2019.8.26.0526, 34ª Câm. Dir. Priv., rel. Rômolo Russo, j. 20-10-2023).

11.4. Explosão de botijão de gás

■ Acidente de consumo – Fato do produto – Presunção de responsabilidade do fornecedor. Provado que o incêndio, que causou a morte de uma vítima e ferimentos em outras duas, teve por causa a explosão de um botijão de gás fornecido pela ré, exsurge o seu dever de indenizar, dever esse que só poderia ser afastado por inequívoca prova de inexistência desse nexo causal (TJRJ, Ap. 2.261/95, 2ª Câm., rel. Des. Sérgio Cavalieri).

11.5. Tiroteio entre seguranças de loja e assaltantes

■ Em caso de tiroteio entre seguranças de loja e assaltantes, acarretando a morte de um cliente, por projétil de arma de fogo, no interior da loja, cabe responsabilidade ao proprietário do estabelecimento comercial (TJRJ, Ap. 4.078/96, 7ª Câm., rel. Des. Pestana de Aguiar Silva, j. 15-12-1997, *Adcoas*, n. 8.159.211).

11.6. Cliente de hipermercado, vítima de latrocínio

■ Estabelecimento comercial – Cliente de hipermercado, vítima de latrocínio, em virtude da falha do sistema de segurança do comércio que facilitou ao extremo a ação dos marginais – Verba devida aos dependentes do *de cujus*, em valor proporcional aos graves danos sofridos – Voto vencido (*RT, 778*:411).

11.7. Abertura de lata do tipo "abre fácil". Ferimento na mão esquerda da consumidora

■ Acidente de consumo – Abertura de lata do tipo "abre fácil" – Ferimento na mão esquerda da consumidora – Ausência de defeito do produto – Suficientes as informações constantes na embalagem – Inexistência do dever de informar sobre riscos oriundos de uso incorreto

– Culpa exclusiva da vítima comprovada – Excluída a responsabilidade do fornecedor de ressarcir danos patrimoniais e morais (TAPR, Ac. 0.215.393-7-Curitiba, 10ª Câm. Cív., rel. Juiz Lauri Caetano da Silva, j. 13-12-2003).

12. Ônus da prova – Inversão

12.1. Condição de hipossuficiência técnica, e não econômica

■ Negócio celebrado anteriormente à vigência do Código de Defesa do Consumidor – Irrelevância – Regra do art. 6º, VIII, do referido diploma, que ostenta natureza processual, portanto, de aplicação imediata.A circunstância de se inverter o ônus da prova, por força de hipossuficiência técnica reconhecida, não significa, necessariamente, deva sobrevir, da mesma forma, inversão relativa ao encargo de custeio, para realização da perícia – Incidência, na hipótese, do art. 19, § 2º, do Código de Processo Civil – Recurso provido para esse fim (*JTJ*, Lex, *232*:214).

12.2. Inversão do ônus da prova. Faculdade concedida ao juiz

■ Consumidor – Ônus da prova – Inversão – Faculdade concedida ao juiz, que irá utilizá-la no momento em que entender oportuno, se e quando estiver em dúvida, geralmente por ocasião da sentença – Inteligência do art. 6º, VIII, da Lei n. 8.078/90 (*RT, 780*:278).

13. Rescisão de compromisso de compra e venda

13.1. Cláusula penal que prevê o decaimento das importâncias pagas pelo compromissário-comprador

■ Compra e venda – Cláusula penal que prevê o decaimento das importâncias pagas pelo compromissário-comprador – Nulidade – Direito de a promitente-vendedora reter apenas 10% das parcelas pagas a título de despesas que realizou para a feitura do contrato – Inteligência dos arts. 924 do CC de 1916 e 53 da Lei 8.078/90 (*RT, 771*:214).

■ Consumidor. Agravo interno no agravo em recurso especial. Contrato de fornecimento de móveis modulados. Falha na prestação do serviço. Relação de consumo. Responsabilidade solidária. Alegada violação do art. 1.022 do CPC/2015. Não ocorrência. Inversão da cláusula penal (AgInt no AREsp 2.398.772-DF, 4ª T., rel. Min. Raul Araújo, j. 4-12-2023, *DJe* 7-12-2023).

■ Atraso na entrega de obra – Fortuito externo – Não verificação pelo tribunal de origem – Revisão – Interpretação de cláusulas contratuais e reexame de elementos fático-probatórios dos autos (AgInt no AgInt no AREsp 2.000.286-RJ, 4ª T., rel. Min. João Otávio de Noronha, j. 29-4-2024, *DJe* 2-5-2024).

13.2. Perda das prestações pagas. Inadmissibilidade

■ Compromisso de compra e venda – Rescisão – Perda das prestações pagas – Inadmissibilidade – Cláusula abusiva – Artigo 53 da Lei Federal n. 8.078/90 – Restituição atualizada, determinada – Recurso provido para esse fim (*JTJ*, Lex, *224*:43).

14. Negativação do nome em banco de dados

14.1. Inadmissibilidade se o débito está sendo questionado em juízo

■ Serasa e Cadin – Inadmissibilidade se há o questionamento em juízo da exigibilidade do débito cobrado ou a extensão dele (*RT*, *777*:356).

14.2. Dano moral. Fixação exagerada do valor da causa

■ Negativação no nome do autor no rol dos inadimplentes – Dano moral – Fixação exagerada do valor da causa em cem vezes a quantia do título protestado ou do lançamento no órgão de crédito – Inadmissibilidade por ser simples estimativa – Redução para montante razoável, até para possibilitar o acesso à segunda instância pela parte contrária, que se impõe (*RT*, *776*:253).

15. Linha telefônica. Desligamento indevido

Vide Livro II, Título IV, Capítulo I, item 6.55

■ Constitui prática abusiva cobrar ligação telefônica que não foi feita pelo consumidor, insistindo o fornecedor nessa postura a ponto de cortar a linha por vários meses. A ofensa daí decorrente atinge a dignidade do usuário, pelo que não pode ser considerada aborrecimento comum. Além de privar o consumidor do serviço telefônico por tempo expressivo, o corte da linha ainda o coloca em situação vexatória perante si próprio e a sua família, pois contém implícita a pecha de mau pagador. A indenização pelo dano moral, todavia, que tem caráter compensatório, não pode ensejar o enriquecimento sem causa (TJRJ, 2ª Câm. Cív., AC 18.453/2001-RJ, rel. Des. Sérgio Cavalieri Filho, j. 6-11-2011, v. u.).

16. Responsabilização de jornal por prejuízo do leitor. Inadmissibilidade

■ Consumidor que se interessou por veículo cuja venda foi anunciada no caderno de classificados do jornal – Anunciante que pediu um adiantamento e foi atendido pelo interessado, mas não entregou o carro – Ação de indenização movida contra o jornal – Inadmissibilidade – Jornal que não se enquadra no conceito de fornecedor – Não participação da relação de consumo entre o anunciante e o consumidor – Dano material que não foi proveniente do jornal fornecido pelo recorrente, mas pela não entrega do veículo ofertado pelo anunciante – Prejuízo que se deu em razão do pagamento por um veículo, o qual não foi entregue pelo anunciante, e não pela compra de um exemplar do jornal – Ação improcedente (STJ, REsp 1.046.241-SC, 3ª T., rel. Min. Nancy Andrighi, disponível em <www.conjur.com.br>, acesso em 23-8-2010).

17. Cobrança abusiva de dívida no local de trabalho. Dano moral

Vide Livro II, Título IV, Capítulo I, item 6.25.

- Cobrança abusiva – Empresa de cobrança – Dano moral. A forma abusiva de efetuar a cobrança de dívida pode causar dano moral a ser indenizado na forma do art. 159 (atual art. 186) do Código Civil. Comete ato ilícito a empresa de cobrança que envia carta ameaçando de representação criminal por emissão de cheque sem fundos, quando esse documento não existe (STJ, REsp 343.700, 4ª T., rel. Min. Ruy Rosado de Aguiar, j. 9-4-2002).

- Alegação do autor de ter sofrido ofensa ao receber a visita de um cobrador depois de adquirir um par de alianças em quatro prestações e não quitar a última delas – Prova de que não houve descontrole ou excesso do cobrador e de que a determinação para que fosse ao local de trabalho partiu do próprio devedor confesso – Dano moral inexistente (TJSC, Ap. 2009.017562-7, 4ª Câm. Cív., rel. Des. Luiz Fernando Boller, disponível em <www.conjur.com.br> em 19 dez. 2012).

- Dano moral – Dívida não satisfeita – Cobrança realizada com ameaças e exposição do devedor ao ridículo.Quando o credor emprega meios anormais no exercício do direito de exigir satisfação de seu crédito, como o de contratar cobrador truculento (ex-policial militar) que atua aos gritos em pleno horário de trabalho comercial, incide em abuso de direito (art. 42 da Lei 8.078/90), que enseja a indenização por dano moral (arts. 6º, VII, da Lei 8.078/90, 159 (atual art. 186) do Código Civil e 5º, V e X, da CF/88) (TJSP, Ap. 124.444.4/5, 3ª Câm. Dir. Priv., rel. Des. Ênio Zuliani, j. 18-6-2002).

Seção VI
A responsabilidade dos empreiteiros e construtores

1. Contrato de construção

O Código Civil de 1916, tendo nascido em uma época em que a construção civil no Brasil não se achava desenvolvida, somente regulamentou o contrato de empreitada. Hoje, no entanto, a situação do Brasil é outra, estando consolidada a indústria da construção civil, que sem dúvida transformou o panorama social e econômico do país. Houve necessidade, assim, de se regulamentar a profissão dos responsáveis pelas construções em geral, especificando os seus deveres e responsabilidades.

O termo "contrato de construção" é mais amplo e se desdobra em duas modalidades: a empreitada e a administração. Pode-se dizer que contrato de construção é o gênero, enquanto o contrato de empreitada é uma das espécies desse gênero[77].

---

77. Iolanda Moreira Leite, Responsabilidade civil do construtor, in *Responsabilidade civil — Doutrina e jurisprudência*, Saraiva, diversos autores, 1984, p. 126.

Na opinião de Hely Lopes Meirelles, o contrato de construção é "todo ajuste para execução de obra certa e determinada, sob direção e responsabilidade do construtor, pessoa física ou jurídica legalmente habilitada a construir, que se incumbe dos trabalhos especificados no projeto, mediante as condições avençadas com o proprietário ou comitente" (*Direito de construir*, 2. ed., Revista dos Tribunais, p. 218).

Ao celebrar o contrato, o construtor assume uma obrigação de resultado, que só se exaure com a entrega da obra pronta e acabada a contento de quem a encomendou. O seu trabalho deve-se pautar pelas normas técnicas e imposições legais que regem os trabalhos de Engenharia e Arquitetura. Sendo um Técnico, presume-se conhecedor da ciência e arte de construir.

2. Construção por empreitada

Do contrato de empreitada resultam obrigações recíprocas para os contratantes, e da execução da obra podem advir responsabilidades para com terceiros.

A obrigação que o empreiteiro de construções assume é uma obrigação de resultado. Assim, deve ele garantir ao dono da obra, nos termos do contrato, a solidez desta e a sua capacidade para servir ao destino para que foi encomendada[78].

O construtor de hoje é sempre um técnico, com responsabilidade ético-profissional pela segurança e perfeição da obra, razão pela qual não se admite, qualquer que seja a modalidade do contrato, possa o proprietário obrigá-lo a executar a obra em desacordo com o projeto aprovado pelo Poder Público, ou com desatendimento de normas técnicas, ou com materiais que comprometam a sua solidez. A segurança das construções é de interesse público, e, por isso mesmo, refoge da liberdade contratual, para se pautar pelas imposições legais e normas técnicas que regem os trabalhos de engenharia e arquitetura, e disciplinam o exercício dessas profissões. A responsabilidade técnica pela solidez e perfeição das obras é sempre pessoal, e intransferível do profissional ao proprietário. Mesmo nas construções por administração, subsiste tal responsabilidade para o construtor, visto que, sob o aspecto técnico, não está sujeito às deliberações leigas do proprietário ou comitente, que não podem ser administradores nem fiscais da obra[79].

A lei considera duas espécies de empreitada: a de mão de obra (ou de lavor), em que o empreiteiro contribui apenas com o seu trabalho, e a de material, em que fornece também os materiais necessários à sua execução. Dispõe, com efeito, o art. 610 do Código Civil:

"O empreiteiro de uma obra pode contribuir para ela só com seu trabalho ou com ele e os materiais".

Quando o empreiteiro fornece os materiais, os riscos por caso fortuito estão a seu cargo até o momento da entrega da obra. Se, no entanto, na época da entrega, o dono deixa de recebê-la sem justo motivo, suportará os riscos. É o que determina o art. 611 do Código Civil.

Quando é o dono da obra quem fornece os materiais, os riscos correm por sua conta, desde que o empreiteiro não tenha concorrido com culpa (art. 612). Se a obra vier a se

---

78. Aguiar Dias, *Da responsabilidade*, cit., p. 367, n. 137.
79. Hely Lopes Meirelles, *Direito de construir*, cit., p. 225.

danificar ou a perecer antes da entrega, sem que o dono esteja em atraso no recebimento, e não tenha havido culpa do empreiteiro, este perderá a retribuição e o proprietário, os materiais. O Código Civil admite que o empreiteiro de lavor se exima de responsabilidade por defeito dos materiais empregados desde que avise ao dono, antes de os utilizar, sobre a sua insuficiência ou má qualidade (art. 613).

Perante o proprietário, o empreiteiro é obrigado a cumprir o contrato em todas as suas cláusulas e a executar fielmente o projeto da obra contratada, empregando a técnica e os materiais adequados à construção, e realizando os trabalhos com a perícia que se exige de todo profissional. Faltando a qualquer destas obrigações, dará ensejo à rescisão do contrato (art. 624), com a consequente indenização dos prejuízos à parte prejudicada (arts. 389 e 475). Concluída e entregue a obra, subsiste a responsabilidade do empreiteiro pela solidez e segurança da construção (art. 618).

Em caso de desabamento de prédio em construção e em que se discutia a responsabilidade do engenheiro, em empreitada de lavor, assim se pronunciou o Superior Tribunal de Justiça: "Embora somente concorrendo com o serviço, e recebendo do dono da obra os materiais a serem empregados, o engenheiro contratado para elaborar o projeto e fiscalizar a construção é civilmente responsável pelo evento danoso, pois era de seu dever examinar os materiais empregados, tais como os tijolos, e recusá-los se frágeis ou defeituosos. A ocorrência de chuvas excessivas, máxime na região da Serra do Mar, não constitui fato da natureza imprevisível aos construtores de edifícios" (REsp 8.410-SP, 4ª T., rel. Min. Athos Carneiro, j. 23-10-1991, *DJU*, 9 dez. 1991, p. 18036, n. 238).

O Tribunal Superior do Trabalho decidiu que o empreiteiro tem responsabilidade por acidente de pedreiro, mesmo que este tenha sido contratado como autônomo. A 7ª Turma da aludida Corte reconheceu a responsabilidade do dono de um galpão pelo pagamento de indenização por danos morais e materiais a um pedreiro contratado como autônomo pelo empreiteiro da obra e vítima de acidente de trabalho no local da construção. Afirmou o relator que a jurisprudência do TST afasta a responsabilidade do dono da obra pelas obrigações trabalhistas assumidas pelo empreiteiro contratado para gerenciar a construção ou reforma, mas essa isenção não alcança ações indenizatórias decorrentes de acidente de trabalho (TST, RR 677-10.2012.5.24.0004, 7ª T., rel. Min. Cláudio Brandão, Revista *Consultor Jurídico*, 8-4-2018).

3. Construção por administração

Segundo Hely Lopes Meirelles, contrato de construção por administração "é aquele em que o construtor se encarrega da execução de um projeto, mediante remuneração fixa ou percentual sobre o custo da obra, correndo por conta do proprietário todos os encargos econômicos do empreendimento" (*Direito de construir*, cit., p. 240).

Não se confunde com o de empreitada, em que o construtor-empreiteiro assume os encargos técnicos da obra e também os riscos econômicos da construção e ainda custeia a construção, por preço fixado de início. Na construção por administração o construtor se responsabiliza unicamente pela execução técnica do projeto e é o proprietário quem custeia a obra, somente conhecendo o seu preço a final. A remuneração do construtor consiste numa porcentagem sobre o custo da obra.

Pode ser convencionado, nessa espécie de contrato, que os materiais serão adquiridos pelo próprio dono da obra ou, a seu mando, pelo construtor-administrador, que atua como um preposto ou mandatário do proprietário, em cujo nome até a mão de obra será contratada.

Embora o Código Civil não regulamente o contrato de construção por administração, aplicam-se-lhe, subsidiariamente, as regras sobre a empreitada. Os riscos correm por conta do dono da obra, a menos que seja provada a culpa do construtor.

4. A responsabilidade do construtor

A responsabilidade do construtor pode ser contratual ou extracontratual. A primeira decorre da inexecução culposa de suas obrigações. Violando o contrato ao não executar a obra ou ao executá-la defeituosamente, inobservando as normas nele estabelecidas, o construtor responderá civilmente, como contratante inadimplente, pelas perdas e danos, com base nos arts. 389 e 402 do Código Civil.

Na avaliação do lucro cessante podem ser incluídos: "a valorização do prédio, o resultado do negócio que nele seria explorado, os aluguéis que renderia, e tudo mais que a construção pudesse produzir para o seu dono. Incluem-se, ainda, na indenização de perdas e danos a correção monetária, os juros, as custas judiciais, os salários dos peritos e os honorários do advogado que demandou os prejuízos" (Hely Lopes Meirelles, *Direito de construir*, cit., p. 275-6).

O construtor inadimplente somente se exonerará da responsabilidade contratual se provar que a inexecução total ou parcial da obra resultou de caso fortuito ou força maior (CC, art. 393).

A responsabilidade extracontratual ou legal é de ordem pública e diz respeito especialmente à responsabilidade pela perfeição da obra, à responsabilidade pela solidez e segurança da obra e à responsabilidade por danos a vizinhos e a terceiros, incluindo-se sanções civis e penais previstas na Lei n. 5.194/66 (Código de Ética, que atualmente regula a profissão de engenheiro, arquiteto e agrônomo), na legislação penal (que prevê o crime de desabamento ou desmoronamento, no art. 256) e na Lei das Contravenções Penais (que prevê as contravenções de desabamento e de perigo de desabamento, nos arts. 29 e 30), além das sanções administrativas pela construção de obra clandestina.

5. Responsabilidade pela perfeição da obra

A responsabilidade pela perfeição da obra, embora não consignada no contrato, é de presumir-se em todo ajuste de construção como encargo ético-profissional do construtor. Isto porque a construção civil é, modernamente, mais que um empreendimento leigo, um processo técnico-artístico de composição e coordenação de materiais e de ordenação de espaços para atender às múltiplas necessidades do homem. Dentro dessa conceituação, o construtor contemporâneo está no dever ético-profissional de empregar em todo trabalho de sua especialidade, além da *peritia artis* dos práticos do passado, a *peritia technica* dos profissionais da atualidade[80].

---

80. Hely Lopes Meirelles, *Direito de construir*, cit., p. 290.

É uma responsabilidade decorrente não só dos conhecimentos técnicos, mas também das noções de estética e arte. Fundado nessa responsabilidade é que o Código Civil autoriza o cliente a rejeitar a obra imperfeita ou defeituosa (art. 615) ou a recebê-la com abatimento no preço, se assim lhe convier (art. 616).

Daí a importância do ato verificatório, pois "recebida a obra como boa e perfeita, nenhuma reclamação poderá ser posteriormente formulada por quem a encomendou, a menos que se trate de vícios ocultos ou redibitórios, que evidentemente não ficarão cobertos pelo simples ato de recebimento" (Alfredo de Almeida Paiva, *Aspectos do contrato de empreitada*, Forense, 1955, p. 39; Hely Lopes Meirelles, *Direito de construir*, cit., p. 292; Iolanda Moreira Leite, *Responsabilidade civil,* cit., p. 136). O prazo de um ano para reclamar dos defeitos inaparentes ou ocultos só abrange os que não afetem a segurança e solidez da obra, pois para estes há o prazo de garantia de cinco anos do art. 618 do Código Civil.

No que concerne à perfeição da obra, o Código Civil utiliza-se da teoria tradicional dos vícios redibitórios, possibilitando ao dono, no caso de defeito, enjeitar a coisa, redibindo o contrato com perdas e danos, ou recebê-la, com abatimento do preço (arts. 615 e 616 do CC).

O Código do Consumidor, no entanto, fornece um leque maior de opções ao consumidor, em caso de vícios na obra. Na hipótese de empreitada de lavor, caberá ao consumidor optar entre as possibilidades oferecidas pelos incisos do art. 20 do mesmo Código. Em caso de empreitada mista, far-se-á necessário verificar se o vício vem da qualidade do material, caso em que se terá a aplicação do art. 18, ou se decorre de vícios na prestação de serviços, com a aplicação do mencionado artigo.

6. Responsabilidade pela solidez e segurança da obra

Concluída e entregue a obra, subsiste a responsabilidade do empreiteiro, durante cinco anos, pela solidez e segurança da construção (CC, art. 618). Esse prazo é de garantia da obra.

O Código Civil reproduziu, no art. 618, disposição constante do Projeto de Código de Obrigações elaborado em 1965 por Caio Mário da Silva Pereira, fixando o prazo de garantia de cinco anos e estabelecendo que a ação deveria ajuizar-se nos cento e oitenta dias (prazo decadencial) que se seguirem ao aparecimento do vício ou defeito.

Prescreve o aludido dispositivo:

"Nos contratos de empreitada de edifícios ou outras construções consideráveis, o empreiteiro de materiais e execução responderá, durante o prazo irredutível de 5 (cinco) anos, pela solidez e segurança do trabalho, assim como em razão dos materiais, como do solo. Parágrafo único. Decairá do direito assegurado neste artigo o dono da obra que não propuser a ação contra o empreiteiro, nos cento e oitenta dias seguintes ao aparecimento do vício ou defeito".

O prazo para a propositura da ação de indenização é, pois, decadencial.

Embora cesse a responsabilidade do construtor, no tocante aos vícios referentes à perfeição da obra, com a sua entrega ao proprietário, ela remanesce com relação aos defeitos ligados à garantia e solidez da obra.

Recebida a obra, "permanece ela como que em observação por cinco anos, sem admitir interrupção ou suspensão desse prazo, visto que não se trata de lapso prescricional, como já advertimos de início. Trata-se de prazo extintivo da garantia. Se durante este tempo a construção não apresentar vício ou defeito que afete a sua estabilidade ou comprometa a sua estrutura, ficará o construtor exonerado de responsabilidade perante o proprietário e seus sucessores" (Hely Lopes Meirelles, *Direito de construir*, cit., p. 282).

Trata-se "de uma responsabilidade com características próprias, que é delimitada em um preciso campo de atuação. Logo de plano, os autores caracterizam-na como 'responsabilidade excepcional'. A excepcionalidade consiste em que, normalmente, quem recebe uma obra encomendada, libera a pessoa que a entregou. A aceitação importa, em princípio, em cessar a responsabilidade. Com o art. 1.245 [*do Código Civil de 1916, correspondente ao art. 618 do atual diploma*] não se dá o mesmo. Este dispositivo, diz Beviláqua, abriu 'uma exceção à regra de que cessa, com a aceitação da obra, a responsabilidade do empreiteiro'. O caráter excepcional do art. 1.245 [*atual art. 618*] cinge a sua aplicação a três situações: a) somente se aplica ao contrato de empreitada com fornecimento de materiais; b) somente tem cabida na construção de obras de vulto; c) somente é invocada quando o defeito ou falha ameace a solidez e segurança da obra" (Caio Mário da Silva Pereira, *Responsabilidade*, cit., p. 218-9).

Assim, não é a qualquer obra que tal responsabilidade se aplica, mas somente às construções de vulto, ou seja, aos "edifícios" e "construções consideráveis", conforme as expressões empregadas no mencionado art. 618. Enquanto a palavra "edifícios" refere-se às construções destinadas à habitação ou fins semelhantes, a expressão "construções consideráveis" é de cunho mais genérico, pois construção abrange a totalidade das obras relacionadas com o progresso, tais como: pontes, metrô, viadutos etc.[81].

Alguns autores restringem o conceito de solidez e segurança a fatores relacionados ao risco da ruína da obra. Pontes de Miranda, no entanto, oportuna e adequadamente, adverte: "O conceito de solidez não apresenta dificuldades para a apreciação das espécies. Quanto à segurança, não se pode entender que só se refira à ausência de possíveis danos provindos de desabamentos ou rompimentos de paredes ou tetos ou soalhos, ou arrebentamento de escadas. Há os perigos de incêndio, de umidade grave, de anti-higiene e de gases" (*Tratado*, cit., t. 44, p. 410-1). Tanto a vinculação dos conceitos a todo tipo de defeito como vinculá-los apenas a casos de risco de ruína da obra são extremos indesejáveis[82].

Observa Caio Mário da Silva Pereira que o enorme surto de construções ocorrentes no país tem levado aos Tribunais litígios em que se invoca o referido dispositivo fora dos casos de ruína ou ameaça de ruína, procurando atrair para sua órbita a ocorrência de defeitos tais como infiltrações, obstruções na rede de esgotos e outros. E não tem faltado a essas invocações a colheita jurisprudencial – anota –, citando aresto inserto na *RJTJRS, 90*:318 (*Responsabilidade*, cit., p. 221).

O que a jurisprudência, na realidade, tem feito é alargar o conceito de solidez e segurança, para considerar uma e outra ameaçadas com o aparecimento de defeitos que, por sua natureza e numa interpretação estrita do art. 618, não teriam tal alcance. O que se justifica perfeitamen-

---

81. Iolanda Moreira Leite, *Responsabilidade civil*, cit., p. 142.
82. Luiz Rodrigues Wambier, Responsabilidade civil do construtor, *RT, 639*:16.

te pelo progresso e desenvolvimento da indústria da construção civil e pela necessidade de se preservar a incolumidade física e patrimonial das pessoas que possam ser afetadas pelos mencionados vícios e defeitos.

7. Responsabilidade pelos vícios redibitórios

Após indagar por quanto tempo subsiste a responsabilidade do construtor por defeitos e imperfeições da obra, Hely Lopes Meirelles (*Direito de construir*, cit., p. 292) diz que a resposta exige distinções: se "os defeitos ou imperfeições são visíveis, cessa a responsabilidade do construtor com o recebimento da obra, sem protesto formal do proprietário ou comitente (Cód. Civil, art. 1.242); se os defeitos são inaparentes ou ocultos, a nosso ver persiste a responsabilidade do construtor por seis meses após a entrega da obra (Cód. Civil, art. 178, § 5º, n. IV)".

Tal prazo – afirma ainda –, "embora não se refira especificamente às construções, aplica-se genericamente aos imóveis havidos por contrato comutativo que se apresentem com vícios redibitórios ensejadores de abatimento no preço ou rescisão do ajuste. Na ausência de disposição peculiar dos contratos de construção – que são também avenças comutativas – é de se lhes aplicar, por analogia, o prazo prescricional próprio dos ajustes comutativos".

Relembra, ainda, "que esse prazo de seis meses só abrange os casos de defeitos ou imperfeições da construção que não afetem a segurança e solidez da obra, pois que a estes a responsabilidade do construtor é de cinco anos". Todos os dispositivos citados pertencem ao Código Civil de 1916.

Caio Mário da Silva Pereira também defende a aplicabilidade da teoria dos vícios redibitórios às construções que apresentem defeitos ocultos não prejudiciais à solidez e segurança da obra, afirmando: "Pode ocorrer, todavia, que no momento da entrega, a obra esteja aparentemente perfeita e, no entanto, ocorra a existência de vícios ou defeitos que, por serem ocultos, somente com o tempo venham a ser notados. Aqui se insinua a teoria dos vícios redibitórios... Acusando vícios ocultos a coisa entregue pelo empreiteiro, tais como infiltrações, vazamentos, defeitos nas instalações elétricas e/ou hidráulicas, o comitente pode enjeitá-la (Código Civil, art. 1.101), uma vez que a tornem imprópria ao uso a que é destinada ou lhe diminuam o valor ('actio redhibitoria'). Em vez de rejeitar a coisa (art. 1.105), pode o dono da obra reclamar abatimento no preço ('actio quanti minoris'). Comutativo que é o contrato de empreitada, a teoria se lhe aplica, devendo ser adaptada às suas peculiaridades. Como dificilmente ocorre a conveniência, para o dono da obra, de enjeitá-la, a ação 'quanti minoris' teria como objeto a redução parcial no preço, se ainda não estiver totalmente pago; ou a indenização do dano causado, a ser paga pelo empreiteiro... Demonstrado que o defeito ou vício da coisa é efetivamente oculto, não pode prevalecer a presunção de que a obra foi aceita, em decorrência do recebimento" (*Responsabilidade*, cit., p. 216-7).

Os arts. 1.101 e 1.105 do Código Civil de 1916, citados, correspondem, respectivamente, aos arts. 441 e 442 do atual.

Aduza-se que os pequenos defeitos, que não afetam a segurança e a solidez da obra, são considerados vícios redibitórios, que devem ser alegados no prazo decadencial de um ano, contado da entrega efetiva. Se o lesado já estava na posse do imóvel, o prazo é reduzido à metade. Quando o vício, por sua natureza, só puder ser conhecido mais tarde, o prazo contar-se-á do momento em que dele se tiver ciência, até o prazo máximo de um ano (CC, art. 445 e § 1º).

8. Responsabilidade por danos a vizinhos e a terceiros

Quanto aos danos causados aos vizinhos, hão de ser ressarcidos por quem os causa e por quem aufere os proveitos da construção. A responsabilidade civil decorrente da construção tem ensejado divergências na doutrina e na jurisprudência. Entretanto, conforme assinala Hely Lopes Meirelles, "é necessário que se levem em conta não só as normas civis que a disciplinam, como também as disposições administrativas regulamentadoras do exercício da Engenharia e da Arquitetura (Dec. fed. n. 23.569, de 11-12-1933, e Dec.-lei fed. n. 8.620, de 10-1-46), que tacitamente derrogaram algumas disposições do Código Civil [*de 1916*]" (*Direito de construir*, cit., p. 272).

A jurisprudência pátria tem acolhido a responsabilidade solidária do construtor e do proprietário, admitindo, porém, a redução da indenização quando a obra prejudicada concorreu efetivamente para o dano, por insegurança ou ancianidade. Veja-se:

"*Direito de vizinhança* – Construção – Danos causados a prédio vizinho – Ação cominatória para constranger o responsável a reparar o dano – Cabimento desse meio processual.

É solidária a obrigação do dono da obra e do engenheiro que a executa pelo ressarcimento dos danos causados pela construção" (STF, *RT*, *376*:209, *406*:162; *RJTJSP*, *48*:61).

O construtor, ou seja, o engenheiro, o arquiteto, o *licenciado* ou a sociedade autorizada a construir, que assume os encargos técnicos da construção e aufere as vantagens econômicas da execução da obra juntamente com o seu dono, é responsável solidariamente com este por danos causados à propriedade vizinha. O proprietário, porém, tem ação regressiva contra o construtor, se os danos decorreram de imprudência, negligência, e, especialmente, imperícia de sua parte (*RT*, *489*:96).

Com relação aos danos causados aos vizinhos ou a terceiros, provenientes de defeitos de construção (desabamentos, quedas de material, obstruções etc.), a responsabilidade decorre do art. 186 do Código Civil (aquiliana) e deve ser atribuída diretamente àquele que executa a obra, ou seja, ao empreiteiro-construtor. Assim, "o dano sofrido por um transeunte durante o período de construção é da responsabilidade do construtor, pois este é quem tem a guarda da coisa e direção dos trabalhos. Idêntica conclusão, se os danos resultam de ruído, poeira, fumaça etc., decorrentes da execução da obra" (Mário Moacyr Porto, Responsabilidade civil do construtor, *RT*, *623*:11, n. 5).

A doutrina, em relação aos danos a terceiros, segue, de modo geral, a distinção que faz Hely Lopes Meirelles: se se trata de vizinhos, haveria solidariedade entre o proprietário e o construtor, e seria independente da culpa de um e de outro. Em relação ao terceiro "não vizinho", a responsabilidade é do construtor; o proprietário somente com ele se solidariza se houver confiado a obra a pessoa inabilitada para os trabalhos de Engenharia e Arquitetura (*Direito de construir*, cit., p. 295-300; Caio Mário da Silva Pereira, *Responsabilidade*, cit., p. 215; Iolanda Moreira Leite, *Responsabilidade civil*, cit., p. 144).

Quando se trata de danos causados às construções vizinhas, a responsabilidade solidária do proprietário e do construtor decorre da simples nocividade da obra, independentemente da culpa de qualquer deles. Sendo solidária, o que pagar sozinho a indenização terá direito de exigir do outro a sua quota, nos termos dos arts. 283 do Código Civil e 77, III, e 80 do Código de Processo Civil [de 1973, atuais arts. 130, III e 132]. No entanto, se o dano resultou de culpa do construtor e o proprietário pagou a indenização, assistir-lhe-á direito à ação regressiva contra o construtor culpado, para haver dele o que pagou (cf. Mário Moacyr Porto, *RT, 623*:11, n. 5; Silvio Rodrigues, *Direito civil*, cit., v. 5, p. 159, n. 92). No primeiro caso, o proprietário, ao ser citado para a ação, poderá valer-se do instituto do chamamento ao processo (art. 77, III, do CPC [de 1973, atual art. 130, III]) para voltar-se contra o construtor culpado; no segundo, do instituto da denunciação da lide (CPC, art. 70, III [de 1973, atual art. 125, II]) (cf. 1º TACSP, AgI 451.242-5, Santo André).

A responsabilidade do construtor permanece não só perante o dono da obra como também perante quem o suceda na propriedade, ou adquire direitos reais, de promissário-comprador do imóvel (STF, *RT, 567*:242; TJSP, *RT, 620*:88, *621*:76, *627*:123), pois a alienação não pode ser causa de isenção de responsabilidade do construtor pela solidez e segurança da obra, que é de natureza legal. O comprador, assim, pode opor defeitos relativos à solidez e segurança da obra. Se assim não for, "o art. 1.245 [novo art. 618] se torna letra morta, na hipótese de alienação, logo após o recebimento da obra" (*RT, 621*:78).

A propósito, proclamou o Superior Tribunal de Justiça: "O construtor é responsável durante o quinquênio, pela solidez e segurança do prédio, e o é perante quem com ele contratou, e igualmente perante quem adquiriu o imóvel do anterior dono da obra. Legitimidade *ad causam* passiva da construtora face os atuais proprietários das unidades habitacionais, representados pelo Condomínio do edifício" (REsp 7.363-SP, 4ª T., rel. Min. Athos Carneiro, j. 8-10-1991, *DJU*, 9 dez. 1991, p. 18035, n. 238).

Pode o comprador, neste caso, propor ação de indenização contra o construtor e o vendedor ou promitente-vendedor, malgrado algumas opiniões no sentido de que não há texto de lei algum que atribua ao último responsabilidade solidária com o engenheiro responsável quanto à segurança e solidez da construção perante o comprador ou promissário-comprador (*RT, 620*:88). Sustentam alguns, com efeito, que a ação que tem o adquirente contra o alienante ou é a redibitória, para enjeitar a coisa (art. 441 do CC), ou é a *quanti minoris*, para abatimento do preço (CC, art. 442). Há, no entanto, vários julgados no sentido de que a responsabilidade dos vendedores tem origem na venda e o vendedor deve responder pela solidez e segurança da casa vendida (*RT, 567*:242, *621*:76 e *627*:123).

Não resta dúvida de que o alienante deve assegurar ao adquirente o uso da coisa. Este o princípio acolhido pelo nosso Direito, bem expresso no capítulo dos vícios redibitórios e da evicção. Assim, deve indenizar não só os prejuízos decorrentes de pequenos defeitos da obra como também, e com mais razão, os mais graves, provocados pela falta de solidez e segurança.

Pontes de Miranda admite a ação indenizatória nesses casos, ao escrever: "A pretensão à redibição ou à redução da contraprestação pode existir ao mesmo tempo que a ação de indenização por inadimplemento ou adimplemento ruim, que inadimplemento é, pois os objetos são diferentes, ou podem ser diferentes. De modo nenhum se pode invocar para as pretensões por inadimplemento, inclusive por adimplemento ruim, o prazo preclusivo do art. 178, §§ 2º e 5º, e do art. 211 (art. 210) do CComercial" (*Tratado*, cit., t. 38, p. 506).

9. O contrato de construção como relação de consumo (Código de Defesa do Consumidor)

O art. 3º do Código de Defesa do Consumidor define fornecedor como pessoa física ou jurídica que desenvolva determinados tipos de atividade. Entre as atividades enumeradas, encontra-se expressamente consignada a construção. Da mesma forma, o art. 12, que já trata especificamente da "responsabilidade pelo fato do produto e do serviço", menciona expressamente o construtor como responsável, nas condições fixadas. Com isso, percebe-se desde logo que os contratos de construção, em que o fornecedor desenvolva tal atividade, em benefício de pessoa física ou jurídica que utilize seus produtos ou serviços como destinatária final, tipificam-se perfeitamente como relações de consumo. E, certamente, a grande maioria dos contratos de construção integram a categoria dos contratos de consumo.

Desde a entrada em vigor do Código de Defesa do Consumidor, as relações jurídicas entre as partes contratantes, nos contratos de empreitada que constituíam relação de consumo, passaram a ser reguladas diretamente por aquele diploma, a ponto de serem destacadas do Código Civil de 1916, que só tinha aplicação subsidiária. O atual Código Civil, que é posterior àquele e disciplina o contrato de empreitada, aplica-se aos contratos celebrados entre particulares que não configuram relação de consumo. Tendo sido ressalvada a legislação especial, continua aplicável o Código de Defesa do Consumidor aos celebrados por construtor que exerce a atividade de venda dos imóveis que constrói, habitual e profissionalmente.

O contrato de empreitada contém, no sistema do Código Civil, uma particularidade. Com efeito, ficou estabelecido, por norma expressa, que nas hipóteses em que o construtor fornece os materiais, o risco, até o momento da entrega da obra, corre por sua conta. Na verdade, considera-se que, até a entrega da obra, os materiais pertencem ao empreiteiro, e se estes vêm a se perder ou destruir-se por força maior ou caso fortuito, terá aplicação o princípio geral *res perit domino*, ou seja, a regra do art. 611 do Código Civil não formula uma hipótese de responsabilidade objetiva, mas constitui mera aplicação do princípio acima mencionado. Quer dizer, se houver a destruição da construção antes de sua entrega, por motivo de força maior, pelo sistema do Código Civil o empreiteiro perderá o material, mas não será obrigado a reparar eventuais perdas e danos (lucros cessantes e danos emergentes).

Aos contratos de incorporação imobiliária, embora regidos pelos princípios e normas que lhes são próprios (Lei n. 4.591/64), também se aplica subsidiariamente a legislação consumerista sempre que a unidade imobiliária for destinada a uso próprio do adquirente ou de sua família. Não pode ser reputada abusiva a *cláusula de tolerância* no compromisso de compra e venda de imóvel em construção desde que contratada com prazo determinado e razoável, já que possui amparo não só nos usos e costumes do setor, mas também em lei especial (art. 48, § 2º, da Lei n. 4.591/64).

Em 25 de setembro de 2019, a Segunda Seção do Superior Tribunal de Justiça (REsp 1.729.593/SP, rel. Min. Marco Aurélio Bellizze), ao tratar do Tema Repetitivo 996, fixou quatro teses jurídicas relativas a compromissos de compra e venda de imóveis na planta, quais sejam:

1. Na aquisição de unidades autônomas em construção, o contrato deverá estabelecer de forma clara, expressa e inteligível o prazo certo para a entrega do imóvel, o qual não

poderá estar vinculado à concessão do financiamento ou a nenhum outro negócio jurídico, exceto o acréscimo do prazo de tolerância.
2. No caso de descumprimento do prazo para a entrega do imóvel incluído o período de tolerância, o prejuízo do comprador é presumido, consistente na injusta privação do uso do bem, a ensejar o pagamento de indenização na forma de aluguel mensal, com base no valor locatício de imóvel assemelhado, com termo final na data da disponibilização da posse direta ao adquirente da unidade imobiliária.
3. É lícita a cobrança de juros de obra ou outro encargo equivalente após o prazo ajustado no contrato para a entrega das chaves da unidade autônoma, incluído o período de tolerância.
4. O descumprimento do prazo de entrega do imóvel computado o período de tolerância faz cessar a incidência de correção monetária sobre o saldo devedor com base em indexador setorial, que reflete o custo da construção civil, o qual deverá ser substituído pelo IPCA, salvo quando este último for mais gravoso ao consumidor.

Jurisprudência

10. Danos a prédio vizinho

10.1. Danos provocados por circunstância imponderável e imprevisível

- Indenização – Danos materiais – Hipótese, porém, em que provocados por circunstância imponderável e imprevisível, caracterizada como fato da natureza – Indenização não devida. Se os danos causados a prédio vizinho em razão de construção foram provocados por circunstâncias imponderáveis e imprevisíveis, caracterizadas como fato de natureza, e não decorrentes da obra, exercido "civiliter modo" o direito de construir, não há que se falar em responsabilidade do proprietário ou do construtor (*RT*, *632*:131).

10.2. Danos decorrentes de inobservância de normas de segurança

- Construção – Obras em prédio urbano – Inobservância de normas que fixam condições de segurança – Fato que causou danos em prédio vizinho – Reparação devida pelo proprietário da obra (*RT*, *775*:339).

10.3. Desabamento de edifício em construção

- Danos aos prédios vizinhos – Desabamento – Responsabilidade solidária dos donos da obra, dos autores do projeto e dos responsáveis pela execução do edifício em construção que desmoronou, causando danos aos prédios vizinhos – Indenização que deve ser a mais completa possível, com a reposição dos danos materiais emergentes e, inclusive, danos morais (*RT*, *751*:305).
- O desabamento de prédio em construção equivale ao inadimplemento absoluto do contrato de execução da obra, eis que não mais subsiste para o credor a possibilidade de receber, devendo a construtora ser responsabilizada pelos danos sofridos – Aplicação da teoria da

desconsideração da personalidade jurídica, se restou demonstrado que em proveito ilícito dos sócios foi desativada a empresa construtora, que não possui patrimônio para ressarcir os prejuízos causados aos credores (*RT*, *753*:216).

10.4. Responsabilidade solidária do proprietário e do construtor

- Responsabilidade solidária – Construtora e incorporadora. É público e notório que a 2ª ré é uma construtora/incorporadora. Logo, incide à hipótese a exceção contida no final da OJ 191 da SDI-1, do TST, havendo responsabilidade solidária da recorrente, como bem decidido pelo Juízo de origem (TRT-2, RO 00006064620135020081-SP, 6ª T., j. 24-11-2015).
- Responsabilidade subsidiária – Construtora – Art. 455 da CLT. A 2ª ré geria a construção dos condomínios e era responsável pela mão de obra, estabelecimento de regras e cronograma. Independente do nome que recebia, era a empreiteira principal e, como tal, responde subsidiariamente pelos haveres deferidos em sentença (TRT-1, RO 12052720115010034, j. 15-5-2013).
- Danos ao prédio urbano vizinho – Responsabilidade solidária do proprietário e do construtor que decorre da simples ofensa ao direito de vizinhança, independendo de culpa, certo de que havendo defeitos preexistentes, a indenização há de se limitar aos danos agravados (2º TACSP, Ap. 480.278, rel. Vianna Cotrim, j. 26-5-1997, *Boletim da AASP*, n. 2.034/3).

10.5. Rachaduras. Nexo causal não comprovado

- Danos em prédio urbano – Pretensão a indenização diante do surgimento de rachaduras e demais avarias oriundas de reformas realizadas no prédio limítrofe – Nexo causal entre esta e os danos não comprovados por prova pericial, pois são resultados da idade da construção, da trepidação da rua, das inundações e da patente falta de conservação – Culpa da ré afastada – Indenizatória improcedente (1º TACSP, Ap. 438.609/90, 8ª Câm. Esp., rel. Toledo Silva, j. 11-7-1990).

11. Desabamento de edifício recém-construído

- Propositura de ação contra o proprietário. No caso de desabamento de edifício recém-construído existe a responsabilidade do dono, ainda que não fossem aparentes os defeitos da construção, se esta foi levada a efeito não sob contrato de empreitada, mas sob a direção de engenheiro civil, em nítida relação de dependência (*RT*, *521*:267).

12. Defeitos de solidez e segurança da obra

12.1. Comprometimento das condições elementares de habitabilidade

- Direito de construir – Comprometimento das condições elementares de habitabilidade – Suficiência – Inexigibilidade que ponham o prédio em risco iminente de desabamento ou ruína – Verba devida pelo construtor (*JTJ*, Lex, *233*:115).

12.2. Infiltração de águas. Responsabilidade do construtor

- Empreitada de edifício – Infiltração de águas – Responsabilidade do construtor. O art. 1.245 [*do CC de 1916, correspondente ao art. 618 do atual*] deve ser interpretado tendo em vista as realidades da construção civil nos dias atuais – Infiltração de águas e manchas de umidade em apartamento situado no mais alto pavimento – Vistoria "ad perpetuam" – Defeito de construção – Prejuízos à saúde dos moradores – Não é seguro um edifício que não propicie a seus moradores condições normais de salubridade – Ação promovida contra o construtor, em pretensão regressiva, pela companhia seguradora que efetuou as reparações que o edifício demandava – Correção monetária devida – Ação procedente (*RJTJRS*, *90*:318).

12.3. Vícios que afetam a solidez do edifício, a segurança e a saúde de seus moradores

- Defeitos em construção – Prédio em condomínio – Inobservância de regras técnicas – Vícios que afetam a solidez do edifício, a segurança e a saúde de seus moradores – Projeto de autoria do proprietário – Fato que não exime de responsabilidade o empreiteiro (*RT*, *555*:202).
- Contrato de construção – Responsabilidade do construtor. Se a obra, meses após a sua entrega, apresenta defeitos que afetam sua solidez, em virtude das condições do terreno sobre as quais não foi prevenido o empreitante, a responsabilidade do construtor independe de culpa (*RTJ*, *117*:420).

13. Responsabilidade solidária do construtor e do incorporador

- Indenizatória procedente – Responsabilidade solidária. A responsabilidade deriva da regra do art. 1.245 [*do CC de 1916, correspondente ao art. 518 do atual*], que determina ao construtor responder, durante cinco anos, pela solidez e segurança do trabalho, inclusive com relação aos materiais empregados. E a da incorporadora, quer por força dos contratos de venda das unidades, a lhe impor a cobertura dos defeitos e prejuízos sofridos pelos adquirentes, e quer, em especial, pela culpa "in eligendo", de ordem extracontratual, determinante da solidariedade, certo que, nesse caso, como leciona Aguiar Dias, "a solidariedade passiva não depende de conserto prévio entre os responsáveis" (*RT*, *539*:111).
- Incorporação imobiliária – Construção de edifício – Vícios e defeitos surgidos após a entrega das unidades autônomas aos adquirentes – Responsabilidade solidária do incorporador e do construtor. Mesmo quando o incorporador não é o executor direto da construção do empreendimento imobiliário, mas contrata construtor, fica, juntamente com este, responsável pela solidez e segurança da edificação (CC/2002, art. 618). Trata-se de obrigação de garantia assumida solidariamente com o construtor – Lei n. 4.591/64, art. 31 (STJ, REsp 884.367-DF, 4ª T., rel. Min. Raul Araújo, j. 6-3-2012).
- Ilegitimidade passiva "ad causam" – Teoria da asserção – Questão relacionada ao mérito da causa – Preliminar rejeitada – Cerceamento de defesa – Responsabilidade solidária entre a incorporadora e a construtora (TJSP, Ap. Cível 1034472-43.2014.8.26.0576, 6ª Câm. Dir. Priv., rel. Ademir Modesto de Souza, j. 28-4-2022).

14. Responsabilidade perante os adquirentes de unidades autônomas

14.1. Danos advindos de construção. Responsabilidade dos alienantes perante os adquirentes

- Ação indenizatória proposta pelos adquirentes contra os alienantes – Legitimidade passiva *ad causam* reconhecida (*RJTJRS*, 82:242).
- Defeito em obra – Contrato de empreitada – Fornecimento somente da mão de obra – Perícia técnica – Imperícia na execução do serviço constatada – Responsabilidade do empreiteiro pelos materiais inutilizados – Devolução da contraprestação contratual – Danos materiais devidos – Restituição em dobro (TJMg, Apel. 1.0686.12.016851-9/001, rel. Des. Vasconcelos Lins, *DJEMG* 31-8-2017).

14.2. Responsabilidade do incorporador e construtor perante, também, os adquirentes das unidades

A responsabilidade do incorporador e construtor do edifício não se mantém apenas em relação à pessoa do encomendante ou dono do edifício, mas sim transmite-se aos adquirentes das unidades que ficam sub-rogados nos direitos daquele. O Código Civil não impõe restrição quanto ao beneficiário da garantia que outorga, tanto mais que, na hipótese, o incorporador e construtor eram a mesma pessoa (STF, *JTACSP*, 114:177).

- Responsabilidade civil de incorporadora – Vícios e defeitos de construção. Nos termos do art. 12 do CDC, a responsabilidade da incorporadora, promovente e realizadora da construção dos edifícios do condomínio, é objetiva, dispensando a comprovação de culpa. Precedentes. Demonstrado o fato constitutivo do direito do recorrido (art. 333, I, do CPC/73, atual art. 373, I), esgota-se o seu ônus probatório, cabendo à recorrente, para afastar sua responsabilidade objetiva, demonstrar uma das causas excludentes do nexo causal ou a existência de fato impeditivo, modificativo ou extintivo do direito do autor (art. 12, 3º, do CDC, c/c 333, inciso II, do CPC/73, atual art. 373, inciso II), o que não ocorreu na espécie, não havendo que se falar em distribuição equivocada dos ônus probatórios (STJ, REsp 1.625.984-MG, 4ª T., rel. Min. Marco Buzzi, *DJe* 4-11-2016).

15. Responsabilidade do engenheiro civil

15.1. Dever de acompanhar a execução da obra

- Defeitos na construção – Dever de acompanhar a execução da obra – Responsabilidade que não pode ser transferida ao pedreiro – Indenização procedente (*JTACSP*, 74:145).

15.2. Responsabilidade do engenheiro civil, projetista e fiscal da obra

- Responde solidariamente pelos danos causados em razão de falhas da construção o engenheiro fiscal que negligencia em sua atividade profissional (*RT*, 584:92).

15.3. Engenheiro civil. Dever de examinar os materiais empregados

- Embora somente concorrendo com o serviço, e recebendo do dono da obra os materiais a serem empregados, o engenheiro contratado para elaborar o projeto e fiscalizar a construção é civilmente responsável pelo evento danoso, pois era de seu dever examinar os materiais empregados, tais como os tijolos, e recusá-los se frágeis ou defeituosos (*RT*, 676:195).

15.4. Atraso na entrega da obra. Cláusula de tolerância

- Ação de obrigação de fazer e indenizatória – Promessa de compra e venda de imóvel na planta. Atraso na entrega da obra (AgInt no REsp 1.677.582-PR, 4ª T., rel. Min. Raul Araújo, j. 4-3-2024, *DJe* 11-3-2024).

- Imóvel – Promessa de compra e venda – Entrega – Atraso – Habite-se – Demora – Risco da atividade (AgInt no AREsp 2.355.499-RJ, 3ª T., rel. Min. Ricardo Villas Bôas Cueva, j. 11-3-2024, *DJe* 18-3-2024).

- Compromisso de compra e venda – Omissão – Inexistência – Ilegitimidade passiva – Reexame – Atraso na entrega da obra – Fato de terceiro – Danos morais – Atraso excessivo (AgInt no REsp 1.768.011-RJ, 4ª T., rel. Min. Raul Araújo, j. 23-10-2023, *DJe* 26-10-2023).

- Atraso da obra – Entrega após o prazo estimado – Cláusula de tolerância – Validade – Previsão legal – Peculiaridades da construção civil. Aos contratos de incorporação imobiliária, embora regidos pelos princípios e normas que lhes são próprios (Lei 4.591/1964), também se aplica subsidiariamente a legislação consumerista sempre que a unidade imobiliária for destinada a uso próprio do adquirente ou de sua família. Não pode ser reputada abusiva a cláusula de tolerância no compromisso de compra e venda de imóvel em construção desde que contratada com prazo determinado e razoável, já que possui amparo não só nos usos e costumes do setor, mas também em lei especial (art. 48, § 2º, da Lei n. 4.591/1964). Deve ser reputada razoável a cláusula que prevê no máximo o lapso de 180 (cento e oitenta) dias de prorrogação. Mesmo sendo válida a cláusula de tolerância para o atraso na entrega da unidade habitacional em construção com prazo determinado de até 180 (cento e oitenta) dias, o incorporador deve observar o dever de informar e os demais princípios da legislação consumerista, cientificando claramente o adquirente, inclusive em ofertas, informes e peças publicitárias, do prazo de prorrogação, cujo descumprimento implicará responsabilidade civil. Igualmente, durante a execução do contrato, deverá notificar o consumidor acerca do uso de tal cláusula juntamente com a sua justificação, primando pelo direito à informação (STJ, REsp 1.582.318-RJ, 3ª T., rel. Min. Villas Bôas Cueva, *DJe* 21-9-2017).

- Atraso na entrega do imóvel – Alegação de incidência de caso fortuito ou força maior – Inadmissibilidade. Em relação ao atraso na entrega do imóvel, não se constata a presença de justificativa plausível para o descumprimento do prazo estabelecido no contrato, sendo certo que os riscos de eventuais intempéries próprias da atividade econômica exercida pela ré, ora agravante, integram a sua atividade empresarial, não podendo ser suportados pelo consumidor. Nesse contexto, não há espaço para as argumentações sobre a incidência de caso fortuito ou força maior, tendo em vista que tais intercorrências traduzem fatos próprios à álea natural das atividades da construtora e incorporadora, pois representam circunstâncias inerentes à construção civil (STJ, Ag.Int. no ARESP 877.936-DF, 4ª T., rel. Min. Marco Buzzi, *DJe* 27-9-2017).

Seção VII
A responsabilidade dos depositários e encarregados da guarda e vigilância de veículos (estacionamentos, supermercados, restaurantes, "shopping centers" etc.)

1. Contrato de depósito, de guarda e análogos

Segundo a unanimidade dos autores, o depósito é contrato real; perfaz-se com a tradição do objeto. É contrato pelo qual uma pessoa recebe um objeto móvel alheio, com a obrigação de guardá-lo e restituí-lo. Para que se aperfeiçoe não basta o consentimento das partes, pois exige-se a entrega da coisa ao depositário (Clóvis Beviláqua, *Código Civil*, cit., obs. 2 ao art. 1.265; Washington de Barros Monteiro, *Curso*, cit., v. 5, p. 234; Caio Mário da Silva Pereira, *Instituições*, cit., v. 3, p. 245, n. 247).

O que se identifica na essência das obrigações do depositário, segundo ensina Aguiar Dias, é um dever de segurança sobre a coisa depositada, obrigação de resultado que tem por efeito a presunção de culpa contra ele, se não a restitui ao termo do depósito (*Responsabilidade civil*, cit., t. 1, p. 397, n. 145).

Sendo um contrato de natureza real, somente se aperfeiçoa com a entrega do veículo à guarda e custódia do depositário. Pode, no entanto, existir obrigação de vigilância do veículo em outras modalidades de contratos, que poderiam ser chamados de contratos de guarda ou de vigilância ou simplesmente de contratos inominados, onerosos ou gratuitos, em que não ocorre a tradição e as chaves do veículo permanecem com o proprietário, assumindo o outro contratante a obrigação de vigiá-lo e de garantir a sua incolumidade, contra furtos e contra colisões e danos provocados por terceiros.

2. A responsabilidade dos donos de estacionamentos

O dono do estacionamento, como mencionado, que explora a guarda de veículos mediante paga dos usuários responde como depositário. E nessa conformidade só se escusava de responsabilidade pelo desaparecimento da coisa depositada, antes do Código de Defesa do Consumidor, provando caso fortuito ou força maior (CC de 1916, art. 1.277). Se o proprietário deixa seu automóvel em estacionamento e vem ele a sofrer dano, o ônus da prova da irresponsabilidade pelo ressarcimento é do estabelecimento que assumiu a obrigação de custodiá-lo e não o fez (*RT*, *621*:93, *638*:92).

Como anota Maria Helena Diniz, "o depositário terá responsabilidade pela guarda da coisa que lhe foi confiada, sendo-lhe permitido invocar a ajuda de auxiliares, mas ficará por eles responsável, pela perda ou deterioração do objeto depositado, se contribuiu dolosa ou culposamente para que isto acontecesse, pois tem a obrigação de ter na custódia da coisa que está em seu poder o cuidado e diligência que costuma ter com o que lhe pertence, obrigado a garantir a incolumidade da coisa, devendo abster-se de atos que sejam prejudiciais ao bem depositado" (*Responsabilidade civil*, cit., p. 241-2).

Tem-se admitido o boletim de ocorrência como prova hábil da existência do furto (*RT*, *638*:92; *RJTJSP*, *110*:165).

O dono do estacionamento, como mencionado, somente se escusava de responsabilidade pelo desaparecimento do veículo provando caso fortuito ou força maior. O Código Civil de 1916 se referia, no capítulo do depósito necessário (art. 1.285, II), à ocorrência de força maior nas hipóteses de roubo à mão armada e violências semelhantes. E assim era admitido na jurisprudência:

"Não se configura negligência se o carro guardado em estacionamento foi roubado em um assalto à mão armada" (*RT*, *512*:299).

"Basta que o depositário tenha adotado, na guarda da coisa, cuidado e diligência que costuma ter com o que lhe pertence (art. 1.266 do CC), não tendo, assim, agido com culpa, para que, à ocorrência do assalto à mão armada, possa invocar o caso fortuito ou força maior" (*RT*, *501*:114; *RJTJSP*, *92*:137).

"O roubo à mão armada supera qualquer previsão que é lícito exigir-se de quem, vigilante e prudente, guarda coisas em depósito, seja gratuita, seja onerosamente" (*RJTJSP*, *98*:159).

O atual Código Civil não contém dispositivo similar ao mencionado art. 1.285, II, do diploma de 1916, que excluía a responsabilidade do depositário em caso de força maior, como nas hipóteses de escalada, invasão da casa, roubo à mão armada, ou violências semelhantes. Mas enfatiza, no art. 650, que essa responsabilidade cessa se os depositários provarem que "os fatos prejudiciais" aos depositantes "não podiam ser evitados". O fato inevitável exclui, portanto, a responsabilidade do depositário. Como proclamado pelo Superior Tribunal de Justiça, "A inevitabilidade e não a imprevisibilidade é que efetivamente mais importa para caracterizar o fortuito. E aquela há de entender-se dentro de certa relatividade, tendo-se o acontecimento como inevitável em função do que seria razoável exigir-se" (*RSTJ*, *132*:311).

Cabe aos Tribunais decidir, pois, em cada caso, se o assalto à mão armada, nas condições em que foi realizado, no caso em julgamento, era inevitável, equiparado ao fortuito ou força maior, ou não, dizendo se era de se presumir, em face da atividade do depositário, tivessem sido tomadas especiais providências, visando à segurança.

Se a hipótese é de furto simples, a responsabilidade do depositário, no entanto, permanece incólume.

Mesmo em casos de roubo à mão armada tem sido reconhecida a responsabilidade do dono do estacionamento que se mostrou negligente na guarda, como no caso em que este deixou o veículo à noite em local sem preposto ou vigia, ainda menos uma guarita ou cabine de maior segurança e fechado o portão apenas com o trinco, facilitando com isso o ingresso de três pessoas armadas, que levaram com o veículo quem tomava conta, deixando-o em trecho de rodovia (*RJTJSP*, *101*:141), citando o aresto lição de Jean Carbonnier no sentido de que "se constitui em sentimento popular a existência de uma certa falta (negligência ou imprudência) em se deixar roubar: o roubo em si não é uma força maior, a menos que ele tenha sido executado em circunstâncias que excluam toda a culpa daquele que o invoca" (*Droit civil*; les obligations, 10. ed., Thémis Droit, 1979, v. 4, p. 275).

Os donos de estacionamentos e de estabelecimentos análogos são prestadores de serviços e essa atividade, em regra ligada ao consumo, passou a ser regida pelo Código de Defesa do Consumidor, que estabelece casos de responsabilidade independentemente da existência de culpa, pela reparação dos danos causados aos consumidores por defeitos relativos à prestação de serviços (art. 14).

O § 1º do aludido dispositivo considera defeituoso o serviço quando não fornece a segurança que o consumidor dele pode esperar, levando-se em consideração as circunstâncias relevantes, entre as quais: I – o modo de seu fornecimento; II – o resultado e os riscos que razoavelmente dele se esperam; III – a época em que foi fornecido.

O fornecedor de serviços "só" não será responsabilizado quando provar: I – que, tendo prestado o serviço, o defeito inexiste; II – a culpa exclusiva do consumidor ou de terceiro (§ 3º).

A excludente do *caso fortuito*, ou *força maior*, não foi inserida no rol das excludentes da responsabilidade do prestador de serviços. Mesmo assim, a sua arguição é admitida, pois o fato inevitável rompe o nexo de causalidade, especialmente quando não guarda nenhuma relação com a atividade do fornecedor, não se podendo, destarte, falar em defeito do produto ou do serviço. O Superior Tribunal de Justiça assim vem decidindo:

"O fato de o art. 14, § 3º, do Código de Defesa do Consumidor não se referir ao caso fortuito e à força maior, ao arrolar as causas de isenção de responsabilidade do fornecedor de serviços, não significa que, no sistema por ele instituído, não possam ser invocadas" (REsp 120.647-SP, 3ª T., rel. Min. Eduardo Ribeiro, *DJU*, 15 maio 2000, p. 156, *RSTJ, 132*:311).

O mesmo Tribunal vem acolhendo a arguição de caso fortuito ou força maior, para isentar de responsabilidade os transportadores, autênticos prestadores de serviços, que são vítimas de roubos de carga, à mão armada, nas estradas (REsp 43.756-3-SP, 4ª T., rel. Min. Torreão Braz, *DJU*, 1º ago. 1994, p. 18.658).

O Código de Defesa do Consumidor, que representa uma grande e elogiada evolução do direito positivo brasileiro, aplica-se subsidiariamente aos depositários, no que não contrariar o Código Civil, especialmente o art. 51 daquele diploma, que fulmina de nulidade as cláusulas abusivas, e seu § 1º, que proíbe a cláusula de não indenizar. Os dispositivos da legislação consumerista citados não se mostram incompatíveis com o atual Código Civil, pois este também considera objetiva a responsabilidade dos donos de estacionamentos e de estabelecimentos análogos, somente podendo ter excluída a sua responsabilidade pela reparação dos danos causados aos usuários que ali deixaram os seus veículos provando que o dano inexistiu, ou a culpa exclusiva do consumidor ou de terceiro, ou ainda o caso fortuito e a força maior. A culpa concorrente da vítima acarreta a redução da indenização, em proporção do grau de culpa desta (CC, art. 945).

A propósito do tema, vem decidindo o Superior Tribunal de Justiça: "Não constitui força maior, capaz de elidir responsabilidade indenizatória, a circunstância de roubo à mão armada de veículo entregue à guarda de empresa que explora estacionamento noturno de veículo, com manutenção de vigilância que se apresentou ineficaz para a guarda do bem depositado". Enfatizou o relator, Min. Dias Trindade, que era perfeitamente previsível a ocorrência de roubo e que a empresa depositária mantinha vigilância armada, que se mostrou porém ineficaz (*RT, 704*:232).

Igualmente:

"I – Empresa que explora estacionamento, cobrando pelo serviço prestado, tem dever de guarda e vigilância sobre os veículos parqueados, respondendo por indenização em caso de subtração. II – O roubo, a exemplo do furto, não pode ser alegado como motivo de força maior por quem, em razão do seu ramo de atividade, tem por obrigação e especialidade prestar segurança" (STJ, REsp 31.206-5-SP, 4ª T., rel. Min. Sálvio de Figueiredo, j. 17-2-1993, v. u.).

"É irrelevante que o desaparecimento do carro tenha sido ocasionado por roubo ou furto, pois o dever de indenizar decorre do risco assumido, tendo em vista o ramo de negócio escolhido e o lucro que se obtém com a sua realização. Inaceitável a alegação de que a empresa só seria responsabilizada quando o infrator resolvesse atuar sem ameaça ou violência" (STJ, REsp 182.390-SP, 4ª T., rel. Min. Barros Monteiro).

A respeito da responsabilidade das empresas em geral por furto de veículos, proclama a Súmula 130 do Superior Tribunal de Justiça: "A empresa responde, perante o cliente, pela reparação do dano ou furto de veículo ocorridos em seu estacionamento".

A jurisprudência consolidou-se no sentido de que as empresas que exploram comercialmente estacionamentos respondem pelos danos que os veículos, que deles se utilizem, venham a sofrer, inclusive nos casos de roubo à mão armada. A Segunda Seção do Superior Tribunal de Justiça, proclamou: "É assente na jurisprudência de ambas as Turmas julgadoras e integrantes da Segunda Seção que a prática do crime de roubo no interior de estacionamento de veículos, pelo qual seja direta ou indiretamente responsável a empresa exploradora de tal serviço, não caracteriza caso fortuito ou motivo de força maior capaz de desonerá-la da responsabilidade pelos danos suportados por seu cliente vitimado. Precedentes (STJ, AgInt no EREsp 1.118.454-RS, Segunda Seção, rel. Min. Villas Bôas Cueva, *DJe* 31-10-2017).

Todavia, a empresa que administra estacionamento privado não tem responsabilidade pela segurança do cliente, mas apenas do veículo. A propósito, decidiu o Tribunal de Justiça do Rio Grande do Sul, em caso de vítima de sequestro relâmpago ocorrido dentro do estacionamento, que "não se pode exigir que o réu mantenha força armada privada a prevenir ou evitar os crimes perpetrados à mão armada em suas dependências, seja contra o seu próprio patrimônio, seja contra o patrimônio de seus consumidores" (Ap. 70.046.273.702, rel. Des. Jorge Alberto Pestana, disponível em <www.conjur.com.br>, acesso em 6-1-2013).

Nessa linha, proclamou o Superior Tribunal de Justiça que "o estacionamento se responsabiliza apenas pela guarda do veículo, não sendo razoável lhe impor o dever de garantir a segurança do usuário, sobretudo quando este realiza operação sabidamente de risco, consistente no saque de valores em agência bancária" (REsp 1.232.795-SP, 3ª T., rel. Min. Nancy Andrighi, disponível em <www.editoramagister.com>, acesso em 3-5-2013).

Jurisprudência

- Roubo de veículo em estacionamento privado. Fortuito interno (AgInt no REsp 1.438.348-SP, rel. Min. Raul Araújo, 4ª T., j. 21-3-2022, *DJe* 25-4-2022).
- Ao rejeitar pedido de indenização por danos morais feito por um cliente que teve o carro furtado dentro do estacionamento de um supermercado, manifestou-se a 33ª Câmara de Direito Privado do Tribunal de Justiça de São Paulo, concordando a relatora, Desembargadora Ana Lucia Romanhole Martucci, com o entendimento do juízo de origem de que o dissabor inerente ao fato exposto pelo autor se insere no cotidiano do homem médio e não implica

lesão à honra ou violação da dignidade humana e nem, por si só, conduz ao dano moral. "Diante do quadro, por qualquer ângulo de análise, a conclusão inequívoca é no sentido de que o réu não está obrigado ao pagamento da indenização por danos morais pleiteada, ainda que ao enfoque da responsabilidade objetiva", ponderou a mencionada Relatora.

■ A ocorrência de crime de roubo de cliente atacadista, ocorrido em estacionamento gratuito, localizado em área pública em frente ao estabelecimento comercial, "constitui hipótese de isenção de responsabilidade civil pelo caso fortuito" (STJ, REsp 1.642.397, rel. Min. Ricardo Villas Bôas Cueva).

■ A prática de roubo, com emprego inclusive de arma de fogo, de cliente de lanchonete *fast-food*, ocorrido no estacionamento externo e gratuito, "constitui hipótese de caso fortuito que afasta o dever de indenizar" (STJ, REsp 1.431.606, rel. Min. Villas Bôas Cueva).

■ Tratando-se de estacionamento público externo ao centro comercial, não há que se cogitar de responsabilidade do empresário pelo furto de veículo, sob pena de se responsabilizar todo aquele que possuir estabelecimento próximo a estacionamento público, ainda que sem qualquer ingerência em sua administração ou responsabilidade legal por sua segurança (REsp 883.452, rel. Min. Aldir Passarinho Júnior).

■ Responsabilidade civil – Roubo em estacionamento – Empresa exploradora do serviço – Fortuito externo – Não configuração. É assente na jurisprudência de ambas as Turmas Julgadoras integrantes da Segunda Seção que a prática do crime de roubo no interior de estacionamento de veículos, pelo qual seja direta ou indiretamente responsável a empresa exploradora de tal serviço, não caracteriza caso fortuito ou motivo de força maior capaz de desonerá-la da responsabilidade pelos danos suportados por seu cliente vitimado. Precedentes (STJ, Ag. Int. nos EREsp 1.118.454, 2ª Seção, rel. Min. Villas Bôas Cueva, *DJe* 31-10-2017).

■ Responsabilidade civil – Roubo à mão armada ocorrido nas dependências de estacionamento privado – Caso fortuito – Não configuração. Nos termos da orientação jurisprudencial do Superior Tribunal de Justiça, o roubo à mão armada ocorrido nas dependências de estacionamento privado, cuja atividade-fim é a guarda e manutenção da integridade do veículo, não configura caso fortuito apto a afastar o dever de indenizar. Precedentes (STJ, AgInt no AREsp 1.038.841-RS, 4ª T., rel. Min. Raul Araújo, *DJe* 23-5-2017).

■ Ação de regresso proposta por seguradora com fundamento em sub-rogação legal decorrente de furto de veículo segurado em estacionamento – Sentença de procedência – Insurgência da empresa administradora do estacionamento. Partindo-se da orientação preconizada na Súmula 130/STJ, segundo a qual "a empresa responde, perante o cliente, pela reparação de dano ou furto de veículo ocorridos em seu estacionamento", conclui-se, pela logicidade do sistema jurídico, que a seguradora, após realizar o adimplemento do prêmio securitário pode, pela sub-rogação legal e contratual, pleitear, junto à empresa que explora o estacionamento, o ressarcimento das despesas do seguro" (STJ, REsp 1.085.178-RS, 4ª T., rel. Min. Marco Buzzi, *DJe* 30-9-2015).

■ Estacionamento – Roubo de veículo – Fato que não constitui causa excludente de responsabilidade da empresa, pois a obrigação de prestar segurança se acha ínsita no ramo de atividade por ela exercida (STJ, *RT*, 764:196).

- Roubo de veículo de estacionamento – Força maior não configurada diante da manifesta negligência do réu – Aplicação, ademais, do princípio do risco criado – Verba devida (*RJTJSP*, *101*:141).

- Estacionamento de veículos – Guarda explorada mediante paga dos usuários – Contrato de depósito caracterizado – Indenização por furto de automóvel devida – Escusa somente na hipótese de caso fortuito ou força maior – Prova do desaparecimento da coisa através de Boletim de Ocorrência admissível (*RT*, *638*:92).

- Roubo na cancela do estabelecimento comercial – O *shopping center* e o estacionamento vinculado podem ser responsabilizados por defeitos na prestação do serviço não só quando o consumidor se encontra efetivamente dentro da área assegurada, mas também quando se submete à cancela para ingressar no estabelecimento comercial. Nexo de causalidade, fato de terceiro e fortuito externo. Admite-se a exoneração da responsabilidade quando ocorre fortuito externo à atividade empresarial desempenhada, isto é, evento imprevisível e totalmente alheio aos deveres anexos dos fornecedores e aos riscos por estes assumidos. Para ser considerado fortuito externo, a causa do evento danoso não pode apresentar conexão com a atividade desempenhada pelos fornecedores. Precedentes (STJ, REsp 2.031.816-RJ, 3ª T., rel. Min. Nancy Andrighi, *DJe* 16-3-2023).

3. A responsabilidade dos proprietários de postos de combustíveis

Quanto aos donos de postos de gasolina, são eles responsáveis pelos danos que os veículos sofrerem enquanto estiverem sob sua guarda, para fins de lavagem, lubrificação e outros serviços. Respondem inclusive pelos atos de seus empregados e prepostos, que porventura venham a se utilizar dos veículos e a causar danos a terceiros. A responsabilidade, neste caso, deixa de ser do proprietário do veículo e passa a ser do dono do posto, a quem a guarda foi transferida.

Quando se trata de veículo deixado no pátio do posto para fins de pernoite ou de permanência temporária, é preciso indagar se houve ou não assunção da custódia e responsabilidade pela sua guarda. Há postos que cobram pela permanência e guarda de veículos em seu pátio, assumindo o dever de custódia. Em outros casos, porém, os veículos são ali deixados por mera cortesia e até com placas alertando os usuários de que o estabelecimento por eles não se responsabilizam. Neste último caso, inexistindo o dever de guarda e vigilância, inexiste também a obrigação de indenizar, na hipótese de ocorrência de furto ou de dano ao veículo causado por terceiro (*RT*, *628*:157; *RJTJSP*, *89*:180).

O Superior Tribunal de Justiça considerou diferente a situação dos postos de gasolina, em relação a outros estabelecimentos, no tocante aos assaltos à mão armada, afirmando que a inevitabilidade "é de considerar-se dentro de certa relatividade. O acontecimento pode ter-se como inevitável, tendo-se em conta o que normalmente seria possível exigir-se. E não é que, nos postos de lavagem, se mantenha segurança armada. Cumpre distinguir as diversas situações. Assim, por exemplo, tratando-se de cofres mantidos por um banco, é de presumir-se sejam tomadas especiais providências, visando à segurança, pois a garanti-la se destinam seus serviços. O mesmo não sucede em estabelecimento como o de que se cuida na espécie" (*RSTJ*, *132*:313).

A mesma Corte, em outra oportunidade, reiterou o entendimento:

"Responsabilidade de prestador de serviço – Isenção reconhecida – CC/1916, art. 1.058 – CDC, art. 14, § 3º – Força maior – Roubo de automóvel em posto de lavagem (*RSTJ, 132*:311).

V. ainda:

- Ressarcimento de danos – Veículo deixado para lavagem em posto de combustível – Furto – Responsabilidade do posto pela guarda do veículo – *Culpa in vigilando*. A empresa responde, perante o cliente, pela reparação do dano ou furto do veículo ocorrido em seu estabelecimento (Súmula 130 do STJ) (TJ-AM, Apel. 0251375-90.2008.8.04.0001, j. 9-3-2014).

- Caminhão que, deixado em auto de combustível, manobrado por funcionário, deslocou-se em declive e, sem freio, veio a danificar residência e veículo. Age com culpa exclusiva pelo evento danoso quem entrega veículo para lavagem em posto de serviços, sem prévio aos funcionários deste de falha do sistema de freios de pedal. Nessa perspectiva, nenhuma responsabilidade tem o prestador de serviços (TJSP, Apel. 990092498789, j. 15-9-2010).

- Posto de combustível – Furto de caminhão – Indenização – Improcedência. Não há falar em responsabilidade de posto de combustível por furto de caminhão que se encontrava em pátio aberto dentro de suas dependências, haja vista não se caracterizar como estacionamento, tratando-se de área aberta à circulação de veículos, sem cerca ou proteção, sem iluminação adequada, vez que não há exploração da atividade de guarda-carros, não oferecendo o posto-réu vigilância ou segurança aos veículos que por ali circulam, sem qualquer controle ou depósito das chaves pelos clientes, sendo o local utilizado por conta e risco do proprietário do veículo (TJGO, Ap. 97.692-8/188, 3ª Câm. Cív., rel. Des. Wilton Muller Salomão, j. 27-6-2006).

- Roubo de veículo ocorrido em posto de gasolina – Caso fortuito – Ação improcedente (*RJTJSP, 91*:134).

4. A responsabilidade dos donos de oficinas mecânicas

O proprietário que entrega o seu veículo a uma oficina mecânica, para reparos, transfere ao dono desta a guarda e a obrigação de por ele zelar, e de restituí-lo quando solicitado. Dessa relação origina-se um contrato de depósito, do qual decorre a responsabilidade do estabelecimento por danos sofridos pelo veículo, especialmente os decorrentes de sua movimentação pelos mecânicos e prepostos (cf. Ap. 322.728, 1º TACSP, 2ª Câm., j. 4-4-1984).

Em virtude dessa transferência da guarda, respondem os donos de oficinas também pelos danos causados, por eles ou por seus prepostos, a terceiros, na condução dos veículos, e não os seus proprietários. Respondem, também, pelo desaparecimento dos veículos, se não provarem a "culpa exclusiva do consumidor ou terceiro" (art. 14, § 3º, do CDC).

Nessa mesma ordem de ideias, sintetiza Caio Mário da Silva Pereira: "Quando o proprietário do veículo o confia a uma oficina mecânica para revisão ou reparos ou quando o recolhe a um posto de gasolina que o recebe para guardar, ocorre o contrato de depósito e consequente responsabilidade do estabelecimento. O proprietário, sem deixar de sê-lo, transfere a guarda da coisa, e, com esta, o dever de vigilância, determinante da responsabilidade do garagista, ou do proprietário da oficina, ou do posto, pelo furto do veículo" (*Instituições*, cit., p. 251, n. 199-A).

Desse modo, "tendo a posse do veículo sido transferida à oficina mecânica, cujo titular passou a ter a sua guarda jurídica, não havendo negligência atribuível à proprietária do mesmo, descabe a pretensão ressarcitória que, em face dela, foi distribuída" (TJRJ, Ap. 7.233/98, 11ª Câm., rel. Des. Nilton Mondego, *DJe* 12 nov. 1998, *Adcoas*, 8171989). Já se decidiu, outrossim:

JURISPRUDÊNCIA

- Furto de automóvel dentro de oficina mecânica – Responsabilidade civil. É dever da oficina mecânica zelar pelos veículos que estão sob a sua responsabilidade para conserto. Responsabilidade objetiva do fornecedor quando há falha na prestação do serviço (art. 14, § 1º, inciso II, do CDC). Caracterizada a responsabilidade pela guarda e pela vigilância do bem (art. 629 do Código Civil), uma vez que o carro foi depositado sob a guarda do estabelecimento, o dono da oficina deve responder pelos danos decorrentes de sua omissão (TJDFT, Ac. n. 1058203, 1ª T. Recursal, rel. Juiz Aiston Henrique de Souza, *DJe* 14-11-2017).

- Acidente de trânsito – Irresignação acerca da improcedência do período do conserto – Falta de demonstração do período em que o veículo permaneceu na oficina, além da ausência de demonstração da real necessidade da locação (TJRS, Apel. 71.005.075.635, *DJe* 29-9-2014).

- Entrega de veículo a oficina mecânica para simples confecção de orçamento – Roubo, à mão armada, do automóvel – Fato que afasta o dever do proprietário do estabelecimento comercial em restituir o bem, pois tal evento é equiparado à força maior (*RT, 764*:251).

5. A responsabilidade dos donos de restaurantes

Nas grandes cidades, os restaurantes costumam manter manobristas que ficam à disposição dos clientes; entregam um *ticket* a estes, recebem as chaves dos veículos e os estacionam em locais próprios ou até mesmo nas ruas próximas. O veículo é devolvido, mediante a apresentação do *ticket*, na saída.

A entrega do veículo ao preposto do estabelecimento transfere a este a guarda e a responsabilidade pela sua vigilância, configurando autêntico contrato de depósito. Responde, assim, o dono do restaurante, como depositário, pelo furto do veículo.

Decidiu o Tribunal de Justiça de São Paulo, em aresto relatado pelo Desembargador e ilustre Professor Yussef Cahali:

"A gratuidade do serviço prestado aos proprietários de veículos que se servem do estabelecimento não exclui a responsabilidade pela guarda dos mesmos. Tal responsabilidade emerge exatamente do serviço complementar assim prestado pelo estabelecimento comercial àqueles que o buscam, em razão da comodidade que propicia" (*RT, 610*:77).

Concluiu, todavia, o mesmo Tribunal: "Roubo de veículo, à mão armada, que estava sob a guarda de manobrista de restaurante – Força maior – Ocorrência – Impossibilidade de o detentor do automóvel evitar a subtração" (*RT*, *807*:238).

Tem-se por ineficaz cláusula geralmente impressa nos *tickets* no sentido de que o estabelecimento não se responsabiliza pelo furto do veículo. Arestos do Tribunal de Justiça de São Paulo proclamaram, com efeito:

"*Responsabilidade civil* – Furto de veículo estacionado em via pública, sob a responsabilidade de manobrista contratado pelo restaurante – Cláusula de isenção da responsabilidade que deve ser tida como não escrita no 'ticket' dado ao proprietário do veículo furtado – Verba devida – Embargos rejeitados" (*RJTJSP*, *98*:148, *103*:339).

A validade de cláusula de não indenizar depende do consentimento, que pressupõe a livre discussão entre as partes – o que geralmente inocorre nesses casos. Assim, não se pode falar em cláusula de irresponsabilidade quando a parte contra a qual deve prevalecer não a tenha conhecido ou aceitado antecipadamente. A prova de aceitação deve ser dada pela parte que a invoca e se torna mais difícil quando a assinatura do contratante não é exigida para a conclusão do contrato, não podendo resultar de meras presunções, nem mesmo do próprio fato de haver o contratante recebido o instrumento em que a cláusula vem inserta. É assim que se recusa validade às cláusulas exoneratórias constantes de avisos ou cartazes apostos nos quartos dos hotéis, porque, pondera-se, o contrato se perfaz antes que o viajante tome conhecimento deles (Aguiar Dias, *Cláusula de não indenizar*, 3. ed., Forense, n. 42). Também não a admite o art. 51, I, do Código de Defesa do Consumidor, aplicável à espécie.

Considerando que, no nosso sistema, há que se lembrar que o silêncio só é admitido como forma de consentimento para aperfeiçoar a existência de um contrato quando expressamente previsto, mais uma vez decidiu o Tribunal de Justiça de São Paulo:

"Assim, caracterizado o contrato, cujo cumprimento confessadamente inocorreu, exsurge a responsabilidade contratual plena, dado que a pretensa cláusula de não indenizar, ou de irresponsabilidade, não é válida e não cognasceu com o contrato, inadmitindo-se que produza efeitos exoneratórios. O contrato não se reduz ao puro manobrar o veículo, mas o de guardá-lo, posto que há tradição das chaves" (EI 77.793-1-SP, 1ª Câm., j. 27-10-1987, *Boletim da AASP*, n. 1.523, p. 43).

Também já se decidiu:

"Responsabilidade civil – Furto de veículo – Estabelecimento comercial que mantém manobrista ao qual é confiada a chave do automóvel pelo cliente – Veículo estacionado em local afastado, fora da esfera de vigilância de seu preposto – Inocorrência de caso fortuito – Verba devida" (*RT*, *756*:335).

Na opinião de Caio Mário da Silva Pereira, o proprietário, sem deixar de sê-lo, transfere momentaneamente a guarda do veículo, mediante a relação contratual do depósito, ficando o restaurante, como depositário, sujeito a reparar o dano, no caso de ser o veículo furtado (*Instituições*, cit., p. 250, n. 199). Mas, aduz: "A situação é bem diversa, seja no caso do restaurante como do hotel, de ser deixado o carro nas imediações da casa, pelo próprio dono, e confiada a vigilância a uma pessoa não vinculada ao estabelecimento, figura que no jargão da atividade se apelida de 'um flanelinha'. Neste caso não há transferência da guarda, e inexiste depósito da coisa" (p. 251).

Jurisprudência

- Responsabilidade civil – Roubo de veículo – Manobrista de restaurante (*valet*) – Ruptura do nexo causal – Fato exclusivo de terceiro – Ação regressiva da seguradora – Excludente da responsabilidade civil – Consumidora por sub-rogação (seguradora) – Reconhecimento pelo acórdão recorrido do rompimento do nexo causal pelo roubo praticado por terceiro, excluindo a responsabilidade civil do restaurante fornecedor do serviço do manobrista (art. 14, § 3º, II, do CDC) (STJ, REsp 1.321.739, 3ª T., rel. Min. Paulo de Tarso Sanseverino, *DJe* 10-9-2013).

- Ação indenizatória – Danos morais e materiais – Roubo de motocicleta – Emprego de arma de fogo – Área externa da lanchonete – Estabelecimento gratuito – Caso fortuito ou força maior – Fortuito externo. No caso, a prática do crime de roubo, com emprego inclusive de arma de fogo, de cliente de lanchonete *fast-food*, ocorrido no estacionamento externo e gratuito por ela oferecido, constitui verdadeira hipótese de caso fortuito (ou motivo de força maior) que afasta do estabelecimento comercial proprietário da mencionada área o dever de indenizar (art. 393 do Código Civil) (STJ, REsp 1.431.606-SP, 3ª T., rel. Min. Villas Bôas Cueva, *DJe* 13-10-2017).

- Estacionamento e restaurante – Furto de objeto (relógio de pulso de elevado valor) que teria sido deixado no interior de veículo estacionado em local disponibilizado por restaurante.

  Contrato de guarda que, no caso, limita-se à coisa (veículo). Extensão aos objetos deixados no interior do bem que não se presume – Necessidade, quanto a estes, de constar expressamente do contrato de depósito – Prova testemunhal no sentido de que não houve informação sobre o valioso objeto deixado no interior do automóvel – Relação de consumo que por si só não autoriza a inversão do ônus da prova (TJSP, Apel. 4002475-75.2013.8.26.0624, 25ª Câm. Dir. Privado, rel. Des. Edgard Rosa, j. 27-8-2015).

- Furto de veículo estacionado em via pública, sob a responsabilidade de manobrista contratado pelo restaurante – Cláusula de isenção da responsabilidade que deve ser tida como não escrita no *ticket* dado ao proprietário do veículo furtado – Verba devida – Embargos rejeitados (*RJTJSP*, *103*:339).

6. A responsabilidade dos proprietários de hotéis

Situação análoga à do restaurante é a do hotel, que recebe o veículo do hóspede e o guarda no próprio estabelecimento ou em algum outro local sob sua responsabilidade. Decorre esta da entrega do carro ao dono do hotel ou a seu preposto, que o recebe para guardar. Não importa, na espécie, se é cobrada ou não alguma remuneração pelo depósito, valendo aqui as mesmas observações que foram feitas a esse respeito no tocante à responsabilidade dos donos de restaurantes. Somente se escusam os donos de restaurantes e de hotéis, provando caso fortuito ou força maior, como no caso de assalto à mão armada e violências semelhantes.

Se, no entanto, o hotel não "recebe" as chaves do veículo e não o guarda, mas apenas permite que estacione em suas dependências, por mera cortesia, sendo tal circunstância do conhecimento do hóspede, não se caracteriza o contrato de depósito.

Já se decidiu, com efeito:

"Havendo depósito, há obrigação de indenizar, mas, não se caracterizando esse contrato, não há responsabilidade. Se o hóspede é costumeiro, não ignorando o regulamento do hotel, expresso em não se responsabilizar pelos veículos deixados em seu estacionamento gratuito, e não invocada a culpa do estabelecimento, sob qualquer modalidade, a ação de indenização improcede" (*RT*, *563*:84).

Embora os donos de hotéis possam ser responsabilizados com base no art. 932, IV, do Código Civil, pelos prejuízos causados por seus hóspedes a outro hóspede ou a terceiros, os casos mais frequentes são aqueles disciplinados no art. 649, parágrafo único, do mesmo diploma, que prevê a responsabilidade, de natureza contratual, dos donos de hotéis, hospedarias, ou casas de pensão, pelos furtos e roubos que perpetrarem as pessoas empregadas ou admitidas em suas casas. O aludido dispositivo atribui aos hospedeiros a responsabilidade, como depositários, pelas bagagens dos viajantes, ainda quando o prejuízo decorra de roubos ou furtos perpetrados por pessoas empregadas em seus estabelecimentos.

Já se decidiu, com efeito:

"Desaparecimento de bagagem de hóspede – Hipótese de depósito necessário – Indenização devida – Aplicação do art. 1.284 do Código Civil. Por força do depósito necessário previsto no art. 1.284 do CC, cumpre ao hospedeiro assegurar a incolumidade pessoal do hóspede no local, bem como a de seus bens que se achem em poder dele, sendo irrelevante o fato de os bens desaparecidos não serem de uso próprio, eis que caracterizados como bagagens" (*RT*, *632*:96).

"Ação de reparação de danos materiais – Roubo em hotel – Prejuízo ao hóspede – Dever de indenizar – Responsabilidade objetiva dos donos de hotéis. Incidência do art. 14 do Código de Defesa do Consumidor – Sentença mantida" (TJSP, Apel. 9125686-34.2009.8.26.0000, *DJe* 11-4-2013).

Proclamou o Tribunal de Justiça de São Paulo que é responsabilidade das empresas a segurança do bem do consumidor, porque a elas cabe aprimorar o próprio sistema de segurança e, com isso, não só inibir as condutas ilícitas de terceiros, como também se resguardar de eventual má-fé de seus clientes. O hotel e estacionamento não agiram com seriedade ao oferecer um seguro com valor menor que o carro tem na tabela FIPE (TJSP, Apel. 1009526-78.2016.8.26.0077, 33ª Câm. Dir. Priv., rel. Des. Eros Piceli, Revista *Consultor Jurídico*, 16-6-2018).

A respeito dessa situação, equiparada ao depósito necessário, já nos referimos no capítulo dedicado à responsabilidade por ato de terceiro, ao tratarmos da responsabilidade dos hoteleiros e estalajadeiros (art. 932, IV, do CC – *v*. Livro II, Capítulo I, Seção II, n. 7).

A propósito, decidiu o Superior Tribunal de Justiça: "A empresa que explora hotel é responsável pela indenização de furto de automóvel, verificado em estacionamento que mantém, ainda que não cobre por esse serviço destinado a atrair clientela, por falta ao seu dever de vigilância" (REsp 6.069-SP, 3ª T., rel. Min. Dias Trindade, j. 11-3-1991, *DJU*, 17-6-1991, p. 8.204, n. 114).

7. A responsabilidade das Escolas e Universidades

Raramente se configura a responsabilidade das Escolas e Universidades pelos furtos de veículos ocorridos em suas dependências. Isto porque, na maioria das vezes, não ocorre a entrega da coisa e a transferência da obrigação de guarda, limitando-se tais estabelecimentos a permitir que alunos e professores deixem seus carros em área destinada a estacionamento.

Nesses casos, não se caracteriza o contrato de depósito, porque as chaves do veículo permanecem em poder do proprietário e não se dá a emissão de *ticket* comprovando a entrega do veículo à guarda do estabelecimento.

Como assinala Caio Mário da Silva Pereira, conseguintemente não há transferência de guarda, e portanto não ocorre responsabilidade. Não se define a situação como um "contrato de depósito", uma vez que por nenhum elemento material ou pessoal determinam-se os seus extremos (*Instituições*, cit., p. 252, n. 200). Lembra, ainda, que situação dessa ordem foi apreciada pelo Supremo Tribunal Federal, em aresto publicado na *RTJ*, *55*:68.

O Tribunal de Justiça do Rio de Janeiro, apreciando caso de subtração de veículo que se encontrava em estacionamento gratuito localizado em pátio de estabelecimento de ensino que nada cobra pela ministração de aulas, decidiu:

"Em se tratando de contrato tipicamente unilateral, o contraente a quem o contrato não aproveita só responde por dolo (artigo 1.057 do CC [*de 1916*])" (Ap. 3.906/88, 5ª Câm., j. 13-12-1988, rel. Des. Narcizo Pinto).

Diferente, no entanto, será a situação se o veículo for entregue à guarda do estabelecimento, mediante remuneração e controle de entrada e saída de veículos pela emissão de *tickets* ou outro sistema de vigilância.

Decidiu o Superior Tribunal de Justiça que, em caso de furto de automóvel em estacionamento de Universidade Pública, a ação deve ser proposta somente contra esta, sendo parte ilegítima passiva *ad causam* a empresa contratada para prestar serviços de vigilância. Poderá esta, no entanto, figurar na ação como litisdenunciada, com base no contrato em que assumiu a obrigação de indenizar (*RT*, *693*:264).

JURISPRUDÊNCIA

- Furto em estacionamento de faculdade privada sem fins lucrativos – Responsabilidade da instituição de ensino pelos danos materiais verificados (AgRg no REsp 1.408.498-SC, 3ª T., rel. Min. Marco Aurélio Bellizze, j. 1-12-2015, *DJe* 11-12-2015).
- Instituição de ensino – Universidade – Furto de veículo em estacionamento – Pedido de indenização em ação regressiva julgado procedente. O poder público deve assumir a guarda e responsabilidade quando o veículo ingressa em área de estacionamento público pertencente a estabelecimento público, apenas quando dotado de vigilância especializada para esse fim. Precedentes do STJ (TJSC, Ap. n. 2009.044253-5, *DJe* 8-4-2010).
- Instituição de ensino – Universidade – Responsabilidade objetiva – Furto de veículo em estacionamento – Pedido de indenização julgado procedente. O Poder Público deve assumir a guarda e responsabilidade do veículo quando este ingressa em área de estacionamento pertencente a estabelecimento público, apenas quando dotado de vigilância especializada para esse. Precedentes do STJ (TJSC, Ap. 2009.04327805, *DJe* 9-4-2010).

- Curso superior de farmácia – Falta de reconhecimento pelo MEC – Indeferimento da inscrição pelo Conselho Profissional – Responsabilidade civil da instituição de ensino. Excludente da culpa exclusiva de terceiro – Descabimento na espécie. A instituição de ensino superior responde objetivamente pelos danos causados ao aluno em decorrência da falta de reconhecimento do curso pelo MEC, quando violado o dever de informação ao consumidor. A alegação de culpa exclusiva de terceiro em razão da recusa indevida do registro pelo conselho profissional não tem o condão de afastar a responsabilidade civil da instituição de ensino perante o aluno, a qual decorre do defeito na prestação do serviço (STJ, REsp 1.232.773-SP, *DJe* 3-4-2014).
- Furto de automóvel estacionado gratuitamente em *campus* de Universidade Federal – Ausência da obrigação de guarda e conservação dos veículos – Verba indevida – Tribunal Regional Federal – 1ª Região (*RT, 781*:405).
- Furto de veículo em *campus* de Universidade Federal – Ausência de demonstração de que a instituição oferecia o estacionamento com garantia de policiamento – Verba indevida (*RT, 773:*396).
- Fazenda Pública – Responsabilidade civil – Veículo de professor danificado no pátio interno de escola – Omissão do zelador demonstrada – Irrelevância que fosse mera liberalidade da direção a permissão para estacionamento – Interpretação do artigo 37, § 6º, da Constituição da República – Ação procedente (*JTJ*, Lex, *228*:59).
- Furto de veículo em Universidade – Estacionamento externo gratuito do estabelecimento de ensino, onde a vítima lecionava – Pretendido ressarcimento do empregador – Inadmissibilidade se o local era destinado ao uso comum de funcionários da universidade e de terceiros, e posto, ainda, sob a vigilância de empresa de segurança, contratada pelo próprio estabelecimento – Verba devida somente pela empresa contratada para vigiar o local, porquanto lhe era exigido, na guarda e vigilância da coisa depositada, todo o cuidado e diligência (*RT, 781*:256).
- Furto de veículo em Universidade – Estacionamento gratuito. A Universidade responde objetivamente pelos danos causados a seus usuários. Ao colocar à disposição de seus alunos estacionamento gratuito, com segurança, mas sem o controle de entrada e saída de veículos, presta um serviço de qualidade questionável e (ou) defeituoso e, assim, deve responder pelos danos causados, independentemente de culpa. A gratuidade pela respectiva liberalidade é apenas aparente, estando o valor do estacionamento agregado às mensalidades cobradas (TJGO, 6ª Câm. Cív., rel. Des. Norival Santomé, disponível em www.conjur.com.br, acesso em 24-11-2014).

8. A responsabilidade dos donos de supermercados e *shopping centers*

Há supermercados que integram os *shopping centers*. Outros há, no entanto, que constituem estabelecimentos autônomos e também possuem uma área destinada a estacionamento dos fregueses.

Se esses estacionamentos têm um aparato de segurança com a finalidade de inspirar confiança a quem vai ter ao supermercado, caracterizado por grades, portões de entrada e de saída para os carros, guaritas para os guardas, não resta dúvida de que existe o dever de vigilância e a consequente responsabilidade em caso de furto, mesmo que as chaves do veículo permaneçam em poder do proprietário e o estacionamento seja gratuito. Assim tem sido decidido, como se pode verificar na *RJTJSP, 111*:401.

Quando, no entanto, não existe esse aparato e se trata de um simples estacionamento (geralmente uma área ao lado ou defronte ao estabelecimento, consistente num simples recuo da construção) cedido gratuitamente aos fregueses, não se pode dizer que foi assumido o dever de vigilância dos veículos, nem que existe responsabilidade do estabelecimento, em caso de furto.

A situação dos *shopping centers* é complexa e mais abrangente. É uma nova realidade consistente em um sistema de concentração de comércio em espaços, dentro do princípio moderno de *marketing,* conhecido como *tennant mix*, ou simplesmente *mix*.

Para uma parte da doutrina, a questão se subsume à configuração ou não de um contrato de depósito, porque somente nesse caso há a transferência da guarda. Caio Mário da Silva Pereira, por exemplo, sustenta que o oferecimento de área para estacionar o veículo é gesto de cortesia da empresa, sem nenhuma outra finalidade: o parqueamento ocorre em espaço fora do *shopping*; não há contrato escrito de depósito, nem se vislumbra a perspectiva de um contrato tácito desta natureza; o empreendedor do *shopping* não assume dever de vigilância. Aduz que considera muito significativa a circunstância de permanecer a área de estacionamento aberta a qualquer pessoa. Sua utilização não é exclusiva da clientela, nem condicionada a que o usuário efetue alguma compra ou utilize algum serviço. É franqueada a quem quer que estacione o carro, entrando e saindo livremente. Não se exige documento na entrada ou na saída, e, devido à sua amplitude e volume de veículos em movimentação, não há possibilidade material de controle, especialmente em períodos de maior movimentação.

Acrescenta o notável civilista que a guarda do veículo pertence ao proprietário e a sua transferência precisa ser provada, não podendo ser presumida. Assim, no caso dos *shopping centers*, parece-lhe ser injurídico "presumir a entrega" para, em seguida, "presumir a responsabilidade". Não será científico – acrescenta – extrair presunção senão de um fato certo. Não é jurídico induzir presunção de outra presunção. Conclui, afirmando que todas as circunstâncias são de molde a negar o contrato de depósito e que, inocorrendo a entrega efetiva do veículo, não há responsabilidade (*Instituições*, cit., p. 256-61).

A jurisprudência, no entanto, tem enfocado a responsabilidade dos *shopping centers* sob outra ótica, considerando que se trata de uma atividade empresarial que configura uma unidade de serviços, que integra, em espaço determinado, o empreendedor, os lojistas e o público, daí decorrendo relações jurídicas típicas que envolvem todos eles. Ao contrário daquele tipo antigo de comércio, sempre instalado o mais próximo possível dos centros de maior densidade demográfica, o *shopping center* fica em regra afastado desses locais para ter terreno de dimensões amplas e bastantes ao empreendimento, a fim de que não haja falta de espaço interno e externo, no último caso para um grande estacionamento de veículos.

Assim se expressou João Carlos Pestana de Aguiar Silva, citado em trabalho de Carlos Alberto Menezes Direito, publicado na *RT, 651*:235, em que este último sustenta, ao contrário de Caio Mário da Silva Pereira, que o estacionamento no *shopping center* não é uma gentileza.

Ele existe como parte essencial do negócio, gerando para o cliente uma verdadeira expectativa de guarda, isto é, a certeza de que é melhor frequentar o *shopping center* para compra ou lazer, pela segurança e facilidades oferecidas, entre as quais está o estacionamento.

Mesmo que não se configure, com todos os seus contornos, o contrato de depósito tácito, porque não há a entrega efetiva do veículo por parte do motorista à outra parte, haverá, segundo Carlos Alberto Menezes Direito, uma relação contratual inominada, que cria um vínculo do qual surge para o *shopping* um dever de vigilância. A resistência em buscar a proximidade com qualquer outra figura jurídica típica, assim a do depósito voluntário, não elimina, no seu entender, a responsabilidade do *shopping center*, porque a malha de culpa extracontratual estaria presente, pela falta de diligência, de prevenção, de cuidado, pela leviandade mesmo.

Assiste-lhe razão. Não é somente no contrato de depósito que existe o dever de guarda e vigilância. Tal dever pode ser assumido, mesmo tacitamente, em outras circunstâncias. Se não há contrato de depósito, pela falta de entrega das chaves do veículo ao empreendedor ou a seu preposto, nem por isso deixará de existir o dever de guarda ou de vigilância quando houver todo um aparato destinado a atrair clientes em razão das facilidades de compras e de estacionamento seguro que lhes são acenadas.

Em alguns julgados nota-se a preocupação com a existência desse aparato. Em outros, mais avançados, não se exige que ele exista, limitando-se os julgadores a afirmar a obrigação dos *shoppings* de indenizar porque oferecem o estacionamento como meio de atrair a clientela, cabendo-lhes o dever de assegurar a garantia acenada.

Pertencem ao primeiro grupo os seguintes arestos:

"Furto de veículo em estacionamento de supermercado – Existência de guardas e dispositivos de segurança – Omissão e negligência caracterizadas – Ação procedente" (*RJTJSP*, *111*:401; *RT, 646*:69).

"Furto de veículo em estacionamento de 'shopping center' – Existência de vigilância ostensiva no local, além de contrato de seguro, mantido pelo réu, por danos causados a veículos de terceiros – Gratuidade do serviço e permanência do veículo na posse de seu motorista que não excluem o dever de indenizar – Ação procedente" (*RJTJSP*, *123*:154).

Pertencentes ao segundo grupo podem ser mencionados, dentre outros, os seguintes arestos:

"Furto em estacionamento de 'shopping center' – Gratuidade que não afasta o dever de guarda – Relação que não se caracteriza como contrato de depósito típico mas envolve prestação de serviços de segurança cobrados indiretamente no custo da mercadoria – Indenização devida" (*RT, 639*:60; *RJTJSP, 126*:163).

"O fato de ser gratuito o estacionamento de automóveis em 'shopping center' não significa que não se esteja obtendo lucro com este, não se eximindo a administradora e a locatária da área destinada ao estacionamento da indenização devida pela subtração de veículo" (*RT, 600*:79).

"Furto de veículo em estacionamento de 'Shopping Center' – Empresa mantenedora do estacionamento que tem o dever jurídico de vigilância e guarda dos veículos ali conservados, pouco importando que o pátio seja franqueado ao acesso de veículos, sem controle de entrada ou saída, sendo indiferente a existência de avisos indicativos da disposição de não assumir a responsabilidade por furtos ocorridos no período de estacionamento – Indenização devida" (*RJTJSP, 113*:403, *107*:149; *RT, 655*:78).

Em alguns acórdãos do Tribunal de Justiça do Rio de Janeiro, também integrantes do segundo grupo, destacam-se os seguintes argumentos:

"O supermercado, que constrói estacionamento privativo e dele se utiliza com a forma de atrair clientela para aumentar seu faturamento, assume com o cliente uma obrigação de permitir que ele estacione ali o seu automóvel e vá, despreocupadamente, efetuar suas compras no supermercado. É irrelevante o fato de ser gratuito o estacionamento, porque o pagamento se faz por via indireta, através da compra de mercadorias. Trata-se, pois, de contrato oneroso, cabendo sem dúvida ao supermercado o dever de vigilância e o dever de guarda" (Ap. 40.300, 7ª Câm., rel. Des. Décio Cretton).

"... ainda a admitir-se que nem todas as notas essenciais do depósito voluntário estejam presentes, e por isso se haja de reconhecer a existência de negócio jurídico atípico, isso não basta para excluir o dever de custódia" (Ap. 463/89, 5ª Câm., rel. Des. José Carlos Barbosa Moreira).

"Se a ré se descuida e não mantém guardas suficientes no dito estacionamento, o problema é dela, não do cliente. Se oferece o estacionamento como meio de atrair a clientela, cabe-lhe o dever de assegurar garantia de quaisquer danos aos veículos, inclusive furto" (Ap. 40.300, 7ª Câm., rel. Des. Décio Cretton).

O que se deve ter presente nesses casos, como bem afirmou Carlos Alberto Menezes Direito (*RT, 651*:239), é que a visibilidade do estacionamento, como integrante do *shopping center*, impõe a este o dever de custódia, independentemente das circunstâncias específicas de ser pago, ou não, de ter controle de entrada e saída, ou de ter suficiente proteção, ou não.

Com razão o grande mestre da responsabilidade civil no Brasil, José de Aguiar Dias, cujo pensamento se mostra afinado com os novos rumos da matéria, mais consentâneo com o panorama dos dias atuais, manifestado em parecer publicado no *Boletim ADV*, 1986: "Por outro lado, o depósito de automóveis se caracteriza pela sua entrega, não sendo necessário o ato simbólico da entrega das chaves. Inegável, ainda, que o estabelecimento comercial fornece esse estacionamento para seus clientes, tanto assim que pode impedir que ali estacione quem não vai fazer compras no supermercado. O supermercado assim procede porque essa prática lhe fornece lucros, pela facilidade do estacionamento, lucros indiretos, por isto que o estacionamento é gratuito, mas incontestáveis, através do aumento de seu volume de vendas. É claro que, assim sendo, a ele incumbe arcar com a segurança dos veículos estacionados naquele local, não podendo excluir essa responsabilidade a tabuleta colocada na entrada do estacionamento, pois a mesma decorre de um princípio imperativo de Direito".

Em outros dois pareceres, Aguiar Dias repete a lição, sendo explícito, ainda, a respeito da extensão da responsabilidade a todos os prestadores de serviço que mantenham estacionamento, como, também, a respeito da questão relativa à entrega das chaves do automóvel: "Foi um importante passo adiante na evolução da responsabilidade civil no Brasil. A todo prestador de serviços incumbe a garantia da incolumidade dos usuários, pois o risco que contra ela existe é risco dos empresários, e não dos cidadãos que lhe dão lucro" (*Boletim ADV*, 1986). "Quanto ao depósito de chaves em mãos do preposto, só apresenta relevância escusatória quando é solicitado e não é aceito pelo hóspede, o que, ao que se vê dos autos, não aconteceu" (*Informativo semanal* 6, ano 1985, p. 49, *Boletim ADV*).

O fato de o proprietário do veículo não adquirir nenhum produto no interior do *shopping* não afasta a responsabilidade indenitária. Seja qual for o objetivo do frequentador ao ingressar nesses complexos comerciais – consumo, passeio, lazer, refeição, esporte, retirada de dinheiro em caixas eletrônicos, negócios etc. – subsistirá sempre a potencialidade de consumo e a responsabilidade da empresa, pois sua utilização não é exclusiva da clientela, nem condicionada a que o usuário efetue alguma compra ou utilize algum serviço. É franqueada a quem quer que estacione o carro, entrando e saindo livremente, como ponderou Caio Mário da Silva Pereira nas considerações retrocitadas.

No julgamento dos Embargos Infringentes n. 084.518.4/5-01, enfatizou o Des. Munhoz Soares, do Tribunal de Justiça de São Paulo que o embargante, que teve o seu veículo furtado do estacionamento de um *shopping center*, quando ali compareceu para entabular negociação sobre a locação de um *box* no condomínio, estivesse cuidando ou não de interesse pessoal ou profissional, comportou-se como *cliente virtual*, equivalente a *potencial*, segundo a mais hodierna doutrina. E, como tal, faz jus à pretendida indenização. Aduziu o preclaro julgador: "Talvez não se tenha atentado ao fato inafastável de que, ao estacionar no lugar próprio, no condomínio-comercial, ninguém, em nome deste, indaga com que finalidade qualquer usuário, consumidor, transeunte que o seja, ali veio ter. Por certo que, se o condomínio assim orientasse seu corpo de vigilantes, tal comportamento incomodaria sua variadíssima clientela, gerando constrangimentos. Ou não? Mesmo porque ninguém que adentre os *shopping centers*, supermercados, exposições, feiras internacionais etc. o faz com a obrigatoriedade de adquirir qualquer produto a título de efetivo consumo".

Veja-se, a propósito, a jurisprudência firmada pelo Superior Tribunal de Justiça:

"Estacionamento mantido por 'shopping center' – Furto de veículo – Indenização – De acordo com a orientação da 3ª Turma, por maioria, existe, em casos dessa espécie, contrato de depósito, ainda que gratuito o estacionamento, respondendo o depositário, em consequência, pelos prejuízos causados aos depositantes" (REsp 4.582). Serviço prestado no interesse do próprio incremento do comércio, daí "o dever de vigilância e guarda" (REsp 5.886-SP, 3ª T., j. 19-2-1991, rel. Min. Nilson Naves, *DJU*, 8 abr. 1991, n. 66, p. 3883).

"Indenização – Contrato de depósito para guarda de veículo – Estacionamento em supermercado – Furto.

I – Comprovada a existência de depósito, ainda que não exigido por escrito, o depositário é responsável por eventuais danos à coisa.

II – Depositado o bem móvel (veículo), mesmo que gratuito o estacionamento, se este se danifica ou é furtado, responde o depositário pelos prejuízos causados ao depositante, por ter aquele agido com culpa 'in vigilando', eis que é obrigado a ter na guarda e conservação da coisa depositada o cuidado e diligência que costuma com o que lhe pertence" (REsp 6.517-RJ, 3ª T., j. 19-2-1991, rel. Min. Waldemar Zveiter, *DJU*, 8 abr. 1991, n. 66, p. 3885; REsp 6.366-SP, 3ª T., j. 19-2-1991, rel. Min. Waldemar Zveiter, *DJU*, 23 mar. 1991, n. 57, p. 3.222).

"Responsabilidade civil – Furto de veículo em estacionamento de supermercado.

Embora inexistente pagamento direto, a empresa tem manifesto interesse econômico em dispor de local para estacionamento de carros, eis que atualmente este é fator o mais ponderável no angariar e atrair clientes. Presumível, assim, um dever de guarda dos veículos ali estacionados, salvo se ostensivos avisos comunicam que a empresa não assume tal encargo. Caso em que as circunstâncias indicam a assunção do ônus" (REsp 5.905-RJ, 4ª T., j. 4-12-1990, rel. Min. Athos Carneiro, *DJU*, 11 mar. 1991, p. 2.397, Seção I, ementa).

"Há que se reconhecer, com base na Súmula 130 do Superior Tribunal de Justiça, a responsabilidade da ré pelo furto ocorrido. O supermercado, ao disponibilizar estacionamento de veículos em busca de otimizar sua atividade comercial, assume o dever de guarda e vigilância, responsabilizando-se, por conseguinte, pelos prejuízos ocasionados. Além disso, o caso envolve relação de consumo sujeita ao regramento do artigo 14 do CDC, o qual dispensa a demonstração da existência de culpa para efeito de imputar ao fornecedor de bens ou serviços o dever de reparação" (TJSP, Proc. 1002229-11.2017.8.26.0004, 30ª Câm. Cív., rel. Des. Andrade Neto, in Revista *Consultor Jurídico*, 4-1-2020).

Decidiu o Superior Tribunal de Justiça não haver distinção entre o consumidor que efetua compra em *shopping center* e aquele que apenas vai ao local sem nada despender. Em ambos os casos, entende-se pelo cabimento da indenização em decorrência do furto de veículo. A responsabilidade pela indenização, diz o acórdão, não decorre de contrato de depósito, mas da obrigação de zelar pela guarda e segurança dos veículos estacionados no local, presumivelmente seguro (REsp 437.649-SP, 4ª T., rel. Min. Sálvio de Figueiredo Teixeira, *DJU*, 24 fev. 2003). O caso em julgamento dizia respeito a furto de veículo pertencente a possível locador de unidade comercial, ocorrido no estacionamento de *shopping center*.

Por sua vez, entendeu o Tribunal de Justiça de São Paulo inexistir responsabilidade de *shopping center* por furto de bolsa ocorrido na praça de alimentação, tendo em vista a inocorrência de ato comissivo ou omissivo que tenha contribuído para o evento danoso. Afirmou o acórdão que não foi demonstrada negligência dos funcionários da segurança, sendo inexigível garantia de segurança pessoal absoluta no estabelecimento, por não ter sido prometida, aduzindo que a responsabilidade objetiva do estabelecimento é restrita a danos causados por equipamentos, como escadas rolantes e elevadores (Ap. 261.590-4/0, 2ª Câmara de Direito Privado, rel. Des. Morato de Andrade, j. 7-10-2003).

Na mesma linha, proclamou o Superior Tribunal de Justiça:

"Responsabilidade civil – Furto de bolsa no interior *de Shopping Center* – Responsabilidade do fornecedor – Inexistência – Só se pode responsabilizar *Shopping Center* e estabelecimentos assemelhados por furto de bolsas, carteiras e outros objetos de guarda pessoal se comprovada culpa do estabelecimento" (REsp 772.818-RS, 3ª T., rel. Min. Castro Filho, *DJU*, 1º out. 2007, p. 272).

Uma rede de supermercados foi condenada a ressarcir ex-empregado que teve o veículo furtado no estacionamento da unidade em que trabalhava: "A empresa não pode eximir-se de sua responsabilidade pelo ato criminoso ocorrido em suas dependências, máxime quando auferia lucros pela existência e utilização de seu estacionamento pelo reclamante, que fazia o uso do mesmo em razão do contrato" (TRT, 4ª Reg., 8ª T., rel. Des. Marcos Fagundes Salomão, Revista *Consultor Jurídico*, 9-6-2019).

Entretanto, como frisou o Superior Tribunal de Justiça, não deve o estabelecimento comercial responder pelo assalto ocorrido além do seu estacionamento, como na via pública ou em estacionamento gratuito, por tratar-se de problema relativo à segurança pública. Confira-se:

"Em casos de roubo, a jurisprudência desta Corte tem admitido a interpretação extensiva da Súmula n. 130/STJ para entender configurado o dever de indenizar de estabelecimentos comerciais quando o crime for praticado no estacionamento de empresas destinadas à exploração econômica direta da referida atividade (hipótese em que configurado fortuito interno) ou quando esta for explorada de forma indireta por grandes *shopping centers* ou redes de hipermercados (hipótese em que o dever de reparar resulta da frustração de legítima expectativa de segurança do consumidor). No caso, a prática do crime de roubo, com emprego inclusive de arma de fogo, de cliente de atacadista, ocorrido em estacionamento gratuito, localizado em área pública em frente ao estabelecimento comercial, constitui verdadeira hipótese de caso fortuito (ou motivo de força maior) que afasta da empresa o dever de indenizar o prejuízo suportado" (STJ, REsp 1.642.397-DF, 3ª T., rel. Min. Villas Bôas Cueva, *DJe* 23-3-2018).

JURISPRUDÊNCIA

- Responsabilidade civil – Tentativa de roubo em cancela de estacionamento de *shopping center* – Obrigação de indenizar. A empresa que fornece estacionamento aos veículos de seus clientes responde objetivamente pelos furtos, roubos e latrocínios ocorridos no seu interior, uma vez que, em troca dos benefícios financeiros indiretos decorrentes desse acréscimo de conforto aos consumidores, o estabelecimento assume o dever – implícito em qualquer relação contratual – de lealdade e segurança, como aplicação concreta do princípio da confiança. Inteligência da Súmula 130 do STJ (STJ, REsp 1.269.691-PB, 4ª T., rel. p/ acórdão Min. Luis Felipe Salomão, *DJe* 5-3-2014).

- Responsabilidade civil – *Shopping center* e unidade gestora do estacionamento – Roubo à mão armada na cancela – Abrangência da proteção consumerista – Área de prestação do serviço – Princípios da boa-fé objetiva e da proteção contratual do consumidor – Barreira física imposta para benefício do estabelecimento empresarial – Legítima expectativa de segurança – Dever de fiscalização – Possibilidade de responsabilização – Roubo à mão armada – Fato de terceiro incapaz de excluir o nexo causal – Nexo de imputação verificado – Fortuito interno – Responsabilidade do shopping center – Súmula 130/STJ – Legítima expectativa de segurança ao cliente – Acréscimo de conforto (estacionamento) aos consumidores em troca de benefícios financeiros indiretos – Jurisprudência pacífica desta corte – Responsabilidade do estacionamento – Circunstâncias objetivamente consideradas a indicar a existência de razoável expectativa de segurança – Controle de entrada e saída – Cancela – Risco da atividade empresarial – Hipótese em que o consumidor foi vítima de roubo à mão armada ao parar o veículo na cancela para ingresso no estacionamento de *shopping center* – Manutenção da decisão condenatória – Dissídio jurisprudencial – Similitude fática – Ausência – *Quantum* indenizatório (REsp 2.031.816-RJ, 3ª T., rel. Min. Nancy Andrighi, j. 14-3-2023, *DJe* 16-3-2023).

- Tiroteio ocorrido em loja de *shopping center* – Disparo de arma de fogo que atingiu cliente do centro de compras – Responsabilidade civil configurada – Caso fortuito – Não ocorrência. Nos termos da orientação jurisprudencial do Superior Tribunal de Justiça, faz parte do dever dos estabelecimentos comerciais, como *shopping centers* e hipermercados, zelar pela segurança de seus clientes, não sendo possível afastar sua responsabilidade civil com base em excludentes de força maior ou caso fortuito (STJ, AgInt no AREsp 790.302-RJ, 4ª T., rel. Min. Raul Araújo, *DJe* 6-3-2017).

- *Shopping Center* – Roubo em estacionamento – Obrigação de indenizar. O risco da atividade e a ideia de segurança transmitidas por supermercados e *shoppings centers* tornam esses tipos de estabelecimento responsáveis pela integridade física dos clientes. Nítida a opção do consumidor por um local que ofereça estrutura e segurança, propiciando uma alternativa para fugir da violência típica de um grande centro urbano. Inválido o argumento de que o episódio envolveria fortuito externo ou causado por força maior (TJRJ, Apel. 0018601.23.2011.8.19.0209, rel. Des. Maria Aglaé Tedesco, Revista *Consultor Jurídico*, 1º-7-2018).

- *Shopping Center* – Não isolamento de área em que ocorriam obras – Queda de objeto da fachada, atingindo funcionária de uma loja – Responsabilidade objetiva do condomínio e da companhia de seguros ao pagamento solidário de indenização (TJRJ, Apel. 0297101.94.2013.8.19.0001, rel. Des. Maldonado de Carvalho, Revista *Consultor Jurídico*, 3-6-2018).

- Responsabilidade civil – Roubo em estacionamento de supermercado – Fortuito externo – Não configuração – Verbete 83 da Súmula do STJ. A empresa que fornece estacionamento de veículos aos seus clientes responde objetivamente pelos furtos, roubos e latrocínios ocorridos no seu interior, uma vez que, em troca dos benefícios financeiros indiretos decorrentes desse acréscimo de conforto aos consumidores, o estabelecimento assume o dever – implícito em qualquer relação contratual – de lealdade e segurança, como aplicação concreta do princípio da confiança. Inteligência da Súmula 130 do STJ (STJ, AgRg no AREsp 386277-RJ, 4ª T., rel. Min. Maria Isabel Gallotti, DJe 21-3-2016).

- Assalto contra carro-forte que transportava malotes do supermercado instalado dentro do *shopping center* – Responsabilidade civil objetiva – Art. 14 do CDC. É também responsável o Supermercado, instalado dentro de *shopping center*, em caso de assalto à transportadora de valores que retirava malotes de dinheiro daquele estabelecimento pela lesão provocada ao consumidor *bystander*, ocasionada por disparo de arma de fogo (STJ, REsp 1.327.778-SP, 4ª T., rel. Min. Luis Felipe Salomão, DJe 23-8-2016).

- Furto de veículo em estacionamento de *shopping center* – Atrativo comercial que se encontra embutido no preço das mercadorias – Verba devida pela administradora do empreendimento (*RT, 771*:358).

- Responsabilidade civil – Furto de veículo – Estacionamento de *shopping center* – Negligência comprovada – Responsabilidade regressiva de seguradora, em indenizar, até o limite da apólice – Decisão confirmada (*JTJ, Lex, 225*:144).

- Responsabilidade civil – Assalto iniciado em estacionamento de *shopping center* – CDC – Aplicabilidade – Omissão das providências necessárias à segurança do serviço colocado no mercado de consumo, deixando que sua cliente fosse abordada por assaltante armado, no estacionamento – Indenização – Verba devida (*Gazeta Juris*, 2006007599).

- Roubo de veículo – Caso fortuito ou força maior. Nem sempre o roubo constitui circunstância equiparável ao caso fortuito ou à força maior para fins de isenção de responsabilidade, consoante já proclamaram precedentes do Tribunal (REsp 31.206-SP e 36.433-7, *DJU* 15-3-1993 e 20-9-1993, respectivamente). Mesmo quando a empresa não tem qualquer relação com o fornecimento de serviços de guarda e segurança, como as que se dedicam ao comércio atacadista de supermercado, assumem dever de guarda e conservação, cumprindo-lhes fornecer vigilância adequada, o que encerra compromisso de diligenciar as cautelas e providências assecuratórias regulares normais. Não se mostra exigível à empresa, no entanto, como regra, evitar subtração realizada com emprego de ameaça e violência a que nem mesmo os próprios donos dos veículos teriam condições de resistir (STJ, REsp 35.827-2-SP, 4ª T., rel. Min. Sálvio de Figueiredo, *DJU*, 20-3-1995, p. 6121).

- Estabelecimento comercial – Furto de veículo estacionado nas dependências de área privativa de supermercado a título gratuito – Verba devida pelo proprietário do negócio pela falha objetiva do serviço de segurança (*RT, 765*:306).

- Estabelecimento comercial – Cliente de hipermercado, vítima de latrocínio, em virtude da falha do sistema de segurança do comércio que facilitou ao extremo a ação dos marginais – Dano moral – Verba devida aos dependentes do *de cujus*, em valor proporcional aos graves danos sofridos (*RT, 778*:411).

- Responsabilidade civil – Morte de filho – Atropelamento ocorrido em estacionamento de supermercado – Acidente ocasionado por autor do furto de veículo estacionado no seu interior – Irrelevância do dano ter sido causado por terceiro – Dever de guarda momentaneamente transferido ao supermercado – Caracterização de culpa leve que gera obrigação de indenizar – Indenização devida (*RT, 700*:69).

- Furto de veículo em estacionamento de *Shopping Center* – Gratuidade e fato de o motorista do carro permanecer na posse da chave que não afastam o dever de indenizar – Conjunto de circunstâncias em que se opera o estacionamento que irá definir a responsabilidade na espécie – Impossibilidade, portanto, desta ser afastada se existente ostensivo e sofisticado aparato de segurança no local a atrair a clientela, se mantido, pelo *Shopping*, contrato de seguro por danos causados a veículos de terceiros "sob sua guarda", bem como se o estacionamento for fundamental para o sucesso comercial das lojas que o compõem (*RT, 646*:69).

- *Shopping center* – Furto de veículo em estacionamento – Dever de zelar pela segurança dos veículos e dos clientes. É dever de estabelecimentos como *shoppings centers*, que oferecem estacionamento privativo aos consumidores ainda que de forma gratuita, zelar pela segurança dos veículos e dos clientes (STJ, AgRg no AREsp 188.113-RJ, 3ª T., rel. Min. João Otávio de Noronha, *DJe* 7-4-2014).

- *Shopping Center* – Furto de veículo em estacionamento – Gratuidade que não afasta o dever de guarda – Relação que não se caracteriza como contrato de depósito típico, mas envolve prestação de serviços de segurança cobrados indiretamente no custo da mercadoria – Indenização devida (*RT, 639*:60, *600*:79; *RJTJSP, 107*:149, *111*:401, *113*:403).

- *Shopping Center* – Tentativa de assalto no estacionamento – Responsabilidade civil objetiva da empresa – Indenização por dano moral. O *shopping* que disponibilizar estacionamento privativo e pago fica obrigado a zelar pela segurança do veículo e pela integridade física do consumidor (CDC, art. 14) (STJ, 4ª T., rel. Min. Luis Felipe Salomão, disponível em www.conjur.com.br, acesso em 2-12-2013).

- Furto de veículo em estacionamento de supermercado – Dever de vigilância e custódia – Vínculo jurídico decorrente do preço incluído no valor das mercadorias, e na perspectiva de lucro da afluência de clientela atraída pela comodidade do estacionamento – Embargos rejeitados (*RJTJSP*, *116*:350).

- Indenização – Furto de veículo em estacionamento de *shopping center* – Certificado de propriedade – Desnecessidade de sua exibição na inicial, podendo ser feita ao longo da instrução processual – Dever de vigilância e custódia – Relação jurídica decorrente do preço incluído no valor das mercadorias e na perspectiva de lucro da afluência de clientela atraída pela comodidade oferecida – Verba devida – Recurso não provido (*RJTJSP*, *126*:163).

- Responsabilidade civil – Ação criminosa perpetrada por terceiro na porta de acesso ao *shopping center* – Caso fortuito – Imprevisibilidade e inevitabilidade, excludentes do dever de indenizar.
  1. É do terceiro a culpa de quem realiza disparo de arma de fogo para dentro de um *shopping* e provoca a morte de um frequentador seu.
  2. Ausência de nexo causal entre o dano e a conduta do *shopping* por configurar hipótese de caso fortuito externo, imprevisível, inevitável e autônomo, o que não gera o dever de indenizar.
  3. Relação de consumo afastada (STJ, REsp 1.440.756-RJ, 3ª T., rel. Min. Moura Ribeiro, j. 23-6-2015).

- Responsabilidade civil – Supermercado – Furto de veículo no estacionamento – Dever de custódia, sem caracterização de depósito – Indenização devida – Sempre que, no âmbito doutra relação jurídica, como a que se estabelece entre os fregueses e os supermercados, *shopping centers* etc., o vendedor ou o prestador de serviço oferece, por obrigação legal ou simples conveniência econômica, espaço próprio para veículos, assume dever de custódia, sem haver depósito, porque não se trata de manifestação de gentileza, mas de serviço complementar, remunerado de maneira indireta. De modo que, se não presta a vigilância devida, responde pelos danos consequentes (*RJTJSP*, *125*:180).

- Furto de pertences de dentro de veículo de cliente, em estacionamento de supermercado – Responsabilidade civil – Danos materiais e morais – Desconforto, constrangimento, aborrecimento, mal-estar e abalo psicológico acarretado pelo furto, especialmente em se tratando de bens de elevado valor econômico, como notebook – usado na atividade profissional do autor –, estepe e micro-ondas (TJMG, Ap. 1.0702.11.011051-8/001, 11ª Câm. Cív., rel. Des. Marcos Lincoln, disponível em <www.conjur.com.br> de 21 ago. 2012).

- Acidente em escada rolante – Menor, de dois anos de idade, cuja mão ficou presa à borracha do corrimão, sofrendo queimaduras – Loja responsável pela indenização por danos morais – Ação julgada procedente (TJMG, 15ª Câm. Cív., rel. Des. Antônio Bispo, disponível em <www.conjur.com.br> de 31 jul. 2015).

9. A responsabilidade dos condomínios edilícios

A questão da responsabilidade dos condomínios pelos furtos de veículos em garagens ou áreas comuns do edifício mostra-se polêmica e controvertida.

Sustentam alguns – cf. *RT, 537*:114 – que, se a convenção do condomínio estabelece que as vagas na garagem coletiva constituem unidades autônomas e propriedades individuais dos condôminos, não há relação de guarda ou depositário entre o condomínio e o condômino que estaciona seu veículo.

Afirma o mencionado aresto: "Esquece-se que a entidade condominial não é rigorosamente outra pessoa, com direitos e obrigações próprios, senão a soma e conjunto dos condôminos cotizados para as despesas comuns, entre as quais estão os salários de porteiros e guardas-noturnos do edifício. Esquece-se que (a autora) não contratou com o condomínio a guarda daquilo que deixa na sua vaga na garagem, como não contratou com o condomínio a guarda do que tem em seu apartamento". Em suma, segundo o aresto, a responsabilidade pela guarda da coisa continua exclusiva do condômino. E não consta que a garagem estivesse organizada para produzir renda ao condomínio, como exploração comercial deste. A existência de um garagista, no presente caso, pago também pela própria autora da ação, visava apenas à manobra dos carros e sua colocação nas vagas existentes, sem qualquer responsabilidade pela guarda do veículo, dependente do próprio proprietário, através de alarma ou outro instrumento de defesa do automóvel.

Nesse mesmo sentido as decisões insertas em *RJTJSP, 95*:150, *96*:158, *102*:117 e 193, *110*:167, *112*:190; *RT, 632*:183.

Outra corrente, no entanto, entende que predomina na espécie o princípio legal de que ao condomínio, através do síndico, compete "exercer a administração interna da edificação ou do conjunto de edificações, no que respeita à sua vigilância, moralidade e segurança, bem como aos serviços que interessam a todos os condôminos" (art. 22, § 1º, *b*, da Lei n. 4.591, de 16-12-1964). Assim, se o condomínio mantém zelador ou vigia, que deve fiscalizar, inclusive, a garagem, deve responder pela culpa da omissão do preposto, ao permitir que pessoa estranha tenha acesso ao *box* onde se encontra estacionado o carro, motocicleta ou bicicleta do condômino (*RJTJSP, 107*:148, *110*:168, *112*:188).

Atribui-se, assim, ao condomínio falha na execução do serviço, exercido por um funcionário da administração, de fiscalizar o acesso de pessoas estranhas ao prédio, guardando raízes tal responsabilidade na Súmula 341 do Supremo Tribunal Federal. Decidiu-se, de outra feita, nesse diapasão, que "o condomínio não pode subtrair-se à obrigação de indenizar o dono de bicicleta guardada em local especialmente destinado no edifício à guarda de tais veículos, por seu furto" (*RT, 521*:151). "Basta o fato de o condomínio manter em seus quadros manobrista, posto que inexistentes vagas determinadas na garagem e em número suficiente para todos os condôminos, para se concluir por sua obrigação de guarda e conservação dos veículos no local, responsabilizando-se, caracterizada a culpa 'in eligendo', pelos danos àqueles causados por seus funcionários" (*RT, 628*:154).

Em princípio, um condomínio não tem a obrigação de guardar os bens de seus condôminos. Mas, como afirma aresto do Tribunal de Justiça de São Paulo, publicado na *RJTJSP, 123*:331, "é preciso distinguir: se este dispõe de todo um aparato destinado a zelar pela guarda de tais bens (grades, dispositivos de segurança, vigias, etc.) e se, não obstante tais cuidados, ainda assim o furto ou dano é perpetrado, a responsabilidade deve ser tributada ao condomínio, isto porque os prepostos por ele colocados para tal fim negligenciaram, permitindo a consumação daquele mesmo furto ou dano. Já se disse que 'quem se submete à vida em comum num prédio de apartamentos, há de receber em troca a segurança garantida pela entidade condominial' (*RJTJSP*, ed. Lex, 91/128), mormente quando esta é cobrada dos condôminos, que acorrem com o pagamento de despesas que incluem o salário desses empregados encarregados da vigilância do prédio. Assim, não aproveita a pretendida excludente contida no regulamento, já que o furto ocorreu em área comum, vigiada, mas não o suficiente, por pessoa especialmente incumbida desta tarefa".

No caso supramencionado, entendeu-se que a cláusula de irresponsabilidade do condomínio fixada em regulamento interno não podia ser admitida. Para ter valor, teria de constar da convenção condominial. Também no julgamento do caso inserto em *RJTJSP*, *110*:169 foi lembrado que a Convenção do Condomínio não dispunha de regra especial sobre a matéria mas a partir de determinada data passou a vigorar o "Acordo Coletivo", aprovado por unanimidade em assembleia, no sentido de que o condomínio gozaria de isenção da "responsabilidade de ressarcir qualquer condômino ou morador por possíveis e eventuais danos causados a veículos estacionados, quer na garagem, quer nas áreas comuns do edifício". Somente responderia o condomínio, então, pelos fatos anteriores à aprovação do mencionado acordo coletivo.

É, realmente, nas assembleias condominiais que se deve definir a possível responsabilidade do condomínio pelos prejuízos que eventualmente vierem a sofrer os próprios condôminos. Torna-se conveniente, por essa razão, a criação não só de um encargo, mas também de um fundo comum próprio para suportar essa responsabilidade extraordinária, que não se inclui nos encargos comuns de administração, geralmente restritos às despesas de limpeza e conservação.

O Superior Tribunal de Justiça posicionou-se a esse respeito, decidindo: "Lícito aos condomínios estabelecer não ser devida indenização, pelo condomínio, em virtude de danos sofridos por veículos estacionados na garagem do edifício" (REsp 10.285-SP, 3ª T., rel. Min. Nilson Naves, j. 5-11-1991, *DJU*, 16 dez. 1991, p. 18.534, Seção I, ementa).

De outra feita, proclamou: "Os empregados não são prepostos apenas do Condomínio, mas sim igualmente de todos e de cada um dos condôminos, ante a peculiar natureza associativa dos condomínios habitacionais. Lei n. 4.591/64. As cláusulas de não responsabilidade do Condomínio perante os condôminos, ou as deficiências na guarda e vigilância do prédio e dos veículos estacionados em suas dependências, estão vinculadas às deliberações regularmente adotadas na convenção, e/ou às conveniências e às disponibilidades dos condôminos em contribuir para as despesas e encargos comuns. Cláusula de isenção de responsabilidade, para quando os condôminos aceitam confiar a guarda de suas chaves aos porteiros do prédio, a fim de evitar o incômodo de pessoalmente movimentar seus veículos. Porteiro que se apodera de um carro, sai a passeio e o destrói em acidente. Incidência da cláusula. Lei 4.591/64, art. 9º, §§ 2º e 3º, *c* e *d*" (REsp 26.852-0-RJ, 4ª T., rel. Min. Athos Carneiro, *DJU*, 8 mar. 1993, p. 3.122, n. 44).

Assentou o Superior Tribunal de Justiça que o condomínio não responde por briga de moradores. Destaca o acórdão que a jurisprudência consolidada pela 2ª Seção da aludida Corte, em matéria de responsabilidade civil dos condomínios por fatos ilícitos ocorridos nas áreas comuns do prédio, é no sentido de não reconhecer, nesses casos, o dever de indenizar, salvo se, por intermédio da convenção condominial, os condôminos acordaram em socializar o prejuízo sofrido por um deles. O fato de haver vigilância nas áreas comuns não implica assunção de responsabilidade pela ocorrência de atos ilícitos praticados pelos seus condôminos (REsp 1.036.917-RJ, 3ª T., rel. Min. Nancy Andrighi, *DJe* 2-12-2009).

Decidiu também a referida Corte que o condomínio não pode mover ação de indenização de dano moral, pelo morador. Frisou a relatora, Min. Nancy Andrighi, que a Lei n. 4.591, de 1964, que dispõe sobre o condomínio em edificações, não prevê a legitimação extraordinária do condomínio para, representado pelo síndico, atuar como parte processual em demanda que postule a compensação de danos morais sofridos pelos condôminos, proprietários de cada fração ideal. "Por se caracterizar como ofensa à honra subjetiva do ser humano, o dano moral sofrido por cada condômino desse edifício de 200 apartamentos pode possuir dimensão distinta, não se justificando um tratamento homogêneo" (REsp 1.177.862-RJ, 3ª T., disponível em <www.conjur.com.br>, acesso em 16-5-2011).

O Tribunal de Justiça de São Paulo, por sua vez, manteve sentença proferida em ação movida por condôminos lesados por invasores do edifício, que condenou empresa, contratada a prestar segurança aos moradores, ao pagamento de indenização por danos materiais e morais. Veja-se:

"Ação de reparação de danos materiais e morais. Furtos em unidades condominiais. Negligência dos porteiros demonstrada. Falha na prestação dos serviços de monitoramento e vigilância por empresa contratada para zelar pela segurança do edifício por 24 horas. Dever de indenizar. Danos materiais comprovados. Danos morais confirmados, considerando-se que o transtorno causou humilhação, insegurança e aflição aos condôminos lesados, bem como desgaste para comparecer à delegacia" (TJSP, Apel. 1018404-83.2017.8.26.0003, 28ª Câm. Dir. Priv., rel. Des. Cesar Luiz de Almeida, j. 7-7-2019).

JURISPRUDÊNCIA

- Condomínio – Empresa de vigilância responsável pela segurança dos condôminos – Falha na prestação de serviço – Moradora que teve dinheiro e joias de valor sentimental furtados de seu apartamento. Ficou demonstrado no processo que o acesso dos assaltantes ao condomínio se deu a partir do comportamento negligente do preposto da empresa recorrente e que não estava em funcionamento o circuito TV, cuja manutenção competia à firma – o que torna inequívoca a ocorrência não apenas de uma, mas de duas graves falhas no serviço de segurança prestado (STJ, REsp 1.330.225, 3ª T., rel. Min. Villas Bôas Cueva, Revista *Consultor Jurídico*, 11-2-2018).

- Condomínio não pode ser responsabilizado por furto em apartamento. Um condomínio só responde por furtos ocorridos nas suas áreas comuns se isso estiver expressamente previsto em sua convenção ou regimento interno. Assim entendeu a 1ª Câmara Cível do Tribunal de Justiça da Paraíba ao indeferir o pedido de um morador que pleiteava a responsabilização do condomínio por furto em seu apartamento. Segundo a Relatora, a Desembargadora Fátima Bezerra Cavalcanti observou que a parte autora sequer fez prova mínima dos fatos alegados, tendo apresentado, a fim de corroborar suas alegações, apenas um boletim de ocorrência, o qual não pode ser unicamente levado em conta, dado o seu caráter unilateral. "Os fundamentos da sentença encontram-se alinhados ao que dispõe o art. 373, I, do Código de Processo Civil, já que não foram apresentados de forma robusta os fatos constitutivos do direito autoral (Apel. 0800492-83.2017.8.15.2001, in Revista *Consultor Jurídico* de 25-7-2021).

- Homem que ofendeu vizinho com xingamento racista pagará indenização. Falas preconceituosas não podem ser toleradas. Assim entendeu a 1ª Câmara de Direito Privado do Tribunal de Justiça de São Paulo ao manter sentença que condenou um homem por ter proferido ofensas raciais contra um vizinho. A indenização por danos morais foi fixada em R$ 7.000,00. Consta dos autos que os homens discutiam por conta do barulho gerado pelos animais de estimação do autor, quando o réu passou a dizer que a casa do vizinho parecia um zoológico e que ele seria o "macaco". De acordo com o relator, Desembargador Luiz Antonio de Godoy, não há dúvida de que referir-se ao autor como "macaco" é pejorativo, racista e ultrapassa qualquer insatisfação justa quanto ao barulho dos animais na residência vizinha. "Tal ofensa preconceituosa não pode ser tolerada, na medida em que fere os padrões de ética e moral do mundo contemporâneo" (in Revista *Consultor Jurídico* de 26 de julho de 2021).

- Condomínio edilício – Responsabilidade civil – Obra em marquise – Danos a condômino – Obrigação de reparar. Início de obra seis meses depois de notificado o Condomínio para a retirada de equipamentos e sem que respondida contranotificação na qual se solicitara a realização de prévia vistoria constitui ato ilícito porque frustra justa expectativa. Demonstrado o nexo de causalidade, incumbe a reparação dos danos efetivamente demonstrados (TJRJ, Apel. n. 00680407520138190001, 3ª Câm. Cív., *DJe* 13-7-2017).

- Condomínio – Responsabilidade direta pelos atos do condômino – Porteiro agredido fisicamente por morador.O condomínio responde diretamente pelos atos praticados por condômino, observado o direito de regresso. Equipara-se ele a empregador e, sendo assim, responde pela saúde física e moral de seus empregados em ambiente de trabalho. Omissão ao não evitar "atitudes descivilizadas" por parte de seus condôminos (TST- RR-849-39.2012.5.09.0013, 6ª T., rel. Min. Aloysio Corrêa da Veiga, disponível em www.conjur.com.br, acesso em 13-2-2014).

- Condomínio – Assalto mediante utilização de arma de fogo – Negligência do condomínio não comprovada – Caso fortuito ou força maior – Ocorrência – Hipótese que impede a responsabilização do condomínio-réu – Ação improcedente (*JTJ*, Lex, *224*:74).

- Condomínio – Furto de motocicleta de garagem de edifício – Existência de preposto e aparato destinados a zelar pela guarda dos bens – Ação procedente – Embargos recebidos (*RJTJSP*, 123:331).

- Condomínio – Dano causado a automóvel, em virtude de tentativa de furto, em garagem de edifício – Obrigação do condomínio apenas de manter vigia, de acordo com a deliberação e os recursos a este fim destinados, e não de oferecer garantia contra furto ou roubo – Ação improcedente – Voto vencido (*RJTJSP*, *110*:167, *102*:117 e 193; *RT*, *537*:114).

- Condomínio – Furto de motocicleta estacionada em rampa de garagem do edifício – Permissão por mera tolerância – Inexistência de obrigação de zelar pela segurança do objeto – Hipótese, ademais, em que o lesado não é condômino, mas filho deste – Indenização não devida (*RT*, *632*:183).

- Condomínio – Acidente provocado por manobrista com automóvel de condômino – Inexistência de vagas determinadas e em número suficiente para todos os moradores – Obrigação de guarda e conservação reconhecida – Culpa "in eligendo" caracterizada – Indenização devida (*RT*, *628*:154).

- Responsabilidade civil – Furto de motocicleta em estacionamento de edifício de apartamentos – Responsabilidade que não decorre de simples situação condominial – Hipótese, ademais, em que o condomínio não mantém preposto encarregado da guarda e vigilância dos veículos – Ação improcedente (*RJTJSP*, *126*:162).
- Responsabilidade civil – Furto de motocicleta em garagem de edifício – Não comprovação da presença da motocicleta no local e tampouco a existência de culpa do condomínio – Artigo 333, inciso I, do Código de Processo Civil – Insuficiência da apresentação do Boletim de Ocorrência, que é mera declaração unilateral – Inexistência, ademais, de previsão na convenção condominial da obrigação de guarda e vigilância de veículos – Embargos rejeitados – Voto vencido (*RJTJSP*, *126*:364).
- Condomínio – Furto de motocicleta – Local provido de sistemas normais de segurança – Indenização devida ao proprietário do bem subtraído – Prova do boletim de ocorrência – Apelação provida. O fato de não terem os empregados do condomínio visto a motocicleta não quer dizer que ela nunca tenha estado lá, até o momento em que o furto se consumou – Presunção de veracidade que fornece a *notitia criminis* não abalada por prova em contrário (TJSP, Ap. 111.117-1-SP, 1ª Câm., rel. Luiz de Azevedo, j. 13-6-1989, *Boletim da AASP*, n. 1.670, p. 313).
- Dano moral – Condomínio – Condômino inadimplente que teve o seu nome inserido em lista de devedores divulgada internamente no condomínio em que reside – Inaplicabilidade das regras consumeristas – Verba indevida (*RT*, *831*:248).
- Condomínio – Divulgação de débitos e créditos que constam de balancetes mensais, com indicação da unidade condominial cujo proprietário pagou as despesas com cheque devolvido por insuficiência de fundos – Dano moral – Inocorrência – Não configuração de ato ilícito – Cumprimento, pela administradora, do dever contratual de prestar contas aos condôminos da situação financeira – Direito dos condôminos de saberem quem são os inadimplentes – Improcedência da ação (TJRS, Ap. 70.015.523.582, 18ª Câm. Cív., rel. Des. Pedro Celso Dal Prá, j. 24-8-2006).
- Condomínio – Incêndio – Dano moral – Indenização para cada autor – Hipótese. A instrução processual indicou que os efeitos do incêndio poderiam ter sido minimizados se o condomínio disponibilizasse os equipamentos mínimos para combate a incêndios, como é sua obrigação. Na sentença foi reconhecido o dano moral, arbitrando-se a indenização em cinco mil reais para cada autor. A quantia não é capaz de gerar enriquecimento sem causa dos autores e não impõe ao condomínio réu um ônus insuportável (TJRJ, Ap. 2005.001.00788, 4ª Câm. Cív., rel. Des. Cláudio Brandão de Oliveira, j. 20-6-2006).

10. Casos análogos

10.1. A responsabilidade dos hospitais

A respeito da responsabilidade dos hospitais por furto de veículo de paciente em estacionamento o Tribunal de Justiça do Paraná teve a oportunidade de afirmar:

"Não sendo cobrado dos proprietários dos veículos o estacionamento no espaço destinado a esse fim e desde que afastadas a vigilância presumida do hospital e a hipotética tese de que o estacionamento é pago indiretamente pelo paciente nas despesas ao hospital, não há como reconhecer o dever de indenizar, máxime quando se evidencia que o estacionamento é de ordem puramente de cortesia e comodidade destinada a um público sem qualquer controle. Hospital que não está entre os estabelecimentos atrativos de clientes. Busca-se o médico especialista, conveniado ou não, como, também, a solução à natureza da doença" (*RT, 643*:158).

O voto vencido, porém, sustentou, com base em trabalho de Orlando Gomes sobre a existência de um grande número, hoje, de contratos que se formam sem declaração de vontade mas com mera aceitação de oferta a pessoa determinada, e com sustentáculo, ainda, em parecer de Aguiar Dias a respeito da extensão da responsabilidade a todos os prestadores de serviço que mantenham estacionamento, que havia, na hipótese, inequívoca oferta de depósito por parte do hospital para o público em geral.

Aduziu ser visível o fato de que o nosocômio oferece estacionamento para seus clientes. Ora, o contrato se perfaz com a simples aderência do paciente que estaciona o veículo no pátio. Aí está a tradição, que é concreta, real, apenas havendo uma inversão na proposta: é o depositário (o hospital) quem oferece o pátio; é o depositante (o paciente) quem a aceita, deixando o veículo no pátio.

Segundo, ainda, o referido voto vencido, o estacionamento se situa no interior do terreno de propriedade do hospital, em área de seu domínio, devidamente murada, com uma só abertura para acesso, com setas indicativas para seu uso e localização, sendo que os pacientes, ao deixarem guardados os seus carros, na parte interior do hospital, em estacionamento dele privativo, tinham a certeza de que os mesmos estariam abrigados dos riscos do trânsito das ruas e custodiados quanto a possíveis danos, quer ocorríveis por arrombamento, quer os causados por furto. Está implícito ao usuário-paciente que, ao dotar o hospital de estacionamento interno, bem fechado por muros altos, a sua direção está a propiciar a sensação absoluta de tranquilidade e segurança, dada a obrigação inerente a tal atividade, que é o dever de guarda e vigilância.

A meu ver, é possível admitir-se a responsabilidade do hospital pelo furto de veículos em estacionamento, mesmo gratuito, se há uma oferta e um aparato que induzam o usuário-paciente a crer que o seu veículo estará mais seguro e bem guardado no estacionamento do que na via pública.

Decidiu, por sinal, o Superior Tribunal de Justiça: "A empresa, ainda que estabelecimento hospitalar, responde pelo prejuízo resultante de furto de veículo ocorrido em seu estacionamento" (REsp 3.944-0-PR, 4ª T., rel. Min. Fontes de Alencar, j. 20-10-1992, *DJU*, 5 maio 1993, p. 5839, n. 64).

Alguns hospitais exploram o serviço de estacionamento, por si ou por arrendatários, cobrando por hora e mantendo um rígido controle de entrada e saída de veículos. Neste caso, nenhuma dúvida pode pairar acerca da responsabilidade que assumem, em caso de furtos ou de danos aos veículos.

10.2. A responsabilidade dos clubes sociais

Quanto à responsabilidade dos clubes recreativos e sociais tem-se decidido que, se há local para o estacionamento *intra muros*, é evidente que, ao se associarem, as pessoas sabem que podem contar com essa vantagem, essa segurança, comprando sua tranquilidade ao ingressarem com seus automóveis naquela área. A questão da responsabilidade não se prende à cobrança de qualquer importância específica pelo estacionamento nem à da existência de norma, nos estatutos, pelo qual o clube se obrigaria pelos danos e furtos dos veículos deixados em suas dependências. Pode-se até concluir que esse dever de guarda está incluído, indiretamente, no pagamento das mensalidades e no de diversos serviços cobrados no interior do clube (RT, 633:152).

Ainda: "Furto de motocicleta em estacionamento de clube – Existência de chancela para a exibição de cartão à saída – Motocicleta retirada do estacionamento sem a exibição e devolução do cartão – Culpa 'in vigilando' caracterizada – Ação procedente" (RJTJSP, 112:191).

Mesmo quando o clube não tem estacionamento interno mas mantém guardas vigiando os veículos dos sócios estacionados nas vias públicas próximas à sede, essa responsabilidade se manifesta, pois assume o dever de guarda e vigilância.

O Superior Tribunal de Justiça considerou válida cláusula estatutária que estabelece não responder o clube pelo furto de bens do associado que ocorra em suas dependências, em respeito à autonomia da vontade, uma vez inexistente ofensa a norma jurídica, cuja observância seja inarredável, ou a algum princípio ético (REsp 86.137-0-SP, 3ª T., rel. Min. Eduardo Ribeiro, j. 24-3-1998).

JURISPRUDÊNCIA

- Responsabilidade civil – Morte de menor por afogamento – Responsabilidade do clube pela falha no serviço – Dano moral – *Quantum* indenizatório – Critérios de arbitramento equitativo – Método bifásico – Núcleo familiar sujeito do dano – Necessidade de individualização da indenização – Pensão mensal devida (STJ, REsp 1.332.366-MS, 4ª T., rel. Min. Luis Felipe Salomão, *DJe* 7-12-2016).

- Furto de veículo nas dependências de clube recreativo – Sócio que deixou seu carro estacionado nas proximidades de acesso secundário à associação, por ocasião de uma festividade que ali havia – Localidade que não dispunha de vigilância, tais como guardião e controle de entrada e saída – Culpa *in vigilando* descaracterizada – Verba indevida pelo clube, pois, em não oferecendo sistema de segurança, não assume, assim, qualquer responsabilidade pela guarda (RT, 781:399).

- Furto de veículo – Fornecimento, por clube, de manobrista para estacionar veículos pertencentes a visitantes – Serviço gratuito a título de cortesia que não trazia qualquer vantagem comercial ao estabelecimento – Verba indevida, mormente se a vítima tinha conhecimento de que não havia área destinada para o fim desejado e que o automóvel seria estacionado na rua – Voto vencido (RT, 768:238).

- Clube social – Briga durante a realização de uma festa *country* – Garrafa lançada por um dos envolvidos na discussão, que atingiu a vítima, causando-lhe ferimentos na boca e perda de dentes – Obrigação de indenizar. Cabe ao clube social a responsabilidade de preservar a segurança e bem-estar de seus associados. *In casu*, não foi comprovado que havia seguranças no local. É evidente que as irregularidades na prestação do serviço resultaram no ferimento grave da vítima, com as sequelas retratadas nos autos, e por isso tem ele a obrigação de indenizar (TJMG, 9ª Câm. Cív., rel. Des. Antônio de Pádua, *Consultor Jurídico*, 25-9-2006).

10.3. A responsabilidade dos empregadores

No tocante à responsabilidade dos empregadores pelos furtos de veículos de seus empregados, já se decidiu:

"O empregador que admite a permanência de veículos dos empregados em seu estabelecimento junto ao local de trabalho responde pelos danos que estes venham a sofrer, existindo aí autêntico depósito, ao qual é inerente o dever de incolumidade do depositário em relação aos bens depositados" (*RT, 607*:39).

A referida decisão foi tomada pelo Tribunal de Justiça de São Paulo, mediante a justificativa de que todo funcionário, quando entrava pela portaria, recebia um crachá identificador, sendo que os automóveis dos funcionários do banco réu eram cadastrados e as motocicletas não (a hipótese era de furto de uma moto), acrescendo o fato de os visitantes serem identificados. A conclusão foi a de que o banco assumiu o encargo da guarda dos veículos.

O Tribunal de Justiça do Rio de Janeiro, apreciando outro furto de veículo ocorrido em estacionamento gratuito oferecido por empregador, entendeu que as circunstâncias eram diferentes e julgou improcedente a ação de indenização. Veja-se:

"Responsabilidade civil – Estacionamento de veículos – Furto de automóvel – Estacionamento gratuito oferecido por empregador a empregado – Inexistência de qualquer retribuição ou vantagem – Contrato tipicamente unilateral, onde o contraente a quem o ajuste não aproveita só responde por dolo – Aplicação do art. 1.057 do CC" (*RT, 655*:148).

O Superior Tribunal de Justiça, por seu turno, proclamou: "Estabelecimento comercial – Furto de veículo de funcionário no estacionamento da empresa – Dever de guarda caracterizado, pois a empregadora confere, em contrapartida ao comodismo e segurança proporcionados, maior e melhor produtividade dos empregados" (*RT, 769*:189).

JURISPRUDÊNCIA

- Responsabilidade civil – Furto de veículo em estacionamento destinado a funcionário e clientes – Ausência de responsabilidade da empregadora, que não oferecia segurança no local, o que era do conhecimento da então empregada – Corretamente negado o pedido indenizatório (TJSP, Apel. 0004465-40.2010.8.26.0022, 2ª Câm. Dir. Priv., rel. Des. José Joaquim dos Santos, *DJe* 2-6-2015).

- Responsabilidade civil – Furto de veículo de empregado deixado em estacionamento gratuito do estabelecimento comercial onde trabalha – Verba indevida pelo empregador, pois além de não existir qualquer relação de ordem mercantil, a guarda do bem é meramente acessória ou consequência da relação de trabalho, inexistindo contrato de depósito – Voto vencido (*RT*, 768:245).

- Responsabilidade civil do Estado – Furto de veículo em estacionamento gratuito dentro do estabelecimento onde a vítima trabalha – Concessão que se caracteriza como contrato unilateral, não gerando qualquer benefício à Municipalidade – Infortúnio, ademais, que não derivou de falha do serviço público – Verba indevida. A concessão de estacionamento gratuito a servidores públicos em área do estabelecimento onde trabalham caracteriza-se como contrato unilateral, não gerando qualquer benefício à Administração Pública.

Assim, não pode esta ser responsabilizada pela indenização decorrente de furto de veículo de um de seus funcionários, pois o infortúnio não derivou de falha do serviço público, pressuposto básico da responsabilidade objetiva do Estado (*RT*, 752:176).

■ O estabelecimento que oferece estacionamento gratuito a seus clientes não se exime da obrigação de indenizar caso haja furto de veículo, pois o contrato não é autenticamente gratuito, mas, sim, fruto de cortesia com interesse de agradar os clientes, visando ao aumento de clientela. Tal contrato ("contrat de garage") é provado por qualquer meio (*RT*, 659:79).

Seção VIII
A *responsabilidade dos locadores*

1. A responsabilidade civil na locação de coisa

A responsabilidade civil do locador e do locatário vem definida no Código Civil (arts. 566 e s.) e na Lei do Inquilinato (Lei n. 8.245/91, arts. 22 e s.) – que continua em vigor, no que não contraria as normas daquele – com as alterações introduzidas pela Lei n. 12.112, de 9 de dezembro de 2009.

A principal obrigação do locatário é a de restituir a coisa, finda a locação, no estado em que a recebeu, salvo as deteriorações naturais ao uso regular (CC, art. 569, IV).

Trata-se, na realidade, de especificação do princípio de direito obrigacional aplicável a todo aquele que assume uma obrigação de zelar e de restituir: a de devolvê-la em perfeito estado, findo o contrato. A obrigação do inquilino "não é propriamente a de zelar da coisa, é a de restituí-la em bom estado; não é obrigação de meio, mas de fim ou de resultado" (Agostinho Alvim, *Aspectos da locação predial*, 1966, p. 227).

Ao devedor compete comprovar que, ao entregar a coisa, encontrava-se ela em perfeito estado, ou seja, ao locatário incumbe demonstrar o estado perfeito do imóvel, quando da restituição das chaves. Não comprovado, arca com a responsabilidade por todos os prejuízos, pois presente a presunção legal em seu desfavor (*RT*, 608:143).

Tal responsabilidade se estende a todos os que estiverem em sua companhia, ainda que temporariamente, e às pessoas com quem eles dividem o gozo da coisa, ou que no gozo dela o substituam (Antônio Chaves, *Tratado*, cit., v. 3, p. 383).

Além desse caso, pode o locatário, eventualmente, responder por perdas e danos com base na legislação mencionada: se se servir da coisa alugada para finalidade diversa da convencionada; se não tratar o bem locado como se fosse seu; se não pagar pontualmente o aluguel nos prazos ajustados, ou, na falta de convenção, até o dia 10 do mês seguinte ao vencido; se não levar ao conhecimento do locador as turbações de terceiros; se não pagar os encargos de limpeza, força e luz, água, saneamento e despesas ordinárias de condomínio; se não fizer reparações locativas e se não pedir consentimento expresso do locador para sublocar, ceder ou emprestar o imóvel locado.

O locador também responde por atos lesivos ao locatário. A legislação no início mencionada prevê as seguintes hipóteses: se não garantir o uso pacífico da coisa locada, durante o tempo do contrato; se não pagar nem os impostos que incidam sobre o imóvel locado, taxas e quaisquer despesas de administração imobiliária, nem as despesas extraordinárias de condomínio; se não fornecer o recibo de aluguel ou de encargos; se não indenizar as benfeitorias úteis ou necessárias feitas pelo locatário de boa-fé; se exigir, por motivo de locação ou sublocação, quantia ou valor além do aluguel e dos encargos permitidos; se preterir o locatário na preferência para aquisição, no caso de alienação do imóvel locado.

O Decreto n. 24.150, de 20 de abril de 1934, previa, nos arts. 20 e 21, quatro casos de responsabilidade civil do locador para com o inquilino: se este, por motivo de condições melhores, não pudesse renovar o contrato de locação; se o locador, no prazo máximo de trinta dias da data em que passasse em julgado a sentença que o autorizou, deixasse de fazer contrato com o terceiro que, pela sua oferta, impedisse a prorrogação do contrato de arrendamento, ou fizesse esse contrato com estipulações inferiores à proposta ajuizada; se o locador deixasse de dar início às obras que alegou precisar fazer para impedir a prorrogação, dentro de três meses, a contar da data da entrega do prédio pelo inquilino; e, finalmente, se o locador viesse a explorar, ou permitisse que no prédio fosse explorado, o mesmo ramo de comércio ou indústria explorado pelo inquilino cujo contrato não foi renovado, por oposição do proprietário. A atual Lei do Inquilinato (Lei n. 8.245/91) contém dispositivo semelhante àqueles (art. 52, § 3º). O locador que age na forma descrita no aludido Decreto, revogado pela referida lei, pratica ato ilícito e, por tal motivo, pode ser responsabilizado na forma do direito comum, e de modo objetivo.

Preceitua a Súmula 181 do Supremo Tribunal Federal: "Na retomada, para construção mais útil, de imóvel sujeito ao Dec. n. 24.150, de 20-4-34, é sempre devida indenização para despesas de mudança do locatário". E a Súmula 444 complementa: "Na retomada para construção mais útil, de imóvel sujeito ao D. 24.150, de 20-4-34, a indenização se limita às despesas de mudança". Por sua vez, a Súmula 214 do Superior Tribunal de Justiça proclama: "O fiador na locação não responde por obrigações resultantes de aditamento ao qual não anuiu".

JURISPRUDÊNCIA

2. Multa pelo atraso no pagamento de aluguéis e quotas condominiais. Inaplicabilidade do CDC

■ Condomínio – Despesas condominiais – Multa pelo atraso no pagamento de aluguéis e quotas condominiais – Inaplicabilidade do Código de Defesa do Consumidor, pois não é relação de consumo a que se estabelece entre condôminos para efeitos de pagamento de despesas em comum – Inteligência dos arts. 2º e 3º da Lei 8.078/90 (STJ, *RT*, *781*:205).

3. Direito de preferência

■ Locação – Direito de preferência – Efeitos obrigacional e real – Pleito indenizatório e de adjudicação compulsória do imóvel – Contrato de locação não averbado no cartório de registro de imóveis por falha do locador – Irrelevância – Inexistência de direito de reaver o bem. O art. 27 da Lei n. 8.245/91 prevê os requisitos para que o direito de preferência seja exercido pelo inquilino que tenha interesse em adquirir o imóvel locado em igualdade de condições com terceiro, sendo certo que, em caso de inobservância de tal regramento pelo locador, poderá o locatário fazer jus a indenização caso comprove que tinha condições de comprar o bem nas mesmas condições que o adquirente. Além dos efeitos de natureza obrigacional correspondentes ao direito a perdas e danos, o desrespeito à preempção do locatário pode ter eficácia real consubstanciada no direito de adjudicação compulsória do bem, uma vez observados os ditames do art. 33 da Lei do Inquilinato. O direito real à adjudicação somente será exercitável se o locatário a) efetuar o depósito do preço do bem e das demais despesas de transferência de propriedade do imóvel; b) formular referido pleito no prazo de 6 (seis) meses do registro do contrato de compra e venda do imóvel locado adquirido por terceiros; c) promover a averbação do contrato de locação, assinado por duas testemunhas, na matrícula do bem no cartório de registro de imóveis pelo menos 30 (trinta) dias antes de referida alienação. Impõe-se a obrigação legal de averbar o contrato de locação para possibilitar a geração de feito *erga omnes* no tocante à intenção do locatário de fazer valer seu direito de preferência e tutelar os interesses de terceiros na aquisição do bem imóvel. Ainda que obstada a averbação do contrato de locação por falha imputável ao locador, não estaria assegurado o direito à adjudicação compulsória do bem se o terceiro adquirente de boa-fé não foi cientificado da existência de referida avença quando da lavratura da escritura de compra e venda do imóvel no cartório de registro de imóveis (STJ, REsp 1.554.437-SP, 3ª T., rel. Min. João Otávio de Noronha, *DJe* 7-6-2016).

■ Ação indenizatória – Direito de preferência – Averbação do contrato no registro imobiliário – Prescindibilidade. Nos termos da jurisprudência desta Corte, a inobservância do direito de preferência do locatário na aquisição do imóvel enseja o pedido de perdas e danos, que não se condiciona ao prévio registro do contrato de locação na matrícula imobiliária. Precedentes (STJ, AgRg no REsp 1.356.049-RS, 3ª T., rel. Min. Villas Bôas Cueva, *DJe* 28-2-2014).

■ Direito de preferência – Imóvel locado alienado por valor inferior ao constante da notificação – Hipótese em que a parte lesada deve, mediante ação própria, fazer valer eventuais direitos (*RT*, 779:382).

4. Ação movida contra os fiadores

■ Execução – Título executivo extrajudicial – Ação movida contra os fiadores que se comprometeram expressamente a garantir o total cumprimento do contrato – Admissibilidade, independentemente da cientificação sobre a ação de despejo (STJ, *RT*, 774:208).

5. Locador que entrega imóvel destinado a uso residencial sem condições de habitabilidade

■ Locação – Locador que entrega imóvel destinado a uso residencial sem condições de habitabilidade, praticando diversas infrações contratuais e legais – Fatos que ensejam ao locatário pleitear a rescisão do ajuste, livre de qualquer ônus – Inteligência dos arts. 9º, II, e 22, I, da Lei 8.245/91 (*RT*, *771*:311).

■ Indenização – Locação – Imóvel comercial – Rescisão contratual – Locador que não disponibiliza o imóvel em condições de habitabilidade, impossibilitando que o locatário usufrua do bem locado regularmente – Verba devida (*RT*, *834*:287).

6. Multa compensatória. Cobrança através de execução

■ Multa compensatória – Cobrança através de execução – Admissibilidade – Impossibilidade, no entanto, de a penalidade ser cobrada por inteiro se não cumprido integralmente o contrato – Inteligência do art. 4º da Lei 8.245/91 (*RT*, *773*:277).

7. Recusa do locador em receber de volta as chaves de imóvel locado

■ Locação – Recusa do locador em receber de volta as chaves de imóvel locado sob alegação de que o bem se encontra em mau estado de conservação – Inadmissibilidade, por configurar conduta potestativa em face do direito do locatário à devolução do prédio – Possibilidade somente de ressalvar na quitação a pretensão de pleitear perdas e danos, por via própria (*RT*, *775*:291).

8. Multa legal. Inviabilidade da cobrança

■ Locação – Multa legal – Desvio de uso – Imóvel desocupado por acordo – Inexistência de ação de despejo – Inviabilidade da cobrança (*JTACSP*, Revista dos Tribunais, *111*:290).

9. Benfeitorias. Direito de retenção

■ Benfeitorias – Direito de retenção – Renunciabilidade através de cláusula contratual. Em sendo inserida no trato locatício cláusula de renúncia do direito de indenização por eventuais benfeitorias, referido ajuste deve ser tomado como declaração livre das partes, e deve ser acatado e respeitado, uma vez que não afronta qualquer disposição legal (*JTACSP*, Revista dos Tribunais, *113*:456).

10. Multa. Caráter indenizatório. Incidência a partir da citação

■ Locação – Multa – Infração contratual – Caráter indenizatório – Termo inicial – Incidência a partir da citação. Se a multa tem caráter indenizatório por inadimplemento contratual, deve ser paga desde a citação (*JTACSP*, Revista dos Tribunais, *108*:277).

11. Incêndio. Dano no imóvel

■ Ação de reparação de danos causados por incêndio localizado no imóvel vizinho – Responsabilidade objetiva da ocupante do imóvel em que se iniciou o incêndio, pelo uso nocivo à segurança dos demais moradores da localidade – Art. 1.277 do Código Civil – Lucros cessantes correspondentes aos alugueres da unidade autônoma locada a terceiro, que são devidos às vítimas do evento (TJSP, Ap. n. 1095662-77.2014.8.26.0100, *DJe* 6-4-2018).

■ Locação de imóveis – Incêndio – Locatário – Negligência – Ressarcimento – Responsabilidade. Cabe ao locatário ressarcir os danos ocasionados no imóvel, em razão de sua negligência na atividade exercida (TJSP, Apel. 0014063-47.2010.8.26.0077, *DJe* 16-8-2013).

■ Incêndio – Dano no imóvel – Responsabilidade do locatário – Contrato findo – Entrega das chaves não comprovada – Reconhecimento – Fiadores que se obrigaram até o término do contrato – Extinção da garantia. Findo o contrato de locação e não tendo havido regular devolução do bem locado, o locatário é o responsável pelo incêndio no imóvel, não provado o caso fortuito ou a força maior. O fiador não pode ser responsabilizado, pois não se obrigou até a entrega das chaves ou até a efetiva desocupação do bem (*JTACSP*, Revista dos Tribunais, *108*:254).

12. Devolução do imóvel. Falta de pagamento dos tributos

■ Locação – Devolução do imóvel – Falta de pagamento dos tributos – Pedido de reembolso pelo locador – Alegado indébito – Quitação não comprovada – Devolução obrigatória (*RT*, *608*:143).

13. Danos atribuídos ao locatário

■ Danos atribuídos ao locatário – Anterior entrega das chaves em juízo – Falta de prova do estado do imóvel – Vistoria realizada tempos após – Irrelevância – Presunção de responsabilidade – Obrigação de reparar os prejuízos, lucros cessantes e mais impostos relativos aos meses que o imóvel não poderá ser locado (*RT*, *608*:143).

■ Danos – Mau uso da propriedade – Obrigação de repará-los. O locatário deve indenizar o proprietário de danos sofridos pelo imóvel em consequência de sua; falta de regular conservação (*RT*, *534*:148).

Seção IX
Acidente de trabalho e responsabilidade civil

1. A responsabilidade civil decorrente de acidente de trabalho

Na legislação acidentária, a responsabilidade civil decorrente de acidente do trabalho foi prevista somente no Decreto-Lei n. 7.036, de 10 de novembro de 1944, ao dispor, no art.

31, que "o pagamento da indenização estabelecida pela presente lei exonera o empregador de qualquer outra indenização de direito comum, relativa ao mesmo acidente, a menos que este resulte de dolo seu ou de seus prepostos".

No entanto, malgrado a omissão à culpa, a jurisprudência corrigiu em parte a falha, aplicando o tradicional adágio *culpa lata dolo aequiparatur*. O Supremo Tribunal Federal, considerando assim a culpa grave equiparada ao dolo, permitiu a cumulação das ações civis, decorrente de ato ilícito, e de acidente do trabalho, editando a Súmula 229, com o seguinte teor: "A indenização acidentária não exclui a do direito comum, em caso de dolo ou culpa grave do empregador".

A culpa pode-se apresentar em diversas modalidades ou graus. Assim, a culpa grave ou lata, que se avizinha do dolo, é a falta imprópria ao comum dos homens, ou seja, uma violação mais séria do dever de diligência que se exige do homem mediano; a culpa leve é a falta evitável com atenção ordinária; e a culpa levíssima é a falta só evitável com atenção extraordinária, com especial habilidade ou conhecimento singular.

A jurisprudência consagrada na Súmula 229 do Supremo Tribunal Federal (cf. *RTJ, 118*:1115) passou a ser aplicada por todos os Tribunais.

A indenização por ato ilícito não guarda relação com o sistema previdenciário. Desse modo, não se há de deduzir da indenização do direito comum as verbas recebidas com base na infortunística. O trabalhador acidentado pode postular, imputando dolo ou culpa ao empregador, que este lhe pague um *plus* em relação àquilo que irá receber como compensação acidentária.

Incabível a redução da indenização por danos morais fixada em relação a nascituro filho de vítima de acidente fatal de trabalho, considerando, sobretudo, a impossibilidade de mensurar o sofrimento daquele que, muito mais que os outros irmãos vivos, foi privado do carinho, assim como de qualquer lembrança ou contato, ainda que remoto, de quem lhe proporcionou a vida. A dor, mesmo de nascituro, não pode ser mensurada, conforme os argumentos da ré, para diminuir o valor a pagar em relação aos irmãos vivos (cf. STJ, REsp 931.556-RS, 3ª T., rel. Min. Nancy Andrighi, *Informativo* n. 360, de 16 a 20 de junho de 2008).

O Tribunal de Justiça de São Paulo, em Incidente de Uniformização de Jurisprudência, firmou o seguinte entendimento:

"Nas ações de responsabilidade civil propostas com fundamento no dolo ou culpa grave do empregador, em que os danos objetos do pedido de ressarcimento, formulado pela vítima ou seus dependentes, já foram cobertos pela indenização do direito infortunístico, cabe também o pagamento de indenização previsto pelo direito comum" (*RJTJSP, 92:*391).

Na fundamentação do acórdão encontra-se a seguinte afirmativa:

"Nem se argumente que a imposição da obrigação de indenizar com base na lei civil implicaria em 'bis in idem'. É que o direito dos beneficiários repousa em duas causas distintas. A compensação previdenciária específica paga pela instituição previdenciária, a título de indenização acidentária, é decorrente do infortúnio, sem especular sua causa. A indenização paga pelo empregador, se reconhecida sua responsabilidade, é informada pela culpa grave, da qual resultou o acidente. Não se olvide, ainda, que para o custeio da previdência também participa o trabalhador e, não seria correto nem justo, que o causador do acidente, por dolo ou culpa grave, ficasse exonerado de toda a responsabilidade porque contribui com uma parcela, juntamente com os empregados e a União, para o custeio da previdência. Nem há falar-se em enriquecimento. A indenização trabalhista é alimentar. A do Direito comum é reparatória. Têm elas distintas finalidades".

Ademais, a indenização decorrente da infortunística, tarifada, não cobre todos os danos sofridos pelo trabalhador. O seguro de acidentes do trabalho, na atual legislação, está integrado na Previdência Social, em forma de monopólio. Sob a égide do Decreto-Lei n. 7.036, de 1944, o empregador era responsável, em decorrência do contrato de trabalho, pela indenização acidentária, devendo manter seguro para garantir ao trabalhador o pagamento da respectiva indenização em caso de infortúnio, sendo que o prêmio era pago pela empresa.

Hoje, com a integração do seguro de acidentes na Previdência Social, alteraram-se as formas de indenização, não havendo mais o pagamento de uma indenização fixa, mas a adoção de novos critérios para a compensação previdenciária específica do trabalhador pelo dano sofrido, em razão do infortúnio. A ação, agora, é ajuizada contra o órgão previdenciário que detém o monopólio do seguro de acidentes.

No seguro contra acidentes do trabalho a responsabilidade é "objetiva", sendo suficiente apenas a ocorrência do acidente para exsurgir ao acidentado o direito de socorrer-se da legislação acidentária, cabendo ao órgão securitário (INSS) a obrigação de indenizar a incapacidade para o trabalho.

A atual Constituição Federal, de 1988, no capítulo dos direitos sociais, dentre outros direitos assegurados aos trabalhadores urbanos e rurais, estabeleceu o "seguro contra acidentes de trabalho, a cargo do empregador, sem excluir a indenização a que este está obrigado, quando incorrer em dolo ou culpa" (art. 7º, XXVIII).

Nota-se um grande avanço em termos de legislação, pois admitiu-se a possibilidade de ser pleiteada a indenização pelo direito comum, cumulável com a acidentária, no caso de dolo ou culpa do empregador, sem fazer qualquer distinção quanto aos graus de culpa.

O avanço, no entanto, não foi completo, adotada apenas a responsabilidade subjetiva, que condiciona o pagamento da indenização à prova de culpa ou dolo do empregador, enquanto a indenização acidentária e securitária é objetiva. Os novos rumos da responsabilidade civil, no entanto, caminham no sentido de considerar objetiva a responsabilidade das empresas pelos danos causados aos empregados, com base na teoria do risco criado, cabendo a estes somente a prova do dano e do nexo causal.

Todavia, não se pode afirmar que o direito brasileiro já atingiu esse estágio, nem mesmo após a aprovação do atual Código Civil e o acolhimento, no art. 927, parágrafo único, da teoria do exercício da atividade perigosa. Não tem uma lei infraconstitucional o condão de modificar norma ou princípio estabelecido na Carta Magna. Desse modo, como corretamente pondera Rui Stoco (*Tratado de responsabilidade civil*, 6. ed., Revista dos Tribunais, 2004, p. 166), "se esse Estatuto Maior estabeleceu, como princípio, a indenização devida pelo empregador ao empregado, com base no direito comum, apenas quando aquele obrar com dolo ou culpa, não se pode prescindir desse elemento subjetivo com fundamento no art. 927, parágrafo único, do Código Civil".

Expressiva corrente doutrinária, porém, entende que o aludido dispositivo legal, que responsabiliza *objetivamente* o causador de dano que exerce atividade geradora de riscos para os direitos de outrem, tem inteira aplicação no caso de acidente do trabalho, argumentando que a previsão do inciso XXVIII deve ser interpretada em harmonia com o que estabelece o *caput* do mencionado art. 7º da Constituição Federal, que estatui: "São direitos dos trabalhadores urbanos e rurais, além de outros que visem à melhoria da condição social do trabalhador". Desse modo, o rol dos direitos elencados no citado art. 7º é meramente exemplificativo e não impede que a lei ordinária amplie os existentes ou acrescente "outros que visem à melhoria da condição social do trabalhador".

Salientam os adeptos dessa corrente que a sua não aceitação levaria a conclusões ilógicas e inadmissíveis. Assim, por exemplo, se um trabalhador autônomo ou um empreiteiro sofrer acidente, o tomador dos serviços responderá pela indenização, independentemente de culpa, com apoio na teoria do risco. No entanto, o trabalhador permanente, com os devidos registros formalizados, não terá assegurada essa reparação!

Obtempera, a propósito, Rodolfo Pamplona Filho: "A aceitar tal posicionamento, vemo-nos obrigados a reconhecer o seguinte paradoxo: o empregador, pela atividade exercida, responderia objetivamente pelos danos por si causados, mas, em relação a seus empregados, por causa de danos causados justamente pelo exercício da mesma atividade que atraiu a responsabilização objetiva, teria um direito a responder subjetivamente..." (Responsabilidade civil nas relações de trabalho e o novo Código Civil brasileiro, *LTr*, v. 67, p. 563, maio 2003).

Enunciado aprovado na IV Jornada de Direito Civil, promovida pelo Centro de Estudos do Conselho da Justiça Federal em Brasília, no período de 25 a 27 de outubro de 2006, confirma a tendência: "O art. 7º, inc. XXVIII, da Constituição Federal não é impedimento para a aplicação do disposto no art. 927, parágrafo único, do Código Civil quando se tratar de atividade de risco".

Todavia, como observa Sebastião Geraldo de Oliveira, diante das ponderações da corrente que rejeita a aplicação da teoria do risco na reparação civil por acidente do trabalho, "só mesmo o tempo e a força criativa da doutrina e jurisprudência, especialmente dos tribunais superiores, poderão apontar, com segurança, qual das duas alternativas terá maior acolhida" (*Indenizações por acidente do trabalho*, cit., p. 105).

Em julgamento ocorrido em setembro de 2009 no Tribunal Superior do Trabalho, a relatora sorteada, após ressaltar que o ordenamento jurídico abriga tão somente a responsabilidade subjetiva, derivada da culpa e do dolo do agente da lesão, citou decisões da referida Corte, em casos análogos, com o mesmo entendimento. Destacou, ainda, que a responsabilidade objetiva pelo risco da atividade exercida, que põe em risco direito alheio, conforme estipula o art. 927 do Código Civil, não poderia ser aplicada ao acidente envolvendo o vigilante, no caso em questão, pois não se encontrava ele, no momento do sinistro, "em situação de risco superior a qualquer outro cidadão" (TST, RR-555/2005-012-17-00.1, 7ª T., rel. Min. Doralice Novaes).

Todavia, o Plenário do Supremo Tribunal Federal fixou, em 12 de março de 2020, tese que define os critérios para concluir pela responsabilização objetiva do empregador em caso de danos ao trabalhador. A constitucionalidade dessa responsabilização foi declarada pelo órgão julgador no final de 2019, mas restava ainda deliberar sobre a tese, visto que o caso foi julgado em repercussão geral. A tese definida foi: "O artigo 927, parágrafo único, do Código Civil é compatível com o artigo 7º, inciso 28, da Constituição Federal, sendo constitucional a responsabilização objetiva do empregador por danos decorrentes de acidentes de trabalho nos casos especificados em lei ou quando a atividade normalmente desenvolvida por sua natureza apresentar exposição habitual a risco especial, com potencialidade lesiva e implicar ao trabalhador ônus maior do que aos demais membros da coletividade".

A prova do dano e do nexo causal não pode ser dispensada. Já se decidiu, com efeito, ser incabível a indenização se não demonstrado que a vítima se encontrava em serviço e que tivesse se dirigido ao estabelecimento comercial a mando ou no interesse da empresa, embora tivesse se apossado de trator desta para seu transporte pessoal (*RT, 608*:98).

Humberto Theodoro Júnior, em artigo publicado na *RT, 662*:10, n. 5, considerou o art. 7º, XXVIII, da nova Carta "uma grande e fundamental inovação, pois, com ele, a responsabilidade civil do patrão caiu totalmente no regime do Código Civil. Não se cogita mais do tipo de culpa para impor o dever de reparar o dano regulado pelo Direito comum. Qualquer que seja, portanto, o grau de culpa, terá o empregador de suportar o dever indenizatório, segundo as regras do Direito Civil, sem qualquer compensação com a reparação concedida pela Previdência Social. Somente a ausência total de culpa do patrão (em hipóteses de caso fortuito ou força maior, ou de culpa exclusiva da vítima) é que o isentará da responsabilidade civil concomitante à reparação previdenciária".

Aduziu, ainda, que a "existência, enfim, de culpa grave ou dolo, até então exigida pela jurisprudência para condicionar a responsabilidade civil paralela à indenização acidentária, foi inteiramente abolida nos termos da inovação trazida pelo art. 7º, XXVIII, da nova Constituição. Qualquer falta cometida pelo empregador, na ocasião de evento lesivo ao empregado, acarretar-lhe-á o dever indenizatório do art. 159 do CC [*de 1916, correspondente ao art. 186 do novo diploma*], mesmo as levíssimas, porque 'in lege Aquilia et levissima culpa venit'".

Advertiu, porém, com razão, que tal inovação só é de aplicar-se aos acidentes ocorridos após a entrada em vigor da nova Carta, pois o direito à indenização nasce no momento da lesão injusta e sob o império exclusivo da lei então vigente. Se, "pela lei do tempo do fato, não surgiu o dever de indenizar, não será a norma posterior que terá a força de fazer aparecer, supervenientemente, o direito subjetivo não gerado pelo fato pretérito".

Surgiram, então, os primeiros acórdãos a respeito da inovação trazida pela Constituição. O Tribunal de Justiça de São Paulo, em aresto publicado na *RJTJSP, 126*:158, fez a seguinte observação:

"... devendo-se ainda acrescentar que a presente ação não tem por objeto a indenização acidentária mas aquela do direito comum, prescindindo hoje até mesmo da culpa grave, por isso que o inciso XXVIII do artigo 7º da Constituição vigente se limita à exigência do dolo ou culpa, simplesmente".

O Tribunal de Justiça de Minas Gerais também decidiu:

"É sabido, porque de jurisprudência até sumulada, que a indenização acidentária não exclui a do Direito comum, em caso de dolo ou culpa grave do empregador.

Com o advento da Constituição Federal de 1988, modificou-se o Direito. A norma orgânica contida no art. 7º, XXVIII, da CF passou a assegurar ao trabalhador urbano ou rural o seguro contra acidentes de trabalho, a cargo do empregador, sem excluir a indenização a que este está obrigado quando incorrer em dolo ou culpa. A Lei Maior foi além da jurisprudência sumulada, excluindo a gravidade da culpa do empregador como condição para responsabilizá-lo civilmente pelo ressarcimento do dano" (Ap. 81.280-1, j. 28-11-1989, rel. Des. Oliveira Leite, *Jurisprudência Mineira, 108*:267).

E o Superior Tribunal de Justiça proclamou:

"Indenização. Acidente do trabalho. Direito comum. Culpa do empregador. Constituição Federal de 1988.

I – Em caso de acidente de trabalho, constatada a culpa do empregador, ao empregado é devida a indenização do direito comum.

II – Eventual dissonância jurisprudencial respeitante ao tema estaria superada, pois ao novo texto constitucional (art. 7º, XXVIII) há de adequar-se o entendimento dos tribunais, inclusive com nova leitura da Súmula 229 do Supremo Tribunal Federal" (REsp 5.358-MG, 4ª T., j. 27-11-1990, rel. Min. Fontes de Alencar, *DJU*, 29-4-1991, n. 81, p. 5273).

Decidiu a Sétima Turma do Tribunal Superior do Trabalho que o prazo para pedir indenização por danos morais por acidente de trabalho termina em dois anos, depois de encerrado o contrato de trabalho. Explicou o relator, Min. Ives Gandra Martins Filho que, "se o pedido de indenização por danos morais é feito sob o fundamento de que a lesão decorreu da relação de trabalho, o caráter trabalhista perpassa também à indenização relativa aos danos sofridos, não havendo como se pretender a aplicação do prazo prescricional de três anos, previsto no art. 206, § 3º, do Código Civil Brasileiro" (RR-860-2005-342-01-00.7, disponível em <www.aprovando.com.br>, acesso em 30-11-2007).

Segundo a jurisprudência do Tribunal Superior do Trabalho, os prazos de prescrição previstos no Código Civil são aplicáveis aos pedidos de indenização por dano moral e patrimonial decorrentes de acidente de trabalho quando a lesão for anterior à vigência da Emenda Constitucional n. 45/2004. Somente a partir da entrada em vigor da emenda, em janeiro de 2005, utiliza-se a prescrição trabalhista prevista no art. 7º, XXIX, da Constituição (cinco anos no curso do contrato de trabalho, até o limite de dois anos após a extinção do contrato).

Esclareceu o Vice-Presidente da aludida Corte, Min. João Oreste Dalazen, que há três situações de prescrição relacionadas com essa matéria. Na primeira, se a ciência da lesão se der ainda na vigência do Código Civil de 1916 e começar a fluir a prescrição, deve-se aplicar a regra de transição prevista no Código Civil de 2002. A segunda situação é quando a ciência da lesão e a ação proposta ocorrerem depois de janeiro de 2005 (data da entrada em vigor da EC 45/2004). Neste caso a prescrição aplicável é a trabalhista (art. 7º, XXIV, da Constituição Federal), pois a competência da Justiça do Trabalho para resolver esses conflitos foi expressamente confirmada na emenda. E, por fim, se a lesão aconteceu após a vigência do novo Código (janeiro de 2003) e antes da EC 45 (janeiro de 2005), a prescrição é civil, de três anos (RR-9951400-04.2006.5.09.0513, disponível em <www.editoramagister.com>, acesso em 6-10-2010).

O empreiteiro responde por acidente com pedreiro contratado como autônomo (cf. TST, 7ª T., Proc. RR-677-10.20912.5.24.0004, rel. Min. Cláudio Brandão, Revista *Consultor Jurídico*, 8-4-2018).

JURISPRUDÊNCIA

2. Morte de empregado, vítima de assalto

■ Transporte de quantia vultosa – Instituição financeira que não empreendeu as devidas cautelas de lei, contribuindo, assim, com culpa, não evitando assalto que culminou com a morte de funcionário – Cumulação dos danos materiais e morais admissível – Inteligência da Súmula 37 do STJ (*RT*, *723*:320).

■ Empregadora – Homicídio praticado contra empregado – Responsabilidade civil – Inocorrência. Homicídio praticado por assaltantes contra empregado, no exercício de suas funções laborais, não acarreta a responsabilidade da empregadora por falta de nexo de causalidade e ausência de culpa *in vigilando*, ausente a obrigação de manter vigilância ostensiva para proteção de seus funcionários (TJRS, 12ª Câm., j. 6-8-1998, Lagoa Vermelha, rel. Des. Ulderico Cecatto, *Adcoas*, 8.171.079).

■ Empregada atingida por disparo de arma acionada por vigilante – Indenização. A empregada de supermercado que, durante sua jornada de trabalho, é atingida, no interior do estabelecimento, por disparo de carabina portada por vigilante, faz jus a indenização, inclusive a título de dano moral, onde se acha compreendido, no caso, o dano estético, pelas sequelas deixadas, sendo ainda procedentes as litisdenunciações, do supermercado em relação à empresa que prestava segurança e desta, por sua vez, à seguradora, achando-se abrangido o dano moral na cláusula do seguro que prevê ressarcimento por danos pessoais, independentemente do recebimento de auxílio-doença, que tem fundamento diverso (TJRJ, Ap. 8.272-97-Capital, rel. Des. José Afonso Rondeau, *Adcoas*, 8.170.376).

■ Motorista de ônibus morto por assaltante que invadiu o veículo – Inocorrência de culpa do empregador. Não cabe indenização pela morte de motorista de ônibus coletivo que, desautorizado de reagir e de portar arma por regulamento interno da empresa, enfrenta, com seu revólver, ladrões que respondem ao tiroteio – Ausência de prova de dolo ou culpa, ainda que leve, da empregadora (*JTJ*, Lex, *188*:107).

■ Assalto a ônibus – Cobrador de ônibus vítima de diversos assaltos – Responsabilidade civil objetiva da empresa de transporte em razão do risco inerente da atividade desempenhada por seus empregados que, diariamente, se submetem a atos de violência praticados por terceiros – Ações de ladrões a transportes coletivos que, de tão assíduas, já se tornaram previsíveis para os que exploram a atividade, incorporando-se como risco do negócio (TST, RR-1492-85.2011.5.08.0004, 3ª T., rel. Fontan Pereira, 2013).

■ Morte de funcionária – Falecimento no exercício de seu mister, vítima de assaltantes – Inexistência de nexo causal entre o evento danoso e a omissão atribuída à empregadora – Reparação de danos indevida – Segurança pública, ademais, que é de responsabilidade do Estado, como dispõe o art. 144 da CF (*RT*, *765*:256).

■ Indenização por dano moral – Venda e transporte de cigarros – Sucessivos assaltos durante a prestação dos serviços – Responsabilidade objetiva. É objetiva a responsabilidade da empregadora por danos causados por terceiros a seus empregados, que resultem de atos de violência decorrentes de assaltos, nos termos do art. 2º da CLT e parágrafo único do art. 927 do Código Civil, porque decorre do risco imanente à atividade empresarial, independentemente da perquirição de culpa do empregador na concorrência do evento danoso. Precedentes – Incidência da Súmula 333 do TST (TST, Proc. RR-1069900-10.2009.5.09.0019, 1ª T., rel. Min. Walmir Oliveira da Costa, j. 28-5-2014).

- Atendente da Pizza Hut baleada durante tiroteio – Indenização por danos morais devida. A lanchonete do tipo *fast food* é alvo comum de assaltos, sobretudo no período da noite, devido à circulação de dinheiro contido em caixa. Independentemente do questionamento quanto ao fato de a empresa desenvolver atividade de risco ou não, sua responsabilidade, no caso, é objetiva, devido ao acentuado risco nas circunstâncias em que a atendente trabalhava (TST, Processo RR-1676400-89.2001.5.02.0041, rel. Min. Alexandre Agra Belmonte, disponível em www.lex.com.br/noticia, acesso em 28 abr. 2014).

3. Empregado vítima de acidente de veículo

- Acidente do trabalho – Colisão de veículos – Morte de empregado. "A empresa responde objetivamente em caso de acidente de trabalho ocorrido durante atividade de risco acentuado. Ajudante geral que durante 10 anos fazia viagens a cidades do interior e do litoral de São Paulo e a outros estados para fazer reparos em redes elétricas e que foi 'fechado' por outro carro e acabou falecendo no acidente. Ainda que a empresa não tenha agido com culpa, o fato de o empregado ter de fazer viagens para fazer seu trabalho o colocava em situação de risco, caracterizando a responsabilidade objetiva da empresa" (TST, RR-795-07.2011.5.02.0271-SP, 2ª T., rel. Min. José Roberto Freire Pimenta, Revista *Consultor Jurídico*, 29-4-2019).
- Acidente do trabalho – Uso de motosserra – Atividade de risco. Atividade profissional desempenhada com o uso de motosserra deve ser considerada de risco, "cabendo à empresa indenizar o empregado em caso de acidente. O artigo 927, parágrafo único, do Código Civil preconiza que a responsabilidade independerá da existência de culpa quando a atividade desenvolvida pelo autor do dano implicar, por sua natureza, risco para os direitos de outrem. Está-se diante da responsabilidade objetiva, em que, mesmo ausente a culpa ou o dolo do agente, a reparação será devida" (TST, RR-795-07.2011.5.02.0271-SP, 2ª T., rel. Min. José Roberto Freire Pimenta, Revista *Consultor Jurídico*, 29-4-2019).
- Morte de empregado em acidente de trânsito – Trabalho que exigia viagens frequentes do empregado – Morte na estrada, carbonizado, após bater na traseira de uma carreta, que demonstra a exposição a risco elevado – Responsabilidade objetiva do empregador (TST, 2s T., rel. Min. Maria Helena Mallmann, disponível in Revista *Consultor Jurídico*, 10-1-2018).
- Ato de preposto – Responsabilidade civil do empregador.
- Morte de "boia-fria" quando transportado em caminhão impróprio – Indenização – Responsabilidade solidária entre a contratante e o transportador. Responde solidariamente pelo acidente a empresa contratante de serviço de terceiro, o qual, utilizando-se de veículo impróprio para o transporte de pessoas, dá causa à morte da vítima (*RT*, 742:320).
- Morte de trabalhador em trajeto para o serviço – Responsabilidade do empregador mesmo se for provocada por acidente automobilístico, sem envolvimento direto da empresa – Transportadora e empregadora condenadas a pagarem R$ 200.000,00 aos herdeiros de

motorista, morto no acidente – Vítima que estava no local porque cumpria ordens de seu empregador – o que leva à responsabilidade objetiva das empresas (TST, Proc. RR-22600-78.2009.5.15.0156, 7ª T., rel. Min. Cláudio Brandão, *DJ*, 15-1-2014).

■ Responsabilidade civil – Acidente de trabalho – Dano moral e estético (AgInt no AREsp 2.411.300-SP, 2ª T., rel. Min. Herman Benjamin, j. 11-12-2023, *DJe* 19-12-2023).

4. Falta de fornecimento de segurança, fiscalização e equipamentos de proteção aos empregados

■ Processual civil – Ação regressiva do inss contra empresa empregadora, por acidente de trabalho – Responsabilidade objetiva do empregador – Inobservância das normas de segurança – Ocorrência – Precedentes (AREsp 1.726.766-SP, 2ª T., rel. Min. Herman Benjamin, j. 23-2-2021, *DJe* 13-4-2021).

■ Acidente do trabalho – Atividade de risco – Teoria da responsabilidade objetiva. *In casu*, o Tribunal Regional constatou que o reclamante foi admitido pela reclamada para a prestação de serviços na função de servente de pedreiro e, durante a realização de uma obra da construtora, caiu de uma bandeja de proteção, de uma altura de aproximadamente nove metros. Assim, havendo o Tribunal Regional concluído que a prova produzida nos autos demonstrou a existência do dano sofrido pelo autor (fraturas nos ossos fêmur da perna e da bacia) e o nexo de causalidade com as atividades por ele desempenhadas, não há afastar a responsabilidade objetiva do empregador, pelo evento danoso. Conforme teor do art. 927, parágrafo único, do Código Civil de 2002, c/c o art. 8º da CLT, aplica-se, no âmbito do Direito do Trabalho, a teoria da responsabilidade objetiva, nos casos de acidente do trabalho quando as atividades exercidas pelo empregado são de risco acentuado (TST, RR 78000-38.2007.5.07.0005, 2ª T., rel. Min. José Roberto Freire Pimenta, *DEJT* 27-9-2013).

■ Acidente de trabalho com vaqueiro – Responsabilidade objetiva do dono da fazenda, em virtude de, por causa do comportamento imprevisível de vacas e cavalos, essa atividade ser considerada de risco – Vaqueiro que estava no campo, montado, resgatando uma vaca que deveria receber uma injeção prescrita por um veterinário, quando o cavalo escorregou, derrubando-o e caindo por cima do seu braço direito (TRT/4ª Reg.-RS, Proc. 0000014-14.2015.5.04.0101, rel. Des. Ana Luiza Heineck Kruse, Revista *Consultor Jurídico*, 8-6-2017).

■ Responsabilidade civil do empregador – Acidente de trabalho – Culpa de preposto – Cegueira total do olho direito. É incontroversa a ocorrência do acidente do trabalho no interior do estabelecimento e no respectivo horário laboral. A responsabilidade civil do empregador, por sua vez, está presente porque a lesão decorreu de imperícia verificada em trabalho executado por outro preposto do réu, o qual deveria possuir treinamento adequado para manusear corretamente o equipamento (STJ, REsp 685.801-MG, 4ª T., rel. Min. Antonio Carlos Ferreira, *DJe* 16-10-2014).

■ Acidente do trabalho – Ação indenizatória – Dano moral – Queda acidental de empregado que laborava em ambiente inseguro, resultando em sua incapacidade física – Verba devida

– Inaplicabilidade, no entanto, da regra do art. 1.538 do CC [de 1916, correspondente ao art. 949 do atual) (*RT*, *780*:283).

■ Acidente de trabalho – Indenização a família de trabalhador atropelado por trem – Morte do trabalhador – Culpa concorrente. A prestação de serviços nas vias de trens urbanos é considerada atividade de risco, devendo ser aplicada ao caso em tela a teoria do risco, sendo imperioso reconhecer a responsabilidade objetiva da reclamada. Por outro lado, não se olvida que a culpa exclusiva da vítima, se comprovada, caracteriza excludente de ilicitude, o que exclui o nexo causal e o ato culposo do empregador. No caso em tela, todavia, o contexto probatório não permite concluir que o acidente decorreu de culpa do autor. Contrariamente ao afirmado pela reclamada, em que pese no relatório da Comissão Técnica para análise do acidente de trabalho, especificamente no item 7.3 da análise pela árvore de causas, tenha sido constatada a não observância do item 6.5.1.1 da Norma NPG-OPE-107, como fator concorrente para que não se verificasse a aproximação do TUE114, não há registro de realização de treinamento acerca da referida norma pelo empregado, consoante se observa do demonstrativo de treinamentos anexado ao documento de ID ccf6054, pág. 7 e 8, inexistindo, portanto, prova de que o reclamante tenha agido com imprudência ou imperícia. Outrossim, o relatório elenca como causa contribuinte a falta de norma específica para atividade de inspeção de via e falta de treinamento nos dispositivos normativos cabíveis à atividade de inspeção de via, o que reforça a ausência de treinamento adequado. Portanto, não há falar em culpa concorrente da vítima. Negado provimento ao recurso da reclamada (TRT4-ROT.0021103732019504003O, j. 10-12-2021, 2ª T.).

■ Acidente do Trabalho – O empregador que desenvolve atividade com risco, mesmo que adote todas as medidas de cautela responderá em caso de acidente. Esse foi o entendimento do Tribunal Regional do Trabalho da 1ª Região, ao condenar a Light em danos morais e estéticos por um acidente sofrido por um técnico de campo (ROT 0101888-64.2017.5.01.0001, *in* Revista *Consultor Jurídico*, 30-7-2022).

■ Acidente do trabalho – Atividade de risco – Pintura da parte exterior de prédio – Empregadora que tem o dever não só de fornecer os equipamentos de proteção individual, como de exercer fiscalização severa quanto ao seu uso (*RT*, *772*:403).

■ Indenização – Omissão do empregador quanto ao fornecimento de equipamentos de proteção individual, capaz de reduzir os riscos da atividade desenvolvida – Verba devida (*RT*, *782*:341).

■ Acidente do trabalho – Responsabilidade civil do empregador que decorre do descumprimento de normas de saúde e segurança do trabalho e não do risco da atividade por ele criada (*RT*, *745*:285).

■ Acidente do trabalho – Culpa do empregador descaracterizada. Quem, por iniciativa própria, se dispõe a manipular máquina da qual não tem pleno domínio e vem a se acidentar não pode pleitear indenização da empregadora que, para o evento, não concorreu culposamente (*RT*, *745*:283).

■ Acidente do trabalho – Indenização.Dada a previsibilidade do evento danoso, é devida indenização ao empregado que acidenta-se no trabalho quando o empregador, sem oferecer o devido treinamento, requisita-o para operar máquina (*RT*, *757*:316).

- Uso de máquina sem condição de segurança, sem treinamento e em sobrejornada – Acidente do trabalho – Lide denunciada ao fabricante do equipamento – Inadmissibilidade se a causa de pedir está fundada na atitude culposa da empresa empregadora (*RT, 762*:300).
- Acidente do trabalho – Ausência de fornecimento de equipamentos preventivos de proteção individual – Culpa grave da empregadora caracterizada – Ofendido que ficou impedido de exercer o seu ofício ou profissão – Verba devida (*RT, 818*:334).

5. Ônus da prova

- Indenização – Responsabilidade civil – Ônus da prova. O ônus da demonstração do dever de indenizar do empregador é sempre do acidentado, pois representa os fatos constitutivos do seu alegado direito, na forma e nos termos previstos no art. 333, I, do CPC (*RT, 745*:283).
- Acidente do trabalho – Responsabilidade subjetiva – Culpa presumida – Inversão do ônus da prova. Debate-se a responsabilidade da empresa quanto ao acidente de trabalho, ocorrido em manuseio de máquina. Sendo impossível ao empregado a produção de prova, deve-se adequar a apuração da culpa, por meio da inversão do ônus da prova, por ser mais fácil ao empregador comprovar sua conduta quanto ao fornecimento de segurança em sua empresa, afastando sua culpa no evento danoso. Não tendo, pois, se desvencilhado do ônus que milita em seu desfavor, presumem-se a culpa e o consequente dever de indenizar (TST, AIRR 72100-48.2007.5.15.0071, 5ª T., rel. Min. Kátia Magalhães Arruda, *DEJT*, 3 jun. 2011).
- A apuração da culpa no acidente de trabalho deve adequar-se à especial proteção conferida pelo ordenamento jurídico ao trabalhador. Essa proteção se concretiza, dentre outras formas, pela inversão do ônus da prova, quando verificada a impossibilidade de sua produção pelo empregado e a maior facilidade probatória do empregador. No presente caso, cabia à empresa e não aos Reclamantes desvencilhar-se do ônus da prova da inexistência da culpa. Como não se desonerou do ônus que milita em seu desfavor, presume-se a culpa, surgindo o consequente dever de indenizar o trabalhador pelo prejuízo sofrido (TST, RR-930/2001-01-01-08-00.6, 3ª T., rel. Min. Maria Cristina I. Peduzzi, j. 19-3-2004).

6. Culpa do empregador

- Acidente do trabalho – Responsabilidade civil – Indenização por dano moral e material – Presença dos pressupostos legais – Reconhecimento. A responsabilidade civil advém da presença de seus elementos básicos, quais sejam: ação ou omissão, o dano e o nexo de causalidade. O nexo causal refere-se a elementos objetivos, constantes na ação ou omissão do sujeito, atentatórios do direito alheio, produzindo dano material ou moral. Presentes esses elementos, é de rigor o deferimento da indenização (TRT-15, RO 646872012515017-SP, rel. Des. Luis Carlos Martins Sotero da Silva, *DJe* 7-11-2013).
- Acidente do trabalho – Responsabilidade civil – Culpa concorrente do empregado e do empregador – Redução da indenização à metade – Trabalhador ganha metade da indenização se também teve culpa por acidente (TST, 1 T., Processo n. TST-RR-45700-98.2007.5.17.0181, j. 3-2-2016).

- Indenização acidentária – Culpa do empregador. Nem sempre subsistirá o dever da empregadora de indenizar o dano resultante de acidente pela responsabilidade civil do direito comum, se decorrente de culpa exclusiva da vítima ou, se não demonstrada a culpa da ré e o nexo causal, ônus do autor, já que representam fatos constitutivos do alegado direito (*RT*, *750*:318).
- Acidente do trabalho – Indenização. Não cabe indenização se acidente de trabalho ocorre por culpa da vítima. Se acidentar durante o trabalho, ainda que de forma mortal, não gera indenização se a culpa pelo acontecimento for exclusivamente da vítima. "O contexto probatório dos autos indica que o acidente foi causado por culpa exclusiva da vítima, não havendo como se responsabilizar a empregadora por esse infortúnio", afirmou o desembargador Alves Talialegna, relator do caso. "Provada a ausência de culpa da reclamada, improcede o pedido indenizatório" (TRT 18ª Região, Proc.-ROT 0010954-40.2018-5.18.0005, j. 19-9-2019).
- A sentença penal condenatória transitada em julgado, que fixa culpa do empregado pelo falecimento de companheiro seu durante jornada de trabalho, faz emergir a responsabilidade objetiva do patrão, nos termos do art. 1.521, III, do Código Civil [*de 1916, correspondente ao art. 932, III, do atual*] (*RT, 744*:280).

7. Antecipação da tutela

- Ação indenizatória – Pretensão baseada na demonstração do dano e do nexo causal – Insuficiência, pois é necessária a prova de culpa da empregadora (*RT, 767*:292).

8. Legitimidade passiva *ad causam*

- Indenização – Ação intentada contra empresa tomadora de serviços – Admissibilidade, se ficar comprovada sua culpa ou dolo no evento danoso, ainda que inexista vínculo empregatício com a vítima (*RT, 760*:309).
- Responsabilidade solidária – Caracterização – Danos sofridos por empregado de uma empresa contratada por outra para prestação de serviços – Concorrência culposa de ambos para o infortúnio – Inteligência do art. 1.518, 2ª parte, do CC [de 1916, correspondente ao art. 942, parágrafo único, do atual] (*RT, 770*:355).
- Acidente do trabalho – Obreiro que falece aos vinte anos de idade, vítima de leucemia mieloide causada pela exposição ao benzeno na empresa em que trabalhava – Pensão – Valor a ser recebido por sua mãe que deve corresponder a 1/3 do que o falecido receberia até que viesse a completar 25 anos e a partir daí, 20% do salário de forma vitalícia, até a época em que completaria 65 anos (*RT, 818*:261).

9. Enfarte agudo do miocárdio

- Indenização – Direito comum. Não há que se falar em indenização por acidente do trabalho fundada no direito comum se não ficou provada a culpabilidade (dolo ou culpa) da empregadora, mormente em se tratando de enfarte agudo do miocárdio, doença que não tem seus fatores relacionados com o labor. Ademais, não está a empregadora obrigada a manter em seu serviço médico Unidade de Terapia Intensiva (UTI) para atender seus empregados, bastando que tenha um serviço ambulatorial eficiente e bem equipado (2º TACSP, Ap. 495.761, 5ª Câm., rel. Juiz Luís de Carvalho, j. 19-11-1997).

10. Competência para julgamento das ações de indenização

■ Durante muitos anos prevaleceu nos tribunais o entendimento de que a competência para processar e julgar as ações indenizatórias decorrentes de acidentes de trabalho era da Justiça Comum Estadual (STF, RE 430.377-AgR, 2ª T., rel. Min. Gilmar Mendes, *DJU*, 12 nov. 2004), malgrado alguma divergência surgida após a promulgação da Constituição Federal de 1988 (TST, SBDI-I, ERR 575.533/99, rel. Min. Maria Cristina Peduzi, *DJU*, 13-2-2004).

Todavia, qualquer dúvida que pudesse existir a respeito da interpretação da redação dada ao art. 114 da Constituição Federal pela Emenda n. 45/2004, sobre a competência da Justiça do Trabalho para processar e julgar ações de indenização por danos materiais e morais decorrentes de acidente do trabalho, foi espancada pelo Colendo Supremo Tribunal Federal, que assim proclamou, colocando uma pá de cal na questão:

"Acidente do trabalho – Indenização. Constitucional. Competência judicante em razão da matéria. Ação de indenização por danos morais e patrimoniais decorrentes de acidente do trabalho, proposta pelo empregado em face de seu (ex-)empregador. *Competência da Justiça do Trabalho*. Art. 114 da Magna Carta. Redação anterior e posterior à Emenda Constitucional n. 45/04. Evolução da jurisprudência do Supremo Tribunal Federal. Processos em curso na Justiça Comum dos Estados. Imperativo de política judiciária. Conflito de competência que se resolve, no caso, com o retorno dos autos ao Tribunal Superior do Trabalho" (STF, Pleno, CComp 7.204-1-MG, rel. Min. Carlos Ayres Britto, *DJU*, 9-12-2005, p. 5).

Diante do posicionamento definitivo do Supremo Tribunal Federal, o Superior Tribunal de Justiça passou a decidir os conflitos de competência em perfeita sintonia com a orientação da Corte Maior, conforme se pode verificar:

"Competência. Ação reparatória de danos patrimoniais e morais decorrentes de acidente do trabalho. Emenda Constitucional n. 45/2004. Aplicação imediata. Competência da justiça trabalhista, na linha do assentado pelo Supremo Tribunal Federal. Aplicação imediata do texto constitucional aos processos em que ainda não proferida a sentença" (STJ, CComp 51.712-SP, 2ª Seção, *DJU,* 14-9-2005).

Todavia, quando a ação de indenização por acidente do trabalho era movida pelos herdeiros do trabalhador, aplicava-se a Súmula 366 do Superior Tribunal de Justiça, do seguinte teor: "Compete à Justiça estadual processar e julgar ação indenizatória proposta por viúva e filhos do empregado falecido em acidente de trabalho".

O Supremo Tribunal Federal, no entanto, após a Emenda Constitucional n. 45/2004, firmou o entendimento de que é irrelevante para a definição da competência da Justiça do Trabalho que a ação de indenização não tenha sido proposta pelo empregado, mas por seus sucessores. Por essa razão, o Superior Tribunal de Justiça, em setembro de 2009, revogou a referida Súmula 366, acompanhando a posição do Pretório Excelso no sentido de que o ajuizamento da ação de indenização pelos sucessores do acidentado não altera a competência da Justiça do Trabalho.

11. Responsabilidade do empregador nos casos de terceirização do serviço

- Responsável pelas indenizações decorrentes de acidente do trabalho, pelo direito comum, é, em regra, o empregador, mesmo que o ato ilícito tenha sido praticado por outro empregado ou preposto (CC, art. 932, III).

Atualmente, no entanto, o fenômeno da terceirização dos serviços em geral é uma realidade. É muito frequente a transferência a terceiros de parte ou da totalidade da execução dos serviços, por meio de contratos de subempreitada, de trabalhos temporários ou de simples prestação de serviços (terceirização).

Nem sempre, todavia, as empresas terceirizadas possuem lastro suficiente para responder pelas consequências dos riscos a que expõem os trabalhadores. Por essa razão, tem sido reconhecida a responsabilidade solidária ou subsidiária do beneficiário do trabalho pelo cumprimento das obrigações relacionadas com o contrato de trabalho.

Anota Sebastião Geraldo de Oliveira que "o princípio norteador, cada vez mais aceito, proclama que aquele que se beneficia do serviço deve arcar, direta ou indiretamente, com todas as obrigações decorrentes da sua prestação", aduzindo que "em sintonia com esse pensamento central estão o art. 455 da CLT, a Súmula 331 do TST, o art. 16 da Lei n. 6.019/74, que trata do trabalho temporário, o art. 8º da Convenção n. 167 da OIT e farta jurisprudência" (*Indenizações por acidente do trabalho*, cit., p. 305-306).

Confira-se:

- Acidente do trabalho – Serviço de terceiro. Responde solidariamente pelo acidente a empresa contratante de *serviço de terceiro*, o qual, utilizando-se de veículo impróprio para o transporte de pessoas (*boias-frias*), dá causa à morte da vítima (*RT, 742*:320).
- Acidente do trabalho – Indenização – Contrato de empreitada – Solidariedade. Em contrato de empreitada, a empresa contratante e a prestadora de serviços respondem, solidariamente, pela indenização decorrente de acidente do trabalho, não adotando os cuidados necessários à execução e fiscalização do serviço (TAMG, Ap. 348.272-6, 1ª Câm. Cív., rel. Juiz Nepomuceno Silva, j. 2-4-2002).
- Acidente do trabalho – Responsabilidade solidária do empreiteiro e do dono da obra. A omissão do empreiteiro em fornecer material de proteção ao trabalhador, e a do dono da obra ao não propiciar ambiente de trabalho seguro, torna ambos solidariamente responsáveis pela indenização infortunística (TJRJ, Ap. 2004.001.05250, rel. Des. Sérgio Cavalieri Filho, j. 5-5-2004).
- Indenização – Acidente do trabalho. Em acidente do trabalho provocado por veículo de empresa terceirizada contra funcionário de empresa contratante que exerce suas funções laborais no momento do acidente, e uma vez reconhecida a culpa da primeira pelo acidente, a segunda responde de forma solidária pela reparação dos danos causados a seu empregado por culpa *in eligendo*, já que não foi diligente o suficiente na escolha de preposto que bem

desincumbisse o seu mister (TJRO, Ap. 97.001751-0, 1ª Câm. Cív., rel. Des. José Pedro Couto, j. 16-4-2002).

- Responsabilidade civil – Acidente do trabalho. Todas as pessoas jurídicas envolvidas na consecução do serviço contratado e subcontratado são solidária e civilmente responsáveis perante o parente da vítima de acidente fatal, com fundamento na responsabilidade civil extracontratual (2º TACSP, Ap. 640.400-00, 3ª Câm., rel. Juiz Cambrea Filho, j. 25-2-2003).

- Responsabilidade civil – Empresa de prestação de serviços que contrata automóvel para levar promotoras de venda a curso de treinamento em outra cidade – Acidente ocorrido no trajeto – Responsabilidade objetiva da referida empresa. Ainda que não consignada a comprovação de culpa da empresa, mas comprovado o dano, o nexo de causalidade, e caracterizado o risco assumido, é possível a aplicação da responsabilidade objetiva ao empregador, com fundamento no art. 927, parágrafo único, do Código Civil (TST, RR-48400-43.2011.5.21.0004, 2ª T., rel. Min. Maria das Graças Laranjeiras, disponível em <www.conjur.com.br>, acesso em 14 jan. 2013).

12. *Motoboy* acidentado quando desempenhava atividade para a empresa. Responsabilidade objetiva desta

- Sequelas de acidente de trânsito sofrido por *motoboy* enquanto prestava serviços a uma empresa – Indenização por danos morais e estéticos. O TST já firmou jurisprudência no sentido de que a responsabilidade subjetiva do empregador contida no inciso XXVIII do art. 7º da Constituição Federal não afasta a responsabilidade do empregador, à qual o art. 927, parágrafo único, do Código Civil faz referência (TST, RR-59300-11.2005.5.15.086, rel. Min. Rosa Maria Weber, disponível em <www.conjur.com.br>, acesso em 15 ago. 2011).

- Atividades profissionais desempenhadas por meio do uso de motocicletas colocam o trabalhador em permanente situação de vulnerabilidade. Sendo assim, caso haja acidente, há responsabilização objetiva do empregador. Foi com base nesse entendimento que a 2ª Turma do Tribunal Regional do Trabalho da 18ª Região reverteu decisão que reconhecia culpa exclusiva da vítima em acidente de trabalho: "Conforme jurisprudência dominante, em se tratando de atividade que, pela sua natureza, pressupõe a utilização de motocicleta, aplica-se a teoria da responsabilidade objetiva, prevista no parágrafo único do artigo 927 do Código Civil" (TRT-18, Rec. 0010616-05.2019.5.18.0111, rel. Des. Platon Teixeira, Revista *Consultor Jurídico*, 15-5-2020).

13. Empregado que se machucou quando praticava atividades esportivas pela empresa

- O Tribunal Regional do Trabalho da 11ª Região, ao manter a sentença de Primeiro Grau, ressaltou que, ao disputar o torneio, não há dúvidas de que o empregado estava prestando um serviço à empresa, mesmo não sendo na atividade-fim da empregadora. Revelou, ainda, que o trabalhador está amparado pela legislação acidentária a partir do momento em que sai de sua residência com destino ao serviço – ou para fazer atividade promovida ou em prol da empresa – até seu retorno (AIRR-3249840-85.2006.5.11.0006, 8ª T., rel. Min. Dora Maria da Costa, disponível em: <www.conjur.com.br>, acesso em 5 nov. 2010).

14. Danos morais. Legitimidade ativa *ad causam*

- Direito do pai e da mãe à indenização por danos morais pela morte de filho em acidente do trabalho, mesmo havendo acordo homologado em que a esposa do trabalhador e os seus filhos obtiveram a respectiva indenização por danos morais. A dor moral projeta reflexos sobre todos aqueles que, de alguma forma, estavam vinculados afetivamente ao trabalhador acidentado, e a dor pela morte independe de relação de dependência econômica. Inocorrência de coisa julgada (TST, RR-51840-46.2008.5.09.0017, 6ª T., rel. Min. Maurício Godinho Delgado, disponível em <www.editoramagister.com.br>, acesso em 7 nov. 2011).

15. Óbito do empregado. Disparos por arma de fogo efetuados por colega de trabalho

- Evidenciado que os disparos por arma de fogo que levaram ao óbito do empregado, ainda que tenham por autoria colega de trabalho, não possuem relação com suas atividades laborais, descaracterizado o dever de indenizar (TRT-4ª Reg., (RS) Ac. 00011241-66.2011.5.04.0202-RO, 8ª T., rel. Des. Juraci Galvão Júnior, j. 21-3-2013).
- Disparo com arma de fogo ocorrido em alojamento da reclamada, fora do horário de expediente e sem relação com a execução do contrato de trabalho, não se caracteriza como típico acidente do trabalho, por ausência de nexo de causalidade – Responsabilidade da empregadora pelo infortúnio que não se reconhece (TRT-4ª Reg., 0042200-74.2008.5.04.0561-RO, rel. Des. Cleusa Regina Halfen, j. 25-3-2010).
- Segurança assassinado com dois tiros por um colega, nas dependências da empresa – Indenização no montante de R$ 300.000,00 arbitrada em favor de três herdeiros – Empresa que não deveria apenas ter rigor e zelo no recrutamento e seleção de seus empregados, mas deveria zelar também pela conduta destes diariamente, mantendo a disciplina durante a jornada de trabalho (TST, Proc. AIRR-263100-04.2005.5.02.0061, 6ª T., rel. Min. Leite de Carvalho, DJ, 31-5-2013).

Seção X
A responsabilidade dos tabeliães

1. Responsabilidade civil dos tabeliães em face da Constituição Federal de 1988

Os casos mais comuns de responsabilidade civil dos tabeliães relacionam-se com os cartórios de notas.

Segundo a opinião de Maria Helena Diniz (*Responsabilidade civil*, cit., p. 210), "os notários, tabeliães e escreventes de notas assumem obrigação de resultado perante as pessoas que contratam o exato exercício de suas funções, tendo responsabilidade civil contratual se não as cumprir. As funções do notário decorrem de lei; seus deveres são, por isso, legais. A circunstância de ser o notário um oficial público não atingirá o caráter contratual de sua responsabilidade (*RF, 42*:37, *45*:510). Além do mais, os tabeliães responderão perante terceiros: a) pelos erros graves que cometerem no desempenho de sua função, prejudicando-os, dando lugar, p. ex., a uma anulação de testamento por falta de formalidades essenciais (*RT, 67*:339, *47*:723), pois deve ter certo conhecimento de direito; e b) pelas inexatidões e lacunas dos atos que lavrou, desde que causem danos a outrem".

São numerosos os casos de indenização por prejuízos decorrentes de reconhecimento de firmas falsas, quando se trata de falsificação relativamente grosseira, perceptível a olho nu.

Segundo Claudinei de Melo, "ao Estado, sim, caberá responder pelos prejuízos causados às partes, ou terceiros, pelos serventuários por ele escolhidos e indicados para os respectivos cargos" (Da responsabilidade civil dos tabeliães, *RT, 557*:263).

Nesse sentido tem-se orientado a jurisprudência. Veja-se:

"Ato ilícito praticado por escrevente de Cartório não oficializado, no exercício do seu cargo – Culpa induvidosa do funcionário, que culminou em condenação – Definição ampla do conceito de funcionário" (*RJTJSP, 27*:89).

"Tabelião – Reconhecimento de firma falsa – Negócio jurídico fundamentado neste ato – Responsabilidade objetiva do Estado que decorre do dano causado ao denunciante – Direito de regresso, no entanto, que depende de prova de culpa do serventuário" (*RJTJSP, 120*:290).

"Responsabilidade civil do Estado – Ato ilícito praticado por serventuário – Reparação do dano – Obrigação solidária – Direito de regresso assegurado" (*RT, 609*:163).

Humberto Theodoro Júnior, em artigo intitulado "Alguns impactos da nova ordem constitucional sobre o direito civil", publicado na *RT, 662*:7, observou que uma das inovações importantes em matéria de responsabilidade civil objetiva do Estado "ocorreu em relação aos serviços notariais. No regime da Carta anterior havia controvérsia sobre se o Tabelião e os oficiais dos Registros Públicos deveriam ser tratados, ou não, como funcionários públicos. E, por conseguinte, se se deveria, ou não, reconhecer a responsabilidade civil do Estado pelos danos oriundos de irregularidade nos serviços notariais".

Depois de citar alguns acórdãos que demonstram a predominância, na jurisprudência, do entendimento sobre a responsabilidade do Estado pelos atos do serventuário de cartório, acrescentou: "A atual Carta Magna inovou, também, acerca desse assunto, dispondo em seu art. 236, 'caput': 'Os serviços notariais e de registro são exercidos em caráter privado, por delegação do Poder Público'. Portanto, não se pode mais insistir na qualidade de agentes do Poder Público para os notários e, por isso mesmo, não se haverá de entrever responsabilidade civil do Estado por ato de quem exerce em caráter privado o serviço notarial. A situação é equivalente à das empresas concessionárias de serviços de transporte coletivo ou de comunicações. O § 1º do art. 236 da CF deixa bem claro que, na espécie, a responsabilidade civil é pessoal do tabelião e do oficial de Registro: 'Lei regulará as atividades, disciplinará a responsabilidade civil e criminal dos notários, dos oficiais de Registro e de seus prepostos, e definirá fiscalização de seus atos pelo Poder Judiciário'".

Aduz, a final, Humberto Theodoro Júnior: "Parece-me, porém, que a nova responsabilidade dos notários e oficiais de registro será 'objetiva', dispensando-se a perquirição do elemento culpa, em face da regra do § 6º do art. 37 da Constituição, que equipara as pessoas de direito privado prestadoras de serviço público às pessoas jurídicas de direito público, em matéria de responsabilidade civil".

Caio Mário da Silva Pereira tem entendimento diferente de Humberto Theodoro Júnior, no tocante à interpretação do texto constitucional. Afirma o primeiro que a Constituição Federal considerou os serviços notariais e de registro exercidos em caráter privado, "por delegação do Poder Público". Assim havendo estabelecido, "não afastou a responsabilidade do Estado pelas faltas e abusos que cometam os servidores, uma vez que as atividades são exercidas por delegação do Poder Público" (*Instituições*, cit., p. 184, n. 137).

Parece-nos que se justifica plenamente a inserção dos serventuários da Justiça no rol dos servidores públicos, dos funcionários públicos em sentido lato, a despeito do "caráter privado" como são exercidos os serviços que lhes são pertinentes, pois ocupam cargos criados por lei, com denominação própria e em número certo, são nomeados pelo Poder Público, mediante concurso público; gozam do direito a férias e licenças; estão sujeitos a regime disciplinar; contribuem para o instituto de Previdência do Estado; fazem jus à aposentadoria nos termos do Estatuto dos Funcionários Públicos. E, embora não remunerados diretamente pelos cofres públicos, o preço de seus serviços, pagos pelos usuários, decorre de tabelas também aprovadas pelo Poder Público.

Como observa José Renato Nalini, "o notariado brasileiro é o do tipo latino. O notário é um funcionário público a título *sui generis*, pois remunerado diretamente pela parte, mediante custas e emolumentos. Além disso, é titular da fé pública e está vinculado ao Poder Judiciário, que lhe fiscaliza os atos de ofício e exerce disciplina administrativa. A Constituição da República não inovou a respeito. A delegação apenas restou explicitada na lei fundamental. Continuam os notários exercentes de função pública. E é simples concluir que, não fora pública a função exercida e não haveria necessidade de delegação. O Poder Público apenas delega aquilo que detém" (A responsabilidade civil do notário, *RJTJSP*, *130*:19).

Consoante entendimento de Clayton Reis (A responsabilidade civil do notário e do registrador, *RT*, *703*:19), "O Estado responde pelos atos praticados pelos seus prepostos ainda que erigidos através da função delegada, que na realidade é uma *longa manus* do poder estatal. Nesse particular, a responsabilidade pessoal será excluída, no que, aliás, devem os notários e os registradores concordar. Cabe ao Estado exercer o direito de regresso no caso de culpa ou dolo dos lesionadores do direito, conforme, aliás, prevê o art. 37, XXI, § 6º, da Constituição Federal. No processo de reparação de danos, o causador do ato lesivo não participa do processo, ainda que como denunciado. Poderá, todavia, intervir no processo como assistente da administração".

Entende, assim, que a ação de responsabilidade civil será direcionada somente contra o Estado, que tem, em primeiro plano, a obrigação de proteger os direitos dos seus súditos, abalados pela ação delituosa dos seus agentes. Parece-nos, entretanto, que a razão está com Arnaldo Marmitt, quando afirma que "a vítima não é obrigada a endereçar sua ação contra o poder público, mas, se a dirigir diretamente contra o servidor, deve comprovar a culpa ou dolo, vez que a responsabilidade objetiva só condiz com o poder público" (*Perdas e danos*, Rio de

Janeiro, Aide, 1987, p. 240) (*v.* o desenvolvimento dessa tese no Livro II, Título I, Capítulo I, Seção II, n. 11.4, *retro*).

A responsabilidade civil existirá quando o notário causa um dano a seus clientes: "1. Pelos defeitos formais do instrumento que determinam a frustração do fim perseguido com a intervenção notarial; 2. Por vícios de fundo que determinem a nulidade absoluta (pois se os há, o notário deve abster-se de intervir) ou a relativa (a menos que esta se produza por vício previsto pelo notário e advertido aos outorgantes); 3. Pela desacertada eleição do meio jurídico para a consecução do fim proposto; 4. Pelo deficiente assessoramento quanto às consequências do ato notarial (parte tributária, etc.); 5. Pela incorreta conduta do notário como depositário ou mandatário de seus clientes (paga de impostos, apresentação de documentos, etc.)" (Pedro Avila Alvarez, *Derecho notarial*, 6. ed., Barcelona, Bosch, p. 450).

José Renato Nalini (*RJTJSP, 130*:24) menciona ainda as principais hipóteses de responsabilidade do notário, dentre as quais o reconhecimento de firma falsa (*RT, 404*:152); falta de especificação, no testamento, de haverem sido observadas todas as formalidades legais, dando causa à sua nulidade (art. 1.634 do CC de 1916); não recolhimento de selo em papéis passados em notas de seu ofício (*RTJ, 48*:132); venda invalidada devido à falsidade da procuração outorgada pelos vendedores, sendo a ação movida contra a tabeliã que lavrou o instrumento público do mandato (*RT, 594*:254); lavratura de escritura com violação das prescrições da Lei n. 5.709, de 7 de outubro de 1971, referente à aquisição de imóvel rural.

Segundo o mencionado articulista, há outros casos em que o notário pode ser responsabilizado, embora não mencionados na jurisprudência, tais como: 1) danos emergentes de sua negativa a prestar serviço, quando infundada; 2) falta de imparcialidade; 3) falhas no assessoramento funcional; 4) violação do segredo funcional; 5) omissão de comunicar a existência de testamentos; 6) vícios extrínsecos ou de forma, que possam provocar nulidades ou anulabilidades. No seu entender, assim como o tabelião é civilmente responsável por ato de seu escrevente e tem direito de regresso contra o seu preposto ou auxiliar, também "é do sistema o direito de regresso do Estado contra o tabelião, se o prejudicado preferir acionar diretamente o poder público por lesão causada pelo detentor do serviço público delegado". A propósito, decidiu o Tribunal de Justiça de São Paulo:

"Indenização – Tabelião de Cartório – Ação contra ele ajuizada – Denunciação da lide ao escrevente que praticou o ato apontado como ilícito – Admissibilidade – Precedentes do STJ.

Assim como a administração pública tem o direito de denunciar à lide o seu funcionário, também o tabelião pode fazê-lo, quando acionado diretamente pelo lesado, mesmo tendo responsabilidade equiparada à daquela" (AgI 185.843-4-SP, 3ª Câmara de Direito Privado, rel. Des. Carlos R. Gonçalves, j. 6-2-2001).

Como assinala Maria Helena Diniz (*Responsabilidade civil*, cit., p. 253), não haverá, todavia, responsabilidade do tabelião ou escrevente de notas pelo dano se o ato que praticou for o de vontade das partes e não ato de autoridade, quando, por exemplo, "o tabelião lavra escritura de venda de ascendente a descendente sem o consentimento dos demais. Tal compra e venda é permitida em direito (CC, art. 496), mas será anulável em razão da inocorrência de um requisito legal: a anuência dos demais descendentes. O ascendente é que terá o dever de declarar a existência de outros filhos, de modo que o tabelião, mesmo que saiba da existência de outros descendentes, não poderá impedir a venda".

É, acrescenta, a hipótese também da venda simulada (CC, art. 167) ou fraudatória de direitos creditórios (CC, art. 158), da declaração de preço diverso do ajustado ou de estado civil que não é o real. O notário "não responderá por tais atos por não ter a função de verificar se as declarações das partes são verídicas ou não; deve tão somente observar a regularidade das formas exteriores do ato (*RT, 103*:214). Entretanto, isso não excluirá totalmente o tabelião da obrigação de ter maior cautela nos atos que lhe vêm às mãos, como na identificação documental e pessoal das partes, na comprovação por meio de documentos de que o vendedor é proprietário do imóvel; na exigência de assinatura de todas as partes que compareceram ao ato etc.".

A Lei n. 8.935, de 18 de novembro de 1994, que regulamentou o art. 236 da Constituição Federal, vem roborar as considerações até aqui expendidas. Em seu art. 3º proclama: "Notário, ou tabelião, e oficial de registro, ou registrador, são profissionais do direito, dotados de fé pública, a quem é *delegado* o exercício da atividade notarial e de registro".

A respeito do ingresso na atividade notarial e de registro, preceitua o art. 14 da referida Lei: "A *delegação* para o exercício da atividade notarial e de registro depende dos seguintes requisitos: I – habilitação em concurso público de provas e títulos; II – nacionalidade brasileira; III – capacidade civil; IV – quitação com as obrigações eleitorais e militares; V – diploma de bacharel em direito; VI – verificação de conduta condigna para o exercício da profissão". Os concursos serão realizados pelo Poder Judiciário, com a participação, em todas as suas fases, da Ordem dos Advogados do Brasil, do Ministério Público, de um notário e de um registrador, conforme estatui o art.15, sendo que poderão concorrer ao concurso candidatos não bacharéis em direito que tenham completado, até a data da primeira publicação do edital, dez anos de exercício em serviço notarial ou de registro (§ 2º).

No tocante à responsabilidade civil e criminal, dispõe a referida Lei:

"Art. 22. Os notários e oficiais de registro são civilmente responsáveis por todos os prejuízos que causarem a terceiros, por culpa ou dolo, pessoalmente, pelos substitutos que designarem ou escreventes que autorizarem, assegurado o direito de regresso.
Art. 23. A responsabilidade civil independe da criminal.
Art. 24. A responsabilidade criminal será individualizada, aplicando-se, no que couber, a legislação relativa aos crimes contra a administração pública.
Parágrafo único. A individualização prevista no *caput* não exime os notários e os oficiais de registro de sua responsabilidade civil".

2. Responsabilidade objetiva do Estado e subjetiva dos tabeliães

Como já por nós anotado, a ação pode ser direcionada diretamente contra o Estado, baseada na responsabilidade objetiva consagrada no art. 37, § 6º, da Constituição Federal, ou diretamente contra o notário ou registrador, desde que o autor se proponha, neste caso, a provar culpa ou dolo destes.

Nessa linha, decidiu a 2ª Turma do Supremo Tribunal Federal: "Natureza estatal das atividades exercidas pelos serventuários titulares de cartórios e registros extrajudiciais, exercidas em caráter privado, por delegação do Poder Público. Responsabilidade objetiva do Estado pelos danos praticados a terceiros por esses servidores no exercício de tais funções, assegurado o direito de regresso contra o notário, nos casos de dolo ou culpa" (RE 209.354, rel. Min. Carlos Velloso, j. 2-3-1999, *RTJ, 170*:685).

Assim também decidiu o Superior Tribunal de Justiça:

"Ilegitimidade de parte – Passiva – Ocorrência – Cartório de Registro Civil – No caso de dano decorrente de má prestação de serviços notariais, somente o tabelião à época dos fatos e o Estado possuem legitimidade passiva. Recurso conhecido e provido" (REsp 545.613-MG, 4ª T., rel. Min. Cesar Asfor Rocha, j. 8-5-2007).

Igualmente proclamou o Tribunal de Justiça de São Paulo:

"Ação de indenização por danos morais – Cartório de Notas – Reconhecimento de firma falsificada – Ilegitimidade passiva – O tabelionato não detém personalidade jurídica ou judiciária, sendo a responsabilidade pessoal do titular da serventia – Ilegitimidade passiva reconhecida" (Ap. 7.285.716-6, 21ª Câm. Dir. Priv., rel. Des. Silveira Paulilo, j. 5-11-2008).

"Indenização – Ajuizamento em face de Oficial do Registro de Imóveis – Responsabilidade objetiva do Estado que não impede o ajuizamento direto em face do titular do serviço delegado – Se é certo que o Poder Público responde objetivamente pelos atos praticados pelos notários e oficiais do registro e seus prepostos, que venham a causar danos a terceiros, nada obsta que o prejudicado acione diretamente os titulares dessas serventias, desde que fundada a pretensão em alegação de culpa" (*JTJ*, Lex, 280:95).

Por outro lado, a responsabilidade civil por dano causado a particular por ato de oficial do Registro de Imóveis ou Tabelião "é pessoal, não podendo o seu sucessor, atual titular da serventia, responder pelo ato ilícito praticado pelo sucedido, antigo titular" (STJ, 3ª T., REsp 443.467-PR, rel. Min. Castro Filho, *DJU*, 1º-7-2005, p. 510).

Na doutrina, também Rui Stoco (*Tratado de responsabilidade civil*, cit., p. 572-578) afasta a responsabilidade objetiva dos titulares de cartório.

A questão é, no entanto, controvertida. A mesma 2ª Turma do Pretório Excelso, em acórdão relatado pelo Min. Marco Aurélio, decidiu posteriormente: "Responde o Estado pelos danos causados em razão de reconhecimento de firma considerada assinatura falsa. Em se tratando de atividade cartorária exercida à luz do art. 236 da CF, a responsabilidade objetiva é do notário, no que assume posição semelhante à das pessoas jurídicas de direito privado prestadoras de serviços públicos" (RE 201.595, j. 28-11-2000, *RTJ, 178*:418).

Na mesma trilha proclamou, por sua vez, o Tribunal de Justiça de São Paulo: "Fazenda do Estado – Ato de cartorário – Função delegada – Responsabilidade solidária e objetiva – Solidariedade que implica serem todos devedores do valor integral da indenização – Os notários e oficiais de registro respondem pessoal e objetivamente pelos danos causados a terceiros e decorrentes da atividade por eles exercida (Lei n. 8.935, de 18/11/1994, art. 22). Por isso, a alegação de que o oficial agiu com a devida diligência não afasta o dever de indenizar" (Ac. 159.914-5/5-00-São Carlos, 1ª Câmara de Direito Público, rel. Des. Roberto Bedaque, j. 25-6-2002). Durante a votação, declarou o Des. Scarance Fernandes que, embora concordasse com a conclusão do relator, o seu voto tinha fundamento diverso, pois entendia que a responsabilidade dos notários e oficiais de registro não é objetiva.

Na doutrina, Yussef Said Cahali (*Responsabilidade civil do Estado*, 2. ed., cit., p. 348) e José Renato Nalini (*Registro de Imóveis e Notas: Responsabilidade civil e disciplinar*,

Revista dos Tribunais, 1997, p. 94), dentre outros, igualmente sustentam, em face do enunciado do art. 37, § 6º, da Constituição Federal, que a responsabilidade civil dos notários e oficiais de registro define-se como sendo objetiva, como a do Estado.

Todavia, assinala Hércules Alexandre da Costa Benício, "prevalece, ainda hoje, o entendimento de que notários e registradores, por serem considerados agentes públicos, respondem, nos termos do § 6º, *in fine*, do art. 37 da CF, somente mediante a comprovação de que praticaram atos culposos ou dolosos (critério subjetivo). Assim, pelos atos notariais e de registro, o Estado responde direta e objetivamente, ao passo que o agente causador do dano (titular da serventia ou seu preposto) responde subjetivamente por seus atos. Dentro dessa corrente subjetiva situam-se: Rui Stoco (1995, p. 50); Vilson Rodrigues Alves (2001, p. 422-424); Walter Ceneviva (2000, p. 146); Carlos Roberto Gonçalves (2002, p. 470-474), Swensson et al. (2000, p. 53); Clayton Reis (1994, p. 250); Siqueira et Siqueira (2000, p. 38 e 47) e Flauzilino Araújo dos Santos (1997, p. 14)" (*Responsabilidade civil do Estado decorrente de atos notariais e de registro*, Revista dos Tribunais, 2005, p. 256-7).

Nesses termos, prossegue o mencionado autor em preciosa síntese, com a qual concordamos: "a vítima poderá ajuizar ação de responsabilidade civil das seguintes formas: a) diretamente contra o Estado, com base na responsabilidade objetiva consagrada no § 6º do art. 37 da Constituição de 1988, bastando a comprovação do dano e o nexo de causalidade entre o evento danoso e o serviço prestado, cabendo ao Estado o direito de regresso contra o agente causador do dano (titular do cartório e/ou preposto), nos casos de dolo ou culpa deste; b) diretamente contra o titular da serventia não oficializada, desde que a vítima prove a ocorrência de culpa ou dolo na prestação do serviço notarial ou de registro, cabendo ao titular o direito de regresso contra o preposto causador do prejuízo; e c) diretamente contra o preposto (funcionário da serventia extrajudicial), mediante a comprovação de culpa ou dolo deste. O fato de ser o Estado responsável pelos danos causados por seus agentes, bem como o titular da serventia pelos atos de seus prepostos, não exonera os titulares e seus prepostos de responsabilidade. Pode, então, a vítima, considerando a solidariedade passiva, agir contra um, dois ou três" (*Responsabilidade civil*, cit., p. 257-8).

A rigor, como preleciona Décio Antônio Erpen, o § 6º do art. 37 da CF, que responsabiliza objetivamente os prestadores de serviço público, "não se aplica a notários e registradores porque as atividades por si desempenhadas não constituem serviço público de ordem material da Administração Direta ou Indireta, mas se trata de atividade atípica, com regramento próprio, balizado pelo art. 236 do Texto Constitucional, cujo § 1º remeteu à lei ordinária a regulação da disciplina da responsabilidade civil" (A responsabilidade civil, penal e administrativa dos notários e registradores, *Boletim do Colégio Notarial do Brasil – Seção Rio Grande do Sul*, n. 1, p. 3-6), e o *caput* estabeleceu que os serviços notariais e de registro serão exercidos em caráter privado por delegação do Poder Público.

As penas por infrações disciplinares serão impostas pelo *juízo competente*, independentemente da ordem de gradação, conforme a gravidade do fato (art. 34). A fiscalização dos atos notariais e de registro competirá ao Poder Judiciário e será exercida pelo juízo competente, "sempre que necessário, ou mediante representação de qualquer interessado, quando da inobservância de obrigação legal por parte de notário ou de oficial de registro, ou de seus prepostos" (art. 37). "O juízo competente zelará para que os serviços notariais e de registro sejam prestados com rapidez, qualidade satisfatória e de modo eficiente, podendo sugerir à autoridade competente a elaboração de planos de adequada e melhor prestação desses serviços, observados, também, critérios populacionais e socioeconômicos, publicados regularmente pela Fundação Instituto Brasileiro de Geografia e Estatística" (art. 38). Extinguir-se-á a *delegação* a notário ou a oficial de registro por morte, aposentadoria facultativa, invalidez, renúncia, e perda, nos termos do art. 35, ou seja, em decorrência de sentença transitada em julgado ou de decisão decorrente de processo administrativo instaurado pelo juízo competente, assegurado amplo direito de defesa (art. 39).

A Lei n. 8.935, de 18 de novembro de 1994, que regulamentou o art. 236 da Constituição Federal, vem roborar as considerações até aqui expendidas. Em seu art. 3º proclama: "Notário, ou tabelião, e oficial de registro, ou registrador, são profissionais do direito, dotados de fé pública, a quem é *delegado* o exercício da atividade notarial e de registro".

No tocante à responsabilidade civil e criminal, dispõe a referida lei:

"Art. 22. Os notários e oficiais de registro são civilmente responsáveis por todos os prejuízos que causarem a terceiros, por culpa ou dolo, pessoalmente, pelos substitutos que designarem ou escreventes que autorizarem, assegurado o direito de regresso.
Art. 23. A responsabilidade civil independe da criminal.
Art. 24. A responsabilidade criminal será individualizada, aplicando-se, no que couber, a legislação relativa aos crimes contra a administração pública.
Parágrafo único. A individualização prevista no *caput* não exime os notários e os oficiais de registro de sua responsabilidade civil".

Como já por nós anotado, a ação pode ser direcionada diretamente contra o Estado, baseada na responsabilidade objetiva consagrada no art. 37, § 6º, da Constituição Federal, ou diretamente contra o notário ou registrador, desde que o autor se proponha, neste caso, malgrado opiniões contrárias, a provar culpa ou dolo deste.

A questão da responsabilidade civil do notário, se subjetiva ou objetiva, era, todavia, controvertida, havendo divergência até mesmo no Supremo Tribunal Federal, que já decidiu: "Em se tratando de atividade cartorária exercida à luz do art. 236 da CF, a responsabilidade objetiva é do notário, no que assume posição semelhante à das pessoas jurídicas de direito privado prestadoras de serviços públicos" (RE 209.354, rel. Min. Carlos Velloso, j. 2-3-1999, *RTJ*, 170/685).

Todavia, a matéria foi pacificada pela Lei n. 13.286, de 10 de maio de 2016, que promoveu: a) a alteração do art. 22 da Lei n. 8.935/94 para estabelecer a responsabilidade civil subjetiva dos notários e oficiais de registro (art. 2º), e b) a fixação do prazo prescricional de 3 (três) anos para a pretensão de reparação civil, contado o prazo da data de lavratura do ato registral ou notarial (art. 2º, parágrafo único).

No caso de "dano decorrente de má prestação de serviços notariais, somente o tabelião à época dos fatos e o Estado possuem legitimidade passiva para a ação indenizatória" (STJ, REsp 545.613-MG, 4ª T., rel. Min. Asfor Rocha, j. 8-5-2007). "O tabelionato não detém personalidade jurídica ou judiciária, sendo a responsabilidade pessoal do titular da serventia" (TJSP, Apel. 7.285.716-SP, 21ª Câm. Dir. Priv., Des. Silveira Paulilo, j. 5-11-2008)

Sobre o tema, confira-se:

"Processual civil. Agravo interno no recurso especial. Omissão, contradição, obscuridade. Ausência. Violação do art. 489 do CPC/15. Inocorrência. Prequestionamento. Ausência. Reexame de fatos e provas. Inadmissibilidade. Dissídio jurisprudencial. Cotejo analítico e similitude fática. Ausência. Súmula 7/STJ. Harmonia entre o acórdão recorrido e a jurisprudência do STJ. Súmula 568/STJ. 1. Ação anulatória de negócio jurídico c/c reparação por danos materiais e morais, ajuizada em razão de erro e dolo na realização de negócio jurídico. 2. os vícios do art. 1.022 do CPC/15, rejeitam-se os embargos de declaração. 3. Devidamente analisadas e discutidas as questões de mérito, e fundamentado corretamente o acórdão recorrido, de modo a esgotar a prestação jurisdicional, não há que se falar em violação do art. 489 do CPC/15. 4. A ausência de decisão acerca dos dispositivos legais indicados como violados, não obstante a interposição de embargos de declaração, impede o conhecimento do recurso especial. 5. O reexame de fatos e provas em recurso especial é inadmissível. 6. O dissídio jurisprudencial deve ser comprovado mediante o cotejo analítico entre acórdãos que versem sobre situações fáticas idênticas. 7. A incidência da Súmula 7/STJ prejudica a análise do dissídio jurisprudencial pretendido. Precedentes desta Corte. 8. A responsabilidade civil dos Tabeliães e Registradores por atos da serventia ocorridos sob a égide do art. 22 da Lei nº 8.935/94, em sua redação original, é direta e objetiva, dispensando, portanto, demonstração de culpa ou dolo. Precedentes. Ante o entendimento do tema nesta Corte Superior, aplica-se, no particular, a Súmula 568/STJ. 9. Agravo interno no recurso especial não provido (AgInt no AREsp 2.323.625-SC, 3ª T., rel. Min. Nancy Andrighi, j. 14-8-2023, *DJe* 16-8-2023).

Civil e processual civil. Recurso especial. Ação indenizatória. Responsabilidade civil de tabeliães e registradores. Compra e venda de imóvel ultimada com base em procuração pública contendo assinatura falsa. Eficácia vinculante do RE nº 842.846/SC não verificada no caso concreto. Pretensão indenizatória submetida a prazo prescricional trienal. Prazo que se iniciou com o trânsito em julgado da sentença que anulou o ato notarial. Fatos ocorridos antes da Lei nº 13.286/2016, que modificou o art. 22 da Lei n. 8.935/94. Responsabilidade objetiva. Recurso especial não provido. 1. A eficácia vinculante da tese fixada no julgamento do RE nº 842.846/SC, Relator o Ministro Luiz Fux, não tem aplicação na hipótese dos autos. 1.1. Naquela oportunidade, o STF examinou, apenas, a responsabilidade civil do Estado por atos comissivos ou omissivos praticados pelos tabeliães e registradores oficiais, esclarecendo que ele responde de forma objetiva, assentado, no entanto, o dever de regresso, nos casos de dolo ou culpa. 1.2. Na hipótese dos autos, não se discute a responsabilidade do Estado, mas sim, a responsabilidade direta do próprio Tabelião em decorrência da má prestação do serviço delegado. 2. Além disso, referida discussão é travada à luz de dispositivos legais não examinados pelo STF no julgamento do mencionado RE nº 842.846/SC (art. 22 da Lei nº 8.935/94 na redação que possuía antes do advento da Lei nº 13.286/2016). 1.3. Ação de indenização por danos materiais e morais por falha na prestação de serviço notarial está submetida a prazo prescricional de três anos que, no caso, somente começou a fluir após o trânsito em julgado da decisão judicial que certificou a nulidade da escritura pública e do respectivo registro. 2. A responsabilidade civil dos Tabeliães e Registradores por atos da serventia ocorridos sob a égide do art. 22 da Lei nº 8.935/94, em sua redação original, é direta e objetiva, dispensando, portanto, demonstração de culpa ou dolo. 3. Apenas com o advento da Lei nº 13.286/2016 é que esses agentes públicos passaram a responder de forma subjetiva. 4. Recurso especial não provido (REsp 1.849.994-DF, 3ª T., rel. Min. Moura Ribeiro, j. 21-3-2023, *DJe* 24-3-2023).

Título II
DA CULPA

Capítulo I
CONCEITO

1. Elementos da culpa

A culpa é um dos pressupostos da responsabilidade civil. Nesse sentido, preceitua o art. 186 do Código Civil que a ação ou omissão do agente seja "voluntária" ou que haja, pelo menos, "negligência" ou "imprudência".

Para que haja obrigação de indenizar, não basta que o autor do fato danoso tenha procedido ilicitamente, violando um direito (subjetivo) de outrem ou infringindo uma norma jurídica tuteladora de interesses particulares. A obrigação de indenizar não existe, em regra, só porque o agente causador do dano procedeu objetivamente mal. É essencial que ele tenha agido com culpa: por ação ou omissão voluntária, por negligência ou imprudência, como expressamente se exige no art. 186 do Código Civil. Agir com culpa significa atuar o agente em termos de, pessoalmente, merecer a censura ou reprovação do direito. E o agente só pode ser pessoalmente censurado, ou reprovado na sua conduta, quando, em face das circunstâncias concretas da situação, caiba afirmar que ele podia e devia ter agido de outro modo[83].

Se a atuação desastrosa do agente é deliberadamente procurada, voluntariamente alcançada, diz-se que houve culpa *lato sensu* (dolo). Se, entretanto, o prejuízo da vítima é decorrência de comportamento negligente e imprudente do autor do dano, diz-se que houve culpa *stricto sensu*. O juízo de reprovação próprio da culpa pode, pois, revestir-se de intensidade variável, correspondendo à clássica divisão da culpa em dolo e negligência, abrangendo esta última, hoje, a imprudência e a imperícia. Em qualquer de suas modalidades, entretanto, a culpa implica a violação de um dever de diligência, ou, em outras palavras, a violação do dever de previsão de certos fatos ilícitos e de adoção das medidas capazes de evitá-los.

O critério para aferição da diligência exigível do agente, e, portanto, para caracterização da culpa, é o da comparação de seu comportamento com o do *homo medius*, do homem ideal, que diligentemente prevê o mal e precavidamente evita o perigo. A culpa *stricto sensu* é também denominada culpa aquiliana.

2. Graus de culpa

V. também Livro III, n. 3.

Com relação aos graus, a culpa pode ser grave, leve e levíssima. É grave, quando imprópria ao comum dos homens. É a modalidade que mais se avizinha do dolo. Culpa leve é a falta

---

83. Antunes Varela, *Das obrigações*, cit., v. 1.

evitável com atenção ordinária. Culpa levíssima é a falta só evitável com atenção extraordinária, com especial habilidade ou conhecimento singular. Esta a distinção que faz Teixeira de Freitas, mencionado por Washington de Barros Monteiro (*Curso*, cit., p. 413).

Na realidade, a culpa grave é a decorrente de uma violação mais séria do dever de diligência que se exige do homem mediano. Costuma-se dizer que a culpa grave ao dolo se equipara. Ocorre, na responsabilidade civil automobilística, em casos de excesso de velocidade, de ingresso em cruzamentos com o semáforo fechado, de direção em estado de embriaguez etc.

O Código Civil, entretanto, não faz nenhuma distinção entre dolo e culpa, nem entre os graus de culpa, para fins de reparação do dano. Tenha o agente agido com dolo ou culpa levíssima, existirá sempre a obrigação de indenizar, obrigação esta que será calculada exclusivamente sobre a extensão do dano. Em outras palavras, mede-se a indenização pela extensão do dano e não pelo grau de culpa. Adotou o legislador a norma romana, segundo a qual a culpa, ainda que levíssima, obriga a indenizar (*in lege Aquilia et levissima culpa venit*).

Assim, provado o dano, deve ser ele ressarcido integralmente pelo seu causador, tenha agido com dolo, culpa grave ou mesmo levíssima.

O montante da indenização nunca pode exceder o valor dos danos causados ao lesado. E, no vigente Código Civil, não deve ser menor que estes. Entretanto, a muitos tal solução pode não se revelar justa, em casos de culpa extremamente leve[84]. Melhor seria que a indenização pudesse ser fixada em montante inferior ao dano, em certos casos. É a solução adotada no art. 944 do Código Civil brasileiro, consagrada no Código português vigente e que na Alemanha conta com grande número de defensores.

Dispõe, com efeito, o aludido dispositivo:

"Art. 944. A indenização mede-se pela extensão do dano.
Parágrafo único. Se houver excessiva desproporção entre a gravidade da culpa e o dano, poderá o juiz reduzir, equitativamente, a indenização".

A primeira parte consagra o princípio tradicional de que, desde que haja culpa, a obrigação de indenizar, a cargo do agente, é sempre a mesma. A cobertura dos danos causados será integral, quer ele tenha agido com dolo, quer tenha procedido com mera negligência. Entretanto, o parágrafo único confere ao juiz o poder de agir equitativamente, facultando-lhe reduzir a indenização quando excessiva, se mostrar a desproporção entre o seu valor e o grau de culpa do responsável.

Assinala Nehemias Domingos de Melo que "o legislador pátrio foi feliz ao inserir no atual Código Civil a obrigação de reparação do dano, independentemente de culpa, nos casos expressamente previstos em lei, como também em razão de danos decorrentes das atividades que possam ser consideradas de risco e que venham a causar prejuízos a outrem (art. 927, parágrafo único). Assim, podemos afirmar que é possível nascer a obrigação de indenizar independentemente da prática de qualquer ato ilícito. Havendo previsão legal de responsabilização, ou sendo a atividade considerada de risco, o responsável pela reparação pode até não ter praticado nenhum ilícito, porém, ainda assim, será o responsável pela reparação em razão da determinação legal. Atente-se para o fato de que o dever de indenizar independe da apuração

---

84. Silvio Rodrigues, *Direito civil*, cit., p. 151, n. 54.

da culpa, bastando a demonstração do nexo de causalidade e a identificação do agente responsável pela atividade" (*Da culpa e do risco como fundamentos da responsabilidade civil*, Editora Juarez de Oliveira, 2005, p. 29-30).

Na IV Jornada de Direito Civil promovida pelo Centro de Estudos Judiciários do Conselho da Justiça Federal em Brasília, no período de 25 a 27 de outubro de 2006, foi aprovado o seguinte enunciado: "O art. 944, *caput*, do Código Civil não afasta a possibilidade de se reconhecer a função punitiva ou pedagógica da responsabilidade civil".

3. Culpa e risco

Sabemos que a concepção clássica é a de que a vítima tem de provar a culpa do agente para obter a reparação. E que esta solução passou por diversos estágios evolutivos, em virtude da necessidade de melhor se ampararem os acidentados, facilitando-lhes a tarefa de busca da justa indenização.

Tal evolução foi motivada especialmente pelo desenvolvimento industrial, pelo advento do maquinismo e do crescimento populacional. O conceito tradicional de culpa apresentava-se, então, inadequado para servir de suporte à teoria da responsabilidade civil, pois o fato de impor à vítima, como pressuposto para ser ressarcida do prejuízo experimentado, o encargo de demonstrar não só o liame de causalidade, como por igual o comportamento culposo do agente causador do dano, equivalia a deixá-la irressarcida, visto que em inúmeros casos o ônus da prova surgia como barreira intransponível[85].

E sobreviria, então, o que De Page denominaria "processos técnicos", cuja principal função consistiu em tornar possível, em nome, ainda, da culpa, a solução das espécies novas que transbordavam dos lindes da velha concepção. Consoante o mesmo De Page, seriam em número de três: a multiplicação das presunções de culpa (*juris tantum* e *juris et de jure*); a transformação, em contratual, da culpa aquiliana, em alguns casos; e um maior rigorismo na apuração dessa mesma culpa subjetiva, pela mais frequente aplicação da regra *in lege Aquilia et levissima culpa venit*. Para Josserand, quatro seriam esses processos técnicos: restrição maior da responsabilidade aquiliana por via da responsabilidade contratual, especialmente em acidentes do trabalho e nos transportes; majoração das presunções de culpa; teoria do abuso do direito; e admissão de uma responsabilidade francamente sem culpa em diversas hipóteses (cf. Wilson Melo da Silva, *Responsabilidade*, cit., p. 155-6).

Poderíamos relacionar as seguintes fases pelas quais passou a teoria da responsabilidade civil, abrandando, pouco a pouco, o rigor de se exigir a prova de culpa do agente, até chegar à teoria do risco, como última etapa da evolução:

a) primeiramente, procurou-se proporcionar maior facilidade à prova da culpa. Os tribunais, em muitos casos, passaram a examinar com benignidade a prova de culpa produzida pela vítima, extraindo-a de circunstâncias do fato e de outros elementos favoráveis;

---

85. Josserand, *Évolutions et actualités*, Paris, 1936, p. 29 e s., citado por Silvio Rodrigues, *Direito civil*, cit., p. 155.

b) admissão da teoria do abuso do direito como ato ilícito. A jurisprudência, interpretando *a contrario sensu* o art. 160, I, do Código Civil de 1916, passou a responsabilizar pessoas que abusavam de seu direito, desatendendo à finalidade social para a qual foi criado, lesando terceiros;

c) estabelecimento de casos de presunção de culpa (Código de Menores, art. 68, § 4º; Súmula 341 do STF; a lei sobre a responsabilidade das estradas de ferro etc.), casos esses que invertem sempre o ônus da prova, melhorando muito a situação da vítima. Esta não teria de provar a culpa psicológica, subjetiva, do agente, que seria presumida. Bastaria a prova da relação de causa e efeito entre o ato do agente e o dano experimentado. Para livrar-se da presunção de culpa, o causador da lesão patrimonial ou moral é que teria de produzir prova de inexistência de culpa ou de caso fortuito.

Quando, porém, se foi à frente, e, no direito francês, acabou por se admitir, na responsabilidade complexa por fato das coisas, a chamada teoria da culpa na guarda, na qual, de início, era apenas admitida uma presunção *juris tantum* de culpa por parte do agente, presunção essa vencível que, posteriormente, evoluiu, sob a influência do ensinamento doutrinário de Aubry e Rau, para a presunção *juris et de jure*, irrefragável, então, sim, foi que se começou a pisar, de maneira efetiva, no terreno firme do risco[86];

d) admissão de maior número de casos de responsabilidade contratual (táxis e transportes em geral), que oferecem vantagem para a vítima no tocante à prova, visto que esta precisa provar apenas que não chegou incólume ao seu destino, e que houve, pois, inadimplemento contratual;

e) adoção da teoria do risco, pela qual não há falar-se em culpa. Basta a prova da relação de causalidade entre a conduta e o dano.

A teoria do risco ganhou corpo no início do século passado e fim do anterior, coincidindo o seu desenvolvimento com o surto industrial e com os problemas derivados dos acidentes do trabalho. Como a concepção clássica, baseada na culpa, impunha dificuldades, às vezes intransponíveis, à vítima para demonstrar a culpa do patrão, a nova teoria atendia à preocupação de facilitar ao trabalhador a obtenção do ressarcimento, exonerando-o do encargo de produzir a prova de culpa de seu empregador. Passou-se, então, à concepção de que aquele que, no seu interesse, criar um risco de causar dano a outrem, terá de repará-lo, se este dano sobrevier. A responsabilidade deixa de resultar da culpabilidade, para derivar exclusivamente da causalidade material. Responsável é aquele que causou o dano[87].

A teoria do risco, embora admitida em alguns casos específicos pelo legislador, não se generalizou, pois na maioria dos casos ainda prevalece a teoria da culpa. No Brasil, podem ser mencionados os seguintes casos de adoção da teoria do risco em sua essência:

1º) O Decreto n. 2.681, de 7 de dezembro de 1912, que trata da responsabilidade das estradas de ferro por danos causados aos proprietários marginais. Dispõe, com efeito, o seu art. 26:

"Art. 26. As estradas de ferro responderão por todos os danos que a exploração de suas linhas causar aos proprietários marginais.

---

86. Wilson Melo da Silva, *Responsabilidade*, cit., p. 157, n. 49.
87. Silvio Rodrigues, *Direito civil*, cit., p. 160-1.

Cessará, porém, a responsabilidade, se o fato danoso for consequência direta da infração, por parte do proprietário, de alguma disposição legal ou regulamentar relativa a edificações, plantações, escavações, depósito de materiais ou guarda de gado à beira das estradas de ferro".

A responsabilidade civil da estrada de ferro é objetiva e emergirá sempre que fique provada a relação de causalidade entre a utilização e exploração da via férrea e o dano causado ao proprietário marginal.

2º) O segundo caso surgiu com a Lei de Acidentes do Trabalho de 1934 e com as que se lhe seguiram, pelas quais o patrão só se exonera da responsabilidade se o acidente ocorreu em virtude de dolo do empregado ou de força maior externa.

3º) Outra hipótese de responsabilidade objetiva é a prevista no Código Brasileiro do Ar (Dec. n. 483, de 8-6-1938), que consignou a responsabilidade objetiva do proprietário das aeronaves por danos causados a pessoas em terra por coisas que delas caíssem, bem como por danos derivados das manobras das aeronaves em terra, princípio esse não modificado pelos diplomas mais recentes que alteram o referido Código (Dec.-Lei n. 32, de 18-11-1966; Dec.-Lei n. 234, de 28-2-1967, e o Código Brasileiro de Aeronáutica, de 1986).

4º) Outro caso, ainda, é o previsto na Lei n. 6.453, de 17 de outubro de 1977, que estabelece, em seu art. 4º, a responsabilidade civil do operador de instalação nuclear, independentemente da existência de culpa, pela reparação de dano causado por acidente nuclear.

Outras hipóteses poderiam, ainda, ser lembradas: a do dono do edifício ou construção, que responde pelos danos que resultarem de sua ruína, se esta provier da falta de reparos de necessidade manifesta (CC, art. 937); a daquele que habitar uma casa, ou parte dela, o qual responde pelo dano proveniente das coisas que dela caírem ou forem lançadas em lugar indevido (CC, art. 938); a do banco, que paga cheque falsificado; a da responsabilidade objetiva do dono ou guarda da coisa inanimada.

Há casos de culpa concorrente. Confira-se:

"Os elementos do processo indicam que o autor, ao trocar de faixa, colidiu no veículo do réu, que estava parado na via em razão de problemas mecânicos. O fato de o veículo estar parado e sem sinalização de advertência de imobilização temporária (art. 46 do CTN), conforme alegado, não isenta o autor de atentar-se para as condições da via antes de efetuar a manobra (art. 34 do CTB). Ademais, verifica-se que a velocidade máxima era de 50 km/h, o que é suficiente para observar a presença de um carro parado, mesmo sem sinalização. Portanto, restam caracterizadas a falta do dever de cuidado pelo autor e também a negligência do réu. Responsabilidade civil. Culpa concorrente. Na forma do art. 945 do Código Civil, a culpa concorrente é fator determinante para a redução do valor da indenização, mediante a análise do grau de culpa de cada um dos litigantes no resultado danoso! (TJDF, Acórdão 107.2472, 1ª Turma Recursal dos Juizados Especiais Cíveis e Criminais, rel. Juiz Aiston Henrique de Sousa, *DJDFTE* 21-2-2018).

A jurisprudência tem, também, estabelecido várias presunções *juris tantum* de culpa, como, por exemplo, a do motorista que colide contra a traseira do veículo que lhe vai à frente e a do que sobe com o carro na calçada e atropela o transeunte, entendendo-se, neste caso, que a culpa decorre do próprio fato, isto é, está *in re ipsa*. Igualmente, dirigir embriagado implica presunção relativa de culpa, por representar grave infração de trânsito e comprometer a segurança viária – o que é motivo suficiente para a caracterização de culpa presumida do infrator em caso de acidente (STJ, REsp 1.749.954, 3ª T., rel. Min. Marco Aurélio Bellizze, 27-3-2019).

O art. 927 do Código Civil, embora não se afaste da teoria subjetiva, baseada na culpa do agente, consigna hipóteses de responsabilidade objetiva. Estabelece o dispositivo:

"Art. 927. Aquele que, por ato ilícito (arts. 186 e 187), causar dano a outrem, é obrigado a repará-lo.

Parágrafo único. Todavia, haverá obrigação de reparar o dano, independentemente da culpa, nos casos especificados em lei, ou quando a atividade normalmente desenvolvida pelo autor do dano implicar, por sua natureza, risco para os direitos de outrem".

A posição adotada representa, sem dúvida, um elogiável avanço em matéria de responsabilidade civil, pois aproxima o nosso Código Civil dos de outros países, que já alcançaram, nesse ponto, estágio superior, como o Código Civil italiano e o Código Civil português.

A obrigação de reparar o dano independerá de prova de culpa nos casos especificados em lei e quando o autor do dano criar um risco maior para terceiros, em razão de sua atividade. Toda atividade perigosa por sua natureza cria um risco de causar danos a terceiros. O proprietário que a desenvolve, de acordo com o seu interesse, deve reparar os danos experimentados pelas vítimas, se tal prejuízo se concretizar em decorrência do risco criado, independentemente de culpa.

A teoria da chamada "culpa contra a legalidade" considera que a simples inobservância de regra expressa de lei ou regulamento serve para configurar a culpa do agente, sem necessidade de outras indagações. O só fato da transgressão de uma norma regulamentária materializaria, assim, uma culpa *tout court* (Wilson Melo da Silva, *Responsabilidade civil automobilística*, 3. ed., São Paulo, Saraiva, 1980, p. 62).

Tal teoria aplicar-se-ia especialmente aos casos de acidentes de veículos e encontraria fundamento no fato de as autoridades competentes se basearem na experiência daquilo que normalmente acontece, ao expedirem os regulamentos e instruções de trânsito para segurança do tráfego em geral.

É notório que o motorista cauteloso, respeitador das normas regulamentares de trânsito, tem enormes possibilidades de não provocar acidentes. Ao contrário, as infrações às normas que estabelecem os limites máximos e mínimos de velocidade, às regras de ultrapassagem, de parada obrigatória, de conversões à esquerda e à direita, de sinalização em geral e a outras quase sempre acarretam acidentes. É o *quod plerumque accidit*.

Dentro desse princípio, seria o motorista que se envolvesse em um acidente desde logo considerado culpado, se comprovada a inobservância de algumas dessas determinações regulamentares.

A teoria da culpa contra a legalidade, no entanto, não tem encontrado, na jurisprudência pátria, o acolhimento almejado por seus defensores. Na realidade, tem sido proclamado que a simples inobservância de disposição regulamentar, sem a prova de culpa do condutor, não autoriza sua condenação por acidente de trânsito.

Muitas vezes quem é culpado pelo acidente é o motorista do outro veículo e não o que violou o regulamento de trânsito. Inúmeras vezes se decidiu que o estacionamento irregular ou a falta de habilitação legal, por si sós, não configuram culpa, justificando apenas a aplicação de penalidade administrativa ou de multa prevista na Lei das Contravenções Penais.

Verifica-se, assim, como observou Antônio Lindberg C. Montenegro (*Responsabilidade civil*, Anaconda Cultural, 1985, p. 135), "que a denominada culpa contra a legalidade não passa da aplicação do princípio da culpa presumida, hoje com franca aceitação nos Códigos Civis da Itália e de Portugal. Sob o manto da teoria da culpa contra a legalidade, os seus prosélitos buscam, em verdade, adotar o princípio da culpa presumida a acidentes do trânsito em países onde a legislação se mostra omissa, ou, talvez, justificar a diversidade de julgamento nas jurisdições civil e criminal a respeito do mesmo evento. A teoria peca, porém, pelas origens. É que na sistemática civilista a culpa presumida depende de lei expressa, tal como se fez na Itália e em Portugal. Isso porque a unidade conceitual da culpa constitui um dos postulados do direito moderno".

A jurisprudência pátria tem admitido a presunção de culpa em determinados casos de infração aos regulamentos de trânsito: colisão na traseira de outro veículo, por inobservância da regra que manda o motorista guardar distância de segurança entre o veículo que dirige e o que segue imediatamente à sua frente; invasão de preferencial, em desrespeito à placa "PARE" ou à sinalização do semáforo; invasão da contramão de direção, em local de faixa contínua; velocidade excessiva e inadequada para o local e as condições do terreno; pilotagem em estado de embriaguez etc.

Por outro lado, como argutamente pondera Wilson Melo da Silva (*Da responsabilidade civil automobilística*, 3. ed., São Paulo, Saraiva, 1980, p. 64-66), não colhe a arguição de que não possa ser responsabilizado o autor de um dano apenas pela circunstância de não haver violado nenhum preceito de natureza regulamentária. Isto porque, nos regulamentos, notadamente nos de trânsito, as normas editadas abarcam, via de regra, menos do que deveriam abarcar. Não alcançam toda a gama infinita das causas possíveis ou prováveis de acidentes.

Disso resulta, portanto, aduz, que as regras dos códigos de trânsito se completam com os princípios gerais do direito comum, quando tornam responsáveis todos aqueles que, por ação ou omissão voluntária, negligência, imperícia ou imprudência, tenham violado direitos alheios. Uma coisa (as regras dos códigos de trânsito) não exclui outra (as regras do direito comum, calcadas no dever genérico do *neminem laedere*). Ambas se completam. Assim, o trafegar com um automóvel por alguma via preferencial nos grandes centros citadinos não significa que se possa ficar desatento nos cruzamentos ou que tenhamos o direito de acelerar um pouco mais, descuidadosamente, a velocidade de nosso carro, nas retas de maior visibilidade. O direito de preferência não assegura a ninguém a faculdade de abusar ou de desenvolver velocidade superior à normal.

Marco Aurélio Bezerra de Melo (*Direito civil: responsabilidade civil*, GEN-Forense, 3. ed., 2019, p. 49), por sua vez, observa que "A incidência da culpa contra a legalidade é mais intensa nas questões relativas a acidente de trânsito, mas também é encontrada em outras situações, como, por exemplo, nas relações de trabalho em que se impõe ao empregador disponibilizar ao empregado itens de segurança básicos para o exercício seguro da atividade laboral. A Segunda Tuma do Tribunal Regional do Trabalho da 14ª Região, relatora a Desembargadora Socorro Miranda (RO n. 741 0000741), em 13-12-2010 condenou o empregador no dever de indenizar, aplicando a teoria da culpa contra a legalidade, pois o dano decorreu da falta de material de segurança disponível ao trabalhador, no caso, óculos de proteção".

A doutrina endossada pela jurisprudência do Superior Tribunal de Justiça é a de que o nexo de causalidade deve ser aferido com base na teoria da causalidade adequada, adotada explicitamente pela legislação civil brasileira (CC/1916, art. 1.060 e CC/2020, art. 403), segundo a qual somente se considera existente o nexo causal quando a ação ou omissão do agente for determinante e diretamente ligada ao prejuízo. A adoção da aludida teoria da causalidade adequada pode ensejar que, na aferição do nexo de causalidade, se chegue à conclusão de que várias ações ou omissões perpetradas por um ou diversos agentes sejam causas necessárias e determinantes à ocorrência do dano. Verificada, assim, a concorrência de culpas entre autor e ré, a consequência jurídica será atenuar a carga indenizatória, mediante a análise da extensão do dano e do grau de cooperação de cada uma das partes à sua eclosão.

Em caso no qual se discutiam as causas do evento danoso, asseverou o Superior Tribunal de Justiça que "as condutas comissivas e omissas de todas as partes, cada qual em sua esfera de responsabilidade assumida contratualmente, e extracontratualmente, pela teoria do risco da atividade (CC/2002, art. 927, parágrafo único), foram determinantes para que o vazamento da gasolina gerasse os danos materiais e ambientais verificados e, inclusive, chegasse a ter grandes proporções. Está assim configurada a ocorrência de culpas para eclosão do evento danoso, sendo certo que cada litigante deve responder na proporção de sua contribuição para a ocorrência do dano" (REsp 1.615.971-DF, 3ª T., rel. Min. Marco Aurélio Bellizze, *DJe* 7-10-2016).

Capítulo II
A CULPA NO CÍVEL E NO CRIME
(Efeitos civis da sentença penal)

1. Unidade da jurisdição e interação entre as jurisdições civil e penal

A jurisdição, como função soberana atribuída ao Judiciário, é uma só. A divisão que se estabelece entre jurisdição civil e jurisdição penal é apenas de ordem prática, ou seja, para facilitar o seu exercício.

Frederico Marques afirma que há "identidade substancial entre o exercício do poder de julgar, tanto na justiça civil como na justiça penal". E aplaude a afirmativa de Calamandrei de que "distinção entre jurisdição civil e jurisdição penal se reduz, por conseguinte, em substância, à distinção entre causas civis e causas penais" (*Elementos de direito processual penal*, Forense, v. 1, p. 185, n. 95).

Fernando Tourinho Filho, por sua vez, preleciona que, como função soberana, consubstanciada no Poder Judiciário, a jurisdição é única em si e nos seus fins. A divisão que se estabelece entre a "jurisdição penal" e "jurisdição civil" assenta, única e exclusivamente, na natureza do conflito intersubjetivo e, assim mesmo, pelas vantagens, que a divisão do trabalho proporciona. É, pois, a natureza da lide por dirimir e não diversidade funcional que se leva em conta para se distinguir a jurisdição civil da penal. A diversidade de matérias sobre as quais se pode exercer a atividade jurisdicional, e certas necessidades sentidas pelo Estado de atribuir a órgãos especializados o processo e julgamento de determinadas causas, levaram-no a repartir a jurisdição (*Processo penal*, 5. ed., Jalovi, v. 2, p. 76).

Verifica-se, assim, que a jurisdição, em si mesma, como um dos aspectos da soberania nacional, é una e indivisível e que, no entanto, por uma questão prática de divisão do trabalho, as questões cíveis são julgadas no que se convencionou chamar de "jurisdição civil", enquanto as criminais são julgadas na "jurisdição penal".

Como na maioria das vezes o ilícito penal é também ilícito civil, porque acarreta dano ao ofendido, pode ser apurada a responsabilidade penal do agente no juízo criminal e, concomitantemente, a responsabilidade civil, no juízo cível. Uma vez que nos dois juízos haverá pronunciamento judicial a respeito do mesmo fato, corre-se o risco de ter duas decisões conflitantes: uma afirmando a existência do fato ou da autoria e a outra negando; uma reconhecendo a ilicitude da conduta do réu e a outra, a licitude. Como tal acontecimento representaria um desprestígio para a justiça, criou-se um mecanismo destinado a promover a interação entre as jurisdições civil e penal, mecanismo este composto de dispositivos legais encontrados no Código Civil (art. 935), no Código Penal (art. 91, I), no Código de Processo Penal (arts. 63/68), no Código de Processo Civil (art. 515, VI) e destinado a evitar a ocorrência de decisões que não se compatibilizam.

Dispõe o art. 935 do Código Civil que "a responsabilidade civil é independente da criminal, não se podendo questionar mais sobre a existência do fato, ou sobre quem seja o seu autor, quando estas questões se acharem decididas no juízo criminal".

O Código estabeleceu, assim, na primeira parte do dispositivo, a independência da responsabilidade civil em relação à responsabilidade criminal, pois diversos são os campos de ação da lei penal e da lei civil. Mas a segunda parte mostra que tal separação não é absoluta e que o sistema adotado é o da independência relativa.

O art. 91, I, do Código Penal, por sua vez, considera como um dos efeitos da condenação criminal o de "tornar certa a obrigação de indenizar o dano causado pelo crime", em harmonia com a segunda parte do art. 935 do Código Civil. Assim, transitada em julgado a sentença criminal condenatória, poderá ser promovida a sua execução no juízo cível, para o efeito da reparação do dano (art. 93 do CPP), onde não se poderá questionar mais sobre a existência do fato, ou quem seja o seu autor (CC, art. 935). Se a sentença criminal for absolutória, poderá ou não ter influência no juízo cível, dependendo do fundamento da absolvição.

Para evitar, pois, que um mesmo fato tenha julgamentos discrepantes, reconhecendo-se, por exemplo, sua existência num juízo e sua inexistência em outro, pode, em certos casos, haver influência, no cível, da decisão proferida no crime, e vice-versa, malgrado a proclamada independência (relativa, como visto) da responsabilidade civil perante a responsabilidade penal. "Não seria prestigioso para a justiça decidir-se na justiça penal que determinado fato ocorreu e depois, na justiça civil, decidir diferentemente que o mesmo não se verificou. Como bem diz Clóvis, não existiria ordem jurídica possível, se se admitisse tal discrepância nos julgamentos" (Washington de Barros Monteiro, *Curso*, cit., p. 424).

Com esse intuito de evitar contradições de julgamento, o legislador, no art. 63 do Código de Processo Penal e no art. 515, VI, do Código de Processo Civil de 2015, atribuiu à sentença penal condenatória com trânsito em julgado o valor de título executivo judicial, a fim de possibilitar à vítima ou aos seus sucessores exigir a reparação, vedada a rediscussão, no cível, sobre a existência do fato, de sua autoria ou de sua ilicitude.

O Código de Processo Civil de 1939 era omisso sobre a matéria. Mas a sentença penal condenatória podia ser executada no juízo cível, por força do mencionado art. 63 do Código de Processo Penal, que se constituiu em inovação no sistema brasileiro, pois "no direito anterior a responsabilidade civil era independente da criminal, pelo que a indenização do dano 'ex delicto' dependia de ação e sentença no juízo cível" (Camara Leal, *Comentários ao Código de Processo Penal brasileiro*, v. 1, p. 232, n. 225).

Hoje, no entanto, em razão do referido art. 63 e também do art. 515, VI, do Código de Processo Civil, a sentença condenatória, por si só, é suficiente para que seja intentada a execução civil, a fim de que o dano seja reparado.

Araújo Cintra, Ada Pellegrini Grinover e Cândido Dinamarco (*Teoria geral do processo*, Revista dos Tribunais, p. 95), depois de lembrarem que a distribuição dos processos à jurisdição penal e à jurisdição civil atende apenas a uma conveniência de trabalho, mesmo porque o ilícito penal não difere em substância do ilícito civil, ponderam que dessas observações resulta "que não seria conveniente atribuir competência civil a determinados juízes e penal a outros, sem deixar nenhum traço de união entre eles, sem que de nenhuma forma o exercício da jurisdição penal influísse na civil, ou vice-versa. Há na lei, assim, alguns dispositivos que caracterizam uma interação entre a jurisdição civil e a penal (afinal a jurisdição é substancialmente una e seria antieconômica a sistemática duplicação do seu exercício)".

E mencionam, como caracterizadores dessa interação, algumas situações, como: a da chamada "suspensão prejudicial" do processo-crime, quando, por ser relevante para o julgamento o deslinde de uma questão civil, suspende-se o processo criminal à espera da solução da lide no cível (CPP, arts. 92-94); a situação decorrente da autoridade que às vezes tem no cível a sentença penal condenatória passada em julgado (CP, art. 91, I; CPP, arts. 65 e 66); a faculdade concedida ao juiz de suspender o andamento do processo civil, até a solução da lide penal (CPP, art. 64); a utilização, no cível, da prova emprestada do processo-crime, respeitado o princípio do contraditório; a possibilidade de servir de base para ação rescisória civil a prova da falsidade de um documento realizada em processo-crime por delito de falsidade material, falsidade ideológica, falso reconhecimento de firma ou letra, uso de documento falso, falso testemunho, falsa perícia, não sendo necessária a sua repetição no curso da rescisória (CPC, art. 485, VI [de 1973, atual art. 966, VI]); e, finalmente, a disciplina do processo criminal por crimes falimentares, em que a ação penal só pode ser proposta após a sentença declaratória de falência (CPP, art. 507).

Questão tormentosa é a que indaga se, transitada em julgado a sentença penal condenatória, será ela exequível, no cível, contra o patrão. Quanto ao empregado, condenado, não paira nenhuma dúvida: a sentença condenatória transitada em julgado constituirá título executório. Passa-se à *actio judicati*.

Fernando da Costa Tourinho Filho entende que a situação do patrão é diferente, pois o art. 586 do Código de Processo Civil [de 1973, atual art. 783] dispõe que "a execução para cobrança de crédito fundar-se-á sempre em título de obrigação certa, líquida e exigível". E a certeza, no caso do patrão, está na dependência de prova, a ser feita pelo autor, de que o fato ocorreu no exercício do trabalho que competia ao empregado, ou por ocasião dele. Por isso, contra o patrão deverá ser proposta a 'actio civilis' e não a 'actio judicati'" (*Processo*, cit., p. 37-45).

Em sentido contrário, entretanto, manifesta-se Afranio Lyra (*Responsabilidade*, cit., p. 35-42), ao fundamento de que, condenado o empregado no juízo criminal e transitada em julgado a sentença, pesa sobre o patrão uma presunção *juris et de jure* de responsabilidade. Nada haveria, portanto, a ser discutido na *actio civilis*. A demonstração de que o fato não ocorreu no exercício do trabalho que competia ao empregado, ou por ocasião dele, poderá ser feita por meio de embargos do devedor.

Tem prevalecido, no entanto, na doutrina e na jurisprudência, o primeiro entendimento.

Ada Pellegrini Grinover escreveu, a propósito: "No Brasil, o Código de Processo Civil vigente adotou francamente a linha restritiva na medida em que, reconhecendo a sentença penal condenatória como título executivo (art. 475-N, II [CPC/73, atual art. 515, VI]), atribui a legitimidade passiva, na execução, ao devedor, reconhecido como tal no título executivo (art. 568, I). Diante disso, é evidente que o terceiro, civilmente responsável pelo dano, é parte ilegítima na execução civil da sentença penal" (*Eficácia e autoridade da sentença penal*, Revista dos Tribunais, 1978, p. 49).

Alcides de Mendonça Lima, por sua vez, lembra: "Exatamente porque a responsabilidade criminal é pessoal, a execução civil decorrente do dano causado pelo delito recai exclusivamente sobre o patrimônio do próprio condenado. Já a ação civil poderá ser proposta 'contra o autor do crime e, se for o caso, contra o responsável civil', na forma do art. 64 do Código de Processo Penal" (*Comentários ao Código de Processo Civil*, p. 303, n. 680).

Humberto Theodoro Júnior, de forma peremptória, proclama: "Por outro lado, a eficácia civil da responsabilidade penal só atinge a pessoa do condenado na justiça criminal, sem alcançar os corresponsáveis pela reparação do ato ilícito, como é o caso de preponentes, patrões, pais etc. Contra estes, a vítima do delito não dispõe de título executivo. Terá de demonstrar a corresponsabilidade em processo civil de conhecimento e obter a sentença condenatória para servir de título executivo" (*Processo de execução*, 11. ed., LEUD, p. 100, n. 3).

Para Fernando da Costa Tourinho Filho, na *actio civilis* movida contra o patrão, tendo o preposto já sido condenado em sentença definitiva e transitada em julgado, "não se discutirá mais sobre a existência do fato e da respectiva autoria. Tampouco da sua ilicitude".

A possibilidade de ser ou não rediscutida a ilicitude da conduta do preposto é controvertida. Ada Pellegrini Grinover sustenta, com base na teoria de Liebman sobre a coisa julgada, que o civilmente responsável não pode ser atingido pela sentença condenatória penal, em sua imutabilidade. No seu entender, é um princípio constitucional, ligado ao direito de defesa e às garantias do "devido processo legal", que o terceiro não possa suportar as consequências nocivas de uma sentença proferida em processo do qual não participou. A coisa julgada só pode atingir o réu do processo penal; não o responsável civil, alcançado apenas pela eficácia natural da sentença. Donde a conclusão inarredável de que, proposta a ação civil de reparação do dano contra o civilmente responsável (jamais a execução, como já se disse), poderá ele discutir não apenas a sua responsabilidade civil, como também voltar, se quiser, a suscitar as questões atinentes ao fato e à autoria, questões estas que se revestem da autoridade da coisa julgada, por força do disposto no art. 74, I, do Código Penal (de 1940; art. 91, I, do atual), mas só com relação a quem foi parte no processo penal. Entendimento diverso contraria, também, o disposto no art. 472 do Código de Processo Civil [de 1973, atual art. 506], que textualmente prescreve que a sentença faz coisa julgada às partes entre as quais é dada, não beneficiando nem prejudicando terceiros (*Eficácia*, cit., p. 49-54).

Tourinho Filho, no entanto, sustenta, com base no art. 1.525 do Código Civil de 1916, que o legislador, por considerações de ordem pública, preferiu restringir a possibilidade de se rediscutir, no cível, a existência e a autoria do fato, quando tais questões já estiverem decididas no crime. Na verdade – afirma – "se fosse possível reabrir-se, no cível, a discussão sobre materialidade delitiva e autoria, as consequências seriam por demais desastrosas, em face da possibilidade de decisões contrastantes. As sentenças penais ficariam séria e gravemente comprometidas". Em seguida, aduz: "Se o patrão, ante uma ação, com fulcro no art. 1.521, n. III, do C. Civil [*de 1916*], pudesse discutir sobre o fato e autoria, sob o fundamento de não ter sido parte na relação jurídico-processual-penal, a balbúrdia seria inominável, uma vez que, por via oblíqua, poderia o juízo cível afrontar o decidido no juízo penal. Haveria, inegavelmente, uma revisão criminal 'sui generis', na primeira instância e, o que é pior, no juízo cível. Desse modo, para que se evitassem situações desastrosas como essas, outra solução não poderia encontrar o legislador, senão aquela estampada no art. 1.525 do C. Civil [*de 1916*]". No seu entender, o princípio da amplitude de defesa não pode ser levado às últimas consequências, sob pena de uma infinidade de normas, dos vários ramos do Direito, cair por terra, com profundo abalo da ordem jurídica, e inversão, eversão e subversão de outros princípios (*Processo*, cit., p. 38-43).

Em ação de indenização decorrente de acidente de veículos em que o culpado foi condenado criminalmente, reconheceu-se a obrigação do proprietário de reparar o dano, afirmando-se expressamente que um dos efeitos da condenação é tornar certa a obrigação de indenizar, não se podendo questionar mais sobre a existência do fato quando esta já se acha decidida no crime (*RT, 513*:265).

De maior consistência jurídica, entretanto, os argumentos de Ada Pellegrini Grinover, já mencionados, com suporte na teoria de Liebman sobre a coisa julgada e harmonizados com o art. 472 do Código de Processo Civil [de 1973, atual art. 506], com os princípios constitucionais do devido processo legal e com as conquistas da moderna ciência processual.

Com efeito, o art. 935 do Código Civil não indica necessariamente a indiscutibilidade do fato e da autoria quanto a terceiros. E essa indiscutibilidade, a ser tão amplamente entendida, ainda infringiria regras de aplicação direta e imediata, que defluem da Lei Maior, constituindo aquele conjunto de garantias que tutelam as partes em juízo.

Desse modo, em observância a preceitos constitucionais e processuais, a exegese dos arts. 74, I, do Código Penal de 1940 (art. 91, I, do atual), 64 do Código de Processo Penal e 935 do Código Civil só pode ser uma, em harmonia exatamente com a teoria de Liebman e mais uma vez demonstrando a aplicabilidade desta ao julgado penal: a autoridade da coisa julgada, em sua imutabilidade, só atinge as partes; o terceiro, civilmente responsável e juridicamente prejudicado pela eficácia natural da sentença, que como ato estatal se lhe impõe, poderá em novo processo discutir livremente a sentença condenatória proferida em processo de que não participou, para afastar os efeitos nocivos da condenação. Não só no que tange à sua responsabilidade civil – que na ação penal não foi assentada –, mas também no que se refere ao reconhecimento do fato e da autoria, que pode ter resultado de uma atitude processual insatisfatória da parte.

Da mesma forma, o art. 66 do Código de Processo Penal, que impede a ação cível de reparação do dano quando a sentença penal absolutória tiver categoricamente reconhecido a inexistência material do fato, deve ser interpretado no sentido de que o impedimento não pode dirigir-se senão ao ofendido que tiver participado do processo criminal, e que foi, consequentemente, como parte, atingido pela autoridade da coisa julgada. Mas o preceito não pode alcançar o terceiro, estranho ao processo penal (*Eficácia*, cit., p. 52-4).

Já se decidiu:

"Coisa julgada – Condenação criminal – Reflexos na esfera cível – Inocorrência – Empregador que não foi parte no processo-crime e, portanto, não é atingido pela coisa julgada penal – Plena possibilidade de apreciação da culpa concorrente.

Faz coisa julgada penal apenas o dispositivo da sentença condenatória, com efeitos somente para as partes do processo. É, portanto, admissível a propositura pelo empregador do condenado, no âmbito civil, de ação condenatória em face da vítima, para apreciação do fato sob o ângulo de possível culpa concorrente" (*RT*, *647*:129).

O empregador que não foi parte no processo-crime pode, assim, propor ação indenizatória perante a vítima, para o reconhecimento da culpa concorrente.

Há vários sistemas a respeito da propositura da ação penal e da ação civil, quando o fato gerador das respectivas responsabilidades for o mesmo. Um deles é o sistema da "confusão", em que as duas pretensões podem ser deduzidas num só pedido, como ocorre no México. Outro, é o da "solidariedade", em que as duas pretensões podem ser deduzidas num mesmo processo, mas em pedidos distintos. Outro, ainda, é o da "livre escolha", pelo qual o interessado tanto pode ingressar com a ação civil na jurisdição civil como pleitear o ressarcimento no próprio processo penal. Por fim, o sistema da "separação" ou da "independência", em que a ação civil deve ser proposta na sede civil e a ação penal perante a justiça penal.

No direito pátrio, como já se viu, o sistema adotado é o da independência, com certa mitigação.

A parte interessada, se quiser, poderá promover a ação para a satisfação do dano apenas na sede civil. Se houver sentença penal condenatória com trânsito em julgado, em face da influência que tal decisão exerce no cível, será ela exequível na jurisdição civil, onde não mais se discutirá o *an debeatur* (se deve) e sim o *quantum debeatur* (quanto é devido). Se, proposta a ação civil, estiver em curso a ação penal, deverá o juiz do cível sobrestar o andamento da primeira[88].

Dispõe, com efeito, o art. 64 do Código de Processo Penal:

"Sem prejuízo do disposto no artigo anterior, a ação para ressarcimento do dano poderá ser proposta no juízo cível, contra o autor do crime e, se for caso, contra o responsável civil.

Parágrafo único. Intentada a ação penal, o juiz da ação civil poderá suspender o curso desta, até o julgamento definitivo daquela".

Por outro lado, dispõe o art. 315 do Código de Processo Civil de 2015:

"Se o conhecimento do mérito depender de verificação da existência de fato delituoso, o juiz pode determinar a suspensão do processo até que se pronuncie a justiça criminal".

No mesmo sentido dispõe o art. 313, V, *a*, do mesmo Código, isto é, a suspensão será determinada quando a "sentença" de mérito "depender do julgamento de outra causa, ou da declaração da existência ou inexistência da relação jurídica, que constitua o objeto principal de outro processo pendente".

É possível ocorrer a satisfação do dano na própria esfera penal. O Código de Processo Penal prevê a possibilidade da restituição ao lesado de coisas apreendidas no juízo criminal e até mesmo na fase investigatória que precede à propositura da ação penal (cf. arts. 118 a 120). Medidas acautelatórias, no campo penal, são também admitidas, como o sequestro, o arresto e a hipoteca legal (cf. CPP, arts. 125 *usque* 144).

Fernando da Costa Tourinho Filho, em seu excelente *Processo penal* (cit., v. 2, p. 29), apresenta o seguinte resumo das normas pertinentes ao assunto:

"a) se a sentença penal for condenatória e transitar em julgado, o ofendido, seu representante legal ou herdeiros poderão promover-lhe a execução na justiça cível, visando à satisfação do dano;

---

88. Fernando da Costa Tourinho Filho, *Processo*, cit., v. 2, p. 28.

b) se a parte interessada não quiser aguardar o desfecho do processo penal, poderá promover, na sede civil, a competente ação. Se se tratar de crime de ação privada, pode até a vítima não querer promover a ação penal, preferindo, apenas, a ação civil, o que acontece, comumente, no crime de dano;

c) se for proposta a ação civil e estiver em curso a ação penal, ou, se em andamento a ação civil, for proposta a ação penal, sem embargo do que dispõe o parágrafo único do art. 64 do Cód. de Proc. Penal, que deixa entrever a simples faculdade de o Juiz do cível sobrestar o andamento da ação civil até que se efetive o julgamento definitivo da ação penal, estamos que ele deve paralisar o seu andamento, a fim de serem evitadas decisões contrastantes, irreconciliáveis;

d) tratando-se de simples restituição, que é a forma mais singela de satisfação do dano, é possível ocorrer na esfera penal e até mesmo na fase do inquérito policial;

e) a parte interessada pode, no juízo penal (para evitar o *periculum in mora*, isto é, o perigo de uma insatisfação do dano), requerer providências cautelares".

A noção de culpa, no cível, é bem mais ampla do que no direito repressivo, pois abrange até a culpa levíssima (que não basta, no crime, à condenação) e extravasa da pessoa do delinquente para atingir o seu representante legal, podendo a ação civil de ressarcimento ser proposta contra os pais, pelos atos danosos praticados pelos filhos menores, contra o patrão, o tutor, o curador, nos casos mencionados no art. 932 do Código Civil, e até mesmo contra os herdeiros do responsável, respeitadas as forças da herança, nos termos dos arts. 943 e 1.792 do Código Civil.

2. A sentença condenatória proferida na esfera criminal

2.1. Fundamentos legais

Se a infração penal houver acarretado dano, a sentença condenatória terá também o efeito de tornar certa a obrigação de o indenizar.

Para condenar, o juiz criminal se pronuncia sobre a existência do fato, admitindo-o e definindo também quem é o seu autor. Não pode haver sentença condenatória sem prova da existência do fato e da sua autoria. Assim, em face do disposto na segunda parte do art. 935 do Código Civil, movida a ação cível, não poderão mais ser discutidas a existência do fato e a questão da autoria, pois tais circunstâncias já estão decididas no crime e produzem efeito absoluto no cível.

Conforme preleciona Washington de Barros Monteiro, "no tocante à sentença condenatória proferida no crime, não há possibilidade de qualquer dúvida; o juiz criminal, para que possa lavrar condenação, terá que reconhecer o fato e quem seja o seu autor; nessas condições, a decisão proferida no crime terá irretorquivelmente decisiva influência no cível; onde houve prova de dolo ou culpa criminal, capaz de determinar condenação, transparece positivamente a responsabilidade civil de reparar o dano" (*Curso*, cit., p. 425).

De nada adianta o réu, no cível, alegar que não teve culpa ou não foi o autor, ou que o fato não existiu, ou mesmo que agiu em legítima defesa. Se já foi condenado criminalmente é porque já se lhe reconheceu o dolo, ou a culpa, não podendo ser reexaminada a questão no juízo cível.

O Código Penal menciona, como efeito da sentença condenatória, "tornar certa a obrigação de indenizar o dano resultante do crime" (art. 91, I). E, em perfeita sintonia, o art. 63 do

Código de Processo Penal estabelece: "Transitada em julgado a sentença condenatória, poderão promover-lhe a execução, no juízo cível, para o efeito da reparação do dano, o ofendido, seu representante legal ou seus herdeiros".

Por sua vez, o Código de Processo Civil arrola a "sentença penal condenatória transitada em julgado" como título executivo judicial (art. 475-N, II [de 1973, atual art. 515, VI]). É evidente que a sentença condenatória só terá tal efeito se a infração produzir dano, conforme lembra Fernando da Costa Tourinho Filho (*Processo*, cit., p. 35), pois em certas contravenções, de caráter meramente preventivo, como a vadiagem, o porte ilegal de arma, e mesmo em certos crimes, como o de uso de entorpecente e o de exposição da saúde de outrem a perigo iminente, por exemplo, o decreto condenatório não terá semelhante efeito.

A propósito, discorre Serpa Lopes: "Quando a sentença condenatória firma a existência do fato e a incontestável autoria do crime, esta decisão tem um absoluto efeito em relação à ação civil. Em casos tais, opera-se, caso a parte interessada o queira, uma ligação entre o penal e o civil tão estreita que, de acordo com o art. 63 do Cód. de Proc. Penal, fica ela dispensada de promover uma ação civil para fazer valer o seu direito à indenização, porquanto a própria sentença condenatória tem um efeito duplo: produzir a execução da pena, no âmbito da própria jurisdição que a produziu e ainda estender o seu comando à jurisdição civil, porquanto é a própria sentença criminal que irá servir de elemento básico para a execução da sentença, o comando criminal atuando fora dos limites próprios à sua jurisdição, embora reste ao interessado o direito de pôr de lado essa força executória do julgado criminal para se prevalecer de uma ação civil, na qual as provas se tornarão absolutamente desnecessárias no que tange à autoria e ao fato delituoso, restando-lhe apenas a demonstração do dano sofrido" (*Curso de direito civil*, v. 5, p. 410).

Assim também a jurisprudência: "A sentença penal condenatória faz coisa julgada no cível no tocante à obrigação do réu de indenizar os danos suportados pela vítima. Resulta, implicitamente, condenação civil, ficando, portanto, prejudicado o julgamento da lide, uma vez que a sentença penal já a dirimiu definitivamente, cumprindo ao lesado promover a execução forçada, precedida de liquidação de danos" (*RT, 629*:140).

A "sentença penal condenatória", que enseja a execução civil da indenização, é a final, a que aplicou sanção ao réu, e tenha transitado em julgado. As sentenças de pronúncia ou de impronúncia, nos processos de competência do Tribunal do Júri, não terão efeito algum para o fim de permitir ou de obstar a execução no cível, pois ainda não há qualquer condenação, da qual pudesse decorrer dano. Além disso, não é qualquer condenação criminal. É necessário que haja efetivamente dano resultante do crime, *ex vi* do citado art. 74, I (atual art. 91, I), do Código Penal (Alcides de Mendonça Lima, *Comentários ao Código de Processo Civil*, Forense, p. 303, n. 678).

A sentença condenatória na esfera criminal, com trânsito em julgado, sempre faz, assim, coisa julgada no cível, visto que estariam comprovados a autoria, a materialidade do fato ou dano, o nexo etiológico e a culpa (dolo ou culpa *stricto sensu*) do agente.

A ação civil que se intenta visando à satisfação do dano produzido pela infração penal é comumente denominada de *actio civilis ex delicto*.

A execução civil é resultante direta da condenação do réu no processo criminal, ainda que a sentença penal nada mencione quanto à responsabilidade civil, que, mesmo assim, será apurada no juízo cível competente. O fato de o juiz indicar ou não a responsabilidade civil do condenado não aumenta nem diminui o direito de o credor promover a execução. Esse direito decorre da condenação em si mesma, que, por força de lei, já origina pretensão de executar a sentença penal pelo credor à indenização pelo dano (Alcides de Mendonça Lima, *Comentários*, cit., p. 303, n. 681).

Decidiu o Superior Tribunal de Justiça:

"A responsabilidade civil não depende da criminal. Conquanto haja condenação penal, tal não impede se reconheça, na ação cível, a culpa concorrente da vítima. O que o artigo 1.525 do Cód. Civil [*de 1916, correspondente ao art. 935 do atual*] proíbe é que se questione sobre a existência do fato e a autoria" (*RSTJ, 121*:255).

A Lei n. 11.719, de 20 de junho de 2008, deu nova redação ao inciso IV do art. 387 do Código de Processo Penal, estabelecendo que o juiz, ao proferir sentença condenatória, "fixará *valor mínimo* para reparação dos danos causados pela infração, considerando os prejuízos sofridos pelo ofendido". Tal inovação agiliza o pagamento da indenização devida pelo infrator condenado criminalmente. Todavia, é necessário que o Ministério Público ou o particular, no caso de ação penal privada, formalizem o pedido de indenização na peça inicial, possibilitando a observância do princípio constitucional da ampla defesa.

Anote-se que o juízo cível permanece com competência para fixação de indenização de natureza civil. O que a supramencionada lei determinou foi apenas que o juiz criminal fixe "*valor mínimo* para reparação dos danos causados pela infração". Desse modo poderá a vítima, mesmo durante a tramitação da ação penal, com fundamento no art. 64 do Código de Processo Penal, mover a *actio civilis ex delicto*, visando à fixação ampla da indenização por danos materiais e morais.

JURISPRUDÊNCIA

- Acidente de trânsito – Homicídio culposo – Ação civil *ex delicto* – Sentença penal condenatória – Coisa julgada – Autoria e materialidade do fato – Limites – Grau de culpabilidade do autor – Concorrência de culpas – Aferição na esfera cível – Imprescindibilidade. A partir do trânsito em julgado da sentença penal condenatória pela prática de homicídio culposo não se pode mais questionar, na esfera cível, a respeito da existência do fato ou sobre sua autoria. Inexiste óbice, porém, a que ali seja aferido o grau de culpabilidade do autor do delito ou mesmo a eventual coexistência de culpa concorrente da vítima, medida necessária, inclusive, para o correto arbitramento da indenização. Se por um lado, no âmbito da ação penal, a aferição do grau de culpa do agente ou da eventual concorrência culposa é medida irrelevante, na ação de reparação civil, ao revés, é ela imprescindível (STJ, REsp 1.474.452-SC, 3ª T., rel. Min. Villas Bôas Cueva, *DJe* 18-9-2015).

- "Acidente do trabalho típico – Culpa exclusiva da vítima configurada – Responsabilidade civil do empregador afastada – Hipótese em que restou comprovada a culpa exclusiva da vítima pela ocorrência do acidente de trabalho típico, circunstância excludente do nexo causal e que impede o reconhecimento do dever de indenizar do empregador" (TRT-4, RO 00206335920155040781, 23-2-2017).

- "Transporte – Ação de indenização – Atropelamento – Culpa exclusiva da vítima configurada – Ratificada a sentença que reconheceu a culpa exclusiva da vítima fatal, companheiro e pai dos autores, que, conforme a prova carreada aos autos, embriagado, cambaleou e caiu junto ao meio-fio, restando colhido pelo coletivo da empresa demanda, que trafegava normalmente" (TJRS, Apel. 70.073.263.758, *DJe* 20-11-2017).

■ "Ação indenizatória – Culpa exclusiva da vítima configurada – Sentença de improcedência que se mantém – Desprovimento do recurso" (TJRJ, Apel. 00233543820038190004, *DJe* 26-4-2016).

■ "Indenização por danos materiais e morais em decorrência de atropelamento por veículo – Culpa exclusiva da vítima configurada – Improcedência (TJDF, Apel. 20140310091027, *DJe* 17-11-2015).

■ "Responsabilidade civil – Condenação na justiça penal – Impossibilidade de reexame da culpabilidade na justiça civil – Art. 935 do Código Civil" (*RJTJSP, 40*:165).

■ "Responsabilidade civil – Acidente de trânsito – Condenação na Justiça Penal – Obrigação do ressarcimento do dano – Impossibilidade de reexame da culpabilidade na justiça civil – Art. 948, ns. I e II, do Código Civil" (*RJTJSP, 46*:99).

■ Ação de indenização por acidente de trânsito – decisão monocrática que negou provimento ao reclamo. Insurgência recursal da parte demandada (AgInt no AREsp 2.484.450-RJ, 4ª T., rel. Min. Marco Buzzi, j. 22-4-2024, *DJe* 25-4-2024).

■ "Responsabilidade civil – Sentença penal condenatória – Reflexos na esfera civil – Somente as questões decididas em definitivo no juízo criminal, ou seja, transitadas em julgado, podem implicar efeito vinculante no juízo cível" (STJ, REsp 1.164.236, 3ª T., rel. Min. Nancy Andrighi, disponível em <www.editoramagister.com>, acesso em 6 mar. 2013).

■ Ação indenizatória. Acidente de trânsito (AgInt no REsp 1.897.830-RS, 4ª T., rel. Min. Maria Isabel Gallotti, j. 19-9-2022, *DJe* 26-9-2022).

2.2. Medidas processuais adequadas

Segundo observa Alcides de Mendonça Lima, "há duas espécies de o ressarcimento do dano ser pleiteado: a) pela execução no cível da sentença penal condenatória (art. 63); b) pela própria ação de indenização, que independe de sentença condenatória, e que pode ser proposta paralelamente com a ação penal (arts. 64 a 67). A primeira espécie a) já tem caráter absoluto, 'juris et de jure', pois a responsabilidade do condenado não mais pode ser discutida, apenas faltando apurar o valor do dano a ser ressarcido ao credor. Na segunda espécie b), porém, como a ação penal pode nem ter sido intentada ou estar ainda em curso, o réu, que é o autor do crime, tem direito de defender-se, para eximir-se de responsabilidade, alegando, até, razões vinculadas diretamente ao ato delituoso de que é acusado. Na prática, porém, funciona o parág. único do art. 64 do Código de Processo Penal, que permite a suspensão da ação civil pelo juiz até o julgamento definitivo da ação penal. Com tal providência evitam-se complicações no caso de serem contraditórias as duas sentenças" (*Comentários*, cit., v. 6, t. 1, p. 301, n. 674).

Transitada em julgado a sentença penal condenatória, esta valerá, *ex vi legis*, como título certo porém ilíquido, em favor do titular do direito à indenização. Como a condenação criminal não fixa o valor do dano civil a ser reparado, a responsabilidade do condenado, embora certa, necessita de ulterior apuração no tocante ao *quantum debeatur*.

Segundo o art. 509 do Código de Processo Civil, "quando a sentença condenar ao pagamento de quantia ilíquida, proceder-se à sua liquidação".

É o que ocorre com a sentença penal condenatória.

A liquidação nesses casos é feita, em regra, pelo "procedimento comum", em razão da necessidade de alegar e provar fato novo (art. 509, II, do CPC/2015). Se se trata, por exemplo, de morte de um chefe de família, os legitimados a pleitear a indenização terão de provar, na liquidação, dentre outros fatos, os rendimentos do falecido e, em alguns casos, a relação de dependência deste em que se encontravam.

Em algumas hipóteses, no entanto, a liquidação pode ser feita por "arbitramento" (CPC/2015, art. 509, I), quando, por exemplo, versa sobre o valor dos danos materiais em acidente automobilístico.

Julgada a liquidação, a parte promoverá a execução, nos termos do art. 513 do Código de Processo Civil. Como afirma Costa Manso, citado por Frederico Marques (*Elementos*, cit., v. 3, p. 94, n. 646), o pedido de reparação dos danos no crime, após passar em julgado a sentença penal condenatória, tem a estrutura de verdadeira *actio judicati*.

Segundo Tourinho Filho, como a execução não se processa nos autos originais para efeito de satisfação-dano, mas em outro juízo e outra jurisdição, deverá a parte munir-se de carta de sentença. Frederico Marques, no entanto, afirma que, se "o título executório se consubstancia em sentença penal condenatória, que passou em julgado, é suficiente certidão em inteiro teor da condenação seguida da do trânsito em julgado. Quando ilíquido o título executório, é preciso que em procedimento prévio de liquidação da sentença se fixe o *quantum debeatur*" (*Instituições*, cit., v. 5, p. 101, n. 1.122).

Sem prejuízo do disposto no art. 63, pode o lesado propor ação para o ressarcimento do dano no juízo cível (CPP, art. 64). Antes mesmo de ser iniciada a ação penal, poderá a vítima intentar, no juízo cível, a ação de ressarcimento do dano. Se, em andamento a *actio civilis*, for proposta a ação penal, o juiz do cível – diz a lei – pode suspender o andamento da ação civil até que se decida definitivamente a questão penal (Tourinho Filho, *Processo,* cit., p. 47).

A ação penal que teve impacto na área cível suspende a prescrição da indenização (STJ, REsp 1.631.870-SE, 3ª T., rel. Min. Villas Bôas Cueva, *DJe* 24-10-2017).

Cumpre ressaltar que a prescrição da pretensão executória da condenação, que só ocorre depois do trânsito em julgado da sentença, não retira a força executiva desta, exercitável no âmbito civil, já que não se confundem os seus efeitos com os decorrentes da prescrição da pretensão punitiva. Na prescrição da pretensão executória, a ação penal foi declarada procedente e apenas não haverá o cumprimento da pena principal, persistindo, porém, as consequências secundárias da condenação, inclusive aquelas projetadas no campo civil, quanto à sua executoriedade indenizatória. Mas a prescrição retroativa (por sinal, excluída pela Lei n. 12.234, de 2010) e a prescrição intercorrente são formas de prescrição da *pretensão punitiva* e, por esse motivo, afastam todos os efeitos, principais e secundários, penais e extrapenais, da condenação. Por outro lado, tem-se entendido que, por ser o *perdão judicial* uma causa extintiva da punibilidade, a sentença que o concede é declaratória, não subsistindo, assim, qualquer efeito, inclusive de natureza secundária. Nesse sentido prescreve a Súmula 18 do Superior Tribunal de Justiça: "A sentença concessiva do perdão judicial é declaratória da extinção da punibilidade, não subsistindo qualquer efeito condenatório".

2.3. Competência

O Código de Processo Civil estabelece que a execução da sentença penal condenatória processar-se-á perante o "juízo cível competente".

Com efeito, dispõe o art. 516, III, do mencionado diploma:

"O cumprimento da sentença efetuar-se-á perante:

III – o juízo cível competente, quando se tratar de sentença penal condenatória, de sentença arbitral, de sentença estrangeira ou de acórdão proferido pelo Tribunal Marítimo".

Têm aplicação, pois, as normas gerais sobre a competência, previstas nos arts. 42 a 53 do mesmo Código.

O juízo competente será, pois, o do "lugar do domicílio do réu, ressalvadas algumas raras exceções", como elucida Frederico Marques, em comentário feito na vigência do Código de Processo Civil de 1939 (*Instituições*, cit., v. 5, p. 109, n. 1.126).

O atual diploma processual dispõe, entretanto, que a ação visando à reparação de dano deverá ser proposta no foro do local onde ocorreu o "ato ou fato" causador do dano (art. 53, IV, *a*). O objetivo é a economia de movimentos para eventuais perícias e também o de evitar que, conforme as circunstâncias, a viabilidade de reparação dos danos se torne muito difícil, se a ação somente pudesse ser movida no domicílio do réu. Vale a regra, ainda que a Fazenda do Estado figure como autora ou ré, conforme já se decidiu (*RJTJSP*, 55:160).

Desse modo, tanto a responsabilidade penal como também a responsabilidade civil serão apuradas no local da infração.

O atual estatuto processual contém regra especial de competência para as ações de reparação de danos decorrentes de acidentes automobilísticos, qual seja, o art. 53, V, *verbis*:

"É competente o foro:

(...)

V – de domicílio do autor ou do local do fato, para a ação de reparação de dano sofrido em razão de delito ou acidente de veículos, inclusive aeronaves".

A ação civil será processada, assim, no juízo cível do lugar em que a infração penal foi praticada ou no do domicílio do autor. Têm a doutrina (Pontes de Miranda, *Comentários ao Código de Processo Civil*, t. 2, p. 362; Celso Agrícola Barbi, *Comentários ao Código de Processo Civil*, Forense, v. 1, t. 2, p. 129; Arruda Alvim, *Manual de direito processual civil*, Revista dos Tribunais, v. 1, p. 86 e 66; Moacyr Amaral Santos, *Primeiras linhas de direito processual civil*, Saraiva, 1977, v. 1, p. 204; Humberto Theodoro Júnior, *Processo de conhecimento*, Forense, v. 1, p. 224; Ernani Fidélis dos Santos, *Manual de direito processual civil*, Saraiva, v. 1, p. 149, dentre outros) e a jurisprudência (*RJTJSP*, *40*:194, *64*:244) proclamado que a regra do precitado dispositivo legal foi estabelecida em proveito do credor da indenização, do lesado, de forma que pode ele abrir mão desse privilégio, que excepciona a regra geral do art. 94 do Código de Processo Civil, e propor a ação no domicílio do réu.

Pode, assim, a infração penal automobilística ser cometida em um lugar e a ação civil para a reparação do dano ser promovida em outro, ou seja, no domicílio do autor ou no do réu. Como pode, também, ser ajuizada no próprio local onde se praticou o fato punível. Assim também a execução (*actio judicati*).

2.4. Legitimidade ativa e passiva

As pessoas legitimadas a promover a execução estão mencionadas no art. 63 do Código de Processo Penal: "o ofendido, seu representante legal ou seus herdeiros".

Como assinala Alcides de Mendonça Lima (*Comentários*, cit., p. 302, n. 677), de certo modo são os mesmos que se acham habilitados pelos arts. 566 e 567 do Código de Processo Civil [de 1973, atuais art. 778, *caput*, e § 1º].

O art. 943 do Código Civil, por sua vez, dispõe que o "direito de exigir reparação e a obrigação de prestá-la transmitem-se com a herança".

Se o credor da reparação for pobre, a execução será promovida pelo representante do Ministério Público, se o interessado o requerer, pois o art. 68 do Código de Processo Penal estabelece: "Quando o titular do direito à reparação do dano for pobre (art. 32, §§ 1º e 2º) a execução da sentença condenatória (art. 63) ou a ação civil (art. 64) será promovida a seu requerimento, pelo Ministério Público". Malgrado a divergência anteriormente existente nos tribunais sobre o assunto, já decidiu o Supremo Tribunal Federal que o *Ministério Público é parte ativa legítima* para a ação civil de indenização, *em favor da vítima pobre,* a teor do art. 68 do Código de Processo Penal, que foi recepcionado pela Constituição Federal em vigor, uma vez que, não podendo o titular do direito arcar com as despesas processuais, não se lhe poderia negar o direito fundamental de acesso ao Judiciário, assegurado no art. 5º, XXXV (RE 136.206-5-SP, *DOU*, 18 out. 1996, p. 39883).

Posteriormente, o mesmo Tribunal afirmou:

"No contexto da Constituição de 1988, a atribuição anteriormente dada ao Ministério Público pelo art. 68 do Código de Processo Penal – constituindo modalidade de assistência judiciária – deve reputar-se transferida para a Defensoria Pública: essa, porém, para esse fim, só se pode considerar existente, onde e quando organizada, de direito e de fato, nos moldes do art. 134 da própria Constituição e da lei complementar por ela ordenada: até que – na União ou em cada Estado considerado –, se implemente essa condição de viabilização da cogitada transferência constitucional de atribuições, o art. 68 do Código de Processo Penal será considerado ainda vigente; é o caso do Estado de São Paulo, como decidiu o plenário no RE 135.328" (RE 147.776-SP, *DJU*, 19 jun. 1998).

Por sua vez, o Superior Tribunal de Justiça proclamou:

"O Ministério Público detém legitimidade para promover ação civil indenizatória *ex delicto* em favor de necessitado, se a sua intervenção decorre da inexistência de Defensoria Pública no Estado. Precedentes do STF e STJ" (*RSTJ, 133*:237).

"Com o advento da Constituição de 1988, a defesa judicial dos necessitados passou a ser atribuição da Defensoria Pública. Mas, tem entendido o Supremo Tribunal Federal, interpretando o texto constitucional e acolhendo a tese da inconstitucionalidade progressiva, subsistir a legitimidade do Ministério Público onde ainda não instituída a Defensoria Pública para propor a ação civil *ex delicto* (CPP, art. 68) (REsp 180.890-SP, 3ª T., rel. Min. Sálvio de Figueiredo, *DJU*, 3 nov. 1998).

O Estado procurou dar, assim, um caráter público à obrigação de reparar o dano ex delicto, especialmente para que, segundo expressão do Min. Francisco Campos, na Exposição de Motivos, ficasse "sem fundamento a crítica, segundo a qual, pelo sistema do direito pátrio, a reparação do dano 'ex delicto' não passa de uma promessa vã e platônica da lei".

Segundo Alcides de Mendonça Lima (Comentários, cit., p. 303, n. 679), "será um caso de substituição processual, que se insere no art. 566, II, deste Código [de 1973, atual art. 778, § 1º, I]. Se for pobre e incapaz, não é necessário requerer que o Ministério Público aja, porque isso já lhe compete".

No tocante à legitimação passiva, a execução civil decorrente do dano causado pelo delito recai exclusivamente sobre o patrimônio do próprio condenado, exatamente porque a responsabilidade criminal é pessoal. Como já foi visto, condenado criminalmente o empregado ou o filho menor, a execução não pode ser promovida contra o patrão ou contra os pais. Contra estes não há título executivo judicial.

Mas a ação civil poderá ser proposta "contra o autor do crime e, se for o caso, contra o responsável civil", como proclama o art. 64 do Código de Processo Penal. Tendo em vista o disposto no art. 943 do Código Civil, já mencionado, e o art. 779, II, do Código de Processo Civil, a execução pode prosseguir contra os herdeiros ou ser movida diretamente contra esses, que responderão apenas dentro das forças da herança que o falecido lhes deixou.

3. A sentença absolutória proferida na esfera criminal

Diferentemente do que ocorre com a sentença penal condenatória, a sentença absolutória nem sempre faz coisa julgada no juízo cível. Quer dizer: mesmo tendo o réu sido absolvido no juízo penal, pode ele, em certos casos, vir a ser condenado, no juízo cível, a ressarcir o dano causado à vítima.

Dispõe, com efeito, o art. 66 do Código de Processo Penal:

"Não obstante a sentença absolutória no juízo criminal, a ação civil poderá ser proposta quando não tiver sido, categoricamente, reconhecida a inexistência material do fato".

Por sua vez, o art. 386 do mesmo estatuto processual estabelece as causas que podem determinar um decreto absolutório, *in verbis*:

"Art. 386. O juiz absolverá o réu, mencionando a causa na parte dispositiva, desde que reconheça:

I – estar provada a inexistência do fato;

II – não haver prova da existência do fato;

III – não constituir o fato infração penal;

IV – estar provado que o réu não concorreu para a infração penal;

V – não existir prova de ter o réu concorrido para a infração penal;

VI – existirem circunstâncias que excluam o crime ou isentem o réu de pena (arts. 20, 21, 22, 23, 26 e § 1º do art. 28, todos do Código Penal), ou mesmo se houver fundada dúvida sobre sua existência;

VII – não existir prova suficiente para a condenação".

3.1. Insuficiência de provas para a condenação

Conforme o fundamento da absolvição, a sentença criminal produzirá ou não efeitos de coisa julgada no cível, isto é, fechará ou não as portas do cível para o pedido de ressarcimento do dano. Toda vez que ela basear-se em "falta de prova" (incisos II, V e VII), nenhum efeito produzirá no juízo cível. Porque a vítima poderá produzir, no cível, as provas que faltaram no processo-crime.

Decidiu a propósito o Superior Tribunal de Justiça que, no caso *sub judice*, apesar de o réu afirmar que a absolvição no juízo penal ocorreu por culpa exclusiva da vítima, na verdade foi proferida por falta de provas – o que não impede a indenização da ofendida pelo dano cível que lhe foi infligido. "Somente a decisão criminal que tenha, categoricamente, afirmado a inexistência do fato impede a discussão acerca da responsabilidade civil", afirmou a relatora, Min. Nancy Andrighi (REsp 1.117.131, 3ª T., disponível em <www.editoramagister.com>, acesso em 27 jul. 2010).

Jurisprudência

- "Processual civil e administrativo – Absolvição criminal por insuficiência de provas – Ausência de repercussão na esfera administrativa. A absolvição na esfera penal só influencia no âmbito do processo administrativo disciplinar se ficar comprovada naquela instância a não ocorrência do fato ou a negativa da sua autoria. Precedentes" (STJ, AgInt no AREsp 1.019.336-SP, 1ª T., rel. Min. Benedito Gonçalves, *DJe* 2-10-2017).
- "Absolvição do servidor, no processo criminal, por ausência de provas – Ausência de repercussão automática na esfera administrativa, no que diz respeito à sua eventual responsabilidade pelas infrações administrativas que lhe foram imputadas" (STJ, Agint no REsp 1.345.380-SP, 1ª T., rel. Min. Benedito Gonçalves, *DJe* 3-5-2017).
- "Responsabilidade civil – Absolvição criminal por insuficiência de provas – Irrelevância – Decisão que não produz coisa julgada na esfera cível" (*RJTJSP, 50*:41).
- "Responsabilidade civil – Absolvição criminal, com apoio no art. 386, n. VI, do Código de Processo Penal, que não impede a indagação de responsabilidade civil do preponente, por ato de preposto" (*RJTJSP, 36*:134).
- "Responsabilidade civil – Acidente de trânsito, em que se envolveram vários veículos – Condenação, na justiça criminal, de apenas um dos motoristas, sem referência a qualquer parcela de culpa dos demais – Improcedência da ação de reparação de danos, contra um desses demais motoristas, porque calcada nos mesmos elementos instrutórios do procedimento criminal" (*RJTJSP, 37*:34 e *42*:191).
- "Responsabilidade civil – Acidente de trânsito – Irrelevância da absolvição no processo-crime, por insuficiência de provas – Culpa, do réu, demonstrada – Danos comprovados por orçamentos de firmas especializadas, dispensando prova pericial" (*RJTJSP, 41*:165).
- "Responsabilidade civil – Indenização por ato ilícito – Acidente de automóvel – Preposto absolvido em processo criminal – Irrelevância. A simples absolvição do responsável pelo evento no crime não impede seja a questão novamente apreciada no juízo cível" (*RT, 519*:260. No mesmo sentido: *RT, 524*:118).
- "Absolvição criminal por falta de provas – Irrelevância, no juízo cível – Inexistência de coisa julgada no que concerne à responsabilidade civil – A absolvição criminal, por falta de provas, não se enquadra nas ressalvas estabelecidas no art. 935 do CC" (*RTJ, 90*:901).

3.2. Quando o fato não constitui crime

Também nenhum efeito produzirá no juízo cível a sentença absolutória criminal que reconhecer "não constituir o fato infração penal" (inc. III), porque, embora não constitua ilícito penal, o fato poderá constituir ilícito civil. Veja-se a jurisprudência:

"Responsabilidade civil – Evidenciados os elementos constitutivos do ato ilícito, surgirá a obrigação de indenizar, pouco importando se o fato danoso viola ou não simultaneamente a lei penal" (*RT, 509*:231).

"Responsabilidade civil – A absolvição, por não constituir crime o fato imputado ao réu, não exclui a responsabilidade civil, pois o fato poderá ser civilmente ilícito. Donde a regra do art. 67, n. III, do CPP (STF, *RT, 464*:265)". Decisão criminal absolutória em que não houve expresso reconhecimento da inexistência material do fato.

O inciso III do art. 67 do Código de Processo Penal dispõe que não impedirá a propositura da ação civil "a sentença absolutória que decidir que o fato imputado não constitui crime". É oportuno se lembre a opinião de Vicente de Paula Vicente de Azevedo (*Crime – dano – reparação*, 1934, n. 80, p. 226): "Se a sentença afirmou a existência do fato e, por não encontrar os elementos que nele integram a qualidade de crime, absolveu o réu, o mesmo fato pode ser fundamento de ação civil de indenização; não já, porém, com a mesma denominação de crime, mas como simples ato ilícito da vida civil. Exemplo: Pedro é acusado de ter praticado um estelionato contra Paulo. A sentença passada em julgado declarou que não houve estelionato por faltarem elementos constitutivos desse crime. Entretanto, não havendo negado a existência do fato (ato ilícito), o mesmo fato pode servir de fundamento para uma ação civil promovida por Paulo contra Pedro, para haver os bens em que se julga prejudicado, e mais as perdas e danos consequentes. A sentença criminal diz respeito ao crime, fonte de obrigações penais e civis; a sentença civil se refere ao fato, ato da vida civil, considerado sob o aspecto de ato ilícito, fonte de obrigações civis".

José Frederico Marques, por seu turno, ensina: "Se a absolvição do réu não se fundar em justificativa penal, lícito será à vítima propor a ação civil para ressarcimento do dano resultante do crime, pois que nenhum impedimento se lhe poderá antepor, para obstar a procedência da ação de reparação, com o invocar-se a sentença penal absolutória. Há um caso, porém, em que isto não acontecerá: é quando a sentença penal reconhecer, categoricamente, a inexistência material do fato (CPP, art. 66)".

E prossegue: "Para que isto exista é preciso que a sentença declare que o réu não praticou a conduta típica que se lhe imputa. Se a absolvição resultar do reconhecimento da existência de atipicidade parcial do fato imputado, nem assim se aplicará a regra citada do art. 66 do CPP, visto que tal circunstância pode verificar-se por entender o juiz, por exemplo, que falta um elemento normativo integrador da figura típica, para que se dê o cabal enquadramento do fato imputado na norma incriminadora. Só se aplica o art. 66 quando o juiz declara não ter o réu cometido o fato delituoso de que é acusado, por não haver ele praticado a conduta comissiva ou omissiva prevista no 'preceptum juris' da norma penal".

Por fim, aduz: "A absolvição, por não constituir crime o fato imputado ao réu, não exclui a responsabilidade civil, pois o fato poderá ser civilmente ilícito. Donde a regra do art. 67, n. III, do CPP" (*Elementos*, cit., v. 3, n. 650, p. 110 e 111).

3.3. Ausência de culpa

Igualmente, não produzirá efeitos no juízo cível, deixando abertas as portas deste à vítima, a sentença criminal absolutória que se fundar em "inexistência de culpa" do réu, porque o juízo criminal é mais exigente em matéria de aferição da culpa para a condenação, enquanto no juízo cível a mais leve culpa obriga o agente a indenizar. Assim, embora o juiz criminal tenha entendido que a culpa criminal inexistiu, pode o juiz cível entender que o réu se houve com culpa levíssima (insuficiente para uma condenação criminal) e condená-lo a reparar o dano. Porque, na conformidade do art. 66 do Código de Processo Penal, o juiz penal deixou em aberto a questão da existência do fato. E, ainda, porque se diversificam sensivelmente a culpa penal e a culpa civil.

JURISPRUDÊNCIA

- "Sentença penal absolutória transitada em julgado – Efeitos. Consoante a jurisprudência desta Corte Superior, a absolvição no juízo criminal, diante da relativa independência entre as instâncias cível e criminal, apenas vincula o juízo cível quando restar reconhecida a inexistência do fato ou atestar não ter sido o demandado seu autor" (STJ, AgRg nos EDcl no AREsp 292.984-SP, 3ª T., rel. Min. Villas Bôas Cueva, *DJe* 15-9-2014).
- "Responsabilidade civil – Sentença absolutória no juízo criminal. Ainda que tenha reconhecido o estado de necessidade ou a ausência de culpa criminal, não arrebata ao causador de grave dano o dever de indenizá-lo (aplicação dos arts. 935 e 188, II, do Código Civil, e 65 e 66 do CPP)" (STF, *RTJ, 81*:542).
- "Indenização – Culpa levíssima – Em tema de responsabilidade civil, a culpa ainda que levíssima obriga a indenizar, porque de âmbito alargado" (*RJTJSP, 21*:137).
- "Responsabilidade civil – A absolvição do réu, no crime, por ausência de culpa, não o exime, no cível, da responsabilidade de indenizar. É que a culpa civil, mesmo levíssima, impõe aquela obrigação" (*RT, 407*:352 e *456*:208).

3.4. Inexistência do fato ou exclusão da autoria

Há casos, entretanto, em que ocorre o contrário: a sentença criminal absolutória faz coisa julgada no cível, fechando as portas deste ao ressarcimento do dano. Por exemplo: se reconhece, categoricamente, a inexistência material do fato (CPP, art. 386, I), ou se afirma não ter sido o réu o autor do crime (CPP, art. 66; CC, art. 935). Porque, nesses casos, houve um pronunciamento, embora de caráter negativo, "sobre a existência do fato, ou quem seja o seu autor", não se podendo mais questionar sobre essas questões no cível (CC, art. 935, 2ª parte; CPP, art. 66).

JURISPRUDÊNCIA

- "Responsabilidade civil – Tríplice abalroamento de veículos – Sentença criminal com trânsito em julgado que nega a versão dos fatos, articulada pelo autor da ação civil, e absolve o réu, pela exclusão da autoria, com a afirmação de que o fato ocorreu por culpa exclusiva dos outros motoristas – Reconhecimento do efeito da coisa julgada, no cível, tanto mais sendo a prova dúbia, quanto à responsabilidade dos implicados na ocorrência – Reforma da sentença que acolhera a demanda civil intentada contra a empregadora do réu na ação criminal" (*RJTJSP, 21*:57).

■ "Responsabilidade civil – A responsabilidade civil é independente da criminal; não se poderá, porém, questionar mais sobre a existência do fato, ou quem seja o seu autor, quando essas questões se acharem decididas no crime (art. 935 do Código Civil). Assim, somente sobre a existência do fato ou quem seja o seu autor é que não se poderá questionar na esfera civil. No mais, a decisão no juízo criminal não poderá prejulgar aspectos relativos à reparação do dano" (*RT, 482*:190).

■ "Responsabilidade civil – A sentença criminal absolutória não impede seja proposta ação de natureza civil, pelo prejudicado, para ressarcimento de prejuízo, se em tal decisão não houver sido expressamente reconhecida a inexistência material do fato" (*RT, 464*:262).

■ "Indenização – Ato ilícito – Decisão que desconsiderou sentença penal absolutória transitada em julgado – Admissibilidade – Artigo 935, primeira parte, do Código Civil – Preliminar rejeitada – Hipótese em que não se questiona sobre a existência do fato ou sobre quem seja o seu autor" (*RJTJSP, 106*:134).

3.5. Estado de necessidade, legítima defesa, estrito cumprimento do dever legal e exercício regular de um direito

Também faz coisa julgada no juízo cível a sentença criminal que reconheceu ter sido o ato praticado em estado de necessidade, em legítima defesa, em estrito cumprimento do dever legal ou no exercício regular de um direito (CPP, art. 386, V). Dispõe o art. 65 do estatuto processual penal:

"Art. 65. Faz coisa julgada no cível a sentença penal que reconhecer ter sido o ato praticado em estado de necessidade, em legítima defesa, em estrito cumprimento de dever legal ou no exercício regular de direito".

Por sua vez, o art. 188 do Código Civil, em harmonia com o referido art. 65, proclama não constituírem atos ilícitos os praticados em legítima defesa, estado de necessidade ou no exercício regular de um direito. "O próprio 'cumprimento de dever legal', não explícito no artigo 188, nele está contido, porquanto atua no exercício regular de um direito reconhecido aquele que pratica um ato 'no estrito cumprimento de dever legal'" (Frederico Marques, *Tratado*, cit., v. 3, p. 295).

3.5.1. Exercício regular de direito

Decidiu o Supremo Tribunal Federal: "Se é certo que a decisão criminal, transitada em julgado, deixou expresso que o então réu, e que é ora recorrente, ao qual fora atribuído o crime de dano material, agiu, ao provocar o dano, no exercício regular de direito, destruindo canalização de esgoto que indevidamente passava por sua gleba, não pode ele ser responsabilizado civilmente pelos prejuízos daí decorrentes, tendo em vista encontrar-se amparado pela garantia da coisa julgada, ante o disposto no art. 65 do C. P. Penal. Não é de identificar-se a hipótese com dano causado em decorrência do cumprimento de dever, hipótese em que surgem dúvidas doutrinárias" (RE 105.268-6-SP, 2ª T., rel. Min. Aldir Passarinho, j. 16-4-1991, v. u., *DJU*, 24 maio 1991, p. 6772, Seção I, ementa).

3.5.2. Estado de necessidade

Aguiar Dias entende que o art. 65 do Código de Processo Penal revogou os arts. 1.519 e 1.540 do Código Civil de 1916, ao proclamar que a justiça civil tem de aceitar o reconhecimento do estado de necessidade contido na sentença penal (*Da responsabilidade*, cit., t. 2, p. 888-9). Entretanto, conforme bem pondera Frederico Marques, apoiando irrespondível lição de Basileu Garcia[89], "a aplicação dos artigos 1.519 e 1.520 do Código Civil [*de 1916, correspondentes aos arts. 929 e 930 do atual diploma*], depois de absolvido criminalmente o acusado em virtude do estado de necessidade, não significa violação do artigo 65 do Código de Processo Penal. O juiz civil aceitou, como não poderia deixar de acontecer, o que reconheceu o juiz penal; todavia, mesmo em estado de necessidade, mesmo praticando um ato lícito, o causador do prejuízo deve repará-lo, porque assim o determina o Código Civil" (*Tratado*, cit., p. 297).

Assim, se o juiz penal reconhece ter o agente praticado o ato em legítima defesa, em estado de necessidade, no estrito cumprimento do dever legal ou no exercício regular de um direito, tal decisão faz coisa julgada no cível, onde não se poderá mais negar a existência de qualquer dessas excludentes. Porém, apesar de reconhecer a licitude do ato praticado em estado de necessidade, a lei civil não exonera o seu autor da responsabilidade pelo ressarcimento do dano, como expressamente dispõe nos arts. 929 e 930. Reconhecidas no juízo penal, entretanto, as demais excludentes (estrito cumprimento do dever legal, exercício regular de um direito e legítima defesa praticada contra o autor de injusta agressão), tal decisão será observada no cível e o agente ficará exonerado de qualquer responsabilidade.

JURISPRUDÊNCIA

■ "O estado de necessidade, embora não exclua o dever de indenizar, fundamenta a fixação das indenizações segundo o critério da proporcionalidade. A adoção da *restitutio in integrum* no âmbito da responsabilidade civil por danos, sejam materiais ou extrapatrimoniais, nos conduz à inafastabilidade do direito da vítima à reparação ou compensação do prejuízo,

---

89. Basileu Garcia: "Não percebemos... inconciliabilidade nos referidos preceitos da legislação privada em face do art. 65 do Código de Processo Penal, que não pode ter tido o intuito de contrastá-los. A linguagem de que a sentença penal absolutória por estado de necessidade, legítima defesa, etc., faz coisa julgada no cível, não tem outro efeito que o de enunciar a impossibilidade de reabrir-se, no setor civil, a discussão sobre a intercorrência dessas justificativas no caso concreto. Mas o legislador processual não dispôs — nem era sua missão fazê-lo — acerca de não caber ou caber, sempre ou às vezes, a indenização, em havendo alguma daquelas justificativas. A tal respeito, o Código de Processo pressupôs o Direito Civil e todas as suas distinções, como, aliás, é normal entender sempre que o antagonismo não seja indubitável" (*Instituições de direito penal*, 3. ed., Max Limonad, 1956, v. 1, t. 2, p. 577-8).

ainda que o agente se encontre amparado por excludentes de ilicitude, nos termos dos arts. 1.519 e 1.520 do CC/1916 (arts. 929 e 930 do CC/2002), situação que afetará apenas o valor da indenização fixado pelo critério da proporcionalidade" (STJ, REsp 1.292.141-SP, 3ª T., rel. Min. Nancy Andrighi, j. 4-12-2012).

- "Responsabilidade civil – O estado de necessidade não elide a responsabilidade civil, contrariamente ao que ocorre no criminal, autorizando o autor do dano apenas a exercitar seu direito de regresso contra o causador da situação de perigo" (*RT, 477*:104).

- "Responsabilidade civil – Estado de necessidade – Atropelamento e morte de crianças na via pública – Motorista que ocasionara o fato para se desviar de outro veículo que lhe surgiu à frente na contramão – Ato justificado pela necessidade de fugir ao perigo iminente à sua própria vida, bem como dos passageiros de seu automóvel – Defesa que não exclui a responsabilidade pela indenização do prejuízo, embora com direito à ação regressiva contra terceiro culpado" (*RT, 509*:69).

- "Indenização – Responsabilidade civil – Acidente de trânsito – Estado de necessidade reconhecido na esfera criminal, consistente em evitar o atropelamento de várias pessoas, desviando o veículo para abalroar outro estacionado no acostamento da estrada – Irrelevância no âmbito civil – Indenização devida, assegurado o regresso contra os culpados – Art. 930 do Código Civil" (*RJTJSP, 41*:112).

- "Responsabilidade civil – Sentença absolutória na ação penal – Menção a estado de necessidade, nas considerações da sentença – Invocação, contudo, do art. 386, n. III, do Código de Processo Penal, na parte dispositiva – Irrelevância da absolvição criminal, para efeito de novo exame da questão no juízo cível – Obrigação de indenizar, ainda que admitido o estado de necessidade (arts. 929 e 930 do Código Civil)" (*RJTJSP, 35*:132).

- "Responsabilidade civil – Sentença absolutória no juízo criminal. Ainda que tenha reconhecido o estado de necessidade ou a ausência de culpa criminal, não arrebata ao causador de grave dano o dever de indenizá-lo (aplicação dos arts. 935 e 188, II, do Código Civil, e 65 e 66 do CPP)" (STF, *RTJ, 81*:542).

V., ainda, quanto às excludentes da responsabilidade civil, o disposto no Livro III.

3.5.3. Legítima defesa

V., também, a respeito das excludentes da responsabilidade civil, o disposto no Livro III.

Há que se frisar que somente a legítima defesa real, e praticada contra o agressor, impede a ação de ressarcimento de danos. Se o agente, por erro de pontaria (*aberratio ictus*), atingir um terceiro, ficará obrigado a indenizar os danos a este causados. E terá ação regressiva contra o injusto ofensor. Confira-se, a propósito:

"É pacífica a tese de que no caso de legítima defesa o agente não está obrigado a reparar os danos sofridos pela vítima, nos termos do art. 1.540 do mesmo Código [*de 1916*]. Quando, porém, no uso regular de um direito é ofendido 'bem jurídico' de terceiro, tem este direito à indenização" (*RT, 206*:238).

Não altera essa situação o fato de o Código Civil de 2002 não ter reproduzido o art. 1.540 do diploma de 1916, de redação confusa mas que responsabilizava o causador de dano a terceiro, e não ao injusto ofensor, agindo em legítima defesa mas errando a pontaria, pois quem causa dano a outrem fica obrigado a reparar o prejuízo (CC, arts. 186 e 927). A legítima defesa só afasta a responsabilidade do agente perante o injusto agressor. O terceiro, que não participava dos fatos e foi lesado, pode mover a ação indenizatória contra o lesante, tendo este ação regressiva contra o ofensor.

Também não exime o réu de indenizar o dano a legítima defesa putativa, que somente exclui a culpabilidade mas não a antijuridicidade do ato. A legítima defesa real, esta sim, exclui a ilicitude. Na putativa, porém, a vítima deve ser ressarcida.

Em comentários ao art. 65 do Código de Processo Penal, Frederico Marques observa que, "no mencionado dispositivo legal, não há qualquer referência às causas excludentes da culpabilidade, ou seja, às denominadas dirimentes penais. Se o que é penalmente lícito não pode ser civilmente ilícito – o ato ilícito que não é punível pode ser civilmente ressarcível". E acrescenta: "As causas excludentes da culpabilidade vêm previstas nos artigos 17, 18, 22 e 24, do Código Penal, enquanto que as justificativas penais capituladas se acham no artigo 19 e, repetidas, por isso mesmo, no artigo 65, do Código de Processo Penal. Se a absolvição, portanto, se funda nas primeiras, a não punição do autor do fato ilícito, na justiça criminal, longe está de o isentar da obrigação de indenizar a vítima do ato antijurídico. O problema da 'legítima defesa putativa', que já foi objeto de apreciação de mais de um aresto do Tribunal de Justiça do Estado de São Paulo (*Rev. dos Tribunais*, 156/229 e 155/217), facilmente se resolve em função desses dados. Uma vez que se trata de erro de fato, não há que cogitar da aplicação do artigo 65, do Código de Processo Penal. Na legítima defesa putativa, o ato de quem a pratica é ilícito, embora não punível por não ser reprovável (isto é, por ausência de culpabilidade)" (*Tratado*, cit., p. 295-6).

Nessa linha decidiu o Tribunal de Justiça de São Paulo: "Responsabilidade civil – Disparo de arma de fogo feito por quem imaginava estar sendo assaltado – Alegação de legítima defesa putativa – Absolvição sumária na esfera criminal – Hipótese que não afasta o dever de indenizar – Excludente de responsabilidade que só se aplica em sendo a legítima defesa real" (*RT, 808*:224).

JURISPRUDÊNCIA

- "Indenização – Ação civil *ex delicto* – Legítima defesa – Causa excludente da ilicitude reconhecida por sentença penal absolutória transitada em julgado – Ausência da prática de ato ilícito – Impossibilidade de rediscussão da causa no juízo cível em face da coisa julgada no âmbito criminal – Verba indevida" (*RT, 840*:347).

- "Responsabilidade civil – Indenização – Absolvição do réu em processo-crime, pelo reconhecimento da legítima defesa própria – Preclusão da matéria. Faz coisa julgada no cível a sentença penal que reconhece ter sido o ato praticado em estado de necessidade, em legítima defesa, em estrito cumprimento do dever legal ou no exercício regular de direito" (*RT, 565*:97).

- "Indenização – Responsabilidade civil – Homicídio – Legítima defesa – Não obrigação de indenizar – Interpretação do art. 65 do Código de Processo Penal e arts. 929 e 930 do Código Civil" (*RJTJSP, 41*:120).

- "Responsabilidade civil – A absolvição baseada no requisito da legítima defesa vincula o juízo cível, pois o ato praticado em legítima defesa é também considerado lícito na esfera civil (art. 188, inc. I, do Código Civil). Reconhecida a legítima defesa própria pela decisão que transitou em julgado, não é possível reabrir a discussão sobre essa excludente de criminalidade, na jurisdição civil. Art. 65 do CPP" (STF, *RTJ, 83*:649).

- "Responsabilidade civil – Se a Justiça Penal reconheceu a legítima defesa, é impossível pleitear na Justiça Civil o ressarcimento do dano decorrente daquele ato" (*RT, 513*:265).

4. Despacho de arquivamento do inquérito

O Código de Processo Penal dispõe, ainda, no art. 67:

"Não impedirão igualmente a propositura da ação civil:

I – o despacho de arquivamento do inquérito ou das peças de informação;

II – a decisão que julgar extinta a punibilidade;

III – a sentença absolutória que decidir que o fato imputado não constitui crime".

A respeito do inciso I já se decidiu:

"Responsabilidade civil – O arquivamento de inquérito policial não impede o reconhecimento da culpa para o efeito da responsabilidade indenizatória" (*RT, 515*:74).

"Responsabilidade civil – O arquivamento de inquérito policial não impede o ajuizamento de ação civil de indenização contra o responsável por acidente" (*RT, 466*:67).

RESUMO

1. Sentença Condenatória	Sempre faz coisa julgada no cível, porque para haver condenação criminal o juiz tem de reconhecer a existência do fato e a sua autoria, bem como o dolo ou a culpa do agente (*v.* CPP, art. 91, I).	
2. Sentença absolutória	*Faz* coisa julgada no cível	a) Quando reconhece, expressamente, a inexistência do fato ou que o réu *não* foi o autor (CPP, art. 66; CC, art. 935, 2ª parte). b) Quando reconhece que o fato foi praticado em legítima defesa, em estado de necessidade, em estrito cumprimento do dever legal ou no exercício regular de um direito (CPP, art. 65). A legítima defesa precisa ser real e contra o agressor, pois a putativa e a que causa dano a terceiro não excluem a responsabilidade civil. Também não a exclui o ato praticado em estado de necessidade (CC, arts. 929 e 930).
	Não faz coisa julgada no cível	a) Quando a absolvição se dá por *falta* ou *insuficiência* de provas para a condenação (que podem ser produzidas pela vítima, no cível). b) Quando a absolvição se dá por não ter havido culpa do agente (CPP, art. 66). O juiz criminal é mais exigente em matéria de culpa. No cível, mesmo a culpa levíssima (insuficiente para a condenação criminal) obriga a indenizar. c) Quando ocorre absolvição porque se reconhece que o fato *não* constitui infração penal (mas pode ser ilícito civil — CPP, art. 67).

V., ainda, sobre as excludentes da responsabilidade civil, o Livro III (Os Meios de Defesa ou as Excludentes da Responsabilidade Civil).

5. Efeitos da coisa julgada civil na esfera criminal

Cumpre lembrar, por derradeiro, a existência de situações em que a sentença proferida no juízo cível é que vai influenciar o processo-crime, fazendo coisa julgada. Nas questões de estado, como, por exemplo, nos casos de bigamia, a sentença criminal ficará na dependência da decisão que vier a ser proferida na ação anulatória do primeiro ou do segundo casamento. Assim também nas questões relativas à posse e à propriedade. O crime de esbulho possessório é um exemplo. A sentença criminal se apoiará em uma situação jurídica da ordem civil. Se a sentença cível negar a existência dessa situação jurídica, aniquilará o fundamento da ação penal (cf. Washington de Barros Monteiro, *Curso*, cit., p. 427). Também, conforme lembra Aguiar Dias, "se, porventura, em ação cível se declarar, em controvérsia sobre a autenticidade de um documento, a improcedência da arguição de falsidade, não há como admitir, em juízo penal, a ação de falso. Com maioria de razão, a absolvição no cível, de pessoa responsabilizada por ato culposo, interditaria qualquer procedimento criminal pelo mesmo fato" (*Da responsabilidade*, cit., t. 2, p. 901).

A sentença civil, no entanto, em regra não tem influência no juízo criminal. Não se pode afirmar que a sentença proferida no juízo cível, condenatória ou absolutória, faz coisa julgada no juízo criminal.

Alguns, no entanto, entendem de forma diversa. Assis Toledo, citado por Alcides Amaral Salles em artigo publicado no jornal *O Estado de S. Paulo*, edição de 17 de março de 1985, afirmou: "É preciso sempre evitarem-se decisões conflitantes entre juízes integrantes do mesmo Poder. Inexistindo essa possibilidade de conflito, nada impede que ambos realizem, segundo seu livre convencimento e de acordo com critérios próprios do respectivo processo, cada qual o seu julgamento. Quando, porém, essa independência das jurisdições civil e penal puder conduzir, como no caso em exame, a decisões contraditórias e absurdas, há que se admitir a prejudicialidade de uma decisão sobre a outra, do juízo penal em relação ao cível, ou vice-versa, pouco importa, '*Ubi eadem ratio, ibi eadem legis dispositio*'".

A hipótese sobre a qual versava mencionado parecer era a de motorista réu que havia vencido ação de indenização porque a sentença havia considerado o autor responsável pelo acidente, julgando a ação improcedente. Após o trânsito em julgado da sentença, instaurou-se, porém, ação penal contra o referido réu, dando-o como infrator do art. 129, § 6º, do Código Penal. Inconformado com tal situação, por seu advogado impetrou ordem de *habeas corpus*, objetivando o trancamento do processo-crime, sustentando, entre outros motivos, não ser mais possível discutir-se a respeito da existência do fato e de sua autoria. Denegada a ordem, o impetrante, insistindo em seus argumentos, voltou-se para a Suprema Corte que, por sua vez, contrariando o ponto de vista da Procuradoria Geral da Justiça, manifestado no mencionado parecer, da lavra do Procurador Assis Toledo, negou provimento ao recurso. O aresto, em que foi relator o Min. Rafael Mayer, proclamou, por unanimidade, que a sentença civil não tem influência nem precedência lógica sobre o juízo criminal, ainda quando negue a existência do fato e da autoria constitutivos da responsabilidade penal, salvo no caso das prejudiciais heterogêneas contempladas nos arts. 92 e 93 do Código de Processo Penal (HC 59.716, Paraná, *RTJ*, *102*:127).

6. Suspensão do curso da ação civil

Como em alguns casos a sentença criminal tem influência na decisão a ser proferida no juízo cível, proposta a ação civil estando em curso a ação penal, faculta-se ao juiz do cível sobrestar o andamento da primeira.

Dispõe, com efeito, o art. 64 do Código de Processo Penal:

"Sem prejuízo do disposto no artigo anterior, a ação para ressarcimento do dano poderá ser proposta no juízo cível, contra o autor do crime e, se for caso, contra o responsável civil.

Parágrafo único. Intenda a ação penal, o juiz da ação civil poderá suspender o curso desta, até o julgamento definitivo daquela".

Estatui, por outro lado, o art. 315 do Código de Processo Civil:

"Se o conhecimento do mérito depender de verificação da existência de fato delituoso, o juiz pode determinar a suspensão do processo até que se pronuncie a justiça criminal".

No mesmo sentido dispõe o art. 313, V, *a*, do mesmo Código, isto é, a suspensão será determinada quando a "sentença" de mérito "depender do julgamento de outra causa ou da declaração da existência ou inexistência da relação jurídica que constitua o objeto principal de outro processo pendente".

O juiz civil tem a mera faculdade de determinar ou não a suspensão do andamento da ação, enquanto a questão penal não for definitivamente decidida. Entretanto, há casos em que o juiz deve determinar a suspensão, para evitar decisões contraditórias (quando se alega, no juízo criminal, legítima defesa real ou se nega a existência do fato ou a autoria). Há outros, contudo, em que tal suspensão se mostra desnecessária, como quando se argui insuficiência de provas para a condenação, inexistência de culpa ou que o fato não constitui infração penal.

Na realidade, a "suspensão do processo civil é providência que cabe ao prudente discernimento do juiz da causa, devendo, porém, observar para que o período de suspensão seja condicionado ao art. 265, § 5º, do CPC [de 1973, atual art. 313, § 5º]" (*RT*, *542*:232). O referido dispositivo proíbe a suspensão da ação civil por tempo superior a um ano. Findo esse prazo, o juiz mandará prosseguir no processo.

"A simples existência de inquérito policial não autoriza a suspensão da ação civil, porquanto a investigação não é fase da relação processual. Cumpre, ainda, registrar que a interposição de revisão criminal não autoriza o juiz, ou Tribunal, a suspender o curso da ação civil" (Frederico Marques, *Elementos*, cit., v. 3, p. 95, n. 647).

A absolvição conseguida em sede de revisão criminal em nada altera a situação que decorre do pronunciamento exarado na Justiça Cível, que não depende das conclusões prolatadas na Justiça Penal, máxime se o acórdão proferido na revisão não declarou que o fato não constituía infração penal ou que o réu não concorrera para que o fato se consumasse, decidindo tão somente que não existiam provas suficientes para a sua condenação no juízo criminal. Incabível ação rescisória, visto não ter sido contemplada no rol dos motivos para a rescisão dos julgados (CPC, art. 485 [de 1973, atual art. 966]) a hipótese de, pronunciada e transitada em julgado uma primeira sentença, esta servir de base a uma segunda sentença, mas que logicamente depende da decisão contida na primeira, e, passada em julgado a segunda sentença, surgirem depois elementos para impugnar a primeira sentença (cf. *RT*, *600*:103).

Se a ação civil estiver em andamento e sobrevier sentença criminal condenatória com trânsito em julgado, nenhum interesse processual haverá em dar continuidade ao processo de conhecimento, que deverá, assim, ser extinto por falta de interesse de agir (cf. *RT, 620*:83), pois o ofendido já passou a dispor de título executivo judicial. Já se decidiu que, nessa hipótese, o julgamento da lide deve ser tido por prejudicado, havendo voto vencido no sentido de que o processo devia ser declarado extinto sem julgamento do mérito, com base no art. 267, V, do Código de Processo Civil, em face da existência da coisa julgada material (*RT, 629*:140).

Se a ação civil, não suspensa, for julgada improcedente e a sentença transitar em julgado, poderá ocorrer a hipótese de o réu vir a ser condenado, posteriormente, na esfera criminal. Para Humberto Theodoro Júnior, "ainda que tenha sido julgada improcedente a ação de indenização, poderá a vítima executar civilmente o causador do dano, se este, posteriormente, vier a ser condenado no juízo criminal. Isto porque a sentença penal condenatória, por si só, é título executivo civil para assegurar a reparação em tela. E não poderá o culpado sequer invocar a exceção de coisa julgada, diante da autonomia apenas relativa das duas responsabilidades" (*Processo de execução*, cit., p. 100, n. 3).

A questão não é, todavia, pacífica, pois versa sobre o crucial problema do conflito de coisas julgadas.

Na realidade, não há nenhuma razão de ordem jurídica para que prevaleça a posterior condenação criminal, pois esta, ao surgir, esbarra numa situação definitivamente consolidada pela coisa julgada civil.

Só restará ao lesado a via da ação rescisória da sentença de improcedência da ação de indenização, se não decorrido ainda o prazo decadencial de dois anos e se presentes os requisitos exigidos no art. 966 do Código de Processo Civil para a sua propositura.

A ação penal que teve impacto na área cível suspende a prescrição da indenização (STJ, AgInt no AREsp 1.019.336-SP, 1ª T., rel. Min. Benedito Gonçalves, *DJe* 2-10-2017).

Jurisprudência

■ "Responsabilidade civil – Existência de ação penal onde se objetiva o reconhecimento da legítima defesa – Circunstância que excluiria 'ipso facto' a própria noção de ato ilícito – Artigo 160, inciso I, do Código Civil [*de 1916, correspondente ao art. 188, I, do atual diploma*] – Decisão determinando a suspensão da ação civil até o julgamento do processo criminal que não ofendeu a lei e evitará a ocorrência de decisões conflitantes e ofensivas ao prestígio da Justiça" (*RJTJSP, 110*:293, *126*:329).

■ "A ação de reparação de dano causado em acidente de veículos não se suspende até que seja decidida ação criminal em decorrência do mesmo acidente, instaurada contra um dos réus, se no crime não está sendo questionada a existência do fato ou quem seja o seu autor. Nos termos do art. 66 do Código de Processo Penal e 935 do Código Civil, somente essas circunstâncias decididas no juízo criminal não ensejariam requestionamento no juízo cível. A responsabilidade civil é independente da criminal, e a reparação de danos materiais pode existir mesmo sendo o réu absolvido na ação criminal que visa a punir homicídio ou lesões corporais, culposos ou dolosos" (*RT, 505*:233).

- "Nas hipóteses de investigação ou processo criminal com impacto em demandas cíveis, há a suspensão do prazo prescricional para a propositura de processos na esfera cível, como ações de indenização. Nesses casos, o lesado pode optar por ingressar com o processo cível de forma antecipada, conforme prevê o art. 935 do Código Civil, ou aguardar a solução da questão criminal para propor o pedido de ressarcimento, nos termos do art. 200 do Código Civil. Em se tratando de responsabilidade civil *ex delicto*, o exercício do direito subjetivo da vítima à reparação dos danos sofridos somente se torna viável em toda plenitude quando não pairam mais dúvidas acerca do contexto em que foi praticado o ato ilícito, sobretudo no que diz respeito à definição cabal da autoria, que, de praxe, é objeto de apuração concomitante no âmbito criminal" (STJ, REsp 1.631.870, 3ª T., rel. Min. Villas Bôas Cueva, Revista *Consultor Jurídico*, 19-10-2017).
- "Suspensão do processo – Admissibilidade se a ação civil tem por fundamento um único e mesmo fato que constitui fundamentação também da ação penal – Sobrestamento do feito, no entanto, que não poderá exceder um ano – Inteligência dos arts. 110 e 265, IV, *a*, e § 5º, do CPC [de 1973, atuais arts. 315 e 313, V, *a*]" (*RT, 773*:337).
- "Ação indenizatória – Pretendida suspensão do processo civil até o desfecho definitivo na esfera criminal – Admissibilidade somente diante da possibilidade de decisões contraditórias, ou quando se nega, no juízo criminal, a existência do fato ou da autoria – Inteligência do art. 1.525 do CC [*de 1916, correspondente ao art. 935 do atual*]" (STJ, *RT, 775*:213).
- "Tentativa de homicídio – Sobrestamento da ação civil – Indeferimento – Independência das responsabilidades civil e criminal – Alegação de legítima defesa, porém, que não permite a prova na ação civil – Possibilidade de conclusão diversa na esfera penal – Entendimento do artigo 1.525 do Código Civil [*de 1916, correspondente ao art. 935 do atual*], em consonância com o art. 65 do Código de Processo Penal – Hipótese de suspensão até decisão com trânsito em julgado no processo-crime – Recurso provido" (*JTJ*, Lex, *234*:233).
- "Responsabilidade civil – A existência de processo criminal contra motorista não justifica a paralisação de ação de indenização contra o proprietário do veículo" (*RT, 495*:87).
- "Responsabilidade civil – Nada impede que ação civil de indenização seja intentada antes do desfecho do processo criminal" (*RT, 462*:83).
- "Indenização – Ato ilícito – Existência de ação penal onde se objetiva o reconhecimento da legítima defesa – Circunstância que excluiria 'ipso facto' a própria noção de ato ilícito – Artigo 160, inciso I, do Código Civil [*de 1916, correspondente ao art. 188 do atual Código*] – Suspensão da ação civil até o julgamento do processo criminal – Recurso não provido" (*RJTJSP, 110*:292).
- "Responsabilidade civil – Dependência do resultado da ação criminal – Suspensão do processo civil – Admissibilidade. A responsabilidade civil é independente da criminal, em regra. Os parâmetros para a procedência da ação civil diferem do mesmo caminho quanto à ação penal; nesta alça-se a culpa ou o dolo; no campo civil, levíssima a culpa, embora, o agente responde. Não importa, mesmo, para o êxito da ação civil a absolvição do réu, "quando não tiver sido, categoricamente, reconhecida a inexistência material do fato". Tratando-se, porém, de imputação de tentativa de homicídio, avulta a possibilidade, em tese, de discutir-se sobre o reconhecimento da legítima defesa, que afastaria o escopo civil de acionamento. Entretanto, o conflito apenas se estabeleceria com a prolação de sentença no cível, antecipando-se ao reconhecimento penal e final" (TJSP, 7ª Câm., AgI 129.809-SP, rel. Des. Benini Cabral, *Boletim da AASP*, n. 1.636, p. 103).

- "Tratando-se de ação indenizatória por ato ilícito, a faculdade conferida ao juiz no parágrafo único do art. 64 do CPP, de suspender o feito até o julgamento definitivo da ação penal intentada, é recomendável somente quando se questionar a autoria ou a existência do fato. Inviável o sobrestamento até que se prove a culpabilidade do agente" (*RT, 655*:150).
- "Suspensão do processo – Colisão de veículos – Ação de indenização – Sobrestamento até o julgamento da ação penal – Agravo provido. Não se justifica o sobrestamento de ação cível de indenização por colisão de veículos, se o autor não funda a demanda na existência de crime e se não há dúvida sobre a existência do fato e da sua autoria" (*RT, 492*:109).
- "Ato ilícito – Suspensão do processo em virtude da existência de ação penal em curso relativa ao mesmo fato – Inadmissibilidade – Prejudicialidade inexistente – Independência das esferas civil e criminal em tema de ilícito – Transcurso, ademais, de prazo excedente de um ano de paralisação do feito – Prosseguimento determinado. Ao lesado é lícito aguardar o trânsito em julgado de sentença penal para propor execução civil. Porém, se optar pelo processo de conhecimento, não pode o juízo cível, sob fundamento de prejudicialidade (art. 265, IV, *a*, do CPC [de 1973, atual art. 313, V, *a*]), obrigá-lo à primeira alternativa, desconsiderando a translúcida independência da jurisdição civil em tema de ilícito. Ademais, precisamente no caso do art. 265, IV, *a*, do CPC incide norma processual de alcance inequívoco proibindo a suspensão por prazo superior a um ano (§ 5º)" (*RT, 620*:83).

Título III
DA RELAÇÃO DE CAUSALIDADE

1. O liame da causalidade

Um dos pressupostos da responsabilidade civil é a existência de um nexo causal entre o fato ilícito e o dano por ele produzido. Sem essa relação de causalidade não se admite a obrigação de indenizar. O art. 186 do Código Civil a exige expressamente, ao atribuir a obrigação de reparar o dano àquele que, por ação ou omissão voluntária, negligência ou imprudência, causar prejuízo a outrem.

O dano só pode gerar responsabilidade quando seja possível estabelecer um nexo causal entre ele e o seu autor, ou, como diz Savatier, "um dano só produz responsabilidade, quando ele tem por causa uma falta cometida ou um risco legalmente sancionado" (*Traité*, cit., v. 2, n. 456)[90].

Entretanto, qual o critério que poderemos utilizar para chegar à conclusão de que, no concurso de várias circunstâncias, uma dentre elas é que foi o fator determinante do prejuízo? A resposta a essa pergunta constituiu um dos problemas mais debatidos em direito, pois que só nos meados do século XIX é que ele passou a tomar uma forma definida.

O que se deve entender, juridicamente, por nexo causal determinador da responsabilidade civil? O esclarecimento dessa noção vamos encontrá-lo na lição de Demogue, ao precisar que

---
90. Agostinho Alvim, *Da inexecução*, cit., p. 324.

não pode haver uma questão de nexo causal senão tanto quanto se esteja diante de uma relação necessária entre o fato incriminado e o prejuízo. É necessário que se torne absolutamente certo que, sem esse fato, o prejuízo não poderia ter lugar[91].

A teoria do nexo causal encerra dificuldades porque, em razão do aparecimento de concausas, a pesquisa da verdadeira causa do dano nem sempre é fácil. Essas concausas podem ser sucessivas ou simultâneas. Nas últimas, há um só dano, ocasionado por mais de uma causa. É a hipótese de um dano que pode ser atribuído a várias pessoas. O Código Civil, em matéria de responsabilidade extracontratual, dispõe que a responsabilidade é solidária neste caso (cf. art. 942, parágrafo único).

A grande dificuldade, entretanto, está no estudo das concausas sucessivas, em que se estabelece uma cadeia de causas e efeitos. A dificuldade está em saber qual delas deve ser escolhida como sendo a responsável pelos danos. Agostinho Alvim exemplifica e faz as seguintes indagações: "Suponha-se que um prédio desaba por culpa do engenheiro que foi inábil; o desabamento proporcionou o saque; o saque deu como consequência a perda de uma elevada soma, que estava guardada em casa, o que, por sua vez, gerou a falência do proprietário. O engenheiro responde por esta falência?"

Outra: "Suponha-se que certo doente não tenha sido operado com observância das regras da assepsia, complicando-se o seu estado de saúde. Suponha-se mais que, chamado outro médico, o tratamento, indicado como corretivo, seja contraproducente, e o doente venha a falecer. A morte, aqui, supõe pluralidade de causas, a saber, a operação menos feliz, em desacordo com os preceitos da arte, e a imperícia do médico chamado para corrigir o primeiro erro. Temos, pois, a hipótese de concausas sucessivas" (*Da inexecução,* cit., p. 328).

Três são as principais teorias a respeito: a da equivalência das condições, a da causalidade adequada e a que exige que o dano seja consequência imediata do fato que o produziu.

2. A pesquisa do nexo causal

Pela teoria da equivalência das condições, toda e qualquer circunstância que haja concorrido para produzir o dano é considerada uma causa. A sua equivalência resulta de que, suprimida uma delas, o dano não se verificaria[92].

O ato do autor do dano era condição *sine qua non* para que o dano se verificasse. Por isso, chama-se esta teoria *da equivalência das condições ou da condição "sine qua non"* (cf. Espínola, *Sistema do direito civil brasileiro,* v. 2, t. 1, p. 514).

Tal teoria, entretanto, pode conduzir a resultados absurdos dentro do direito. Demogue a critica, lembrando que são de nenhum valor certos liames entre alguns antecedentes, que qualifica de negativos e irrelevantes. E considera, para melhor explicitar o seu pensamento, que o nascimento de uma pessoa não pode, absolutamente, ser tido como causa do acidente de que foi vítima, embora possa ser havido como condição *sine qua non* do evento[93].

---

91. Miguel M. de Serpa Lopes, *Curso,* cit., v. 5, p. 251-2.
92. Agostinho Alvim, *Da inexecução,* cit., p. 329.
93. René Demogue, *Traité,* cit., v. 4, p. 12.

Nélson Hungria, por sua vez, lembra que, na hipótese de um homicídio, poderia fazer-se estender, segundo tal teoria, a responsabilidade pelo evento danoso ao próprio fabricante da arma com a qual o dano se perpetrou. Ou talvez se tivesse de responsabilizar também, como partícipe do adultério, o próprio marceneiro que fabricou o leito no qual se deitou o casal amoroso[94]...

A segunda teoria, a *da causalidade adequada*, somente considera como causadora do dano a condição por si só apta a produzi-lo. Ocorrendo certo dano, temos de concluir que o fato que o originou era capaz de lhe dar causa. Se tal relação de causa e efeito existe sempre em casos dessa natureza, diz-se que a causa era adequada a produzir o efeito. Se existiu no caso em apreciação somente por força de uma circunstância acidental, diz-se que a causa não era adequada.

Ilustrando, o Tribunal de Justiça de Minas Gerais se manifestou nos seguintes termos: "Sob a perspectiva da Teoria da Causalidade Adequada, aplicável ao Direito Privado e Administrativo, dentre as várias possíveis causas concorrentes para determinado resultado, existe apenas uma, a adequada, que se considera como aquela essencial à sua produção, não obstante possível contribuição de outras" (TJMG, Ap. 1.0000.23.044925-8/001, 1ª C. Cív., Rel. Des. Márcio Idalmo Santos Miranda, j. 27-6-2023).

As duas teorias podem ser facilmente compreendidas com o seguinte exemplo: A deu uma pancada ligeira no crânio de B, a qual seria insuficiente para causar o menor ferimento num indivíduo normalmente constituído, mas que causou a B, que tinha uma fraqueza particular dos ossos do crânio, uma fratura de que resultou a morte. O prejuízo deu-se, apesar de o fato ilícito praticado por A não ser causa adequada a produzir aquele dano em um homem adulto.

Segundo a teoria da equivalência das condições, a pancada é uma condição *sine qua non* do prejuízo causado, pelo qual o seu autor terá de responder. Ao contrário, não haveria responsabilidade, em face da teoria da causalidade adequada (Cardoso de Gouveia, *Da responsabilidade contratual*, n. 69).

A terceira teoria, a dos chamados *danos diretos e imediatos*, nada mais é do que um amálgama das anteriores, com certa amenização no que tange às extremas consequências a que se pudesse chegar na aplicação prática de tais teorias. Seria o desejável meio-termo, mais razoável[95].

Tal teoria foi denominada por Enneccerus "*Teoria da interrupção do nexo causal*". A interrupção do nexo causal ocorreria, segundo seu ensinamento, toda vez que, devendo impor-se um determinado resultado como normal consequência do desenrolar de certos acontecimentos, tal não se verificasse pelo surgimento de uma circunstância outra que, com anterioridade, fosse aquela que acabasse por responder por esse mesmo esperado resultado. Tal circunstância outra se constituiria na chamada *causa estranha* (Enneccerus e Lehmann, *Derecho de obligaciones*, v. 1, t. 1, § 11, p. 72, n. 3).

Para Agostinho Alvim, que a chama de *teoria da relação causal imediata*, requer ela haja, entre a inexecução da obrigação e o dano, uma relação de causa e efeito direta e imediata. Reconhece, entretanto, a dificuldade em formular a essência dessa teoria do dano direto e imediato, mostrando a discussão que se travou, e as diversas variantes e teorias que surgiram, tentando

---

94. Nélson Hungria, *Comentários ao Código Penal*, 4. ed., v. 1, t. 2, p. 66.
95. Wilson Melo da Silva, *Responsabilidade*, cit., p. 206 e 230.

explicar a exata extensão da tal *causa estranha*. Conclui afirmando que, dentre todas elas, a variante que melhor explica a teoria do dano direto é a que se reporta à necessariedade da causa.

Assim, "é indenizável todo dano que se filia a uma causa, ainda que remota, desde que ela lhe seja causa necessária, por não existir outra que explique o mesmo dano. Quer a lei que o dano seja o efeito direto e imediato da inexecução" (*Da inexecução*, cit., p. 339).

O agente primeiro responderia tão só pelos danos que se prendessem a seu ato por um vínculo de necessariedade. Pelos danos consequentes das causas estranhas responderiam os respectivos agentes. No clássico exemplo do acidentado que, ao ser conduzido em uma ambulância para o hospital, vem a falecer em virtude de tremenda colisão da ambulância com um outro veículo, responderia o autor do dano primeiro da vítima, o responsável pelo seu ferimento, apenas pelos prejuízos de tais ferimentos oriundos. Pelos danos da morte dessa mesma vítima em decorrência do abalroamento da ambulância, na qual era transportada ao hospital, com o outro veículo, responderia o motorista da ambulância ou o do carro abalroador, ou ambos. Mas o agente do primeiro evento não responderia por todos os danos, isto é, pelos ferimentos e pela morte[96].

Mas, segundo reconhece o próprio Agostinho Alvim, a teoria da necessariedade da causa não tem o condão de resolver todas as dificuldades práticas que surgem, embora seja a que de modo mais perfeito e mais simples cristalize a doutrina do dano direto e imediato, adotada pelo nosso Código. Enneccerus, por sua vez, pondera: "A difícil questão de saber até onde vai o nexo causal não se pode resolver nunca, de uma maneira plenamente satisfatória, mediante regras abstratas, mas em casos de dúvida o juiz há de resolver segundo sua livre convicção, ponderando todas as circunstâncias, segundo lhe faculta o § 287 da LPC" (lei processual alemã).

Das várias teorias sobre o nexo causal, o nosso Código adotou, indiscutivelmente, a do dano direto e imediato, como está expresso no art. 403; e das várias escolas que explicam o dano direto e imediato, a mais autorizada é a que se reporta à consequência necessária.

Dispõe, com efeito, o mencionado art. 403 do Código Civil: "Ainda que a inexecução resulte de dolo do devedor, as perdas e danos só incluem os prejuízos efetivos e os lucros cessantes por efeito dela direto e imediato, sem prejuízo do disposto na lei processual".

Não é, portanto, indenizável o chamado "dano remoto", que seria consequência "indireta" do inadimplemento, envolvendo lucros cessantes para cuja efetiva configuração tivessem de concorrer outros fatores que não fosse apenas a execução a que o devedor faltou, ainda que doloso o seu procedimento (Caio Mário da Silva Pereira, *Instituições*, cit., v. 2, p. 231).

Segundo Agostinho Alvim, "os danos indiretos ou remotos não se excluem, só por isso; em regra, não são indenizáveis, porque deixam de ser efeito necessário, pelo aparecimento de concausas. Suposto não existam estas, aqueles danos são indenizáveis" (*Da inexecução*, cit., p. 351, n. 226).

Pothier fornece o exemplo de alguém que vende uma vaca que sabe pestilenta e que contamina o rebanho do adquirente. Deve, em consequência, indenizar o valor do animal vendido e também o daqueles que morreram em virtude do contágio. Mas não responde pelos prejuízos decorrentes da impossibilidade do cultivo da terra, por terem sido atingidos pela

---

96. Wilson Melo da Silva, *Responsabilidade*, cit., p. 237.

doença também os animais que eram utilizados nesse serviço. É que esses danos, embora filiados a ato seu, acham-se do mesmo muito distante.

E prosseguindo, indaga: Se, por não ter cultivado minhas terras, deixei de pagar minhas dívidas; e se este último fato tiver levado meus credores a venderem meus bens a preço vil, responderá o vendedor por este último dano? Afirma Pothier que não responde. E isso porque, embora a perda da minha fortuna possa ter sido influenciada por aquele fato, ela pode ter outras causas (*Traité des obligations*, n. 166 e 167, in *Oeuvres de Pothier*, v. 2).

Nos exemplos mencionados, o dano não é consequência necessária da inexecução, podendo a inatividade do credor (que poderia ter comprado ou arrendado outros animais, ou mesmo as suas terras de cultura) ou as suas dificuldades financeiras ser consideradas as verdadeiras causas do dano que se seguiu à inexecução.

Se alguém, por exemplo, sofre um acidente automobilístico no instante em que se dirigia ao aeroporto para uma viagem de negócios, pode responsabilizar o motorista causador do dano pelos prejuízos que resultarem direta e imediatamente do sinistro, como as despesas médico-hospitalares e os estragos do veículo, bem como os lucros cessantes, referentes aos dias de serviço perdidos. Mas não poderá cobrar os danos remotos, atinentes aos eventuais lucros que poderia ter auferido, se tivesse viajado e efetuado os negócios que tinha em mente. Como ensina Hans Albrecht Fischer, citado por Washington de Barros Monteiro (*Curso*, cit., v. 4, p. 366), ao direito compete distinguir cuidadosamente essas miragens de lucro, de que falava Dernburg, da verdadeira ideia de dano. Não se indenizam esperanças desfeitas, nem danos potenciais, eventuais, supostos ou abstratos.

Ao legislador, portanto, quando adotou a teoria do dano direto e imediato, repugnou-lhe sujeitar o autor do dano a todas as nefastas consequências do seu ato, quando já não ligadas a ele diretamente. Este foi, indubitavelmente, o seu ponto de vista. E o legislador, a nosso ver, está certo, porque não é justo decidir-se pela responsabilidade ilimitada do autor do primeiro dano (Agostinho Alvim, *Da inexecução*, cit., p. 353).

3. A negação do liame da causalidade: as excludentes da responsabilidade

Há certos fatos que interferem nos acontecimentos ilícitos e rompem o nexo causal, excluindo a responsabilidade do agente. As principais excludentes da responsabilidade civil, que envolvem a negação do liame de causalidade e serão estudadas no final desta obra, são: o estado de necessidade, a legítima defesa, a culpa da vítima, o fato de terceiro, a cláusula de não indenizar e o caso fortuito ou força maior.

Assim, por exemplo, se alguém, desejando suicidar-se, atira-se sob as rodas de um veículo, o seu motorista, que o dirigia de forma normal e prudente, não pode ser considerado o causador do atropelamento. Foi ele um mero instrumento da vontade da vítima, esta, sim, a única culpada pelo evento. Não há relação de causa e efeito entre o ato culposo do agente e o prejuízo, quando a culpa é exclusiva da vítima. Da mesma forma, se se trata de força maior (se o raio provocou o incêndio que matou os passageiros transportados pelo ônibus), de fato de terceiro ou de alguma outra excludente, nesses casos, considera-se excluída a relação de causalidade. O ato do agente não pode ser tido como causa do evento.

Tem-se entendido que as *concausas preexistentes* não eliminam a relação causal, considerando-se como tais aquelas que já existiam quando da conduta do agente. Assim, por exemplo, as condições pessoais de saúde da vítima, embora às vezes agravem o resultado, em nada diminuem a responsabilidade do agente. Se de um atropelamento resultam complicações por ser a vítima cardíaca ou diabética, o agente responde pelo resultado mais grave, independentemente de ter ou não conhecimento da concausa antecedente que agravou o dano.

Idêntica é a situação da *causa superveniente*. Embora concorra também para o agravamento do resultado, em nada favorece o agente. Se, por exemplo, a vítima de um atropelamento não é socorrida em tempo e perde muito sangue, vindo a falecer, essa causa superveniente, malgrado tenha concorrido para a morte da vítima, será irrelevante em relação ao agente, porque, por si só, não produziu o resultado, mas apenas o reforçou. A causa superveniente só terá relevância quando, rompendo o nexo causal anterior, erige-se em causa direta e imediata do novo dano. A mesma consequência decorre da *causa concomitante*, que por si só acarrete o resultado. Não se culpa, por exemplo, o médico porque a paciente morreu durante o parto, vítima da ruptura de um edema, que não guarda nenhuma relação com o parto e pode ter origem congênita (cf. Sérgio Cavalieri Filho, *Programa*, cit., p. 63).

Título IV
DO DANO E SUA LIQUIDAÇÃO

Capítulo I
DO DANO INDENIZÁVEL

1. Conceito e requisitos do dano

Para Agostinho Alvim, o termo "dano, em sentido amplo, vem a ser a lesão de qualquer bem jurídico, e aí se inclui o dano moral. Mas, em sentido estrito, dano é, para nós, a lesão do patrimônio; e patrimônio é o conjunto das relações jurídicas de uma pessoa, apreciáveis em dinheiro. Aprecia-se o dano tendo em vista a diminuição sofrida no patrimônio. Logo, a matéria do dano prende-se à da indenização, de modo que só interessa o estudo do dano indenizável" (*Da inexecução*, cit., p. 171-2).

Essa opinião sintetiza bem o assunto, pois, enquanto o conceito clássico de dano é o de que constitui ele uma "diminuição do patrimônio", alguns autores o definem como a diminuição ou subtração de um "bem jurídico", para abranger não só o patrimônio, mas a honra, a saúde, a vida, suscetíveis de proteção.

Enneccerus conceitua o dano como "toda desvantagem que experimentamos em nossos bens jurídicos (patrimônio, corpo, vida, saúde, honra, crédito, bem-estar, capacidade de aquisição etc.)". E acrescenta: "Como, via de regra, a obrigação de indenizar se limita ao dano patrimonial, a palavra 'dano' se emprega correntemente, na linguagem jurídica, no sentido de dano patrimonial" (*Derecho de obligaciones*, v. 1, § 10).

Indenizar significa reparar o dano causado à vítima, integralmente. Se possível, restaurando o *statu quo ante,* isto é, devolvendo-a ao estado em que se encontrava antes da ocorrência do ato ilícito. Todavia, como na maioria dos casos se torna impossível tal desiderato, busca-se uma compensação em forma de pagamento de uma indenização monetária. Deste modo, sendo impossível devolver a vida à vítima de um crime de homicídio, a lei procura remediar a situação, impondo ao homicida a obrigação de pagar uma pensão mensal às pessoas a quem o defunto sustentava, além das despesas de tratamento da vítima, seu funeral e luto da família.

Assim, o dano, em toda a sua extensão, há de abranger aquilo que efetivamente se perdeu e aquilo que se deixou de lucrar: o dano emergente e o lucro cessante. Alguns Códigos, como o francês, usam a expressão *danos e interesses* para designar o dano emergente e o lucro cessante, a qual, sem dúvida, é melhor que a empregada pelo nosso Código: *perdas e danos.* Perdas e danos são expressões sinônimas, que designam, simplesmente, o dano emergente. Enquanto se dissermos *danos e interesses* estaremos designando assim o dano emergente, a diminuição, como o lucro cessante, isto é, a privação do aumento, conforme lembra bem Agostinho Alvim (*Da inexecução*, cit., p. 175).

Os pressupostos da obrigação de indenizar são: ação ou omissão do agente, culpa, nexo causal e dano. O elemento culpa é dispensado em alguns casos. Os demais, entretanto, são imprescindíveis. Não se pode falar em responsabilidade civil ou em dever de indenizar se não houve dano. Este princípio está consagrado nos arts. 402 e 403 do Código Civil. As exceções ressalvadas no primeiro dispositivo mencionado dizem respeito aos juros moratórios e à cláusula penal, conforme consta dos arts. 416 e 407. Agostinho Alvim lembra, ainda, a multa penitencial e as arras penitenciais, aduzindo que não são propriamente casos de indenização sem dano e sim de dispensa da alegação de prejuízo (*Da inexecução*, cit., p. 180). E acrescenta: "Como regra geral, devemos ter presente que a inexistência de dano é óbice à pretensão de uma reparação, aliás sem objeto. Ainda mesmo que haja violação de um dever jurídico e que tenha existido culpa e até mesmo dolo por parte do infrator, nenhuma indenização será devida, uma vez que não se tenha verificado prejuízo".

Também nenhuma indenização será devida se o dano não for "atual" e "certo". Isto porque nem todo dano é ressarcível, mas somente o que preencher os requisitos de certeza e atualidade.

Segundo Lalou (*Traité pratique de la responsabilité civile*, n. 137-40), atual é o dano que já existe "no momento da ação de responsabilidade; certo, isto é, fundado sobre um fato preciso e não sobre hipótese". Em princípio, acrescenta, "um dano futuro não justifica uma ação de indenização". Admite, no entanto, que essa regra não é absoluta, ao ressalvar que uma ação de perdas e danos por um prejuízo futuro é possível quando este prejuízo é a consequência de um "dano presente e que os tribunais tenham elementos de apreciação para avaliar o prejuízo futuro".

O requisito da "certeza" do dano afasta a possibilidade de reparação do dano meramente hipotético ou eventual, que poderá não se concretizar. Tanto assim que, na apuração dos lucros cessantes, não basta a simples possibilidade de realização do lucro, embora não seja indispensável a absoluta certeza de que este se teria verificado sem a interferência do evento danoso. O que deve existir é uma probabilidade objetiva que resulte do curso normal das coisas, como se infere do advérbio "razoavelmente", colocado no art. 402 do Código Civil ("o que razoavelmente deixou de lucrar"). Tal advérbio não significa que se pagará aquilo que for razoável (ideia quantitativa) e sim que se pagará se se puder, razoavelmente, admitir que houve lucro cessante (ideia que se prende à existência mesma do prejuízo).

Caio Mário cita um caso concreto, em que o Tribunal de Minas Gerais acolheu a sua tese de que a indenização não podia ser concedida, nos termos pleiteados, porque seria aceitar a tese do dano hipotético, que poderia não vir a concretizar-se. Tratava-se de um jovem que argumentava com sua inclinação pela carreira das armas e que, em razão do dano sofrido, tornara-se inabilitado. Raciocinava que, em razão de sua idade e de sua vida provável, poderia, dentro na previsão desta, atingir o generalato (*Instituições*, cit., p. 47).

A esse propósito, é de ser lembrada a precisa e clara lição de Savatier: "Ce qui s'oppose alors au dommage actuel ou présent, ce n'est pas tout dommage futur, mais seulement le dommage eventuel, c'est-à-dire, dont la realisation est incertaine". E prossegue: "Ce dernier ne peut ouvrir une action. La demande en réparation est, en effet, prématurée, tant n'est pas acquise la certitude d'un dommage, au moins sous forme de menace actuelle, ou de perte d'une chance" (*Traité*, cit., v. 2, p. 89).

Decidiu o Tribunal de Justiça de São Paulo:

"Somente danos diretos e efetivos, por efeito imediato do ato culposo, encontram no Código Civil suporte de ressarcimento. Se dano não houver, falta matéria para a indenização. Incerto e eventual é o dano quando resultaria de hipotético agravamento da lesão".

A ementa é a seguinte:

"Responsabilidade civil – Dano estético incerto e eventual – Referência sobre ocorrência futura que derivaria de hipotético agravamento da lesão – Indenização incabível" (*RT*, *612*:44).

Comprovado o dano, pode-se deixar a apuração do percentual indenizatório para perícia futura. É o que também decidiu o Tribunal de Justiça de São Paulo:

"Indenização – Danos físicos causados a menor em razão de negligência em tratamento médico-hospitalar – Perda da capacidade laborativa – Indenização fixada a partir dos doze anos, limite legal e constitucional para trabalho pela vítima – Percentual indenizatório, no entanto, condicionado à futura perícia médica a que se submeterá a ofendida – Ação procedente – Recurso parcialmente provido" (*RJTJSP*, *109*:130).

Admite-se, preenchidos os requisitos da certeza do dano, a indenização do chamado "dano em ricochete", que se configura quando uma pessoa sofre o reflexo de um dano causado a outrem. É o que acontece, por exemplo, quando o ex-marido, que deve à ex-mulher ou aos filhos uma pensão devida em consequência de separação, vem a ficar incapacitado para prestá-la, em consequência de um dano que sofreu. Indaga-se se nesse caso o prejudicado tem ação contra o causador do dano, embora não seja ele diretamente o atingido.

Caio Mário da Silva Pereira discorre a respeito, argumentando: "Se o problema é complexo na sua apresentação, mais ainda o será na sua solução. Na falta de um princípio que o defina francamente, o que se deve adotar como solução é a regra da 'certeza do dano'. Se pela morte ou incapacidade da vítima, as pessoas, que dela se beneficiavam, ficaram privadas de socorro, o dano é certo, e cabe ação contra o causador. Vitimando a pessoa que prestava alimentos a outras pessoas, privou-as do socorro e causou-lhes prejuízo certo. É o caso, por exemplo, da ex-esposa da vítima que, juridicamente, recebia dela uma pensão. Embora não seja diretamente atingida, tem ação de reparação por dano reflexo ou em ricochete, porque existe a certeza do prejuízo, e, portanto, está positivado o requisito do dano como elementar da responsabilidade civil. Em linhas gerais, pode-se concluir que é reparável o dano reflexo ou em ricochete, dês que seja certa a repercussão do dano principal, por atingir a pessoa que lhe sofra a repercussão, e esta seja devidamente comprovada" (*Instituições*, cit., p. 50).

Alguns autores estabelecem distinções entre as expressões "ressarcimento", "reparação" e "indenização". *Ressarcimento* é o pagamento de todo o prejuízo material sofrido, abrangendo o dano emergente e os lucros cessantes, o principal e os acréscimos que lhe adviriam com o tempo e com o emprego da coisa. *Reparação* é a compensação pelo dano moral, a fim de minorar a dor sofrida pela vítima. E a *indenização* é reservada para a compensação do dano decorrente de ato lícito do Estado, lesivo do particular, como ocorre nas desapropriações. A Constituição Federal, contudo, usou-a como gênero, do qual o ressarcimento e a reparação são espécies, ao assegurar, no art. 5º, V e X, indenização por dano material e moral.

2. Espécies de dano

2.1. Dano material e moral, direto e indireto (reflexo ou em ricochete)

O dano pode ser *material* (ou patrimonial) e *moral* (ou extrapatrimonial). Pode ser, ainda, *direto* e *indireto* (reflexo ou em ricochete).

Material é o dano que afeta somente o patrimônio do ofendido. *Moral* é o que só ofende o devedor como ser humano, não lhe atingindo o patrimônio. A expressão "dano moral" deve ser reservada exclusivamente para designar a lesão que não produz qualquer efeito patrimonial. Se há consequências de ordem patrimonial, ainda que mediante repercussão, o dano deixa de ser extrapatrimonial.

Direto é o dano que atinge diretamente o lesado ou os seus bens. O *indireto*, também denominado "dano reflexo" ou "dano em ricochete", configura-se quando uma pessoa sofre o reflexo de um dano causado a outrem. É o que acontece, por exemplo, quando o ex-marido, que deve à ex-mulher ou aos filhos pensão alimentícia, vem a ficar incapacitado para prestá-la, em consequência de um dano que sofreu. Nesse caso, o prejudicado tem ação contra o causador do dano, embora não seja ele diretamente o atingido, porque existe a certeza do prejuízo. Caio Mário da Silva Pereira discorre a respeito, argumentando: "Se pela morte ou incapacidade da vítima, as pessoas, que dela se beneficiavam, ficaram privadas de socorro, o dano é certo, e cabe ação contra o causador. Vitimando a pessoa que prestava alimentos a outras pessoas, privou-as do socorro e causou-lhes prejuízo certo" (*Instituições de direito civil*, v. 3, p. 50).

O Superior Tribunal de Justiça tem reconhecido a ocorrência de dano moral reflexo ou indireto, também denominado dano moral por ricochete, como já dito, em pedidos de reparação feitos por parentes ou pessoas que mantenham fortes vínculos afetivos com a vítima, entendendo que o sofrimento, a dor e o trauma provocados pela morte de um ente querido podem gerar o dever de indenizar (STJ, REsp 1.208.949-MG, rel. Min. Nancy Andrighi, disponível em <www.editoramagister.com>, acesso em 12 abr. 2011; REsp 160.125-DF, rel. Min. Sálvio de Figueiredo Teixeira, 1999).

A referida Corte reconheceu ainda que:
a) apesar de ser comumente admitido em casos de morte, o dano moral por ricochete também pode ocorrer quando o ente querido sobrevive ao sinistro. Na hipótese em julgamento, os pais, os irmãos e a própria vítima, uma estudante do Rio de Janeiro alvejada

por uma bala perdida e que ficou tetraplégica, moveram ação de indenização por danos materiais, morais e estéticos contra a Universidade Estácio de Sá. A vítima direta teve a sua pretensão atendida, sendo que os seus pais foram indenizados em R$ 100 mil, cada um, por danos morais reflexos, e os irmãos em R$ 50 mil cada (STJ, REsp 876.448-RJ, 3ª T., rel. Min. Sidnei Beneti, disponível em <www.editoramagister.com>, acesso em 12 abr. 2011).

b) é possível a condenação para pagamento de indenização por dano moral reflexo quando a agressão moral praticada repercutir intimamente no núcleo familiar formado por pai, mãe, cônjuges ou filhos da vítima diretamente atingida. A doutrina e a jurisprudência da referida Corte Superior tem admitido, em certas situações, que pessoas muito próximas afetivamente à pessoa insultada, que se sintam atingidas pelo evento danoso, possam pedir o chamado dano moral reflexo ou em ricochete (STJ, REsp 1.119.632, 4ª T., rel. Min. Raul Araújo, Revista *Consultor Jurídico*, 25-9-2017).

c) amputação pode gerar danos morais e estéticos cumulativamente, segundo o *Superior Tribunal de Justiça*. Para além do prejuízo estético, a amputação do corpo humano em decorrência de acidente atinge a integridade psíquica da vítima, trazendo dor e sofrimento, com afetação de sua autoestima e reflexos no próprio esquema de vida. Com esse entendimento, a 3ª Turma do Superior Tribunal de Justiça manteve a condenação de uma empresa de transporte coletivo a indenizar um homem que, ao cair de um ônibus ao tentar descer do veículo, ficou com uma das pernas prensada na porta e foi arrastado. Como consequência, o referido passageiro precisou amputar alguns dedos da perna direita. A perna esquerda também sofreu várias lesões. Nos meses seguintes, ambas as pernas foram amputadas em decorrência de infecção generalizada. Na aludida Corte, a empresa alegou que a amputação não tem nexo causal com o acidente. O dano moral restou caracterizado devido à perda das duas pernas, mas também pelo longo e doloroso tratamento a que precisou se submeter. De fato, "para além do prejuízo estético a perda de dois importantes membros do corpo atinge a integridade psíquica do ser humano, trazendo-lhe dor e sofrimento em razão da lesão deformadora de sua plenitude física, com sofrimento em razão da lesão deformadora de sua plenitude física, com afetação de sua autoestima e reflexos no próprio esquema de vida, seja no âmbito do exercício de atividades profissionais, como nas simples relações do meio social (STJ, REsp 1.884.887, 3ª T., rel. Min. Nancy Andrighi, in Revista *Consultor Jurídico* de 20-8-2021.

2.2. Novos danos: pela perda de uma chance, danos morais coletivos e danos sociais

Além das espécies tradicionais já mencionadas, tem a jurisprudência reconhecido *novas categorias de danos*, tais como danos por perda de uma chance, danos morais coletivos e danos sociais.

Os *danos por perda de uma chance* já foram comentados no Capítulo II (Responsabilidade contratual), Seções III e IV (Responsabilidade civil dos médicos e dos advogados), às quais nos reportamos.

O *dano moral coletivo* constitui, segundo Carlos Alberto Bittar Filho, "a injusta lesão da esfera moral de uma dada comunidade, ou seja, é a violação antijurídica de um determinado círculo de valores coletivos". Ocorre dano moral à coletividade, *verbi gratia*, nos casos de propaganda enganosa ou ofensiva; de ofensa aos valores e credos de determinada religião; de discriminação de determinada comunidade ou raça; de colocação em risco da saúde ou da integridade física dos trabalhadores de uma empresa em face da não adoção de medidas de segurança obrigatórias; de descumprimento de medidas estabelecidas por lei, como no caso das cotas reservadas para deficientes físicos no mercado de trabalho etc.

Não é, todavia, todo dano que dá ensejo à indenização por dano moral coletivo. É necessário que o fato danoso seja grave e ultrapasse os limites toleráveis, causando efetivamente um dano coletivo, gerando sofrimento e intranquilidade social. Já se decidiu, com efeito, que, "Para configuração do dano moral coletivo é necessário haver, além de conduta antijurídica, ofensa grave e intolerável a valores e interesses morais de uma dada comunidade, dano que é perceptível a partir da sensação de perda de estima, de indignação, de repulsa, de humilhação ou de outro sentimento que ofenda a dignidade humana. Hipótese de colocação no mercado de produto impróprio para o consumo que, num juízo de razoabilidade e de prudência, não comporta a condenação em danos extrapatrimoniais da espécie difusa, porquanto não se vislumbra no caso a grave violação do sentimento coletivo da comunidade local" (TJRS, Ap. 70.035.339.431, 10ª Câm. Cív., rel. Des. Túlio de Oliveira Martins, *DJe*, 16-12-2010).

V., também, Livro II, Título IV, Capítulo I, n. 6.37 *(Dano moral coletivo)*, *infra*.

Danos sociais são aqueles que causam um rebaixamento no nível de vida da coletividade e que decorrem de condutas socialmente reprováveis. Nesses casos, o juiz fixa a verba compensatória e aquela de caráter punitivo ao dano social. Esta indenização não se destina à vítima, mas a um fundo de proteção consumerista (CDC, art. 100), ambiental ou trabalhista, por exemplo, ou até mesmo a uma instituição de caridade, a critério do juiz. Constitui, em suma, a aplicação social da responsabilidade civil.

Cumpre registrar que o dano social vem sendo reconhecido pela doutrina como "uma nova espécie de dano reparável, decorrente de comportamentos socialmente reprováveis, pois diminuem o nível social de tranquilidade, tendo como fundamento legal o art. 944 do CC" (STJ, 2ª Seção, Rcl 12.062-GO, rel. Min. Raul Araújo, *DJe* 20-11-2014).

2.3. A irreparabilidade do dano evitável (*duty to mitigate the loss*)

A expressão *duty to mitigate the loss* ou "mitigação do prejuízo" constitui uma inovação verificada primeiramente no direito anglo-saxão (*doctrine of mitigation* ou *duty to mitigate the loss*), relacionada diretamente com a boa-fé objetiva e aprovada no Enunciado n. 169 da III Jornada de Direito Civil (STJ-CJF), nestes termos: "*O princípio da boa-fé objetiva deve levar o credor a evitar o agravamento do próprio prejuízo*".

Informa Antunes Varela que o direito português assegura que a vítima do inadimplemento, mesmo quando não contribui para o evento danoso, tem não apenas o dever de proceder de sorte que o dano não se agrave, mas também o de tentar reduzi-lo na medida possível (*Das obrigações em geral*, 2. ed., Coimbra: Almedina, 1973, v. I, p. 917). Diez-Picazo, por sua vez, afirma que o dever de mitigar os danos sofridos decorre do princípio da boa-fé e, quando descumprido, é um fato que "*rompe la relación de causalidad, pues el aumento de los daños no es ya consecuencia directa e inmediata del incumplimiento, sino de la inacción o de la pasividad del acreedor*" (*Fundamentos del derecho civil patrimonial*, 5. ed., Madrid, Civitas, 1996, v. 2, p. 689). Na Itália, Francesco Galgano opina que o recíproco comportamento do credor e do devedor conforme ao princípio da correção e da boa-fé é uma "obrigação geral acessória" cujo conteúdo não é pré-determinável (*Diritto privato*, 4 ed., Padova, Cedam, 1987, p. 184).

A mencionada máxima tem sido aplicada especialmente aos contratos bancários, em casos de inadimplência dos devedores, em que a instituição financeira, ao invés de tomar as providências para a rescisão do contrato, permanece inerte, na expectativa de que a dívida atinja valores elevados, em razão da alta de juros convencionada no contrato (confira-se acórdão nesse sentido do TJSP, na Ap. 0003643-11.2012.8.26.0627, de 15-5-2015).

Essa conduta incorreta tem sido reprimida pelos nossos Tribunais, especialmente pelo Superior Tribunal de Justiça, para o qual "Os contratantes devem tomar as medidas necessárias e possíveis para que o dano não seja agravado. A parte a que a perda aproveita não pode permanecer deliberadamente inerte diante do dano. Agravamento do prejuízo, em razão da inércia do credor. Infringência dos deveres de cooperação e lealdade... "...O fato de ter deixado o devedor na posse do imóvel por quase 7 (sete) anos, sem que este cumprisse com o seu dever contratual (pagamento das prestações relativas ao contrato de compra e venda), evidencia a ausência de zelo com o patrimônio do credor, com o consequente agravamento das perdas, uma vez que a realização mais célere dos atos de defesa possessória diminuiriam a extensão do dano. Violação ao princípio da boa-fé objetiva" (REsp 758.518-PR, 3ª T., rel. Des. Conv. Vasco Della Giustina, j. 17-6-2010).

A referida tese foi adotada no atual Código Civil, no capítulo concernente aos contratos de seguro. Dispõe, com efeito, o art. 760 do aludido diploma que "O segurado é obrigado a comunicar ao segurador, logo que saiba, todo incidente suscetível de agravar consideravelmente o risco coberto, sob pena de perder o direito à garantia, se provar que silenciou de má-fé". Na mesma linha, proclama o art. 771: "Sob pena de perder o direito à indenização, o segurado participará o sinistro ao segurador, logo que o saiba, e tomará as providências imediatas para minorar-lhe as consequências".

3. Pessoas obrigadas a reparar o dano

Responsável pelo pagamento da indenização é todo aquele que, por ação ou omissão voluntária, negligência ou imprudência, haja causado prejuízo a outrem. Na responsabilidade objetiva, é aquele que assumiu o risco do exercício de determinada atividade (risco profissional, risco criado, risco-proveito etc.). A responsabilidade é, pois, em princípio, individual, consoante se vê do art. 942 do Código Civil (*v.*, a respeito da responsabilidade do proprietário do veículo, o Livro IV, Título II, Aspectos da responsabilidade civil automobilística, "Propriedade do veículo, n. 86).

Há casos, entretanto, conforme já vimos, em que a pessoa passa a responder não pelo ato próprio, mas pelo ato de terceiro ou pelo fato das coisas ou animais. E pode acontecer, ainda, o concurso de agentes na prática de um ato ilícito. Tal concurso se dá quando duas ou mais pessoas praticam o ato ilícito. Surge, então, a solidariedade dos diversos agentes, assim definida no art. 942, segunda parte, do Código Civil: "... e, se a ofensa tiver mais de um autor, todos responderão solidariamente pela reparação". E o parágrafo único do aludido dispositivo assim dispõe: "Parágrafo único. São solidariamente responsáveis com os autores os coautores e as pessoas designadas no art. 932".

Assim, ocorre a solidariedade não só no caso de concorrer uma pluralidade de agentes, como também entre as pessoas designadas no art. 932, isto é, os pais, pelos filhos menores que estiverem sob sua autoridade e em sua companhia; o tutor e o curador, pelos pupilos e curatelados que se acharem nas mesmas condições; o empregador ou comitente, por seus empregados, serviçais e prepostos, no exercício do trabalho que lhes competir, ou em razão dele; os donos de hotéis, hospedarias, casas ou estabelecimentos, onde se albergue por dinheiro, mesmo para fins de educação, pelos seus hóspedes, moradores e educandos; os que gratuitamente houverem participado nos produtos do crime, até a concorrente quantia.

A obrigação de reparar o dano ocasionado se estende aos sucessores do autor. É o que dispõe o art. 943 do Código Civil, *in verbis*:

"Art. 943. O direito de exigir reparação e a obrigação de prestá-la transmitem-se com a herança".

Estatui, também, o art. 5º da Constituição Federal de 1988:

"XLV – nenhuma pena passará da pessoa do condenado, podendo a obrigação de reparar o dano e a decretação do perdimento de bens ser, nos termos da lei, estendidas aos sucessores e contra eles executadas, até o limite do valor do patrimônio transferido".

Assim, tem-se decidido: "Legitimidade 'ad causam' – Responsabilidade civil – Acidente de trânsito – Indenizatória ajuizada contra os herdeiros do falecido causador do evento – Inexistência de expressa renúncia da herança – Legitimidade passiva reconhecida – Extinção afastada – Recurso provido para esse fim" (1º TACSP, Ap. 429.544/90-SP, 1ª Câm. Esp., j. 8-1-1990, rel. Marcus Andrade).

Entretanto, a responsabilidade do sucessor a título universal é limitada, pois não pode ultrapassar as forças da herança, nos termos do art. 1.792 do Código Civil e do dispositivo constitucional citado.

O sucessor a título particular, quer a título gratuito, quer a título oneroso, ao contrário, não responde pelos atos ilícitos do sucedido, salvo se o ato houver sido praticado em fraude a credores, conforme lembra Serpa Lopes (*Curso*, cit., v. 5, p. 371), citando exemplo de Colombo: "... se uma parte da minha propriedade produz um prejuízo a terceiro e em seguida eu dela me desfaço, o novo adquirente só será devedor de ressarcimento se, após investir-se no direito de propriedade da coisa, esta continuar a ocasionar outro dano à vítima anterior". E conclui: "Assim sendo, em princípio, a menos que se haja disposto contratualmente de outra maneira, o sucessor a título particular nada tem a ver com a responsabilidade por ato ilícito do transmitente".

Se vários veículos participarem de um acidente e restar configurada a atuação direta de mais de um causador do evento, então haverá responsabilidade solidária dos envolvidos, a teor do estatuído no art. 942, parágrafo único, do Código Civil, segundo o qual são "solidariamente responsáveis com os autores os coautores e as pessoas designadas no art. 932".

Pode, no entanto, não se saber qual dos envolvidos desencadeou o evento. Desde que se apure, porém, a participação de todos em conduta perigosa, não haverá necessidade de se descobrir qual veículo foi o causador direto do dano, pois todos serão responsabilizados solidariamente.

Há, no caso, conexão de condutas e participação em uma conduta perigosa, em que a responsabilidade pelo dano recai sobre todos, como assinala Arnaldo Rizzardo (*A reparação*, cit., p. 75-7): "Verifica-se a solidariedade por haverem os motoristas comungado de uma mesma intenção, a qual levou à conduta inconveniente e perigosa. Assim, o elemento caracterizador da solidariedade, o nexo causal que leva à reparação está no envolvimento de todos no mesmo procedimento condenável... A coparticipação mencionada deve ser entendida no seu real sentido. Não equivale a uma combinação prévia e expressa. Envolve mais um comportamento unânime e determinado de algumas pessoas, que efetuam a mesma manobra. Há como que uma concordância tácita para certo ato ao qual todos optam. Hipótese frequente verifica-se quando dois motoristas disputam uma corrida em pista movimentada; ou, em desabalada velocidade, um impede a ultrapassagem do outro, ziguezagueando na rodovia. Se algum atropelamento ocorrer, sem meios de descobrir o autor direto, ambos suportarão as consequências".

Hedemann, citado por Arnaldo Rizzardo, exemplifica bem a situação: "Tres hijos de labradores organizan una carrera con sus coches de caballos. Un niño es atropellado precisamente cuando los tres participantes en la carrera galopaban envueltos en polvo. No puede asegurarse qué rueda pasó por encima del niño; sólo puede haber sido una, de modo que según el principio de causalidad hay un sólo agente. Sin embargo, responden los tres culpables solidarios, porque todos han tomado parte en el exceso. Si cada uno de ellos hubiera conducido su coche con independencia del otro (sin participar en una carrera) hubiera faltado la 'coparticipación'. Consecuentemente en esta última hipótesis, y debido a la imposibilidad de prueba, no respondería ninguno" (*Derecho de obligaciones*, Madrid, 1958, v. 3, p. 545).

Também Aguiar Dias afirma que, "se o violador do direito ou causador do prejuízo já não é uma pessoa, mas um grupo de pessoas, estão todas e cada uma *de per si* obrigadas a reparar o dano. Elas aparecem, em relação ao fato danoso, como ... a causa para o efeito e, como o acontecimento é um, e um só o mal produzido, o mal de um será, necessariamente, o mal dos outros, sem divisão possível" (*Da responsabilidade*, cit., t. 2, p. 856).

Acolhendo tais ensinamentos, a 6ª Câmara do extinto 1º Tribunal de Alçada Civil, em acórdão por nós relatado, reconheceu a responsabilidade solidária de três motoristas que participavam de um "racha" em via pública, mesmo estando provado que somente o carro dirigido por um deles atropelou o autor, que se encontrava na calçada. Entendeu-se caracterizada a conexão de condutas e participação em conduta perigosa (Ap. 438.927-5, Campinas).

4. Pessoas que podem exigir a reparação do dano

4.1. Titulares da ação de ressarcimento do dano material

4.1.1. O lesado e os dependentes econômicos (cônjuge, descendentes, ascendentes, irmãos)

Compete à vítima da lesão pessoal ou patrimonial o direito de pleitear a indenização. Vítima é quem sofre o prejuízo. Assim, num acidente automobilístico, é o que arca com as despesas de conserto do veículo danificado. Não precisa ser, necessariamente, o seu proprietário, pois o art. 186 do Código Civil não distingue entre o proprietário e o mero detentor. Terceiro, a quem foi emprestado, pode ter providenciado os reparos e efetuado o pagamento das despesas, devolvendo-o ao proprietário em perfeito estado. Mas, por ter suportado as despesas todas, está legitimado a pleitear o ressarcimento, junto ao causador do acidente.

Tem-se decidido, corretamente:

"Se alguém toma emprestado um veículo e se envolve em acidente, haverá de devolvê-lo no estado de conservação em que se encontrava, ou possibilitar ao dono da coisa a respectiva reparação, donde a legitimidade de sua parte em investir contra o causador dos prejuízos" (*RT, 574*:139).

Já se decidiu, também:

"O arrendatário de veículo em razão de contrato de arrendamento mercantil ('leasing') está legitimado a pleitear reparação dos danos causados por terceiro, pois tem a obrigação de zelar pela coisa arrendada e de devolvê-la em condições de uso" (*RT, 651*:104). E, também, que a "vítima de ato ilícito tem legitimidade 'ad causam' para propor ação de indenização contra o causador do dano ainda que as despesas que pretende reaver tenham sido suportadas por seu pai, pois, nesse caso, os interesses se confundem" (*RT, 639*:53).

Igual direito têm os herdeiros da vítima. Dispõe, com efeito, o art. 943 do Código Civil: "O direito de exigir reparação e a obrigação de prestá-la transmitem-se com a herança".

Ressalve-se que, em caso de morte de um chefe de família, a esposa e os filhos menores têm legitimidade para pleitear a indenização não na condição de herdeiros do falecido, mas na de vítimas, porque são as pessoas prejudicadas com a perda do esposo e pai. Nesse caso, pois, a indenização é pleiteada *iure proprio*.

Mas, se o progenitor era credor de indenização já reconhecida judicialmente, ou mesmo se tinha o direito de pleiteá-la e, antes disso, veio a falecer por outro motivo, o direito de exigir a reparação se transmite aos seus herdeiros. Pois, como afirma Aguiar Dias, "a ação de indenização se transmite como qualquer outra ação ou direito aos sucessores da vítima. A ação que se transmite aos sucessores supõe o prejuízo causado em vida da vítima" (*Da responsabilidade*, cit., v. 2, p. 854, n. 251).

Quando a vítima vem a falecer em virtude da prática de um ato ilícito, os primeiros legitimados a pleitear indenização são o cônjuge ou companheiro e os parentes mais próximos, ou seja, os descendentes e os ascendentes. Em relação a eles o prejuízo se presume. Conforme a lição de Aguiar Dias, os "danos materiais e morais causados aos parentes mais próximos não precisam de prova, porque a presunção é no sentido de que sofrem prejuízos com a morte do parente. Assim, os filhos em relação aos pais, o cônjuge em relação ao outro, os pais em relação aos filhos. Já os irmãos, para reclamar reparação do dano material, precisam provar o efetivo prejuízo econômico. Mas o ressarcimento do dano moral lhes cabe, incontestavelmente" (*Da responsabilidade*, cit., v. 2, p. 852, n. 250).

Beneficiários da pensão são apenas aqueles que tinham dependência econômica da vítima. Em relação ao cônjuge ou companheiro e aos filhos menores tem-se decidido que a dependência econômica é presumida. No caso, porém, dos ascendentes, dos descendentes maiores e irmãos da vítima, tem-se exigido a prova da dependência econômica para que a ação de ressarcimento de danos materiais possa vingar. Não provada, o ofensor somente poderá ser condenado, eventualmente, a reparar o dano moral causado aos referidos parentes.

Comenta Serpa Lopes que "são incluídos entre os que, sucessores, podem pedir essa indenização, aqueles que recebiam da vítima um auxílio necessário à sua própria subsistência" (*Curso de direito civil*, v. 1, p. 376). Essa lição, como lembra Arnaldo Rizzardo, "pelas mesmas razões aplica-se aos irmãos, se dependentes economicamente do falecido" (*A reparação*, cit., p. 184). Com base nessa orientação doutrinária, decidiu o extinto 1º Tribunal de Alçada Civil, no julgamento da Ap. 377.711-SP, que a prova da dependência econômica do autor, irmão do falecido, era indispensável para que a ação pudesse vingar. Não tendo sido produzida prova de que recebia da vítima auxílio necessário à sua própria subsistência, dela foi declarado carecedor.

O direito dos referidos familiares, entretanto, sofre limitações, estabelecidas na jurisprudência. A primeira delas é a que diz respeito à idade provável da vítima, que tem sido fixada em 70 anos. Deste modo, o filho incapaz terá direito ao recebimento da pensão somente durante o tempo de vida provável do seu progenitor. Mas há, ainda, outra limitação: a idade em que o herdeiro incapaz provavelmente se casaria e deixaria de ser sustentado pelo *de cujus*. Essa idade tem sido estabelecida em 25 anos pela jurisprudência, embora julgados mais antigos limitassem o direito dos filhos ao período em que ainda não completaram 21 anos de idade.

Por conseguinte, os descendentes só têm direito à indenização por morte do genitor que os sustentava pelo período da menoridade e até os 25 anos de idade (perdendo-a antes, se se casarem), e dentro, também, dos limites prováveis da vida do *de cujus*. Tem-se reconhecido, entre eles, o direito de acrescer (cf. *RJTJSP, 101*:135).

Em caso de morte do chefe de família, o autor do homicídio deve pagar uma pensão às pessoas que eram por ele sustentadas. À viúva, enquanto se mantiver em estado de viuvez. Se já vivia em união estável com outro homem, porém, não faz jus à pensão mensal, porque não era mais dependente do ofendido, nem à indenização por abalo moral. Tem direito, apenas, ao ressarcimento do despendido nos funerais e na construção do túmulo, não importando a motivação sentimental que a levou a tanto (*RT, 606*:187).

A pensão é devida também aos filhos menores, até completarem 25 anos de idade, perdendo-a antes, se se casarem. Em qualquer caso, dentro do período de sobrevivência provável da vítima, calculado em 70 anos de idade (STJ, 3ª T., rel. Min. Nancy Andrighi, Revista *Consultor Jurídico*, 7-3-2008), pensão esta que será bipartida, metade para estes e metade para a esposa (*RJTJSP, 101*:128). O limite de presumíveis 70 anos que a vítima atingiria não é satisfatório quando morre pessoa saudável que já se aproximava de tal idade (*RT, 611*:221) ou já a ultrapassara. Nestes casos, tem-se considerado como razoável uma sobrevida de cinco anos (*RTJ, 61*:250).

A propósito, assentou o Superior Tribunal de Justiça: "O direito a pensão mensal surge exatamente da necessidade de reparação de dano material decorrente da perda de ente familiar que contribuía com o sustento de parte que era economicamente dependente até o momento do óbito. O fato de a vítima já ter ultrapassado a idade correspondente à expectativa de vida média do brasileiro, por si só, não é óbice ao deferimento do benefício, pois muitos são os casos em que referida faixa etária é ultrapassada. É cabível a utilização da tabela de sobrevida, de acordo com os cálculos elaborados pelo IBGE, para melhor valorar a expectativa de vida da vítima quando do momento do acidente automobilístico e, consequentemente, fixar o termo final da pensão (REsp 1.311.402-SP, 3ª T., rel. Min. João Otávio de Noronha, j. 18-2-2016).

Os pais também têm direito à pensão por morte de filho menor que já trabalhava e contribuía para a renda familiar. A propósito, decidiu o Superior Tribunal de Justiça:

"Tratando-se de vítima com 19 anos de idade, que já efetivamente trabalhava, dando ajuda ao lar paterno, não é razoável presumir que aos 25 anos de idade cessasse tal auxílio (*RTJ*, 123/1065). Pagamento de pensão conforme a sentença e o acórdão até os 25 anos; de pensão com menor expressão pecuniária, a partir de então e até a data do falecimento dos autores ou até a data em que a vítima completaria 65 anos, prevalecendo o termo que primeiro ocorrer" (REsp 3.732-SP, 4ª T., rel. Min. Athos Carneiro, j. 28-8-1990, m. v., *DJU*, 1º out. 1990, p. 10451, Seção I, ementa, *Boletim da AASP*, n. 1.662, p. 260. No mesmo sentido decidiu a mencionada Turma, em caso análogo, admitindo indenização compreensiva do dano patrimonial e do dano moral, no julgamento do REsp 1.999-SP, também relatado pelo Min. Athos Carneiro, julgado em 20-3-1990, por v. un., e publicado no *DJU*, 7 maio 1990, p. 3832, Seção I, ementa).

Se o menor ainda não trabalhava, a indenização devida aos pais configura modalidade de reparação de dano moral (cf. Súmula 491 do STF), e o montante deve ser arbitrado com fundamento no art. 946 do Código Civil, em verba única (e não sob a forma de pensão mensal) a ser percebida desde logo (STF, *RTJ*, *69*:276).

Afigura-se por demais artificial o critério adotado em alguns arestos de estabelecer, nestes casos, a indenização sob a forma de pensão mensal civil por um período de treze anos, presumindo que o menor começaria a trabalhar aos 12 anos (limite mínimo estabelecido na Constituição de 1969, elevado para 14 anos na atual) e aos 25 anos possivelmente se casaria e não poderia continuar pensionando os pais, sem desfalque do necessário ao seu sustento (*RTJ*, *83*:642) (*v.*, no Livro II, Título IV, Capítulo II, Seção II, *infra*, o item 1.1 (morte de filho).

4.1.2. A companheira

Tem sido admitido, atualmente, sem discrepâncias, o direito da companheira de receber indenização, quando se trata efetivamente daquela que viveu *more uxorio* com o falecido (cf. *RTJ*, *105*:865), ou seja, quando comprovada a união estável, pela convivência duradoura, pública e contínua, estabelecida com o objetivo de constituição de família (CF, art. 226, § 3º; CC, art. 1.723). Como toda pessoa que demonstre um prejuízo, tem ela o direito de pedir a sua reparação. Veja-se, a propósito:

"Responsabilidade Civil – Indenizatória por morte de companheiro – Legitimação da autora – Entidade familiar, decorrente de união estável, e dependência econômica comprovadas – Dano moral reconhecido –" (TJRS, Apel. 70.074.798.596,11ª Câm. Cív., rel. Des. Freitas Iserhard, j. 16-5-2018).

Dispõe a antiga Súmula 35 do Supremo Tribunal Federal: "Em caso de acidente do trabalho ou de transporte, a concubina tem direito de ser indenizada pela morte do amásio, se entre eles não havia impedimento para o matrimônio". Hoje, aquela que vivia *more uxorio* com o falecido não é mais chamada de concubina, e sim de companheira. E os seus direitos não se limitam apenas às restritas hipóteses mencionadas na referida súmula.

A companheira tem o seu direito à pensão condicionado à não constituição de nova união familiar, legítima ou estável (de fato). Confira-se:

"Acidente de trânsito – Concubinato – Pensão mensal – Verba devida enquanto a concubina não se casar ou constituir nova união familiar estável – Art. 226, § 3º, da CF/88 – Embargos de declaração recebidos para esse fim" (*JTACSP*, Revista dos Tribunais, *117*:143).

A companheira de empregado falecido é parte legítima para pedir danos morais, mesmo estando ainda oficialmente casada com outro – decidiu a 4ª Vara do Trabalho de Contagem-MG. No caso, a ação foi ajuizada em nome da companheira e do filho menor do falecido. Os reclamantes reivindicaram direitos próprios, decorrentes da morte do pai e companheiro. Apesar de legalmente casada com outro homem (o divórcio não havia sido requerido), o casal vivia em união estável, tiveram um filho e a autora obteve o reconhecimento da condição de companheira pelo INSS (Proc. 02023-2008-032-03-00-2, disponível em <www.editoramagister.com>, acesso em 1º set. 2010).

Decidiu o Tribunal de Justiça de São Paulo que descabe pedido de indenização por serviços prestados pela companheira, pois a união estável constitui "entidade familiar assemelhada ao casamento civil, cuja relação não implica a contratação de serviços recíprocos ou fonte de lucro ou indenizatória. Hipótese, ademais, em que não restou demonstrada qualquer prestação de serviços que excedesse os normais de uma companheira ou esposa" (*RT, 839*:214).

Mesmo a concubina, que, diferentemente da companheira, não tem direito a alimentos, não pode pleitear indenização a título de serviços prestados. Decidiu, a propósito, o Tribunal de Justiça do Rio Grande do Sul que o relacionamento amoroso com homem casado, que vive com a esposa e mantém a concubina, não a autoriza, em caso de abandono, a pretender indenização por serviços prestados, uma vez que não se pode determinar o preço das relações afetivas (Ap. 70.042.078.295, 8ª Câm. Cív., rel. Des. Luiz Felipe Brasil Santos, disponível em <www.editoramagister.com>, acesso em 17 ago. 2011).

4.2. Titulares da ação de reparação do dano moral, por danos diretos e indiretos

4.2.1. Ofendido, cônjuge, companheiro, membros da família, noivos, sócios etc.

Pode-se afirmar que, além do próprio ofendido, poderão reclamar a reparação do dano moral, dentre outros, seus herdeiros, seu cônjuge ou companheira e os membros de sua família a ele ligados afetivamente.

A propósito do dano moral, anota Carlos Alberto Bittar que, "por dano direto, ou mesmo por dano indireto, é possível haver titulação jurídica para demandas reparatórias. Titulares diretos são, portanto, aqueles atingidos de frente pelos reflexos danosos, enquanto indiretos os que sofrem, por consequência, esses efeitos (assim, por exemplo, a morte do pai provoca dano moral ao filho; mas o ataque lesivo à mulher pode ofender o marido, o filho ou a própria família, suscitando-se, então, ações fundadas em interesses indiretos. Baseado em elo jurídico afetivo mantido com o lesado direto, o direito do titular indireto traduz-se na defesa da respectiva moralidade, familiar, pessoal, ou outra. Trata-se, também, de *iure proprio*, que o interessado defende, na ação de reparação de danos denominada *par ricochet* ou *réfléchis*, a exemplo do que acontece em hipóteses como as de danos morais a empregados, por fatos que atingem o empregador; a sócio de uma sociedade, que alcança outro sócio; a mulher, que lesiona o marido; a concubina, que fere o concubino, e assim por diante, como o tem apontado a doutrina e assentado a jurisprudência, delimitando as pessoas que a tanto se consideram legitimadas (em caso de parentesco, até o 4º grau, conforme o art. 1.612 [*do Código Civil de 1916*])" (*Reparação do dano moral*, Revista dos Tribunais, 1993, p. 148).

Na sequência, aduz Carlos Alberto Bittar: "Assentaram-se, depois de inúmeros debates na doutrina, certas posições, como as de filhos e cônjuges, em relação ao pai e ao marido, ou vice-versa; de companheiros, em relações estáveis; de noivos, sob compromisso formal; de credores e de devedores, em certos contratos, como, por exemplo, acidentes que impossibilitem a satisfação de débitos; de empregados e empregadores, e outros, especialmente, a partir da jurisprudência francesa, em que se colocaram essas inúmeras questões. Ações em cascata são possíveis, portanto, uma vez determinada a intimidade, pessoal ou negocial, na relação entre o lesado e os terceiros interessados. Mas não há solidariedade entre os envolvidos, cabendo, ao revés, a cada um direito independente, que pode ser demandado separadamente e cujos efeitos se restringem às decisões proferidas nas ações correspondentes. É que, em casos de pluralidade de vítimas, a regra básica é a da plena autonomia do direito de cada lesado, de sorte que, nas demandas do gênero se atribuem indenizações próprias e individualizadas aos interessados: assim acontece, por exemplo, quanto a mulher e filho, com respeito à morte provocada do marido ou pai; na inexecução de contrato de transporte, o expedidor e o destinatário podem invocar, pessoalmente, danos ressarcíveis. Nada impede se faça sob litisconsórcio o pleito judicial, quando admissível, mas cada demandante faz jus a indenização compatível com a sua posição" (*Reparação*, cit., p. 149-50).

A propósito, decidiu o Tribunal de Justiça de São Paulo:

"Responsabilidade civil – Hospital – Morte de paciente após uma cesariana – Omissão profissional comprovada – Ação ajuizada pelo pai, marido e filho – Evento que repercute de modo peculiar em cada pessoa – Legitimidade ativa de parte dos autores" (*JTJ*, Lex, *223*:87).

Na nota de rodapé n. 275 da referida obra, observa ainda Carlos Alberto Bittar: "As pessoas legitimadas são, exatamente, aquelas que mantêm vínculos firmes de amor, de amizade ou de afeição, como os parentes mais próximos; os cônjuges que vivem em comum; os unidos estavelmente, desde que exista a efetiva aproximação e nos limites da lei, quando, por expresso, definidos (como na sucessão, em que se opera até o quarto grau, pois a lei presume que não mais prospera, daí em diante, a afeição natural)".

O Superior Tribunal de Justiça, por seu turno, tem considerado como parte legítima da demanda reparatória "qualquer parente em linha reta ou colateral até o quarto grau" (AREsp 1.290.597., rel. Des. Convocado Lázaro Guimarães, *DJe* 28-5-2018) e que "não é necessário que se comprove a afetividade para pleitear indenização por danos morais reflexos" (REsp 1.291.845, rel. Min. Luis Felipe Salomão, Revista *Consultor Jurídico*, 15-4-2019).

JURISPRUDÊNCIA

■ "Responsabilidade civil – Atropelamento em via férrea – Morte da vítima – Danos morais aos irmãos – Cabimento – Despesas de funeral e sepultamento. Os irmãos, vítimas por ricochete, têm direito de requerer a indenização pelo sofrimento da perda do ente querido, sendo desnecessária a prova do abalo íntimo. No entanto, o valor indenizatório pode variar, dependendo do grau de parentesco ou proximidade, pois o sofrimento pela morte de familiar atinge os membros do núcleo familiar em gradações diversas, o que deve ser observado pelo magistrado para arbitrar o valor da reparação" (STJ, Agin no AREsp 1.165.102-RJ, 4ª T., rel. Min. Raul Araújo, *DJe* 7-12-2016).

- "Responsabilidade civil – Legitimidade para o ajuizamento de ação indenizatória de danos morais por morte – Noivo – Ilegitimidade ativa – Necessária limitação subjetiva dos autorizados a reclamar compensação. O noivo não possui legitimidade ativa para pleitear indenização por dano moral pela morte da noiva, sobretudo quando os pais da vítima já intentaram ação reparatória na qual lograram êxito, como no caso" (STJ, REsp 1.076.160-AM, 4ª T., rel. Min. Luis Felipe Salomão, *DJe* 21-6-2012).
- Decidiu o extinto 1º Tribunal de Alçada Civil, em caso de acidente de trânsito que resultou na morte de vítima menor, que "a concessão de verba indenizatória (duzentos salários mínimos) a título de dano moral à genitora do *de cujus* não retira o direito de que seus irmãos, também menores, sejam indenizados pelo mesmo motivo, pois os infantes também suportaram as dores imateriais advindas do sinistro. Arbitramento de duzentos salários mínimos para cada irmão, em número de dois (*RT, 763*:237).

Por outro lado, decidiu o mesmo Egrégio Tribunal:
- "Acidente de trânsito – Indenização – Dano moral – Reparação pleiteada pelos irmãos da vítima – Admissibilidade somente se devidamente comprovada a dor e o sofrimento resultantes do evento danoso – Verba indevida na hipótese em que os pretendentes demoraram no ajuizamento da ação, não conviviam com o *de cujus* e houve o pagamento da indenização aos pais e filha da vítima, fator que impede a formulação de outro pedido pelos demais familiares" (*RT, 772*:253).
- "Acidente de trânsito – Indenização – Danos material e moral – Reparação pleiteada pelo pai e irmãos da vítima – Verba indevida se ao tempo do sinistro a *de cujus* não mais vivia em companhia dos pais biológicos, por ter sido adotada por outra família, que, por sua vez, em pleito anterior, foi indenizada pelo causador do dano" (*RT, 778*:282).
- "Dano moral – Ação proposta por irmão do falecido – Legitimidade *ad causam* – Hipótese em que não há disposição legal que restrinja ou limite a legitimidade para postular tal demanda – Interesse de agir – Inocorrência – Circunstância em que em ação precedente o pai já havia obtido a condenação do réu pelo mesmo fato" (*RT, 811*:265).
- "Dano moral – Cabimento – Legitimidade daquele que, pelo vínculo de afeição ou de amizade, é atingido pelo evento ilícito e culposo – Hipótese em que a mãe em face da morte do filho concorre com a viúva ou companheira – Irrelevância da dependência econômica" (*RT, 813*:306).

4.2.2. Incapazes (menores impúberes, amentais, nascituros, portadores de arteriosclerose etc.)

Controverte-se a respeito da possibilidade de crianças e amentais serem vítimas de dano moral. Antonio Jeová Santos entende que a "não existência de lágrimas ou a incapacidade de sentir dor espiritual não implica na conclusão de que tais pessoas não possam sofrer dano moral ressarcível. É que a indenização do dano moral não está condicionada a que a pessoa alvo do agravo seja capaz de sentir e de compreender o mal que lhe está sendo feito. O dano moral é um acontecimento que causa comoção. Se o equilíbrio espiritual de uma pessoa já afetada vem a ser alterado em razão do ato de terceiro, existe a perturbação anímica que, embora incapaz de fazer com que a vítima sinta o mal que lhe está sendo feito, não pode deixar o malfeitor sem a devida sanção" (*Dano moral indenizável*, Lejus, p. 36).

Maria Helena Diniz, igualmente, afirma que poderão "apresentar-se, por meio de seus representantes legais, na qualidade de lesados diretos de dano moral, os menores impúberes, os loucos, os portadores de arteriosclerose, porque, apesar de carecerem de discernimento, o ressarcimento do dano não é considerado como a reparação do sentimento, mas como uma indenização objetiva de um bem jurídico violado" (O problema da liquidação do dano moral e o dos critérios para a fixação do "quantum" indenizatório, *Atualidades Jurídicas,* Saraiva, 2:252).

Por sua vez, Carlos Alberto Bittar sustenta que a "titularidade de direitos, com respeito às pessoas físicas, não exige qualquer requisito, ou condição pessoal: todas as pessoas naturais, nascida ou nascituras, capazes ou incapazes, podem incluir-se no polo ativo de uma ação reparatória, representadas, nos casos necessários, conforme a lei o determina (nesse sentido, menores são representados pelos pais; loucos, pelos curadores; silvícolas, pela entidade tutelar e assim por diante)" (*Reparação,* cit., p. 146).

Também pensa dessa forma Jorge Mosset Iturraspe: "Nos inclinamos a pensar que el sufrimiento psíquico y físico acompaña a todas las personas, aun los niños de cierta edad y los dementes" (*Responsabilidad civil,* Buenos Aires, Ed. Hamurabi, 1997, p. 253).

Para todos os autores citados, portanto, o dano moral se configura pela simples ofensa aos direitos da personalidade, não se podendo negar que também os absolutamente incapazes de exercer os atos da vida civil, enquanto possuírem, como pessoas, capacidade de direito ou de gozo, são titulares dos mencionados direitos, assegurados constitucionalmente. As mesmas considerações podem ser feitas a respeito das pessoas que se encontram transitoriamente privadas de discernimento, como a que entrou em coma ou em estado de inconsciência (Beatriz Venturini, *El daño moral,* 2. ed., Montevidéu, Fundación de Cultura Universitaria, 1992, p. 35).

Em sentido oposto coloca-se Alfredo Orgaz (*El daño resarcible,* Buenos Aires, Ed. Bibliográfica Argentina, 1952, p. 239 e 247), para quem "as crianças de pequena idade, por faltar-lhes a capacidade para experimentar dano moral, não podem ser vítimas desse ilícito", justificando que, "sendo o dano embasado nos resultados ou consequências da ação lesiva, aqueles que carecem de discernimento não podem sentir a ofensa e, por isso, não padecem do dano moral. De sorte que, pela natureza objetiva do dano moral, somente quem se encontre em condições de experimentá-lo, sentindo-o, é que padece do dano; mas isso não seria possível nem nas crianças de pequena idade, nem nos débeis mentais".

Parece-nos que não se pode admitir, ou deixar de admitir, de forma irrestrita e absoluta, que tais pessoas sejam vítimas de dano moral. É necessário examinar cada caso, especialmente quando se trata de vítima menor, pois cada uma sente a ofensa, e reage a seu modo. Malgrado a criança de tenra idade e o deficiente mental não possam sentir e entender o significado de um xingamento, de uma injúria ou de outra espécie equivalente de ofensa moral, evidentemente experimentarão um grande transtorno, constrangimento e incômodo se, em virtude de algum acidente ou ato praticado pelo causador do dano, ficarem aleijados ou deformados por toda a vida, obrigados, por exemplo, a usar cadeira de roda, ou se perderem o sentido da visão.

Há de se ter em conta o estado de consciência, nessas hipóteses, antes e depois do fato danoso, principalmente quando os seus efeitos são permanentes. A ausência da mãe ou do pai, por morte, pode, perfeitamente, ser lamentada pelas crianças, mesmo de pouca idade, e pelos amentais, dotados muitas vezes de grande afetividade, malgrado não tenham discernimento suficiente para perceberem o significado e o alcance de uma ofensa verbal. Faz-se mister examinar, portanto, em cada hipótese, não só as características pessoais da vítima, como também a espécie de lesão.

Correta, portanto, a asserção de que "o reconhecimento do dano moral por lesão ou ofensa às pessoas aqui tratadas deve ser feito caso a caso, segundo as circunstâncias e as condições da pessoa objeto da ofensa, não havendo como estabelecer, previamente, critérios padronizados ou fixar posição única, pois a equação que se apresenta não é de apenas aceitar ou repudiar a tese, mas de examinar sua aplicação quando preenchidos os pressupostos objetivos e subjetivos que informam o instituto" (Rui Stoco, *Responsabilidade*, cit., p. 732).

Decidiu o Tribunal de Justiça de São Paulo, em caso de reparação do dano moral, arbitrado em quinhentos salários mínimos, valor este a ser rateado entre os autores, respectivamente pai, marido e filho da vítima, falecida após uma cesariana, por culpa do hospital, referindo-se ao fato de o marido ter-se casado novamente:

"Outrossim, ainda que sua nova mulher possa suprir as necessidades do pequeno Felipe, é certo que jamais substituirá sua verdadeira mãe que, embora com ele não tenha convivido, deu-lhe o bem maior que possui: a própria vida. Efetivamente, se inocorrido o fatídico evento, estaria ele a usufruir dos cuidados de sua mãe. Daí a legitimidade dos postulantes" (*JTJ*, Lex, *233*:89).

D'outra feita, decidiu o mesmo Tribunal:

"*Indenização* – Dano moral – Autor, menor com apenas um ano de idade – Irrelevância – Personalidade do homem que é adquirida desde o nascimento, tornando-o detentor de direitos – Dano moral, ademais, que independe do patrimonial.

A indenização por dano moral independe de qualquer vinculação com prejuízo patrimonial ou dependência econômica daquele que a pleiteia, por estar diretamente relacionada com valores eminentemente espirituais e morais" (EI 277.062-1-SP, 3ª Câmara de Direito Público, rel. Des. Hermes Pinotti).

A respeito do nascituro, Beatriz Venturini menciona caso julgado pelo Tribunal de Justiça de Montevidéu, em que se reconheceu a nascituro, que se encontrava no oitavo mês de gestação e cujo pai veio a falecer em um acidente, o direito à reparação do dano moral, considerando-o certo, embora futuro em relação à data do acidente, porém de efetiva e real superveniência quando do nascimento do infante. A apontada escritora aplaude a referida decisão, que acolheu a tese do dano moral futuro, pois o fato desencadeante não precisa coincidir, necessariamente, com a época em que se dá a sua incidência. No caso, afirma, as consequências do dano eram previsíveis e se tornariam realidade, dentro de certo tempo, de tal forma que esse sofrimento futuro de quem havia sido apenas concebido ao tempo do acidente guarda uma definida relação de causalidade com o evento que causou a morte de seu genitor (*El daño*, cit., p. 35-6).

Parece-nos inexistir problema no fato de as consequências serem futuras, quando resultam de um dano presente e que os tribunais tenham elementos de apreciação para fazer a avaliação, como já exposto no item 1, *retro*, sob o título Conceito e requisitos do dano.

Tem predominado, na doutrina e na jurisprudência, entendimento de que "também ao nascituro se assegura o direito de indenização dos danos morais decorrentes do homicídio de que foi vítima seu genitor. É desimportante o fato de ter nascido apenas após o falecimento do pai. Mesmo que não o tenha conhecido, por certo, terá o menino, por toda a vida, a dor de nunca ter conhecido o pai. Certo, esta dor é menor do que aquela sentida pelo filho que já conviveu por muitos anos com o pai e vem a perdê-lo. Todavia, isso só influi na gradação do dano moral, eis que sua ocorrência é incontroversa. Todos sofrem com a perda de um familiar, mesmo aquele que nem o conheceu. Isso é normal e presumido. O contrário é que deve ser devidamente provado" (Yussef Said Cahali, *Dano moral*, 2. ed., Revista dos Tribunais, n. 4.8.4, p. 162).

Por seu turno, decidiu o Superior Tribunal de Justiça: "Morte de genitor – Nascituro – Direito aos danos morais – Possibilidade – O nascituro também tem direito aos danos morais pela morte do pai, mas a circunstância de não tê-lo conhecido em vida tem influência na fixação do *quantum* (REsp 399.028-SP, 4ª T., rel. Min. Sálvio de Figueiredo Teixeira, *DJU*, 15 -4-2002; *RSTJ*, *161*:395).

Posteriormente, em meados de 2007, a mencionada Corte voltou a reconhecer os direitos do nascituro, afirmando ser "impossível admitir-se a redução do valor fixado a título de compensação por danos morais em relação ao nascituro, em comparação com outros filhos do *de cujus*, já nascidos na ocasião do evento morte, porquanto o fundamento da compensação é a existência de um sofrimento impossível de ser quantificado com precisão" (STJ, 3ª T., rel. Min. Nancy Andrighi).

4.2.3. A pessoa jurídica

A pessoa jurídica, como proclama a Súmula 227 do Superior Tribunal de Justiça, pode sofrer dano moral e, portanto, está legitimada a pleitear a sua reparação. Malgrado não tenha direito à reparação do dano moral subjetivo, por não possuir capacidade afetiva, poderá sofrer dano moral objetivo, por ter atributos sujeitos à valoração extrapatrimonial da sociedade, como o conceito e bom nome, o crédito, a probidade comercial, a boa reputação etc.

O abalo de crédito acarreta, em regra, prejuízo material. Mas o abalo de credibilidade pode ocasionar dano de natureza moral. Nesse caso, a pessoa jurídica poderá propor ação de indenização de dano material e moral.

Na III Jornada de Direito Civil realizada em Brasília pelo Conselho da Justiça Federal, aprovou-se o Enunciado n. 198, do seguinte teor: "Na responsabilidade civil por dano moral à pessoa jurídica, o fato lesivo, como dano eventual, deve ser devidamente demonstrado".

O Superior Tribunal de Justiça, todavia, no tocante ao abalo de crédito de pessoa jurídica, presume o dano moral no caso de protesto indevido de duplicata paga no vencimento. Veja-se:

"Danos morais – Protesto indevido de duplicata paga no vencimento – Pessoa jurídica. O protesto de título já quitado acarreta prejuízo à reputação da pessoa jurídica, sendo presumível o dano extrapatrimonial que resulta deste ato. Consoante reiterada jurisprudência desta Corte, 'é presumido o dano que sofre a pessoa jurídica no conceito de que goza na praça em virtude de protesto indevido, o que se apura por um juízo de experiência' (cf. STJ, REsp 487.979-RJ, rel. Min. Ruy Rosado de Aguiar, *DJU*, 8-9-2003). Precedentes" (STJ, REsp 2004/0067928-6, 4ª T., rel. Min. Jorge Scartezzini, *DJU*, 6-12-2004, p. 336).

A mesma Corte Superior frisou que a "pessoa jurídica pode sofrer dano moral, mas apenas na hipótese em que haja ferimento à sua honra objetiva, isto é, ao conceito de que goza no meio social. Embora a Súmula 227/STJ preceitue que 'a pessoa jurídica pode sofrer dano moral', a aplicação desse enunciado é restrita às hipóteses em que há ferimento à honra objetiva da entidade, ou seja, às situações nas quais a pessoa jurídica tenha o seu conceito social abalado pelo ato ilícito, entendendo-se como honra também os valores morais, concernentes à reputação, ao crédito que lhe é atribuído, qualidades essas inteiramente aplicáveis às pessoas jurídicas, além de se tratar de bens que integram o seu patrimônio" (STJ, *Informativo* n. 508, 14-11-2012, 2ª T., REsp 1.298.689-RS, rel. Min. Castro Meira).

5. Dano material e dano moral

5.1. Dano moral

5.1.1. Conceito

É possível distinguir-se, no campo dos danos, a categoria dos danos patrimoniais, de um lado, dos chamados danos morais, de outro. O dano moral não afetaria o patrimônio do ofendido. Para Pontes de Miranda, "dano patrimonial é o dano que atinge o patrimônio do ofendido; dano não patrimonial é o que, só atingindo o devedor como ser humano, não lhe atinge o patrimônio" (*Tratado*, cit., v. 26, § 3.108, p. 30). Orlando Gomes, por sua vez, preleciona:

"Ocorrem as duas hipóteses. Assim, o atentado ao direito, à honra e boa fama de alguém pode determinar prejuízos na órbita patrimonial do ofendido ou causar apenas sofrimento moral. A expressão 'dano moral' deve ser reservada exclusivamente para designar o agravo que não produz qualquer efeito patrimonial. Se há consequências de ordem patrimonial, ainda que mediante repercussão, o dano deixa de ser extrapatrimonial" (*Obrigações*, cit., n. 195, p. 332).

O dano moral não é a dor, a angústia, o desgosto, a aflição espiritual, a humilhação, o complexo que sofre a vítima do evento danoso, pois esses estados de espírito constituem o conteúdo, ou melhor, a consequência do dano. A dor que experimentam os pais pela morte violenta do filho, o padecimento ou complexo de quem suporta um dano estético, a humilhação de quem foi publicamente injuriado são estados de espírito contingentes e variáveis em cada caso, pois cada pessoa sente a seu modo. O direito não repara qualquer padecimento, dor ou aflição, mas aqueles que forem decorrentes da privação de um bem jurídico sobre o qual a vítima teria interesse reconhecido juridicamente. Por exemplo: se vemos alguém atropelar outrem, não estamos legitimados para reclamar indenização, mesmo quando esse fato nos provoque grande dor. Mas, se houver relação de parentesco próximo entre nós e a vítima, seremos lesados indiretos. Logo, os lesados indiretos e a vítima poderão reclamar a reparação pecuniária em razão de dano moral, embora não peçam um preço para a dor que sentem ou sentiram, mas, tão somente, que se lhes outorgue um meio de atenuar, em parte, as consequências da lesão jurídica por eles sofrida (Eduardo Zannoni, *El dano en la responsabilidad civil*, Buenos Aires, Astrea, 1982, p. 234 e 235).

Aduz Zannoni que o *dano moral direto* consiste na lesão a um interesse que visa a satisfação ou gozo de um bem jurídico extrapatrimonial contido nos direitos da personalidade (como a vida, a integridade corporal, a liberdade, a honra, o decoro, a intimidade, os sentimentos afetivos, a própria imagem) ou nos atributos da pessoa (como o nome, a capacidade, o estado de família). O *dano moral indireto* consiste na lesão a um interesse tendente à satisfação ou gozo de bens jurídicos patrimoniais, que produz um menoscabo a um bem extrapatrimonial, ou melhor, é aquele que provoca prejuízo a qualquer interesse não patrimonial, devido a uma lesão a um bem patrimonial da vítima. Deriva, portanto, do fato lesivo a um interesse patrimonial (*El daño*, cit., p. 239 e 240). É a hipótese, por exemplo, da perda de objeto de valor afetivo.

5.1.2. Bens lesados e configuração do dano moral

No tocante aos bens lesados e à configuração do dano moral, malgrado os autores em geral entendam que a enumeração das hipóteses, previstas na Constituição Federal, seja meramente exemplificativa, não deve o julgador afastar-se das diretrizes nela traçadas, sob pena de considerar dano moral pequenos incômodos e desprazeres que todos devem suportar na sociedade em que vivemos. Desse modo, os contornos e a extensão do dano moral devem ser buscados na própria Constituição, ou seja, no art. 5º, V (que assegura o "direito de resposta, proporcional ao agravo, além da indenização por dano material, *moral* ou à imagem") e X (que declara invioláveis "a intimidade, a vida privada, a honra e a imagem das pessoas") e, especialmente, no art. 1º, III, que erigiu à categoria de fundamento do Estado Democrático "a dignidade da pessoa humana".

Para evitar excessos e abusos, recomenda Sérgio Cavalieri, com razão, que só se deve reputar como dano moral "a dor, vexame, sofrimento ou humilhação que, fugindo à normalidade, interfira intensamente no comportamento psicológico do indivíduo, causando-lhe aflições, angústia e desequilíbrio em seu bem-estar. Mero dissabor, aborrecimento, mágoa, irritação ou sensibilidade exacerbada estão fora da órbita do dano moral, porquanto, além de fazerem parte da normalidade do nosso dia a dia, no trabalho, no trânsito, entre os amigos e até no ambiente familiar, tais situações não são intensas e duradouras, a ponto de romper o equilíbrio psicológico do indivíduo" (*Programa*, cit., p. 78).

Nessa linha, decidiu o Tribunal de Justiça de São Paulo:

"Dano moral. Banco. Pessoa presa em porta detectora de metais. Hipótese de mero aborrecimento que faz parte do quotidiano de qualquer cidadão de uma cidade grande. Ação improcedente" (Ap. 101.697-4-SP, 1ª Câm., j. 25-7-2000).

Do mesmo modo, não se incluem na esfera do dano moral certas situações que, embora desagradáveis, mostram-se necessárias ao desempenho de determinadas atividades, como, por exemplo, o exame de malas e bagagens de passageiros na alfândega.

Exemplar o art. 496 do Código Civil português, *verbis*: "Na fixação da indenização deve atender-se aos danos não patrimoniais que, pela sua gravidade, mereçam tutela do direito". Assim, somente o dano moral razoavelmente grave deve ser indenizado. "O que se há de exigir como pressuposto comum da reparabilidade do dano não patrimonial, incluído, pois, o moral, é a gravidade, além da ilicitude. Se não teve gravidade o dano, não se há pensar em indenização. *De minimis non curat praetor*" (Pontes de Miranda, *Tratado*, cit., t. 26, p. 34-5, § 3.108, n. 2).

A propósito, decidiu o Superior Tribunal de Justiça que incômodos ou dissabores limitados à indignação da pessoa e sem qualquer repercussão no mundo exterior não configuram dano moral. A ação foi movida contra uma concessionária de veículos, acusada de vender um carro com defeito, obrigando o adquirente a efetuar sucessivas visitas a oficinas mecânicas, que demandaram despesas com o deslocamento. Os defeitos acabaram sendo reparados pela garantia. Destacou o relator que a indenização por dano moral não deve ser banalizada, pois "não se destina a confortar meros percalços da vida comum. E o fato trazido a julgamento não guarda excepcionalidade. Os defeitos, ainda que em época de garantia de fábrica, são comuns" (STJ, REsp 750.735-RJ, 4ª T., rel. Min. Aldir Passarinho Jr., j. 4-6-2009).

Em outro caso envolvendo concessionária de veículos, verificou-se que a cliente comprou um automóvel no valor de R$ 18.000,00 na revendedora autorizada e, como não tinha dinheiro suficiente para quitar o veículo, deu seu carro como parte do pagamento. O bem estava alienado. Apesar de avaliado em R$ 9.500,00, seu valor correspondeu a R$ 2.700,00 da dívida, tendo a revendedora se comprometido a quitar as parcelas restantes. Além disso, a cliente pagou R$ 5.000,00 de entrada e financiou o restante, R$ 13.000,00. Todavia, além de não cumprir o convencionado no contrato, a revendedora baixou as portas, sem dar explicações à cliente. Diante desses fatos, a juíza da 4ª Vara Cível da Comarca de São Paulo, à qual foi distribuída a ação de reparação de danos (Proc. 003.04.018167-0-SP) condenou a revendedora a pagar à autora indenização por dano moral no montante de R$ 3.000,00, reconhecendo ter esta passado por situação constrangedora ao fechar negócio com uma empresa que quebrou o contrato, sem qualquer aviso.

5.1.3. Características dos direitos da personalidade. A intransmissibilidade e imprescritibilidade

Certas prerrogativas individuais, inerentes à pessoa humana, sempre foram reconhecidas pela doutrina e pelo ordenamento jurídico, bem como protegidas pela jurisprudência. São direitos inalienáveis, que se encontram fora do comércio, e que merecem a proteção legal.

A Constituição Federal expressamente refere-se aos direitos da personalidade no art. 5º, X, que proclama: "são invioláveis a intimidade, a vida privada, a honra e a imagem das pessoas, assegurado o direito a indenização pelo dano material ou moral decorrente de sua violação". O Código Civil, por sua vez, preceitua, no art. 11: "Com exceção dos casos previstos em lei, os direitos da personalidade são intransmissíveis e irrenunciáveis, não podendo o seu exercício sofrer limitação voluntária". São, também, inalienáveis e imprescritíveis.

No tocante à intransmissibilidade do dano moral, observa Maria Helena Diniz: "Como a ação ressarcitória do dano moral funda-se na lesão a bens jurídicos pessoais do lesado, portanto inerentes à sua personalidade, em regra, só deveria ser intentada pela própria vítima, impossibilitando a transmissibilidade sucessória e o exercício dessa ação por via sub-rogatória. Todavia, há forte tendência doutrinária e jurisprudencial no sentido de se admitir que pessoas indiretamente atingidas pelo dano possam reclamar a sua reparação". Adiante, aduz: "É preciso não olvidar que a ação de reparação comporta transmissibilidade aos sucessores do ofendido, desde que o prejuízo tenha sido causado em vida da vítima. Realmente, pelo Código Civil, art. 1.526 [*do Código Civil de 1916, correspondente ao art. 943 do atual*], o direito de exigir a reparação transmite-se com a herança" (*O problema*, cit., p. 253 e 254).

Nesse mesmo sentido manifesta-se Carlos Alberto Bittar: "Ajunte-se, por derradeiro, que é perfeitamente possível a transmissão do direito à reparação, operando-se a substituição processual com a habilitação incidente, em caso de falecimento do lesado no curso da ação, como, de resto, ocorre com os demais direitos suscetíveis de translação (C. Civil, art. 1.526 [*de 1916*], e CPC, art. 43)" (*Reparação*, cit., p. 150).

Malgrado os direitos da personalidade, em si, sejam personalíssimos (direito à honra, à imagem etc.) e, portanto, intransmissíveis, a pretensão ou direito de exigir a sua reparação pecuniária, em caso de ofensa, transmite-se aos sucessores, nos termos do art. 943 do Código Civil. E, apesar de também serem imprescritíveis (a honra e outros direitos da personalidade nunca prescrevem – melhor seria falar-se em decadência), a pretensão à sua reparação está sujeita aos prazos prescricionais estabelecidos em lei.

Embora já se tenha afirmado que, se a vítima não ingressou com a competente ação, quando vivia, não se admite que os seus sucessores tenham o direito de ajuizar a demanda competente, porque o dano moral tem caráter pessoal, e unicamente a vítima sabe dimensionar o seu alcance e se foram ou não atingidos os seus sentimentos, já decidiu o Superior Tribunal de Justiça, percucientemente: "O direito de ação por dano moral é de natureza patrimonial e, como tal, transmite-se aos sucessores da vítima" (*RSTJ, 71*:183).

Sustentou-se, no referido julgamento, com base na doutrina de Mário Moacyr Porto (em trabalho publicado na *RT, 661*:7): "A dor não é *bem* que componha o patrimônio transmissível do *de cujus*. Mas me parece de todo em todo transmissível, por direito hereditário, o direito de ação que a vítima, ainda viva, tinha contra o seu ofensor. Tal direito é de natureza patrimonial". Léon Mazeaud, em magistério publicado no *Recueil critique Dalloz*, 1943, p. 43, esclarece: "O herdeiro não sucede no sofrimento da vítima. Não seria razoável admitir-se que o sofrimento do ofendido se prolongasse ou se estendesse ao herdeiro e este, fazendo sua a dor do morto, demandasse o responsável, a fim de ser indenizado da dor alheia. Mas é irrecusável que o herdeiro sucede no direito de ação que o morto, quando ainda vivo, tinha contra o autor do dano. Se o sofrimento é algo entranhadamente pessoal, o direito de ação de indenização do dano moral é de natureza patrimonial e, como tal, transmite-se aos sucessores".

Não obstante, o mesmo Tribunal veio a decidir que "o direito de pleitear reparação por danos morais é pessoal e intransferível, não sendo permitido sequer a herdeiros diretos do ofendido. O efeito compensatório da indenização não poderia ser atingido, já que a prestação pecuniária não mais proporcionaria à vítima uma satisfação material e sentimental de forma a atenuar os danos sofridos" (REsp 302.029-RJ, 3ª T., rel. Min. Fátima Nancy Andrighi).

A mesma 3ª Turma do Superior Tribunal de Justiça, todavia, veio a reconhecer, posteriormente, a legitimidade ativa do espólio para pleitear a reparação do dano moral em decorrência de acidente sofrido pelo *de cujus*, afirmando: "Dotado o espólio de capacidade processual (art. 12, V, do Código de Processo Civil [de 1973, atual art. 75, VII]), tem legitimidade ativa para postular em juízo a reparação do dano sofrido pelo *de cujus*, direito que se transmite com a herança (art. 1.526 do CC [*de 1916*]). Recurso especial conhecido e provido" (REsp 343.654-SP, rel. Min. Menezes Direito, *DJU*, 1º-7-2002). No mesmo sentido: REsp 324.886-PR, 1ª T., rel. Min. José Delgado, *DJU*, 3-9-2001.

E posteriormente, no final de 2011, ratificou esse entendimento, proclamando que, "ainda que o dano moral seja personalíssimo – e por isso intransmissível –, o direito de ação para buscar a indenização pela violação moral transmite-se com o falecimento do titular do direito. Portanto, os seus herdeiros têm legitimidade ativa para buscar a reparação". Frisou, ainda, a relatora que "o direito à indenização por violação moral transmite-se com o falecimento do titular do direito, ou seja, tanto os herdeiros quanto o espólio têm legitimidade ativa para ajuizar ação de reparação por danos morais. O direito que se sucede é o de ação, de caráter patrimonial, e não o direito moral em si, personalíssimo por natureza e, portanto, intransmissível" (STJ, REsp 1.071.158-RJ, 3ª T., rel. Min. Nancy Andrighi, disponível em <www.editoramagister.com>, acesso em 22 dez. 2011).

Também a 6ª Turma do Tribunal Superior do Trabalho reconheceu a legitimidade de espólio para requerer indenização por danos morais pelo sofrimento de ex-empregado da empresa, falecido em razão de doença adquirida devido ao contato com substância cancerígena no local de trabalho (RR-40500-98.2006.5.04.0281, rel. Min. Corrêa da Veiga, disponível em <www.editoramagister.com>, acesso em 21 maio 2010).

5.1.4. A prova do dano moral

O dano moral, salvo casos especiais, como o de inadimplemento contratual, por exemplo, em que se faz mister a prova da perturbação da esfera anímica do lesado, dispensa prova em concreto, pois se passa no interior da personalidade e existe *in re ipsa*. Trata-se de presunção absoluta. Desse modo, não precisa a mãe comprovar que sentiu a morte do filho; ou o agravado em sua honra demonstrar em juízo que sentiu a lesão; ou o autor provar que ficou vexado com a não inserção de seu nome no uso público da obra, e assim por diante. Do mesmo modo, presume-se o dano moral nos casos de abalo de crédito, protesto indevido de títulos, envio do nome de pessoa natural ou jurídica para o "rol dos inadimplentes" (Serasa, SPC), perda de órgão do corpo ou de pessoa da família.

Como preleciona Flávio Tartuce (*Manual de responsabilidade civil*, São Paulo, Método, 2018, p. 415-416): "Quanto à necessidade ou não de prova, o dano moral pode ser *subjetivo* ou *objetivo*, divisão com grande repercussão prática, notadamente quanto ao ônus de demonstração do prejuízo suportado pela vítima, de acordo com as peculiaridades do caso concreto.

O *dano moral subjetivo* ou *provado* é aquele que necessita ser demonstrado pela vítima ou autor da demanda, ônus que lhe cabe. Na visão deste autor, constitui regra geral do sistema jurídico brasileiro, especialmente pela posição que prevalece na jurisprudência superior. Como ainda será aprofundado, o Superior Tribunal de Justiça tem entendido que o dano moral da pessoa jurídica enquadra-se nessa regra geral, por todos os arestos, já adiantando: 'para que a execução da medida cautelar de busca e apreensão seja capaz de causar dano moral indenizável à pessoa jurídica é preciso que existam comprovadas ofensas à sua reputação, seu bom nome, no meio comercial e social em que atua, ou seja, à sua honra objetiva, o que foi verificado pelo Tribunal de origem, na espécie' (STJ, REsp 1.428.493-SC, 3ª T., rel. Min. Nancy Andrighi, j. 14-2-2017, *DJe* 23-2-2017).

Por seu turno, o *dano moral objetivo* ou *presumido* não necessita de prova. Utiliza-se a expressão em latim *in re ipsa* a fim de evidenciar um dano que decorre do simples fato ou a simples situação da coisa. Para este autor, o dano moral presumido não é regra, mas exceção no nosso sistema, estando presente, por exemplo, nos casos de abalo de crédito ou abalo moral, protesto indevido de títulos, envio do nome de pessoa natural ou jurídica para o *rol dos inadimplentes* (Serasa, SPC), uso indevido de imagem, morte de pessoa da família ou perda de órgão ou parte do corpo. Na última hipótese, há que falar também em *dano estético presumido* (*in re ipsa*), como ainda será desenvolvido".

Jurisprudência

- "Danos morais – Inscrição indevida em cadastro de inadimplentes ou protesto indevido. O dano moral, oriundo de inscrição ou manutenção indevida em cadastro de inadimplentes ou protesto indevido, prescinde de prova, configurando-se *in re ipsa*, visto que é presumido e decorre da própria licitude do fato" (STJ, AgInt no AREsp 858.040-SC, rel. Min. Maria Isabel Gallotti, *DJe* 9-5-2017).

- "Protesto indevido – Dano moral *in re ipsa*. O protesto indevido configura dano moral *in re ipsa*, ou seja, pelo simples fato do apontamento indevido, saltando aos olhos a existência de um abalo de crédito capaz de prejudicar a realização de outros negócios pela demandante. O cotejo destas constatações efetivamente leva ao reconhecimento do direito legítimo do reconvinte em pugnar pelo pagamento de compensação por dano moral" (Apel. 0350897-34.2012.8.19.000-RJ, rel. Des. Flávia Romano de Rezende, j. 8-6-2016).

- "Danos morais – Pessoa jurídica – Não configuração do dano *in re ipsa*. Para a pessoa jurídica o dano moral não se configura *in re ipsa*, por se tratar de fenômeno muito distinto daquele relacionado à pessoa natural" (STJ, REap 1.564.955-SP, 3ª T., rel. Min Nancy Andrighi, *DJe* 15-2-2018).

- "Danos morais – Pessoa jurídica – Mera quebra de um contrato. Descabimento da condenação ao pagamento de indenização por danos morais, por se tratar de mero descumprimento de cláusula contratual, sem repercussão extrapatrimonial. Julgados desta Corte Superior" (STJ, Ag. Int. nos EDcl no AREsp 487.700-RJ, 3ª T., rel. Min. Paulo de Tarso Sanseverino, *DJe* 24-3-2017).

- "Danos morais – Protesto indevido de duplicata paga no vencimento – Pessoa jurídica. O protesto de título já quitado acarreta prejuízo à reputação da pessoa jurídica, sendo presumível o dano extrapatrimonial que resulta deste ato. Consoante reiterada jurisprudência desta Corte, 'é presumido o dano que sofre a pessoa jurídica no conceito de que goza na praça em virtude de protesto indevido, o que se apura por um juízo de experiência' (cf. STJ, REsp 487.979-RJ, rel. Min. Ruy Rosado de Aguiar, *DJU*, 8-9-2003). Precedentes" (STJ, REsp 2004/0067928-6, 4ª T., rel. Min. Jorge Scartezzini, *DJU*, 6-12-2004, p. 336).

- "Responsabilidade civil – Dano moral – Comprovação pelo ofendido – Desnecessidade – Existência do ato ilícito apto a ocasionar sofrimento íntimo – Suficiência – Prova negativa a cargo do ofensor – Verba devida – Recurso provido" (*JTJ*, Lex, *216*:191).

- "Dano moral – Morte de filho – Verba devida aos pais – Falta de amor por aquele não demonstrada – Irrelevância dos motivos dele não estar presente na vida diária dos pais, com visitas mútuas" (*JTJ*, Lex, *230*:79).

- "Prova – Perícia psicológica – Pretensão a sua realização em ação de indenização por danos morais – Alegações que podem ser demonstradas por testemunhas – Inexistência de caráter técnico a ser verificado – Indeferimento – Agravo não provido. Não são os psicólogos profissionais dotados de técnica de avaliação de danos morais, razão pela qual não se pode alegar que o fato exposto na inicial dependa de prova técnica. Não houve cerceamento de defesa, porque ao juiz é facultado indeferir prova inútil e impertinente" (TJSP, *JTJ*, Lex, *231*:244).

5.1.5. Objeções à reparação do dano moral

Muitas são as objeções que se levantaram contra a reparação do dano puramente moral. Argumentava-se, principalmente, que seria imoral procurar dar valor monetário à dor, ou que seria impossível determinar o número de pessoas atingidas (pais, irmãos, noivas etc.), bem como mensurar a dor. Mas todas essas objeções acabaram rechaçadas na doutrina e na jurisprudência. Tem-se entendido, hoje, que a indenização por dano moral representa uma compensação, ainda que pequena, pela tristeza infligida injustamente a outrem. E que todas as demais dificuldades apontadas ou são probatórias ou são as mesmas existentes para a apuração do dano material.

Conforme enfatiza Yussef Said Cahali, "na reciclagem periódica por que passa o tema da reparação do dano moral, a presente fase caracteriza-se pela adesão da jurisprudência de nossos tribunais aos seus ditames. Em condições tais, agora, mais do que nas fases anteriores, o instituto atinge a sua maturidade e reassume a sua relevância, esmaecendo a resistência daqueles juízes vinculados ainda ao argumento tacanho de não ser possível compensar uma dor moral com o dinheiro". (...) "É certo que o parto dos novos conceitos jurisprudenciais não terá sido menos doloroso, à medida que, de início, só aceitando a reparação do dano moral que tivesse provocado uma redução do patrimônio econômico do ofendido, foi gradativamente ampliando o conceito de 'dano moral ressarcível' para compreender também os danos patrimoniais indiretos, futuros, presumidos e eventuais; de tal modo que, sob o color de danos patrimoniais revestidos com essa qualificação, defere-se ampla mas dissimuladamente a reparação do dano moral. Nessa linha de evolução, julgados mais autênticos e inteligentes não se pejam em admitir, clara e francamente, a reparabilidade do dano moral. Já se pode reconhecer, assim, que o princípio segundo o qual 'o dano moral não é indenizável' pertence já agora ao passado histórico do nosso direito privado; embora reconheçamos a existência ainda de juízes e julgados que, estacionados no tempo, persistem em tributar-lhe uma saudosa e cômoda fidelidade, fazendo ouvidos moucos aos reclamos da justiça social e não se apercebendo de que o direito, como experiência vivida, acelera-se no seu processo evolutivo de adaptação" (*Dano,* cit., p. 3 e 35).

E prossegue Yussef Said Cahali: "É certo que melhor andaria o legislador, para pôr cobro a essa recalcitrância de alguns à melhor doutrina, que se estatuísse às expressas e com caráter geral disposição concernente à reparabilidade do dano moral". (...) "O atual Anteprojeto de Código Civil, lamentavelmente, caracteriza-se pela falta de sintonia entre seus dispositivos, resultante do fato de terem sido compostas as suas várias partes (Livros) por diversos juristas, falhando a coordenação geral quanto a imprimir-lhe uma unicidade orgânica. Assim, enquanto o art. 186 (Parte Geral – Moreira Alves) prescreve que, 'aquele que, por ação ou omissão voluntária, negligência ou imprudência, violar direito e causar dano a outrem, ainda que simplesmente moral, comete ato ilícito' (art. 187 do Anteprojeto primitivo; art. 185 do Anteprojeto revisto), buscando assim, melhor explicitar aquilo que já se contém no art. 159 do Código Civil [*de 1916*], tem-se que, no capítulo concernente à liquidação da indenização (*Direito das Obrigações* – Agostinho Alvim), não se inseriu nenhuma disposição genérica relativa à reparabilidade do dano moral, limitando-se o autor a reproduzir, defeituosa e ambiguamente, o que se contém mais claramente no Código Civil em vigor. Merece encômios, assim, a antecipação dogmática, a que se propôs a jurisprudência agora dominante no sentido da reparabilidade do dano moral no direito brasileiro, em especial à face da convicção generalizada de que a projetada reforma do nosso Código Civil revela-se, cada vez mais, bem menos viável de ser levada a termo" (*Dano,* cit., p. 35-6).

5.1.6. Evolução da reparabilidade do dano moral em caso de morte de filho menor

V., também, *Morte de filho*, n. 1.1, Livro II, Título IV, Seção II do Capítulo II, *infra*.

Aspecto em que muito se discutiu a reparabilidade do dano moral foi o relativo à indenização aos pais pela morte de filho menor. A evolução do direito, nesse particular, permite-nos distinguir três estágios:

1º) o da irreparabilidade do dano, no que se qualificava este como sendo dano moral;

2º) o da relativa ressarcibilidade do dano, em função de seus reflexos patrimoniais imediatos;

3º) o da ampla reparabilidade do dano, seja mediante o artifício de divisar no caso existência de um dano patrimonial remoto, potencial, futuro, eventual, seja aí reconhecendo a existência de um dano moral reparável[97].

Na primeira fase entendia-se que era incabível a indenização por dano moral, porque o art. 1.537 do Código Civil de 1916 determinava que, em caso de homicídio, a indenização consistia no pagamento das despesas de tratamento da vítima, seu funeral e o luto da família, bem como na prestação de alimentos às pessoas a quem o defunto os devia. Como o menor não deve alimento aos pais, a inclusão de qualquer outra verba seria indenização por dano moral, não prevista. São dessa época os seguintes acórdãos:

"Tratando-se de vítima menor, que não exercia profissão, a indenização corresponde apenas às despesas de funeral e luto" (STF, Pleno, *RT, 332*:507).

"Não tem cabimento a condenação do causador da morte de menor que não devia alimentos, mas era alimentado por seus pais. A sua obrigação de indenizar se restringe ao auxílio-funeral" (*RT, 434*:76).

Criou-se, assim, a figura do menor consumidor, cuja morte não representaria qualquer desfalque no patrimônio de seus genitores e não seria, por isso, indenizável. Lembra Yussef Said Cahali que "em argumento *ad terrorem*, levada esta interpretação ao paroxismo, dir-se-ia que a perda do filho consumidor, de pequena idade, representaria até mesmo um benefício patrimonial para seus genitores, no que estariam sendo dispensados de uma boca a mais para ser alimentada; o que, decididamente, não deixa de ser chocante" (*Dano*, cit., p. 47).

Aos poucos, entretanto, alguns julgados começaram a admitir indenização aos pais pela morte do filho menor, quando este já trabalhava, pois o prejuízo sofrido pelos pais da vítima é representado pelo ganho do menor, que deixou de ser incluído na economia familiar, principalmente nas famílias de baixa renda. Mas ainda se tratava de indenização por dano material.

Numa segunda fase, chegou-se à reparabilidade do dano moral, admitindo-se a indenização ainda quando o menor era simplesmente consumidor, isto é, não trabalhava ou era de tenra idade. Tal orientação, predominante no Supremo Tribunal Federal, foi enunciada na Súmula 491, nestes termos: "É indenizável o acidente que cause a morte de filho menor, ainda que não exerça trabalho remunerado".

O entendimento era o de que o menor representava um valor econômico potencial. Os pais teriam perdido, no mínimo, o que já haviam gasto ou investido na criação e educação do

---

97. Yussef Said Cahali, *Dano*, cit., p. 44.

filho. Além disso, viram frustrada a expectativa de que o filho lhes fosse uma fonte de renda ou de futuros alimentos. Muitos, entretanto, viam nessa interpretação o ressarcimento por danos patrimoniais indiretos, consistentes na privação do potencial econômico que o filho falecido representaria. Podem ser mencionados, dessa fase, estes acórdãos:

"Reparação por morte de filho menor é devida ainda que não preste auxílio ao grupo familiar, visto que um menor válido representa, potencialmente, patrimônio de auxílio à família" (*RTJ, 40*:355, *56*:733, *57*:786, *62*:255).

"É indenizável o acidente que cause a morte de filha menor, ainda que provado que a mesma não trabalhava para contribuir para o sustento do lar. (...) É o direito potencial a alimentos, valor econômico que integra o patrimônio da pessoa" (*RTJ, 67*:277).

Numa fase mais recente, tem sido proclamado que a indenização devida aos genitores do menor vitimado configura, efetivamente, modalidade de reparação de dano moral. E o montante da indenização deve ser fixado por arbitramento, conforme a jurisprudência do Supremo Tribunal Federal (*RTJ, 69*:276, *67*:277).

Preceitua o art. 946 que, "se a obrigação for indeterminada, e não houver na lei ou no contrato disposição fixando a indenização devida pelo inadimplente, apurar-se-á o valor das perdas e danos na forma que a lei processual determinar".

A expressão "alimentos" a que se refere o art. 1.537 do Código Civil [*de 1916, reproduzida no art. 948, II, do atual diploma*] é indicação subsidiária, porque a indenização, em caso de morte, não se concede, somente, como pensão alimentar. Esta regra orienta a liquidação da obrigação, mas de forma alguma exclui que prejuízos outros, comprovados, fiquem sem reparação (STF, *RTJ, 69*:549).

Verifica-se, assim, que a jurisprudência se consolidou, acertadamente, no sentido do arbitramento de importância determinada, como indenização pela morte de filho menor, sem lhe emprestar, necessariamente, o caráter de pensão alimentícia, própria do ressarcimento do dano material.

Os Tribunais não têm concedido alimentos, mas, sim, uma indenização, a ser percebida pelo beneficiário desde logo, e a ser arbitrada pelo juiz.

Yussef Said Cahali frisa que se pode observar, hoje, na aplicação da referida Súmula 491, duas regras criadas pela jurisprudência, possibilitando a concessão aos pais de indenização pela perda de filho menor:

a) por danos patrimoniais e danos extrapatrimoniais, se pelas circunstâncias, idade e condições dos filhos e dos genitores, do contexto familiar da vítima, representa a sobrevida deste um valor econômico potencial, futuro, eventual, sendo razoavelmente esperada a sua contribuição para os encargos da família;

b) por danos morais apenas, se não demonstrado que a morte do filho menor representou a frustração da expectativa de sua futura contribuição econômica para os seus genitores (*Dano moral*, Revista dos Tribunais, 2. ed., p. 136).

Jurisprudência

■ "Indenização – Responsabilidade civil – Ato ilícito – Concessionária de serviços elétricos – Danos causados em bens e pessoas – Aplicação da chamada teoria do fato da coisa e não da teoria subjetiva. No caso, perfeitamente indenizável o dano moral decorrente da perda da filha menor, do autor, que contava oito anos de idade... A Súmula n. 491 do Egrégio Supremo Tribunal Federal já hoje não deixa margem a qualquer dúvida no tocante à indenizabilidade do dano moral... E, fixada a premissa, tem-se que foi bastante razoável o critério indenizatório estabelecido no venerando acórdão, fixando a indenização em Cr$ 10.000,00. O direito à indenização, no caso apreciado, não deriva, por si só, do direito alimentar. Pode servir de critério" (*RJTJSP*, *44*:206).

■ "Indenização – Responsabilidade civil – Morte de filho menor que não exerça qualquer atividade remunerada. Nos casos de indenização como o dos autos, isto é, de filho menor que ainda não exerce profissão lucrativa, a reparação não tem o caráter de alimentos, uma vez que a vítima não trabalhava. A indenização é devida em razão de construção jurisprudencial, que não se conformou com a absurda conclusão de que, se a vítima não devia alimentos, a indenização se restringe às despesas com funeral, e luto da família, conclusão que levou veneranda decisão a afirmar que 'se alguém mata um cão, ou cavalo, fica obrigado a pagar perdas e danos ao proprietário; se, porém, mata um filho deste, só está obrigado a indenizar as despesas do luto e funeral'" (*Arquivo Judiciário*, v. 86, p. 115).

■ "Se o menor não trabalhava nem havia tido empregos anteriormente, em princípio os seus pais não fazem jus ao pensionamento decorrente de danos materiais, mas tão somente aos morais" (*RSTJ, 50*:305, e *RT, 698*:236).

5.1.7. A reparação do dano moral e a Constituição Federal de 1988

O Código Civil de 1916 previa algumas hipóteses de reparação do dano moral, como quando a lesão corporal acarreta aleijão ou deformidade, ou quando atinge mulher solteira ou viúva ainda capaz de casar (art. 1.538); quando ocorre ofensa à honra da mulher por defloramento, sedução, promessa de casamento ou rapto (art. 1.548); ofensa à liberdade pessoal (art. 1.550); calúnia, difamação ou injúria (art. 1.547). Mas, em quase todos esses casos, o valor era prefixado e calculado com base na multa criminal prevista para a hipótese.

Nos casos não previstos nesse capítulo, referente aos arts. 1.537 a 1.553, a indenização, tanto do dano material como do moral, se fixava por arbitramento, como preceituava o art. 1.553.

Lembrava Caio Mário da Silva Pereira que a "resistência que tem encontrado, entre nós, a teoria da reparação do dano moral está em que não havia uma disposição genérica, no Código Civil, admitindo-a. Clóvis Beviláqua, propugnador da indenização do dano moral, enxerga o suporte legal na regra do art. 76 e seu parágrafo do Código Civil, segundo o qual, para propor ou contestar uma ação é suficiente um interesse moral. O argumento, entretanto, não convence os opositores recalcitrantes" (*Responsabilidade*, cit., p. 64).

É de se ponderar, no entanto, que o art. 159 do Código Civil de 1916 obrigava à reparação do dano, sem fazer nenhuma distinção entre dano material e moral. Significa dizer que abrangia tanto o dano patrimonial como o extrapatrimonial. É o que também pensava Caio Mário da Silva Pereira: "Ao meu ver, a aceitação da doutrina que defende a indenização por dano moral repousa numa interpretação sistemática de nosso direito, abrangendo o próprio art. 159 do Código Civil que, ao aludir à 'violação de um direito', não está limitando a reparação ao caso de dano material apenas. Não importa que os redatores do Código não hajam assim pensado. A lei, uma vez elaborada, desprende-se da pessoa dos que a redigiram. A ideia de 'interpretação histórica' está cada dia menos autorizada. O que prevalece é o conteúdo social da lei, cuja hermenêutica acompanha a evolução da sociedade e de suas injunções (Lei de Introdução ao Código Civil, art. 5º). Nesta linha de raciocínio posso buscar amparo na lição de Chironi, de que a expressão genérica emitida pelo Código Civil italiano, ao se referir a 'qualunque danno' pode ser interpretada como abrangendo 'la responsabilità ordinata dei danni materiali e dei morali'" (*Responsabilidade*, cit., p. 64).

O atual Código Civil prevê a reparação do dano moral ao se referir, no art. 186 (correspondente ao revogado art. 159), ao ato ilícito: "Aquele que, por ação ou omissão voluntária, negligência ou imprudência, violar direito e causar dano a outrem, *ainda que exclusivamente moral*, comete ato ilícito".

A Constituição Federal, no título "Dos direitos e garantias fundamentais" (art. 5º) assegura o "direito de resposta, proporcional ao agravo, além da indenização por dano material, *moral* ou à imagem" (n. V); e declara invioláveis "a intimidade, a vida privada, a honra e a imagem das pessoas, assegurado o direito a indenização pelo material ou *moral* decorrente de sua violação" (n. X).

A doutrina e a jurisprudência já se manifestaram a respeito do alcance desses dispositivos. Caio Mário da Silva Pereira comentou: "A Constituição Federal de 1988 veio pôr uma pá de cal na resistência à reparação do dano moral. O art. 5º, n. X, dispôs: 'são invioláveis a intimidade, a vida privada, a honra e a imagem das pessoas, assegurado o direito à indenização pelo dano material ou moral decorrente de sua violação'. Destarte, o argumento baseado na ausência de um princípio geral desaparece. E, assim, a reparação do dano moral integra-se definitivamente em nosso direito. É de se acrescer que a enumeração é meramente exemplificativa, sendo lícito à jurisprudência e à lei ordinária editar outros casos. Com efeito, aludindo a determinados direitos, a Constituição estabeleceu o mínimo. Não se trata, obviamente de 'numerus clausus', ou enumeração taxativa. Esses, mencionados nas alíneas constitucionais, não são os únicos direitos cuja violação sujeita o agente a reparar. Não podem ser reduzidos, por via legislativa, porque inscritos na Constituição. Podem, contudo, ser ampliados pela legislatura ordinária, como podem ainda receber extensão por via de interpretação, que neste teor recebe, na técnica do Direito norte-americano, a designação de 'construction'. Com as duas disposições contidas na Constituição de 1988 o princípio da reparação do dano moral encontrou o batismo que a inseriu em a canonicidade de nosso direito positivo. Agora, pela palavra mais firme e mais alta da norma constitucional, tornou-se princípio de natureza cogente o que estabelece a reparação por dano moral em o nosso direito. Obrigatório para o legislador e para o juiz" (*Responsabilidade*, cit., p. 65, n. 48).

Segundo José Carlos Barbosa Moreira, "há que se abandonar em definitivo, e sem reservas, a doutrina, profundamente reacionária, da não reparabilidade do dano moral, que, aliás, nem se compreende como possa ter criado tão fortes raízes no pensamento jurídico brasileiro, quando a simples leitura sem preconceitos do art. 159, primeira parte, do CC [*de 1916*] é suficiente para evidenciar a incompatibilidade entre ela e o nosso Direito Positivo: a norma, com efeito, refere-se a 'prejuízo' e a 'dano', sem qualificá-los, e, portanto, sem restringir a sua própria incidência ao terreno patrimonial. É irrelevante a circunstância de só estarem reguladas em termos expressos, na parte do Código [*de 1916*] atinente à liquidação, algumas hipóteses específicas de dano moral (arts. 1.547 e s.), porque, para as outras, aí não contempladas, existe a norma subsidiária do art.

1.553, de acordo com a qual, 'nos casos não previstos neste capítulo, se fixará por arbitramento a indenização'" (*Direito aplicado – Acórdãos e votos*, Rio de Janeiro, Forense, 1987, p. 275).

Humberto Theodoro Júnior, em artigo publicado na *RT, 662*:8, assevera que mais de uma vez "a Carta Magna assegura o princípio da reparabilidade do dano moral, seja na defesa dos direitos da personalidade, seja na preservação dos direitos morais do autor da obra intelectual (art. 5º, V e X)". Com isso, acrescenta, "a indenização do dano moral, que ainda gerava alguma polêmica na jurisprudência, ganha foros de 'constitucionalidade'. Elimina-se o materialismo exagerado de só se considerar objeto do Direito das Obrigações o dano patrimonial. Assegura-se uma sanção para melhor tutelar setores importantes do direito privado, onde a natureza patrimonial não se manifesta, como os direitos da personalidade, os direitos do autor etc.".

Depois de transcrever alguns arestos que dão realce à nova postura da Constituição perante o dano moral, aduz: "Em suma: saiu vitoriosa a corrente defensora da reparabilidade do dano moral puro, que, antes da Constituição Federal de 1988, propugnava pela indenização de toda e qualquer lesão à honra ou aos sentimentos, sem se preocupar com reflexos que pudesse, ou não, ter sobre o patrimônio da vítima".

JURISPRUDÊNCIA

- "O dano moral, oriundo de inscrição ou manutenção indevida em cadastro de inadimplentes ou protesto indevido, prescinde de prova, configurando-se *in re ipsa*, visto que é presumido e decorre da própria ilicitude do fato" (STJ, AgInt no AREsp 858.040/SC, rel. Min. Maria Isabel Gallotti, *DJe* 9-5-2017).

- "Responsabilidade civil – Morte de menor por afogamento – Responsabilidade do clube pela falha no serviço – Dano moral – *Quantum* indenizatório – Critérios de arbitramento equitativo" (STJ, REsp 1.332.366-MS, 4ª T., rel. Min. Luis Felipe Salomão, *DJe* 7-12-2016).

- "Indenização – Dano moral – Perda da esposa em acidente de trânsito – Verba devida – Inteligência e aplicação do art. 5º, V, da CF. Embora subsistisse dúvida acerca do cabimento da indenização por danos morais, restou superada com o advento da CF de 1988, que, em seu art. 5º, V, assegurou, de forma genérica e ampla, o direito ao ressarcimento na espécie. Assim, lícito ao marido pleitear a verba por perda de sua esposa em acidente de trânsito, em virtude da dor provocada pelo evento" (*RT, 641*:182).

- "Indenização – Responsabilidade civil – Estabelecimento bancário – Dano moral – Ocorrência – Cheque indevidamente devolvido – Desnecessidade de comprovação do reflexo material – Recusa, ademais, em fornecer carta de retratação – Verba devida – Artigo 5º, inciso X, da Constituição da República – Recurso provido. A Constituição Federal pôs fim à controvérsia ao incluir entre os direitos individuais (artigo 5º, inciso X) o direito à indenização pelo dano material, e *moral*, decorrente de violações da intimidade, da vida privada, da honra e da imagem" (*RJTJSP, 123*:159).

5.1.8. Cumulação da reparação do dano moral com o dano material

O Superior Tribunal de Justiça, admite francamente tal cumulação, estando já consolidada nesse sentido a sua jurisprudência. Veja-se:

"Responsabilidade civil. Acidente durante transporte ferroviário. Ação indenizatória. Cumulação das indenizações pelo dano material e pelo dano moral. Ação ajuizada por mãe viúva, ante o falecimento de filho de 17 anos, já assalariado, vitimado em queda de trem. São cumuláveis as indenizações pelo dano material e pelo dano moral, ainda que oriundos do mesmo fato" (RE 19.402-SP, 4ª T., rel. Min. Athos Carneiro, j. 31-3-1992, *DJU*, 20-4-1992, n. 75, p. 5259).

Tal jurisprudência foi cristalizada na Súmula 37 da referida Corte de Justiça, *verbis*: "São cumuláveis as indenizações por dano material e dano moral oriundos do mesmo fato".

A doutrina, com maior coerência, já vinha preconizando a reparação do dano puramente moral, admitindo a sua cumulação com a do dano material.

Ensina, com efeito, Francesco Messineo que, se o ato ilícito a um só tempo diminui a aptidão laborativa da vítima e lhe atinge a honra, fere dois distintos círculos, justificando-se "il cumulo di danni materiali e morali" (*Manuale di diritto civile e commerciale,* Milano,1958, v. 5, § 169, p. 643).

O próprio Clóvis Beviláqua, depois de afirmar que o art. 1.537 do Código [*de 1916*], ao preconizar indenização por homicídio, não contemplou reparação por dano moral, ressalva, contudo, que, em se tratando de "ferimentos que produzam aleijões ou deformidades, admissível é considerar o dano patrimonial e o moral" (*Código Civil*, cit., v. 5, p. 322).

Caio Mário da Silva Pereira preleciona: "Admitir, todavia, que somente cabe reparação moral quando há um dano material é um desvio de perspectiva. Quem sustenta que o dano moral é indenizável somente quando e na medida em que atinge o patrimônio está, em verdade, recusando a indenização do dano moral. O que é preciso assentar, e de maneira definitiva, como faz Wilson Melo da Silva, é que 'na ocorrência de uma lesão, manda o direito ou a equidade que se não deixe o lesado ao desamparo de sua própria sorte' (*O Dano Moral e sua Reparação*, n. 237, p. 561, 1983)".

Prossegue Caio Mário: "Não cabe, por outro lado, considerar que são incompatíveis os pedidos de reparação patrimonial e indenização por dano moral. O fato gerador pode ser o mesmo, porém o efeito pode ser múltiplo. A morte de uma pessoa fundamenta a indenização por dano material na medida em que se avalia o que perdem pecuniariamente os seus dependentes. Ao mesmo tempo justifica a reparação por dano moral quando se tem em vista a dor, o sofrimento que representa para os seus parentes ou aliados a eliminação violenta e injusta do ente querido, independentemente de que a sua falta atinge a economia dos familiares e dependentes" (*Responsabilidade,* cit., p. 63, n. 45).

Também R. Limongi França sustenta que, nos danos: "a) Os efeitos finais podem ser patrimoniais, morais ou patrimoniais e morais. b) O aspecto moral do dano não se desnatura se, concomitantemente ou consequentemente, também houver danos patrimoniais. c) O dano moral não deixa de ser puro, quanto ao aspecto moral, a despeito da convergência de algum aspecto patrimonial, ainda que economicamente mais relevante. d) Em tais hipóteses, indenizam-se tanto o dano moral como o patrimonial. e) Não há por que afirmar a inexistência de dano moral, se a houver, em virtude da só razão da concomitância, convergência ou consequência de outra espécie de dano. f) Isto se aplica tanto a dano material oriundo de dano moral como a dano moral oriundo de dano material. g) Do mesmo modo, se são meramente concomitantes ou convergentes". Como exemplo de dano moral oriundo de dano material cita a hipótese da "destruição do acervo de um pintor célebre" (Reparação do dano moral, *RT, 631*:32).

Na mesma esteira o ensinamento de Antonio Lindbergh C. Montenegro: "Se o ato ilícito, a um só tempo, afeta a esfera moral e patrimonial de alguém, fará este jus a uma indenização acumulada, segundo a boa doutrina. Afigura-se de todo ilógico e injurídico afirmar que o dano moral só é indenizável quando repercute no patrimônio. Com efeito, desde o momento em que o fato gerador do dano moral passa a repercutir na vida econômica do ofendido, faz nascer de par com aquele o dano material ou patrimonial. Ocorre, no entanto, que por uma questão de técnica legislativa, em muitos casos a lei repele a cumulação de indenizações referentes às duas ofensas, se há elementos positivos para apurar o dano patrimonial. Em consequência desse fenômeno, o dano moral perde de relevância para o efeito de sua reparabilidade. Injurídico seria, porém, sustentar que o dano moral tenha sido, então, absorvido pelo material" (*Responsabilidade*, cit., p. 267, n. 121).

Mário Moacyr Porto, por sua vez, assevera: "... o herdeiro, em caso de homicídio, tem, 'jure proprio', ação contra o responsável pela morte, para ressarcimento dos danos material e moral que restarem demonstrados" (*Temas*, cit., p. 47).

Yussef Said Cahali igualmente, em linhas gerais, admite a referida cumulação (*Dano*, cit.).

Importante reforço à tese da cumulabilidade das indenizações por danos patrimoniais e morais foi dado pelo Código de Defesa do Consumidor.

Como o art. 6º, VI, do Código de Defesa do Consumidor diz ser direito básico do consumidor a efetiva prevenção e reparação de danos patrimoniais e morais, individuais coletivos e difusos, não resta mais nenhuma dúvida sobre a cumulatividade das indenizações por danos patrimoniais e morais causados ao consumidor. A nova sistemática veio pôr fim à antiga discussão que se formou em virtude de a jurisprudência do Supremo Tribunal Federal, conquanto admitisse a indenização pelo dano moral, não permitir a cumulação dela com a indenização pelo dano patrimonial. A conjuntiva "e", ao invés da disjuntiva "ou", do art. 6º, VI, do referido Código deixa expressa a possibilidade de haver cumulação das indenizações por danos morais e patrimoniais ao direito do consumidor (Nelson Nery Junior, *Revista do Advogado,* 33:79).

Jurisprudência

- "Responsabilidade civil – Cumulação de danos morais e materiais – Incapacidade parcial e permanente comprovada" (TST, AgI 857-437.2011.5.08-120, *DJe* 24-5-2013).
- "Dano decorrente de cédula de cinquenta reais com defeito de impressão – Indenização – Danos materiais e morais – Cumulação – Súmula n. 37/STJ (TRF-2, Apel. 2001.51.01.008025-0, *DJe* 29-6-2012).
- "Responsabilidade civil do Estado – Dano moral decorrente de tortura – Dano material já indenizado completamente – Irrelevância – Devida reparação ampla do dano moral" (*RT, 595*:198).
- "Indenização – Dano moral e material – Ressarcimento cumulativo – Admissibilidade – Embargos infringentes rejeitados" (*RT, 613*:184).
- "Indenização – Dano moral – Protesto indevido de título de crédito, já saldada a dívida respectiva – Fato que causou injusta lesão à honra do autor, consubstanciada em descrédito

na praça, indenizável por força do art. 5º, X, da CF – Estimação do dano moral, devendo o dano patrimonial ser apurado em liquidação da sentença – Culpa concorrente reconhecida – Indenização reduzida à metade" (*RT, 650*:63).

■ "Responsabilidade civil – Acidente ferroviário – Indenização sob a forma de pensão aos familiares do falecido – Reconhecimento do direito, também, à reparação do dano moral, modicamente arbitrada – Aplicação do art. 5º, n. V e X, da Constituição Federal" (1º TACSP, Ap. 419.846-SP, 6ª Câm., v.u.).

5.1.9. Natureza jurídica da reparação

Há controvérsias a respeito da natureza jurídica da reparação do dano moral. Alguns autores, como Carbonnier (*Droit civil*, 7. ed., Paris, v. 4, n. 88, p. 308), vislumbram apenas o caráter punitivo, enquanto outros, como Espínola Filho (O dano moral em face da responsabilidade civil (prefácio), in *O dano moral no direito brasileiro*, de Ávio Brasil, p. 27), afirmam que tal colocação não satisfaz para fundamento da reparação do dano moral, bastando considerar que, nos casos em que o ato ilícito assume maior gravidade, pelo perigo social dele resultante, a ponto de se considerar crime, o direito penal intervém, aplicando a pena (pública) ao delinquente.

Tem prevalecido, no entanto, o entendimento de que a reparação pecuniária do dano moral tem duplo caráter: compensatório para a vítima e punitivo para o ofensor. Ao mesmo tempo que serve de lenitivo, de consolo, de uma espécie de compensação para atenuação do sofrimento havido, atua como sanção ao lesante, como fator de desestímulo, a fim de que não volte a praticar atos lesivos à personalidade de outrem.

Não se pode negar, diz Maria Helena Diniz, que "a reparação pecuniária do dano moral é um misto de pena e de satisfação compensatória, tendo função: a) *penal* ou *punitiva*, constituindo uma sanção imposta ao ofensor, visando a diminuição de seu patrimônio, pela indenização paga ao ofendido, visto que o bem jurídico da pessoa – integridade física, moral e intelectual – não poderá ser violado impunemente, subtraindo-se o seu ofensor às consequências de seu ato por não serem reparáveis; e b) *satisfatória* ou *compensatória*, pois, como o dano moral constitui um menoscabo a interesses jurídicos extrapatrimoniais, provocando sentimentos que não têm preço, a reparação pecuniária visa proporcionar ao prejudicado uma satisfação que atenue a ofensa causada. Não se trata, como vimos, de uma indenização de sua dor, da perda de sua tranquilidade ou prazer de viver, mas de uma compensação pelo dano e injustiça que sofreu, suscetível de proporcionar uma vantagem ao ofendido, pois ele poderá, com a soma de dinheiro recebida, procurar atender às satisfações materiais ou ideais que repute convenientes, atenuando assim, em parte, seu sofrimento" (*O problema*, cit., p. 248).

É de salientar que o ressarcimento do dano *material* ou *patrimonial* tem, igualmente, natureza sancionatória indireta, servindo para desestimular o ofensor à repetição do ato, sabendo que terá de responder pelos prejuízos que causar a terceiros. O caráter punitivo é meramente reflexo, ou indireto: o autor do dano sofrerá um desfalque patrimonial que poderá desestimular a reiteração da conduta lesiva. Mas a finalidade precípua do ressarcimento dos danos não é punir o responsável, e sim recompor o patrimônio do lesado.

A propósito, observa Yussef Said Cahali, com acuidade, que "não há um fundamento específico para a responsabilidade civil quando se cuida de ressarcir o dano patrimonial, diverso daquele que determina a responsabilidade civil por danos extrapatrimoniais; a rigor, a questão se desloca para o âmbito da finalidade da condenação indenizatória...". "...O direito moderno sublimou aquele caráter aflitivo da obrigação de reparar os danos causados a terceiro, sob a forma de *sanção legal* que já não mais se confunde – embora conserve certos resquícios – com o rigoroso caráter de pena contra o delito ou contra a injúria, que lhe emprestava o antigo direito, apresentando-o agora como consequência civil da infração de conduta exigível, que tiver causado prejuízo a outrem" (*Dano moral*, cit., p. 35 e 39).

Na sequência, aduz Yussef Said Cahali: "Nessas condições, tem-se portanto que o fundamento ontológico da *reparação dos danos morais* não difere substancialmente, quando muito em grau, do fundamento jurídico do *ressarcimento dos danos patrimoniais,* permanecendo ínsito em ambos os caracteres sancionatório e aflitivo, estilizados pelo direito moderno. E nesses termos afasta-se aquela ampla digressão doutrinária em que se envolveram os autores, uns pretendendo identificar, exclusivamente quanto aos danos morais, o caráter de *pena privada* da reparação; no que são contestados por outros, na medida em que a ideia de pena privada não legitimaria ou não bastaria para explicar o fundamento da reparação do dano moral. Assim, reconhecida a unicidade ontológica do fundamento da responsabilidade civil, a questão se desloca para o âmbito prático, quanto a saber como deve funcionar a sanção cominatória em seu conteúdo e finalidade diante de um ilícito lesivo à esfera patrimonial ou à esfera extrapatrimonial de outrem" (*Dano moral*, cit., p. 39 e 40).

E conclui o conceituado civilista: "Em síntese: no dano patrimonial, busca-se a reposição em espécie ou em dinheiro pelo valor equivalente, de modo a poder-se indenizar plenamente o ofendido, reconduzindo o seu patrimônio ao estado em que se encontraria se não tivesse ocorrido o fato danoso; com a reposição do equivalente pecuniário, opera-se o *ressarcimento do dano patrimonial*. Diversamente, a sanção do dano moral não se resolve numa indenização propriamente dita, já que indenização significa eliminação do prejuízo e das suas consequências, o que não é possível quando se trata de dano extrapatrimonial; a sua reparação se faz através de uma compensação, e não de um ressarcimento; impondo ao ofensor a obrigação de pagamento de uma certa quantia de dinheiro em favor do ofendido, ao mesmo tempo que agrava o patrimônio daquele, proporciona a este uma reparação satisfativa" (*Dano moral*, cit., p. 42).

5.1.10. A quantificação do dano moral

O problema da quantificação do dano moral tem preocupado o mundo jurídico, em virtude da proliferação de demandas, sem que existam parâmetros seguros para a sua estimação. Enquanto o ressarcimento do dano material procura colocar a vítima no estado anterior, recompondo o patrimônio afetado mediante a aplicação da fórmula "danos emergentes-lucros cessantes", a reparação do dano moral objetiva apenas uma compensação, um consolo, sem mensurar a dor. Em todas as demandas que envolvem danos morais, o juiz defronta-se com o mesmo problema: a perplexidade ante a inexistência de critérios uniformes e definidos para arbitrar um valor adequado.

5.1.10.1. *Tarifação e arbitramento*

Não tem aplicação, em nosso país, o critério da tarifação, pelo qual o *quantum* das indenizações é prefixado. O inconveniente desse critério é que, conhecendo antecipadamente o valor a ser pago, as pessoas podem avaliar as consequências da prática do ato ilícito e as confrontar com as vantagens que, em contrapartida, poderão obter, como no caso do dano à imagem, e concluir que vale a pena, no caso, infringir a lei.

Predomina entre nós o critério do *arbitramento* pelo juiz, a teor do disposto no art. 1.553 do Código Civil de 1916. O atual diploma civil mantém a fórmula ao determinar, no art. 946, que se apurem as perdas e danos na forma que a lei processual determinar. O Código de Processo Civil prevê, no art. 509, a liquidação pelo procedimento comum e por arbitramento, sendo esta a forma mais adequada para a quantificação do dano moral. A crítica que se faz a esse sistema é que não há defesa eficaz contra uma estimativa que a lei submeta apenas ao critério livremente escolhido pelo juiz, porque, exorbitante ou ínfima, qualquer que seja ela, estará sempre em consonância com a lei, não ensejando a criação de padrões que possibilitem o efetivo controle de sua justiça ou injustiça.

A propósito, foi aprovado, na VI Jornada de Direito Civil do Conselho da Justiça Federal, o Enunciado n. 550, do seguinte teor: "A quantificação da reparação por danos extrapatrimoniais não deve estar sujeita a tabelamento ou a valores fixos".

A liquidação por arbitramento é realizada, em regra, por um perito, nomeado pelo juiz. A apuração do *quantum* depende exclusivamente da avaliação de uma coisa, um serviço ou um prejuízo, a ser feita por quem tenha conhecimento técnico. Nessa espécie de liquidação não cabe a produção de prova oral. Eventual prova documental só poderá ser produzida se disser respeito, exclusivamente, à avaliação. O arbitramento será admitido sempre que a sentença ou a convenção das partes o determinar, ou quando a natureza do objeto da liquidação o exigir.

A liquidação processar-se-á pelo procedimento comum quando houver necessidade de alegar e provar fato novo, para apurar o valor da condenação. Os fatos novos devem vir articulados na petição inicial, com toda a clareza, pois constituem a verdadeira causa de pedir nessa espécie de liquidação, e só deverão dizer respeito ao *quantum*, uma vez que não se admite a rediscussão da lide, ou a modificação da sentença.

Todos os meios de prova são admitidos na liquidação pelo procedimento comum, inclusive a pericial. Se os fatos novos não forem provados, o juiz não julgará improcedente a liquidação, cuja finalidade é declarar o *quantum debeatur*. O juiz deverá simplesmente julgar não comprovado o valor da condenação. Sentença dessa natureza não impedirá a reproposição da liquidação, por não se tratar de julgamento de mérito.

Procede-se à liquidação pelo procedimento comum, por exemplo, na execução, no cível, de sentença penal condenatória (*actio iudicati*) do autor da morte de chefe de família, em razão do ônus imposto aos seus dependentes (esposa, filhos menores) de provar os ganhos mensais do falecido, que servirão de base para a fixação do *quantum* da pensão mensal que lhes é devida.

Malgrado as dificuldades existentes para o arbitramento, o valor da indenização deve ser fixado desde logo na sentença, na fase de conhecimento, sem se remeter a sua apuração para o juízo da execução, seja para liquidação por arbitramento, seja para liquidação pelo procedimento comum (*RSTJ, 71*:184; *JTARS, 27*:251). Por outro lado, deve o juiz, "ao fixar o valor, e à falta de critérios objetivos, agir com prudência, atendendo, em cada caso, às suas peculiaridades e à repercussão econômica da indenização, de modo que o valor da mesma não deve ser nem tão grande que se converta em fonte de enriquecimento, nem tão pequeno que se torne inexpressivo" (TJMG, Ap. 87.244, 3ª Câm., j. 9-4-1992, *Repertório IOB de Jurisprudência*, n. 3, p. 7679).

Veja-se:

"Dano moral – Consumidor – Valor da condenação que não pode ser irrisório, atingindo sua finalidade de justiça ao servir como desestímulo para que o ato danoso não venha a se repetir, resguardando-se assim a figura do consumidor como parte menos favorecida na relação jurídica" (*RT*, *833*:298).

Confira-se ainda: "Dano moral – Recurso especial – *Quantum* que se sujeita ao controle do STJ – Valor que não pode contrariar a lei ou o bom-senso, mostrando-se manifestamente exagerado ou irrisório" (*RT*, *814*:167).

5.1.10.2. *Critérios para o arbitramento da reparação, na Justiça Comum e na Justiça do Trabalho*

Na fixação do *quantum* indenizatório, à falta de regulamentação específica, os tribunais utilizaram, numa primeira etapa, os critérios estabelecidos no Código Brasileiro de Telecomunicações (Lei n. 4.117, de 27-8-1962), por se tratar do primeiro diploma legal a estabelecer alguns parâmetros para a quantificação do dano moral, ao determinar que se fixasse a indenização entre cinco e cem salários mínimos, conforme as circunstâncias e até mesmo o grau de culpa do lesante. Mesmo tendo sido revogados os dispositivos do referido Código pelo Decreto-Lei n. 236, de 28 de fevereiro de 1967, a Lei de Imprensa (Lei n. 5.250, de 9-12-1967) elevou o teto da indenização para duzentos salários mínimos. Durante muito tempo esse critério serviu de norte para o arbitramento das indenizações em geral. Argumentava-se: se, para uma simples calúnia, a indenização pode alcançar cifra correspondente a duzentos salários mínimos, em caso de dano mais grave tal valor pode ser multiplicado uma ou várias vezes.

Algumas recomendações da revogada Lei de Imprensa, feitas no art. 53, continuam a ser aplicadas na generalidade dos casos, por integrarem o repertório jurisprudencial, como a situação econômica do lesado; a intensidade do sofrimento; a gravidade, a natureza e a repercussão da ofensa; o grau de culpa e a situação econômica do ofensor, bem como as circunstâncias que envolveram os fatos. Em razão da diversidade de situações, muitas vezes valem-se os juízes de peritos para o arbitramento da indenização, como no caso de dano à imagem. Em outros, levam em conta o valor do título, como na hipótese de indevido protesto de cheques.

As leis em geral não costumam formular critérios ou mecanismos para a fixação do *quantum* da reparação, a não ser em algumas hipóteses, preferindo deixar ao prudente arbítrio do juiz a decisão, em cada caso. Por essa razão, a jurisprudência tem procurado encontrar soluções e traçar alguns parâmetros, desempenhando importante papel nesse particular.

Assim, alguns critérios vêm sendo observados, como o que permite a cumulação da indenização por dano material com a do dano moral oriundos do mesmo fato, objeto da Súmula 37 do Superior Tribunal de Justiça, bem como o que admite a reparação do dano moral por morte de menor que não exerce trabalho remunerado (Súmula 491 do STF), e outros. Certos fatores costumam ser apontados como determinantes do modo e alcance da indenização, alguns mencionados em leis especiais já revogadas, como o Código Brasileiro de Telecomunicações e a Lei de Imprensa, outros hauridos da experiência comum, tais como a conduta das partes, as condições sociais e econômicas do ofendido e do ofensor, a gravidade do dano, o grau de culpa, a fama e a notoriedade do lesado etc.

Cabe ao juiz, pois, em cada caso, valendo-se dos poderes que lhe confere o estatuto processual vigente (arts. 139 e s.), dos parâmetros traçados em algumas leis e pela jurisprudência, bem como das regras da experiência, analisar as diversas circunstâncias fáticas e fixar a indenização adequada aos valores em causa.

Observe-se que o Código Brasileiro de Telecomunicações (Lei n. 4.117/62), em seu texto original (art. 84), previa que se levassem em conta "a posição social ou política do ofensor, a intensidade do ânimo de ofender, a gravidade e a repercussão da ofensa". Por sua vez, o art. 61 do aludido diploma, com a redação que lhe foi dada pelo Decreto-Lei n. 236/67, exige que se considerem, na aplicação da sanção, os seguintes fatores: "*a*) gravidade da falta; *b*) antecedentes da entidade faltosa; *c*) reincidência específica".

A revogada Lei de Imprensa (Lei n. 5.250/67) também previa a influência de fatores subjetivos e objetivos na determinação da reparação devida, dispondo, no art. 53: "No arbitramento da indenização em reparação do dano moral, o juiz terá em conta, notadamente: I – a intensidade do sofrimento do ofendido, a gravidade, a natureza e a repercussão da ofensa e a posição social e política do ofendido; II – a intensidade do dolo ou o grau da culpa do responsável, sua situação econômica e sua condenação anterior em ação criminal ou cível fundada em abuso no exercício da liberdade de manifestação do pensamento e informação; III – a retratação espontânea e cabal, antes da propositura da ação penal ou cível, a publicação ou transmissão da resposta ou pedido de retificação, nos prazos previstos na lei e independentemente da intervenção judicial, e a extensão da reparação por esse meio obtida pelo ofendido". Tais critérios passaram a fazer parte da nossa jurisprudência e, por essa razão, devem continuar a ser observados pelos julgadores.

Em geral, mede-se a indenização pela extensão do dano e não pelo grau de culpa. No caso do dano moral, entretanto, o grau de culpa também é levado em consideração, juntamente com a gravidade, extensão e repercussão da ofensa, bem como a intensidade do sofrimento acarretado à vítima. A culpa concorrente do lesado constitui fator de atenuação da responsabilidade do ofensor.

Além da situação patrimonial das partes, deve-se considerar, também, como agravante o proveito obtido pelo lesante com a prática do ato ilícito. A ausência de eventual vantagem, porém, não o isenta da obrigação de reparar o dano causado ao ofendido.

Aduza-se que notoriedade e fama deste constituem fator relevante na determinação da reparação, em razão da maior repercussão do dano moral, influindo na exacerbação do *quantum* da condenação.

Carlos Alberto Bittar sustentava que o dano moral dispensa prova em concreto. Trata-se de presunção absoluta. Desse modo, "não precisa a mãe comprovar que sentiu a morte do filho; ou o agravado em sua honra demonstrar em juízo que sentiu a lesão; ou o autor provar que ficou vexado com a não inserção de seu nome no uso público da obra, e assim por diante"[98].

Há casos, entretanto, em que se tem negado o direito à reparação do dano moral, mesmo em se tratando de morte de parentes próximos, mas ao fundamento de que o autor não se encontra legitimado a pleitear tal reparação porque não mantinha laços de afeição com o falecido, com

---

98. Carlos Alberto Bittar, *Reparação civil por danos morais*, Revista dos Tribunais, 1993, p. 204.

o qual não se encontrava havia anos (cf. *RJTJSP*, *149*:171). Em outro caso, em que o autor pleiteava a reparação do dano moral pela devolução de cheque pelo banco sacado, entendeu o Tribunal de Justiça de São Paulo que não havia prova do alegado dano moral, máxime ante a circunstância personalíssima de que o referido autor já emitira dez cheques sem fundos, anteriormente (*RJTJSP*, *150*:83).

Nos Estados Unidos, as indenizações por dano moral são, em geral, de valor bastante elevado, objetivando desestimular novas agressões. A atribuição de valor elevado constitui advertência não só ao ofensor como à própria sociedade, de que não são admitidos comportamentos dessa espécie.

Levam-se em conta, basicamente, as circunstâncias do caso, a gravidade do dano, a situação do ofensor, a condição do lesado, preponderando, a nível de orientação central, a ideia de sancionamento ao lesante (*punitive damages*).

Já dissemos, no capítulo que trata da natureza jurídica da reparação do dano moral (Capítulo I do Título IV do Livro II, n. 5.1.9, *retro*), que a reparação pecuniária, tanto do dano patrimonial como do dano moral, tem duplo caráter: compensatório para a vítima e punitivo para o ofensor. O caráter punitivo é puramente reflexo, ou indireto: o causador do dano sofrerá um desfalque patrimonial que poderá desestimular a reiteração da conduta lesiva. Mas a finalidade precípua da indenização não é punir o responsável, mas recompor o patrimônio do lesado, no caso do dano material, e servir de compensação, na hipótese de dano moral. O caráter sancionatório permanece ínsito na condenação ao ressarcimento ou à reparação do dano, pois acarreta a redução do patrimônio do lesante.

Não se justifica, pois, como pretendem alguns, que o julgador, depois de arbitrar o montante suficiente para compensar o dano moral sofrido pela vítima (e que, indireta e automaticamente, atuará como fator de desestímulo ao ofensor), adicione-lhe um *plus* a título de pena civil, inspirando-se nas *punitive damages* do direito norte-americano. É preciso considerar as diferenças decorrentes das condições econômicas, raízes históricas e costumes, bem como o conteúdo e os limites dos poderes de que se acham investidos os seus juízes e ainda o sistema de seguros dos Estados Unidos da América do Norte. Diversamente do direito norte-americano, inspira-se o nosso sistema jurídico na supremacia do direito legislado, a qual está expressa no preceito constitucional de que ninguém será obrigado a fazer ou deixar de fazer alguma coisa senão em virtude de lei (*v.* a propósito Paolo Gallo, *Pene private e responsabilità civile*, Milano, Giuffrè, 1996).

Já se foi o tempo em que as sanções civis e penais se confundiam. A sanção penal tem por fim a repressão do ato ilícito e não guarda relação com o valor do bem lesado. Por aí se vê que o caráter sancionatório autônomo, nas condições mencionadas, tem todas as características da sanção penal. Enquanto tal, está sujeita ao princípio da legalidade das penas, conforme se acha expresso na Constituição Federal: não haverá nenhuma pena "sem prévia cominação legal" (art. 5º, XXXIX). Não cabe ao juiz, mas ao legislador, estabelecer os seus limites máximos e mínimos. Do contrário, ficaria a critério de cada um fixar a pena que bem entendesse. Enquanto garantia constitucional, o princípio da legalidade das penas não se aplica exclusivamente ao direito penal.

Em artigo publicado no jornal *O Estado de S. Paulo*, edição de 12 de setembro de 1997, escreveu José Ignácio Botelho de Mesquita: "Em matéria civil, não cabe ao juiz, por sentença, criar penas que antes não existiam", acrescentando que "é fácil perceber que uma indenização, como a preconizada para a hipótese de dano moral, prescinda da ocorrência de qualquer lesão patrimonial, que não guarde *proporcionalidade* com o valor do bem lesado, que inclua entre os seus objetivos os de *afligir* o ofensor e *inibir* a reiteração de condutas análogas, preenche todas as características da sanção penal, inclusive a de proporcionar uma satisfação ao ofendido (tanto maior quanto mais opulento o ofensor); e escapa totalmente do campo da sanção civil, por não conservar nenhuma das características que compõem a sua diferença específica". Como pena pecuniária ou multa, aduz o ilustre professor da Faculdade de Direito da Universidade de São Paulo, "está sujeita ao princípio da legalidade das penas, conforme se acha expresso na Constituição Federal: não haverá nenhuma pena 'sem prévia cominação legal' (art. 5º, XXXIX)".

É sabido que o *quantum* indenizatório não pode ir além da extensão do dano. Esse critério aplica-se também ao arbitramento do dano moral. Se este é moderado, a indenização não pode ser elevada apenas para punir o lesante. A crítica que se tem feito à aplicação, entre nós, das *punitive damages* do direito norte-americano é que elas podem conduzir ao arbitramento de indenizações milionárias, além de não encontrar amparo no sistema jurídico-constitucional da legalidade das penas, já mencionado. Ademais, pode fazer com que a reparação do dano moral tenha valor superior ao do próprio dano. Sendo assim, revertendo a indenização em proveito do lesado, este acabará experimentando um enriquecimento ilícito, com o qual não se compadece o nosso ordenamento. Se a vítima já está compensada com determinado valor, o que receber a mais, para que o ofensor seja punido, representará, sem dúvida, um enriquecimento ilícito.

A propósito, observa corretamente Luiz Roldão de Freitas Gomes: "Aqui, ainda, um cuidado se impõe: de evitar a atração, apenas pelo caráter de exemplaridade contido na reparação, de somas que ultrapassem o que representou o agravo para o ofendido. Nesta seara, mais do que nunca, há de reter-se não consistir a responsabilidade civil em fonte de enriquecimento para o ofendido. Os critérios de razoabilidade e proporcionalidade são recomendáveis, para, sem exageros, atingir-se indenização adequada" (*Elementos de responsabilidade civil,* Rio de Janeiro, Renovar, 2000, p. 101, n. 69).

A adoção do critério das *punitive damages* no Brasil somente se justificaria se estivesse regulamentado em lei, com a fixação de sanção mínima e máxima, revertendo ao Estado o *quantum* da pena. Há até quem preconize, para a hipótese de a lei vir a atribuir caráter punitivo autônomo ao dano moral, a criação de um fundo semelhante ao previsto na lei que regulamenta a ação civil pública nos casos de danos ambientais, destinado a promover campanhas educativas para prevenir acidentes de trânsito, a dar assistência às vítimas etc., ao qual seria destinado o que excedesse o razoável para consolar as vítimas. Nessa ordem, uma das conclusões aprovadas no IX Encontro dos Tribunais de Alçada do Brasil, realizado em São Paulo nos dias 29 e 30 de agosto de 1997, foi a seguinte: "À indenização por danos morais deve dar-se caráter exclusivamente compensatório". Isto porque já está ínsito, neste, de modo reflexo, o caráter punitivo, dispensando-se a fixação de um *plus* a esse título.

Alega-se, em contrário, que essa pena autônoma se faz necessária, porque há casos em que o ofendido é milionário e o pagamento de indenização em dinheiro não lhe trará nenhuma compensação ou consolo para a dor e humilhação sofridas. Somente a exemplar punição do lesante poderia servir-lhe de lenitivo. Contudo, muitas vezes é suficiente, para trazer satisfação à vítima, a condenação formal do ofensor, valendo mais o aspecto moral dessa condenação que o seu aspecto econômico. Por outro lado, há outras formas de compensar o lesado, além da reparação em dinheiro, como a retratação e a divulgação imediata da resposta ou a publicação gratuita de sentença condenatória nas ofensas à honra veiculadas pela imprensa. São soluções expressamente previstas no ordenamento jurídico. Nada obsta, porém, que o magistrado conceda ao lesado a reparação específica que entenda mais adequada, ainda que não haja previsão legal explícita. Basta que, implicitamente, o sistema admita a forma de reparação alvitrada.

Maria Helena Diniz propõe as seguintes regras, "a serem seguidas pelo órgão judicante no arbitramento, para atingir homogeneidade pecuniária na avaliação do dano moral:

a) evitar indenização simbólica e enriquecimento sem justa causa, ilícito ou injusto da vítima. A indenização não poderá ter valor superior ao dano, nem deverá subordinar-se à situação de penúria do lesado; nem poderá conceder a uma vítima rica uma indenização inferior ao prejuízo sofrido, alegando que sua fortuna permitiria suportar o excedente do menoscabo;

b) não aceitar tarifação, porque esta requer despersonalização e desumanização, e evitar porcentagem do dano patrimonial;

c) diferenciar o montante indenizatório segundo a gravidade, a extensão e a natureza da lesão;

d) verificar a repercussão pública provocada pelo fato lesivo e as circunstâncias fáticas;

e) atentar para as peculiaridades do caso e para o caráter antissocial da conduta lesiva;

f) averiguar não só os benefícios obtidos pelo lesante com o ilícito, mas também a sua atitude ulterior e situação econômica;

g) apurar o real valor do prejuízo sofrido pela vítima;

h) levar em conta o contexto econômico do País; no Brasil não haverá lugar para fixação de indenizações de grande porte, como as vistas nos Estados Unidos;

i) verificar a intensidade do dolo ou o grau de culpa do lesante;

j) basear-se em prova firme e convincente do dano;

k) analisar a pessoa do lesado, considerando a intensidade de seu sofrimento, seus princípios religiosos, sua posição social ou política, sua condição profissional e seu grau de educação e cultura;

l) procurar a harmonização das reparações em casos semelhantes;

m) aplicar o critério do *justum* ante as circunstâncias particulares do caso *sub judice* (LINDB, art. 5º), buscando sempre, com cautela e prudência objetiva, a equidade".

Conclui a renomada civilista: "Na quantificação do dano moral, o arbitramento deverá, portanto, ser feito com bom-senso e moderação, proporcionalmente ao grau de culpa, à gravidade da ofensa, ao nível socioeconômico do lesante, à realidade da vida e às particularidades do caso *sub examine*" (*O problema*, cit., p. 266 e 267).

Pode-se afirmar que os principais fatores a serem considerados são: a) a condição social, educacional, profissional e econômica do lesado; b) a intensidade de seu sofrimento; c) a situação econômica do ofensor e os benefícios que obteve com o ilícito; d) a intensidade do dolo ou o grau de culpa; e) a gravidade e a repercussão da ofensa; e f) as peculiaridades e circunstâncias que envolveram o caso, atentando-se para o caráter antissocial da conduta lesiva.

O critério de se levar em consideração, no arbitramento do *quantum* indenizatório, a condição social e econômica do ofendido causa, a princípio, certa perplexidade, podendo ser indagado em que medida teria influência sobre a dimensão do sofrimento por ele experimentado. Indagam alguns se a dor do pobre vale menos que a do rico. É evidente que o sofrimento moral dos afortunados não é mais profundo do que o das demais pessoas. Porém, o critério de se atentar para a situação econômica do lesado, no arbitramento dos danos morais, pode ser utilizado porque, como já ressaltado, a reparação não deve buscar uma equivalência com a dor, mas ser suficiente para trazer um consolo ao beneficiário, uma compensação pelo mal que lhe causaram.

Como esclarece Maria Helena Diniz, o "lesado pode pleitear uma indenização pecuniária em razão de dano moral, sem pedir um preço para sua dor, mas um lenitivo que atenue, em parte, as consequências do prejuízo sofrido, melhorando seu futuro, superando o déficit acarretado pelo dano. Não se pergunta: Quanto vale a dor dos pais que perdem o filho? Quanto valem os desgostos sofridos pela pessoa injustamente caluniada?, porque não se pode avaliar economicamente valores dessa natureza. Todavia, nada obsta a que se dê reparação pecuniária a quem foi lesado nessa zona de valores, a fim de que ele possa atenuar alguns prejuízos irreparáveis que sofreu. Assim, com o dinheiro, o lesado poderia abrandar sua dor, propiciando-se alguma distração ou bem-estar. O dinheiro não aparece, portanto, como a real correspondência equivalente, qualitativa ou quantitativamente, aos bens perdidos pelo lesado" (*O problema*, cit., p. 241 e 242).

Enfim, os bens da vida capazes de consolar ou compensar a dor do lesado de modesta condição social e econômica são, também, de menor valor. Decidiu o Superior Tribunal de Justiça, com efeito: "É da doutrina que, em caso de arbitramento de danos morais (morte de filho de tenra idade), o parâmetro adequado há de levar em conta a condição socioeconômica dos pais da vítima" (*ESTJ, 14*:210). No mesmo sentido: STJ, REsp 23.351, j. 1º-9-1992; *Boletim da AASP*, 1.784/89; *JTARS, 94*:160, *95*:316 e *91*:178).

A condição econômica do ofensor também deve ser levada em conta, malgrado a impressão de representar uma pena civil ou punição aos mais ricos. No entanto, esse critério não serve apenas para majorar a indenização, mas também para dimensioná-la adequadamente, a fim de permitir a execução da sentença. A propósito, observa Yussef Said Cahali: "Vem-se acentuando, porém, nos tribunais, a recomendação no sentido do que também seja considerada a situação socioeconômica do responsável pela indenização, o que se mostra compatível com a função sancionatória ou punitiva, e admonitória da condenação por danos morais; e, por outro lado, poderá levar a um arbitramento moderado e compatível, com possibilidade de, sob o aspecto prático, ser executado eficazmente" (*Dano moral*, cit., p. 181).

A propósito, tem-se decidido:

"A situação econômica do requerido deve ser levada em conta, porque a condenação por um dano moral não pode gerar outro dano moral no sentido de privar a família do requerido do necessário à sobrevivência condigna" (*JTARS, 95*:260).

"Cabe ao juiz levar em conta o grau de suportabilidade do encargo atribuído ao ofensor. Porque não adiantaria estabelecer indenização por demais alta sem que o ofensor possa suportá-la, tornando inexequível a obrigação" (*RJTJRS, 163*:261).

José Osório de Azevedo Júnior preleciona que o tempo decorrido é, também, um daqueles fatores que o juiz deve levar em consideração, no caso do dano moral, pois a dor não se prolonga indefinidamente. O fato de o lesado ter permanecido muito tempo inerte é particularmente relevante, até mesmo para se negar a indenização, pois não se está diante de um dano que possa merecer a proteção do direito, ou, então, será caso de se conceder uma indenização de valor bem reduzido (O dano moral e sua avaliação, *Revista do Advogado, 49*:14, dez. 1996). A propósito, já se decidiu:

"O decurso de mais de 17 anos entre o fato e o ajuizamento do pedido é fator a ponderar na fixação do *quantum* indenizatório" (STJ, REsp 153.155-SP, 4ª T., rel. Min. Ruy Rosado de Aguiar, *DJU*, 16 mar. 1998, n. 50, p. 167).

"Danos morais – Ação ajuizada 17 anos após o acidente fatal do pai dos autores – Decurso do tempo que revela abuso da ação, em face da diminuição do sofrimento daí decorrente – Indenizatória improcedente" (1º TACSP, Ap. 805.111-4-Piracicaba, 9ª Câm. de Férias, rel. Juiz João Carlos Garcia, j. 25-2-1999, v.u.).

Verifica-se, em conclusão, que não há um critério objetivo e uniforme para o arbitramento do dano moral. Cabe ao juiz a tarefa de, em cada caso, agindo com bom-senso e usando da justa medida das coisas, fixar um valor razoável e justo para a indenização. Com essa preocupação, os juízes presentes ao IX Encontro dos Tribunais de Alçada, retromencionado, aprovaram a seguinte recomendação:

"Na fixação do dano moral, deverá o juiz, atentando-se ao nexo de causalidade inscrito no art. 1.060 do Código Civil [*de 1916*], levar em conta critérios de proporcionalidade e razoabilidade na apuração do *quantum*, atendidas as condições do ofensor, do ofendido e do bem jurídico lesado".

E o Superior Tribunal de Justiça, nessa linha, decidiu:

"Na fixação da indenização por danos morais, recomendável que o arbitramento seja feito com moderação, proporcionalmente ao grau de culpa, ao nível socioeconômico dos autores, e, ainda, ao porte da empresa recorrida, orientando-se o juiz pelos critérios sugeridos pela doutrina e pela jurisprudência, com razoabilidade, valendo-se de sua experiência e do bom-senso, atento à realidade da vida e às peculiaridades de cada caso" (REsp 135.202-0-SP, 4ª T., rel. Min. Sálvio de Figueiredo, j. 19-5-1998).

Segundo a jurisprudência da Corte "a fixação do valor devido a título de indenização por danos morais deve considerar o método bifásico, sendo este o que melhor atende às exigências de um arbitramento equitativo da indenização por danos extrapatrimoniais, uma vez que minimiza eventual arbitrariedade ao se adotar critérios unicamente subjetivos do julgador, além de afastar eventual tarifação do dano (REsp 1.445.240/SP, Rel. Ministro Luis Felipe Salomão, Quarta Turma, julgado em 10.10.2017, *DJe* 22.11.2017)" (AgInt nos EDcl no REsp 1.809.457-SP, 4ª T., rel. Min. Luis Felipe Salomão, j. 20-2-2020, *DJe* 3-3-2020).

"Para se estipular o valor do dano moral devem ser consideradas as condições pessoais dos envolvidos, evitando-se que sejam desbordados os limites dos bons princípios e da igualdade que regem as relações de direito, para que não importe em um prêmio indevido ao ofendido, indo muito além da recompensa ao desconforto, ao desagrado, aos efeitos do gravame suportado" (REsp 214.053-SP, 4ª T., rel. Min. César Asfor Rocha, j. 5-12-2000, v.u.).

Se o valor arbitrado não pode ser muito elevado, por outro lado não deve ser tão pequeno, a ponto de se tornar inexpressivo e inócuo. Daí a necessidade de se encontrar o meio-termo ideal. Proclamou, a propósito, o Superior Tribunal de Justiça:

O Superior Tribunal de Justiça admite a modificação do montante arbitrado a título de indenização por danos morais apenas excepcionalmente, nas hipóteses em que configurada a insignificância ou eventual exorbitância do valor arbitrado pelas instâncias de ampla cognição, situação que não se verifica nos autos, pois o valor arbitrado – R$ 5.000,00 (cinco mil reais) – não é excessivo diante da situação de extremo desrespeito a que a menor e sua acompanhante foram submetidas (REsp 1.838.791-CE, 3ª T., rel. Min. Ricardo Villas Bôas Cueva, j. 8-10-2019, *DJe* 11-10-2019).

"*Dano moral* – Arbitramento – Controle. A indenização por dano moral se sujeita ao controle do Superior Tribunal de Justiça quando se apresentar, de um lado, manifestamente irrisório ou, de outro, visivelmente exorbitante" (REsp 678.551-CE, 4ª T., rel. Min. Barros Monteiro, *DJU,* 20-2-2006). *V.* também: Relativamente ao valor arbitrado por danos morais e estéticos, dispõe a jurisprudência do Superior Tribunal de Justiça que a alteração do valor estabelecido pelas instâncias ordinárias só é possível quando o referido montante tiver sido fixado em patamar irrisório ou excessivo, o que não se constatou no caso em análise (AgInt no AREsp 2.518.946-RJ, 3ª T., rel. Min. Marco Aurélio Bellizze, j. 13-5-2024, *DJe* 15-5-2024).

Malgrado o *quantum* indenizatório do dano moral, como visto, não tenha parâmetros fixos, devendo ser estimado em cada caso, o Superior Tribunal de Justiça o tem arbitrado, em regra, nos casos de morte de pessoa da família, em quantia entre 300 a 500 salários mínimos (cf. REsp 2.098.933-MG, 3ª T., rel. Min. Nancy Andrighi, j. 16-4-2024, *DJe* 19-4-2024). Já nos casos de inscrição indevida do nome da pessoa em cadastros de inadimplentes, a referida Corte tem arbitrado a indenização em importância equivalente a 50 salários mínimos. Confira-se:

"*Dano moral* – Devolução indevida de cheques – *Quantum* – Redução – Possibilidade.

Esta Corte, consoante entendimento pacífico, tem admitido a alteração do valor indenizatório de danos morais, para ajustá-lo aos limites do razoável, quando patente, como sucede na espécie, a sua desmesura. Tem sido de cinquenta salários mínimos a indenização por danos morais, resultante de situações semelhantes, como a inscrição inadvertida em cadastros de inadimplentes, a devolução indevida de cheques, o protesto incabível de cambiais, etc., conforme precedentes desta Corte" (REsp 2004/0130467-2-RS, 4ª T., rel. Min. Fernando Gonçalves, *DJU,* 16-5-2005, p. 364).

Em caso de vítima que ficou paraplégica, a Segunda Turma do Superior Tribunal de Justiça arbitrou a indenização a ser paga pelo Estado do Rio Grande do Sul em quantia equivalente a 600 salários mínimos (REsp 604.801-RS, rel. Min. Eliana Calmon, j. 23-3-2004). Em 2002, a Terceira Turma fixou em 250 salários mínimos a indenização devida aos pais de um bebê de São Paulo morto por negligência dos responsáveis do berçário (Ag 437.968-SP, rel. Min. Carlos Alberto Menezes Direito, j. 30-8-2002). Em outro caso, em que, por falta do correto atendimento durante e após o parto, a criança ficou com sequelas cerebrais permanentes, a Segunda Turma decidiu por uma indenização maior, de 500 salários mínimos, tendo em vista o prolongamento do sofrimento (REsp 1.024.693-SP, rel. Min. Eliana Calmon, j. 6-8-2009).

Podem ser mencionados ainda, a título ilustrativo, alguns precedentes do Superior Tribunal de Justiça:

a) recusa em cobrir tratamento médico-hospitalar (sem dano à saúde): R$ 20.000,00 (REsp 986.947);

b) recusa em fornecer medicamento (sem dano à saúde): 10 salários mínimos (REsp 801.181);

c) cancelamento injustificado de voo: R$ 8.000,00 (REsp 740.968);

d) revista íntima abusiva: 50 salários mínimos (REsp 856.360);

e) ocultação ao marido da verdadeira paternidade biológica das filhas: R$ 200.000,00 (REsp 741.137);

f) paciente em estado vegetativo devido a erro médico: R$ 360.000,00 (REsp 853.854);

g) estupro em prédio público: R$ 52.000,00 (REsp 1.060.856);

h) publicação de notícia inverídica: R$ 22.500,00 (REsp 401.358);

i) prisão indevida: R$ 100.000,00 (REsp 872.630);

j) extravio de bagagem: 50 salários mínimos (REsp 450.613);

k) devolução indevida de cheque: 50 salários mínimos (REsp 443.095);

l) doméstica injustamente acusada de furto em supermercado: 25 salários mínimos (REsp 232.437);

m) publicação de foto vexatória e não autorizada de atriz: R$ 50.000,00 (REsp 270.730).

No tocante à correção monetária da indenização por dano moral, tem o Superior Tribunal de Justiça decidido que "incide desde a data do arbitramento, nos termos da Súmula 362 do STJ" (AgInt no REsp 2.036.463-RJ, 3ª T., rel. Min. Marco Aurélio Bellizze, j. 24-6-2024, *DJe* 26-6-2024). Súmula 362 do STJ: A correção monetária do valor da indenização do dano moral incide desde a data do arbitramento.

E quanto aos juros moratórios, tem a referida Corte decidido que, em casos de responsabilidade extracontratual, fluem eles a partir do evento danoso (AgREsp 324.130-DF, rel. Min. Sálvio de Figueiredo) e, nas hipóteses de responsabilidade contratual, incidem desde a citação inicial (REsp 233.148-SP; 247.266-SP). A Quarta Turma, em julgamento de Recurso Especial, decidiu que "é inviável o acolhimento da tese de incidência dos juros moratórios a partir da data do evento danoso nos termos da súmula 54/STJ, haja vista que, no caso, a relação estabelecida entre as partes é contratual, pois a fraude somente se perfectibilizou mediante contrato de refinanciamento de dívida em virtude da empresa previamente manter com a financeira uma relação jurídica vinculada a operações bancárias" (REsp 1.463.777-MG, 4ª T., rel. Min. Marco Buzzi, j. 13-10-2020, *DJe* 16-10-2020).

Aduza-se que o Superior Tribunal de Justiça, embora utilize o salário mínimo como parâmetro para apuração do *quantum debeatur*, o tem fixado em reais, seguindo a orientação do Supremo Tribunal Federal nesse sentido.

A Comissão de Constituição e Justiça e de Cidadania da Câmara dos Deputados aprovou regras para flexibilizar indenizações por danos morais. O Projeto de Lei n. 1.914/2003 determina que, ao fixar o valor, o juiz leve em conta "a situação econômica do ofensor, a intenção de ofender, a gravidade e a repercussão da ofensa, a posição social ou política do ofendido, além do sofrimento decorrente da ofensa". Foi rejeitada, porém, proposta que fixava valores para a reparação por danos morais, porque limitaria o poder do juiz. O correto, segundo a referida Comissão, "seria deixar a fixação do valor para a apreciação de cada caso".

Vide, a propósito, o Enunciado n. 550 aprovado na VI Jornada de Direito Civil do Conselho da Justiça Federal, retrotranscrito: "A quantificação da reparação por danos extrapatrimoniais não deve estar sujeita a tabelamento ou a valores fixos".

A Lei n. 13.467/2017 (Lei da Reforma Trabalhista) introduziu na Consolidação das Leis do Trabalho o art. 223, letras A a G, disciplinando o dano moral. De acordo com a redação da MP 808/2017, que a modificou, em parte, são objetivamente protegidos como bens morais do trabalhador a etnia, a idade, a nacionalidade, a honra, a imagem, a intimidade, a liberdade de ação, a autoestima, o gênero, a orientação sexual, a saúde, o lazer e a sua integridade física, assim como a imagem, o nome, o segredo empresarial e o sigilo de correspondência das pessoas jurídicas.

A referida lei estipula alguns critérios objetivos que o juiz deve observar na fixação do valor da indenização por dano moral, além de possibilitar a indenização dobrada nos casos de reincidência entre as mesmas partes. O art. 223-G, da CLT, dispõe que o juiz, ao apreciar o pedido de indenização por lesão moral, considerará:

"I – a natureza do bem jurídico tutelado;

II – a intensidade do sofrimento ou da humilhação;

III – a possibilidade de superação física ou psicológica;

IV – os reflexos pessoais e sociais da ação ou da omissão;

V – a extensão e a duração dos efeitos da ofensa;

VI – as condições em que ocorreu a ofensa ou o prejuízo moral;

VII – o grau de dolo ou culpa;

VIII – a ocorrência de retratação espontânea;

IX – o esforço efetivo para minimizar a ofensa;

X – o perdão, tácito ou expresso;

XI – a situação social e econômica das partes envolvidas;

XII – o grau de publicidade da ofensa".

E o art. 223-G, § 1º, I a IV, estabelece parâmetros mínimos de indenização:

"§ 1º Se julgar procedente o pedido, o juízo fixará a indenização a ser paga, a cada um dos ofendidos, em um dos seguintes parâmetros, vedada a acumulação:
I – ofensa de natureza leve, até três vezes o último salário contratual do ofendido;
II – ofensa de natureza média, até cinco vezes o último salário contratual do ofendido;
III – ofensa de natureza grave, até vinte vezes o último salário contratual do ofendido;
IV – ofensa de natureza gravíssima, até cinquenta vezes o último salário contratual do ofendido.
§ 2º Se o ofendido for pessoa jurídica, a indenização será fixada com observância dos mesmos parâmetros estabelecidos no § 1o deste artigo, mas em relação ao salário contratual do ofensor.
§ 3º Na reincidência entre partes idênticas, o juízo poderá elevar ao dobro o valor da indenização".

5.1.10.3. *O método bifásico na aferição do* quantum *da indenização*

O método bifásico constitui um padrão de cálculo da indenização por dano moral, adotado pelo Superior Tribunal de Justiça. Buscam-se, inicialmente, mediante pesquisa jurisprudencial, casos semelhantes ao que está sendo apreciado, efetuando-se uma soma dos valores fixados a título de indenização, para se apurar uma média. Em seguida, majora-se ou diminui-se o *quantum* apurado, de acordo com as peculiaridades do caso concreto.

O referido método, como parâmetro para a aferição da indenização por danos morais, atende às exigências de um arbitramento equitativo, pois, além de minimizar eventuais arbitrariedades, evitando a adoção de critérios unicamente subjetivos pelo julgador, afasta a tarifação do dano. Traz, segundo o Min. Luis Felipe Salomão, "um ponto de equilíbrio, pois se alcançara uma razoável correspondência entre o valor da indenização e o interesse jurídico lesado, além do fato de estabelecer montante que melhor corresponda às peculiaridades do caso. Na primeira fase, o valor básico ou inicial da indenização é arbitrado tendo-se em conta o interesse jurídico lesado, em conformidade com os precedentes jurisprudenciais acerca da matéria (grupo de casos). Na segunda fase, ajusta-se o valor às peculiaridades do caso, com base nas suas circunstâncias (gravidade do fato em si, culpabilidade do agente, culpa concorrente da vítima, condição econômica das partes), procedendo-se à fixação definitiva da indenização, por meio de arbitramento equitativo pelo juiz (STJ, REsp 1.332.366-MS, 4ª T., rel. Min. Luis Felipe Salomão, *DJe* 7-12-2016).

(*Vide* ainda no Título IV (Do dano e sua liquidação), Capítulo II, Seção II, item 1.4 (Cálculo da indenização. O método bifásico como critério para a quantificação do dano moral).

5.1.11. Valor da causa na ação de reparação de dano moral

Malgrado respeitáveis opiniões no sentido de que o autor da ação de reparação por dano moral deve dar *valor certo à causa,* não podendo deixar a critério do juiz a sua fixação, sob pena de emenda ou indeferimento da inicial, "se não para que não fique ao arbítrio do julgador, ao menos para que possa o requerido contrariar a pretensão com objetividade e eficácia" (*RT, 660*:114 e *722*:113), adotou o Superior Tribunal de Justiça, durante vários anos, o entendimento de que "é admissível o pedido genérico" (REsp 125.417-RJ, 3ª T., *DJU*, 18-8-1997, p. 37867, *RSTJ, 29*:384).

Durante vários anos, efetivamente, prevaleceu na jurisprudência o entendimento de que "é irrelevante que o pedido de indenização por dano moral tenha sido proposto de forma genérica, uma vez que cabe ao prudente arbítrio do juiz a fixação do *quantum* a título de reparação. Deve-se ter em mente que a estimativa do valor do dano, na petição inicial, não confere certeza ao pedido, sendo a obrigação do réu de valor abstrato, que depende de estimativa e de arbitramento judicial" (*RT, 760*:310 e *730*:307).

Esse entendimento possibilitava que o autor, beneficiário da justiça gratuita, atribuísse à causa um valor superestimado, sem correspondência com o pedido certo que formulou. Tal expediente constitui abuso de direito processual, por cercear o direito de defesa do réu, onerando o custo da taxa judiciária.

A situação, todavia, modificou-se com a entrada em vigor do atual Código de Processo Civil, cujo art. 292, V, preceitua que o valor da causa será, "na ação indenizatória, inclusive a fundada em dano moral, o valor pretendido". O autor deverá, portanto, estimar na inicial o valor do dano moral, não podendo mais formular pedido genérico. O montante não poderá, pois, ser exagerado, uma vez que, ocorrendo sucumbência parcial ou total, os honorários advocatícios serão fixados entre o mínimo de 10 e o máximo de 20% sobre o valor atualizado da causa (CPC, art. 85, § 2º).

5.1.12. Sucumbência parcial do autor

Dispõe o art. 86 do Código de Processo Civil:

"Se cada litigante for, em parte, vencedor e vencido, serão proporcionalmente distribuídas entre eles as despesas.

Parágrafo único. Se um litigante sucumbir em parte mínima do pedido, o outro responderá, por inteiro, pelas despesas e pelos honorários".

O referido dispositivo reproduz, em parte, o art. 21 do Código de Processo Civil de 1973, no sentido de que, em caso de sucumbência recíproca, as despesas serão proporcionalmente distribuídas entre os litigantes. Desse modo, as despesas serão divididas proporcionalmente entre as partes, não se podendo falar em compensação (v. art. 85, § 14, do CPC).

No tocante à sucumbência "em parte mínima do pedido", o parágrafo único do aludido art. 86 mantém o critério do parágrafo único do art. 21 do diploma processual anterior: se uma das partes sucumbir em parte mínima do pedido, a outra responderá por inteiro pelas despesas e honorários.

5.1.13. Antecipação da tutela nas ações de reparação de dano moral

Admite-se a antecipação da tutela não só nas ações de ressarcimento do dano material como também nas ações de reparação do dano moral. A possibilidade, prevista no art. 300 do Código de Processo Civil como tutela de urgência, de o juiz conceder ao autor um provimento antecipatório que lhe assegure, de pronto, a obtenção do bem jurídico objeto da prestação de direito material reclamada constitui eficaz mecanismo de aceleração do procedimento em juízo e instrumento fundamental de resguardo da dignidade do Judiciário.

Não se confunde tal providência com a tutela de evidência, que se limita a assegurar o resultado prático do processo, a viabilizar a realização do direito afirmado pelo autor e tem, como pressupostos, o *fumus boni juris* e o *periculum in mora*. A tutela de urgência tem como pressupostos a "probabilidade" do direito alegado e o "perigo de dano" ou o "risco ao resultado útil" do processo, constituindo uma antecipação do próprio mérito da demanda, não tendo natureza cautelar ainda que fundada na urgência (*Vide* art. 300, *caput*, do CPC/2015).

A tutela de urgência, antecipatória dos efeitos da sentença de mérito, "é providência que tem natureza jurídica *mandamental*, que se executa mediante *execução 'lato sensu'*, com o objetivo de entregar ao autor, total ou parcialmente, a própria pretensão deduzida em juízo ou os seus efeitos. É tutela satisfativa no plano dos fatos, já que realiza o direito, dando ao requerente o bem da vida por ele pretendido com a ação de conhecimento" (Nelson Nery Junior e Rosa Maria Andrade Nery, *Código de Processo Civil comentado*, 3. ed., Revista dos Tribunais, p. 546, n. 2).

Na esfera de abrangência da responsabilidade extrapatrimonial o sistema antecipatório encontra campo fértil, como assinala Rui Stoco (Tutela antecipada nas ações de reparação de danos, *Informativo Jurídico Incijur*, p. 24 e 25), lembrando que inúmeras são as hipóteses em que se pode buscar a tutela preventiva, com força de inibir a ocorrência de dano moral ou o prosseguimento das condutas ativas ou omissivas que continuem causando lesão de natureza diversa da patrimonial, como, exemplificativamente: "a) a providência de antecipação de tutela para o cancelamento dos efeitos da inscrição do nome de pessoa perante o Serviço de Proteção ao Crédito ou a inclusão do seu nome na relação do sistema Serasa, indicando a existência de impedimento ao crédito quando, evidentemente, essa providência se mostre indevida; b) para suspender o protesto indevido de título de crédito; c) para impedir ou suspender a publicação de fotografia, divulgação de voz, entrevista ou programa com conotação vexatória ou ofensiva da imagem da pessoa; d) para impedir a publicação de fotografia, entrevista, inquirição ou divulgação de reportagem com imagens de crianças e adolescentes, por força de vedação expressa no Estatuto da Infância e Juventude, etc.".

Por sua vez, pondera Flávio Luiz Yarshell: "Quando se trata de *prevenir* a perpetração do ilícito (impedindo que o dano moral venha a se consumar), ou mesmo de fazer *cessar* a violação que está em curso (impedindo sua reiteração ou agravamento), não há dúvida de que a intervenção judicial pode dar-se mediante a imposição de prestações de *fazer* e *não fazer*. Trata-se de atuar sobre a conduta do autor da violação, para que se abstenha da prática do ato ilícito; ou para que cesse a violação já iniciada; ou ainda para que, desde logo, desfaça a materialidade ou o resultado de seu ato ilícito, potencial ou concretamente gerador de um dano moral".

Na sequência, menciona, exemplificativamente, a possibilidade de se impedir que a imagem da pessoa – expressa em fotografia ou traduzida em obra intelectual de caráter biográfico – seja veiculada indevidamente, impondo-se um dever de abstenção (não veicular a imagem ou a obra em que ela se contenha); ou de se impedir a perturbação do sossego e da saúde, nos casos de uso nocivo da propriedade, tal qual previsto pelo art. 554 do Código Civil [*de 1916*]; ou ainda de se impor ao fornecedor, no âmbito das relações de consumo, que se abstenha de empregar – ou mesmo que desfaça – meios ou atos tendentes à cobrança de débitos do consumidor, que o exponham ao ridículo, a constrangimento ou ameaça, conforme previsão do art. 42 da Lei n. 8.070/90 etc. (Dano moral: tutela preventiva (ou inibitória), sancionatória e específica, *Revista do Advogado*, *49*:62).

Além, portanto, da disposição genérica do art. 300 do Código de Processo Civil, que prevê a possibilidade de antecipação total ou parcial dos efeitos da tutela postulada na inicial, o art. 497 do mesmo diploma permite a concessão de tutela específica da obrigação de fazer ou não fazer, podendo o magistrado, antecipadamente, assegurar o resultado prático e equivalente a adimplemento da obrigação pleiteada. Assinala, com efeito, Luiz Guilherme Marinoni (Tutela inibitória: a tutela de prevenção do ilícito, *Revista de Direito Processual Civil*, Curitiba, Genesis, v. 2, p. 350): "Os direitos da personalidade não podem ser garantidos adequadamente por uma espécie de tutela que atue somente após a lesão. Admitir que tais direitos podem ser tutelados através da técnica ressarcitória é o mesmo que dizer que é possível a expropriação destes direitos, transformando-se o direito ao bem em direito à indenização. Não é preciso lembrar que uma tal espécie de expropriação seria absurda quando em jogo direitos invioláveis do homem, assegurados constitucionalmente".

No IV Seminário sobre Responsabilidade Civil no Transporte de Passageiros realizado no Rio de Janeiro decidiu-se, após amplos debates, que: "É possível e conveniente, não só para a vítima, também para o transportador, a antecipação da tutela nos casos de necessidade de tratamento hospitalar e outras situações emergenciais. Pode o transportador propor ação de procedimento comum com pedido de antecipação de tutela, para oferecimento de alimentos, ou de meios para tratamento ou recuperação da vítima de acidente de transportes".

A propósito do tema, observou lucidamente Carreira Alvim: "A antecipação da tutela, na responsabilidade civil, apresenta um aspecto que não se apresenta nas demandas em geral, pois atende, a um só tempo, ao interesse do transportador e da vítima, mormente quando esta necessite de tratamento médico e hospitalar, sem ter condições de arcar com o tratamento. Se não for socorrida a tempo e convenientemente tratada, podem agravar-se as lesões, fazendo surgir deformidades e sequelas, que de outra forma poderiam ter sido evitadas, e ampliando com isso a extensão da responsabilidade do obrigado. Daí não ser do seu interesse protelar a reparação do dano para depois da sentença trânsita em julgado. Para fins de antecipação da tutela, basta que a vítima instrua o pedido com a prova (inequívoca) do nexo causal – geralmente comprovado pelo laudo da perícia técnica –, do que resultará a verossimilhança da alegação, presentes as demais circunstâncias a que aludem os incisos I e II do art. 273 [de 1973, atual art. 300] (fundado receio de dano irreparável ou de difícil reparação; ou abuso de direito de defesa ou propósito protelatório do réu). Assim, basta a vítima comprovar o fato do transporte e o dano dele decorrente para que fique configurada a responsabilidade contratual do transportador, irrelevante no caso qualquer consideração sobre a culpa – presumida, no caso – e que só entra em linha de conta para fins do direito de regresso" (Antecipação de tutela na ação de reparação do dano, in *Tutela antecipada na reforma processual,* Ed. Destaque, p. 99 e 100).

JURISPRUDÊNCIA

■ "Tutela antecipatória – Acidente aéreo – Concessão da medida à noiva da vítima fatal – Admissibilidade se incontroverso o dano moral experimentado pela pretendente – Possibilidade, também, do ressarcimento dos gastos com adiantamento de despesas com a futura cerimônia de casamento se não foram expressamente contrariados pela empresa de transportes" (*RT, 774*:268).

■ "Tutela antecipatória – Acidente aéreo – Admissibilidade – Presença dos requisitos exigidos, traduzidos na responsabilidade objetiva da empresa de transportes aéreos na reparação dos danos causados pelo evento e no fato de a vítima fatal ser chefe de família, caso em que a demora no pagamento da indenização aos seus dependentes os deixaria em situação de penúria, pela ausência dos vencimentos que compunham a renda familiar – Fixação do *quantum,* no entanto, que deve ser condizente com o mínimo valor indenizatório devido, para que não ocorra o perigo da irreversibilidade da tutela antecipada – Inteligência do art. 273, § 2º, do CPC" (*RT, 771*:259).

■ "Tutela antecipatória – Concessão desautorizando o credor a enviar dados do devedor ao Serasa e a outras entidades de proteção ao crédito – Admissibilidade se o débito está sendo discutido em juízo – Direito do inadimplente em questionar o valor da dívida sem o constrangimento da negativação" (*RT, 772*:260).

■ "Tutela antecipatória – Pretendida exclusão do nome de devedor de cadastros de proteção ao crédito – Admissibilidade se o inadimplente discute, judicialmente, cláusula contratual de cumprimento da sua obrigação, alterada unilateralmente pelo credor" (*RT, 782*:291).

■ "Tutela antecipada – Indenização – Sequelas decorrentes de queimaduras pós-radioterapia – Obrigação de fazer – Relevância do fundamento da demanda – Suficiência para a concessão – Atividade anterior remunerada, entretanto, não comprovada – Redução da pensão fixada – Recurso provido para esse fim" (*JTJ*, Lex, *225*:232).

- "Tutela antecipada – Concessão – Plano de saúde – Transplante – Exclusão de cobertura – Meio terapêutico que é pressuposto para consecução da quimioterapia autorizada pela ré – Hipótese, ademais, de verossimilhança do alegado e perigo de dano irreparável – Inclusão do tratamento excluído determinado – Recurso não provido" (*JTJ*, Lex, *234*:259).

- "Tutela antecipada – Hospital municipal – Erro médico – Tratamento cirúrgico que não teve surtido o efeito desejado, isto é, cura total – Realização liminar de nova cirurgia – Inadmissibilidade – Prova inequívoca de *faute du service*, da possibilidade concreta de nova cirurgia e da resistência da municipalidade em prestar total tratamento – Inexistência – Obrigação médica, ademais, que, no caso, é de meio, não de resultado – Tutela indeferida – Recurso não provido" (*JTJ*, Lex, *227*:231).

- "Acidente de trânsito – Tutela antecipatória – Antecipação pretendida pela vítima para custear tratamento dentário, pois, em razão do evento, perdeu vários dentes, fato que lhe impede viver normalmente – Admissibilidade diante da presença do *fumus boni juris* e do *periculum in mora* – Valor a ser arbitrado, no entanto, que deve ser condizente com o mínimo da indenizatória devida à ofendida, pois não se pode correr o perigo da irreversibilidade do provimento antecipado" (*RT*, *770*:281).

5.1.14. Súmulas do Superior Tribunal de Justiça relativas ao dano moral

Seguem as súmulas do Superior Tribunal de Justiça que, direta ou indiretamente, abordam a questão do dano moral:

Súmula 37: "São cumuláveis as indenizações por dano material e dano moral oriundos do mesmo fato".

Súmula 54: "Os juros moratórios fluem a partir do evento danoso, em caso de responsabilidade extracontratual".

Súmula 221: "São civilmente responsáveis pelo ressarcimento de dano, decorrente de publicação pela imprensa, tanto o autor do escrito quanto o proprietário do veículo de divulgação".

Súmula 227: "A pessoa jurídica pode sofrer dano moral".

Súmula 281: "A indenização por dano moral não está sujeita à tarifação prevista na Lei de Imprensa".

Súmula 326: "Na ação de indenização por dano moral, a condenação em montante inferior ao postulado na inicial não implica sucumbência recíproca".

Súmula 362: "A correção monetária do valor da indenização do dano moral incide desde a data do arbitramento".

Súmula 370: "Caracteriza dano moral a apresentação antecipada de cheque pré-datado".

Súmula 385: "Da anotação irregular em cadastro de proteção ao crédito, não cabe indenização por dano moral, quando preexistente legítima inscrição, ressalvado o direito ao cancelamento".

Súmula 387: "É lícita a cumulação das indenizações de dano estético e dano moral".

Súmula 388: "A simples devolução indevida de cheque caracteriza dano moral".

Súmula 402: "O contrato de seguro por danos pessoais compreende os danos morais, salvo cláusula expressa de exclusão".

Súmula 403: "Independe de prova do prejuízo a indenização pela publicação não autorizada de imagem de pessoa com fins econômicos ou comerciais".

Súmula 420: "Incabível, em embargos de divergência, discutir o valor de indenização por danos morais".

Súmula 498: "Não incide imposto de renda sobre a indenização por danos morais".

Súmula 624: "É possível cumular a indenização do dano moral com a reparação econômica da Lei n. 10.559/2002 (Lei da Anistia Política)."

Súmula 642: "O direito à indenização por danos morais transmite-se com o falecimento do titular, possuindo os herdeiros da vítima legitimidade ativa para ajuizar ou prosseguir a ação indenizatória".

Súmula 647: "São imprescritíveis as ações indenizatórias por danos morais e materiais decorrentes de atos de perseguição política com violação de direitos fundamentais ocorridos durante o regime militar".

A referida Corte divulgou, em maio de 2019, 11 teses consolidadas sobre responsabilidade civil por dano moral (edição 125):

1ª Tese: A fixação do valor devido a título de indenização por danos morais deve considerar o método bifásico, que conjuga os critérios da valorização das circunstâncias do caso e do interesse jurídico lesado, e minimiza eventual arbitrariedade ao se adotar critérios unicamente subjetivos do julgador, além de afastar eventual tarifação do dano.

2ª Tese: O dano moral coletivo, aferível *in re ipsa*, é categoria autônoma de dano relacionado à violação injusta e intolerável de valores fundamentais da coletividade.

3ª Tese: É lícita a cumulação das indenizações de dano estético e dano moral (Súmula 387/STJ).

4ª Tese: A legitimidade para pleitear a reparação por danos morais é, em regra, do próprio ofendido; no entanto, em certas situações, são colegitimadas também aquelas pessoas que, sendo muito próximas afetivamente à vítima, são atingidas indiretamente pelo evento danoso, reconhecendo-se, em tais casos, o chamado dano moral reflexo ou em ricochete.

5ª Tese: Embora a violação moral atinja apenas os direitos subjetivos do falecido, o espólio e os herdeiros têm legitimidade ativa *ad causam* para pleitear a reparação dos danos morais suportados pelo *de cujus*.

6ª Tese: Os sucessores possuem legitimidade para ajuizar ação de reparação de danos morais em decorrência de perseguição, tortura e prisão, sofridos durante a época do regime militar.

7ª Tese: O abandono afetivo de filho, em regra, não gera dano moral indenizável, podendo, em hipóteses excepcionais, se comprovada a ocorrência de ilícito civil que ultrapasse o mero dissabor, ser reconhecida a existência do dever de indenizar.

8ª Tese: Não há responsabilidade por dano moral decorrente de abandono afetivo antes do reconhecimento da paternidade.

9ª Tese: O prazo prescricional da pretensão reparatória de abandono afetivo começa a fluir a partir da maioridade do autor.

10ª Tese: A pessoa jurídica pode sofrer dano moral, desde que demonstrada ofensa à sua honra objetiva.

11ª Tese: A pessoa jurídica de direito público não é titular de direito à indenização por dano moral relacionado à ofensa de sua honra ou imagem, porquanto, tratando-se de direito fundamental, seu titular imediato é o particular e o reconhecimento desse direito ao Estado acarreta a subversão da ordem natural dos direitos fundamentais.

A aludida Corte Superior também decidiu: que "a demora em fila para atendimento bancário não gera dano moral, podendo ser classificada como mero desconforto. Para que fique caracterizado o dano moral, é preciso levar em consideração a lesão a direito de personalidade. Essa espera não tem o condão de afetar o direito da personalidade, interferir intensamente no bem-estar do consumidor de serviço. Nas situações-limite, como demora para atendimento médico emergencial se poderia cogitar em dano moral indenizável" (STJ, REsp 1.647.452, 4ª T., rel. Min. Luis Felipe Salomão, j. 27-2-2019).

6. Casos especiais de dano moral

JURISPRUDÊNCIA

6.1. Abandono afetivo – Dano moral (*v.* n. 6.45, Falta de afeto, abandono e rejeição dos filhos – Dano moral, *infra*)

- Responsabilidade civil – Abandono afetivo – Menor – Descumprimento do dever de prestar assistência material ao filho – Ato ilícito (CC/2002, arts. 186, 1.566, IV, 1.568, 1.579, 1.632 e 1.634; ECA, arts. 18-A, 18-B e 22) – Reparação – Danos morais – Possibilidade (STJ, REsp 1.087.561-RS, rel. Min. Raul Araújo, *DJe* 18-8-2017).

- Responsabilidade civil – Abandono afetivo – Caracterização – O abandono afetivo indenizável deve ser injustificado e voluntário, o que restou demonstrado, e pela omissão houve, ainda, abalo psicológico, que é verossímil, pela narrada sensação de desamparo e rejeição, violadores da autoestima e dignidade pessoal – Recurso provido (TJSP, Ap. 0006941-27.2010.8.26.0127, 2ª Câm. Dir. Priv., rel. Des. Alcides Leopoldo e Silva Júnior, *DJe* 4-4-2017).

- Ação de indenização por danos morais, decorrentes de abandono afetivo – Termo inicial da prescrição – Data em que o autor atinge a maioridade civil. O prazo prescricional aplicável à pretensão condenatória decorrente de alegado abandono afetivo é, se consumado seu termo inicial na vigência do Código Civil de 1916, de 20 (vinte) anos, e, se em vigor o Código Civil de 2002, de 3 (três) anos, respeitadas as regras de direito intertemporal, tendo por termo inicial, em regra, a data em que o filho atinge a maioridade/emancipação, pois não corre a prescrição entre ascendentes e descendentes durante o poder familiar (DJSC 12-5-2-17). *Vide*, no mesmo sentido: "TJ-MS, Apel. 0800791332013812013, 5ª Câm. Cív., rel. Des. Luiz Tadeu Barbosa, j. 29-8-2017", com o seguinte acréscimo: "(...) Se ao tempo em que alcança a maioridade o demandante tem ciência da paternidade, em regra, a partir daí tem início o prazo de três anos para o exercício de qualquer pretensão de cunho indenizatório ou compensatório lastreada no descumprimento das obrigações inerentes ao poder familiar, independentemente do momento em que o pai venha a reconhecer a filiação ou ainda que o reconhecimento da paternidade ocorra em data posterior".

- Reparação por dano moral decorrente de abandono afetivo – Modalidade da indenização – Inocorrência de nulidade na sentença que fixou a indenização no pagamento pelo pai/requerido de tratamento psicológico ao filho. Isso porque, com base na prova pericial produzida no processo, o tratamento psicológico se mostrou a forma mais efetiva e com maior potencial de "reparar o dano" do filho/apelante, decorrente do abandono afetivo paterno (TJRS, Apel. 70.073.425.175, 8ª Câm. Cív., rel. Des. Rui Portanova, j. 22-6-2017).

- Abandono material – Menor – Descumprimento do dever de prestar assistência material ao filho – Ato ilícito (CC/2002, arts. 186, 1.566, IV, 1.568, 1.579, 1.632 e 1.634, I; ECA, arts. 18-A, 18-B e 22) – Reparação – Danos morais – Possibilidade. O descumprimento da obrigação pelo pai, que, apesar de dispor de recursos, deixa de prestar assistência material ao filho, não proporcionando a este condições dignas de sobrevivência e causando danos à sua integridade física, moral, intelectual e psicológica, configura ilícito civil, nos termos do art. 186 do Código Civil. Estabelecida a correlação entre a omissão voluntária e injustificada do pai quanto ao amparo material e os danos morais ao filho daí decorrentes, é possível a condenação ao pagamento de reparação por danos morais, com fulcro também no princípio constitucional da dignidade da pessoa humana (STJ, REsp 1.087.561-RS, 4ª T., Min. Raul Araújo, *DJe* 18-8-2017).

- A reparação por danos morais e materiais decorrentes do abandono afetivo possui caráter econômico e, por isso, deve ter sua prescrição reconhecida. Nesse caso, a prescrição ocorre três anos após a maioridade do filho, conforme dispõe o art. 206, § 3º, V, do Código Civil. A prescrição deve ser reconhecida mesmo que o abandono afetivo tenha continuado a acontecer depois de a filha ter completado 18 anos (TJDF, Proc. 20.140.710.162.878, 5ª T. Cív., disponível em www.conjur.com.br, de 8-10-2014).

- STJ – Responsabilidade civil por abandono afetivo. O abandono afetivo decorrente da omissão do genitor no dever de cuidar da prole constitui elemento suficiente para caracterizar dano moral compensável (REsp 1.159.242-SP, 3ª T., rel. Min. Nancy Andrighi, j. 24-4-2012).

6.2. Abordagem de cliente suspeito de furto em estabelecimento comercial

- Consumidor – Excesso na abordagem em estacionamento de estabelecimento comercial – Infundada suspeita de furto – Dano moral configurado – Ofensa à honra e à dignidade da consumidora e, por afrontar violentamente os atributos da personalidade, subsidia a compensação por danos morais (TJ-DF 20160611002297 0010229-73.2016.8.07.0006, *DJe* 27-3-2017).

- Dano moral – Indevida revista de cliente – Acusação pública de furto – Autora abordada por prepostos da ré em razão da suspeita de furto e submetida a revista policial publicamente – Constrangimento ilícito. A empresa responde pelas ações de seus prepostos, e tal responsabilidade não se limita ao interior do estabelecimento comercial. Hipótese em que se configura excesso de vigilância, de modo que afastado o exercício regular de direito. Indenização devida e mantida em R$ 10.000,00, quantia em harmonia com a jurisprudência desta Câmara. Recurso não provido (TJSP, Apel. 0013932-46.2012.8.26.0451, *DJe* 11-4-2014).

- Ação de indenização por danos morais – Suspeita de furto – Abordagem de cliente em via pública – Condução do consumidor para verificação no interior do estabelecimento comercial – Constrangimento ilícito – Dano moral configurado – Fixação do *quantum* indenizatório (TJDF, Ap. 20140710155186 00015193-77,77,2014,8.07.0007, *DJe* 9-8-2016).

- Abordagem de cliente em estabelecimento comercial – Suspeita de furto – Constrangimento – Dano moral configurado – Dever de indenizar reconhecido – Razoabilidade do valor (R$ 8.000,00) fixado na sentença – Agravo improvido (TJ-CE, Agr CE 0031956-98.2010.8.06.0112, *DJe* 16-2-2016).

- Dano moral – Abordagem de cliente suspeito de furto – Acusação infundada – Revista no estabelecimento comercial por policiais – Valor arbitrado modestamente em R$ 10.000,00 (dez mil reais). Não caracteriza enriquecimento ilícito valor arbitrado modestamente em R$ 10.000,00 (dez mil reais), a título de dano moral, para pessoa submetida a revista por policiais militares em situação vexatória e constrangedora em estabelecimento comercial. Certamente tal valor representa quase nada na contabilidade de empresa nacional de grande porte. Contudo, para o ora agravado, simboliza a atenuação do seu sofrimento, bem como a certeza de que proceder da ora agravante merece repúdio social e jurídico" (STJ, AgRg no Ag 1.115.991-SC, 3ª T., rel. Min. Paulo Furtado, *DJe* 15-3-2010).

- Dano moral – Cliente de supermercado abordado de forma truculenta por seguranças da loja pela suposta prática de furto – Condução à força à sala de segurança, constatando-se que nada tinha sido furtado – Prepostos que não agiram com o cuidado necessário – Verba devida (*RT, 841*:236).

- Indenização – Dano moral – Autora indevidamente acusada de furto de mercadorias em estabelecimento comercial e submetida a revista em público – Conduta abusiva do agente da ré – Ação procedente. Enseja reparação por dano moral conduta abusiva de funcionário de estabelecimento comercial que submete cliente, acusando-o indevidamente de furto, a revista em público (TJSP, Ap. 50.220-4-Lorena, 2ª Câmara de Direito Privado, rel. Des. Osvaldo Caron, j. 28-11-2000).

- Dano moral – Submissão da consumidora à revista com desnudamento – Dever de indenizar. Empresa que submete consumidora à vexaminosa e constrangedora revista e que, mesmo ciente de que os fatos tiveram repercussão junto à autoridade policial, apaga a fita de vídeo que tudo gravou, demonstra inequivocamente culpa de seus prepostos (TJRJ, Ap. 2.000.001.03482-Capital, 15ª Câm. Cív., rel. Des. Sérgio Lúcio de Oliveira e Cruz, j. 3-8-2000).

- Dano moral – Indenização – Exposição de consumidor a situação vexatória, consistente na infundada acusação de o mesmo ter tentado efetuar compras com cheque irregular, em voz alta na frente dos demais clientes da loja, constrangendo, ainda, o comprador a devolver as mercadorias após finda a transação – Verba devida pelo estabelecimento comercial, independente de qualquer reflexo patrimonial ou da comprovação do uso de medicamentos ou de consultas médicas pela vítima, pois a dor moral abrange algo mais que a saúde (TJRN, *RT*, 767:367).

- Dano moral – Empresas que encarceram clientes em suas dependências por suspeita de furto – Fixação do *quantum* – Relevância da desproporcionalidade e arbitrariedade do ato, além da situação econômica das partes e o espaço social do ofendido (*RT*, 807:355).

- Indenização – Dano moral – Cliente acusada injustamente por funcionários de um supermercado de furtar um carrinho de bebê, no qual transportava o seu filho recém-nascido, de marca e modelo idênticos ao comercializado no estabelecimento – Prova segura produzida pela ofendida. Certamente houve exercício abusivo do direito de vigilância e de proteção da propriedade, uma vez que a abordagem foi feita de forma inadequada e excedeu a normalidade, expondo a autora a uma situação vexatória e humilhante. O episódio constrangeu a cliente na frente de outros consumidores e funcionários, caracterizando o dano moral (TJSP, 3ª Câm. Dir. Priv., rel. Des. Egídio Giacoia, disponível em <www.conjur.com.br>, acesso em 11 dez. 2012).

6.3. Acidente do trabalho e responsabilidade civil (*v*. Livro II, Título I, Capítulo II, Seção IX, *retro*).

6.4. Advogados – Responsabilidade civil (*v*. Livro II, Título I, Capítulo II, Seção IV, *retro*).

6.5. Adultério e separação judicial

- Direito Civil – Inexistência de responsabilidade civil do cúmplice de relacionamento extraconjugal no caso de ocultação de paternidade biológica – A esposa infiel tem o dever de reparar por danos morais o marido traído na hipótese em que tenha ocultado dele, até alguns anos, após a separação, o fato de que criança nascida durante o matrimônio e criada como filha biológica do casal seria, na verdade, filha sua e de seu "cúmplice" – Não é possível ignorar que a vida em comum impõe restrições que devem ser observadas, entre as quais se destaca o dever de fidelidade nas relações conjugais (art. 1.566. I, do Código Civil), o qual pode efetivamente acarretar danos morais (STJ, REsp 922.462-SP, 3ª T., rel. Min. Villas Bôas Cueva, j. em 4-4-2013).

Em princípio, animosidades ou desavenças de cunho familiar, ou mesmo relacionamentos extraconjugais, que constituem causas de separação judicial, não configuram circunstâncias ensejadoras de indenização. Confira-se:

- Indenização – Dano moral – Separação judicial – Adultério – Causa determinante para a decretação da dissolução da sociedade conjugal – Verba devida ao cônjuge inocente somente se a violação do dever de fidelidade extrapolar a normalidade genérica, sob pena de *bis in idem* (*RT*, 836:173).

- Dano moral – Relacionamento extraconjugal – Indenização por danos morais – Infidelidade conjugal – Ausência de evidência do intuito de causar lesão. Infidelidade conjugal que, não obstante constitua descumprimento de dever basal do casamento, não configura, por si só, ato ilícito apto a gerar abalo moral indenizável. Ausência de evidência do intuito de causar lesão, humilhação ou ridicularizar o outro cônjuge. Sentença reformada (TJSP, Apel. 00077722020138260564, 31ª Câm. Ext. Dir. Priv., rel. Des. Salles Rossi, j. 11-10-2017).
- Boatos e rumores não geram danos morais por suposto adultério. As condutas de infidelidade que levem ao rompimento de relacionamentos afetivos, conjugais ou não, só geram indenização por dano moral quando os fatos envolverem extraordinários quadros vexatórios de humilhação ou ridicularização da vítima. Boatos e rumores não servem para esse propósito, pois não confirmam fatos (TJ-RJ, Apel. 0010351-06.2014.8.19.0012, 4ª Câm. Civ., rel. Des. Marco Antonio Ibrahim, in Revista *Consultor Jurídico* de 13-6-2021).
- Ação de indenização por danos morais – Suposta traição conjugal – Pretensão do marido em receber indenização por suposta traição da ex-esposa – Situação vexatória não demonstrada – Ônus da prova que incumbia ao autor – Pedido inicial improcedente (TJPR, 1ª Turma Recursal, RI 0003696-77.2012.8.16.0139/0, *DJe* 22-10-2014).
- Ação de divórcio – Sentimento de traição – Dano moral – Ausência de configuração – Dever de indenizar – Inexistência. A infidelidade, por si só, não gera direito à indenização por danos morais. As desilusões e os aborrecimentos no restrito campo dos sentimentos não são suficientes para gerar indenização por abalo moral (TJMG, Ap. 107021102337240001, *DJe* 10-2-2014).
- Separação consensual, só por si, não induz a concessão de dano moral. Para que se possa conceder o dano moral é preciso mais que um simples rompimento da relação conjugal, mas que um dos cônjuges tenha, efetivamente, submetido o outro a condições humilhantes, vexatórias e que lhe afronte a dignidade, a honra e o pudor. Não foi o que ocorreu nesta hipótese, porque o relacionamento já estava deteriorado e o rompimento era consequência natural (TJRJ, Ap. 2000.001.19674, 2ª Câm. Cív., rel. Des. Gustavo Kuhl Leite, j. 10-4-2001).
- Dano moral – Adultério – Indenização indevida – Contexto que não se apresentou de tal sorte excepcional, ou gerador de consequências mais pesarosas, a ponto de autorizar a indenização por dano moral (TJRJ, Ap. 2004.001.15985, 4ª Câm. Cív., rel. Des. Alberto Filho, j. 17-8-2004).
- Mulher deve indenizar ex-marido por omitir que filho era de outro homem. A 10ª Câmara Cível do Tribunal de Justiça de Minas Gerais igualmente condenou a mulher a pagar indenização ao ex-marido, no montante de R$ 30.000,00, proclamando ter ela violado o dever de fidelidade, tanto no aspecto físico, com as relações sexuais adulterinas, quanto no aspecto moral, constante da deslealdade manifestada ao esconder a paternidade de seu filho. Reconheceu o relator, Desembargador Veiga de Oliveira, que o ex-marido experimentou, em consequência, "profundo abalo psicológico e sofrimento moral". Quanto ao amante, corréu na ação de indenização, entendeu o mencionado relator que não é solidariamente responsável a indenizar o marido traído, "pois tal fato não configura ilícito penal ou civil, não sendo o terceiro estranho à relação obrigado a zelar pela incolumidade do casamento alheio" (disponível em <www.editoramagister.com/noticia>, acesso em 10 mar. 2014).

6.6. Agências de viagens e turismo

- Transporte aéreo – Consumidor – Dever de informação – Necessidade de visto de conexão em voo internacional – Defeito na prestação de serviço – Indenização por dano material e moral – Necessidade de prestação de informações completas aos consumidores, inclusive acerca da exigência de obtenção de visto de trânsito para hipótese de conexão internacional por parte de empresa que emite as passagens aéreas – Direito do consumidor (art. 6º, III, do CDC) – Informações adequadas e claras tornam o serviço defeituoso, ensejando responsabilidade pelo fato do serviço (art. 14, *caput*, do CDC) e a obrigação de reparar os danos causados aos consumidores (STJ, REsp 1.562.700-SP, 3ª T., rel. Min. Paulo de Tarso Sanseverino, *DJe* 15-12-2016).

- Responsabilidade civil – Transporte – Agência de turismo – Falha no dever de informação. Comprovada a falha na prestação do serviço, consubstanciada na ausência de informação adequada e suficiente acerca dos documentos necessários ao embarque do genitor da requerente, tem-se por devida reparação dos prejuízos sofridos. Incidência do art. 14 do CDC. Hipótese em os danos morais são *in re ipsa*, prescindindo de prova da sua efetiva ocorrência. A reparação de dano moral deve proporcionar a justa satisfação da vítima e, em contrapartida, impor ao infrator impacto financeiro, a fim de dissuadi-lo da prática de novo ilícito, porém de modo que não signifique enriquecimento sem causa do ofendido. No caso em tela, a verba indenizatória deve ser mantida (TJRS, Apel. 70.057.772.147-, 12ª Câmara Cível, rel. Des. Mário Crespo Brum, *DJe* 1º-4-2014).

- Pacote turístico – Agência de turismo – Serviço prestado com deficiência – Dano moral – Cabimento. A prova do dano moral se satisfaz, na espécie, com a demonstração do fato que o ensejou e pela experiência comum. Não há negar, no caso, o desconforto, o aborrecimento, o incômodo e os transtornos causados pela demora imprevista, pelo excessivo atraso na conclusão da viagem, pela substituição injustificada do transporte aéreo pelo terrestre e pela omissão da empresa de turismo nas providências, sequer diligenciando em avisar os parentes que haviam ido ao aeroporto para receber os ora recorrentes (STJ, REsp 304.738SP, 4ª T., rel. Min. Sálvio de Figueiredo Teixeira, *DJU*, 13-8-2001).

- Pacote turístico – Descumprimento do contrato – Indenizações cabíveis, inclusive dano moral – Deficiência dos serviços, vítimas os autores de constrangimento, descaso e humilhação resultantes dos fatos ocorridos – Descumprimento do contrato quanto ao *city tour* em Londres, traslado do hotel ao aeroporto para embarque a Madri; da mesma forma quanto ao embarque para Roma; hotel de categoria inferior, em Roma; ausência de guia e, quando havia, apenas em uma ocasião falava português; não pagamento de gorjetas a carregadores nos aeroportos, e deficiente serviço dos escritórios da operadora na Europa (*JTARS, 92*:276).

- Dano moral – Pacote de turismo não cumprido – Verba indevida, por não demonstrado o prejuízo. É indevida indenização a título de dano moral aos adquirentes de pacote de turismo não cumprido, se, para garantirem a viagem de férias programadas, os próprios contratantes acabaram por adquirir de outra agência de turismo novo pacote de viagem para o mesmo local desejado, com pequena diferença de dias do embarque pretendido (*RT, 760*:269).

- Indenização – Danos moral e material – Hotel e agência de viagens – Prestação de serviços – Excursão de jovens – Relação de consumo caracterizada – Acidente em piscina

– Responsabilidade dos fornecedores, independentemente da existência de culpa – Culpa exclusiva do consumidor, ademais, não demonstrada – Verbas devidas – Recurso provido (*JTJ*, Lex, *221*:97).

■ Indenização – Responsabilidade do hotel, que não sinaliza convenientemente a profundidade da piscina, de acesso livre aos hóspedes – Art. 14 do Código de Defesa do Consumidor. A agência de viagens responde pelo dano pessoal que decorreu do mau serviço do hotel contratado por ela para a hospedagem durante o pacote de turismo. A culpa concorrente da vítima permite a redução da condenação imposta ao fornecedor (art. 12, § 2º, III, do CDC) (STJ, REsp 287.849-0-SP, 4ª T., rel. Min. Ruy Rosado de Aguiar, j. 17-4-2001).

■ Ação indenizatória – Dano moral – Companhia de turismo – Contrato que previa a hospedagem em hotel de três, quatro e cinco estrelas – Vítima que acaba sendo hospedada em hotel de categoria bastante inferior ao prometido – Verba devida (*RT*, *759*:255).

■ Turismo – Agência e empresa de transporte aéreo – Voo Charter – Responsabilidade solidária – É solidária a responsabilidade entre a agência de turismo contratada e a respectiva empresa de transporte aéreo pelos danos, inclusive morais, causados ao consumidor que, mesmo tendo confirmado o horário de embarque com antecedência, foi impossibilitado de viajar no modo contratado, em face da antecipação do voo (JECDF, Ap. 2003.06.1.001562-8, 1ª T., rel. Juiz José de Aquino Perpétuo, *DJe* 10-5-2004).

■ Danos morais e materiais – Transporte aéreo – Atraso no voo – Prejuízo. A agência de turismo não tem relação direta com o dano, no caso de atraso de voo, quando o contrato não é de fretamento. O simples fato de disponibilizar hotéis e alimentação não se revela suficiente para elidir o dano moral da empresa aérea quando o atraso no voo se configura excessivo, a gerar pesado desconforto e perda de compromissos assumidos pelo passageiro (TJMG, Ap. 2.0000.00.501705-4/000, 13ª Câm. Cív., rel. Des. Elpídio Donizetti, *DJe* 8-8-2006).

■ Pacote turístico – Viagem de núpcias – Hospedagem em hotel diverso e de padrão inferior ao contratado – Solidariedade da intermediária – Danos morais. Atuando como intermediária na celebração do contrato de prestação de serviços de hotelaria entre o consumidor e o hotel que indicara, a agência de turismo torna-se solidariamente responsável pelo adimplemento das obrigações derivadas do avençado, sujeitando-se às consequências oriundas do inadimplemento culposo do estabelecimento contratado ante a má prestação dos serviços que lhe estavam debitados, consoante prescrevem os arts. 7º, parágrafo único, e 34 do CDC (JECDF, 1ª T., *DJ*, 4-7-2006).

■ Consumidor – Desistência de pacote turístico – Direito à restituição de 80% do valor pago. Cláusula contratual que estabelece a perda integral do preço pago, em caso de cancelamento do serviço, constitui estipulação abusiva, que resulta em enriquecimento ilícito, ferindo a legislação aplicável ao caso, seja na perspectiva do Código Civil, seja na do Código de Defesa do Consumidor (STJ, REsp 1.321.655, 3ª T., rel. Min. Paulo de Tarso Sanseverino, disponível em www.editoramagister.com/noticia, acesso em 8-11-2013).

6.7. Agressões verbais – Dano moral

■ Agressões verbais contra o indivíduo – Quando ultrapassam o limite da razoabilidade, configuram ato ilícito passível de compensação pecuniária, na medida em que ofendem atributos do direito da personalidade, como a higidez física e psíquica da pessoa (TJDF, Ac. n. 1.041.273, 2ª T. Recursal, rel. Arnaldo Corrêa Silva, *DJe* 29-8-2017).

■ Agressões verbais – Quando recíprocas e equivalentes em grau de ofensividade, não geram, em favor de qualquer dos conflitantes, o dever de indenizar os danos morais experimentados. Não há que se falar em indenização por danos morais quando o próprio autor, com sua conduta, contribui para a geração do dano. Havendo danos morais recíprocos, incide compensação de culpas (TJDF, Ac. 1.046.194, 2ª T. Recursal, rel. Juiz João Fischer, *DJe* 19-9-2017).

■ Insulto na frente da residência do casal, diante de várias pessoas, em voz alta e com palavras de baixo calão – Lesão à honra e à imagem subjetiva, configurando dano moral – Indenização fixada em R$ 5.450,00 (TJMG, 12ª Câm. Cív., rel. Des. José Flávio de Almeida, disponível em <www.editoramagister.com>, acesso em 26-2-2013).

6.8. Apreensão indevida de veículo – Dano moral

■ Imprudência da financeira em deixar prosseguir e ser levada a efeito ação de busca e apreensão, prejudicando terceiro adquirente, que foi zeloso ao adquirir o bem. A apreensão do veículo na estrada sem dúvida causou transtornos e constrangimento ao adquirente e sua mulher, justificando a condenação da ré ao pagamento de danos morais e materiais (TJMG, Ap. 1.0287. 10.006396-8/001, 11ª Câm. Cív., rel. Des. Marcelo Rodrigues, Revista *Consultor Jurídico*, 13-4-2013).

■ Comprovado que a apreensão do veículo do autor foi indevida, por imperícia, o nexo de causalidade e os gastos do requerente, é correta a condenação do réu em lhe ressarcir os danos materiais com reboque e táxi. Demonstrada a ausência de prova de abuso de poder, mantém-se a improcedência do pedido de condenação por dano moral. Caracterizada a sucumbência recíproca, deve ser autorizada a compensação dos honorários advocatícios (TJMG, Apel. 10.699.080.864.704.001, *DJe* 24-7-2013).

■ Apreensão de veículo – Pedido de reparação por danos morais e materiais em razão da suposta indevida apreensão do veículo – Sentença de improcedência – Recurso da autora – Desprovimento. Não logrou a autora em comprovar que estava com o veículo regularmente licenciado, mas, ao contrário, a FESP demonstrou que não estava. Desse modo, a apreensão do veículo fora legítima e amparada no exercício regular do poder de polícia. Ausência de demonstração de culpa do Estado ou de seus prepostos. Indenização descabida (TJSP, 9179234-71.2009.8.26.0000, *DJe* 20-6-2012).

6.9. Apuração de falta funcional – Inocorrência de dano moral

■ A apuração de falta funcional (instauração de PAD) não gera direito à indenização por danos morais, se fundada em elementos que afastam a possibilidade de ação temerária ou sem justa causa. Trata-se de ato lícito e de dever da Administração Pública. Incabível, portanto, pedido de reparação de dano moral (TRF-4ª Reg., Ap. 5004937-64.2011.404.7200-SC, 3ª T., rel. Des. Thompson Flores, j. 19-9-2012).

6.10. AIDS e responsabilidade civil (*v.* Livro II, Título I, Capítulo I, Seção I, n. 12, *retro*)

6.11. Assédio moral

■ O assédio moral, também chamado de terrorismo psicológico, *mobbing*, *bullying* ou *harcèlement* moral, pode ser definido como "a exposição dos trabalhadores a situações humilhantes e constrangedoras, repetitivas e prolongadas durante a jornada de trabalho e no exercício de suas funções, sendo mais comuns em relações hierárquicas autoritárias, onde predominam condutas negativas, relações desumanas e antiéticas de longa duração, de um ou mais chefes dirigidas a um subordinado, desestabilizando a relação da vítima com o ambiente de trabalho e a Organização" (TRT, 17ª Reg., RO 1142.2001.006.17.00-9, Juiz José Carlos Rizk, *DO,* 15-10-2002).

Segundo Ernesto Lippmann (*Assédio sexual nas relações de trabalho*, 2. ed., São Paulo, LTr, 2005, p. 36), no mais das vezes essa situação é acompanhada pelo isolamento do trabalhador, ou do grupo, dos demais colegas de trabalho. Os outros, por competitividade ou mesmo por receio de também sofrerem represálias, acabam por cortar os laços de amizade e de coleguismo com a vítima, que passa a ficar, cada vez mais, isolada e fragilizada.

O assédio moral, diferentemente do assédio sexual, tem motivação de caráter eminentemente econômica, pois o empregador, não querendo mais o empregado em seus quadros, promove ações que se equiparam a torturas psicológicas, visando forçar sua demissão ou apressar o seu pedido de afastamento (Nehemias Domingos de Melo, *Dano moral trabalhista*, São Paulo, Atlas, 2007, p. 92).

■ Dano moral no ambiente de trabalho consiste numa violência à vítima, de ordem moral e psicológica, decorrente de comportamentos comissivos ou omissivos por parte do agressor e pode ser horizontal (entre colegas de igual hierarquia) ou vertical (do superior ao subordinado e vice-versa), individual ou coletivamente sentida. Para sua configuração definem-se alguns critérios, notadamente a repetição sistemática, duradoura e específica de atos que coloquem a vítima em situações vexatórias e humilhantes, a ponto de desestabilizá-la moral e/ou fisicamente (TRT-6, RO 00017345320155060006, *DJe* 12-3-2018).

JURISPRUDÊNCIA

■ Assédio moral no ambiente de trabalho. Dano moral no ambiente de trabalho consiste numa violência à vítima, de ordem moral e psicológica, decorrente de comportamentos comissivos ou omissivos por parte do agressor e pode ser horizontal (entre colegas de igual hierarquia) ou vertical (do superior ao subordinado e vice-versa), individual ou coletivamente sentida. Para sua configuração definem-se alguns critérios, notadamente a repetição sistemática, duradoura e específica, de atos que coloquem a vítima em situações vexatórias e humilhantes, a ponto de desestabilizá-la moral e/ou fisicamente. A prova do assédio moral, regra geral, não é fácil de ser produzida pela vítima perante o Juízo. Isso ocorre, sobretudo, porque não raro se utiliza o ofensor de sutileza e dissimulação para não deixar transparecer o evidente (perseguição, constrangimento, humilhação). Quanto à responsabilidade, continua sendo subjetiva, ou seja, continua a exigir um ato culposo, que tenha dado causa a um dano por força de um nexo axiológico, tal como se depreende do comando normativo insculpido nos artigos 186 e 927 do CC. Há a impostergável necessidade, portanto, de ser demonstrado indicativo de atos capazes de caracterizar o assédio moral, o que não ocorreu no caso dos autos. Recurso improvido (TRT-6, RO 00017345320155060006, *DJe* 12-3-2018. *Vide* também, *ipsis litteris*, TRT-6, RO 00005502620165060233, *DJe* 23-1-2017).

- Dano moral – Empregada que foi vítima de diversas humilhações por parte de sua chefe, motivadas por inveja, porque recebia salário mais alto que ela – Indenização devida – O contrato de trabalho não dá direito aos membros da chefia de desrespeitarem seus funcionários, falando com estes em voz alta e tom ríspido e chamando-os de hipócritas (56ª Vara do Trabalho-SP, Proc. 01191-2008-056-02-00-6, Juiz Richard W. Jamberg, jan. 2010).

- Assédio moral – Degradação do ambiente de trabalho – Direito à indenização. A sujeição dos trabalhadores, e especialmente das empregadas, ao continuado rebaixamento de limites morais, com adoção de interlocução desabrida e sugestão de condutas permissivas em face dos clientes, no afã de elevar as metas de vendas, representa a figura típica intolerável do assédio moral, a merecer o mais veemente repúdio desta Justiça Especializada. Impor, seja de forma explícita ou velada, como conduta profissional na negociação de consórcios, que a empregada "saia" com os clientes ou lhes "venda o corpo" e ainda se submeta à lubricidade dos comentários e investidas de superior hierárquico, ultrapassa todos os limites plausíveis em face da moralidade média, mesmo nestas permissivas plagas abaixo da linha do Equador (...) O empregado é sujeito e não objeto da relação de trabalho e, assim, não lhe podem ser impostas condutas que violem a sua integridade física, intelectual ou moral. Devida a indenização por danos morais (TRT, 2ª Reg., Proc. 01531-2001-464-02-00-0, 4ª T., rel. Juiz Ricardo Artur Costa e Trigueiros, j. 10-5-2005).

- Assédio moral – Jornalista afastado da função de apresentador de programa de TV sob o argumento de que estava acima do peso e que, por esse motivo, tornou-se motivo de chacota no local de trabalho – Inexistência, na legislação, de exigência quanto ao peso máximo para o exercício da profissão de jornalista como apresentador de televisão – Fato classificado como assédio moral, incompatível com a dignidade da pessoa e com a valorização e a função social do trabalho humano – Indenização devida (TRT-MS, 1ª T., Proc. 00106.2009.004.23.00-0, disponível em <www.editoramagister.com>, acesso em 16 abr. 2010).

- Indenização a chefe que sofreu assédio moral de uma subordinada, sem que a empresa tomasse providências – O agressor estar hierarquicamente acima do agredido não é condição indispensável à caracterização do assédio moral e, embora a maioria dos casos apresente essa configuração, também é possível que a agressão parta de um subordinado, sem que a empresa tome providências para preservar o trabalhador agredido (TRT-RS, Proc. 0000571-38.2010.5.04.0404 (RO), rel. Des. Maria Inês Cunha Dornelles, disponível em <www.editoramagister.com>, acesso em 6 out. 2011).

- Assédio a colega de mesmo nível – Inexistência de provas de que a diretoria da empresa teve conhecimento do fato e se omitiu – Demora da autora em comunicar o fato ao seu superior – Indenização negada (TRT-5ª Reg., Proc. 00286-2006-061-15-00-5-RO, 3ª Câm., rel. Des. Edmundo Fraga Lopes, disponível em <www.conjur.com>, acesso em 31 jan. 2011).

- Auxiliar chamada de velha e feia – Hostilização de forma singular e, ainda, publicamente, diante de clientes, segundo testemunhas – Tratamento que causava à autora diminuição da autoestima e perda do prazer pelo trabalho, com crises constantes de choro – Assédio moral caracterizado – Indenização devida (TST, Proc. RR-290-41.2010.5.03.0071, rel. Min. Emmanoel Pereira, disponível em <www.editoramagister.com>, acesso em 20 out. 2011).
- Indenização por danos morais – Assédio religioso. A reclamante era compelida a participar de culto religioso diverso do seu, sob temor de perder o emprego. Violação aos dispositivos contidos no art. 5º, incisos VI e VIII, da CF, que impõe o dever de reparação por dano moral ao empregador. Um "simples convite" não caracterizaria assédio religioso. No entanto, houve reiteração, comprovando a violação à liberdade de crença religiosa e a discriminação pelo culto da reclamante (TRT/4ª Região, Ac. 0000795-95.2013.5.04.0104 RO, 4ª T., rel. Min. João Batista de Matos Danda, j. 29-5-2014).

6.12. Assédio sexual e dano moral

Segundo Ernesto Lippmann (Assédio sexual, relações trabalhistas e danos morais. *Revista Síntese Trabalhista*, n. 146, p. 5), "o que caracteriza o assédio sexual é o pedido de favores sexuais pelo superior hierárquico, com promessa de tratamento diferenciado em caso de aceitação e/ou de ameaças, ou atitudes concretas de represálias no caso de recusa, como a perda do emprego, ou de benefícios".

A propósito de assédio sexual no local de trabalho já se decidiu que o empregador tem o dever de assegurar ao empregado, no ambiente de trabalho, a tranquilidade indispensável às suas atividades, prevenindo qualquer possibilidade de importunações ou agressões, principalmente as decorrentes da libido, pelo trauma resultante às vítimas (TRT-12ª Reg., RO 2.125/00-Videira-SC, 2ª T., rel. Juiz José Luiz M. Cacciari, j. 26-3-2001).

Gracejo e insinuações feitas à mulher no ambiente de trabalho, seguidas de chantagem, insistência ou importunação para fins sexuais, causam constrangimento, dor e vergonha, a impor indenização por dano moral. Entretanto, não comprovados os fatos configuradores do alegado assédio sexual, cuja prática é atribuída a preposto, que teria se prevalecido de sua posição hierárquica superior, inexiste a obrigação reparatória cometida ao preponente por ato daquele (TJRJ, *RT*, *746*:345).

O assédio sexual pode se patentear tanto através de palavras como de atos. Constituem manifestações dessa espécie, dentre outras, as eventuais propostas de relações sexuais, com promessas de presentes, viagens e vantagens materiais, *ad instar* de contraprestação pelos favores, acaso concedidos. Tratando-se de ilícito, o mais das vezes praticado às ocultas, a palavra da vítima merece maior relevo e crédito, em contraposição à do ofensor, o que já ocorre no âmbito penal, nos chamados crimes contra os costumes, ainda mais quando nada se prova contra a precedente honestidade da autora. Comprovado que o assédio existiu, ante a prova coligida, caracterizado se acha o dano moral, que deve ser ressarcido. Nesse sentido decidiu o Tribunal de Justiça do Rio de Janeiro (Ap. 21.107/99-Capital, 8ª Câm., rel. Des. Luiz Odilon G. Bandeira, *DJe* 31-8-2000).

Jurisprudência

- Assédio sexual nos transportes coletivos – Fortuito interno, de responsabilidade da transportadora de passageiros – Condenação da Companhia Paulista de Trens Metropolitanos (CPTM) a indenizar em R$ 20.000,00 mulher vítima de ato libidinoso praticado dentro do trem por outro usuário (STJ, REsp 1.662.551, 3ª T., rel. Min. Nancy Andrighi, j. 4-6-2018).

- Ação indenizatória – Danos materiais e morais decorrentes de assédio sexual sofrido no interior de composição do metrô – Alegada responsabilidade civil objetiva da transportadora – Interesse de agir e legitimidade *ad causam* – Existência – Teoria da asserção. As assertivas feitas pela autora – sem qualquer juízo sobre a probabilidade de sucesso de sua pretensão – preenchem, satisfatoriamente, os requisitos da legitimidade *ad causam* e do interesse de agir (STJ, REsp 1.678.681-SP, 4ª T., rel. Min. Luis Felipe Salomão, *DJe* 6-2-2018).

- Dano moral – Assédio sexual. Perpetrado por superior hierárquico, sob a ameaça de calúnia e difamação, resulta em dano moral e não apenas em mero aborrecimento do cotidiano (TRT-4, RO 00202147420155040252, *DJe* 16-8-2017).

- Assédio sexual – Reversão da justa causa. Do ponto de vista do Direito do Trabalho, o assédio sexual deve ser entendido sob ótica da reiteração de condutas repelidas pelo empregado que violem a sua liberdade sexual, não se restringindo às hipóteses de intimidação por superior hierárquico. Assim, muito embora o assédio no âmbito das relações de trabalho usualmente decorra da relação de poder entre as partes, ao contrário do que afirma o recorrente como principal tese de suas razões recursais, este não constitui elemento essencial na sua configuração. De qualquer sorte, no caso, o assédio restou devidamente comprovado nos autos, razão pela qual se reputa razoável a demissão por justa causa (TRT-11, 00003572120155110002, *DJe* 07-6-2017).

- Assédio sexual – Ocorrência. Constatado que o trabalhador foi vítima de um conjunto de atos, por parte seja de seu empregador, ou mesmo de superior hierárquico, com intuito de intimidá-lo e pressioná-lo no sentido de obtenção de favores sexuais, agindo o ofensor com abuso de poder, e causando no empregado uma sensação de perturbação emocional, prejudicando, inclusive, a sua prestação laboral, tem-se caracterizado o assédio sexual (TRT-17ª Reg., RO 0009900-21.2013. 5.17.0012, rel. Des. José Luiz Serafini, *DEJT* 11-2-2015).

- Assédio sexual – Prova. Os atos que caracterizam o assédio sexual na relação de emprego, de um modo geral, são praticados secretamente, o que dificulta sobremaneira a prova direta e objetiva pela vítima. Muitas vezes são apenas de conhecimento da vítima e do agressor. Em razão disso, os agressores contam com a certeza da impunidade. Por isso, também, o Juízo deve investigar com olhos atentos todos os indícios da prática do assédio sexual, e aplicar as sanções para impedir a continuidade da afronta aos direitos fundamentais do ser humano, em especial à dignidade, à honra e à intimidade das mulheres trabalhadoras que procuram esta Justiça Especializada (TRT-12ª Reg., RO 01746-2004-009-12-00-4, rel. Juíza Ione Ramos, *DJSC*, 31-3-2006, p. 318).

- Dano moral – Assédio sexual – Prova. Assume excepcional relevância a palavra da vítima em delito dessa natureza, pois o mesmo é praticado, quase sempre, às escondidas, em prejuízo da honra e da intimidade obreira, sobretudo sendo tal parte hipossuficiente na relação de emprego (TRT-3ª Reg., RO 6916/03, 8ª T., rel. Juiz Heriberto de Castro, *DJMG*, 5-7-2003, p. 18).
- Dano moral – Assédio sexual – Hospital – Médico – Ação proposta contra o estabelecimento hospitalar – Ilegitimidade passiva – Pretensão formulada apenas no vínculo trabalhista – Relação empregatícia inexistente entre o agente e o réu – Processo extinto (*JTJ*, Lex, *226*:201).

6.13. Ato de terceiro – Responsabilidade dos pais, tutores, curadores, patrões, educadores, donos de hotéis, pessoas jurídicas de direito público (*v.* Livro II, Título I, Capítulo I, Seção II, *retro*)

6.14. Bagagem – Extravio em transporte rodoviário e aéreo

- Transporte rodoviário – Extravio de bagagem – Dano moral. Cabível o ressarcimento por dano moral, em face dos dissabores e desconforto ocasionados à passageira de ônibus interestadual, com o extravio definitivo de sua bagagem ao chegar ao local onde passaria suas férias acompanhada de filha menor (STJ, REsp 125.685-RJ, 4ª T., rel. Min. Aldir Passarinho Júnior, *DJU*, 25-9-2000).
- Transporte aéreo – Extravio de bagagem – Dano moral. Pela teoria do risco e do empreendimento, todo aquele que se dispõe a exercer alguma atividade de fornecimento de bens e serviços tem o dever de responder pelos fatos e vícios resultantes da atividade, independentemente de culpa. Afirmou o relator, Des. Guaraci Vianna, que, nos casos de transporte aéreo, sempre cabe indenização por dano moral quando houver extravio de bagagem, ressaltando que a falha na prestação desse serviço acarreta frustração no cliente. "Ao adquirir a passagem aérea, o consumidor cria a expectativa de que será transportado em segurança, juntamente com toda a sua bagagem; e é justamente a perda dessa expectativa que viola o princípio da confiança e da boa-fé nas relações contratuais" (TJRJ, Proc. 0212736-83.2008.8.19.0001, 19ª Câm. Cív., Revista *Consultor Jurídico*, 16-5-2013).
- Extravio de bagagem – Viagem de ônibus – Trajeto interestadual – Ausência de comprovação de entrega da bagagem – Confirmação da sentença. Em ação de reparação por danos materiais e morais decorrentes de extravio de bagagem em viagem interestadual de ônibus, necessária a prova da entrega ao transportador para o efetivo despacho. Não restando comprovado nos autos que a bagagem foi despachada e posteriormente extraviada, não há como se acolher o pedido de reparação por danos materiais e morais advindos desse fato, à míngua da demonstração de ato ou conduta ofensiva ao direito do contratante (TJDF, Ap. 0016035-86.2016.8.07.0007, *DJe* 16-2-2018).
- Bagagem colocada no interior do ônibus – Despacho da mala não comprovado – Dever de vigilância – Culpa exclusiva da vítima configurada – Isenção de responsabilidade da empresa transportadora. Nas indenizações decorrentes da falha na prestação de serviço, cabe ao

consumidor demonstrar o fato, o prejuízo e o nexo de causalidade. No caso, a bagagem da autora recorrida não foi despachada, tanto que não há o *ticket* respectivo, mas colocada no interior do ônibus, conforme informação contida no Boletim de Ocorrência. Não se apresentou incontroverso o desvio de bagagem (TJDF, Ap. 0703104-52.2017.8.07.0014, *DJe* 13-4-2018).

6.15. Bancos – Responsabilidade civil – Dano moral

V., também, *A responsabilidade civil dos estabelecimentos bancários*, no Capítulo II, intitulado "Responsabilidade Contratual", Seção II, Título I, Livro II, *retro*.

Tem a jurisprudência reconhecido a reparabilidade do dano moral, independentemente de eventuais repercussões patrimoniais, decorrente da devolução de cheque por falta de fundos, quando o motivo não é verdadeiro, bem como do protesto de título já pago e de outras atividades bancárias lesivas aos clientes e terceiros.

Não é preciso que o fato desabonador tenha chegado ao conhecimento de grande número de pessoas. Basta a simples devolução de um cheque provido de fundos, com a anotação negativa, ou a comprovação de que o título protestado havia sido pago, para que haja ofensa e, em consequência, dano. Responde, pois, o banco, em caso de devolução do cheque sem motivo justificável, pelos danos morais causados ao cliente, ainda que não demonstrado dano patrimonial. Nesse sentido já havia decidido o Supremo Tribunal Federal, mesmo antes da Constituição Federal de 1988. Agora, com base na Súmula 37 do Superior Tribunal de Justiça, comprovada a existência de danos morais e materiais, estes serão indenizados cumulativamente.

Mas, estando a responsabilidade do banco fundada na culpa presumida ou na falha do serviço da organização bancária, deve ela ser excluída se a devolução do cheque foi motivada por fato inteiramente imputável ao cliente, em razão de saque, ainda que equivocado, de quantia superior aos fundos existentes, de irregularidade no preenchimento da cártula, de adulteração ou assinatura desconforme do título; ou minorada, se de alguma forma houve concorrência de culpa do cliente, por ter, por exemplo, emitido o cheque com tinta hidrográfica.

Em geral, tem sido tomado por base, no arbitramento do *quantum* indenizatório, o valor do cheque recusado, quando o correto é o juiz sopesar todas as circunstâncias que envolveram o fato, a repercussão da ofensa e as suas consequências para o lesado. Cabe ao juiz, em cada caso, valendo-se dos poderes que lhe confere o estatuto processual vigente, dos parâmetros traçados em algumas leis e pela jurisprudência, bem como das regras da experiência, analisar as diversas circunstâncias fáticas e fixar a indenização adequada aos valores em causa, levando em conta os critérios de proporcionalidade e razoabilidade.

Decidiu o Tribunal Regional Federal da 2ª Região, a respeito de saques e transferências em caixa eletrônico, que, "diante da lei consumista, o consumidor é considerado vulnerável, e, devido à dificuldade em produzir prova de suas alegações, o ônus da prova deve ser invertido, com fulcro no art. 6º, VIII, do CDC, ficando a cargo da Caixa Econômica Federal provar que foi o próprio autor, ou alguém por ele autorizado, quem fez os referidos saques, o que não ocorreu, limitando-se a afirmar que o autor tem o dever de zelar pelo seu cartão e senha pessoal. Apresenta-se inegável a angústia e o abalo psicológico que tal episódio causou e vem causando ao autor, configurando-se o dano moral (Ap. 2001.51.11.000284-4-Angra dos Reis/RJ, rel. Des. Chalu Barbosa, *DJU*, 7 jul. 2004).

Em caso símile, todavia, proclamou o Superior Tribunal de Justiça, diferentemente, que cartão magnético e senha de conta corrente são de responsabilidade do correntista, que deve provar que o banco agiu com negligência em casos de eventuais saques irregulares. O entendimento é da 4ª Turma do aludido Tribunal (REsp 602.680-BA), tendo o Ministro Relator, Fernando Gonçalves, acatado o pedido da Caixa Econômica Federal, para julgar improcedente ação de indenização por danos morais e materiais devido a um saque não autorizado, afirmando que a guarda do cartão e da senha é dever do cliente, sendo necessário que o correntista comprove o saque não autorizado, o que não aconteceu. Concluiu o relator: "Não basta alegar que não fez uso do cartão. O cliente tem de demonstrar esse fato. Os bancos não têm como evitar que alguém acesse a conta utilizando cartão e senha do cliente".

A mesma 4ª Turma do mencionado Superior Tribunal de Justiça já havia decidido, em acórdão relatado pelo Min. Aldir Passarinho Júnior (REsp 417.835-AL, j. 11-6-2002), que, "extraída da conta corrente do cliente determinada importância por intermédio do uso de cartão magnético e senha pessoal, basta ao estabelecimento bancário provar tal fato, de modo a demonstrar que não agiu com culpa, incumbindo à autora, em contrapartida, comprovar a negligência, imperícia ou imprudência do réu na entrega do numerário".

Essa orientação contraria a anteriormente seguida e defendida pelos órgãos de defesa dos direitos do consumidor, no sentido de que a legislação consumerista garante a este o direito de exigir a inversão do ônus da prova, transferindo-o para o fornecedor.

JURISPRUDÊNCIA

- Longa espera (01 hora e 13 minutos) em fila de banco – Lei municipal que considera como tempo razoável de espera até 20 minutos em dias úteis de expediente normal e 30 minutos em vésperas ou após feriados prolongados, dias de pagamento de funcionários públicos e de recolhimento de tributos. A mera invocação de legislação municipal que estabelece tempo máximo de espera em fila de banco não é suficiente para ensejar o direito à indenização. Precedentes. Conforme entendimento jurisprudencial desta Corte a demora no atendimento em fila de banco, por si só, não é capaz de ensejar a reparação por danos morais, uma vez que, no caso dos autos, não ficou comprovada nenhuma intercorrência que pudesse abalar a honra do autor ou causar-lhe situação de dor, sofrimento ou humilhação (STJ, AgRg no AREsp 357.188-MG, 4ª T., rel. Min. Marco Buzzi, *DJe* 9-5-2018).

- Instituição financeira que descontou valores de financiamento automaticamente, acima do definido em contrato. – Cobranças equivocadas – Autores que, por diversas vezes, procuraram a solução do problema junto à demandada, tendo sido finalmente obrigados a ajuizar ação com tal fito – Fatos que demonstram não se tratar de mero dissabor, mas de verdadeira violação à dignidade dos clientes. A perda do tempo útil dos autores, ocorrida em decorrência da conduta negligente da instituição financeira, constitui dano moral à luz da teoria do Desvio Produtivo do Consumidor, segundo a qual o dano ocorre quando o consumidor, diante de uma situação de mau atendimento, precisa desperdiçar o seu tempo e deixar uma atividade necessária, ou por ele preferida, para tentar resolver um problema criado pelo fornecedor (TRF, 4ª Reg., rel. Des. Federal Vânia Hack de Almeida, Revista *Consultor Jurídico*, 18-6-2018).

■ Banco – Porta giratória – Cliente retida. Se, de um lado, reconhece-se o dever de cuidado e de segurança por parte da agência bancária, por outro lado não se pode admitir conduta abusiva. Assim, restou demonstrado que os prepostos da parte ré agiram com excesso ao deixar de permitir o ingresso da autora na referida agência, mesmo esgotados os procedimentos pertinentes: colocar todos os pertences no local indicado e mostrar o interior de sua bolsa. Retenção, no caso, por duas vezes, no mesmo dia. Danos morais arbitrados em R$ 5.000,00 (TJRJ, Ap. 0024326-49.2010.8.19.0202, 4ª Câm. Cív., disponível em <www.editoramagister.com>, acesso em 15 maio 2013).

■ Responsabilidade civil – Indenização – Danos morais – Protesto indevido de duplicatas. As instituições financeiras foram comunicadas acerca do defeito da emissão das duplicatas, mas ainda assim efetivaram o protesto. Responsabilidade dos agravantes pelo indevido apontamento do título a protesto, caracterizando falha na prestação dos serviços e atitude negligente. Precedentes. A jurisprudência desta Corte Superior firmou entendimento no sentido de que o protesto indevido gera, por si só, o dever de indenizar e constitui dano moral *in re ipsa*. Precedentes STJ, AgRg no Ag 904839-RJ, 4ª T., rel. Min. Maria Isabel Gallotti, *DJe* 14-5-2014).

■ Ação indenizatória – Danos morais – Bloqueio de cartão de crédito – Relação de consumo caracterizada – Ausência de prévia notificação – Responsabilidade objetiva do banco. Cancelamento injustificado de cartão de crédito dá ensejo à indenização por dano moral, posto que, além de causar situação vexatória, em face da negativa de crédito no ato de qualquer compra, frustra as legítimas expectativas do consumidor quando da contratação dos serviços. Ainda que não haja prova do prejuízo, o dano moral puro é presumível (TJSP, Apel. 0018230-54.2010.8.26.0224, *DJe* 28-11-2014).

■ Ação indenizatória – Endosso irregular – Pagamento a terceiro – Dano material comprovado – Dano moral caracterizado – Abalo à imagem profissional. A obrigação de verificar a regularidade da série de endossos incumbe tanto ao banco apresentante, antes de apresentar o cheque à câmara de compensação, quanto ao banco sacado, antes de realizar o pagamento, existindo, portanto, responsabilidade solidária entre as instituições bancárias (TJES, Ap. 002.165.744.2011.808.9.924, *DJe* 6-5-2016).

■ Direito do Consumidor – Ausência de dano moral *in re ipsa* pela mera inclusão de valor indevido na fatura de cartão de crédito. Não há dano moral *in re ipsa* quando a causa de pedir da ação se constitui unicamente na inclusão de valor indevido na fatura de cartão de crédito de consumidor. Assim como o saque indevido, também o simples recebimento de fatura de cartão de crédito na qual incluída cobrança indevida de serviço não constitui ofensa a direito da personalidade (honra, imagem, privacidade, integridade física); não causa, portanto, dano moral objetivo, *in re ipsa* (STJ, REsp 1.550.509, rel. Min. Maria Isabel Gallotti, *DJe* 14-3-2016).

■ Consumidor – Contrato de financiamento de veículo – Cobrança indevida de parcela já paga – Responsabilidade objetiva do banco – Inscrição indevida no cadastro de inadimplentes – Dano moral caracterizado – Repetição de indébito – Impossibilidade. Sendo a relação entre as partes de consumo, é presumido o dano. O valor da indenização por danos morais tem como função a compensação pelo sofrimento suportado pela pessoa e a punição do causador do dano, evitando-se novas condutas lesivas. Para o arbitramento do valor de indenização de danos morais, devem ser levados em consideração o grau de lesividade da conduta ofensiva e a capacidade econômica da parte pagadora, a fim de se fixar quantia razoável, que não resulte inexpressiva para o causador do dano (TJDF, Ap. 20130410131852, *DJe* 10-7-2015).

- Dano moral – Responsabilidade civil – Saidinha de banco – Ilegitimidade – Estacionamento – Arbitramento – Nexo de causalidade. É parte legítima, em ação de indenização, a instituição financeira que mantém convênio com estacionamento, onde seu cliente é vítima de roubo. Cumpre ao banco e ao estacionamento o dever de garantir a segurança de seus clientes. O estacionamento conveniado pode ser considerado uma extensão da agência bancária e, ainda que a administração pertença a terceiro, cumpre a ela, também, cuidar da segurança em seu perímetro. O assalto de cliente do banco em estacionamento conveniado causa-lhe dano passível de reparação, independentemente de culpa da instituição financeira, dada sua responsabilidade objetiva, derivado do risco de seu negócio. Não há culpa exclusiva da vítima em assalto ocorrido nas dependências do estacionamento conveniado ao banco. Ao contrário, mostra prudência o cliente que dele se utiliza. No arbitramento do dano moral, há que se observar as circunstâncias da casa, a capacidade econômica das partes e as finalidades reparatória e pedagógica desse arbitramento. Essa fixação é realizada dentro do prudente arbítrio do juiz. No caso, o arbitramento foi adequado, não merecendo redução ou majoração (TJSP, Ap. 0252484-90.2009.8.26.0002, 14ª Câm. Dir, Priv., rel. Des. Melo Colombi, *DJe* 16-5-2012).

- Responsabilidade civil do banco – Retenção de pensão alimentícia – Dano moral. 1. Impossibilidade de retenção de verba alimentar. As pensões são impenhoráveis, conforme o inciso IV do art. 649 do CPC (de 1973, atual inciso IV do art. 831). Se não podem sofrer constrição judicial, muito menos poderiam ser retidas para satisfação de débitos. Responsabilidade objetiva da instituição bancária mantida em virtude da falha do serviço. 2. Danos morais *in re ipsa*, que se evidenciam pelas próprias circunstâncias do fato (restou a autora desprovida da verba alimentar por seis meses), dispensando a comprovação da culpa (TJRS, Apel. 70.048.479.356, 18ª Câm. Cív., rel. Des. Orlando Heemann Júnior, *DJe* 29-8-2012).

- Indenização – Responsabilidade civil – Dano moral – Litigância de má-fé – Comportamento do autor que constitui mau uso do processo – Ingresso em juízo, pleiteando reparação de dano moral pela devolução de cheque decorrente de preenchimento incorreto do formulário do depósito, já havendo dez cheques sem fundos por ele emitidos – Ação improcedente – Recurso não provido (*JTJ*, Lex, *150*:83).

- Banco – Transferência, não autorizada pelo correntista, de numerário de sua conta corrente por terceiro – Obrigatoriedade da restituição, pela instituição financeira, do *quantum* indevidamente transferido – Fato de existir relacionamento entre o prejudicado e a pessoa que realizou a operação bancária que não afasta a responsabilidade do banco – Inexistência de dano moral – Reparação essencialmente patrimonial – Inexistência, ademais, de dolo ou má-fé por parte da instituição financeira (*RT*, *753*:261).

- Banco – Saques indevidos feitos com cartão de débito – Comunicação ao gerente levada a efeito pela correntista – Reembolso imediato – Condenação por dano moral afastada. A ação de terceiro não exime, por si só, a instituição bancária da responsabilidade pelos controles de segurança de movimentação das contas das quais é depositária, mas a sua ação rápida, precisa e sem nódoas afasta a responsabilidade por danos morais (Turma Nacional de Uniformização de Jurisprudência dos Juizados Especiais Federais, Proc. 0500518-81.2012.4.05.8100, rel. Juiz Federal Luiz Cláudio Flores da Cunha, Revista *Consultor Jurídico*, 6-3-2013).
- Banco – Correntista que teve o seu nome incluído no Cadastro de Emitentes de Cheques sem Fundo (CCF) após ter um cheque, que estava prescrito, devolvido por insuficiência de fundos. Estando o cheque prescrito, deveria ter sido devolvido pela alínea 44 (cheque prescrito) e não pela alínea 12 (insuficiência de fundos). A inclusão do nome do correntista no cadastro de inadimplentes e a recusa de crédito em estabelecimentos comerciais configuram dano moral indenizável (STJ, REsp 1.297.353-SP, 3ª T., rel. Min. Sidnei Beneti, disponível em <www.conjur.com. br>, acesso em 23-10-2012).

6.16. Banheiro – Limitação ao uso – Indenização por danos morais

- Indenização por danos – Restrição ao uso do banheiro. A limitação ao uso do banheiro configura abuso do poder diretivo, violando a dignidade e a privacidade dos trabalhadores, justificando a reparação moral (TRT-4ª Região RO 0020221922011750406041, 5ª T., j. 5-3-2018).
- Dano moral – Restrição ao uso do banheiro. Evidente que o reclamante sofreu constrangimento diante da restrição ao uso do banheiro, prática empresarial que constitui afronta ao princípio constitucional da dignidade da pessoa humana, gerando, por conseguinte, o direito à reparação moral (TRT-1ª Reg., RO 00110035720135010061, 10ª T., rel. Min. Célio Juacaba Cavalcante, *DJe* 25-01-2017).
- Indenização por danos morais – Restrição ao uso do banheiro. A limitação ao uso do banheiro configura abuso do poder diretivo, violando a dignidade e a privacidade dos trabalhadores, justificando a reparação moral (TRT-4ª Reg., RO 0020404569320165040641, 3ª T., j. 22-3-2017).
- Caracterizada a restrição ao uso do banheiro, em detrimento das necessidades fisiológicas do empregado, inclusive com possibilidade de advertência em caso de desobediência, tem direito a autora à indenização por dano moral, sendo desnecessária, para tal fim, a prova de dano efetivo sobre a esfera extrapatrimonial da reclamante, pois, de acordo com a doutrina e a jurisprudência, o dano moral é um dano *in re ipsa*, ou seja, é dano que prescinde de comprovação, decorrendo do próprio ato lesivo praticado (TST, Proc. RR-11300-96.2013.5.13.0007, 8ª T., rel. Min. Dora Maria da Costa, j. 4-6-2014).
- Dano moral – Controle de ida dos empregados ao banheiro – Limitação a uma vez e pelo período máximo de cinco minutos para a satisfação das necessidades fisiológicas – Inadmissibilidade – Alegar que a regra de controlar as idas do funcionário ao banheiro é igual para todos os empregados não descaracteriza a violação da dignidade de cada um – Violação aos arts. 1º, III, da Constituição Federal e 2º da CLT – Indenização fixada em R$ 10.000,00

(TST, RR-167500-63.2008.5.18.0009, 3ª T., rel. Min. Rosa Maria Weber, disponível em <www.conjur.com.br>, acesso em 9 fev. 2010).

■ Dano moral – Limitação de idas do trabalhador ao banheiro – Indenização indevida – Ausência de comprovação de controle das necessidades fisiológicas do empregado – Limitação das saídas de todos os empregados de seus postos de trabalho a fim de impedir que um grande número se ausentasse ao mesmo tempo – Empresa que mantém postos de atendimento, que não podem ficar abandonados, pois a empresa é fiscalizada pela ANATEL (TST, RR-136.900-90.2007.5.18.0010, 7ª T., rel. Min. Maria Doralice Novaes, jan. 2010).

6.17. Banho de espuma em danceteria

■ Responsabilidade civil – Danos moral e material – Danceteria – Lesões sofridas por frequentador em evento denominado "banho de espuma de menta" – Responsabilidade da casa noturna – Ação procedente – Recurso não provido (*JTJ, Lex, 227*:75).

6.18. Cadastro de inadimplentes (SPC, Serasa etc.) – Inclusão do nome do devedor

O cadastramento mantido pelos bancos de dados não passa de um acervo de informações referentes a devedores inadimplentes, municiados pelos fornecedores que se viram frustrados pela inadimplência, dados estes que lhes são disponibilizados, para que se acautelem na facilitação de novos créditos. Não representa nenhuma penalidade, e muito menos pode ser utilizado para constranger o devedor ao adimplemento da obrigação, sob ameaça ou coação de remessa de seu nome ao SPC.

A comunicação da inadimplência, quando esta realmente ocorreu, não constitui nenhum gravame que justifique, por si, pedido de reparação de danos morais. Porém, ao fazê-lo, o credor deve agir cuidadosamente, descrevendo as circunstâncias do contrato inadimplido e, especialmente, se existe demanda pendente entre as partes, onde se questiona a obrigação objeto da controvérsia. Tem-se decidido que constitui ato ilícito a omissão sobre a existência de litígio em juízo (TJSP, *JTJ, Lex, 176*:78), pois a informação impediria a inscrição dos nomes dos autores no cadastro de inadimplentes, visto que, segundo dispõe a cláusula 20 do Regimento Interno do SPC, "será suspensa a informação do registro, desde que comprovada a existência de litígio judicial sobre o débito registrado".

Ocorrendo erro ou dolo de quem munícia, ou de quem manipula o arquivo de informações, passa a haver justa causa para a reparação de danos patrimoniais ou morais, ou de ambos, ao cliente injustamente listado como mau pagador. O injusto ou indevido apontamento, no cadastro de maus pagadores, do nome de qualquer pessoa, que tenha natural sensibilidade ao desgaste provocado pelo abalo de crédito e de credibilidade, produz nesta uma reação psíquica de profunda amargura e vergonha, que lhe acarreta sofrimento e lhe afeta a dignidade. O dano moral, *in casu*, está *in re ipsa* e, por isso, carece de demonstração (*RT, 782*:416).

Não caberá indenização por danos morais ou patrimoniais se a inscrição no serviço de proteção ao crédito decorreu de fato inteiramente imputável ao próprio devedor. Já se reconheceu que não faz jus à indenização por dano moral quem, por negligência, deixa de tomar medida que lhe cabia, para evitar o apontamento de seu nome. E, também, mesmo quando o envio do nome do devedor ocorreu na pendência da ação movida pelo credor, se o autor ali já estava registrado como mau pagador, por outra pessoa (*JTJ*, Lex, *176*:77), pois é muito importante, para o deferimento da indenização por dano moral, o exame da personalidade e das condições subjetivas da suposta vítima.

A propósito, proclama a Súmula 385 do Superior Tribunal de Justiça:

"Da anotação irregular em cadastro de proteção ao crédito, não cabe indenização por dano moral, quando preexistente legítima inscrição, ressalvado o direito ao cancelamento".

Adverte a Súmula 359 da mencionada Corte que "cabe ao órgão mantenedor do cadastro de proteção ao crédito a notificação do devedor antes de proceder à inscrição". A propósito, decidiu-se:

■ Responsabilidade civil – Ilicitude da abertura de cadastro no Serasa sem comunicação ao consumidor – Relevância e cabimento da demanda de reparação – Constitui ilícito, imputável à empresa de banco, abrir cadastro no Serasa sem comunicação ao consumidor (art. 43, § 2º, da Lei n. 8.078/90). O atentado aos direitos relacionados à personalidade, provocados pela inscrição em banco de dados, é mais grave e mais relevante do que lesão a interesses materiais. A prova do dano moral, que se passa no interior da personalidade, se contenta com a existência do ilícito, segundo precedente do STJ. Liquidação do dano moral que atenderá ao duplo objetivo de compensar a vítima e afligir, razoavelmente, o autor do dano. O dano moral será arbitrado, na forma do art. 1.553 do Código Civil [*de 1916*], pelo órgão judiciário. Valores de quarenta e de quatrocentos salários mínimos fixados, respectivamente, para danos materiais e morais, adequados à forma da liquidação do dano consagrada no direito brasileiro. Apelação desprovida (TJRS, Ap. 597.118.926-Lajeado-RS, 5ª Câm., rel. Des. Araken de Assis, j. 7-8-1997).

Na VI Jornada de Direito Civil do Conselho da Justiça Federal foi aprovado o Enunciado n. 553, do seguinte teor: "Nas ações de responsabilidade civil por cadastramento indevido nos registros de devedores inadimplentes realizados por instituições financeiras, a responsabilidade civil é objetiva".

Jurisprudência

■ Cadastro de inadimplentes – Inscrição indevida – Notificação prévia – Ausência – Danos morais – Indenização – Valor – Majoração – Impossibilidade – Súmula 7/STS – Precedentes. 1. Recurso especial interposto contra acórdão publicado na vigência do Código de Processo Civil de 1973 (Enunciados Administrativos n. 2 e 3/STJ). 2. O Superior Tribunal de Justiça, afastando a incidência da Súmula 7/STJ, tem reexaminado o montante fixado pelas instâncias ordinárias apenas quando irrisório ou abusivo, circunstâncias inexistentes no presente caso, em que arbitrada a indenização no valor de R$ 1.500,00 (mil e quinhentos reais). 3. Agravo interno não provido (STJ, AgInt no AREsp 1.186.641-RS, 3ª T., rel. Min. Villas Bôas Cueva, *DJe* 13-4-2018).

■ Cadastro de inadimplentes – Ausência de prévia notificação – Dano moral – Majoração – Impossibilidade –Valor fixado pelas instâncias de origem com razoabilidade e proporcionalidade – Revisão – Descabimento – Incidência da Súmula 7/STJ – Agravo interno desprovido (STJ, AgInt no AREsp 1.134.996-RS, 3ª T., rel. Min. Paulo de Tarso Sanseverino, *DJe* 26-4-2018).

- Ação indenizatória decorrente de danos morais e materiais c/c declaratória de inexistência de débito e obrigação de fazer – Inscrição indevida no SPC/Serasa – Culpa presumida – Incidência do CDC – Danos morais – Valor circunscrito aos princípios da razoabilidade e proporcionalidade – Condenação mantida – Apelação conhecida e improvida. Registre-se que, no caso em exame, incidem as regras do Código de Defesa do Consumidor, vez que o recorrente enquadra-se como fornecedor de serviços, enquanto o recorrido figura como destinatário final, portanto, consumidor, nos termos dos artigos 2º e 3º da Lei n. 8.078/90. Destarte, responde aquele pelos danos causados a esta objetivamente, não havendo necessidade de se perquirir sobre sua culpa. Nos casos de inscrição indevida em cadastro de inadimplentes o dano é presumido; então, havendo conduta e nexo de causalidade, presume-se o dano e o dever de indenizar cristaliza-se. Assim, correta é a decisão que declarou inexistente o negócio jurídico, como também condena o banco/apelante a pagamento de danos morais, pelos transtornos causados ao cliente no valor de R$ 7.000,00 (sete mil reais). Apelação conhecida e improvida" (TJMA, Apel. 0006274-16.2014.8.10.0040, 5ª Câm., rel. Des. Raimundo Barros de Sousa, j. 1º-2-2016).

- Inscrição no Serasa – Responsabilidade civil – Ação de indenização por danos morais. Caracterizada a irregularidade da inscrição em cadastro restritivo de crédito por multa oriunda de dívida desconstituída em ação julgada anteriormente, procede a pretensão indenizatória. *Quantum* indenizatório mantido em R$ 8.000,00 (oito mil reais), conforme parâmetros adotados pela Câmara. Apelação e recurso adesivo desprovidos (TJRS, Ap. 70.076.020.726, 9ª Câm. Cív., rel. des. Eugênio Facchini Neto, *DJe* 2-3-2018).

- Inscrição no Serasa – Ação de indenização por danos morais. Havendo prova nos autos de que o devedor foi previamente notificado de que seu nome seria negativado nos órgãos de proteção ao crédito, não há que se falar em indenização por danos morais em seu favor. Discutidos na decisão recorrida todos os pontos levantados nos embargos de declaração, inexiste qualquer obscuridade, contradição ou omissão aptas a modificar o *decisum*. Assim, o desprovimento dos embargos de declaração é medida que se impõe (TJ-GO, Apel. 493261220168090140, rel. Des. Delintro de Almeida, *DJe* 23-1-2017).

- Ação de indenização por danos morais – Inscrição no Serasa – Existência de execução fiscal – Atividade regular. A indicação da existência de execução fiscal em nome da empresa pode ser feita pelo Serasa, por não ser fato inverídico. Nos termos do art. 98, § 3º, do Código Tributário Nacional, não é vedada a divulgação de informações relativas a inscrições na Dívida Ativa da Fazenda Pública. Inexiste, portanto, qualquer óbice para a divulgação dos débitos tributários, e consequentemente das execuções fiscais ajuizadas pelos órgãos que administram o cadastro de inadimplentes. Não havendo que se falar em ato ilícito cometido pelo apelante, mas, na verdade, atividade regular do Serasa, não se vislumbra a ocorrência de dano moral indenizável na hipótese dos autos (TJMG, Apel. 10301110084466002, *DJe* 17-5-2013).

- Dano moral – Cadastramento do nome do autor no Serviço de Proteção ao Crédito – Isenção da credora da obrigação de comunicar o cliente. Na sistemática do CDC é imprescindível a comunicação ao consumidor da inscrição de seu nome no cadastro de proteção ao crédito. A falta dessa providência gera o dever de reparar o dano extrapatrimonial sofrido. No entanto, o credor é parte ilegítima para responder por dano moral pela falta da aludida comunicação, prevista no CDC. Constitui ela encargo dos órgãos de proteção ao crédito (STJ, REsp 617.801-RS, 3ª T., rel. Min. Humberto Gomes de Barros, j. 11-7-2006).

- Dano moral – Inscrição em cadastro negativo – Comunicação. Não faz jus à indenização por dano moral o devedor que, embora desconstituído o contrato de abertura de crédito como título executivo extrajudicial, permanece devedor, não havendo qualquer outra circunstância que justifique a condenação. A comunicação a que se refere o art. 42, § 3º, do CDC, segundo a orientação que veio a predominar nesta Corte, é do órgão responsável pelo cadastro, não da instituição financeira (STJ, REsp 645.839-PR, 3ª T., rel. Min. Menezes Direito, *DJU* 15-5-2006).

- Inclusão do nome do autor em cadastro de inadimplentes – Pretendida exclusão em virtude do ajuizamento de ação revisional dos contratos bancários – Inadmissibilidade.

- Dano moral – Cadastramento do nome do autor no Serviço de Proteção ao Crédito – Pendência de ação por aquele ajuizada contra o réu – Indenização devida – Artigo 5º, X, da Constituição da República – Recurso provido para esse fim. A sensação de ser humilhado, de ser visto como "mau pagador", quando não se é, constitui violação do patrimônio ideal que é a imagem idônea, a dignidade do nome, a virtude de ser honesto (*JTJ*, Lex, *176*:77).

- Indenização – Dano moral – Conta bancária conjunta – Cheque sem fundos emitido por um dos correntistas – Comunicação ao SPC dos nomes de ambos os correntistas – Inadmissibilidade – Solidariedade passiva dos correntistas para com os bancos e não perante terceiros – Dívida assumida que só obriga o signatário – Verba devida (*JTJ*, Lex, *227*:241).

- Dano moral – Nome do marido incluído no Serviço de Proteção ao Crédito em razão de inadimplemento da mulher – Marido que sabia do fornecimento de seu CPF para a contratação de cartão de crédito e que recebeu correspondência do Serasa – Indenização indevida (TJRS, Ap. 70.034.511.204, 9ª Câm. Cív., disponível em <www.conjur.com.br>, acesso em 2 abr. 2010).

- Dano moral permanente – Configuração – Hipótese. Configura dano moral permanente a contumácia do banco que, já condenado pela negativação ilícita do nome de correntista, por fato interno da instituição – roubo de talonário em mãos de mensageiro do banco –, não providencia, incontinenti, a sanatória das notas desabonadoras, nos Cartórios e nos seus próprios registros. A lesão ilícita e permanente justifica nova condenação por dano moral, cumulada com a baixa completa das notas de desabono, em 15 dias, e pena de multa diária (TJRJ, Ap. 3.339/2000-Capital, 17ª Câm., rel. Des. Severiano Aragão, j. 24-8-2000).

- Indenização – Dano moral – Promitente vendedora que remete os nomes de compromissários compradores de unidades habitacionais para constar do SPC – Precedência de ação proposta pelos compromissários compradores visando discutir as cláusulas e preços do contrato – Falta dessa informação ao cadastro – Incorreção de dado que motiva a exclusão dos autores do cadastro – Verba devida. Se compromissários compradores de unidades habitacionais do mesmo empreendimento ingressaram em juízo com ação visando a revisão do saldo devedor e, no curso desse processo, a promitente vendedora enviou ao Serviço de

Proteção ao Crédito os seus nomes a fim de serem inseridos no cadastro de inadimplência, omitindo do cadastro a existência do litígio, uma vez que essa informação iria impedir dita inscrição, deve a promitente vendedora promover a exclusão dos nomes dos compromissários compradores daquele cadastro e arcar com a reparação por danos morais que a injusta inclusão lhes causou (TJSP, *RT, 717*:148).

- Dano moral – Ocorrência – Inclusão indevida de nome nos cadastros de proteção ao crédito – *Quantum* indenizatório que deve ser proporcional à gravidade do dano (STJ, *RT, 807*:226).
- Dano moral – Banco de dados – Inserção do número do CPF – Negligência da instituição financeira e da empresa de banco de dados – Responsabilidade solidária caracterizada – Verba devida (*RT, 817*:250).

6.19. Calúnia, difamação e injúria (*v.* Livro II, Título I, Capítulo I, Seção I, n. 3)

6.20. Carro – Demora no conserto

A 4ª Turma do Superior Tribunal de Justiça acolheu a tese de que "danos morais não se confundem com percalços da vida comum, pois são caracterizados pela privação ou diminuição de valores precípuos na vida das pessoas, como paz, tranquilidade de espírito, liberdade individual, integridade física e honra, entre outros". Sob esse argumento, excluiu os danos morais de indenização pleiteada por proprietária de veículo, que alegava ter sido obrigada a esperar 79 dias para o conserto de seu veículo, pela concessionária. Decidiu-se que a consumidora só receberá indenização por danos materiais, a serem calculados quando a sentença for executada.

Declarou o relator, Min. Aldir Passarinho Júnior, em seu voto: "A indenização por dano moral não deve ser banalizada. Ele (dano moral) não se destina a confortar meros percalços da vida comum. É razoável obter-se o ressarcimento pelos danos materiais, inclusive pela perda momentânea do uso do automóvel, mas daí a assemelhar esse desconforto a um dano moral, lesivo à vida e personalidade do incomodado, é um excesso" (REsp 217.916-RJ, j. 27-10-2000).

JURISPRUDÊNCIA

- Veículo – Vício de qualidade – Reparo – Prazo de trinta dias previsto no art. 18, § 1º, do CDC – Ação de reparação de danos materiais e compensação de danos morais. Havendo vício de qualidade do produto e não sendo o defeito sanado no prazo de 30 (trinta) dias, cabe ao consumidor optar pela substituição do bem, restituição do preço ou abatimento proporcional, nos termos do art. 18, § 1º, I, II e III, do CDC. Esta Corte entende que, a depender das circunstâncias do caso concreto, o atraso injustificado e anormal na reparação de veículo pode caracterizar dano moral decorrente da má-prestação do serviço ao consumidor. Na hipótese dos autos, contudo, em razão de não ter sido invocado nenhum fato extraordinário que tenha ofendido o âmago da personalidade do recorrido, não há que se falar em abalo moral indenizável (STJ, REsp 1.673.107-BA, 3ª T., rel. Min. Nancy Andrighi, j. 21-9-2017. No mesmo sentido: STJ, REsp 1.668.044-MG, 3ª T., rel. Min. Nancy Andrighi, j. 4-9-2018).

- Defeito em veículo – Dano moral. Há entendimento desta Corte segundo o qual o eventual defeito em veículo, por si só, é um simples aborrecimento, incapaz de causar abalo psicológico. Nesse sentido: REsp 1.329.189-RN, 3ª T., *DJe* 21-11-2012 e REsp 1.232.661-MA, 4ª T., *DJe* 15-5-2012. Na espécie, entretanto, e como anteriormente elucidado pelo Tribunal de origem, tem-se que o cerne da controvérsia não seria propriamente o vício apresentado pelo automóvel, mas sim o atraso no reparo do produto, o que teria gerado dano moral ao recorrido. Com efeito, esta Corte possui precedentes no sentido de que o atraso injustificado e anormal na reparação de veículo pode caracterizar dano moral decorrente da má-prestação de serviço ao consumidor, pois gera a frustração de expectativa legítima deste, revelando violação do dever de proteção e lealdade. Tem-se, deste modo, que o STJ tem entendido que as circunstâncias do caso concreto podem configurar lesão extrapatrimonial (AgInt no AREsp 490.543-AM, 4ª T., *DJe* 18-4-2017; REsp 1.604.052-SP, 3ª. T., *DJe* 26-8-2016).
- Veículo BMW zero-quilômetro – Defeito – Avarias na funilaria e na pintura, com diferenças de cor – Recusa da concessionária e da fabricante em efetuar a troca, promovendo apenas reparos nos defeitos. Defeitos não sanados no prazo de 30 dias. Adoção, pelo TJSP, da jurisprudência do STJ, condenando solidariamente a fabricante e a concessionária à restituição integral do valor do veículo, bem como ao pagamento de danos morais de 15 salários mínimos. Manutenção da decisão do tribunal paulista no STJ, afirmando o relator, Min. Villas Bôas Cueva que, "não sanado o vício porque a pintura não ficou a contento, por certo não merece censura o acórdão recorrido ao condenar as fornecedoras à restituição do valor pago". Caso não de mero aborrecimento, não sendo ínfima ou exorbitante a condenação fixada para reparar os danos morais, "pois o consumidor foi indubitavelmente ludibriado ao adquirir veículo oferecido como novo, mas já submetido a reparos na pintura, tudo sem a devida advertência dos fornecedores, que, não satisfeitos, ofereceram injustificada resistência à substituição ou à restituição do preço" (STJ, REsp 1.591.217, Revista *Consultor Jurídico*, 25-2-2018). Defeito em carro zero dá direito a restituição, mas não a indenização por dano moral. O veículo não teve o vício sanado no período de 30 dias, o que culmina no direito de restituição em favor do cliente. A despeito de o veículo ter sido reparado com as peças originais de fábrica, concluindo-se pelo completo reparo do mesmo, o fato é que não foi obedecido o prazo legal previsto na lei consumerista, impondo-se a restituição do valor pago ao adquirente do automóvel (STJ, REsp 1.673.107, 3ª T., rel. Min. Nancy Andrighi, Revista *Consultor Jurídico*, 20-10-2017).
- Compra de veículo novo com defeito – Responsabilidade solidária do fabricante e do fornecedor – Indenização por danos materiais e morais – Comprado veículo novo com defeito, aplica-se o art. 18 do CDC e não os arts. 12 e 13 do mesmo Código, na linha de precedentes da Corte. Em tal cenário, não há falar em ilegitimidade passiva do fornecedor. Se a descrição dos fatos para justificar o pedido de danos morais está no âmbito de dissabores, sem abalo à honra e ausente situação que produza no consumidor humilhação ou sofrimento na esfera de sua dignidade, o dano moral não é pertinente (STJ, REsp 554.876-RJ, 3ª T., rel. Min. Menezes Direito, j. 17-2-2004).

6.21. Cheque – Devolução indevida – Dano moral

"A simples devolução indevida de cheque caracteriza dano moral" (Súmula 388 do STJ).

6.22. Cheque pré-datado – Apresentação antes da data convencionada

A apresentação prematura do cheque pré-datado ao banco, resultando em encerramento da conta do emitente, acarreta à instituição financeira obrigação indenizatória por dano moral?

Na realidade, age com negligência quem deposita cheque pré-datado antes da data ajustada e, assim, dá causa ao ato de negativação dos nomes dos emitentes, com sua inscrição no cadastro de emitentes de cheques sem fundos, devendo, por isso, indenização pelos danos morais causados. Assim, no polo passivo da ação não deve figurar o banco, pois o cheque é uma ordem de pagamento à vista, mas sim o apresentante prematuro do cheque, que deu causa à devolução do título.

Algumas decisões exigiam, para a configuração do dano moral, a prova do prejuízo sofrido pelo emitente do cheque. No julgamento da Ap. 1.255.053-1, a 14ª Câmara de Direito Privado do Tribunal de Justiça de São Paulo entendeu que o reclamante não sofrera dano moral, porque havia fundos em sua conta e o valor, mesmo tendo o cheque sido apresentado antes da data convencionada, foi sacado. Frisou a relatora, Des. Ligia Bisogoni, em seu voto, que "o cheque pré-datado não perde os requisitos intrínsecos de liquidez, certeza e exigibilidade: continua sendo 'ordem de pagamento à vista'".

A mesma Corte, todavia, em outra oportunidade (Ap. 1.255.053-1, 21ª Câmara de Direito Privado, rel. Des. Maurício Ferreira Leite), proclamou que se tornou "bastante comum nas relações comerciais a emissão do cheque pós-datado, também denominado pré-datado (...). Esse costume não é ignorado pela nossa jurisprudência, que, em sua ampla maioria, entende que o avençado deve efetivamente ser cumprido pelas partes". Tratava-se de hipótese em que o vendedor havia repassado o cheque de uma cliente a terceiro. Com o novo portador, o título teve a data de emissão adulterada e foi descontado antes do combinado. O vendedor foi considerado responsável e teve de pagar cerca de R$ 4.000,00 em indenização.

Em outra ocasião, uma empresa de móveis do Rio de Janeiro, no REsp 213.940, que endereçou à 3ª Turma do Superior Tribunal de Justiça, alegou que sua cliente não foi prejudicada depois que teve o cheque depositado antes da data acordada, quando não havia fundos na conta bancária. A loja argumentou que a emitente não teve o nome incluído nos cadastros de restrição ao crédito nem sofreu qualquer outra restrição que justificasse a indenização. O relator do aludido recurso, Min. Eduardo Ribeiro, não acolheu tal argumentação, asseverando que "a simples comunicação de que houve um cheque devolvido por falta de provisão de fundos traz implícita a qualificação de que se trata de pessoa incorreta nos negócios, com os dissabores a isso inerentes". O fato haverá de ficar registrado junto à instituição financeira, sendo que a inscrição em órgãos de restrição ao crédito seriam somente agravantes, aduziu o mencionado relator, que assim concluiu: "Isso resulta da experiência comum e independe de prova".

Esse entendimento foi consolidado no dia 17 de fevereiro de 2009, quando os ministros da 2ª Seção do Superior Tribunal de Justiça editaram a Súmula 370, do seguinte teor: "Caracteriza dano moral a apresentação antecipada do cheque pré-datado".

Observa-se que a referida súmula não impôs condições para que o emitente do cheque apresentado antecipadamente tenha direito à indenização. Não importa, assim, se o título de crédito tinha fundos ou não, pois a simples apresentação antes da data de vencimento caracteriza dano moral. Por conseguinte, o emitente ou devedor não precisará demonstrar, obrigatoriamente, os prejuízos que o fato eventualmente lhe tenha causado.

Jurisprudência

- Serviços bancários – Fila – Demora – Legislação específica – Dano moral *in re ipsa* – Inexistência – Indenização – Impossibilidade – Caso concreto – Para os fins do art. 1.036 do CPC/2015, a tese firmada é a seguinte: O simples descumprimento do prazo estabelecido em legislação específica para a prestação de serviço bancário não gera por si só dano moral *in re ipsa*. É necessário que, além do ato ilícito, estejam presentes também o dano e o nexo de causalidade, tendo em vista serem elementos da responsabilidade civil (REsp 1.962.275-GO, 2ª Seção, rel. Min. Ricardo Villas Bôas Cueva, j. 24-4-2024, *DJe* 29-4-2024).

- Banco – Desconto de cheque pré-datado antes do prazo – Título emitido em benefício da autora confiado ao banco por força do contrato de custódia de cheques pós-datados – Depósito feito pela instituição financeira um mês antes da data do vencimento – Dever de pagar indenização. Descontar cheque pré-datado antes do prazo causa prejuízo ao titular de dever de indenizá-lo. Ao promover a compensação antes do vencimento, o banco descumpriu o contrato de custódia e prestou serviço incompatível com a segurança que se esperava. Dessa maneira, atingiu a honra objetiva da pessoa jurídica, dano que é passível de indenização (2º Juizado Especial de Brasília, Proc. 0745953-33.2017.8.07.0016, Revista *Consultor Jurídico*, 1º-4-2018).

- Ato ilícito – Apresentação de cheques antes de data convencionada – Violação de boa-fé – Decisão mantida nessa parte – Litigância de má-fé – Não configuração – Ausência de prova de dolo ou malícia (TJSP, Apel. 1013441-90.2016.8.26.0577, 22ª Câm. Dir. Priv., rel. Des. Campos Mello, *DJe* 12-9-2017).

- Indenização por danos morais – Desconto antecipado de cheque pré-datado – Súmula 370 do STJ – Danos morais não configurados. A Súmula 370 do STJ estabelece que "caracteriza dano moral a apresentação antecipada de cheque pré-datado". Não obstante, os precedentes que ensejaram a sua edição são claros no sentido de que, ocorrendo o desconto antecipado de cheque pós-datado, tal fato apenas configura uma ruptura do acordo comercial entabulado entre as partes, o que não gera, por si só, o dever de indenizar. Para tal desiderato, maiores consequências deveriam acarretar a conduta da parte que procedeu ao desconto antecipado, como, por exemplo, a devolução do título por insuficiência de fundos ou algum outro constrangimento para a configuração do dever de reparar o dano (TJMG, Apel. 10097130012947001, 16ª Câm. Cív., rel. Des. Aparecida Grossi, *DJe* 11-3-2016).

- Responsabilidade civil – Dano moral – Cheques pós-datados – Apresentação antes da data avençada – Devolução por ausência de fundos – Dano moral configurado – Súmula 370 do STJ – Majoração da indenização, ajustando-a ao critério da prudência e razoabilidade

– Desatrelamento da condenação em salários mínimos para fixação em valor certo (TJSP, Apel. 0013054-39.2011.8.26.0037, 20ª Câm. Dir. Privado, rel. Des. Correia Lima, *DJe* 11-3-2015).

■ Execução de quantia certa contra devedor solvente – Cheque pós-datado – Prazo prescricional – Início da contagem – Data da apresentação – Data da emissão – Irrelevância – Prescrição não reconhecida – Necessidade de que o feito tenha o seu normal prosseguimento – Sentença mantida – Recurso improvido. Em se tratando de cheque pós-datado, o prazo prescricional começa a fluir a partir do prazo estipulado para a sua apresentação, configurando-se como irrelevante a data de sua emissão. É que, exigindo-se que o portador do cheque pós-datado aguarde, no mínimo, o prazo consignado no título para apresenta-lo ao banco para cobrança, seria ilógico considerar a data de sua emissão para o cômputo do prazo prescricional, o qual terá início após o decurso de trinta dias (no mesmo município) ou sessenta dias (municípios diversos), contados da data avençada pelas partes para a sua apresentação. Recurso improvido (TJ-MS, Apel. 0817968-80.2012.8.12.0001, 4ª Câm. Cív., rel. Des. Dorival Renato Pavan, *DJe* 15-5-2014).

■ Acordo em cheque pós-datado – Não vinculação de terceiros que o sacaram antes do prazo – Terceiro de boa-fé, que recebe e apresenta cheque pós-datado (popularmente conhecido como pré-datado), não está sujeito a indenizar seu emitente por eventuais danos morais decorrentes da apresentação antes da data combinada – Aplicação do princípio da relatividade dos efeitos do contrato, que determina que o pacto gera obrigações para as partes, mas não vincula ou cria obrigações para terceiro – Indenização indevida (STJ, REsp 884.346-SC, 4ª T., rel. Min. Luis Felipe Salomão, disponível em <www.editoramagister.com>, acesso em 13 out. 2011).

6.23. Cheque – Não aceitação por estabelecimento comercial

Os estabelecimentos comerciais não são obrigados a receber pagamentos em cheques, tendo a faculdade de aceitá-los ou não. Os avisos afixados no estabelecimento, de que o pagamento em cheque sujeita-se a prévia consulta, tem a finalidade de diminuir a grande inadimplência decorrente da emissão de cheques sem fundos, principalmente em empresas de grande porte, não se constituindo em constrangimento ao consumidor.

JURISPRUDÊNCIA

■ Estabelecimento comercial que recusou o recebimento de cheque pré-datado para pagamento de compras realizadas pela autora – Simples recusa que não enseja dano moral – Comerciante que age em exercício regular de direito – Inexistência de outro fato que pudesse gerar indenização por danos morais – Precedentes do STJ e deste Eg. Tribunal (TJSP, Apel. 0004621.94.2015/8.26.0396, *DJe* 1º-9-2017).

■ Reparação de danos – Direito do consumidor – Recusa de pagamento por meio de cheque – A aceitação de meio de pagamento diverso da moeda corrente é uma liberalidade do fornecedor – Dano moral inexistente – Precedentes do STJ (TJRS, Apel. 71.004.762.605, 3ª T. Recursal Cível, rel. Cleber Augusto Tonial, *DJe* 27-10-2014).

■ Indenização por danos morais – Recusa no recebimento de cheque – Ato lícito – Não configuração de danos morais. O dano moral é caracterizado pelo sofrimento íntimo, profundo, que fere a dignidade e os mais caros sentimentos do indivíduo, sendo suscetível, por isso, de reparação mediante compensação financeira, e não por simples aborrecimentos, como o do presente caso. A recusa ao recebimento de cheque constitui exercício regular de direito, pois, ao estabelecimento comercial cabe estabelecer a forma de pagamento que melhor lhe convier (TJMG, Apel. 10024102093408001, *DJe* 31-1-2013).

■ Recusa de recebimento de cheque – Dano moral – Descabimento – Caso em que o estabelecimento comercial, anteriormente lesado pela apresentação de cheque furtado e emitido em nome da autora, recusa o recebimento de nova cártula – Inexistência de ato ilícito pela ré – Prejuízo extrapatrimonial que não pode ser atribuído à requerida (TJRS, Ap. 70.046.515.136, 10ª Câm. Cív., rel. Des. José Alberto S. Pestana, *DJe* 25-1-2013).

■ Recusa de recebimento de cheque por estabelecimento comercial – Dano moral configurado – Dever de indenizar. Reputa-se como dano moral a dor, vexame, sofrimento ou humilhação que, fugindo à normalidade, interfira intensamente no comportamento psicológico do indivíduo, causando-lhe aflições, angústia e desequilíbrio em seu bem-estar. A presente hipótese gera direito à indenização por danos morais porquanto desbordou do mero dissabor. A recusa da cártula pelo estabelecimento, *in casu*, constitui ilícito indenizável uma vez que, erroneamente, o sistema eletrônico do apelante lançou informação inverossímil acerca da adimplência da autora, o que culminou com a recusa indevida do cheque (TJRS, Ap. 70.052.703.436, *DJe* 2-5-2013).

■ Dano moral – Recusa de cheque em estabelecimento comercial – Indenização devida. Embora o cheque não tenha curso forçado e sua recusa não gere, em regra, dano moral, o estabelecimento comercial, ao possibilitar, inicialmente, o pagamento de mercadoria por este meio, renunciou à sua faculdade de aceitação e se obrigou a demonstrar a justa causa na recusa (no caso, inexistente) (STJ, REsp 981.583, 3ª T., rel. Min. Nancy Andrighi, disponível em <www.editoramagister.com>, acesso em 15 abr. 2010).

6.24. Cigarros – Ação movida por consumidor contra o fabricante

Confira-se trabalho doutrinário a respeito do tema, de autoria de Guilherme Ferreira da Cruz, intitulado "A responsabilidade civil das empresas fabricantes de cigarros", elaborado à luz do Código de Defesa do Consumidor, publicado na revista *Lex*, da Lex Editora, n. 293, de maio de 2003, p. 5.

Jurisprudência

■ Responsabilidade civil e consumidor – Ação de reparação de danos morais e materiais – Tabagismo – Ex-fumante – Doença e uso de cigarro – Risco inerente ao produto – Precedentes – Improcedência do pedido – Recurso provido. O cigarro é um produto de periculosidade inerente e não um produto defeituoso, nos termos do que preceitua o Código de Defesa do Consumidor, pois o defeito a que alude o diploma consubstancia-se em falha que se desvia da normalidade, capaz de gerar uma frustração no consumidor ao não experimentar a segurança que ordinariamente se espera do produto ou serviço. Recurso especial provido (STJ, REsp 1.197.660-SP, 4ª T., rel. Min. Raul Araújo, *DJe* 1º-8-2012).

- Responsabilidade civil – Tabagismo – Ação reparatória ajuizada por familiares de fumante falecido – Produto de periculosidade inerente – Inexistência de violação a dever jurídico relativo à informação – Nexo causal indemonstrado – Teoria do dano direto e imediato do nexo causal – Improcedência do pedido inicial. A arte médica está limitada a afirmar a existência de fator de risco entre o fumo e o câncer, tal como outros fatores, como a alimentação, álcool, carga genética e o modo de vida. Assim, somente se fosse possível, no caso concreto, determinar quão relevante foi o cigarro para o infortúnio (morte), ou seja, qual a proporção causal existente entre o tabagismo e o falecimento, poder-se-ia cogitar de se estabelecer um nexo causal juridicamente satisfatório. As estatísticas – muito embora de reconhecida robustez – não podem dar lastro à responsabilidade civil em casos concretos de mortes associadas ao tabagismo, sem que se investigue, episodicamente, o preenchimento dos requisitos legais (STJ, REsp 1.113.804-RS, 4ª T., rel. Min. Luis Felipe Salomão, *DJe* 24-6-2010).

- Indenização – Fabricante de cigarros – Ação movida por doente de câncer – Inexistência de prova de consumo exclusivo de produtos da ré – Nexo causal entre a doença e o tabagismo, apesar do truísmo de que o cigarro causa câncer, não demonstrado – Adesão espontânea ao vício – Indenização não devida – Ação improcedente – Recurso não provido (TJSP, Ap.110.454-4-SP, 4ª T., rel. Des. Narciso Orlandi, j. 22-2-2001).

- Danos material e moral – Uso prolongado de cigarros – Propaganda enganosa não configurada – Culpa exclusiva da vítima. A industrialização, comercialização e propaganda do tabaco são atividades lícitas e regulamentadas. Fumar e manter-se fumante é escolha pessoal, correndo o interessado os riscos, posto que insistentemente alertado por frenética e permanente campanha contrária. Desse modo, a culpa é exclusiva do consumidor pelos eventuais malefícios experimentados (TJRJ, Ap. 2005.001.40350, 4ª Câm. Cív., rel. Des. Mário dos Santos Paulo, j. 5-5-2006).

6.25. Cobrança abusiva de dívida no local de trabalho

- Responsabilidade civil – Financiamento de veículo – Cobranças indevidas, referentes a parcelas já quitadas – Cobranças insistentes e importunações no local de trabalho do autor, as quais configuram danos morais indenizáveis – Procedência dos pedidos (TJRS, Apel. 71.005.142.930, 2ª T. Recursal Cível. Turmas Recursais, rel. Vivian C. Angonese Splengler, *DJe* 2-3-2015).

- Indenizatória – Notificação extrajudicial – Cobrança enviada ao local de trabalho – Constrangimento não demonstrado – Inexistência de comprovação de cobrança abusiva ou vexatória – Correspondência entregue fechada e sem qualquer identificação da instituição financeira – Danos morais inocorrentes – Sentença mantida (TJRS, Apel. 71.004.989.307, 2ª T. Recursal Cível, rel. Cintia Dossin Bigolin, *DJe* 3-2-2015).

- Indenização – Cobrança abusiva e vexatória – Repercussão em local de trabalho – Danos morais configurados. Configura abuso de direito, passível de condenação indenizatória, a cobrança insistente e excessiva praticada por instituição financeira no local de trabalho do devedor (TJMG, Apel. 10.694.100.032.796.001, 9ª Câm. Cív., rel. Márcio Santos Miranda, DJe 25-11-2015).
- Cobrança abusiva – Empresa de cobrança – Dano moral. Quitação do débito – Inscrição em órgão restritivo ao crédito – Dano moral caracterizado – Legitimidade passiva da empresa de cobrança. A empresa prestadora de serviços que atua em nome da instituição financeira torna-se solidariamente responsável por danos decorrentes da cobrança de dívida já quitada (TJRS, Apel. 70.072.978.091, 13ª Câm. Cív., rel. Des. André Villarinho, DJe 1º-8-2017).
- Cobrança abusiva – Dano moral. A forma abusiva de efetuar a cobrança de dívida pode causar dano moral a ser indenizado na forma do art. 159 (atual art. 186) do Código Civil. Comete ato ilícito a empresa de cobrança que envia carta ameaçando de representação criminal por emissão de cheque sem fundos, quando esse documento não existe (STJ, REsp 343.700, 4ª T., rel. Min. Ruy Rosado de Aguiar, j. 9-4-2002).
- Alegação do autor de ter sofrido ofensa ao receber a visita de um cobrador depois de adquirir um par de alianças em quatro prestações e não quitar a última delas – Prova de que não houve descontrole ou excesso do cobrador e de que a determinação para que fosse ao local de trabalho partiu do próprio devedor confesso – Dano moral inexistente (TJSC, Ap. 2009.017562-7, 4ª Câm. Cív., rel. Des. Luiz Fernando Boller, disponível em: <www.conjur.com.br>, acesso em 19 dez. 2012).
- Dano moral – Dívida não satisfeita – Cobrança realizada com ameaças e exposição do devedor ao ridículo. Quando o credor emprega meios anormais no exercício do direito de exigir satisfação de seu crédito, como o de contratar cobrador truculento (ex-policial militar) que atua aos gritos em pleno horário de trabalho comercial, incide em abuso de direito (art. 42 da Lei 8.078/90), que enseja a indenização por dano moral (arts. 6º, VII, da Lei 8.078/90, 159 (atual art. 186) do Código Civil e 5º, V e X, da CF/88) (TJSP, Ap. 124.444.4/5, 3ª Câm. Dir. Priv., rel. Des. Ênio Zuliani, j. 18-6-2002).

6.26. Concurso público – Não convocação de candidato aprovado

- Mandado de Segurança – Concurso público – Candidato aprovado e não convocado em substituição a candidatos ausentes – Previsão editalícia – Existência de vagas e necessidade de seus preenchimentos demonstrados pela Administração – Expectativa de direito à nomeação que se convola em direito líquido e certo. Se dentro do prazo de validade do concurso a Administração Pública, depois de manifestar a existência de vagas, bem como a necessidade de seus preenchimentos pela convocação de candidatos aprovados, deixa de substituir candidato ausente pelo imediatamente posterior, descumprindo regra expressamente prevista no edital, a mera expectativa de direito se convola em direito líquido e certo à nomeação e posse. Segurança concedida (TJMS, Proc. n. 0000751-07.2015.8.03.0000, rel. Des. Gilberto Pinheiro, Tribunal Pleno, j. 18-11-2015).
- Mandado de segurança – Concurso público – Nomeação – Convocação ineficaz apenas pelo Diário Oficial – Falta de convocação pessoal – Perda de prazo – Inobservância do princí-

pio constitucional da publicidade – Culpa da Administração. A convocação de candidatos aprovados em concurso público não deve ocorrer apenas em Diário Oficial, mas, também, em jornais diários de grande circulação, mesmo que não conste tal cláusula no edital, em obediência ao princípio constitucional de publicidade dos atos da Administração Pública. Não pode a Administração Pública exigir que o candidato, aprovado em concurso público, proceda à leitura sistemática do Diário Oficial por prazo indeterminado para verificar se foi nomeado. Precedentes jurisprudenciais (TJ-MT, MS 139.478/2014, 1ª T. de Câm. Cíveis Reunidas de Direito Público e Coletivo, rel. Des. Maria Aparecida Ribeiro, *DJe* 22-5-2015).

■ Concurso público – Não convocação de candidato aprovado – Dano moral. A Administração Pública causou dano moral ao candidato ao desprezar o seu direito à vaga para a qual foi aprovado, ainda que o cargo fosse temporário. Os concursos públicos já exercem, naturalmente, uma carga de estresse e ansiedade nos candidatos, haja vista o impacto que gera em suas vidas, quadro este que se agrava quando a administração pública não age com respaldo no ordenamento jurídico, causando dor e sofrimento desnecessários à parte prejudicada (STJ, REsp 1.547.412, 1ª T., rel. Min. Benedito Gonçalves, Revista *Consultor Jurídico*, 18-10-2017).

■ Concurso Público – Não convocação pessoal do candidato – Dano moral. Dispõe a Súmula 15 do Supremo Tribunal Federal: "Dentro do prazo de validade do concurso, o candidato aprovado tem direito à nomeação quando o cargo for preenchido sem observância da classificação". Caracteriza violação ao princípio da razoabilidade a convocação para determinada fase de concurso público mediante publicação do chamamento em diário oficial e pela internet, quando passado considerável lapso temporal entre a homologação final do certame e a publicação da nomeação, uma vez que é inviável exigir que o candidato acompanhe, diariamente, durante longo lapso temporal, as publicações no Diário Oficial e na internet. Mesmo não havendo previsão expressa no edital do certame de intimação pessoal do candidato acerca de sua nomeação, em observância aos princípios constitucionais da publicidade e da razoabilidade, a Administração Pública deveria, mormente em face do longo lapso temporal decorrido entre as fases do concurso (mais de 1 ano e sete meses), comunicar pessoalmente a candidata acerca de sua nomeação (STJ, AgRg nos EDcl no Rec. em MS n. 27.724-RN (2008/0200048-0, rel. Min. Celso Limongi (convocado), *DJe* 2-8-2010).

6.27. Condomínio – Responsabilidade civil (*v.*, também, Livro II, Título I, Capítulo II (Responsabilidade contratual), Seção VII (A responsabilidade dos depositários e outros), item 9 (A responsabilidade dos condomínios edilícios))

■ Responsabilidade civil – Condomínio – Ação de reparação de danos materiais – Queda de portão em veículo – Dever de indenizar – Responsabilidade subjetiva. – Hipótese em que restou comprovado nos autos que o dano material experimentado pelo réu/reconvinte decorreu da desatenção do funcionário do condomínio, que acionou o portão da garagem em cima do veículo do apelado, ocasionando a queda do portão e os danos no automóvel

– Sentença mantida (TJRS, Apel. 70.077.028.439, 10ª Câm. Cív., rel. Des. Paulo Roberto Lessa Franz, *DJe* 7-5-2018).

■ Condomínio – Responsabilidade direta pelos atos do condômino – Porteiro agredido fisicamente por morador. O condomínio responde diretamente pelos atos praticados por condômino, observado o direito de regresso. Equipara-se ele a empregador e, sendo assim, responde pela saúde física e moral de seus empregados em ambiente de trabalho. Omissão ao não evitar "atitudes descivilizadas por parte de seus condôminos (TST, RR-849-39.2012.5.09.0013, 6ª T., rel. Min. Aloysio Corrêa da Veiga, disponível em www.conjur.com.br, acesso em 13-2-2014).

■ Condomínio – Responsabilidade civil – Restrição de acesso de visitante – Manicure que presta serviços a diversos moradores – Constrangimento alegado – Dano moral – Inocorrência – Alegação do condomínio de que o uso reiterado, prolongado e duradouro do interfone por visitantes prejudicava a tranquilidade e segurança dos edifícios e que os moradores se incomodaram com o fato de a autora circular pelas dependências internas com a tolerância dos funcionários que a conheciam – Preocupação legítima dos condôminos com segurança e tranquilidade – Medidas também legítimas, ainda que causem aborrecimento aos visitantes. Somente se tornam abusivas se impedem o exercício de liberdades fundamentais de moradores ou geram constrangimento e humilhação para visitantes. Exercício regular de direito, *in casu* (TJRJ, Apel. 0069769-18.2010.8.19.004, 17ª Câm. Cív., Des. Márcia Ferreira Alvarenga, j. 11-3-2015).

■ Condomínio – Constrangimento e humilhação sofrido pelo zelador enquanto realizava seus trabalhos de rotina nas dependências do condomínio, em razão de ofensas proferidas, na presença de outras pessoas, por parte de condômino do edifício no qual realizava seus trabalhos de zeladoria – Dano moral – Indenização arbitrada em R$ 5.000,00 (TST, Proc. RR-93700-79.2009.5.04.0001-RS, 2ª T., rel. Min. José Roberto Freire Pimenta, disponível em <www.editoramagister.com>, acesso em 4 abr. 2013).

6.28. Cônjuges – Responsabilidade civil (*v.* Livro II, Título I, Capítulo I, Seção I, n. 8)

6.29. Código de Defesa do Consumidor – Responsabilidade civil (*v.* Livro II, Título I, Capítulo II, Seção V)

6.30. Contrato – Inadimplemento – Dano moral

■ "O descumprimento de contrato pode gerar dano moral quando envolver valor fundamental protegido pela CF/88" (Enunciado n. 411 da V Jornada de Direito Civil do Conselho da Justiça Federal).

■ Promessa de compra e venda – Atraso na entrega da obra – Congelamento do saldo devedor – Impossibilidade – Danos morais configurados – Descumprimento contratual em prazo significativo. Inconteste que o atraso na entrega da obra pela empreendedora por prazo que soma mais de 20 meses avilta a esfera de direitos extrapatrimoniais dos compradores. Nos termos da jurisprudência, nessas circunstâncias, é possível a fixação de danos morais (TJRS, Ap. 70.071.957.054, 20ª Câm., rel. Des. Glênio Hekman, *DJe* 13-3-2018).

- Contrato de promessa de compra e venda – Rescisão contratual – Culpa da compradora – Multa e perdas e danos – Descabimento – Comissão de corretagem – Danos morais – Mero descumprimento contratual. Se a rescisão contratual ocorreu por culpa da promitente compradora, por não ter obtido o financiamento necessário à quitação das parcelas seguintes, não há que se falar em multa contratual ou perdas e danos em seu favor. A comissão de corretagem não é devida quando se deixa de alcançar o resultado útil, isto é, quando o negócio não é efetivado. O mero descumprimento contratual, em regra, não enseja a existência de danos morais, sendo necessária a comprovação de que os fatos causaram violação a direito de personalidade (TJMG, Ap. 10.024.140.497.769.001, *DJe* 13-4-2018).
- Rescisão contratual c/c pedido de danos morais – Descumprimento contratual – Danos morais inocorrentes – Mero descumprimento contratual – Apelação desprovida – Sentença mantida. O descumprimento contratual, por si só, não enseja reparação por danos morais (TJ-MT, Apel. 37075/2017, 6ª Câm., rel. Des. Guiomar Teodoro Borges, *DJe* 12-5-2017).

6.31. Corpo estranho em refrigerantes e alimentos

- Ação de compensação por dano moral – Aquisição de pacote de biscoito recheado com corpo estranho no recheio de um dos biscoitos – Não ingestão – Exposição do consumidor a risco concreto de lesão à sua saúde e segurança – Fato do produto – Existência de dano moral. A aquisição de produto de gênero alimentício contendo em seu interior corpo estranho, expondo o consumidor a risco concreto de lesão à sua saúde e segurança, ainda que não ocorra a ingestão de seu conteúdo dá direito à compensação por dano moral, dada a ofensa ao direito fundamental à alimentação adequada, corolário do princípio da dignidade da pessoa humana. Hipótese em que se caracteriza defeito do produto (art. 12 do CDC), o qual expõe o consumidor a risco concreto de dano à sua saúde e segurança, em clara infringência ao dever legal dirigido ao fornecedor, previsto no art. 8º do CDC. Na hipótese dos autos, o simples "levar à boca" do corpo estranho possui as mesmas consequências negativas à saúde e à integridade física do consumidor que sua ingestão propriamente dita" (STJ, REsp 1.644.405-RS, 3ª T., rel. Min. Nancy Andrighi, *DJe* 17-11-2017).
- Responsabilidade civil – Ação de indenização por danos morais – Vício do produto – Aquisição de alimento (massa espaguete) com corpo estranho no interior da embalagem – Ausência de ingestão do alimento – Dano moral inocorrente. Responde o fabricante pelos defeitos de fabricação, quando não oferecida a segurança que dele se espera (art. 12 do CDC), assim como pelos vícios que eventualmente ostentar o produto, na inteligência do art. 18 do Código de Defesa do Consumidor. A resposta legal, nesse último caso, consiste na substituição do produto por outro, sem vício, ou na restituição do preço pago. No caso, porém, é incontroverso nos autos que não houve a ingestão do produto pela autora. Segundo entendimento jurisprudencial do STJ, a mera visualização de corpo estranho no interior da embalagem não é suficiente para caracterizar o dano moral (TJRS, Ap.70.069.548.345, 9ª Câm., rel. Des. Eugênio Facchini Neto, j. 24-8-2016).
- Dano moral – Inseto encontrado dentro de uma garrafa de refrigerante que não chegou a ser consumido – Inocorrência de dano moral – A simples aquisição de refrigerante contendo inseto, sem que seu conteúdo tenha sido ingerido, encontra se no âmbito dos

dissabores da sociedade de consumo, sem abalo à honra, e ausente situação que produza no consumidor humilhação ou sofrimento na esfera de sua dignidade – Indenização indevida (STJ, REsp 747.396 DF, 4ª T., rel. Min. Fernando Gonçalves, Revista *Newsletter Magister*, ed. n. 1.121, de 26-4-2010).

■ Responsabilidade civil – Dano moral – Consumidor que ingere refrigerante com corpo estranho, de aparência abjeta – Repugnância e transtornos psicossomáticos experimentados – Verba devida – Sentença confirmada (*JTJ*, Lex, *230*:94).

■ Responsabilidade civil – Dano moral – Bombom com larvas de inseto ingerido por consumidor – Ajuizamento contra a empresa fabricante – Culpa exclusiva do autor ou de terceiro – Ônus da prova que cabia à ré – Artigo 6º, inciso VIII, do Código de Defesa do Consumidor – Ininvocabilidade, ademais, de caso fortuito para excluir a responsabilidade prevista no artigo 12 do mesmo Código – Verba devida – Recurso provido para esse fim (*JTJ*, Lex, *233*:76).

■ Responsabilidade civil – Inseto encontrado em produto alimentício – Defesa do consumidor. De acordo com o art. 12 da Lei 8.078/1990 – CDC –, o fabricante responde, independentemente da existência de culpa, pela reparação dos danos causados aos consumidores por defeitos decorrentes da fabricação. É fora de dúvida que a existência de uma barata, em qualquer produto alimentício, constitui em terrível defeito de qualidade, pela péssima impressão que causa e pela simples possibilidade de prejuízo à saúde de quem consuma o produto. O dano moral está caracterizado, em razão do sentimento de repugnância que o fato provocou, do aborrecimento e transtorno causados a quem passa por uma situação tão desagradável (TJRJ, Ap. 2003.001.34309, 7ª Câm. Cív., rel. Des. Lavigne de Lemos, j. 31-5-2005).

■ Dano moral – Embalagem plástica de bala encontrada dentro de uma garrafa de refrigerante não ingerido – Responsabilidade do fabricante por danos decorrentes de projeto, fabricação, construção, montagem, manipulação, apresentação ou acondicionamento de produtos – Indenização devida, pois a existência de embalagem plástica dentro de refrigerante ocasiona a ruptura da relação de confiança entre o consumidor e o produtor (TJMG, Proc. 1.0223.06.2019110/001, 14ª Câm. Cív., rel. Des. Hilda Teixeira da Costa, Revista *Consultor Jurídico*, 23-6-2010).

6.32. Criança vítima de agressão – Dano moral presumido

■ Dano moral – Criança agredida física e moralmente – Injustiça – Dano moral *in re ipsa*. As crianças, mesmo da mais tenra idade, fazem jus à proteção irrestrita dos direitos da personalidade, assegurada a indenização pelo dano moral decorrente de sua violação, nos termos dos arts. 5º, X, *in fine*, da CF e 12, *caput*, do CC/02. A sensibilidade ético-social do homem comum, na hipótese, permite concluir que os sentimentos de inferioridade, dor e submissão, sofridos por quem é agredido injustamente, verbal ou fisicamente, são elementos caraterizadores da espécie do dano moral *in re ipsa*. Sendo presumido o dano moral, desnecessário o embate sobre a repartição do ônus probatório (STJ, REsp 1.642.318-MS, 3ª T., rel. Min. Nancy Andrighi, *DJe* 13-2-2017).

6.33. Culpa contratual e dano moral

No julgamento da Apelação Cível n. 8.845/98, proclamou o Tribunal de Justiça do Rio de Janeiro:

"É incabível dano moral quando se trata de discussão sobre validade de cláusulas contratuais ou mesmo inadimplemento delas ou mora no seu cumprimento. Não é qualquer aborrecimento comum e ordinário que induz à indenização, mas aquele que causa um abalo psíquico autônomo e independente do aborrecimento normalmente trazido pelo prejuízo material" (Rel. Des. Gustavo Leite, *DJe* 18-2-1999).

Desse modo, o mero inadimplemento contratual pode acarretar o direito à indenização por perdas e danos, perda do sinal, multa e outros, mas nem sempre indenização por dano moral. O descumprimento do negócio, gera aborrecimentos e constrangimentos que em regra não se enquadram no conceito de dano moral, que envolve a dor e o sofrimento profundo.

Yussef Said Cahali, a propósito, preleciona: "Conquanto remanesça alguma controvérsia em função da topologia do instituto, é certo que a mesma tende a esmaecer-se, com o reconhecimento de que o dano subjetivo se dá tanto na responsabilidade extracontratual como na contratual; se induvidoso que o mesmo se apresenta com maior difusão no âmbito dos atos ilícitos em geral, nem por isso se exclui a sua aplicação em sede de responsabilidade contratual" (*Dano moral*, cit., p. 460).

Mais adiante, aduz o mencionado doutrinador: "No direito brasileiro, não obstante a ausência de disposição legal explícita, a doutrina é uniforme no sentido da admissibilidade de reparação do dano moral tanto originário de obrigação contratual quanto decorrente de culpa aquiliana. Uma vez assente a indenizabilidade do dano moral, não há fazer-se distinção entre dano moral derivado de fato ilícito absoluto e dano moral que resulta de fato ilícito relativo; o direito à reparação pode projetar-se por áreas as mais diversas das sociais, abrangendo pessoas envolvidas ou não por um liame jurídico de natureza contratual: assim, tanto pode haver dano moral nas relações entre devedor e credor quanto entre o caluniador e o caluniado, que em nenhuma relação jurídica se acha, individualmente, com o ofensor" (*O dano moral*, cit., p. 462).

A distinção que se pode fazer é de natureza fática, exigindo-se a prova, em cada caso, da perturbação da esfera anímica do lesado, que nem sempre se iguala à que sofre quem perde um ente querido ou tem a sua honra agravada. Nessa ordem de ideias, escreveu João Luiz Coelho da Rocha: "Contudo, assentado por suposto que um contrato, uma relação obrigacional convencionada nasce para ser cumprida, e cria compreensivelmente a expectativa psicológica desse cumprimento, não há por que negar, em princípio, que a frustração do ajuste inadimplido cause ou possa causar sentimentos angustiantes ou psicologicamente sensíveis à parte inocente. É claro que, ao menos em um *approach* propedêutico, o agravo moral de uma prestação de contrato culposamente negada não haverá de se comparar com o sofrimento à personalidade provocado por um ato culposo causador de um acidente, sobretudo se danos pessoais estão envolvidos. Contudo, há um horizonte aberto de possíveis sequelas que a injusta falha contratual possa acarretar no patrimônio psicológico daquele que contava com o cumprimento devido da *obligatio*" (*O dano moral e a culpa contratual*, publicação *Adcoas*).

Na realidade, o dano moral pressupõe ofensa anormal à personalidade. Embora a inobservância das cláusulas contratuais por uma das partes possa trazer desconforto ao outro contratante, trata-se, em princípio, de dissabor a que todos podem estar sujeitos, pela própria vida em sociedade. No entanto, o dano moral não deve ser afastado em todos os casos de inadimplemento contratual, mas limitado a situações excepcionais e que extrapolem o simples descumprimento da avença. Nesse sentido decidiu o Superior Tribunal de Justiça:

"O inadimplemento do contrato, por si só, pode acarretar danos materiais e indenização por perdas e danos, mas, em regra, não dá margem ao dano moral, que pressupõe ofensa anormal à personalidade. Embora a inobservância das cláusulas contratuais por uma das partes possa trazer desconforto ao outro contratante – e normalmente o traz – trata-se, em princípio, do desconforto a que todos podem estar sujeitos, pela própria vida em sociedade. Com efeito, a dificuldade financeira, ou a quebra da expectativa de receber valores contratados, não toma a dimensão de constranger a honra ou a intimidade, ressalvadas situações excepcionais" (REsp 202.564-0-RJ, 4ª T., rel. Min. Sálvio de Figueiredo Teixeira, j. 2-8-2001).

Na V Jornada de Direito Civil do Conselho da Justiça Federal foi aprovado, a propósito, o Enunciado n. 411, retrotranscrito: "O descumprimento de contrato pode gerar dano moral quando envolver valor fundamental protegido pela CF/88".

JURISPRUDÊNCIA

- Indenização – Dano moral – Simples descumprimento de contrato – Fato insuficiente a ensejar o pagamento da verba indenizatória (*RT, 840*:2433).
- Danos morais – Mero descumprimento contratual – Não configuração do dever de indenizar. Para que se configure o dever de indenizar é preciso que se demonstre a conduta ilícita, o nexo de causalidade e o dano. O mero transtorno, aborrecimento ou o simples inadimplemento contratual não se revelam suficientes à configuração do dano moral, não podendo ser presumida a existência de dano psicológico em toda e qualquer ocorrência (TJMG, Apel. 10194120032439002, *DJe* 23-8-2016).
- Prestação de serviços – Ação indenizatória – Responsabilidade da empresa que vendeu pacote turístico aos consumidores pelo cancelamento do voo que inviabilizou a viagem, sem antecedência razoável da informação, nem reagendamento das passagens – Descumprimento contratual – Frustração da viagem – Ocorrência de danos morais. (TJSP, Apel. 4001319-08.2013.8.26.0477, 34ª Câm. Dir. Priv., rel. Des. Gomes Varjão, *DJe* 18-2-2016).
- Consórcio – Desistência – Devolução das parcelas pagas – Dano moral – Mero descumprimento contratual. A não devolução dos valores devidos, por caracterizar mero descumprimento contratual, não enseja lesão a direitos da personalidade (TJMG, Ap. 10000170568257001, *DJe* 16-10-2017).
- Ausência de entrega de produtos – Devolução do valor pago – Pedido de indenização por dano moral – Decisão de parcial provimento da ação – Danos morais inocorrentes – Descumprimento contratual que não tem o condão de ensejar reparação indenizatória. A parte autora postulou indenização de ordem material e moral em razão da ausência de entrega de mesa e bancos adquiridos. Parcial procedência da ação, com condenação da requerida à devolução do valor relativo aos produtos, afastados os danos morais. Com efeito, os danos morais perseguidos seguem afastados, uma vez que a situação vivenciada pelo autor não

transcendeu o mero dissabor inerente à vida cotidiana e não restou comprovada situação excepcional a justificar a indenização pretendida (TJRS, Ap. 71.005743281, Segunda Turma Recursal, Turmas Recursais, rel. Ana Cláudia Raabe, *DJe* 22-10-2015).

- Dano moral – Concessionária de veículos, acusada de vender um veículo com defeito, que obrigou a adquirente a efetuar sucessivas visitas ao estabelecimento, que demandaram despesas – Defeitos que acabaram sendo reparados pela garantia. A indenização por dano moral não deve ser banalizada, pois não se destina a confortar meros percalços da vida comum. E o fato trazido a julgamento não guarda excepcionalidade. Os defeitos, ainda que em época de garantia de fábrica, são comuns (STJ, REsp 750.735-RJ, 4ª T., rel. Min. Aldir Passarinho Jr., j. 4-6-2009).

6.34. Cumulação do dano moral com o dano estético (*v.* Livro II, Título IV, Capítulo II, Seção II, n. 2.2, *infra*)

6.35. Curso – Duração maior que o anunciado

- Ação de indenização por dano moral movida por aluna que descobriu que a conclusão da graduação que cursava ia demorar mais que os três anos anunciados quando de seu ingresso – Os danos morais, no caso, exsurgem da quebra de expectativa que tinha de entrar no mercado de trabalho no tempo planejado e o seu valor deve ser o suficiente para compensar o mal e coibir a repetição da ofensa, sendo fixados em R$ 7.000,00 (TJSP, Proc. 0003359-13.2010.8.26.0129, 31ª Câm. Dir. Priv., rel. Des. Francisco Casconi, disponível em <www.conjur.com.br>, acesso em 28 jan. 2013).

6.36. Dano ambiental – Reparação (*v.* Livro II, Título I, Capítulo I, Seção I, n. 9, *retro*)

6.37. Dano atômico – Responsabilidade civil (*v.* Livro II, Título I, Capítulo I, Seção I, n. 10, *retro*)

6.38. Dano estético – Cumulação das indenizações de dano estético e dano moral (v. *Lesão corporal de natureza grave. O dano estético*, in Livro II, Título IV, Capítulo II, Seção II, n. 2.2)

6.39. Dano moral coletivo

Segundo Carlos Alberto Bittar Filho (*Revista de Direito do Consumidor*, n. 12, p. 55), dano moral coletivo constitui "a injusta lesão da esfera moral de uma dada comunidade, ou seja, é a violação antijurídica de um determinado círculo de valores coletivos". Na sequência, aduz o mencionado autor: "Quando se fala em dano moral coletivo, está-se fazendo menção ao fato de que o patrimônio valorativo de uma certa comunidade (maior ou menor), idealmente considerado, foi agredido de maneira absolutamente injustificável do ponto de vista jurídico: quer dizer, em última instância, que se feriu a própria cultura, em seu aspecto material".

Ocorre dano moral à coletividade, *verbi gratia*, nos casos de propaganda enganosa ou ofensiva; de ofensa aos valores e credos de determinada religião; de discriminação de determinada comunidade ou raça; de colocação em risco da saúde ou a integridade física dos trabalhadores de uma empresa em face da não adoção de medidas de segurança obrigatórias; de descumprimento de medidas estabelecidas por lei, como no caso das cotas reservadas para deficientes físicos no mercado de trabalho etc.

Configura dano moral coletivo o resultado de toda ação ou omissão lesiva significante, praticada por qualquer pessoa contra o patrimônio da coletividade, considerada esta as gerações presentes e futuras, que suportam um sentimento de repulsa por um fato danoso irreversível, de difícil reparação, ou de consequências históricas (Cristiano Chaves de Farias, Felipe B. Netto e Nelson Rosenval, *Novo tratado,* cit. p. 357).

A 7ª Turma do Tribunal Superior do Trabalho condenou renomada instituição financeira a pagar elevado valor por dano moral coletivo, por ter submetido seus empregados a um ambiente nocivo e colocado a saúde deles em risco. Além disso, não implementou nenhum programa de saúde médico e ocupacional. Os funcionários tiveram jornada de trabalho excessiva, sem pagamento de horas extras (RR-32500-65.2006.5.03.0143, rel. Juíza Maria Doralice Novaes). Na mesma linha proclamou a 8ª Turma da aludida Corte que causa dano moral coletivo a empresa que incorre "em conduta prejudicial aos seus empregados, ao descumprir as normas referentes à segurança e à medicina do trabalho". Ora, concluiu, "aquele que por ato ilícito causar dano, ainda que exclusivamente moral, fica obrigado a repará-lo. Assim, demonstrado que a recorrente cometeu ato ilícito, causando prejuízos a um certo grupo de trabalhadores e à própria ordem jurídica, não merece reparos a decisão proferida pela instância ordinária que a condenou a indenizar os danos morais coletivos" (TST, RR 15500-56. 2010.5.17.0132, 8ª T., rel. Min. Dora Maria da Costa, *DJe* 14-6-2013).

V., também, Livro II, Título IV, Capítulo I, n. 2.2, *retro.*

JURISPRUDÊNCIA

- Patrimônio histórico-cultural. Imóvel. Desapropriação no curso do processo. Passivo ambiental. Sub-rogação no preço. Condenação do expropriado. Reparação do bem. Impossibilidade. Bis in idem. Dano moral coletivo (AREsp 1.886.951-RJ, 1ª T., rel. Min. Gurgel de Faria, j. 11-6-2024, *DJe* 20-6-2024).
- Ação civil pública. Negativa de prestação jurisdicional. Ausência. Publicação de artigo ofensivo à honra dos povos indígenas. Danos morais coletivos. Condenação em valor irrisório. Majoração. Possibilidade (REsp 2.112.853-MS, 3ª T., rel. Min. Nancy Andrighi, j. 20-2-2024, *DJe* 7-3-2024).
- Ação civil pública. Condicionador de ar. Propaganda enganosa. Publicidade enaltecendo a característica de ser silencioso. Danos morais coletivos (REsp 1.370.677-SP, 4ª T., rel. Min. Raul Araújo, j. 17-10-2023, *DJe* 3-11-2023).
- Ação civil pública. Dano moral coletivo. Estacionar veículo em vaga reservada à pessoa com deficiência. Infringência a valores fundamentais da sociedade ou atributos da gravidade e intolerabilidade. Mera infringência à lei de trânsito (AREsp 1.927.324-SP, 2ª T., rel. Min. Francisco Falcão, j. 5-4-2022, *DJe* 7-4-2022).

- Dano moral coletivo – Fábrica de sardinha em lata – Venda de produto com peso diferente do anunciado – Dano moral coletivo. A violação de direitos individuais homogêneos não afasta, em tese, o reconhecimento de danos morais coletivos com o mesmo episódio. *In casu*, restou comprovada a venda de produto com peso diferente do anunciado na embalagem. A tutela de interesses individuais homogêneos corresponde à defesa de interesse social, não pelo significado particular de cada direito individual, mas pelo fato de a lesão deles, globalmente considerada, representar ofensa aos interesses da coletividade (STJ, REsp 1.586.515, 3ª T., rel. Min. Nancy Andrighi, *DJe* 29-5-2018).
- Dano moral coletivo – Existência – Dignidade de crianças e adolescentes ofendida por quadro de programa televisivo. 1. O dano moral coletivo é aferível *in re ipsa*, ou seja, sua configuração decorre da mera constatação da prática de conduta ilícita que, de maneira injusta e intolerável, viole direitos de conteúdo extrapatrimonial da coletividade, revelando-se despicienda a demonstração de prejuízos concretos ou de efetivo abalo moral. Precedentes. 2. Na espécie, a emissora de televisão exibia programa vespertino chamado "Bronca Pesada", no qual havia um quadro que expunha a vida e a intimidade de crianças e adolescentes cuja origem biológica era objeto de investigação, tendo sido cunhada, inclusive, expressão extremamente pejorativa para designar tais hipervulneráveis. 3. A análise da configuração do dano moral coletivo, na espécie, não reside na identificação de seus telespectadores, mas sim nos prejuízos causados a toda sociedade, em virtude da vulnerabilização de crianças e adolescentes, notadamente daqueles que tiveram sua origem biológica devassada e tratada de forma jocosa, de modo a, potencialmente, torna-los alvos de humilhações e chacotas pontuais ou, ainda, da execrável violência conhecida por *bullying* (STJ, REsp 1.517.973-PE, 4ª T., rel. Min. Luis Felipe Salomão, *DJe* 1-2-2018).
- Venda casada e dano moral coletivo *in re ipsa*. Configura dano moral coletivo *in re ipsa* a realização de venda casada por operadora de telefonia consistente na prática comercial de oferecer ao consumidor produto com significativa vantagem – linha telefônica com tarifas mais interessantes do que as outras ofertadas pelo mercado – e, em contrapartida, condicionar a aquisição do referido produto à compra de aparelho telefônico. Inicialmente, cumpre ressaltar que o direito metaindividual tutelado na espécie enquadra-se na categoria de direitos difusos, isto é, tem natureza indivisível e possui titulares indeterminados, que são ligados por circunstâncias de fato, o que permite asseverar ser extensível a toda a coletividade. A par disso, por afrontar o direito à livre escolha do consumidor, a prática de venda casada é condenada pelo CDC, que em seu art. 39, I, prescreve ser "vedado ao fornecedor de produtos ou serviços, entre outras práticas abusivas: I – condicionar o fornecimento de produto ou de serviço ao fornecimento de outro produto ou serviço, bem como, sem justa causa, a limites quantitativos", devendo o Estado engendrar todos os esforços no sentido de reprimi-la. Desse modo, a prática de venda casada por parte de operadora de telefonia é prática comercial apta a causar sensação de repulsa coletiva a ato intolerável, tanto intolerável que encontra proibição expressa em lei. Portanto, afastar da espécie o dano moral coletivo é fazer tábula rasa da proibição elencada no art. 39, I, do CDC e por via reflexa, legitimar práticas comerciais que afrontem os mais basilares direitos do consumidor (STJ, REsp 1.397.870-MG, rel. Min. Mauro Campbell Marques, *DJe* 10-12-2014).

6.40. Dano material

Dano material é o que repercute no patrimônio do lesado. Patrimônio é o conjunto das relações jurídicas de uma pessoa apreciáveis em dinheiro. Avalia-se o dano material tendo em vista a diminuição sofrida no patrimônio. O ressarcimento do dano material objetiva a recomposição do patrimônio lesado. Se possível, restaurando o *statu quo ante*, isto é, devolvendo a vítima ao estado em que se encontrava antes da ocorrência do ato ilícito. Todavia, como na maioria dos casos se torna impossível tal desiderato, busca-se a compensação em forma de pagamento de uma indenização monetária.

O critério para o ressarcimento do dano material encontra-se no art. 402 do Código Civil, que assim dispõe: "Salvo as exceções expressamente previstas em lei, as perdas e danos devidas ao credor abrangem, além do que ele efetivamente perdeu, o que razoavelmente deixou de lucrar". São materiais os danos consistentes em prejuízos de ordem econômica suportados pelo ofendido, enquanto os morais se traduzem em turbações de ânimo, em reações desagradáveis, desconfortáveis, ou constrangedoras, ou outras desse nível, produzidas na esfera do lesado (Carlos Alberto Bittar, *Reparação*, cit., p. 31).

JURISPRUDÊNCIA

- Ação de indenização por danos materiais – Acidente de trânsito – Pensionamento vitalício. Afastamento – Ausência de comprovação de perda ou diminuição de capacidade laborativa (STJ, AgIn no AREsp 1.158.358, rel. Min Lázaro Guimarães, Des. Convidado, *DJe* 14-5-2018).

- Contrato de aluguel de cofre – Roubo ocorrido na agência bancária – Arrombamento e bens subtraídos – Indenização material e moral – Responsabilidade objetiva da instituição financeira reconhecida – Obrigação de pagar não vai além do valor estipulado no contrato de locação de cofre particular – Contratante que assumiu risco exclusivo ao depositar bens de valor sentimental e cujos valores excediam o limite da avença – Cláusula limitativa do uso é lícita e não infringe as disposições do Código de Defesa do Consumidor, pois apresentada de forma clara e explicativa – Danos morais não configurados em razão da ausência de violação contratual praticada pelo banco que se amolde em resultado danoso à locatária – Precedentes (TJSP, Ap. 01132364-10.2.12.8.26.0100, *DJe* 3-12-2015).

6.41. Direito autoral – Violação

- Ação de indenização por violação a direitos autorais – Obra musical – Execução pública em carro de som – Campanha eleitoral – Inexistência de autorização prévia e expressa do autor e cessão de direitos por escrito – Violação ao direito do autor – Multa do art. 109 da Lei n. 9.610/98 – Incidência – Possibilidade – Má-fé – Configuração – Fixação em montante adequado – Danos morais – *Quantum* indenizatório – Razoabilidade – Manutenção. A tutela do direito autoral está consagrada no art. 5º, incisos XXVII e XXVIII, da Constituição Federal de 1988 e na Lei n. 9.610/98, estando sob sua proteção, dentre outras produções artísticas, literárias e científicas, as composições musicais (TJDF, Ap. 0053565-60.2007.8.07.0001, *DJe* 11-4-2014).

- Ação de indenização por violação a direitos autorais – Veiculação de série de animação (O Gato Félix) sem autorização da proprietária. Litisdenunciada não comprovou ostentar os direitos autorais para que fossem liberados pelo período prorrogado. Prazo estipulado no aditamento e a veiculação da série violaram direitos autorais. Todavia, cabe a condenação na lide secundária. Responsabilidade de ressarcir oriunda de previsão contratual (TJSP, Ap. 0005-4882-69.2013.8.26.0189, *DJe* 9-5-2017).

- Direito autoral – Utilização indevida de obra musical – Danos materiais e morais. Cabe indenização por utilização indevida de obra musical pela possibilidade da ocorrência de danos materiais e morais. Pelo primeiro, que deixou de auferir nas vendas, pelo segundo, pela frustração de não se ver creditar ao resultado de sua produção lhe diminuindo, por si mesmo, a estima do seu trabalho (TJRJ, Ap. 2003.001.07978, 11ª Câm. Cív., rel. Des. Antônio Felipe da Silva Neves, *DJe* 24-6-2004).

- Dano moral – Editora de livro – Improcedência da ação em relação a ela – Inadmissibilidade – Grave negligência do autor da obra literária que repercute no seu comportamento – Verba devida por ambos os réus, publicando-se a sentença, resumidamente, em jornal de grande circulação – Recurso provido para esse fim – Votos vencedor e vencido (*JTJ*, Lex, *226*:144).

6.42. Direito do trabalho – Dano moral

O empregador responde pela indenização do dano moral causado ao empregado, porquanto a honra e a imagem de qualquer pessoa são invioláveis (art. 5º, X, CF). Esta disposição assume maior relevo no âmbito do contrato laboral, porque o empregado depende de sua força de trabalho para sobreviver (TRT-3ª Reg., RO 03608/94, 2ª T., *DJMG*, 8-7-1994).

A despedida do empregado insere-se no direito potestativo do empregador e não gera, via de regra, direito à indenização por dano moral. Todavia, a exposição do obreiro, no ato da despedida, à desnecessária situação de constrangimento e humilhação perante terceiros, atingindo-lhe o sentimento de dignidade pessoal, o próprio conceito desfrutado perante os colegas de trabalho, extrapola os limites de tal direito, ensejando indenização por dano moral (TRT-24ª Reg., RO 1.494/2000, j. 24-1-2002).

Decidiu o Supremo Tribunal Federal que a competência, na hipótese de reparação de dano moral advindo da relação de trabalho, é da Justiça do Trabalho, desimportando deva a controvérsia ser dirimida à luz do direito civil (*RTJ*, *134*:96, Pleno). O Ministro Sepúlveda Pertence, relator do aresto proferido no julgamento do RE 238.737-4-SP, 1ª T., ocorrido em 17 de novembro de 1998, proclamou:

"Indenização por dano moral – Justiça do Trabalho – Competência – Ação de reparação de danos decorrentes da imputação caluniosa irrogada ao trabalhador pelo empregador a pretexto de justa causa para a despedida e, assim, decorrente da relação de trabalho, não importando deva a controvérsia ser dirimida à luz do Direito Civil".

Assim também decidiu a 2ª Seção do Superior Tribunal de Justiça:

"Conflito Negativo de Competência entre Juízos de Direito Trabalhista – Ação proposta por empregado contra ex-empregador buscando, com fundamento no Código Civil, a reparação de danos – Precedentes do STF – Competência da Justiça do Trabalho" (CComp 23.733PE, rel. Min. César Asfor Rocha, j. 14-4-1999, *DJU*, 31 maio 1999). No mesmo sentido: CComp 20.814-RS, rel. Min. Ari Pargendler, j. 26-5-1999; CComp 24.993-SP, rel. Min. Eduardo Ribeiro, j. 12-5-1999; CComp 23.220-SP, rel. Min. Ruy Rosado de Aguiar, j. 24-21999; CComp 22.840-RJ, rel. Min. Carlos Alberto Menezes Direito, j. 24-2-1999).

Essa orientação, estabelecida pela jurisprudência, recebeu respaldo legal, constando expressamente da Emenda Constitucional n. 45, de 8 de dezembro de 2004, que trata da reforma do Poder Judiciário. A aludida emenda, com efeito, conferiu ao art. 114 da Constituição Federal a seguinte redação:

"Art. 114. Compete à Justiça do Trabalho processar e julgar:
(...)
VI – as ações de indenização por dano moral ou patrimonial, decorrentes da relação de trabalho".

Nos termos do julgado da 3ª Turma do Tribunal Superior do Trabalho, observam-se três requisitos para aferição da responsabilidade civil do empregador nos casos de doença ocupacional:

"a) ocorrência do fato deflagrador do dano ou do próprio dano, que se constata pelo fato da doença ou do acidente, os quais, por si sós, agridem o patrimônio moral e emocional da pessoa trabalhadora (nesse sentido, o dano moral, em tais casos, verifica-se pela própria circunstância da ocorrência do malefício físico ou psíquico); b) nexo causal, que se evidencia pela circunstância de o malefício ter ocorrido em face das circunstâncias laborativas; c) culpa empresarial, a qual se presume em face das circunstâncias ambientais adversas que deram origem ao malefício. Embora não se possa presumir a culpa em diversos casos de dano moral – em que a culpa tem de ser provada pelo autor da ação –, tratando-se de doença ocupacional, profissional ou de acidente do trabalho, essa culpa é presumida, em virtude de o empregador ter o controle e a direção sobre a estrutura, a dinâmica, a gestão e a operação do estabelecimento em que ocorreu o malefício" (TST, AIRR226-03.2013.5.15.0100, 3ª T., rel. Min. Mauricio Godinho Delgado, *DEJT* 19-8-2016).

JURISPRUDÊNCIA

- Recurso ordinário interposto pelo Reclamante – Retenção da CTPS – Indenização do precedente normativo n. 98 do TST – Indenização por danos morais. Ausente prova de que a CTPS do autor tenha sido efetivamente entregue à reclamada, não há que se falar em indenização pela retenção indevida. A presunção é de que à época em que participou do processo seletivo o autor extraviou o documento, e acreditou que estivesse em poder da empresa. Recurso desprovido (TRT-4, ROPS 0020123120175040511, *DEJT* 26-2-2018).

- Indenização por danos morais – Atraso no pagamento das verbas rescisórias – Necessidade de demonstração do dano suportado. O entendimento que se firmou no âmbito desta Corte é o de que o inadimplemento de parcelas salariais ou de verbas rescisórias, quando não comprovado o efetivo dano sofrido pelo empregado não enseja o pagamento de indenização por dano moral. Precedentes (TST, RR 1978920145040304, 4ª T., *DEJT* 16-9-2016).

- Dano moral trabalhista – Caracterização. O dano moral trabalhista só se caracteriza quando provada a ocorrência de ação lesiva ao trabalhador, que atente contra sua honra e dignidade (TRT, 5ª Reg., RO 0000443-87. 2012.5.05.0511, rel. Paulino Couto, *DEJT* 12-5-2015).

- Dano moral – Rescisão indireta do contrato e dano moral. Devem ser reconhecidos se o empregado, em razão de boatos injustos, é considerado suspeito de roubo e é visto pelos colegas sendo levado em carro da polícia "para depoimento". Não havendo previsão na lei quanto ao valor da indenização, uma medida justa é tomar, por analogia, o critério previsto nos artigos 478 e 493 a 496 da CLT (T*RT*-2ª Reg., RO 19990931533-Guarujá-SP, rel. Juiz Luiz Edgar Ferraz de Oliveira, j. 12-2-2001).

- Dano moral – Banco – Ex-empregado demitido com alegação de prática de crime não comprovado – Ausência de zelo do aspecto confidencial, vazando informações no meio social e profissional, causando prejuízo à honra e dignidade – Verba devida (STJ, *RT, 813*:224).

- Dano moral – Requerimento por ex-empregador de abertura de inquérito policial para a apuração de possível crime de furto praticado por ex-empregado – Verba indevida, ainda que o acusado tenha sido absolvido, se não comprovado o dolo ou a má-fé do requerente. O requerimento pelo ex-empregador de abertura de inquérito policial para a apuração de possível crime de furto praticado por ex-empregado não enseja indenização por dano moral, ainda que este tenha sido absolvido, se não comprovado o dolo ou má-fé do requerente (*RT, 762*:408).

- Dano moral – Suspeita de furto – Instauração de inquérito policial – Arquivamento por falta absoluta de prova da participação do empregado – Despedida, não obstante, a título de justa causa – Imputação insultuosa – Indenização devida. Pratica ato ilícito absoluto o empregador que, dando ordem leviana ao indiciamento de empregado, por furto, em inquérito policial, arquivado por falta absoluta de prova de sua participação no crime, ainda assim o demite pelo fato, a título de justa causa, causando-lhe dano moral (TJSP, *RT, 683*:71; *JTJ, Lex, 232*:113).

- Indenização – Dano moral e material – Suspeita de furto – Instauração de inquérito policial – Arquivamento por falta absoluta de prova de participação do empregado – Despedida, não obstante, a título de justa causa – Imputação insultuosa – Ato ilícito absoluto – Verba devida – Ação indenizatória julgada procedente (*JTJ, Lex, 232*:113).

- Dano moral – Empregada que foi vítima de diversas humilhações por parte de sua chefe, motivadas por inveja, porque recebia salário mais alto que ela – Indenização devida – O contrato de trabalho não dá o direito aos membros da chefia de desrespeitarem seus funcionários, falando com estes em voz alta e tom ríspido e chamando-os de hipócritas (56ª Vara do Trabalho de São Paulo, Proc. 01191-2008-056-02-00-6, Juiz Richard W. Jamberg, jan. 2010).

- Dano moral – Salário atrasado por mais de cinco meses – Trabalhador incluído, em consequência, nos cadastros do SPC e Serasa, sendo ainda intimado por atraso no pagamento de pensão alimentícia – Indenização devida, fixada em R$ 5.000,00 (TRT-RS, rel. Des. Rosane Casa Nova, disponível em <www.conjur.com.br>, acesso em 3 mar. 2010).

- Dano moral – Doença ocupacional que levou bancária a aposentadoria precoce – Prescrição da pretensão afastada – Lapso prescricional que começa a fluir a partir da aposentadoria por invalidez, quando a trabalhadora certificou-se da real extensão do dano sofrido e, por conseguinte, de sua incapacidade para o trabalho – Aplicação da Súmula 278 do STJ, segundo a qual "o termo inicial do prazo prescricional, na ação de indenização, é a data em que o segurado teve ciência inequívoca da incapacidade laboral" (TST, RR-93600-44.2008.5.18.0010, 6ª T., rel. Min. Corrêa da Veiga, disponível em <www.editoramagister.com>, acesso em 25 jun. 2010).

- Atraso de salário nem sempre gera o dever de indenizar o trabalhador por danos morais – Ausência de comprovação do abalo emocional sofrido e de outros constrangimentos alegados – Dano moral presumido inadmissível (TST, Proc. RR-296900-91.2007.5.12.0055, 5ª T., rel. Min. Emmanoel Pereira, disponível em <www.editoramagister.com>, acesso em 20 out. 2011).

- Atraso no pagamento de salários não é motivo suficiente para garantir ao empregado indenização por dano moral – Não comprovação da ocorrência de situação objetiva demonstrativa da ocorrência de constrangimento pessoal, da qual se pudesse extrair a hipótese de abalo dos valores inerentes à honra do trabalhador – Indenização indevida (TST, RR-29900-05.2007.5.04.0662, 8ª T., rel. Min. Dora Maria da Costa, disponível em <www.editoramagister.com>, acesso em 27 nov. 2010).

- Desconto indevido de salário – Empresa que efetuou indevidamente desconto de R$ 640,70 do salário do empregado pelo sumiço de três furadeiras – Inocorrência de imputação de conduta ilícita. O desconto indevido de salário não pode ocasionar reparação de ordem moral (TST, RR-722-03.2012.5.03.0135, 5ª T., rel. Min. Caputo Bastos, disponível em <www.conjur.com.br>, acesso em 12 nov. 2013).

- Empregado agredido a tapa por um dos proprietários da empresa – Uso de palavrões e agressões verbais e das expressões "vá embora", "suma daqui, não quero você trabalhando mais aqui" – Indenização por danos morais arbitrados em R$ 20 mil (TST, RR-2000-80.2005.5.17.0007, 5ª T., rel. Min. Kátia Magalhães Arruda, disponível em <www.editoramagister.com>, acesso em 20 jun. 2011).

- Demissão sem justa causa – Possibilidade de gerar danos morais quando ocorre abalo familiar considerável, abalando a saúde mental de outros membros da família do empregado (TRT, 2ª Reg., Proc. 0189000-42.2020.5.02.03720-RO, rel. Des. Valdir Florindo. Disponível em <www.editoramagister.com>, acesso em 24 out. 2011).

6.43. Empreiteiros e construtores – Responsabilidade civil (*v.* Livro II, Título I, Capítulo II (Responsabilidade contratual), Seção VI, *retro*)

6.44. Energia elétrica – Corte indevido – Dano moral

- Corte de energia – Cobrança e interrupção do serviço de energia elétrica indevidas – Ação declaratória de nulidade c/c indenização por dano moral – Determinação de refaturamento das contas referentes ao período questionado, com base na média calculada pelo perito – Dano moral configurado – Responsabilidade objetiva – Valor da indenização fixado em

R$ 1.500,00, observando os princípios da razoabilidade, proporcionalidade e as peculiaridades do caso. Inexistência de excludentes (TJRJ, Apel. 01183932220138190001, *DJe* 19-10-2017).

- Corte de energia elétrica sem aviso prévio para substituição de equipamento de medição – Demora de nove dias no restabelecimento da energia após a regularização – Falha na prestação do serviço – Dano moral configurado – Sentença mantida por seus próprios fundamentos (TJPR, RI 0011520-21.2015.8.16.0030/0, 4ª T. Recursal, rel. Liana de Oliveira Lueders, *DJe* 30-5-2016).

- Ação de indenização por danos morais – Inadimplência – Corte de energia elétrica – Ilegalidade – Ausência de aviso prévio – Valor indenizatório – Minoração – Possibilidade redução que se impõe – Provimento parcial do recurso. Embora haja previsão legal para o corte de energia quando há inadimplência do consumidor, só é lícito quando precedido de aviso prévio. O valor fixado a título de indenização por danos morais deve ser arbitrado com equidade, moderação e eficácia pedagógica, atento à lesão, sob pena de incentivo ao enriquecimento indevido (TJ-MT, Apel. 89224/2013, 1ª Câm., rel. Des. Sebastião Barbosa Farias, *DJe* 01-10-2013).

- Dano moral – Fornecimento de energia elétrica – Ilícito perpetrado pela concessionária – Corte no fornecimento, quando inexistente a alegada falta de pagamento da fatura – Ação de indenização julgada parcialmente procedente – Desnecessidade de comprovação de prejuízo efetivo – Humilhação e revolta pela supressão indevida do fornecimento que, por si só, justifica a indenização – Montante indenitário inalterado, eis que fixado com moderação – Recurso improvido (TJSP, Ap. 936.211-0/3-Franca, 32ª Câmara de Direito Privado, rel. Des. Koitsi Chicuta, j. 3-8-2006).

- Contrato – Prestação de serviços – Fornecimento de energia elétrica – Corte – Alegação de fraude no medidor não demonstrada – Presença de vícios na formação do procedimento administrativo – Confissão de dívida anulada – Devolução das quantias pagas indevidamente – Cabimento – Aplicação do Código de Defesa do Consumidor – Indenização pelo dano moral devida (TJSP, Ap. 986.516-0/4-SP, 31ª Câmara de Direito Privado, rel. Des. Adilson de Araújo, j. 28-11-2006).

- Corte de energia elétrica sem aviso prévio – Inadmissibilidade. É indevida a suspensão do fornecimento de energia elétrica sem a prévia notificação do consumidor. Indenização por dano moral arbitrada em R$ 4.000,00 (TJCE, 7ª Câm. Cív., rel. Des. Durval Aires Filho, disponível em <www.conjur.com.br>, acesso em 18 ago. 2014).

6.45. Falência – Responsabilidade do requerente pelo pedido denegado

- Responsabilidade civil – Ação de indenização por danos morais – Protesto e pedido de falência indevidos – Protesto que reflete na pessoa física representante da pessoa jurídica – Admissibilidade da indenização por dano moral ao sócio da empresa – Montante da indenização arbitrado pela douta Magistrada que revela-se razoável e condizente com a gravidade dos danos sofridos pelo autor, não comportando ser majorado (TJSP, Apel. 9096498-98.2006.8.26.0000, *DJe* 11-8-2011).

■ A ação falimentar, abusivamente proposta pelo credor, é capaz de provocar abalo de crédito ao devedor, bem como danos morais. Tem-se orientado a jurisprudência no sentido de que, para a reparação do dano moral, há necessidade de prova da existência de má-fé do requerente, ainda que tal prova possa ser feita por indícios e presunções. Não será o simples indeferimento do pedido de falência que acarreta inevitavelmente a responsabilidade civil do requerente (TJSP, *RT*, *584*:77).

JURISPRUDÊNCIA

■ Responsabilidade civil – Ação de indenização por danos morais – Protesto e pedido de falência indevidos – Protesto que reflete na pessoa física representante da pessoa jurídica – Admissibilidade da indenização por dano moral ao sócio da empresa – Montante da indenização arbitrado pela douta Magistrada que revela-se razoável e condizente com a gravidade dos danos sofridos pelo autor, não comportando ser majorado (TJSP, Apel. 9096498-98.2006.8.26.0000, *DJe* 11-8-2011).

■ Indenização – Dano moral – Falência – Pedido inadequado – Processo extinto – Dolo, culpa ou má-fé do requerente da quebra não suficientemente demonstrados – Prejuízos, de natureza moral, não comprovados. Verba não devida (*JTJ*, Lex, *230*:256).

■ Indenização – Pedido equivocado de falência – Indícios de boa-fé e de erro escusável – Dificuldade em se fazer a distinção entre as empresas devedoras e a autora – Imediata desistência do pedido e oferecimento de escusas quanto ao erro – Prejuízos materiais ou financeiros não comprovados – Verba não devida (*JTJ*, Lex, *167*:121).

■ Indenização – Dano moral – Falência. Responde por perdas e danos, na forma do art. 159 do Código Civil [*de 1916, correspondente ao art. 186 do atual diploma*], o credor que, dolosa ou culposamente, requerer a falência de seu devedor fundada em título parcialmente quitado, prejudicando, assim, a vida comercial da firma. Caso a falida tenha concorrido na concretização do resultado, impõe-se a redução da verba indenizatória pela metade (*RT*, *743*:269).

6.46. Fato da coisa e do animal – Responsabilidade (*v.* Livro II, Título I, Capítulo I (Responsabilidade Extracontratual), Seções III e IV, *retro*)

6.47. Falta de afeto, abandono e rejeição dos filhos – Dano moral (*v.* n. 6.1, Abandono afetivo – Dano moral, *retro*)

Algumas decisões, especialmente de São Paulo, Minas Gerais e Rio Grande do Sul, têm acolhido a pretensão de filhos que se dizem abandonados ou rejeitados pelos pais, sofrendo transtornos psíquicos em razão da falta de carinho e de afeto na infância e na juventude. Não basta pagar a pensão alimentícia e fornecer os meios de subsistência dos filhos. Queixam-se estes do descaso, da indiferença e da rejeição dos pais, tendo alguns obtido o reconhecimento judicial do direito à indenização como compensação pelos danos morais, ao fundamento de que a educação abrange não somente a escolaridade, mas também a convivência familiar, o afeto, o amor, o carinho, devendo o descaso entre pais e filhos ser punido severamente por constituir abandono moral grave.

A questão é extremamente polêmica, dividindo opiniões. O Tribunal de Justiça do Rio de Janeiro, de forma diametralmente oposta, proclamou: "Não há amparo legal, por mais criativo que possa ser o julgador, que assegure ao filho indenização por falta de afeto e carinho. Muito menos já passados mais de quarenta anos de ausência e descaso. Por óbvio, ninguém está obrigado a conceder amor ou afeto a outrem, mesmo que seja filho. Da mesma forma, ninguém está obrigado a odiar seu semelhante. Não há norma jurídica cogente que ampare entendimento diverso, situando-se a questão no campo exclusivo da moral, sendo certo, outrossim, que, sobre o tema, o direito positivo impõe ao pai o dever de assistência material, na forma de pensionamento e outras necessidades palpáveis, observadas na lei" (Ap. 2004.001.13664, 4ª Câm., rel. Des. Mário dos Santos Paulo, *DJe* 4-11-2004).

A questão é delicada, devendo os juízes ser cautelosos na análise de cada caso, para evitar que o Poder Judiciário seja usado, por mágoa ou outro sentimento menos nobre, como instrumento de vingança contra os pais ausentes ou negligentes no trato com os filhos. Somente em casos especiais, em que fique cabalmente demonstrada a influência negativa do descaso dos pais na formação e no desenvolvimento dos filhos, com rejeição pública e humilhante, justifica-se o pedido de indenização por danos morais. Simples desamor e falta de afeto não bastam.

Não se pode olvidar que, em muitos casos, a separação dos pais se dá de forma traumática, dificultando o relacionamento, com os filhos, do cônjuge que não ficou com a guarda. É bastante comum que a mãe, sofrida e desencantada com a ruptura da sociedade conjugal, crie obstáculos ao relacionamento do pai com a prole comum.

Todas essas circunstâncias devem ser levadas em consideração no julgamento de casos dessa natureza, especialmente para não transformar as relações familiares em vindita ou em jogo de interesses econômicos.

Nessa linha, decidiu o Tribunal de Justiça do Rio Grande do Sul:

"Indenização por dano moral – Alimentos fixados – Alegação de união estável e de abandono e estado depressivo – Varão casado – Descabimento.

A 4ª Câmara de Direito Privado do Tribunal de Justiça de São Paulo, em janeiro de 2010, por maioria de votos, mesmo reconhecendo que não há o que indenizar se a ação de indenização por abandono afetivo está amparada exclusivamente nos efeitos do desamor, decidiu que o fato de o filho ter deficiência física ostensiva (deformidade congênita na orelha) e que embaraça sua adaptabilidade influiu no afastamento do pai, agravando a sua conduta, anotando o relator, Des. Ênio Zuliani, que de nada valerá a sociedade proteger as pessoas portadoras de cuidados especiais se o descaso de familiares age em sentido inverso, porque o desinteresse atinge proporções discriminatórias. Votou vencido o Des. Maia da Cunha, argumentando que a deformação física na orelha do rapaz não foi a causa da falta de relacionamento entre pai e filho. No seu entender, o dano psíquico, mesmo quando existe, não pode acarretar indenização de quem poderia e não deu afeto e amor (Revista *Consultor Jurídico*, 23-1-2010).

A 4ª Turma do Superior Tribunal de Justiça, por sua vez, por maioria, decidiu que não cabe indenização por dano moral decorrente de abandono afetivo. Na ação indenizatória proposta contra o pai por abandono afetivo, o filho afirmou que, apesar de sempre ter recebido pensão alimentícia, tentou várias vezes uma aproximação com ele, mas recebeu apenas "abandono, rejeição e frieza".

Em primeira instância, a ação foi julgada improcedente, mas o extinto Tribunal de Alçada de Minas Gerais acabou reconhecendo o direito à indenização por dano moral e psíquico causado pelo abandono do pai, e fixou a indenização em 200 salários mínimos, por entender que "a responsabilidade (pelo filho) não se pauta tão somente no dever de alimentar, mas se insere no dever de possibilitar o desenvolvimento humano dos filhos, baseado no princípio da dignidade da pessoa humana".

No recurso endereçado ao Superior Tribunal de Justiça, o pai alegou que a indenização era abusiva e representava "a monetarização do amor". Sustentou, também, que a ação havia sido proposta por inconformismo da mãe, depois de tomar conhecimento de uma revisional de alimentos, na qual o pai pretendia reduzir o valor da pensão alimentícia, e afirmou que, a despeito de o filho ter atingido a maioridade, pagava-lhe pensão até hoje.

Tais argumentos foram acolhidos, por maioria, pela 4ª Câmara da aludida Corte. O Ministro Barros Monteiro, único a votar pelo não conhecimento do recurso, salientou que, ao lado da assistência econômica, o genitor tem o dever de assistir moral e afetivamente o filho, e só estaria desobrigado de pagar a indenização se comprovasse a ocorrência de motivo maior para o abandono.

Os demais ministros entenderam que a lei prevê, como punição, apenas a perda do poder familiar (antigo pátrio poder) e consideraram que, por maior que seja o sofrimento do filho, o direito de família tem princípios próprios, que não podem ser contaminados por outros, com significações de ordem patrimonial. O relator, Ministro Fernando Gonçalves, concluiu que não há como reconhecer o abandono afetivo como passível de indenização e deu provimento ao recurso interposto pelo pai "para afastar a possibilidade de indenização nos casos de abandono moral" (REsp 959.411-MG, j. 29-11-2005).

O acórdão tem a seguinte ementa: "A indenização por dano moral pressupõe a prática de ato ilícito, não rendendo ensejo à aplicabilidade da norma do artigo 159 do Código Civil de 1916 o abandono afetivo, incapaz de reparação pecuniária".

Interposto recurso extraordinário ao *Supremo Tribunal Federal*, por ofensa aos arts. 1º e 5º, V e X, e art. 229 da Constituição Federal, recebeu ele o número 567.164-MG e foi distribuído à Min. Ellen Gracie, que, todavia, dele não conheceu em razão da impossibilidade da análise dos fatos e das provas contidas nos autos (Súmula 279).

Guilherme Calmon Nogueira da Gama e Helen Cristina Leite de Lima Orleans, em artigo publicado na *Revista Brasileira de Direito das Famílias e Sucessões*, editada pelo IBDFAM e pela Editora Magister (n. 24, out./nov. 2011, p. 112-113), afirmam que "A Constituição Federal impõe uma série de deveres aos pais, dentre os quais se destacam a criação, educação e assistência dos filhos. Essas condutas não podem ser consideradas meras obrigações morais, mas sim dotadas de cunho jurídico, justificando a possibilidade de reparação por abandono moral. O que fundamentará a responsabilização não será um direito subjetivo ao afeto, mas sim o descumprimento dessas normas".

Na sequência, aduzem: "Para o pleno desenvolvimento da criança, não basta a observância de obrigações de cunho meramente patrimonial, como o adimplemento de alimentos. A responsabilidade paterna possui um conteúdo muito mais amplo, notadamente de feições existenciais. A formação do menor como pessoa exige a efetiva presença e educação, tanto por parte do pai como da mãe. Deste modo, torna-se imprescindível uma mudança de paradigma jurídico e social: a cultura da paternidade irresponsável deve ser substituída pela consciência da necessária participação de ambos os genitores no processo de desenvolvimento do filho, cada qual cumprindo sua função".

Nessa linha, proclamou a 3ª Turma do Superior Tribunal de Justiça que se deve considerar que a negligência em relação ao objetivo dever de cuidado é ilícito civil e, desse modo, importa, para a caracterização do dever de indenizar, estabelecer a existência de dano e do necessário nexo causal.

Frisou a Relatora, Min. Nancy Andrighi, que, "negar ao cuidado o *status* de obrigação legal importa na vulneração da membrana constitucional de proteção ao menor e adolescente, cristalizada, na parte final do dispositivo citado ('art. 227'): '(...) *além de colocá-los a salvo de toda a forma de negligência (...)*'. Alçando-se, no entanto, o cuidado à categoria de obrigação legal supera-se o grande empeço sempre declinado quando se discute o abandono afetivo – a impossibilidade de se obrigar a amar. *Aqui não se fala ou se discute o amar e, sim, a imposição biológica e legal de cuidar, que é dever jurídico, corolário da liberdade das pessoas de gerarem ou adotarem filhos. (...) 'Em suma, amar é faculdade, cuidar é dever'"*.

Em conclusão, aduziu: "A comprovação que essa imposição legal foi descumprida implica, por certo, a ocorrência de ilicitude civil, sob a forma de omissão, pois na hipótese o *non facere* que atinge um bem juridicamente tutelado, leia-se, o necessário dever de criação, educação e companhia – de cuidado – importa em vulneração da imposição legal" (REsp 1.159.242-SP, 3ª T., rel. Min. Nancy Andrighi, j. 24-4-2012, *DJe* 10 maio 2012).

Observa-se que a jurisprudência se consolidou no sentido de que abandono afetivo, por si só, não constitui fundamento para ação indenizatória por dano moral. Eventual pretensão, de caráter econômico, deve fundar-se na prática de ilícito civil, consistente na infração ao dever constitucional de cuidar dos filhos. Necessária se mostra, então, a comprovação dos requisitos da responsabilidade civil subjetiva decorrente da prática de ato ilícito, quais sejam, ação ou omissão, culpa, relação de causalidade e dano.

Confira-se, nesse sentido, a *Tese consolidada pelo Superior Tribunal de Justiça* e divulgada em maio de 2019: "O abandono afetivo de filho, em regra, não gera dano moral indenizável, podendo, em hipóteses excepcionais, se comprovada a ocorrência de ilícito civil que ultrapasse o mero dissabor, ser reconhecida a existência do dever de indenizar".

O Tribunal de Justiça do Rio Grande do Sul, por outro lado, ao negar a pretensão indenizatória por falta de afeto, ressaltou que este "é conquista e reclama reciprocidade, não sendo possível compelir uma pessoa a amar outra. E o amor não pode ser imposto, nem entre os genitores, nem entre pais e filhos" (TJRS, 7ª Câm. Cív., rel. Des. Sérgio Fernando de Vasconcellos Chaves, disponível em <www.editoramagister.com>, acesso em 10 out. 2011).

A mesma Corte, d'outra feita, declarou que abandono afetivo, por si só, não causa abalo moral. Observou a Relatora, Des. Liselena S. Robles Ribeiro, que o distanciamento afetivo entre pais e filhos não é situação capaz de gerar dano moral, nem implica ofensa ao princípio da dignidade da pessoa humana. É mero fato da vida. Asseverou ainda a mencionada Relatora que, no caso em julgamento, o pedido reparatório nada tinha a ver com direito de personalidade, direitos fundamentais ou com qualquer garantia constitucional, constituindo mera pretensão indenizatória, com caráter econômico. E concluiu: "O Código Civil prevê a possibilidade de reparação de dano por ato ilícito, nos termos do art. 186 do Código Civil. Mas essa violação precisa ser provada, e o autor não soube fazê-lo" (Ap. 70.053.030.284. 7ª Câm. Cív., j. 7-2-2013).

A 4ª Turma do Superior Tribunal de Justiça firmou entendimento de que o *prazo prescricional* das ações de indenização por abandono afetivo começa a fluir quando o interessado atinge a maioridade e se extingue, assim, o poder familiar (Rel. Min. Luis Felipe Salomão, disponível em <www.conjur.com.br>, acesso em 26 set. 2012).

JURISPRUDÊNCIA

- Abandono afetivo – Dano moral. O descumprimento da obrigação pelo pai, que, apesar de dispor de recursos, deixa de prestar assistência material ao filho, não proporcionando a este condições dignas de sobrevivência e causando danos à sua integridade física, moral, intelectual e psicológica, configura ilícito civil, nos termos do art. 186 do Código Civil. Estabelecida a correlação entre a omissão voluntária e injustificada do pai quanto ao amparo material e os danos morais ao filho dali decorrentes, é possível a condenação ao pagamento de reparação por danos morais, com fulcro também no princípio constitucional da dignidade da pessoa humana. Recurso especial improvido (STJ, Res 1.087.561-RS, 4ª T., rel. Min. Raul Araújo, *DJe* 18-8-2017).

- Abandono afetivo – Reparação – Comprovação de prática de ato ilícito. Por não haver, *in casu*, nenhuma possibilidade de reparação a que alude o art. 186 do CC, que pressupõe prática de ato ilícito, não há como reconhecer o abandono afetivo como dano passível de reparação (TJMG, Ap. 1.0647.15.013215-5/001, rel. Des. Saldanha da Fonseca, *DJe* 15-5-2017).

- Abandono afetivo – Dano moral. A pretensão de indenização pelos danos sofridos em razão da ausência do pai não procede, haja vista que para a configuração do dano moral faz-se necessário prática de ato ilícito. Beligerância entre os genitores (TJRS, 0048476-69.2017.8.21.7000, 7ª Câm., rel. Des. Jorge Luís Dall'Agnol, *DJe* 4-5-2017).

- Abandono afetivo – Dano moral – Indenização – Necessidade de prova de conduta omissiva do pai em relação ao filho. A jurisprudência pátria vem admitindo a possibilidade de dano afetivo suscetível de ser indenizado, desde que bem caracterizada violação aos deveres extrapatrimoniais integrantes do poder familiar, configurando traumas expressivos ou sofrimento intenso ao ofendido. Inocorrência na espécie. Depoimentos pessoais e testemunhais altamente controvertidos. Necessidade de prova de efetiva conduta omissiva do pai em relação à filha, do abalo psicológico e do nexo de causalidade. Alegação genérica não amparada em elementos de prova (TJSP, Ap. 0006195-03.2014.8.26.0360, 10ª Câm. Dir. Privado, rel. Des. J. B. Paula Lima, *DJe* 2-9-2016).

6.48. Festa de casamento frustrada

- Festa de casamento – Buffet – Equívoco – Serviço diverso do contratado – Reparação de danos morais. Presença de dois contratos de buffet para o mesmo casamento. Na dúvida entre qual contrato aplicar – considerando que ambos foram devidamente assinados pelas partes na mesma data e pelo mesmo valor – deve ser aplicado aquele que beneficia o consumidor, parte vulnerável na relação, que acreditou contratar certo serviço por se adequar às suas justas expectativas, não sendo razoável que se sustente que a quantia cobrada era apenas para fornecimento de frios e salgadinhos na festa, mas sim para realização do churrasco pretendido. Embora não haja prova da má-fé por parte do Buffet, no mínimo houve falta de diligência e organização, desatenção em formalizar dois contratos completamente distintos com o mesmo contratante e para a mesma data, mas com conteúdos distintos, um prevendo a realização de churrasco e outro prevendo apenas a entrega de frios e salgadinhos, sem churrasco. Indenização devida que se mostra o meio mais plausível para a reparação (TJSP, Ap. 9000007-41.2008.8.26.0038, *DJe* 8-5-2015).

■ Ação de indenização por dano moral – Locação de espaço para recepção de casamento parcialmente frustrada por ato de preposto do réu – Preliminar de ilegitimidade – Rejeição – Responsabilidade subjetiva – Dano moral comprovado. Não é suficiente para eximir a responsabilidade do réu o fato de ser o causador do ato ilícito funcionário terceirizado. Considerando que as partes celebraram contrato de locação de espaço físico para realização de uma recepção de casamento, inviável é a aplicação das disposições do Código de Defesa do Consumidor. Não há dúvidas de que os autores experimentaram imenso dissabor e constrangimento, pois, no dia de seu casamento, viram a festa de comemoração ser interrompida em razão da má prestação do serviço do réu (TJMG, Ap. 10024080571243001, *DJe* 4-3-2013).

■ Danos morais e materiais – Recepção de casamento frustrada – Falha na prestação de serviço da ré – Art. 14 do CDC – Obrigação de indenizar. Tendo a festa de casamento da autora restado frustrada, em virtude do não comparecimento do *buffet* na hora marcada para o evento, deve a ré, responsável por tal serviço, indenizar a autora pelos prejuízos materiais sofridos com o inadimplemento contratual. A responsabilidade ou ressarcibilidade do dano moral é pacífica na doutrina e na jurisprudência, mormente após o advento da CF – art. 5º, V e X, estando hoje sumulada pelo STJ sob o n. 37. *In casu*, induvidosa a configuração de dano moral, sendo incontestes o dissabor e o constrangimento experimentados pela autora que, no dia de seu casamento, teve sua festa de comemoração frustrada por falha na prestação dos serviços contratados com a ré (TJMG, Ap. 1.0024.05.6264005/001, 17ª Câm. Cív., rel. Des. Eduardo Marine da Cunha, *DJe* 11-5-2006).

6.49. Fotos – Atraso na entrega – Indenização devida

■ Dano moral – Contratação do serviço de filmagem de festa de casamento – Perda das imagens em razão de dano no equipamento de armazenamento – Previsibilidade do evento danoso por ser inerente à atividade – Negligência do fornecedor em não possuir cópia do arquivo digital – Montante indenizatório (R$ 10.000,00 reais) razoável – Sentença mantida (TJMS, Ap. 0807220.49.2013.8.12.0002, 5ª Câm. Cív., rel. Des. Vladimir Abreu da Silva, j. 31-1-2017).

■ Casamento – Contrato de prestação de serviços de filmagem e fotografia – Objeto do ajuste parcialmente cumprido – Filmagem danificada de modo irreversível – Dano moral configurado – Indenização devida (TJDF, Apel. 0701967.56.2017.8.07.0007, *DJe* 5-9-2017).

■ Indenização por dano moral – Prestação de serviço de fotografia e filmagem em casamento – Descumprimento do contrato – Ausência de excludentes da responsabilidade do prestador de serviço – Dano moral presumível e indenizável *in re ipsa*. *Quantum* arbitrado – Razoabilidade e adequação – Sentença mantida (TJSP, Apel. 1031825-07.2016.8.26.0576, *DJe* 10-8-2017).

■ O atraso na entrega de fotos de casamento gera indenização. A demora de meses para a entrega do material de fotografia e filmagem, relacionado a importante momento na vida do casal, acarretou transtorno e sofrimento desnecessários à autora, mormente porque fez exsurgir dúvida se receberia o registro do evento tal como contratado, sem contar que foi obrigada a se socorrer do Poder Judiciário para fazer valer seu direito. Indenização por danos morais fixada em R$ 5.000,00 (TJSP, Ap. 0023464-24.2012.8.26.0005, 30ª Câm. de Dir. Priv., rel. Des. Marcos Ramos, *DJe* 24-1-2014).

■ Fotos íntimas – Publicação por vingança de fotos íntimas da autora e do casal em posição sexual. A imagem é objeto de direito subjetivo privado, uma espécie de direito de personalidade, e, sendo assim, o seu titular pode optar por desfrutá-la ou impedir que qualquer outro a utilize. A veiculação das imagens da ex-BBB na internet aconteceu em razão de sentimento de vingança e não com o propósito de informar, esclarecer ou atender a algum interesse de ordem econômica – hipóteses que não dependem do consentimento do dono da imagem. Indenização arbitrada em R$ 10.000,00 (TJSP, Ap. 0139935-32.2012.8.26.0100, 6ª Câm. de Dir. Priv., rel. Des. Paulo Alcides Amaral Salles, disponível em <www.conjur.com.br>, acesso em 2 dez. 2013).

6.50. Gravidez – Interrupção provocada por acidente

■ Acidente de trânsito – Dano moral – Passageira de veículo de transporte coletivo de passageiros que teve frustrada a expectativa de nascimento de seu filho, em face da abrupta interrupção da gravidez causada pelos ferimentos sofridos em virtude do evento danoso – Verba devida ao marido da vítima. É devida indenização a título de dano moral ao marido da vítima, passageira de veículo de transporte coletivo de passageiros, envolvido em acidente de trânsito, que teve frustrada a expectativa de nascimento do seu filho, em face da abrupta interrupção da gravidez de sua esposa, causada pelos ferimentos sofridos em virtude do evento danoso (*RT, 759*:348).

■ Acidente automobilístico – Aborto – Ação de cobrança – Seguro obrigatório – DPVAT – Procedência do pedido – Enquadramento jurídico do nascituro – Art. 2º do Código Civil – Ordenamento jurídico que acentua a condição de pessoa do nascituro. Vida intrauterina – Perecimento – Indenização devida. Mesmo que se adote qualquer das outras duas teorias restritivas, há de se reconhecer a titularidade de direitos da personalidade ao nascituro, dos quais o direito à vida é o mais importante. Garantir ao nascituro expectativas de direito, ou mesmo direitos condicionados ao nascimento, só faz sentido se lhe for garantido também o direito de nascer, o direito à vida, que é direito pressuposto a todos os demais. Portanto, é procedente o pedido de indenização referente ao seguro DPVAT, com base no que dispõe o art. 3º da Lei n. 6.194/1974. Se o preceito legal garante indenização por morte, o aborto causado pelo acidente subsume-se à perfeição ao comando normativo, haja vista que outra coisa não ocorreu, senão a morte do nascituro, ou o perecimento de uma vida intrauterina (STJ, REsp 1.415.727-SC, 4ª T., rel. Min. Luis Felipe Salomão, *DJe* 29-9-2014).

6.51. Imagem (própria) – Violação do direito (v. Livro II, Título I, Capítulo I, Seção I, n. 11, *retro*)

6.52. Intimidade (direito) – Reparação da ofensa

Preleciona Maria Helena Diniz que o "direito à privacidade da pessoa (CF, art. 5º, X) contém interesses jurídicos, de sorte que o sujeito de direito pode impedir intromissões, vedando qualquer invasão em sua esfera privada ou íntima (CF, art. 5º, XI). Constituem ofensas ao direito à intimidade: violação de domicílio alheio (*RT, 152*:63, *176*:117, *188*:575, *201*:93, *208*:398, *209*:319; *RF, 138*:576) ou de correspondência (CF, arts. 5º, XII, 1ª alínea, 136, § 1º, I; 139, III, 1ª alínea; *RT, 172*:82, *201*:566); uso de drogas ou de meios eletrônicos para obrigar alguém a revelar fatos de sua vida particular ou segredo profissional; emprego de binóculos para espiar o que ocorre no interior de uma casa; instalação de aparelhos (microfones, gravadores, fotocopiadores, filmadores) para captar sub-repticiamente conversas, imagens (p. ex., o caso de Jacqueline Onassis, que foi fotografada nua na ilha grega de Skórpios), ou copiar documentos, dentro de uma residência ou repartição onde se trabalha; intrusão injustificada no retraimento ou isolamento de uma pessoa, observando-a, seguindo-a, chamando-a continuamente pelo telefone, escrevendo-lhe etc.; e interceptação de conversas telefônicas (CF, arts. 5º, XII, 2ª alínea, 136, § 1º, I, *c*). Em todos esses casos haverá dano, cujo ressarcimento não pode ser colocado em dúvida" (*Direito civil*, cit., v. 7, p. 105).

Acrescenta a notável civilista citada: "A intimidade é a zona espiritual íntima e reservada de uma pessoa ou de um grupo de indivíduos, constituindo um direito da personalidade, daí o interesse jurídico pelo respeito à esfera privada. Desse modo, o autor da intrusão arbitrária à intimidade alheia deverá pagar uma indenização pecuniária, fixada pelo órgão judicante de acordo com as circunstâncias, para reparar dano moral ou patrimonial que causou. Além disso, deverá o magistrado ordenar medida que obrigue o ofensor a cessar suas ingerências na intimidade alheia, se estas ainda continuarem e, se possível, deverá exigir o restabelecimento da situação anterior à violação, a expensas do lesante, como, p. ex., a destruição da coisa produzida pelo atentado à intimidade" (*Direito civil*, cit., p. 105).

Dispõe o art. 21 do Código Civil: "A vida privada da pessoa natural é inviolável, e o juiz, a requerimento do interessado, adotará as providências necessárias para impedir ou fazer cessar ato contrário a esta norma". O dispositivo, em consonância com o disposto no mencionado art. 5º, X, da Constituição Federal, protege todos os aspectos da intimidade da pessoa, concedendo ao prejudicado a prerrogativa de pleitear que cesse o ato abusivo ou ilegal. Caso o dano, material ou moral, já tenha ocorrido, o direito à indenização é assegurado expressamente pela norma constitucional mencionada.

JURISPRUDÊNCIA

■ Ação de indenização – Divulgação de fotos na internet – Liberdade de expressão – Extrapolação de imagem – Dignidade – Intimidade – Privacidade – Direitos violados – Dano moral. A divulgação na internet, para conhecidos e desconhecidos, de imagens e comentários, maculando a honra pessoal e a imagem profissional da vítima em ofensiva publicação, a extrapolar o direito de liberdade de expressão, enseja a reparação por dano moral, já que configura violação aos direitos da personalidade (imagem, dignidade e **intimidade**) (TJDF, Apel. 20150110553357, *DJe* 7-2-2018).

- Falsa acusação de crime em redes sociais – Dano moral. Acusar alguém falsamente de crime nas redes sociais ofende os direitos de personalidade da pessoa, mesmo que ela não seja identificada na publicação (postagem em que se divulga a placa do veículo da ofendida). Ativista de direitos dos animais acusada de abandono de animal doméstico (um gato), jogado pela janela do carro – Fato não comprovado. Condenação da acusada a reparar os danos morais causados (TJRS, Ap. 70.074.801.366, 10ª Câm. Cív., rel. Des. Marcelo Cezar Müller, Revista *Consultor Jurídico*, 10-11-2017).

- Ação cominatória – Críticas à administração de Município proferidas em blog na internet – Referências à empresa demandante. Ofensa ao direito de imagem e à intimidade da autora. Direito da parte de não ter o seu nome relacionado a disputas ou discussões políticas às quais afirma não estar engajada e das quais pode resultar embaraço à sua atuação. Sentença mantida (TJRS, Ap. 70.069.736.878, 10ª Câm., rel. Des. Jorge Schreiner Pestana, *DJe* 11-10-2016).

- Responsabilidade civil – Ação de indenização por danos morais – Provedor de Internet – *Site* de busca – Informações sobre o autor – Alegação de violação do direito à intimidade e à privacidade – Inexistência de ato ilícito – Improcedência do pleito. A demandada não tem ingerência sobre o teor das páginas criadas/mantidas por terceiros, os denominados "hospedeiros". Assim, não há falar em indenização por danos morais (TJRS, Ap. 70.048.683.353, *DJe* 20-7-2012).

- Divulgação de vídeo em rede social – Danos morais. O compartilhamento de vídeo em grupo virtual de rede social com mensagem depreciativa, contendo em conjunto a foto e identificação da pessoa, com imputação de fatos graves e não comprovados, é ato capaz de macular a imagem e honra (TJDFT, Ap. 07202284720188070003, 4ª T., rel. Min. Luís Gustavo B. de Oliveira, *DJe* 10-9-2021).

6.53. Investigação de paternidade e dano moral

- Responsabilidade civil – Indenização por danos materiais e morais – Atribuição de falsa paternidade – Existência de exame anterior com diagnóstico de impotência *generandi* e confirmado depois do conhecimento da gravidez – Assunção das responsabilidades da paternidade, antes da realização do exame de DNA, por mera liberalidade – Improcedência mantida (TJSP, Ap. 0016245-54.2012.8.26.0006, *DJe* 1º-11-2017).

- Ação de indenização por danos materiais e morais – Realização de exame de DNA, resultando excluída a paternidade do autor em relação à filha em comum com a apelada. Os alimentos pagos à menor para prover as condições de sua subsistência são irrepetíveis e incompensáveis. Danos materiais afastados. A ação ou omissão que lesiona interesse moral ou material de um indivíduo impõe o dever de reparação dos danos acarretados ao lesado a fim de se restabelecer o equilíbrio pessoal e social buscado pelo direito. O cônjuge que deliberadamente omite a verdadeira paternidade biológica da filha gerada na constância do matrimônio viola o dever de boa-fé. Dano moral devidos (TJSP, Ap. 0017768-50.2009.8.26.0348, *DJe* 9-11-2016).

- Investigação de paternidade – Resistência do réu, apresentando contestação – Fato que, por si só, não justifica a condenação ao pagamento de indenização por dano moral. Somente cabe condenação em dano moral se o comportamento do investigado tipifica ato ilícito, na recusa ao reconhecimento do filho. Hipótese em que o investigado se defendeu, mas não deixou de comparecer à perícia, para o esclarecimento do vínculo biológico, nem usou expedientes de cunho protelatório, para retardar o reconhecimento da paternidade, que afinal foi declarada – Verba indevida (TJRS, EI 70.000.271.379, rel. Des. Antonio Carlos Stangler Pereira, j. 11-8-2000).

6.54. Irmãos da vítima – Legitimidade e interesse em pleitear reparação por dano moral

V., também, *Ofendido, cônjuge, companheiro, membros da família, noivos, sócios etc.*, in Livro II, Título IV, Capítulo I, n. 4.2.1, *retro*.

- Indenizatória – Legitimidade e interesse dos irmãos da vítima – Atropelamento em via pública – Falecimento de transeunte – Irmãos que viviam em residências separadas. Legitimidade do autor para postular em Juízo reparação por danos morais. Eventual investigação sobre o real afeto existente entre os irmãos "não ultrapassa a esfera das meras elucubrações". Vítima que de forma imprudente atravessou a via férrea em local não apropriado, agindo com imprudência. Concorrência de causas a mitigar a responsabilidade objetiva da ré (TJRJ, Ap. 0310990862011819001, *DJe* 15-6-2016).

- Responsabilidade civil – Atropelamento em via férrea – Morte da vítima – Danos morais aos irmãos – Cabimento – Despesas de funeral e sepultamento – Prova – Desnecessidade. Presume-se que o dano moral na hipótese de morte de parente, tendo em vista que o trauma e o sentimento causado pela perda da pessoa amada são inerentes aos familiares próximos à vítima. Os irmãos, vítimas por ricochete, têm direito de requerer a indenização pelo sofrimento da perda do ente querido, sendo desnecessária a prova do abalo íntimo. No entanto, o valor indenizatório pode variar, dependendo do grau de parentesco ou proximidade, pois o sofrimento pela morte de familiar atinge os membros do núcleo familiar em gradações diversas, o que deve ser observado pelo magistrado para arbitrar o valor da reparação. Na presente hipótese, foi fixada a indenização por danos morais aos irmãos da vítima no valor correspondente a R$ 15.000,00 (quinze mil reais), quantia razoável e proporcional ao montante arbitrado aos genitores (R$ 30.000,00). Segundo a jurisprudência desta Corte, não se exige a prova do valor efetivamente desembolsado com despesas de funeral e sepultamento, em face da inevitabilidade de tais gastos (STJ, AgInt no REsp 1.165.102-RJ, 4ª T., rel. Min. Raul Araújo, *DJe* 07-12-2016).

- Dano moral – Morte de irmã – Admissibilidade – Ausência de dependência econômica – Irrelevância. A indenização por dano moral tem natureza extrapatrimonial e origem, em caso de morte, na dor, no sofrimento e no trauma dos familiares próximos das vítimas. Irrelevante, assim, que os autores do pedido não dependessem economicamente da vítima. Os irmãos possuem legitimidade para postular reparação por dano moral decorrente da morte de irmã, cabendo apenas a demonstração de que vieram a sofrer intimamente com o trágico acontecimento, presumindo-se esse dano quando se tratar de menores de tenra idade, que viviam sob o mesmo teto (STJ, REsp 160.125-DF, 4ª T., rel. Min. Sálvio de Figueiredo Teixeira, *DJU*, 24 maio 1999, Seção I, p. 172).

- Dano moral – Ação proposta por irmão do falecido – Legitimidade *ad causam* – O irmão do falecido é considerado parte legítima para ajuizar ação de indenização por danos morais, uma vez que não há disposição legal que restrinja ou limite a legitimidade para postular tal ação. No entanto, *in casu*, carece de interesse de agir, uma vez que em ação precedente o pai já havia obtido a condenação do réu pelo mesmo fato, sendo certo que à época o autor era menor e formava com o pai um núcleo familiar (*RT, 811*:265).

6.55. Lesão corporal – Indenização (*v*. Capítulo II, Seção II, n. 2, *infra*)

6.56. Liberdade pessoal – Responsabilidade no caso de ofensa (*v*. Capítulo II, Seção II, n. 3, *infra*)

6.57. Linha telefônica – Bloqueio

Constitui prática abusiva cobrar ligação telefônica que não foi feita pelo consumidor, insistindo o fornecedor nessa postura a ponto de cortar ou bloquear a linha indevidamente. Tem-se decidido que "a ofensa daí decorrente atinge a dignidade do usuário, pelo que não pode ser considerada aborrecimento comum. Além de privar o consumidor do serviço telefônico por tempo expressivo, o corte de linha ainda o coloca em situação vexatória perante si próprio e a sua família, pois contém implícita a pecha de mau pagador" (TJRJ, Ap. 2001.001.18453, 2ª Câm. Cív., rel. Des. Sérgio Cavalieri Filho, j. 6-11-2001).

JURISPRUDÊNCIA

- Ação de indenização por danos morais – Telefonia – Bloqueio de linhas móveis – Inadimplência por 09 dias – Medida que não se mostra razoável no caso concreto – Inteligência do Enunciado 1.5 desta Turma Recursal – Observância do art. 51 da Resolução 477 da ANATEL – Dano moral configurado – Sentença mantida – Recurso conhecido e não provido (TJPR, RI 0001293-43-2015.8.16.0071/0, 34ª T. Recursal, rel. James Hamilton de Oliveira, *DJe* 2-8-2016).

- Ação de indenização por danos morais – Bloqueio linha telefônica – Inadimplência – Exercício regular do direito – Danos morais não configurados – Recurso provido – Presente um dos requisitos do art. 6º, VIII, do CDC, é cabível a inversão do ônus da prova. Age no exercício regular de um direito que lhe assiste a operadora de telefonia que bloqueia linha telefônica em virtude de inadimplência do consumidor que a utiliza (TJMG, Apel. 101451206611300001, *DJe* 16-5-2014).

- Ação indenizatória por danos morais – Linha bloqueada – Falha na prestação do serviço – Dano moral *in re ipsa* – Sentença determinando o desbloqueio da linha e condenando a ré ao pagamento de indenização por danos morais no valor de R$ 5.000,00 – Alegação da ré de que não consta em seus cadastros pagamento da fatura. Destaca que, se houve pagamento, este possivelmente não foi repassado à ré pelo banco, o que elide assim eventual responsabilidade pela falha na prestação do serviço – Caracterizada falha na prestação do serviço – Indenização que deve ser reduzida para R$ 3.000,00 (três mil reais). *Astreinte* para caso de descumprimento da obrigação mantida em R$ 500,00 diários, limitando este Relator ao patamar de R$ 10.000,00. Recurso parcialmente provido (TJRJ, Ap. 00014595120148190031, *DJe* 2001-2016).

■ Telefonia celular – Ação declaratória de inexistência de débito – Inversão do ônus da prova. Em se tratando de relação de consumo, impera a regra da inversão do ônus da prova, a qual é perfeitamente aplicável no momento da prolação da sentença, não havendo falar em violação ao princípio da ampla defesa. É da prestadora do serviço de telefonia o dever de provar a existência de relação negocial entre as partes e o débito, ônus do qual não se desincumbiu, não se admitindo atribuir ao consumidor a produção de prova negativa (TJRS, Ap. 70.006.154.223, 18ª Câm. Cív., rel. Des. Lopes Nunes, j. 13-10-2005).

■ Dano moral – Bloqueio indevido de celular que teve linha clonada. Cabível a imputação de responsabilidade à empresa de telefonia, independentemente de culpa, em razão da prestação do serviço de forma defeituosa e por não ter diligenciado adequadamente para prestação de garantia do serviço ao usuário (TJRS, Ap. 70.014.978.621, 9ª Câm. Cív., rel. Des. Odon Sanguiné, j. 9-8-2006).

■ Indenização – Corte de linha telefônica usada para conexão à Internet – Responsabilidade do assinante por débito do anterior titular da linha reconhecida – Inocorrência de dano moral. O corte de linha telefônica residencial utilizada para conexão à Internet não é, por si só, suficiente para se inferir a ocorrência do alegado dano moral, constituindo mero aborrecimento (STJ, rel. Min. Humberto Gomes de Barros, j. 21-8-2006).

■ Indenização – Dano moral – Suspensão ou bloqueio do fornecimento de serviços telefônicos – Dissabor do cotidiano que não atinge a esfera íntima dos direitos da personalidade – Verba indevida (TJDF, *RT*, *838*:284).

6.58. Locação da coisa – Responsabilidade civil (*v.* Livro II, Título I, Capítulo II (Responsabilidade contratual), Seção VIII, *retro*)

6.59. Marca – Uso indevido

■ Propriedade industrial – Uso indevido de marca de empresa – Semelhança de forma – Dano material – Ocorrência – Presunção – Dano moral – Aferição – *In re ipsa* – Decorrente do próprio ato ilícito – Indenização devida – Recurso provido. Nos dias atuais, a marca não tem apenas a finalidade de assegurar direitos ou interesses meramente individuais do seu titular, mas objetiva, acima de tudo, proteger os adquirentes de produtos ou serviços, conferindo-lhes subsídios para aferir a origem e a qualidade do produto ou serviço, tendo por escopo, ainda, evitar o desvio ilegal de clientela e a prática do proveito econômico parasitário. A lei e a jurisprudência do Superior Tribunal de Justiça reconhecem a existência de dano material no caso de uso indevido da marca, uma vez que a própria violação do direito revela-se capaz de gerar lesão à atividade empresarial do titular, como, por exemplo, no desvio de clientela e na confusão entre as empresas, acarretando inexorável prejuízo que deverá ter o seu *quantum debeatur*, no presente caso, apurado em liquidação por artigos. Por sua natureza de bem imaterial, é ínsito que haja prejuízo moral à pessoa jurídica quando se constata o uso indevido da marca. (...) Utilizando-se do critério bifásico adotado pelas Turmas integrantes da Segunda Seção do STJ, considerado o interesse jurídico lesado e a gravidade do fato em si, o valor de R$ 50.000,00 (cinquenta mil reais), a título de indenização por danos morais, mostra-se razoável no presente caso (STJ, REsp 1.327.773-MG, 4ª T., rel. Min. Luis Felipe Salomão, DJe 15-2-2018).

- Ação de obrigação de fazer e não fazer – Utilização indevida da marca – Responsabilidade civil – Uso indevido – Dano que se presume – Precedentes. A orientação desta Corte Superior é no sentido de que os danos (moral e material) causados ao titular de direito de marca configuram-se com a violação dos interesses tutelados pela Lei de Propriedade Industrial, sendo desnecessária a comprovação do prejuízo (STJ, REsp 1.517.009-RS, 3ª T., rel. Min. Moura Ribeiro, DJe 8-2-2018).

- Propriedade industrial – Direito marcário – Ação de abstenção de uso de marca – Reparação por danos patrimoniais e compensação por danos morais – Marca devidamente registrada perante o INPI – Uso indevido – Dano que se presume – Precedentes. Os prejuízos causados pelo uso não autorizado de marca alheia prescindem de comprovação, pois se consubstanciam na própria violação do fato, cuja ocorrência é premissa assentada pelo acórdão recorrido. O reexame de fatos e provas em recurso especial é inadmissível (STJ, REsp 1.674.375-SP, 3ª T., rel. Min. Nancy Andrighi, DJe 13-11-2017).

- Concorrência desleal – Propriedade industrial – Violação de *trade dress*. O propósito recursal é definir se a importação e a comercialização, pela recorrida, dos motores estacionários Motomil 168F configura prática de concorrência desleal, em razão de sua similaridade com aqueles fabricados pelas recorrentes sob a marca Honda GX. A despeito da ausência de expressa previsão no ordenamento jurídico pátrio acerca da proteção ao *trade dress*, é inegável que o arcabouço legal brasileiro confere amparo ao conjunto-imagem, sobretudo porque sua usurpação encontra óbice na repressão da concorrência desleal. Incidência das normas de direito de propriedade industrial, de direito do consumidor e do Código Civil. Os danos suportados pelos recorrentes decorrem de violação cometida ao direito legalmente tutelado de exploração exclusiva do conjunto-imagem por elas desenvolvido. O prejuízo causado prescinde de comprovação, pois se confunde com a demonstração da existência do fato, cuja ocorrência é premissa assentada, devendo o montante ser apurado em liquidação de sentença. Recurso especial provido (STJ, REsp 1.677.787-SC, 3ª T., rel. Min. Nancy Andrighi, DJe 2-10-2017).

- Propriedade intelectual – Direito de marca – Falsificação. A controvérsia cinge-se em determinar se é necessária a exposição ao mercado ou a comercialização do produto contrafeito para que fique caracterizada a ocorrência de dano moral ao titular da marca ilicitamente reproduzida. A jurisprudência do STJ firmou-se no sentido de entender cabível a compensação por danos morais experimentados por pessoa jurídica titular de marca alvo de contrafação, os quais podem decorrer de ofensa à sua imagem, identidade ou credibilidade. A Lei n. 9.279/1996 – que regula a propriedade industrial –, em seus artigos que tratam especificamente da reparação pelos danos causados por violação aos direitos por ela garantidos (arts. 207 a 210), não exige comprovação, para fins indenizatórios, de que os produtos contrafeitos tenham sido expostos ao mercado. O dano moral alegado pelas recorrentes decorre de violação cometida pela recorrida ao direito legalmente tutelado de exploração exclusiva da marca por elas registrada. O prejuízo suportado prescinde de comprovação, pois se consubstancia na própria violação do direito, derivando da natureza da conduta perpetrada. A demonstração do dano se confunde com a demonstração da existência do fato – contrafação –, cuja ocorrência é premissa assentada pelas instâncias de origem. Desse modo, exsurge que a importação de produtos identificados por marca contrafeita, ainda que não expostos ao mercado consumidor interno, encerram hipótese de dano *in re ipsa*. Verba compensatória arbitrada em R$ 50.000,00 (cinquenta mil reais) (STJ, REsp 1.535.668-SP, 3ª T., rel. Min. Nancy Andrighi, *DJe* 26-9-2016).

6.60. Médicos, hospitais, cirurgiões plásticos e cirurgiões-dentistas – Responsabilidade (*v.* Livro II, Título I, Capítulo II (Responsabilidade contratual, Seção III))

6.61. Morte de pessoa da família (genitor, descendente, ascendente, cônjuge, companheiro) (*v.* Capítulo II, Seção II, n. 1, *infra*)

■ Responsabilidade civil – Danos morais – Indenização em favor dos pais de menino morto durante operação policial. Hipótese em que o TJ/RJ, ao manter a sentença, confirmou, entre outras coisas, a condenação do réu ao pagamento, em favor dos pais do menor morto em operação policial, da quantia de R$ 400.000,00 (quatrocentos mil reais) a cada genitor, a título de danos morais, levando em conta a forma da ação dos agentes de segurança, que, acreditando estarem diante de veículo com foragidos, dispararam dezessete tiros contra automóvel ocupado por pessoas inocentes e causaram o óbito da criança. À vista do quadro delineado, a aludida importância é condizente com a gravidade do caso vertente, que trata da perda de um filho (TSTJ, AgInt no AREsp 401.519-RJ, rel. Min. Gurgel de Faria, j. 17-5-2018).

6.62. Multa de trânsito – Cobrança indevida

■ Cobrança indevida de multa de trânsito – Impossibilidade de transferência da propriedade do veículo – Pontuação na CNH – Danos morais não configurados – Apelação improvida. Apesar de sua subjetividade, o dano moral não deve ser confundido com um mero aborrecimento, irritação, dissabor ou mágoa, pois só se caracteriza quando a dor, o vexame, o sofrimento ou humilhação foge da realidade de tal forma que chegue a interferir intensamente no comportamento psicológico do indivíduo, causando-lhe aflições, angústias e desequilíbrio em seu bem-estar. Para seu reconhecimento, deve o autor da demanda apresentar e comprovar alegações razoáveis de que o ato apontado como lesivo ultrapassou as raias de mero aborrecimento cotidiano (TRF-5, Ap. 08003709120174058303-PE, *DJe* 11-5-2018).

■ Responsabilidade civil – Troca de veículos em concessionária autorizada – Propriedade do bem alienado não atualizada no DETRAN – Cobrança indevida por multas de trânsito – CTB, art. 134 – Dano moral não configurado. A indevida cobrança de multas de trânsito decorrentes da não atualização da propriedade do veículo junto ao Detran pela concessio-

nária em que efetivado o negócio, sem outras consequências danosas ao consumidor, não tem o condão de configurar o abalo anímico autorizador da indenização por danos morais (TJSC, Ap. 0019760-14.2013.8.24.0008, *DJe* 18-7-2017).
- Ação de indenização por perdas e danos – Cobrança indevida de multas de trânsito. À luz da orientação jurisprudencial pátria, não se revela *in re ipsa* a responsabilização do DETRAN-ES por dano moral decorrente de cobrança indevida de multas de trânsito, mesmo que tenha repercutido na suspensão indevida da habilitação para dirigir. Isso porque, em situações análogas à hipótese vertente, faz-se necessária a comprovação do dano moral sofrido, bem como a comprovação do nexo de causalidade existente entre o referido dano e a conduta questionada. Recurso conhecido e desprovido" (TJ-ES, Ap. 00005942220138080014, *DJe* 12-6-2015).
- Cobrança indevida de multa de trânsito – Indenização – Danos morais – Possibilidade. Sabe-se que o simples recebimento de multas de trânsito, ainda que irregulares, não é capaz, por si só, de afetar o patrimônio moral de um cidadão, posto que, de início, consiste em aborrecimento do cotidiano. Todavia, no caso *sub oculi*, os danos morais são evidentes e decorrem do próprio fato, não se podendo dizer tratar de mero dissabor da vida, haja vista que apesar de proceder com as devidas comunicações, o recorrido foi, por diversas vezes, autuado por infrações que implicaram em multas, que lhe foram indevidamente imputadas. Do dedilhar do caderno processual, infere-se que o DETRAN-PE autuou o recorrido por infrações que implicaram em mais de 24 pontos em sua CNH, penalidade que, à luz do Código de Trânsito Brasileiro, já ensejaria a suspensão do direito de dirigir. O DETRAN, por ostentar natureza de pessoa jurídica de direito público, se acha submetido à responsabilidade objetiva prevista no art. 37, § 6º, da Constituição Federal, sob a modalidade do risco administrativo, cujos elementos são a conduta, o dano e o nexo causal, que restaram comprovados (TJPE, Agr. AGV 3567428, *DJe* 28-8-2015).
- Multa por infração de trânsito – Veículo em oficina no horário da infração – Depoimentos testemunhais conclusivos neste sentido – Danos morais indevidos – Mero aborrecimento que não se configura como dano moral indenizável (TJSP, Ap. 0002459-87.2012.8.26.0637, 10ª Câm. de Dir. Priv., rel. Des. Marcelo Semer, j. 10-2-2014).

6.63. Noiva – Legitimidade para ajuizar ação indenizatória por dano moral

V., também, *Ofendido, cônjuge, companheiro, membros da família, noivos, sócios etc.* (Livro II, Título IV, Capítulo I, n. 4.2.1, *retro*).
- Responsabilidade civil – Legitimidade para o ajuizamento de ação indenizatória de danos morais por morte – Noivo – Ilegitimidade ativa – Necessária limitação subjetiva dos autorizados a reclamar compensação. O noivo não possui legitimidade ativa para pleitear indenização por dano moral pela morte da noiva, sobretudo quando os pais da vítima já intentaram ação reparatória na qual lograram êxito, como no caso (STJ, REsp 1.076.160-AM, 4ª T., rel. Min. Luis Felipe Salomão, *DJe* 21-6-2012).
- Dano moral – Indenização – Acidente de trânsito – Verba pleiteada pela noiva da vítima, morta em decorrência do sinistro. É devida indenização a título de danos morais à noiva cujo nubente tenha falecido em acidente de trânsito, principalmente se comprovada a

seriedade do compromisso assumido pelos noivos, o vínculo afetivo que os unia e o dano efetivo como consequência direta da perda sofrida *(RT,* 790:438).

- Tutela antecipatória – Acidente aéreo – Concessão da medida à noiva da vítima fatal. Admite-se a concessão de tutela antecipatória em ação indenizatória em decorrência de acidente aéreo, se incontroverso o dano moral experimentado pela noiva da vítima fatal, como o ressarcimento dos gastos com adiantamento de despesas com a futura cerimônia de casamento, se não foram expressamente contrariados pela empresa de transportes. Havendo dúvidas quanto à existência de coabitação entre a noiva e a vítima fatal, inadmite-se a antecipação de tutela visando o percebimento de pensão mensal *(RT,* 774:268).

- Noiva – Vestido encomendado entregue com defeito visível – Dano moral. Inevitável reconhecer que a entrega de vestidos com defeitos visíveis repercutiu no plano moral, eis que se cuidava da noiva e sua mãe, tendo sido os trajes utilizados na cerimônia de casamento. Valor a tal título concedido que se mostrou, todavia exagerado (STJ, AgRg no AREsp 670.511-SP, 3ª T., rel. Min. Villas Bôas Cueva, *DJe* 1º-3-2016).

6.64. Noivado – Rompimento (*v.* Livro II, Título I, Capítulo I, Seção I, n. 6, *retro*)

6.65. *Overbooking* em viagem aérea

V., também, *O transporte aéreo*, Livro II, Título I, Capítulo II (Responsabilidade contratual), n. 2.2.2, *retro*.

- Ação de indenização – Transporte aéreo – *"Overbooking"* e atraso no voo – Danos morais e materiais. Aplicação do Código de Defesa do Consumidor. Ré que deve ser responsabilizada considerando que integra a cadeia de fornecedores dos serviços de transporte aéreo. Falha na prestação do serviço. Atraso injustificado de mais de 24 horas. Fato que decorre de sua atividade de risco. Danos materiais comprovados. Dano moral presumido. Mantido o valor da indenização de R$ 20.000,00 (R$ 10.000,00 para cada autor). Recurso desprovido (TJSP, Ap. 1032442-43.2015.8.26.0562), 23ª Câm. Dir. Priv., rel. Des. Sérgio Shimura, *DJe* 6-9-2016).

- Serviço de transporte aéreo – *"Overbooking"* – Dano moral – Solidariedade. Tendo a agência de viagem comercializado o pacote de serviços que incluía o transporte aéreo, auferindo lucros com a atividade desenvolvida, deve responder solidariamente com o parceiro comercial pelos danos causados (TJRJ, Apel. 0164480-02.2014.8.19.0001, 23ª Câm. Cív., rel. Des. Sônia de Fátima Dias, *DJe* 13-9-2017).

- Ação indenizatória por danos materiais e morais – Serviço de transporte aéreo – Viagem internacional – *Overbooking* – Realocação dos consumidores em outro voo – Perda da conexão. Dano moral configurado. Situação que ultrapassa o mero aborrecimento cotidiano. Frustração da legítima expectativa do consumidor. *Quantum* indenizatório mantido – Responsabilidade contratual. Juros de mora que incidem a partir da citação. Precedentes do STJ (TJRJ, Ap. 0342673.2013.8.19.0001, 25ª Câm. Cív., j. 17-5-2017).

- Dano moral – Transporte aéreo – Relação de consumo – Passageiro impedido de embarcar em razão de venda excessiva de lugares na aeronave – Negligência evidenciada – Aplicação das normas do Código de Defesa do Consumidor, posterior ao Código Brasileiro de

Aeronáutica – Verba devida, observados os princípios constitucionais da razoabilidade e da proporcionalidade (*RT, 837*:345).

■ Impedimento de embarque de passageiro – Voo cheio – Excludente de responsabilidade – Não ocorrência – Dever de indenizar. A responsabilidade da empresa aérea é contratual objetiva e impõe a reparação de danos causados pelo descumprimento contratual. Não restando provada causa excludente da responsabilidade objetiva, impõe-se a obrigação de indenizar passageiro por danos morais causados pelo impedimento de embarque no voo adquirido, em decorrência de falha na prestação de serviço efetuada pela companhia aérea, nos termos do art. 37, § 6º, da Constituição Federal. A irritação, fadiga e frustração dos passageiros, em razão do atraso além do normal, caracterizam-se como ofensa à personalidade, a qual impõe o dever de indenizar, cujo valor há de ser moderado e razoável (TJMG, Ap. 1.0433.11.001622-0/001-Montes Claros, 12ª Câm. Cív., rel. Des. Domingos Coelho, j. 20-3-2013).

■ *Overbooking* – Indenização – Dano moral presumido. O dano moral decorrente de atraso de voo prescinde de prova, sendo que a responsabilidade de seu causador opera-se *in re ipsa*, por força do simples fato da sua violação, em virtude do desconforto, da aflição e dos transtornos suportados pelos passageiros (STJ, AgRg no Ag 1410654-BA, AgRg no AgI 2011/0062738-6, 3ª T., rel. Min. Paulo de Tarso Sanseverino, j. 25-10-2011, *DJe* 7-11-2011).

6.66. Plágio – Dano moral presumido

■ Propriedade industrial – Direito autoral – Dano moral devido, independentemente de prova – Dano material. "Pertencem ao autor os direitos morais e patrimoniais sobre a obra que criou" (art. 22 da LDA). A proteção do aspecto moral garante ao titular os direitos, dentre outros elencados nos incisos do art. 24 da LDA, de reivindicar a autoria da obra e de ter seu nome nela indicado. Quanto ao aspecto patrimonial, "cabe ao autor o direito exclusivo de utilizar, fruir e dispor da obra literária, artística ou científica" (art. 28 da LDA). Em hipótese como a presente, o dano moral configura-se com a mera violação dos direitos assegurados pelo art. 24 da LDA, de modo que o prejuízo prescinde de comprovação, pois decorre como consequência lógica dos atos praticados. Hipótese concreta em que o prejuízo patrimonial foi causado pela reprodução das obras do recorrente de forma indevida pelo recorrido, com objetivo de lucro, o que subtraiu daquele a possibilidade de obter proveito econômico exclusivo com a utilização de sua criação artística (STJ, REsp 1.716.465-SP, 3ª T., rel., Min. Nancy Andrighi, *DJe* 26-3-2018).

6.67. Plano de saúde – Recusa injusta de cobertura – Dano moral

V. também Livro II, Título I, Capítulo II (Responsabilidade contratual), Seção III, n. 17, *retro*).

Observa-se uma tendência dos tribunais, especialmente do Superior Tribunal de Justiça, no sentido de reconhecer que as recusas indevidas e injustificadas de coberturas a procedimentos e tratamentos vão além da esfera de simples descumprimento contratual ou mero dissabor, causando danos de natureza moral. A prática agrava a situação de aflição psicológica e de angústia do segurado.

A referida Corte teve a oportunidade de salientar, no julgamento de recurso interposto por paciente (o Tribunal de Justiça do Rio Grande do Sul havia garantido o reembolso das despesas com a prótese, no valor de R$ 32 mil, mas negara indenização por danos morais), que "a jurisprudência do STJ vem reconhecendo o direito ao ressarcimento dos danos morais advindos da injusta recusa de cobertura securitária. O diagnóstico positivo do câncer certamente trouxe forte comoção à recorrente. Porém, talvez pior do que isso tenha sido ser confortada pela notícia quanto à existência de um tratamento para, em seguida, ser tomada de surpresa por uma ressalva do próprio plano de saúde – que naquele momento deveria transmitir segurança e tranquilidade ao associado – que impedia a sua realização, gerando uma situação de indefinição que perdurou até depois da cirurgia. Maior tormento que a dor da doença é o martírio de ser privado da sua cura" (STJ, REsp 1.190.880-RS, 3ª T., rel. Min. Nancy Andrighi, disponível em <www.editoramagister.com>, acesso em 8 jun. 2011).

A mesma Turma reconheceu, d'outra feita, que o beneficiário de plano de saúde, que tem negada a realização de exame pela operadora, tem direito à indenização por dano moral. De acordo com a jurisprudência do Superior Tribunal de Justiça – ressaltou o acórdão – o plano de saúde, que se nega a autorizar tratamento a que esteja, legal ou contratualmente, obrigado, agrava a situação de aflição psicológica do paciente, fragilizando o seu estado de espírito. A indenização por dano moral, no caso, foi arbitrada em R$ 10.500,00 (REsp 1.201.736-SC, 3ª T., rel. Min. Nancy Andrighi, disponível em <www.editoramagister.com>, acesso em 9 ago. 2012).

JURISPRUDÊNCIA

- Plano de saúde – Obesidade mórbida – Internação em clínica médica especializada – Possibilidade – Insucesso de tratamentos multidisciplinares ambulatoriais – Situação grave e emergencial. A jurisprudência deste Tribunal Superior é firme no sentido de que o médico ou o profissional habilitado – e não o plano de saúde – é quem estabelece, na busca da cura, a orientação terapêutica a ser dada ao usuário acometido de doença coberta. Havendo indicação médica para tratamento de obesidade mórbida ou severa por meio de internação em clínica de emagrecimento, não cabe à operadora negar a cobertura sob o argumento de que o tratamento não seria adequado ao paciente, ou que não teria previsão contratual, visto que tal terapêutica, como último recurso, é fundamental à sobrevida do usuário, inclusive com a diminuição das complicações e doenças dela decorrentes, não se configurando simples procedimento estético ou emagrecedor. Em regra, a recusa indevida pela operadora de plano de saúde de cobertura médico-assistencial gera dano moral, porquanto agrava o sofrimento psíquico do usuário, já combalido pelas condições precárias de saúde, não constituindo, portanto, mero dissabor, ínsito às hipóteses decorrentes de inadimplemento contratual. Há situações em que existe dúvida jurídica razoável na interpretação de cláusula contratual, não podendo ser reputada ilegítima ou injusta, violadora de direitos imateriais, a conduta de operadora que optar pela restrição de cobertura sem ofender, em contrapartida, os deveres anexos do contrato, tal qual a boa-fé, o que afasta a pretensão de compensação por danos morais (STJ, REsp 1.645.762-BA, 3ª T., rel. Min. Villas Bôas Cueva, *DJe* 18-12-2017).
- Plano de saúde – Código de Defesa do Consumidor. Aplica-se o Código de Defesa do Consumidor ao contrato de plano de saúde administrado por entidade de autogestão, pois

"a relação de consumo caracteriza-se pelo objeto contratado, no caso a cobertura médico-hospitalar, sendo desinfluente a natureza jurídica da entidade que presta os serviços". A repetição em dobro do indébito, prevista no art. 42, parágrafo único, do CDC, pressupõe tanto a existência de pagamento indevido quanto a má-fé do credor (STJ, REsp 1.392.560-PE, 3ª T., rel. Min. João Otávio de Noronha, j. 9-8-2016).

6.68. Preconceito racial e dano moral

■ Indenizatória – Injúria racial – Dano moral configurado e razoavelmente fixado – Manutenção da sentença. Trata-se de ação indenizatória por danos morais, alegando o autor, guarda municipal, ter sido vítima de crime de injúria racial quando do exercício de sua função, crime este cometido pelo réu em razão da aplicação de multa de trânsito. Conjunto probatório que evidencia a prática da conduta racista do réu. Dano moral configurado e razoavelmente fixado, observando-se os princípios da razoabilidade e da proporcionalidade e sua função pedagógico-punitiva. Desprovimento do recurso (TJRJ, Ap. 0062691-31.2014.8.19.0042, 17ª Câm. Cív., rel. Des. Elton Martinez Carvalho Leme, j. 1º-6-2016).

■ Dano moral – Preconceito racial – Indenização. Ação indenizatória por danos morais decorrente de injúria racial – Ofensa verbal ocorrida em local público – Prova testemunhal que confirma o fato e a autoria – Sentença de procedência – Dever de indenizar – Dano moral incontroverso – Alegações recursais insuficientes para reforma da sentença condenatória – Indenização mantida. Deve ser severamente coibida toda e qualquer forma de discriminação envolvendo origem, raça, sexo, cor e idade, segundo ditames da Constituição da República (art. 3º, IV), que, em seu preâmbulo, assegura a liberdade, a segurança, o bem-estar, o desenvolvimento, a igualdade e a justiça como valores supremos de uma sociedade fraterna, pluralista e sem preconceitos (TJRJ, Ap. 0015655-09.2009.8.19.0061, 7ª Câm. Cív., rel. Des. Luciano Saboia R. de Carvalho, j. 30-7-2014).

■ Condomínio – Elevador social – Doméstica – Proibição – Dano moral – Vedação da utilização da portaria e dos elevadores sociais às empregadas domésticas, salvo quando acompanhadas de morador. As partes comuns de um edifício são propriedade particular dos condôminos, que podem estabelecer, na convenção do condomínio e no regimento interno, restrições de caráter geral ao uso das mesmas. O fato de o regimento interno do condomínio estabelecer que o acesso dos empregados, fornecedores, caixeiros e empregadas domésticas deverá ser feito pela entrada de serviço, por si só, não implica em discriminação. A disciplina do acesso às portarias e à utilização dos elevadores leva em conta, não a raça, ou a cor, ou a condição social da pessoa, mas a natureza do uso – se social ou de serviço. Tanto assim que os próprios condôminos, quando transportam embrulhos volumosos, ou compras de feira ou mercado, ou quando estão em trajes de banho de mar estão igualmente impedidos de utilizarem a portaria e os elevadores sociais. Inexistência de prova do constrangimento alegado. Provimento do recurso, para julgar improcedente a ação (TJRJ, *RT*, *757*:298).

■ Responsabilidade civil – Racismo – Dano moral – Recusa do pagamento de indenização securitária, por sinistro devastador, apenas em razão da cor da pele da segurada – Atitude preconceituosa caracterizada – Ilícito que afronta os sentimentos da honra e reputação do consumidor – Verba devida – Fixação em igual valor ao *quantum* securitário a ser pago – Recurso provido para esse fim (*JTJ*, Lex, *218*:105).

- Ação indenizatória por danos morais decorrente de injúria racial – Ofensa verbal ocorrida em local público – Prova testemunhal que confirma o fato e a autoria – Sentença de procedência – Dever de indenizar – Dano moral incontroverso – Alegações recursais insuficientes para reforma da sentença condenatória – Indenização mantida. Deve ser severamente coibida toda e qualquer forma de discriminação envolvendo origem, raça, sexo, cor e idade, segundo ditames da Constituição da República (art. 3º, IV), que, em seu preâmbulo, assegura a liberdade, a segurança, o bem-estar, o desenvolvimento, a igualdade e a justiça como valores supremos de uma sociedade fraterna, pluralista e sem preconceitos (TJRJ, Ap. 0015655-09.2009.8.19.0061, 7ª Câm. Cív., rel. Des. Luciano Saboia R. de Carvalho, j. 30-7-2014).

6.69. Reconvenção, sob alegação de tratar-se de ação temerária

Não pode o réu, em ação de cobrança ou de qualquer outra natureza, alegando que a ação movida pelo autor é temerária e lhe causou constrangimento, por nunca ter respondido a nenhuma ação, pretender receber, em reconvenção, reparação de dano moral. A simples propositura de uma ação contra uma pessoa não pode ser considerada motivo para que o réu alegue ter sofrido dano moral. Terá que demonstrar a temeridade e abusividade da lide principal. O resultado da reconvenção depende, pois, da solução que se der à causa principal. É dela dependente. No entanto, a autonomia constitui uma das características da reconvenção, que a diferencia da ação declaratória incidental. Assim, extinta a ação principal, subsiste a reconvenção, que deverá ser julgada. Tal não sucede quando a reconvenção depende do resultado da lide principal. Nessa hipótese, se o réu entende que tem direito à reparação do dano moral, deve pleiteá-la em ação autônoma.

JURISPRUDÊNCIA

- "Responsabilidade civil – Ação de reparação de danos materiais – Reconvenção – Queda de portão em veículo – Dever de indenizar – Responsabilidade subjetiva. Cediço que, para a configuração da responsabilidade civil subjetiva, é necessária a presença dos pressupostos da obrigação de indenizar: conduta ilícita culposa ou dolosa do agente, dano e nexo de causalidade. Hipótese em que restou comprovado nos autos que o dano material experimentado pelo *réu/reconvinte* decorreu da desatenção do funcionário do condomínio, que acionou o portão da garagem em cima do veículo do apelado, ocasionando a queda do portão e os danos no automóvel. Sentença mantida" (TJRS, Ap. 70.077.028.439, 1ª Câm. Cív., rel. Des. Paulo Roberto Lessa Franz, j. 26-4-2018).

- "Empreitada – Ação de reparação de danos e reconvenção. Elementos dos autos que revelam a execução parcial da obra pela empresa contratada. Contraprestação paga proporcionalmente aos serviços prestados. Aplicação da teoria da exceção do contrato não cumprido. Acusações recíprocas acerca do descumprimento do contrato. Falta de provas (*non liquet*) – art. 373, inc. I, do NCPC. Improcedência da ação principal e reconvenção mantida. Litigância de má-fé não evidenciada – Recursos desprovidos" (TJSP, Ap. 0004651-97.2013.8.26.0271, *DJe* 28-7-2017).

- "Responsabilidade civil – Ação de reparação de danos materiais. – Reconvenção – Choque entre veículos em rodovia – Invasão da pista contrária. A prova dos autos ampara a tese do autor, de que fora o réu quem, ao invadir parcialmente a pista contrária, causou o acidente, devendo este responder pelos danos materiais causados. Sentença mantida" (TJRS, Ap. 70.066.964.065, 12ª Câm. Cív., rel. Des. Pedro Luiz Pozza, *DJe* 11-12-2015).

- "Responsabilidade civil – Dano moral – Reconvenção – Alegação de tratar-se de ação temerária, com intenção injuriosa e locupletamento ilícito – Inadmissibilidade – Autor-reconvindo que exerceu o direito de ação cônscio de que era verossímil – Reconvenção rejeitada – Recurso não provido. O autor exerceu um direito constitucional ao reclamar indenização por dano moral (art. 5º, XXXV, da CF) e o fez cônscio de que seu direito era verossímil. O acesso à ordem jurídica deve ser incentivado, de sorte que condenar o autor, que exerceu o direito de ação – mesmo que na onda de que tudo é possível na área do dano moral – seria constrangedor e incoerente" (*JTJ*, Lex, *234*:118).

- "Indenização – Dano moral – Reconvenção – Alegação dos reconvintes de que a propositura de ação temerária os obrigou a efetuar gastos, especialmente com a contratação de advogado, bem como lhes acarretou abalo moral – Extinção da reconvenção – Pretensão condicional, sem autonomia, dependente do resultado da ação principal – Recurso improvido. A autora exerce um direito que lhe é assegurado constitucionalmente, qual seja o direito de ação. Encontra-se, pois, no exercício regular de um direito. A simples propositura de uma ação não pode ser considerada motivo para que o réu alegue dano moral. Terá que demonstrar a temeridade e a abusividade da lide principal. A reconvenção não tem, pois, autonomia. Se possível for admitir-se reconvenção em casos dessa natureza, toda ação passará a ser seguida da reconvenção oposta pelo réu, ao fundamento de ter sofrido abalo moral somente em razão de seu ajuizamento e das despesas que teve de arcar, em detrimento do direito de ação, assegurado constitucionalmente" (TJSP, Ap. 109.841-4/7-Mairiporã, 3ª Câmara de Direito Privado, rel. Des. Carlos Roberto Gonçalves, j. 21-11-2000).

- "Dano moral – Verba pleiteada por demandado em ação de cobrança julgada improcedente – *Ausência* de prova de dolo ou má-fé do autor na propositura da demanda – Acesso ao Judiciário que constitui direito de cidadania – Verba indevida" (*RT*, *832*:230).

6.70. Redes sociais – Falsa imputação de crime

Acusar alguém falsamente de crime nas redes sociais ofende os direitos de personalidade do acusado, mesmo que ele não seja identificado na publicação – Ativista de direitos dos animais condenada a indenizar mulher que havia sido acusada de abandonar um gato, jogando-o pela janela do carro que dirigia – Fato não comprovado – Vítima de calúnia e injúria, tendo sofrido linchamento nas redes sociais – Postagem que divulgou a placa do carro da ofendida, permitindo a sua identificação – Indenização arbitrada em R$ 10.000,00 (dez mil reais) (TJRS, Ap. 70.074.801.366, 10ª Câm. Cív., rel. Des. Marcelo Cezar Müller, Revista *Consultor Jurídico*, 10-11-2017).

6.71. Registro de criança fruto de adultério

- Adultério – Falsa atribuição da paternidade – Indenização por danos morais. Falsa atribuição da paternidade de filho gera indenização por danos morais a quem acreditou durante anos ter relação biológica com a criança. Extrapola o razoável o fato de ela ter ficado silente durante 15 anos sobre a possibilidade da paternidade ser outra (TJSP, 1ª Câm. Dir. Priv., rel. Des. Rui Cascaldi, Revista *Consultor Jurídico*, 5-2-2018).

- Danos materiais e morais – Descumprimento do dever de fidelidade – Omissão sobre a verdadeira paternidade biológica de filho nascido na constância do casamento – Dor moral configurada.O cônjuge que deliberadamente omite a verdadeira paternidade biológica do filho gerado na constância do casamento viola o dever de boa-fé, ferindo a dignidade do companheiro (honra subjetiva), induzido a erro acerca de relevantíssimo aspecto da vida que é o exercício da paternidade, verdadeiro projeto de vida (STJ, REsp 922.462-SP, 3ª T., Villas Bôas Cueva, *DJe* 13-5-2013).

- Danos material e moral – Registro pelo cônjuge varão de criança fruto de adultério.Cabe indenização por danos material e moral em caso de adultério, com nascimento de uma criança, na constância do casamento, cuja paternidade é admitida de boa-fé pelo marido, sendo pai biológico um terceiro (TJSP, Ap. 103.663-4-00-Santos, 6ª Câmara de Direito Privado, rel. Des. Octávio Helene, j. 31-8-2000, *JTJ*, Lex, *235*:47).

6.72. Registro de trabalhador – Ausência – Dano moral

- Trabalhador – Ausência de registro – Dano moral.O trabalhador sem registro fica marginalizado do mercado. Não contribui para a previdência e não é incluído no FGTS e programas governamentais. Tem dificuldade de abrir ou manter conta bancária, obter referência, crédito etc., ficando em situação de permanente insegurança e desrespeito. Pura e simples sonegação num contrato que foi mantido à margem da lei por mais de dois anos. Devida, pois, a indenização por dano moral (TRT-2, RO 00023736420135020067-SP, *DJe* 13-3-2015).

- Dano moral por ausência de registro.A ausência deliberada do registro, apelidada de informalidade, é sinônimo de nulificação, negação não apenas de direitos básicos, mas da própria pessoa do trabalhador, traduzindo-se em exclusão social. Devida a indenização por dano moral (TRT-2, R) 00011760820125020262, *DJe* 12-9-2014).

- Falta de anotação na CTPS e não inclusão do empregado na RAIS (Relação Anual de Informações Sociais), impedindo-o de participar no Programa de Integração Social (PIS), por três anos consecutivos – Constrangimento em virtude de ter dificultada a busca de novo posto de trabalho, já que impossível a comprovação de sua experiência profissional, seja porque viu-se privado de contratar crédito no comércio. O ato patronal de ocultar a relação de emprego configura ilícito trabalhista, previdenciário e até mesmo penal. O sentimento de clandestinidade vivenciado pelo empregado teve repercussão na sua vida familiar e merece ser reparado – Indenização fixada em R$ 3.000,00 (TST, Proc. RR-125300-74.2009.5.15.0046-SP, 3ª T., rel. Min. Fontan Pereira, disponível em <www.editoramagister.com>, acesso em 30 nov. 2012).

6.73. Remoção de restos mortais sem o consentimento da família

- Dano moral configurado – Remoção de restos mortais sem prévia notificação dos familiares do falecido. No caso dos autos houve remoção dos restos mortais para ossário sem consentimento dos familiares, quando estes já haviam adquirido jazigo perpétuo para depositar os restos mortais de sua mãe. O valor do dano moral deve ser estabelecido de maneira a compensar a lesão causada em direito da personalidade e com atenção aos princípios da proporcionalidade e da razoabilidade. Mantido o valor arbitrado na sentença (TJRS, Ap. N. 70.075.505.719, 10ª Câm. Cív., rel. Des. Marcelo Cezar Muller, j. 1º-3-2018).

■ Remoção de restos mortais sem prévia notificação dos familiares – Dano moral – Município que não observou as disposições do Código de Posturas ao não notificar a autora sobre o inadimplemento. Não havendo nos autos qualquer prova capaz de comprovar que o tenha feito, é defeso à Municipalidade remover os restos morais do pai da demandante, ainda que por inadimplemento, sem antes notificar-lhe. Abalo moral manifesto, haja vista, sobretudo, o fator psicológico que permeia situações como esta, em que se lida com os restos mortais de pessoa querida, os quais foram, sem prévio aviso, retirados de sua sepultura e encaixotados, direcionados a um ossário, surpreendendo-se a demandante ao visitar o local e encontrar os restos mortais de outra pessoa. Recurso provido (TJRS, Ap. 70.068.254.333, *DJe* 22-8-2016).

■ Remoção dos restos mortais – Responsabilidade civil – Indenização por danos materiais e morais – Recurso de apelação em ação ordinária. A prova dos autos não demonstra o descumprimento de obrigação contratual relacionada ao direito de uso de jazigo em cemitério municipal, e sequer a efetiva remoção dos restos mortais de familiar da autora. Nexo de causalidade não verificado. Ônus da prova que recai sobre o autor da ação. Sentença mantida (TJSP, Ap. 3004940-40-09-2013.8.26.0581, *DJe* 1º-12-2015).

■ Indenização – Fazenda Pública – Dano moral – Retirada dos restos mortais de jazigo individual para vala comum – Pagamento efetuado pela irmã do falecido para manutenção do túmulo – Inocorrência da prestação do serviço – Sentimento de tristeza e dor dela decorrente bem demonstrados – Verba devida – Sentença confirmada (*JTJ*, Lex, *234*:114).

6.74. Revista abusiva em empregado – Dano moral

■ Revistas íntimas constrangedoras e vexatórias, realizadas na presença de colegas – Reparação do dano moral, com o objetivo, além da reparação, de dar um caráter exemplar, para que a conduta, cuja ofensividade social é alta, não seja reiterada pelo causador do dano, ou por terceiros. As revistas abusivas transgrediram o poder de fiscalização da empresa, razão pela qual violaram direitos da personalidade do trabalhador protegidos constitucionalmente, a exemplo da dignidade da pessoa humana, da vida privada e da intimidade (TST, RR-13700-72.2009.5.19.0002, 4ª T., RR-2088400-32.2007.5.09.0002, rel. Min. Vieira de Mello Filho, in *Jornal do Advogado*, OAB/SP, de agosto de 2012, n. 375).

■ Revista visual de bolsas e sacolas de empregada – Demonstração de que a inspeção era realizada de forma impessoal, sem contato físico e não causou danos à revistada – Indenização indevida. A revista pessoal de pertences dos empregados, feita de forma impessoal e indiscriminada, é inerente aos poderes de direção e de fiscalização do empregador e, por isso, não constitui ato ilícito (TST, RR-2088400-32.2007.5.09.0002-PR, 7ª T., rel. Min. Pedro Paulo Manus, in *Jornal do Advogado*, OAB/SP, de agosto de 2012, n. 375).

■ Dano moral – Revista em bolsa de empregados – Necessidade de demonstração de abuso em sua ocorrência. A revista em bolsa de empregados, por si só, não constitui ato ilícito do empregador, especialmente quando adotado procedimento geral e não abusivo. Indevida a indenização por dano moral pleiteada a este título (TRT-4, RO 00203232320165040812, *DJe* 9-3-2017).

- Indenização por danos morais – Rescisão indireta. As pretensões de rescisão indireta e indenização por danos morais decorrentes de revista íntima realizada por fiscal da empresa empregadora exige a comprovação da efetiva ocorrência de revista íntima e perseguição, ônus que incumbe à parte autora, ante a negativa da reclamada. Havendo prova testemunhal com informações contraditórias e pouco críveis, conclui-se não provados os fatos que embasam as pretensões da inicial. Recurso dos reclamantes não provido (TRT-4) 00215566120155040013, *DJe* 29-11-2017).

- Dano moral – Abuso em revista íntima – Empregado do setor de carregamento e descarregamento de remédios submetido ao constrangimento de tirar a cueca, agachar-se e levantar-se, na frente de outros empregados – Revista vexatória – Violação à intimidade do trabalhador, ficando sua honra e imagem prejudicadas, uma vez que houve divulgação do fato no ambiente de trabalho – Verba devida (TST, AIRR 1.852/2003-069-02-40.0, rel. Min. Ronald Soares, j. 15-9-2006).

- Revista pessoal – Uso de detector de metais – Inocorrência de dano moral. A revista pessoal com uso de detector de metais, de forma generalizada, não gera direito a indenização por dano moral (TST, RR-3471200-20.2007.5.09.0651, 3ª T., rel. Min. Alexandre Agra Belmonte, *DJ*, 30-9-2011).

6.75. Salário – Pagamento sempre com atraso

- Atraso no pagamento de salário – Reiteração – Trabalhador que frequentemente recebe o salário com atraso deve ser indenizado por dano moral. Dano moral presumido (dispensa comprovação), tendo em vista que o salário é a base da subsistência familiar, por possuir natureza alimentar. Qualquer pessoa que não recebe seus salários no prazo legal sofre abalo psicológico, principalmente aquele que conta apenas com o salário para sua subsistência. Não é necessário nenhum esforço para se chegar a essa conclusão (TRT, 12ª Reg. (SC), RR-0000592-07.2017.5.12.0061, Revista *Consultor Jurídico*, 12-2-2018).

- Atraso reiterado no pagamento de salário do empregado – Dano moral configurado. O salário constituiu fonte de subsistência dos trabalhadores e de suas famílias. Por isso, é possível presumir dano moral quando pagamento atrasa, mesmo sem prova do constrangimento (TRT, 5ª Reg. (BA), Proc. 0000430-17.2016.5.05.0651, rel. Des. Ivana Magaldi, Revista *Consultor Jurídico*, 15-5-2018).

- Trabalho degradante – Dano moral presumido. Evidenciado o fato ofensivo – trabalho em condições degradantes, devido às instalações inadequada para alimentação e higiene pessoal, o dano moral ocorre *in re ipsa*, sem a necessidade de provar a conduta, o dano e o nexo causal (TST, 1ª T., RR-115400-91.2009.5.08.0101, rel. Min. Walmir Oliveira da Costa, Revista *Consultor Jurídico*, 14-5-2018).

- Atraso reiterado de pagamento de salário – Dano moral. O atraso reiterado no pagamento de salário atinge não só o patrimônio material do trabalhador, mas também causa repercussão de ordem moral, já que isso o priva de seu único meio de subsistência (TRT-3, MG, Proc. 0011256-20.2016.5.03.0179, 1ª T., rel. José Eduardo de Resende Chaves Júnior, j. em janeiro de 2018).

- Pagar salário com atraso causa dano moral, decide 2ª Turma do TRT-5. O relator do acórdão, desembargador Renato Simões, sustentou que o reiterado atraso no pagamento do salário enseja dano moral presumido. "O empregado, mesmo tendo cumprido regularmente com sua obrigação contratual na certeza do recebimento da contraprestação correspondente, deixa de honrar seus compromissos por longo período, o que atinge sua dignidade, justificando a condenação compensatória" (TRT-5, Proc. 0000500-50.2021.5.05.0201, 2ª T., rel. Renato Mário Borges Simão, sítio eletrônico do TRT 5, 3-2-2023).

6.76. Salário mínimo – Fixação do dano moral a ele vinculada

A *Súmula 490 do Supremo Tribunal Federal* determina que a indenização deve ser automaticamente reajustada, quando fixada em forma de pensão, temporária ou vitalícia, nestes termos: "A pensão, correspondente à indenização oriunda da responsabilidade civil, deve ser calculada com base no salário mínimo vigente ao tempo da sentença e ajustar-se às variações ulteriores".

Assim, quando a sentença fixa o valor da pensão com base no salário mínimo, aplicando a referida súmula, a atualização será automática, pois acompanhará o reajuste daquele. Nesse caso, não cabe, pois, a correção monetária.

O mesmo Colendo Tribunal, entretanto, em hipótese não atinente à pensão mensal, que é fixada com base nos rendimentos da vítima, mas ao dano moral, decidiu de forma diferente:

"Dano moral – Indenização – Fixação vinculada ao salário mínimo – Vedação – Inconstitucionalidade. Ao estabelecer o art. 7º da Constituição que é vedada a vinculação ao salário mínimo para qualquer fim, quis evitar que interesses estranhos aos versados na norma constitucional venham a ter influências na fixação do valor mínimo a ser observado. Assim, se a indenização por dano moral é fixada em 500 salários mínimos, para que, inequivocamente, o valor do salário mínimo a que essa indenização está vinculada atue como fator de atualização desta, tal vinculação é vedada pelo citado dispositivo constitucional" (STF, RE 225.488-1-PR, 1ª T., rel. Min. Moreira Alves, *DJU*, 16-1-2000).

Por essa razão, se a indenização for fixada, realmente, em uma quantidade de salários mínimos, deve o magistrado dizer a quantos reais corresponde o referido montante, na data da sentença, para que, sobre o valor convertido em reais, recaia a correção monetária legal. Nesse sentido decisão do Tribunal de Justiça de São Paulo:

"Indenização – Responsabilidade objetiva do Estado – Dano moral – Fixação total em oitenta e três salários mínimos, havendo sido tomado por base o valor de um salário mínimo, que se substitui pelo correspondente na moeda corrente vigente no país: R$ 11.288,00 (onze mil, duzentos e oitenta e oito reais), atualizados monetariamente, na forma da tabela adotada por este Colendo Tribunal, até a data do efetivo pagamento, em imperiosa aplicação do sagrado da Magna Carta – Improvimento dos recursos, com observação de que qual conversão para reais é promovida no sentido de evitar que se viole norma taxativa expressa no inciso IV do *caput* do artigo 7º da Constituição Federal (*JTJ*, Lex, *225*:139).

Na mesma linha o posicionamento do Tribunal Superior do Trabalho:

■ Dano moral – Valor da indenização – Vedação de vinculação ao salário mínimo.
1. O Supremo Tribunal Federal, interpretando o art. 7º, IV, da Constituição Federal, editou a Súmula Vinculante n. 04 para o fim de vedar a utilização do salário mínimo como indexador de base de cálculo de vantagem de empregado, ressalvados os casos previstos na Constituição Federal.
2. Especificamente em relação à indenização por dano moral, o Pretório Excelso reconhece que a condenação ao pagamento de valores múltiplos do salário mínimo importa em ofensa ao art. 7º, IV, da Lei Maior, orientação da qual divergiu o acórdão recorrido.
3. Reajustamento do valor da condenação, mediante a utilização do critério do arbitramento equitativo previsto no art. 944, parágrafo único, do Código Civil. Recurso de revista parcialmente conhecido e provido (TST, RR 25400-37.2006.5.04.0303, *DJe* 21-10-2011).

6.77. Supermercado – Extravio de bolsa depositada na recepção

■ Dano moral – Depósito de bolsa em recepção de supermercado – Extravio – Cabimento. Em caso de depósito de bolsa em recepção de supermercado, reconhecido pelo mesmo o extravio dos pertences de seu cliente, tanto que não recorreu da condenação que lhe foi imposta a título de dano material, impõe-se, diante dos transtornos impostos a um ancião, a reparação pelo dano moral, inafastável na hipótese, diante da *via crucis* percorrida pelo cidadão em busca de seus novos documentos, tarefa desafiadora e angustiante até para os jovens. A angústia, a ansiedade que brota da expectativa, a submissão ao ritual imposto aos que pretendem uma segunda via de documento, são elementos caracterizadores do dano moral e cuja reparação é imperativo de Justiça (TJRJ, Ap. 11.917/99-Capital, 14ª T., rel. Des. Ademir Paulo Pimentel, j. 30-11-1999).

6.78. Tabeliães – Responsabilidade civil (*v.* Livro II, Título I, Capítulo II [Responsabilidade contratual], Seção X, *retro*)

6.79. Telefone residencial – Veiculação para serviços de massagens e outros

■ *Outdoor* com número de telefone incorreto – Publicidade do réu Sítio Ilha do Lazer com erro, divulgando o número do autor – Pleito de indenização por danos morais – Condenação do réu a pagar a quantia de R$ 3.000,00, com correção e juros do art. 407 CC/02 a partir da publicação do acórdão, já que evidente o desgaste, desconforto e constrangimento experimentado pelo autor em razão do *Outdoor* com número de telefone incorreto, decorrente da publicidade do réu Sítio Ilha do Lazer com erro, divulgando o número do autor. Dano moral configurado, nos termos da farta e uníssona jurisprudência (TJRJ, Ap 0007755-60.2013.8.19.0052, *DJe* 8-6-2015).

■ Indenizatória – Danos materiais e morais decorrentes de publicação de anúncio com erro no número de telefone da anunciante. Pretensão julgada improcedente em primeiro grau de jurisdição – Existência de previsão no contrato celebrado que é de responsabilidade da anunciante os dados a serem fornecidos para a chamada 'figuração opcional'. Aprovação prévia da anunciante de *layout* do anúncio, sem pedir a alteração do número de telefone ali indicado

– Hipótese em que as rés não podem ser responsabilizadas pelo erro no anúncio – Divulgação de número de telefone incorreto que não acarreta difamação do nome da anunciante, tendo em vista que não houve direcionamento para estabelecimento comercial de 'fama duvidosa" – Sentença integralmente mantida (TJRJ Ap. 0000794-89.2007.8.26.0288, *DJe* 7-2-2013).

■ Responsabilidade civil – Publicação em anúncios classificados para contratação de dançarinas de casa noturna – Indicação errônea de número de telefone – Fato incontroverso e cuja repercussão negativa transcende àquela inerente ao cotidiano – Responsabilidade solidária reconhecida. A anunciante responde porque não fez prova de qualquer fato que imputasse o erro exclusivamente ao agir da empresa de comunicação. Já a editora jornalística responde pelas incorreções de conteúdo que traduzam dano. Dano moral consubstanciado na ofensa a bem juridicamente tutelado e que determina a obrigação de indenizar. Ausente sistema de tarifamento, a fixação do montante indenizatório está adstrita ao prudente arbítrio do juiz, no cotejo da intensidade da ofensa, necessária compensação à vítima e reprimenda ao ofensor. Na espécie, a despeito da afronta, o prejuízo não pode ser tido como grave. *Quantum* minorado (R$ 6.000,00) (TJRS, Ap. 70.049.217.383, 10ª Câm. Cív., rel. Des. Jorge Alberto S. Pestana, j. 25-6-2013).

■ Telefonia fixa – Falha na prestação do serviço – Linha telefônica indisponível – Dano moral configurado – *Quantum* mantido. Bloqueio imotivado da linha telefônica fixa do autor, diante do pagamento em dia das faturas telefônicas, realizado através do débito em conta – Dano moral configurado, em decorrência dos abalos sofridos pelo demandante, que permaneceu com o serviço de telefonia comercial bloqueado por longo período – *Quantum* indenizatório mantido, porquanto adequado aos parâmetros adotados pelas Turmas Recursais em casos análogos (TJRS, Ap. 71.003.800.059, 2ª T. Recursal Cível, rel. Fernanda Carravetta Vilande, *DJe* 12-6-2012).

6.80. Televisão – Programas – Dano moral

■ Dano moral coletivo – Dignidade de crianças e adolescentes ofendida por quadro de programa televisivo. Como de sabença, o art. 227 da Constituição da República de 1988 impõe a todos (família, sociedade e Estado) o dever de assegurar às crianças e aos adolescentes, com absoluta prioridade, o direito à dignidade e ao respeito e de lhes colocar a salvo de toda forma de discriminação, violência, crueldade ou opressão. No mesmo sentido os arts. 17 e 18 do ECA consagram a inviolabilidade da integridade física, psíquica e moral das crianças e dos adolescentes, inibindo qualquer tratamento vexatório ou constrangedor, entre outros. Nessa perspectiva, a conduta da emissora de televisão – ao exibir quadro que, potencialmente, poderia criar situações discriminatórias, vexatórias, humilhantes às crianças e aos adolescentes – traduz flagrante dissonância com a proteção universalmente conferida às pessoas em franco desenvolvimento físico, mental, moral, espiritual e social, donde se extrai a evidente intolerabilidade da lesão ao direito transindividual da coletividade, configurando-se, portanto, hipótese de dano moral coletivo indenizável, razão pela qual não merece reforma o acórdão recorrido. *Quantum* indenizatório arbitrado em R$ 50.000,00 (cinquenta mil reais). Razoabilidade e proporcionalidade reconhecidas (STJ, REsp 1.517.973-PE, 4ª T., rel. Min. Luis Felipe Salomão, *DJe* 1º-12-2018).

- Indenização por danos morais – Programa humorístico de televisão – Paródia sobre o agravado em rede nacional – Configuração do dano moral. A paródia do agravado, exibida em rede nacional de televisão, extrapolou os limites da arte e do humor, ensejando a indenização por danos morais ao agravado. A revisão do v. acórdão estadual, para concluir pela não ocorrência do dano moral, como pretendida no apelo nobre, demandaria revolvimento de matéria fático-probatória, o que é inviável em seu recurso especial, nos termos da Súmula 7/STJ (STJ, AgInt no AREsp 607.146-RJ, -RJ, *DJe* 2-3-2018).

- Ação de indenização por danos materiais e morais – Programa televisivo que anunciava a concessão de prêmios por meio de ligações telefônicas – Falha no dever de informação – Ausência de informação clara quanto ao custo da ligação e a realização de fase prévia de habilitação para participação que exigia do telespectador resposta a questionário de conhecimentos gerais, consumindo tempo de ligação – Cobrança abusiva à autora, que teve a linha telefônica bloqueada em razão do questionamento ao pagamento – Inexigibilidade da cobrança – Dano moral configurado – Abuso de direito caracterizado ensejando o dever de reparar – Razoável a fixação no patamar postulado em dez vezes o valor da cobrança indevida (TJSP, Ap. n. 1004782-80.2014.8.26.0248, 5ª Câm. Dir. Priv., rel. Des. James Siano, j. 6-9-2016).

- Responsabilidade civil – Notícias mentirosas, altamente ofensivas à honra, à dignidade e à boa fama das pessoas, veiculadas por emissora de televisão, em programa de âmbito nacional – Dano moral – Caracterização – Indenização – Cabimento. A emissora de televisão que divulga notícias mentirosas, altamente ofensivas à honra, à imagem, à dignidade e à boa fama das pessoas, sem procurar checar, antes, a veracidade do fato noticiado, age com culpa, de que resulta o dever de indenizar (TJRJ, Ap. 131/97, 4ª Câm., Des. Wilson Marques, j. 23-4-1998).

- Dano moral – "Pegadinha" no programa "Topa Tudo por Dinheiro" – Divulgação desautorizada – Cabimento. É devido o dano moral quando exibida em programa de televisão – *Topa Tudo por Dinheiro* – imagem de encenação montada, com simulação de flagrante, configurando violação de direito à intimidade e intromissão indiscreta e descortês na vida privada (TJSP, Ap. 987/2000, 10ª Câm., *Adcoas* 8186585).

- Dano moral – Programa humorístico de televisão – Ofensa à honra pessoal do autor – Inocorrência – Ataque satírico às pessoas que macularam corporação policial – Policial de bem, que a integra, não atingido – Hipótese, no entanto, de falta de interesse de agir e não de impossibilidade jurídica do pedido – Recurso não provido (*JTJ*, Lex, *229*:83).

6.81. Transexual

- Indenização por danos morais. Transexual. Identidade de gênero feminino. Violação da dignidade humana, da igualdade e da liberdade por atos ilícitos do empregador. A igualdade entre homens e mulheres inscrita no artigo 5º, inciso I, da Constituição da República e a proteção à personalidade, igualmente consagrada em seu inciso X, constituem formulações transversais acerca da igualdade básica e da liberdade próprias da dignidade, que é imanente a todos os seres humanos. A expressão da sexualidade humana em qualquer de suas formas, mormente entre adultos, encontra-se também protegida, de modo que a prática insidiosa e reiterada por representantes do empregador de atos de menoscabo e desprezo por subordinado, reconhecido no seu ambiente de trabalho como transexual e acolhido em seu nome pessoal por seus colegas de trabalho, constitui grave afronta à personalidade humana e hipótese de abuso moral, perpetrado para negar a dignidade de Melissa – nome social adotado pelo reclamante e transexual, cidadã da República Federativa do Brasil (TRT-15-RO 001199964310155150093 0011996-43.2015.5.15.0093, 11ª Câm., rel. Marcus Menezes Barberino Mendes, *DJe* 10-8-2017).

■ Transgênero – Supervisora de empresa que o chamava pelo seu nome civil no lugar do social, de forma reiterada e na frente de várias pessoas no ambiente de trabalho – Tratamento desrespeitoso e constrangedor, que gera assédio moral de cunho discriminatório (87ª Vara do Trabalho-SP, Juiz Ivo Roberto Santarém Teles, Revista *Consultor Jurídico*, 4-7-2018).

6.82. Transporte de pessoas e de coisas, transporte gratuito, extravio de bagagens etc. – Responsabilidade civil (*v.* Livro II, Título I, Capítulo II (Responsabilidade contratual), Seção I)

6.83. Troca de bebês em maternidade

■ Troca de bebês na maternidade – Dano moral – Corresponsabilidade diante da estrutura organizacional do hospital e da conduta profissional da enfermeira. A própria enfermeira, no depoimento constante no acórdão recorrido, confirmou que não conferiu a pulseira no momento da transferência para o quarto porque não era a rotina da Maternidade, além de justificar que esse procedimento "demandava tempo" (TST, RR 7553120155090096, *DJe* 09-6-2017).

■ Direito constitucional, administrativo e civil – Ação de indenização – Troca de bebês em maternidade pública – Dano moral – Prescrição – Teoria da *actio nata* – Responsabilidade civil objetiva do Estado por atos omissivos – Indenização – Valor excessivo – Não ocorrência. Consoante a teoria da *actio nata*, o prazo prescricional tem sua fluência iniciada no momento em que o titular do direito toma ciência efetiva da violação. Hipótese dos autos em que os apelados foram inequivocamente cientificados de que sua filha biológica havia sido trocada na maternidade mediante um exame de DNA, realizado dentro do quinquênio anterior à propositura da demanda. Preliminar de prescrição rejeitada. À luz da atual e pacífica jurisprudência do *Supremo Tribunal Federal*, "a responsabilidade civil estatal, segundo a Constituição Federal de 1988, em seu artigo 37, § 6º, subsume-se à teoria do risco administrativo, tanto para as condutas estatais comissivas quanto para as omissivas" (RE 841526, Repercussão Geral, rel. Min. Luiz Fux, Tribunal Pleno, julgado em 30-3-2016). A simples comparação entre os valores de indenização por dano moral fixadas em dois casos distintos não é suficiente para justificar a redução do importe atribuído pelo juízo de primeiro grau. De mais a mais, o apelante não apresentou quaisquer elementos que permitam verificar a suposta similitude de circunstâncias entre as duas demandas comparadas, as quais, frise-se, somente têm em comum a causa de pedir próxima. Apelo desprovido (TJ-AC, Apel. 0706811-06.2-165.8.01.0001, *DJe* 03-402017).

- Ação de indenização – Troca de bebês em maternidade de hospital da rede pública de saúde – Responsabilidade objetiva do Estado – Falha na prestação dos serviços configurada – Dano moral. Troca de bebês na maternidade – Negligência do hospital – Comprovação – Dever de indenizar. Comprovada a negligência do hospital, que deixou de realizar as conferências necessárias para a adequada identificação da mãe e de seu filho recém-nascido, a fim de garantir segurança ao serviço prestado, cabível a responsabilização da fundação mantenedora da instituição de saúde pela troca de bebês ocorrida em suas dependências. A troca de bebês em maternidade é evidentemente causadora de danos morais, haja vista que os Autores, por anos, além de terem suportado insinuações acerca da infidelidade da esposa, foram privados de conhecer e conviver com a filha biológica, bem assim de acompanhar-lhe o crescimento e dedicar-se à sua formação e educação (TJMG, Apel. 10521100.117931001, *DJe* 17-4-2015).

- Troca de bebês em maternidade que pertence à rede pública – Afastada a denunciação da lide aos agentes públicos responsáveis pelo ato danoso – Dano moral *in re ipsa*. Incontroversa a troca de bebês em maternidade que pertence à rede pública do Município de São José do Vale do Rio Preto. Extinta a fundação municipal, esta foi sucedida pelo Município. O fato de ter procedido a todas as medidas tendentes a mitigar o dano e a superar a dúvida não afasta o nexo de causalidade, sendo presumida a culpa do estabelecimento hospitalar pelos atos negligentes de seus prepostos a teor do que dispõe a Súmula 341 do STF (TJRJ, Apel. 00003896320118190076, *DJe* 03-6-2014).

- Ação de indenização – Troca de bebês em maternidade de hospital da rede pública de saúde – Falha na prestação dos serviços configurada – Responsabilidade objetiva do Estado – Dano moral – Caracterização. A troca de recém-nascidos em maternidade de hospital da Rede Pública de Saúde, ainda que resolvida após o decurso de poucas horas, configura ato ilícito passível de justificar a condenação do Estado ao pagamento de indenização por danos morais (TJDF, ApC 20.110.112.104.762, 3ª T. Cív., rel. Des. Nídia Corrêa Lima, j. 26-3-2014, *DJe* 9-4-2014).

6.84. Usurpação ou esbulho – Responsabilidade civil (*v.* Livro II, Título IV, Capítulo II, Seção II, n. 4, *infra*)

Capítulo II
DA LIQUIDAÇÃO DO DANO

Seção I
Princípios gerais

1. O dano moral

A questão da liquidação ou quantificação do dano moral foi exaustivamente examinada no item n. 5.1, *retro*, ao qual nos reportamos. Assim, o presente capítulo limitar-se-á à liquidação do dano material ou patrimonial.

2. O dano material. Perdas e danos: o dano emergente e o lucro cessante

V., também, *Comprovação do dano*, in Livro IV, Título II, n. 29.2, *infra*.

A finalidade jurídica da liquidação do dano material consiste em tornar realidade prática a efetiva reparação do prejuízo sofrido pela vítima. Reparação do dano e liquidação do dano são dois termos que se completam. Na reparação do dano, procura-se saber exatamente qual foi a sua extensão e a sua proporção; na liquidação, busca-se fixar concretamente o montante dos elementos apurados naquela primeira fase. A primeira é o objeto da ação; a segunda, da execução, de modo que esta permanece submetida à primeira pelo princípio da *res judicata*[99].

Como dissemos anteriormente, o critério para o ressarcimento do dano material encontra-se no art. 402 do Código Civil, que assim dispõe: "Salvo as exceções expressamente previstas em lei, as perdas e danos devidas ao credor abrangem, além do que ele efetivamente perdeu, o que razoavelmente deixou de lucrar". Compreendem, pois, o dano emergente e o lucro cessante. Devem cobrir todo o dano material experimentado pela vítima.

Dano emergente é o efetivo prejuízo, a diminuição patrimonial sofrida pela vítima. É, por exemplo, o que o dono do veículo danificado por outrem desembolsa para consertá-lo. Representa, pois, a diferença entre o patrimônio que a vítima tinha antes do ato ilícito e o que passou a ter depois. *Lucro cessante* é a frustração da expectativa de lucro. É a perda de um ganho esperado.

Assim, se um ônibus é abalroado culposamente, deve o causador do dano pagar todos os prejuízos efetivamente sofridos, incluindo-se as despesas com os reparos do veículo (dano emergente), bem como o que a empresa deixou de ganhar no período em que o veículo ficou na oficina. Apura-se, pericialmente, o lucro que a empresa normalmente auferia por dia e chega-se ao *quantum* que ela deixou de lucrar. Se se trata, por exemplo, de vítima que foi atropelada, ou acidentada de alguma outra forma, a indenização deve abranger todas as despesas médicas e hospitalares, bem como os dias de serviço perdidos. Em casos de inabilidade profissional, de imperícia (cabeleireiros, cirurgiões plásticos, médicos), a indenização deve cobrir os prejuízos efetivamente sofridos e as despesas de tratamento com outro profissional, para reparação do erro cometido.

Há casos em que a indenização já vem estimada no contrato, como acontece quando se pactua a cláusula penal compensatória.

Na liquidação apura-se, pois, o *quantum* da indenização. A estimativa do dano emergente se processa com mais facilidade, porque é possível estabelecer-se com precisão o desfalque do patrimônio. Em se tratando, porém, de lucros cessantes, atuais ou potenciais, a razão e o bom-senso – assinala Giorgi – "nos dizem que os fatos, ordinariamente, são insuscetíveis de prova direta e rigorosa, sendo, igualmente, de ponderar-se que não é possível traçar regras, a não ser muito gerais, a este respeito, o que dá lugar ao arbítrio do juiz na apreciação dos casos"[100].

Como diretriz, o Código usa a expressão *razoavelmente*, ou seja, o que a vítima "razoavelmente deixou de lucrar", cujo sentido, segundo Agostinho Alvim, é este: "... até prova em

---

99. Miguel M. Serpa Lopes, *Curso*, cit., v. 5, p. 386.
100. Giorgio Giorgi, *Teoria delle obbligazioni nel diritto moderno italiano*, v. 2, n. 96.

contrário, admite-se que o credor haveria de lucrar aquilo que o bom-senso diz que lucraria. Há aí uma presunção de que os fatos se desenrolariam dentro do seu curso normal, tendo-se em vista os antecedentes... ele (o advérbio *razoavelmente*) não significa que se pagará aquilo que for razoável (ideia quantitativa) e sim que se pagará se se puder, razoavelmente, admitir que houve lucro cessante (ideia que se prende à existência mesma do prejuízo). Ele contém uma restrição, que serve para nortear o juiz acerca da prova do prejuízo em sua existência, e não em sua quantidade. Mesmo porque, admitida a existência do prejuízo (lucro cessante), a indenização não se pautará pelo razoável e sim pelo provado" (*Da inexecução*, cit., p. 188-90).

No entender de Fischer, "não basta, pois, a simples possibilidade de realização do lucro, mas também não é indispensável a absoluta certeza de que este se teria verificado sem a interferência do evento danoso. O que deve existir é uma probabilidade objetiva que resulte do curso normal das coisas, e das circunstâncias especiais do caso concreto" (*A reparação dos danos no direito civil*, p. 48).

A propósito, proclamou o Superior Tribunal de Justiça que a expressão "o que razoavelmente deixou de lucrar", utilizada pelo Código Civil, "deve ser interpretada no sentido de que, até prova em contrário, se admite que o credor haveria de lucrar aquilo que o bom senso diz que lucraria, existindo a presunção de que os fatos se desenrolariam dentro do seu curso normal, tendo em vista os antecedentes. O simples fato de uma empresa rodoviária possuir frota de reserva não lhe tira o direito aos lucros cessantes, quando um dos veículos sair de circulação por culpa de outrem, pois não se exige que os lucros cessantes sejam certos, bastando que, nas circunstâncias, sejam razoáveis ou potenciais" (REsp 61.512-SP, rel. Min. Sálvio de Figueiredo, *DJU*, 1º-12-1997, n. 232, p. 62757).

A 3ª Turma do Superior Tribunal de Justiça, tendo a Ministra Nancy Andrighi como relatora, manteve a condenação de uma empresa de transporte coletivo a indenizar um homem que caiu de um ônibus ao tentar descer do veículo e ficou com uma das pernas prensada na porta, sendo arrastado. Em razão desse acidente essa pessoa necessitou amputar alguns dedos da perna direita. A pena esquerda também sofreu intensas lesões. Nos meses seguintes, ambas as pernas foram amputadas em decorrência de infecção generalizada. A jurisprudência do STJ é pacífica sobre a possibilidade de cumular danos morais e estéticos, inclusive com edição da Súmula 387. A mencionada Relatora observou que, na hipótese em julgamento, de amputação de membro do corpo humano, ela é plenamente aplicável (REsp 1.884.887, in Revista *Consultor Jurídico* de 20-8-2021).

2.1. Necessidade de demonstração plena da existência dos lucros cessantes, que não se presumem

Para a aferição do lucro cessante, o Superior Tribunal de Justiça já se manifestou sobre a necessidade de sua comprovação: "A configuração dos lucros cessantes exige mais do que a simples possibilidade de realização do lucro, requer probabilidade objetiva e circunstâncias concretas de que estes teriam se verificado sem a interferência do evento danoso" (STJ, REsp 1.655.090-MA, 3ª T., rel. Min. Ricardo Villas Bôas Cueva, *DJe* 10-4-2017).
■ Rescisão de compromisso de compra e venda – Culpa da construtora – Não obtenção de financiamento perante a instituição financeira – Lucros cessantes – Descabimento – Cláusula

penal compensatória – Inexistência de previsão no contrato – Quanto aos lucros cessantes, a decisão agravada, com base nos fatos consignados pelo Tribunal *a quo*, fez observar a jurisprudência do STJ que não admite a indenização de lucros cessantes sem comprovação, rejeitando os lucros hipotéticos, remotos ou presumidos, incluídos nessa categoria os lucros que supostamente seriam gerados pela rentabilidade de atividade empresarial, que nem sequer foi iniciada (AgInt nos EDcl no REsp 1.862.981-SP, 4ª T., rel. Min. Raul Araújo, j. 24-6-2024, *DJe* 27-6-2024).

- Contrato bancário – Lucros cessantes – Fundamentação concreta – Necessidade. A configuração dos lucros cessantes exige mais do que a simples possibilidade de realização do lucro; requer probabilidade objetiva e circunstâncias concretas de que estes teriam se verificado sem a interferência do evento danoso. Reconhecimento dos lucros cessantes fundado em referências genéricas do laudo pericial, sem a necessária demonstração da relação de interdependência entre os dados colhidos na perícia e o dano supostamente advindo do atraso no repasse dos recursos financeiros. A utilização do *adje*tivo "provável" serve apenas para a comprovação de que houve atraso no repasse de algumas parcelas do financiamento, fato sobre o qual não há nenhuma controvérsia, valendo, ainda, para sustentar a mera probabilidade de que essa mora tenha contribuído para o atraso na implantação do empreendimento. É inconcebível o reconhecimento de lucros cessantes em valores tão expressivos sem que estejam amparados em argumentos sólidos, notadamente na hipótese de um empreendimento ainda em fase de implantação, sem ter atingido o estágio de produção (STJ, REsp 1.655.090-MA, 3ª T., rel. Min. Villas Bôas Cueva, *DJe* 10-4-2017).

- Indenização – Danos morais – Responsabilidade solidária – Ônus da prova – Valor – Lucros cessantes. O Código de Defesa do Consumidor, no art. 7º, parágrafo único, determina a responsabilidade solidária dos fornecedores pelos danos causados ao consumidor, facilitando ao usuário o ajuizamento de ação contra aquele que entender devido. A anotação indevida em cadastros de maus pagadores é suficiente para configurar dano moral, sendo desnecessária a demonstração das consequências do ato. A fixação do *quantum* indenizatório a título de danos morais deve operar-se com razoabilidade, proporcionalmente ao grau de culpa, ao nível socioeconômico da parte ofendida, ao porte do ofensor e, ainda, levando-se em conta as circunstâncias do caso. Não há indenização por lucros cessantes se não há comprovação da perda em virtude da não expansão do negócio daquele que se diz lesado (TJMG, Apel. 107021006682360001, *DJe* 11-4-2014).

- Lucros cessantes – Ausência de prova. Os fatos e elementos do processo sobre os danos materiais devem ser analisados em seu conjunto, sem abandono do sistema de presunção ficta decorrente da falta de impugnação específica. A prova do lucro cessante deve ser feita no processo de conhecimento, jamais na liquidação (TJ-MA, Apel. 375042010, *DJe* 24-11-2011).

- Responsabilidade civil – Lucros cessantes não se presumem – Necessidade de demonstração plena de sua existência – Verba indevida – Recurso não provido (*RJTJSP*, 99:140).

- Indenização por danos materiais e morais – Ampliação de parque industrial com recursos de agente financeiro – Ausência de repasse dos recursos – Ausência, igualmente, de demonstração dos lucros cessantes. Correspondem os lucros cessantes a tudo aquilo que o lesado razoavelmente deixou de lucrar, ficando condicionado, portanto, a uma probabilidade objetiva resultante do desenvolvimento normal dos acontecimentos. A condenação a esse título pressupõe a existência de previsão objetiva de ganhos na data do inadimplemento da obrigação pelo devedor. No caso, os lucros alegados decorrem de previsões baseadas em suposta rentabilidade de uma atividade empresarial que nem mesmo se iniciou. Assim sendo, não se pode deferir reparação por lucros cessantes se estes, em casos como o dos autos, configuram-se como dano hipotético, sem suporte na realidade em exame, da qual não se pode ter a previsão razoável e objetiva de lucro, aferível a partir de parâmetro anterior e concreto capaz de configurar a potencialidade de lucro (STJ, REsp 846.455-MS, 3ª T., rel. Min. Sidnei Beneti, *DJU*, 22 abr. 2009).

- Promessa de compra e venda. Atraso na entrega do imóvel. Reexame. Súmula 7/STJ. Devolução integral da quantia paga pelo contratante. Súmula 543/STJ. Lucros cessantes. Necessidade de comprovação (AgInt no AREsp 2.504.725-MT, 4ª T., rel. Min. Raul Araújo, j. 17-6-2024, *DJe* 27-6-2024).

2.2. Vítima que permaneceu durante certo tempo com incapacidade absoluta

- Responsabilidade civil – Acidente sofrido por passageiro – Pensionamento – Lucros cessantes. Se a vítima não exercia trabalho remunerado e permaneceu durante certo tempo com incapacidade absoluta, a verba relativa aos lucros cessantes é devida. A incapacidade absoluta impediu o exercício de qualquer atividade remunerada, com o que deve ser ressarcida por isso (*RSTJ, 130*:274).

2.3. Recorrente que explora atividade agropecuária e ficou anos sem dispor de seu veículo – Lucros cessantes devidos. Lucro cessante – Configuração – Quantificação

- Se a recorrente explora atividade agropecuária e, por culpa da recorrida, ficou anos sem dispor do veículo, faz jus à reparação dos lucros cessantes. Na hipótese, essa parcela indenizatória não é aferível segundo o custo de locação de veículo similar. A apuração dos lucros cessantes há de ser em função dos produtos agropecuários que poderia vender ou transportar a mais. Os lucros cessantes estão definidos no art. 402 do CC/02 e, neste julgamento, não correspondem a despesas com locação de veículo similar, por não equivalerem ao que a vítima "razoavelmente deixou de lucrar". O TJ/RJ assegurou à recorrente indenização pelos lucros cessantes, de acordo com o pedido expresso, não havendo violação à coisa julgada (STJ, REsp 11.056.295-RJ, 3ª T., rel. Min. Nancy Andrighi, *DJe* 18-2-2009).

2.4. Veículo entregue a concessionária para conserto – Demora razoável

- Responsabilidade civil – Ação objetivando indenização por lucros cessantes por dias parados e danos morais – Veículo utilizado para transporte de pessoas entregue à concessionária para conserto – Demora razoável e justificada – Boa-fé evidenciada – Laudo pericial – Inexistência de vícios no veículo e nos serviços – Ato ilícito e nexo causal não comprovados – Sentença de improcedência do pedido corretamente prolatada (TJRJ, Apel. 00038608020098190004, *DJe* 12-2-2016.

2.5. Aeronave fora de uso havia quatro anos – Lucros cessantes indevidos

■ Indenização – Lucros cessantes – Art. 1.059 do Código Civil de 1916 (402 do atual) – Hipótese em que a aeronave estava fora de uso havia quatro anos – Indenização não devida (*RJTJSP, 121*:87).

2.6. Lucros cessantes – Excessiva demora para o conserto do veículo

■ Ação de indenização por danos morais – Envio de veículo para conserto – Oficina credenciada pela seguradora – Demora excessiva para o conserto do veículo – Falha na prestação dos serviços – Dano moral configurado – *Quantum* corretamente fixado – Sentença mantida. Configurada a falha na prestação dos serviços da recorrente, pois o veículo deu entrada na b.k. concessionária na data de 07/01/2015 e somente em março de 2015 foi devolvido ao recorrido. Portanto, correta a sentença monocrática que reconheceu o dever da recorrente em indenizar os danos suportados pelo recorrido, (TJPR, RI 0005842-61.2015.8.16.0018/0, *DJe* 28-3-2016).

2.7. Substituição do ônibus danificado por outro de reserva

■ Responsabilidade civil – Ônibus abalroado por caminhão – Substituição daquele veículo por outro de reserva – Circunstância que não desobriga o responsável pelos lucros cessantes – Apelação provida. O fato de uma empresa de transporte coletivo dispor de veículos de reserva não lhe tira o direito aos lucros cessantes, quando um dos que estão em circulação normal for avariado por culpa de outrem (*RT, 425*:69).

■ Acidente de trânsito – Lucros cessantes. Culpa do condutor do caminhão comprovada pela prova oral produzida em juízo – Responsabilidade configurada – Ressarcimento devido – Danos materiais comprovados – Lucros cessantes devidos – Montante do lucro que seria obtido pelo ônibus que deve ser apurado em liquidação da sentença – Existência de *frota de reserva* que não afasta a obrigação de recompor integralmente o prejuízo – Precedentes do STJ (TJSP, Apel. 1003491-77.2014.8.26.0011, *DJe* 20-5-2016).

2.8. Verba relativa a aluguel de carro durante o período de reparação do veículo danificado

■ Responsabilidade civil – Acidente de trânsito em cruzamento dotado de semáforos – Culpa exclusiva e incontroversa do condutor do carro-forte, que desrespeitou o sinal vermelho, interceptando a trajetória do veículo da autora, que tinha a preferência de passagem. Infringência ao disposto no art. 44 do CTB – Ato ilícito configurado – Dever de reparar o valor da franquia – Locação de automóvel – Ausência de prova da necessidade de utilização de veículo substituto no período em que o da autora esteve em conserto (TJRS, Apel. 71.005.075.635, *DJe* 13-12-2017).

2.9. Táxi danificado – Lucros cessantes

■ Reparação de danos. Acidente de trânsito. Lucros cessantes pelos dias em que o táxi do autor esteve no conserto, não havendo possibilidade de sua utilização. Dias parados. Lucros cessantes devidos (TJRS, Apel. 71.005.091.483, 3ª T. Recursal Cível, Turmas Recursais, rel. Cleber Augusto Tonial, j. 11-12-2014).

■ Motorista de praça – Relação de consumo –Vício do produto – Troca do bloco do motor – Desvalorização do valor do bem – Inocorrência – Lucros cessantes – Indenização bem arbitrada tendo em vista a impossibilidade de uso do veículo na atividade de táxi (R$ 7.520,00) – Dano moral configurado. Indenização arbitrada em valor razoável (R$ 8.000,00) – Recurso das rés provido em parte (TJSP, Apel. 0010984-51.2007.8.26.0114, 25ª Câm. Dir. Priv., rel. Des. Edgard Rosa, j. 23-7-2015).

3. A situação econômica do ofensor e a equidade

A indenização, visando, tanto quanto possível, recolocar a vítima na situação anterior, deve abranger todo o prejuízo sofrido efetivamente e também os lucros cessantes. Não terá nenhuma influência na apuração do montante dos prejuízos o grau de culpa do agente. Ainda que a sua culpa seja levíssima, deverá arcar com o prejuízo causado à vítima em toda a sua extensão.

De acordo com o ensinamento que veio da *Lex Aquilia* (daí a origem da expressão "culpa aquiliana"), a culpa, por mais leve que seja, obriga a indenizar. Assim, mesmo uma pequena inadvertência ou distração obriga o agente a reparar todo o dano sofrido pela vítima. Na fixação do *quantum* da indenização não se leva em conta, pois, o grau de culpa do ofensor. Se houve culpa – grave, leve ou levíssima –, todo o dano provocado deve ser indenizado.

Tal solução, conforme assinala Silvio Rodrigues, "por vezes se apresenta injusta, pois não raro de culpa levíssima resulta dano desmedido para a vítima. Nesse caso, se se impuser ao réu o pagamento da indenização total, a sentença poderá conduzi-lo à ruína. Então, estar-se-á apenas transferindo a desgraça de uma para outra pessoa, ou seja, da vítima para aquele que, por mínima culpa, causou o prejuízo. Se uma pessoa, no vigésimo andar de um prédio, distraidamente se encosta na vidraça e esta se desprende para cair na rua e matar um chefe de família, aquela pessoa, que teve apenas uma inadvertência, poderá ser condenada ao pagamento de uma enorme indenização, capaz de consumir toda a economia de sua família. Pequena culpa, gerando enorme e dolorosa consequência. Entretanto, essa é a lei, pois *in lege Aquila et levissima culpa venit*" (*Direito civil*, cit., p. 194-5).

Para Agostinho Alvim, "a maior ou menor gravidade da falta não influi sobre a indenização, a qual só se medirá pela extensão do dano causado. A lei não olha para o causador do prejuízo, a fim de medir-lhe o grau de culpa, e sim para o dano, a fim de avaliar-lhe a extensão. A classificação da infração pode influir no sentido de atribuir-se ou não responsabilidade ao autor do dano, o que é diferente" (*Da inexecução,* cit., p. 197, n. 150).

Yussef Said Cahali, entretanto, citando alguns exemplos extraídos do nosso direito positivo, discorda da afirmação de Agostinho Alvim e afirma que "não se pode dizer singelamente que a lei não olha para o causador do prejuízo, a fim de medir-lhe o grau de culpa, e sim para o dano, a fim de avaliar-lhe a extensão... Pelo contrário, é compatível com a sistemática legal o reconhecimento de que a classificação da culpa (esta em sentido lato) pode fazer-se necessária, não só quando se cuida de definir a responsabilidade do autor do dano, como também quando se cuida de agravar ou tornar mais extensa a indenização devida" (*Dano*, cit., p. 135).

Os casos mencionados por Yussef Said Cahali dizem respeito a "conhecimento da coação" (CC, art. 155), "conhecimento do vício redibitório" (CC, art. 443), "cumulação da multa contratual com perdas e danos" (CC, art. 409), "indenização acidentária e indenização civil" (Súmula 229 do STF), "responsabilidade civil e acidente aviatório" (CBAr), "responsabilidade civil e indenização tarifada do seguro obrigatório" (Dec.-Lei n. 73/66), "termo inicial de fluência dos juros e juros compostos" (CC, art. 398), e "responsabilidade civil e responsabilidade processual" (CPC, arts. 16 e 20).

Fora dos casos expressamente previstos, o juiz não pode julgar por equidade. Se a lei não dispõe, expressamente, que a culpa ou o dolo podem influir na estimativa das perdas e danos, o juiz estará adstrito à regra que manda apurar todo o prejuízo sofrido pela vítima, em toda a sua extensão, independentemente do grau de culpa do agente. E, ainda que o resultado se mostre injusto, não estará autorizado a decidir por equidade.

O atual Código Civil manteve o entendimento doutrinário de que o grau de culpa não deve influir na estimativa das perdas e danos, proclamando:

"Art. 944. A indenização mede-se pela extensão do dano".

Atendendo, no entanto, aos reclamos de que tal regra pode mostrar-se injusta em alguns casos, inovou, permitindo, no parágrafo único do aludido dispositivo, que o juiz os julgue por equidade, nestes termos:

"Parágrafo único. Se houver excessiva desproporção entre a gravidade da culpa e o dano, poderá o juiz reduzir, equitativamente, a indenização".

Assim, poderá o juiz fixar a indenização que julgar adequada ao caso concreto, levando em conta, se necessário, a situação econômica do ofensor, o grau de culpa, a existência ou não de seguro e outras circunstâncias. A inovação merece, sem dúvida, aplausos.

V. também Livro I, n. 4.

4. A influência de outros elementos

4.1. Cumulação da pensão indenizatória com a de natureza previdenciária

A responsabilidade civil tem, como um de seus pressupostos básicos, a relação de causalidade. Outro pressuposto é o da reparação integral, "o que produz outra consequência: nenhum elemento de compensação pode ser considerado, a não ser que esteja em relação direta com o dano sofrido. Os que carecerem dessa relação direta não podem ser atendidos pelo Juiz. Por esse motivo, fica excluída a indenização oriunda de seguro pessoal. Ao causador do acidente não é dado pretender uma diminuição na indenização sob pretexto de ser a vítima titular de um crédito decorrente de contrato de seguro, porquanto as causas do crédito não coincidem" (Serpa Lopes, *Curso,* cit., v. 5, p. 390).

Da mesma forma, "não se reduzem da indenização as quantias recebidas pela vítima, ou seus beneficiários, dos institutos previdenciários ou assistenciais" (Washington de Barros Monteiro, *Curso*, cit., p. 439). O entendimento generalizado na doutrina é o de que a indenização decorrente de um montepio ou de uma pensão vitalícia não mantém com o fato determinador do prejuízo qualquer relação de causalidade, senão apenas de "ocasião"[101].

Serpa Lopes, mostrando-se de acordo com essa corrente, argumenta: "Se, para que se dê a *compensatio lucri cum damno*, se torna necessário que lucro e prejuízo decorram ambos do fato ilícito, não há como escapar desse requisito, abrindo-se uma exceção, no caso de ter a vítima ou os seus herdeiros uma pensão de aposentadoria. A ideia de que a vítima irá lucrar com essa cumulação se esboroa ante esta: transferir o lucro de um lado para colocá-lo a serviço do causador do dano. Planiol, Ripert e Esmein se baseiam numa jurisprudência a esse respeito, que autoriza a sub-rogação da entidade responsável nos direitos da vítima ou de seus herdeiros" (*Curso*, cit., v. 2, p. 431).

Na jurisprudência, esse entendimento tem também prevalecido. Vejamos:

JURISPRUDÊNCIA

- "Responsabilidade civil – Indenização por danos materiais e morais – Omissão do Estado – Acumulação de pensão indenizatória com pensão previdenciária – Possibilidade. O Superior Tribunal de Justiça entende que 'o benefício previdenciário é diverso e independente da indenização por danos materiais ou morais, porquanto têm origens distintas. O primeiro assegurado pela Previdência; e a segunda, pelo direito comum. A indenização por ato ilícito é autônoma em relação a qualquer benefício previdenciário que a vítima receba" (STJ, REsp 1.676.264-PI, 2ª T., rel. Min. Herman Benjamin, *DJe* 13-9-2017).

- "Responsabilidade civil do Estado – Morte de policial civil – Ação indenizatória. Pensão mensal às filhas – Danos materiais – Possibilidade de cumulação com pensão previdenciária – Valor de 2/3 dos rendimentos da vítima até filhas completarem 25 anos de idade – Para a viúva, até a idade provável do *de cujus* – Precedentes – Direito a mãe/viúva acrescer o valor recebido pelas filhas" (STJ. AgRg no REsp 1.388.266-SC, 2ª T., rel. Min. Humberto Martins, *DJe* 16-5-2016).

- "Cumulação de pensão civil com previdenciária – Precedentes do STJ. Segundo a jurisprudência do Superior Tribunal de Justiça, "é possível a cumulação de pensão previdenciária com outra de natureza indenizatória" (STJ, AgRg no AREsp 569.117-PA, rel. Min. Og Fernandes, Segunda Turma, *DJe* de 03-12-2014). No mesmo sentido: STJ, AgRg no REsp 1.453.874-SC, rel. Min. Mauro Campbell Marques, 2ª T., *DJe* de 18/11/2014" (STJ, AgRg no AREsp 782.544, rel. Min. Assusete Magalhães, *DJe* 15-12-2015).

---

101. Demogue, *Traité*, cit., v. 4, n. 614; Mazeaud e Mazeaud, *Traité*, cit., v. 1, n. 262.

- "É possível a cumulação de benefício previdenciário com pensão decorrente de ilícito civil. O benefício previdenciário é diverso e independente da indenização por danos materiais ou morais, porquanto ambos têm origens distintas. Esta, pelo direito comum; aquele, assegurado pela Previdência. A indenização por ato ilícito é autônoma em relação a qualquer benefício previdenciário que a vítima receba" (STJ, REsp 776.338, 4ª T., rel. Min. Raul Araújo, disponível em <www.conjur.com.br>, acesso em 11 jun. 2014).
- Ação indenizatória – Prequestionamento – Ausência – Súmula 282/STF – Pensão indenizatória por ato ilícito civil – Benefício previdenciário – Cumulação – Possibilidade – Súmula 568/STJ – Impugnação – Não ocorrência (AgInt no REsp 2.039.967-SC, 3ª T., rel. Min. Nancy Andrighi, j. 3-4-2023, *DJe* 10-4-2023).
- Responsabilidade civil do estado – Morte de servidor militar em serviço – Cumulação de pretensão indenizatória com pensão por morte – Possibilidade (AgInt no REsp 1.826.414-SC, 1ª T., rel. Min. Sérgio Kukina, j. 21-8-2023, *DJe* 24-8-2023).

4.2. Dedução do seguro obrigatório

A jurisprudência tem, entretanto, adotado critério diverso, no tocante ao seguro obrigatório de responsabilidade civil, instituído para os proprietários de veículos. As verbas recebidas pela vítima a esse título devem ser descontadas da indenização. O mesmo acontece com as verbas destinadas a cobrir as despesas com o funeral. Senão, vejamos:

"Todavia, na indenização a que estão sujeitos os apelantes, devem ser excluídas as despesas do funeral e do seguro obrigatório, pois as apeladas já as receberam do INPS. Assim se impõe para não haver duplicidade de reparação sob o mesmo título, com inegável enriquecimento ilícito dos beneficiários das vítimas.

É certo que o seguro obrigatório é de natureza contratual e tem a sua causa no pagamento do prêmio. Mas não menos exato que esse prêmio é pago pelo dono do veículo com a finalidade de reparar danos físicos de terceiros, no caso de acidentes de trânsito, de acordo com a única finalidade de tal seguro.

No tocante ao auxílio-funeral, embora pago pelo INSS em virtude de contribuições previdenciárias das vítimas, não se legitimaria sua cumulação na espécie, pois os beneficiários não poderiam receber duas vezes parcela destinada ao mesmo fim, salvo se tivessem demonstrado a sua insuficiência, o que não fizeram" (*RJTJSP*, *44*:142, *47*:257, *55*:226). (*V.*, também, *RT*, *566*:132.)

A dedução do seguro obrigatório deve ter sido objeto de apreciação judicial no decorrer da ação, pois, consoante já decidido, "o seguro obrigatório não pode ser abatido do montante da indenização se do acórdão condenatório não consta determinação alguma nesse sentido" (*RT*, *561*:137). Destarte, para que a dedução ocorra, faz-se mister que o réu da ação indenizatória comprove que o autor recebeu o seguro DPVAT, bem como qual o valor auferido.

Proclama a Súmula 246 do Superior Tribunal de Justiça: "O valor do seguro obrigatório deve ser deduzido da indenização judicialmente fixada".

Jurisprudência

- "Seguro obrigatório – DPVAT – Dedução – Possibilidade – Decisão mantida – O valor do seguro obrigatório deve ser deduzido da indenização judicialmente fixada (Súmula 246/STJ), sendo que essa dedução efetuar-se-á mesmo quando não restar comprovado que a vítima tenha recebido o referido seguro. Precedentes" (STJ, AgIn no AREsp 935.136, 4ª T., rel. Min. Antonio Carlos Ferreira, *DJe* 29-11-2016).

- "Ação de indenização por danos morais. Falecimento do pai dos autores em decorrência de atropelamento. 1. Omissão do acórdão recorrido. Inexistência. 2. Valor da condenação por danos morais. Alegação de julgamento *ultra petita*. Não ocorrência. 3. Compensação entre o valor da indenização e o do seguro obrigatório. Possibilidade, sob pena de *bis in idem*, conforme a Súmula 246/STJ" (STJ, REsp 1.319.526-SP, 3ª T., rel. Min. Marco Aurélio Bellizze, *DJe* 18-5-2015).

- "Ação de reparação de danos. Acidente em veículo de transporte coletivo – Abatimento do valor do seguro obrigatório. (DPVAT) recebido. O valor recebido a título de indenização por seguro DPVAT deve ser abatido da condenação por danos morais e materiais, nos termos da Súmula 246 do Superior Tribunal de Justiça" (TJDF, Apel. 20070111020637-1, rel. Des. Esdras Neves, j. 19-8-2015).

- "Responsabilidade civil – Acidente sofrido por passageiro – Seguro obrigatório – Dedução. O valor do seguro obrigatório, como assentado pela Corte, deve ser descontado da indenização fixada" (*RSTJ, 130*:275).

- "Seguro obrigatório – Indenização por acidente automobilístico – Dedução do '*quantum*' da indenização, da quantia correspondente ao seguro obrigatório" (STF, 1ª T., RE 89.113, *RTJ, 93*:801).

- "Indenização – Seguro obrigatório. A importância correspondente à indenização do seguro obrigatório de veículos, percebida pela vítima ou por seus beneficiários, deve ser deduzida quando do pagamento da indenização de direito comum a eles devida, em razão do mesmo acidente de veículo" (TJSP, Prejulgado nos EI 255.040, *in RJTJSP, 47*:257).

- "Indenização – Seguro obrigatório. A indenização decorrente do seguro obrigatório não afasta aquela devida pelo direito comum, demonstrada a culpa do causador do dano" (TJSP, Ap. 271.853, *Adcoas*, n. 27, ano XI, p. 423, ementa 64.807).

- "Responsabilidade civil – Indenização – Seguro obrigatório – Dedução do montante – Jurisprudência nesse sentido. Constitui matéria pacífica na jurisprudência a dedução da parcela referente ao seguro obrigatório do montante da indenização" (*RT, 610*:138).

5. Alteração da situação e dos valores

5.1. A correção monetária

A alteração da situação de fato pode, em alguns casos, produzir efeitos na situação jurídica decorrente do direito de indenização. Nesse aspecto, releva saber se os valores que integram a indenização devem ser atualizados ou corrigidos monetariamente; se são devidos juros; se o prejuízo deve ser estimado tomando-se por base o dia em que ele se deu ou o momento do pagamento da indenização; se, no pagamento de prestações sucessivas, deve ou não ser adotado critério de atualização automática.

É fora de dúvida que, nas indenizações por ato ilícito, as verbas devem ser corrigidas monetariamente. Deve ser tomado por base, para a estimativa do prejuízo, o dia em que ele se deu. Em seguida, procede-se à correção monetária.

Preceitua, com efeito, o art. 389 do Código Civil que, não cumprida a obrigação, responde o devedor por perdas e danos, mais juros "atualização monetária e honorários de advogado", fixando seu parágrafo único que, "Na hipótese de o índice de atualização monetária não ter sido convencionado ou não estar previsto em lei específica, será aplicada a variação do Índice Nacional de Preços ao Consumidor Amplo (IPCA), apurado e divulgado pela Fundação Instituto Brasileiro de Geografia e Estatística (IBGE), ou do índice que vier a substituí-lo" (ambos na redação dada pela Lei n. 14.905, de 28 de junho de 2024). Também o art. 395 dispõe que o devedor responde pelos prejuízos a que sua mora der causa, mais juros, "atualização dos valores monetários e honorários de advogado". Nas obrigações "provenientes de ato ilícito, considera-se o devedor em mora, desde que o praticou" (art. 398).

Na vigência do Código Civil de 1916, o *Supremo Tribunal Federal* relutou em aceitar a correção monetária nas indenizações por ato ilícito. Enquanto vários tribunais do país, especialmente o de São Paulo, já a admitiam, o Pretório Excelso negava-a, afirmando inexistir lei expressa autorizadora do seu cômputo. Posteriormente, a nossa Suprema Corte passou a aplicá-la, iterativamente, nos referidos débitos, sob a argumentação de que se tratava de dívida de valor, isto é, indenização capaz de proporcionar à vítima a possibilidade de aquisição dos mesmos bens perdidos em razão do ato ilícito. Se a moeda se desvaloriza, ou se o preço dos bens aumenta, a indenização deve variar na mesma proporção, para que tal aquisição possa acontecer.

Tal entendimento cristalizou-se na Súmula 562, *verbis*:

"Na indenização de danos materiais decorrentes de ato ilícito cabe a atualização de seu valor, utilizando-se, para esse fim, dentre outros critérios, dos índices de correção monetária".

A Lei n. 6.899, de 8 de abril de 1981, que determinou a aplicação da correção monetária nos débitos oriundos de decisão judicial, dispôs que o seu cálculo seria feito a partir do ajuizamento da ação. Na jurisprudência, contudo, assentou-se que tal critério não se aplicava às dívidas de valor, prevalecendo, assim, a anterior construção jurisprudencial sobre a matéria, que mandava contar a correção monetária a partir da data do evento.

O Superior Tribunal de Justiça, por sua vez, editou a Súmula 43, do seguinte teor: "Incide correção monetária sobre dívida por ato ilícito a partir da data do efetivo prejuízo".

Hoje, todas essas questões encontram-se superadas, ante a expressa previsão do art. 389 do Código Civil de que o valor das perdas e danos deve ser atualizado monetariamente, desde o momento em que se configurou a mora do devedor (art. 395), ou, em se tratando de obrigações provenientes de ato ilícito, desde que o praticou (art. 398).

A Súmula 490 do Supremo Tribunal Federal determina que a indenização deve ser automaticamente reajustada, quando fixada em forma de pensão, temporária ou vitalícia, nestes termos:

"A pensão, correspondente a indenização oriunda da responsabilidade civil, deve ser calculada com base no salário mínimo vigente ao tempo da sentença e ajustar-se-á às variações ulteriores".

Quando a sentença fixa o valor da pensão com base no salário mínimo, aplicando a Súmula 490 do Supremo Tribunal Federal, a atualização será automática, pois acompanhará o reajuste daquele. Neste caso, não cabe, pois, a correção monetária. Veja-se:

"Responsabilidade civil – Súmula 490 – Calcula-se a indenização da mulher e filhos da vítima com base no salário mínimo vigente na data da sentença, ajustando-se às variações ulteriores. Descabida a correção monetária" (STF, RE 611.275).

A correção monetária é um componente indestacável do prejuízo a reparar, retroagindo ao próprio momento em que a desvalorização da moeda principiou a erodir o direito lesado. Por essa razão, deve ser calculada a partir do evento.

No entanto, quando o lesado efetua o pagamento das despesas que o ato ilícito lhe acarretou, a atualização monetária deve ser calculada a partir do desembolso. É o que acontece, por exemplo, com as seguradoras, que indenizam o segurado e depois movem ação regressiva contra o causador do sinistro.

Outras vezes, o lesado não desembolsa o numerário necessário ao pagamento das despesas e propõe ação de reparação de danos alicerçado em orçamentos fornecidos por firmas presumidamente idôneas. Nestes casos, o 'dies a quo' da incidência da correção monetária é a data do orçamento acolhido pelo Juiz, elaborado, naturalmente, com base nos preços vigentes na referida data.

Se o cálculo da indenização foi feito com suporte em algum laudo técnico, a correção monetária incidirá a partir da data de sua elaboração e não do ajuizamento da ação. Assim também sucede com o valor da indenização do dano moral, que é definido na sentença. Nesse sentido o teor da Súmula 362 do Superior Tribunal de Justiça: "A correção monetária do valor da indenização do dano moral incide desde a data do arbitramento". A referida Súmula excepciona a regra da Súmula 43 da citada Corte, retrotranscrita, segundo a qual a correção monetária do *quantum* indenizatório deve ser computada, de modo geral, a partir da data do evento danoso.

O *Supremo Tribunal Federal*, no julgamento do RE 194.165-1-Goiás, assentou:

"A 1ª Turma, apreciando o RE 170.203-GO, Relator o Min. Ilmar Galvão, firmou entendimento segundo o qual 'A regra jurídica do inc. IV do art. 7º da Carta Magna, inserida no capítulo dos 'direitos sociais' dos trabalhadores urbanos e rurais, veda, em sua parte final, a vinculação do salário mínimo para qualquer fim. Tal vedação visa a impedir a utilização do referido padrão como fator de indexação. O Supremo Tribunal Federal, sob a ordem constitucional precedente, considerou inaplicável a proibição do uso do salário mínimo como base de cálculo, em se tratando de ato jurídico perfeito e em cálculo de pensão em ação de indenização por ato ilícito. A esse respeito versam os Recursos Extraordinários n. 96.037, Relator o Ministro Djaci Falcão (*RTJ* 106/314); 108.414, Relator o Ministro Francisco Rezek (*RTJ* 118/815) e 89.569, Relator o Ministro Xavier de Albuquerque (*RTJ* 87/1069). No caso dos autos, a fixação da pensão com base no salário mínimo foi utilizada como parâmetro para o fim de assegurar ao beneficiário as mesmas garantias que o texto constitucional concede ao trabalhador e à sua família, presumivelmente capazes de atender às necessidades vitais básicas como alimentação, moradia, saúde, vestuário, educação, higiene, transporte, lazer e previdência social. Sendo assim, nenhum outro padrão seria mais adequado à estipulação da pensão. Não conheço do recurso'. Do exposto, com base no art. 38, da Lei 8.038, de 28 de maio de 1990, combinado com o art. 21, § 1º, do RISTF, nego seguimento ao recurso" (Rel. Min. Néri da Silveira, *DJU*, 31 mar. 1997, n. 60, p. 9581).

Entretanto, o mesmo Colendo Tribunal, em hipótese não atinente a indenização sob a forma de pensão mensal, que é fixada com base nos rendimentos da vítima, mas a dano moral, decidiu de forma diferente:

"*Dano moral* – Indenização – Fixação vinculada ao salário mínimo – Vedação – Inconstitucionalidade.

Ao estabelecer o art. 7º, da Constituição, que é vedada a vinculação ao salário mínimo para qualquer fim, quis evitar que interesses estranhos aos versados na norma constitucional venham a ter influências na fixação do valor mínimo a ser observado. Assim, se a indenização por dano moral é fixada em 500 salários mínimos, para que, inequivocamente, o valor do salário mínimo a que essa indenização está vinculada atue como fator de atualização desta, tal vinculação é vedada pelo citado dispositivo constitucional" (STF, RE 225.488-1-PR, 1ª T., rel. Min. Moreira Alves, *DJU*, 16 jun. 2000).

Desse modo, se a indenização do dano moral for fixada, realmente, em uma quantidade de salários mínimos, deve o magistrado dizer a quantos reais corresponde o referido montante, na data da sentença, para que, sobre o valor convertido em reais, recaia a correção monetária legal. Nesse sentido decisão do Tribunal de Justiça de São Paulo:

"*Indenização* – Responsabilidade objetiva do Estado – Dano moral – Fixação total em oitenta e três salários mínimos, havendo sido tomado por base o valor de um salário mínimo, que se substitui pelo correspondente na moeda corrente vigente no país: R$ 11.288,00 (onze mil, duzentos e oitenta e oito reais), atualizados monetariamente, na forma da tabela adotada por este Colendo Tribunal, até a data do efetivo pagamento, em imperiosa aplicação do sagrado da Magna Carta – Improvimento dos recursos, com observação de que qual conversão para reais é promovida no sentido de evitar que se viole norma taxativa expressa no inciso IV do *caput* do artigo 7º da Constituição Federal" (*JTJ*, Lex, *225*:139).

Confira-se a jurisprudência do *Superior Tribunal de Justiça*: a) nos casos de responsabilidade extracontratual a correção monetária incide desde o arbitramento da indenização (AgRg no REsp 1.209.123-SP, 4ª T., rel. Min. Luis Felipe Salomão, *DJe* 12-3-2014). A propósito, dispõe a Súmula 362 da referida Corte: "A correção monetária do valor da indenização do dano moral incide desde a data do arbitramento"; b) em se tratando de responsabilidade contratual, a correção monetária é devida desde o inadimplemento (AgRg no Ag 925.081-RS, 4ª T., rel. Min. Raul Araújo, *DJe* 25-4-2014).

5.1.1. Correção monetária – Ato ilícito – Incidência sobre a condenação a partir do efetivo prejuízo

Correção monetária – Ato ilícito – Incidência sobre a condenação a partir do efetivo prejuízo. Proclama a Súmula 362 do STJ que "A correção monetária do valor da indenização do dano moral incide desde a data do arbitramento". O reajuste em condenações por dano moral deve ser da data em que o valor foi definido na sentença e não na data em que a ação foi proposta. Por outro lado, declara a Súmula 43 da aludida Corte que "incide correção monetária sobre dívida por ato ilícito a partir da data do efetivo prejuízo". Destarte, nas indenizações de modo geral a correção de valores se contará da data do efeito danoso. Entretanto, no dano moral, a correção se dá a partir da data do arbitramento, "pouco importando se há ou não recurso, tendo-se em vista que no momento da fixação do *quantum* o magistrado leva em conta a expressão atual de valor da moeda, devendo, somente a partir daí, operar-se a correção" (Cristiano Chaves de Farias, Felipe Braga Netto, Nelson Rosenvald, *Novo tratado de responsabilidade civil*, 2.ed., 2017, Ed. Saraiva, p. 400).

5.1.2. Retenção de quantia em dinheiro – Restituição sem acréscimos – Inadmissibilidade

- Responsabilidade civil do Estado – Inventariante judicial – Retenção de quantia levantada através de alvará – Depósito bancário após 11 anos sem acréscimos – Obrigação de indenizar em quantia correspondente àquela de que se apropriou – Falta de previsão de índices para aplicação de correção monetária no período – Irrelevância – Critério fixado pelo perito judicial – Recurso improvido (*RT*, *609*:163).
- Indenização – Restos mortais atirados em vala comum – Pagamento por serviço não utilizado – Direito à restituição – Devolução pelo réu de valor sem a devida correção monetária – Enriquecimento ilícito – Necessidade do socorro judicial e hipótese, no caso, de adequação da via eleita – Danos material e moral caracterizados (*JTJ*, Lex, *234*:115).
- Correção monetária – Ato ilícito contratual oriundo do não pagamento de bens no prazo avençado – Atualização devida a partir da data em que devia ter o Estado adimplido sua obrigação, sob pena de enriquecimento sem causa (*RT*, *766*:311).

5.1.3. Correção monetária – Ato ilícito – Fluência a partir do evento danoso, e não apenas do ajuizamento da ação

- Se o ato causador de prejuízo decorreu da prática de ilícito civil, o causador do dano considera-se em mora desde a prática do ato lesivo ao direito alheio, e não apenas do ajuizamento da ação, hipótese em que a reparação do dano não seria integral. Aplicação da Súmula 562 do STF (*RT*, *641*:132).
- Indenização – Danos moral e material – Morte de filho decorrente de homicídio – Pensão – Correção monetária – Incidência a partir do evento danoso – Prestações vencidas, devidas mês a mês, atualizadas pela variação do salário mínimo – Juros de mora contados a partir das datas em que tinham que ter sido pagos (*JTJ*, Lex, *214*:102).
- Condenação ao pagamento de indenização por danos morais. Correção monetária e juros de mora. Omissão. Configuração (EDcl no REsp 2.108.182-MG, 3ª T., rel. Min. Nancy Andrighi, j. 3-6-2024, *DJe* de 6-6-2024).

5.1.4. Acidente de trânsito – Correção monetária – Incidência desde o prejuízo, ou seja, desde o desembolso

- Em indenização por acidente de trânsito a correção monetária incide desde o prejuízo, ou seja, desde o desembolso, porque a reparação do ilícito deve ser a mais completa possível, e só será completa se também considerado o tempo do ato ilícito e a inflação que corroeu os valores desde aquela data até o pagamento. É dívida de valor, e não de dinheiro, não decorre da judicialidade da cobrança, mas de sua natureza e substância de obrigação não pecuniária (*RT*, *656*:120).

- Correção monetária – Indenização por perdas e danos – Incidência a partir do desembolso. Quem pede perdas e danos pede, implicitamente, a perda correspondente à corrosão monetária, que a atualização supre, quando contada desde o desembolso, pelo menos (*RT*, *611*:131).

- Acidente de trânsito – Concessionária de serviço público – Danos morais – Quantificação – Correção monetária. Tratando-se de responsabilidade contratual, os juros de mora incidem desde a citação, e a correção monetária desde a data da publicação da decisão que fixa o montante condenatório correspondente (TJMG, Apel. 10284100031319001, *DJe* 12-9-2016).

- Indenização – Ato ilícito – Correção monetária – Dívida de valor – Atualização devida a partir do efetivo prejuízo, e não do ajuizamento da ação – Incidência que já era admitida antes do advento da Lei 6.899/81. 1. O valor da indenização por responsabilidade civil decorrente de ato ilícito (acidente de trânsito) deverá ser pago em moeda corrigida, calculada da data em que efetivamente o patrimônio da vítima foi desfalcado pelo ato do agente. 2. A incidência da correção monetária antes mesmo do advento da Lei 6.899/81 já era admitida pela construção jurisprudencial, consubstanciada em que a obrigação do devedor não é de pagar uma quantia em dinheiro, mas sim a de restaurar o patrimônio do credor na situação em que se encontrava anteriormente à lesão (*RTJ* 73/956 e 76/623). Recurso conhecido e provido (STJ, *RT*, *662*:189).

- Acidente de trânsito – Seguro obrigatório – DPVAT – Correção monetária. Conta-se a correção monetária desde a data do evento danoso. Inexiste previsão legal quanto à incidência de correção monetária sobre o valor máximo da indenização (TJRS, AAoel. 20150910241649, *DJe* 4-12-2017).

5.1.5. Correção monetária – Acidente de trânsito – Incidência desde o orçamento

- Correção monetária – Termo inicial – Responsabilidade civil – Acidente de trânsito – Incidência a partir da data do menor orçamento – Recurso desprovido – Sentença mantida (TJRS, Apel. 71.006.206.643, j. 26-8-2016).

5.2. A garantia do pagamento futuro das prestações mensais

"Art. 533. Quando a indenização por ato ilícito incluir prestação de alimentos, caberá ao executado, a requerimento do exequente, constituir capital, cuja renda assegure o pagamento do valor mensal da pensão.

§ 1º O capital a que se refere o *caput*, representado por imóveis ou por direitos reais sobre imóveis suscetíveis de alienação, títulos da dívida pública ou aplicações financeiras em banco oficial, será inalienável e impenhorável enquanto durar a obrigação do devedor do executado, além de constituir-se em patrimônio de afetação.
§ 2º O juiz poderá substituir a constituição do capital pela inclusão do exequente em folha de pagamento de pessoa jurídica de notória capacidade econômica ou, a requerimento do executado, por fiança bancária ou garantia real, em valor a ser arbitrado de imediato pelo juiz.
§ 3º (...)
§ 4º A prestação alimentícia poderá ser fixada tomando por base o salário mínimo.
§ 5º Finda a obrigação de prestar alimentos, o juiz mandará liberar o capital, cessar o desconto em folha ou cancelar as garantias prestadas" (CPC 2015).

Desde, portanto, que o beneficiário da pensão venha a ser incluído na folha de pagamento da recorrente vencida, poderá ser dispensada a constituição de capital garantidor de seu pagamento, a critério do juiz da execução, que terá, certamente, melhores elementos para a apreciação da espécie.

O dispositivo legal em epígrafe refere-se exclusivamente à prestação de alimentos incluída na indenização por ato ilícito, restrita às hipóteses de homicídio (CC, art. 948) e de lesões corporais que acarretem redução ou incapacidade para o trabalho (CC, art. 950), não compreendendo os alimentos devidos a título de parentesco ou resultantes do direito de família.

O fato de determinado bem ficar vinculado ao pagamento de prestações futuras não significa que deixou de pertencer ao devedor. Como esclarece Alcides de Mendonça Lima, "os bens não se transmitem ao credor, mas continuam na propriedade do devedor. Apenas sofrem limitações na sua disponibilidade. O capital, aliás, se circunscreve, apenas, a produzir renda mensal equivalente aos alimentos devidos à vítima e, na sua falta, a seus dependentes" (*Comentários ao Código de Processo Civil*, Forense, v. 6, t. 2, p. 564).

Enquanto estiver pagando em dia as prestações, a renda desse capital continuará a pertencer ao devedor. Tornando-se inadimplente, referida renda será transferida ao beneficiário da pensão. Caso o capital não produza nenhuma renda, será transformado em uma soma em dinheiro equivalente ao total da pensão devida, uma vez não solvida a prestação mensal.

Assim, o imóvel simplesmente permanecerá onerado, para o que se deve expedir mandado de registro ao ofício imobiliário competente, com a finalidade de evitar a menor probabilidade de venda por parte do devedor (Arnaldo Rizzardo, *A reparação*, cit., p. 138, n. 15.2).

O § 1º do art. 533 do Código de Processo Civil menciona três modalidades de prestação da garantia: por meio de imóveis, títulos da dívida pública ou aplicações financeiras em banco oficial. Arnaldo Rizzardo assinala que a jurisprudência entende como mais viável o depósito bancário e em caderneta de poupança de certa quantia, a render juros e correção monetária, bloqueadas as retiradas, salvo as pensões do credor, sendo de bom alvitre seja depositado um *quantum* capaz de ensejar razoável grau de segurança, e cujas retiradas não o consumam (*A reparação*, cit., p. 136).

Proclama a Súmula 313 do Superior Tribunal de Justiça: "Em ação de indenização, procedente o pedido, é necessária a constituição de capital ou caução fidejussória para a garantia de pagamento de pensão, independentemente da situação financeira do demandado".

A prestação de caução fidejussória, todavia, não está prevista no retrotranscrito art. 533, tendo sido substituída pela inclusão do beneficiário da prestação em folha de pagamento, fiança bancária ou garantia real.

5.2.1. Indenização – Pensão – Inclusão do autor na folha de pagamento da ré

■ Ação indenizatória – Acidente de trânsito – Cumprimento de sentença – Decisão na fase executiva que determina a inclusão dos autores em folha de pagamento – Ausência de violação à coisa julgada. Não merece prosperar a irresignação recursal ao argumento de violação da coisa julgada, porquanto o fato de não constar na sentença a determinação de inclusão dos autores em folha de pagamento não impossibilita sua determinação na fase executiva (TJRJ, AgInt 00597836420138190000, *DJe* 6-5-2014).

■ Pensão – Beneficiário que pede sua inclusão em folha de pagamento da empresa devedora – Fato que acarreta a dispensabilidade da constituição de capital de que trata o art. 602 (*atual 475-Q*) do CPC (*RT*, 774:308).

5.2.2. Ato ilícito – Prestação de alimentos – Necessidade de constituição de garantia pelo devedor

■ Indenização – Ato ilícito – Acidente do trabalho – Obrigação decorrente do infortúnio, que inclui prestação de alimentos – Necessidade de constituição de garantia pelo devedor – Artigo 602 (*atual 533*), do Código de Processo Civil – Recurso não provido (*RJTJSP*, 126:157).

5.2.3. Indenização – Constituição de capital para assegurar o adimplemento da verba

■ Acidente de trânsito – Solidariedade entre as corrés afastada – Atropelamento de ciclista – Conduta culposa do condutor do veículo caracterizada – Pensão por morte devida – Dependência financeira presumida – Núcleo familiar de baixa renda – Necessidade de constituição de capital para garantia do pagamento da pensão (TJSP, Apel. 0068283-32.2010.8.26.0000, *DJe* 9-2-2017).

■ Indenização – Acidente de trânsito – Constituição de capital para assegurar o adimplemento da verba – Admissibilidade. A constituição de capital para assegurar o adimplemento da indenização em decorrência de acidente de trânsito é medida necessária, não a tornando prescindível a possibilidade de inclusão da vítima em folha de pagamento da empresa condenada, pois tal critério, embora seja prático, não gera segurança absoluta em favor do beneficiário, uma vez que não se pode excluir a possibilidade de um colapso financeiro da pessoa jurídica, até mesmo com decreto de sua falência (*RT*, 758:232).

5.3. Prisão civil do devedor – Natureza da obrigação alimentar

A constituição do capital que garanta o pagamento das prestações futuras é obrigatória.

Não se pode, entretanto, decretar a prisão civil do devedor que frustra o pagamento das pensões mensais. Dissertando sobre o tema, assim se pronunciou Yussef Said Cahali, com sua indiscutível autoridade: "Mas a prisão civil por dívida, como meio coercitivo para o adimplemento da obrigação alimentar, é cabível apenas no caso dos alimentos previstos nos arts. 231, III, e 396 e segs. do CC (de 1916), correspondentes aos arts. 1.566, III, e 1.694 do atual que constituem relação de direito de família; inadmissível, assim, a sua cominação determinada por falta de pagamento de prestação alimentícia decorrente de ação de responsabilidade '*ex delicto*'" (*Dos alimentos*, 1. ed., 4. tir., Revista dos Tribunais, p. 631, n. 3). Citou, na oportunidade, em abono de sua afirmação, decisão da 2ª Câm. do TJSP, de 25-5-1971, publicada em *RJTJSP*, 17:413). Os dispositivos do Código Civil de 1916 mencionados correspondem, respectivamente, aos arts. l.566, III, e 1.694 do atual diploma.

Já se decidiu que constitui constrangimento ilegal a prisão civil do devedor de alimentos decorrentes de responsabilidade civil *ex delicto*. Somente se a admite como meio coercitivo para o adimplemento de pensão decorrente do parentesco ou matrimônio, pois o preceito constitucional que excepcionalmente permite a prisão por dívida, nas hipóteses de obrigação alimentar, é de ser restritivamente interpretado, não tendo aplicação analógica às hipóteses de prestação alimentar derivada de ato ilícito (*RT, 646*:124).

Apesar disso, em decisão da qual discordamos, entendeu-se ser possível a decretação da prisão civil do devedor de pensão alimentícia decorrente de responsabilidade civil *ex delicto*, com base no dispositivo constitucional que permite a prisão civil do devedor de obrigação alimentar. Afirmou-se, na ocasião, que a indenização, no caso, tem caráter alimentar (*JTACSP, Revista dos Tribunais*, 102:84).

O fato gerador da responsabilidade de indenizar sob a forma de pensão alimentícia, no entanto, é a prática de um ato ilícito, não a necessidade de alimentos, como assinala Arnaldo Rizzardo, amparado em lições de Carvalho Santos, Aguiar Dias e Garcez Neto (*A reparação*, cit., p. 78-82).

Pontes de Miranda, por sua vez, obtempera que a expressão "alimentos", no art. 1.537, II, do Código Civil (de 1916, correspondente ao art. 948, II, do atual) de modo nenhum se refere às dívidas de alimentos conforme o direito de família. "Alimentos são, aí, apenas, o elemento que se há de ter em conta para o cálculo da indenização. Donde a morte do filho menor dar direito à indenização aos pais... Alimentos (no sentido de indenização) são devidos mesmo se o legitimado ativo não poderia, então, mover ação de alimentos por ter meios para a própria manutenção" (*Tratado*, cit., v. 54, p. 285-6, § 5.573, n. 1).

Trata-se, em suma, de indenização a título de alimentos e não de alimentos propriamente ditos.

Confiram-se, ainda, as seguintes decisões:

"*Habeas corpus*. Execução de alimentos. Ação revisional. Dívida elevada. Inadimplência. Prisão civil. Cabimento. Condição econômica do devedor. Necessidade do credor. Exame aprofundado. *Habeas corpus*. Via inadequada. 1. Consolidou-se o entendimento de ambas as Turmas que compõem a Segunda Seção deste Tribunal, no sentido de não admitir o afastamento da prisão civil decorrente de dívida elevada e que se protraiu no tempo, sendo certo que tais circunstâncias não afastam o caráter atual e urgente dos alimentos. 2. O *habeas corpus* não é a via adequada para o exame aprofundado de provas a fim de averiguar a condição econômica do devedor, a necessidade do credor e o eventual excesso do valor dos alimentos. 3. Ordem denegada (RHC 179.901-SP, 4ª T., rel. Min. Maria Isabel Gallotti, j. 19-6-2024, *DJe* 28-6-2024).

"Constitucional e processual civil. Alimentos. Inadimplemento escusável e involuntário. Prisão civil. Descabimento. 1. Denotado que o paciente (alimentante) é pessoa de poucos recursos, entregador, sem emprego fixo, vivendo de trabalhos autônomos e que, mesmo diante de todas as suas dificuldades, nunca deixou de buscar saldar sua dívida, a prisão civil não se mostra adequada, pois, como se sabe, é a última ratio. Em tal hipótese, não se pode entrever descumprimento voluntário e inescusável da obrigação alimentícia. 2. O encarceramento, na espécie, pode ocasionar a perda da fonte de renda do alimentante e, por isso mesmo: a) não se mostra indispensável à consecução dos alimentos inadimplidos; b) não atingirá seu escopo, ou seja, garantir as necessidades do alimentado; e c) não é a melhor forma para promover máxima efetividade com mínima restrição aos direitos do devedor. 3. O montante eventualmente acumulado, ou seja, pretérito de alimentos não adimplidos, apresenta-se com feições de dívida de valor, a ser perseguida pelo rito próprio, não legitimando, em consequência, por si, a prisão civil, tanto que, na espécie, o Juízo de primeiro grau suspendera a execução, após firmado acordo. Precedentes. 4. Ordem concedida para revogar a prisão civil (HC 878.775-TO, 4ª T., rel. Min. Raul Araújo, j. 21-5-2024, *DJe* 10-6-2024).

5.4. Atualização e revisão das pensões

O § 3º do mencionado art. 533 do Código de Processo Civil dispõe:

"Se sobrevier modificação nas condições econômicas, poderá a parte requerer, conforme as circunstâncias, redução ou aumento da prestação".

A pensão, correspondente à indenização, deve ser fixada em escala móvel, representada pelo salário mínimo, de modo a acompanhar as variações da moeda. Assim, estará sempre atualizado e protegido contra a corrosão do valor monetário.

Optou o legislador por admitir expressamente que a "prestação" alimentícia decorrente da prática de um ato ilícito pode, independentemente da situação da garantia ou do encargo, sofrer redução ou aumento, se sobrevier modificação nas condições econômicas das partes.

Entendemos, no entanto, inaplicável a revisão em caso de homicídio, requerida pelos dependentes do falecido. É que não se pode confundir a pensão decorrente de um ato ilícito, que é indenização, com a obrigação de pagar alimentos aos parentes ou ao cônjuge necessitados. A primeira tem natureza reparatória de danos. A segunda tem por pressuposto a necessidade dos familiares e cônjuge e a possibilidade do prestante. Como já se salientou, a primeira é indenização a título de alimentos e não de alimentos propriamente ditos. Para a sua fixação, não se levam em conta as necessidades das vítimas. O fato gerador da indenização é o ato ilícito, não a necessidade de alimentos. Entender de modo contrário levaria à absurda consequência de que, se a vítima é pessoa de abastados recursos, nenhuma indenização deverá ser paga pelo delinquente, precisamente porque a família daquela não precisa de alimentos para a sua subsistência, como afirma Carvalho Santos (*Código Civil*, cit., v. 21, p. 90).

Por essa razão, o extinto Tribunal de Alçada do Rio Grande do Sul concluiu:

"Se fossem ricos ou abastados os parentes do extinto, ficariam privados das indenizações e os culpados livres da responsabilidade civil. Ora, a indenização decorrente de ato ilícito decorre do art. 159 do CC (de 1916) e só o critério indenizatório é que se regula pelo art. 1.537, II, do CC, inaplicando-se, pois, o art. 399, do mesmo Código" (*JTARS, 39*:341).

Assim, a indenização é fixada sob a forma de pensão, com base nos rendimentos do falecido. Eventual ação revisional dessa pensão seria baseada em situação meramente hipotética e, portanto, inaceitável, qual seja, a de que o falecido, se estivesse vivo, poderia ter alcançado melhor situação financeira e, assim, ajudar mais os seus familiares e dependentes.

Somente a alteração da condição econômica dos réus pode levar a uma revisão do valor da pensão, como já determinou a 3ª Turma do Superior Tribunal de Justiça, em decisão mencionada na Revista *Consultor Jurídico* de 6 de dezembro de 2007, relatada pela Min. Nancy Andrighi, relativa à melhor maneira de aplicar o art. 475-Q do Código de Processo Civil de 1973 (atual art. 533).

O que, no entanto, pode-se admitir é a revisão da pensão em caso de lesão corporal que acarretou redução da capacidade de trabalho, verificando-se posteriormente que houve agravamento das lesões, provocando incapacidade total para o trabalho.

A propósito, opina Antonio Lindbergh C. Montenegro: "Acontece, às vezes, que após o trânsito em julgado da sentença condenatória, o dano vem a sofrer sensível alteração para mais ou para menos. O equânime será adaptar o ressarcimento ao novo estado do fato. Do contrário, o Direito estaria permitindo que se pagasse mais ou se recebesse menos do que o devido... Aparece então a revisão do julgamento, também denominada ação de modificação, como o remédio idôneo para adaptar o ressarcimento ao verdadeiro valor do prejuízo" (*Responsabilidade*, cit., p. 235, n. 107).

O mesmo autor comenta, a seguir, que a questão "não é fácil de resolver, principalmente nos países onde a legislação não contém norma jurídica expressa para regular essas situações. Nesses países, em princípio nega-se a revisão da sentença de liquidação do dano, mas se admite a propositura de uma ação posterior, desde que não se trate de um desenvolvimento previsível da precedente situação, vale dizer, a ação é proponível se o fato novo fora ignorado (não previsível pelas partes)".

Aduz, na sequência, que se argumenta, contra a revisão do julgamento, com a regra da intangibilidade da *res judicata*, invocada como fator de segurança e tranquilidade das relações jurídico-sociais. E conclui, afirmando que a revisão não invalida nem desrespeita a sentença anterior; apenas passa a considerar um fato modificativo da situação em que se fundou o primitivo julgado. Embora passem em julgado, as sentenças prolatadas em ações de acidentes do trabalho, alimentos, indenizações por ato ilícito fundadas em perda ou diminuição da capacidade laborativa, por decidirem relações jurídicas continuativas, estão sujeitas a entrar em descompasso com a realidade. Daí afirmar-se que tais sentenças trazem implícita a cláusula *rebus sic stantibus*. Constatada a mutação do estado de fato, cumpre adaptar a sentença a essa nova situação. O Código de Processo Civil de 1973 veio espancar as dúvidas daqueles que se apegam à irretratabilidade da *res judicata* ao preceituar que o interessado poderá pedir a revisão da sentença desde que se trate de relação jurídica continuada e tenha havido modificação no estado de fato ou de direito (art. 471, I, do CPC/73, atual 505, I) (*Responsabilidade*, cit., p. 235-237).

Já decidiu o Superior Tribunal de Justiça: "Ato ilícito. Indenização. Alimentos. Embora não se confundam com os alimentos devidos em razão do Direito de Família, tendo caráter indenizatório, de ressarcimento, sujeitam-se a revisão, havendo modificação nas condições econômicas, consoante dispõe o art. 475-Q, (*atual 533*) do CPC. Hipótese em que o indexador utilizado teria levado a que prestações devidas sofressem sensível redução em seu valor real" (REsp 22.548 1 SP, 3ª T., rel. Min. Eduardo Ribeiro, j. 23-3-1993, *DJU*, 5-4-1993, p. 5836, n. 64).

Confiram-se, ainda, as seguintes decisões:

Ação revisional – Vítima de acidente em transporte ferroviário – Redução da capacidade de trabalho da vítima à época dos fatos – Pensão vitalícia – Revisão por alteração no estado de fato e de direito – Possibilidade – Pessoa idosa que se tornou inválida para o trabalho – Verba de natureza alimentar (TJRJ, Ap. 0352623-77.2011.8.19.0001, *DJe* 1º-7-2015).

"Pensão vitalícia – Desvalorização – Restauração no equivalente ao fixado em conciliação – Admissibilidade – Coisa julgada – Inocorrência – Relação jurídica continuativa, à qual sobreveio modificação no estado de fato – Artigo 47, inciso I, do Código de Processo Civil – Recurso não provido" (*JTJ, Lex, 226*:80).

"Revisional – Alimentos derivados de ação indenizatória decorrente de ato ilícito e não em razão de direito de família – Não cabimento – Recurso não provido" (*RJTJSP, 123*:178).

5.5. A incidência dos juros – Juros simples e compostos

Para que a reparação do dano seja completa, a indenização, além de sujeita à correção monetária, deve ser acrescida dos juros. Integram eles a obrigação de indenizar, e injustiça seria cometida à vítima se não fossem computados. Têm a natureza de rendimento do bem de que esta se viu privada; representam a renda de determinado capital.

Podem ser simples, ou ordinários, e compostos. Os primeiros são sempre calculados sobre o capital inicial; os segundos são capitalizados ano a ano, isto é, constituem juros sobre juros.

O Código Civil em vigor não reproduziu a regra do art. 1.544 do diploma de 1916, que determinava o cômputo de juros compostos quando o fato, além de ilícito civil, era também crime. Desse modo, a sentença que julgar procedente a ação determinará que os juros devidos sejam pagos desde o dia em que o ato ilícito foi praticado (CC, art. 398). Esses juros são, em qualquer caso (de mero ilícito civil ou também de crime), os legais, conforme o art. 406, que assim dispõe, na recente redação dada pela Lei n. 14.905, de 28 de junho de 2024:

> "Art. 406. Quando não forem convencionados, ou quando o forem sem taxa estipulada, ou quando provierem de determinação da lei, os juros serão fixados de acordo com a taxa legal.
>
> § 1º A taxa legal corresponderá à taxa referencial do Sistema Especial de Liquidação e de Custódia (Selic), deduzido o índice de atualização monetária de que trata o parágrafo único do art. 389 deste Código.
>
> § 2º A metodologia de cálculo da taxa legal e sua forma de aplicação serão definidas pelo Conselho Monetário Nacional e divulgadas pelo Banco Central do Brasil.
>
> § 3º Caso a taxa legal apresente resultado negativo, este será considerado igual a 0 (zero) para efeito de cálculo dos juros no período de referência."

Nos casos, porém, de *inadimplemento contratual*, contam-se "os juros da mora desde a citação inicial" (CC, art. 405). Tal regra não se aplica à liquidação das obrigações resultantes de atos ilícitos, porque para estas existe norma específica: o art. 398.

É de se frisar, como lembra Agostinho Alvim, que o ato ilícito situa-se fora da responsabilidade contratual, portanto na esfera da responsabilidade extracontratual, ficando circunscrito ao campo da culpa aquiliana (*Da inexecução*, cit., p. 143, n. 110). Assim, em casos de responsabilidade contratual do transportador, que assume o dever de conduzir incólume o viajante ou aderente ao local de destino, computam-se os juros a partir da data da citação e não a partir da data do evento danoso, como já decidiu o Superior Tribunal de Justiça (REsp 1.762-SP, 4ª T., rel. Min. Barros Monteiro, *DJU*, 25-6-1990, p. 6040).

Por outro lado, prescreve a Súmula 54 do referido Tribunal: "Os juros moratórios fluem a partir do evento danoso, em caso de responsabilidade extracontratual".

A 2ª Seção do Superior Tribunal de Justiça, em julgamento de divergência, refutou a alegação de que os juros de mora em indenização por dano moral incidem somente a partir do arbitramento e prestigiou a Súmula 54 supratranscrita. Afirmou o relator, Min. Sidnei Beneti, que a própria segurança jurídica, pela qual clama toda a sociedade brasileira, vem antes em prol da manutenção da orientação há tanto tempo firmada do que de sua alteração (REsp 1.132.866, disponível em <www.editoramagister.com>, acesso em 29 nov. 2011).

JURISPRUDÊNCIA

- Juros de mora – Data do evento danoso – Súmula 54/STJ. No caso de danos morais decorrentes de ato ilícito, os juros de mora incidem desde o evento danoso (Súmula 54/STJ). Ademais, por se tratar de matéria de ordem pública, o valor e o termo *a quo* de sua incidência podem ser revistos pela Corte estadual, sem recurso da parte adversa. Precedentes (STJ, AgInt nos EDcl no AREsp 890151-RJ, 3ª T., rel. Min. Marco Aurélio Bellizze, *DJe* 23-10-2017).
- "Fotografia de menor divulgada em matéria policial – Arbitramento do dano moral – Juros de mora – Correção monetária – Taxa Selic. A taxa de juros a que se refere o art. 406 do CC/2002 é a taxa referencial do Sistema Especial de Liquidação e Custódia – SELIC, por ser ela a que incide como juros moratórios dos tributos federais – Precedente da Corte Especial (STJ, REsp 1.658.079-SP, 3ª T., rel. Min. Nancy Andrighi, *DJe* 13-3-2018).
- "Danos morais – Juros moratórios – Termo inicial. A jurisprudência de ambas as turmas que compõem a Segunda Seção, bem a da Corte Especial, firmou-se no mesmo sentido do acórdão embargado, segundo o qual, tratando-se de reparação de dano moral, os juros de mora incidem desde o evento danoso, em casos de responsabilidade extracontratual. Precedentes" (STJ, AgInt nos EREsp 1.533.218-MG, Segunda Seção, rel. Min. Antonio Carlos Ferreira, *DJe* 30-5-2017).
- "Os juros de mora incidem a partir da data da citação na hipótese de condenação por danos morais fundada em responsabilidade contratual. Precedentes (STJ, REsp 1.677.309, 3ª T., rel. Min. Nancy Andrighi, *DJe* 03-4-2018).

- "Responsabilidade civil extracontratual – Ato ilícito – Indenização por danos morais – Juros de mora – Termo inicial – Data do evento danoso – Súmula 54/STJ). Assiste razão ao recorrente no que se refere ao termo inicial dos juros de mora. Isso porque nos termos da Súmula 54/STJ, os juros moratórios fluem a partir do evento danoso, em caso de responsabilidade extracontratual. "Mesmo naquelas obrigações não quantificadas em dinheiro inicialmente ou ilíquidas, os juros moratórios fluem normalmente da data em que o devedor é constituído em mora, a qual, em se tratando de ato ilícito extracontratual, ocorre com o evento danoso, mercê do que dispõe o art. 398 do Código Civil de 2002. Assim, nas indenizações por danos morais decorrentes de responsabilidade extracontratual, os juros moratórios incidem desde o evento danoso" (AgRg no REsp 949.540-SP, 4ª T., rel. Min. Luis Felipe Salomão, *DJe* 10-4-2012)" (STJ, REsp 1.723.817-SP, 2ª T., rel. Min. Herman Benjamin, *DJe* 25-5-2018).

- "Juros moratórios – Responsabilidade civil – Incidência a partir do evento danoso, em caso de responsabilidade contratual, e não da publicação da sentença. O entendimento do *Superior Tribunal de Justiça está consubstanciado na Súmula 54*, segundo a qual os juros moratórios fluem a partir do evento danoso, em caso de responsabilidade extracontratual. Já a Súmula 362 dispõe que a correção monetária do valor da indenização do dano moral incide desde a data do arbitramento (STJ, Recl. 10.096-CE, rel. Min. Villas Bôas Cueva, disponível em <www.conjur.com.br>, acesso em 31 out. 2012).

5.6. O cálculo da verba honorária

Julgada procedente a ação, o réu será condenado ao pagamento da verba destinada à reparação do dano, corrigida monetariamente, acrescida dos juros, além das custas processuais e honorários advocatícios, estes fixados em porcentagem sobre o valor da condenação, nos termos dos arts. 82 e 85 do Código de Processo Civil.

Quando, no entanto, a condenação incluir prestação de alimentos, sob a forma de pensão mensal, a verba honorária será calculada sobre a soma das prestações vencidas, mais doze das vincendas (*RTJ*, *101*:1314, *116*:822; *RT*, *607*:56), aplicando-se o disposto no art. 292, §§ 1º e 2º].

Entretanto, nas ações de indenização por ato ilícito contra pessoa aplica-se o § 9º do art. 85 do Código de Processo Civil, *verbis*:

"§ 9º Na ação de indenização por ato ilícito contra pessoa, o percentual de honorários incidirá sobre a soma das prestações vencidas acrescida de 12 (doze) prestações vincendas. O *Supremo Tribunal Federal* tem decidido que, nos casos de responsabilidade civil extracontratual (ato ilícito contra pessoa, como atropelamento culposo de pedestre em via férrea), os honorários de advogado devem ser calculados na forma do art. 85, § 9º, do Código de Processo Civil".

Se a ação é julgada improcedente, a verba honorária é fixada, usualmente, em porcentagem sobre o valor da causa. O Superior Tribunal de Justiça aprovou a Súmula 14, para compor sua jurisprudência, vazada nos seguintes termos: "*Arbitrados os honorários advocatícios em percentual sobre o valor da causa, a correção monetária incide a partir do respectivo ajuizamento*".

JURISPRUDÊNCIA

■ "O atual CPC, ao determinar no § 2º do seu art. 85 que a base de cálculo dos honorários advocatícios sucumbenciais incida 'sobre o valor da condenação, do proveito econômico obtido ou, não sendo possível mensurá-lo, sobre o valor atualizado da causa', diferentemente da legislação anterior que somente previa o valor da condenação (CPC/73, art. 20, § 3º), retirou a possibilidade da fixação equitativa pelo juiz quando incidir alguma das hipóteses descritas (TJSP, Apel. 0001819-56.2015.8.26.0095, *DJe* 22-2-2018).

■ "Processual civil – Honorários advocatícios. Não se tratando das hipóteses elencadas nos arts. 18 e 19 da Lei n. 10.522/2002, é inaplicável a dispensa de honorários advocatícios, prevista no § 1º do art. 19 do referido diploma legal. Correta a sentença que determinou o pagamento dos honorários advocatícios a serem fixados em percentual apurado por ocasião da liquidação da sentença, cuja base de cálculo será o proveito econômico obtido especificamente nos presentes embargos, nos termos do art. 85, §§ 3º e 4º, do NCPC" (TRF-4, Apel. 5003534-32.2013.404.7122, *DJe* 25-4-2017).

Seção II
*A liquidação do dano em face do direito positivo,
da doutrina e da jurisprudência*

1. A indenização em caso de homicídio

Dispunha o art. 1.537 do Código Civil de 1916, *correspondente ao art. 948 do atual diploma*, que a indenização, em caso de homicídio, consistia no pagamento das despesas com o tratamento da vítima, seu funeral e o luto da família, bem como na prestação de alimentos às pessoas a quem o defunto os devia.

A regra tinha, conforme assinala Silvio Rodrigues, "evidentemente, um escopo restritivo e foi com base nela que durante muitos anos se proclamou a irressarcibilidade do dano moral em caso de homicídio; isso porque, como o art. 1.537, acima referido, taxativamente determina quais as verbas que devem compor a indenização, obviamente exclui qualquer outra ali não discriminada" (*Direito civil*, cit., p. 215).

Atribui-se ao art. 1.537 o defeito de haver, de certo modo, limitado a matéria da indenização. Entretanto, conforme argutamente observa Serpa Lopes, "realmente assim o seria se o texto fosse interpretado estritamente, mas, mui ao contrário, versando sobre indenização, o Juiz tem a maior liberdade possível de movimentos tendentes a chegar a uma solução exata e justa" (*Curso*, cit., v. 5, p. 399).

A interpretação literal, restritiva, do aludido dispositivo legal perdurou durante largo tempo. Aos poucos, entretanto, uma jurisprudência mais evoluída passou a entender que o art. 1.537 devia ser interpretado como meramente enumerativo de verbas que devem necessariamente constar da indenização.

O art. 948 do Código Civil em vigor prevê as mesmas verbas, mas "sem excluir outras reparações". Desse modo, qualquer outro prejuízo não expressamente mencionado, mas que tenha sido demonstrado (como o dano moral, por exemplo), será indenizado. Prescreve o aludido dispositivo legal:

"Art. 948. No caso de homicídio, a indenização consiste, sem excluir outras reparações: I – no pagamento das despesas com o tratamento da vítima, seu funeral e o luto da família; II – na prestação de alimentos às pessoas a quem o morto os devia, levando-se em conta a duração provável da vida da vítima".

Azevedo Marques, comentando a expressão "luto da família", pondera que não deve ela ser tomada na acepção de "vestimentas lúgubres", mas, sim, no sentido amplo de "profundo sentimento de tristeza causado pela perda da pessoa cara", de "dor moral" (Comentário, *RF*, *78*:548).

Não se cuida, assim, conforme obtempera Yussef Said Cahali, "de ressarcir os danos materiais apenas, como despesas com o tratamento da vítima, e seu funeral; mas sim de propiciar aos seus familiares ainda uma compensação pecuniária reparatória do dano moral, que lhes possibilite, para satisfação pessoal e conforto espiritual, tributar à memória do falecido o preito de saudade e a reverência póstuma" (*Dano*, cit., p. 42).

Daí por que, com vistas a tal finalidade, a reparação deve compreender "as despesas que forem feitas como os sufrágios da alma da vítima, de acordo com o rito da religião que professava", abrangendo ainda "as despesas com a sepultura, aquisição de um jazigo perpétuo e ereção de um mausoléu, quando tais exigências estiverem de acordo com os usos adotados pelas pessoas da classe social da vítima" (Carvalho Santos, *Código Civil*, cit., v. 21, p. 81).

Computam-se, deste modo, segundo a jurisprudência, verbas com construção de jazigo e para despesas de funeral e luto:

"*Indenização* – Morte de filho menor – Construção de jazigo não pedida na inicial – Verba ainda assim devida, por estar incluída no pedido genérico da indenização" (*RJTJSP*, *43*:87).

As despesas de funeral e luto, como decorrências lógicas do falecimento, devem ser pagas, apurando-se o *quantum* em execução (cf. *RJTJSP*, *31*:35).

A 8ª Câmara Cível do Tribunal de Justiça do Rio de Janeiro decidiu que devem ser incluídas na condenação as verbas para jazigo perpétuo, luto, funeral, dano moral, 13º salário, como for apurado na execução, tendo o relator afirmado que "não procede o argumento de que o jazigo perpétuo não se destina a pessoas humildes, de poucos recursos e que as despesas, também, com o luto e funeral não foram comprovadas. Como poderiam os AA., de poucos recursos, comprovar os gastos com o jazigo perpétuo e com o luto e funeral. O fato de não comprovarem não tem a menor importância porque podem ser objeto, na execução, de arbitração".

Apreciando o recurso extraordinário interposto contra o referido aresto, o *Supremo Tribunal Federal*, pelo voto do Min. Néri da Silveira, como relator, afirmou que o acórdão recorrido tinha, em seu prol, decisão da sua 2ª Turma que, no julgamento do RE 75.143, publicado no *DJ*, 28 set. 1973, p. 7214, a 3 de setembro de 1973, havia proclamado:

"O fato de a vítima ter viajado como pingente não afasta a culpa da ferrovia, que é presumida; na indenização, a que tem direito a beneficiária, devem incluir-se, além da pensão, variável de acordo com o salário mínimo, as despesas com luto, funeral e uma sepultura, condizente esta com a sua situação. Na mesma linha, nos ERE 64.771-SP, *in RTJ*, 56/733, a 29-10-1970" (*RTJ*, *115*:1278).

A verba necessária à aquisição de sepultura e de jazigo perpétuo é, pois, sempre devida e deve ser condizente com a situação da vítima (*RTJ*, *78*:792; *RT*, *500*:189, *476*:226, *324*:379). Parece-nos, no entanto, que a destinada a construção de mausoléu no túmulo da vítima somente será devida se a família enlutada tinha meios para adquiri-lo.

Em muitos casos, os tribunais exigem a apresentação de recibos ou notas de gastos, para conceder a verba destinada ao reembolso das despesas com funeral e sepultura (*Revista dos Tribunais*, *115*:232). Em outros, no entanto, o arbitramento é feito desde logo, ou deixado para a fase da execução, como se pode ver:

"Indenização – Pensão – Fixação em 1/3 dos ganhos da vítima, até a data em que completaria 65 anos de idade, incluído o 13º salário – Concessão, ainda, do reembolso das despesas com funeral e sepultura, embora ausentes recibos ou outros documentos a demonstrar os gastos" (1º TACSP, Ap. 434.734/90-SP, 2ª Câm., j. 27-8-1990, rel. Rodrigues de Carvalho).

Até o final de 2007, a jurisprudência considerava que a expectativa média de vida do brasileiro, para fins de pagamento de pensão a título de indenização por danos materiais, era de 65 anos. Todavia, a 3ª Turma do Superior Tribunal de Justiça, conforme julgado publicado na Revista *Consultor Jurídico*, de 7 de março de 2008, tendo como relatora a Min. Nancy Andrighi, manteve decisão do Tribunal de Justiça do Rio Grande do Sul, que elevou a referida idade limite para uma expectativa de 70 anos. A mencionada relatora destacou que, apesar da existência de diversos precedentes da aludida Corte estabelecendo em 65 anos a expectativa de vida para fins de recebimento de pensão, constata-se que muitos desses julgados datam do início da década de 90, ou seja, de mais de 15 anos, visto que informações divulgadas pelo Instituto Brasileiro de Geografia e Estatística (IBGE), em seu *site* na Internet, dão conta de que, entre 1980 e 2006, a expectativa de vida do brasileiro elevou-se em 9 anos, atingindo os 72 anos e devendo chegar aos 78 anos em 2030.

Confira-se julgamento de "Ação indenizatória – Responsabilidade civil – Acidente de trânsito fatal – Culpa do motorista – Empregado da agravante – Responsabilidade objetiva e solidária – Pensionamento mensal – Dependência da viúva presumida – Salário mínimo – Termo final – Expectativa de vida da vítima – Danos morais – Quantum razoável (...) O pensionamento deve perdurar até a data em que a vítima atingisse a idade correspondente à expectativa média de vida do brasileiro prevista na data do óbito, segundo a tabela do IBGE, ou até o falecimento do beneficiário, se tal fato ocorrer primeiro (...) (AgInt no AREsp 1.367.751-SP, 4ª T., rel. Min. Raul Araújo, j. 3-6-2024, *DJe* 7-6-2024).

V., ainda, no Livro IV, referente à "Responsabilidade Civil Automobilística", o item *Despesas com funeral e sepultura*, n. 36 do Título II.

1.1. Morte de filho

No tocante aos alimentos, mencionados no inc. II do art. 948, já vimos a evolução ocorrida na jurisprudência a partir da análise de casos de morte de filho menor que não exercia trabalho remunerado, chegando-se à conclusão de que "é indenizável o acidente que cause a morte do filho menor, ainda que não exerça trabalho remunerado" (Súmula 491 do STF).

Hoje, tem-se entendido que a menção à prestação de alimentos vale como simples referência, que pode servir de base para o cálculo da indenização, a ser feito em forma de arbitramento de *quantum* fixo, como indenização reparatória da perda prematura do ente familiar, sem irrogar-lhe necessariamente o caráter de prestação alimentícia, próprio do ressarcimento do dano material presumido (*RT, 344*:194; *RJTJSP, 45*:198).

A expressão *alimentos*, a que se refere o art. 948 do Código Civil, "é indicação subsidiária, porque a indenização, em caso de morte, não se concede, somente, como pensão alimentar. Esta regra orienta a liquidação da obrigação, mas de forma alguma exclui que prejuízos outros, comprovados, fiquem sem reparação" (*RTJ, 69*:549).

Pode-se afirmar que, hoje, são indenizáveis todos os danos que possam ser provados, mesmo o dano moral. Confira-se:

"Se a inicial, em ação de indenização por ato ilícito, pede ressarcimento de todos os danos, nestes se inclui o dano moral. E se a sentença manda que o responsável pelo ato ilícito indenize o dano moral, não há como se cogitar de julgamento '*ultra petita*' no caso" (*RTJ, 62*:102).

"Inclui-se na condenação a indenização dos lucros cessantes e do dano moral, além das despesas de funeral, luto e sepultura" (*RTJ, 56*:783).

Em pedido de indenização feito pelo pai de criança de pouco mais de 2 anos, falecida em consequência de atropelamento, a sentença de primeira instância acolheu a demanda a fim de condenar a ré no pagamento de uma pensão sempre atualizável conforme as variações do salário mínimo, fixada em 1/3 do referido salário, *a contar, porém, somente da data em que o menor viesse a completar a idade de 12 anos* (quando poderia auxiliar a família de modo legal). Foi a sentença mantida na via da apelação e dos embargos, no Tribunal de Justiça de São Paulo. O *Supremo Tribunal Federal*, entretanto, modificou a decisão, determinando que a reparação fosse feita por arbitramento, tendo o acórdão a seguinte ementa:

"*Responsabilidade civil – Acidente ocasionando a morte de filho menor com dois anos de idade – Indenização aos pais*. Não se deve limitar, quanto à pensão, indenização, a partir da idade em que a vítima poderia, legalmente, exercer o trabalho remunerado. É que nas famílias desafortunadas, de escassos recursos, os filhos, desde muito antes, constituem fator econômico cuja perda autoriza reparação. Estimativa por arbitramento (Código Civil, art. 1.553 e Súmula n. 491)" (j. 9-11-1976, *RTJ, 84*:977; *v.*, também, *RT, 641*:289).

É pacífica a jurisprudência, especialmente a do Superior Tribunal de Justiça, no sentido de que é devida a indenização de dano material consistente em pensionamento mensal aos genitores de menor falecido, ainda que este não exerça atividade remunerada considerando que se presume ajuda mútua entre os integrantes de famílias de baixa renda (STJ, AgRg no REsp 1.228.184-RS, 1ª T., rel. Min. Benedito Gonçalves, *DJe* 5-9-2012). Nessa linha, a citada Súmula 491 do Supremo Tribunal Federal, *verbis*: "É indenizável o acidente que cause a morte de filho menor, ainda que não exerça trabalho remunerado".

Tanto no Tribunal de Justiça de São Paulo como no Supremo Tribunal Federal predomina hoje o entendimento de que deve ser limitado o pagamento da pensão à data em que a vítima completaria 25 anos de idade (cf. *RJTJSP, 59*:112 e 163; *RT, 565*:131, *559*:81, *612*:119; *RTJ, 83*:642). Assim, fixado o termo inicial da pensão na data em que a vítima completaria 12 anos, e o seu termo final aos 25 anos de idade, o pagamento seria feito durante treze anos. *Para a propositura da ação e para o pagamento não há necessidade de se aguardar a data em que o menor completaria 12 anos. Essa data é considerada apenas para efeito de fixação do termo inicial e cálculo do tempo de pagamento da pensão* (cf. *RTJ, 83*:642; *RT, 493*:67).

A conclusão a que se chega é a de que, se a vítima é solteira e vive com os pais mas já tem mais de 25 anos de idade, não teriam estes direito à pensão. O mais razoável, contudo, é que, se a vítima ajudava em casa e não cogitava de se casar brevemente, deva ser fixada uma pensão por um prazo de cinco anos, como acontece quando morre um chefe de família que tem mais de 65 anos de idade. Neste caso, tem sido considerada razoável uma sobrevida de cinco anos (cf. *RTJ, 61*:250; *RJTJSP, 38*:24). No caso do filho que auxiliava na manutenção da casa e tinha mais de 25 anos de idade, entendemos razoável a presunção de que continuaria a prestar ajuda aos pais por mais cinco anos.

No Tribunal de Justiça de São Paulo, por sinal, já se decidiu:

"Responsabilidade civil – Limite de idade tratando-se de menor vitimado.

A jurisprudência deste Tribunal vem-se orientando – tendo em vista o que normalmente acontece – no sentido de que, sendo a vítima solteira, a pensão alimentícia devida a seus pais perdurará até a data em que completaria aquela 25 anos de idade, época em que presumivelmente casar-se-ia, deixando a companhia daqueles. Esta Câmara mesmo já adotou essa orientação em acórdão relatado pelo Des. Almeida Bicudo, cuja ementa está publicada na *RT* 391/221, e no proferido na apelação cível n. 217.914, da comarca de Olímpia, redigido pelo mesmo relator deste. Ocorre, todavia, que a vítima, quando faleceu, contava já com 24 anos de idade, não ficando demonstrado que sequer estivesse cogitando de casar-se brevemente. Por isso, considerando essa circunstância, que escapa à normalidade, entendeu a Turma Julgadora de elevar o limite do pagamento da pensão, acima fixada, até a data em que a vítima completasse 30 anos de idade" (*RT, 490*:89).

Conforme já assinalamos anteriormente, afigura-se por demais artificial o critério adotado em alguns arestos de estabelecer, em caso de morte de filho menor, a indenização sob a forma de pensão mensal civil por um período de treze anos, presumindo que o menor começaria a trabalhar aos 12 anos (limite mínimo estabelecido na Constituição de 1969, elevado para 14 anos na atual) e aos 25 anos possivelmente se casaria e não poderia continuar pensionando os pais, sem desfalque do necessário ao seu sustento. Assim também a adotada numa fase posterior e que considera devida a pensão desde o falecimento do menor até a data em que completaria 25 anos de idade.

Mais lógico, nesses casos em que o falecido não sustentava ninguém, que a indenização seja arbitrada em *quantum* fixo, como reparação de cunho moral pela perda prematura do ente familiar, sem irrogar-lhe necessariamente o caráter de prestação alimentícia, próprio do ressarcimento do dano material.

Decisão nesse sentido encontra-se publicada na *RT, 645*:121: "Não se tratando de pensão ou alimentos, mas satisfação de um dano moral, a verba deve ser paga de uma só vez, de imediato, não se justificando a espera da data em que a vítima atingiria 14 anos de idade".

Não se pode, entretanto, afastar do pedido. Se foi formulado pedido de pagamento sob a forma de pensão mensal, não se deve determinar o pagamento integral de uma só vez, ainda que esta forma beneficie o autor, pois constituiria uma decisão *ultra petita*. Assim decidiu o Superior Tribunal de Justiça:

"Responsabilidade civil – Indenização por dano moral – Pedido de pagamento parcelado, em forma de pensão mensal, a contar da data do evento – Acórdão que, todavia, determinou o pagamento por inteiro, de uma só vez – Configuração da hipótese de decisão 'ultra petita', vedada no art. 460 do CPC. Recurso provido" (STJ, REsp 6.553-SP, 2ª T., rel. Min. Ilmar Galvão, j. 12-12-1990, v. un., *DJU*, 4 fev. 1991, p. 572, Seção I, ementa, *Boletim da AASP*, n. 1.693, p. 146).

Sempre que possível, deve-se reservar a fixação da indenização sob a forma de pensão mensal para os casos de morte de filho que já trabalhava e contribuía para a renda familiar, como critério de arbitramento do dano material, independentemente do dano moral que vier a ser cumulativamente pleiteado.

Essa orientação foi traçada pelo Superior Tribunal de Justiça:

"Tratando-se de vítima com 19 anos de idade, que já trabalhava, dando ajuda ao lar paterno, não é razoável presumir que aos 25 anos de idade cessasse tal auxílio (*RTJ* 123/1065). Pagamento de pensão conforme a sentença e o acórdão até os 25 anos; de pensão com menor expressão pecuniária, a partir de então e até a data do falecimento dos autores ou até a data em que a vítima completaria 65 anos, prevalecendo o termo que primeiro ocorrer" (RE 3.732-SP, 4ª T., rel. Min. Athos Carneiro, *DJe* 1º-10-1990, p. 10451).

"Em famílias de poucos recursos, o dano resultante da morte de um de seus membros é de ser presumido, máxime se residente no lar paterno. Se indenizável a morte de filho menor, mesmo de tenra idade – Súmula n. 491 do STF – com expectativa de perda patrimonial apenas na base de falíveis hipóteses, com mais razão é indenizável a morte de filho maior e trabalhador. Indenização compreensiva do dano patrimonial e do dano moral. Orientação do Supremo Tribunal Federal. A obrigação do filho em ajudar os pais, que de ajuda possam necessitar, não encontra limite temporal. Tempo provável de vida da vítima, 65 anos (hoje, estimada em 70 anos) (*RTJ*, 123/1605)" (RE 1.999-SP, 4ª T., rel. Min. Athos Carneiro, j. 20-3-1990, v. un., *DJU*, 7 maio 1990, p. 3832).

Razoável que, nesses casos, a pensão mensal corresponda, até a época em que o filho completaria 25 anos de idade, a 2/3 de seus ganhos; e a 1/3, após essa data, presumindo-se que, então, poderia casar-se e ter menores condições de auxiliar o lar paterno.

O *Superior Tribunal de Justiça* vem decidindo, efetivamente, que, após a data em que o menor completaria 25 anos, a pensão deve ser reduzida à metade.

É de se lembrar, ainda, que o art. 229 da atual Constituição Federal dispõe que "os filhos maiores têm o dever de ajudar e amparar os pais na velhice, carência ou enfermidade". Não se trata mais, portanto, de mera presunção, mas de dever legal, estabelecido em nível constitucional.

No julgamento do EREsp 106.327, do Paraná, tendo como relator o Min. Cesar Asfor Rocha, a 2ª Seção do Superior Tribunal de Justiça unificou entendimento divergente sobre o limite temporal da indenização, em caso de morte de filho menor. A 4ª Turma admitia o benefício aos pais até os 65 anos da vítima, expectativa média de vida produtiva do brasileiro, ou até a morte dos beneficiários. Para a 3ª Turma, a idade-limite era de 25 anos. Com a unificação, assentou-se que a indenização por dano material, paga sob forma de pensão, em caso de falecimento de filho, deve ser integral até os 25 anos de idade da vítima, e reduzida à metade, até os 65 anos. Segundo o mencionado relator, a redução da pensão, paga aos pais das vítimas, pela metade, deve-se ao fato de as pessoas normalmente mudarem de estado civil por volta dos 25 anos de idade e assumirem, assim, novos encargos. É sensato, assim, que, a partir da data em que a vítima completaria 25 anos, a pensão seja reduzida em 50% do valor fixado, até o limite de 65 anos.

Como já mencionado no item 1, *retro, in fine,* o Superior Tribunal de Justiça, em julgado publicado na Revista *Consultor Jurídico*, de 7 de março de 2008, relatado pela Min. Nancy Andrighi, proclamou que a idade limite para pagamento de pensão fixada a título de indenização por danos materiais é delimitada com base na expectativa média de vida do brasileiro, *que hoje é de aproximadamente 70 anos*.

Prevalece hoje o entendimento de que o menor que ainda não exerça atividade laborativa, mesmo o de tenra idade, uma força potencial de trabalho, sendo inegável que a sua morte acarreta prejuízos à família, especialmente a de trabalhadores humildes, cabendo, nesse caso, indenização do dano patrimonial, cumulativamente com dano moral (*RT, 712*:170; *JTACSP, 110*:139).

Yussef Said Cahali, fazendo um resumo da posição da jurisprudência, extrai duas regras a serem observadas, na aplicação da Súmula 491 do Supremo Tribunal Federal. Afirma o insigne civilista que "a perda de filho menor em razão de ato ilícito possibilita a concessão aos seus genitores de indenização:

a) por danos patrimoniais e danos extrapatrimoniais, se pelas circunstâncias, idade e condições dos filhos e dos genitores, do contexto familiar da vítima, representa a sobrevida desta um valor econômico potencial, futuro, eventual, sendo razoavelmente esperada a sua contribuição para os encargos da família;

b) por danos morais apenas, se não demonstrado que a morte do filho menor representou a frustração da expectativa de futura contribuição econômica do mesmo para os genitores" (*Dano moral*, cit., p. 136).

Anote-se que a indenização por *danos morais* nos casos de morte de filho menor vem sendo, em regra, fixada entre 300 e 500 salários mínimos, ressalvando-se que esse critério não é absoluto, podendo ser alterado de acordo com as peculiaridades do caso concreto. Quanto aos *danos materiais*, os tribunais têm condenado o causador do dano a pagar determinado valor a título de danos emergentes e uma pensão aos pais do falecido, como lucros cessantes, com fundamento no art. 948 do Código Civil, retrotranscrito.

Entende-se também, como mencionado que, no período em que o filho falecido teria entre 14 a 25 anos, os pais devem receber pensão em valor equivalente a 2/3 do salário mínimo. Na hipótese de o falecimento ter ocorrido entre 25 até 70 anos, a pensão corresponderá a 1/3 do salário mínimo. Quatorze anos é a idade em que o menor pode começar a trabalhar como aprendiz (CF, art. 7º, XXXIII); e vinte e cinco anos, a arbitrada pela jurisprudência como aquela em que as pessoas normalmente se casam, passando a ajudar menos financeiramente os pais; e setenta anos, a expectativa de vida estimada pela jurisprudência.

V., também, *Evolução da reparabilidade do dano moral em caso de morte de filho menor*, Livro II, Título IV, Capítulo I (Do dano indenizável), n. 5.1.6, *retro*.

Jurisprudência

1.1.1. Pensão – Morte de filho menor que não exercia atividade remunerada

■ Responsabilidade civil – Morte de filho menor – Direito de pensionamento dos pais. A jurisprudência do *Superior Tribunal de Justiça* consolidou-se no sentido de ser devido o pensionamento, mesmo no caso de filho menor. E, ainda, de que a pensão a que têm direito os pais deve ser fixada em 2/3 do salário percebido pela vítima (ou o salário mínimo caso não exerça trabalho remunerado) até 25 (vinte e cinco) anos e, a partir daí, reduzida para 1/3 do salário até a idade em que a vítima completaria 65 (sessenta e cinco) anos (STJ, REsp 1.287.225-SC, 4ª T., rel. Min. Marco Buzzi, *DJe* 22-3-2017).

■ Responsabilidade civil – Acidente de trânsito envolvendo menor – Indenização aos pais do menor falecido – Entendimento jurisprudencial. Na hipótese de atropelamento seguido de morte por culpa do condutor do veículo, sendo a vítima menor e de família de baixa renda, é devida indenização por danos materiais consistente em pensionamento mensal aos genitores do menor falecido, ainda que este não exercesse atividade remunerada, visto que se presume haver ajuda mútua entre os integrantes dessas famílias (STJ, REsp 1.232.011-SC, 3ª T., rel. Min. João Otávio de Noronha, *DJe* 4-2-2016).

■ Pensão – Inadmissibilidade – Morte de filho menor que não exercia atividade remunerada – Benefício cabível somente quando se tratar de família de baixa renda, dada a suposição de que a vítima logo iria trabalhar para o sustento da família (STJ, *RT*, *807*:219).

■ Ação de indenização por danos materiais e morais – Erro médico – Negativa de prestação jurisdicional – Ausência – Laudo pericial – Perícia realizada por médico clínico geral – Validade – Falecimento de recém-nascido – Pensionamento – Cabimento – Revisão do *quantum* arbitrado a título de danos morais – Impossibilidade. (...) O pensionamento devido na hipótese de falecimento (art. 948, II, do CC) tem por finalidade suprir o amparo financeiro que era prestado pelo falecido. Ainda que a morte seja de filho menor, será devido o pensionamento a partir do momento em que a vítima completaria 14 (quatorze) anos, tendo em vista que há uma presunção de auxílio econômico futuro. Se a família for de baixa renda, há presunção relativa da dependência econômica entre os seus membros, sendo que, nas demais situações, é necessária a comprovação da dependência. O fato de a vítima ser um recém-nascido não impede a fixação do pensionamento, porquanto também é possível presumir que se o recém-nascido não tivesse vindo a óbito em decorrência do ato ilícito praticado por terceiro, ele passaria a contribuir para as despesas familiares quando atingisse 14 (quatorze) anos de idade. (...) No particular, a recorrida, que estava grávida na ocasião, procurou atendimento médico devido a dores nas costas e foi encaminhada ao hospital recorrente. No local, ela foi submetida à cesariana e deu à luz uma menina, a qual, todavia, veio a falecer dias depois, tendo sido constatado que o falecimento foi decorrente de erro médico, porque não foram realizados os exames necessários previamente ao parto. Assim, é cabível a condenação da recorrente ao pagamento de pensão mensal (REsp 2.121.056-PR, 3ª T., rel. Min. Nancy Andrighi, j. 21-5-2024, *DJe* 24-5-2024).

1.1.2. Acidente fatal – Indenização requerida pelos pais – Termo final

- Acidente de trânsito – Pensão mensal – Termo final – Expectativa de vida da vítima – Dados estatísticos do IBGE. Segundo a orientação jurisprudencial do STJ, o termo final da pensão por morte decorrente de ato ilícito deve levar em consideração as peculiaridades do caso concreto, bem assim dados atuais sobre a expectativa de vida média do brasileiro, baseada esta nos dados estatísticos fornecidos pelo Instituto Brasileiro de Geografia e Estatística – IBGE (STJ, AgInt no REsp 1.507.643-SP, 2ª T., rel. Min. Og Fernandes, *DJe* 20-10-2017).

- Assim como é dado presumir-se que a vítima do acidente de veículo cogitado teria, não fosse o infausto evento, uma sobrevida até os sessenta e cinco anos [70 anos, atualmente], e até lá auxiliaria a seus pais, prestando alimentos, também pode-se supor, pela ordem natural dos fatos da vida, que ele se casaria aos vinte e cinco anos, momento a partir do qual já não mais teria a mesma disponibilidade para ajudar materialmente a seus pais, pois que, a partir do casamento, passaria a suportar novos encargos, que da constituição de uma nova família são decorrentes. No caso, deve ser mantida a pensão fixada em 2/3 da remuneração da vítima, inclusive gratificação natalina, até quando viesse a completar vinte e cinco anos, salvo se antes os pais falecerem, quando, então, a pensão se extingue (STJ, REsp 565.290-SP, 4ª T., rel. Min. Asfor Rocha, *DJU*, 21 jun. 2004).

1.1.3. Morte de criança – Sobrevida da vítima como termo final da pensão

- Na fixação da verba indenizatória decorrente de acidente de trânsito que causou a morte de uma criança, deve-se considerar a sobrevida da vítima como termo final da pensão, tomando-se por base a idade provável de 65 [estimada atualmente em 70 anos] anos, pois não se pode presumir que a infante, aos 25 anos, deixaria de ajudar seus familiares na prestação de alimentos (*RT*, *750*:329).

- Indenização – Morte de filho menor – Critério. A morte de filho menor de tenra idade, que não colabora ainda para o sustento dos pais, pode ser indenizada a título de dano extrapatrimonial. A morte de filho que já colabora para despesas da casa pode ser indenizada cumulativamente tanto pelo dano moral como pelo dano patrimonial, esse calculado sobre a sua contribuição até quando completaria 65 anos de idade [hoje, 70 anos], diminuída a pensão a partir dos 25 anos, quando presumidamente constituiria nova família. Tendo sido deferida indenização pelo dano moral e mais indenização pelo dano patrimonial, o que é imodificável nessa instância, embora a vítima não trabalhasse, a fixação da pensão mensal, nessa situação, não deve ultrapassar a data em que a vítima completaria 25 anos de idade (STJ, REsp 124.565-MG, 4ª T., rel. Min. Ruy Rosado de Aguiar, *DJU*, 9-2-1998).

- Acidente ferroviário – Morte de filho menor. A jurisprudência do STJ entende que: a) no caso de morte de filho menor, pensão aos pais de 2/3 do salário percebido (ou o salário mínimo caso não exerça trabalho remunerado) até 25 (vinte e cinco) anos e, a partir daí, reduzida 1/3 do salário até a idade em que a vítima completaria 65 (sessenta e cinco) [atualmente setenta anos] (STJ, REsp 853.921, 4ª T., rel. Min. João Otávio de Noronha, *DJe* 24-5-2010).

- Indenização – Morte de filho – Pensionato reduzido. A pensão devida aos pais de filho com 15 anos de idade, que trabalhava e contribuía para o sustento da família, persiste até a idade provável da sua sobrevida, mas deve ser reduzida à metade a partir da data em que ele completaria 25 anos, quando presumidamente constituiria nova família e diminuiria sua contribuição aos pais (STJ, REsp 196.515-SP, 4ª T., rel. Min. Ruy Rosado de Aguiar, *DJU*, 29 mar. 1999, n. 59, p. 189; REsp 122.476-CE, rel. Min. Cesar Asfor Rocha, *DJU*, 2-10-2000, *RSTJ, 140*:421).

- Indenização – Vítima menor – Pensão – Termo inicial. Para alinhar a jurisprudência atual das Turmas que compõem a Seção de Direito Privado, admite-se a pensão da vítima menor de idade, tratando-se de família de baixa renda, a partir do momento em que ingressaria no mercado de trabalho, e prosseguindo até a idade em que completaria 65 anos, reduzido o valor a partir da data em que completaria 25 anos de idade, de acordo com a realidade dos autos (o limite, hoje, é 70 anos) (STJ, REsp 236.452-0, 3ª T., rel. Min. Carlos Alberto Menezes Direito, *DJU*, 25-9-2000).

1.1.4. Verba pleiteada pelos pais do *de cujus*, solteiro e maior

- Indenização – Acidente de trânsito – Vítima fatal, solteiro e maior – Prova de dependência econômica. Na indenização pleiteada pelos pais, em razão de morte por acidente de filho, maior e solteiro, necessário se faz a comprovação de que os genitores dependiam economicamente da vítima (STJ, REsp 19.186-0-SP, 3ª T., rel. Min. Dias Trindade, j. 26-10-1992, *DJU,* 14 dez. 1992, p. 23919, Seção I, ementa, *Boletim da AASP*, n. 1.790).

- Indenização – Verba pleiteada pela mãe do *de cujus*, solteiro e maior – Necessidade de demonstração da dependência econômica e os danos sofridos, pelos quais se pretende a reparação (*RT, 751*:389).

- Pensão por morte de filho com 19 anos aos pais – Necessidade da demonstração da dependência econômica dos genitores. 1. Ação de indenização por danos materiais e morais movida pelos genitores de vítima fatal, que contava com dezenove anos de idade na data do evento danoso, morto em razão de atropelamento em via férrea. 2. A concessão da pensão por morte de filho que já atingira a idade adulta exige a demonstração da efetiva dependência econômica dos pais em relação à vítima na época do óbito (art. 948, II, do CC). Distinção da situação dos filhos menores, em relação aos quais a dependência é presumida (Súmula 491/STF (STJ, REsp 1.320.715-SP, 3ª T., rel. Min. Paulo de Tarso Sanseverino, *DJe* 27-2-2014).

1.1.5. Filho menor, vítima fatal, desempregado à época do fato – Irrelevância

- Responsabilidade civil – Acidente de trânsito – Indenizatória ajuizada pela mãe de vítima fatal, filho menor, que contribuía para o sustento da casa – Hipótese em que estava este desempregado à época do fato – Irrelevância, visto não excluída a sua potencial capacidade de trabalho, que certamente desenvolveria em prol da casa até os 25 anos de idade – Indenização devida (*JTACSP*, Revista dos Tribunais, *113*:175; STJ, *RT*, *664*:172).

- Responsabilidade civil – Morte de menor por afogamento – Dano moral – *Quantum* indenizatório – Critérios de arbitramento. Conforme a jurisprudência do STJ, a indenização pela morte de filho menor, que não exercia atividade remunerada, deve ser fixada na forma de pensão mensal de 2/3 do salário mínimo até (vinte e cinco) anos, e a partir daí, reduzida para 1/3 do salário até a idade em que a vítima completaria 65 (sessenta e cinco) anos [70 anos, atualmente] (STJ, REsp 1.332.366-MS, 4ª T., rel. Min. Luis Felipe Salomão, *DJe* 7-12-2016).

1.1.6. Morte de filho menor – Pensão devida desde a data do evento

- Indenização – Acidente ferroviário – Morte de filho menor – Pensão concedida somente a partir da data em que a vítima poderia legalmente exercer trabalho remunerado – Inadmissibilidade – Verba devida desde a data do evento – Aplicação da Súmula 491 do STF. A pensão indenizatória não se deve limitar à idade em que a vítima poderia legalmente exercer o trabalho remunerado, incidindo a partir da data do acidente. Precedentes do STF (*RT*, *641*:289).
- Ação de indenização por danos morais e materiais – Morte do filho do autor, por eletrocutamento. O acórdão do Tribunal de origem reformou, em parte, a sentença, apenas para reduzir o valor arbitrado a título de danos morais, mantendo o *decisum* que condenara o réu ao pagamento de pensão mensal, no valor de 2/3 do salário mínimo vigente, a contar da data do evento danoso, até a data em que o menor completaria 25 (vinte e cinco) anos, quando o valor da pensão seria reduzido a 1/3 do salário mínimo, até a data em que o menor completaria 65 (sessenta e cinco) anos ou falecesse o autor da ação, além do pagamento das despesas do funeral, arbitradas em R$ 2.000,00 (dois mil reais). Não tendo o acórdão hostilizado expendido qualquer juízo de valor sobre os arts. 128 e 460 do CPC/73, a pretensão recursal esbarra em vício formal intransponível, qual seja, o da ausência de prequestionamento – requisito viabilizador da abertura desta instância especial (STJ, AgInt no AREsp 1.009.000-CE, 2ª T., rel. Min. Assusete Magalhães, *DJe* 25-8-2017).

1.1.7. Morte de filho menor que vivia com a mãe divorciada, não prestando qualquer auxílio material ao pai

- Responsabilidade civil – Ilegitimidade *ad causam* – Morte de filho menor que vivia com a mãe divorciada, não prestando qualquer auxílio material ao pai – Ajuizamento de indenizatória pelo pai da vítima – Ilegitimidade ativa reconhecida – Carência decretada – Recurso desprovido (*JTACSP*, Revista dos Tribunais, *112*:150).

1.2. Morte de chefe de família

V., também, *O lesado e os dependentes econômicos* – Livro II, Título IV, Capítulo I (Do dano indenizável), n. 4.1.1, *retro*.

Quando morre o chefe de família, o autor do homicídio deve pagar, às pessoas que eram sustentadas pelo defunto, uma pensão. Mas até quando? Até a idade em que o falecido provavelmente viveria. Na jurisprudência, aceitava-se que o tempo médio de vida do brasileiro era de 65 anos. Essa seria, assim, a idade considerada para a fixação do tempo de duração do pagamento da pensão.

O Superior Tribunal de Justiça, todavia, modificou essa orientação, estabelecendo que a idade limite para pagamento de pensão fixada a título de indenização por danos materiais é delimitada com base na expectativa média de vida do brasileiro, *que hoje é de aproximadamente 70 anos* (3ª T., rel. Min. Nancy Andrighi, Revista *Consultor Jurídico,* 7-3-2008).

"Responsabilidade Civil – Indenizatória por morte de companheiro – Legitimação da autora – Entidade familiar, decorrente de união estável, e dependência econômica comprovadas – Interesse e possibilidade jurídica também presentes, dada a posse do estado de casada (*JTJ*, Lex, *200*:210 e *218*:81).

Quanto à questão da legitimidade *ad causam*, também já se decidiu que a esposa, que vivia em união estável com outro homem, não tem direito de pleitear reparação de danos materiais e morais pela morte do marido, fazendo *jus* somente ao ressarcimento do que despendeu nos funerais e na construção do túmulo, não importando a motivação sentimental que a levou a tanto (*RT, 606*:187).

A indenização em caso de morte cabe, assim, em primeiro lugar, aos parentes mais próximos da vítima, isto é, os herdeiros, ascendentes e descendentes, o cônjuge e as pessoas diretamente atingidas pelo seu desaparecimento. Assim, cada qual, pais, filhos, irmãos, companheira, deve provar o direito à indenização, por ter sido prejudicado com a morte da vítima. Os irmãos devem provar uma condição toda pessoal: que eram dependentes do falecido; e os filhos, que não atingiram a idade de 25 anos. É necessário, pois, que a ação seja proposta por aqueles que sofreram prejuízo pessoal, em nome próprio. O espólio não está legitimado a propor ação de indenização por ato ilícito, em nome dos eventuais prejudicados com o falecimento do inventariado. Essa é, também, a opinião de Arnaldo Rizzardo: "Produzida a morte, ou outro evento prejudicial, determinadas pessoas estão legitimadas para, atuando 'fure proprio', obter o ressarcimento do dano que têm sofrido" (*A reparação*, cit., p. 183, n. 18.3).

Beneficiários da pensão são apenas aqueles que tinham dependência econômica da vítima. Em relação ao cônjuge e aos filhos menores tem-se decidido que a dependência econômica é presumida. No caso, porém, dos ascendentes, dos descendentes maiores e irmãos da vítima, tem-se exigido a prova da dependência econômica para que a ação de ressarcimento de danos materiais possa vingar. Não provada, o ofensor somente poderá ser condenado, eventualmente, a reparar o dano moral causado aos referidos parentes.

Decidiu-se, também:

"Pensão mensal pleiteada por noiva do *de cujus* – Inadmissibilidade, se nada indica que, à época do acidente, a vítima provia o sustento da autora, ou ainda que, uma vez contraídas núpcias, a mesma passaria a dedicar-se exclusivamente ao lar e não exerceria qualquer atividade remunerada – Verba indevida – Reconhecimento, tão somente, do direito à reparação do dano moral" (*RT, 790*:438).

Se a ação é proposta pelos filhos, a filiação tem que estar provada. Assim, não pode ser acolhido pedido formulado por supostos filhos, fundada na filiação, sem prova preconstituída desse estado *(JTACSP*, Revista dos Tribunais, *110*:207). Se a filha já está emancipada pelo casamento e, portanto, não é mais sustentada pelos pais, não pode pedir indenização pela morte destes em acidente de trânsito (*RT, 548*:129).

A pensão em caso de morte de chefe de família será paga à viúva, enquanto se mantiver em estado de viuvez. E aos filhos menores, até atingirem a idade de 25 anos, cessando antes, se se casarem (*RJTJSP, 101*:120). Sempre, porém, dentro do período de sobrevivência provável da vítima, calculado em 65 anos de idade (*RJTJSP, 101*:137) [*atualmente em 70 anos*], admitida uma sobrevida de cinco anos, se já havia sido ultrapassado esse limite e a vítima era pessoa saudável (*RTJ, 61*:250; *RT, 611*:221).

Tem sido reconhecido aos beneficiários o direito de acrescer. Isto significa que, cessado o direito de um deles, de continuar recebendo a sua quota, na pensão, transfere-se tal direito aos demais, que terão, assim, suas quotas acrescidas (*RTJ, 79*:142; *RJTJSP, 101*:135, *132*:156) (*v.*, também, no Livro II, Título IV, Capítulo II, Seção II, n. 1.4, *infra*).

A propósito, proclamava a Súmula 57 do antigo Tribunal Federal de Recursos: "É cabível a reversão da pensão previdenciária e daquela decorrente de ato ilícito aos demais beneficiários, em caso de morte do respectivo titular ou a sua perda por força de impedimento legal".

Tem-se decidido, também, que a viúva e a companheira terão direito à pensão somente enquanto se mantiverem em estado de viuvez e não conviverem em união estável. E que os filhos com mais de 25 anos, portadores de defeitos físicos e mentais, que os impossibilitem de prover ao próprio sustento, continuarão a receber a pensão. Veja-se:

"*Morte de pai* – Pensão devida ao filho mental e fisicamente são – Termo final – Vinte e cinco anos.

A obrigação de dar pensão, pela morte do pai, ao filho menor, cessa quando este completar vinte e cinco anos. Tal regra incide apenas quando o pensionário é física e mentalmente são" (*RSTJ, 134*:88).

Como já mencionado, é assente na jurisprudência o entendimento de que, "nos casos em que há acidente com morte, cabe como forma de reparar o dano material sofrido, entre outras medidas, a fixação de pensão mensal a ser paga ao dependente econômico da vítima. Nos casos em que a vítima é jovem, a orientação do STJ é a de que referida obrigação deve perdurar até a data em que a vítima vier a atingir a idade correspondente à expectativa média de vida do brasileiro na data do óbito. No entanto, esse mesmo critério não pode ser utilizado como forma de obstar o direito daquele que é dependente econômico de vítima cuja idade era superior à expectativa média de vida do brasileiro na data do falecimento, na medida em que representaria a adoção do entendimento segundo o qual, quando a vítima tivesse superado a expectativa média de vida do brasileiro, o seu dependente econômico direto simplesmente não teria direito ao ressarcimento material representado pelo pensionamento, o que não seria razoável. O direito à pensão mensal surge exatamente da necessidade de reparação por dano material decorrente da perda de ente familiar que contribuía com o sustento de quem era economicamente dependente até o momento do óbito. Nesse contexto, o fato de a vítima já ter ultrapassado a idade correspondente à expectativa média de vida do brasileiro, por si só, não é óbice ao deferimento do benefício, pois muitos são os casos em que referida faixa etária é ultrapassada. Por isso, é conveniente a utilização da tutela de sobrevida (Tábua Completa de Mortalidade correspondente ao gênero da vítima) do IBGE em vigência na data do óbito para melhor valorar a expectativa de vida da vítima e, consequentemente, para fixar o termo final da pensão" (STJ, REsp 1.311.402-SP, rel. Min. João Otávio de Noronha, *DJe* 07-3-2016).

V., também, *Cálculo da indenização*, n. 1.4, *infra*.

JURISPRUDÊNCIA

1.2.1. Pensão por morte – Beneficiária que contraiu núpcias – Hipótese em que deixa de ser pensionada

■ Os descendentes têm direito ao recebimento da indenização por dano moral e material pela morte de seu genitor, decorrente de acidente de trânsito, durante o período da menoridade e até os 25 anos, ou até o momento em que contraírem núpcias, quando, a partir daí, deixarão de ser pensionados, ressalvado, nessas hipóteses, o direito de reversão da sua cota-parte aos demais beneficiários, desde que dentro dos limites prováveis da vida do *de cujus* (*RT*, *749*:354).

1.2.2. Pensão devida a filho menor – Direito de acrescer

■ O beneficiário remanescente tem o direito de acrescer à sua pensão o que era a esse título devida a outrem, em relação ao qual se extinguiu o vínculo (STJ, REsp 17.738, 4ª T., rel. Min. Ruy Rosado de Aguiar, *DJU*, 22 maio 1995; REsp 83.889-RS, 3ª T., rel. Min. Nilson Naves, j. 15-12-1998, *RSTJ*, *121*:255).

1.2.3. Ato ilícito – Pensão devida a partir do evento e até o momento em que a vítima atingiria a idade de 70 anos

■ Indenização – Ato ilícito – Acidente do trabalho – Pensão – Verba devida a partir do evento e até o momento em que a vítima atingisse a idade de 65 anos (atualmente aumentada para 70 anos), extinguindo-se em relação aos filhos quando completarem 25 anos – Extinção em relação à viúva, em caso de novo casamento – Necessidade de constituição de garantia pelo devedor, nos termos dos artigos 602 (*atual 475-Q*), *caput* e § 2º, e 829 e segs. do CPC (*RJTJSP*, *126*:157, *132*:155).

1.3. Morte de esposa

Com relação à morte da mulher que não trabalha, havia a orientação tradicional: ao marido não cabia direito à indenização. Houve época em que se chegou a entender que a perda dos trabalhos domésticos, que eram feitos pela mulher, seria compensada pelas despesas que o marido deixaria de ter. Veja-se:

"Responsabilidade civil – Morte da esposa. Contribuindo a esposa, para o lar, com serviços caseiros apenas, não poderá o marido pretender indenização pelo seu falecimento em desastre, pois os devidos trabalhos compensar-se-iam com as despesas que teria no sustento e manutenção da companheira" (*RT, 325*:115).

Entendia-se que a mulher não deve alimentos ao marido, mas, sim, este a ela, nos termos do Código Civil de 1916, art. 233, IV. Desse modo, não pode o marido pleiteá-los, em caso de acidente em que perece sua mulher.

Posteriormente, houve a evolução, da mesma forma como ocorreu no caso dos menores. Numa primeira fase, começou a haver a admissão da indenização, pleiteada pelo marido, somente no caso da mulher que trabalhava fora do lar. É dessa época o acórdão seguinte:

"É devida indenização, não como reparação de dano moral, mas como ressarcimento de prejuízos efetivos sofridos pelo marido com a morte da esposa, que o ajudava no sustento e manutenção da família" (TJSP, *RF, 213*:198).

Na fase seguinte, acolheu-se a tese de indenização devida pela morte da mulher, mesmo não exercendo ela profissão lucrativa e ocupando-se apenas com trabalhos domésticos. Veja-se:

"Indenização – Ato ilícito – Vítima casada e que constituía valioso elemento de sustentação da economia do lar, mesmo não exercendo profissão fora dele – Encargos domésticos que resultam em poupança pecuniária – Pensão progressiva para substituir, de certa forma, essa contribuição para a economia do lar e devida enquanto durar a viuvez do autor e a menoridade dos filhos – Pensão fixada desde logo em um salário mínimo e devida enquanto o autor conserve o estado de viuvez ou atinjam os filhos a maioridade civil" (*RJTJSP, 26*:166).

As verbas especificadas no art. 948 do Código Civil são meramente exemplificativas, como já se decidia na vigência do diploma anterior e se infere da expressão "sem excluir outras reparações". Devem ser indenizados todos os prejuízos que o cônjuge e os descendentes provarem ter sofrido.

Assim, o Tribunal de Justiça de São Paulo reconheceu a possibilidade da ocorrência de dano moral ou econômico pela morte de esposa em acidente, embora tenha afastado a acumulabilidade (*RJTJSP, 110*:165).

Atualmente, porém, especialmente em face da Constituição Federal (art. 5º, V e X), reconhece-se o direito à indenização pela morte de esposa por danos materiais e morais, cumulativamente. Pois, como já se afirmou, "é de evidência palmar que a ausência da esposa, mesmo que não exerça ela atividade profissional além das domésticas, desorganiza a estrutura familiar e exige um maior esforço econômico para, suprindo sua ausência, realizar-se as tarefas, que, normalmente, ficam a cargo da dona de casa" (*RT, 643*:177), reconhecida a possibilidade da cumulação da indenização por dano moral.

Ainda:

"Embora subsistisse dúvida acerca do cabimento da indenização por danos morais, restou superada com o advento da CF de 1988, que, em seu art. 5º, V, assegurou, de forma genérica e ampla, o direito ao ressarcimento na espécie. Assim, lícito ao marido pleitear a verba por perda de sua esposa em acidente de trânsito, em virtude da dor provocada pelo evento" (*RT, 641*:182).

Outro aresto proclamou ser economicamente indenizável o dano decorrente da supressão da vida de quem prestava serviços de prendas domésticas:

"O só fato de a vítima não desenvolver atividade externa a seu lar não impede a condenação da empresa ré, em decorrência do acidente. Evidente está que houve dano pela perda da vida, eis que a vítima exercia atividade econômica (serviços do lar) no interior de sua residência. A prestação de serviços caseiros, tais como a cozinha, a lavagem de roupa, a limpeza da casa, tem valor inegável. A jurisprudência tem-se manifestado pelo acolhimento de indenização diante de tal situação fática (*RT* 338/161, 347/200, 436/102 e 442/223)".

O valor da pensão, nesses casos, tem sido fixado com base no salário mínimo e deve corresponder ao necessário para a contratação de uma doméstica. Quando a esposa exerce profissão fora do lar e colabora no sustento e manutenção da família, a pensão deve corresponder a 2/3 dos seus rendimentos, devidos ao viúvo e filhos menores, nas mesmas condições já expostas quando ocorre a morte do marido (Livro II, Título IV, Capítulo II, Seção II, n. 1.2, *retro*). Em qualquer caso, pode-se pleitear o direito à indenização por morte de esposa por danos materiais e morais, cumulativamente. Parece mais correto, na estimação do *quantum* do dano moral, o critério de fixá-lo em verba única, a ser paga de uma só vez. Somente o dano material é que comporta a aplicação do preceito contido no art. 948, II, do Código Civil, que, cuidando da liquidação das obrigações resultantes de atos ilícitos, impõe ao causador do homicídio o pagamento de prestação alimentar às pessoas a que o defunto a devia (*RT*, *643*:178).

Se a esposa só cuidava dos afazeres domésticos, a situação é semelhante à da morte de filho menor, que não exercia trabalho remunerado. A indenização por dano moral deve consistir no pagamento de uma verba arbitrada pelo juiz, feito de uma só vez. Mas, diferentemente do que ocorre com os filhos menores que não exercem trabalho remunerado, a indenização por dano moral, em caso de morte de esposa, pode ser cumulada com a do dano material, correspondente ao necessário para o pagamento de outra pessoa, que cuide dos afazeres domésticos, suprindo a falta daquela.

Somente se justifica, pois, a fixação da indenização sob a forma de pensão mensal, em caso de morte de esposa, quando se trata de dano material. O dano moral deve ser arbitrado judicialmente, em verba a ser paga de uma só vez (*v.*, também, *Pessoas que podem exigir a reparação do dano*, Livro II, Título IV, Capítulo I (Do dano indenizável), n. 4, *retro*).

Veja-se ainda:

"Acidente aéreo – Ação indenizatória – Responsabilidade objetiva e subjetiva da empresa transportadora – Falecimento de esposa e filho menor – Vítima que exerce atividade remunerada – Pensão de vida.

Devido o pensionamento dos autores pela perda da contribuição financeira da primeira vítima, bancária, à família, a ser apurada em liquidação de sentença. Impossibilidade de consideração, para efeito do cálculo de pensionamento, dos benefícios pagos aos autores pela Previdência Pública e Privada (vencido, nesta parte, o relator). Improcede a pretensão relativa à inclusão de promoções futuras na carreira quando da apuração do valor da pensão, em face da eventualidade do fato e não se enquadrar no conceito jurídico de 'lucros cessantes'. Tratando-se de família de razoável poder aquisitivo, não é pertinente o pensionamento pelo falecimento do filho menor, de tenra idade, por não se supor que viesse a contribuir para o sustento do grupo até dele se desligar. Precedentes do STJ. Dano moral devido como compensação pela dor da perda e ausência suportadas pelos autores, no equivalente a 500 (quinhentos) salários mínimos por cada uma das vítimas, a serem repartidos equitativamente, consideradas as circunstâncias dos autos" (STJ, REsp 41614, 4ª T., rel. Min. Aldir Passarinho Junior, *DJe* 11-12-2000).

1.4. Cálculo da indenização. O método bifásico como critério para a quantificação do dano moral

Como se calcula a indenização?

A indenização, sob a forma de pensão, é calculada com base na renda auferida pela vítima, descontando-se sempre 1/3, porque se ela estivesse viva estaria despendendo pelo menos 1/3 de seus ganhos em sua própria manutenção. Os seus descendentes, ascendentes, esposa ou companheira (os que dela recebiam alimentos, ou de qualquer forma estavam legitimados a pleitear a pensão) estariam recebendo somente 2/3 de sua renda. Computam-se, ainda, verbas com construção de jazigo e para as despesas de funeral e luto. As verbas devem ser corrigidas monetariamente, mesmo que não tenha sido pedida, na inicial, a atualização dos valores (*RTJ, 82*:980). Corrigem-se as despesas diversas. As prestações mensais já devem sofrer atualização automática, devido à fixação em porcentagem sobre o salário mínimo.

O *quantum* apurado deve ser, efetivamente, convertido em salários mínimos, pelo valor vigente ao tempo da sentença, ajustando-se às variações ulteriores, como preceitua a Súmula 490 do Supremo Tribunal Federal (*v*. Livro II, Título IV, Capítulo II, Seção I, n. 5.1, *retro*, a respeito das críticas à referida súmula e sobre a sua manutenção pelo STF).

Incumbe aos autores da ação e beneficiários da pensão o ônus de provar os rendimentos do falecido. Se este tinha mais de uma fonte de renda, somam-se os valores, fixando-se a pensão em 2/3 do total comprovado. Se a vítima não tinha rendimento fixo, ou não foi possível prová-lo, mas sustentava a família, a pensão será fixada em dois terços de um salário mínimo (ganho presumível).

O limite provável de vida do brasileiro, admitido na jurisprudência, *é o de 70 anos de idade* (cf. STJ, 3ª T., rel. Min. Nancy Andrighi, Revista *Consultor Jurídico*, 7-3-2008). Entretanto, se a vítima tinha idade superior, aceita-se como razoável uma sobrevida de cinco anos. O Tribunal de Justiça de São Paulo, ante a lacuna da lei, já reputou razoável que, tendo a vítima ultrapassado a idade provável de vida do homem médio, em caso de seu homicídio deve-se considerar como razoável uma *sobrevida de cinco anos*. Tal critério foi acolhido pelo *Supremo Tribunal Federal*, como se pode ver na *RTJ, 61*:250. Veja-se, ainda, outra decisão do Tribunal de Justiça de São Paulo:

"*Indenização* – Responsabilidade civil – Acidente em veículo de transporte de passageiros – Vítima com 73 anos de idade – Pensão à sua beneficiária até a data em que completaria 77 anos – Confirmação da decisão nesta parte" (*RJTJSP, 38*:24).

No cômputo da reparação inclui-se, também, o 13º salário (*RTJ, 82*:515; *RT, 748*:385), a menos que a vítima fosse trabalhador autônomo e não o recebesse (*RTJ, 85*:202, *117*:454). Confira-se:

"*Indenização* – Acidente ferroviário – Pensão mensal vitalícia – Acréscimo do valor correspondente ao décimo terceiro salário no pensionamento – Admissibilidade – Reparação que deve corresponder ao máximo à recomposição integral da perda sofrida" (*RT, 834*:260).

No tocante, ainda, a hipóteses em que a vítima contava mais de 70 anos de idade, decidiu o Supremo Tribunal Federal que o causador de sua morte deve pensionar a beneficiária-viúva por toda a vida, se esta também é idosa:

"Indenização – Responsabilidade civil – Acidente, com morte de passageiro, em veículo coletivo – Pensão devida – Em consideração à idade da beneficiária-viúva, já septuagenária, o responsável deve pensioná-la por toda a vida – Irrelevância da beneficiária tornar-se, com a morte do marido, pensionista do INSS – A pensão previdenciária e aquela decorrente do ato ilícito são acumuláveis – Reajustamento baseado na alteração do salário mínimo (Súmula n. 490), o que dispensa a correção monetária" (*RJTJSP, 43*:81).

Quanto ao dano moral, não há um critério uniforme para a sua fixação (o tema foi exaustivamente examinado no item n. 5.1.10, *retro*, que trata da *quantificação do dano moral* (Livro II, Título IV, Capítulo I (Do dano indenizável), ao qual nos reportamos).

O Superior Tribunal de Justiça, todavia, tem aplicado o denominado "**MÉTODO BIFÁSICO**" para o arbitramento do valor da reparação por danos extrapatrimoniais. Segundo o Ministro Paulo de Tarso Sanseverino, relator do REsp 959.780-ES, da Terceira Turma, constitui ele o método mais adequado para a quantificação da compensação por danos morais em casos de morte.

Segundo o mencionado Ministro, fixa-se inicialmente o valor básico da indenização, levando-se em conta a jurisprudência sobre casos de lesão ao mesmo interesse jurídico. "Assegura-se, com isso, uma exigência da justiça comutativa que é uma razoável igualdade de tratamento para casos semelhantes, assim como que situações distintas sejam tratadas desigualmente na medida em que se diferenciam. Em seguida, procede-se à fixação definitiva da indenização, ajustando-se o seu montante às peculiaridades do caso com base nas suas circunstâncias. Partindo-se, assim, da indenização básica, eleva-se ou reduz-se esse valor de acordo com as circunstâncias particulares do caso (gravidade do fato em si, culpabilidade do agente, culpa concorrente da vítima, condição econômica das partes) até se alcançar o montante definitivo. Procede-se, assim, a um arbitramento efetivamente equitativo, que respeita as peculiaridades do caso".

A Quarta Turma da referida Corte também adotou o mencionado método bifásico para analisar a adequação de valores referentes a indenização por danos morais. A aplicação desse método – que já foi utilizado pela Terceira Turma, conforme mencionado – uniformiza o tratamento da questão nas duas turmas do tribunal especializadas em direito privado. O método em epígrafe, efetivamente, atende às exigências de um arbitramento equitativo da indenização por danos extrapatrimoniais, uma vez que minimiza eventual arbitrariedade de critérios unicamente subjetivos dos julgados, além de afastar eventual tarifação do dano. Segundo o Ministro Luis Felipe Salomão, o método bifásico "traz um ponto de equilíbrio, pois se alcançará uma razoável correspondência entre o valor da indenização e o interesse jurídico lesado, além do fato de estabelecer montante que melhor corresponda às peculiaridades do caso" (STJ, REsp 1.332.366-MS, 4ª T., *DJe* 7-12-2016).

Em se tratando de morte de filho menor, que não exercia trabalho remunerado (STF, Súmula 491), deve ser arbitrada uma verba única, a título de dano moral, embora antiga corrente admita o cálculo da reparação deste com base no salário mínimo (2/3) e sob a forma de pensão mensal, desde a data do falecimento até a época em que completaria 25 anos, pois se presume que nessa ocasião se casaria e passaria a contribuir menos para o sustento dos pais, reduzindo-se a pensão, então, para 1/3 do salário mínimo, até a data em que completaria 70 anos de idade, cessando o pagamento, antes, se os pais falecerem. Se o menor já trabalhava, ou se se trata de filho maior, a pensão será arbitrada em 2/3 de seus rendimentos (*v.* n. 1.1, *retro*).

Decidiu o Superior Tribunal de Justiça:

"As atividades empreendidas pela filha, que, sem exercer trabalho remunerado, dedicava-se aos afazeres domésticos ensejam aferição pecuniária, embora só indiretamente refletores da capacidade produtiva como força criadora de riqueza patrimonial. Consequentemente, morta por ato ilícito, o desfalque que advém da contribuição que prestava gera prejuízo passível de ser indenizado por danos materiais. Aos pais assegura-se constitucionalmente o direito à assistência dos filhos na velhice, na carência e na enfermidade. Esse direito, ainda que potencial, tem valor econômico e integra o patrimônio da pessoa. Tal solidariedade da família não pode ser desconhecida do direito. Cuidando-se de família pobre, a recomposição do evento danoso decorrente de ato ilícito deve ser a mais ampla possível, não encontrando a obrigação de pensionar limite para ser reconhecida no fato da filha já ser maior de 25 anos, à época do infortúnio, e dependente economicamente dos pais" (REsp 293.159-0-MG, 3ª T., rel. Min. Nancy Andrighi, j. 17-5-2001).

O mesmo sucede em caso de morte de esposa, que já trabalhava. Se, no entanto, só cuidava dos afazeres domésticos, a indenização do prejuízo material corresponderá ao montante necessário para o pagamento de outra pessoa, que cuide dos serviços domésticos, suprindo a falta daquela. Poderá ser pleiteada, ainda, cumulativamente, a indenização do dano moral, a ser arbitrada em verba única (*v.* Livro II, Título IV, Capítulo II, Seção II, n. 1.4.3).

No cômputo da indenização paga sob a forma de pensão mensal devem ser incluídas, também, as horas extras, desde que habituais. Tem a jurisprudência reconhecido o direito de acrescer, entre os beneficiários (*RJTJSP, 101*:137).

Justifica-se a reversão da quota-parte do pensionamento daquele que tenha completado a idade-limite, ou se casado, para os demais que não tenham perdido o direito ao benefício, considerando-se que os pais, se vivos fossem, presumidamente melhor assistiriam os filhos restantes e a esposa, quando um deles atingisse a idade de autonomia econômica. Nesse sentido decidiu o *Supremo Tribunal Federal* (*RTJ, 79*:142).

JURISPRUDÊNCIA

1.4.1. Indenização – Pensão por morte de chefe de família – Fixação

- A indenização decorrente de ato ilícito, paga sob a forma de pensão aos herdeiros do *de cujus*, deve ser calculada com base nos rendimentos auferidos pela vítima, descontando-se do seu valor 1/3, que seriam gastos em sua própria manutenção se vivo fosse, sendo admissível no cômputo da mesma a inclusão das horas extras, desde que habituais (*RT, 749*:354).

1.4.2. Pensão – Direito à indenização não afastado pelo benefício previdenciário

- Responsabilidade civil – Ato ilícito – Pensão devida aos dependentes da falecida vítima, inclusive à viúva – Direito à indenização não afastado pelo benefício previdencial percebido pelos autores – Desconto de uma terça parte dos rendimentos do finado, correspondente ao dispêndio com sua própria subsistência – Fluência dos juros a partir do evento (*RJTJSP*, *37*:72).

1.4.3. Morte da esposa – Dano moral e material

- Responsabilidade civil – Morte da esposa – Dano moral e material, consistente na necessidade de contratação de doméstica – Retribuição mensal na base de 50% do salário mínimo a vigorar até o limite de idade provável da vítima, 65 anos (*RJTJSP*, *43*:84).
- Indenização – Perda da esposa em acidente de trânsito – Dano moral – Verba devida – Inteligência e aplicação do art. 5º, V, da CF (*RT*, *641*:182).
- Acidente de trânsito – Morte da vítima esposa do autor. A morte do cônjuge é suficiente para embasar pedido por danos morais, o qual não requer prova de sua repercussão econômica ou subjetiva para deferimento. No entanto, a verba arbitrada não poderá ser exagerada, sob pena de permitir captação indevida de vantagem. Comprovada a culpa do demandado, mantém-se o decreto condenatório (TJ-DF, Apel. 0050793-45.1998.807.0000, DJe 16-3-2014).

1.4.4. Vítima trabalhador autônomo – Não inclusão, no cálculo da pensão, do 13º salário

- Responsabilidade civil – Acidente em transporte – Não se computa no cálculo da pensão o 13º salário, se a vítima era trabalhador autônomo e não se comprovou que o percebia – O jazigo perpétuo é dispensável, à vista da condição das pessoas (STF, *RTJ*, *85*:202 e *84*:626).

1.4.5. Pensão – Vítima aposentada

- Acidente de trânsito – Falecimento – Pensão – Vítima aposentada – Comprovação, pelas autoras, que a vítima estaria recebendo proventos superiores se viva estivesse – Recurso provido para elevar a pensão fixada e devida até a data em que esta completaria 70 anos – Reconhecimento do direito de acrescer em caso de cessação da pensão para uma das beneficiárias – Admissibilidade – Decisão consonante com o princípio da amplitude da indenização (1º TACSP, Ap. 432.392/90-SP, 2ª Câm., j. 7-3-1990, rel. Jacobina Rabello).

1.4.6. Ação de indenização – Jazigo perpétuo

- Responsabilidade civil – Ação de indenização – Exclui-se desta a verba para aquisição de jazigo perpétuo quando a condição social e econômica da vítima faz presumir não teria condições de adquiri-lo em caso de morte natural (STF, *RTJ*, *83*:943).

1.4.7. Pensão mensal aos pais da vítima – Critério para sua fixação e tempo de duração

■ Tratando-se de vítima solteira, que, percebendo salário mínimo, prestava auxílio econômico à casa paterna, razoável é fixar-se a indenização por morte em pensão mensal aos seus pais, consistente em metade do salário por ela percebido, até o momento em que viesse a completar 25 anos, idade em que presumivelmente acontece o casamento (*RT*, *565*:131).

1.4.8. Pensão – Ação proposta por filha casada

■ Responsabilidade civil – Ação proposta por filha casada de mulher falecida em colisão de veículos – Pretensão ao recebimento de pensão desde a data do acidente – Improcedência da ação, pois não demonstrado que o marido, apesar de separado dela, não lhe dava sustento, e que era economicamente dependente da mãe (*JTACSP*, *67*:78).

1.4.9. Pensão – Casamento da filha da vítima

■ Responsabilidade civil – Acidente ferroviário – Pensão à viúva e à filha da vítima – Casamento da filha da vítima – Reversão da pensão em favor da remanescente (*RTJ*, *79*:142).

2. A indenização em caso de lesão corporal

2.1. Lesão corporal de natureza leve

Dispõe o art. 949 do Código Civil:

"No caso de lesão ou outra ofensa à saúde, o ofensor indenizará o ofendido das despesas do tratamento e dos lucros cessantes até ao fim da convalescença, além de algum outro prejuízo que o ofendido prove haver sofrido".

Na hipótese de terem sido causadas lesões corporais transitórias, que não deixam marcas, serão pagas pelo agente causador do dano as despesas do tratamento. Incluem-se nelas as despesas hospitalares, médicas etc. Se exageradas, incluindo tratamento no estrangeiro, o juiz pode glosá-las (cf. *RJTJSP*, *37*:127). Também devem ser pagos os lucros cessantes, isto é, aquilo que a vítima deixou de ganhar em virtude do acidente. São os dias de trabalho perdidos. O advérbio "*razoavelmente*" está a indicar que deve ser afastada a ideia de ganhos exagerados. Devem ser pagos até a obtenção da alta médica ou até ficar em condições de retornar ao trabalho normal.

A expressão "*além de algum outro prejuízo que o ofendido prove haver sofrido*" permite que a vítima pleiteie, também, reparação de dano moral. Embora nem sempre a lesão corporal de natureza leve justifique pedido dessa natureza, há casos em que tal pretensão mostra-se pertinente. Se a lesão resultou de uma agressão física, por exemplo, que provocou uma situação vexatória para a vítima, é possível, conforme as circunstâncias, pleitear-se a reparação do dano moral causado pela injusta e injuriosa agressão, que será arbitrada judicialmente, em cada caso.

Assim se atenderá ao espírito da lei, que não se contentou em prever, para a hipótese de lesão corporal de natureza leve, somente o ressarcimento do dano emergente e dos lucros cessantes.

2.2. Lesão corporal de natureza grave. O dano estético

O Código Civil de 1916 disciplinava a lesão corporal de natureza grave no § 1º do art. 1.538, que se configurava em caso de "aleijão" ou "deformidade", ou seja, quando a lesão deixava marcas, dizendo que, nesse caso, a soma seria duplicada. Aleijão é a perda de um braço, de uma perna, de movimentos ou de sentidos. Para que se caracterize deformidade é necessário que haja dano estético, que o ofendido cause impressão penosa ou desagradável. No § 2º, dispunha o aludido dispositivo que, se o ofendido, aleijado ou deformado, fosse mulher solteira ou viúva, ainda capaz de casar, a indenização consistiria em dotá-la segundo as posses do ofensor, as circunstâncias do ofendido e a gravidade do defeito.

O atual Código Civil não contém regras semelhantes, tratando genericamente da lesão corporal em um único artigo. O art. 949 retrotranscrito aplica-se à lesão corporal de natureza leve e à de natureza grave, com previsão de indenização das despesas do tratamento e dos lucros cessantes, além de algum outro prejuízo que o ofendido prove haver sofrido.

Foram eliminadas, assim, as extenuantes controvérsias sobre a definição e a extensão do dote, sobre mulher em condição de casar, sobre a natureza jurídica da indenização (de caráter moral ou material) e sobre o significado da expressão "esta soma será duplicada". Desse modo, em caso de lesão corporal, de natureza leve ou grave, indenizam-se as despesas do tratamento e os lucros cessantes até ao fim da convalescença, fixando-se o dano moral em cada caso, conforme as circunstâncias, segundo prudente arbitramento judicial.

Obviamente, as despesas do tratamento e os lucros cessantes serão mais elevados, em caso de lesão corporal de natureza grave, porque abrangem todas as despesas médicas e hospitalares, incluindo-se cirurgias, aparelhos ortopédicos, fisioterapia etc. A gravidade do dano, que acarreta aleijão ou dano estético, é fato a ser considerado pelo magistrado, na fixação do *quantum* indenizatório do dano moral.

"A pedra de toque da deformidade é o dano estético. Assentou-se na jurisprudência deste Tribunal, com respaldo em Hungria, A. Bruno e outros, que o conceito de deformidade repousa na estética e só ocorre quando causa uma impressão, se não de repugnância, pelo menos de desagrado, acarretando vexame ao seu portador (*RJTJRS* 19/63 e 20/64). Na espécie, não ficou provada a deformidade, com essas características. Trata-se de pequeno afundamento do osso malar, que nem se sabe se é aparente" (*RT, 470*:420).

A jurisprudência não desconhece o conteúdo moral (ou também moral) do dano estético, no que busca fórmulas viáveis para a sua reparação, conforme lembra Yussef Said Cahali (*Dano*, cit., p. 72-3), encontrando, porém, dificuldade prática na fixação do provimento indenizatório, diante "da unicidade do dano, como causa, e da duplicidade de suas repercussões, moral e patrimonial, como efeitos".

Na apreciação de cada caso concreto, verifica-se a diversidade de critérios. Senão, vejamos:

"Responsabilidade civil – Dano moral e estético.

A responsabilidade do dano estético exsurge, tão somente, da constatação da deformidade física sofrida pela vítima. Para além do prejuízo estético, a perda parcial de um braço atinge a integridade psíquica do ser humano, trazendo-lhe dor e sofrimento, com afetação de sua autoestima e reflexos no próprio esquema de vida idealizado pela pessoa, seja no âmbito das relações profissionais, como nas simples relações do dia a dia social. É devida, portanto, compensação pelo dano moral sofrido pelo ofendido, independentemente de prova do abalo extrapatrimonial" (STJ, REsp 1.637.884-SC, 3ª T., rel. Min. Nancy Andrighi, *DJe* 23-2-2018).

"Responsabilidade civil – Indenização devida – Dano moral e estético – Reparação – Embargos rejeitados. Indeniza-se o dano inteiro, inclusive, pois, o moral, que se não confunde com o material e o estético" (*RT, 500*:216).

"Responsabilidade civil – Se do acidente sofrido resultou dano estético para a vítima, tem ela o direito ao reembolso das despesas de cirurgias plásticas já realizadas e das que vierem a se tornar necessárias" (*RT, 502*:51).

"Responsabilidade civil – O dano estético vai-se convertendo, progressivamente, em dano patrimonial, pelos progressos da cirurgia restauradora e da clínica de recuperação" (*RTJ, 39*:320 e *47*:316; *RT, 485*:62).

"Responsabilidade civil – Dano estético removível e reparável – Condenação do culpado às despesas de uma operação cirúrgica de natureza plástica para a eliminação do dano – Fixação de prazo para a realização da intervenção cirúrgica corretiva – Perda do direito de qualquer outra indenização a título de dano estético, no caso de desistência da vítima à operação" (*RJTJSP, 19*:151).

"Responsabilidade civil – Dano estético – Condenação da ré, à vista da prova, na indenização da vítima, mas com a exclusão da verba relativa a dano estético, na falta de prova de reflexos prejudiciais à economia do ofendido ou de necessidade de cirurgia restauradora ou de clínica de recuperação" (*RJTJSP, 19*:103).

"Responsabilidade civil – Indenização pela lesão estética que afetou a capacidade laborativa da vítima, afastando-a de melhores possibilidades de progresso em sua atividade profissional" (*RJTJSP, 17*:98).

"Responsabilidade civil – Acidente ferroviário – Dano estético. Merece apreciado caso a caso o dano morfológico para o efeito desta espécie de indenização. *In casu* injustifica-se, com o fornecimento dos aparelhos ortopédicos e face às considerações do laudo médico" (*RTJ, 85*:621).

Como também observa Jean Carrard, "a fixação da indenização por dano estético é coisa muito delicada, seja quando fundada sobre ofensa ao futuro econômico, seja quando baseada no dano moral; com efeito, trata-se de 'apreciar imponderáveis e probabilidades'; o juiz deverá encarar cada caso particular e imaginar qual teria sido verdadeiramente a carreira da vítima, se ela não tivesse sido desfigurada; o juiz deverá também ter em conta o papel importante desempenhado pelo aspecto exterior nas relações humanas" (*O dano estético e sua reparação*, trad., *RF, 83*:406).

Entendemos que, tal como já vem acontecendo com a jurisprudência referente a acidentes do trabalho, deve ser indenizado o dano estético, mesmo sem a redução da capacidade laborativa. Por sinal, assim já decidiu o Tribunal de Justiça de São Paulo, em ação de indenização pelo direito comum:

"Indenização – Dano estético – Fixação – Não se confunde com lucros cessantes nem com o resultante da incapacidade laborativa" (*RJTJSP, 26*:78).

Destacam-se, no mencionado acórdão, os seguintes trechos:

"Por outro lado, ainda que os laudos periciais tenham afastado a ocorrência de inabilitação ou incapacidade para o trabalho, inegável que o autor sofreu dano estético, consistente em cicatriz bem vincada e visível na testa (...) Adotado o percentual estabelecido na legislação de acidente do trabalho vigente, a percentagem a ser atribuída ao dano estético indenizável apresentado pelo autor é de 20%. (...) O Pretório Excelso (...) concedeu indenização pelo dano estético, ao acentuar que 'a fixação de tal indenização é questão delicada, ficando a critério do Juiz, no mais das vezes. Ela não se confunde com a indenização pelos lucros cessantes, nem com a resultante da incapacidade laborativa permanente' (RE 68.638, rel. Gonçalves de Oliveira)".

Interposto recurso extraordinário, dele não conheceu o Supremo Tribunal Federal, como se pode verificar na *RJTJSP*, *56*:98.

Em virtude dos progressos da cirurgia restauradora e da clínica de recuperação, o dano estético vai-se convertendo, cada vez mais, em dano patrimonial (cf. *RTJ*, *39*:320, *47*:316; *RT*, *485*:62).

Já decidiu o *Supremo Tribunal Federal* que, em caso de danos à capacidade laborativa da vítima, não há de ser fixada a indenização pelo critério da Lei de Acidentes do Trabalho, mas por critério outro, da lei civil, adequado à peculiaridade da espécie (*RT*, *591*:266).

O extinto 1º Tribunal de Alçada Civil já proclamou: "Tratando-se de dano estético, há que se indenizar tanto as despesas que o lesado tenha para a respectiva recuperação (reparação imaterial, ou patrimonial, porquanto dano físico), como os danos estéticos derivados do fato da violação (reparação moral, porque o reflexo se sente na esfera afetiva e valorativa da personalidade da pessoa atingida, na defesa da dignidade humana)" (*RT*, *707*:85, j. 5-7-1994).

Por sua vez, decidiu o Tribunal de Justiça de Minas Gerais: "A vítima de acidente de trânsito tem direito ao ressarcimento das despesas havidas com seu tratamento e convalescença, inclusive aquelas decorrentes da contratação de acompanhante, quando a natureza e a sede das lesões justificarem tal assistência, e de empregada doméstica, caso a pessoa acidentada tenha ficado impossibilitada de cuidar dos afazeres da casa" (*RT*, *753*:334).

Para que se caracterize a deformidade, é preciso que haja o dano estético. A pedra de toque da deformidade é o dano estético. O que se indeniza, nesse caso, é a tristeza, o vexame, a humilhação, ou seja, o dano moral decorrente da deformidade física. Não se trata, pois, de uma terceira espécie de dano, ao lado do dano material e do dano moral, mas apenas de um aspecto deste. Há situações em que o dano estético acarreta dano patrimonial à vítima, incapacitando-a para o exercício de sua profissão (caso da atriz cinematográfica ou de TV, da modelo, da cantora que, em virtude de um acidente automobilístico, fica deformada), como ainda dano moral (tristeza e humilhação). Admite-se, nessa hipótese, a cumulação do dano patrimonial com o estético, este como aspecto do dano moral.

O que não se deve admitir, porém, é a cumulação do dano estético com o moral, para evitar a caracterização de autêntico *bis in idem*. No IX Encontro dos Tribunais de Alçada do Brasil foi aprovada, por unanimidade, conclusão nesse sentido: "O dano moral e o dano estético não se cumulam, porque ou o dano estético importa em dano material ou está compreendido no dano moral". O Superior Tribunal de Justiça já decidiu nesse sentido, afirmando que "o dano estético subsume-se no dano moral" (*RSTJ*, *77*:246). D'outra feita, porém, proclamou: "Afirmado o dano moral em virtude do dano estético, não se justifica o cúmulo de indenizações.

A indenização por dano estético se justificaria se a por dano moral tivesse sido concedida a outro título" (REsp 57.8-8-MG, 3ª T., rel. Min. Costa Leite, *DJU*, 13 nov. 1995, n. 217, p. 38674). Essa tese, de que "é possível a cumulação do dano moral e do dano estético, quando possuem ambos fundamentos distintos, ainda que originários do mesmo fato", acabou vingando no referido *Superior Tribunal de Justiça* (cf. AgRg no AgI 276.023-0-RJ, 2ª T., rel. Min. Paulo Gallotti, j. 26-6-2000), sendo proclamada na Súmula 387, de seguinte teor: "*É lícita a cumulação das indenizações de dano estético e dano moral*".

Confiram-se, ainda:

"Indenização – Dano moral e estético – Cumulação – Possibilidade. É lícita a cumulação das indenizações por dano moral e por dano estético decorrentes de um mesmo fato, desde que passíveis de identificação autônoma" (STJ, AgInt no AREsp 1.026.481-ES, 3ª T., rel. M. Villas Bôas Cueva, *DJe* 08-5-2017).

"Indenização – Danos morais e estéticos – Cumulatividade.

Permite-se a cumulação de valores autônomos, um fixado a título de dano moral e outro a título de dano estético, derivados do mesmo fato, quando forem passíveis de apuração em separado, com causas inconfundíveis. Hipótese em que do acidente decorreram sequelas psíquicas por si bastantes para reconhecer-se existente o dano moral; e a deformação sofrida em razão da mão do recorrido ter sido traumaticamente amputada, por ação corto-contundente, quando do acidente, ainda que posteriormente reimplantada, é causa bastante para reconhecimento do dano estético" (STJ, REsp 210.351-0-RJ, 4ª T., rel. Min. Cesar Asfor Rocha, *DJU*, 3 ago. 2000).

"Indenização – Danos moral e estético – Cumulatividade – Possibilidade – Precedentes.

Nos termos em que veio a orientar-se a jurisprudência das Turmas que integram a Seção de Direito Privado deste Tribunal, as indenizações pelos danos moral e estético podem ser cumuladas, se inconfundíveis suas causas e passíveis de apuração em separado. A amputação traumática das duas pernas causa dano estético que deve ser indenizado cumulativamente com o dano moral, neste considerados os demais danos à pessoa, resultantes do mesmo fato ilícito" (STJ, REsp 116.372-MG, 4ª T., rel. Min. Sálvio de Figueiredo Teixeira, *DJU*, 2 fev. 1998, *RSTJ*, *105*:331).

"Acidente de trânsito. Contrato de transporte. Responsabilidade do transportador. Dano moral e dano estético. Cumulação. Possibilidade. Reavaliação do conjunto fático-probatório dos autos. Inadmissibilidade. Perda da capacidade laborativa. Pensão. Cabimento. Valor das indenizações. É lícita a cumulação das indenizações por dano estético e dano moral, ainda que derivados de um mesmo fato, desde que passíveis de identificação em separado (AgInt no REsp 1.863.811-DF, 4ª T., rel. Min. Antonio Carlos Ferreira, j. 8-5-2023, *DJe* 12-5-2023).

"Ausência de deficiência na prestação jurisdicional. Prescrição. Litispendência. Responsabilidade civil. Reexame de provas. Súmula 7 do stj. Acórdão em consonância com a jurisprudência do STJ. Incidência da súmula 83/STJ. Cumulação de danos morais e estéticos. Possibilidade. Súmula 387 do STJ" (AgInt no REsp 2.065.899-TO, 4ª T., rel. Min. Maria Isabel Gallotti, j. 27-11-2023, *DJe* de 30-11-2023).

Assim também têm decidido outros Tribunais. Veja-se:

"Indenização – Dano estético – Cumulação com dano moral – Admissibilidade, eis que passível de reparação autônoma.

Quando o dano estético comporta reparação material, embora de regra se ache subsumido no dano moral, é admitida sua cumulação com este, ainda que derivados do mesmo fato" (TJRJ, Ap. 4.927/98, *RT*, *758*:328).

- Indenização – Dano estético – Cumulação com dano moral. No último acórdão transcrito, afirmou o relator, Des. José Affonso Rondeau: "Em princípio o dano moral já inclui o dano estético, mas é preciso verificar-se cada caso, já tendo sido decidido pela 3ª T. do STJ, ao julgar o REsp 110.809-MG, do qual foi relator o Min. Waldemar Zveiter, que "admissível a indenização por dano moral e dano estético, cumulativamente, ainda que derivados do mesmo fato, quando este, embora de regra subsumindo-se naquele, comporte reparação material – Súm. 37 do STJ" (*DJU*, 30 mar. 1998, n. 60, p. 42). No caso dos autos, as fotos demonstram claramente a existência de dano estético a comportar reparação autônoma, independentemente da indenização por dano moral decorrente da dor, da humilhação, do vexame a que se acha submetida a autora a uma condição de imprestabilidade para as coisas cotidianas de qualquer ser humano. Diante disso, merece ser imposto o pagamento de verba autônoma para o dano moral em cem salários mínimos" (*RT*, *758*:328).

Por sua vez, decidiu também o Tribunal de Justiça de São Paulo:

"Dano moral – Cumulação com dano estético – Deformidade permanente ocasionada por agressão física – Verbas devidas – Valor da condenação a ser apurado na forma do artigo 608 do Código de Processo Civil – Recurso provido" (*JTJ*, Lex, *225*:99).

2.3. Inabilitação para o trabalho

2.3.1. A indenização devida

Dispõe o art. 950 do Código Civil:

"Art. 950. Se da ofensa resultar defeito pelo qual o ofendido não possa exercer o seu ofício ou profissão, ou se lhe diminua a capacidade de trabalho, a indenização, além das despesas do tratamento e lucros cessantes até o fim da convalescença, incluirá pensão correspondente à importância do trabalho para que se inabilitou, ou da depreciação que ele sofreu. Parágrafo único. O prejudicado, se preferir, poderá exigir que a indenização seja arbitrada e paga de uma só vez".

Acrescenta o art. 951:

"Art. 951. O disposto nos arts. 948, 949 e 950 aplica-se ainda no caso de indenização devida por aquele que, no exercício de atividade profissional, por negligência, imprudência ou imperícia, causar a morte do paciente, agravar-lhe o mal, causar-lhe lesão, ou inabilitá-lo para o trabalho".

O art. 949, anteriormente comentado, não cogita de redução da capacidade laborativa da vítima. Quando isto ocorre, tem aplicação o art. 950. A inabilitação refere-se à profissão exercida pela vítima e não a qualquer atividade remunerada. A propósito, comenta Silvio Rodrigues: "Desse modo, se se trata, por exemplo, de um violinista que, em virtude de acidente, perdeu um braço, houve inabilitação absoluta para o exercício de seu ofício e não mera diminuição de sua capacidade laborativa. Entretanto, a despeito de ser verdadeira a consideração acima formulada, acredito que o juiz deverá agir com ponderação ao fixar indenização em casos tais, admitindo por vezes haver apenas redução na capacidade laborativa, com o fito não só de impossibilitar um enriquecimento indevido quando a vítima possa voltar a trabalhar em outro mister, como também o de desencorajar um injustificado ócio" (*Direito civil*, cit., p. 239-40).

O grau de incapacidade é apurado mediante perícia médica. A indenização abrange o pagamento das despesas de tratamento, inclusive as relativas a aparelho ortopédico, o ressarcimento dos lucros cessantes e, ainda, uma pensão correspondente ao grau de redução da capacidade laborativa. O acórdão a seguir citado ilustrará bem o assunto:

"Responsabilidade civil – Desabamento de prédio acarretando danos pessoais.

A lesão corporal sofrida pela autora acarretou-lhe uma redução parcial na sua capacidade de trabalho, em caráter permanente, avaliada em 50%.

Portanto, a partir do acidente, as rés devem indenização correspondente não somente aos danos emergentes, bem calculados e arbitrados pela sentença, como também aos lucros cessantes, correspondentes ao período em que deixou de trabalhar, quer por estar hospitalizada, quer por estar impossibilitada em razão de aguardar o aparelho ortopédico e de com ele se acostumar; durante esse período, a indenização corresponde aos salários integrais que deveria perceber, sem qualquer redução; a partir daí, a indenização corresponderá a 50% do salário que deveria perceber normalmente, observada a proporção estabelecida pela sentença, isto é, entre o que a autora percebia por ocasião do acidente e o que deveria perceber em face da alteração do salário mínimo" (STF, *RTJ*, 57:788).

V., também: "Responsabilidade civil do estado. Pensionamento mensal. Perda parcial e permanente da capacidade laboral. Art. 950 do Código Civil. Pensionamento. Possibilidade. Precedentes. Agravo interno não provido.

1. No caso em apreço, conforme se extrai do acórdão recorrido, cuida-se de ação indenizatória ajuizada em face da Fazenda do Estado de São Paulo em virtude da perda parcial de audição sofrida em decorrência de bomba arremessada por policiais militares. O Tribunal local deu parcial provimento ao recurso da Fazenda Pública, para reduzir para R$ 10.000,00 a indenização por danos morais.
2. Inexiste impeditivo à admissibilidade do recurso especial, uma vez que não houve fundamentação deficiente, pois foi indicado o dispositivo legal violado, qual seja, o artigo 950 do Código Civil. Ademais, o recurso especial foi interposto somente com fulcro na alínea "a" do permissivo constitucional, de modo que não há falar em ausência de comprovação de divergência jurisprudencial. 3. Outrossim, o Tribunal de origem consignou que houve perda auditiva de 10% e que há relação de causalidade entre o dano descrito e o acidente sofrido. Ou seja, estabeleceu que houve perda da capacidade laboral, ainda que parcial, do ora recorrente. A jurisprudência do STJ se firmou no sentido de que "a vítima do evento danoso – que sofre redução parcial e permanente da capacidade laborativa – tem direito ao pensionamento previsto no art. 950 do Código Civil, independentemente da existência de capacidade para o exercício de outras atividades, em virtude de maior sacrifício para a realização do serviço." (REsp 1.292.728-SC, rel. Min. Herman Benjamin, 2ª T., j. 15-8-2013, *DJe* 2-10-2013).

Portanto, ao concluir ser indevido o pensionamento tão somente com base na ausência de perda total da capacidade laboral da vítima, o acórdão recorrido divergiu do entendimento do Superior Tribunal de Justiça sobre o tema, em violação ao art. 950 do Código Civil.

4. Tal conclusão não se trata de reanálise do conjunto das provas produzidas pois foi o próprio Tribunal de origem que consignou que houve perda auditiva de 10% do autor e que há relação de causalidade entre o dano descrito e o acidente sofrido. Em outras palavras, não se está a alterar a conclusão quanto a matéria fática, mas quanto às consequências jurídicas dos fatos delineados pelo Tribunal a quo, com base na dicção do art. 950 do Código Civil.

5. Agravo interno não provido" (AgInt no AgInt no AREsp 1.631.191-SP, 2ª T., rel. Min. Mauro Campbell Marques, j. 21-9-2020, *DJe* 24-9-2020).

Aplica-se, ainda, o disposto no art. 533 do Código de Processo Civil. Deverá, assim, o causador do dano, para garantir o pagamento da pensão, fornecer um capital, que será inalienável e impenhorável, cuja renda assegure o cabal desempenho da obrigação.

O Código Civil permite, no art. 950, parágrafo único, que o prejudicado, se preferir, possa exigir que a indenização seja arbitrada e paga de uma só vez.

Aguiar Dias considera inconveniente a permissão, dizendo que "a orientação atualmente seguida, no sentido de parcelamento da indenização, atende a interesse do credor e do devedor e, ainda, a um interesse social, o da prevenção da dilapidação da reparação global. O Projeto TUNC, de seguro dos acidentes de trabalho na França, contempla a modalidade do pensionamento, em vez da entrega de quantia integral" (*Da responsabilidade*, cit., 10. ed., p. 39).

Tendo em vista que a pensão pela redução da capacidade de trabalho alonga-se por toda a vida e não pelo tempo de vida provável da vítima, haverá dificuldade para o juiz arbitrar o valor da verba a ser paga de uma só vez. Parece-nos que, nesse caso, a solução será alterar o referido critério e considerar o tempo de vida provável do ofendido.

Na IV Jornada de Direito Civil promovida pelo Centro de Estudos Judiciários do Conselho da Justiça Federal em Brasília, no período de 25 a 27 de outubro de 2006, foi aprovado o Enunciado n. 381, do seguinte teor:

"O lesado pode exigir que a indenização, sob a forma de pensionamento, seja arbitrada e paga de uma só vez, salvo impossibilidade econômica do devedor, caso em que o juiz poderá fixar outra forma de pagamento, atendendo à condição financeira do ofensor e aos benefícios resultantes do pagamento antecipado".

A Oitava Turma do Tribunal Superior do Trabalho, a propósito, decidiu que o fato de o trabalhador poder exigir a indenização de uma só vez não significa imposição ao julgador. No caso em julgamento, entendeu-se que o pagamento da indenização na forma de prestações mensais era menos gravoso para as empresas e, por outro lado, era também benéfico para o trabalhador, na medida em que o protegia de eventual má administração da quantia recebida em parcela única, comprometendo a sua sobrevivência (Proc. E-ED-RR-19600-96.2005.5.17.0013, rel. Min. Aloysio Corrêa da Veiga, disponível em <www.editoramagister.com>, acesso em 9 jun. 2011).

Proclamou o Superior Tribunal de Justiça que, "nos casos de responsabilidade civil derivada de incapacitação para o trabalho (art. 950 do CC), a vítima não tem o direito absoluto de que a indenização por danos materiais fixada em forma de pensão seja arbitrada e paga de uma só vez, podendo o magistrado avaliar, em cada caso concreto, sobre a conveniência da aplicação da regra que autoriza a estipulação de parcela única (art. 950, parágrafo único, do CC), a fim de evitar, de um lado, que a satisfação do crédito do beneficiário fique ameaçada e, de outro, que haja risco de o devedor ser levado à ruína" (REsp 1.349.968-DF, 3ª T., rel. Min. Marco Aurélio Belizze, *DJe* 4-5-2015).

"Responsabilidade civil do estado. Dano estético. Caracterização. Súmula 7/STJ. Valor da indenização e valor da pensão mensal vitalícia. Revolvimento do conjunto fático probatório dos autos. O acolhimento da pretensão recursal de majoração do valor da indenização por danos morais e da pensão mensal vitalícia também demandaria o revolvimento do conjunto fático probatório dos autos, o que não é cabível em sede de recurso especial, nos termos da Súmula 7/STJ. O Tribunal *a quo* decidiu em conformidade com a jurisprudência sedimentada do STJ no sentido de que a regra prevista no art. 950, parágrafo único, do Código Civil, que permite o pagamento da pensão mensal de uma só vez, não deve ser interpretada como direito absoluto da parte, possibilitando ao magistrado avaliar, em cada caso, sobre a conveniência de sua aplicação, a fim de evitar, de um lado, que a satisfação do crédito do beneficiário fique ameaçada e, de outro, que haja risco de o devedor ser levado à ruína. Precedentes: AgInt no AREsp 1309076/RJ, Rel. Ministro Marco Buzzi, quarta turma, julgado em 20/04/2020, *DJe* 27/04/2020; AgInt no REsp 1797688/PE, Rel. Ministro Og Fernandes, Segunda Turma, julgado em 13/08/2019, *DJe* 19/08/2019 (AgInt no AgInt no AREsp 1.987.699-SP, 2ª T., rel. Min. Mauro Campbell Marques, j. 2-5-2022, *DJe* 5-5-2022).

O pagamento dos lucros cessantes deve ser feito de modo integral até a obtenção da alta médica, ou seja, até que a vítima esteja em condições de retornar ao trabalho normal. Daí por diante, corresponderá a uma porcentagem do salário que deveria receber normalmente, proporcional à redução de sua capacidade laborativa.

Compete ao ofendido comprovar os rendimentos que auferia por ocasião do evento danoso, para apuração da porcentagem da depreciação de sua capacidade de trabalho. À falta de tal prova, ou se demonstrado que vivia de trabalhos eventuais, sem renda determinada, toma-se por base o salário mínimo para a fixação da referida porcentagem. Esse mesmo critério é adotado quando o lesado não consegue demonstrar qualquer renda porque não se encontrava exercendo atividade alguma, sendo, no entanto, pessoa apta para o trabalho.

Nesse sentido, decidiu a jurisprudência:

"O direito à indenização, sob a forma de pensão vitalícia que compense aquela incapacidade, independe da prova de que a vítima exercia atividade remunerada, pois decorre, de um lado, do direito-dever, inerente a todo homem, de prover à sua subsistência ao nível das suas possibilidades, e de outro lado, da expectativa normal, de que para tanto todos estão capacitados. A pensão, nesse caso, visa antes cobrir essa modalidade de dano emergente, do que propriamente a lucros cessantes. A sua fixação na base de um salário mínimo local, conforme pleiteado, atende perfeitamente ao escopo desse gênero de indenização e resolve, ao mesmo tempo, o problema do seu reajustamento, a ser procedido periódica e automaticamente, como é da essência das dívidas de valor. Tal orientação é sufragada pela moderna jurisprudência nacional, sobretudo a do Supremo Tribunal Federal" (*RT, 427*:224).

Fixado o *quantum* da pensão, há somente duas hipóteses para que se altere o valor da prestação de alimentos decorrentes de ato ilícito: uma, o decréscimo das condições econômicas da vítima, dentre elas a eventual defasagem da indenização fixada; a outra, a capacidade de pagamento do devedor. Se houver piora, poderá a vítima requerer revisão para mais, até atingir a integralidade do dano material futuro; se houver melhora, o próprio devedor pedirá a revisão para menor em atenção ao princípio da dignidade humana e à faculdade outorgada no art. 533, 3º, do CPC/2015 (STJ, REsp 913.431-RJ, 3ª T., rel. Min. Nancy Andrighi).

Responsabilidade Objetiva do Estado. Valor da Indenização. Reexame De Matéria Fático-Probatória. A vítima do evento danoso – que sofre redução parcial e permanente da capacidade laborativa – tem direito ao pensionamento previsto no art. 950 do Código Civil, independentemente da existência de capacidade para o exercício de outras atividades, em virtude de maior sacrifício para a realização do serviço (REsp 1.292.728-SC, 2ª T., rel. Min. Herman Benjamin, j. 15-8-2013, *DJe* 2-10-2013).

As pessoas lesadas fazem jus também a uma verba para pagamento de terceiros contratados para a execução de serviços domésticos dos quais se viram temporariamente incapacitadas. Assim:

"Tendo a vítima de acidente de trânsito ficado, em razão dos ferimentos, impossibilitada de cuidar dos afazeres da casa, faz jus ao recebimento de indenização para contratação de empregada enquanto subsistir o impedimento. Tal verba não se confunde com a pensão, já deferida, decorrente da redução da capacidade laborativa" (*RT, 610*:138).

"A vítima de acidente de trânsito tem direito ao ressarcimento das despesas havidas com seu tratamento e convalescença, inclusive aquelas decorrentes da contratação de acompanhante, quando a natureza e a sede das lesões justificarem tal assistência, e de empregada doméstica, caso a pessoa acidentada tenha ficado impossibilitada de cuidar dos afazeres da casa" (*RT, 753*:334).

No mesmo sentido, o *Supremo Tribunal Federal* deferiu indenização a dona de casa que, além de funcionária e professora universitária, ficou temporariamente incapacitada para os trabalhos do lar, presumidos por sua idade ao tempo do acidente e pela norma legal que impõe à mulher a obrigação de prestar assistência e colaboração ao marido. Decidiu-se que os lucros cessantes devem ser arbitrados em função de sua incapacidade para as lides domésticas, não devendo ser calculados com base nos vencimentos dos cargos exercidos fora do lar, sempre integralmente percebidos (*RTJ, 78*:322).

O trabalho desenvolvido exclusivamente no lar tem expressão econômica. A incapacitação para o seu exercício ou a redução dessa capacidade podem gerar, portanto, o pagamento da pensão mencionada no dispositivo legal em estudo (*RT, 581*:132).

Como já lembramos anteriormente, o *Supremo Tribunal Federal* decidiu que, em caso de danos à capacidade laborativa da vítima, não há de ser fixada a indenização pelo critério da Lei de Acidentes do Trabalho, mas por critério outro, da lei civil, adequado à peculiaridade da espécie (*RT, 591*:266).

JURISPRUDÊNCIA

2.3.1.1. Perda da capacidade laborativa total e permanente

■ Caso a perda da capacidade seja total, em decorrência do acidente de trânsito, fixa-se uma pensão vitalícia, novamente de acordo com os valores recebidos pelo acidentado. Nessa esteira, tratando-se de acidente de trânsito: "o pensionamento mensal devido à vítima de acidente automobilístico incapacitante deve servir à reparação pela efetiva perda de sua capacidade laborativa, mas deve ser limitado ao pedido certo e determinado eventualmente formulado pela parte autora em sua petição inicial" (STJ, REsp 1.591.178-RJ, 3ª T., rel. Min. Villas Bôas Cueva, *DJe* 2-5-2017).

- Se a vítima de acidente de trânsito, devido às lesões e infecções constatadas, não apresenta condições físicas para o exercício de qualquer trabalho, a indenização deve ser total, em forma de pensão, que substitua o rendimento que percebia anteriormente ao sinistro (*RT*, *758*:231).

2.3.1.2. Inexistência de incapacitação para o trabalho em face da intervenção cirúrgica – Verba indevida

- Acidente de trânsito – Indenização – Extração de baço da vítima – Inexistência de incapacitação para o trabalho em face da intervenção cirúrgica – Verba indevida. A extração do baço da vítima de acidente de trânsito não é causa suficiente para ensejar indenização por danos físicos incapacitantes, se não ficou provada a incapacidade laboral, total ou parcial, e de sequelas irreversíveis após a intervenção cirúrgica; do mesmo modo, impossível o ressarcimento com despesas médico-hospitalares, se não houve comprovação das mesmas (*RT*, *749*:300).

2.3.1.3. Pensionamento – Incapacidade absoluta

- Responsabilidade civil – Acidente sofrido por passageiro – Pensionamento – Lucros cessantes. Se a vítima não exerça trabalho remunerado e permaneceu durante certo tempo com incapacidade absoluta, a verba relativa aos lucros cessantes é devida. A incapacidade absoluta impediu o exercício de qualquer atividade remunerada, com o que deve ser ressarcida por isso (*RSTJ*, *130*:274).
- Acidente de trânsito que deixou o autor paraplégico quando tinha 20 anos de idade – Consequências que se estenderão por todos os dias de sua vida – Empresa de transporte concessionária de serviço público – Majoração do valor das indenizações por danos morais e estéticos – Cabimento (STJ, REsp 1.349.968-DF, 3ª T., rel. Min. Marco Aurélio Bellizze, *DJe* 4-5-2015).

2.3.1.4. Indenização – Incapacidade parcial e permanente

- Responsabilidade civil por ato ilícito – Acidente automobilístico – Lesões graves – Condutor e passageiro da motocicleta que restaram com lesões gravíssimas, resultando na amputação da perna esquerda de ambos – Incapacidade permanente – Pensão vitalícia.

  A pensão por incapacidade permanente decorrente de lesão corporal é vitalícia, não havendo o limitador da expectativa de vida (STJ, REsp 1.278.627-SC, 3ª T., rel. Min. Paulo de Tarso Sanseverino, *DJe* 4-2-2013).
- Responsabilidade civil – Redução da capacidade laborativa – Pensionamento devido – Ausência de demissão ou de perda financeira – Irrelevância. É devido o pensionamento

vitalício pela diminuição da capacidade laborativa decorrente das sequelas irreversíveis, mesmo estando a vítima, em tese, capacitada para exercer alguma atividade laboral, pois a experiência comum revela que o portador de limitações físicas tem maior dificuldade de acesso ao mercado de trabalho, além da necessidade de despender maior sacrifício no desempenho do trabalho (STJ, AgRG no AREsp 113.096-RJ, 4ª T., rel. Min. Antonio Carlos Ferreira, DJe 14-10-2015).

2.3.2. A situação dos aposentados e idosos que não exercem atividade laborativa

Diferente, no entanto, a situação daquele que se encontrava, antes do sinistro, incapacitado de exercer atividade laborativa, por problemas de saúde ou mesmo pela ancianidade, ou ainda por se encontrar aposentado e não estar exercendo atividade suplementar. Nesses casos, não há falar em pagamento de pensão pela redução ou incapacidade laborativa, pois não há prejuízos, visto que a vítima ou dependia de terceiros para sobreviver, ou dos proventos da aposentadoria, e não colaborava, assim, economicamente para o seu sustento.

Nas hipóteses referidas, restringe-se a reparação, como assinala Arnaldo Rizzardo, "às despesas consequentes e necessárias para a recuperação". Neste rumo – assinala – "caminha a jurisprudência, ao negar indenização a quem 'não exercia, antes do evento, até mesmo por sua ancianidade, qualquer atividade que lhe produzisse ganhos acaso reduzidos ou suprimidos em consequência das lesões que sofreu, não sendo também de supor-se que pudesse exercer, mesmo na esfera doméstica, atividade econômica estimável' (*RTJ*, *78*:324)" (*A reparação*, cit., p. 113). Regem-se tais hipóteses, enfim, pelo art. 949 do Código Civil.

Se a vítima se encontrava aposentada, mas exercia outras atividades, seja no lar, seja em serviços suplementares, que passam a ser executados por terceiros, o prejuízo neste caso é evidente e, portanto, indenizável.

2.3.3. A duração da pensão e sua não cumulação com os benefícios previdenciários

Segundo entendimento consagrado inclusive no Supremo Tribunal Federal, a "pensão mensal por incapacidade laborativa deve ser vitalícia, vez que, se a vítima sobreviveu ao acidente, não cabe estabelecer limite com base na duração de vida provável" (RE 94.429-0, j. 20-4-1984, rel. Min. Nery da Silveira, v.u., *DJU*, 15-6-1984). No mesmo sentido o posicionamento do *Superior Tribunal de Justiça*: "A pensão por incapacidade permanente decorrente de lesão corporal é vitalícia, não havendo o limitador da expectativa de vida" (STJ, REsp 1.278.627-SC, 3ª T., rel. Min. Paulo de Tarso Sanseverino, DJe 4-2-2013).

A pensão, portanto, é mensal e vitalícia, não devendo ser limitada ao tempo provável de vida da vítima. Deve ser convertida em porcentagem sobre o salário mínimo (tantos quantos a vítima percebia) da época do pagamento, para sofrer atualização automática e periódica. Tal porcentagem será determinada em função da redução da capacidade laborativa do ofendido (cf. *RT*, *610*:111).

A propósito, escreve Arnaldo Rizzardo: "A pensão pela redução da capacidade de trabalho, quando paga à própria vítima do acidente, alonga-se por toda a vida e não pelo tempo de vida provável. Enquanto viver, ela terá direito" (*A reparação*, cit., p. 115). Em apoio de sua opinião, transcreve em seguida aresto publicado em *JTARS, 31*:269: "A limitação de pensões desta natureza, ao tempo de vida provável da vítima, só tem pertinência naqueles casos em que o beneficiário da pensão não é a própria vítima do dano; assim, por exemplo, na hipótese da mulher que recebe pensão pela morte do marido".

Veja-se ainda:

"Indenização – Pensão vitalícia – Danos físicos – Verba devida, inclusive 13º salário, enquanto o beneficiário viver e dela necessitar.

A pensão vitalícia por danos físicos, à qual integra o 13º salário, é devida enquanto o beneficiário viver e dela necessitar" (*RT, 748*:385).

A circunstância de o lesado haver recebido auxílio do Instituto de Previdência não afasta a indenização do direito comum, já que esta resulta exclusivamente de ato ilícito, não tendo, portanto, qualquer relação com pagamento de benefício previdenciário. Tem a jurisprudência, com efeito, proclamado que não se confundem, e muito menos se compensam, benefícios previdenciários, que são assistenciais, com reparação civil de danos por ato ilícito, pois do contrário se transmudaria o réu, responsável pela reparação do ato ilícito, em beneficiário da vítima de seguro social, o que é inadmissível (*RJTJSP, 16*:89, *20*:89, *50*:115, *62*:101).

A pensão não pode ser reduzida se a vítima melhorou de vida. Deve ser integral e independe de qualquer variação positiva no patrimônio do credor. Com efeito, a melhora na condição financeira do beneficiário de pensão por indenização não dá direito à revisão do valor definido anteriormente. Ação dessa natureza foi julgada improcedente pelo Tribunal de Justiça do Rio de Janeiro. As autoras alegaram que a vítima já é aposentada e pensionista do Banco do Brasil, tendo se tornado um bem-sucedido empresário no ramo de importação e exportação. Por isso, não precisaria mais da pensão. O tribunal fluminense, todavia, entendeu que somente a alteração da condição econômica dos réus poderia levar a uma revisão do valor da pensão.

O Superior Tribunal de Justiça manteve a referida decisão. Segundo a relatora, a Min. Nancy Andrighi, a melhor maneira de aplicar o art. 475-Q do Código de Processo Civil de 1973 (*atual 533*), é entender que a reparação do dano deve ser integral e independe de qualquer melhora na condição econômica do credor. Premiar o causador do dano pelos méritos alcançados pela vítima, aduziu, "seria no mínimo conduta ética e moralmente repreensível" (Revista *Consultor Jurídico*, 6-12-2007). *V.*, também: Ação Indenizatória. Prequestionamento. Ausência. Súmula 282/STF. Pensão Indenizatória Por Ato Ilícito Civil. Benefício Previdenciário. Cumulação. Possibilidade. De acordo com a jurisprudência do STJ, é possível a cumulação das parcelas de pensão indenizatória por ilícito civil com benefício previdenciário. Precedentes. A aplicação da Súmula 568/STJ é devidamente impugnada quando a parte agravante demonstra, de forma fundamentada, que o entendimento esposado na decisão agravada não se aplica à hipótese em concreto ou, ainda, que é ultrapassado, o que se dá mediante a colação de arestos mais recentes do que aqueles mencionados na decisão hostilizada, o que não ocorreu na hipótese (AgInt no REsp 2.039.967-SC, 3ª T., rel. Min. Nancy Andrighi, j. 3-4-2023, *DJe* 10-4-2023).

2.3.4. O pagamento de pensão a menores que ainda não exercem atividade laborativa

Prevê o art. 950 do Código Civil o pagamento de pensão para a hipótese de o ofendido não poder exercer o seu ofício ou profissão, ou lhe diminuir o valor do trabalho. Deverá ser fixada, pois, com base nos rendimentos auferidos pelo lesado, no exercício de sua profissão ou ofício.

Poder-se-á argumentar, pois, que o menor que ainda não exerce atividade laborativa somente poderá pleitear a reparação do dano com base no art. 949 do Código Civil, sem direito à pensão mensal e vitalícia. Por não se saber qual a profissão que irá exercer, estaria ele pleiteando indenização por dano futuro. E não é jurídico indenizar expectativas e muito menos conjecturas (cf. *RT*, *612*:47, v. vencido).

Há, no entanto, certas lesões que prejudicam o exercício de qualquer profissão, ou ao menos constituem uma limitação à potencialidade do indivíduo para as atividades profissionais em geral. Nesse caso, o dano não é futuro, nem representa indenização de meras expectativas: é certo e atual. Apenas o *quantum* da pensão é que dependerá de circunstâncias futuras, a serem apuradas em liquidação posterior e eventualmente com a realização de nova perícia. Conforme o pedido e as circunstâncias do caso, no entanto, o valor da pensão pode ser fixado desde logo, com base no salário mínimo e por arbitramento, levando-se em consideração especialmente a situação social do ofendido, o meio em que vive e a profissão exercida por seus pais e irmãos (por exemplo, membros de famílias compostas por trabalhadores braçais, podendo presumir-se que o menor seguirá a mesma trilha).

A 4ª Câmara do extinto 1º Tribunal de Alçada Civil de São Paulo arbitrou a menor impúbere do sexo feminino, que teve o braço esquerdo decepado, pensão mensal vitalícia correspondente a três salários mínimos, além de conceder-lhe o ressarcimento das despesas médico-hospitalares, de aquisição de prótese e de tratamento que se fizerem necessários, pensão essa a ser paga a partir da data em que ela completar 12 anos de idade. Justificou-se, corretamente, a fixação desse termo *a quo* em razão do real caráter dessa indenização, concedida pela diminuição da capacidade de trabalho da menor. A obrigação, assim, só deverá mesmo incidir quando esta estiver autorizada a exercer trabalho remunerado, o que, por determinação da Lei Maior, apenas ocorrerá ao completar doze anos (Ap. 393.027-2, Piracicaba, j. 6-9-1988, rel. Juiz José Bedran).

Têm, de fato, a doutrina e a jurisprudência admitido a indenização com base no art. 1.539 do Código Civil de 1916 (correspondente ao art. 950 do atual) até mesmo para menores, nessas circunstâncias, pouco importando o fato de eles não se encontrarem trabalhando à época do evento. Leva-se em conta a diminuição da sua capacidade de trabalho (*RJTJSP*, *106*:371). Irrelevante, pois, o fato de a vítima não exercer atividade laborativa, uma vez manifesta a diminuição da capacidade para o trabalho (*RT*, *612*:44). V., também: Pensão por ato ilícito. Redução da capacidade laborativa. Comprovação de renda. Ausência. Salário mínimo. 1. A controvérsia dos autos está em definir o valor da pensão vitalícia, prevista no art. 950 do Código Civil, em caso de redução parcial da capacidade laboral. 2. Havendo redução parcial da capacidade laborativa de vítima que, à época do ato ilícito, não desempenhava atividade remunerada ou quando não comprovada a sua renda, a base de cálculo da pensão deve se restringir a 1 (um) salário mínimo. Precedentes. 3. Agravo interno não provido (AgInt nos EDcl no AREsp 1.741.707-SP, 3ª T., rel. Min. Ricardo Villas Bôas Cueva, j. 20-11-2023, *DJe* 23-11-2023).

A 2ª Câmara Civil do *Tribunal de Justiça de São Paulo* confirmou sentença de primeiro grau que havia concedido pensão a menor de apenas 5 meses de idade, por perda de capacidade laborativa, a partir dos 12 anos de idade, na base de 60% do salário mínimo vigente à época, devendo a ré constituir, de imediato, o capital necessário, apropriando-se, porém, dos rendimentos, até começarem os pagamentos.

O aresto apenas ressalvou à ré a produção de exame pericial na ocasião em que a menor completar 12 anos de idade, para aferição judicial da incapacidade existente na oportunidade do termo inicial dos pagamentos, resguardado seu direito ao pagamento de apenas 60% do salário mínimo vigente na oportunidade, ressalvado o direito da autora, também, de receber os 60% do salário mínimo daquela época até o trânsito em julgado da decisão que fixar eventual novo grau de incapacidade. Entendeu-se que a porcentagem da redução da capacidade laborativa estava sujeita a variação, dependendo do êxito de eventual prótese e do tratamento psicopedagógico a ser custeado pela ré (*RJTJSP*, *109*:130).

Jurisprudência

Erro médico que causou sequelas permanentes em criança que, à época dos fatos, contava com 01 ano e três meses de idade – Aplicação do art. 950 do Código Civil.

O Tribunal de origem deu parcial provimento ao recurso do autor, para acolher o pedido de pensionamento mensal, no valor de 1 (um) salário mínimo, a contar da data em que o menor completar 16 anos até 65 anos de idade. Na forma da jurisprudência do STJ, "é cabível o arbitramento de pensão vitalícia àqueles que sofreram lesão permanente e parcial à sua integridade física, resultando em redução de sua capacidade laborativa/profissional, consoante interpretação do art. 950 do Código Civil" (STJ, AgInt no AREsp 1.136.381-SP, 2ª T., rel. Min. Assusete Magalhães, *DJe* 9-3-2018).

Acidente em escola pública – Criança – Perda da visão – Pensionamento – Indenizatória movida contra a administração pública – Jurisprudência do STJ que admite o pensionamento diante da redução da capacidade de trabalho (AgInt no AREsp 1.180.321-RS, 2ª T., rel. Min. Francisco Falcão, *DJe* 26-3-2018).

Responsabilidade civil – Ação de indenização por acidente de trânsito – Redução parcial e permanente da capacidade laborativa – Arbitramento de pensão vitalícia – Aplicação do art. 950 do Código Civil.

O Tribunal de origem fixou a tese de que, na ausência de comprovação de remuneração auferida pela atividade laboral/profissional pelo lesionado, adota-se o valor de 1 (um) salário mínimo, como base de cálculo inicial para fixação da proporção da perda de sua capacidade remuneratória, em sintonia com precedentes desta Corte (STJ, AgRg no AREsp 636.383-GO, 4ª T., rel. Min. Luis Felipe Salomão, *DJe* 19-9-2015).

3. Responsabilidade no caso de ofensa à liberdade pessoal

A ofensa à liberdade pessoal justifica pedido de dupla reparação: do dano material e do dano moral.

Dispõe, com efeito, o art. 954 do Código Civil:

"A indenização por ofensa à liberdade pessoal consistirá no pagamento das perdas e danos que sobrevierem ao ofendido, e se este não puder provar prejuízo, tem aplicação o disposto no parágrafo único do artigo antecedente.
Parágrafo único. Consideram-se ofensivos da liberdade pessoal:
I – o cárcere privado;
II – a prisão por queixa ou denúncia falsa e de má-fé;
III – a prisão ilegal".

O parágrafo único do art. 953 prescreve que, "se o ofendido não puder provar prejuízo material, caberá ao juiz fixar, equitativamente, o valor da indenização, na conformidade com as circunstâncias do caso".

Entendem alguns que a enumeração feita no art. 954 é meramente exemplificativa, e não taxativa, aplicando-se, portanto, a outros casos de ofensa à liberdade pessoal. Nessa trilha, assevera Diogo Leonardo Machado de Melo (*Comentários ao Código Civil: Direito privado contemporâneo*, Saraiva, obra coletiva sob a coordenação de Giovanni Ettore Nanni, 2019) que o rol do mencionado dispositivo legal "não deve ser considerado taxativo, podendo os tribunais considerar outras hipóteses como violadoras da liberdade da vítima. O cárcere privado encontra-se tipificado no art. 148 do CP, mas a sentença penal condenatória não é requisito da indenização, sendo possível que o juízo cível verifique a ocorrência, no caso concreto, de ofensa à liberdade pessoal do autor, caso em que a indenização é devida. No caso de prisão, todavia, embora a doutrina continue apontando como ofensor aquele que procede à falsa denúncia ou queixa, parece inequívoco que também a autoridade que decretou a prisão e o próprio Poder Público devem estar sujeitos à responsabilização, nos exatos termos do art. 37, § 6º, da Constituição Federal".

No caso de simples prisão por queixa, ainda que não tenha havido denúncia falsa e de má-fé, cabe indenização se a prisão era indevida. Mas já se decidiu ser necessário que tenha havido queixa na acepção da palavra, isto é, apresentada perante autoridade judiciária (não perante autoridade policial), com observância das formalidades legais (*RT*, *113*:728).

De acordo com a atual Constituição Federal, a pessoa jurídica de direito público (o Estado) é responsável direta por prisão ilegal, tendo ação regressiva contra a autoridade arbitrária, para se ressarcir do pagamento efetuado. O art. 37, § 6º, da atual Constituição Federal dispõe:

"As pessoas jurídicas de direito público e as de direito privado prestadoras de serviços públicos responderão pelos danos que seus agentes, nessa qualidade, causarem a terceiros, assegurado o direito de regresso contra o responsável nos casos de dolo ou culpa".

Os casos conhecidos como de "erro judiciário" geralmente são solucionados à luz do que dispõe o art. 630 do Código de Processo Penal, inserido no capítulo que versa sobre a revisão criminal, *in verbis*:

"Art. 630. O Tribunal, se o interessado o requerer, poderá reconhecer o direito a uma justa indenização pelos prejuízos sofridos.

§ 1º Por essa indenização, que será liquidada no juízo cível, responderá a União, se a condenação tiver sido proferida pela justiça do Distrito Federal ou de Território, ou o Estado, se o tiver sido pela respectiva justiça.

§ 2º A indenização não será devida:

a) se o erro ou a injustiça da condenação proceder de ato ou falta imputável ao próprio impetrante, como a confissão ou a ocultação de prova em seu poder;

b) se a acusação houver sido meramente privada".

Conforme preleciona Yussef Said Cahali, "a responsabilidade civil do Estado, em matéria de jurisdição criminal, é reclamada pela melhor doutrina, no sentido da ampliação do elastério do art. 630 do Código de Processo Penal. Na realidade, o preceito do art. 630 do estatuto processual penal mostra-se extremamente limitativo da responsabilidade indenizatória do Estado pelos danos causados no exercício da jurisdição criminal a seu cargo. Ainda assim, se presta para determinar aquela responsabilidade civil, especialmente quando o erro judiciário decorre das mazelas do aparelhamento policial, como aconteceu no Caso Naves" (*Dano*, cit., p. 97).

A ação rescisória do famoso caso Naves, julgada pelo *Supremo Tribunal Federal*, tem a seguinte ementa:

"*Responsabilidade do Estado por erro judiciário* – Se o erro ocorreu por conduta criminosa dos agentes policiais, a indenização deve ser a mais ampla, incluindo os juros compostos, na forma do art. 1.544 do C. Civil – Ação rescisória julgada procedente" (*RTJ, 61*:587).

Mesmo quando o interessado não faz uso da faculdade prevista no art. 630 do Código de Processo Penal, e não reclama, por ocasião da absolvição obtida em revisão criminal, a justa indenização, tal fato não deve constituir impedimento para o posterior exercício da ação de indenização. É o que tem sido decidido:

"Responsabilidade civil do Estado – Reabilitação obtida em processo de revisão criminal – Indenização devida pelo Estado por motivo de erro judiciário – Apuração em execução.

O Código de Processo Penal, em seu art. 630, faculta ao interessado requerer ao Tribunal de Justiça que reconheça o seu direito a essa indenização.

Entretanto, quando não for feita essa reclamação no tempo próprio – o interessado não decai do direito de exigir a indenização por ação ordinária" (*RT, 329*:744).

A ementa supratranscrita tem ainda os seguintes dizeres:

"O inocente, condenado por crime que não cometeu, ou não praticou, tem direito de reclamar em sua reabilitação, no processo de revisão, indenização por perdas e danos, relativos aos prejuízos materiais ou morais, que sofreu – mormente se cumpriu pena.

Esses prejuízos serão apurados em execução cível, por arbitramento, segundo manda o art. 1.553 do Código Civil (de 1916)".

Comenta Yussef Said Cahali: "Nem se argumente, para denegar reparação do dano moral, no caso, com a alegação de que, sendo esta uma pena privada, não poderia ser cominada ao Estado (*RJTJSP* 5/97, 8/63). A questão não é nova. A se atribuir à reparação do dano moral o caráter exclusivo de pena privada (nós não o aceitamos), poder-se-ia deduzir que '*l'État ne répare pas le dommage moral*', na medida que a ação regressiva dirigida contra o Estado não teria nenhum sentido. Como ressalta Ripert, a aplicação desse princípio deixaria incompleta a reparação do dano" (*Dano*, cit., p. 99).

Em que pesem alguns julgados ainda persistirem em negar a responsabilidade civil do Estado para a reparação do erro judiciário (STF, *RF, 220*:105; *RTJ, 64*:689), a melhor aplicação do direito é encontrada em outras decisões, como as que seguem:

"Responsabilidade civil – Se uma pessoa foi encarcerada, injustamente, sem qualquer motivo, e se, em tal situação, tinha o Poder Público a obrigação de manter e assegurar sua incolumidade física, por certo que deve responder pelas consequências dos danos que ela sofreu na prisão, pagando-lhe uma indenização que há de ser a mais completa possível" (*RT, 511*:88).

"Responsabilidade civil – É indiscutível o direito do condenado de ser indenizado pelo período de tempo em que permaneceu preso, cumprindo pena de outro indivíduo, seu homônimo" (*RT, 464*:101).

"Indenização – Fazenda Pública – Prisão civil ilegal – Autor que, embora sendo policial militar, negligenciou na defesa de seus direitos – Irrelevância – Culpa concorrente afastada – Danos morais e patrimoniais – Verba devida" (*RJTJSP, 101*:130).

Atualmente, não há mais nenhuma possibilidade de se negar a responsabilidade civil do Estado pela reparação do erro judiciário, pois a Constituição Federal de 1988 proclamou, peremptoriamente, no inc. LXXV do art. 5º, inserido no título que trata dos direitos e garantias fundamentais, que "o Estado indenizará o condenado por erro judiciário, assim como o que ficar preso além do tempo fixado na sentença".

V., também, *Erro judiciário*, Livro II, Título I, Capítulo I, Seção II, n. 11.13.2, *retro*.

Jurisprudência

- Ação de indenização por danos morais – Prisão indevida – Autor, abordado por policiais militares, preso (em virtude de mandado de prisão que já havia sido cumprido). Sistema de Cadastro Nacional de Mandados de Prisão desatualizado – Sentença de procedência mantida – Responsabilidade do Estado configurada (TJSP, Apel. 1015772-65.2016.8.26.0344, 9ª Câm. Dir. Público, rel. Des. Oswaldo Luiz Palu, *DJe* 21-3-2018).

- Ação ordinária – Danos morais – Cabimento – Prisão indevida – Cabimento. – Autor que foi detido como foragido da justiça, permanecendo em cárcere por três dias. – Existência de homônimo – Inclusão indevida. Desídia dos agentes estatais, posto que uma análise mais atenta da qualificação de ambos bastaria para evitar a ocorrência (filiação paterna, idade, local e data de nascimento diversos). Condenação mantida (TJSP, Apel. 3002109-85.2013.8.26.0581, 5ª Câm. Dir. Público, rel. Des. Nogueira Diefenthaler, *DJe* 29-4-2015).

- Indenização por danos morais – Prisão indevida. – Inobservância de contramandado de prisão. Prática de ato jurisdicional não autoriza a imputação de responsabilidade objetiva ao Estado, sendo necessária a demonstração de culpa ou dolo de um de seus agentes. Por outro lado, inobservado o comando judicial que obsta a prisão do autor, surge a responsabilidade civil do Estado e o dever de indenizar – art. 37, § 6º, da Constituição Federal. Evidente falha no serviço público. Indenização devida. Sentença mantida. Recursos improvidos (TJSP, Apel. 0005995-58.2012.8.26.0071, 2ª Câm. Dir. Público, rel. Des. Vera Angrisani, *DJe* 29-4-2014).

- Responsabilidade objetiva do Estado – Dano moral – Garantia de respeito à imagem e à honra do cidadão – Cerceamento da liberdade – Prazo excessivo – Afronta ao princípio da dignidade da pessoa humana plasmado na Carta Constitucional – Manifesta causalidade entre o *faute du servisse* e o sofrimento e humilhação sofridos pelo réu – Indenização cabível. O cerceamento oficial da liberdade fora dos parâmetros legais, posto o recorrente ter ficado custodiado 741 dias, lapso temporal amazonicamente superior àquele estabelecido em Lei – oitenta e um dias – revela a ilegalidade da prisão. A coerção pessoal que não enseja o dano moral pelo sofrimento causado ao cidadão é aquela que se lastreia nos parâmetros legais (STJ, REsp 872.630-RJ, *DJe* 26-3-2008).

4. Responsabilidade em caso de usurpação ou esbulho

Dá-se o esbulho possessório quando alguém é desapossado de alguma coisa, móvel ou imóvel, por meios violentos ou clandestinos.

Dispõe o art. 952 do Código Civil:

"Art. 952. Havendo usurpação ou esbulho do alheio, além da restituição da coisa, a indenização consistirá em pagar o valor das suas deteriorações e o devido a título de lucros cessantes; faltando a coisa, dever-se-á reembolsar o seu equivalente ao prejudicado.
Parágrafo único. Para se restituir o equivalente, quando não exista a própria coisa, estimar-se-á ela pelo seu preço ordinário e pelo de afeição, contanto que este não se avantaje àquele".

Portanto, deve ser devolvida a própria coisa, acrescida das perdas e danos. Estas compreendem o dano emergente e os lucros cessantes. Se o agente estiver de boa-fé, não haverá propriamente esbulho. A devolução será simples (cf. arts. 1.220 e 1.221).

Se a coisa estiver em poder de terceiro, este será obrigado a entregá-la, esteja de boa ou de má-fé, pois ela não lhe pertence. Se a aquisição, porém, foi onerosa, a indenização a que terá direito o possuidor correrá por conta do vendedor, em ação regressiva.

O parágrafo único estabelece um caso de indenização por dano moral. Se a própria coisa não puder ser devolvida, porque não existe mais, o prejuízo da vítima poderá não ser compensado com a simples devolução do seu valor ordinário e atual, porque pode ser um objeto de estimação. Então, além do preço equivalente ao da coisa desaparecida, o dono receberá também o de "afeição", que não poderá ser superior ao preço real.

Segundo o ensinamento de Clóvis, "atende-se ao dano moral de afeição, ao qual, entretanto, para fugir ao arbítrio, estabeleceu o legislador uma medida: não deve exceder ao valor intrínseco, ao preço ordinário e comum" (*Código Civil*, cit., v. 5, p. 251).

Washington de Barros Monteiro entende que a indenização é uma só: "Não se imagine que o preço afetivo deva ser adicionado ao valor intrínseco; a indenização é uma só; se, intrinsecamente, vale dez o objeto, o valor estimativo não pode exceder dita quantia" (*Curso*, cit., v. 5, p. 440). Yussef Said Cahali, entretanto, cita jurisprudência no sentido de que o valor real da coisa não restituída seja acrescido de um percentual "pelo valor de afeição", na composição da justa indenização:

"'Contrato de penhor. Venda das joias antes do vencimento do prazo do contrato. Ação de indenização. Procedência. Condenação da ré ao pagamento do preço das joias, de acordo com o laudo pericial, acrescido de 20% pelo valor de afeição, estimado pela autora' (TFR, rel. Oscar C. Pina, AC 42841-MG, Impressos Forenses, 13.8.79)" (*Dano*, cit., p. 86).

Silvio Rodrigues entende que a indenização do art.1.543 do Código Civil (de 1916, correspondente ao art. 952 do atual) deve ser composta não só do valor ordinário da coisa, como também do valor de afeição, "contanto que este não se avantaje àquele". E aduz: "Ora, é óbvio que, recebendo o valor da coisa, a vítima estará ressarcida do dano patrimonial. Se, além disso, recebe dinheiro para compensá-la do valor de afeição, estará recebendo a reparação de um dano moral, pois o excesso recebido nada mais é do que o preço do dissabor derivado de ficar a vítima privada de uma coisa, com a qual estava ligada por memórias felizes e recordações agradáveis" (*Direito civil*, cit., p. 255).

Na VI Jornada de Direito Civil do Conselho da Justiça Federal realizada em Brasília foi aprovado o Enunciado n. 561, do seguinte teor: "No caso do art. 952 do CC, se a coisa faltar, dever-se-á, além de reembolsar o seu equivalente ao prejudicado, indenizar também os lucros cessantes".

Livro III
Os Meios de Defesa ou as Excludentes da Responsabilidade Civil

1. O estado de necessidade

No direito brasileiro, a figura do chamado *"estado de necessidade"* é delineada pelas disposições dos arts. 188, II, 929 e 930 do Código Civil.

Dispõe o primeiro não constituir ato ilícito "a deterioração ou destruição da coisa alheia, ou a lesão a pessoa, a fim de remover perigo iminente". E o parágrafo único completa: "No caso do inciso II, o ato será legítimo somente quando as circunstâncias o tornarem absolutamente necessário, não excedendo os limites do indispensável para a remoção do perigo". *É o estado de necessidade no âmbito civil.*

Entretanto, embora a lei declare que o ato praticado em estado de necessidade não é ato ilícito, nem por isso libera quem o pratica de reparar prejuízo que causou[1]. Se um motorista, por exemplo, atira o seu veículo contra um muro, derrubando-o, para não atropelar uma criança que, inesperadamente, surgiu-lhe à frente, o seu ato, embora lícito e mesmo nobilíssimo, não o exonera de pagar a reparação do muro. Com efeito, o art. 929 do Código Civil estatui que, se o dono da coisa (o dono do muro) destruída ou deteriorada não for culpado do perigo, terá direito de ser indenizado. Entretanto, o evento ocorreu por culpa *in custodiendo* do pai da criança, que é o responsável por sua conduta. Desse modo, embora tenha de pagar o conserto do muro, o motorista terá ação regressiva contra o pai do menor, para se ressarcir das despesas efetuadas. É o que expressamente dispõe o art. 930 do Código Civil: *"No caso do inciso II do art. 188 se o perigo ocorrer por culpa de terceiro, contra este terá o autor do dano ação regressiva para haver a importância que tiver ressarcido ao lesado".*

Destoa desse entendimento decisão do Tribunal de Justiça de São Paulo, que, desconsiderando a hipótese de estado de necessidade e deslocando a solução para o âmbito da ausência de nexo causal direto e imediato entre conduta e evento e da ausência de previsibilidade e consequente imputabilidade, assentou:

---
1. Silvio Rodrigues, *Direito civil*, São Paulo, Saraiva, 1975, p. 29.

"Não há obrigação de indenizar da parte do motorista que, para não atropelar uma criança, que surgiu na frente do ônibus, lançou este contra um carro estacionado" (*RT*, *543*:99).

Não podemos, no entanto, concordar em que o prejuízo recaia sobre a vítima inocente. Entre responsabilizar a empresa de transportes coletivos, que assumiu o risco de explorar tal serviço, colocando em atividade máquina potencialmente perigosa, ou isentá-la de qualquer responsabilidade, fazendo com que todo o prejuízo seja suportado por aquele que nenhuma culpa teve no evento (o dono da coisa danificada), mais justa é, sem dúvida, a primeira alternativa, ressalvando-se-lhe a possibilidade de propor ação regressiva contra o responsável pela criança.

O Código Civil de 1916 só contemplava a figura do estado de necessidade em relação aos danos causados às coisas, não às pessoas. Por essa razão, na vigência do referido diploma, escreveu Wilson Melo da Silva: "Pela nossa lei, os danos porventura levados a efeito em decorrência desse estado de necessidade, similarmente ao que acontece com o Código das Obrigações suíço e diversamente do que no direito italiano se verifica, só podem dizer respeito às coisas e, nunca, às pessoas. Nesse sentido é a decisão do Tribunal de São Paulo: "As ofensas físicas praticadas com o fito de remover perigo iminente não estão compreendidas na responsabilidade de seu autor que as praticou por culpa de terceiro. Essa responsabilidade, consagrada pelos arts. 1.519 e 1.520 do Código Civil [*de 1916*], refere-se tão somente à deterioração ou destruição das cousas alheias" (*RT*, *100*:533)[2].

O Código atual, inovando e orientando-se pelo direito italiano, prevê expressamente, como fatos que configuram o estado de necessidade, não só a "deterioração ou destruição da coisa alheia", como também "a lesão a pessoa" (art. 188, II).

A solução dos arts. 929 e 930 não deixa de estar em contradição com o art. 188, II, pois enquanto este considera lícito o ato, aqueles obrigam o agente a indenizar a deterioração da coisa alheia para remover perigo iminente. É o caso, por exemplo, da destruição de prédio alheio, vizinho ao incendiado, para evitar que o fogo se propague ao resto do quarteirão. Tal solução pode desencorajar muitas pessoas a tomar certas atitudes necessárias para a remoção de perigo iminente.

Reconhecendo o contrassenso e o paradoxo do legislador, ao considerar não constituir ato ilícito o ato danoso praticado com o objetivo de remover perigo iminente, mas extraindo dele, ao mesmo tempo, uma inexplicável obrigação de indenizar, pondera, contudo, Wilson Melo da Silva: "Em face, no entanto, da presunção de sapiência do legislador (e não é do sábio o contradizer-se), tem-se aceitado que inexistisse, na espécie, o paradoxal, justificando-se o que se tem por aparentemente contraditório em decorrência do elástico princípio da equidade" (*Da responsabilidade*, cit., p. 141).

E prossegue o civilista mineiro: "Ora, se razoável não é que a vítima inocente de um dano que se levou a efeito com a finalidade de se afastar um perigo iminente, que viesse a prejudicar terceiros, fique desamparada, razoável não é, também, que o autor do dano que a tal situação chegou por uma dura contingência e não por vontade própria, venha a arcar com a

---

2. Wilson Melo da Silva, *Da responsabilidade civil automobilística*, 3. ed., São Paulo, Saraiva, p. 140. Cf. também Dirceu A. Victor Rodrigues, *O Código Civil perante os tribunais*, São Paulo, Revista dos Tribunais, 1960, v. 2, p. 873, n. 6.249.

totalidade dos prejuízos que seu ato teria determinado com a destruição ou com a deterioração da coisa alheia, no intuito de afastar um dano iminente que talvez o prejudicasse. A solução equilibrada, portanto, só poderia ser a da indenização por uma responsabilidade limitada, indenização possível apenas por arbitramento do juiz, *ex bono et aequo*, e não a da indenização ampla e comum" (*Da responsabilidade*, cit., p. 140-1).

Sem dúvida, melhor ficaria se fosse permitido ao juiz, por arbitramento, fixar uma indenização moderada, e não aquela "indenização do prejuízo que sofreu" o lesado, tal como consta do art. 929 do Código Civil, e que pode conduzir a injustiças.

Frederico Marques, citando a lição de Basileu Garcia, ponderou: "A aplicação dos artigos 1.519 e 1.520 do Código Civil [*de 1916, correspondentes aos arts. 929 e 930 do atual*], depois de absolvido criminalmente o acusado em virtude do estado de necessidade, não significa violação do artigo 65, do Código de Processo Penal. O juiz civil aceitou, como não poderia deixar de acontecer, o que reconheceu o juiz penal; todavia, mesmo em estado de necessidade, mesmo praticando um ato lícito, o causador do prejuízo deve repará-lo, porque assim o determina o Código Civil" (*Tratado de direito penal*, v. 3, p. 297).

Segundo o Superior Tribunal de Justiça, "O estado de necessidade, embora não exclua a responsabilidade civil, autoriza a fixação da indenização à luz do critério da proporcionalidade" (REsp 1.292.141, 3ª T., rel. Min. Nancy Andrighi, *DJe* 12-12-2012).

Jurisprudência

1.1. Motorista – Manobra para evitar abalroamento de outro veículo – Dano a terceiro – Estado de necessidade que não o isenta da obrigação de indenizar

- Ação de indenização por danos morais e físicos decorrentes de acidente de trânsito – Manobra brusca realizada com vistas a evitar colisão traseira – Veículo parado sem qualquer sinalização – Ato praticado em estado de necessidade – Situação que, embora não seja ilícita, não exime o causador direto do dano do dever de indenizar, ressalvado o direito de regresso ao terceiro culpado – Arts. 88, II, e 930 do Código Civil (TJSC, Apel. 0000471-03.2008.24.0063, *DJe* 31-8-2017).

- Responsabilidade civil por ato ilícito – Acidente automobilístico – Estado de necessidade. Acidente de trânsito ocorrido em estrada federal consistente na colisão de um automóvel com uma motocicleta, que trafegava em sua mão de direção. Alegação do motorista do automóvel de ter agido em estado de necessidade, pois teve a sua frente cortada por outro veículo, obrigando-o a invadir a outra pista da estrada. Irrelevância da alegação, mostrando-se correto o julgamento antecipado da lide por se tratar de hipótese de responsabilidade civil por ato lícito prevista nos artigos 929 e 930 do Código Civil. O estado de necessidade não afasta a responsabilidade civil do agente, quando o dono da coisa atingida ou a pessoa lesada pelo evento danoso não for culpado pela situação de perigo (art. 930 do CC/02). Ausência de cerceamento de defesa. Condutor e passageiro da motocicleta que restaram com lesões gravíssimas, resultando na amputação da perna esquerda de ambos (STJ, REsp 1.278.627-SC, 3ª T., rel. Min. Paulo de Tarso Sanseverino, *DJe* 04-2-2012).

- Transporte – Ação de regresso. Não havendo demonstração de que a ré foi contemplada com a cláusula de Dispensa de Direito de Regresso, tem a autora direito de regresso por se sub-rogar no direito de sua segurada. Embora a lei declare que o ato praticado em estado de necessidade seja lícito, não libera quem o pratica de reparar o prejuízo que causou. Apelo desprovido (TJRS, Apel. 70.074.311.705, 11ª Câm. Cív., rel. Des. Antônio Maria Iserhard, *DJe* 31-10-2017).

- Preposto de empresa que, buscando evitar atropelamento, procede a manobra evasiva que culmina no abalroamento de outro veículo – Verba devida pela empresa, apesar de o ato ter sido praticado em estado de necessidade – Direito de regresso assegurado, no entanto, contra o terceiro culpado pelo sinistro. A empresa cujo preposto, buscando evitar atropelamento, procede a manobra evasiva que culmina no abalroamento de outro veículo, causando danos, responde civilmente pela sua reparação, ainda que não se configure na espécie a ilicitude do ato, praticado em estado de necessidade. Direito de regresso assegurado contra o terceiro culpado pelo sinistro, nos termos do art. 1.520, c/c o art. 160, II, do CC [*de 1916, correspondentes aos arts. 930 e 188, II, do novo*] (STJ, REsp 124.527-SP, *DJU*, 5 jun. 2000, *RT, 782*:211).

- Responsabilidade civil – Ato danoso – Estado de necessidade. O estado de necessidade, como o do motorista que invade pista contrária para fugir de obstáculo em sua mão de direção e assim colide com veículo que transitava corretamente na outra pista, embora afaste o caráter ilícito da conduta do agente, não o exime, entretanto, do dever de reparar a lesão, desde que o dono do bem danificado não seja o culpado pela situação perigosa (TAMG, Ap. 20.869-Ouro Preto, rel. Des. Humberto Theodoro Júnior).

- Responsabilidade civil – Acidente de veículos – Estado de necessidade. Mesmo ocorrendo estado de necessidade, quando o condutor, p. ex., é obrigado a desviar o seu veículo para não colidir com outro que intercepta sua trajetória, não fica aquele desonerado da obrigação de indenizar. O que lhe resta é o direito à ação regressiva contra o causador do dano. Assim, nos termos do art. 1.520 do CC [*art. 930 do atual*]: "O causador do dano, que age em estado de necessidade, responde perante a vítima inocente, ficando com ação regressiva contra o terceiro que causou o perigo. Somente quando for culpada do perigo é que a vítima não terá direito à indenização" (TJSP, Ap. 218.972, 4ª Câm., rel. Macedo Bittencourt).

1.2. Estado de necessidade – Reconhecimento no processo-crime – Fato que não isenta da sua reparação o causador do dano

- O estado de necessidade, reconhecido em processo-crime, não autoriza isentar o réu da responsabilidade de pagar a respectiva indenização (TJSP, *RT, 491*:74).

- Ação indenizatória – Responsabilidade por danos causados ainda que por ato praticado em estado de necessidade – Indenização por danos morais ao pai pelas lesões físicas e psíquicas causadas aos filhos – Majoração dos danos morais pelos traumas e lesões sofridos pelas vítimas do acidente. (TJ-ES, Apel. 11.224.988.419.988.080.024, *DJe* 14-11-2012).

1.3. Veículo oficial – Ação regressiva contra preposto, que agiu em estado de necessidade – Desacolhimento

■ Responsabilidade civil – Acidente de trânsito – Veículo oficial – Art. 37, § 6º, da CF – Responsabilidade do Estado, mesmo sem culpa de seu preposto – Indenizatória procedente – Sentença mantida. Condenação do preposto da ré, denunciado à lide, a recompor o Estado pela condenação por este sofrida – Hipótese em que este agiu em estado de necessidade – Desacolhimento – Indenizatória improcedente – Recurso provido para esse fim (1º TACSP, Ap. 432.836/90-SP, 8ª Câm., j. 21-3-1990, rel. Costa de Oliveira).

V., ainda, "A culpa no cível e no crime" – *A sentença absolutória proferida no crime*: Livro II, Título II, Capítulo II, n. 3, *retro*.

2. A legítima defesa, o exercício regular de um direito e o estrito cumprimento do dever legal

Embora quem pratique o ato danoso em estado de necessidade seja obrigado a reparar o dano causado, o mesmo não acontece com aquele que o pratica em legítima defesa, no exercício regular de um direito e no estrito cumprimento do dever legal.

O art. 188, I, do Código Civil proclama que não constituem atos ilícitos os praticados "em legítima defesa ou no exercício regular de um direito reconhecido". Conforme acentua Frederico Marques, "o próprio 'cumprimento de dever legal', não explícito no artigo 160 [*do CC/1916; 188 do atual*], nele está contido, porquanto atua no exercício regular de um direito reconhecido aquele que pratica um ato 'no estrito cumprimento do dever legal'" (*Tratado de direito penal*, v. 3, p. 295).

Se o ato foi praticado contra o próprio agressor, e em legítima defesa, não pode o agente ser responsabilizado civilmente pelos danos provocados. Entretanto, se por engano ou erro de pontaria, terceira pessoa foi atingida (ou alguma coisa de valor), neste caso deve o agente reparar o dano. Mas terá ação regressiva contra o agressor, para se ressarcir da importância desembolsada. Dispõe o parágrafo único do art. 930: "A mesma ação competirá contra aquele em defesa de quem se causou o dano (art. 188, inciso I)". Note-se a remissão feita ao art. 188, I.

Somente a legítima defesa real, e praticada contra o agressor, impede a ação de ressarcimento de danos. Se o agente, por erro de pontaria (*aberratio ictus*), atingir um terceiro, ficará obrigado a indenizar os danos a este causados. E terá ação regressiva contra o injusto ofensor, já o dissemos (*A sentença absolutória proferida no crime*, Livro II, Título II, Capítulo II, n. 3, *retro*). A propósito, veja-se:

"É pacífica a tese de que no caso de legítima defesa o agente não está obrigado a reparar os danos sofridos pela vítima, nos termos do art. 1.540 do mesmo Código (de 1916). Quando, porém, no uso regular de um direito é ofendido 'bem jurídico' de terceiro, tem este direito à indenização" (*RT*, 206:238).

A *legítima defesa putativa* também não exime o réu de indenizar o dano, pois somente exclui a culpabilidade e não a antijuridicidade do ato. Frederico Marques lembra que o art. 65 do Código de Processo Penal não faz referência às causas excludentes da culpabilidade, ou seja, às denominadas dirimentes penais. E aduz: "As causas excludentes da culpabilidade vêm previstas nos artigos 17, 18, 22 e 24 do Código Penal, enquanto que as justificativas penais capituladas se acham no artigo 19 e, repetidas, por isso mesmo, no artigo 65, do Código de Processo Penal. Se a absolvição, portanto, se funda nas primeiras, a não punição do autor do fato ilícito, na justiça criminal, longe está de o isentar da obrigação de indenizar a vítima do ato antijurídico. O problema da 'legítima defesa putativa', que já foi objeto de apreciação de mais de um aresto do Tribunal de Justiça do Estado de São Paulo (*Rev. dos Tribunais*, 156/229 e 155/217), facilmente se resolve em função desses dados. Uma vez que se trata de erro de fato, não há que cogitar da aplicação do artigo 65, do Código de Processo Penal. Na legítima defesa putativa, o ato de quem a pratica é ilícito, embora não punível por não ser reprovável (isto é, por ausência de culpabilidade)" (*Tratado*, cit., p. 295-6).

Nessa linha decidiu o Tribunal de Justiça de São Paulo: "Responsabilidade civil – Disparo de arma de fogo feito por quem imaginava estar sendo assaltado – Alegação de legítima defesa putativa – Absolvição sumária na esfera criminal – Hipótese que não afasta o dever de indenizar – Excludente de responsabilidade que só se aplica em sendo a legítima defesa real" (*RT, 808*:224).

Nos casos de estrito cumprimento do dever legal, em que o agente é exonerado da responsabilidade pelos danos causados, a vítima, muitas vezes, consegue obter o ressarcimento do Estado, já que, nos termos do art. 37, § 6º, da Constituição Federal, "as pessoas jurídicas de direito público responderão pelos danos que seus agentes, nessa qualidade, causarem a terceiros". E o Estado não terá ação regressiva contra o agente responsável (só cabível nos casos de culpa ou dolo), porque ele estará amparado pela excludente do estrito cumprimento do dever legal.

Em regra, pois, todo ato ilícito é indenizável. A restrição a essa regra geral está consagrada no art. 188, I e II, do Código Civil, que excepciona os praticados em legítima defesa, no exercício regular de um direito reconhecido e a deterioração ou destruição da coisa alheia, a fim de remover perigo iminente, fazendo expressa remissão aos arts. 929 e 930.

Os arts. 929 e 930 designam casos em que, embora o agente tenha atuado sob o amparo dessas circunstâncias inibidoras do ilícito, subsiste a obrigação de indenizar o eventual dano causado a outrem. Mesmo não sendo considerada ilícita a conduta daquele que age em estado de necessidade, exige-se que repare o prejuízo causado ao dono da coisa, se este não for culpado pelo perigo. A legítima defesa, que exclui a responsabilidade civil do agente, é a real (a putativa, não) e desde que o lesado seja o próprio injusto agressor. Se terceiro é prejudicado, por erro de pontaria, subsiste a obrigação de indenizar.

Exige-se, para que o estado de necessidade (*v.* parágrafo único do art. 188) e a legítima defesa autorizem o dano, a obediência a certos limites. Preleciona Pontes de Miranda que, se o ato praticado em legítima defesa for excessivo, no que ele é excesso torna-se contrário ao direito. Entretanto, mesmo assim pode o agente alegar e provar que o excesso resultou do terror, do medo, ou de algum distúrbio ocasional, para se livrar da aplicação da lei penal. Na esfera civil, a extrapolação da legítima defesa, por negligência ou imprudência, configura a situação do art. 186 do Código Civil.

Acrescenta o mencionado jurista que, na legítima defesa putativa, o erro de fato sobre a existência da situação de legítima defesa, que não está presente, eis que os elementos excludentes do suporte fático do ato ilícito só foram supostos por erro, não configura autêntica legítima defesa, havendo negligência na apreciação equivocada dos fatos (*Tratado de direito privado*, t. 2, p. 277 e 278).

Embora com denominação semelhante, a legítima defesa putativa nada tem em comum com a legítima defesa real, não podendo ser aceitas como situações idênticas. Na primeira, a conduta é lícita, eis que objetiva afastar uma agressão real contra a vítima ou um terceiro. Há efetiva reação do ofendido contra ato de um agressor.

Diverso é o que ocorre na legítima defesa putativa, que se funda em um erro, não existindo agressão alguma, mas apenas equívoco do pseudoagredido. Logo, sua conduta é ilícita, penalmente irrelevante, eis que ausente o dolo, mas ingressa na ampla órbita do ilícito civil, ensejando indenização (Luís Alberto Thompson Flores Lenz, *A responsabilidade civil frente à legítima defesa putativa*, RT, *632*:72).

O Código Civil, portanto, somente em circunstâncias excepcionalíssimas exime alguém de reparar o dano que causou.

Ponderam J. M. Leoni Lopes de Oliveira e Marco Aurélio Bezerra de Melo (*Direito civil: responsabilidade civil*, GEN/Forense, 3. ed., 2018, p. 29) que o art. 929 do Código civil "se refere expressamente ao dever de indenizar em relação àquele que, agindo em estado de necessidade, acaba causando dano a um terceiro. A despeito do equívoco desse dispositivo legal, por fazer referência apenas ao estado de necessidade (art. 188, II, do CC), é possível chegar à mesma conclusão em se tratando de legítima defesa, bastando para tanto o recurso à analogia (art. 4º da Lei de Introdução às Normas do Direito Brasileiro) enquanto mecanismo de integração da norma jurídica, pois as hipóteses são semelhantes e há uma lacuna, exigindo do julgador a mesma razão de decidir. Afinal de contas, quem se vê na contingência de tomar uma postura de legítima defesa encontra-se também em estado de necessidade e não será obrigado a indenizar se o ato de legítima defesa for dirigido com moderação contra a pessoa que realizou a agressão injusta. Entretanto, se no uso regular da legítima defesa vier a ser atingido bem de um terceiro que nada tem a ver com o fato, este terá direito à reparação do dano com ação regressiva em face do culpado. Dessa forma, numa hipótese de agressão injusta, o defendente deverá reparar os danos causados a uma criança se, ao desferir um soco em seu agressor, este acabar sendo projetado para cima dela, vindo a causar dano físico, sendo-lhe assegurado o direito de regresso contra o causador efetivo do evento danos, ex vi do disposto no artigo 930 do Código Civil".

Jurisprudência

2.1. Ação indenizatória – Ato praticado em legítima defesa putativa, que não exclui o dever de indenizar – Responsabilidade civil estatal objetiva configurada – Verba devida

- Legítima defesa putativa – Danos causados por policiais, no exercício de suas atribuições – Pedido de reparação por danos extrapatrimoniais causados por ferimento de disparo de arma de fogo efetivado por policial – Responsabilidade civil estatal objetiva configurada – Fatos incontroversos – *Legítima defesa putativa que não exclui o dever de indenizar* – Precedentes do C. STJ (TJSP, Apel. 1018637-41.2016.8.26.0577, 6ª Câm. Dir. Público, rel. Des. Silvia Meirelles, *DJESP* 30-11-2017, p. 2.805).

- Em se tratando de ação indenizatória por dano moral pela prática de homicídio, é irrelevante que o crime tenha sido praticado pelo agente em legítima defesa putativa, pois da sua ação permeada pelo ilícito exsurgiu um dano ligado diretamente à sua conduta, motivo suficiente para determinar a obrigação de reparar os prejuízos daí advindos (*RT, 780*:372).
- Responsabilidade civil – Homicídio – Legítima defesa putativa – Prova. O reconhecimento do erro de fato ou legítima defesa putativa, que isenta de pena o réu na esfera do Direito Criminal, não exclui a responsabilidade civil de reparar danos causados sem ter havido agressão do ofendido (*RF, 200*:151).
- Legítima defesa putativa reconhecida na esfera penal – Falecimento da vítima – Danos morais suportados pelo cônjuge supérstite – Responsabilidade objetiva do Estado pelos danos civis. Segundo a orientação jurisprudencial do STJ, a Administração Pública pode ser condenada ao pagamento de indenização pelos danos cíveis causados por uma ação de seus agentes, mesmo que consequentes de causa excludente de ilicitude penal. Logo, apesar da não responsabilização penal dos agentes públicos envolvidos no evento danoso, deve-se concluir pela manutenção do acórdão origem, já que eventual causa de justificação (legítima defesa) reconhecida em âmbito penal não é capaz de excluir responsabilidade civil do Estado pelos danos provocados indevidamente à ora recorrida (STJ, REsp 1.266.517-PR, 2ª T., rel. Min. Mauro Campbell Marques, *DJe* 10-12-2012).
- Legítima defesa putativa – Não exclusão da responsabilidade civil do ofensor – Danos materiais e morais. A legítima defesa putativa não exclui a responsabilidade civil do ofensor, consistindo, ao contrário, uma dirimente somente penal, não uma excludente do dever de indenizar (TJPR, Apel. 0611984-0, *DJe* 25-2-2010).

2.2. Responsabilidade civil – Legítima defesa – *Aberratio ictus*

- Ação, responde pela indenização do dano, se provada no juízo cível a sua culpa. A possibilidade de responsabilização, no caso de legítima defesa com *aberratio ictus*, ou no estado de necessidade contra terceiro que não provocou o perigo, não exclui o exame da culpa do agente na causação da lesão em terceiro (*RSTJ, 113*:290).

2.3. Ato praticado em legítima defesa real

- Responsabilidade civil – Legítima defesa real. A legítima defesa real, prevista no art. 25 do CP, possui como pressupostos objetivos não apenas a existência de agressão injusta, mas moderação no uso dos meios necessários para afastá-la. Na concorrência de culpas, a indenização da vítima será fixada tendo-se em conta a gravidade de sua culpa, em confronto com a do autor do dano, nos termos do art. 945 do CC/02 (STJ, REsp 1.119.886.3 1ª T. rel. p/ acórdão Min. Nancy Andrighi, *DJe* 28-2-2012).
- Responsabilidade civil – Homicídio – Teses de legítima defesa real e legítima defesa putativa – Absolvição criminal. Nos termos do art. 188 do Código Civil, o que afasta a ilicitude dos atos praticados é a legítima defesa própria. Assim, se o ato foi praticado contra o próprio agressor, e em legítima defesa, não poderá o agente ser responsabilizado civilmente pelos danos provocados. Significa que somente a legítima defesa real deixa de ser considerada

ato ilícito, apesar do dano causado, impedindo a ação de ressarcimento dos danos. Já a legítima defesa putativa não exclui a ilicitude, mas somente, se existente, a culpabilidade, de maneira que, na esfera cível, não exime o réu de indenizar o dano. Caso, contudo, em que tipificada hipótese de legítima defesa real, a afastar a pretensão indenizatória (TJRS, Apel. 70.052.822.673, 9ª Câm. Cív., *DJe* 22-5-2013).

- Indenização – Réu absolvido por legítima defesa na esfera penal – Decisão que incide na jurisdição civil como declaração de inexistência da obrigação de indenizar – Inteligência dos arts. 65 do CPP, 160, I, do CC [*de 1916; atual 188, I*] e 462 do CPC/73 (*RT, 765*:186).
- Indenização – Fazenda Pública – Danos físicos, estéticos e materiais causados por policial militar – Ilicitude do fato afastada por legítima defesa – Culpa grave na conduta do ofendido caracterizada – Ação improcedente. Os atos praticados em legítima defesa só obrigam a reparação em relação a terceiro, e não participante do ato que motiva a repulsa legalmente autorizada. Essa condição de terceiro não pode ser reconhecida à vítima, que tinha liderança do grupo de agressores (*RJTJSP, 106*:131).
- Indenização – Homicídio – Legítima defesa – Não obrigação de indenizar – Interpretação do art. 65 do Código de Processo Penal (*RJTJSP, 41*:120).
- Responsabilidade civil – Legítima defesa. A absolvição baseada no requisito da legítima defesa vincula o juízo cível, pois o ato praticado em legítima defesa é também considerado lícito na esfera civil (art. 160, inc. I, do Código Civil [*de 1916; 188 do atual*]. Reconhecida a legítima defesa própria pela decisão que transitou em julgado, não é possível reabrir a discussão sobre essa excludente de criminalidade, na jurisdição civil. Art. 65 do CPP (STF, *RTJ, 83*:649).

2.4. Alegação de legítima defesa – Suspensão da ação civil

- Responsabilidade civil – Ato ilícito – Existência de ação penal onde se objetiva o reconhecimento da legítima defesa – Circunstância que excluiria *ipso facto* a própria noção do ato ilícito – Suspensão da ação civil até o julgamento do processo criminal – Recurso não provido (*RJTJSP, 110*:292).

2.5. Ato praticado no estrito cumprimento do dever legal

- Indenização – Fazenda Pública – Responsabilidade civil – Delito praticado por policial militar no estrito cumprimento do dever legal – Exclusão da criminalidade – Indenização indevida – Ação improcedente (*RJTJSP, 96*:152).
- Indenização por danos materiais e extrapatrimoniais. Responsabilidade civil. Aventado abuso de autoridade por agentes da CPTM. Agentes que atuaram no exercício regular de direito, bem como no estrito cumprimento do dever legal. Inteligência do art. 188, I, do Código Civil. Ausência de elemento caracterizador de nexo etiológico (TJSP, Ap. Cível 1004468-81.2021.8.26.0348, 11ª Câm. Dir. Púb., rel. Márcio Kammer de Lima, j. 25-9-2023).

V., também, *A culpa no cível e no crime*: Livro II, Título II, Capítulo II, n. 1 a 6, *retro*.

3. A culpa exclusiva da vítima

Quando o evento danoso acontece por culpa exclusiva da vítima, desaparece a responsabilidade do agente. Nesse caso, deixa de existir a relação de causa e efeito entre o seu ato e o prejuízo experimentado pela vítima. Pode-se afirmar que, no caso de culpa exclusiva da vítima, o causador do dano não passa de mero instrumento do acidente. Não há liame de causalidade entre o seu ato e o prejuízo da vítima.

É o que se dá quando a vítima é atropelada ao atravessar, embriagada, uma estrada de alta velocidade; ou quando o motorista, dirigindo com toda a cautela, vê-se surpreendido pelo ato da vítima que, pretendendo suicidar-se, atira-se sob as rodas do veículo. Impossível, nestes casos, falar em nexo de causa e efeito entre a conduta do motorista e os ferimentos, ou o falecimento, da vítima. Veja-se a jurisprudência:

"Responsabilidade civil – Atropelamento em estrada de rodagem – Pessoa postada à noite no meio da via – Circunstâncias que a tornam única culpada pelo acidente – Ação improcedente.

Procede com imprudência a pessoa que, pela madrugada, com densa neblina, permanece abaixada em estrada de rodagem, à procura de um documento.

A culpa cabe, portanto, inteiramente ao autor e a ação não podia deixar de ser julgada improcedente" (*RT, 440*:74). *V*., também, *RT, 563:*146.

Há casos em que a culpa da vítima é apenas parcial, ou concorrente com a do agente causador do dano. Autor e vítima contribuem, ao mesmo tempo, para a produção de um mesmo fato danoso. É a hipótese, para alguns, de "culpas comuns", e, para outros, de "culpa concorrente".

Nesses casos, existindo uma parcela de culpa também do agente, haverá repartição de responsabilidades, de acordo com o grau de culpa. A indenização poderá ser reduzida pela metade, se a culpa da vítima corresponder a uma parcela de 50%, como também poderá ser reduzida de 1/4, 2/5, dependendo de cada caso.

Wilson Melo da Silva comenta, a propósito: "Modernamente, não obstante a existência de alguns códigos que determinem o partilhamento dos danos entre seus coautores, o princípio vitorioso, mais generalizadamente aceito e que tende a se tornar uniforme, é aquele de acordo com o qual o partilhamento dos danos deve ser levado a efeito na proporção da gravidade da culpa de cada agente. Nesse sentido exatamente é que, segundo depoimento de Mazeaud e Mazeaud, tem-se inclinado avassaladoramente a jurisprudência na França, onde os tribunais que, de início, adotavam a tese romanística, por bem houveram de mudar de rumo passando a julgar, como agora vem acontecendo, no sentido de que, na hipótese da culpa comum, os danos se repartam entre autores e vítimas, na proporção das respectivas culpas, numa gama percentual fracionária, variada e oscilante (1/4, 1/3, 1/2, 1/8, 1/5 etc.), tudo segundo o prudente arbítrio do juiz" (*Da responsabilidade*, cit., p. 70).

No Brasil, a tese aceita é a mesma da jurisprudência e dos doutrinadores franceses. Com efeito, dispõe o art. 945 do Código Civil:

"Se a vítima tiver concorrido culposamente para o evento danoso, a sua indenização será fixada tendo-se em conta a gravidade de sua culpa em confronto com a do autor do dano".

Confira-se a jurisprudência:

"Morte do carona. Veículo conduzido por preposto da ré. Culpa incontroversa. Vítima que não utilizava cinto de segurança. Fato relevante para as consequências do acidente. Configuração de culpa concorrente e não exclusiva. Redução proporcional das verbas indenizatórias" (TJPR, Ap. 7.131.946, *DJe* 16-6-2011).

"Impõe-se a condenação do causador do acidente, atendendo-se à gravidade de sua falta; e, havendo culpa recíproca, deve a condenação ser proporcional, usando-se as frações na fixação da indenização" (*RT*, *356*:519).

Ou:

"Redução da pensão destinada à viúva a 1/4 do salário mínimo, ante as circunstâncias de fato ocorrentes no caso concreto, com destaque para as culpas recíprocas, do réu e da vítima" (*RJTJSP*, *47*:128).

"Se o ciclista, morto ao atravessar a linha de trem da extinta Rede Ferroviária Federal S/A, sucedida pela União Federal, poderia ter usado a passarela ou passagem de nível para a travessia e não o fez, tem culpa concorrente em caso de atropelamento. Redução pela metade do valor da indenização a ser paga à viúva" (REsp 622.715-SP, 4ª T., rel. Min. Aldir Passarinho Júnior, disponível em <www.conjur.com.br>, acesso em 1º-10-2010).

Quando um trabalhador atravessa a rua fora da faixa de pedestre no pátio da empresa, "age de modo temerário e não tem direito a ser indenizado em caso de acidente". O processo em tela não trouxe provas das condições em que o acidente ocorreu, como a velocidade em que se encontrava a moto no momento do choque com a trabalhadora, impossibilitando reconhecer qualquer conduta ilícita da empresa. Neste caso, entende-se que houve culpa exclusiva da vítima (TST, Proc. RR-1265.92.2012.5.09.0017, 8ª T., rel. Min. Breno Medeiros, disponível em <www.conjur.com.br>, acesso em 17-10-2014).

Quando a vítima de atropelamento é menor e está em companhia dos pais, não se tem reconhecido a culpa concorrente por fato imputável a estes. Tem lugar, na hipótese, o entendimento unanimemente aprovado no *VIII Encontro Nacional de Tribunais de Alçada*:

"Quando a vítima de atropelamento, por carro ou por trem, for criança e, embora com graves sequelas, sobrevive ao acidente, desde que os autos revelem qualquer parcela de culpa do condutor do veículo, não há como falar-se em concorrência de culpas. A culpa de terceiro, no caso culpa '*in vigilando*', dos pais da criança, não pode se opor aos direitos desta".

Quando a vítima do atropelamento for criança, que sobrevive ao acidente, não há como falar-se em concorrência de culpas, se os autos revelam alguma parcela de culpa do condutor do veículo. A culpa de terceiro, no caso, culpa '*in vigilando*', dos pais da criança, não pode opor-se aos direitos desta" (*RT*, *678*:113).

Jurisprudência

3.1. Indenização – Morte da vítima – "Surfista" – Verba indevida

■ Acidente ferroviário – Indenização – Morte da vítima – "Surfista" – Verba indevida. Não há culpa da companhia de transportes ferroviários pela morte de passageiro, se este, na condição de "surfista", desafiando o perigo, posta-se sobre a composição, onde não há qualquer segurança, assumindo, portanto, os riscos de uma queda normalmente fatal (*RT*, *758*:239).

3.2. Vítima embriagada cambaleando em pista de rodovia durante a noite

■ Responsabilidade civil – Acidente de trânsito – Atropelamento – Ajuizamento contra condutor de veículo que atropela vítima excessivamente embriagada cambaleando em pista de rodovia durante a noite – Velocidade excessiva desacolhida, visto ser compatível com a pista – Culpa do condutor descaracterizada – Improcedência da ação (1º TACSP, Ap. 443.359/90, 6ª Câm. Esp., j. 31-7-1990, rel. Augusto Marin).

3.3. Morte causada por cerca eletrificada

■ Meio de defesa da propriedade camuflado que não se situa na esfera de licitude, eis que caracterizador de abuso de direito, evidente a desproporção entre o valor do bem protegido e do que foi sacrificado – Hipótese, porém, de culpa exclusiva da vítima, que, sabedora da existência do mecanismo de defesa, assumiu conscientemente o risco de neutralizá-lo para consumar furto – Ato ilícito descaracterizado – Culpa do proprietário afastada – Indenização não devida (TJMG, *RT*, *632*:191).

3.4. Acidente do trabalho típico – Culpa exclusiva da vítima configurada

■ O fato exclusivo da vítima, quando configurado, rompe o liame de causalidade entre o dano e a circunstância alegadamente violadora do direito. Hipótese em que restou comprovada a culpa exclusiva da vítima pela ocorrência do acidente de trabalho típico, circunstância excludente do nexo causal e que impede o reconhecimento do dever de indenizar do empregador. Sentença mantida (TRT-4, RO 00206335920155040781, *DJe* 23-2-2017).

3.5. Acidente de trânsito – Ação de indenização – Culpa exclusiva da vítima configurada

■ Ratificada a sentença que reconheceu a culpa exclusiva do autor, que, conforme a prova oral, embriagado, transitava montado no seu cavalo pelo leito da rodovia, que era desprovida de acostamento, sendo colhido pelo automóvel do réu, que trafegava normalmente. Inexistência de prova de que o caminhão envolvido no evento danoso tenha desobedecido quaisquer dos deveres de cautela. Apelação improvida (TJRS, Apel. 70.064.833.254, 2ª Câm. Civ., rel. Des. Guinther Spode, *DJe* 3-11-2015).

3.6. Atropelamento – Indenização – Culpa exclusiva da vítima

■ Ratificada a sentença que reconheceu a culpa exclusiva da vítima fatal, companheiro e pai dos autores, que, conforme a prova carreada aos autos, embriagado, cambaleou e caiu junto ao meio-fio, restando colhido pelo coletivo da empresa demandada, que trafegava normalmente (TJRS, Apel. 70.073.263.758, *DJe* 20-11-2017).

Atropelamento – Viatura da polícia militar.

É objetiva a responsabilidade civil dos agentes públicos, nessa qualidade, pelos danos causados a terceiros, conforme previsão do art. 37, § 6º da Constituição Federal. O pedestre que atravessa a via pública na frente de ônibus estacionado, correndo, e sem observar a circulação de automóveis, dá causa a eventual acidente de trânsito, incidindo em culpa pelos danos dele decorrentes. Configurada a culpa exclusiva da vítima em atropelamento, resta aniquilado o nexo causal entre a conduta do agente e o resultado, eximindo-o da responsabilidade de indenizar (TJ-DF, Apel. 20130110068363 0000370-02.2013.8.07.0018, *DJe* 22-6-2016).

3.7. Culpa concorrente

- Quando, entre a culpa do agente e a culpa da vítima, há uma desigualdade de intensidade na causação do evento danoso, a responsabilidade civil pela reparação deve ser reduzida, segundo a proporção com que o agente concorreu para o resultado. A redução à metade só é possível quando vítima e agente concorrem com culpas iguais. Hipótese de fixação da indenização em 3/4 do valor dos prejuízos (TJMG, ED na Ap. 47.341, Belo Horizonte, rel. Humberto Theodoro Júnior).
- Responsabilidade civil – Culpa concorrente.

Caroneiro que, por deixar de usar cinto de segurança, contribui com a gravidade das lesões. Outrossim, autor ciente da ingestão de álcool pelo motorista, pois com ele consumia cerveja. Risco assumido. Responsabilidade do condutor minorada a 50% (TJSC, Ap. 2011.001216-4, 1ª Câm., rel. Des. Raulino Jacó Brüning, j. 5-6-2014).

3.8. Culpa exclusiva da vítima

- Atropelamento por veículo – Culpa exclusiva da vítima configurada.

Constatada a culpa exclusiva da vítima pelo atropelamento sofrido, propiciado pela conduta negligente de adentrar na via de forma súbita, sem observar o tráfego de automóveis que nela transitavam, não é possível atribuir ao condutor do veículo a responsabilidade pelo acidente (TJ-DF, Apel. 20140310091027, *DJe* 17-11-2015).

- Responsabilidade civil do Estado – Descaracterização – Culpa exclusiva da vítima.

Não há falar-se em responsabilidade civil do Estado se, em razão de diligências policiais realizadas durante o período noturno à residência de elemento suspeito de participação criminosa, este, reagindo, dá início a tiroteio do qual resulta sua morte.

As consequências danosas, na espécie, derivam de ato exclusivo da vítima, posto que outro poderia ser o resultado das investigações se aquela se apresentasse ou dialogasse com os policiais (*RT*, 659:76).

4. O fato de terceiro

4.1. O causador direto do dano e o ato de terceiro

Muitas vezes, o ato daquele que atropela alguém ou causa alguma outra espécie de dano pode não ser o responsável pelo evento, o verdadeiro causador do dano, mas, sim, o ato de um terceiro.

Em matéria de responsabilidade civil, no entanto, predomina o princípio da obrigatoriedade do causador direto em reparar o dano. A culpa de terceiro não exonera o autor direto do dano do dever jurídico de indenizar.

O assunto vem regulado nos arts. 929 e 930 do Código Civil, concedendo o último ação regressiva contra o terceiro que criou a situação de perigo, para haver a importância despendida no ressarcimento ao dono da coisa.

Consoante a lição de Carvalho Santos, "o autor do dano responde pelo prejuízo que causou, ainda que o seu procedimento venha legitimado pelo estado de necessidade" (*Código Civil brasileiro interpretado*, v. 20, p. 210). Só lhe resta, depois de pagar a indenização, o direito à ação regressiva contra o terceiro.

Segundo entendimento acolhido na jurisprudência, os acidentes, inclusive determinados pela imprudência de terceiros, são fatos previsíveis e representam um risco que o condutor de automóveis assume pela só utilização da coisa, não podendo os atos de terceiros servir de pretexto para eximir o causador direto do dano do dever de indenizar (cf. *RT, 416*:345).

Quando, no entanto, o ato de terceiro é a causa exclusiva do prejuízo, desaparece a relação de causalidade entre a ação ou a omissão do agente e o dano. A exclusão da responsabilidade se dará porque o fato de terceiro se reveste de características semelhantes às do caso fortuito, sendo imprevisível e inevitável. Melhor dizendo, somente quando o fato de terceiro se revestir dessas características, e, portanto, equiparar-se ao caso fortuito ou à força maior, é que poderá ser excluída a responsabilidade do causador direto do dano.

A propósito, escreveu Wilson Melo da Silva: "Se o fato de terceiro, referentemente ao que ocasiona um dano, envolve uma clara imprevisibilidade, necessidade e, sobretudo, marcada inevitabilidade sem que, para tanto, intervenha a menor parcela de culpa por parte de quem sofre o impacto consubstanciado pelo fato de terceiro, óbvio é que nenhum motivo haveria para que não se equiparasse ele ao fortuito. Fora daí, não. Só pela circunstância de se tratar de um fato de terceiro, não se tornaria ele equipolente ao *casus* ou à *vis major*" (*Da responsabilidade*, cit., p. 105).

4.2. O fato de terceiro e a responsabilidade contratual do transportador

A jurisprudência, entretanto, não tem admitido a referida excludente em casos de transporte. Justifica-se o maior rigor, tendo em vista a maior atenção que deve ter o motorista que tem a seu cargo zelar pela integridade de outras pessoas. Dispõe, com efeito, a Súmula 187 do Supremo Tribunal Federal:

"A responsabilidade contratual do transportador, pelo acidente com o passageiro, não é elidida por culpa de terceiro, contra o qual tem ação regressiva".

A referida súmula de jurisprudência transformou-se no art. 735 do Código Civil, que tem a mesma redação.

Assim, qualquer acidente ocorrido com o passageiro obriga o transportador a indenizar os prejuízos eventualmente causados. Não importa que o evento tenha ocorrido porque o veículo foi "fechado" ou mesmo abalroado por outro. O transportador indeniza o passageiro e move, depois, ação regressiva contra o terceiro.

Há casos, no entanto, em que o acidente ocorrido com o passageiro não está relacionado com o fato do transporte em si. Por exemplo: quando alguém, do lado de fora, efetua disparo contra ônibus ou trem em movimento, ferindo passageiro. Trata-se de fato inevitável e imprevisível, estranho ao fato do transporte. Neste caso, isto é, quando o fato de terceiro se equipara ao caso fortuito, pode o transportador eximir-se da responsabilidade.

Às vezes, no entanto, os atentados desse tipo se tornam frequentes e em áreas localizadas, passando a ser previsível a sua repetição e excluindo, portanto, a caracterização do fortuito, como acontece nos casos de pedras atiradas contra trens de subúrbio, nos grandes centros (STF, *RT, 610*:271; *650*:124 Lex, *109*:174) (*v.*, a propósito, *Responsabilidade civil dos transportadores*, Livro II, Título I, Capítulo II (Responsabilidade contratual), n. 2, *retro*).

Aguiar Dias ensina que "o fato de terceiro só exonera quando constitui causa estranha ao devedor, isto é, quando elimina, totalmente, a relação de causalidade entre o dano e o desempenho do contrato". Se dois passageiros brigam no interior do ônibus e um fere o outro, também inexiste responsabilidade da transportadora, porque o evento está desligado do fato do transporte. Mas haverá responsabilidade quando o motorista do ônibus discute com o motorista de outro veículo e este efetua disparo, ferindo passageiro do coletivo. Confira-se:

"*Responsabilidade civil* – Transporte urbano de passageiros – Não elide a responsabilidade do transportador, por não ser estranho à exploração da atividade, o fato de terceiro, motorista de outro veículo, após discussão provocada pelo condutor do coletivo sobre questiúnculas de trânsito, disparar sua arma contra este e atingir o passageiro" (*RTJ, 70*:720).

Já decidiu o Tribunal de Justiça de São Paulo que a transportadora era responsável, em caso de acidente, porque o motorista do ônibus foi atacado por passageiro insano mental e perdeu a direção. Entendeu-se que havia relação com o fato do transporte e que houve falta de vigilância da empresa, "permitindo que um elemento nessas condições viajasse livremente em seu veículo" (*RJTJSP, 41*:113).

Geralmente, pois, o fato de terceiro não exclui a responsabilidade do transportador, como se pode verificar, dentre outros, nos acórdãos insertos na *RJTJSP, 42*:103, *41*:108, *43:83*, e na *RT, 437:*127 e *782*:211. Somente a exclui em casos excepcionais, equiparáveis ao caso fortuito.

O tema em estudo, atinente à responsabilidade contratual do transportador e o fato de terceiro, foi minuciosamente examinado no item n. 2.2.1, *retro*, sob o título "*O transporte terrestre*", da Seção I do Capítulo II do Título I do Livro II, ao qual nos reportamos.

4.3. O fato de terceiro em casos de responsabilidade aquiliana

No caso de responsabilidade aquiliana, não contratual (atropelamento, por exemplo), se dois veículos colidem e um deles atropela alguém, serão ambos os motoristas responsáveis solidariamente, se não se puder precisar qual dos dois teve culpa direta na ocorrência (*RJTJSP, 41*:108). Se, entretanto, o motorista do veículo que atropelou dirigia corretamente e foi lançado contra o transeunte em virtude de abalroamento culposo, poderá ele exonerar-se da responsabilidade invocando o fato de terceiro como causador único do evento, demonstrando que deixou de existir relação de causalidade entre o atropelamento e o seu veículo, pois o acidente teria sido causado exclusivamente por culpa de terceiro. Confira-se:

"*Responsabilidade civil* – Ônibus abalroado por caminhão e arremessado contra outro veículo – Exclusão de culpa do motorista do ônibus – Ação de indenização improcedente. Quando a primeira culpa, causadora da segunda, é de tal força e de tal intensidade que exclui a liberdade de ação do segundo culpado, este terá excluída a sua culpa" (*RT, 404*:134).

Ainda aqui se pode observar que a exclusão da responsabilidade se dará porque o fato de terceiro se reveste de características semelhantes às do caso fortuito, sendo imprevisível e inevitável. Somente nesta hipótese deixa de haver responsabilidade pela reparação, por inexistência da relação de causalidade. Tanto assim que o relator do acórdão supratranscrito fundamentou desta forma a sua convicção: "Ora, na hipótese dos autos, mesmo que o motorista da ré estivesse em culpa, não seria ele responsável porque o acidente teria sido determinado, exclusivamente, pela culpa do motorista do caminhão. De outro lado, como salienta Savatier, muitas vezes o fato da vítima ou de um terceiro reveste o caráter de um caso fortuito ou de força maior, excludente da culpa do causador do dano; tal acontecendo, o fato da vítima ou de terceiro torna o ato ilícito imprevisível e inevitável para o agente do dano (op. cit., II/32). Na espécie, a violência do impacto sofrido pelo ônibus, dada a imprevisibilidade, tornou inevitável o acidente. O motorista do ônibus, nas circunstâncias em que se encontrou, além de não poder prever o fato, não tinha meios de evitá-lo ou de preveni-lo".

Se houve culpa concorrente do agente causador direto do dano e do terceiro, sendo solidária a responsabilidade (CC, art. 942), poderá a vítima acionar qualquer deles pela totalidade do prejuízo. O que pagar terá ação regressiva contra o que concorreu para o evento, para cobrar dele sua quota-parte. Se houver culpa concorrente da vítima, poderá ser feito o desconto da indenização, na proporção da culpa desta.

Já se decidiu, a propósito:

"Somada a imprudência do denunciado, que ingressou em avenida sem qualquer cautela, à do denunciante, que dirigia em velocidade incompatível com o local – o que provocou o acidente de trânsito, com consequentes danos em veículo de terceiro regularmente estacionado – resulta a imprudência recíproca, o que leva à procedência da ação de indenização com relação ao denunciante, com exercício do direito regressivo parcial contra o denunciado, por força do art. 70 do CPC" (*RT, 628*:159).

Savatier, figurando uma colisão na qual cada um dos veículos envolvidos tenha desempenhado um papel ativo, afirma que todos os guardiães seriam responsáveis, e indaga como se poderia fazer efetiva essa responsabilidade, para, em seguida, responder que, em boa lógica, deve ela ser partilhada por aqueles guardiães (*Traité de la responsabilité civile en droit français*, Paris, 1951, p. 155).

Problemas em que inexiste culpa do causador direto do dano e o fato de terceiro não é equiparado ao fortuito têm sido solucionados com base nos arts. 188, II, 929 e 930 do Código Civil. A propósito, ensina Aguiar Dias: "Os códigos filiados ao sistema francês não mencionam especialmente o fato de terceiro. Nosso Código também não o faz, limitando-se à clássica referência ao caso fortuito ou de força maior. Pelo contrário, o que nele encontramos é precisamente um sinal adverso ao reconhecimento amplo dos efeitos do fato de terceiro sobre a responsabilidade, no artigo 1.520 (do Código Civil de 1916), onde se consagra tão somente a ação regressiva contra ele, e que supõe, logicamente, a responsabilidade, ou melhor, a obrigação de reparar, por parte do sujeito desse direito regressivo" (*Da responsabilidade civil*, t. 2, p. 712, n. 218).

Dessa maneira, o causador direto do dano tem a obrigação de repará-lo, ficando com direito à ação regressiva contra o terceiro, de quem partiu a manobra inicial e ensejadora da colisão. Tal solução teria aplicação, inclusive, àqueles casos em que o causador direto do dano tenha sido um mero instrumento do autor do ato inicial, porque dirigia corretamente e foi atirado contra a vítima pelo abalroador, que, entretanto, não tem recursos financeiros para ressarci-lo. A propósito, Carvalho Santos cita a opinião de Pontes de Miranda, segundo a qual "o que causou o dano, se a culpa não foi do dono da coisa, ou da própria coisa, é obrigado a indenizar, ainda que o ato praticado seja lícito, com fundamento no estado de necessidade..." (*Código Civil*, cit., v. 20, p. 209). Aguiar Dias igualmente conclui que "a obrigação de reparar surge da simples violação injusta do *statu quo*. Ora, não é justo que o terceiro, em quem recai o resultado do ato necessário, sofra o prejuízo, para permitir que dele se livre aquele a quem o dano foi dirigido" (*Da responsabilidade*, cit., p. 709).

Pode-se afirmar, pois, que, evidenciado fato de terceiro (acidente de trânsito), rompe-se o nexo causal do acidente, "não sendo devidas reparações por danos moral e material pelo empregador" (TRT-2, RO 0002101111020145040406, *DJe* 27-10-2017).

Nada impede que a vítima proponha a ação diretamente contra o terceiro, arcando, nesse caso, com o ônus da prova de culpa deste e abrindo mão da vantagem que o art. 929 lhe proporciona. Da mesma forma, em casos de acidentes com passageiros por falta de terceiros (responsabilidade contratual), pode a vítima optar pela ação não contra a própria transportadora mas contra o terceiro, embora, neste caso, a sua situação se torne penosa, por lhe caber o ônus da prova da culpa de terceiro. É o que, com precisão, esclarece Wilson Melo da Silva: "À vítima, porém, em tais circunstâncias (acidente aos passageiros por fato de terceiros), caberia, se o quisesse, o direito de opção, pelo que poderia voltar-se, não contra a própria empresa transportadora a fim de reclamar as indenizações devidas *ex contractu*, mas contra o terceiro para dele haver uma reparação *ex delicto*, agravada contudo, nessa hipótese, sua situação processualística, uma vez que a ela caberia o ônus da prova da culpa do terceiro, o que não teria lugar se sua ação tivesse por alvo o transportador, contra quem milita a presunção de culpa em face de seus transportados, por quaisquer acidentes ocorridos ao longo da viagem" (*Da responsabilidade*, cit., p. 174).

É possível, como assinala Arnaldo Rizzardo, ao autor litigar contra o agente direto do prejuízo e também contra o provocador mediato, o terceiro, cujo procedimento culposo foi o elemento que levou ao acidente. Configura-se, por conseguinte, a responsabilidade solidária, em tese, mas por iniciativa da vítima. Na oportunidade da defesa, cada acionado procurará eximir-se da culpa. A sentença definirá o responsável (*A reparação nos acidentes de trânsito*, p. 73, n. 8.3).

O causador direto do dano só se eximirá da obrigação de indenizar se a sua ação for equiparável ao fortuito (caso em que terá sido mero instrumento do terceiro, servindo de "projétil"). Quando esta situação está bem caracterizada, a ação deve ser proposta unicamente contra o terceiro, o verdadeiro e único causador do evento.

4.4. A denunciação da lide e o fato de terceiro

Muitas vezes, o causador direto do dano, ao ser acionado, requer a denunciação da lide ao terceiro, contra quem tem ação regressiva, fundamentando o pedido no art. 125, II, do Código de Processo Civil em vigor, que dispõe: "É admissível a denunciação da lide, promovida por qualquer das partes (...) II – àquele que estiver obrigado, por lei ou pelo contrato, a indenizar, em ação regressiva, o prejuízo de quem for vencido no processo".

Outras vezes, a denunciação não é feita com a finalidade de instaurar a lide secundária entre denunciante e denunciado, para que o direito de regresso do primeiro contra o segundo seja decidido na mesma sentença que julgar a lide principal (CPC, art. 129), mas sim com o objetivo de apontar o terceiro responsável pelo evento e de, com isso, excluir da demanda o denunciante.

Não é possível, no entanto, o afastamento do processo do causador direto do dano, assumindo, desde logo, o terceiro a responsabilidade.

A denunciação da lide ao terceiro pode ser feita apenas para o efeito de regresso. Mesmo assim, é controvertida a aceitação de tal denunciação. Há os que interpretam de forma restritiva o art. 70, III, do Código de Processo Civil [de 1973, atual 125, II] (Sydney Sanches, *Denunciação da lide*, 1984, p. 125; Vicente Greco Filho, *Direito processual civil brasileiro*, Saraiva, v. 1, p. 143), não admitindo a denunciação em todos os casos em que há o direito de regresso, pela lei ou pelo contrato, mas somente quando se trata de garantia do resultado da demanda, ou seja, quando, resolvida a lide principal, torna-se automática a responsabilidade do denunciado, independentemente de discussão sobre sua culpa ou dolo (sem a introdução de um fato ou elemento novo, como nas denunciações às seguradoras).

A denunciação só é obrigatória sob pena de perda do direito material no caso do inc. I do mencionado art. 125 do Código de Processo Civil, que se refere aos casos de evicção, por força do disposto no art. 456 do Código Civil (*v.*, a propósito, as considerações feitas quando do estudo da denunciação da lide pela pessoa jurídica de direito público ao seu funcionário ou agente público, no Livro II, Título I, Capítulo I, Seção II, n. 11.5, *retro*).

"Assim, tem-se decidido:

"Admitir-se a denunciação em qualquer situação em que possa haver posterior direito de regresso do vencido contra um terceiro, poder-se-ia chegar a um resultado oposto àquele buscado pelo legislador, de maior delonga na situação da lide principal, o que constituiria ofensa ao princípio de celeridade processual e até mesmo uma denegação da Justiça" (*JTACSP*, Saraiva, *81*:210).

Ou:

"*Acidente de trânsito* – Pretensão de denunciação da lide ao DER porque a rodovia estava em mau estado de conservação e colaborou com o acidente – Pedido que implica na introdução de fundamento jurídico novo – Inadmissibilidade" (1º TACSP, AgI 443.021/90-Palmital, 10ª Câm., j. 3-9-1990, rel. Martins Pupo).

Ou, ainda:

"*Acidente de trânsito* – Evento decorrente de conduta culposa de terceiro – Fato que, porém, não afasta a responsabilidade daquele que efetivamente causou danos em outro veículo – Ressalva da via regressiva – Descabimento de denunciação da lide ao terceiro" (*RT*, *639*:117; *JTACSP*, Revista dos Tribunais, *119*:171).

Inadmissível, também, a denunciação sucessiva, nos casos de "engavetamento" (que os italianos chamam de *tamponamento*). Não pode, na lide movida pelo primeiro motorista, o segundo fazer a denunciação da lide ao terceiro, para que este pague os reparos em seu carro. Para a corrente restritiva, não há nem o direito de regresso contra o terceiro.

O terceiro denunciado não pode ser condenado a indenizar os danos, em substituição ao denunciante. Malgrado algumas decisões em sentido contrário, admitindo a chamada "*denunciação de fato*" (cf. *JTACSP*, Revista dos Tribunais, *111*:217) por medida de economia processual, tem a jurisprudência dominante proclamado a nulidade da sentença que, excluindo o réu litisdenunciante, julga procedente o pedido, condenando só o litisdenunciado, como se contra este houvesse sido proposta ação direta.

A rigor, não é possível estabelecer-se uma solidariedade não desejada pela vítima, nem excluir-se da demanda o réu, para se responsabilizar terceiro, que não litiga com ela.

Ensina, com efeito, Hélio Tornaghi (*Comentários ao Código de Processo Civil*, Revista dos Tribunais, v. 1, p. 269) que "o Direito brasileiro diverge do alemão e converge com o francês e o italiano em considerar a denunciação da lide como ação do denunciante contra o denunciado para a eventualidade da sucumbência. Em lugar de uma futura ação de garantia ou regressiva, promove-a desde logo, no mesmo processo, em que é demandado. Se vence, com ele vence o 'denunciado', seu consorte no litígio; se perde, a sentença que é condenatória contra ele é declaratória para ele do direito à garantia ou ao ressarcimento. E não apenas declaratória porque vale como título executivo".

Por tal razão, é princípio consagrado na jurisprudência:

"Incide na nulidade, de pleno direito, decretável de ofício, a sentença que, excluindo o réu litisdenunciante, julga procedente o pedido, condenando, tão só, o litisdenunciado, como se contra este houvesse sido proposta ação direta, quando é certo que o autor é litigante estranho na lide formada entre denunciante e denunciado" (*RT*, *539*:196, *544*:227, *551*:218).

Coloca-se, porém, como requisito necessário que o réu, para poder denunciar a lide, seja parte legítima passiva. Como pondera Arruda Alvim, "alguém acionado para responder por acidente de veículo, na condição de proprietário do veículo, por danos causados, arguindo sua ilegitimidade passiva '*ad causam*', estribado no fato de que, à época do acidente, já havia alienado o veículo, não pode, simultaneamente, pretender denunciar a lide a esse adquirente do veículo (o novo proprietário). Através da denunciação objetiva o denunciante, se for condenado na ação principal, obter, via denunciação, e a seu favor, um título executivo contra aquele em relação a quem afirma ter direito de regresso. Se isto é impossível, pois o denunciante se diz parte ilegítima passiva '*ad causam*', não pode denunciar. Numa palavra, portanto, quem é (ou pretende ser) parte ilegítima passiva '*ad causam*', na ação principal, '*ipso facto*' sê-lo-á parte ilegítima ativa na denunciação" (*Manual de direito processual civil*, Revista dos Tribunais, 1986, v. 2, p. 101).

Nesse sentido a jurisprudência:

"*Denunciação da lide* – Pretensão à inclusão na relação processual de suposta parte legítima com exclusão de quem se declara parte ilegítima – Desacolhimento – Impossibilidade do denunciado integrar a lide em substituição a quem se declara parte ilegítima" (*JTACSP*, Revista dos Tribunais, *100*:102).

A propósito, pondera Arnaldo Rizzardo: "Não é possível o afastamento imediato do processo, assumindo, desde logo, o terceiro a responsabilidade. A lei civil teve na mais alta conta a vítima, prevalecendo o seu direito perante o do causador imediato da lesão. Bem explica

Agrícola Barbi: 'Na hipótese do art. 70, III [do CPC/73, atual art. 125, III], o credor somente tem ação contra o denunciante, o qual, como tem ação regressiva contra outrem, denuncia a este a lide, apenas para o efeito de regresso. A sentença, no caso da denunciação da lide, disporá acerca da demanda entre o denunciante e seu adversário'. O terceiro, denunciado, não pode ser condenado, solidariamente, ou em substituição ao denunciante, a indenizar os danos. A sentença serve a este, unicamente, para demandar aquele, em ação própria, à qual é estranho o credor da primeira lide" (*A reparação*, cit., p. 71-2).

Por isso, a jurisprudência tem reafirmado a inexistência de vínculo material entre autor e denunciado, inadmitindo a condenação solidária do denunciado com o réu denunciante (*JTACSP*, Revista dos Tribunais, *99*:96).

Entende, ainda, Arnaldo Rizzardo, com razão, que, dirigindo-se o litígio apenas contra o agente direto, e este chamando a juízo o responsável pelo acontecimento, posteriormente contra o último poderá voltar-se o titular do direito, sempre que o primeiro não dispuser de meios para ressarcir a dívida, por não ser coerente que o credor fique sem receber o que lhe é devido. Mesmo quando não houve a denunciação e o réu revela não estar capacitado para suportar a reparação, entende ele ser possível a vítima voltar-se contra o terceiro, em novo litígio, para definir a obrigação deste. Pensar o contrário – afirma – seria tolher o direito de quem está com a razão, consagrado pelas disposições mais comuns da lei substantiva civil (*A reparação*, cit., p. 73-4).

JURISPRUDÊNCIA

4.5. Ato de preposto – Arguição de fato de terceiro – Responsabilidade reconhecida – Direito de regresso assegurado contra o terceiro culpado pelo sinistro

- A empresa cujo preposto, buscando evitar atropelamento, procede a manobra evasiva, que culmina no abalroamento de outro veículo, causando danos, responde civilmente pela sua reparação, ainda que não se configure na espécie a ilicitude do ato, praticado em estado de necessidade. Direito de regresso assegurado contra o terceiro culpado pelo sinistro, nos termos do art. 1.520, c/c o art. 160, II, do CC [*de 1916, correspondentes aos arts. 930 e 188, II, do novo*] (STJ, REsp 124.527-SP, *DJU*, 5 jun. 2000, *RT*, *782*:211).

- Responsabilidade civil – Veículo abalroado por outro – Atribuição a fato de terceiro – Irrelevância. Fato de terceiro não afasta a responsabilidade do causador do dano a veículo, por abalroamento (*RT*, *437*:127).

- Responsabilidade civil – Fato de terceiro. O fato de terceiro, em nosso Direito, não exclui a responsabilidade, dando, apenas, direito regressivo contra esse terceiro (*RT*, *523*:101).

- Responsabilidade civil – Acidente de trânsito – Fato de terceiro – Circunstância que, demonstrada, não desobriga o causador direto do dano, facultando-lhe, somente, direito de regresso (*JTACSP*, Revista dos Tribunais, *109*:225).

- Acidente de trânsito – Ocorrência por culpa de terceiro que, deixando seu veículo estacionado na pista, obrigara o motorista do réu a frenar o caminhão e ir de encontro à propriedade da autora, causando danos – Aplicabilidade do art. 1.520 c/c o 160 do CC (de 1916) – Indenizatória contra o causador direto do dano procedente, ressalvado o seu direito de ação regressiva contra o terceiro que criou a situação de perigo (*JTACSP*, Revista dos Tribunais, *103*:198).

4.6. Acidente sofrido por passageiro – Causa estranha ao transporte

- Responsabilidade civil – Acidente sofrido por passageiro – Fato de terceiro. O fato de terceiro que não exonera de responsabilidade o transportador, como alinhado em precedentes da Corte, "é aquele que com o transporte guarda conexidade, inserindo-se nos riscos próprios do deslocamento". O mesmo não se verifica quando intervenha fato inteiramente estranho, devendo-se o dano a causa alheia ao transporte em si (*RSTJ*, *130*:274).

- Responsabilidade civil – Automóvel que se choca contra o poste da Light – Responsabilidade de indenizar o dano – Excludente da culpa de terceiro. O fato de terceiro, constituindo *força estranha*, só se torna excludente quando, reafirmando a relação de causalidade, torna-se, de modo positivo, a causa predominante ou exclusiva do acidente (*RJTJSP*, *21*:50).

- Responsabilidade civil do transportador – Via rodoviária – Ferimentos em passageiro causados por pedra arremessada por pessoa que se encontrava fora do veículo – Falta de prova da frequência de tais atentados no trecho em que ocorrido o evento – Fato de terceiro, estranho ao transporte, imprevisível e inevitável – Equiparação a caso fortuito – Inexistência, portanto, de culpa, nem mesmo presumida – Exoneração da responsabilidade – Indenização não devida – Inaplicabilidade da Súmula 87 do STF à espécie (STF, *RT*, *643*:219).

- Responsabilidade civil do transportador – Via férrea – Morte de passageiro no interior da composição causada por disparo de arma de fogo efetuado por pessoa que se encontrava às margens da ferrovia – Fato de terceiro, estranho ao transporte, imprevisível e inevitável – Equiparação a caso fortuito – Exoneração da responsabilidade – Indenização não devida (*RT*, *642*:150).

4.7. Terceiro, único culpado pelo acidente de veículos

- Responsabilidade civil – Acidente de veículos – Culpa de terceiro – Não se certifica a hipótese prevista no art. 1.520 do Código Civil (de 1916, atual art. 930), quando o terceiro tornou-se o único responsável pelo evento, reconhecida, assim, a sua culpa exclusiva à vista de fatos e provas. Precedentes do STJ: REsp n. 14.952. Recurso especial conhecido pela alínea *c*, mas improvido (STJ, 3ª T., REsp 12.293-PR, rel. Min. Nilson Naves, j. 25-2-1992, v. un., *DJU*, 27 abr. 1992, p. 5504, Seção I, ementa).

- Responsabilidade civil – Acidente de trânsito em serviço – Fato de terceiro – Hipótese em que o acidente de trânsito que vitimou o trabalhador consiste em fato de terceiro, circunstância que rompe o nexo de causalidade entre o evento danoso e a atividade empresarial, sendo causa excludente da responsabilidade civil (TRT-4, RO0000607592001350540571, *DJe* 04-9-2017).

4.8. Engavetamento de veículos – Indenizatória movida contra o primeiro a colidir – Admissibilidade

■ Colisão envolvendo vários veículos – Indenizatória movida contra o primeiro, de quem partiu a manobra inicial e ensejadora das colisões – Admissibilidade – Alegação de ilegitimidade passiva "*ad causam*", sob o fundamento de que a ação devia ser proposta contra o causador direto do dano, rejeitada. Embora o causador direto do dano tenha a obrigação de repará-lo, ficando com o direito à ação regressiva contra o terceiro, de quem partiu a manobra inicial e ensejadora da colisão, nada impede, no entanto, que a vítima proponha a ação diretamente contra o terceiro, arcando, nesse caso, com o ônus da prova de culpa deste e abrindo mão da vantagem que o art. 929 do CC lhe proporciona (*JTACSP*, Revista dos Tribunais, *102*:171).

4.9. Causador direto do dano que foi mero instrumento da ação de terceiro – Fato equiparado ao caso fortuito

■ Acidente de trabalho – Fato de terceiro – Indenização por danos morais e materiais. Evidenciado fato de terceiro (acidente de trânsito), rompe-se o nexo causal do acidente de trabalho, não sendo devidas reparações por danos moral e material pelo empregador (TRT-2, RO 00021011102014504040406, *DJe* 27-0-2017).

■ Responsabilidade civil – Fato de terceiro – Causador direto do dano que foi mero instrumento da ação de terceiro – Fato equiparado ao caso fortuito – Teoria do risco afastada – Terceiro que é causador único do evento (*RT, 651*:99).

■ Acidente de trânsito – Réu que teve seu veículo projetado para a frente em virtude de forte colisão na traseira causada por veículo dirigido por terceiro – Indenização não devida – Culpa de terceiro que, equiparável ao caso fortuito, exclui a responsabilidade do réu pelos danos causados ao carro do autor – Situação de mero instrumento ou projétil da ação culposa causadora do dano – Impossibilidade, entretanto, de afastamento imediato do réu do processo, de maneira a assumir desde logo a responsabilidade o terceiro, por ter sido a ação proposta diretamente contra ele – Direito da vítima que prevalece perante o causador direto da lesão – Pretensão do autor contra o verdadeiro causador do dano que, portanto, somente poderá ser deduzida através de ação própria – Ação principal julgada improcedente, prejudicada a lide secundária (*RT, 646*:120).

4.10. Denunciação da lide – Pretensão do denunciante de afastar sua responsabilidade

■ Denunciação da lide – Pretensão à inclusão na relação processual de suposta parte legítima com exclusão de quem se declara parte ilegítima – Art. 70, III, do CPC [de 1973, atual art. 125, III] – Desacolhimento – Impossibilidade do denunciado integrar a lide em substituição a quem se declara parte ilegítima (*JTACSP*, Revista dos Tribunais, *100*:102).

■ Denunciação da lide – Indenizatória ajuizada por passageira contra transportadora – Pretensão desta à denunciação ao proprietário de outro veículo envolvido – Desacolhimento, dada a impossibilidade de intromissão de fundamento novo e não constante da inicial (culpa do preposto do denunciado) – Interpretação restritiva do art. 70, III, do CPC [de 1973, atual art. 125, III] (1º TACSP, AgI 434.019/90SP, 5ª Câm., j. 18-4-1990, rel. Marcondes Machado).

■ Denunciação da lide – Acidente de trânsito – Alegação da ilegitimidade passiva – Art. 70, III, do CPC [de 1973, atual art. 125, III] – Inadmissibilidade – Incompatibilidade da alegação com a formação do título executivo, visando regresso contra o denunciado caso condenado o denunciante – Recurso desprovido (1º TACSP, AgI 434.527/90-SP, 3ª Câm., j. 23-4-1990, rel. Ricardo Credie).

4.11. Acidente de trânsito – Solidariedade passiva reconhecida

■ Colisão em cruzamento ocasionando desabamento de muro sobre veículo estacionado, danificando-o – Existência de nexo causal entre o acidente e os danos – Solidariedade passiva reconhecida, apesar da desistência da ação quanto ao corréu, litisconsorte passivo – Aplicação do artigo 1.518 do CC (de 1916; atual art. 942), por não se tratar de fato de terceiro – Responsabilidade do causador direto dos danos, podendo este exigir do codevedor a sua cota – Indenizatória procedente (1º TACSP, 2ª Câm. Esp., Ap. 443.393/90, Campinas, j. 18-7-1990, rel. Vasconcellos Pereira).

4.12. Passageiro atingido por pedrada no interior de trem – Frequência do incidente que exclui a existência de caso fortuito

■ Acidente ferroviário – Passageiro atingido por pedrada no interior de trem, provocando-lhe várias lesões – Culpa presumida da transportadora – Exigibilidade de diligência conveniente para coibir tais atos – Obrigação de resultado em que há compromisso de levar os passageiros sãos e salvos a seus destinos – Fato previsível e evitável pelo uso de janelas invulneráveis aos objetos atirados por terceiros, infundada a arguição de caso fortuito – Indenização devida (*RT*, *650*:124).

■ Transporte ferroviário – Passageiro atingido por pedrada no interior de trem – Frequência do incidente que exclui a existência de caso fortuito – Indenização devida – Aplicação da Súmula 187 do STF (STF, *RT*, *610*:271).

4.13. Tumulto no interior de vagão de trem

■ Indenização – Acidente causado em passageiro em razão de tumulto no interior de vagão de trem – Culpa de terceiro – Fato que não elide a responsabilidade do transportador – Reparação de danos devida (STF, *RT*, *611*:275).

4.14. Colisão de ônibus – Passageiro que prefere demandar o proprietário do outro veículo – Legitimidade

■ Culpa do motorista da empresa proprietária do veículo que deu causa ao evento evidenciada – Força maior escusativa decorrente de ato de terceiro – Requisito da imprevisibilidade –

Responsabilidade civil reconhecida – Indenização devida, com juros da mora e correção monetária (*RJTJSP*, *24*:160).

4.15. Assalto – Fato de terceiro – Indenização indevida

- A responsabilidade civil não se caracteriza quando verificadas quaisquer das excludentes do nexo causal, tais como fato de terceiro, caso fortuito, força maior e culpa exclusiva da vítima. A ocorrência de assalto durante a prestação de serviços constitui fato de terceiro, que é uma excludente do nexo causal, não podendo a empregadora ser responsabilizada, porque não demonstrada a prática de ato ilícito próprio ou de seus prepostos, razão pela qual se impõe manter a sentença que julgou improcedente o pedido de pagamento da indenização por danos morais (TRT-23, RO 00013796020155230009, *DJe* 21-2-2017).

- Assalto – Acidente de trabalho – Fato de terceiro. A ocorrência de assalto enquadra-se como fato de terceiro e, nos dias de hoje, qualquer pessoa está sujeita a ser vítima desse infortúnio. Não há como imputar a responsabilidade à reclamada pelo dano sofrido pelo reclamante, sendo indevida a indenização postulada. (TRT-24, 00008752720115240022, *DJe* 03-3-2013).

5. Caso fortuito e força maior

O art. 393, parágrafo único, do Código Civil não faz distinção entre o caso fortuito e a força maior, definindo-os da seguinte forma: "*O caso fortuito ou de força maior verifica-se no fato necessário, cujos efeitos não era possível evitar ou impedir*".

O *caso fortuito* geralmente decorre de fato ou ato alheio à vontade das partes: greve, motim, guerra. Força maior é a derivada de acontecimentos naturais: raio, inundação, terremoto.

Arnoldo Medeiros da Fonseca reconhece que, no direito brasileiro, nenhuma diferenciação se estabelece mais entre os dois conceitos, em que pesem as valiosas opiniões em contrário, pelo simples motivo de faltar, segundo alega, qualquer distinção precisa entre as duas figuras do *casus* e da *vis major* (*Caso fortuito e teoria da imprevisão*, 1943, p. 116).

O que por trás de tudo isso se encontra – assinala Wilson Melo da Silva – "é apenas um '*substractum*' comum: o da ausência de toda e qualquer culpa por parte do responsável na hipótese do fortuito ou da força maior, aliada à impossibilidade absoluta (não relativa) de se cumprir aquilo por que se obrigou" (*Da responsabilidade*, cit., p. 84).

Focalizando a questão sob esse mesmo ângulo, o da ausência de culpa, salientava Arnoldo Medeiros da Fonseca que "o caso fortuito não pode jamais provir de ato culposo do obrigado, pois a própria natureza inevitável do acontecimento que o caracteriza exclui essa hipótese. Somente pode resultar de uma causa estranha à vontade do devedor, irresistível, o que já indica ausência de culpa. Se o evento decorre de um ato culposo do obrigado, não era inevitável; logo, não haverá fortuito" (*Caso*, cit., p. 13).

Para Silvio Rodrigues, "os dois conceitos, por conotarem fenômenos parecidos, servem de escusa nas hipóteses de responsabilidade informada na culpa, pois, evidenciada a inexistência desta, não se pode mais admitir o dever de reparar" (*Direito civil*, v. 2, p. 288).

Na lição da doutrina exige-se, pois, para a configuração do caso fortuito, ou de força maior, a presença dos seguintes requisitos: *a*) o fato deve ser necessário, não determinado por culpa do devedor, pois, se há culpa, não há caso fortuito; e reciprocamente, se há caso fortuito, não pode haver culpa, na medida em que um exclui o outro. Como dizem os franceses, culpa e fortuito *ces sont des choses que hurlent de se trouver ensemble*; *b*) o fato deve ser superveniente e inevitável; *c*) o fato deve ser irresistível, fora do alcance do poder humano.

O caso fortuito e a força maior, equiparados no art. 393 e parágrafo único do Código Civil, constituem excludentes da responsabilidade porque afetam a relação de causalidade, rompendo-a, entre o ato do agente e o dano sofrido pela vítima. Assim, por exemplo, se uma faísca elétrica, um raio, descobrir ou romper os fios de alta-tensão e inutilizar os isolantes, não será a empresa fornecedora da energia elétrica responsabilizada se alguém neles esbarrar e perecer eletrocutado. A menos que, informada do evento, não tome urgentes providências para sanar o problema. Confira-se:

"Responsabilidade civil – Operário eletrocutado quando pela madrugada regressava para a casa – Inexistência de culpa do empregador – Caso fortuito configurado pelas provas – Ação de indenização improcedente. Em nosso Direito, ressalvadas as exceções, a responsabilidade se esteia na culpa. Sem a prova desse elemento subjetivo, não há indenização. Tudo não passou de caso fortuito. No dia do fato, choveu muito. A vítima, que regressava de um baile, entrando pelos fundos da casa, com a roupa molhada, bateu no fio de eletricidade, cujo isolador se desprendera, em virtude do forte temporal. Não tendo havido culpa, inexiste a obrigação de indenizar" (*RT*, *369*:89).

Modernamente, na doutrina e na jurisprudência se tem feito, com base na lição de Agostinho Alvim, a distinção entre "fortuito interno" (ligado à pessoa, ou à coisa, ou à empresa do agente) e "fortuito externo" (força maior, ou *Act of God* dos ingleses). Somente o fortuito externo, isto é, a causa ligada à natureza, estranha à pessoa do agente e à máquina, excluiria a responsabilidade, principalmente se esta se fundar no risco. O fortuito interno, não. Assim, tem-se decidido que o estouro dos pneus do veículo não afasta a responsabilidade, ainda que bem conservados, porque previsível e ligado à máquina. Confira-se:

"Ação de indenização por danos materiais e morais. Consumidor. Defeito De fundamentação. Não Ocorrência. Emissão de boleto fraudulento. Responsabilidade Da Instituição Financeira. Ausência. Falha na prestação dos serviços. Inexistência. Fato exclusivo de terceiro. O fato exclusivo de terceiro consiste na atividade desenvolvida por uma pessoa sem vinculação com a vítima ou com o aparente causador do dano, que interfere no processo causal e provoca com exclusividade o dano. No entanto, se o fato de terceiro ocorrer dentro da órbita de atuação do fornecedor, ele se equipara ao fortuito interno, sendo absorvido pelo risco da atividade. No particular, o recorrido comprou um automóvel de um indivíduo, o qual havia adquirido o veículo por meio de financiamento bancário obtido junto ao banco recorrente. Em contrapartida, o recorrido assumiu o valor do financiamento que ainda estava pendente de pagamento e realizou a quitação via boleto bancário, recebido pelo vendedor através de e-mail supostamente enviado pelo recorrente. Entretanto, o boleto não foi emitido pela instituição financeira, mas sim por terceiro estelionatário, e o *e-mail* usado para o envio do boleto também não é de titularidade do banco. Sendo a operação efetuada, em sua integralidade, fora da rede bancária. Portanto, não houve falha na prestação dos serviços e a fraude não guarda conexidade com a atividade desempenhada pelo recorrente, caracterizando-se como fato exclusivo de terceiro (REsp 2.046.026-RJ, 3ª T., rel. Min. Nancy Andrighi, j. 13-6-2023, *DJe* 27-6-2023).

"Defeitos mecânicos em veículos, como o estouro dos pneus, não caracterizam caso fortuito ou força maior para isenção da responsabilidade civil" (*RJTJSP, 15*:118, *33*:88).

Se os pneus estão gastos e em mau estado de conservação, a culpa do motorista se mostra evidente. Entretanto, quando os pneus estão bem conservados, e, mesmo assim, estouram e provocam acidente, não constituiria tal fato nenhuma excludente de responsabilidade, por estar ligado à máquina (fortuito interno). Assim, também não afasta a responsabilidade do motorista qualquer outra causa ligada à máquina, como a quebra da barra de direção e o rompimento do "burrinho" dos freios.

Veja-se:

"Como casos fortuitos ou de força maior não podem ser consideradas quaisquer anormalidades mecânicas, tais como a quebra ou ruptura de peças, verificadas em veículos motorizados" (*RF, 161*:249).

"Não se considera caso fortuito o rompimento do 'burrinho' dos freios do veículo. O dono do veículo, cujo motorista foi culpado de acidente, deve indenizar despesas médico-hospitalares comprovadas e as com a vistoria *ad perpetuam rei memoriam*, além das despesas com o conserto do carro danificado" (*RT, 431*:74).

Também não afasta a responsabilidade a causa ligada à pessoa, como, por exemplo, o mal súbito.

Há, entretanto, alguns acórdãos em sentido contrário, como se pode ver:

"Responsabilidade civil – Acidente de trânsito – Evento consequente de estouro de pneu, que estava em bom estado de conservação – Hipótese de caso fortuito – Indenizatória improcedente" (*JTACSP, 68*:48).

"A ruptura da 'borrachinha' dos freios é totalmente imprevisível ao motorista do veículo, que só a constata quando da inoperância daqueles. Assim sendo, é perfeitamente normal o fato de o veículo trafegar com seus sistemas de freios atuando eficientemente e, inesperadamente, o mesmo se tornar inoperante" (*RT, 351*:362).

"Se o abalroamento do poste de iluminação pública se deu em virtude de caso fortuito, por ter-se escapado, ocasionalmente, o terminal da barra de direção do automóvel, o seu proprietário está isento de qualquer responsabilidade pelos danos resultantes" (*RT, 346*:336).

"O mal súbito que acomete motorista hígido, levando-o a perder o controle do veículo, equipara-se ao caso fortuito, o qual exclui a responsabilidade civil" (*RT, 453*:92).

Os últimos acórdãos transcritos mais se aproximam da lição da doutrina, especialmente da lição de Agostinho Alvim, segundo a qual o fortuito interno será suficiente para a exclusão da responsabilidade, se esta se fundar na culpa. Vejamos a referida lição:

"A distinção que modernamente a doutrina vem estabelecendo, aquela que tem efeitos práticos e que já vai-se introduzindo em algumas leis, é a que vê no caso fortuito um impedimento relacionado com a pessoa do devedor ou com a sua empresa, enquanto que a força maior é um acontecimento externo.

Tal distinção permite estabelecer uma diversidade de tratamento para o devedor, consoante o fundamento da sua responsabilidade.

Se esta fundar-se na culpa, bastará o caso fortuito para exonerá-lo. Com maioria de razão o absolverá a força maior.

Se a sua responsabilidade fundar-se no risco, então o simples caso fortuito não o exonerará.

Será mister haja força maior, ou, como alguns dizem, caso fortuito externo" (*Da inexecução das obrigações e suas consequências*, 3. ed., p. 315, n. 208).

Para que o fortuito externo possa excluir a responsabilidade (fundada no risco), ou mesmo o interno (quando a responsabilidade se funda na culpa, como nos acidentes automobilísticos), faz-se, entretanto, mister que o fato não seja devido a qualquer culpa do autor do dano, ainda que indireta ou remota.

Nas anteriores edições deste livro assim nos posicionamos:

"Acreditamos que cada caso deve ser particularmente apreciado. Pois, embora se possa ter como regra geral que o fortuito interno exclui a responsabilidade em acidentes automobilísticos, em certos casos a quebra da barra de direção, fatos conscientes determinantes da ruptura do 'burrinho' e das borrachas do freio, acidentes de rodas que se desprendam do veículo, podem traduzir um descuido relativamente à conservação do veículo, especialmente daqueles submetidos a diuturna utilização, e revelar uma modalidade de culpa que afasta a caracterização do *casus*. Da mesma forma, o fato de o motorista, que sofreu o ataque cardíaco, ter consciência do seu precário estado de saúde e ter insistido em assumir o volante. Assim também com relação ao estouro dos pneus: deixaria de ser considerado caso fortuito, se um mínimo de culpa pudesse vir a ser imputado ao dono do veículo ou a preposto seu.

A propósito, Wilson Melo da Silva transcreve acórdão do Tribunal de Bari, na Itália, que bem aclara a espécie: 'O estouro do pneumático de uma das rodas do veículo, que o leve à produção de um dano, não pode, contudo, ser tido por um caso fortuito ou de força maior, quando tal se deva à qualidade do pneumático e ao excessivo peso do veículo. Somente em casos excepcionais, o estouro do pneu pode constituir um fortuito, quando se prova que isso aconteceu, por exemplo, em decorrência das particulares condições da estrada, ou por evento não previsível e que, de nenhum modo, pudesse vir a ser atribuído ao motorista' (*Da responsabilidade*, cit., p. 122-3)".

Hoje, no entanto, em razão dos novos rumos da responsabilidade civil, que caminha no sentido da responsabilidade objetiva, buscando dar melhor proteção à vítima de modo a não deixá-la irressarcida, valendo-se, para alcançar esse desiderato, dentre outras, da teoria do exercício de atividade perigosa, considerando-se como tal o uso de veículos para cômodo do proprietário, observamos uma tendência cada vez maior no sentido de não se admitir a exclusão da responsabilidade em acidentes automobilísticos em casos de fortuito interno (problemas ou defeitos ligados à máquina e ao homem).

Somente o fortuito externo, isto é, a causa ligada à natureza, estranha à pessoa do agente e à máquina, exclui a responsabilidade, por ser imprevisível.

Assim, um raio que atinge subitamente uma condução, provocando a perda da direção e um acidente com danos, afasta a responsabilidade do motorista, pelo rompimento da relação de causalidade. O evento natural é uma causa estranha, não se relacionando ao veículo. Diferente a solução se o motorista se aventurar a transitar em local onde há inundação, ou durante uma tempestade, ou quando se abate sobre o lugar um tufão. A culpa, neste caso, exsurge da conduta imprudente em dirigir sem condições de segurança.

O fortuito interno, em que a causa está ligada à pessoa (como quando ocorre um mal súbito) ou à coisa (defeitos mecânicos, como estouro dos pneus, rompimento dos "burrinhos" dos freios ou da barra de direção), não afasta a responsabilidade do agente, ainda que o veículo esteja bem cuidado e conservado, porque previsível. Defeitos mecânicos são previsíveis.

Decidiu, nessa mesma orientação, a jurisprudência:

"Quem põe em circulação veículo automotor assume, só por isso, a responsabilidade pelos danos que do uso da coisa resultarem para terceiros. Os acidentes, inclusive os determinados por defeitos da própria máquina, são fatos previsíveis e representam um risco que o condutor de automóveis assume, pela só utilização da coisa, não podendo servir de pretexto para eximir o autor do dano do dever de indenizar" (*RT, 416*:345).

No cível, a culpa, ainda que levíssima, obriga a indenizar. É possível, no entanto, a total ausência de culpa, por exemplo, no estouro de um pneu novo. Mas tal fato sempre pode ser previsto, devendo o motorista adaptar a velocidade de modo a não perder o controle na eventualidade de um estouro. Na hipótese de não haver a menor culpa, incide a responsabilidade objetiva, decorrente unicamente do ônus da propriedade do veículo, como assinala Arnaldo Rizzardo, que complementa: "Há de ser assim. Injusto e contrário à equidade se negue o direito ao ressarcimento em favor do prejudicado, livrando o causador da obrigação da reparação" (*A reparação*, cit., p. 66).

Aplica-se, nesses casos, a teoria do exercício da atividade perigosa. Quem assume o risco do uso da máquina, desfrutando os cômodos, deve suportar também os incômodos.

Já Savatier havia salientado a impossibilidade de se exonerar a responsabilidade do agente em face de defeitos mecânicos, como a ruptura de uma mola, de um freio ou da direção, a projeção de pedregulhos pelas rodas, o estouro de um pneu, afirmando: "Mas, desde que o art. 1.384 pôs a cargo do dono da coisa o vício ou o fato próprio desta, estes fenômenos, ainda que imprevisíveis e inevitáveis, por eles não afastam mais sua responsabilidade".

O "mal súbito que faz perder os sentidos, ou provoca a morte, importa em indenização pelos danos advindos, não se enquadrando, pois, na excludente de responsabilidade. É, em si, um caso fortuito. Entretanto, para efetivar-se a justiça, cumpre não se deixe a vítima prejudicada, na hipótese de ser atingida pelo veículo desgovernado" (Arnaldo Rizzardo, *A reparação*, cit., p. 68, n. 7.4.8).

A derrapagem e o ofuscamento, por corriqueiros e previsíveis, não elidem o dever de indenizar.

Já o furto de veículos é considerado, em tese, caso fortuito, se o proprietário foi diligente em sua custódia, mas, mesmo assim, não conseguiu evitar o furto ou o roubo. Não é ele responsável pelo dano causado pelo ladrão, a menos que se tenha mostrado negligente na guarda (*v.*, a propósito, *Privação da guarda e responsabilidade*: Livro II, Título I, Capítulo I, Seção III, n. 4, *retro*).

A jurisprudência brasileira admitiu expressamente a distinção entre o caso fortuito externo (força maior) e o caso fortuito interno, identificando, neste último, situações de risco inerentes à atividade do agente. A hipótese consagrada é a prevista na Súmula 479 do Superior Tribunal de Justiça, que dispõe: "As instituições financeiras respondem objetivamente pelos danos gerados por fortuito interno relativo a fraudes e delitos praticados por terceiros no âmbito de operações bancárias". Em outros termos, como observa Bruno Miragem, in *Direito civil: responsabilidade civil*, Saraiva, 2015, p. 248, "a Súmula 479 consagra entendimento daquela Corte no sentido de que as fraudes e delitos praticados por terceiros, no curso das operações bancárias, integram-se à esfera de risco da instituição financeira, de modo que os danos daí decorrentes são de sua responsabilidade. Será o caso de desvio de recursos por terceiros, como os praticados na internet ou mesmo em terminais de autoatendimento, por exemplo".

Observa-se que inexiste uma rígida divisão entre a área do fortuito interno e a do externo, pois a avaliação do que se submeterá a uma ou outra dependerá da natureza da atividade causadora do dano, como asseveram Cristiano Chaves de Farias, Felipe Braga Netto e Nelson Rosenvald (*Novo tratado de responsabilidade civil*, Saraiva, 2.ed., 2017, p. 485): "No transporte de ônibus, por exemplo, como vimos, um fenômeno climático poderá exonerar o transportador da obrigação de indenizar, porém não se diga o mesmo de uma intempérie no transporte aéreo. A alta tecnologia aplicada a essa atividade é toda direcionada à evitabilidade de eventos da natureza, sendo que eventual acidente será, via de regra, introduzido no fortuito interno. Outrossim, um assalto a mão armada de um ônibus poderá ser aferido como fortuito externo, porém igual conclusão será inidônea, tratando-se de assaltos em agências bancárias ou no interior de um *shopping center*".

A propósito, proclama o Enunciado n. 443 do Conselho de Justiça Federal: "O caso fortuito e a força maior somente serão considerados como excludentes da responsabilidade civil quando o fato gerador do dano não for conexo à atividade desenvolvida".

JURISPRUDÊNCIA

5.1. Queda de árvore – Vendaval – Caso fortuito ou força maior

- Responsabilidade civil – Queda de árvores sobre veículo em estabelecimento de escola municipal – Não cabimento – Danos atribuídos à omissão do Município – Inexistência de omissão – Não comprovação do nexo de causalidade – Ocorrência de chuvas fortes e ventania, acima dos padrões normais (fenômeno da natureza) – Caso de força maior – Ausência de responsabilidade do Município – Ação julgada improcedente – Recurso não provido (TJSP, Apel. 1028269-91.2016.8.26.0577, 6ª Câm. Dir. Público, rel. Des. Reinaldo Miluzzi, *DJe* 2-3-2018).

- Responsabilidade civil – Automóvel danificado por queda de árvore – Caso fortuito ou força maior – Vendaval – Culpa não comprovada da Prefeitura – Ação de indenização improcedente – Aplicação do art. 1.058 do CC [*de 1916, atual art. 393*] (*RT, 587*:139).

- Responsabilidade civil – Queda de árvore – Danos causados à rede de alta e baixa tensão – Fato decorrente de forte temporal – Caso fortuito – Indenização indevida. Exclui-se a responsabilidade de indenizar os prejuízos causados, se o fato se deu em razão de caso fortuito (*RT, 608*:217).

5.2. Alegação de defeitos mecânicos no veículo – Irrelevância – Indenização devida

■ Responsabilidade civil – Dano mecânico do veículo. O dever de indenizar decorre do fato de o veículo do demandado, ainda que com pane, efetivamente provocou danos no veículo do autor. A responsabilidade civil do autor, proprietário do carro, está caracterizada, tanto que a seguradora acionada arcou com os danos materiais advindos da colisão. Se o acidente ocorreu por falha mecânica do automóvel do requerido, isso não o exime de sua responsabilidade perante o autor (TJRS, Apel. 71.004906129, 1ª T. Recursal Cível, T. Recursais, rel. Fabiana Zilles, *DJe* 29-1-2015).

■ Responsabilidade civil – Caso fortuito – Descaracterização. Não caracteriza caso fortuito a quebra da barra de direção, por constituir descuido relativo à revisão à qual todo veículo deveria ser submetido, mormente aquele com maior tempo de uso (*RT, 655*:164).

■ Responsabilidade civil – Atropelamento – Alegação de defeitos mecânicos no veículo – Irrelevância – Indenização devida. Não pode o responsável pelo dano causado por ato ilícito escudar-se em sua própria negligência, alegando defeitos em seu veículo, os quais a ele competia sanar. Todavia, mesmo que não tenha ele agido com culpa, ainda assim deve indenizar a vítima, aplicando-se o princípio do risco objetivo (*RT, 610*:110).

5.3. Furto de carga transportada – Caso fortuito ou força maior não caracterizados

■ Transporte de mercadorias – Furto da carga transportada – Presunção de culpa da transportadora – Caso fortuito ou força maior não caracterizados – Eximentes só reconhecíveis quando eliminada a relação de causalidade entre o dano e o desempenho do contrato – Dever de reembolsar à seguradora a quantia por esta paga ao segurado – Aplicação dos arts. 101 do CComercial e 1º da Lei 2.681/12 (*RT, 620*:119).

5.4. Roubo de veículo de estacionamento

■ Roubo de veículo em estacionamento de lanchonete – Força maior – O roubo, mediante uso de arma de fogo, em regra, é fato de terceiro equiparável a força maior, que deve excluir o dever de indenizar, mesmo no sistema de responsabilidade civil objetiva (STJ, AgRg no REsp 1.218.620-SC, 3ª T., Min. Villas Bôas Cueva, *DJe* 22-8-2013).

■ Roubo de veículo de estacionamento – Força maior não configurada diante da manifesta negligência do réu – Aplicação, ademais, do princípio do risco criado – Verba devida (*RJTJSP, 101:*141).

■ Estacionamento de veículos – Guarda explorada mediante paga dos usuários – Contrato de depósito caracterizado – Indenização por furto de automóvel devida – Escusa somente na hipótese de caso fortuito ou força maior – Prova do desaparecimento da coisa através de Boletim de Ocorrência admissível (*RT, 638*:92).

- Responsabilidade civil – Ação de indenização por danos morais e materiais – Roubo perpetrado no estacionamento do estabelecimento comercial diverso de instituição financeira – Fato exclusivo de terceiro – Fortuito externo (AgInt no REsp 1.888.572-SP, 3ª T., rel. Min. Marco Aurélio Bellizze, j. 15-12-2020, *Dje* 18-12-2020).

5.5. Roubo da carga durante o trajeto do veículo – Força maior

- Contrato de transporte de mercadoria – Roubo de parte da carga em assalto à mão armada – Responsabilidade objetiva do transportador. Sendo incontroversa a ocorrência do assalto, e não configurando, tal fato, hipótese de excludente da responsabilidade do transportador pela carga transportada, porquanto, nos dias atuais, o evento roubo não pode ser considerado força maior, correta a sentença que condenou a ré a ressarcir à autora os danos materiais quantificados na inicial, os quais sequer foram impugnados pela demandada (RJRS, Apel. 70.029.793.015, 12ª Câm. Cív., rel. Des. Ana Lúcia Rebout, *DJe* 22-3-2012).

- Transporte de mercadoria – Roubo da carga durante o trajeto do veículo – Responsabilidade do transportador – Força maior – A presunção de culpa do transportador pode ser elidida pela prova da ocorrência de força maior (Decreto n. 2.681/1912, art. 1º, § 1º) – O roubo da mercadoria em trânsito, uma vez comprovado que o transportador não se desviou das cautelas e precauções a que está obrigado, configura força maior, suscetível, portanto, de excluir a responsabilidade, nos termos da regra jurídica acima referida (REsp 43.756-3-SP, 4ª T., rel. Min. Torreão Braz, j.13-6-1994, *DJU*, 1º-8-1994, p.18658, n.145).

5.6. Assalto à mão armada dentro de ônibus – Causa estranha ao transporte

- Transporte de passageiros – Incidência da excludente da responsabilidade civil em caso de assalto à mão armada ocorrido dentro de ônibus de empresa transportadora de passageiros, por entender tratar-se de fato inteiramente alheio ao transporte em si (TJSP, Apel. 0051667-36.2010.8.26.0564, *DJe* 27-1-2015).

5.7. Instituições bancárias – Delitos ou fraudes praticados por terceiros

- Responsabilidade civil – As instituições bancárias respondem objetivamente pelos danos causados por fraudes ou delitos praticados por terceiros – como, por exemplo, abertura de conta-corrente ou recebimento de empréstimos mediante fraude ou utilização de documentos falsos –, porquanto tal responsabilidade decorre do risco do empreendimento, caracterizando-se como fortuito interno (STJ, REsp 1.199, 782-PR, 4ª T., rel. Min. Luis Felipe Salomão, *DJe* 12-9-2011).

- Assalto na agência bancária – Dano moral – Gerente de banco como vítima – Responsabilidade objetiva da instituição bancária reconhecida (TST, Rec. de Revista RR 2009500-21.2007.5.02.0054, 1ª T., rel. Min. Hugo Carlos Scheuermann, *DEJT* 29-11-2013).

- Indenização por danos materiais e morais – Consumidor – Defeito de fundamentação – Não ocorrência – Emissão de boleto fraudulento – Responsabilidade da instituição financeira – Ausência – Falha na prestação dos serviços. Inexistência. Fato exclusivo de terceiro (REsp 2.046.026-RJ, 3ª T., rel. Min. Nancy Andrighi, j. 13-6-2023, *DJe* de 27-6-2023).

V., também, *O transporte terrestre*: Livro II, Título I, Capítulo II (Responsabilidade contratual), Seção I, n. 2.2.1, *retro*.

6. Cláusula de irresponsabilidade ou de não indenizar

Para Aguiar Dias, "a cláusula ou convenção de irresponsabilidade consiste na estipulação prévia por declaração unilateral, ou não, pela qual a parte que viria a obrigar-se civilmente perante outra afasta, de acordo com esta, a aplicação da lei comum ao seu caso. Visa anular, modificar ou restringir as consequências normais de um fato da responsabilidade do beneficiário da estipulação" (*Da responsabilidade*, cit., t. 2, p. 702, n. 216).

Em outras palavras, é o acordo de vontades pelo qual se convenciona que determinada parte não será responsável por eventuais danos decorrentes de inexecução ou de execução inadequada do contrato. É o caso, por exemplo, do dono de garagem que declara, com a concordância do cliente, não se responsabilizar pelo desaparecimento de objetos deixados no veículo.

Como se vê, a cláusula de irresponsabilidade tem por função alterar, em benefício do contratante, o jogo dos riscos, pois estes são transferidos para a vítima (cf. Aguiar Dias, *Cláusula de não indenizar*, 2. ed., Rio de Janeiro, 1955, p. 95, n. 35).

Muito se discute a respeito da validade de tal tipo de cláusula. Para alguns, seria uma cláusula imoral, porque contrária ao interesse social. Vedando-a, principalmente nos contratos de adesão, estar-se-á protegendo a parte economicamente mais fraca (Aguiar Dias, *Cláusula,* cit., n. 15). Outros, entretanto, defendem-na, estribados principalmente no princípio da autonomia da vontade: as partes são livres para contratar, desde que o objeto do contrato seja lícito.

Nosso direito não simpatiza com as cláusulas de irresponsabilidade. O Decreto n. 2.681, de 1912, considera nulas quaisquer outras cláusulas que tenham por objetivo a diminuição da responsabilidade das estradas de ferro. A jurisprudência, de forma torrencial, não a admite nos contratos de transporte, sendo peremptória a Súmula 161 do Supremo Tribunal Federal, nestes termos:

"Em contrato de transporte, é inoperante a cláusula de não indenizar".

E o Código Civil, no art. 734, preceitua:

"O transportador responde pelos danos causados às pessoas transportadas e suas bagagens, salvo motivo de força maior, sendo nula qualquer cláusula excludente da responsabilidade".

O Código de Defesa do Consumidor (Lei n. 8.078, de 11-9-1990), que se aplica atualmente a mais ou menos 80% dos contratos, por sua vez não admite a estipulação da referida cláusula nas relações de consumo. Com efeito, em seu art. 24 o aludido diploma diz que é "vedada a exoneração contratual do fornecedor". E, no art. 25, proclama: "É vedada a estipulação contratual de cláusula que impossibilite, exonere ou atenue a obrigação de indenizar prevista nesta e nas Seções anteriores". Não bastasse, em seu art. 51, ao tratar das cláusulas abusivas, considera nulas de pleno direito as cláusulas que "impossibilitem, exonerem ou atenuem a responsabilidade do fornecedor por vícios de qualquer natureza dos produtos e serviços ou impliquem renúncia ou disposição de direitos", incluídos aqui os acidentes de consumo e os vícios redibitórios.

Conforme observação feita por Nelson Nery Junior, hoje em dia "é muito comum observarmos essas cláusulas de exclusão da responsabilidade civil em avisos existentes em estacionamentos de automóveis, por exemplo, que, a partir da entrada do CDC, não mais poderão ter eficácia" (Aspectos da responsabilidade civil do fornecedor no Código de Defesa do Consumidor, *Revista do Advogado, 33*:78-9). Mesmo que tenha havido consentimento do consumidor, a excludente não terá validade, pois o art. 1º do aludido diploma dispõe que todas as suas normas são de ordem pública.

Como o Código de Defesa do Consumidor permanece em vigor, no que não contraria o Código Civil, a grande maioria dos contratos continua não admitindo cláusula de não indenizar. Mesmo no restrito campo dos contratos não regidos pela legislação consumerista várias limitações são impostas à referida cláusula. A sua validade dependerá da observância de alguns requisitos, quais sejam:

a) *Bilateralidade de consentimento* – Considera-se inteiramente ineficaz declaração feita unilateralmente. Veja-se: "A cláusula de não indenizar só tem cabimento quando estabelecida com caráter de transação, não podendo ser deduzida de fórmulas impressas não integrantes do contrato, nem de avisos afixados em paredes" (*RT, 533*:76, *563*:146).

b) *Não colisão com preceito de ordem pública* – Ainda que haja acordo de vontades, não terá validade se visa afastar uma responsabilidade imposta em atenção a interesse de ordem pública ou aos bons costumes. Somente a norma que tutela mero interesse individual pode ser arredada pela referida cláusula (Aguiar Dias, *Da responsabilidade*, cit., t. 2, p. 702).

c) *Igualdade de posição das partes* – Tal requisito impede a sua inserção nos contratos de adesão. Seria até imoral admitir-se a ideia de alguém, justamente a parte que se encontra em melhor situação por elaborar e redigir todas as cláusulas do contrato sem qualquer participação do aderente, fugir à responsabilidade pelo inadimplemento da avença, por sua deliberada e exclusiva decisão. A propósito, dispõe a *Súmula 161 do Supremo Tribunal Federal*: "Em contrato de transporte, é inoperante a cláusula de não indenizar". A jurisprudência, no entanto, tem admitido, algumas vezes, embora com muitas divergências, a cláusula limitativa de responsabilidade no transporte marítimo, desde que corresponda à redução de tarifa e não torne irrisória a indenização.

d) *Inexistência do escopo de eximir o dolo ou a culpa grave do estipulante* – Não se admite cláusula de exoneração de responsabilidade em matéria delitual, pois seu domínio se restringe à responsabilidade contratual. Mesmo nesse campo, a cláusula não abrange os casos de dolo ou culpa grave. Se fossem admitidos, teríamos como consequência a impunidade em hipóteses de ações danosas de maior gravidade, contrariando a própria ideia de ordem pública.

e) *Ausência da intenção de afastar obrigação inerente à função* – A cláusula de não indenizar não pode ser estipulada para afastar ou transferir obrigações essenciais do contratante. O contrato de compra e venda, por exemplo, estaria desnaturado se o vendedor pudesse convencionar a dispensa de entregar a coisa vendida. Nessa ordem, o Tribunal de Justiça de São Paulo afastou a validade de cláusula existente nos estatutos, que excluía a responsabilidade de sanatório por eventuais danos sofridos pelos doentes mentais internados, nos seguintes termos: "Não é válida – não pode sê-lo sem grave contradição lógico-jurídica – estipulação negocial de irresponsabilidade, nos casos de instituições que tomem a seu cargo, de maneira provisória ou definitiva, a título gratuito ou oneroso, o tratamento ou a guarda de doentes mentais, porque se considera inerente à função assumida a obrigação de velar pela integridade física dos internos. Conclui a propósito a doutrina que, em resumo, no tocante à integridade da vida e da saúde, exclui-se, sempre e sempre, a cláusula de irresponsabilidade" (*RJTJSP, 126*:159).

Confira-se a jurisprudência:

"*Responsabilidade civil* – Estabelecimento de banho turco – Joia guardada em armário por cliente – Desaparecimento – Ação contra o proprietário – Procedência.

O proprietário de estabelecimento de banho turco responde pelo furto de joia que cliente deixou guardada em armário fechado a chave.

É ineficaz aviso afixado nas paredes de que o dono não se responsabiliza por pertences de usuários" (*RT, 533*:76).

Em alguns casos se tem entendido que a cláusula terá validade se corresponder a uma vantagem para o outro contratante. Por exemplo, em caso de transporte de mercadorias, se corresponder a uma redução da tarifa em favor de quem a despachou.

Silvio Rodrigues lembra, ainda, que "é unânime o entendimento de que a cláusula de não indenizar não pode eximir o dolo do estipulante. Seria da maior imoralidade admitir-se a ideia de alguém fugir à responsabilidade pelo inadimplemento da avença, por sua deliberada e exclusiva decisão. Aliás, na hipótese a cláusula seria ineficaz em virtude do disposto no art. 115 do Código Civil [*art. 122 do atual Código*], que veda as condições potestativas" (*Direito civil*, cit., p. 187). E conclui afirmando que, "no respeitante a seus efeitos, pode-se dizer que a falta grave ao dolo se assimila".

Álvaro Luiz Damásio Galhanone, em trabalho sobre o tema publicado na *RT*, v. 565, apresenta, à p. 30, a seguinte síntese conclusiva: "A cláusula de não indenizar é, portanto, convenção que, em princípio, deve ser reputada válida e eficaz, desde que regularmente discutida e aceita por ambas as partes, posicionadas em igualdade absoluta. Exatamente por esse motivo, não pode merecer guarida sempre que, por qualquer razão, encontrarem-se os contratantes em situações diversas, rompendo-se, assim, o equilíbrio entre eles e a possibilidade de uma livre negociação. Dentre todas as restrições que pode sofrer, é a de maior importância a que condiz com sua aplicação nos contratos de adesão. E nem poderia ser de outra forma, posto que as figuras jurídicas, fruto da evolução histórica, só podem ter sentido e merecer aceitação quando destinadas não à satisfação de interesses meramente particulares, mas, sim, aos anseios do próprio homem, este o único e verdadeiro objetivo da Ciência Jurídica e dos ideais da justiça".

Lembra, ainda, no mesmo trabalho, que múltiplas são as aplicações da cláusula de não indenizar, em diversas espécies de contratos, tais como: *a*) na compra e venda, no que condiz com a não garantia em razão de falta de área, com referência à evicção e relativamente aos vícios redibitórios; *b*) nos depósitos de bagagens dos hóspedes nos estabelecimentos hoteleiros; *c*) no contrato de depósito bancário; *d*) nos contratos de seguro, de mandato e de locação. E, ainda, em típicos contratos de adesão, como os contratos de *leasing*, contratos ligados ao Sistema Financeiro da Habitação, contratos de utilização de cartões de crédito etc. (*RT, 565*:21-31).

O referido trabalho foi escrito antes da vigência do Código de Defesa do Consumidor. Muitos dos contratos citados são, hoje, regidos pelo aludido diploma, que não admite, como já frisado, cláusula de não indenizar. A validade de cláusula dessa natureza dependerá da observância dos requisitos já expostos, quais sejam: bilateralidade de consentimento; não colisão com preceito cogente de lei (como o são as normas do CDC), com a ordem pública e com os bons costumes; igualdade de posição das partes (o que não acontece nos contratos de adesão); inexistência do escopo de eximir o dolo ou culpa grave do estipulante; e ausência da intenção de afastar obrigação inerente à função.

O Tribunal de Justiça de São Paulo deixou assentado, como anteriormente mencionado, que a existência de norma excludente de responsabilidade nos estatutos, ou no regulamento do sanatório, ainda que conhecida pelo credor da teórica indenização, não tem nenhuma validade jurídica em qualquer caso de acidente gravoso a doente mental (mesmo porque se trata de prestador de serviço, cuja atividade é regida pelo Código de Defesa do Consumidor). A instituição assume o dever jurídico de vigilância, contraído *ipso facto* no ato de hospedar, independentemente do seu caráter gratuito ou oneroso, o qual repousa, por analogia, no art. 1.521, II, do Código Civil [*de 1916, correspondente ao art. 932, II, do atual diploma*] (*RJTJSP, 126*:159).

Frisou o relator, Des. César Peluso, que essa responsabilidade é "alérgica a exclusão, ou limitação, de índole convencional, assente em cláusula de não indenizar, e, '*a fortiori*', quando objeto de mera declaração unilateral de vontade. Não é válida – não pode sê-lo sem grave contradição lógico-jurídica – estipulação negocial de irresponsabilidade, nos casos de instituições que tomem a seu cargo, de maneira provisória ou definitiva, a título gratuito ou oneroso, o tratamento ou a guarda de doentes mentais, porque se considera inerente à função assumida a obrigação de velar pela integridade física dos internos. Conclui, ao propósito, a doutrina que, 'em resumo: no tocante à integridade da vida e da saúde, exclui-se, sempre e sempre, a cláusula de irresponsabilidade. Se isso é verdadeiro para o contratante atingido, com maioria de razão o é para os beneficiados da vítima dos acidentes pessoais, de forma que, ainda que à cláusula se atribuísse qualquer valor, não haveria como reconhecer-lhe força para ser oposta aos credores de indenização por morte do contratante' (José de Aguiar Dias, '*Cláusula de Não Indenizar*', RJ, Forense, 4ª ed., 1980, ps. 238-239, n. 94). Se não o é a própria cláusula, enquanto manifestação contratual típica, muito menos pode sê-lo declaração unilateral de vontade, petrificada em disposições estatutárias ou regulamentares, ou não aceita pelo eventual credor da obrigação indenizatória".

Tem-se por não escrita cláusula dessa natureza em contratos bancários de locação de cofres a clientes (*RJTJSP, 125*:216; *RT, 616*:32) (v. *Responsabilidade dos bancos pelo roubo de bens depositados em seus cofres*, Livro II, Título I, Capítulo II (Responsabilidade contratual), Seção II, n. 4, *retro*.

JURISPRUDÊNCIA

6.1. Restaurante – Chaves do veículo entregues a manobrista – *Ticket* com menção a cláusula de não indenizar – Ineficácia

■ Estacionamento de veículo – Chaves entregues a manobrista, preposto de restaurante – *Ticket* com menção a cláusula de não indenizar – Ineficácia – Furto de carro – Responsabilidade plena – Indenização devida – Embargos infringentes rejeitados. Caracterizado o contrato, cujo cumprimento confessadamente inocorreu, exsurge a responsabilidade contratual plena, dado que a pretensa cláusula de não indenizar, ou de irresponsabilidade, não é válida e não cognasceu com o contrato, inadmitindo-se que produza efeitos exoneratórios. O contrato não se reduz ao puro manobrar o veículo, mas o de guardá-lo, posto que há tradição das chaves. O dever de guarda do veículo implica em zelar por sua incolumidade e devolução sem danos. É, pois, inequívoca a responsabilidade do estabelecimento (TJSP, 1ª Câm., EI 77.793-1-SP, rel. Des. Renan Lotufo, j. 27-2-1987, v. un., *Boletim da AASP*, n. 1.523, p. 43).

■ Indenização – Furto de veículo estacionado em via pública, sob a responsabilidade de manobrista contratado pelo restaurante – Cláusula de isenção da responsabilidade que deve ser tida como não escrita no "ticket" dado ao proprietário do veículo furtado – Verba devida – Embargos rejeitados (TJSP, EI 61.543-1-SP, *RJTJSP*, *103*:339).

6.2. Hotel – Furto em apartamento de hóspede – Ineficácia de aviso afixado nos quartos

■ Responsabilidade – Hotel – Furto em apartamento de hóspede – Indenização devida pelo hoteleiro – Ineficácia de aviso afixado nos quartos. O hospedeiro responde, como depositário, pelos prejuízos causados à bagagem de seus hóspedes. Tratando-se de responsabilidade legal, para dela isentar-se teria de provar a culpa ou concorrência de culpa do hóspede no caso de que se trata. Prejuízo de dinheiro e de perda de máquina fotográfica de valor. "A lei brasileira não faz distinção entre os valores integrantes da bagagem do hóspede, se de maior ou menor valor, se roupas ou se dinheiro, de sorte a permitir ao julgador mandar indenizar determinados valores, e não outros." Voto vencido, no sentido de que não pode ser responsabilizado o hospedeiro pelo desaparecimento do dinheiro, por ter posto o cofre do hotel à disposição dos hóspedes (TJRJ, *RT*, *572*:177).

■ Hotel – Responsabilidade civil – Desaparecimento de bagagem de hóspede, contendo três aparelhos de videocassete – Hipótese de depósito necessário – Indenização devida – Aviso de que existem cofres à disposição dos hóspedes para a guarda de dinheiro e de objetos que se relacionam a joias e valores, não a aparelhos como os desaparecidos. Por força do depósito necessário previsto no art. 1.284 do CC [*de 1916, art. 649 do atual*], cumpre ao hospedeiro assegurar a incolumidade pessoal do hóspede no local, bem como a de seus bens que se achem em poder dele, sendo irrelevante o fato de os bens desaparecidos não serem de uso próprio, eis que caracterizados como bagagem (*RT*, *632*:96).

6.3. Turismo – Excursão em grupo – Desvio de malas – Cláusula de não indenizar

■ Responsabilidade civil – Contrato de transporte – Turismo – Excursão em grupo – Desvio de malas – Cláusula de não indenizar – Interpretação de cláusulas impressas em folheto publicitário – Responsabilidade reconhecida – Indenizatória procedente (*JTACSP*, Saraiva, *74*:139).

6.4. Transporte marítimo – Mercadoria extraviada – Cláusula limitativa da indenização

■ Transporte marítimo – Cláusula limitativa de responsabilidade do transportador. O Decreto n. 19.437, de 10-12-1930, em seu artigo 1º, reputa não escrita a cláusula restritiva ou modificativa da obrigação, e a tanto equivale a limitação, a valor irrisório, do montante de indenização. Recurso especial conhecido e provido (STJ, REsp 644, 4ª T., rel. Min. Barros Monteiro).

■ Responsabilidade civil – Transporte marítimo – Mercadoria extraviada – Cláusula limitativa de responsabilidade – Artigo 1º do Decreto 19.437/30 – Consideração como não escrita – Recurso especial conhecido e provido (STJ, REsp 2.419, 4ª T., rel. Min. Fontes de Alencar, j. 24-41990).

V., também, *O transporte marítimo*, Livro II, Título I, Capítulo II (Responsabilidade contratual), n. 2.2.3, *retro*.

7. A prescrição

Prescrita a pretensão à reparação de danos, fica afastada qualquer possibilidade de recebimento da indenização. A responsabilidade do agente causador do dano se extingue.

A obrigação de reparar o dano é de natureza pessoal. Contudo, a prescrição não ocorre no prazo geral de dez anos do art. 205 porque o art. 206, que estipula prazos especiais, dispõe:

"Art. 206. Prescreve:

(...)

§ 3º Em três anos:

(...)

V – a pretensão de reparação civil".

Merece encômios a redução dos prazos prescricionais no atual Código Civil, para dez anos, quando a lei não lhe haja fixado prazo menor (prazo geral, art. 205); e para três anos, o da pretensão à reparação civil (prazo especial), visto que o sistema do Código Civil de 1916, que previa o prazo de vinte anos para as ações pessoais, nele incluídas o das ações de reparação de dano em geral, era objeto de severas críticas por parte de muitos juristas, que censuravam o legislador por conservar, "em face do ritmo da vida moderna, critério cabível nos remotos tempos em que as comunicações se resumiam na precariedade e na lentidão das viagens a cavalo. A adoção de prazos prescricionais mais curtos irá integrar o sistema de prescrição do direito brasileiro na moderna orientação, já aceita pela maioria das legislações" (Aguiar Dias, *Da responsabilidade*, cit., p. 750).

Não há previsão de prazo menor para a prescrição da pretensão de reparação civil contra a Fazenda Pública, como havia no Código Civil de 1916.

Sustentam alguns que o Decreto n. 20.910, de 6 de janeiro de 1932, que estabelece o prazo de cinco anos para a prescrição de direitos e ações contra a Fazenda Pública, encontra-se ainda em vigor. Todavia, tal decreto deve ser entendido como regra geral e aplicado quando não houver outro prazo fixado por lei, como já decidiu o extinto 2º Tribunal de Alçada Civil de São Paulo (Ap. 616.174-00/7, 9ª Câm., rel. Juiz Eros Piceli, j. 21-11-2001).

O fato de o Código Civil em vigor ter, no art. 43, tratado expressamente da responsabilidade civil do Estado, reproduzindo norma que já constava da Constituição e apenas acrescentando a palavra "interno", demonstra que tal matéria foi regulada pelo aludido diploma, devendo ser-lhe aplicadas as regras gerais, inclusive as concernentes à prescrição.

Deve-se ainda ponderar que o objetivo do aludido Decreto n. 20.910/32 era, nitidamente, beneficiar a Fazenda Pública, não podendo, por isso, permanecer em vigor diante de nova norma mais benéfica, trazida a lume pelo art. 206, § 3º, do Código Civil de 2002.

Cabe enaltecer, como anota Flávio de Araújo Willeman, "a necessidade de se realizar uma interpretação histórica dos comandos legislativos envolvidos, mais especificamente aqueles previstos nos artigos 177, 178, § 10, VI, do CC de 1916 e 1º do Dec. 20.910/32. Quando os dispositivos legais mencionados foram promulgados, apresentavam a nítida missão de trazer um tratamento diferenciado para a Fazenda Pública em relação à regra prevista no artigo 177 do CC de 1916, que estabelecia o prazo de vinte anos para o ajuizamento das demandas cujo objeto fosse a reparação civil. O objetivo da Lei Federal n. 9.494/97 e do Decreto n. 20.910/32 era, nitidamente, beneficiar a Fazenda Pública, não podendo, por isso, permanecer em vigor diante de nova norma geral mais benéfica, trazida a lume pelo artigo 206, § 3º, do Código Civil de 2002" (*Responsabilidade civil das agências reguladoras*, Lumen Juris, 2005, p. 43-4).

Todavia, a *Primeira Seção do Superior Tribunal de Justiça firmou orientação em sentido contrário, como se pode verificar*:

"Administrativo. Recurso especial representativo de controvérsia (art. 543-C do CPC [de 1973, atual art. 1.036]). Responsabilidade civil do Estado. Ação indenizatória. Prescrição. Prazo quinquenal (art. 1º do Decreto 20.910/32) X Prazo trienal (art. 206, § 3º, V, do CC). Prevalência da lei especial. Orientação pacificada no âmbito do STJ. Recurso especial não provido" (STJ, REsp 1.251.993-PR, 1ª Seção, rel. Min. Mauro Campbell Marques, j. 12-12-2012).

Segundo o Relator, "o principal fundamento que autoriza tal afirmação decorre da natureza especial do Decreto 20.910/32, que regula a prescrição, seja qual for a sua natureza, das pretensões formuladas contra a Fazenda Pública, ao contrário da disposição prevista no Código Civil, norma geral que regula o tema de maneira genérica, a qual não altera o caráter especial da legislação, muito menos é capaz de determinar a sua revogação. (...) A previsão contida no art. 10 do Decreto 20.910/32, por si só, não autoriza a afirmação de que o prazo prescricional nas ações indenizatórias contra a Fazenda Pública foi reduzido pelo Código Civil de 2002, a qual deve ser interpretada pelos critérios histórico e hermenêutico (...).

Tratando-se de responsabilidade civil por acidente ocorrido com o transporte de trabalhadores por helicóptero, "na hipótese não se aplica o Código Brasileiro do Ar e sim o Código Civil, para efeito de prescrição e decadência" (TJRJ, Ap. 8.195/97, 3ª Câm. Civ., rel. Des. Humberto Paschoal Perri, *DJe* 26-11-1998).

Se o fato também constitui ilícito penal, "a prescrição da ação penal não influi na ação de reparação do dano, que tem seus próprios prazos de prescrição" (Aguiar Dias, *Da responsabilidade*, cit., t. 2, p. 732, n. 222).

Não se deve confundir o prazo especial de dois anos do art. 206, § 2º, referente à prescrição da pretensão "para haver prestações alimentares". Este prazo diz respeito às prestações alimentícias devidas em razão do parentesco, do casamento e da união estável, e não à indenização estipulada em forma de pensões periódicas em decorrência de ato ilícito (CC, arts. 948 e 950). As pensões alimentícias a que se refere o art. 206, § 2º, do Código Civil são as disciplinadas no Direito de Família e na Lei de Alimentos (Lei n. 5.478, de 25-7-1968), cujo não pagamento pode acarretar até a prisão do devedor.

Nesse sentido pronunciou-se *o Supremo Tribunal Federal, em acórdãos publicados na RTJ, 83:513 e 84:988.*

Tendo em vista que a sentença penal condenatória constitui título executivo judicial (CC, art. 935; CPC/2015, art. 515, VI; CPP, art. 63), prescreve o art. 200 do Código Civil que, quando "a ação se originar de fato que deva ser apurado no juízo criminal, não correrá a prescrição antes da respectiva sentença definitiva".

Na vigência do Código anterior, que nesse ponto era omisso, o Superior Tribunal de Justiça já havia proferido decisão nesse sentido. Confira-se:

"Civil – Responsabilidade Civil do Estado – Prescrição.

Se o ato do qual pode exsurgir a responsabilidade civil do Estado está sendo objeto de processo criminal, o termo inicial da prescrição da ação de reparação de danos inicia, excepcionalmente, da data do trânsito em julgado da sentença penal. Recurso especial conhecido e improvido" (REsp 137.942-RJ, 2ª T., rel. Min. Ari Pargendler, j. 5-2-1998).

A suspensão da prescrição da pretensão indenizatória só ocorre, no entanto, quando há relação de prejudicialidade entre as esferas cível e criminal. Para tanto, é fundamental que exista processo penal em curso, ou, pelo menos, a tramitação de inquérito policial, como decidiu a 3ª Turma do *Superior Tribunal de Justiça* (REsp 1.180.237-MT, Min. Paulo de Tarso Sanseverino, Revista *Consultor Jurídico*, 7-8-2012).

Frisou o relator que, no caso vertente, a lesão corporal culposa – produzida pelo acidente de que trata o processo – constitui infração de menor potencial ofensivo, com pena máxima de dois anos, e depende de representação do ofendido para abertura de ação penal, cujo prazo decadencial é de seis meses. "Consequentemente, não havendo qualquer notícia no processo dessa representação, cujo prazo decadencial já transcorreu, não se mostra possível a aplicação do artigo 200 do CC".

O Código de Defesa do Consumidor distingue os prazos decadenciais dos prescricionais. Os primeiros são regulados no art. 26 e são: de trinta dias, tratando-se de fornecimento de serviço e de produto não duráveis (inciso I); de noventa dias, tratando-se de fornecimento de serviço e de produto duráveis (inciso II). A contagem do prazo *decadencial* inicia-se a partir da entrega efetiva do produto ou do término da execução dos serviços (§ 1º). Tratando-se de vício oculto, o prazo decadencial inicia-se no momento que ficar evidenciado o defeito. Os prazos, tanto para os vícios aparentes como para os ocultos, são os mesmos. A diferença reside no momento que passam a fluir. Para os ocultos é o instante em que o defeito ficar evidenciado, enquanto, para os aparentes, é o da entrega do produto ou do término da execução do serviço.

O prazo *prescricional*, porém, é único para todos os casos de acidente de consumo. Dispõe o art. 27 que a pretensão à reparação pelos danos causados por fato do produto ou do serviço prescreve em *cinco anos*, iniciando-se a contagem do prazo a partir do conhecimento do dano e de sua autoria. O art. 7º não exclui a aplicação das demais leis que disciplinem os prazos prescricionais, desde que sejam respeitados os princípios da lei consumerista, dentre eles o que estabelece a proteção do consumidor (art. 1º). Assim, a condição para a aplicação de outro prazo é que seja favorável ao consumidor.

No julgamento de hipótese de acidente em transporte aéreo, decidiu o Superior Tribunal de Justiça:

"Acidente aeronáutico – Apuração das causas em acidente – Prescrição – Inocorrência. Ocorrido o acidente aéreo em país distante, não flui o lapso prescricional enquanto se apuram as causas do acidente, de cujo conhecimento pelos interessados depende o ajuizamento da ação" (REsp 69.317.0-SP, 4ª T., rel. Min. Barros Monteiro, *DJU*, 20-10-1998).

A propósito da redução do prazo prescricional da pretensão de reparação civil, de vinte para três anos, e da retroatividade da lei prescricional, o novo Código estabeleceu, no livro complementar que trata "Das Disposições Finais e Transitórias", a seguinte regra: "Serão os da lei anterior os prazos, quando reduzidos por este Código, e se, na data de sua entrada em vigor, já houver transcorrido mais da metade do tempo estabelecido na lei revogada" (art. 2.028). O prazo continuará a ser o de vinte anos, portanto, e pelo período faltante, se, na data da entrada em vigor do novo diploma, já houver transcorrido lapso prescricional superior a dez anos. Do contrário, incidirá e começará a fluir da referida data o novo prazo de três anos.

Confira-se a propósito: "Prescrição – Indenização por acidente de trabalho fundada no direito civil – Fato ocorrido durante a vigência do Código Civil de 1916 – Ação ajuizada após a entrada em vigor do Código Civil de 2002 – Interpretação do art. 2.028 do Código Reale – Reduzido, pelo novo Código Civil, o prazo prescricional da pretensão de reparação civil de vinte anos para três anos, aplica-se o prazo novo se, na data da entrada em vigor do Código Reale, ainda não houver transcorrido mais da metade do tempo estabelecido na lei revogada. O termo inicial do novo prazo (reduzido) começou a fluir em 11/1/2003, data de início da vigência do Código Civil, sob pena de aplicação retroativa do novo prazo prescricional" (2º TACSP, AI 847.171-0/0-SP, 5ª Câm., rel. Juiz Manoel de Queiroz Pereira Calças, j. 28-4-2004).

Esse o entendimento consolidado no Superior Tribunal de Justiça:

"Prescrição – Danos morais e materiais – Prazo – Código Civil – Vigência – Termo inicial.

À luz do novo Código Civil os prazos prescricionais foram reduzidos, estabelecendo o art. 206, § 3º, V, 'que prescreve em três anos a pretensão de reparação civil'. Já o art. 2.028 assenta que 'serão os da lei anterior os prazos, quando reduzidos por este Código, e se, na data de sua entrada em vigor, já houver transcorrido mais da metade do tempo estabelecido na lei revogada'. Infere-se, portanto, que tão somente os prazos em curso que ainda não tenham atingido a metade do prazo da lei anterior (menos de 10 anos) estão submetidos ao regime do Código vigente, ou seja, 3 (três) anos. Entretanto, consoante nossa melhor doutrina, atenta aos princípios da segurança jurídica, do direito adquirido e da irretroatividade legal, esses três anos devem ser contados a partir da vigência do novo Código, ou seja, 11 de janeiro de 2003, e não da data da ocorrência do fato danoso. Conclui-se, assim, que, no caso em questão, a pretensão do ora recorrente não se encontra prescrita, pois o ajuizamento da ação ocorreu em 24-6-2003, antes, portanto, do decurso do prazo prescricional de três anos previsto na vigente legislação civil" (REsp 698.195-DF, 4ª T., rel. Min. Jorge Scartezzini, *DJU*, 29-5-2006).

O tema do prazo prescricional da pretensão à reparação do *dano moral* decorrente de *relação de emprego* é, todavia, polêmico, inclusive no Tribunal Superior do Trabalho. A 1ª Turma da mencionada Corte assim se pronunciou:

"Prescrição – Dano moral e material trabalhista.

1. O prazo de prescrição do direito de ação de reparação por dano moral e material trabalhista é o previsto no Código Civil. 2. À Justiça do Trabalho não se antepõe qualquer obstáculo para que apliquem prazos prescricionais diversos dos previstos nas leis trabalhistas, podendo valer-se das normas do Código Civil e da legislação esparsa. 3. De outro lado, embora o dano moral trabalhista encontre matizes específicos no Direito do Trabalho, a indenização propriamente dita resulta de normas de Direito Civil, ostentando, portanto, natureza de crédito não trabalhista. 4. Por fim, a prescrição é um instituto de direito material e, portanto, não há como olvidar a inarredável vinculação entre a sede normativa da pretensão de direito material e as normas que regem o respectivo prazo prescricional" (RR 670/2204-002-17-00.8, rel. Min. João Oreste Dalazen, *DJU*, 17-2-2006).

Para essa corrente, a aplicação do prazo do Código Civil deve ser feita de acordo com a época em que ocorreu o dano: vinte anos, se ocorrido na vigência do Código antigo; dez anos, se ocorrido após 2002. No mesmo sentido acórdão da referida 1ª Turma, relatado pelo Min. Lélio Bentes (RR 1.189/2003-100-03-00.0), com apoio em precedente da Subseção de Dissídios Individuais-1 (SDI-1).

Tem prevalecido, todavia, o entendimento de que o prazo, *in casu*, é o bienal, previsto no art. 7º, XXIX, da Constituição Federal, ao fundamento de que, para decidir qual o prazo prescricional aplicável, é necessário identificar o dever jurídico violado ou a natureza da relação jurídica de suporte na qual ocorreu a lesão dos direitos da vítima. Confira-se:

"Prescrição – Dano moral – Justiça do Trabalho.

A jurisprudência deste Tribunal Superior é praticamente maciça no sentido de aplicar o prazo previsto no art. 7º, XXIX, da Constituição Federal às ações que pretendem a percepção de indenização por danos morais decorrentes do contrato de trabalho. Precedentes: RR-742/2002-04315-00, *DJU*, 24-2-2006; RR-654/2004-048-3-00, *DJU*, 4-11-2005; RR-70/2003-005-13-00, *DJU*, 16-9-2005; RR-601/2001-015-02-00, *DJU*, 12-8-2005; RR-235/2002-001-24-00, *DJU*, 8-10-2004; RR-158/2003-019-03-00, *DJU*, 27-5-2005; RR-86054/2003-900-04-00.7, *DJU*, 2-4-2004; RR-518/2004-002-03-00, *DJU*, 1º-4-2005" (RR 308/2005-002-20-00, 4ª T., rel. Min. Barros Levenhagen).

"Indenização por dano moral – Competência da Justiça do Trabalho.

A Justiça do Trabalho é competente para julgar lide por meio da qual se busca indenização decorrente de relação de emprego, conforme o art. 114 da CF. Consequentemente, aplica-se ao caso em tela a prescrição do art. 7º, XXIX, da Constituição Federal" (AIRR 5.167/2002-900-03-00.4, 2ª T., rel. Min. Simpliciano Fontes, *DJU*, 4-3-2005).

"Prescrição – Dano moral advindo de relação de emprego.

Se a postulação da indenização por danos morais é feita na Justiça do Trabalho, sob o fundamento de que a lesão decorreu da relação de trabalho, não há como se pretender a aplicação do prazo prescricional de 20 anos, referente ao Direito Civil (antigo CC, art. 177), quando o ordenamento jurídico-trabalhista possui prazo prescricional unificado de dois anos, a contar da ocorrida lesão (CF, art. 7º, XXIX; CLT, art. 11)" (RR 847/2003-015-04-00.2, 4ª T., rel. Min. Ives Gandra Martins Filho, *DJU*, 12-8-2005).

Decidiu a 2ª Turma do Superior Tribunal de Justiça, no julgamento do REsp 1.069.779-SP, que as ações de ressarcimento do erário por danos decorrentes de atos de improbidade administrativa são imprescritíveis. Para o relator, Min. Herman Benjamin, o art. 23 da Lei de Improbidade Administrativa (Lei n. 8.429/92), que prevê o prazo prescricional de cinco anos para a aplicação das sanções previstas nessa lei, disciplina apenas a primeira parte do § 5º do art. 37 da Constituição Federal, já que, em sua parte final, a norma constitucional teve o cuidado de deixar "ressalvadas as respectivas ações de ressarcimento", o que é o mesmo que declarar a sua imprescritibilidade. Dessa forma, prescreve em cinco anos a punição do ato ilícito, mas a pretensão de ressarcimento pelo prejuízo causado ao erário é imprescritível.

JURISPRUDÊNCIA

7.1. Prescrição – Responsabilidade civil do Estado – Vítima contaminada pelo vírus HIV

■ Ação indenizatória – Prescrição – Responsabilidade civil do Estado – Vítima contaminada pelo vírus HIV. O prazo prescricional para a ação indenizatória fundada na responsabilidade civil do Estado, em face da contaminação da vítima pelo vírus HIV por transfusão de sangue em hospital da rede pública, conta-se a partir do momento em que o lesado tomou conhecimento do fato e não do procedimento médico que desencadeou o infausto (*RT*, *749*:246).

7.2. Prescrição – Interrupção – Citação havida em ação idêntica anterior, julgada extinta sem conhecimento do mérito

■ Prescrição – Interrupção – Citação havida em ação idêntica anterior, julgada extinta sem conhecimento do mérito. A citação válida operada em ação anterior, intentada com o mesmo objetivo, mas julgada extinta por sentença terminativa, tem o efeito de interromper a prescrição. Precedentes (STJ, REsp 90.454-RJ, 4ª T., rel. Min. Barros Monteiro, *DJU*, 18-11-1996, n. 233, p. 44900).

7.3. Prescrição – Prazo que somente começaria a fluir após a consolidação das lesões e estabelecida a incapacidade definitiva

■ Prescrição – Responsabilidade civil – Acidente de trânsito – Incapacidade definitiva – Indenizatória ajuizada contra a Municipalidade por ato de seu preposto, após tratamento regular feito às expensas do INSS – Recurso provido para que, afastada a prescrição, tenha a ação prosseguimento para julgamento do mérito – Prazo prescricional que somente começaria a fluir após a consolidação das lesões e estabelecida a incapacidade definitiva, permanente ou não, quando então surgiria o direito, a pretensão e a ação para haver a reparação dos danos (*JTACSP*, Revista dos Tribunais, *108*:26).

7.4. Acidente aeronáutico – Decadência – Prazo de dois anos

■ Responsabilidade civil – Acidente aeronáutico – Decadência – Art. 150 da CBA (Dec.-lei n. 32/66). Consolidado na jurisprudência do STJ o entendimento segundo o qual a responsabilidade civil decorrente de acidente aéreo é regida pelos arts. 97 e s. do Código Brasileiro do Ar. A decadência do direito do exercício da ação, tanto nos casos de responsabilidade pelo transportador quanto nos de ressarcimento, se opera no prazo de dois (2) anos (art. 150); e esta, consoante a doutrina, não se interrompe e pode ser decretada até *ex officio*. Recurso provido (STJ, REsp 23.875-8-SP, 3ª T., rel. Min. Waldemar Zveiter, j. 25-10-1993, *DJU*, 13-12-1993, n. 236).

7.5. Responsabilidade civil *ex delicto* – Prescrição – Fluência a partir da data do trânsito em julgado da decisão condenatória no juízo criminal

■ A sentença criminal condenatória, com trânsito em julgado, confere à vítima título executório no juízo cível. Intercomunicação das jurisdições, com prevalência da penal, quando reconhece o fato e a autoria. Desnecessário o processo de conhecimento, no âmbito cível. Em consequência, a prescrição não corre enquanto em curso o processo criminal (*RT, 663*:207).

7.6. Ressarcimento ao erário público – Imprescritibilidade

■ As punições dos agentes públicos, nestes abrangidos o servidor público e o particular, por cometimento de ato de improbidade administrativa estão sujeitas à prescrição quinquenal (art. 23 da Lei n. 8.429/92), contado o prazo individualmente, de acordo com as condições de cada réu. Diferentemente, a ação de ressarcimento dos prejuízos causados ao erário é imprescritível (art. 37, § 5º, da Constituição) (STJ, REsp 1.185.461, rel. Min. Eliana Calmon, *DJe* 17-6-2010).

7.7. Indenização por morte – Fluência do prazo prescricional a contar do óbito e não do acidente que o causou

■ O prazo de prescrição do dano moral decorrente de falecimento de ente querido é contado da data da morte e não do acidente que a causou. "Se o pedido formulado pelos requeridos é de indenização por dano moral decorrente da perda de convívio com o ente querido, naturalmente sua pretensão nasce, não do acidente que o levou ao hospital ao hospital, tão somente, mas do fato jurídico de sua morte, como consectário desse acidente. O óbito, assim, é um componente essencial do suporte fático sobre o qual incide a norma que ordena a indenização" (STJ, REsp 1.318.825-SE, 3ª T., rel. Min. Nancy Andrighi, disponível em <www.editoramagister.com>, acesso em 18-12-2012).

7.8. Erro médico – Hospital público – Prescrição quinquenal

■ Aplica-se a prescrição quinquenal, nos termos do art. 1º do Decreto 20.910/32, aos casos que envolvam empresa pública no desempenho de serviços públicos típicos, ou em atividade com fins sociais. Entendimento do STJ no julgamento do REsp 1.251.993-PR, ocorrido em 12-12-2012, no sentido de que o prazo prescricional para a propositura de ação de indenização por danos morais contra a Fazenda Pública rege-se pelo Decreto 20.910/32, regra especial, afastando-se a aplicação do Código Civil (Turma Nacional de Uniformização dos Juizados Especiais Federais (TNU), Proc. 2009.71.50.026328-7-RS, rel. Juiz Federal Gláucio Maciel, disponível em <www.editoramagister.com>, acesso em 20-5-2013).

7.9. Prescrição em ação penal não impede a ação indenizatória no juízo cível

■ A prescrição da pretensão punitiva na ação penal não impede andamento de ação indenizatória pelo mesmo fato no juízo cível (entendimento aplicado pela 3ª Turma do Superior Tribunal de Justiça, reafirmando a independência entre as jurisdições cível e penal). Entendeu o Colegiado ser possível a tramitação de ação civil com pedido de indenização por danos morais e materiais causados a uma vítima de lesão corporal grave, mesmo tendo sido reconhecida a prescrição no juízo criminal (STJ, REsp 1.802.170, 3ª T., rel. Min. Nancy Andrighi, Revista *Consultor Jurídico*, 16-3-2020).

Livro IV
Responsabilidade Civil Automobilística

Título I
INTRODUÇÃO

1. Novos rumos da responsabilidade civil automobilística

O automóvel assumiu posição de tanto relevo na vida do homem que já se cogitou até de reconhecer a existência de um direito automobilístico, que seria constituído de normas sobre as responsabilidades decorrentes da atividade automobilística, normas reguladoras dos transportes rodoviários de pessoas e cargas e regras de trânsito.

Apesar do grande número de acidentes e da necessidade do estudo de melhores condições e normas para impedi-los, o assunto, entretanto, não transcende do direito civil e do direito processual civil, onde deve ser tratado, junto com as normas preventivas da Lei das Contravenções Penais e repressivas do Código Penal.

Wilson Melo da Silva observa que, entre as causas principais dos acidentes de trânsito, são apontadas com destaque: a falta de ajuste psicofísico para a condução do veículo e a desobediência costumeira às regras e disposições regulamentares. E aduz que tais causas, na generalidade com que são expostas, comportam desdobramentos: a embriaguez, a fadiga, o sono, o nervosismo, os estados de depressão e angústia, a emulação, o uso de drogas, o exibicionismo etc. Todas essas causas e desdobramentos evidenciam uma conduta culposa do motorista e demonstram a necessidade de serem cominadas penas mais severas aos causadores de acidentes (*Da responsabilidade civil automobilística*, p. 11, n. 4).

As regras que disciplinam o trânsito encontram-se no Código de Trânsito Brasileiro (Lei n. 9.503, de 23-9-1997), sendo que cabe à jurisprudência o importante papel de interpretar e aperfeiçoar os aludidos diplomas, apreciando e decidindo os pedidos de reparação de danos causados por acidentes de veículos.

No campo penal, entretanto, a nossa legislação é excessivamente benevolente, não prevendo adequadas e severas punições, como seria de mister, aos criminosos do trânsito. Urge que se reforme e se atualize tal legislação, atendendo-se ao clamor geral, para que o Brasil deixe de ocupar um dos primeiros lugares nas estatísticas mundiais no tocante ao número de acidentes automobilísticos.

Na esfera cível, a situação já apresenta um quadro melhor, pois os tribunais se têm empenhado francamente em não deixar a vítima irressarcida, facilitando-lhe a tarefa de busca da justa indenização, nesta era de socialização do direito. Observa-se, com efeito, nos tempos atuais, uma paulatina deslocação do eixo de gravitação da responsabilidade civil, da culpa para o risco.

2. Da culpa ao risco

O conceito tradicional de culpa nem sempre se mostra adequado para servir de suporte à teoria da responsabilidade civil, pois o fato de impor à vítima, como pressuposto para ser ressarcida do prejuízo experimentado, o encargo de demonstrar não só o liame de causalidade, como por igual o comportamento culposo do agente causador do dano, equivale a deixá-la irressarcida, visto que, em inúmeros casos, o ônus da prova surge como barreira intransponível.

Por isso, embora não afastado, na maioria dos casos, o critério da culpa, procurou-se proporcionar maiores facilidades à sua prova. Os tribunais passaram a examinar com benignidade a prova de culpa produzida pela vítima, extraindo-a de circunstâncias do fato e de outros elementos favoráveis (a posição em que os veículos se imobilizaram, os sinais de frenagem, a localização dos danos etc.), a ponto de se afirmar:

"Sempre que as peculiaridades do fato, por sua normalidade, probabilidade e verossimilhança, façam presumir a culpa do réu, a este compete provar sua inocência" (*RT, 591*:147).

Passou-se, também, a admitir a teoria do abuso de direito como ato ilícito, para responsabilizar pessoas que abusavam de seu direito, desatendendo à finalidade social para a qual foi criado, lesando terceiros, bem como admitir um maior número de casos de responsabilidade contratual (*v. g.*, nos transportes em geral), que oferecem vantagem para a vítima no tocante à prova, bastando a prova de que não chegou incólume ao seu destino e que não foi cumprida a obrigação de resultado assumida pelo transportador.

Outro processo técnico utilizado foi o estabelecimento de casos de presunção de culpa, como a dos pais, dos patrões, das estradas de ferro, dos que colidem contra a traseira do veículo que lhe vai à frente etc., com inversão do ônus da prova e favorecendo em muito a situação da vítima. Esta, nesses casos, não tem de provar a culpa subjetiva do agente, que é presumida. Basta a prova da relação de causa e efeito entre o ato do agente e o dano experimentado. Para livrar-se da presunção de culpa, o causador da lesão, patrimonial ou moral, é que terá de produzir prova de inexistência de culpa ou de caso fortuito.

O princípio de que ao autor incumbe a prova não é propriamente derrogado, mas recebe uma significação especial, isto é, sofre uma atenuação progressiva. É que o acidente, em situação normal, conduz a supor-se a culpa do réu. Como assinala Aguiar Dias, à noção de "normalidade" se juntam, aperfeiçoando a fórmula, as de "probabilidade" e de "verossimilhança", que, uma vez que se apresentem em grau relevante, justificam a criação das presunções de culpa (*Da responsabilidade*, cit., t. 1, p. 115, n. 44) (*v.*, a propósito, adiante, Livro IV, Título II, n. 27.2, intitulado *Culpa presumida do causador do dano* (*presunção em favor da vítima*)).

Com a aplicação da teoria da culpa na guarda, inspirada no direito francês, com presunção irrefragável da responsabilidade do agente, doutrina e jurisprudência começaram a pisar, de maneira efetiva, no terreno firme do risco.

Pela teoria do risco não há falar-se em culpa; basta a prova da relação de causalidade entre a conduta e o dano. Ganhou ela corpo no início do século passado, coincidindo o seu desenvolvimento com o surto industrial e com os problemas derivados dos acidentes do trabalho. Como a concepção clássica, baseada na culpa, impunha dificuldades às vezes intransponíveis à vítima para demonstrar a culpa do patrão, a nova teoria atendia à preocupação de facilitar ao trabalhador a obtenção do ressarcimento, exonerando-o do encargo de produzir a prova de culpa de seu empregador. Passou-se, então, à concepção de que aquele que, no seu interesse, criar um risco de causar dano a outrem, terá de repará-lo, se tal dano sobrevier. A responsabilidade deixa de resultar da culpabilidade para derivar exclusivamente da causalidade material. Responsável é aquele que causou o dano.

Na teoria do risco se subsume a ideia do exercício de atividade perigosa como fundamento da responsabilidade civil. O exercício de atividade que possa oferecer algum perigo representa um risco, que o agente assume, de ser obrigado a ressarcir os danos, que venham resultar a terceiros, dessa atividade. A obrigação de reparar o dano surge do simples exercício da atividade que o agente desenvolve em seu interesse e sob seu controle, em função do perigo que dela decorre para terceiros. Tem-se, então, o risco como fundamento da responsabilidade. Inserem-se dentro desse novo contexto atividades que, embora legítimas, merecem, pelo seu caráter de perigosas (fabricação de explosivos e de produtos químicos, produção de energia nuclear, máquinas, transportes etc.), tratamento jurídico especial, em que não se cogita da subjetividade do agente para a sua responsabilização pelos danos ocorridos (*v. Responsabilidade decorrente do exercício de atividade perigosa*, Livro II, Título I, Capítulo I (Responsabilidade extracontratual), Seção III, n. 5, *retro*).

A realidade, portanto, é que se tem procurado fundamentar a responsabilidade na ideia de culpa, mas, sendo esta insuficiente para atender às imposições do progresso, tem o legislador fixado os casos especiais em que deve ocorrer a obrigação de reparar, independentemente daquela noção. É o que acontece no direito brasileiro, que se manteve fiel à teoria subjetiva, no art. 186 do Código Civil. Para que haja responsabilidade, é preciso que haja culpa. A reparação do dano tem como pressuposto a prática de um ato ilícito. Sem prova de culpa, inexiste a obrigação de reparar o dano. Entretanto, em outros dispositivos e mesmo em leis esparsas, adotaram-se os princípios da responsabilidade objetiva, da culpa presumida e da responsabilidade sem culpa.

No tocante a acidentes resultantes de atividades perigosas, como, por exemplo, a utilização de um veículo terrestre para o transporte de pessoas, temos o Decreto n. 2.681, de 1912, sobre acidentes nas estradas de ferro, responsabilizando a ferrovia ainda que concorra culpa da vítima e só a exonerando dessa responsabilidade se a culpa for exclusivamente da vítima.

Quanto aos danos causados por aeronaves a terceiros, reza o Código Brasileiro de Aeronáutica que a empresa proprietária se responsabiliza por todos os prejuízos que a aeronave causar a pessoas ou bens, de forma objetiva.

Relativamente a pessoas transportadas, a jurisprudência tem equiparado aos trens todos os meios de transporte e acolhido a responsabilidade do dono, quando o veículo circule com o seu consentimento.

Tanto o proprietário como o condutor do barco (Dec.-Lei n. 116/67) deverão reparar os prejuízos, sem que se verifique se infringiram ou não as normas relativas à arte de navegar.

Refletindo essa tendência moderna, o Código Civil, dispõe, no parágrafo único do art. 927: "Haverá obrigação de reparar o dano, independentemente de culpa, nos casos especificados em lei, ou quando a atividade normalmente desenvolvida pelo autor do dano implicar, por sua natureza, risco para os direitos de outrem".

Em matéria de responsabilidade civil aquiliana decorrente de acidente que envolve mais de um veículo, a jurisprudência tem ainda se utilizado do critério da culpa para solucionar os diversos litígios que são instaurados. No entanto, em casos de atropelamento, sem culpa da vítima, ou de abalroamentos de veículos parados ou de postes e outros obstáculos, tem-se feito referência à teoria do risco objetivo ou do exercício de atividade perigosa, para responsabilizar o motorista ou o proprietário do veículo, afastando-se a alegação de caso fortuito em razão de defeitos mecânicos ou de problemas de saúde ligados ao condutor.

Como ressaltado pelo Prof. Carlos Alberto Bittar (Responsabilidade civil nas atividades perigosas, in *Responsabilidade civil*, cit., p. 95), "dentro dos estreitos limites de uma codificação subjetivista, como o Código Civil brasileiro em vigor [*referia-se ao CC de 1916*], poderão as vítimas ficar ao desamparo, em alguns casos, se a jurisprudência não completar o quadro protecionista da responsabilidade civil ante a realidade de novas situações de perigo que possam surgir, a par das já consagradas, como a da responsabilidade dos comitentes e das pessoas jurídicas de direito público. Nossos repertórios de jurisprudência estão plenos de questões sobre responsabilidade civil, em que se evidencia a problemática do perigo, principalmente quanto a acidentes com veículos automotores, destacando-se as que vêm acatando de frente a objetividade da responsabilidade do Estado nesse campo. Relativamente a atividades perigosas, vem a jurisprudência, mesmo sem texto expresso, acolhendo, o risco como fundamento da responsabilidade, como ocorre na área de transporte".

Assim, decidiu-se que a "culpa dos motoristas nos acidentes de trânsito está sendo considerada objetivamente pelo Excelso Pretório (*RTJ* 51/631), com base no direito francês, que não repugna ao nosso direito positivo, por se considerar o automóvel um aparelho sumamente perigoso" (TJSP, *RDCiv.*, *3*:304); "O fato de um carro estar irregularmente estacionado em local proibido não isenta de culpa o motorista do veículo que com ele colidiu" (TJSP, *RT*, *510*:126); "Alegação de caso fortuito em virtude do estouro de pneu – Desacolhimento – A teoria da culpa, em sua colocação mais tradicional (subjetiva), não pode satisfazer os riscos que a utilização do veículo provocou. É preciso, para solucionar determinadas situações, aceitar colocações mais atuais, compatíveis com os riscos da utilização de máquinas perigosas, postas em uso pelo homem" (1º TACSP, *JTACSP*, Saraiva, *80*:80); "Como casos fortuitos ou de força maior não podem ser consideradas quaisquer anormalidades mecânicas, tais como a quebra ou ruptura de peças, verificadas em veículos motorizados" (*RF*, *161*:249); "Não se considera caso fortuito o rompimento do 'burrinho' dos freios do veículo" (*RT*, *431*:74); "Atropelamento – Alegação de defeitos mecânicos no veículo – Irrelevância – Não pode o responsável pelo dano causado por ato ilícito escudar-se em sua própria negligência, alegando defeitos em seu veículo, os quais a ele competia sanar. Todavia, mesmo que não tenha ele agido com culpa, ainda assim deve indenizar a vítima, aplicando-se o princípio do risco objetivo" (1º TACSP, *RT*, *610*:110).

Temos também o Código de Defesa do Consumidor (Lei n. 8.078/90), que se aplica aos fornecedores de serviços de transportes em geral e estabelece responsabilidade objetiva semelhante à do Decreto n. 2.681/12, não admitindo qualquer cláusula que limite o valor da indenização.

E o atual Código Civil, no capítulo referente ao transporte de pessoas, responsabiliza objetivamente o transportador pelos danos causados às pessoas transportadas e suas bagagens, salvo motivo de força maior, "sendo nula qualquer cláusula excludente da responsabilidade" (art. 734).

3. O Código de Trânsito Brasileiro

O Código de Trânsito Brasileiro (Lei n. 9.503, de 23-9-1997) veio a lume após 31 anos de vigência do revogado Código Nacional de Trânsito. Seguindo a tradição, contém basicamente normas de caráter administrativo e penal, não dedicando nenhum capítulo à responsabilidade civil. Contudo, alguns artigos esparsos tratam dessa questão, como o art. 1º, § 3º, que assim dispõe: "Os órgãos e entidades competentes do Sistema Nacional de Trânsito respondem, no âmbito das respectivas competências, objetivamente, por danos causados aos cidadãos em virtude de ação, omissão ou erro na execução e manutenção de programas, projetos e serviços que garantam o exercício do direito do trânsito seguro".

Trata-se, na verdade, de transformação em lei de uma regra que já era aplicada pela jurisprudência. De há muito proclamavam os tribunais que, nos serviços públicos ou de utilidade prática prestados diretamente pela administração centralizada, responde a entidade pública prestadora pelos danos causados ao usuário ou a terceiros, independentemente da prova de culpa de seus agentes ou operadores, visto que a Constituição Federal estabelece a responsabilidade objetiva do Poder Público, extensiva às pessoas jurídicas de direito privado prestadoras de serviços públicos (art. 37, § 6º). Assim, respondem o DER, o DNER, o DERSA, ou o próprio poder público, diretamente, conforme o caso, ou ainda as empreiteiras contratadas para a execução de obras ou manutenção de rodovias, de forma objetiva, pelos danos decorrentes de acidentes nas estradas de rodagem, causados por defeitos na pista, como buracos, depressões, quedas de barreiras e de pedras, falta ou deficiência de sinalização. Se os defeitos decorrem de obras nas vias públicas urbanas, a responsabilidade é da Municipalidade (*RT*, *582*:117; *JTACSP*, *106*:47).

O fulcro da questão situa-se no nexo causal. Se ficar demonstrado que a *causa* do sinistro foi a má prestação de serviços, ou a omissão do órgão encarregado de garantir o trânsito seguro, a responsabilidade deste estará caracterizada. O dispositivo em estudo teve o mérito de explicitar a responsabilidade do poder público e das entidades competentes do Sistema Nacional de Trânsito, responsabilizando-as não só por ação como especialmente por omissão ou erro na execução e manutenção de programas e projetos destinados a dar garantia de trânsito seguro. Assim, se a causa do evento consistir, por exemplo, na execução de projetos mal elaborados, de curvas perigosas e que facilitam o capotamento dos veículos por seu rebaixamento na parte externa, poderá o órgão que projetou e executou o serviço ser responsabilizado objetivamente.

Na realidade, a menção expressa à responsabilidade também por omissão das entidades que compõem o Sistema Nacional de Trânsito – o que a Constituição Federal não faz – não constitui propriamente inovação, pois tem prevalecido na jurisprudência, conforme exposto no Livro II, Título I, Capítulo I (Responsabilidade extracontratual), Seção II, n. 11.3, *retro*, sob o título *Responsabilidade civil do Estado pelos atos omissivos de seus agentes,* a corrente que sustenta ser objetiva a responsabilidade civil do Estado pelos atos comissivos e, também, pelos que decorrem da omissão de seus agentes.

O fato de o Código de Trânsito não se referir aos pressupostos constantes do texto constitucional não significa que as regras agora são mais abrangentes e que teria sido adotada a teoria do risco integral, distanciando-se da teoria do risco administrativo, seguida pela Carta Magna. Se assim fosse, as entidades do Trânsito, como bem pondera Sérgio Cavalieri Filho, "responderiam agora por eventuais assaltos que ocorrem nos sinais, pelos furtos de veículos estacionados nas ruas, pelas chuvas e temporais que nos surpreendem na ida e volta para o trabalho e até pelos danos causados por motoristas embriagados ou imprudentes. Essa interpretação, em meu entender, é absolutamente descabida. Esta norma do Código de Trânsito tem de ser interpretada e aplicada em harmonia, em consonância com a Constituição, sob pena de se tornar inconstitucional. Com efeito, tendo a Constituição, como já vimos, estabelecido como princípio geral a responsabilidade objetiva para toda a Administração Pública, direta e indireta, mas fundada no risco administrativo, com aquelas limitações ali previstas, lei ordinária alguma pode dilatar esses limites para estabelecer responsabilidade objetiva integral em certas áreas dessa mesma Administração Pública" (A responsabilidade civil prevista no Código de Trânsito Brasileiro à luz da Constituição Federal, *RT, 765*:87).

Por força do art. 291 e parágrafo único do Código de Trânsito Brasileiro, pode haver composição de danos civis, sua homologação em juízo, com força de título executivo, a ser executado no juízo competente (como prevê o art. 74 da Lei n. 9.099/95), nos crimes de trânsito de lesão corporal culposa, de embriaguez ao volante e de participação em competição não autorizada.

Outro dispositivo que tem relação com a responsabilidade civil é o art. 297, inserido no capítulo que trata dos crimes de trânsito e que assim dispõe:

> "Art. 297. A penalidade de multa reparatória consiste no pagamento, mediante depósito judicial em favor da vítima, ou seus sucessores, de quantia calculada com base no disposto no § 1º do art. 49 do Código Penal, sempre que houver prejuízo material resultante do crime.
> § 1º A multa reparatória não poderá ser superior ao valor do prejuízo demonstrado no processo.
> § 2º Aplica-se à multa reparatória o disposto nos arts. 50 a 52 do Código Penal.
> § 3º Na indenização civil do dano, o valor da multa reparatória será descontado".

Foi prevista a imposição da referida multa em quase todas as figuras penais previstas no aludido diploma, exceto no homicídio culposo e na lesão corporal culposa.

O Código de Trânsito adotou o mesmo sistema do art. 116 do Estatuto da Criança e do Adolescente, que também criou uma multa reparatória do dano de caráter penal. Aqui também o pagamento da multa representará a antecipação de uma parcela da indenização a ser fixada na esfera cível – o que autoriza dizer que a indigitada penalidade tem duplo caráter: sanção criminal e ressarcimento civil.

Tendo em vista que os pressupostos da responsabilidade civil já foram estudados nos capítulos anteriores, nesta última parte da obra limitar-nos-emos a mostrar e a comentar as orientações doutrinária e jurisprudencial em particularidades de acidentes automobilísticos.

Título II
ASPECTOS DA RESPONSABILIDADE CIVIL AUTOMOBILÍSTICA
(em ordem alfabética)

1. Abalroamento

V. Colisão, in Livro IV, Título II, n. 16, *infra*.

2. Ação de reparação de danos

2.1. A propositura da ação

O fundamento, o pressuposto básico da responsabilidade civil, em acidentes de veículos, é a culpa. Por isso, na petição inicial, deve o autor cuidar de descrever bem os fatos, para que se possa inferir em que consistiu a conduta culposa do réu e para que seja possível o oferecimento de defesa. Não é indispensável a indicação da modalidade de culpa que se atribui ao agente, mas é preciso descrever os fatos e a sua conduta culposa. Confira-se:

"Indenização – É indispensável que, no pedido de indenização decorrente de culpa, o autor, na inicial, exponha os fatos com clareza, de forma a caracterizar a responsabilidade do réu. Do contrário, é evidente que esta não terá condições objetivas de ser acolhida, sendo, assim, inepta a ação" (*RJTJSP*, *21*:254).

"Acidente de trânsito – Indenizatória procedente em 1ª instância – Carência em 2º grau decretada, visto que omissa a inicial quanto à descrição de culpa do preposto da ré.

A inicial deve fornecer elementos suficientes à parte contrária para que esta possa responder, contestando a ação; e deve fornecer elementos bastantes ao juiz, para que este tenha condições de julgar a lide, cumprindo a prestação jurisdicional que lhe foi solicitada pelo autor da ação. Mas, se assim é, cumpre a este narrar na inicial, com clareza e precisão, os fatos e os fundamentos jurídicos de seu pedido" (*JTACSP*, Revista dos Tribunais, *110*:72).

O importante, portanto, é que se descrevam os fatos, com clareza e precisão, para que se possa verificar se a conduta do réu ou de seu preposto foi culposa ou não e para que possa ele defender-se amplamente. Não se exige uma descrição excessivamente pormenorizada dos fatos. Já se entendeu não configurada a inépcia da inicial, arguida pelo réu, por ter descrito, ainda que de forma sucinta, o fato imputável à parte adversa, proporcionando-lhe entendimento suficiente para sua ampla defesa (1º TACSP, Ap. 439.216/90, 4ª Câm. Esp., j. 25-7-1990, rel. Amauri Ielo).

2.2. Apuração dos danos em execução de sentença

V. Dano, in Livro IV, Título II, n. 29, *infra*.

Preceitua o art. 491 do Código de Processo Civil de 2015: "Na ação relativa à obrigação de pagar quantia, ainda que formulado pedido genérico, a decisão definirá desde logo a extensão da obrigação, o índice de correção monetária, a taxa de juros, o termo inicial de ambos e a periodicidade da capitalização dos juros, se for o caso (...)". Nas ações de indenização em geral, no entanto, não se aplica tal dispositivo, porque a estimativa das perdas e danos, feita na inicial, não confere certeza ao pedido: a obrigação do réu é de valor abstrato, que depende de estimativas e de arbitramento judicial, este subentendido, sempre, em ações desta natureza (*RT, 611*:133, *RJTJSP, 50*:158). Mas nada impede que o arbitramento seja feito no próprio processo de conhecimento (Theotonio Negrão, 18. ed., nota 14 ao art. 459 do CPC; 1º TACSP, Ap. 315.791, 3ª Câm., j. 15-2-1984, rel. Nelson Schiavi; 1º TACSP, Ap. 372.707-SP, 6ª Câm., rel. Carlos R. Gonçalves).

Estando provado o dano na fase do conhecimento, pode a apuração do *quantum* ser relegada para a da execução da sentença. Se, no entanto, o autor não comprovar, na fase do conhecimento, que sofreu prejuízo indenizável ou que arcou com despesas decorrentes do acidente, não poderá pretender que a comprovação seja feita na fase da execução, porque nesta apura-se o *quantum debeatur* e não o *an debeatur*.

2.3. Coisa julgada

A coisa julgada se cinge ao dispositivo da sentença. Mas a sentença que julgar total ou parcialmente a lide tem força de lei nos limites da lide e das questões decididas (CPC/2015, art. 503).

Como acentua Moacyr Amaral Santos, "o Código vigente cortou definitivamente a controvérsia, excluindo da eficácia da coisa julgada as questões resolvidas na fundamentação" (*Comentários ao Código de Processo Civil*, Rio de Janeiro, Forense, v. 4, p. 446, n. 357).

Dispõe, com efeito, o art. 504, I, do Código de Processo Civil que não fazem coisa julgada os motivos ou a fundamentação da sentença. Assim, se a ação, julgada improcedente e com sentença transitada em julgado, foi proposta com fundamento na culpa do condutor do ônibus ou de outro meio de transporte coletivo, inexiste impedimento a que nova ação seja ajuizada, com base na responsabilidade contratual do transportador, que independe de demonstração de culpa, sabido que é de resultado a obrigação por ele assumida. Não há falar-se, no caso, em impedimento decorrente da coisa julgada.

A hipótese já foi apreciada pelo extinto 1º Tribunal de Alçada Civil de São Paulo:

"Coisa julgada – Inocorrência – Procedimento sumário anterior entre as mesmas partes, em que a autora foi vencedora – Nova demanda do então réu, com pedido mais amplo, cuidando dos mesmos fatos, porém com causa '*petendi*' e '*petitum*' diversos – Inteligência do art. 469, I e II, do CPC [de 1973, atual art. 504, I e II] – Sentença mantida – Tema da culpa objetiva da ré que não fora enfrentado pelo julgador" (*JTACSP, Revista dos Tribunais, 102*:139).

"Coisa julgada – Procedimento sumário anterior entre as mesmas partes – Ação fundada na culpa aquiliana do motorista de coletivo julgada improcedente – Nova demanda cuidando dos mesmos fatos, porém com '*causa petendi*' diversa: o inadimplemento do contrato de adesão e a responsabilidade objetiva do transportador – Inteligência do art. 469, I e II, do CPC [de 1973, atual art. 504, I e II] – Preliminar de coisa julgada rejeitada" (1º TACSP, Ap. 427.920-9-SP, 6ª Câm., rel. Carlos R. Gonçalves).

Da mesma forma, se foi julgada improcedente ação de reparação de danos ao fundamento de que o autor foi o culpado pelo evento, não está o réu dispensado de produzir prova de culpa na ação que contra ele vier a promover, para ressarcir-se dos prejuízos também sofridos. Pois a questão da culpa é apreciada na fundamentação da sentença e esta, como dito, não tem eficácia de coisa julgada.

Também já decidiu o referido Tribunal:

"Coisa julgada – Responsabilidade civil – Acidente de trânsito – Existência de acordo homologado em ação anteriormente ajuizada – Art. 301 do CPC [de 1973, atual art. 337] – Extinção do processo decretada – Sentença mantida" (Ap. 429.977/90-SP, 1ª Câm. Esp., j. 15-1-1990, rel. Queiroz Calças).

2.4. Foro competente

Dispõe o art. 100, V, parágrafo único, do Código de Processo Civil: "Nas ações de reparação do dano sofrido em razão de delito ou acidente de veículos, será competente o foro do domicílio do autor ou do local do fato".

O referido diploma legal veio atender aos reclamos gerais, considerando o foro do lugar do acidente competente para a propositura da ação de reparação de danos, concorrentemente com o do domicílio do autor, e reconhecendo, assim, que a regra geral do domicílio do réu não mais atendia às necessidades surgidas em decorrência do aumento considerável do tráfego de veículos no País, de grande extensão territorial – o que obrigava a vítima a ajuizar sua ação em comarcas distantes do seu domicílio e do local do fato.

Segundo comentários de Celso Agrícola Barbi, "a competência do foro do lugar do acidente ou delito para a ação de reparação do dano por ele causado não é exclusiva. O parágrafo em exame a considera concorrente com a do foro do domicílio do autor, cabendo a este optar por um desses dois foros. Tratando-se de regra criada em favor da vítima do delito ou acidente, pode ela abrir mão dessa prerrogativa e, se lhe convier, ajuizar a ação no foro do domicílio do réu. Como se vê, há, na realidade, três foros concorrentes, à escolha do autor: o do lugar do fato, o do domicílio do autor e o do domicílio do réu. E o réu não tem poder legal de se opor a essa escolha" (*Comentários ao Código de Processo Civil*, Rio de Janeiro, Forense, v. 1, t. 2, p. 459, n. 598).

Igualmente, preleciona Arruda Alvim: "... se o dano sobreveio em virtude de acidente de veículos, estaremos diante de um caso de competência concorrente: a demanda poderá ser ajuizada no domicílio do autor (parte mais fraca, suposta e eventualmente com razão no acidente, pois se abalou em acionar), ou no local onde ocorreu o fato. O que informou tal critério foi a comodidade do autor (art. 100, V, parágrafo único [CPC/73, atual art. 53, V]). Sem embargo do previsto, o autor pode também, livremente, renunciar à regra do parágrafo único do art. 100 do CPC [de 1973, atual art. 53], propondo a demanda no domicílio do réu, não advindo desse procedimento a incompetência do juízo, pois dele somente resulta benefício para o réu" (*Manual de direito processual civil*, 2. ed., Revista dos Tribunais, 1986, v. 1, p. 165).

Esse, também, o entendimento consagrado na jurisprudência:

"Nas ações de reparação de dano por acidente de veículo o autor pode optar pelo foro de seu domicílio ou do local onde ocorreu o fato, ou, ainda, pelo domicílio do réu, que é a regra geral" (*RT*, *609*:39; *RJTJSP*, *40*:194, *49*:189; 1º TACSP, AgI 372.698-SP, 6ª Câm., rel. Carlos R. Gonçalves).

Para a ação regressiva movida pela seguradora contra o causador do dano ao segurado, desaparece, no entanto, a competência especial prevista no dispositivo legal mencionado e prevalece a do domicílio do réu. A sub-rogação ocorre, assim, somente no direito material e, não, no direito processual relativo à competência especial.

Proclamou, com efeito, o Tribunal de Justiça de São Paulo que a sub-rogação, nesses casos, "só se opera com relação aos direitos de ordem substantiva, não se estendendo, evidentemente, às regras processuais de competência de foro, e que dizem respeito unicamente ao credor originário" (*RT*, *493*:91).

Esse o entendimento acolhido também no extinto 1º Tribunal de Alçada Civil de São Paulo, assim justificado:

"A propositura da ação de reparação de danos no foro do domicílio da seguradora sub-rogada não pode obedecer ao disposto no art. 100, parágrafo único, do CPC, por subverter os objetivos sociais da lei, não sendo razoável obrigar o réu a grandes deslocamentos apenas para atender à conveniência da autora, em detrimento da regra secularmente consagrada segundo a qual o réu deve ser demandado no foro de seu domicílio" (*RT*, *594*:114; *JTACSP*, Revista dos Tribunais, *100*:183; AgI 355.139-SP, 6ª Câm., rel. Augusto Marin).

Dispõe o art. 101, I, do Código de Defesa do Consumidor (Lei n. 8.078/90) que a ação de responsabilidade civil do fornecedor ou prestador de serviços pode ser proposta no domicílio do autor, "devendo ser aplicada cumulativamente a norma do art. 100, V, *a*, do CPC [de 1973, atual art. 53, IV]" (TJSP, AgI 19.067-0, Câmara Especial, rel. Des. Rebouças de Carvalho, j. 25-8-1994).

Assim, se os autores deduzem sua pretensão em face do Código de Defesa do Consumidor, com ou sem razão, "podem validamente optar pelo foro do domicílio do autor ante a permissão do art. 101, inc. I, desse mesmo diploma legal" (*JTJ*, Lex, *149*:136).

3. Alienação de veículo

V. Propriedade do veículo, in Livro IV, Título II, n. 86, *infra*, e *Ilegitimidade (e legitimidade) passiva "ad causam"*, in Livro IV, Título II, n. 58, *infra*.

4. Alienação fiduciária

V. Responsabilidade em caso de alienação fiduciária, in Livro II, Título I, Capítulo I (Responsabilidade extracontratual), Seção III, n. 9, *retro*.

A alienação fiduciária é o negócio jurídico através do qual o adquirente de um bem móvel transfere o domínio do mesmo ao credor que emprestou o dinheiro para pagar-lhe o preço, continuando, entretanto, o alienante a possuí-lo pelo *constituto possessorio*, resolvendo-se o domínio do credor, quando for ele pago de seu crédito (Silvio Rodrigues, *Direito civil*, 13. ed., São Paulo, Saraiva, v. 3, p. 184).

Mediante o *constituto possessorio* o adquirente do veículo transfere para o financiador a propriedade resolúvel do bem e a posse indireta, permanecendo na posse direta. No momento em que for satisfeito todo o crédito, o domínio da empresa financiadora se resolve automaticamente, e a propriedade plena se reincorpora ao patrimônio do adquirente. Enquanto está pagando as prestações, o devedor fiduciante assume a condição de depositário e de possuidor direto do bem; e o credor fiduciário, a de titular do domínio resolúvel e possuidor indireto.

De interesse para o estudo da responsabilidade civil automobilística é a análise da possibilidade de ser acionado o credor fiduciário, titular do domínio resolúvel, solidariamente com o possuidor direto, pelos danos que este causar ao terceiro no uso do veículo, ou seja, a indagação sobre se pode ser ele considerado parte legítima passiva *ad causam* na referida ação.

Nenhuma razão assiste para responsabilizá-lo, solidariamente com o devedor fiduciante, pelos atos ilícitos que este praticar na utilização do veículo. É ainda mais acentuada no caso da alienação fiduciária, em comparação com o do *leasing, a inaplicabilidade da Súmula 492 do Supremo Tribunal Federal, pois naquele a propriedade vai-se transferindo ao fiduciante à medida que se efetua a satisfação das prestações. E se reintegra no seu patrimônio a propriedade plena quando do pagamento da última parcela, automaticamente, independentemente de qualquer outra manifestação da vontade.* Tanto "se expressa a consolidação do domínio na alienação fiduciária que na venda decorrente da busca e apreensão a quantia restante, após satisfeito o crédito da sociedade financeira, será entregue ao alienante" (Arnaldo Rizzardo, *A reparação nos acidentes de trânsito*, p. 219).

A transferência da propriedade resolúvel ao credor fiduciário não passa de um expediente técnico criado pelo legislador para garantia das instituições financeiras especializadas em financiar o crédito ao consumidor final – o que não é suficiente para enredá-las com o devedor fiduciante e responsabilizá-las solidariamente pelos danos que este causar a terceiros no uso do veículo.

5. Ambulâncias, veículos do Corpo de Bombeiros e viaturas policiais – Prioridade de passagem

As ambulâncias têm prioridade de passagem, mas não estão autorizados os seus motoristas a ser imprudentes.

De acordo com o art. 29, VII, do Código de Trânsito Brasileiro, "os veículos destinados a socorro de incêndio e salvamento, os de polícia, os de fiscalização e operação de trânsito e as ambulâncias, além de prioridade de trânsito, gozam de livre circulação, estacionamento e parada, quando em serviço de urgência e devidamente identificados por dispositivos regulamentares de alarme sonoro e iluminação vermelha intermitente".

Esta regra, no entanto, não é absoluta. Geraldo de Faria Lemos Pinheiro, examinando o assunto, escreveu: "A dispensa de cautelas é coisa que não se justifica mesmo que os veículos sejam daqueles para quem o legislador deu prioridade de trânsito, além de livre circulação e estacionamento (CNT, artigo 13, IX). Vale dizer, por isso mesmo, que os condutores de tais viaturas não podem escudar-se nas prerrogativas de socorro para violarem as mais comezinhas regras de prudência, a pretexto de urgência" (*Anotações à legislação nacional de trânsito*, 2. ed., v. 1, p. 83). Tal comentário, feito na vigência do revogado Código Nacional de Trânsito, permanece válido, pois a orientação foi mantida pelo atual Código de Trânsito Brasileiro.

Veja-se a jurisprudência:

"*Responsabilidade civil do Estado* – Indenização – Motorista de ambulância que, trafegando pela direita, dobra abruptamente à esquerda, pretendendo ingressar em outra via, chocando-se com veículo que transitava regularmente pela pista vizinha – Culpa caracterizada – Verba devida" (*RT, 777*:443).

"*Indenização* – Responsabilidade civil – Acidente de trânsito – Culpa – Ambulância que, em cruzamento, não respeita semáforo – Prioridade de trânsito que não autoriza violação às regras de prudência" (*RJTJSP, 40*:99).

"*Responsabilidade civil* – Ambulância.

A livre circulação, concedida aos carros de socorros, de incêndio, de polícia e ambulâncias, quando em serviço de urgência, não quer significar liberdade de transformar as ruas em pista de corrida, sem nenhum respeito à sua própria finalidade" (*RT, 286*:538).

"Condução de doente, ainda que em estado grave, não confere ao motorista indenidade para desrespeitar regras de tráfego, impondo-lhe, ao contrário, maior perícia que a exigida a um condutor comum. Assim, embora permissível imprimir velocidade à viatura, age culposamente o piloto que, nessa conjuntura, transpõe sinal fechado" (*JTACSP, 19*:210).

"Acidente de trânsito – Carro de Bombeiros – Preferência – A preferência regulamentar de trânsito, assegurada aos veículos que prestam serviços de socorro e assistência, não carreia a absoluta e total inobservância das regras e sinais de tráfego, pelo que o motorista imprudente e imperito é penalmente responsável pela morte que causar com abalroamento" (*RF, 194*:371).

"Acidente de trânsito – Colisão provocada por viatura policial em cruzamento dotado de semáforo – Desrespeito à preferência de passagem – Irrelevância de estarem acionadas a sirene e a luz vermelha intermitente – Culpa do motorista da viatura reconhecida – Art. 107 da CF – Indenizatória contra a Fazenda do Estado procedente – Recurso provido para esse fim" (*JTACSP*, Revista dos Tribunais, *111*:222).

"Acidente de trânsito – Ambulância que desrespeita sinal vermelho – Comprovado atendimento de emergência – Sistemas sonoro e de iluminação acionados – Prioridade absoluta.

Transitando em serviço de urgência, identificado por alarme sonoro e também por dispositivos de iluminação, tem a ambulância prioridade de passagem, podendo fazer cruzamento com o semáforo adverso" (*RT, 610*:131).

"Acidente de trânsito – Motorista de ambulância em velocidade excessiva que desrespeita semáforo, colidindo com táxi que o estava transpondo, já na metade do cruzamento – Culpa comprovada por prova testemunhal – Irrelevância de estar conduzindo paciente gravemente enfermo – Falta da necessária cautela – Verba devida.

Evidente a culpa de motorista de ambulância que, trafegando em excessiva velocidade e desrespeitando semáforo, colide com táxi que o estava transpondo, já na metade do cruzamento, ocorrência atestada por prova testemunhal, não o eximindo o fato de transportar paciente gravemente enfermo" (*RT, 633*:119).

"Colisão entre ambulância e motocicleta, em cruzamento dotado de semáforo – Travessia na fase de mudança de sinal – Alegação de que o condutor intimado trafegava de motocicleta e com capacete, impossibilitado de ouvir a sirene da ambulância – Irrelevância, pois além de menor o motorista, consta que 'campeão' de infrações de trânsito – Ausência ademais de provas seguras da conduta culposa do motorista da ambulância – Ação improcedente" (1º TACSP, Ap. 436.749/90, Bragança Paulista, 6ª Câm. Esp., j. 17-7-1990, rel. Augusto Marin).

"Ingresso na contramão de direção por viatura policial, atingindo o veículo do autor – Preferência de passagem – Alegação de estar em atendimento a ocorrência policial com os equipamentos de alerta acionados – Descabimento, visto a colisão não ter ocorrido em cruzamento – Culpa exclusiva do preposto da ré caracterizada – Indenizatória procedente" (1º TACSP, Ap. 434.911/90-SP, 1ª Câm., j.14-5-1990, rel. Elliot Akel).

"Acidente com ambulância que transportava doente e ingressou em cruzamento com sinal vermelho – Sirenes ligadas e velocidade compatível – Preferência respeitada pelos outros motoristas – Indenizatória movida pelo proprietário do outro veículo julgada improcedente.

A prova é no sentido de que a ambulância transportava pessoa enferma e vinha em trânsito com a sirene ligada, tendo a preferência respeitada pelos motoristas dos outros carros que, no cruzamento, já dispunham de preferência, em razão do sinal semafórico lhes ser favorável – o que não ocorrera com o veículo da apelante. A cautela ficou transferida ao preposto da apelante, pois, frente aos sinais sonoros que eclodiam e pelo comportamento dos outros motoristas, deveria ter assumido outra atitude, que não a de manter o seu veículo em marcha" (1º TACSP, Ap. 454.949-1, 6ª Câm. Esp., j. 30-1-1991, rel. Evaldo Veríssimo).

"Acidente de trânsito – Viatura policial, em diligência de apoio a outra que trocava tiros com assaltantes, que atinge camioneta estacionada – Preferência de passagem conferida pelo CNT para as viaturas policiais que não implica no amplo desrespeito dos direitos elementares – Indenizatória contra a Fazenda procedente – Sentença mantida" (1º TACSP, Ap. 428-497/90-SP, 1ª Câm. Esp., j. 22-1-1990, rel. Manoel Calças).

6. Animal na pista

V. A responsabilidade objetiva do art. 936 do Código Civil e *As excludentes admitidas e a inversão do ônus da prova*, in Livro II, Título I, Capítulo I (Responsabilidade extracontratual), Seção IV, n. 1 e 2, respectivamente.

7. Arrendamento mercantil (*leasing*)

V. Responsabilidade em caso de arrendamento mercantil, in Responsabilidade extracontratual (Capítulo I do Título I do Livro II), Seção III, n. 8, *retro*; *Ilegitimidade (e legitimidade) passiva "ad causam"*, n. 58, *infra*.

8. Atropelamento

V. A culpa exclusiva da vítima, in Livro III, n. 3, *retro*; *Imprudência*, n. 60, *infra*; *Faixa de pedestres*, n. 48, *infra*.

A imprudência de motoristas apressados tem sido a causa de inúmeros atropelamentos de pedestres. Conforme lembra Wilson Melo da Silva, "contando com a agilidade de transeuntes e para evitar a perda de tempo, limitam-se, muitas das vezes, a simples buzinadas para afastar da pista algum pedestre, olvidados de que se possa tratar de pessoa doente, surda, distraída ou sem condições físicas para as passadas mais rápidas ou para a ginástica contorcionista, felina, miraculosa por vezes. A obrigação do motorista, em casos que tais, não é valer-se apenas do recurso da buzina, que, não raro, pode até resultar desastroso. Manda a prudência que, nessas circunstâncias, além da buzina, de curial cautela seria, também, que a marcha do veículo fosse diminuída" (*Da responsabilidade*, cit., p. 383-384).

O Código de Trânsito Brasileiro impôs uma série de cuidados e regras a serem observados não só pelos condutores como também pelos pedestres, nos arts. 68 a 71, devendo estes, para cruzar a pista de rolamento, tomar precauções de segurança (art. 69), devidamente especificadas, como certificarem-se, antes, "de que podem fazê-lo sem obstruir o trânsito de veículos". É de se destacar, também, o art. 70, que assim dispõe:

"Art. 70. Os pedestres que estiverem atravessando a via sobre as faixas delimitadas para esse fim terão prioridade de passagem, exceto nos locais com sinalização semafórica, onde deverão ser respeitadas as disposições deste Código.

Parágrafo único. Nos locais em que houver sinalização semafórica de controle de passagem será dada preferência aos pedestres que não tenham concluído a travessia, mesmo em caso de mudança do semáforo liberando a passagem dos veículos".

Por outro lado, no Capítulo XV, sob o título "Das Infrações", o Código de Trânsito Brasileiro prevê a imposição de penas privativas de liberdade, penas pecuniárias e de interdição temporária de direitos nos seguintes casos, que guardam relação com o assunto tratado neste item:

"Art. 214. Deixar de dar preferência de passagem a pedestre e a veículo não motorizado:

I – que se encontre na faixa a ele destinada;

II – que não haja concluído a travessia mesmo que ocorra sinal verde para o veículo;

III – portadores de deficiência física, crianças, idosos e gestantes;

IV – quando houver iniciado a travessia mesmo que não haja sinalização a ele destinada;

V – que esteja atravessando a via transversal para onde se dirige o veículo".

Inovando, o Código de Trânsito Brasileiro prevê, também, penalidade administrativa (multa pecuniária), nas hipóteses mencionadas no art. 254, que prescreve:

"Art. 254. É proibido ao pedestre:

I – permanecer ou andar nas pistas de rolamento, exceto para cruzá-las onde for permitido;

II – cruzar pistas de rolamento nos viadutos, pontes, ou túneis, salvo onde exista permissão;

III – atravessar a via dentro das áreas de cruzamento, salvo quando houver sinalização para esse fim;

IV – utilizar-se da via em agrupamentos capazes de perturbar o trânsito, ou para a prática de qualquer folguedo, esporte, desfiles e similares, salvo em casos especiais e com a devida licença da autoridade competente;

V – andar fora da faixa própria, passarela, passagem aérea ou subterrânea;
VI – desobedecer à sinalização de trânsito específica".

Nesse sentido a jurisprudência:

"Age com irrecusável imprudência o motorista que, vendo o transeunte na via pública, não diminui a marcha do seu veículo para facilitar a passagem daquele, limitando-se a buzinar e acabando por atropelá-lo" (*RT*, *256*:367).

"Comete imprudência manifesta o motorista que, vendo o transeunte em via pública desimpedida, não diminui a marcha para facilitar a sua passagem e se limita a buzinar, acabando por atropelar a vítima" (*RT*, *242*:357).

"Atropelamento – Imprudência do motorista.

Age com manifesta imprudência o piloto que, vislumbrando um pedestre a atravessar displicentemente a via pública, não adota meios eficazes para evitar o atropelamento. Tais meios, a toda evidência, não se constituem no ato de desviar, fazendo ziguezague, ou acionar a buzina" (1º TACSP, Ap. 319.982, 4ª Câm., j. 4-4-1984, rel. Barbosa Pereira).

"Atropelamento de menor púbere em rodovia – Vítima que, ao desembarcar de ônibus parado à margem da estrada, burla a vigilância do pai e atravessa a pista, sendo colhida pelo veículo do réu – Culpa leve deste, mas agravada pela velocidade excessiva – Condenação ao pagamento de 30% das despesas atualizadas que forem comprovadas" (1º TACSP, Ap. 435.347/90-Jaú, 6ª Câm., j. 31-7-1990, rel. Augusto Marin).

"Atropelamento com morte de concubina e filho menor, que se encontravam aguardando ônibus em ponto da parada própria – Ônibus que, descontrolado, galgou a calçada – Indenização devida" (*JTACSP*, Revista dos Tribunais, *109*:113).

"Atropelamento e morte de ciclista – Ingresso em via preferencial sem obediência à sinalização 'Pare' – Indenizatória ajuizada por filha menor julgada procedente – Culpa exclusiva do preposto da ré" (*JTACSP*, Revista dos Tribunais, *108*:137).

"Atropelamento e morte de filho menor – Acidente ferroviário – Inocorrência de participação culposa da vítima – Indenizatória procedente" (*JTACSP*, Revista dos Tribunais, *111*:222).

"Atropelamento e morte de policial rodoviário, no regular exercício de sua função, substituindo-se ao semáforo existente no cruzamento que se achava em funcionamento – Absolvição do preposto da ré em processo-crime – Irrelevância para o reconhecimento do dever de indenizar no âmbito civil – Indenizatória procedente" (*JTACSP*, Revista dos Tribunais, *112*:137).

"Recurso especial – Delito de trânsito nas vias urbanas – Dever de cautela do motorista. 1 – É normal e constante a presença de pedestres nas vias urbanas comuns nas grandes cidades. Trata-se de fato previsível a exigir de motorista de coletivo, com visão privilegiada, a necessária cautela. Se a vítima – menor de 15 anos de idade – começara a atravessar a pista sinalizada por semáforo e estando o veículo parado aguardando a sua vez, age imprudentemente o motorista que movimenta a máquina antes que a pedestre concluísse a travessia, provocando-lhe a morte. 2 – Recurso especial conhecido e provido" (STJ, 5ª T., REsp 2.759-RJ, rel. Min. Costa Lima, j. 18-6-1990, v. un., *DJU*, 6 ago. 1990, p. 7347, Seção I, ementa).

"Atropelamento de pedestre – Hipótese em que o réu não adotou as necessárias cautelas para evitar o acidente – Vítima colhida pelo veículo quando tentava atravessar a rua – Ocorrência, outrossim, da evasão do local, o que constitui circunstância adminicular de culpa – Indenizatória procedente" (*JTACSP*, Revista dos Tribunais, *116*:62).

"Atropelamento e morte de menor impúbere – Vítima colhida por motocicleta, sob um poste de iluminação – Culpa do motociclista reconhecida" (*JTACSP*, Revista dos Tribunais, *117*:47).

"Atropelamento – Pedestre atingido quando atravessava a via na faixa de segurança respectiva – Preferência absoluta do pedestre – Culpa por imprudência reconhecida – Indenizatória procedente" (1º TACSP, Ap. 431.331/90-SP, 3ª Câm. Esp., j. 17-1-1990, rel. Mendes de Freitas).

"Atropelamento – Pedestre que, inopinadamente, se põe à frente de ônibus – Verba indevida aos parentes da vítima se inexistente culpa na conduta do motorista, que transitava de acordo com as regras de segurança de trânsito" (*RT*, *773*:302).

"Atropelamento – Vítima atingida na calçada – Perda do controle do veículo demonstrada – Culpa do motorista atropelador caracterizada – Indenizatória procedente – Recurso improvido" (*JTACSP*, *164*:145 e *184*:150).

"Atropelamento com morte – Evento ocorrido em via urbana de grande movimento – Existência de local adequado para travessia situado um pouco mais adiante – Culpa exclusiva da vítima demonstrada, não comprovada a velocidade excessiva do réu – Indenizatória improcedente" (*JTACSP*, *169*:244).

"Atropelamento – Pedestre que atravessa a via em local apropriado – Evento ocasionado por coletivo que desrespeitou o sinal semafórico desfavorável – Culpa do preposto evidenciada – Inexistência de culpa exclusiva ou concorrente da vítima – Responsabilidade da apelante proprietária do bem configurada, seja pela teoria do risco ou da culpa por se tratar de concessionária de serviço público – Indenizatória procedente" (*JTACSP*, *179*:192).

"Atropelamento por motocicleta – Invasão de faixa de pedestre, em velocidade inadequada e incompatível, colhendo a vítima que iniciou a travessia da rua com sinal favorável – Culpa exclusiva do condutor evidenciada – Indenizatória procedente" (*JTACSP*, *181*:225).

Quando a vítima de atropelamento é menor e está em companhia dos pais, não se tem reconhecido a culpa concorrente por fato imputável a estes. Tem lugar, na hipótese, o entendimento unanimemente aprovado no *VIII Encontro Nacional de Tribunais de Alçada*:

"Quando a vítima de atropelamento, por carro ou por trem, for criança e, embora com graves sequelas, sobrevive ao acidente, desde que os autos revelem qualquer parcela de culpa do condutor do veículo, não há como falar-se em concorrência de culpas. A culpa de terceiro, no caso culpa '*in vigilando*', dos pais da criança, não pode se opor aos direitos desta".

Nesse sentido decisão do extinto 1º Tribunal de Alçada Civil de São Paulo:

"Responsabilidade civil. Vítima menor púbere. Atropelamento por ônibus, em via carroçável. Não contribuição daquela para o nexo causal. Caso fortuito ou força maior não configurados. Ação procedente, em parte. Decisão reformada.

Quando a vítima do atropelamento for criança, que sobrevive ao acidente, não há como falar-se em concorrência de culpas, se os autos revelam alguma parcela de culpa do condutor do veículo. A culpa de terceiro, no caso, culpa '*in vigilando*', dos pais da criança, não pode opor-se aos direitos desta" (*RT*, *678*:113).

O Tribunal Regional Federal da 1ª Região, reconhecendo a inexistência de qualquer parcela de culpa do condutor do veículo, decidiu:

"Atropelamento – Morte da vítima – Agente público que dirigindo em conformidade com as regras de trânsito se depara com uma criança de tenra idade, que sozinha e repentinamente adentra pista de rolamento – Verba indevida se a culpa foi exclusiva da mãe da vítima, que incidiu em culpa *in vigilando*" (*RT*, 775:395).

9. Autoescolas e a responsabilidade pelos danos

Os donos de autoescolas, como proprietários dos veículos e como exploradores do "negócio" cujos riscos assumiram, são os responsáveis pelos danos que seus alunos possam causar a terceiros, no curso normal do aprendizado. É o que se tem decidido:

"Responsabilidade civil – Acidente provocado por veículo pertencente a terceiros, no curso normal de aprendizado. Essa responsabilidade somente deixará de existir se provada sua ausência completa de culpa no evento" (*RT*, 475:65).

Tivemos a oportunidade de decidir interessante caso na Comarca de Marília, sendo a sentença posteriormente publicada na *RJTJSP*, 46:96, com a seguinte ementa:

"Responsabilidade civil – Acidente de trânsito – Culpa evidente – Aluna de autoescola que, ao tentar fazer baliza à ré, engata outra marcha, movimentando o veículo para frente, galgando o passeio e atropelando a vítima – Culpa concorrente da vítima, alegada – Inocorrência – Responsabilidade solidária da autoescola, proprietária do veículo – Indenização que não sofre redução, em virtude de pensão recebida de instituto previdenciário".

Veja-se, ainda:

"Responsabilidade civil – Acidente provocado por imperícia de aprendiz, no curso de exercícios de baliza, interceptando a frente do veículo do autor – Responsabilidade solidária da autoescola reconhecida – Culpa concorrente da vítima – Indenização reduzida à metade (1º TACSP, Ap. 450.814-7-Tupã, 6ª Câm. Esp., j. 9-1-1991, rel. Carlos R. Gonçalves).

"Acidente de trânsito – Aprendiz de autoescola – Fato ocorrido durante aula prática – Decretação de exclusão da lide, a prosseguir apenas contra o instrutor e a autoescola – Descabimento – Legitimação passiva '*ad causam*' reconhecida e decorrente da solidariedade – Recurso provido" (*JTACSP*, Revista dos Tribunais, 112:200).

10. Auxílio previdenciário

V. Benefício previdenciário, n. 11, *infra*.

11. Benefício previdenciário

V. Cumulação da pensão indenizatória com a de natureza previdenciária, in Livro II, Título IV, Capítulo II, Seção I, n. 4.1, *retro*.

A doutrina e a jurisprudência consagraram, de forma uníssona, a regra de que não se reduzem da indenização as quantias recebidas pela vítima, ou seus beneficiários, dos institutos previdenciários ou assistenciais. Somam-se, assim, as indenizações previdenciárias, como pensão, seguro, verba recebida a título de acidente de trabalho, com a indenização determinada pelo ato ilícito.

O entendimento generalizado na doutrina é o de que a indenização decorrente de um montepio ou de uma pensão vitalícia não mantém com o fato determinador do prejuízo qualquer relação de causalidade, senão apenas de "ocasião".

Consoante explica Arnaldo Rizzardo (*A reparação*, cit., p. 82), "as diferentes indenizações demandam de causas distintas, apresentando, pois, naturezas próprias, não se confundindo uma com a outra. A reparação por acidente de trabalho, devida se a vítima foi colhida enquanto estava a serviço do empregador, emerge do seguro social. A pensão, a cargo da Previdência Social, corresponde a prestações descontadas por ela. Nem o valor do seguro particular é dedutível, porque decorre dos prêmios ou contribuições que o falecido recolhia à entidade. De forma que os benefícios concedidos pelos órgãos previdenciários são correspectivos das contribuições pagas pela vítima. Devem reverter em favor de seus beneficiários, e não do ofensor, mitigando a sua responsabilidade. Diversas sendo as fontes de que procedem as contribuições, não se destinam a reembolsar os prejuízos pelo fato ilícito, pois foram estabelecidas para favorecer o lesado ou seus dependentes, e não o causador do dano".

A jurisprudência, de forma uniforme e iterativa, tem aplicado o princípio da cumulação das verbas, como já demonstrado no n. 4.1, retromencionado, podendo ser mencionados, ainda, os seguintes arestos:

"Responsabilidade civil – Não compensação da indenização civil pelos benefícios previdenciários.

A jurisprudência do STJ consolidou entendimento no sentido de que, apurada a responsabilidade decorrente de acidente automobilístico ou outro evento danoso, o causador há de reparar o dano (culpa aquiliana) com supedâneo no direito comum e inviável é compensar tal reparação com a que a vítima há de perceber em decorrência de sua vinculação a sistema previdenciário ou securitário" (*RSTJ*, *78*:215).

"Auxílio previdenciário – Cumulação com a indenização por ato ilícito.

Não se pode deduzir da indenização o auxílio previdenciário. As verbas têm conteúdo jurídico diverso e não se confundem, não sendo lícito se operar qualquer dedução, nem o responsável pelo acidente pode beneficiar-se do auxílio previdenciário, a fim de moderar o montante do que tem a pagar. É jurisprudência pacífica, consoante trazido à colação pela autora" (1º TACSP, Ap. 321.278, 7ª Câm., j. 28-2-1984, rel. Régis de Oliveira).

"A pensão previdenciária e a devida por ato ilícito são acumuláveis, pois a pensão previdenciária tem origem diferente, visto que promana de cumulação das contribuições feitas ao INSS pelo defunto, e a segunda provém da indenização por ato ilícito. Uma e outra são acumuláveis; não se tem como vislumbrar '*bis in idem*' em tal cumulação, visto que são diversas as fontes de tais direitos" (*RTJ*, *80*:536).

"Benefício previdenciário – Cumulação com a indenização civil.

Representa consolidada orientação jurisprudencial que, fundados em causas jurídicas diversas, os benefícios previdenciários acaso devidos não são descontáveis da indenização decorrente de ato ilícito (*RJTJSP*, *44*:140 e *59*:110, 162 e 163 e *JTACSP*, Saraiva, *73*:31)" (1º TACSP, Ap. 325.937, 4ª Câm., j. 6-6-1984, rel. José Bedran).

"Responsabilidade civil – Acidente de trânsito – Vítima beneficiária de auxílio previdenciário – Circunstância que não afasta a indenização por ato ilícito" (*JTACSP*, Revista dos Tribunais, *108*:171).

"Acidente de trânsito – Indenização – Pensão e 13º salário – Verbas devidas, independentemente da pensão auferida da Caixa Beneficente da Polícia Militar do Estado, a partir do evento e não da citação – Diferentes os pressupostos das pensões em causa – Recurso desprovido" (*JTACSP*, Revista dos Tribunais, *112*:137).

"Acidente de trânsito – Morte do cônjuge varão – Ressarcimento pela Previdência Social – Pedido de indenização na esfera civil – Possibilidade da cumulação – Responsabilidade objetiva da transportadora reconhecida – Indenização devida" (*JTACSP*, Revista dos Tribunais, *111*:35).

12. Boletim de ocorrência

V. Prova, n. 87, *infra*.

A jurisprudência tem proclamado, reiteradamente, que o boletim de ocorrência, por ser elaborado por agente da autoridade, goza da presunção de veracidade do que nele se contém.

Essa presunção não é absoluta, mas relativa, isto é, *juris tantum*. Cede lugar, pois, quando infirmada por outros elementos constantes dos autos. Cumpre, pois, ao réu o ônus de elidi-la, produzindo prova em sentido contrário.

O boletim de ocorrência é geralmente elaborado por policiais que não presenciaram o evento e que se basearam em comentários ouvidos no local. Por isso mesmo o seu teor pode ser contrariado por outras provas. Às vezes, no entanto, torna-se prova de grande valor, por descrever pormenorizadamente o local da ocorrência, os vestígios de frenagem deixados na pista, a posição dos veículos e especialmente o sítio da colisão, possibilitando uma conclusão sobre como ocorreu o acidente.

Por isso, já se decidiu, com indiscutível sapiência, que o boletim de ocorrência é mera peça informativa e que pode revestir-se de importância na ausência de outras provas, ou no conflito de provas. Entretanto, para que tal aconteça, necessário se torna que o boletim de ocorrência traga narrativa pormenorizada ou contenha em seu núcleo um razoável punhado de informações. Caso contrário (isto é, ausência de informações de como teria ocorrido o sinistro), o boletim de ocorrência é peça de pequeno e parco valor (1º TACSP, Ap. 330.532, 1ª Câm., j. 2-10-1984, rel. Silveira Netto).

Assim também decidiu o Superior Tribunal de Justiça, no julgamento do REsp 135.543-ES (*DJU*, 9 dez. 1997, p. 64715), tendo afirmado o em. relator, Min. Ruy Rosado de Aguiar, que quando o policial comparece ao local do fato, e registra o que observa, consignando os vestígios encontrados, a posição dos veículos, a localização dos danos etc., o boletim de ocorrência passa a gozar da presunção *juris tantum* de veracidade. O mesmo não acontece quando quem elabora a referida peça recebe declarações e as registra, ou quando o policial comparece ao local e consigna no boletim somente o que lhe foi referido pelos envolvidos ou testemunhas. Nesses casos a presunção de veracidade é apenas de que tais declarações foram prestadas, mas não se estende ao conteúdo delas.

Entende a jurisprudência, de modo geral:

"Acidente de trânsito – Presunção de veracidade do Boletim de Ocorrência policial não elidida.

O boletim de ocorrência goza de presunção *juris tantum* de veracidade, prevalecendo até que se prove o contrário. Pode o réu, com meios hábeis, desfazê-la se ou quando contiver elementos inverídicos" (STJ, rel. Min. Waldemar Zweiter, *RT*, *671*:193).

"Prova – Documento público – Boletim de Ocorrência – Valor probante.

O documento público, contendo declarações de um particular, faz certo, em princípio, que aquelas foram prestadas. Não se firma a presunção, entretanto, de que seu conteúdo corresponde à verdade" (STJ, rel. Min. Nilson Naves, *RT*, *711*:210).

"Prova – Boletim de ocorrência.

O Boletim de Ocorrência faz com que, em princípio, se tenha como provado que as declarações dele constantes foram efetivamente prestadas, mas não que seu conteúdo corresponda à verdade. O art. 364 do CPC não estabelece a presunção *juris tantum* da veracidade das declarações prestadas ao agente público, de modo a inverter o ônus da prova" (STJ, rel. Min. Costa Leite, *RT*, *726*:206).

"Prova – Boletim de ocorrência – Acidente de trânsito.

Três são as hipóteses mais correntes: 1. Quando o escrivão recebe declarações e as registra, 'tem-se como certo, em princípio, que foram efetivamente prestadas; não, entretanto, que seu conteúdo corresponda à verdade' (REsp 55.088-SP, 3ª T., rel. Min. Eduardo Ribeiro); 2. Se o policial comparece ao local do fato, e registra o que observa, então há presunção de veracidade ('O boletim de ocorrência goza de presunção *iuris tantum* de veracidade, prevalecendo até que se prove o contrário' (REsp 4.365-RS, 3ª T., rel. Min. Waldemar Zveiter), e tal se dá quando consigna os vestígios encontrados, a posição dos veículos, a localização dos danos etc.; 3. O policial comparece ao local e consigna no boletim o que lhe foi referido pelos envolvidos ou testemunhas, quando então a presunção de veracidade é de que tais declarações foram prestadas, mas não se estende ao conteúdo delas ('O documento público não faz prova dos fatos simplesmente referidos pelo funcionário' – REsp 42.031-RJ, 4ª T., rel. Min. Fontes de Alencar). Em todos os casos, a presunção é apenas relativa. Hipótese em que o boletim de ocorrência foi confirmado pelo testemunho do policial e por outras provas, fundamentando o julgado. Recurso não conhecido" (STJ, REsp 135.543-ES, 4ª T., rel. Min. Ruy Rosado de Aguiar, *DJU*, 9-12-1997, p. 64715).

"Responsabilidade civil – Acidente de trânsito – Prova – Boletim de ocorrência – Presunção de veracidade.

O boletim de ocorrência, por ser elaborado por agente da autoridade, goza da presunção de veracidade do que nele se contém. Tal presunção há de ser elidida pela parte responsabilizada pelo acidente. Precedentes: *RJTJSP*, *31*:100 e *28*:83" (1º TACSP, EI 356.391-SP, 3ª Câm., j. 22-9-1986; rel. Alexandre Germano, *Boletim da AASP*, n. 1.516, de 6-1-1988, p. 3).

"Prova – Responsabilidade civil – Acidente de trânsito – Dano pessoal – Hipótese comprovada por boletim de ocorrência – Documento que goza de presunção de veracidade, uma vez que tem a característica de público – Admissibilidade – Indenizatória procedente" (1º TACSP, Ap. 435.260/90-Bauru, 4ª Câm. Esp., j. 7-8-1990, rel. Amauri Ielo).

"Responsabilidade civil – Improcedência da ação – Prevalência de testemunhas presenciais sobre o boletim policial – Recurso provido.

Sobre o boletim policial devem prevalecer os depoimentos de testemunhas presenciais do acidente de trânsito" (*RT*, *484*:88).

"Responsabilidade civil – Prova – Boletim de ocorrência.

O boletim de ocorrência tem presunção de veracidade. Cumpre ao réu a prova em sentido contrário, que não cuidou de produzir. Ação procedente" (1º TACSP, Ap. 334.160, 8ª Câm., j. 27-11-1984, rel. França Bolinha).

"Responsabilidade civil – Prova – Boletim de ocorrência que apresenta divergências com informação do segurado sobre a hora do acidente e que não elucida como chegou à conclusão de que o veículo do réu, desgovernado, foi chocar-se contra o veículo do segurado, sequer arrolando testemunhas ou indicando a fonte em que se abeberou para fazer tal afirmação, tendo o policial chegado ao local do fato horas depois do acontecimento. Não serve, assim, de si e por si, para estear, no caso, a composição do conflito, como almeja a autora" (1º TACSP, Ap. 332.755, 1ª Câm., j. 30-10-1984, rel. Orlando Gandolfo).

"Acidente de trânsito – Prova – Laudo pericial (boletim de ocorrência) – Presunção 'juris tantum' – Comprovação não elidida – Culpa caracterizada – Indenização devida" (TJES, *RT*, *623*:153).

13. Caso fortuito e força maior

V. As excludentes da responsabilidade civil, in Livro III, n. 5, *retro*.

14. Certificado de propriedade

V. Propriedade do veículo, in Livro IV, Título II, n. 86, *infra*.

15. Cessão gratuita de veículo

V. Legitimidade (e ilegitimidade) passiva "ad causam", in Livro IV, Título II, n. 58, *infra*.

16. Colisão

16.1. Colisão com veículo estacionado irregularmente

V., também, *Culpa contra a legalidade*, Livro IV, Título II, n. 27.1, *infra*.

Tem-se entendido que o motorista que colide seu veículo contra outro, estacionado, responde pelos danos causados, ainda que comprovado o estacionamento irregular deste último. O estacionamento em local proibido não configura, por si só, culpa, justificando apenas a aplicação de penalidade administrativa:

"Responsabilidade civil – Acidente de trânsito – Veículo colidido quando estava estacionado em local proibido – Culpa indubitável do motorista do veículo que veio a se chocar, além do mais, alcoolizado – Irrelevância de transgressão de preceito regulamentar de trânsito (estacionamento em lugar proibido), cujo motorista não concorreu para o evento – Ação procedente" (*JTACSP*, *69*:170).

"Indenização – Responsabilidade civil – Acidente de trânsito – Culpa – Não a configura o estacionamento em local proibido, a justificar apenas a aplicação de penalidade administrativa" (*RJTJSP*, *44*:89).

"Acidente de trânsito – Veículo estacionado em local não permitido – Circunstância que não isenta de culpa o causador da colisão, bem como a alegação de fato de terceiro que não tem sido admitida pela jurisprudência – Regressiva de seguradora procedente – Recurso improvido" (*JTACSP*, *170*:228).

"Indenização – Responsabilidade civil – Acidente de trânsito – Motorista que colide seu veículo contra outro estacionado – Responsabilidade que não se isenta, ainda que comprovado o estacionamento irregular deste último" (*RJTJSP*, *46*:102).

É muito comum nos grandes centros a formação de filas duplas, principalmente em frente a colégios, restaurantes e clubes. Embora constitua infração administrativa, não configura, por si só, culpa do condutor, se o veículo sofrer abalroamento. A menos que tal fato tenha concorrido para a colisão, por praticado nas proximidades de esquina ou de curva, ou por ter estreitado demasiadamente a rua, por exemplo. Isto porque o fato de o veículo estar estacionado irregularmente em fila dupla não autoriza os demais motoristas a com ele colidirem, havendo meios de evitar a colisão. Veja-se:

"O detalhe invocado pelo apelante, de que o carro estaria parado em local proibido, é irrelevante, pois essa falta administrativa não libera o réu da obrigação de indenizar, positivada sua culpa. Pelo mesmo motivo, descabe falar em concorrência de culpa" (1º TACSP, Ap. 332.917, 2ª Câm., j. 31-10-1984, rel. Álvaro Galhanone).

"Responsabilidade civil – Acidente de trânsito – Abalroamento em veículo estacionado irregularmente (fila dupla) – Culpa concorrente reconhecida – Sentença mantida" (1º TACSP, Ap. 434.010/90-São José dos Campos, 3ª Câm., j. 2-4-1990, rel. André Mesquita).

"Veículo estacionado em lugar proibido – Abalroamento – Indenização devida pelo culpado.

Deve indenizar o culpado por abalroamento de automóvel, embora esteja este estacionado em lugar proibido. Caso contrário, ter-se-ia aberto precedente de imprevisível extensão, inocentando-se todo aquele que, por culpa e até mesmo a título de dolo, danificasse veículos encontrados naquela situação, de inquestionável interesse apenas para sanção de índole administrativa" (*RT*, *528*:83).

"Abalroamento na parte traseira – Acidente envolvendo veículo estacionado irregularmente (defronte o ponto de ônibus) – Circunstância que constitui mera infração administrativa incapaz de elidir a culpa do réu – Concorrência de culpas afastada – Indenizatória procedente" (1º TACSP, Ap. 441.271/90-SP, 3ª Câm. Esp., j. 10-7-1990, rel. André Mesquita).

"O fato de estar o veículo do autor estacionado irregularmente, ou seja, na contramão de direção, não exclui a culpa daquele, por se tratar de simples infração administrativa. Além disso, se estivesse ele estacionado corretamente, isto é, na posição contrária, mesmo assim a colisão teria ocorrido" (1º TACSP, Ap. 320.487, 3ª Câm., j. 15-2-1984, rel. Sousa Lima).

"Veículo do autor estacionado irregularmente (rente ao canteiro central) – Circunstância que constitui mera infração administrativa incapaz de elidir a culpa do réu – Presunção de culpa daquele que trafega atrás não afastada – Indenizatória procedente" (1º TACSP, Ap. 436.628/90-SP, 3ª Câm. Esp., j. 10-7-1990, rel. André Mesquita).

16.2. Colisão com veículo estacionado regularmente

Presume-se a culpa de quem colide com veículo regularmente estacionado. Veja-se:

"O simples fato de o réu colidir com veículo estacionado já faz presumir a sua culpa" (1º TACSP, Ap. 320.474, 5ª Câm., j. 22-2-1984, rel. Pinheiro Rodrigues).

Trata-se de hipótese em que a culpa aparece visível *prima facie*.

Como assinala Arnaldo Rizzardo, "certos fatos há que, pelas circunstâncias especiais como acontecem, basta prová-los para chegar-se à evidência da culpa. É o caso do acidente de trânsito em que o automóvel bate num poste, quando a única explicação para justificar o evento é o caso fortuito. Fora disto, a culpa do motorista é incontestável. A presunção, que é um meio de prova, revela, em tais situações, de modo incontroverso, a culpa do agente, que decorre, necessária e exclusivamente, do fato em si. É a presunção natural da culpa" (*A reparação*, cit., p. 94).

O mesmo acontece com a colisão com veículo regularmente estacionado: basta provar o dano para que fique demonstrada a culpa do seu autor (*RT*, *445*:93). É a chamada culpa *in re ipsa*, pela qual alguns fatos trazem em si o estigma da imprudência ou da negligência, ou da imperícia. Uma vez demonstrados, surge a presunção do elemento subjetivo, obrigando o autor do mal à reparação (Arnaldo Rizzardo, *A reparação*, cit., p. 95). A este incumbe a prova do fortuito, se quiser livrar-se da condenação.

Confira-se:

"Acidente de trânsito – Abalroamento de veículo regularmente estacionado – Culpa presumida do abalroador, a mesma condição de culpa objetiva – Ônus do réu em elidi-la – Inocorrência – Ação procedente – Recurso provido para esse fim" (1º TACSP, Ap. 441.037/90, Jaú, 6ª Câm. Esp., j. 24-7-1990, rel. Mendonça de Barros).

"Acidente de trânsito – Evento ocasionado quando o veículo do autor encontrava-se regularmente estacionado e foi abalroado pelo de propriedade da ré e dirigido pelo coautor na ocasião – Culpa *in eligendo* da proprietária do veículo caracterizada pela má escolha da pessoa a quem entregou o mesmo para ser vendido – Indenizatória procedente" (*JTACSP*, *168*:229).

"Colisão com veículo regularmente estacionado – Culpa do condutor do veículo oficial, preposto da ré, manifesta – Acolhimento da pretensão indenizatória '*in totum*' de rigor" (1º TACSP, Ap. 324.367, 5ª Câm., j. 2-5-1984, rel. Ruy Camilo).

"Colisão de viatura policial com veículo regularmente estacionado – Irrelevância de eventual culpa de terceiro – Responsabilidade objetiva caracterizada – Indenizatória procedente" (*JTACSP*, Revista dos Tribunais, *109*:158).

"Presumida a culpa do condutor de veículo que abalroa outro parado, nas modalidades de negligência e imperícia, o apelado não a elidiu, razão pela qual tem obrigação de indenizar os danos causados. Ainda que se demonstrasse o irregular estacionamento, a circunstância, por si, motivadora de penalidade administrativa, não é suficiente para isentar a responsabilidade do outro motorista, assentada em base diversa" (1º TACSP, Ap. 325.858, 1ª Câm., j. 29-5-1984, rel. Célio Filócomo).

"Colisão em cruzamento, atingindo veículo regularmente estacionado – Indenizatória ajuizada contra um dos causadores do evento – Procedência, ressalvado o direito regressivo contra o proprietário do outro veículo envolvido."

O autor deve ter reparado seus danos. Em nada contribuiu para o evento. Ao contrário, encontrava-se regularmente parado quando recebeu o impacto. Consequência: há que se procurar é o culpado, impondo-lhe a condenação (*JTACSP*, Revista dos Tribunais, *109*:120).

"O veículo do autor foi atingido, quando regularmente estacionado, pelo do réu, daí a responsabilidade deste em reparar os danos provocados no veículo daquele. Não se haveria de exigir do autor, cujo carro se encontrava regularmente estacionado junto ao meio-fio, a tarefa onerosa, de se voltar contra o denunciado à lide, cujo veículo não atingiu o seu e que, segundo o réu, teria cortado a frente de seu veículo, dando causa ao evento danoso" (1º TACSP, Ap. 322.442, 7ª Câm., j. 10-4-1984, rel. Osvaldo Caron).

"Abalroamento na parte traseira de veículo regularmente estacionado – Inexistência de placa indicativa de estacionamento proibido – Culpa do réu demonstrada – Ação procedente" (1º TACSP, Ap. 431.800/90-SP, 6ª Câm., j. 20-2-1990, rel. Evaldo Veríssimo).

"Colisão com veículo regularmente estacionado – Alegação de ter havido caso fortuito, consistente no rompimento dos freios – Defesa repelida, pois defeitos mecânicos são previsíveis, pelo que o proprietário do veículo está obrigado a permanente revisão de seu estado" (1º TACSP, Ap. 332.917, 2ª Câm., j. 31-10-1984, rel. Álvaro Galhanone).

16.3. Colisão em cruzamento não sinalizado

Segundo o Código de Trânsito Brasileiro, nos cruzamentos não sinalizados tem preferência o veículo que vem pela direita. Dispõe, com efeito, o aludido diploma:

"Art. 29. O trânsito de veículos nas vias terrestres abertas à circulação obedecerá às seguintes normas:

(...)

III – quando veículos, transitando por fluxos que se cruzem, se aproximarem de local não sinalizado, terá preferência de passagem:

a) no caso de apenas um fluxo se proveniente de rodovia, aquele que estiver circulando por ela;

b) no caso de rotatória, aquele que estiver circulando por ela;

c) nos demais casos, o que vier pela direita do condutor".

Essa preferência, contudo, não é absoluta. Depende da chegada simultânea dos veículos no cruzamento. Isto não acontecendo, tem preferência o que chegou antes. Vejamos:

"Trânsito – Prioridade de passagem – Relatividade – Normas legais aplicáveis.

A prioridade de passagem do veículo da direita não é absoluta, pois a ocorrência de determinadas circunstâncias poderá afastá-la, para autorizar o reconhecimento da culpa" (*RT, 462*:238).

"Responsabilidade civil – Colisão de veículos – Via preferencial não sinalizada – Cautela necessária – Ação de indenização procedente.

Não sendo sinalizada a via preferencial, a preferência só pode ser exercitada pelo motorista com cautela" *(RT, 431*:93).

Às vezes, entretanto, o que vem pela esquerda, embora chegando ao cruzamento simultaneamente com o que vem pela direita, está em maior velocidade. Por isso, no instante da colisão, o da esquerda já havia atravessado o eixo do cruzamento e o seu motorista irá invocar, então, a teoria do "eixo médio", acolhida no direito alienígena, mas não no Brasil.

Confira-se:

"Responsabilidade civil – Acidente de trânsito – Preferência de passagem nos cruzamentos não sinalizados – Teoria do 'eixo médio' repelida no Direito Brasileiro – Prioridade do veículo que vem pela direita" (*RJTJSP, 40*:101, *28*:84, *47*:131).

"Responsabilidade civil – Acidente de trânsito – 'Teoria do eixo médio' – Teoria já abandonada – Desrespeito à preferência de passagem por veículo da Prefeitura (ambulância) – Cruzamento sinalizado – Indenizatória procedente" (*JTACSP, 76*:2).

Dario Martins de Almeida, discorrendo sobre o direito de prioridade de passagem, expôs que, "fundamentalmente, o direito de prioridade assenta numa medida de prudência. Na impossibilidade de duas viaturas poderem passar ao mesmo tempo sobre a mesma zona de intersecção ou de confluência de duas vias ou estradas, convencionou-se que o direito de passar 'primeiro' fosse conferido, em princípio, ao condutor que surge pela direita" (*Manual de acidentes de viação*, 1969, p. 406).

Tal preferência, contudo, como já se afirmou, não é absoluta, já que a aproximação de um cruzamento obriga o motorista a reduzir fracamente o seu veículo e só efetuar a travessia quando estiver certo de fazê-lo sem riscos. Se essa cautela não for tomada e a travessia realizada em velocidade incompatível, poderá, conforme o caso, ocorrer a repartição ou concorrência de culpas.

Em princípio, a prioridade de passagem é do carro que trafega pela direita. O que surge da esquerda somente pode ingressar no cruzamento quando o motorista, após deter seu veículo, sente-se seguro de que poderá efetuar a ultrapassagem sem qualquer problema. Nesse sentido a jurisprudência:

"Quem procura cruzar com veículo numa via prioritária deverá fazê-lo com redobradas cautelas, após verificar da possibilidade de passagem sem qualquer risco. Age, pois, com culpa o motorista que, dirigindo um automóvel, tenta transpor via prioritária sem observar a preferência, colidindo com o que a tem, sendo irrelevante a velocidade deste" (1º TACSP, Ap. 330.303, 2ª Câm., j. 10-10-1984, rel. Bruno Netto).

"Acidente de trânsito – Teoria do eixo médio – Considerações doutrinárias – Inaplicabilidade, posto não ter o condão de afastar a preferência de passagem, assegurada por lei" (*JTACSP*, Revista dos Tribunais, *92*:90).

"Tratando-se de colisão ocorrida no cruzamento não sinalizado de duas vias, a prioridade de passagem é do carro que trafega pela direita; no caso, o do réu. Tal prioridade de passagem não será considerada absoluta se, diante das circunstâncias concretas, se puder extrair ilação de culpa, calcada na prova, do motorista que vem à direita de outro, inexistindo indicadora de preferência" (1º TACSP, Ap. 325.781, 8ª Câm., j. 5-6-1984, rel. Carlos de Carvalho).

"O fato de o automóvel da esquerda simplesmente atingir o eixo de cruzamento antes que o da direita, por si só, não elimina a disputa de cruzamento nem afeta a preferência legal inconteste do último. Acolher a preferência de fato, como derrogadora da preferência legal, constituiria verdadeiro prêmio à imprudência, porque incentivaria o veículo da via secundária a forçar passagem nos cruzamentos a fim de atingir primeiro o eixo médio, aumentando, com isso, enormemente o risco de colisão nos cruzamentos" (TAMG, Ap. 16.422, Barão de Cocais, rel. Humberto Theodoro Júnior).

16.4. Colisão em cruzamento sinalizado

O revogado Código Nacional de Trânsito regulamentava a circulação de veículos nos cruzamentos, estabelecendo a prioridade de passagem dos que transitam por vias preferenciais, entendendo-se como tais aquelas devidamente sinalizadas. Quem ingressa em preferencial sem observar as devidas cautelas e corta a frente de outro veículo, causando-lhe danos, é considerado culpado e responsável pelo pagamento da indenização.

O Código de Trânsito Brasileiro não define via preferencial. No entanto, ao regulamentar a circulação de veículos, considerou infração gravíssima a prática de se ingressar em cruzamento com semáforo vermelho ou de se avançar o sinal de parada obrigatória (art. 208). E afirmou, ainda, no art. 215, cometer infração grave o condutor que deixar de dar preferência de passagem:

"I – em interseção não sinalizada:

a) a veículo que estiver circulando por rodovia ou rotatória;

b) a veículo que vier da direita;

II – nas interseções com sinalização de regulamentação de "Dê a preferência".

A sinalização, sob a forma de semáforos, de placa "PARE" ou "Dê a preferência", deve ser respeitada. Na sua ausência, transitando os veículos por fluxos que se cruzem, deve ser observado o disposto no art. 29, III, que assegura preferência de passagem aos veículos que circulam pela rodovia, no caso de apenas um dos fluxos ser dela proveniente; aos que se encontrem circulando pela rotatória; e aos que vêm pela direita do condutor.

Tem sido decidido:

"Acidente de trânsito – Evento decorrente de desrespeito de sinalização semafórica desfavorável, pelo réu – Culpa demonstrada – Indenizatória procedente" (*JTACSP, 161*:259).

"Acidente de trânsito – Cruzamento dotado de sinalização semafórica – Veículos em sentidos opostos, trafegando pela mesma via, pretendendo o autor ingressar à esquerda – Hipótese em que, tendo ambas as partes sinalização favorável, deveria o autor ter aguardado a passagem do carro do réu, que tinha preferência de passagem, fato este que não ocorreu, dando causa ao acidente – Indenizatória improcedente" (*JTACSP, 161*:222).

"Acidente de trânsito – Ingresso em cruzamento com o sinal semafórico desfavorável – Alegação, contudo, de que assim agiu para se safar de situação de perigo por ela não provocado – Tentativa de assalto que configura estado de necessidade – Impossibilidade de afastar sua responsabilidade pelos prejuízos causados à apelada, que não contribuiu com qualquer parcela de culpa para o evento – Indenizatória parcialmente procedente – Recurso improvido" (*JTACSP*, *175*:285).

"Acidente de trânsito – Colisão em cruzamento dotado de semáforo – Ausência de comprovação de qual dos veículos envolvidos teria desrespeitado sinalização desfavorável – Caracterização do conflito probatório – Indenizatória improcedente" (*JTACSP*, *161*:199).

"Acidente de trânsito – Colisão em cruzamento sinalizado – Semáforo desligado, por falta de energia elétrica – Inaplicabilidade da regra de preferência – Imprudência de ambos os motoristas caracterizada em face da concorrência de culpas – Sucumbência recíproca decretada – Recursos parcialmente providos" (*JTACSP*, *164*:248).

"Colisão em cruzamento – Sinalização de parada obrigatória existente bem como valeta na rua por onde transitava a recorrida – Preferência de passagem para os veículos que transitam pela via pública que com ela faz cruzamento reconhecida – Culpa da recorrida determinada, afastada a culpa concomitante (*JTACSP*, *170*:261).

"Indenização – Colisão de veículos – Ingresso no cruzamento com desrespeito à placa de sinalização 'pare' e à regra de preferência estabelecida no Código de Trânsito – Invocada teoria do 'eixo médio', que não é adotada no direito brasileiro" (*RJTJSP*, *28*:84).

"Responsabilidade civil – Acidente de trânsito – Inobservância da placa 'Pare', avançando por cruzamento de via preferencial – Indenizatória procedente, quer também quanto à desvalorização do veículo, admitida a incidência da correção monetária" (*JTACSP*, *70*:75).

É de se ressaltar que o direito de quem transita por via preferencial não é considerado um *bill* de indenidade, que permita ao motorista cometer abusos de velocidade. A "preferência deve ser exercida dentro dos limites de velocidade recomendada, de modo a evitar possível acidente ou, então, reduzir a intensidade do dano" (*RT*, *597*:132; *JTACSP*, Revista dos Tribunais, *100*:110).

Se, diante de circunstâncias excepcionais, restar comprovado que o excesso de velocidade constituiu-se na causa exclusiva da colisão, a responsabilidade será unicamente do condutor que estava na preferencial e que abusou de seu direito de prioridade de passagem. Se apenas concorreu eficientemente para o evento, as culpas devem ser repartidas. Contudo, se a colisão ocorreu porque o veículo que estava na preferencial teve sua frente cortada repentinamente por quem nela ingressou sem as devidas cautelas, pouco importa a velocidade vivaz daquele, este último será responsabilizado totalmente. Veja-se:

"Responsabilidade civil – Acidente de trânsito – Culpa – Ingresso em via preferencial sem a necessária cautela – Culpa reconhecida, pouco importando a excessiva velocidade do outro veículo – Ação procedente" (*RJTJSP*, *45*:123; *RT*, *412*:292).

"Evidenciado que a invasão de via preferencial constituiu a causa principal e preponderante do acidente, sobrepõe-se ela a qualquer infração secundária que se pudesse atribuir ao motorista que trafegava nessa preferencial" *(RT, 570*:221).

Obra com inegável imprudência o motorista que, provindo de rua secundária, ingressa com desatenção em rua preferencial, onde se pressupõe maior tráfego. Indispensável que este, em tais circunstâncias, pare e descortine ambos os lados da via preferencial, antes de prosseguir em sua marcha, não bastando a observância de preceitos cautelares, simples parada momentânea, ou redução da velocidade do carro. Assim, não pode o motorista que provém de rua secundária transpor o cruzamento antes de verificar se está livre e desimpedida a via preferencial (*JTACSP*, Revista dos Tribunais, *108*:134).

Por isso, tem-se decidido que, "por via de regra, quem entra em via preferencial é que deve tomar as cautelas para evitar colisão, não sendo obrigados os que por ela transitam de, em cada esquina, diminuírem a marcha dos seus veículos. Se assim fosse, sem objetivo seria a sua preferência e prejudicado resultaria o escoamento do tráfego nos grandes centros" (*RT*, *284*:474).

Uniforme, nesse sentido, a jurisprudência:

"Ingresso em via preferencial sem obediência à sinalização 'Pare' – Morte de ciclista – Culpa exclusiva do preposto da ré – Indenizatória procedente" (*JTACSP*, Revista dos Tribunais, *108*:137).

"Preferência de passagem – Autor que trafegava em via preferencial com sinalização marcada na pista asfáltica, quando atingido por veículo do réu, vindo de via secundária – Culpa do réu caracterizada" (1º TACSP, Ap. 431.361/90, Garça, 5ª Câm., j. 14-2-1990, rel. Carlos de Carvalho).

Algumas particularidades merecem ser lembradas:

"Veículo do autor que transitava pela via preferencial quando foi interceptado pelo do réu, proveniente de via secundária – Irrelevância de outro veículo que também transitava na preferencial ter cedido sua preferência – Culpa do réu caracterizada – Indenizatória procedente" (1º TACSP, Ap. 433.406/90, Guarulhos, 1ª Câm., j. 26-3-1990, rel. Guimarães e Souza).

"Colisão em cruzamento – Veículo proveniente de via secundária, colhido já no fim da manobra de cruzamento – Culpa do motorista do veículo da via principal reconhecida – Ação improcedente" (1º TACSP, Ap. 431.975/90, Santos, 1ª Câm., j. 12-3-1990, rel. Célio Filócomo).

"Colisão em cruzamento – Via preferencial – Veículo do autor que, na confluência com esta, nela adentra com o terço anterior do automóvel, invadindo faixa de rolamento – Ônibus da Municipalidade que, trafegando na preferencial, choca-se com o veículo do autor por total falta de atenção – Negligência deste configurada – Culpa concorrente reconhecida – Indenizatória parcialmente procedente" (1º TACSP, Ap. 438.596/90-SP, 5ª Câm. Esp., j. 25-7-1990, rel. Marcondes Machado).

Nos cruzamentos dotados de semáforo a prova da culpa às vezes se torna difícil, dada a rapidez com que ocorre a mudança, acarretando dúvidas, incertezas e mesmo engano das testemunhas. Se a prova é contraditória, não informando com segurança qual dos dois motoristas desobedeceu a sinalização, outra solução não resta senão o reconhecimento da improcedência da demanda (ou das demandas, em caso de conexão). Confira-se:

"Colisão em cruzamento dotado de semáforo – Prova contraditória no tocante à responsabilidade de ambos os condutores – Indenizatória improcedente" (*JTACSP*, Revista dos Tribunais, *108*:169).

"Colisão em cruzamento – Ingresso com semáforo desfavorável – Desconsideração pelo Magistrado do depoimento da testemunha por tê-lo como aparentemente mentiroso – Princípios de imediatidade e identidade física do juiz – Inocorrência de arguição de suspeição contra o comportamento do Magistrado – Insuficiência de provas – Indenizatória improcedente (1º TACSP-SP, Ap. 444.059/90, 2ª Câm. Esp., j. 18-7-1990, rel. Rodrigues de Carvalho).

Se, no entanto, a prova do desrespeito ao sinal semafórico é segura e conclusiva, impõe-se a condenação do culpado à reparação dos danos:

"Danos em veículo decorrente de ingresso pelo réu em cruzamento quando o sinal era desfavorável e com velocidade incompatível com o local – Danos e nexo causal comprovados – Culpa deste caracterizada – Indenizatória procedente" (1º TACSP, Ap. 435.973/90-SP, 4ª Câm. Esp., j. 11-7-1990, rel. Amauri Ielo).

"Colisão – Evento ocasionado por imprudente ingresso em cruzamento quando o sinal era desfavorável ao réu – Culpa exclusiva reconhecida – Indenizatória procedente" (*JTACSP*, Revista dos Tribunais, *111*:92).

Já se decidiu que, se a colisão em cruzamento dotado de semáforo teve por causa a existência de defeito, desconhecido pelo réu, no sinal semafórico, não se configura a sua culpa (1º TACSP, Ap. 443.673/90, São Bernardo do Campo, 8ª Câm., j. 23-8-1990, rel. Pinheiro Franco).

Neste caso, se o defeito decorrer de omissão da Administração em tomar as devidas providências, o lesado poderá voltar-se contra ela, para pleitear a indenização cabível. Assim decidiu o Tribunal de Justiça de Santa Catarina:

"Colisão de veículos em decorrência de defeito de semáforo, sinalizando trânsito livre para direções opostas – Omissão da Administração em tomar as providências necessárias ao restabelecimento da segurança do tráfego – Obrigação do Estado de indenizar os danos do veículo do autor" (*RT*, *636*:161).

16.5. Colisão e preferência de fato

Apesar de serem consideradas preferenciais as ruas sinalizadas, algumas vezes são assim reputadas aquelas que recebem um grande volume de tráfego, em comparação com as vias transversais. Veja-se:

Indenização – Abalroamento de veículos – Culpa consistente no ingresso em via preferencial (embora não sinalizada como tal) sem aguardar a passagem de outro veículo que chegara primeiro ao cruzamento – Culpa pela colisão.

"... a culpa da autora consistiu em ingressar em via notoriamente principal (embora não sinalizada como preferencial), sem a cautela devida, que é ditada por norma de prudência e não de lei, ensejando o abalroamento do outro veículo que já se achava em meio ao cruzamento. ... Pouco importa que o veículo da autora proviesse da direita" (*RJTJSP*, *28*:89). No mesmo sentido: *JTACSP*, *76*:27.

Em regra, preferencial é a via sinalizada como tal. Se existe sinalização, não pode ela ser ignorada para se reconhecer eventual preferência de fato a outra rua, ainda que mais movimentada. A preferência de fato somente pode ser admitida, e em circunstâncias excepcionais, em cruzamentos não sinalizados.

Já se decidiu, com efeito, que:

"Via preferencial não é a rua mais larga; nem pelo fato de uma denominar-se 'avenida' e outra 'rua' presumir-se-á seja aquela preferencial; a classificação como tal não é feita em consequência da denominação da via pública. A preferência das ruas é demonstrada, em regra, pela sinalização" (*RT*, *422*:182).

Destarte, via preferencial não é a artéria pública mais importante, mais notória, mais larga, mais comprida, com mais melhoramentos públicos e sim singelamente aquela sinalizada como tal. Tampouco é a que tem maior fluxo de trânsito ou melhor leito carroçável (asfaltado). Nem se pode inferir preferência do fato de uma das ruas ter obstáculo do tipo "tartaruga" ou valetas para escoamento de águas pluviais e a outra não (*RT*, *662*:234).

A sinalização, pois, é imprescindível nas vias preferenciais, para caracterizar a prioridade legal de trânsito e distingui-las das vias secundárias.

Excepcionalmente, a jurisprudência tem acolhido, em ruas não sinalizadas, a alegação de que uma delas goza da preferência de fato, especialmente por receber um grande volume de tráfego, em comparação com as vias transversais, inclusive de coletivos. Tais alegações devem ser acolhidas somente em circunstâncias especiais, isto é, quando for bastante evidente e notória a preferência de fato, estabelecida em razão do desproporcional volume de trânsito e da importância viária, por diversos fatores, da artéria considerada principal.

A razão dessa excepcionalidade está no fato de que há uma preferência estabelecida em lei, que é a do veículo que vem da direita. E somente uma situação de fato muito evidente, bastante consolidada e respeitada por todos, poderia derrogar, em cada caso concreto, a norma legal.

Contra a aceitação desmedida de tal alegação, escreveram Rubens Camargo Mello e Zanon de Paula Barros:

"Os condutores de veículos em intensos fluxos de trânsito ou, em vias públicas largas e extensas, consideram-se, em regra, com direito à preferência, deslembrados da preferência do que vem pela direita, onde não há sinalização nos cruzamentos, sucedendo-se os acidentes, não raro de consequências trágicas. Desse mau vezo, tem-se a 'preferência de fato' ou 'preferência psicológica', também repudiada pela jurisprudência, em prestígio à 'preferência legal' (art. 13, IV, CNT e art. 38, IV, RCNT).

Deve prevalecer, sempre, o salutar princípio de que o direito de prioridade nada é senão a obrigação feita a um dos choferes de conceder a passagem a outro. Prevalecente é a famosa e ainda insuperável regra da mão direita. Bem por isso, repudiadas estão as teorias mundanas e audaciosas da 'confiança' ('não vai bater', 'dá tempo', 'dá para passar'), de que 'quem chega antes, passa antes' (só se for desta para outra vida...), da 'preferência psicológica', da 'preferência de fato', 'por hábito' etc." (*RT*, *662*:237).

Assim, inexistem preferenciais por hábito, costume ou consenso da população local, pois, em caso contrário, os motoristas forasteiros não saberiam o que fazer nas ruas de cidades estranhas. "Só é via preferencial aquela, como tal, devidamente sinalizada, apta a excluir a regra geral do art. 13, IV, do CNT", como proclama o Ac. 402.217, do TACrimSP, relatado por Reynaldo Ayrosa.

16.6. Colisão e sinal (semáforo) amarelo

Inúmeros acidentes têm por causa o abuso de motoristas ao procurarem aproveitar o sinal amarelo, nos cruzamentos dotados de semáforo.

Como previa o Regulamento do Código Nacional de Trânsito, o uso da luz amarela "significa que os veículos deverão deter-se, a menos que já se encontrem na zona de cruzamento ou à distância tal que, ao se acender a luz amarelo-alaranjada, não possa deter-se sem risco para a segurança do trânsito" (art. 71, § 3º).

Esse fato do sinal amarelo parece não ter ainda sido bem compreendido pelos motoristas, que admitem ser possível o início da travessia em face dele. É que o sinal amarelo permite, quando muito, completar a passagem, iniciada antes dele se abrir. Quando, no entanto, o sinal amarelo abre, antes do veículo alcançar o ponto inicial do cruzamento, é dever, é obrigação do motorista parar, porque o amarelo significa atenção, alerta para a interrupção do tráfego, pela mudança do sinal.

É o que deixou assentado aresto do extinto 1º Tribunal de Alçada Civil de São Paulo, que assim concluiu:

"É sempre oportuno lembrar que, onde exista sinal semafórico, o motorista só pode atravessar o cruzamento quando e enquanto o sinal esteja no verde. E, iniciada a travessia, no verde, se se abre o amarelo, ele pode completá-la. Mas, de maneira geral, os motoristas imprudentes insistem a iniciar a travessia quando já aberto o sinal amarelo, sabendo que não haverá tempo suficiente para superar o cruzamento, e, assim, evidenciando a demonstração do risco intencionalmente assumido, numa indiscutível imprudência, a revelar sua culpa e consequente obrigação de reparar os danos causados" (Ap. 327.490, 4ª Câm., j. 27-6-1984, rel. Olavo Silveira).

Assim tem reiteradamente decidido aquela Corte:

É comum, nas grandes cidades, após certo horário da noite, deixar-se o semáforo apenas na cor amarela, com pisca alerta intermitente, para facilitar o trânsito. O sinal amarelo piscando intermitentemente significa advertência, não havendo preferencialidade a nenhum dos motoristas, devendo ambos diminuir a velocidade e tomar as cautelas necessárias. Deixa de existir, portanto, enquanto essa situação se mantiver, a preferência de quem demanda da direita. Veja-se a jurisprudência:

"Com a sinalização amarelo-piscante são advertidas as pessoas para acautelarem-se, face à ausência de prioridades. Desta forma, os motoristas, ao se aproximarem dos cruzamentos, devem diminuir a velocidade e tomar as cautelas necessárias, antes de adentrar no cruzamento. Comprovado o ingresso descuidado dos dois motoristas, impõe-se atribuir o evento à atuação culposa recíproca" (*JTARS*, 96:282).

"O sinal amarelo existe para que seja concluída a manobra dos veículos que, tendo antes para si a luz verde, podem ter sua segurança prejudicada pela necessidade de frenar bruscamente" (*RT, 611*:116).

"Ainda que se admita a versão dos apelantes, de que seu carro ingressou no cruzamento quando o semáforo estava com a luz amarela acesa, melhor sorte não têm eles, porque, como ressalta a sentença, a luz amarela serve para chamar a atenção dos motoristas. Se já iniciada a travessia, deve ser concluída. Todavia, se o condutor do veículo ainda não ingressou no cruzamento, obrigatoriamente terá que parar" (Ap. 323.599, 1ª Câm., j. 10-4-1984, rel. Guimarães e Souza).

"As regras de experiência têm-nos ensinado que normalmente nesses acidentes a culpa é do motorista que tinha a seu favor o sinal amarelo, após o verde, e que pretendendo aproveitá-lo invade o cruzamento com o sinal já vermelho. É o que ocorre normalmente e que também aconteceu no caso dos autos, segundo a prova produzida." (Ap. 333.104, 5ª Câm., j. 7-11-1984, rel. Scarance Fernandes).

"Acidente de trânsito – Luz amarela do semáforo e suas implicações – Preferência de passagem não anulada pelo fato consistente em o sinal ter se mostrado amarelo no momento da colisão – Culpa exclusiva do réu, ao convergir o automóvel para a esquerda – Indenizatória procedente" (*JTACSP*, Revista dos Tribunais, *100*:173).

"Acidente de trânsito – Colisão em cruzamento – Sinalização existente – Evento ocorrido quando o semáforo estava em amarelo – Hipótese em que o ingresso em confluência de vias com o farol amarelo configura infração à regra que alerta para a interrupção do tráfego, pela mudança semafórica – Culpa do apelante demonstrada – Indenizatória procedente" (*JTACSP*, *172*:110).

"Acidente de trânsito – Colisão em cruzamento – Pagamento de R$ 20.000,00 à mãe de um motoqueiro, morto em acidente de trânsito, atingido por um caminhão que atravessou sua frente em via preferencial e com o semáforo em amarelo.

A culpa foi exclusivamente do motorista do caminhão, que confessou ter atravessado a via no sinal amarelo. Seu dever de condução, especialmente por ser um caminhão trafegando em via urbana, deveria ter sido de muito mais cautela, de modo que, ao transpor o sinal amarelo e não alcançar passar o seu veículo na totalidade, agiu imprudentemente e deve ser responsabilizado por essa conduta (Câmara Especial Regional de Chapecó-SC, Ap. 2012.051758-8, rel. Des. Substituto Eduardo Mattos Gallo Júnior, disponível em <www.editoramagister.com>, acesso em 14-2-2013).

16.7. Colisão múltipla (engavetamento)

Em casos de colisões múltiplas às vezes se torna difícil definir a responsabilidade dos envolvidos.

Já se decidiu que, "em princípio, em caso de engavetamento de veículos, o primeiro a colidir é o responsável pelo evento" (*RT*, *508*:90).

Essa afirmação é válida para hipóteses como a então decidida, em que havia um congestionamento de trânsito na rodovia e o preposto do réu, dirigindo sem atenção, colidiu com a traseira do último veículo parado, provocando sucessivas colisões. Se o proprietário do primeiro veículo movesse ação contra o segundo, por ter sido diretamente atingido por ele, o proprietário deste poderia defender-se alegando fato de terceiro equiparável ao fortuito, por ter sido um mero instrumento (ou projétil) da ação culposa e decisiva de terceiro (cf. *JTACSP*, Revista dos Tribunais, *102*:171).

Em acidente envolvendo três veículos, tendo o primeiro estancado para realizar manobra à esquerda e o segundo parado logo atrás, ocorrendo o engavetamento porque o terceiro motorista não conseguiu deter o seu veículo a tempo, reconheceu-se a culpa exclusiva deste último, por não guardar distância assecuratória na corrente normal dos veículos, acabando por arremessar aquele que dirigia contra os demais, dando causa ao engavetamento (*RT*, *607*:117).

Em outro caso, envolvendo cinco carros, decidiu-se:

"O automóvel conduzido pela ré vinha em último lugar na fila de veículos, os quais pararam normalmente à sua frente. No entanto, a ré não teve a necessária cautela ao se aproximar do veículo do autor, que era o penúltimo, e projetou o seu carro contra aquele, provocando os sucessivos abalroamentos. Dúvida não há de que foi a ré a única causadora do engavetamento" (1º TACSP, Ap. 326.902, 6ª Câm., j. 19-6-1984, rel. Ernani de Paiva).

Veja-se, ainda:

"Acidente de trânsito – Colisão tríplice – Abalroamento na parte traseira de veículo, arremessando-o contra outro logo à sua frente – Culpa exclusiva do motorista do veículo de trás – Ação procedente (1º TACSP, Ap. 426.038/90-SP, 3ª Câm., j. 14-5-1990, rel. Ferraz Nogueira).

"Acidente de trânsito – Réu que teve seu veículo projetado para a frente em virtude de forte colisão na traseira causada por veículo dirigido por terceiro – Indenização não devida – Culpa de terceiro que, equiparável ao caso fortuito, exclui a responsabilidade do réu pelos danos causados ao carro do autor – Situação de mero instrumento ou projétil da ação culposa causadora do dano. Em acidente de trânsito com colisão múltipla de veículos, não há como imputar qualquer grau de culpa ao réu causador direto do dano que esteja em situação de mero instrumento ou projétil da ação culposa de terceiro" (*RT*, *646*:120).

"Acidente de trânsito – Engavetamento de veículos – Fato de terceiro – Hipótese em que esta foi a causa predominante ou exclusiva do evento danoso – Impossibilidade da ação ser movida contra aquele que não agiu com qualquer das modalidades de culpa – Regressiva de seguradora improcedente" (*JTACSP*, *161*:265).

"Acidente de trânsito – Colisão múltipla – Abalroamento na parte traseira de veículo que estava parado no cruzamento, aguardando a abertura do farol – Hipótese, contudo, em que o veículo da ré, também parado, da mesma forma foi abalroado por um terceiro veículo, dirigido pela litisdenunciada, que o impulsionara contra a traseira do veículo do autor – Culpa da litisdenunciada caracterizada – Responsabilidade da ré afastada – Ação improcedente" (*JTACSP*, *174*:300).

Outras vezes, no entanto, responsável pela colisão múltipla é o motorista do primeiro veículo, por efetuar manobra imprudente e imprevisível, provocando sucessivas colisões. Como, por exemplo:

"Colisão em rodovias – Abalroamento na parte traseira – Veículo do réu (caminhão) que, para ingressar em acesso secundário de terra, não sinaliza a manobra, ocasionando colisão múltipla – Reconhecimento de seu condutor-proprietário da preexistência de falha mecânica (ausência de luzes traseiras) – Circunstância que afasta a presunção de culpa do que colide na parte traseira" (1º TACSP, Ap. 443.199/90, Jundiaí, 8ª Câm. Esp., j. 11-7-1990, rel. Marcondes Machado).

Pode ocorrer, ainda, a hipótese de responsabilidade solidária, envolvendo mais de um causador do evento. Veja-se:

"Acidente de trânsito – Colisão múltipla – Veículo do autor que fica prensado entre dois veículos – Primeiro réu que, perdendo o controle de seu carro, fez com que o autor diminuísse a marcha, tendo o outro réu abalroado seu veículo na parte traseira – Culpa dos réus reconhecida – Indenizatória procedente" (1º TACSP, Ap. 433.718/90-SP, 2ª Câm., j. 28-3-1990, rel. Sena Rebouças).

16.8. Colisão na traseira

O Regulamento do Código Nacional de Trânsito (Dec. n. 62.127, de 16-1-1968) dispunha, no art. 175, III, que o motorista que dirige seu veículo com atenção e prudência indispensáveis deve sempre "guardar distância de segurança entre o veículo que dirige e o que segue imediatamente à sua frente".

Por sua vez, o Código de Trânsito Brasileiro (Lei n. 9.503, de 23-9-1997, ao tratar das "normas gerais de circulação e conduta", prescreveu:

"Art. 29. O trânsito de veículos nas vias terrestres abertas à circulação obedecerá às seguintes normas:

(...)

II – o condutor deverá guardar distância de segurança lateral e frontal entre o seu e os demais veículos, bem como em relação ao bordo da pista, considerando-se, no momento, a velocidade e as condições do local, da circulação, do veículo e as condições climáticas".

A propósito, ensina Wilson Melo da Silva: "Imprudente e, pois, culpado seria, ainda, o motorista que integrando a 'corrente do tráfego' descura-se quanto à possibilidade de o veículo que lhe vai à frente ter de parar de inopino, determinando uma colisão".

E prossegue: "O motorista que segue com seu carro atrás de outro veículo, prudentemente, deve manter uma razoável distância do mesmo, atento à necessidade de ter de parar de um momento para o outro. Ele não vê e não sabe, às vezes, o que se encontra na dianteira do veículo em cujo rastro prossegue. Mandaria, por isso mesmo, a prudência, que tivesse cautela e atenção redobradas para que não se deixasse colher de surpresa por alguma freada possível do veículo após o qual ele desenvolve sua marcha".

Mais adiante, enfatiza: "O motorista do veículo de trás, pelo fato mesmo de sofrer uma obstrução parcial da visibilidade em virtude do veículo que lhe segue à frente, nem sempre possui condições para se aperceber da existência, na pista onde trafegam, de algum imprevisto obstáculo, fato de que só toma ciência em face da estacada súbita do veículo dianteiro" (*Da responsabilidade*, cit., p. 375-7).

Daí por que entendem os tribunais, em regra, ser presumida a culpa do motorista que colide com seu veículo a traseira de outro. Senão, vejamos:

"Acidente de trânsito – Colisão traseira – Responsabilidade – Reexame do conjunto fático-probatório dos autos – Inadmissibilidade – Decisão mantida.

'Aquele que sofreu a batida na traseira de seu automóvel tem em seu favor a presunção de culpa do outro condutor, ante a aparente inobservância do dever de cautela pelo motorista, nos termos do inciso II do art. 29 do Código de Trânsito Brasileiro. Precedentes'" (STJ, Ag.Int. no AREsp n. 483.170-SP, 4ª T., rel. Min. Marco Buzzi, *DJe* 25-10-2017).

"Acidente de trânsito – Colisão traseira – Presunção de culpa.

Tratando-se de acidente de trânsito, havendo colisão traseira, há presunção de culpabilidade do motorista que bate atrás. A alegação de culpa exclusiva de terceiro, equiparável ao caso fortuito, é inadmissível, uma vez que o recorrente agiu com parcela de culpa, caracterizada por não haver mantido distância do veículo que trafegava à sua frente. Tem direito, porém, à ação regressiva contra o terceiro de quem partiu a manobra inicial e ensejadora da colisão" (1º TACSP, Ap. 851.968-2-SP, 9ª Câm., j. 14-9-1999).

"Acidente de trânsito – Abalroamento na parte traseira – Culpa do réu demonstrada através de fotografias produzidas e pelos depoimentos pessoais das partes – Indenizatória procedente" (*JTACSP, 171*:176).

"Acidente de trânsito – Colisão na parte traseira de veículo segurado, causando danos – Irrelevância de alegação do recorrente de caso fortuito em razão de quebra inesperada do freio de seu carro em face da obrigatoriedade do usuário de veículo automotor mantê-lo em condições de segurança, de modo a não ocasionar risco a terceiros – Regressiva da seguradora procedente" (*JTACSP, 170*:258).

"Acidente de trânsito – Abalroamento na parte traseira – Motorista menor – Culpa presumida, não elidida – Indenizatória em via de regresso procedente" (*JTACSP, 162*:183).

"Acidente de trânsito – Abalroamento na parte traseira – Presunção de culpa do motorista que colide pela traseira não elidida – Responsabilidade do réu caracterizada – Indenizatória procedente" (*JTACSP, 162*:219 e *161*:256).

"Indenização – Responsabilidade civil – Acidente de trânsito – Culpa presumida do motorista que colide contra a traseira de outro veículo – Ação procedente – Sentença mantida" (*RJTJSP, 42*:106 e *49*:91).

"Responsabilidade civil – Parada brusca de veículo para evitar colisão com o da frente – Abalroamento por ônibus que o seguia – Obrigação do dono deste de indenizar – Ação procedente.

Quando um veículo segue outro com a mesma velocidade daquele que o precede, deve manter distância que permita seja freado, sem colidir com o da frente" (*RT, 411*:145).

"Responsabilidade civil – Abalroamento de veículos.

Quem conduz atrás de outro, deve fazê-lo com prudência, observando distância e velocidade tais que, na emergência de brusca parada do primeiro, os veículos não colidam" (*RT, 375*:301).

Entende-se, pois, previsível a diminuição da velocidade do veículo que vai à frente, bem como paradas bruscas, seja pelo fechamento do semáforo, seja pelo surgimento de algum repentino obstáculo. Em julgado isolado, entretanto, o Tribunal de Justiça de São Paulo abriu exceção, firmando a tese de uma frenagem repentina, inesperada e imprevisível do veículo da frente. Vejamos:

"Normalmente, em colisões de veículos, culpado é o motorista que caminha atrás, pois a ele compete extrema atenção com a corrente de tráfego que lhe segue à frente. Mas a regra comporta exceção, como a frenagem repentina, inesperada e imprevisível do veículo da frente" (*RT, 363*:196).

Tal imprevisibilidade dificilmente se configura no trânsito das grandes cidades, onde a todo momento se vê o motorista obrigado a frenagens rápidas, ditadas pela própria contingência do tráfego. A propósito, escreveu Geraldo de Faria Lemos Pinheiro:

"Quando um veículo segue um outro, com a mesma velocidade daquele que o precede, deve manter uma certa distância que consinta, por eventual parada brusca do veículo da frente, frenar sem correr o risco de colisão com a parte posterior. É o acidente que os italianos denominam 'tamponamento'. Esta distância é relacionada com a inevitável demora que leva o condutor para poder, por sua vez, iniciar a freada, supondo-se que ambos os veículos, que desenvolvem a mesma velocidade, possam parar dentro da mesma distância e no mesmo tempo" (*Código Nacional de Trânsito*, p. 211).

Decidiu o extinto 1º Tribunal de Alçada Civil de São Paulo:

"Responsabilidade civil – Acidente de trânsito – Motorista que não guardava a distância de segurança ou não estava atento – Culpa induvidosa – Indenização devida" (*JTACSP*, 68:102).

Acidente de trânsito – Veículo parado em rodovia por motivo de defeito mecânico – Pisca--alerta acionado – Colisão em sua traseira pelo caminhão do réu – Possibilidade de evitar o acidente – Indenizatória procedente" (Ap. 443.089/90, Campinas, 1ª Câm., j. 3-9-1990, rel. Ary Bauer).

"Abalroamento na parte traseira do veículo da autora que transportava mercadoria – Presunção de culpa não elidida – Responsabilidade da ré pelo evento e pela indenização da mercadoria perdida, conforme o valor da nota fiscal que tem a data da sua emissão a mesma da ocorrência do acidente – Indenizatória procedente" (Ap. 445.720/90, Rio Claro, j. 16-10-1990, rel. Walter Guilherme).

"Abalroamento na parte traseira de veículo de carga imobilizado no leito da via carroçável, em decorrência de envolvimento em acidente anterior – Existência de caixotes sinalizando, bem como de uma viatura do DSV que já estava atendendo a ocorrência – Culpa do condutor do veículo parado não caracterizada – Indenização improcedente" (Ap. 438.507/90-SP, 5ª Câm. Esp., j. 11-7-1990, rel. Marcondes Machado).

"Acidente de trânsito – Abalroamento na parte traseira – Alegação de que o autor ingressara abruptamente no leito carroçável, em marcha a ré – Desacolhimento – Inexistência de prova da ocorrência de fato extraordinário que elidisse a culpa dos réus – Indenizatória mantida" (*JTACSP*, Revista dos Tribunais, 119:214).

É certo, no entanto, que a presunção de culpa do motorista que colide contra a traseira de outro veículo é relativa, admitindo prova em sentido contrário. Embora sejam raras as exceções, principalmente no trânsito das grandes cidades, em que o motorista deve estar atento porque a todo momento se vê obrigado a frenagens rápidas, podem acontecer situações em que culpado é o motorista da frente: por exemplo, quando ultrapassa outro veículo e em seguida freia bruscamente, sem motivo; ou, ainda, quando faz alguma manobra em marcha a ré, sem as devidas cautelas.

Assim, já se decidiu:

"Acidente de trânsito – Colisão em rodovia – Culpa de quem colide por trás – Presunção relativa – Possibilidade de prova em contrário.

Em colisão de veículos é relativa a presunção de que é culpado o motorista cujo carro atinge o outro por trás" (*RT*, 575:168).

"Colisão na traseira – Presunção de culpa em relação ao motorista que bate com o seu veículo na traseira de outro. Tal presunção não é absoluta; cede ante provas precisas no sentido da responsabilidade do atingido" (*RJTJSP*, 59:107).

"Abalroamento na parte traseira – Colisão provocada pelo veículo da frente que, após manobra de ultrapassagem, freou bruscamente – Presunção de culpa daquele que trafega atrás, elidida – Indenizatória improcedente" (1º TACSP, Ap. 434.171/90, Piracicaba, 7ª Câm., j. 17-4-1990, rel. Vasconcellos Pereira).

"Abalroamento na parte traseira – Veículo parado no leito carroçável em virtude de defeito mecânico – Colisão provocada por ineficiente sinalização de segurança do veículo parado – Culpa do preposto da empresa transportadora reconhecida – Indenizatória procedente" (1º TACSP, Ap. 431.743190-SP, 7ª Câm., j. 20-2-1990, rel. Vasconcellos Pereira).

"Colisão em rodovia – Abalroamento na parte traseira – Veículo do réu (caminhão) que, para ingressar em acesso secundário de terra, não sinaliza a manobra, ocasionando colisão múltipla – Reconhecimento de seu condutor-proprietário da preexistência de falha mecânica (ausência de luzes traseiras) – Circunstância que afasta a presunção de culpa do que colide na parte traseira – Indenizatória improcedente" (1º TACSP, Ap. 443.199/90, Jundiaí, 8ª Câm. Esp., j. 11-7-1990, rel. Marcondes Machado).

"Acidente de trânsito – Abalroamento na parte traseira – Veículo estacionado em diagonal à linha de tráfego – Circunstâncias fáticas relatadas pelo boletim de ocorrência, aliadas aos depoimentos testemunhais, levaram a entender mais razoável a hipótese de marcha a ré executada pela ré como causadora do acidente – Indenizatória procedente – Recurso provido para esse fim" (1º TACSP, Ap. 430.063/90, Franca, 2ª Câm. Esp., j. 10-1-1990, rel. Ferraz de Arruda).

Mas o ônus da prova da culpa do motorista do veículo da frente incumbe àquele que colidiu a dianteira de seu veículo com a traseira daquele (ou que sofreu a colisão provocada pela traseira do outro contra a dianteira de seu veículo, no caso de marcha a ré). Não se desincumbindo satisfatoriamente desse ônus, será considerado responsável pelo evento e condenado a reparar o dano causado. Enfim, não elidida a presunção de culpa do que colide contra a traseira de outro veículo, não se exonerará da responsabilidade pela indenização. Veja-se:

"Abalroamento na traseira – Presunção de culpa reconhecida – Indenização devida.

Nos casos de acidente de trânsito com abalroamento na traseira presume-se a culpa do condutor do carro abalroador, visto inobservar o dever de guardar distância de segurança entre seu automóvel e o que segue imediatamente à frente" (*RT*, *611*:129; *JTACSP*, Revista dos Tribunais, *100*:43).

"Acidente de trânsito – Engavetamento envolvendo três veículos – Motorista que não guarda distância assecuratória na corrente de tráfego – Culpa exclusiva deste caracterizada.

A responsabilidade pelo evento danoso há de ser carreada unicamente ao motorista do veículo que não guarda distância assecuratória na corrente normal de tráfego, dando causa a abalroamento" (*RT*, *607*:117).

17. Comodato

V. Ilegitimidade (e legitimidade) passiva "ad causam", in Livro IV, Título II, n. 58, *infra*.

18. Competência

V. Ação de reparação de danos: foro competente, in "Aspectos da responsabilidade civil automobilística", in Livro IV, Título II, n. 2, *retro*.

19. Compra e venda com reserva de domínio

V. Ilegitimidade (e legitimidade) passiva "ad causam", n. 58, *infra*.

20. Compra e venda mediante contrato de alienação fiduciária

V. Alienação fiduciária, n. 4, *retro*.

V., também, *Responsabilidade em caso de alienação fiduciária*, in Livro II, Título I, Capítulo I (Responsabilidade extracontratual), Seção III, n. 9, *retro*.

21. Concubina

V. Ilegitimidade (e legitimidade) ativa "ad causam", n. 57, *infra*.

V., também, *Pessoas que podem exigir a reparação do dano*, in Livro II, Título IV, Capítulo I, n. 4, *retro*.

22. Condenação criminal

V. A sentença condenatória proferida no crime, in Livro II, Título II, Capítulo II, n. 2, *retro*.

23. Contramão de direção

V., também, *Ultrapassagem*, n. 104, *infra*.

Observa Wilson Melo da Silva, com propriedade, que as causas mais comuns, determinantes dos acidentes, contam-se às dezenas. A imperícia e, de maneira assinalada, a imprudência são monstros de muitas cabeças. As circunstâncias ditariam sempre ao motorista, em cada oportunidade, a maneira correta de agir. O motorista prudente não deve cuidar apenas de si. Ele tem por obrigação, ainda, observar tudo e todos que estejam à sua volta (*Da responsabilidade*, cit., p. 373).

Uma das causas mais comuns de acidentes automobilísticos é a invasão da contramão de direção em local e momento inadequados. Constitui falta grave e acarreta a obrigação de indenizar.

Ninguém pode adivinhar se por trás do lombo de uma estrada não virá, em direção contrária, um outro veículo que surja de inopino, quando tempo já não haja para se evitar uma possível e perigosa colisão de veículos. A ultrapassagem quando a faixa do centro da estrada for ainda contínua é ordinariamente causa comum de acidentes, que se originam tão somente da imprudência, que é a forma mais usual pela qual a culpa se patenteia (Wilson Melo da Silva, *Da responsabilidade*, cit., p. 373).

O ingresso na contramão só é permitido em locais que se desenvolvem em reta (faixa descontínua) e em condições favoráveis, isto é, havendo ampla visibilidade que possibilite a ultrapassagem, ou qualquer outra manobra, na certeza de que nenhum outro veículo se aproxima, em sentido contrário, ou que existe tempo suficiente para a sua execução, sem riscos. Por isso, não se admite que possa ser efetuada em curvas ou lombadas.

Determina, com efeito, o Código de Trânsito Brasileiro que a circulação de veículos "far--se-á pelo lado direito da via, admitindo-se as exceções devidamente sinalizadas" (art. 29, I), aduzindo que "a ultrapassagem de outro veículo em movimento deverá ser feita pela esquerda, obedecida a sinalização regulamentar e as demais normas estabelecidas neste Código, exceto quando o veículo a ser ultrapassado estiver sinalizando o propósito de entrar à esquerda" (art. 29, IX). Todo condutor deverá, "antes de efetuar uma ultrapassagem, certificar-se de que:

(...)

c) a faixa de trânsito que vai tomar esteja livre numa extensão suficiente para que sua manobra não ponha em perigo ou obstrua o trânsito que venha em sentido contrário" (inciso X).

Deverá ainda, segundo dispõe o inciso XI, ao efetuar a ultrapassagem, "retomar, após a efetivação da manobra, a faixa de trânsito de origem, acionando a luz indicadora de direção do veículo ou fazendo gesto convencional de braço, adotando os cuidados necessários para não pôr em perigo ou obstruir o trânsito dos veículos que ultrapassou" (letra c).

Mais adiante, no art. 186, I, o aludido diploma tipifica a irregular invasão da contramão de direção como infração, nestes termos:

"Art. 186. Transitar pela contramão de direção em:

I – vias com duplo sentido de circulação, exceto para ultrapassar outro veículo e apenas pelo tempo necessário, respeitada a preferência do veículo que transitar em sentido contrário:

Infração – grave;

II – vias com sinalização de regulamentação de sentido único de circulação:

Infração – gravíssima".

Segundo a Convenção de Viena, adotada pelo Brasil, "todo condutor deverá, antes de efetuar uma ultrapassagem, certificar-se de que: ... c) a faixa de trânsito que vai tomar está livre numa extensão suficiente para que, tendo em vista a diferença entre a velocidade de seu veículo durante a manobra e a dos usuários da via aos quais pretende ultrapassar, sua manobra não ponha em perigo ou obstrua o trânsito que venha em sentido contrário" (art. 11, § 2º).

V. a jurisprudência:

"Acidente de trânsito – Preposto que impropriamente designado para o trabalho de transporte de outros empregados conduz o veículo em velocidade excessiva, invadindo a contramão de direção, colidindo com outro em sentido oposto – Responsabilidade do empregador caracterizada" (*RT, 758*:231).

"Acidente de trânsito – Ultrapassagem em rodovia em período noturno – Colisão entre veículo de carga e coletivo – Caminhão que, ao iniciar manobra de ultrapassagem, percebeu a impossibilidade de concluí-la e, ao retornar à sua mão de direção, abalroou o ônibus que lá trafegava – Culpa do motorista do veículo de carga reconhecida – Indenizatória procedente com relação ao corréu, motorista do caminhão" (*JTACSP, 161*:243).

"Acidente de trânsito – Invasão de contramão de direção – Obstrução do livre trânsito, com a colisão em veículo de terceiro – Vítima fatal – Culpa exclusiva do veículo invasor – Indenizatória procedente" (*JTACSP, 174*:275).

"Acidente de trânsito – Ingresso na contramão – Hipótese em que o motorista da camioneta, para não colidir com automóvel à sua frente, adentrou na pista contrária colhendo fatalmente o condutor de motocicleta – Culpa do primeiro motorista evidenciada – Comprovação dos fatos por prova testemunhal – Impossibilidade de se excluir a responsabilidade por fato de terceiro, ressalvada a possibilidade da ação regressiva – Indenizatória procedente" (*JTACSP*, *181*:232).

"Acidente de trânsito – Ingresso de ônibus na contramão de direção, atingindo veículo em sentido oposto – Culpa caracterizada – Indenizatória por perdas e danos procedente" (*JTACSP*, Revista dos Tribunais, *106*:31).

"Acidente de trânsito – Danos em veículos decorrentes de colisão provocada por ônibus que trafegava na contramão de direção – Evento previsível, uma vez que o preposto agiu com desatenção – Responsabilidade da preponente reconhecida" (1º TACSP, Ap. 444.442/90-Ribeirão Pires, 4ª Câm. Esp., j. 11-7-1990, rel. Octaviano Lobo).

Os autos mostram que o acidente ocorreu por culpa exclusiva do réu, pois este, ao ingressar em uma curva, ultrapassou a linha divisória da via pública, colidindo com o veículo do autor que trafegava em sentido oposto de direção. Evidente, assim, a responsabilidade do apelante pelo evento, já que este se verificou porque o réu ingressou na contramão de direção (1º TACSP, Ap. 332.426, 3ª Câm., j. 24-10-1984, rel. Nelson Schiavi).

Acidente rodoviário – Veículo conduzido pela autora que ao ultrapassar outro veio a colidir com o réu – Alegação de que o preposto deste estava em excesso de velocidade – Inocorrência, pois a autora, ao realizar a manobra, invadiu outra mão de direção, agindo sem as devidas cautelas, inobstante o fato da existência ou não de sinalização de solo – Culpa exclusiva da autora determinada – Indenizatória improcedente (1º TACSP, Ap. 438.669/90, Franco da Rocha, 1ª Câm. Esp., j. 10-7-1990, rel. Elliot Akel).

Acidente de trânsito – Ingresso na contramão – Alegação não provada de que o veículo que rodava em sentido contrário estava com os faróis altos – Irrelevância – Indenizatória procedente (*JTACSP*, Revista dos Tribunais, *110*:34).

Ingresso na contramão de direção por viatura policial, atingindo o veículo do autor – Preferência de passagem – Alegação de estar em atendimento a ocorrência policial com os equipamentos de alerta acionados – Descabimento, visto a colisão não ter ocorrido em cruzamento – Culpa exclusiva do preposto da ré caracterizada – Indenizatória procedente (1º TACSP, Ap. 434.911/90-SP, 1ª Câm., j. 14-5-1990, rel. Elliot Akel).

Acidente de trânsito – Colisão em rodovia provocada por invasão da contramão de direção – Culpa do réu reconhecida – Indenizatória procedente (1º TACSP, Ap. 425.573/90-SP, 8ª Câm., j. 7-2-1990, rel. Raphael Salvador).

Acidente de trânsito – Caminhão do réu desprovido de sinalização traseira – Ultrapassagem inoportuna do autor, em curva – Fatos devidamente comprovados – Concorrência de culpa reconhecida – Indenizatória devida pela metade (1º TACSP, Ap. 428.271/90, Campinas, 2ª Câm. Esp., rel. Alexandre Germano).

24. Conversão à esquerda e à direita

Manobra que causa muito acidente é a conversão à esquerda. Não basta que se faça um simples sinal luminoso no momento mesmo da realização da manobra. É indispensável que se verifique previamente a possibilidade de sua realização. Vejamos:

"Indenização – Responsabilidade civil – Acidente de trânsito – Conversão à esquerda – Verificação de sua possibilidade, para tanto não bastando simples sinal luminoso, no momento mesmo da realização da manobra.

Colisão de veículos, numa avenida. Culpa do motorista que fez conversão à esquerda, quando outro veículo lhe passava à frente por esse mesmo lado" (*RJTJSP*, *45*:122).

Quem pretende convergir à esquerda deve posicionar-se com antecedência na faixa da esquerda, para não interceptar a frente dos veículos que por ela transitam. Do mesmo modo deve posicionar-se na faixa da direita, bem antes da esquina, quem pretende entrar para esse lado.

Dispunha, com efeito, o art. 83 do Código Nacional de Trânsito (correspondência com o art. 175, XII, do Regulamento):

"Art. 83. É dever de todo condutor de veículo:

(...)

XII – Nas vias urbanas, deslocar com antecedência o veículo para a faixa mais à esquerda e mais à direita, dentro da respectiva mão de direção, quando tiver de entrar para um desses lados".

O preceito é de fácil entendimento, mas não é cumprido quase de modo costumeiro, como comentam Geraldo de Faria Lemos Pinheiro e Dorival Ribeiro: "O que se observa continuamente nas vias urbanas é a 'fechada' do veículo que pretende seguir em frente pelo veículo do condutor despreparado, afoito, ignorante ou imprudente e que delibera entrar para a direita ou para a esquerda" (*Doutrina, legislação e jurisprudência do trânsito*, 2. ed., São Paulo, Saraiva, p. 160).

Preceitua o Código de Trânsito Brasileiro:

"Art. 35. Antes de iniciar qualquer manobra que implique um deslocamento lateral, o condutor deverá indicar seu propósito de forma clara e com a devida antecedência, por meio da luz indicadora de direção de seu veículo, ou fazendo gesto convencional de braço.

Parágrafo único. Entende-se por deslocamento lateral a transposição de faixas, movimentos de conversão à direita, à esquerda e retornos.

(...)

Art. 37. Nas vias providas de acostamento, a conversão à esquerda e a operação de retorno deverão ser feitas nos locais apropriados e, onde estes não existirem, o condutor deverá aguardar no acostamento, à direita, para cruzar a pista com segurança.

Art. 38. Antes de entrar à direita ou à esquerda, em outra via ou em lotes lindeiros, o condutor deverá:

I – ao sair da via pelo lado direito, aproximar-se o máximo possível do bordo direito da pista e executar sua manobra no menor espaço possível;

II – ao sair da via pelo lado esquerdo, aproximar-se o máximo possível de seu eixo ou da linha divisória da pista, quando houver, caso se trate de uma pista com circulação nos dois sentidos, ou do bordo esquerdo, tratando-se de uma pista de um só sentido.

Parágrafo único. Durante a manobra de mudança de direção, o condutor deverá ceder passagem aos pedestres e ciclistas, aos veículos que transitem em sentido contrário pela pista da via da qual vai sair, respeitadas as normas de preferência de passagem".

Não somente as conversões são feitas comumente sem as devidas cautelas, como também as simples manobras de mudança de faixas. Nos grandes centros é comum observar pessoas afoitas, que vão "costurando" o trânsito, ultrapassando pela direita e pela esquerda, imprudentemente.

As ultrapassagens devem ser feitas pela esquerda, precedidas do sinal regulamentar, retomando o condutor, em seguida, sua posição correta na via, sem "fechar" o veículo ultrapassado e sem colocar em risco os veículos que transitam na direção oposta. A simples mudança de faixa deve ser feita somente em condições favoráveis, precedida do sinal regulamentar e de modo a não interceptar a frente do veículo que transita na faixa em que se pretende ingressar, nem a estreitar em demasia o espaço entre os veículos que por ela transitam. Age com imprudência quem muda repentinamente de faixa, interceptando a frente de algum veículo. Além do risco de sofrer uma colisão na traseira, e de provocar um engavetamento, estará sujeito ainda a ser responsabilizado pelo acidente.

A preocupação de quem efetua uma conversão à esquerda não deve ser somente com os veículos que transitam no mesmo sentido, mas também, e principalmente, com os que venham em sentido contrário.

Consoante preleciona Adalberto Moraes Natividade, "O condutor de um veículo, pretendendo virar à esquerda, num cruzamento, entrada de veículo ou rua particular, cederá o direito de passagem a qualquer veículo aproximando-se de uma direção oposta, o qual esteja no cruzamento ou tão perto dele que represente risco imediato" (*Trânsito para Condutores e Pedestres*, publicação do DER, set./91, p. 4, item 2.4).

A situação não se modifica quando os veículos seguem em sentidos opostos e existe semáforo no cruzamento perpendicular com outra via, ou seja, não é permitido a um deles convergir à esquerda, exatamente no momento que deveriam cruzar-se, estando o sinal aberto. Decidiu o extinto 1º Tribunal de Alçada Civil de São Paulo, a propósito: "Acidente de trânsito – Colisão de veículos em sentidos opostos – Conversão à esquerda com semáforo amarelo – Preferência de passagem daquele que segue na mesma direção – Indenização devida pelo motorista do automóvel que fez a conversão" (*RT*, *611*:115). Consta do referido aresto o seguinte trecho: "Ora, se os dois carros estão na mesma rua, em sentidos opostos, ambos têm a mesma permissão ou a mesma proibição de movimento frente ao semáforo, desde que, evidentemente, permaneçam naquele sentido. Estão subordinados à mesma regra. Se qualquer deles quiser mudar de direção para atravessar esse fluxo (a hipótese é de conversão à esquerda), fica na situação do veículo que estivesse na rua perpendicular e, portanto, fica subordinado à regra oposta. O mesmo sinal amarelo que lhe permitia seguir em frente, agora o proíbe de qualquer movimento. Não pode cortar a corrente de tráfego".

Nas estradas, o motorista que pretende convergir à esquerda, onde não houver local apropriado para a manobra, deve sair para o acostamento da direita e ali aguardar oportunidade favorável para cruzar a pista.

Age com manifesta imprudência quem não respeita essa regra elementar de prudência e converge à esquerda, nas estradas, sem sair, antes, para o acostamento da direita, vindo a colidir com veículo que transitava no mesmo sentido e realizava manobra de ultrapassagem, ou com veículo que transitava em direção oposta.

Confira-se a jurisprudência:

"*Acidente de trânsito* – Motorista de veículo que intercepta trajetória de motocicleta que iniciava, após sinalização, conversão à esquerda em via pública urbana – Morte da vítima que era conduzida na garupa da moto por traumatismo cranioencefálico – Falta de uso de capacete de segurança considerada concausa, reduzindo responsabilidade do agente causador – Recurso provido em parte" (*JTACSP*, *173*:277).

"Acidente de trânsito – Cruzamento dotado de sinalização semafórica – Veículos em sentidos opostos, trafegando pela mesma via, pretendendo o autor ingressar à esquerda – Hipótese em que, tendo ambas as partes sinalização favorável deveria o autor ter aguardado a passagem do carro do réu que tinha preferência de passagem, fato este que não ocorreu, dando causa ao acidente – Indenizatória improcedente" (*JTACSP, 162*:222).

É patente a culpa do motorista que, ao ser ultrapassado por outro veículo, deriva para a esquerda com o objetivo de entrar numa estrada secundária. Nos termos do art. 83, XIII, do CNT, está obrigado a parar o veículo no acostamento à direita, onde deve aguardar oportunidade para cruzar a pista (*RT, 402*:263).

Quem pretende sair de uma rodovia pela esquerda, deve primeiramente parar no acostamento, pelo lado direito, aguardando a oportunidade para cruzar a pista e não bruscamente efetuar a manobra, dando margem a colisão com o veículo que lhe segue (*RT, 391*:343).

O simples acionamento de sinais luminosos, indicativos de uma conversão, não significa que esta possa ser efetivada sem um melhor exame das condições de tráfego, especialmente em rodovias em que o mesmo se faz em altas velocidades (*RT, 344*:321).

Acidente de trânsito – Réu que, junto ao meio-fio onde estava estacionado, converge à esquerda para ingressar em garagem – Manobra que interceptou a trajetória do autor, vindo este a colidir no ângulo traseiro do veículo do réu – Culpa caracterizada do réu – Indenizatória procedente (1º TACSP, Ap. 431.613/90-SP, 3ª Câm., j. 5-3-1990, rel. Ricardo Credie).

Não basta que o motorista assinale a intenção de convergir para, desde logo, imediatamente, fazer a manobra, sem verificar sua possibilidade. Os automóveis, além do aparelho luminoso que indica a intenção de convergir à esquerda ou à direita, possuem, igualmente, espelho retrovisor, para a verificação da possibilidade da conversão. Ninguém pode simplesmente dar o sinal e em seguida virar o automóvel para a esquerda ou para a direita, se outro carro está passando (*RJTJSP* 45/123 e 57/98 e *RT* 347/361, 385/230, 400/151, 402/263 e 444/120) (1º TACSP, Ap. 333.417, 6ª Câm., j. 13-11-1984, rel. Ernani de Paiva).

É imprudente o motorista que, dirigindo numa via citadina de mão dupla, converge à esquerda no cruzamento sem aguardar a passagem de outro carro deslocando-se na pista contrária, ainda e mesmo que comprovado que o carro amassado esteja em velocidade elevada, porquanto, em tais circunstâncias, o excesso deste constitui mera infração de trânsito, incapaz de informar reciprocidade de incriminação (*RT, 586*:209).

Se os dois veículos trafegavam em sentidos opostos, cabia ao motorista do ônibus, que pretendia fazer a conversão à esquerda, adotar as cautelas necessárias para executar a manobra com segurança, aguardando a passagem do apelado. Não agindo com a prudência recomendável pelas leis de trânsito, o motorista do ônibus provocou o acidente e foi o seu único responsável (1º TACSP, Ap. 331.437, 5ª Câm., j. 3-10-1984, rel. Laerte Nordi).

É iniludível que a conversão à esquerda é manobra que deve ser precedida de toda atenção e cautela. Para que a intente, deve o motorista ter a certeza de que a pista, que cruzará, está livre de trânsito ou, pelo menos, com circulação livre para seu cruzamento. Qualquer risco assumido, ante aproximação de outro veículo, demonstra imprudência caracterizadora da culpa (1º TACSP, Ap. 319.808, 2ª Câm., j. 8-2-1984, rel. Wanderley Racy).

25. Correção monetária

V. A correção monetária, in Livro II, Título IV, Capítulo II, Seção I, n. 5.1, *retro*.

26. Cruzamento

V. Colisão em cruzamento (sinalizado e não sinalizado), n. 16.4. e 16.3, *retro*.

27. Culpa

V. Da culpa (Cap. I, Tít. II, Liv. II): *elementos, graus, culpa e risco* (*retro*, n.1 a 3); *A culpa no cível e no crime* (Cap. II, Tít. II, Liv. II); *A culpa exclusiva da vítima* (*retro*, Livro III, n. 3); *Culpa concorrente* (*retro*, Livro III, n. 3.4); *Culpa (ou fato) de terceiro* (*retro*, Livro III, n. 4).

V., também, *Novos rumos da responsabilidade civil automobilística*, in Livro IV, Título I, n. 1, *retro*.

27.1. Culpa contra a legalidade

V., também, *Colisão com veículo estacionado irregularmente*, n. 16.1, retro, e *Falta de habilitação legal*, n. 50, *infra*.

A teoria da chamada "culpa contra a legalidade" considera que a simples inobservância de regra do Código de Trânsito serve para configurar a culpa do motorista, sem necessidade de outras indagações.

O só fato da transgressão de uma norma regulamentária materializaria, assim, uma culpa *tout court* (Wilson Melo da Silva, *Da responsabilidade*, cit., p. 62).

Tal teoria encontra fundamento no fato de as autoridades competentes se basearem na experiência daquilo que normalmente acontece, ao expedirem os regulamentos e instruções de trânsito para segurança do tráfego em geral. É notório que o motorista cauteloso, respeitador das normas regulamentares de trânsito, tem enormes possibilidades de não provocar acidentes. Ao contrário, as infrações às normas que estabelecem os limites máximos e mínimos de velocidade, às regras de ultrapassagem, de parada obrigatória, de conversões à esquerda e à direita, de sinalização em geral, e a outras, quase sempre acarretam acidentes. É o *quod plerumque accidit*.

Dentro desse princípio, seria o motorista, que se envolvesse em um acidente, desde logo considerado culpado, se comprovada a inobservância de algumas dessas determinações regulamentares.

A teoria da culpa contra a legalidade, no entanto, não tem encontrado, na jurisprudência pátria, o acolhimento almejado por seus defensores. Na realidade, tem sido proclamado que a simples inobservância de disposição regulamentar, sem a prova de culpa do condutor, não autoriza sua condenação por acidente de trânsito (in Livro IV, Título II, *v. Colisão com veículo estacionado irregularmente, retro*, n. 16.1, e *Falta de habilitação legal*, n. 50).

Muitas vezes quem é culpado pelo acidente é o motorista do outro veículo e não o que violou o regulamento de trânsito. Inúmeras vezes se decidiu que o estacionamento irregular ou a falta de habilitação legal, por si sós, não configuram culpa, justificando apenas a aplicação de penalidade administrativa ou de multa prevista na Lei das Contravenções Penais.

Verifica-se, assim, como observou Antonio Lindbergh C. Montenegro (*Responsabilidade civil*, p. 135), "que a denominada culpa contra a legalidade não passa da aplicação do princípio da culpa presumida, hoje, com franca aceitação nos Códigos Civis da Itália e de Portugal. Sob o manto da teoria da culpa contra a legalidade, os seus prosélitos buscam, em verdade, adotar o princípio da culpa presumida a acidentes do trânsito em países onde a legislação se mostra omissa, ou, talvez, justificar a diversidade de julgamento nas jurisdições civil e criminal a respeito do mesmo evento. A teoria peca, porém, pelas origens. É que na sistemática civilista a culpa presumida depende de lei expressa, tal como se fez na Itália e em Portugal. Isso porque a unidade conceitual da culpa constitui um dos postulados do direito moderno".

A jurisprudência pátria tem admitido a presunção de culpa em determinados casos de infração aos regulamentos de trânsito: colisão na traseira de outro veículo, por inobservância da regra que manda o motorista aguardar distância de segurança entre o veículo que dirige e o que segue imediatamente à sua frente; invasão de preferencial, em desrespeito à placa "Pare" ou à sinalização do semáforo; invasão da contramão de direção, em local de faixa contínua; velocidade excessiva e inadequada para o local e as condições do terreno; pilotagem em estado de embriaguez etc.

Por outro lado, como argutamente pondera Wilson Melo da Silva, não colhe a arguição de que não possa ser responsabilizado o autor de um dano apenas pela circunstância de não haver violado nenhum preceito de natureza regulamentária. Isto porque, nos regulamentos, notadamente nos de trânsito, as normas editadas abarcam, via de regra, menos do que deveriam abarcar. Não alcançam toda a gama infinita das causas possíveis ou prováveis de acidentes. Disso resulta, portanto, que as regras dos códigos de trânsito se completem com os princípios gerais do direito comum, quando tornam responsáveis todos aqueles que, por ação ou omissão voluntária, negligência, imperícia ou imprudência, tenham violado direitos alheios. Uma coisa (as regras dos códigos de trânsito) não exclui outra (as regras do direito comum, calcadas no dever genérico do *neminem laedere*). Ambas se completam. Assim, se se trafega com seu automóvel por alguma via preferencial nos grandes centros citadinos, não significa que possamos ficar desatentos nos cruzamentos ou que tenhamos o direito de acelerar um pouco mais, descuidosamente, a velocidade de nosso carro, nas retas de maior visibilidade. O direito de preferência não assegura a ninguém a faculdade de abusar ou de desenvolver velocidade superior à normal (*Da responsabilidade*, cit., p. 64-6).

27.2. Culpa presumida do causador do dano (presunção em favor da vítima)

Como já afirmado no tópico referente aos rumos da responsabilidade civil, o conceito tradicional de culpa nem sempre se mostra adequado para servir de suporte à teoria da responsabilidade civil, pois o fato de impor à vítima, como pressuposto para ser ressarcida do prejuízo experimentado, o encargo de demonstrar não só o liame de causalidade, como por igual o comportamento culposo do agente causador do dano, equivale a deixá-la irressarcida, visto que, em inúmeros casos, o ônus da prova surge como barreira intransponível.

Por isso, embora não afastado, na maioria dos casos, o critério da culpa, procurou-se proporcionar maiores facilidades à sua prova. Os tribunais passaram a examinar com benignidade a prova de culpa produzida pela vítima, extraindo-a de circunstâncias do fato e de outros elementos favoráveis, como a posição em que os veículos se imobilizaram, os sinais de frenagem, a localização dos danos etc.

Outro processo técnico utilizado foi o estabelecimento de casos de presunção de culpa, como a dos pais, dos patrões, das estradas de ferro, dos que colidem contra a traseira do veículo que lhe vai à frente, dentre outros, com inversão do ônus da prova e favorecendo em muito a situação da vítima. Esta não tem de provar a culpa subjetiva do agente, que é presumida. Basta a prova da relação de causa e efeito entre o ato do agente e o dano experimentado. Para livrar-se da presunção de culpa, o causador da lesão, patrimonial ou moral, é que terá de produzir prova de culpa do autor ou de caso fortuito.

Em matéria de responsabilidade civil automobilística tem sido reconhecida a dificuldade às vezes intransponível de ser provada, pela vítima, a culpa subjetiva do causador do dano. Por essa razão, tem-se atribuído a este o ônus da prova, para livrar-se do dever de reparar o mal causado.

Na doutrina, destaca-se a opinião de Aguiar Dias, *verbis:* "Sem dúvida nenhuma, o que se verifica, em matéria de responsabilidade, é o progressivo abandono da regra '*actori incumbit probatio*', no seu sentido absoluto, em favor da fórmula de que a prova incumbe a quem alega contra a 'normalidade', que é válida tanto para a apuração de culpa como para a verificação da causalidade. À noção de 'normalidade' se juntam, aperfeiçoando a fórmula, as de 'probabilidade' e de 'verossimilhança' que, uma vez que se apresentem em grau relevante, justificam a criação das presunções de culpa" (*Da responsabilidade civil*, v. 1, p. 115, n. 44).

O princípio de que ao autor incumbe a prova não é propriamente derrogado, mas recebe uma significação especial, isto é, sofre uma atenuação progressiva. É que o acidente, em situação normal, conduz a supor-se a culpa do réu.

É o que preleciona Arnaldo Rizzardo, que ainda assinala: "Embora o art. 333 do Código de Processo Civil estatua que o ônus da prova incumbe 'ao autor, quanto ao fato constitutivo do seu direito', entrementes, em matéria de acidente de trânsito, dá-se um elastério condizente com a realidade vivida. Porque o encargo probatório é singularmente pesado, não raras vezes a vítima não tem como ver proclamado o seu direito. Remonta desde o direito romano a presunção em benefício da vítima, fundada na 'Lex Aquilia', segundo a qual basta a culpa levíssima para gerar a reparação".

Além disso, prossegue o autor citado, "a culpa aparece visível '*a prima facie*' em fatos evidentes. Revelado o dano, como quando o veículo sai da estrada e atropela uma pessoa, não se questiona a respeito da culpa. É a chamada culpa '*in re ipsa*', pela qual alguns fatos trazem em si o estigma da imprudência, ou da negligência, ou da imperícia. Uma vez demonstrados, surge a presunção do elemento subjetivo, obrigando o autor do mal à reparação".

Vários exemplos foram lembrados, dentre eles o do motorista que ingressa abruptamente em uma preferencial, o do que colide o seu veículo com um poste (quando a única explicação para justificar o evento é o caso fortuito), o do que não guarda uma distância adequada em relação ao veículo que vai à frente e colide com a traseira deste, o do que segue na contramão e intercepta outro carro em curva da estrada etc.

E conclui: "O princípio ético-jurídico do '*neminem laedere*' exige de todo motorista o dever de dirigir com os cuidados indispensáveis à segurança do trânsito, em velocidade compatível com o local e de forma a ter o inteiro domínio sobre a máquina perigosa, que impulsiona, em plena via urbana ou em estradas comuns" (*A reparação*, cit., p. 95).

De se lembrar, ainda, a lição de Aguiar Dias: "Consideramos em culpa quem teve, não a 'last chance', mas a 'melhor oportunidade' e não a utilizou. Isso é exatamente uma consagração da causalidade adequada, porque se alguém tem a melhor oportunidade de evitar o evento e não a aproveita, torna o fato do outro protagonista irrelevante para a sua produção" (*Da responsabilidade*, cit., v. 2, p. 772).

A jurisprudência tem-se orientado no sentido de que incumbe "ao réu demonstrar que não foi culpado pelo acidente, isto é, ao responsável incumbe mostrar que contra essa aparência, que faz surgir a presunção em favor da vítima, não ocorreu culpa de sua parte. Desde que não trouxe aos autos prova idônea, nesse sentido, deve responder pelos prejuízos que causou" (1º TACSP, Ap. 336.813, 4ª Câm., rel. Barbosa Pereira).

E também no sentido de que "não é porque não se ouviram testemunhas presenciais do acidente que se há de concluir que o autor não provou os fatos alegados. A prova testemunhal nem sempre é possível, quando se trata de acidentes de trânsito; nem por isso deixam os fatos de ficar provados, pois outros elementos de convicção existem no processo, a demonstrar a culpa do motorista da ré. No caso, não trouxe ela qualquer prova em contrário ao relato constante dos dois boletins de ocorrência, devendo, pois, prevalecer os dados mencionados nos referidos documentos oficiais, mesmo porque não produziu a ré nenhuma prova no sentido de demonstrar que seu preposto entrou na rodovia com as cautelas devidas. E incumbia-lhe, como responsável pelo acidente, o ônus de provar a ausência de culpa de sua parte" (1º TACSP, EI 356.391-SP, 3ª Câm., j. 22-9-1986, rel. Alexandre Germano, *Boletim da AASP*, n. 1.516, p. 3).

Vejam-se, ainda:

"Sempre que as peculiaridades do fato, por sua normalidade, probabilidade e verossimilhança, façam presumir a culpa do réu, a este compete provar sua inocorrência. E, sem dúvida, age com culpa o motorista que ingressa em artéria objetivamente mais importante, para transpô-la, sem verificar se não há veículos por ela transitando" (*RT*, *591*:147).

"Todas as vezes que as peculiaridades do fato, por sua normalidade, probabilidade e verossimilhança, façam presumir a culpa do réu, invertem-se os papéis e a este compete provar a inocorrência de culpa de sua parte, para ilidir a presunção em favor da vítima" (*RT*, *427*:106).

"Acidente de trânsito – Colisão com poste que caiu em cima do filho menor do autor causando sua morte – Prova da culpa do motorista – Ônus da prova pertencente ao réu – Aplicação da Teoria da Aparência de Culpa – Indenizatória procedente" (*JTACSP*, Revista dos Tribunais, *111*:60).

V. a jurisprudência:

"Acidente de trânsito – Culpa – Veículo que provém de via secundária.

Age com culpa o motorista que provém da rua secundária e corta o fluxo de trânsito da via principal, fazendo com que moto bata na sua lateral" (TARS, Ap. 197.108.624-Santa Rosa, rel. Juiz Wilson Carlos Rodycz, j. 3-3-1998).

"Acidente de trânsito – Colisão em rodovia – Veículo mal estacionado no acostamento da pista em aclive, deslocando-se e atingindo o automóvel da vítima – Culpa do condutor do primeiro veículo evidenciada – Alegação de inocorrência de embriaguez irrelevante – Indenizatória procedente" (*JTACSP*, *169*:93).

"Acidente de trânsito – Veículo estacionado em local não permitido – Circunstância que não isenta de culpa o causador da colisão, bem como a alegação de fato de terceiro, que não tem sido admitida pela jurisprudência – Regressiva da seguradora procedente" (*JTACSP, 170*:228).

"Acidente de trânsito – Colisão de veículo com motocicleta dirigida por menor – Culpabilidade deste não comprovada – Indenizatória improcedente."

O ponto nevrálgico da argumentação da autora consiste no fato do menor dirigir sem estar habilitado, com infração ao art. 64 do CNT. Todavia, a violação de normas regulamentares, tais como aquelas acenadas no caso presente, não tem o condão de, por si só, gerar a responsabilidade civil, sendo indispensável a configuração do nexo de causa e efeito entre a transgressão e o acidente, sem que seja cogitável uma presunção *iuris et de iure*.

No caso concreto dos autos, embora o condutor da motocicleta cometesse infração aos ditames regulamentares do trânsito, não se firmou nexo de causalidade entre ela e o evento danoso. Significa que o fator determinante não se liga à infração e, por isso, inocorre a chamada "culpa contra legalidade" (cf. Maninho Garcez Neto, *Prática de responsabilidade civil*, 2. ed., p. 130) (*JTACSP*, Revista dos Tribunais, *101*:133).

"Acidente de trânsito – Sinalização inexistente – Alegação do autor de que a via que trafegava era preferencial por ser mais movimentada e que já havia ultrapassado o centro do cruzamento – Desacolhimento – Irrelevância, outrossim, de que o veículo do réu fosse dirigido por filho menor sem habilitação, não configurando manifesta culpabilidade – Indenizatória improcedente" (1º TACSP, Ap. 431.766/90-SP, 4ª Câm., j. 21-2-1990, rel. José Bedran).

"Acidente de trânsito – Automóvel dirigido por menor sem habilitação – Presunção de culpa inexistente – Imprudência, imperícia ou negligência não comprovadas – Ilícito não caracterizado."

Inexiste presunção de culpa pelo só fato da menoridade e falta de habilitação do condutor. A responsabilidade por ilícito civil há que se assentar em alguma das condutas indicadas no art. 159 do CC (de 1916, art. 186 do atual). Julga-se improcedente a ação se os testemunhos e o registro policial não convencem da imperícia ou imprudência alegadas pelo autor (*RT, 616*:176).

O fato de estar o veículo do autor estacionado irregularmente, ou seja, na contramão de direção, não exclui a culpa daquele, por se tratar de simples infração administrativa. Além disso, se estivesse ele estacionado corretamente, isto é, na posição contrária, mesmo assim a colisão teria ocorrido (1º TACSP, Ap. 320.487, 3ª Câm., j. 15-2-1984, rel. Sousa Lima).

Deve indenizar o culpado por abalroamento de automóvel, embora esteja este estacionado em lugar proibido. Caso contrário, ter-se-ia aberto precedente de imprevisível extensão, inocentando-se aquele que, por culpa e até mesmo a título de dolo, danificasse veículos encontrados naquela situação, de inquestionável interesse apenas para sanção de índole administrativa (*RT, 528*:83).

Mesmo em preferencial, o motorista não está autorizado a conduzir o veículo em velocidade incompatível com as circunstâncias do local. Nos cruzamentos terá prioridade de passagem, mas não está livre de, como medida de salutar cautela, diminuir a velocidade e manter o carro sob controle total, se houver o ingresso de outro pela transversal (*RT* 495/55) (1º TACSP, Ap. 325.562, 6ª Câm., j. 29-5-1984, rel. Ernani de Paiva).

28. Cumulação de benefícios

V. Benefício previdenciário, n. 11, *retro*; *v.*, também, *Cumulação da pensão indenizatória com a de natureza previdenciária*, in Livro II, Título IV, Capítulo II, Seção I, n. 4.1, *retro*.

29. Dano

29.1. Apuração em execução de sentença

V. Apuração dos danos em execução de sentença, n. 2.2, *retro*.

29.2. Comprovação do dano

V. O dano material. Perdas e danos: o dano emergente e o lucro cessante, in Livro II, Título IV, Capítulo II, Seção I, n. 2, *retro;* e *Orçamento*, n. 77, *infra*.

Tem-se decidido que as despesas com o conserto de automóvel, desde que comprovadas por notas fiscais expedidas por oficinas mecânicas idôneas e autorizadas, merecem ser creditadas, até prova em contrário (*RT, 399*:148, *407*:182, *410*:177, *424*:102, *425*:188, *443*:162, *448*:210, *451*:266).

Deste modo, para o cálculo da indenização, não é indispensável a realização de vistoria *ad perpetuam rei memoriam*. A comprovação do dano pode ser feita por orçamentos ou notas fiscais de oficinas idôneas e autorizadas, que merecem creditadas até prova em contrário:

"Indenização – Responsabilidade civil – Acidente de trânsito – Vistoria *ad perpetuam* – Desnecessidade desta – Comprovação do dano por notas fiscais expedidas por oficinas idôneas e autorizadas, que merecem creditadas até prova em contrário" (*RJTJSP, 44*:89).

"Responsabilidade civil – O fato de o proprietário vender o seu automóvel abalroado por outro não lhe tira o direito de ser indenizado."

Trecho: "A estimativa dos danos causados, e com base nos orçamentos oferecidos pelo autor, não merece a crítica formulada pela ré. Foi elaborada por oficinas autorizadas pela Volkswagen do Brasil e prova alguma ofereceu a ré para ilidir a idoneidade dos orçamentos apresentados" (*RT, 410*:177).

"Responsabilidade civil – Acidente de trânsito – Despesas de consertos apuradas por meio de orçamentos em várias oficinas idôneas – Suficiência do meio – Desnecessidade de perícia judicial para o encontro do *quantum* indenizatório.

Uma vez provados os estragos que o acidente causou ao veículo e o custo para a reparação dos mesmos, mediante orçamentos vários de oficinas especializadas e de inteira idoneidade, nenhuma a necessidade de vistoria judicial" (*RT, 425*:188).

Qualquer impugnação às notas fiscais, ou aos orçamentos das oficinas especializadas, deverá ser séria e especificada, mostrando os pontos em que seriam contestáveis.

No cômputo da indenização, inclui-se verba de desvalorização do veículo, quando grandemente danificado. "É da experiência comum que os veículos grandemente danificados, em virtude de colisão, sofrem enorme desvalorização, ao ensejo da revenda" (*JTACSP, 70*:75-6).

Já decidiu, entretanto, o Tribunal de Justiça de São Paulo:

"Nega-se a verba de depreciação do veículo, se este é de fabricação nacional, sendo possível sua completa recuperação" (j. 26-4-1974, rel. Des. Dunas de Almeida, *Boletim Administrativo*, n. 80, Suplemento Jurídico).

A praxe consiste em apresentar três orçamentos de oficinas idôneas e especializadas, optando-se pelo de menor valor. Veja-se:

"No atinente ao dano, é de se adotar, como de regra, para o ressarcimento, o valor constante do menor orçamento" (*JTACSP*, Revista dos Tribunais, *108*:134).

No entanto, a parte não está obrigada a oferecer necessariamente três orçamentos. Mesmo um já é suficiente, desde que não seja impugnado pelo litigante contrário e não se apresente exagerado ou dissociado aos demais elementos da prova. Ocorrendo impugnação, nem sempre, pois, é de se indeferir a avaliação, mormente se corroborados os valores consignados por listas de outras casas do gênero, mesmo que trazidos ao processo posteriormente (Arnaldo Rizzardo, *A reparação*, cit., p. 144).

Veja-se, a propósito:

"A apresentação de um único orçamento acompanhado de nota fiscal mostra-se suficiente à fixação do '*quantum debeatur*' se o réu não demonstra a falta de idoneidade da oficina ou o excesso do preço" (*RT, 621*:210).

Importante, também, para a validade das cotações, a minuciosa e completa descrição das partes e peças a serem substituídas ou reparadas, bem como dos serviços que devem ser executados, com particularização e discriminação dos respectivos valores. Essa exigência tem por finalidade evitar a apresentação dos chamados "orçamentos de favor" e a proliferação da "indústria do orçamento", fonte de enriquecimentos indevidos.

A razão de se escolher o orçamento de menor valor, dentre os apresentados, é que não se deve permitir que o processo seja transformado em instrumento de enriquecimento indevido, visto que a lei prevê apenas a reparação. Destarte, mesmo que o conserto tenha sido consumado por outra oficina, a condenação será com base no que apresentar menos sacrifícios ao obrigado, como assinala Arnaldo Rizzardo (*A reparação*, cit., p. 145).

Pondera, ainda, o referido autor que, entretanto, "algumas vezes os orçamentos de valor mais conveniente não atendem os justos reclamos do ofendido. Embora deixe o veículo perfeitamente apto para trafegar, a qualidade dos trabalhos é de classe inferior, e mesmo as peças substituídas destoam do padrão original. Levando em conta o princípio de que a reparação há de se apresentar a mais cabal possível, visto nascer da obrigação '*ex delicto*', segundo orientação que remonta a milênios e foi estruturada na '*Lex Aquilia*', nada impede que se prefira um orçamento de montante maior, desde que deixe o veículo em melhores condições. Não é de se constranger a pessoa a consertar pelo mais baixo valor, se não inspira confiança o trabalho recomendado ao que presta os serviços" (p. 144).

Na jurisprudência, assim também tem sido entendido. Veja-se:

"Responsabilidade civil – Acidente de trânsito – Indenização – Acolhimento de orçamento de maior valor, mediante justificativa idônea – Recurso desprovido" (1º TACSP, Ap. 426.038/90, 3ª Câm., j. 14-5-1990, rel. Ferraz Nogueira).

Algumas vezes, no entanto, os danos são de tal monta que não compensa mandar consertar o veículo. As peças novas, muitas vezes, estão valorizadas e a substituição ou os reparos ficam mais caros do que a aquisição de outro veículo, idêntico ao que foi danificado. Por isso, tem-se decidido:

"Quando os orçamentos para o conserto atingem valores superiores ao do próprio veículo, torna-se antieconômico e desarrazoado mandar consertá-lo. Em tais casos, a indenização deve corresponder a quantia que represente o custo para a aquisição de outro idêntico ao sinistrado" (*RT*, *664*:104, *503*:212; *RJTJSP*, *36*:136, *41*:110, *56*:91).

Nesses casos, porém, deve ser deduzido do montante da indenização o valor da sucata:

"A indenização cumpre a finalidade de recompor o patrimônio do lesado, de modo que, através dela, o bem danificado adquira o seu estado anterior, e venha a existir como se o evento não houvesse ocorrido. Nesta reposição ao estado anterior já está incluída a estimação do preço do veículo acidentado, que virou sucata. Seu valor deverá ser abatido da soma total a que se obrigou a pagar o responsável" (1º TACSP, Ap. 324.861, 4ª Câm., j. 14-11-1984, rel. Barbosa Pereira).

Preleciona Caio Mário da Silva Pereira que, em caso de perda total, a reparação consiste em abonar-se ao proprietário "o seu preço", aduzindo: "neste ponto, e tendo em vista a situação brasileira a braços com a invencível inflação, eu prefiro substituir o vocábulo 'preço' pela palavra 'valor', ou seja, o que o veículo tem no momento da *'solutio'*, pois que em o mercado automobilístico os preços oscilam ao sabor de numerosas injunções" (*Responsabilidade civil*, p. 238, n. 189).

Por essa razão, mesmo em caso de demora na propositura da ação, mas dentro do lapso prescricional, tem o lesado o direito de postular valor que lhe possibilite a aquisição de outro veículo, à época da *solutio*, como decidiu o extinto Primeiro Tribunal de Alçada Civil (EI 430.612-7/2, Ubatuba; Grupo Esp., j. 21-2-1991, rel. Carlos R. Gonçalves).

No tocante a lucros cessantes, malgrado a existência de decisões no sentido de que as empresas de ônibus são obrigadas a possuir veículos de reserva e, por essa razão, não fazem jus a uma verba a título de lucros cessantes (cf. *JTACSP*, Revista dos Tribunais, *108*:134), a melhor e mais justa solução parece ser a vazada nestes termos:

"O fato de uma empresa de transporte coletivo dispor de veículos de reserva, não lhe tira o direito aos lucros cessantes, quando um dos que estão em circulação for avariado por culpa de outrem" (*RT*, *425*:69).

Argumenta-se, neste caso, que em matéria de responsabilidade civil "a indenização há de ser a mais completa possível, abrangendo, evidentemente, os lucros cessantes. O objetivo da constituição da frota de reserva, principalmente no que tange ao transporte coletivo, é o atendimento da demanda de condução pelo povo, e não para suavizar a indenização devida por eventual autor de ato ilícito" (Arnaldo Rizzardo, *A reparação*, cit., p. 146).

Se o lesado utiliza o veículo para desempenhar sua profissão e fica impedido de usá-lo por vários dias, para que seja consertado, deve ser ressarcido da diferença das despesas de locomoção por outro meio, se mais caro. Se usou táxi, por exemplo, deve ser lembrado que somente as diferenças são devidas, porque também teria despesas com combustível, caso estivesse usando o próprio veículo.

Se se trata de vendedor que teve suas vendas diminuídas, porque foi obrigado a usar transporte coletivo, cabe também indenização pelos lucros cessantes. Mesmo que uma pessoa apenas se sirva do carro "para deslocar-se ao seu trabalho, sendo a utilização uma constante em sua vida, não é coerente impor a mudança de comportamento, passando a usar veículo de transporte público. O causador não fica a salvo da indenização. Premiar-se-ia, em caso contrário, a sua conduta culposa. Serão ressarcidos os dispêndios feitos com os serviços de automóvel de aluguel, durante o tempo de retenção do meio de transporte próprio na oficina mecânica" (Arnaldo Rizzardo, *A reparação*, cit., p. 147).

Há certa resistência, na jurisprudência, em conceder lucros cessantes, na última hipótese mencionada. No entanto, é de ponderar que as pessoas que adquirem veículos para, precipuamente, dirigir-se ao seu local de trabalho, não seriam integralmente indenizadas se não pudessem cobrar o que despenderam com o uso de táxis. A explicação para essa resistência talvez resida no fato de haver muito abuso nos pedidos. São comuns pedidos de lucros cessantes correspondentes a 30 dias parados, quando se sabe que 10 dias, no máximo, são suficientes para se reparar um veículo não muito danificado. A solução está em admitir tal verba, mas limitando-a ao tempo necessário para o conserto do veículo, segundo os critérios da experiência comum.

V. a jurisprudência:

"Acidente de trânsito – Despesas com locomoção – Utilização de serviços de táxi para compra doméstica e para transporte de filhos à escola – Admissibilidade, pois o veículo envolvido no evento era o único da família – Verba devida" (*JTACSP, 180*:220).

"Responsabilidade civil – Acidente de trânsito – Dano – Comprovação – Orçamento – Idoneidade.

A apresentação de orçamento idôneo, não elidido por elementos hábeis pela parte contrária, é suficiente para a comprovação dos danos alegados pelo autor" (STJ, REsp 260.742-0-RJ, 4ª T., rel. Min. Barros Monteiro, j. 10-4-2001).

"Responsabilidade civil – Acidente de trânsito – Indenização.

A indenização deve corresponder ao montante necessário para repor o veículo nas condições em que se encontrava antes do sinistro, ainda que superior ao valor de mercado; prevalece aí o interesse de quem foi lesado" (STJ, REsp 69.630-SP, 2ª T., rel. Min. Ari Pargendler, *DJU*, 16 fev. 1998, n. 32, p. 55).

"Responsabilidade civil – Defeito de fábrica – Substituição por outro – Carro fora de linha – Troca por outro, modelo 0 Km – Aplicação do art. 18 do Código de Defesa do Consumidor.

Uma vez constatados os defeitos, cumpre ao fornecedor, transcorrido o prazo de 30 dias, providenciar imediata substituição de veículo por outro que esteja nas condições esperadas por quem realiza negócio dessa espécie. Não sendo mais fabricado o modelo adquirido pelo consumidor, a montadora deverá entregar um veículo zero quilômetro equivalente, que atenda às características do automóvel defeituoso" (STJ, REsp 185.836-SP, 4ª T., rel. Min. Ruy Rosado de Aguiar).

Um único orçamento apresentado por firma idônea serve para formar a convicção do juiz, especialmente quando inexiste no processo qualquer outro elemento que se lhe contraponha (*RT, 534*:181).

Outrossim, basta um orçamento idôneo, condizente com a realidade do sinistro, para comprovar as despesas necessárias (*RT, 470*:241).

"Acidente de trânsito – Indenização – Condenação ao ressarcimento do valor do veículo, descontada a importância obtida na venda como sucata – Recurso parcialmente provido – Condenação ao ressarcimento das despesas com guincho, bem como pagamento de um ano de salário da autora, pois obrigada a demitir-se do trabalho, para cuidar dos familiares feridos – Recurso parcialmente provido para esse fim" (1º TACSP, Ac. 436.199/3, 1ª Câm., rel. De Santi Ribeiro).

Se o conserto do veículo danificado foi avaliado em quantia que chega ao dobro do valor do mesmo veículo, seria antieconômico e desarrazoado mandar consertá-lo. Em tais condições, é correta a sentença que manda pagar a indenização de danos materiais na quantia que representa o custo para aquisição de outro veículo idêntico ao sinistrado (*RT, 503*:212).

"Acidente de trânsito – Indenização – Táxi – Motorista de táxi que, diante de orçamento de elevados preços, vende o veículo – Indenizatória procedente, deduzido o valor da sucata, somados os dias parados – Recurso provido para esse fim" (1º TACSP, Ap. 439.674/90, 1ª Câm. Esp., j. 31-7-1990, rel. Elliot Akel).

"Acidente de trânsito – Lucros cessantes – Necessidade de prova da probabilidade objetiva da percepção dos lucros, de forma concreta e, não, da simples possibilidade de sua realização – Recurso parcialmente provido para reduzir a verba" (*JTACSP, Revista dos Tribunais, 111*:58).

"Acidente de trânsito – Indenização – Verba a ser fixada no preço máximo do mercado do veículo à data do evento se o importe do conserto superar o próprio valor do automóvel.

Em ação de indenização por acidente de trânsito não se pode pretender como reparação do dano valor superior ao do veículo à época do acidente. Se o conserto total acaba por superar este valor, a verba deverá ser fixada no preço máximo de mercado do carro" (*RT, 664*:104).

Provado que o autor não teve condições para consertar seu veículo, obrigando-se a vender o seu instrumento de trabalho, impõe-se, à custa do réu, causador do fato, a condenação em lucros cessantes" (*RT, 470*:241).

"Transação – Acordo de vontade entre motoristas, logo após acidente de trânsito – Pagamento do valor que estabeleceram, como importância capaz de cobrir os danos – Ajuizamento posterior de demanda para obter diferença de valor com base no menor orçamento – Inviabilidade – Negócio jurídico irretratável unilateralmente e incidível em sua substância, a não ser por ação própria – Carência da ação" (*JTACSP, Revista dos Tribunais, 103*:119).

Com efeito, como lucros cessantes não podem ser considerados os resultados artificiosamente criados pelo prejudicado. A este não é lícito, p. ex., por sua inércia ou demora em mandar reparar o objeto ou o bem danificado, "agravar a situação do responsável, aumentando a indenização dos lucros cessantes" (1º TACSP, Ap. 324.753, 2ª Câm., j. 16-5-1984, Rel. Bruno Netto).

29.3. Dano estético

V. Indenização em caso de lesão corporal de natureza grave, in Livro II, Título IV, Capítulo II, Seção II, n. 2.2, *retro*; *v.*, também, *Dano moral*, Capítulo I, n. 5.1, retro.

29.4. Dano físico ou pessoal

V. A indenização em caso de homicídio, in Livro II, Título IV, Capítulo II, Seção II, n. 1, *retro*, e *A indenização em caso de lesão corporal*, n. 2, *retro*.

29.5. Dano patrimonial e dano moral

V. Dano material e dano moral, in Livro II, Título IV, Capítulo I, n. 5, *retro*.

30. Defeito mecânico

V. Caso fortuito e força maior, in Livro III, n. 5, *retro*.

31. Defeito na pista

V. DER e *Dersa*, n. 33 e 35, *infra*; *Responsabilidade pelo fato ou guarda de animais*, Livro II, Título I, Capítulo I, Seção IV, n. 1 e 2, *retro*.

Nos serviços públicos ou de utilidade pública prestados diretamente pela Administração centralizada, responde a entidade pública prestadora pelos danos causados ao usuário ou a terceiros, independentemente da prova de culpa de seus agentes ou operadores, visto que a Constituição Federal estabelece a responsabilidade objetiva do Poder Público, extensiva às pessoas jurídicas de direito privado prestadoras de serviços públicos (art. 37, § 6º).

Assim, respondem o DER, o DNER, o Dersa, ou o próprio Poder Público diretamente, conforme o caso, ou ainda as empreiteiras contratadas para a execução de obras ou manutenção de rodovias, de forma objetiva, pelos danos decorrentes de acidentes nas estradas de rodagem, causados por defeitos na pista, como buracos, depressões, quedas de barreiras e de pedras, falta ou deficiência de sinalização.

Se os defeitos decorrem de obras nas vias públicas urbanas, a responsabilidade é da Municipalidade. Confira-se:

"Acidente de trânsito – Automóvel que colide com monte de pedras britadas em via pública – Fato ocorrido à noite – Inexistência de sinalização – Responsabilidade da Prefeitura.

É responsável pelas consequências de eventual acidente a Prefeitura Municipal que, executando reparos no leito carroçável de via pública, deixa no local, por prepostos seus, montes de pedras britadas sem desviar o trânsito dos veículos ou alertar de maneira segura os motoristas que por ali conduzem seus veículos" (*RT*, *582*:117).

"Acidente de trânsito – Queda em buraco, aberto por empreiteira, em plena via pública – Inexistência de sinalização adequada – Responsabilidade da Municipalidade e da empreiteira reconhecida – Indenizatória procedente" (*JTACSP*, Revista dos Tribunais, *106*:47).

V., também, *Responsabilidade civil do Estado pelos atos omissivos de seus agentes,* in Livro II, Título I, Capítulo I, Seção II, n. 11.3, *retro*.

V. ainda a jurisprudência:

"Acidente de trânsito – Evento ocasionado em razão de deficiência de sinalização em obras executadas em via pública – Indenização devida pelo Município e pela empresa que realizou as obras na pista de rolamento – Inteligência dos arts. 30, III e VIII, e 37, § 6º, da CF" (*RT*, *782*:323).

"Acidente de circulação – Colisão de veículo – Buracos no leito carroçável – Ausência de sinalização – Omissão do Poder Público.

Uma vez estabelecido nexo causal entre o acidente e a omissão do Poder Público pela conservação da via municipal, restando incomprovada a culpabilidade do condutor do automóvel danificado, responde o Município, a teor do artigo 37, § 6º, da CF/88, pelos danos causados no veículo, em razão do estado do leito carroçável" (TJSC, Ap. 96.002406-9-Itajaí, 2ª Câm., rel. Des. Anselmo Cerello, j. 20-5-1999).

"Acidente de trânsito – Responsabilidade civil do Estado – Sinistro ocasionado pela falta de serviço na conservação de estrada – Ausência de prova de culpa do particular, bem como de evento tipificador de força maior – Comprovação do nexo de causalidade entre a lesão e o ato da Administração – Verba devida – Aplicação da teoria do risco administrativo, nos termos do art. 37, § 6º, da CF" (*RT*, *777*:365).

"Indenização – Empreiteira contratada pelo Estado-membro que deixou de sinalizar trecho de obra por ela executado, causando a morte de motorista – Verba devida pela Administração Pública à família da vítima não só em virtude da responsabilidade objetiva, mas também em vista da culpa subjetiva pelos danos causados a terceiros por seus funcionários, prepostos e empreiteiros" (*RT*, *762*:398).

"Responsabilidade civil – Sinistro ocorrido em rodovia federal – Departamento Nacional de Estradas de Rodagem que, através de concessão, delegou a Estado-membro os serviços e obras da via – Impossibilidade da responsabilização da União, da referida autarquia ou da Polícia Rodoviária Federal pelo evento danoso" (*RT*, *762*:398).

"Acidente de trânsito – Descontrole de automóvel em virtude da falta de aderência ao solo, por deparar com a presença de substância que se misturou à água da chuva – Constatação de omissão por parte do DER, a quem cabia assegurar a normalidade das condições da pista ou, ao menos, sinalizar o local, para evitar situações de risco – Culpa do serviço demonstrada, a justificar a condenação da autarquia ao ressarcimento dos danos sofridos – Indenizatória procedente" (*JTACSP*, *176*:189).

"Acidente de trânsito – Queda de veículo em buraco existente na via pública, sem sinalização visível e perceptível de forma objetiva, ocasionando danos de grande monta – Responsabilidade da Municipalidade-ré caracterizada – Inexistência de culpa da vítima – Verba devida em face do princípio da teoria do risco administrativo (art. 37, § 6º, da CF – Indenizatória procedente" (*JTACSP*, *175*:212; *RT*, *747*:285).

"Acidente de trânsito – Evento decorrente de capotamento de veículo ocasionado por bueiro sem tampa – Responsabilidade da Municipalidade caracterizada, uma vez incumbir a esta velar pela correta sinalização e conservação da via pública" (*JTACSP*, *175*:282).

"Acidente de trânsito – Capotamento – Irregularidade na pista sob jurisdição do Dersa – Responsabilidade desta autarquia em recompor o patrimônio prejudicado – Indenizatória procedente" (*JTACSP*, Revista dos Tribunais, *97*:125).

"Acidente decorrente de má conservação da pista asfáltica – Pretensão ao chamamento do DER – Descabimento, eis que inexistente responsabilidade direta decorrente de lei ou contrato" (*JTACSP*, Revista dos Tribunais, *102*:108).

"Defeito na pista – Rodovia sob responsabilidade do Dersa – Buraco com mais de um metro de extensão, adentrando ao leito carroçável – Queda do veículo do autor, que teve a sua carroçaria partida – Obrigação do Dersa em indenizar os prejuízos.

O usuário paga taxas e impostos, tendo direito à contraprestação. O Dersa arrecada para conservação das vias sob sua jurisdição. Se o evento decorreu de sua negligência, deve indenizar a vítima da lesão" (1º TACSP, Ap. 279.766, 1ª Câm., j. 03-06-1981, rel. Cunha Bueno).

"Obstáculo na pista – Autor que, em noite chuvosa, colide seu veículo com pedra de porte considerável, que deslizou para o leito da rodovia – Fatos idênticos ocorridos antes e depois do evento, a indicar a presunção de falha anônima da máquina administrativa – Ação de indenização contra o DER julgada procedente – Sentença mantida" (1º TACSP, Ap. 452.035-4, Caraguatatuba, 6ª Câm. Esp., j. 30-1-1991, rel. Evaldo Veríssimo).

"Acidente de trânsito – Colisão contra a tampa de um bueiro que estava saliente em relação ao piso asfáltico – Indenizatória ajuizada contra a SABESP – Responsabilidade desta reconhecida – Ação procedente – Sentença mantida" (1º TACSP, Ap. 445.283/90-SP, 10ª Câm., j. 11-9-1990, rel. Silvio Marques).

"Acidente de trânsito – Autarquia – Veículo da autora, dirigido por sua irmã que, transitando à noite, caiu em uma valeta aberta na via pública – Existência de pequena placa sinalizadora, insuficiente para impedir o sinistro – Dever da ré em sinalizar eficientemente o local – Indenizatória procedente – Sentença mantida" (1º TACSP, Ap. 430.120/90, Lins, 1ª Câm. Esp., j. 15-1-1990, rel. Queiroz Calças).

"Acidente de trânsito – Danos causados em veículo em razão de execução de obra pública – Ausência de sinalização no local – Responsabilidade solidária da Sabesp e da Prefeitura Municipal – Indenizatória parcialmente procedente" (1º TACSP, Ap. 430.500/90, Socorro, 3ª Câm. Esp., j. 10-1-1990, rel. Ferraz Nogueira).

"Acidente de trânsito – Pretensão à denunciação do DER porque a rodovia estava em mau estado de conservação e colaborou com o acidente – Pedido que implica na introdução de fundamento jurídico novo – Inadmissibilidade" (1º TACSP, Ap. 443.021/90, Palmital, 10ª Câm., j. 3-9-1990, rel. Martins Pupo).

"Indenização contra o Dersa – Animais na Via dos Imigrantes – Causa de acidente com automóvel – Procedência.

O Dersa responde por acidente com automóvel causado por animais na Via dos Imigrantes" (*RT, 423*:96).

"Acidente de trânsito – Ajuizamento contra o DER, com denunciação da empreiteira contratada pela autarquia para a manutenção da autovia – Evento decorrente do mau estado de conservação e da falta de sinalização da estrada – Responsabilidade objetiva do DER, com culpabilidade correlata da empreiteira – Indenizatória procedente" (*JTACSP*, Revista dos Tribunais, *100*:86).

"Acidente de trânsito – Danos pessoais decorrentes de queda de veículo em ribanceira em virtude de defeito técnico na pista (desnível entre trilhos e pista asfáltica) – Inexistência de sinalização alertando da necessidade de se observar velocidade compatível com o estado da pista – Responsabilidade da Municipalidade e, não, da Fepasa" (*JTACSP*, Revista dos Tribunais, *101*:155).

32. Denunciação da lide

V. O procedimento sumário e a intervenção de terceiros, n. 2.6, *retro*; *A denunciação da lide e o fato de terceiro*, in Livro III, n. 4.4, *retro*; *Denunciação da lide ao funcionário ou agente público*, in Livro II, Título I, Capítulo I, Seção II, n. 11.5, *retro*, e *A ação regressiva daquele que paga a indenização, contra o causador do dano, e a denunciação da lide,* n. 12, *retro*.

Nos itens suprarreferidos, a matéria foi exaustivamente tratada, ilustrada com farta jurisprudência. Anotem-se, ainda, os seguintes arestos:

"Denunciação da lide. Acidente de trânsito. Transporte de passageiros. Pretensão à denunciação do seu condutor sob alegação de fato de terceiro. Inadmissibilidade. Hipótese em que não se discute ação automática de garantia derivada de lei ou do contrato. Possibilidade, apenas, de eventual ação regressiva. Pedido que, se deferido, poderia acarretar introdução de fundamento jurídico novo estranho à causa" (1º TACSP, Ap. 433.592/90, Jundiaí, 4ª Câm., j. 25-4-1990, rel. Amauri Ielo).

"Denunciação da lide. Indenizatória improcedente. Responsabilidade do denunciante pelas custas e honorários de advogado, ressalvado o direito de regresso contra o autor" (1º TACSP, Ap. 432.833/90, São Bernardo do Campo, 7ª Câm., j. 20-3-1990, rel. Régis de Oliveira).

"Denunciação da lide. Contrato de transporte. Hipótese de responsabilidade objetiva. Pretensão à denunciação de terceiro que teria agido culposamente. Desacolhimento, dada a impossibilidade de introdução de fundamento novo na discussão" (1º TACSP, Ap. 429.840/90SP, 1ª Câm. Esp., j. 15-1-1990, rel. Régis de Oliveira).

"Denunciação da lide. Veículo alienado antes do acidente. Tradição ocorrida. Irrelevância do registro na repartição de trânsito. Ilegitimidade passiva reconhecida. Impossibilidade de quem é parte ilegítima passiva na ação principal simultaneamente pretender denunciar, sendo parte ilegítima ativa para tanto" (1º TACSP, Ap. 431.059/90-SP, 3ª Câm. Esp., j. 10-1-1990, rel. Carlos Roberto Gonçalves).

"Denunciação da lide. Acidente de trânsito. Indenizatória ajuizada contra o condutor do veículo. Pretensão desde a denunciação do proprietário e da seguradora. Art. 70, II e III, do CPC [de 1973, atual art. 125, I e II]. Inadmissibilidade" (1º TACSP, Ap. 434.715/90, Osasco, 3ª Câm., j. 16-4-1990, rel. André Mesquita).

"Denunciação da lide – Acidente de trânsito – Inadmissibilidade, por se tratar de procedimento sumário e por fundamentar-se em fato novo, imputável a terceiro e dependente de apuração – Recurso da ré improvido" (*JTACSP, 175*:271).

"Denunciação da lide – Acidente de trânsito – Rito sumário – Pedido de intervenção de terceiro deferido, com a conversão do procedimento para ordinário – Admissibilidade – Artigos 282, inciso I, e 277, §§ 4º e 5º do Código de Processo Civil [de 1973, atuais arts. 319, I, e 334] – Recurso improvido" (*JTACSP, 172*:9).

"Denunciação da lide – Rito sumário – Inadmissibilidade – Artigo 280, I, do Código de Processo Civil, com a redação da Lei n. 9.245, de 1995 – Recurso improvido" (*JTACSP, 169*:23).

33. DER (Departamento de Estradas de Rodagem)

V. Responsabilidade pela guarda de animais, in Livro II, Título I, Capítulo I, Seção IV, n. 1 e 2, *retro*; *Defeito na pista*, n. 31, *retro*.

33.1. Responsabilidade por acidente ocasionado na estrada por animais

Já se decidiu, outrora, que o fato de o Departamento de Estradas de Rodagem construir cerca ao longo da rodovia não implica sua responsabilidade por acidente ocasionado por animais que, varando a cerca, ganham a estrada (*RT*, *446*:101). As cercas que o DER levanta ao longo das rodovias têm por objetivo simples demarcação de limites, uma vez que pela rodovia só trafegam veículos; aos proprietários lindeiros cabe reforçá-las de modo a evitar a saída de animais (*RT*, *493*:54).

O interesse dos proprietários em evitar a saída dos animais advém da circunstância de pesar sobre eles a responsabilidade presumida, que os obriga a indenizar os danos causados a terceiros por seus animais, na forma do art. 936 do Código Civil, permitida a exoneração somente se lograrem provar algumas das excludentes previstas em seus quatro incisos.

Ainda que se admita que ao DER caiba a obrigação indeclinável de conservar as cercas marginais das rodovias, fora de dúvida é que ao proprietário lindeiro cabe suprir a omissão da administração, sempre que lhe compita outra obrigação legal, como a de manter o seu gado bem guardado dentro de sua propriedade lindeira, para evitar que ele avance sobre a estrada de rodagem (*RJTJSP*, *20*:108).

Decidiu, por outro lado, o então Tribunal Federal de Recursos: "Tratando-se de via expressa para a qual são estabelecidas condições especiais de conservação e segurança e por cujo uso é cobrado preço público, responsável é a autarquia por omissão do dever de vigilância, permitindo o ingresso de animais que surpreendem os usuários, causando-lhes danos" (AC 52.634-RS, 4ª T., v. un., rel. Min. Carlos Madeira, *Adcoas*, 69.822/80).

Também o extinto 1º Tribunal de Alçada Civil de São Paulo, em ação movida contra o Dersa, responsável pela conservação da Rodovia dos Imigrantes, proclamou: "Atropelamento de animal, causando danos ao veículo – Responsabilidade do Dersa, que cobra pedágio pelo uso da rodovia – Configuração da culpa 'in vigilando' – Regressiva procedente contra a autarquia" (*JTACSP*, *76*:153).

Podem ser responsabilizados, pelos danos causados por animais em rodovias, os seus proprietários e a concessionária de serviços públicos encarregada de sua conservação e exploração. Dispõe, com efeito, o art. 1º, §§ 2º e 3º, do Código de Trânsito Brasileiro (Lei n. 9.503, de 23-9-1997):

"Art. 1º (...)

(...)

§ 2º O trânsito, em condições seguras, é um direito de todos e dever dos órgãos e entidades componentes do Sistema Nacional de Trânsito, a estes cabendo, no âmbito das respectivas competências, adotar as medidas destinadas a assegurar esse direito.

§ 3º Os órgãos e entidades componentes do Sistema Nacional de Trânsito respondem, no âmbito das respectivas competências, objetivamente, por danos causados aos cidadãos em virtude de ação, omissão ou erro na execução e manutenção de programas, projetos e serviços que garantam o exercício do direito do trânsito seguro".

O trânsito, em condições seguras, passou a ser um direito de todos e um dever do Estado, representado pelos órgãos e entidades componentes do Sistema Nacional de Trânsito, especialmente as concessionárias e permissionárias desses serviços, que exploram as rodovias com a obrigação de administrá-las e de fiscalizá-las. O Código de Defesa do Consumidor, por sua vez, no art. 14, responsabiliza os prestadores de serviços em geral (inclusive, portanto, as referidas concessionárias e permissionárias), independentemente da verificação de culpa, pelo defeito na prestação dos serviços, podendo assim ser considerada a permanência de animal na pista de rolamento, expondo a risco os usuários. Não bastasse, a Constituição Federal, no art. 37, § 6º, responsabiliza objetivamente as pessoas jurídicas de direito privado, prestadoras de serviço público, pelos danos que seus agentes causarem a terceiros, por ação ou omissão.

Desse modo, responde o dono do animal, objetivamente, pelos danos que estes causarem a terceiros, inclusive nas rodovias, somente se exonerando se provar culpa da vítima, caso fortuito ou força maior. Responde, também de forma objetiva, a concessionária ou permissionária encarregada da administração e fiscalização da rodovia, nos termos do art. 14 do Código de Defesa do Consumidor e do art. 37, § 6º, da Constituição Federal, salvo provando culpa exclusiva da vítima, caso fortuito ou força maior. O primeiro responde por ser o dono do animal, encarregado de sua guarda, devendo manter em ordem os muros e cercas de suas residências, para evitar que fujam para as estradas. A segunda, por permitir que o animal ingresse ou permaneça na rodovia, provocando risco de acidentes e criando insegurança para os usuários.

Assim, a jurisprudência tem proclamado:

"*Ação reparatória de danos* – Atropelamento de animal – Rodovia – Concessionária de serviço público – Riscos a que essa prestação se sujeita ao garantir tráfego em condições de segurança em troca de recebimento de 'pedágio'.

Na responsabilidade objetiva do Estado, encontra-se a obrigação mais ampla de reparar a que ao Estado se atribuiu, tornando-o sujeito passivo da ação, independente de apuração de culpa, como se verifica do § 6º do artigo 37 da Constituição Federal. Defeitos na prestação dos serviços por parte das concessionárias impõem o dever de reparar os danos causados pelo serviço defeituoso. Aplicação do § 1º do artigo 14 do Código de Defesa e Proteção do Consumidor. Recurso provido" (TJRJ, AC 5.481/99-RJ, 18ª Câm. Cív., rel. Des. Jorge Luiz Habib, j. 25-5-1999, m. v.).

"Responsabilidade civil – Acidente de trânsito – Animal na pista – Rodovia – Responsabilidade objetiva do Departamento de Estradas de Rodagem – DER – Dever de fiscalização e conservação das cercas marginais" (*JTACSP, 163*:243).

"Acidente de trânsito – Colisão de veículo com animais que se encontravam no leito da rodovia – Reparação dos danos devida pelo proprietário dos semoventes, mormente se inexistentes provas da efetiva guarda e vigilância dos irracionais ou da ocorrência de caso fortuito ou força maior" (*RT, 774*:266).

"Acidente de trânsito – Colisão de automóvel em rodovia mantida pelo DERSA – Responsabilidade da concessionária, que cobra pedágio e tem a obrigação de manter a pista em perfeitas condições de tráfego – Fixação da indenização abrangendo os danos materiais no veículo, bem como as despesas com locomoção enquanto o primeiro era reparado, cujo *quantum* deverá ser apurado em liquidação – Viabilidade, ainda, da cumulação com dano moral" (*JTACSP, 180*:268).

33.2. Responsabilidade por acidentes decorrentes de defeitos na pista e de falta ou deficiência de sinalização

É tranquila a jurisprudência no sentido de que o DER, como também o DNER e o Dersa, deve arcar com as consequências da existência de defeitos, como buracos e depressões nas estradas de rodagem, decorrentes do seu deficiente estado de conservação e da falta de sinalização obrigatória, da mesma forma que as Municipalidades respondem pela falta, insuficiência ou incorreta sinalização das vias públicas municipais (cf. RCNT, arts. 66 e 68; *RT, 504*:79 e *582*:117).

Tal responsabilidade tem por fundamento a teoria do risco administrativo, acolhida pela nossa Constituição Federal, que sujeita as entidades de direito público aos ônus ínsitos na prestação de serviços, respondendo objetivamente pelos danos causados a terceiros.

Tanto a doutrina como a jurisprudência dominante nos tribunais já assentaram que o Poder Público deve responder pelos danos sofridos pelos particulares, em razão do mau funcionamento dos serviços públicos. É a teoria do risco administrativo, imperante entre nós há muito tempo e acolhida na Carta Magna.

A responsabilidade do Poder Público perdura ainda no caso de a Administração agir por intermédio de terceiro, a quem tenha sido encomendada a obra. Assim, até "mesmo nas obras públicas empreitadas com empresas particulares prevalece a regra constitucional da responsabilidade objetiva da Administração pelo só fato da obra, porque ainda aqui o dano provém de uma atividade administrativa ordenada pelo Poder Público no interesse, da comunidade, colocando-se o executor da obra na posição de preposto da Administração, equiparável, portanto, aos seus agentes" (Hely Lopes Meirelles, *Direito de construir*, 2. ed., p. 305).

Por isso, tem-se decidido:

"Acidente de trânsito – Ajuizamento contra o DER, com denunciação da empreiteira contratada pela autarquia para a manutenção da autovia – Evento decorrente do mau estado de conservação e da falta de sinalização da estrada – Responsabilidade objetiva do DER, com culpabilidade correlata da empreiteira – Indenizatória procedente" (*JTACSP*, Revista dos Tribunais, *100*:86).

Veja-se ainda:

"Acidente de trânsito – Morte de motorista de veículo que despenca de ponte, que cedera sob o peso do caminhão, da responsabilidade do DER – Inexistência de avisos de limites de sustentação – Recurso provido para distender a 70 anos de idade a obrigatoriedade da prestação mensal à viúva" (*JTACSP*, Revista dos Tribunais, *83*:55).

"Responsabilidade civil do Estado – Acidente, em estrada pública, pela existência de animais no leito da mesma – Ação de ressarcimento contra o Departamento de Estradas de Rodagem, pela sua omissão quanto à polícia do tráfego – Ausência de prova, pelo demandado, de que o evento surgiu por culpa do próprio acidentado ou do detentor dos animais tresmalhados – Obrigação de indenizar – Ação procedente em parte – Inteligência do art. 2º, *c*, do Decreto n. 25.342, de 1956, e art. 105 da Constituição do Brasil de 1967.

Ao Departamento de Estradas de Rodagem cabe exercer a polícia do tráfego nas estradas estaduais. Omitindo-se no particular resultará caracterizada uma 'falta de serviço', falta anônima, pela qual obrigado a reparar os danos que venham a ocorrer em detrimento de terceiros. É a aplicação, na hipótese, dos princípios do risco" (*RT, 392*:176).

No mesmo sentido decisão do então Tribunal Federal de Recursos, em relação a acidente ocorrido na Via Dutra:

"Cobrando preço público em estrada, responsável é a autarquia por omissão no dever de vigilância, cumprindo-lhe vedar o ingresso de animais na pista de rolamento dos veículos.

Embora não comprovada negligência, tal não exclui a responsabilidade civil, em face do princípio do risco" (*RDA*, *151*:120).

34. Derrapagem

A derrapagem não tem sido aceita pela jurisprudência brasileira como pretexto para isenção da responsabilidade pelos danos oriundos de acidentes automobilísticos. Entendem, também, os tratadistas que a derrapagem é, antes, um indício de culpa do que exemplo de fortuito, eximente da obrigação de indenizar.

Confira-se:

O Código de Trânsito Brasileiro, visando reprimir condutas abusivas e exibicionistas, considera infração gravíssima o condutor "utilizar-se de veículo para, em via pública, demonstrar ou exibir manobra perigosa, arrancada brusca, derrapagem ou frenagem com deslizamento ou arrastamento de pneus" (art. 175). No art. 231 também estabelece penalidades para quem derramar, lançar ou arrastar sobre a via carga que esteja transportando ou combustível ou lubrificante que utiliza e consome. Será, assim, responsabilizado o provocador do derramamento da substância escorregadia na via pública, se esse fato constituir a causa de acidente automobilístico.

"A derrapagem de um automóvel não é um fato imprevisível provocado apenas pelo estado do solo; a velocidade e a direção que o veículo recebe constituem também fatores desse evento, e é possível ao motorista prevê-lo e evitá-lo, usando de atividade e prudência" (*RF*, *134*:172).

"Salvo circunstâncias excepcionais, é a derrapagem atestado de imperícia ou de imprudência do motorista" (*JTACSP*, 3:66).

"Derrapagem em asfalto molhado – Fato previsível" (*JTACSP*, 8:281, n. 316).

"Apesar da torrencial jurisprudência no sentido dos acórdãos supratranscritos, existem alguns em sentido contrário:

A derrapagem de um veículo nem sempre é previsível. E havendo sido determinada pelo estado liso e escorregadio da pista, sem que para a mesma concorresse, com qualquer parcela de culpa, o acusado, impõe-se sua absolvição do delito de lesões corporais" (*RT*, *340*:262).

"Não obra com imprudência nem com imperícia o motorista que, desviando o veículo do obstáculo, em razão do mau estado da via pública, provoca derrapagem e consequente choque com poste de iluminação, do qual resultam pequenos ferimentos ao companheiro de viagem" (*RF*, *209*:347).

Deve ser lembrado que os dois acórdãos divergentes da jurisprudência dominante foram prolatados em processos criminais. No cível, porém, *et levissima culpa venit...*

Senão, vejamos:

"Acidente de trânsito – Derrapagem – Responsabilidade do motorista configurada, uma vez previsível o evento, dadas as circunstâncias de local, pista molhada e velocidade imprimida.

A derrapagem é fato previsível, notadamente quando, como no caso, as circunstâncias do local e o clima reinante são propícios ao acontecimento. A velocidade a ser imprimida deve ser compatível com a situação" (*JTACSP*, Revista dos Tribunais, *118*:150).

"Acidente de trânsito – Motorista que, em pista adversa, por força de derrapagem, invade a contramão de direção, colidindo com veículo que trafegava em sentido contrário – Fato previsível – Caso fortuito e força maior não caracterizados – Indenização devida" (*RT, 662*:111).

"A derrapagem não é fato imprevisível e deflui de fatores de inteiro conhecimento do motorista, condições da pista, velocidade, peso do veículo, estado dos pneus, sendo à evidência atestado da própria imprudência" (1º TACSP, Ap. 330.051, 5ª Câm., j. 12-9-1984, rel. Ruy Camilo).

"A derrapagem de um automóvel não é um fato imprevisível provocado apenas pelo estado do solo; a velocidade e a direção que o veículo recebe constituem fatores desse evento, e é possível o motorista evitá-lo, usando de atividade e prudência" (1º TACSP, Ap. 326.672, 1ª Câm., j. 10-6-1984, rel. Orlando Gandolfo).

"Acidente de trânsito – Motorista que, dirigindo veículo num dia de chuva intensa, deixa-se levar pelo fenômeno da aquaplanagem, colidindo com veículo que trafegava em sentido contrário, resultando a morte da mãe das vítimas – Culpa caracterizada por tratar-se de fato previsível em tal situação – Verba devida aos sobreviventes do infortúnio" (*RT, 769*:365).

"Acidente de trânsito – Descontrole de automóvel em virtude da falta de aderência ao solo, por deparar com a presença de substância que se misturou à água da chuva – Constatação de omissão por parte do DER, a quem cabia assegurar a normalidade das condições da pista ou, ao menos, sinalizar o local, para evitar situações de risco – Culpa do serviço demonstrada, a justificar a condenação da autarquia ao ressarcimento dos danos sofridos" (*JTACSP, 176*:214).

35. Dersa

V. DER e *Defeito na pista*, n. 33 e 31, *retro*.

36. Despesas com funeral e sepultura

V. A indenização em caso de homicídio, in Livro II, Título IV, Capítulo II, Seção II, n. 1, *retro*.

A indenização, no caso de homicídio, consiste no pagamento das despesas com o tratamento da vítima, seu funeral e o luto da família, bem como na prestação de alimentos às pessoas a quem o defunto os devia.

Esse rol, constante do art. 948 do Código Civil, é meramente exemplificativo, pois devem ser indenizados todos os prejuízos efetivamente sofridos e comprovados.

Consoante a jurisprudência, as despesas de funeral e luto, como decorrências lógicas do falecimento, devem ser pagas, apurando-se o *quantum* em execução (cf. *RJTJSP, 31*:35).

Naturalmente, se são apresentados comprovantes dessas despesas, o seu montante pode ser fixado desde logo, na sentença. Caso contrário, poderão ser arbitrados em execução de sentença, ou desde logo. Embora algumas decisões (cf. *JTACSP*, *173*:237) exijam a comprovação dessas despesas na fase do conhecimento, nada impede que tal comprovação se faça na fase de execução, onde poderão também ser arbitradas (*RTJ*, *115*:1280-1). Como as despesas de funeral são decorrências lógicas do falecimento, entendemos que, mesmo não comprovadas, podem ser desde logo arbitradas pelo juiz, evitando-se demora na execução do julgado.

V. a jurisprudência:

"Notoriedade de gastos com funeral e luto, decorrente do costume, mais do que se pode documentalmente comprovar: remédios, calmantes, condução extraordinária, lanches fora de casa, telefonemas. Os gastos com funerária são, entre nós, costumeiros. Desnecessária, pois, a exigência de comprovação documental" (1º TACSP, Ap. 323.676, 8ª Câm., j. 21-8-1984, voto vencido em parte, Costa de Oliveira).

"Despesas com o funeral de filho menor – Inexistência de comprovação – Não impugnação de afirmação da ré, comprovada por testemunhas, de ter ajudado no enterro – Improcedência do pedido" (1º TACSP, Ap. 328.949, 1ª Câm. j. 4-9-1984, rel. Orlando Gandolfo).

"As despesas de funeral e sepultura, como decorrências lógicas do falecimento, devem ser pagas, nos termos do art. 1.537 do CC de 1916 (correspondente ao art. 948 do atual) (*RJTJSP*, *31*:35). O fato de a autora, de poucos recursos, não comprovar tais gastos, não é relevante, porque podem ser objeto de arbitramento em execução de sentença, como determinado na sentença" (1º TACSP, Ap. 419.846-3-SP, 6ª Câm., rel. Carlos R. Gonçalves).

"Acidente aéreo – Indenização pelo direito comum – Fixação de pensão – Condenação, ainda, ao jazigo, luto e funeral, a serem comprovadas em liquidação" (*JTACSP*, Revista dos Tribunais, *115*:67).

"Responsabilidade civil – Pensão – Cálculo – Determinação de reembolso das verbas funerárias, desde que, em execução, se prove que foram efetivamente despendidas pela apelante adesiva" (*JTACSP*, Revista dos Tribunais, *115*:232).

37. Desvalorização do veículo

No cômputo da indenização, inclui-se verba de desvalorização do veículo, quando grandemente danificado. "É da experiência comum que os veículos grandemente danificados, em virtude de colisão, sofrem enorme desvalorização, ao ensejo da revenda" (*JTACSP*, *70*:75).

A jurisprudência, no entanto, tem considerado que, "em se tratando de veículos nacionais, a reforma, ainda que de grande vulto, não implica na concessão de verba por desvalorização. Assim é porque o veículo continuará a atender sua finalidade, com a reposição de todas as peças que se fizerem necessárias" (1º TACSP, Ap. 326.451, 2ª Câm., j. 1-8-1984, rel. Wanderley Racy).

Ou, ainda:

"Nega-se a verba de depreciação do veículo se este é de fabricação nacional, sendo possível sua completa recuperação" (TJSP, j. 26-4-1974, rel. Des. Dimas de Almeida, *Boletim Administrativo*, n. 80, Suplemento Jurídico).

"Afasta-se, contudo, a depreciação, pois, tratando-se de veículo de fabricação nacional, as peças são substituídas, mantido o estado anterior ao acidente" (1º TACSP, Ap. 332.685, 7ª Câm., j. 13-11-1984, rel. Marcus Andrade).

"Com a reposição de peças no veículo acidentado, inexiste qualquer desvalorização, porque o reparo é feito de modo a não deixar qualquer sinal de anterior colisão. Somente poder-se-ia admitir a alegada desvalorização se devidamente comprovada através de prova que demonstrasse, de forma indubitável, a perda sofrida pelo autor após os reparos feitos no veículo. Não basta que a testemunha de fls. tenha afirmado que um veículo sofre desvalorização no mercado se sofrer colisão" (1º TACSP, Ap. 326.384, 1ª Câm., j. 12-6-1984, rel. Guimarães e Souza).

"Acidente de trânsito – Veículo grandemente danificado – Concessão de verba relativa à desvalorização – Sentença mantida.

É de ser mantida a verba correspondente à desvalorização do veículo porque os danos foram de grande monta, havendo necessidade até de retirada do eixo traseiro para alinhamento da longarina" (1º TACSP, Ap. 433.154-2-SP, 6ª Câm., rel. Carlos R. Gonçalves).

"Responsabilidade civil – Abalroamento – Desvalorização do automóvel – Consideração no montante da indenização.

Desde que provada a desvalorização do veículo em virtude do acidente, tal circunstância deve ser considerada no montante da indenização" (*RT, 534*:181).

"Acidente de trânsito – Indenização – Verba correspondente à depreciação do veículo – Impossibilidade de sua inclusão, dado que os danos por este sofridos não chegaram a afetá-lo estruturalmente – Recurso parcialmente provido para excluí-la" (*JTACSP*, Revista dos Tribunais, *119*:214).

38. Direito de acrescer

V. Morte de chefe de família, in Livro II, Título IV, Capítulo II, Seção II, n. 1.2, *retro*.

Tem sido reconhecido aos beneficiários da indenização o direito de acrescer. Isto significa que, cessado o direito de um deles, de continuar recebendo a sua quota, na pensão, transfere-se tal direito aos demais, que terão, assim, suas parcelas acrescidas (*RTJ, 79*:142).

Se um dos filhos menores completa, por exemplo, 25 anos, ou se uma filha menor se casa, ou ainda se a viúva se remarida, perdem eles o direito de continuar recebendo a sua parte na pensão. No entanto, continuará ela sendo paga, na integralidade, aos beneficiários remanescentes, aos quais acresce a parte dos excluídos.

Justifica-se perfeitamente tal acréscimo, pois é de presumir que a quota dos que constituíssem família própria seria destinada, pelo *de cujus*, se vivo estivesse, aos que continuassem dele dependendo.

Assim:

"O direito de acrescer entre os beneficiários da pensão merece ser mantido. Trata-se de instituto tradicional em tema de responsabilidade civil, caracterizado pela preservação do caráter alimentar da pensão arbitrada, que deve ser mantida intacta até se esgotar o direito do beneficiário remanescente (CPC, art. 602 [de 1973, sem correspondente no NCPC]; *RT* 293/528, 442/144, 498/69 e 537/52 e *RJTJSP* 67/195)" (1º TACSP, Ap. 316.552, 6ª Câm., j. 6-12-1983, rel. Ernani de Paiva).

"Fixam que, à proporção que cada um dos filhos da vítima for adquirindo capacidade, a respectiva parcela acrescerá às parcelas dos demais, cabendo exclusivamente à viúva, quando todos os filhos forem capazes, e cessando, por completo, se, quando isso ocorrer, ou depois, ela falecer antes da data em que a vítima, se fosse viva, completaria 70 (setenta) anos de idade" (*RJTJSP*, *101*:137; *JTACSP*, Revista dos Tribunais, *119*:195 e 291).

"Por fim, com razão os autores, quando reclamam que, ao completar cada qual a idade em que se torna indevido o pensionamento para o futuro, sua quota parte do pensionamento passe para os demais que ainda não a tenham completado. Se vivos fossem os pais, presumidamente melhor assistiriam os filhos restantes, quando um deles atingisse a idade de autonomia econômica" (*JTACSP*, Revista dos Tribunais, *102*:132).

"Responsabilidade civil – Acidente aéreo – Vítima fatal – Indenização devida aos filhos até atingirem a maioridade, reconhecido o direito de acrescer – Recurso desprovido" (*JTACSP*, Revista dos Tribunais, *116*:173).

39. Direito de preferência

V. Colisão em cruzamento sinalizado, in Livro IV, Título II, n. 16.4, *retro*, e *Colisão em cruzamento não sinalizado*, n. 16.3, *retro*.

40. Dívida de valor

V. A correção monetária, in Livro II, Título IV, Capítulo II, Seção I, n. 5.1, *retro*.

41. Dono do veículo

V. Propriedade do veículo, in Livro IV, Título II, n. 86, *infra*, e *Ilegitimidade (e legitimidade) ativa e passiva "ad causam"*, n. 57 e 58, *infra*.

42. Eixo médio

V. Colisão em cruzamento não sinalizado, n. 16.3, *retro*.

43. Embriaguez

Muitas são as causas dos desastres automobilísticos. Uma das mais frequentes é a embriaguez do motorista.

Com efeito, a euforia etílica reduz a capacidade dos reflexos psicomotores do condutor do veículo, que, assim, deixa de calcular possíveis consequências de atos previsíveis para um homem sóbrio. Por isso, tem-se decidido que uma das infrações mais graves que se possa cometer, em matéria de trânsito automobilístico, pelo perigo que apresenta no tocante à incolumidade pessoal, é a de guiar sob a ação do álcool (*RT, 419*:285). O simples fato de assumir um motorista a direção de seu veículo em estado de embriaguez já caracteriza a culpa de sua parte no acidente de trânsito, mormente se conduz consigo outros passageiros (*RT, 418*:270).

A propósito, afirma Wilson Melo da Silva: "Seja como for, certo é que a embriaguez acentuada, via de regra, sempre se tem revelado como causa primacial de muitos dos acidentes automobilísticos ocorridos no país, razão pela qual tem figurado ela, sempre, como um dos maiores fatores determinantes da responsabilidade civil referentemente aos desastres automobilísticos" (*Da responsabilidade*, cit., p. 412).

Mesmo a "embriaguez ligeira" daquele que se encontra ao volante deve ser considerada das mais perigosas, pela euforia e excesso de confiança que provoca. Por isso, já se decidiu: "Provada a embriaguez de um dos condutores, impõe-se a presunção de que o evento decorreu da culpa deste, não do motorista que se encontrava sóbrio. Caso em que, a essa presunção, somam-se provas contundentes de haver o réu desrespeitado a sinaleira" (TARGS, *Jurisprudência Brasileira*, Curitiba, Ed. Juruá, v. 1, Responsabilidade civil, p. 302).

Lembra Wilson Melo da Silva ainda (*Da responsabilidade*, cit., p. 410) que "tanto na área criminal, como na cível, a embriaguez tem ensejado reais motivos para incontáveis condenações de guiadores de veículos. Isso, aliás, tem levado as autoridades a inúmeras providências, tais como as campanhas impressionistas na TV, num verdadeiro 'alerta' àqueles que soem buscar, por vezes, nos fundos dos copos que esvaziam, aquela consciência, talvez, que já de há muito perderam...".

Uma dessas providências, no Estado de São Paulo, foi a de promulgar lei, ora em vigor, que proíbe a venda de bebidas alcoólicas nos bares e restaurantes situados à margem das estradas estaduais.

Não se deve olvidar, no entanto, que o simples fato de alguém ingerir bebida alcoólica não significa, necessariamente, que esteja embriagado. Vários fatores podem influir para atingir ou não o grau de embriaguez que acarreta excesso de euforia e de confiança e diminuição dos reflexos. Dentre eles, a própria resistência individual, a ingestão de alimentos, o esforço físico etc. Por essa razão é que o exame clínico se mostra às vezes mais eficiente do que o de dosagem alcoólica no sangue. Já se decidiu, inclusive, na esfera penal, que:

"Entre a prova pericial, concluindo que pela porcentagem de álcool verificada no sangue do acusado se achava ele em estado de embriaguez, e a prova testemunhal, afirmando não estar o mesmo alcoolizado, deve esta prevalecer, para o fim de ser aquele absolvido" (*RT, 252*:376).

A realidade é que, para a configuração da responsabilidade civil, não basta a comprovação, por si só, do estado etílico do motorista, sendo necessária a induvidosa conduta culposa, ocasionadora do acidente.

A Lei n. 11.705, de 19 de junho de 2008, conhecida como "Lei Seca", alterou dispositivos do Código de Trânsito Brasileiro (Lei n. 9.503, de 23-9-1997), "com a finalidade de estabelecer alcoolemia 0 (zero)", determinando ainda aos estabelecimentos que oferecem ou vendem bebidas alcoólicas que coloquem no recinto "aviso de que constitui crime dirigir sob a influência do álcool" (objetivos essencialmente educativos), bem como com a finalidade de "impor penalidades mais severas para o condutor que dirigir sob a influência do álcool" (objetivo punitivo).

Posteriormente, foram editadas as Leis n. 12.760, de 20 de dezembro de 2012, e n. 13.281, de 4 de maio de 2016, que acabaram por complementar e modificar as normativas atinentes à embriaguez ao volante.

As referidas leis modificam os arts. 165, 276, 277, 291, 296 e 306 do Código de Trânsito Brasileiro, bem como incluem o art. 165-A, central ao debate. O mencionado art. 165, com a redação dada pela Lei n. 11.275, de 7 de fevereiro de 2006, já previa pena administrativa, consistente em multa pecuniária quintuplicada, por infração gravíssima, a quem dirigir "sob a influência de álcool ou de qualquer substância entorpecente ou que determine dependência física ou psíquica". De acordo com a redação dada pela Lei n. 13.281/2016, o dispositivo em apreço considera gravíssima a infração se a direção de veículo se der "sob a influência de álcool ou de qualquer outra substância psicoativa que determine dependência", impondo a "multa (dez vezes) e suspensão do direito de dirigir por 12 (doze) meses", bem como a medida administrativa de "retenção do veículo até a apresentação de condutor habilitado e recolhimento do documento de habilitação". Ademais, fixa-se a penalidade de forma dobrada na hipótese de reincidência no interregno de 12 meses (parágrafo único).

Por sua vez, o art. 306, na redação dada pela Lei n. 13.281/2016, impõe pena de detenção, de seis meses a três anos, além de multa e suspensão ou proibição de se obter a permissão ou a habilitação para dirigir veículo automotor, a quem, conforme a nova redação, "conduzir veículo automotor com capacidade psicomotora alterada em razão da influência de álcool ou de outra substância psicoativa que determine dependência". Acrescenta o parágrafo primeiro que "as condutas previstas no *caput* serão constatadas por: I – concentração igual ou superior a 6 decigramas de álcool por litro de sangue ou igual ou superior a 0,3 miligrama de álcool por litro de ar alveolar; ou II – sinais que indiquem, na forma disciplinada pelo Contran, alteração da capacidade psicomotora." Já o parágrafo segundo refere que "a verificação do disposto neste artigo poderá ser obtida mediante teste de alcoolemia ou toxicológico, exame clínico, perícia, vídeo, prova testemunhal ou outros meios de prova em direito admitidos, observado o direito à contraprova".

O art. 276 do Código de Trânsito Brasileiro permitia a concentração de seis decigramas de álcool no sangue. De acordo com a nova redação, qualquer que seja a dosagem estará o infrator sujeito às penalidades do mencionado art. 165. Determinou-se no parágrafo único, todavia, ao órgão do Poder Executivo Federal que discipline "margens de tolerância quando a infração for apurada por meio de aparelho de medição, observada a legislação metrológica".

O art. 277 do aludido diploma obrigava o condutor de veículo automotor que se envolver em acidente de trânsito ou for alvo de fiscalização, sob suspeita de dirigir sob a influência de álcool ou de substância psicoativa, a se submeter aos testes e exames nele descritos. Após diversas redações, foi o dispositivo atualizado pela Lei n. 14.599, de 19 de junho de 2023, nos seguintes termos:

"Art. 277. O condutor de veículo automotor envolvido em sinistro de trânsito ou que for alvo de fiscalização de trânsito poderá ser submetido a teste, exame clínico, perícia ou outro procedimento que, por meios técnicos ou científicos, na forma disciplinada pelo Contran, permita certificar influência de álcool ou outra substância psicoativa que determine dependência.

§ 1º (Revogado).

§ 2º A infração prevista no art. 165 também poderá ser caracterizada mediante imagem, vídeo, constatação de sinais que indiquem, na forma disciplinada pelo Contran, alteração da capacidade psicomotora ou produção de quaisquer outras provas em direito admitidas.

§ 3º Serão aplicadas as penalidades e medidas administrativas estabelecidas no art. 165-A deste Código ao condutor que se recusar a se submeter a qualquer dos procedimentos previstos no caput deste artigo. (Redação dada pela Lei n. 13.281, de 2016)"

Havia enorme debate acerca das situações em que o condutor, ao ser parado em fiscalização da Lei Seca, recusava-se a realizar o teste do etilômetro (bafômetro). Muitas autuações capituladas no art. 165 do CTB foram realizadas apenas com lastro na recusa do condutor a se submeter ao etilômetro, em clara presunção de embriaguez.

Instaurou-se enorme divergência jurisprudencial, eis que muitos magistrados encamparam a tese de que a embriaguez não poderia ser presumida, devendo ser provada, ainda que por outros meios (prova testemunhal, depoimento do agente fiscalizador, sinais de alcoolemia). Tratava-se do direito do condutor de não produzir prova contra si mesmo, cabendo à Administração Pública a prova da infração.

Sob tal prisma, foi criado o art. 165-A, do CTB, pela Lei n. 13.281, de 4 de maio de 2016, nos seguintes termos:

"Art. 165-A. Recusar-se a ser submetido a teste, exame clínico, perícia ou outro procedimento que permita certificar influência de álcool ou outra substância psicoativa, na forma estabelecida pelo art. 277:

Infração – gravíssima;

Penalidade – multa (dez vezes) e suspensão do direito de dirigir por 12 (doze) meses;

Medida administrativa – recolhimento do documento de habilitação e retenção do veículo, observado o disposto no § 4º do art. 270.

Parágrafo único. Aplica-se em dobro a multa prevista no caput em caso de reincidência no período de até 12 (doze) meses".

Logo, criou-se a infração administrativa de recusa ao teste do etilômetro (autuação combinada pelo art. 165-A e art. 277, parágrafo 3º, do CTB), deslocando a conduta autuada da "condução do veículo sob efeito de substância entorpecente" para "recusa a submissão do teste do etilômetro". Retira-se do agente fiscalizador a obrigação de comprovação da embriaguez, bastando o enquadramento do condutor na recusa ao bafômetro.

O debate sobre a constitucionalidade de tais dispositivos aportou ao STF que, em 23-09-2022, através do julgamento do *leading case* RE 1224374/RS, relatoria do Ministro Luiz Fux, decidiu o Tema n. 1.079, fixando a seguinte tese: "Tema 1079 – Constitucionalidade do art. 165-A do Código de Trânsito Brasileiro, incluído pela Lei n. 13.281/2016, o qual estabelece como infração autônoma de trânsito a recusa de condutor de veículo a ser submetido a teste que permita certificar a influência de álcool. Descrição: Recurso extraordinário em que se discute, à luz dos arts. 2º, 5º, *caput* e inc. II, 6º, *caput*, 22, inc. XI, 23, inc. XII, 37, *caput*, e 144, § 10, da Constituição Federal, a constitucionalidade do artigo 165-A do Código de Trânsito Brasileiro (CTB), incluído pela Lei n. 13.281/2016, sobretudo em virtude de direitos e garantias individuais relativos à liberdade de ir e vir, à presunção de inocência, à não autoincriminação, à individualização da pena, aos princípios da razoabilidade e da proporcionalidade, ante a recusa do condutor em realizar teste de alcoolemia, como o do bafômetro (etilômetro). Tese: *Não viola a Constituição a previsão legal de imposição das sanções administrativas ao condutor de veículo automotor que se recuse à realização dos testes, exames clínicos ou perícias voltados a aferir a influência de álcool ou outra substância psicoativa (art. 165-A e art. 277, §§ 2º e 3º, todos do Código de Trânsito Brasileiro, na redação dada pela Lei 13.281/2016)."*

No mesmo sentido, a jurisprudência do STJ:

Processual civil. Pedido de uniformização de lei. Recusa do condutor de veículo automotor na realização do teste do etilômetro. Cabível a aplicação das sanções do art. 165-a do código de trânsito brasileiro.

I – Na origem, trata-se de ação ajuizada contra o Detran/CE objetivando a anulação de infração de trânsito e do processo de suspensão do direito de dirigir c/c repetição de indébito em dobro.

II – Na sentença, julgou-se parcialmente procedente o pedido para declarar a nulidade do Auto de Infração – AIT n. A-1006504, constante dos autos, o que importa em afastar todo e qualquer óbice jurídico-administrativo advindo do ato ora anulado em relação ao promovente, inclusive do Processo de Suspensão do direito de dirigir n. 0962131/2014, com a consequente devolução do pagamento da multa de forma simples com correção e juros de mora. Na Turma Recursal do Estado do Ceará, a sentença foi mantida. Esta Corte julgou procedente o Pedido de Uniformização de Interpretação de Lei, devendo ser reconhecida a legalidade do auto de infração aplicado, com base no art. 277, § 3º, do Código de Trânsito Brasileiro.

III – A jurisprudência do Superior Tribunal de Justiça é firme no sentido de que a recusa do condutor de veículo automotor na realização do teste do etilômetro, ainda que não conste do auto de infração evidenciada a ingestão de bebida alcóolica ou substância psicoativa, cabível a aplicação das sanções do art. 165-A do Código de Trânsito Brasileiro.

IV – A Lei n. 12.153/2009 prevê a uniformização de interpretação de lei para os Juizados Especiais da Fazenda Pública, no âmbito dos Estados, Distrito Federal e Municípios. Os arts. 18 e 19 do referido diploma legal dispõem sobre o cabimento do instrumento processual.

V – Por sua vez, o Regimento Interno do Superior Tribunal de Justiça, sobre o presente pedido, dispõe: "Art. 67. (...) Parágrafo único. O Presidente resolverá, mediante instrução normativa, as dúvidas que se suscitarem na classificação dos feitos e papéis, observando-se as seguintes normas: (...)" VI – A parte requerente insurge-se contra auto de infração lavrado com recusa do condutor a se submeter a qualquer um dos procedimentos previstos no art. 277 do Código de Trânsito Brasileiro.

VII – Alega que o entendimento adotado pela Turma Recursal contraria o entendimento do Superior Tribunal de Justiça e outras Turmas Recursais de outros estados, no sentido de que a simples recusa do condutor a se submeter a qualquer dos procedimentos configura a infração de trânsito prevista no art. 277, § 3º, do Código de Trânsito Brasileiro.

VIII – Em relação ao Pedido de Uniformização de Interpretação de Lei, com razão a autarquia de trânsito estadual requerente.

Confiram-se os seguintes feitos de PUIL, em idêntico sentido: (AgInt nos EDcl no PUIL n. 1.955/DF, rel. Min. Regina Helena Costa, Primeira Seção, j. 16-8-2022, *DJe* 18-8-2022 e AgInt no PUIL n. 1.051/ES, rel. Min. Francisco Falcão, Primeira Seção, j. 25-09-2019,

DJe 30-9-2019 e REsp 1.677.380-RS, rel. Min. Herman Benjamin, 2ª T., j. 10-10-2017, *DJe* 16-10-2017).

IX – Agravo interno improvido.

(AgInt nos EDcl no PUIL 1.955-DF, 1ª Seção, rel. Min. Regina Helena Costa, j. 16-8-2022, *DJe* 18-8-2022).

Processual civil. Administrativo. Agravo interno nos embargos de declaração no pedido de uniformização de interpretação de lei. Código de processo civil de 2015. Aplicabilidade. Código de trânsito brasileiro. Etilômetro ou bafômetro. Recusa em se submeter ao exame. Infração de trânsito. Configuração. Auto de infração. Legalidade. Precedentes. Argumentos insuficientes para desconstituir a decisão atacada. Aplicação de multa. Art. 1.021, § 4º, do código de processo civil de 2015. Descabimento.

I – Consoante o decidido pelo Plenário desta Corte na sessão realizada em 09.03.2016, o regime recursal será determinado pela data da publicação do provimento jurisdicional impugnado. In casu, aplica-se o Código de Processo Civil de 2015.

II – Na interpretação das normas definidoras das infrações de trânsito, notadamente o art. 165 c/c art. 277, § 3º do Código de Trânsito Brasileiro, esta Corte Superior firmou jurisprudência proclamando a legitimidade do entendimento que cominava para a recusa do condutor a se submeter o teste do bafômetro a mesma sanção prevista para a condução sob a influência de álcool.

III – A conduta objeto da autuação, mesmo sendo anterior à edição do art. 165-A do Código Brasileiro de Trânsito, enquadra-se na previsão do art. 277, § 3º, do Código de Trânsito Brasileiro.

III – Não apresentação de argumentos suficientes para desconstituir a decisão recorrida.

IV – Em regra, descabe a imposição da multa, prevista no art. 1.021, § 4º, do Código de Processo Civil de 2015, em razão do mero improvimento do Agravo Interno em votação unânime, sendo necessária a configuração da manifesta inadmissibilidade ou improcedência do recurso a autorizar sua aplicação, o que não ocorreu no caso.

V – Agravo Interno improvido.

(AgInt nos EDcl no PUIL 1.955-DF, rel. Min. Regina Helena Costa, 1ª Seção, j. 16-8-2022, *DJe* 18-8-2022.)

Já o art. 291 manda aplicar, quando se tratar de veículos automotores, aos crimes de trânsito de lesão corporal culposa o disposto nos arts. 74, 76 e 78 da Lei n. 9.009, de 1995. E o art. 296 passa a vigorar com a seguinte redação: "Se o réu for reincidente na prática de crime previsto neste Código, o juiz aplicará a penalidade de suspensão da permissão ou habilitação para dirigir veículo automotor, sem prejuízo das demais sanções penais cabíveis".

Malgrado algumas críticas que têm sido feitas à referida "Lei Seca", especialmente no tocante aos aspectos penais, foi ela editada em resposta ao assustador aumento de acidentes de trânsito, provocado, em grande parte, pela infeliz combinação de álcool e direção de veículos. A embriaguez ao volante é, sem dúvida, como já dito, uma das infrações mais graves que se pode cometer em matéria de trânsito automobilístico, pelo perigo que apresenta no tocante à incolumidade pessoal. Inúmeras são as ações de indenização que tramitam pelo Judiciário, em decorrência de acidentes dessa natureza.

Incumbe ao Poder Público fiscalizar o cumprimento da lei para que a diminuição desses acidentes seja mantida e muitas vidas sejam poupadas.

V. a jurisprudência:

"Acidente de trânsito – Vítima fatal alcoolizada que conduzia veículo em estrada com velocidade excessiva – Abalroamento na parte lateral traseira esquerda de carreta acoplada a caminhão que ingressou sem os devidos cuidados na estrada, vindo de via secundária – Caracterização de culpa concorrente" (*JTACSP, 179*:235).

"Acidente de trânsito – Colisão entre coletivos – Caracterização de culpa da empresa porque seu motorista preposto causador do evento conduzia o ônibus embriagado – Desnecessidade de constituição de capital, pois o artigo 475-Q [do CPC/73, *atual 533*] se aplica quando a indenização por ato ilícito incluir prestação de alimentos e não apenas reparação de danos – Indenizatória procedente – Recurso parcialmente provido" (*JTACSP, 179*:200).

"Acidente de trânsito – Dano moral – Vítima fatal – Colisão em trator da empresa-ré, que encontrava-se corretamente estacionado – Hipótese em que o motorista e as vítimas provinham de "barzinho", além de ter sido encontrada maconha no interior do veículo – Imprudência do filho dos autores caracterizada, em razão da falta de condições para dirigir – Indenizatória improcedente" (*JTACSP, 179*:238).

"Mesmo que admitido o estado etílico, necessária seria a induvidosa ocorrência de conduta culposa, ocasionadora do acidente. Pelo exposto, provê-se a apelação, para julgar improcedente a ação, invertidos os ônus da sucumbência" (1º TACSP, Ap. 329.088, 7ª Câm., j. 189-1984, rel. Marcus Andrade).

"Ínsita a culpa na conduta daquele que dirige veículo em estado de embriaguez e, em virtude disso, dá causa a acidente de trânsito" (*JTACSP, 17*:168).

"Acidente de trânsito – Colisão provocada por motorista embriagado – Condenação no juízo criminal – Pretensão ao reconhecimento da culpa da empregadora e sua contratante – Acolhimento – Responsabilidade solidária das empresas reconhecida" (*JTACSP*, Revista dos Tribunais, *112*:163).

"Acidente de trânsito – Condenação criminal implicitamente conduzente à civil – Presunção da culpa "in eligendo" (entrega de veículo a motorista com pendores alcoólicos, com antecedentes em desatinos no trânsito)" (*JTACSP*, Revista dos Tribunais, *83*:52).

"Acidente de trânsito – Colisão em rodovia provocada por motorista que havia ingerido bebida alcoólica – Culpa deste caracterizada – Indenizatória procedente – Sentença mantida" (1º TACSP, Ap. 440.993/90, Itanhaém, 6ª Câm. Esp., j. 31-7-1990, rel. Augusto Marin).

"É indiscutível que a condução de veículo em estado de embriaguez, por si, representa o descumprimento do dever de cuidado e de segurança no trânsito, na medida em que o consumo de álcool compromete as faculdades psicomotoras, com significativa diminuição dos reflexos; enseja a perda de autocrítica, o que faz com que o condutor subestime os riscos ou os ignore completamente; promove alterações na percepção da realidade; enseja déficit de atenção; afeta os processos sensoriais; prejudica o julgamento e o tempo das tomadas de decisão; entre outros efeitos que inviabilizam a condução de veículo automotor de forma segura, trazendo riscos, não apenas a si, mas, também aos demais agentes que atuam no trânsito, notadamente aos pedestres, que, por determinação legal (§ 2º do art. 29 do CTB), merece maior proteção e cuidado dos demais" (STJ, REsp 1.749.954-RO, 3ª T., rel. Min. Marco Aurélio Bellizze, *DJe* 15-3-2019).

44. Engavetamento

V. Colisão múltipla (engavetamento), in Livro IV, Título II, *retro*, n. 16.7.

45. Estacionamento irregular

V. in Livro IV, Título II, *Colisão com veículo estacionado irregularmente*, n. 16.1, *retro*, e *Culpa contra a legalidade*, n. 27.1, *retro*.

46. Estacionamento regular

V. Colisão com veículo estacionado regularmente, in Livro IV, Título II, n. 16.2, *retro*.

47. Estado de necessidade

V. O estado de necessidade e *O fato de terceiro*, in Livro III, n. 1 e 4, *retro*.

48. Faixa de pedestres

V. Atropelamento, n. 8, *retro*.

A respeito das faixas de preferência para a passagem de pedestres, ordena o art. 178, XI, do Regulamento do Código Nacional de Trânsito: "Dar preferência de passagem aos pedestres que estiverem atravessando a via transversal na qual vai entrar, aos que ainda não hajam concluído a travessia, quando houver mudança de sinal, e aos que se encontrem nas faixas a eles destinadas, onde não houver sinalização".

Observa-se que a preferência deve ser concedida aos pedestres não só quando o semáforo lhes for favorável, como também quando houver mudança e a travessia ainda não estiver concluída. A mesma preferência deve ser observada nos locais não dotados de semáforos. Nestes, se o pedestre estiver atravessando a rua pela faixa de segurança, o motorista é obrigado a parar o veículo e aguardar que a pista fique livre.

Trata-se de dispositivo importante e que, infelizmente, não é respeitado por todos, no Brasil, constituindo-se mesmo tal desrespeito causa de incontáveis atropelamentos ocorridos nos grandes centros. Tal fato já não ocorre nos países europeus, que respeitam sempre o pedestre. Em alguns países, como por exemplo a Inglaterra, se o pedestre colocar um dos pés na pista, para iniciar a travessia, todos os veículos estancam imediatamente e aguardam a sua conclusão.

A faixa exclusiva de pedestres deve ser respeitada não só pelos motoristas como também pelos pedestres.

Devem os primeiros, quando do fechamento do semáforo, estancar os veículos antes da faixa, sem invadi-la. Aberto o sinal, devem aguardar que os pedestres, que já a iniciaram, concluam a travessia da via pública. Como decidiu o colendo Superior Tribunal de Justiça:

"Se a vítima – menor de 15 anos de idade – começara a atravessar a pista sinalizada por semáforo e estando o veículo parado aguardando a sua vez, age imprudentemente o motorista que movimenta a máquina antes que a pedestre concluísse a travessia, provocando-lhe a morte" (REsp 2.759-RJ, 5ª T., j. 18-6-1990, rel. Min. Costa Lima, *DJU*, 6 ago. 1990, p. 7347, Seção I, ementa).

Também o extinto 1º Tribunal de Alçada Civil de São Paulo decidiu:

"Atropelamento – Pedestre atingido quando atravessava a via na faixa de segurança respectiva – Preferência absoluta do pedestre – Culpa por imprudência reconhecida – Indenizatória procedente" (1º TACSP, Ap. 431.331/90-SP, 3ª Câm. Esp., j. 17-1-1990, rel. Mendes de Freitas).

Os pedestres, por sua vez, não devem efetuar a travessia das ruas ou avenidas fora da faixa de segurança. Constitui imprudência da vítima, a descaracterizar, muitas vezes, a culpa do motorista, ou a configurar culpa concorrente, a travessia fora da aludida faixa, sem as devidas cautelas. Decidiu, com efeito, esta última Corte que o acidente ocorreu em virtude de "culpa exclusiva da vítima, que assumiu completamente o risco da travessia da rua, sem tomar qualquer cautela, fazendo-o fora da faixa de pedestres, próximo a cruzamento onde se encontra localizado um farol". No caso em julgamento ainda acrescia a circunstância de existirem placas, nas proximidades do evento, indicativas de que a travessia de pedestres só podia ser feita pela faixa apropriada, sendo as pistas da avenida separadas por canteiro central, onde se encontram piquetes utilizados para o suporte de correntes obstaculizando a travessia de pedestres fora da faixa apropriada, existente junto ao semáforo (Ap. 321.812, 7ª Câm., j. 27-111984, rel. Régis de Oliveira).

A travessia pela faixa exclusiva deve ser feita, também, no momento adequado, isto é, quando o sinal estiver aberto para os pedestres. Já se decidiu, por isso, que "O simples fato de estar a vítima sobre a faixa de pedestres absolutamente não significa que culpado fora o motorista da ré: desde o boletim de ocorrência lavrado por ocasião do acidente já se noticiava que o sinal no cruzamento estava favorável ao ônibus, com a vítima saindo de trás de um coletivo que trafegava em sentido inverso e tentando atravessar a rua correndo". Conclui-se, assim, que, "não obstante o lamentável ocorrido, os elementos dos autos só conduziam ao decreto de improcedência" (1º TACSP, Ap. 320.579, 1ª Câm., j. 21-2-1984, rel. Pinto de Sampaio).

O Código de Trânsito Brasileiro impôs uma série de cuidados e regras a serem observados não só pelos condutores como também pelos pedestres, nos arts. 68 a 71, devendo estes, para cruzar a pista de rolamento, tomar precauções de segurança (art. 69), devidamente especificadas, como certificarem-se, antes, "de que podem fazê-lo sem obstruir o trânsito de veículos". É de destacar, também, o art. 70, que assim dispõe:

"Art. 70. Os pedestres que estiverem atravessando a via sobre as faixas delimitadas para esse fim terão prioridade de passagem, exceto nos locais com sinalização semafórica, onde deverão ser respeitadas as disposições deste Código.

Parágrafo único. Nos locais em que houver sinalização semafórica de controle de passagem será dada preferência aos pedestres que não tenham concluído a travessia, mesmo em caso de mudança do semáforo liberando a passagem dos veículos".

Por outro lado, no Capítulo XV, sob o título "Das Infrações", o Código de Trânsito Brasileiro prevê a imposição de penas privativas de liberdade, penas pecuniárias e de interdição temporária de direitos nos seguintes casos, que guardam relação com o assunto tratado neste item:

"Art. 214. Deixar de dar preferência de passagem a pedestre e a veículo não motorizado:

I – que se encontre na faixa a ele destinada;

II – que não haja concluído a travessia mesmo que ocorra sinal verde para o veículo;

III – portadores de deficiência física, crianças, idosos e gestantes;

IV – quando houver iniciado a travessia mesmo que não haja sinalização a ele destinada;

V – que esteja atravessando a via transversal para onde se dirige o veículo".

Inovando, o Código de Trânsito Brasileiro prevê, também, penalidade administrativa (multa pecuniária) nas hipóteses mencionadas no art. 254, que prescreve:

"Art. 254. É proibido ao pedestre:

I – permanecer ou andar nas pistas de rolamento, exceto para cruzá-las onde for permitido;

II – cruzar pistas de rolamento nos viadutos, pontes, ou túneis, salvo onde exista permissão;

III – atravessar a via dentro das áreas de cruzamento, salvo quando houver sinalização para esse fim;

IV – utilizar-se da via em agrupamentos capazes de perturbar o trânsito, ou para a prática de qualquer folguedo, esporte, desfiles e similares, salvo em casos especiais e com a devida licença da autoridade competente;

V – andar fora da faixa própria, passarela, passagem aérea ou subterrânea;

VI – desobedecer à sinalização de trânsito específica".

49. Falha mecânica

V. Caso fortuito e força maior, in Livro III, n. 5, *retro*.

50. Falta de habilitação legal

V. Culpa contra a legalidade, *retro*, n. 27.1.

Dirigir veículos, sem possuir habilitação legal, não induz, por si só, culpa, justificando apenas a aplicação de penalidades administrativa e penal (no último caso, se for gerado perigo de dano, conforme os arts. 162 e 309 do Código de Trânsito Brasileiro).

A responsabilidade civil, no entanto, depende de prova, a ser produzida pelo autor, de conduta culposa do réu. Se aquele que não possui habilitação legal, mas possui habilitação de fato, dirigia corretamente, o acidente somente pode ser atribuído a outros fatores, como a culpa da vítima, o caso fortuito etc., não se podendo condená-lo à reparação de dano pelo simples fato de não possuir habilitação legal. Confira-se:

"Ausência de habilitação, por si só, não evidencia falta de prudência ('Julgados' 70/79)" (1º TACSP, Ap. 327.765, 8ª Câm., j. 13-11-1984, rel. Carlos de Carvalho).

"Ação indenizatória. Responsabilidade civil. Acidente de trânsito. Condução do veículo pela vítima com habilitação vencida. Nexo causal em relação ao evento danoso. Não comprovação. Culpa concorrente da vítima. Ausência. O propósito recursal é decidir se, na hipótese em julgamento, a condução do veículo, pela vítima, com a carteira nacional de habilitação vencida, consiste em concausa do acidente de trânsito, a justificar a sua culpa concorrente. Nos termos do art. 945 do CC, para a configuração de culpa concorrente, exige-se a comprovação (I) de uma conduta culposa (imprudente, negligente ou imperita) praticada pela vítima; e (II)do nexo de causalidade entre essa conduta e o evento danoso. Segundo a jurisprudência desta Corte, a ausência de carteira de habilitação da vítima não acarreta, por si 1. A conclusão das instâncias ordinárias pela culpa concorrente no acidente automobilístico é imune ao crivo do recurso especial, a teor do Enunciado n. 7 da Súmula desta Casa. 2. A ausência de habilitação para dirigir veículo automotor não é causa, por si só, para atribuir ao condutor inabilitado culpa exclusiva pelo acidente. Precedentes. 3. Agravo interno a que se nega provimento (AgInt no AREsp 533.002-PE, 4ª T., rel. Min. Maria Isabel Gallotti, j. 9-5-2017, *DJe* 17-5-2017).

51. Força maior

V. Caso fortuito e força maior, in Livro III, n. 5, *retro*.

52. Freios (defeito)

V. Caso fortuito e força maior, in Livro III, n. 5, *retro*.

53. Frenagem repentina

V. Colisão na traseira, in Livro IV, Título II, n. 16.8, *retro*.

54. Guarda da coisa

V. Da responsabilidade na guarda da coisa inanimada, in Livro II, Título I, Capítulo I (Responsabilidade extracontratual), Seção III, n. 1, *retro*.

55. Guincho

A reparação do dano deve ser a mais completa possível. Indenizar significa reparar o dano causado à vítima, integralmente. O dano, em toda a sua extensão, há de abranger aquilo que efetivamente se perdeu e aquilo que se deixou de lucrar: o dano emergente e o lucro cessante.

Destarte, todas as despesas da vítima, decorrentes do acidente automobilístico, devem ser-lhe ressarcidas, inclusive as de transporte do veículo ao local onde irá receber os necessários reparos.

Nesse sentido a jurisprudência:

"Direito do apelante de pleitear a verba relativa ao transporte do veículo para a Capital reconhecido.

Com efeito, residindo nesta Capital, justifica-se o transporte do veículo para a cidade onde tem seu domicílio, pois terá meios mais eficazes de fiscalizar os reparos. Caso contrário, teria que deslocar-se para a cidade de Santos e eventualmente teria até maiores dispêndios" (1º TACSP, Ap. 320.123, 8ª Câm., j. 20-3-1984, rel. Scarance Fernandes).

"Acidente de trânsito – Verba relativa a despesa de guincho comprovada por documento – Ressarcimento devido, pouco importando houvesse o veículo sido transportado para outro local às expensas da ré – Pagamento da referida verba pelo autor, quando o veículo foi guinchado até a oficina onde foi reparado" (1º TACSP, Ap. 328.659, 8ª Câm., j. 2-10-1984, rel. Roberto Rubens).

56. Honorários advocatícios

V. *O cálculo da verba honorária*, in Livro II, Título IV, Capítulo II, Seção I, n. 5.6, *retro*.

57. Ilegitimidade (e legitimidade) ativa *ad causam*

V. *Pessoas que podem exigir a reparação do dano*, in Livro II, Título IV, Capítulo I, n. 4, *retro*.

A legitimidade *ad causam* constitui uma das condições da ação e, por isso, pode ser apreciada de ofício, em qualquer tempo e grau de jurisdição.

Tem-se, com efeito, decidido:

"O art. 267, § 3º, do CPC [de 1973, atual art. 485, § 3º] admite que o juiz, de ofício, em qualquer tempo e grau de jurisdição, enquanto não proferida a sentença de mérito, aprecie as condições de admissibilidade da ação, indicadas no art. 267, VI, do mesmo Código [atual art. 485, VI]. Mas esta norma é circunscrita, de regra, aos recursos ordinários" (*RTJ, 105*:267).

"Proposta a questão sobre a ilegitimidade de parte, não pode o Tribunal eximir-se de apreciá-la, sob alegação de preclusão, sendo-lhe mesmo possível apreciá-la de ofício" (*RTJ, 112*:1404).

"Ilegitimidade *'ad causam'* – Preclusão – Art. 267, § 3º, do CPC [de 1973, atual art. 485, § 3º] – Conhecimento obrigatório, não podendo o Tribunal eximir-se sob a alegação de preclusão, sendo possível apreciá-la de ofício – Conclusão n. 9 do VI Encontro dos Tribunais de Alçada" (1º TACSP, Ap. 431.059/90-SP, 3ª Câm. Esp., j. 10-1-1990, rel. Carlos R. Gonçalves).

A Conclusão n. 9, aprovada no VI ENTA, está assim redigida: "Em se tratando de condições da ação, não ocorre preclusão, mesmo existindo explícita decisão a respeito (CPC, art. 267, § 3º)".

O assunto em epígrafe foi desenvolvido no capítulo referente ao "Dano", especificamente no item sob o título *Pessoas que podem exigir a reparação do dano*, *retro*, n. 4, ao qual remetemos o leitor.

Jurisprudência

- "Acidente de trânsito – Pensão – Dano material – Morte de filho menor que vivia com a mãe divorciada, não prestando qualquer auxílio material ao pai – Ajuizamento de indenizatória pelo pai da vítima – Ilegitimidade ativa reconhecida – Carência decretada" (*JTACSP*, Revista dos Tribunais, *112*:150).

- "Acidente de trânsito – Legitimidade ativa – Certificado de propriedade expedido após o evento – Irrelevância, por não ser a única prova de domínio – Recurso desprovido" (*JTACSP*, Revista dos Tribunais, *109*:111).

- "Acidente de trânsito – Morte – Indenizatória ajuizada pelo espólio – Necessidade da propositura por parte daqueles que sofreram prejuízo pessoal, em nome próprio – Ilegitimidade ativa 'ad causam' reconhecida – Carência decretada" (*JTACSP*, Revista dos Tribunais, *109*:108).

- "Acidente de trânsito – Indenização – Ajuizamento pelo representante do Ministério Público – Art. 68 do Código do Processo Penal, art. 128 da Constituição Federal – Possibilidade em favor de necessitados – Recursos desprovidos" (1º TACSP, AgI 444.726/90, Piracicaba, 5ª Câm., j. 29-8-1990, rel. Alberto Tedesco).

- "Acidente de trânsito – Concubinato – Pensão mensal – Verba devida enquanto a concubina não se casar ou constituir nova união familiar estável – Art. 226, § 3º, da CF/88 – Embargos de declaração recebidos para esse fim" (*JTACSP*, Revista dos Tribunais, *117*:143).

- "Acidente de trânsito – Atropelamento seguido de morte – Indenizatória ajuizada por concubina – Ausência de aspecto alimentar – Legitimidade 'ad causam' reconhecida" (*JTACSP*, Revista dos Tribunais, *110*:207).

- "Acidente de trânsito – Demanda ajuizada pelo cônjuge-varão – Pretensão ao ressarcimento das despesas médico-hospitalares e odontológicas – Exibição de recibos em nome dos filhos – Despesas, porém, suportadas pelo autor – Indenizatória procedente" (1º TACSP, Ap. 428.751/90, 3ª Câm. Esp., j. 24-1-1990, rel. Carlos R. Gonçalves).

- "Acidente de trânsito – Atropelamento seguido de morte – Indenizatória ajuizada por supostos filhos, fundada na filiação – Ausência de prova pré-constituída – Ilegitimidade 'ad causam' reconhecida" (*JTACSP*, Revista dos Tribunais, *110*:207).

- "Acidente de trânsito – Ação de reparação de danos – Legitimado ativo para propô-la será aquele que foi ofendido pelo ato ilícito praticado pelo réu, seja o proprietário ou não do veículo; deverá ser, no entanto, a vítima que sofreu o prejuízo, tanto que a ação é de reparação de dano causado em acidente dessa natureza" (1º TACSP, Ap. 333.567, 7ª Câm., j. 27-11-1984, rel. Luiz de Azevedo). *V.*, ainda, no mesmo sentido: *RT*, *574*:139; *JTACSP*, Revista dos Tribunais, *85*:10, *98*:147.

- "Acidente de trânsito – Alegação de ilegitimidade de parte porque em nome do marido um dos certificados de propriedade, a despeito de ser mulher a condutora do automóvel sinistrado, repelida. Basta assinalar que quem se encontra na condição de motorista é porque tem a guarda da coisa e, em decorrência, deve restituí-la íntegra a quem a confiou, donde o legítimo interesse em obter ressarcimento a eventuais danos provocados por outrem" (1º TACSP, Ap. 326.552, 7ª Câm., j. 12-6-1984, rel. Roberto Stuchi).

- "Acidente de trânsito – Legitimidade 'ad causam' – Ação proposta por arrendatário do veículo – Admissibilidade. A regra do art. 159 do CC (de 1916; 186 do atual) não distingue, entre os que sofram danos, o proprietário legítimo do possuidor ou mero detentor. Assim, o arrendatário de veículo em razão de contrato de arrendamento mercantil ('leasing') está legitimado a pleitear reparação dos danos causados por terceiro, pois tem a obrigação de zelar pela coisa arrendada e de devolvê-la em condições de uso" (*RT*, *651*:104).
- "Danos em veículo. Indenização. Legítimo interesse. Tem legítimo interesse para pleitear indenização a pessoa que detinha a posse do veículo sinistrado, independentemente de título de propriedade" (STF, REsp 5.130-SP, 3ª T., j. 8-4-1991, rel. Min. Dias Trindade, *DJU*, 6 maio 1991, n. 85, p. 5663).

58. Ilegitimidade (e legitimidade) passiva *ad causam*

Como já tivemos a oportunidade de frisar, responsável pelo pagamento da indenização é todo aquele que, por ação ou omissão voluntária, negligência ou imprudência, haja causado prejuízo a outrem. A responsabilidade é, pois, em princípio individual, consoante se vê do art. 942 do Código Civil.

Há casos, entretanto, em que a pessoa passa a responder não pelo ato próprio, mas pelo ato de terceiro ou pelo fato das coisas ou animais. E pode acontecer, ainda, o concurso de agentes na prática de um ato ilícito, surgindo então a solidariedade dos diversos agentes, definida no art. 942, segunda parte, envolvendo também as pessoas designadas no art. 932, isto é, os pais, tutores, curadores, patrões etc. Há, também, a responsabilidade solidária das pessoas jurídicas de direito privado e de direito público, conforme já tratado no capítulo próprio.

A doutrina moderna tem, também, admitido a responsabilidade solidária do proprietário do veículo e do terceiro que o conduzia e provocou o acidente, com base em teorias que integram a responsabilidade objetiva, como a do guarda da coisa inanimada e a do que exerce atividade perigosa.

Segundo a lição de Arnaldo Rizzardo (*A reparação*, cit., p. 54, n. 6.2), razões de ordem objetiva, ligadas à dificuldade que a vítima frequentemente encontra para receber a indenização do autor direto do dano, fizeram prevalecer a responsabilidade do proprietário do veículo causador do acidente.

Segundo Alvino Lima, estribado na doutrina francesa, "se no domínio das atividades pessoais, o critério preponderante de fixação da responsabilidade reside na culpa, elemento interno que se aprecia em função da liberdade da consciência, e, às vezes, do mérito do autor do dano, no caso de responsabilidade indireta, de responsabilidade pelo fato de outrem, predomina o elemento social, o critério objetivo" (*A responsabilidade civil pelo fato de outrem*, 1. ed., Forense, p. 26-7).

Colhe-se, ainda, do magistério de Arnaldo Rizzardo que o "dever de ressarcir nem sempre se estriba na culpa do proprietário na entrega do veículo ao autor material. Sua atitude poderá estar revestida de todos os cuidados e cautelas aconselhados e impostos pela consciência. Viável que a permissão tenha recaído em pessoa prudente, habilitada e experiente na direção de carros. Mesmo nestas circunstâncias, a segurança e a tranquilidade social reclamam a sua presença na reparação da lesão advinda com o uso da condução... A conclusão é que os princípios fundamentais reguladores da responsabilidade pelo fato de outrem são os mesmos que regem a responsabilidade indireta, sem culpa, do comitente, do patrão, do pai em relação aos filhos menores, com fundamento no risco. O proprietário responde porque confiou o carro a pessoa sem idoneidade econômica, pois se a tivesse, contra ela ingressaria o lesado (Aguiar Dias, 'Da Responsabilidade Civil', 4. ed., p. 465-6)" (*A reparação*, cit., p. 55, n. 6.3).

Aguiar Dias, em conhecida lição, preceitua: "É iniludível a responsabilidade do dono do veículo que, por seu descuido, permitiu que o carro fosse usado por terceiro. Ainda, porém, que o uso se faça à sua revelia, desde que se trata de pessoa a quem ele permitia o acesso a carro ou ao local em que o guarda, deve o proprietário responder pelos danos resultantes" (*Da responsabilidade*, cit., t. 2, p. 459).

A propósito, veja-se a jurisprudência:

"Responsabilidade civil – Acidente de trânsito – Indenizatória ajuizada contra o proprietário do veículo dirigido por terceiro com seu consentimento – Culpa do condutor caracterizada – Reconhecimento da responsabilidade solidária do proprietário" (*JTACSP*, Revista dos Tribunais, *111*:186).

"O dono do veículo responde sempre pelos atos culposos de terceiros a quem o entregou, seja seu preposto ou não" (*RT*, *381*:124, *450*:99, *505*:112).

Moacyr Amaral Santos, em voto proferido no Supremo Tribunal Federal, observou que a decisão impugnada ateve-se "à inteligência e aplicação do artigo 159 do CC [*de 1916, art. 186 do atual*], alargando os seus horizontes em face da realidade representada pelo mau emprego dos automóveis e instrumentos semelhantes de transporte, inquestionavelmente fontes de perigo nas estradas e vias públicas em geral. Aliás, a inteligência dessa regra de Direito Civil, que não é estendida apenas por Mazeaud e Mazeaud no Direito francês, encontra amparo no Direito português, que é a mais pura fonte do Direito pátrio. Leia-se a propósito Cunha Gonçalves ('Tratado de Direito Civil', 13. ed., brasileira, t. 1, 1975, p. 216): 'é manifesto que a responsabilidade do proprietário do veículo não resulta de culpa alguma, direta ou indireta; não se exige a culpa '*in vigilando*' ou '*in eligendo*', nem a relação de subordinação com que se pretende ficar explicada a solidariedade entre patrão e empregado, preceituado no art. 2.380 deste Código Civil, porque o autor do acidente pode não ser subordinado do proprietário do carro, mas sim cônjuge, filho, amigo, depositário etc. Provada a responsabilidade do condutor e a circunstância de o carro estar em circulação por vontade ou consentimento do seu proprietário fica este necessária e solidariamente responsável, como criador do risco para os seus semelhantes'".

E, mais adiante: "O risco só nasce da circulação do veículo por vontade ativa ou passiva do seu proprietário. É bem claro nesse sentido o art. 120 do Código de Estradas italiano, dizendo: 'o proprietário de veículo é obrigado solidariamente (como causador do dano), salvo se provar que a circulação do veículo se efetuou contra a sua vontade'" (*RTJ*, *58*:907).

JURISPRUDÊNCIA

- "Ilegitimidade '*ad causam*' – Acidente de trânsito – Ajuizamento contra pessoa jurídica – Alegação de dissolução da sociedade – Irrelevância – Ocorrência do evento quando ainda existente a firma – Responsabilidade dos sócios pelos danos, até o limite de suas cotas – Sentença mantida" (1º TACSP, Ap. 439.609/90, Jundiaí, 8ª Câm., j. 4-7-1990, rel. Toledo Silva).

- "Acidente de trânsito – Atropelamento e morte por veículo dirigido por terceiro que não seu proprietário – Existência de elementos probatórios nos autos corroborando as alegações do réu de que não entregou nem autorizou o uso do veículo – Indenizatória improcedente – Recurso provido para esse fim" (1º TACSP, Ap. 429.618/90, Itanhaém, 2ª Câm. Esp., j. 31-11990, rel. Ferraz de Arruda).
- "Acidente de trânsito – Aprendiz de autoescola – Fato ocorrido durante aula prática – Decretação de exclusão da lide, a prosseguir apenas contra o instrutor e a autoescola – Descabimento – Legitimação passiva 'ad causam' reconhecida e decorrente da solidariedade – Recurso provido" (*JTACSP*, Revista dos Tribunais, *112*:200).
- "Responsabilidade civil – Prova de tradição – Ilegitimidade passiva reconhecida. Não constitui fundamento suficiente, a acarretar, para o alienante, a responsabilidade por danos resultantes de acidente de trânsito, a simples omissão do registro da venda do veículo, junto à repartição de trânsito e ao cartório de títulos, quando comprovado que a alienação efetivamente ocorreu antes do acidente e que o motorista do automóvel não era preposto do alienante. Distinta a hipótese dos autos, daquela regida pela Súmula 489, cuja diretriz compreende a responsabilidade perante terceiros de boa-fé, em relação ao próprio contrato de compra e venda e não à responsabilidade civil perante terceiros. Precedentes do STF: RREE 105.817, 102.119, 106.835 e 109.137" (STF, RE 115.065-3-RS, 1ª T., j. 30-6-1988, rel. Min. Octavio Gallotti).
- "Acidente de trânsito – Veículo causador do dano vendido a terceiro, continuando o mesmo registrado em nome do anterior proprietário na repartição de trânsito – Ilegitimidade passiva deste reconhecida. Em tema de responsabilidade civil, a prova da venda (recibo de venda) e a tradição do veículo ao comprador, que o dirigia quando do acidente, excluem o vendedor da relação jurídica e caracterizam a carência da ação contra este" (*RT*, *542*:232; *JTACSP*, Revista dos Tribunais, *94*:222 (STF) e 224).
- "Ilegitimidade 'ad causam' – Acidente de trânsito – Transportadora ré que é apenas proprietária da carreta e não do cavalo mecânico – Carreta que mesmo não tendo direção autônoma e nem mesmo motor próprio destina-se ao tráfego nas vias públicas, estando sujeita às regras de trânsito – Legitimidade passiva da ré – Preliminar afastada" (1º TACSP, Ap. 431.810/90-SP, 5ª Câm., j. 7-3-1990, rel. Maurício Vidigal).
- "Responsabilidade civil – Acidente de trânsito – Reconhecimento da responsabilidade solidária entre a proprietária da carreta e o proprietário do cavalo mecânico – Aplicação de teoria da guarda da coisa inanimada, que presume a responsabilidade do dono da coisa pelos danos que ela venha a causar a terceiros e representa consagração da teoria do risco. O simples fato de ser a proprietária da carreta, que estava sendo manobrada pelo motorista causador do sinistro (já que acoplada ao cavalo mecânico), torna a primeira apelante solidariamente responsável pelo pagamento da indenização" (1º TACSP, Ap. 363.420-SP, 6ª Câm., rel. Carlos R. Gonçalves).
- "Responsabilidade civil – Acidente envolvendo 'cavalo mecânico' e carreta. Não responde o proprietário desta pelos danos causados a terceiros, visto que inexiste vínculo de preposição entre ele e o motorista ou entre ele e o dono do caminhão, não se aplicando o inciso III do artigo 1.521 do Código Civil [*de 1916; art. 932 do atual diploma*]" (STJ, REsp 205.860-SP, 3ª T., rel. Min. Eduardo Ribeiro, j. 27-4-1999).

- *"Acidente de trânsito* – Indenização – Ajuizamento contra a seguradora do veículo causador do dano – Ilegitimidade passiva desta reconhecida – Extinção do processo decretada – Sentença mantida" (1º TACSP, Ap. 421.104/90-SP, 4ª Câm., j. 28-3-1990, rel. José Bedran).

- "A pretensão do recorrente, no sentido de continuar a seguradora no polo passivo da relação processual, improspera: ela apenas mantém vínculo jurídico com o segurado (o réu), não, diretamente, com o autor. Assim, apenas pode figurar no feito como litisdenunciada do réu, como decidiu a sentença; e, não, como corré, solidária" (1º TACSP, Ap. 331.790, 1ª Câm., j. 9-10-1984, rel. Orlando Gandolfo).

- "Veículo confiado a posto de gasolina para lavagem e lubrificação – Apossamento por terceiro que lhe causa danos – Responsabilidade do estabelecimento comercial. Responde o proprietário do posto pelos danos causados a veículo de outrem, que lhe fora confiado para lavagem e lubrificação, se não mantém a vigilância necessária, evitando que estranho dele se aposse, danificando-o" (*RT, 542*:232).

- "Colisão causada por manobrista do condomínio – Entrega do veículo pelo genro do proprietário – Indenizatória ajuizada contra este – Inexistência de culpa pela guarda da coisa – Legitimidade passiva do condomínio – Carência decretada – Sentença mantida" (1º TACSP, Ap. 433.123/90-SP, 5ª Câm., j. 21-3-1990, rel. Marcondes Machado).

- "Colisão provocada por veículo que estava a serviço da firma ré – Legitimidade passiva reconhecida para responder pelos danos provocados – Sentença anulada – Recurso provido para esse fim" (1º TACSP, Ap. 437.939/90, 8ª Câm. Esp., j. 18-7-1990, rel. Pinheiro Franco).

59. Imperícia

Imperícia é a inobservância, por despreparo prático ou insuficiência de conhecimentos técnicos, das cautelas específicas no exercício de uma arte, ofício ou profissão. Não é mais do que uma forma especial de imprudência ou de negligência, pois a voluntariedade se definiria no fato de saber o indivíduo, ou dever saber, do seu despreparo ou inexperiência e, assim mesmo, praticar o ato em que são exigidos certos requisitos.

Costuma-se dizer que o motorista habilitado não é imperito, pois sabe como dirigir veículo, já que prestou exames para isso. Pode ser um displicente, descuidado e, portanto, negligente, o que é outra forma de culpa. Assim, os acidentes envolvendo motoristas habilitados teriam como causa a imprudência ou a negligência destes. Entretanto, tal afirmação constitui meia verdade, pois os exames de habilitação, hoje em dia, limitam-se, na maioria das vezes, a noções teóricas sobre sinalização de trânsito, baliza (estacionamento na via pública) e uma rápida pilotagem do veículo, quase sempre com uma simples volta no quarteirão. Não se exige prática de direção em estradas e em trânsito urbano movimentado. Por essa razão, diariamente são presenciadas manobras que demonstram evidente imperícia de motoristas legalmente habilitados (mas não de fato), principalmente no trânsito das grandes cidades, muitas vezes com consequências danosas a terceiros.

Podem ser mencionados, como alguns exemplos de imperícia no trânsito, os seguintes casos concretos:

– manobra de convergência à direita com veículo de grande porte sem abrir suficientemente o ângulo da curva, ou abrindo-o em demasia, atingindo veículo que estava na faixa contrária;

– motorista que, ao dobrar uma esquina, desgoverna, sobe na calçada e fere gravemente a vítima;

– motorista que, devagar, não vence leve curva e, desgovernado o veículo, bate em árvore no outro lado da rua;

– motorista que perde o controle do veículo e causa acidente, ao efetuar banalíssima manobra consistente em transpor valeta existente em via pública;

– motorista que, por imperícia, sobe na calçada e prensa a vítima contra outro veículo que se encontrava estacionado;

– motorista que reage afoitamente diante de situação nova, porém previsível;

– incapacidade do motorista de manter a aceleração do veículo – o que é objetivo facílimo para motorista razoavelmente hábil – permitindo que o motor deixasse de funcionar sobre leito de ferrovia e sendo colhido pelo trem.

60. Imprudência

A imprudência dos motoristas é, sem dúvida, a maior causa dos acidentes automobilísticos. Constitui omissão das cautelas que a experiência comum de vida recomenda, na prática de um ato ou no uso de determinada coisa. Ou, como diz Manzini, "la omissione di cautele che la comune esperienza della vita insegna di prendere nell'adempimento di alcuni atti e nell'uso di certe cose" (*Trattado di diritto penale italiano*, 1950).

Apresenta-se ela sob as mais diversas formas. Wilson Melo da Silva (*Da responsabilidade*, cit., p. 373 e s.) menciona algumas delas:

– Imprudente se consideraria o motorista que não tivesse sabido prever o descuido ou a imprudência alheia (*RF, 197*:366).

– Age com imprudência o motorista que imprime velocidade ao veículo que conduz, em local de grande aglomeração humana e atropela e mata um menor (*RF, 196*:316).

– Age com imprudência motorista que trafega em velocidade excessiva à frente de hospitais, escolas, estações de embarque e desembarque (*RT, 323*:376).

– Imprudente se mostra o motorista que dirige em velocidade excessiva em logradouros estreitos ou onde haja grande movimento de veículos ou de pedestres e sempre que o caminho não esteja completamente livre (*RF, 195*:316).

– Imprudente e, pois, culpado o motorista que, integrando a corrente do tráfego, descura-se quanto à possibilidade de o veículo que lhe vai à frente ter de parar de inopino, determinando uma colisão (*RT, 411*:145, *575*:118).

– Age com imprudência motorista que cruza via preferencial sem tomar as devidas cautelas, como parar à direita e aguardar que a via fique desimpedida (*RT, 423*:200, *411*:326).

– Imprudente se mostra o motorista que não diminui a marcha ao cruzar um veículo parado, porque detrás dele pode surgir uma pessoa, fato que se verifica diariamente (*RT, 228*:341).

– Age com imprudência motorista que não diminui a velocidade em dados locais e em determinadas circunstâncias, como em curvas fechadas e em locais onde o estado da pista não é bom, por se encontrar escorregadia, molhada ou esburacada, ou em que a visibilidade é dificultada em decorrência de fumaça, neblina, cerração ou bruma baixa (*JTACSP, 21*:325; *RF, 135*:247).

– Imprudência irrecusável do motorista que, vendo o transeunte em via pública desimpedida, não diminui a marcha em seu veículo para facilitar a passagem daquele, limitando-se a buzinar e acabando por atropelá-lo (*RT, 256*:367, *242*:357).

– Age com manifesta imprudência o motorista que efetua manobra em marcha a ré, sem observar as condições de trânsito, pois tal manobra, mesmo em veículos de passeio, por si só é perigosa, exigindo do motorista cautelas excepcionais. Com muito maior razão, em se tratando de veículos de carga (*RT, 363*:202).

– Imprudente se mostra o motorista que não cuida de seu veículo, permitindo os desgastes das lonas das sapatas dos freios, ou sua desregulagem, ou que não cuida da exata calibragem dos pneus, do balanceamento das rodas do carro, das revisões quanto aos amortecedores etc. (*JTACSP*, Revista dos Tribunais, *117*:22).

– Age com imprudência quem dirige em estado de embriaguez ou quem não dá luz baixa ao cruzar, à noite, com outro veículo, provocando ofuscamento (*RT, 350*:412).

– Age com imprudência quem ultrapassa outro veículo, sem observância das cautelas legais e em ocasião desfavorável (*RT, 347*:343, *301*:406).

Imprudente ainda se mostra o motorista que abre a porta de seu veículo, sem atentar ao movimento de veículos que se aproximam, e dá causa a colisão.

Confira-se: "*Acidente de trânsito* – Motorista que abre a porta do automóvel, sem prestar atenção ao fluxo de veículos, vindo a atingir motocicleta – Vítima que exerce labor remunerado – Lucros cessantes devidos" (*RT, 815*:284).

Muitas outras situações poderiam ser lembradas. O rol porém é infindável.

JURISPRUDÊNCIA

- "Acidente de trânsito – Colisão – Evento ocasionado por imprudente ingresso em cruzamento quando o sinal era desfavorável ao réu – Culpa exclusiva reconhecida – Indenizatória procedente" (*JTACSP*, Revista dos Tribunais, *111*:92).

- "Acidente de trânsito – Colisão provocada por motorista embriagado – Imprudência manifesta reconhecida, com condenação no juízo criminal – Indenizatória procedente" (*JTACSP*, Revista dos Tribunais, *112*:163).

- "Acidente de trânsito – Caminhão dirigido por preposto da ré que, ao efetuar manobra de ultrapassagem, invadiu contramão de direção, colhendo motocicleta e causando a morte do motociclista – Alegação de que a invasão da pista contrária se dera para evitar a colisão com terceiro veículo – Ausência de prova – Culpa caracterizada – Indenizatória procedente" (*JTACSP*, Revista dos Tribunais, *115*:132).

- "Atropelamento – Hipótese em que o réu não adotou as necessárias cautelas para evitar o acidente – Ocorrência, outrossim, de evasão do local, o que constitui circunstância adminicular de culpa – Condutor de veículo que, vendo o transeunte na via pública, não diminuiu a velocidade – Indenizatória procedente" (*JTACSP*, Revista dos Tribunais, *116*:62).

- "Atropelamento – Caminhão que, em manobra de marcha a ré sem auxílio de outrem, passa por cima da perna da vítima – Culpa caracterizada. Já está assente na jurisprudência o entendimento de que a manobra de marcha a ré em veículos pesados deve ser executada sempre com o auxílio de ajudante, porque o motorista não tem plena visão do caminho a seguir. Realizar tal manobra sem a cautela indicada constitui grave imprudência, porque o motorista, sem ajuda, não tem condições de prevenir acidente semelhante" (*JTACSP*, Revista dos Tribunais, *118*:132).
- "Imprudência – Acidente causado por motorista que, em noite chuvosa, dirigia com o braço enfaixado e de forma imprudente e negligente, imprimindo ao seu veículo velocidade incompatível com o local e as circunstâncias apontadas, além de tolhido que estava em seus movimentos normais e necessários" (1º TACSP, Ap. 333.702, 4ª Câm., j. 28-11-1984, rel. Reis Kuntz).
- "Imprudência em manobra de retorno – Culpa reconhecida – Indenizatória procedente – Réu que efetua de forma imprudente operação de retorno ('balão'), sem observar a inegável preferência de veículo que transitava pela mesma via e que teve obstruída a sua passagem, provocando acidente pelo qual deve ser responsabilizado" (1º TACSP, Ap. 319.411, 6ª Câm., j. 7-2-1984, rel. Nelson Altemani).
- "Evidenciado que a invasão de via preferencial constitui a causa principal e preponderante do acidente, sobrepõe-se ela a qualquer infração secundária que se pudesse atribuir ao motorista que trafegava nessa preferencial" (*RT, 570*:221).
- "Acidente de trânsito – Mudança de faixa de rolamento, de inopino – Comprovação por laudo policial, não infirmado pela parte – Dever de indenizar" (*RT, 810*:402).

61. Indenização

V. Do dano indenizável, in Livro II, Título IV, Capítulo I, n. 1 a 5, *retro*; *Dano*, n. 29, *retro*; *Apuração dos danos em execução de sentença*, n. 2.2, *retro*; *A responsabilidade civil decorrente de acidente de trabalho*, in Livro II, Título I, Capítulo II, Seção IX, n. 1, *retro*.

62. Juros

V. A incidência dos juros – Juros simples e compostos, in Livro II, Título IV, Capítulo II, Seção I, n. 5.5, *retro*.

63. *Leasing*

V. Responsabilidade em caso de arrendamento mercantil ("leasing"), in Livro II, Título I, Capítulo I (Responsabilidade extracontratual), Seção III, n. 8, *retro*.

64. Legitimidade *ad causam* ativa e passiva

V. Ilegitimidade ativa e passiva "ad causam", n. 57 e 58, *retro*.

65. Lucros cessantes

V. O dano material. Perdas e danos: o dano emergente e o lucro cessante, in Livro II, Título IV, Capítulo II, Seção I, n. 2, *retro*.

66. Mal súbito

V. Caso fortuito e força maior, in Livro III, n. 5, *retro*.

67. Marcha a ré

A manobra em marcha a ré deve ser feita, sempre, com muita cautela, por ensejar evidentes riscos.

Por essa razão, o Código de Trânsito Brasileiro, em seu art. 194, estatui ser proibido a todo condutor de veículo "transitar em marcha a ré, salvo na distância necessária a pequenas manobras e de forma a não causar riscos à segurança".

Ressaltam com propriedade Geraldo de Faria Lemos Pinheiro e Dorival Ribeiro que os tribunais entendem que, para a hipótese, deve-se observar "uma diligência extraordinária, fazendo a manobra em marcha lenta e dando toques regulamentares" (*Doutrina, legislação e jurisprudência do trânsito*, 2. ed., p. 232).

Em princípio, pois, não se concebe a marcha a ré, salvo em trechos curtos, para acomodar o veículo ou retroceder ante um obstáculo. Mas se evidencia a culpa, nesse tipo de manobra, quando feita por mera comodidade do condutor, ou seja, para abreviar caminho, ou em trechos longos, surpreendendo pedestres ou os motoristas de outros veículos.

Pode-se afirmar, sem erro, que a marcha a ré constitui, por si só, manobra perigosa e exige do motorista cautelas excepcionais. É modo de marcha absolutamente anormal, que é empregada por conta e risco do condutor.

Segundo M. Arias-Paz, citado por Geraldo de Faria Lemos e Dorival Ribeiro (*Doutrina*, cit., p. 232), "quando um veículo vai andar para trás, seu condutor comprovará, olhando por ambos os lados, e ainda descendo, se for mister, que não existe veículo parado nem outro obstáculo que o impeça, e que tanto a velocidade dos que se acerquem por trás, como a distância a que se encontram, permitem fazer a manobra sem risco de ser alcançado".

Já está assente na jurisprudência o entendimento de que a manobra de marcha a ré em veículos pesados deve ser executada sempre com o auxílio de ajudante, porque o motorista não tem plena visão do caminho a seguir. Realizar tal manobra sem a cautela indicada constitui grave imprudência, porque o motorista, sem ajuda, não tem condições de prevenir acidente semelhante (*JTACSP, Revista dos Tribunais, 118*:133).

No entanto, o fato de realizar a manobra com o auxílio ou indicação de outra pessoa por si só não exime da responsabilidade o motorista causador de algum acidente com dano a pessoas ou coisas. Com muito acerto declarou, a propósito, Antonio Cammarota (*Responsabilidade extracontratual*, v. 1, p. 302) "que o condutor haja procedido contando com as indicações que faziam os que estavam a pé no lugar, não é circunstância que minore a responsabilidade. Quem demanda indenização das consequências de uma manobra que não foi executada com toda prudência devida, basta provar isto para que a sua ação prospere, sem que possa obstar com a imprudência ou o erro dos que tenham assistido o condutor na manobra, porque este último é tão responsável pelo fato da sua própria iniciativa como do que faz por indicação das pessoas em quem deposita sua confiança ou para quem encomenda o assessoramento indispensável".

JURISPRUDÊNCIA

"Acidente de trânsito – Réu que, para realizar manobra de marcha a ré, não toma as cautelas necessárias, fixando sua atenção nas instruções de um ajudante para a realização do ato – Culpa exclusiva do condutor demonstrada – Indenizatória procedente" (1º TACSP, Ap. 440.474/90-SP, 2ª Câm. Esp., j. 11-7-1990, rel. Rodrigues de Carvalho).

"Acidente de trânsito – Atropelamento ocorrido em virtude de manobra de marcha a ré efetuada por motorista de veículo pesado sem a ajuda externa de outra pessoa – Imprudência reconhecida – Indenizatória procedente" (1º TACSP, Ap. 429.865/90, 3ª Câm. Esp., j. 17-1-1990, rel. Carlos R. Gonçalves).

"Colisão de veículo que sai, em marcha a ré, de vaga ou boxe de estacionamento e colide com outro, que trafegava pela área de circulação da garagem do edifício – Presumida a responsabilidade do condutor do primeiro, pois quem se encontra em vagas ou boxes deve aguardar a passagem dos veículos que trafegam pela área de circulação da garagem, que têm preferência de passagem em relação àqueles" (1º TACSP, Ap. 330.825, 3ª Câm., j. 24-10-1984, rel. Souza Lima).

"Acidente de trânsito – Vítima, menor impúbere, colhida por caminhão que encetava marcha a ré para encostá-lo na calçada – Culpa caracterizada – Indenização devida aos progenitores – Aplicação da Súmula 491 do STF" (1º TACSP, Ap. 429.968/90, 1ª Câm. Esp., j. 8-1-1990, rel. Marcus Andrade).

"Acidente de trânsito – Motorista que, em marcha a ré, trafegando em velocidade imprópria, que fazia roncar alto a transmissão de seu veículo, tenta cobrir a considerável distância de 50 m para aproximar-se da vaga onde pretendia estacionar e colide com veículo que adentrava a pista de rolamento, aonde necessariamente deveria convergir à esquerda – Inusitada e perigosa a manobra para trás, nas condições em que empreendida pela apelante, contra o fluxo do tráfego normal – Culpa reconhecida" (1º TACSP, Ap. 316.919, 5ª Câm., j. 8-2-1984, rel. Furquim Rebouças).

"Acidente de trânsito – Abalroamento por veículo que saía de garagem em marcha a ré – Culpa caracterizada – Indenizatória procedente – Recurso desprovido" (1º TACSP, Ap. 428.366/90, Rio Claro, 2ª Câm. Esp., j. 10-1-1990, rel. Samuel Alves).

"Acidente provocado por motoniveladora da Prefeitura Municipal, manobrada por funcionário em marcha a ré, em serviço de conservação de via pública, atingindo na traseira veículo estacionado junto ao meio-fio – Responsabilidade da Prefeitura – Obrigação de indenizar reconhecida" (1º TACSP, Ap. 324.369, 2ª Câm., j. 6-6-1984, rel. Wanderley Racy).

"Acidente de trânsito – Abalroamento na parte traseira – Alegação de que o autor ingressara abruptamente no leito carroçável, em marcha a ré – Desacolhimento – Inexistência de prova da ocorrência de fato extraordinário que elidisse a culpa dos réus – Indenizatória procedente" (*JTACSP*, Revista dos Tribunais, *119*:214).

68. Menor

V. *A responsabilidade dos menores*, in Livro I, n. 4.2, *retro*; *Responsabilidade dos pais*, in Livro II, Título I, Capítulo I (Responsabilidade extracontratual), Seção II, n. 3, *retro*; *Culpa contra a legalidade*, n. 27.1, *retro*; e *Falta de habilitação legal*, n. 50, *retro*.

69. Motocicleta

O Anexo 1 do Regulamento do Código Nacional de Trânsito definia "motocicleta" como veículo automotor de duas rodas, dirigido por condutor em posição montada.

Já se decidiu que "moto é veículo que deve ser ocupado, no máximo, por duas pessoas" (1º TACSP, Ap. 324.249, 2ª Câm., j. 16-5-1984, rel. Bruno Netto).

Prescreve o art. 54 do Código de Trânsito Brasileiro que os condutores de motocicletas, motonetas e ciclomotores só poderão circular nas vias: a) utilizando capacete de segurança, com viseira ou óculos; b) segurando o guidom com as duas mãos; e c) usando vestuário de proteção, de acordo com as especificações do Contran. Motoneta é veículo automotor de duas rodas, dirigido por condutor em posição sentada. E ciclomotor é veículo de duas ou três rodas, provido de um motor de combustão interna, cuja cilindrada não exceda a cinquenta centímetros cúbicos e cuja velocidade máxima de fabricação não exceda a cinquenta quilômetros por hora.

Dispõe o art. 57 do referido diploma legal que os "*ciclomotores* devem ser conduzidos pela direita da pista de rolamento, preferencialmente no centro da faixa mais à direita ou no bordo direito da pista sempre que não houver acostamento ou faixa própria a eles destinada, proibida a sua circulação nas vias de trânsito rápido e sobre as calçadas das vias urbanas". Acrescenta o parágrafo único: "Quando uma via comportar duas ou mais faixas de trânsito e a da direita for destinada ao uso exclusivo de outro tipo de veículo, os ciclomotores deverão circular pela faixa adjacente à da direita".

Lamenta-se o fato de o art. 56 do Código de Trânsito Brasileiro ter sido vetado pelo Poder Executivo. O referido dispositivo visava trazer um pouco de disciplina à circulação de motocicletas nos grandes centros, proibindo o condutor de passar ou transitar entre veículos de filas adjacentes ou entre a calçada e veículo de fila adjacente a ela.

Como assinalam Geraldo de Faria Lemos Pinheiro e Dorival Ribeiro (*Doutrina*, cit., p. 188), "convencionou-se atualmente que a motocicleta é um veículo 'diferente', que vem ganhando regalias estranhas. E o 'motoqueiro', embora haja grandes e honrosas exceções, está incluído na categoria dos perturbadores da ordem pública, talvez por influência de outros países".

A "lei, entretanto, deve ser cumprida" – aduzem. E prosseguem: "As motocicletas devem andar pela direita da pista, junto à guia da calçada ou acostamento, mantendo-se em fila única, quando em grupo, sempre que não houver faixa especial. Este preceito não só contribui para a boa ordem da circulação como deve ter implicações jurídicas muito importantes nos casos de acidente".

Com efeito, conforme assinalam ainda, "pelo 'princípio da confiança', condutores de outros veículos e pedestres devem admitir que em determinados momentos e em determinados locais não terão pela frente uma motocicleta. Se ocorrer o atropelamento ou a colisão em ponto da via onde a motocicleta não devia estar, é evidente que boa parte da culpa será carregada ao seu condutor".

Tal observação se mostra bastante pertinente, levando-se em consideração que os motoqueiros, em regra, intrometem-se entre as filas de veículos, "costurando" o trânsito, em manobras arriscadas e imprudentes. Em casos de acidentes provocados por essas manobras e por ultrapassagens em posição inadequada e inadmitida, devem arcar com as consequências.

O art. 54 do Código de Trânsito também prevê que os condutores e passageiros de motocicletas, motonetas e similares só poderão utilizar esses veículos usando capacete de segurança.

Entretanto, o descumprimento dessa norma, por si só, não induz culpa. Apenas sujeita o infrator a uma sanção administrativa. Em alguns casos, no entanto, pode constituir concausa do agravamento da lesão física sofrida pelo condutor ou do evento morte. Mas não exime o causador do acidente de qualquer responsabilidade, pois a queda da vítima e os danos por ela sofridos têm por causa a imprudência daquele. Se ficar demonstrado, porém, que a omissão do motociclista, que conduzia a moto sem capacete, contribuiu para o evento letal, tal circunstância importará no eventual reconhecimento da culpa concorrente deste e na redução da indenização pleiteada.

70. Neblina

Segundo a lição de Wilson Melo da Silva, o "motorista que, prejudicada sua visibilidade por excesso de poeira, fumaça, bruma, cerração ou neblina na estrada, não para o seu veículo no acostamento com as luzes de advertência acesas, até que se amainasse o perigo ou que, depois disso, não prosseguisse em marcha cautelosa, faróis de neblina acesos e em velocidade moderada de acordo com as circunstâncias, tornar-se-ia passível de culpa por qualquer acidente que acaso sobreviesse" (*Da responsabilidade*, cit., p. 398, n. 136).

Se a neblina prejudica a visibilidade do motorista, o mínimo que se espera é que reduza sensivelmente a velocidade do veículo e acenda os faróis apropriados, pois a velocidade do automóvel deverá ser regulada de acordo com as circunstâncias do lugar e do momento em que trafegar.

Assim, havendo forte neblina, redobrada deve ser a cautela do motorista (1º TACSP, Ap. 332.004, 5ª Câm. Cív., j. 19-10-1984, rel. Marcondes Machado).

71. Obras na via pública

V. DER, n. 33, *retro*, e *Defeito na pista*, n. 31, *retro*.

72. Obstáculo na via pública

V. Defeito na pista, n. 31, *retro*, e *Ondulações transversais em vias públicas* ("tartarugas"), n. 75, *infra*.

O obstáculo na pista pode, às vezes, estar representado por veículo parado em virtude de algum defeito. Se, em razão de defeito, o condutor for obrigado a estacioná-lo sobre a pista, terá de colocar a devida sinalização, exigida pelo art. 46 do Código de Trânsito: dispositivo de sinalização luminosa (triângulo) ou refletora de emergência, para a colocação a certa distância do veículo.

Não basta ligar o equipamento chamado "pisca-pisca" ou as luzes traseiras, sendo necessária a colocação do triângulo a certa distância do veículo, para proporcionar uma visibilidade mais ampla aos outros motoristas. Assim já decidiu o extinto 1º Tribunal de Alçada Civil de São Paulo: "Acidente de trânsito – Obstrução na pista por caminhão em razão de defeito mecânico, causando a colisão de um ônibus contra outro que havia parado no estacionamento para desviar do obstáculo – Necessidade de sinalização da rodovia pelo motorista do caminhão – Culpa deste caracterizada – Parando sobre a pista da rodovia, sem qualquer sinalização, durante a madrugada, com neblina, o motorista da carreta agiu culposamente, dando causa ao evento, daí decorrendo a responsabilidade da empresa ré" (*JTACSP, 119*:171).

73. Oficina mecânica

V. A responsabilidade dos donos de oficinas mecânicas, in Livro II, Título I, Capítulo II (Responsabilidade contratual), Seção VII, n. 4, *retro*.

74. Ofuscamento

Tem a jurisprudência proclamado que a perturbação visual decorrente do deslumbramento noturno é fato corriqueiro, pelo que não pode o motorista invocá-lo como motivo de irresponsabilidade por acidente consumado por não se ter havido com os cuidados exigidos pela situação.

A incapacidade de impedir ou simplesmente reduzir as consequências de tal deslumbramento retrata verdadeira ausência de habilidade técnica, que caracteriza a imperícia.

Também a doutrina entende desse modo. Wilson Melo da Silva, com efeito, assevera: "Com relação, no entanto, ao uso dos faróis, nem sempre aproveitaria à vítima de um acidente a escusativa do deslumbramento provocado pela excessiva luz do veículo com o qual devesse cruzar" (*Da responsabilidade*, cit., p. 394, n. 135).

Arnaldo Rizzardo, por sua vez, consigna que "o ofuscamento é fato corriqueiro, plenamente previsível e evitável, que a todo motorista deve apresentar-se como normal e perfeitamente controlável. Tal fenômeno é provocado pela luz do sol e pela luminosidade irradiada por outros veículos, que demandam em sentido contrário, à noite. Ao condutor cabe diminuir a velocidade, de modo a manter sob controle o carro, ao enfrentar este obstáculo. As condições necessárias ao que possui habilitação abrangem a capacidade de manter a máquina sob domínio seguro, na pista e mão de direção corretas. Mais que uma justificativa, a alegação de deslumbramento mostra não portar o autor do acidente a perícia exigida para enfrentar um acontecimento frequente e comum nas ruas, avenidas e estradas" (*A reparação*, cit., p. 67, n. 7.4.6).

"La víctima de un posible deslumbramiento", adverte Iturraspe (*Responsabilidad por daños*; parte especial, t. II-B, "Atos Ilícitos", Ed. Ediar, p. 60), citado por Wilson Melo da Silva, "deve frenar en seguida y diminuir su velocidad, adaptándola a la visibilidad de la carretera, y cernirse estrictamente al lado derecho. De no proceder así contribuirá a la producción del resultado dañoso".

Jurisprudência

■ "É fato previsível o deslumbramento do motorista provocado por luz alta de veículo que trafega em sentido contrário" (*JTACSP*, 21:134).

■ "Não pode invocar com êxito irresponsabilidade pelo evento motorista que alega que o desastre noturno em que se envolveu foi ocasionado por perturbação visual decorrente de deslumbramento quando do cruzamento com outro veículo" (*JTACSP*, 9:64).

■ "Acidente de trânsito – Alegação de ofuscamento repelida – Indenizatória procedente. É sabido que o ofuscamento não exclui a culpa, principalmente quando em local iluminado, de ampla visibilidade, onde a luz contrária não chega a impedir a boa visão da pista à frente" (1º TACSP, Ap. 331.847, 8ª Câm., j. 23-10-1984, rel. Raphael Salvador).

■ "O ofuscamento da visão, ocasionado por luz alta de faróis no trânsito noturno em rodovias, não ilide a culpa do motorista que, por esse motivo, perca o controle de direção do veículo que esteja dirigindo, colidindo-o com outro" (*RT*, 381:199).

■ "Acidente de trânsito – Colisão de automóvel em sua contramão de direção com caminhão que por aquela pista trafegava à noite com faróis altos acesos – Fato corriqueiro, plenamente previsível e evitável – Inexistência de impedimento a que o motorista do automóvel dirigisse mais à direita quando cruzou com o outro – Culpa, portanto, caracterizada" (*RT*, 625:110).

75. Ondulações transversais em vias públicas ("tartarugas")

Têm-se multiplicado, abusivamente, as ondulações ou obstáculos de vários tipos em vias públicas, destinados a coibir excessos de velocidade, mas sem nenhuma orientação técnica, tendo em vista que suas dimensões ficam ao arbítrio das autoridades municipais, chegando a afrontar, em muitos casos, o bom senso.

Em consequência, muitos acidentes com elevados prejuízos materiais e pessoais têm por causa a colocação desses calombos transversais nas vias públicas.

Entretanto, é inadmissível a colocação de obstáculos sem qualquer critério e de proporções e formatos os mais díspares, quase sempre representando um mal bem maior do que aquele que visa a coibir.

Dispõe o art. 94, parágrafo único, do Código de Trânsito Brasileiro:

"É proibida a utilização das ondulações transversais e de sonorizadores como redutores de velocidade, salvo em casos especiais definidos pelo órgão ou entidade competente, nos padrões e critérios estabelecidos pelo CONTRAN".

Aduz o art. 334 do aludido diploma legal:

"As ondulações transversais existentes deverão ser homologadas pelo órgão ou entidade competente no prazo de um ano, a partir da publicação deste Código, devendo ser retiradas em caso contrário".

Na realidade, não há propriamente proibição de implantação dessas ondulações, conhecidas como "lombadas", mas sim exigência de que sejam feitas nos padrões determinados pelo Contran. Esse órgão baixou a Resolução n. 39/98, publicada no *DOU* de 22 de maio de 1998, que estabelece os padrões e critérios para a instalação de ondulações transversais e sonorizadores nas vias públicas. Para que sejam homologadas, devem ser construídas com observância da referida Resolução, e sinalizadas corretamente. Se não ocorrer a homologação no prazo concedido, deverão ser retiradas, sob pena de responsabilidade no âmbito civil e penal. De acordo com o art. 16 da referida Resolução, essas normas entraram em vigor 180 dias após a sua publicação, ou seja, em 21 de novembro de 1998.

Destacam-se, da mencionada Resolução n. 39/98, por sua importância, as seguintes normas:

a) a implantação de ondulações transversais e sonorizadores nas vias públicas dependerá de expressa autorização da autoridade de trânsito (art. 1º);

b) a colocação deverá ser precedida de estudo de outras alternativas de engenharia de tráfego (art. 1º);

c) há dois tipos de ondulações transversais, cujas dimensões e locais de instalação encontram-se bem definidas nos arts. 3º a 5º;

d) os sonorizadores também se encontram bem especificados no art. 6º;

e) a instalação somente será considerada adequada quando observar as características da via e do tráfego, bem como for acompanhada da devida sinalização;

f) a sinalização mínima necessária compreende placas de regulamentação limitadoras de velocidade (R-19), placas de advertência "saliência ou lombada" (A-18) e marcas oblíquas ou pintura sobre o obstáculo (art. 9º);

g) a distância mínima entre as ondulações é de 50 metros, em vias urbanas, e de 100 metros em rodovias (§ 1º do art. 12);

h) a ondulação deverá respeitar uma distância mínima de 15 metros do alinhamento do meio-fio da via transversal;

i) no caso de não cumprimento das normas previstas, deverá a ondulação ser imediatamente removida (art. 14).

A responsabilidade civil, por danos causados por tais calombos, chamados também de "tartarugas" (em alguns casos tomam a forma de ondulações e até mesmo de valetas), desde que estejam fora dos parâmetros e condições oficializados, especialmente os atinentes à correta sinalização, é geralmente do Município responsável por sua implantação, podendo ainda ser do Estado ou da União, se a eles se deve a ordem que determinou a implantação.

Trabalho elaborado pelo Instituto Guarulhense de Criminologia recomenda que as decisões judiciais sejam tomadas a partir das seguintes indagações: "1º) O obstáculo está dentro dos padrões fixados pela Resolução?; 2º) A sinalização observa os critérios previstos na mesma Resolução?; 3º) Havia fiscalização (pelo menos um guarda de trânsito) no local, no momento do acidente?".

O extinto 1º Tribunal de Alçada Civil de São Paulo, no julgamento da Apelação n. 410.2296, Pereira Barreto (6ª Câm., rel. Carlos R. Gonçalves), manteve condenação imposta à Municipalidade de Sud Menucci por descumprimento da Resolução do Contran, ao liberar o trânsito no local em que a rodovia adentrava o perímetro urbano, sem ter antes colocado, regularmente, as placas de sinalização de existência de obstáculos, surpreendendo motorista de caminhão que, ao passar sobre eles, perdeu a direção do veículo, vindo a colidir contra poste de iluminação.

76. Ônus da prova

V. Culpa presumida do causador do dano (presunção em favor da vítima), n. 27.2, *retro*.

É de lei que o ônus da prova incumbe a quem alega (CPC/2015, art. 373, I). Ao autor, pois, incumbe a prova, quanto ao fato constitutivo do seu direito; e ao réu, quanto à existência de fato impeditivo, modificativo ou extintivo do direito do autor (inc. II).

A vontade concreta da lei só se afirma em prol de uma das partes se demonstrado ficar que os fatos, de onde promanam os efeitos jurídicos que pretende, são verdadeiros. A necessidade de provar para vencer, diz Wilhelm Kisch, tem o nome de ônus da prova (*Elementos de derecho procesal civil*, 1940, p. 205). Claro está que, não comprovados tais fatos, advirão para o interessado, em lugar da vitória, a sucumbência e o não reconhecimento do direito pleiteado (Frederico Marques, *Instituições de direito processual civil*, Forense, v. 3, p. 379).

Assim, em colisão de veículos em esquina sinalizada, julgada improcedente a ação por não provada a afirmação do autor sobre a inobservância do sinal pelo réu, proclamou-se: "Se o autor não demonstra o fato constitutivo do direito invocado, o réu não pode ser condenado por dedução, ilação ou presunção" (1º TACSP, Ap. 439.741-9, Ribeirão Preto, j. 10-9-1990, rel. Bruno Netto, *Boletim da AASP*, n. 1.675, p. 27).

Conforme já frisamos acima (*Culpa presumida do causador do dano – presunção em favor da vítima*, n. 27.2, *retro*), os tribunais têm examinado com benignidade a prova de culpa produzida pela vítima, extraindo-a de circunstâncias do fato e de outros elementos favoráveis, como a posição em que os veículos se imobilizaram, os sinais de frenagem, a localização dos danos etc.

Outro processo técnico utilizado em prol da vítima foi o estabelecimento de casos de presunção de culpa, como a dos pais, dos patrões, das estradas de ferro, dos que colidem contra a traseira do veículo que lhe vai à frente, dentre outros, com inversão do ônus da prova. A vítima, nesses casos, não tem de provar a culpa subjetiva do agente, que é presumida. O causador da lesão, patrimonial ou moral, terá de produzir prova de culpa da vítima ou de caso fortuito, invertendo-se, assim, o ônus da prova.

Em matéria de responsabilidade civil automobilística o princípio de que ao autor incumbe a prova da culpa não é propriamente derrogado, mas recebe uma significação especial, isto é, sofre uma atenuação progressiva. É que o acidente, em situação normal, conduz a supor-se a culpa do réu. Não se aplica, porém, tal critério em colisões em cruzamentos, com recíprocas imputações de culpa, sendo necessário esclarecer qual dos dois motoristas não respeitou a sinalização ou o direito de preferência do outro.

Bem explícita a lição de Arnaldo Rizzardo: "Embora o art. 333 do Código de Processo Civil [de 1973, atual art. 373] estatua que o ônus da prova incumbe 'ao autor, quanto ao fato constitutivo do seu direito', entrementes, em matéria de acidente de trânsito, dá-se um elastério condizente com a realidade vivida. Porque o encargo probatório é singularmente pesado, não raras vezes a vítima não tem como ver proclamado o seu direito. Remonta desde o direito romano a presunção em benefício da vítima, fundada na 'Lex Aquilia', segundo a qual basta a culpa levíssima para gerar a reparação".

Além disso, prossegue o autor citado, "a culpa aparece visível '*a prima facie*' em fatos evidentes. Revelado o dano, como quando o veículo sai da estrada e atropela uma pessoa, não se questiona a respeito da culpa. É a chamada culpa '*in re ipsa*', pela qual alguns fatos trazem em si o estigma da imprudência, ou da negligência, ou da imperícia. Uma vez demonstrados, surge a presunção do elemento subjetivo, obrigando o autor do mal à reparação" (*A reparação*, cit., p. 95).

Coerentes com esse posicionamento os arestos a seguir transcritos:

"Acidente de trânsito – Colisão com poste que caiu em cima do filho menor do autor causando sua morte – Prova da culpa do motorista – Ônus da prova pertencente ao réu – Aplicação da 'Teoria da Aparência de Culpa' – Indenizatória procedente" (*JTACSP*, Revista dos Tribunais, *111*:60).

"Todas as vezes que as peculiaridades do fato, por sua normalidade, probabilidade e verossimilhança, façam presumir a culpa do réu, invertem-se os papéis e a este compete provar a inocorrência de culpa de sua parte, para ilidir a presunção em favor da vítima" (*RT*, *427*:106, *591*:147).

Jurisprudência

- "Acidente de veículo – Ajuizamento visando ao ressarcimento de danos causados em portão, ocasionado por veículo do réu – Avarias documentadas em produção antecipada de provas mas não comprovada a autoria do réu – Art. 333, I, do CPC – Improcedência" (1º TACSP, Ap. 405.329/90-SP, 7ª Câm., j. 20-2-1990, rel. Marcus Andrade).

- "Colisão em cruzamento dotado de semáforo – Divergência a respeito do sentido de direção da sinalização semafórica – Incumbência do autor da demonstração do fato gerador de seu direito – Art. 333, I, do CPC – Indenizatória improcedente" (1º TACSP, Ap. 432.833/90, São Bernardo do Campo, 7ª Câm., j. 20-3-1990, Rel. Régis de Oliveira).

- À míngua de provas convincentes acerca de cada uma das versões apresentadas no processo, não há como apontar, com segurança, qual dos motoristas avançou o sinal, desrespeitando a preferência conferida ao outro. A solução, em tal contexto, está em considerar não provada satisfatoriamente a culpa do réu (1º TACSP, Ap. 324.700, 6ª Câm., j. 15-5-1984, rel. Ernani de Paiva).

- "Responsabilidade civil do Estado – Ônus da prova da culpa da vítima, para elidir a obrigação de indenizar. A existência de provas conflitantes ou não suficientemente esclarecedoras de qual dos motoristas é o culpado, ao invés de beneficiar o Estado-réu e de conduzir ao pronunciamento do *"non liquet"* e da improcedência da ação, importa no reconhecimento da obrigação de indenizar (desde que provado o dano e a relação de causalidade), por se tratar de responsabilidade presumida" (1º TACSP, Ap. 412.831, Suzano, 6ª Câm., rel. Carlos R. Gonçalves).

- Na esfera civil, a culpa do réu, para fins de responsabilidade civil, sempre mais lata e abrangente do que a criminal, também deve ser comprovada. Ao autor pertence o ônus da prova. Sem prova convincente da culpa, incabível a decretação da responsabilidade civil por danos materiais e pessoais resultantes de acidente de trânsito (1º TACSP, Ap. 329.839, 1ª Câm., j. 11-9-1984, rel. Orlando Gandolfo).

- "*Colisão de veículos* – Via preferencial – Presunção a favor de motorista – Ação de indenização procedente. Presume-se que o motorista que vai pela via preferencial não cometeu infração de trânsito. Cabe ao outro, em caso de colisão, provar que aquele agiu com culpa" (*RT, 546*:105).

- "*Acidente de trânsito* – Veículo colidido em sua parte traseira por motocicleta – Inexistência de impugnação específica dos fatos narrados na inicial – Presunções não elididas pelo réu – Indenizatória procedente – Recurso provido para esse fim" (1º TACSP, Ap. 428.289/90, Franco da Rocha, 3ª Câm. Esp., j. 17-1-1990, rel. Carlos R. Gonçalves).

77. Orçamento

V. Comprovação do dano, n. 29.2, *retro*.

78. Partida de veículo estacionado junto à calçada

Muitos motoristas dão partida em seus veículos estacionados junto à calçada e saem abruptamente, sem observar os veículos que pela rua trafegam, geralmente cortando-lhes a frente, imprudentemente.

É evidente que devem respeitar a preferência dos que transitam no mesmo sentido colimado pelo que vai dar a partida, observando o trânsito e aguardando situação favorável, que lhes permita sair sem obstruir a frente dos outros veículos. Nesse sentido a jurisprudência: "Aquele que trafega pelo leito da via pública tem preferência sobre outro que arranca de sobre a calçada, em demanda da mesma pista" (*RT, 556*:221).

E, ainda: "Acidente de trânsito – Motorista que dá partida ao veículo da calçada em direção ao leito da via pública – Colisão com carro de aluguel que trafegava em situação de absoluta preferência – Indenização devida" (*RT, 593*:153).

79. Pensão

V. A indenização em caso de homicídio, in Livro II, Título IV, Capítulo II, Seção II, n. 1, *retro*, e *A indenização em caso de lesão corporal com inabilitação para o trabalho*, n. 2.3, *retro*, e *Prisão civil do devedor – Natureza da obrigação alimentar*, Seção I, n. 5.3, *retro*.

80. Placa "PARE"

V. Colisão em cruzamento sinalizado, retro, n. 16.4.

81. Pneu

V. Caso fortuito e força maior, in Livro III, n. 5, *retro*.

82. Porta

O condutor, ao sair de um veículo estacionado à direita, deve tomar as devidas cautelas antes de abrir a porta da esquerda, a fim de evitar que esta venha a bater em algum veículo que naquele momento esteja passando. Nesses casos, a responsabilidade recai sobre quem abre a porta, pois, com esse gesto, corta a trajetória do outro veículo, cujo motorista, via de regra, não tem o tempo necessário e suficiente para detê-lo e evitar o impacto.

Da mesma forma deve agir o acompanhante do motorista que sai pela porta direita estando o veículo estacionado à esquerda, em rua de mão única.

Nesses casos, a abertura da porta constitui, em regra, a causa eficiente do acidente, pois se não tivesse sido aberta quando da passagem do outro veículo, tal não ocorreria.

Assim, já decidiu o extinto 1º Tribunal de Alçada Civil de São Paulo:

"Nenhuma culpa se pode imputar ao motorista da ré para responsabilizá-lo pelos danos causados. A imprudência foi exclusiva do autor que, antes de abrir a porta, deve olhar para que a saída do veículo ocorra sem maior problema e apenas ante a segurança absoluta de uma saída segura" (Ap. 334.320, 7ª Câm., j. 11-2-1984, rel. Régis de Oliveira).

Preceitua, a propósito, o Código de Trânsito Brasileiro:

"Art. 49. O condutor e os passageiros não deverão abrir a porta do veículo, deixá-la aberta ou descer do veículo sem antes se certificarem de que isso não constitui perigo para eles e para outros usuários da via.

Parágrafo único. O embarque e o desembarque devem ocorrer sempre do lado da calçada, exceto para o condutor".

83. Preferência de fato

V. Colisão e preferência de fato, n. 16.5, *retro*.

84. Preferência de passagem

V. Colisão em cruzamento sinalizado e *Colisão em cruzamento não sinalizado*, n. 16.4 e 16.3, *retro*.

85. Prescrição

V. A prescrição, in Livro III, n. 7, *retro*.

86. Propriedade do veículo

V. Ilegitimidade (e legitimidade) passiva "ad causam", n. 58, *retro*.

Algumas vezes, o veículo causador do dano está registrado em nome de uma pessoa, mas já foi vendido a outrem, ou a quem o dirigia por ocasião do evento. Tendo havido a tradição, não pode ser responsabilizado aquele vendedor que tem o veículo registrado em seu nome, porque o domínio das coisas móveis se transfere pela tradição (CC, art. 1.267). Mas, não provada esta, prevalece o registro. Confira-se:

"Responsabilidade civil – Acidente de veículo – O registro do veículo no Departamento de Trânsito vale como presunção de propriedade, implicando a transferência do domínio, independentemente de tradição. Tal presunção, porém, pode ser ilidida com prova da venda do veículo a terceiro, acompanhada da sua tradição. Inocorrência de ofensa à Súmula 489" (STF, *RTJ, 84*:929).

"Responsabilidade civil – Colisão de veículos – Carro vendido – Registro no Detran – Presunção '*juris tantum*' – Ilegitimidade passiva – Alegação acolhida.

Na ação de reparação de danos causados em acidente de veículos há ilegitimidade passiva *ad causam* se a propriedade do carro foi transferida a outrem antes do evento danoso, mesmo que estivesse ainda registrado em nome do vendedor no Detran, por ocasião do acidente. A presunção de propriedade do automóvel na repartição competente é *juris tantum*" (*RT, 562*:217).

A Súmula 489 do Supremo Tribunal Federal dispõe: "A compra e venda de automóvel não prevalece contra terceiros, de boa-fé, se o contrato não foi registrado ou transcrito no Registro de Títulos e Documentos".

Com base na referida Súmula e no art. 129 da Lei dos Registros Públicos (Lei n. 6.015/73), que sujeita, no item 7º, a registro, no Registro de Títulos e Documentos, para surtir efeitos em relação a terceiros, "as quitações, recibos e contratos de compra e venda de automóveis...", algumas decisões têm conferido a tal registro presunção absoluta, responsabilizando sempre aquele cujo nome nele figura, ainda que demonstrada a alienação por outros meios de prova. Veja-se:

"Responsabilidade civil – Acidente de trânsito – Veículo cuja propriedade não foi trasladada junto ao Departamento de Trânsito ou registrada no Registro de Títulos e Documentos – Ineficácia da compra e venda contra terceiros – Extinção do processo afastada – Voto vencido" (*JTACSP, 70*:32). No mesmo sentido: *RT, 439*:222.

Ora, o registro determinado no art. 129 da Lei dos Registros Públicos só tem por fim fazer valer o contrato de compra e venda contra terceiros, "o que vale dizer, fazer valer o direito e as obrigações que nele se contêm. E nada mais, nem nada menos. Um dos seus efeitos – no campo do direito das obrigações, está claro – seria, p. ex., o da venda sucessiva do automóvel, com a nulidade da venda ulterior, quando já registrada a anterior. Ou vice-versa. Em tal caso, o adquirente compra a *non domino*. Nenhum sentido teria o registro se o vendedor pudesse fazer novas alienações, locupletando-se com o prejuízo alheio. Mas aqui, no caso concreto destes autos, o campo é outro, é o da responsabilidade civil resultante do equilíbrio violado pelo dano. Tal responsabilidade pressupõe necessariamente a culpa" (*RT, 562*:218 e 219).

Dentro dos postulados da responsabilidade civil, se todo dano é indenizável, está claro que deve ser reparado por quem a ele se liga por um nexo de causalidade. Assim, não faz sentido responder por um ato ilícito quem, pelas leis civis, não é mais proprietário do veículo.

A propósito, ensina Wilson Melo da Silva: "Responsabilizar-se alguém pelos danos ocasionados por intermédio de um veículo só pelo fato de se encontrar o mesmo registrado em seu nome nos assentos da Inspetoria do Trânsito, seria, por vezes, simplista ou, talvez, cômodo. Não justo, em tese. Culpa pressupõe, salvo as exceções legais mencionadas, fato próprio, vontade livre de querer, discernimento. Não seria a circunstância de um só registro, não traduzidor de uma verdade em dado instante, em uma repartição pública, que iria fixar a responsabilidade por um fato alheio à vontade e à ciência do ex-dono do veículo, apenas porque a pessoa que, dele, o adquiriu, não se deu pressa em fazer alterar, na repartição do trânsito, o nome do antigo proprietário, para o seu próprio".

E prossegue, adiante: "A transcrição de um título de aquisição só vale como *conditio sine qua non* da transferência da propriedade, entre nós, quando se trate da propriedade imobiliária. O veículo não é um bem imóvel. A transferência de seu domínio, pois, teria como pressuposto apenas o contrato válido, concertado entre vendedor e comprador, seguido da simples entrega da coisa do antigo ao novo dono".

Assim, conclui: "O registro que se faça no Cartório de Títulos e Documentos do instrumento da avença na espécie teria finalidade outra, qual apenas a de fazer valer *erga omnes* a verdade da alienação que o instrumento materializaria, facilitando a prova da propriedade na hipótese, por exemplo, de alguma penhora judicial ou de dúvidas quanto ao veículo subtraído a seu legítimo dono etc. Nunca, porém, como elemento constitutivo, substancial, ontológico, de cristalização do *jus proprietatis* do adquirente, direito esse que já se efetivara pelo só fato da avença, pura e simples, seguida da tradição da coisa" (*Da responsabilidade*, cit., p. 450-1).

Em consonância com a melhor doutrina, acima exposta, a jurisprudência dominante:

"Responsabilidade civil – Acidente de trânsito – Transferência da propriedade do veículo colidente ainda não registrada na repartição competente – Diligência não atribuída ao vendedor – Impossibilidade de mantê-lo integrado à lide – Decisão mantida" (*JTACSP, 70*:67, *73*:152).

Nessa linha, proclama a Súmula 132 do Superior Tribunal de Justiça:

"A ausência de registro da transferência não implica a responsabilidade do antigo proprietário por dano resultante de acidente que envolva o veículo alienado".

Assim também tem entendido o *Supremo Tribunal Federal*, como se pode verificar no primeiro acórdão transcrito nesta seção, fazendo referência à inocorrência de ofensa à Súmula 489, cujo relator ainda enfatizou:

"Na verdade, é de se admitir, nas presunções *juris tantum*, ser proprietário do veículo aquele em cujo nome está registrado no Departamento de Trânsito. Ilidida, porém, esta presunção, com a prova da venda e da tradição do veículo, não há como conceber sua responsabilidade. Acresce que a mudança do nome no registro do trânsito é providência que cabe ao adquirente, e não tem sentido que o vendedor seja responsabilizado por omissão de comprador" (STF, *RTJ, 84*:929-33).

Veja-se, por último, decisão da 6ª Câmara Civil do Tribunal de Justiça de São Paulo: "Mas, de qualquer forma, para valer contra terceiros, a alienação deveria ser inscrita no Cartório de Títulos e Documentos, até que se formalizasse a transferência do certificado de propriedade; *ou*, quando menos, deveria emergir de prova documental insuscetível de dúvida" (*RT, 522*:912). A disjuntiva *ou* inserida no acórdão indica alternatividade, isto é, a prova documental insuscetível de dúvida vale contra terceiros, na hipótese de alienação do automóvel.

JURISPRUDÊNCIA

- "Responsabilidade civil – Acidente automobilístico – Propriedade do veículo – Admite-se que, além do comprovante de registro no Departamento de Trânsito e do registro do documento de venda no Cartório próprio, outros meios possam ser eficazmente utilizados para demonstrar a compra e venda, com a consequente exoneração de responsabilidade do antigo proprietário do veículo. Hipótese em que as instâncias ordinárias, entretanto, consideraram que a prova por esses outros meios não se fez. Recurso especial não conhecido" (STJ, 3ª T., Rec. 3.379-CE, rel. Min. Eduardo Ribeiro, j. 28-8-1990, v. un., *DJU*, 17 set. 1990, p. 9509, Seção I, ementa).

- "Ação indenizatória – Ilegitimidade passiva do anterior proprietário, mesmo continuando como tal no registro da repartição de trânsito, que apenas estabelece presunção de propriedade, elidível com a prova da venda a terceiros, acompanhada de tradição. Inocorrência de ofensa à Súmula 489" (STF, *RTJ, 113*:850; *JTACSP*, Revista dos Tribunais, *94*:222).

- "Acidente de trânsito – Alienação do veículo causador do acidente, antes do evento, não registrada no Detran ou no Cartório. Súmula 489. Não se aplica a Súmula 489 ao caso de acidente de veículo vendido antes do evento, embora não registrada a operação no Detran ou no Cartório" (STF, *RTJ, 119*:423).

- "Ilegitimidade *'ad causam'* – Responsabilidade civil – Acidente de trânsito – Veículo alienado anteriormente ao sinistro – Ausência de prova da alienação – Legitimidade passiva reconhecida – Recurso desprovido" (1º TACSP, Ap. 434.892/90, Sorocaba, 6ª Câm., j. 28-61990, rel. Augusto Marin).

- "Acidente de trânsito – Veículo vendido a terceiro – Inexistência de transferência junto à repartição de trânsito – Ação movida contra o antigo proprietário do veículo – Carência da ação. A transferência de domínio de bem móvel opera-se pela tradição e as providências junto à repartição de trânsito se constituem em mero expediente administrativo que não interfere no negócio jurídico" (*RT, 574*:150).

- "Ilegitimidade *'ad causam'* – Alegação do réu, em cujo nome consta a propriedade do veículo no Departamento de Trânsito – Existência, porém, de declaração devidamente assinada, com as firmas reconhecidas, dando ciência da alienação anterior ao evento, roborada pelo subsídio testemunhal – Suficiência, nesta hipótese, para elidir a responsabilidade do vendedor, reconhecendo sua ilegitimidade – Recurso provido para esse fim, julgando-se prejudicada a denunciação" (1º TACSP, Ap. 428.587/90-SP, 3ª Câm. Esp., j. 17-1-1990, rel. Carlos R. Gonçalves).

- "Presunção de propriedade não elidida – Prova da venda do veículo apresentada quando já encerrada a instrução. A presunção de propriedade, em decorrência do registro de veículo no Departamento de Trânsito, não pode ser elidida se a prova da venda a terceiro apresenta-se quando já encerrada a instrução, desacompanhada dos elementos de convencimento indispensáveis. Assim, devem responder proprietário e condutor do veículo, em solidariedade, pelos danos provenientes do evento" (*RT, 611*:221).

- "Veículo alienado anteriormente ao sinistro – Transação confirmada pelo corréu – Certificado de propriedade com alegações de venda mas não afirmação de compra – Responsabilidade civil – Ausência de transferência junto ao órgão competente (Detran) – Responsabilidade também do alienante, ressalvado seu direito de regresso contra o outro corréu, comprador e causador dos danos – Indenizatória procedente" (1º TACSP, Ap. 429.950/90, Campinas, j. 24-1-1990, rel. Mendes de Freitas).

- Nas ações de reparação de dano, a presunção de ser o veículo pertencente à pessoa em cujo nome está registrado na repartição de trânsito não é absoluta, podendo ser afastada por prova cabal em sentido contrário, ainda que o instrumento de venda não tenha sido registrado no Cartório de Títulos e Documentos (*RT, 608*:217).

- Não constitui fundamento suficiente, a acarretar, para o alienante, a responsabilidade por danos resultantes de acidente de trânsito, a simples omissão do registro da venda do veículo, junto à repartição de trânsito e ao cartório de títulos, quando comprovado que a alienação efetivamente ocorreu antes do acidente e que o motorista do automóvel não era preposto do alienante. Distinta, a hipótese dos autos, daquela regida pela Súmula 489, cuja diretriz compreende a responsabilidade perante terceiros de boa-fé, em relação ao próprio contrato de compra e venda e não à responsabilidade civil perante terceiros. Precedentes do STF (RREE 105.817, 102.119, 106.835 e 109.137) (STF, 1ª T., RE 115.065-3-RS, rel. Min. Octavio Gallotti, j. 30- 6-1988).

- Em tema de responsabilidade civil, a prova da venda (recibo de venda) e a tradição do veículo ao comprador, que o dirigia, quando do acidente, excluem o vendedor da relação jurídica (*RT, 542*:232; *JTACSP*, Revista dos Tribunais, *94*:224).

- "Acidente de trânsito – Indenização – Ilegitimidade passiva *'ad causam'* – Ação proposta contra o primitivo proprietário do veículo – Venda realizada anteriormente à data do evento – Irrelevância de ainda se encontrar em nome daquele o registro do automóvel, posto que cabe ao adquirente providenciar a alteração" (*RT, 664*:104).

- "Venda de veículo – Ausência de comunicação do fato ao Detran – Responsabilidade solidária do antigo proprietário pelo pagamento do IPVA, relativo a período posterior à venda – Comunicação exigida pelo art. 134 do Código de Trânsito Brasileiro (TJMG, Ap. 0.0702.09.565172-6/001, rel. Des. Elias Camilo, Revista *Consultor Jurídico*, 25-4-2011).

■ "Ausência de registro da transferência de veículo – Fato que não implica a responsabilidade do antigo proprietário por dano resultante de acidente – Aplicação da Súmula 132 do STJ – Reclamação admitida." O Código de Trânsito Brasileiro prevê que, no caso de transferência de propriedade, o antigo dono deve encaminhar ao órgão exclusivo de trânsito do Estado a cópia do comprovante de transferência, sob pena de ser responsabilizado por danos causados pelo veículo até a data da comunicação. O dispositivo em questão, porém, não estabelece causa de responsabilidade objetiva. *In casu*, a responsabilidade pelos danos causados em decorrência de acidente com o veículo foi atribuída à antiga proprietária em função de mera irregularidade formal da transferência para o novo proprietário, e não por conta de sua efetiva culpa (STJ, Rcl 9506-SP, rel. Min. Villas Bôas Cueva, Revista *Consultor Jurídico*, 11-9-2012).

87. Prova

V. in *Livro IV, Título II, Boletim de ocorrência*, n. 12, *retro*; *Culpa presumida do causador do dano (presunção em favor da vítima)*, n. 27.2, *retro*; *Ônus da prova*, n. 76, *retro*; *Propriedade do veículo*, n. 86, *retro*.

87.1. Considerações gerais

Na responsabilidade civil aquiliana, o ônus da prova, em regra, cabe ao lesado, que tem de demonstrar não só a existência do dano como também a relação de causa e efeito entre o ato do agente e os prejuízos por ele sofridos (*onus probandi incumbit ei qui dixit*).

Se se tratar de responsabilidade objetiva pura (ou própria), em que o requisito "culpa" é totalmente prescindível, basta essa prova.

Nos casos em que se presume a culpa do causador do dano, também o lesado está dispensado de produzir outras provas, além das já mencionadas. Nesses casos, inverte-se o ônus da prova: se o réu não provar a existência de alguma excludente de sua responsabilidade, será considerado culpado, pois sua culpa é presumida.

O Código Civil brasileiro filiou-se à teoria subjetiva, no art. 186, que erigiu o dolo e a culpa como fundamentos para a obrigação de reparar o dano. Entretanto, em outros dispositivos e mesmo em leis esparsas, adotaram-se os princípios da responsabilidade objetiva (arts. 936, 937 e 938, que tratam, respectivamente, da responsabilidade do dono do animal, do dono do edifício e do habitante da casa) e da responsabilidade independentemente de culpa (arts. 927, parágrafo único, 933 e 1.299, que dizem respeito, respectivamente, à atividade potencialmente perigosa; à responsabilidade dos pais, tutores, curadores e patrões; e à responsabilidade decorrente do direito de vizinhança). A par disso, temos o Código Brasileiro de Aeronáutica, a Lei de Acidentes do Trabalho e outras leis especiais, em que se mostra nítida a adoção, pelo legislador, da responsabilidade objetiva.

Na responsabilidade objetiva, subsumem-se as teorias da guarda da coisa inanimada e do exercício da atividade perigosa, já estudadas.

Em matéria de responsabilidade civil automobilística, ainda predomina a responsabilidade subjetiva, isto é, a que exige que o lesado, para vencer a demanda, prove a culpa ou dolo do réu. Numa colisão entre dois veículos ocorrida em um cruzamento, por exemplo, vencedor será o que provar a culpa do outro (por desrespeito à sinalização ou direito de preferência, por excesso de velocidade etc.). Em alguns casos, no entanto, a jurisprudência estabeleceu algumas presunções de culpa, como a do motorista que colide contra a traseira do que lhe vai à frente, ou invade a contramão de direção ou via preferencial, ou, ainda, assume o volante em estado de embriaguez.

Havendo presunção de culpa, o lesado só tem o ônus de provar o dano e a relação de causalidade entre ele e a ação ou omissão do agente. Inverte-se o ônus da prova: ao réu incumbe o ônus de elidir a presunção de culpa que o desfavorece. Veja-se, a propósito:

"Presume-se que o motorista que vai pela via preferencial não cometeu infração de trânsito; cabe ao outro, em caso de colisão, provar que aquele agiu com culpa" (*RT, 546*:105).

Assim também deve ser nos casos em que a culpa aparece visível *prima facie* em fatos evidentes, como a perda da direção em via pública com o consequente atropelamento de pedestre sobre a calçada ou colisão com veículo estacionado (em que a única explicação para justificar o evento é o caso fortuito). Em casos como esses, revelado o dano, não se questiona a respeito da culpa: é a chamada culpa *in re ipsa*.

Em matéria de ônus da prova (seja da existência do dano, da relação de causalidade entre o dano e a conduta do agente, e da culpa) é de lembrar que, se o autor não demonstra o fato constitutivo do direito invocado, o réu não pode ser condenado por dedução, ilação ou presunção.

Diz Chiovenda, no entanto, que se forem provados pelo autor os fatos constitutivos de seu direito, o réu, por seu lado, deve prover a sua prova, que consiste em outro fato que elida os efeitos jurídicos daqueles. Neste caso, então, teremos a verdadeira prova do réu, a prova da exceção no sentido amplo (cf. *Princípios de direito processual civil*, § 55).

Tem sido reconhecida, na responsabilidade civil automobilística aquiliana, a dificuldade às vezes intransponível de ser provada, pela vítima, a culpa subjetiva do causador do dano. Por essa razão, a este, em muitos casos, é atribuído o ônus da prova, para livrar-se da obrigação de indenizar.

Assinala, com efeito, Aguiar Dias que, em matéria de responsabilidade, o que se verifica "é o progressivo abandono da regra '*actori incumbit probatio*', no seu sentido absoluto, em favor da fórmula de que a prova incumbe a quem alega contra a 'normalidade', que é válida tanto para a apuração de culpa como para a verificação da causalidade. À noção de 'normalidade' se juntam as de 'probabilidade' e de 'verossimilhança' que, uma vez que se apresentem em grau relevante, justificam a criação das presunções de culpa" (*Da responsabilidade*, cit., t. 1, p. 115, n. 44).

O princípio de que ao autor incumbe a prova não é propriamente derrogado, mas recebe uma significação especial, isto é, sofre uma atenuação progressiva. É que o acidente, em situação normal, conduz a supor-se a culpa do réu (*v. Culpa presumida do causador do dano – presunção em favor da vítima, n. 27.2, retro*).

O referido princípio, como lembra ainda Aguiar Dias, passa a ter "uma significação especial, que, por atenção a outra norma ('*reus in excipiendo fit actor*'), vem a ser esta: aquele que alega um fato contrário à situação adquirida do adversário é obrigado a estabelecer-lhe a realidade. Ora, quando a situação normal, adquirida, é a ausência de culpa, o autor não pode escapar à obrigação de provar toda vez que, fundadamente, consiga o réu invocá-la. Mas, se, ao contrário, pelas circunstâncias peculiares à causa, outra é a situação-modelo, isto é, se a situação normal faça crer na culpa do réu, já aqui se invertem os papéis: é ao responsável que incumbe mostrar que, contra essa aparência, que faz surgir a presunção em favor da vítima, não ocorreu culpa de sua parte. Em tais circunstâncias, como é claro, a solução depende preponderantemente dos fatos da causa, revestindo de considerável importância o prudente arbítrio do juiz na sua apreciação" (*Da responsabilidade*, cit., t. 1, p. 113-4, n. 43).

87.2. Espécies e valor das provas (testemunhal, documental e pericial)

Corretamente se tem afirmado que a prova testemunhal não pode ser considerada, no quadro das provas existentes, como sendo a prova ideal. Como pondera Arruda Alvim, certamente "a prova documental supera-a de muito, pela precisão e pela certeza de que ela se reveste, e é por isso preferida à testemunhal (art. 400, I; e, ainda, arts. 402 e 366 [do CPC/73, atuais arts. 442, 443, 444, 445 e 406]), o que, neste sentido, coloca-se como uma 'hierarquia' entre os meios de prova, pois que, ao nível da lei, sendo suscetível o fato de prova documental, e, já estando assim provado, é inadmissível a prova testemunhal (art. 400, I, atual art. 443), o que se passa, também, com a confissão" (*Manual de direito processual civil*, 3. ed., Revista dos Tribunais, 1986, v. 2, p. 340, n. 404).

A prevenção contra a prova testemunhal tem a sua razão de ser. É que, embora verdadeiro o princípio de que as testemunhas muito mais dizem a verdade do que mentem, e que o testemunho encerra uma "presunção" de verdade, às vezes ocorre uma consciente e deliberada disposição de falsear a verdade, malgrado a fiscalização do juiz. Além disso, o testemunho poderá ser inexato em razão das deficiências do próprio homem, "quer no que tange à sua capacidade de percepção e observação, quer pertinente à sua memória, quer, finalmente, no que diz respeito à própria incapacidade de reprodução rigorosamente exata dos fatos por ele percebidos" (Arruda Alvim, *Manual*, cit., v. 2, p. 340, n. 404).

Os acidentes automobilísticos acontecem em fração de segundo e a possibilidade de engano das pessoas que são chamadas a prestar depoimentos sobre fatos e situações que tenham presenciado é muito grande. A falibilidade do subsídio testemunhal se deve a diversos fatores de natureza pessoal, como também extrínsecos, que podem desviar a capacidade de observação da testemunha. Quase sempre a sua atenção é despertada pelo impacto da colisão e tem sua atenção voltada, inicialmente, para as consequências de imediato resultantes, ou seja, para as pessoas feridas e para a extensão dos danos, não se preocupando com detalhes relevantes para a aferição da culpa, como o estado da pista, a sinalização, a velocidade dos veículos etc.

Sobre esse problema, alertou Erich Dohring: "É frequente que o observador de um acontecimento emocionante, como, p. ex., um acidente de automóvel, não possa afirmar com certeza sobre detalhes de importância, mesmo quando estes se apresentam bastante perceptivos. Às vezes, poucos momentos antes, percebeu que o desastre seria inevitável e sua atenção ficou paralisada e concentrada para com o choque iminente" (*La prueba, su práctica y apreciación*, Buenos Aires, 1972, p. 95).

Muitas vezes, algumas testemunhas afirmam que o semáforo estava favorável para o autor e outras dizem que estava aberto para o réu, sem que nenhuma delas tenha a intenção de mentir. É que a mudança de sinal ocorre com certa rapidez e nem todas olharam para ele ao mesmo tempo, preocupadas algumas, em primeiro lugar, em verificar as consequências da colisão.

Tem-se decidido que, nesses casos de provas conflitantes sobre a situação do semáforo (se favorável ao autor ou ao réu) na ocasião do evento, a solução adequada é julgar a ação improcedente, por não provada a culpa atribuída ao réu. Veja-se:

"Esta Câmara teve a oportunidade de destacar a dificuldade na prova de quem foi o responsável pelo acidente ocorrido em cruzamento sinalizado com semáforo, porque as pessoas, às vezes inconsciente ou involuntariamente, se confundem em razão da mudança rápida do sinal. Por tais motivos, a prova da culpa deve ser firme e segura, uma vez que a simples dúvida gerada por depoimentos conflitantes ou hesitantes conduzirá à improcedência, como no caso dos autos" (1º TACSP, Ap. 319.350, 5ª Câm. Cív., j. 7-12-1983, rel. Laerte Nordi).

Tal conclusão somente se justifica, porém, quando se trata da chamada dúvida irremissível, isto é, inevitável e inafastável, que não pode ser dirimida por outros elementos circunstanciais de prova, como a posição dos veículos, os vestígios deixados na pista, a localização dos danos etc. Deve o juiz somente decidir-se pelo pronunciamento do *non liquet* se, além de mostrar-se conflitante a prova testemunhal, não for possível apurar o que realmente aconteceu e qual das versões é a verdadeira mediante a análise de todos os elementos circunstanciais do evento.

Devido à falibilidade da prova testemunhal, tem-se dado preferência, na responsabilidade civil automobilística, à pericial. A orientação predominante é no seguinte sentido:

"Nas ações de cobrança por abalroamento por acidente de tráfego, a melhor prova é a oferecida pela perícia técnica feita pela Polícia de Trânsito. Tal perícia só pode ser desprezada com apoio em prova robusta e insofismável em contrário. O laudo pericial continua sendo o norteador das decisões em delito de trânsito" (*RT, 623*:153).

O boletim de ocorrência, como já se viu (*retro*, n. 12), goza de presunção de veracidade do que nele se contém. Essa presunção não é absoluta, mas relativa, isto é, *juris tantum*. Cede lugar, pois, quando infirmada por outros elementos constantes dos autos. Cumpre, pois, ao réu o ônus de elidi-la, produzindo prova em sentido contrário.

Jurisprudência

- "Colisão de veículos em esquina sinalizada – Afirmação do autor, não provada, sobre a inobservância do sinal pelo réu. Recurso provido para julgar a ação improcedente. Se o autor não demonstra o fato constitutivo do direito invocado, o réu não pode ser condenado por dedução, ilação ou presunção" (1º TACSP, Ap. 439.741-9, Ribeirão Preto, j. 10-9-1990, Juiz Bruno Netto, *Boletim da AASP*, n. 1.675, p. 27).

- "Prova – Perícia – Acidente ferroviário – Indenização – Fixação da prestação na íntegra do que percebia o autor, sem considerar o grau de incapacidade – Ausência de juntada de laudo médico – Indispensabilidade para aferição do dano e das deformidades – Determinação para apuração dos fatos em execução por artigos – Necessidade da matéria ser apurada na fase de conhecimento – Sentença anulada para complementação da prova" (*JTACSP*, Revista dos Tribunais, *117*:44).

- No conflito de prova testemunhal com o conteúdo de boletim de ocorrência, deve-se dar preferência àquela, isto é, sobre o boletim policial devem prevalecer os depoimentos de testemunhas presenciais do acidente de trânsito (*RT, 484*:88).

- "Prova – Testemunha – Acidente de trânsito – Boletim de ocorrência que goza de presunção de veracidade – Presunção, todavia, elidida por prova oral – Indenizatória procedente" (1º TACSP, Ap. 429.981/89, Campinas, 2ª Câm. Esp., j. 3-1-1990, rel. Alexandre Germano).
- "Prova – Testemunha – Acidente de trânsito – Colisão em cruzamento – Ingresso com o semáforo desfavorável – Desconsideração pelo Magistrado do depoimento da testemunha por tê-lo como aparentemente mentiroso – Princípios de imediatidade e identidade física do juiz – Inocorrência de arguição de suspeição contra o comportamento do Magistrado – Insuficiência de provas – Indenizatória improcedente" (1º TACSP, Ap. 444.059/90-SP, 2ª Câm. Esp., j. 18-7-1990, rel. Rodrigues de Carvalho).
- "Acidente de trânsito – Cruzamento com semáforo – Autora que colide com ônibus em cruzamento dotado de semáforo – Relatos das testemunhas da autora que, embora suas funcionárias, por ter sido o sinistro ocorrido próximo à sua sede, prevalecem sobre o da testemunha da empresa ré, cobrador que não viu para quem era favorável o sinal – Recurso provido para esse fim" (1º TACSP, Ap. 428.644/90, 1ª Câm. Esp., j. 15-1-1990, rel. Marcus Andrade).
- No Direito Romano, ao proceder a algum julgamento, o pretor entregava aos "judices iurati" pequenas "tabelae", tabuinhas revestidas de cera, nas quais aqueles colocavam os seus veredictos: "A", "*absolvo*", "C", "*condemno*", "N. L.", "*non liquet*", isto é, não está claro, não ficou devidamente esclarecido. E a esta última conclusão se chegava quando não se conseguia provar suficientemente a culpa do réu, razão por que se afastava a acusação contra ele formulada. Em tais condições, persistindo a dúvida e não restando comprovada a culpa atribuída ao réu, no caso vertente, deve-se proceder da mesma forma como ocorria em tempos tão passados, rejeitando-se o pedido do autor e decretando-se, em consequência, a improcedência da ação, condenando-se o demandante nas verbas da sucumbência, em razão de haver dado causa ao processo (1º TACSP, Ap. 323.483, 7ª Câm., j. 3-4-1984, rel. Luiz de Azevedo).
- "Ingresso em via preferencial – Inobservância do tráfego – Indenização devida. Sempre que as peculiaridades do fato, por sua normalidade, probabilidade e verossimilhança, façam presumir a culpa do réu, a este compete provar sua inocorrência. E, sem dúvida, age com culpa o motorista que ingressa em artéria objetivamente mais importante, para transpô-la, sem verificar se não há veículos por ela transitando" (*RT, 427*:106, *591*:147).
- Na ação de responsabilidade por culpa extracontratual, esta há que ficar seguramente provada, não se justificando a condenação com base em prova frágil e contrariada por outros elementos (1º TACSP, Ap. 280.378, 1ª Câm., j. 28-4-1981, rel. Cunha Bueno).
- "Acidente de trânsito – Lucros cessantes – Necessidade de prova da probabilidade objetiva da percepção de lucros, de forma concreta e, não, da simples possibilidade de sua realização – Recurso parcialmente provido para reduzir a verba" (*JTACSP*, Revista dos Tribunais, *111*:58).
- "Prova – Testemunha – Responsabilidade civil – Acidente de trânsito – Depoimento contraditório e incoerente – Remessa de cópia dos autos ao Ministério Público para apuração da responsabilidade criminal" (*JTACSP*, Revista dos Tribunais, *112*:49).
- "*Prova* – Testemunho único mas seguro e convincente – Procedência da ação – Sentença mantida. Não importa que a testemunha mencionada na sentença seja a única a presenciar

o evento. Já de há muito se abandonou o brocardo '*testis unus testis nullus*', acolhido no sistema da prova legal. O direito processual evoluiu para o moderno sistema de persuasão racional, consagrado no artigo 131 do CPC" (1º TACSP, Ap. 456.393-7, Taubaté, 6ª Câm., rel. Carlos R. Gonçalves).

88. Quitação

O credor, que paga, tem direito a quitação regular. É o que dispõe o art. 319 do Código Civil.

A quitação destina-se, pois, a provar o pagamento e deve preencher os requisitos do art. 320 do mesmo diploma, isto é, deve designar o valor e a espécie da dívida quitada, o nome do devedor, ou quem por este pagou, o tempo e o lugar do pagamento, com a assinatura do credor, ou do seu representante. A inobservância dessas prescrições torna irregular o recibo de quitação.

O recibo de quitação vale apenas até o importe das quantias quitadas, se não é geral (Orlando Gomes, *Obrigações*, 6. ed., Forense, p. 132, n. 84).

Com efeito, a quitação pode ser geral ou específica. Tem-se decidido que, se o recibo não está redigido em termos gerais, presume-se que não é plena e geral a quitação nele consignada, mas apenas a relativa às quantias recebidas e nele mencionadas, com exclusão de outras acaso devidas e remanescentes (STF, *RT*, *465*:235).

O valor da quitação é relativo. Pode o credor alegar posteriormente que a prestação não foi completa e que a recebeu por erro. Em suma, a força probatória da quitação está sujeita à livre apreciação das provas. Cai diante de prova em contrário. É a lição de Orlando Gomes (*Obrigações*, cit., p. 130), que aduz: "Não há dificuldade na prova do pagamento se o devedor tem recibo de plena e irrevogável quitação. Exigindo a lei que esse documento contenha disposições a respeito do valor e da espécie da dívida, torna-se fácil a prova da correspondência, e devendo ser assinado pelo credor, não há meio melhor de repelir suas pretensões a novo recebimento" (*Obrigações*, cit., p. 136).

JURISPRUDÊNCIA

- "Acidente de trânsito – Pretensão ao ressarcimento de danos pessoais não abrangidos na quitação dada ao réu pelos danos materiais sofridos – Acolhimento – Reparação determinada em montante a ser apurado em liquidação, correspondente ao período em que o autor deixou de desempenhar suas atividades, porque temporariamente incapacitado – Recurso parcialmente provido para esse fim" (1º TACSP, Ap. 426.875/90, Indaiatuba, 3ª Câm., j. 5-2-1990, Rel. André Mesquita).

- "Acidente de trânsito – Indenização – Ocorrência de transação, onde a autora deu quitação, sem precisar pedir homologação do acordo extrajudicial (Lei 7.244/84) – Ajuizamento posterior de ação de complementação de indenização – Inviabilidade – Sentença mantida" (1º TACSP, Ap. 418.079/90, 2ª Câm., j. 4-4-1990, rel. Jacobina Rabello).

- "*Acidente de trânsito* – Transação – Recibo de quitação plena, sem a ressalva tempestiva, para justificar a pretendida diferença, a título de correção monetária – Ação de cobrança dessa verba julgada improcedente – Sentença confirmada. Tendo sido claro o recibo, no sentido de que a autora deu plena e geral quitação, para nada mais reclamar, em relação ao sinistro, em juízo ou fora dele, nada ressalvando, lhe era vedado, em tais condições, demandar para conseguir a correção monetária referente ao período em que, no seu entendimento, houve retardamento na liquidação do seguro" (1º TACSP, Ap. 321.376, 5ª Câm., j. 2-5-1984, rel. Laerte Nordi).

- "Quitação – Abalroamento – Reparos no caminhão da vítima – Recibo de plena e geral quitação – Compreensão apenas das quantias recebidas e mencionadas. Ainda que no recibo se tenha feito alusão a quitação geral e plena, é evidente que se referia apenas à parcela da indenização atinente aos danos produzidos no veículo abalroado" (*RT*, *581*:131).

- "Quitação – Seguro obrigatório – Finalidade social da lei que o instituiu – Quitação cujos efeitos abrangem somente os valores recebidos, sendo lícito ao autor cobrar a diferença a que faz jus ainda que no recibo se tenha feito alusão a quitação geral e plena" (1º TACSP, Ap. 405.994/5-SP, 6ª Câm., rel. Carlos R. Gonçalves).

- "Civil – Acidente rodoviário – Indenização – Limites da quitação. A quitação, em escritura, de indenização por danos decorrentes de acidente rodoviário, em face das circunstâncias, reconhecidas pelo acórdão recorrido, em que teria sido dada, é limitada ao valor constante do documento, não importando em solução integral do sinistro" (STJ, 3ª T., REsp 19.803-0-MG, Reg. 9256393, j. 7-4-1992, rel. Min. Dias Trindade, *DJU*, 18 maio 1992, n. 93, p. 6983).

89. Registro da venda do veículo no Cartório de Títulos e Documentos

V. Propriedade do veículo, n. 86, *retro*.

90. Responsabilidade civil

V. Livros I a IV.

91. Seguro facultativo de veículos

Tem sido decidido que, em caso de perda total de veículo, decorrente de acidente ou de furto, se o segurado pagou o prêmio correspondente a determinado valor, não pode a seguradora eximir-se de pagar o valor da indenização pactuada, alegando que, no contrato, existe cláusula de pagar o valor médio do mercado de veículo semelhante. Tal cláusula seria abusiva e acarretaria o enriquecimento ilícito da seguradora (cf. TJRJ, Ap. 5.584/97, 1ª Câm. Cív., rel. Des. Sérgio Fabião, j. 7-4-1998). Somente se poderia admitir tal conduta se o prêmio tivesse sido calculado com base no valor médio de mercado do veículo, com variações mensais no pagamento. Ou, então, se a seguradora, antes do evento danoso, tiver postulado a redução do seguro ao valor real, restituindo ao segurado o excesso do prêmio.

Confira-se, a propósito:

"Seguro – Veículo furtado – Valor de mercado – Inadmissibilidade.

O segurado tem o direito de receber a indenização pelo valor sobre o qual pagou o prêmio e não pelo preço de mercado. Precedentes" (STJ, REsp 199.016-RJ, 4ª T., rel. Min. Ruy Rosado de Aguiar, j. 4-3-1999).

"Seguro facultativo de automóvel – Perda total do bem – Indenização – Valor da apólice.

Quando ao objeto do contrato se der valor determinado e o seguro se fizer por esse valor, e vindo o bem segurado a sofrer perda total, a indenização deve corresponder ao valor da apólice, salvo se a seguradora, antes do evento danoso, tiver postulado a redução de que trata o artigo 1.438 do Código Civil [de 1916], ou se ela comprovar que o bem segurado, por qualquer razão, já não tinha mais aquele valor que fora estipulado, ou que houve má-fé, o que não se deu na espécie. É que, em linha de princípio, o automóvel voluntariamente segurado que sofrer perda total haverá de ser indenizado pelo valor da apólice, pois, sendo a perda total o dano máximo que pode sofrer o bem segurado, a indenização deve ser pelo seu limite máximo, que é o valor da apólice. Precedentes: REsp 63.543-MG, *RSTJ* 105/320, dentre outros" (STJ, REsp 182.642-MG, 4ª T., rel. Min. Cesar Asfor Rocha, j. 15-10-1998).

Nessa linha, decidiu o extinto 1º Tribunal de Alçada Civil de São Paulo, em caso de indenização por furto de veículo, que o recibo de quitação pelo valor médio do mercado, que o segurado assinou, não exime a seguradora de complementar o ressarcimento com a diferença relativa ao valor real do bem, fixado na apólice, pois o referido recibo não dava exatamente quitação do real valor a ser pago, tendo sido imposto pela seguradora e só aceito pelo segurado para que não fosse protelado o pagamento da parte restante da indenização (Ap. 713.213-6-SP, 10ª Câm., rel. Ferraz Nogueira, j. 11-8-1998, m. v.).

Não pode o *segurador* segurar o bem por valor superior, recebendo o prêmio sobre esse mesmo montante. Dispõe efetivamente o art. 781 do novo Código Civil que "a indenização não pode ultrapassar o valor do interesse segurado no momento do sinistro, e, em hipótese alguma, o limite máximo da garantia fixado na apólice salvo em caso de mora do segurador".

O seguro de veículos era feito, antes da entrada em vigor do atual Código Civil, com valor fixo e a indenização podia ser paga com valores superiores aos de mercado. Proclamava, efetivamente, a jurisprudência: "Roubo do automóvel segurado – Pretendida reparação pelo valor de cotação do bem no mercado – Inadmissibilidade – Verba devida pela seguradora que deve corresponder ao valor atribuído na apólice, em relação ao qual o prêmio foi pago, sob pena de caracterização de enriquecimento sem causa" (*RT, 784*:272).

O diploma em vigor, todavia, não admite possa o segurado lucrar com a cobertura. O mencionado art. 781 proíbe que a indenização ultrapasse o valor que tinha o interesse segurado no momento do sinistro. Por essa razão, não deve o valor da indenização afastar-se do princípio de que ele deve ser igual ao do interesse segurado no momento do sinistro, sob pena de se provocar enriquecimento indevido do segurado e desnaturar-se a finalidade do contrato de seguro.

Pode ocorrer variação do valor do interesse segurado. Tal circunstância deve ser considerada, para que o sinistro não resulte em fonte de lucro para o segurado, ou, ao contrário, em fonte de prejuízo, quando, por exemplo, o pagamento do prêmio foi feito com base no valor fixado inicialmente na apólice. A rigor, o montante do prêmio é fixado com base na indenização estimada em função do valor do interesse segurado. Se a coisa se desvaloriza, a indenização não pode ultrapassar o valor que possuía no momento do sinistro. Neste caso, porém, o excesso de prêmio recebido com base em valor superior fixado na apólice deve ser restituído, para manter o equilíbrio do contrato. Já se decidiu: "Contrato que coloca o segurado em desvantagem exagerada em relação ao segurador. Cláusula abusiva. Desequilíbrio contratual. Aplicação do Código de Defesa do Consumidor" (*RT, 804*:392).

A perda do seguro por agravamento dos riscos só pode ser admitida se o problema for provocado pelo próprio segurado. Ao apreciar recurso interposto por seguradora, que se recusava a pagar o conserto dos veículos danificados por preposto do segurado, que dirigia embriagado o veículo da empresa, decidiu o Superior Tribunal de Justiça que o fato de o motorista agir com culpa, de maior ou menor gravidade, não é o bastante para a extinção do contrato de seguro. Aduziu o Relator, Min. Sálvio de Figueiredo Teixeira, que o contrato estabelecido entre as empresas deve ter previsto o risco normal, próprio da atividade exercida por uma firma de engenharia. Neste caso, a empresa adotou procedimento rotineiro, entregando a direção do veículo a um empregado habilitado para a função. Assim, ela não contribuiu diretamente para o agravamento do risco, não podendo ser penalizada por culpa de terceiro (REsp 192.347-RS, 4ª T., *DJU*, Seção I, 24-5-1999, p. 176).

Dispõe a Súmula 229 do Superior Tribunal de Justiça:

"O pedido do pagamento de indenização à seguradora suspende o prazo de prescrição até que o segurado tenha ciência da decisão".

A respeito dos prazos da prescrição, preceitua o Código Civil:

"Art. 206. Prescreve:

§ 1º Em um ano:

(...)

II – a pretensão do segurado contra o segurador, ou a deste contra aquele, contado o prazo:
a) para o segurado, no caso de seguro de responsabilidade civil, da data em que é citado para responder à ação de indenização proposta pelo terceiro prejudicado, ou da data que este indeniza, com a anuência do segurador;
b) quanto aos demais seguros, da ciência do fato gerador da pretensão".

A Segunda Seção do *Superior Tribunal de Justiça* aprovou súmula de jurisprudência que trata da persistência da obrigação da seguradora em indenizar, mesmo que o veículo seja transferido sem comunicação prévia, ainda que esta seja exigida no contrato. O texto excetua a obrigação apenas se a transferência significar aumento real do risco envolvido no seguro. Dispõe com efeito a Súmula 465: "Ressalvada a hipótese de efetivo agravamento do risco, a seguradora não se exime do dever de indenizar em razão da transferência do veículo sem a sua prévia comunicação".

Jurisprudência

■ "Seguro – Automóvel – Valor de mercado. É abusiva a prática de incluir na apólice um valor, sobre o qual é cobrado o prêmio, e pagar o seguro de acordo com o valor menor, correspondente ao preço de mercado estimado pela seguradora" (STJ, REsp 159.154-MG, 4ª T., rel. Min. César Asfor Rocha, *DJU*, 22-6-1998, n. 116, p. 99).

- "Seguro de automóvel – Furto – Perda total – Indenização. Nos termos da jurisprudência da 4ª Turma, tratando-se de perda total do veículo, a indenização a ser paga pela seguradora deve tomar como base a quantia ajustada na apólice, sobre a qual é cobrado o prêmio, independentemente da existência de cláusula prevendo o pagamento da reparação pelo valor médio de mercado do automóvel, salvo se a seguradora, antes do evento danoso, tiver postulado a redução de que trata o art. 1.438 do Código Civil [*de 1916*]" (STJ, REsp 197.468-RJ, 4ª T., rel. Min. Sálvio de Figueiredo Teixeira, *DJU*, 12-4-1999, n. 68-E, p. 164).

- "Seguro de veículo – Valor da indenização. O valor pelo qual o bem foi segurado é apenas o limite máximo a ser pago, podendo o contrato estipular o dever de indenizar pelo preço de mercado do bem à época do furto ou da perda total" (STJ, REsp 155.595-SC, 3ª T., rel. Min. Eduardo Ribeiro, *DJU*, 9-3-1998, n. 45, p. 108).

- "Seguro de veículo tipo táxi – Cláusula que excluía a responsabilidade da seguradora pelo pagamento da indenização, caso o veículo fosse dirigido por outra pessoa, e não pelo proprietário – Validade." O segurado assinou livremente o contrato, concordando com a aludida cláusula. Seria esta estranha se se tratasse de um veículo de passeio. Trata-se, porém, no caso vertente, de um táxi, sujeito a maiores riscos, exigindo a seguradora que somente fosse dirigido pelo proprietário. Entregando a sua direção a outra pessoa, ainda que habilitada, o segurado, sem dúvida, aumentou o risco, descumprindo a avença que havia celebrado (1º TACSP, 6ª Câm., rel. Carlos R. Gonçalves, j. 9-1-1991).

- "Seguro – Indenização – Sinistro provocado por adolescente, não habilitada, que conduziu o veículo segurado sem a permissão do pai – Cláusula da apólice prevendo a exclusão da responsabilidade da seguradora em tal caso – Admissibilidade – Verba indevida – Voto vencido. Em que pese a negativa por parte do pai, contratante do seguro, de que tenha permitido à filha menor a condução do veículo segurado, provada a culpa desta menor, que se encontra sob o poder e vigilância de seu genitor, este é responsável pelos danos decorrentes do uso indevido do automóvel, ainda que à sua revelia, desde que se trate de pessoa a quem ele permitia o acesso ao carro ou ao local em que guardava as chaves, dando ensejo à aplicação da cláusula de exclusão de responsabilidade de indenização do sinistro pela companhia seguradora" (*RT*, 750:407).

- "Indenização – Acidente de trânsito – Seguro de vida e acidentes pessoais – Embriaguez comprovada do segurado que foi a causa determinante do evento que resultou em sua morte – Verba indevida" (*RT*, 771:270).

- "Seguro – Indenização – Acidente de trânsito – Danos pessoais ocasionados a terceiro em decorrência da colisão – Pretendida exclusão da cobertura securitária em face da embriaguez do preposto da segurada, condutor do veículo – Inadmissibilidade, se se tratava de pessoa habilitada, tida como responsável, e o estado mórbido foi considerado meramente ocasional em decorrência de excesso em festividade natalina – Verba devida" (STJ, *RT*, 776:173).

- "Acidente de trânsito – Seguro – Veículo conduzido por segurado embriagado – Inocorrência da comprovação, pela seguradora, do nexo de causalidade entre a embriaguez e a fatalidade – Verba devida" (*RT*, 774:293).

- "Seguro – Veículo conduzido por segurado que havia ingerido dose etílica superior à admitida pela legislação – Fato que não caracteriza, por si só, agravamento do risco – Perda do direito ao seguro inadmissível – Inaplicabilidade do art. 1.454 do CC (de 1916)" (STJ, *RT*, *815*:210).
- "Seguro – Indenização – Ausência de comunicação da ocorrência. Assim que o segurado tomar conhecimento do fato que ocasionou o dano, deverá comunicá-lo à seguradora, pois a omissão injustificada dessa providência exonera o segurador quando este provar que, se tivesse sido oportunamente avisado, poderia ter evitado ou atenuado as consequências do sinistro" (*RT*, *753*:214).
- "Seguro – Contrato – Inadimplemento da seguradora – Lucro cessante – Cabimento. A seguradora é obrigada ao pagamento da indenização dos danos provocados por sinistro contemplado na apólice, nas condições contratadas. Porém, se do descumprimento do contrato pela seguradora surgem danos ao segurado, que por isso fica impossibilitado de retomar suas atividades normais, por esse dano provocado pelo seu inadimplemento responde a seguradora – Deferimento da parcela que, nas instâncias ordinárias, foi definida como sendo de lucros cessantes" (STJ, REsp 285.702-RS, 4ª T., rel. Min. Ruy Rosado de Aguiar, j. 29-5-2001).
- "Seguro de automóvel – Transação judicial entre segurado e vítima – Falta de anuência da seguradora. No seguro de responsabilidade civil, o segurado não pode, em princípio, reconhecer sua responsabilidade, transigir ou confessar, judicial ou extrajudicialmente, sua culpa em favor do lesado, a menos que haja prévio e expresso consentimento do ente segurador, pois, caso contrário, perderá o direito à garantia securitária, ficando pessoalmente obrigado perante o terceiro, sem direito de reembolso do que despender. Entretanto, as normas jurídicas não são estanques; ao revés, sofrem influências mútuas, pelo que a melhor interpretação do § 2º do art. 787 do Código Civil é a de que, embora sejam defesos, o reconhecimento da responsabilidade, a confissão da ação ou a transação não retiram do segurado, que estiver de boa-fé e tiver agido com probidade, o direito à indenização e ao reembolso, sendo os atos apenas ineficazes perante a seguradora (Enunciados 373 e 546 das Jornadas de Direito Civil). Desse modo, a perda da garantia securitária apenas se dará em caso de prejuízo efetivo ao ente segurador, a exemplo de fraude (conluio entre segurado e terceiro) ou de ressarcimento de valor exagerado (superfaturamento) ou indevido, resultantes de má-fé do próprio segurado (STJ, REsp 1.133.459, 3ª T., rel. Min. Villas Bôas Cueva, j. 21-8-2014).

Segundo dispõe a Súmula 402 do Superior Tribunal de Justiça, "O contrato de seguro por danos pessoais compreende os danos morais, salvo cláusula expressa de exclusão". Por seu turno, a Súmula 529 da aludida Corte proclama: "No seguro de responsabilidade civil facultativo, não cabe o ajuizamento de ação pelo terceiro prejudicado direta e exclusivamente em face da seguradora do apontado causador do dano". E a Súmula 537 enuncia: "Em ação de reparação de danos, a seguradora denunciada, se aceitar a denunciação ou contestar o pedido do autor, pode ser condenada, direta e solidariamente junto com o segurado, ao pagamento da indenização devida à vítima, nos limites contratados na apólice".

92. Seguro obrigatório

V. Dedução do seguro obrigatório, in Livro II, Título IV, Capítulo II, Seção I, n. 4.2, *retro*. Com o advento da Lei n. 6.194, de 19 de setembro de 1974, o seguro obrigatório passou a ser tratado como um seguro especial de danos pessoais destinado às pessoas transportadas ou não que venham a ser lesadas por veículos em circulação.

Nessa espécie de seguro é inteiramente irrelevante a indagação da culpa. A sua cobertura abrange todos os danos pessoais, inclusive os sofridos pelo próprio segurado. Trata-se, portanto, de aplicação da teoria objetiva às pessoas que se utilizam de veículos em vias públicas. A sua principal finalidade é garantir o pagamento de uma indenização mínima, em face do evento danoso. Veja-se: "Nesta modalidade de seguro, não se cogita da apuração de culpa e mesmo os dependentes economicamente do segurado fazem jus a serem indenizados" (STF, 1ª T., RE 80.781-PR, j. 14-11-1975, rel. Min. Cunha Peixoto, *DJU*, 8-7-1976, p. 5124).

Tem, portanto, um alcance social elevado, pois garante o atendimento de despesas urgentes às vítimas de acidentes automobilísticos, que ocorrem em profusão. Em consequência, impõe a lei a obrigatoriedade de seu pagamento no prazo de quinze dias, mediante simples apresentação dos documentos que comprovem o acidente e a condição de beneficiário (art. 5º da Lei n. 6.194/74, com a nova redação dada pela Lei n. 8.441, de 13-7-1992).

A Medida Provisória n. 904, de 11 de novembro de 2019, todavia, extinguiu, a partir de 1º de janeiro de 2020, o Seguro Obrigatório de Danos Causados por Veículos Automotores de Via Terrestre, ou por sua carga, a pessoas transportadas ou não (DPVAT). A referida Medida, que visa evitar fraudes e amenizar os custos de supervisão e de regulação do seguro, poderá ser convertida em lei, ou não, no prazo legal.

No entanto, a Lei Complementar 207, de 16 de maio de 2024, implementou novamente o sistema de seguro obrigatório, para proteção de vítimas de acidente de trânsito, agora denominado SPVAT, cuja finalidade continua sendo a de garantir indenizações por danos pessoais relativos a acidentes ocorridos no território nacional em vias públicas urbanas ou rurais, pavimentadas ou não, causados por veículos automotores de vias terrestres, ou por sua carga, a pessoas transportadas ou não, bem como a seus beneficiários ou dependentes. Trata-se de seguro de contratação obrigatória por todos os proprietários de veículos automotores de vias terrestres e é comprovado com o pagamento do prêmio, sem a necessidade de emissão de bilhete ou apólice de seguro. A cobertura desse tipo de seguro abrange:

I – indenização por morte;

II – indenização por invalidez permanente, total ou parcial;

III – reembolso de despesas com:

a) assistências médicas e suplementares, inclusive fisioterapia, medicamentos, equipamentos ortopédicos, órteses, próteses e outras medidas terapêuticas, desde que não estejam disponíveis pelo Sistema Único de Saúde (SUS) no Município de residência da vítima do acidente;

b) serviços funerários;

c) reabilitação profissional para vítimas de acidentes que resultem em invalidez parcial.

O pagamento será destinado ao I – do cônjuge ou a pessoa a ele equiparada e aos herdeiros da vítima, na forma disposta no art. 792 da Lei n. 10.406, de 10 de janeiro de 2002 (Código Civil), no caso de cobertura por morte e de reembolso de despesas com serviços funerários; ou

II – a vítima do acidente de trânsito, nos demais casos previstos nesta Lei Complementar.

A indenização independe da prova de culpa ou dolo, e, sem prejuízo das sanções cabíveis pelo não pagamento do prêmio, a indenização do SPVAT será devida ainda que no acidente estejam envolvidos veículos não identificados ou inadimplentes com o seguro.

Os valores das indenizações serão estabelecidos pelo Conselho Nacional de Seguros Privados (CNSP), e a indenização devida será paga com base no valor vigente na data da ocorrência do acidente, no prazo de até 30 (trinta) dias, contados do recebimento pelo agente operador previsto no art. 7º desta Lei Complementar de todos os documentos exigidos, na forma estabelecida pelo CNSP, exclusivamente mediante crédito em conta, de titularidade da vítima ou do beneficiário.

A forma de pagamento está disciplinada nos arts. 2º e 3º da Lei Complementar n. 207/2014.

Sendo o fato gerador da obrigação unicamente a circulação do veículo, abstraída qualquer discussão em torno da culpa, seja do condutor, seja da vítima, a circunstância de ter sido o evento deliberadamente procurado pela vítima suicida, por exemplo, não retira o caráter de imprevisibilidade para o motorista e não exclui a cobertura securitária.

Diferente, porém, a solução quando se trata de hipótese de furto ou roubo praticado pelo motorista que, utilizando o veículo, vem a sofrer acidente com danos pessoais. A seguradora não responde pelos danos causados ao próprio motorista, mas suportará a obrigação se terceiros forem atingidos (Arnaldo Rizzardo, *A reparação*, cit., p. 158). Naturalmente, a finalidade de tal seguro, de cunho social, é cobrir danos resultantes de condutas normais dentro da sociedade e não amparar criminosos, cujo comportamento atenta contra a própria sociedade. Já se decidiu, por isso: "O seguro obrigatório de responsabilidade civil não acoberta os danos causados a assaltante que, viajando na carroçaria do veículo furtado e carregando cofre também furtado, vem a morrer em face de acidente ocorrido na fuga" (*RT*, *558*:208). No mesmo sentido: "Seguro obrigatório – Motocicleta objeto de roubo, pilotada por quem fugia da prática de outro roubo, oportunidade em que se dá a colisão e a morte do condutor – Recusa da seguradora – Não incidência do seguro em hipótese de ato ilícito, que não gera direito, mas obrigação – Cobrança improcedente" (1º TACSP, Ap. 556.438-3-SP, 2ª Câm., rel. Juiz Nelson Ferreira, j. 6-4-1994).

Já se decidiu, em caso de atropelamento e morte por composição férrea, que "trem não é veículo automotor sujeito a seguro obrigatório" (*JTACSP*, *74*:152).

A cobertura de danos pessoais abrange todas as pessoas que se encontrem no veículo sinistrado ou fora dele e que, em decorrência do acidente automobilístico, venham a ser lesionadas. Inclusive, portanto, danos pessoais causados aos proprietários e ou motoristas dos veículos, seus beneficiários ou dependentes. Assim, terceiro é sempre a vítima do acidente, mesmo que seja o condutor ou proprietário do veículo (*RJTJSP*, *44*:166, *48*:141, *49*:127).

Confiram-se, a respeito de seguro obrigatório, as seguintes *Súmulas de Jurisprudência do Superior Tribunal de Justiça,* editadas na vigência da Lei n. 6.194/74:

Súmula 246: "O valor do seguro obrigatório deve ser deduzido da indenização judicial fixada".

Súmula 257: "A falta de pagamento do prêmio do seguro obrigatório de Danos Pessoais Causados por Veículos Automotores de Vias Terrestres (DPVAT) não é motivo para a recusa do pagamento da indenização".

Súmula 405: "A ação de cobrança do seguro obrigatório (DPVAT) prescreve em três anos".

Súmula 474: "A indenização do seguro DPVAT, em caso de invalidez parcial do beneficiário, será paga de forma proporcional ao grau da invalidez".

Súmula 540: "Na ação de cobrança do seguro DPVAT, constitui faculdade do autor escolher entre os foros do seu domicílio, do local do acidente ou ainda do domicílio do réu".

Súmula 573: "Nas ações de indenização decorrente de seguro DPVAT, a ciência inequívoca do caráter permanente da invalidez, para fins de contagem do prazo prescricional, depende de laudo médico, exceto nos casos de invalidez permanente notória ou naqueles em que o conhecimento anterior resulte comprovado na fase de instrução.

A 2ª Seção do Superior Tribunal de Justiça firmou o entendimento de que, embora o recebimento da indenização do seguro obrigatório independa da demonstração de culpa do segurado, o DPVAT não deixa de ter caráter de seguro de responsabilidade civil. Por essa razão, as ações a ele relacionadas prescrevem em três anos, nos termos do art. 206, § 3º, IX, do Código Civil. Essa decisão adquiriu força legal, diante do disposto no art. 21, § 1º, da Lei Complementar 207/24.

Jurisprudência

As decisões aqui transcritas a respeito de seguro obrigatório foram proferidas na vigência da Lei n. 6.194/1974, valendo lembrar que atualmente o seguro obrigatório (SPVAT) é regulado pela Lei Complementar n. 207/2024.

- "Nascituro – Morte provocada por acidente automobilístico – Cobrança de Seguro DPVAT – Indenização devida a ambos os pais – Precedentes do Superior Tribunal de Justiça. Segundo precedentes do Superior Tribunal de Justiça, em atenção ao princípio da dignidade da pessoa humana considera-se devida a indenização do seguro DPVAT na hipótese de morte do nascituro provocada por acidente automobilístico, motivo pelo qual mantém-se incólume a sentença que concedeu a indenização aos pais do nascituro" (TJ-MS. Apel. 08426275120158120001, 4ª Câm. Cív., j. 23-8-2017).

- "Acidente automobilístico – Aborto – Ação de cobrança – Seguro obrigatório – DPVAT – Procedência do pedido – Enquadramento jurídico do nascituro – Art. 2º do Código Civil – Ordenamento jurídico que acentua a condição de pessoa do nascituro – Indenização devida" (REsp 1.415.727-SC, 4ª T., rel. Min. Luis Felipe Salomão, *DJe* 29-9-2014).

- "Seguro obrigatório – DPVAT – Dedução – Possibilidade. Decisão mantida. O valor do seguro obrigatório deve ser deduzido da indenização judicialmente fixada (Súmula 246 do STJ), sendo que essa dedução efetuar-se-á mesmo quando não restar comprovado que a vítima tenha recebido o referido seguro. Precedentes" (STJ, EDcl no AgRG no AREsp 127.317-RS, 4ª T., rel. Min. Luis Felipe Salomão, *DJe* 20-4-2015).

- "Ação de reparação de danos – Acidente em veículo de transporte coletivo – Abatimento do valor do seguro obrigatório (DPVAT) recebido. O valor recebido a título de indenização por seguro DPVAT deve ser abatido da condenação por danos morais e materiais, nos termos da Súmula 246 do Superior Tribunal de Justiça" (TJ-DF, Apel. 200701110206371, rel. Des. Esdras Neves, j. 19-8-2015).

- "Seguro obrigatório – Acidente de trânsito – Pagamento do prêmio condicionado à realização de prova pericial para apurar o grau de incapacitação ou invalidez do segurado – Inadmissibilidade – Suficiência da comprovação de que a vítima sofreu o sinistro, do qual resultou danos pessoais – Verba devida, limitada ao valor de 40 salários mínimos no caso de invalidez permanente" (*RT*, *841*:341).
- "Indenização – Seguro obrigatório de veículos automotores de vias terrestres – Morte da vítima – Verba devida pelas sociedades seguradoras que obrigatoriamente participam do consórcio, ainda que não identificados o veículo ou sua seguradora ou mesmo se o seguro estiver vencido na data do evento – Inteligência do art. 7º da Lei 6.194/74" (*RT*, *761*:255).
- "Concubina – Preferência sobre herdeiros para receber seguro obrigatório – Apelação provida. No seguro obrigatório de veículos, com morte da vítima, a concubina com direito previdenciário tem precedência sobre os herdeiros, tendo em vista a escala preferencial dada pela lei específica. Não há que se falar em ordem de vocação hereditária" (*RT*, *556*:219).
- "Seguro obrigatório – Pagamento efetuado à companheira, assim reconhecida junto à Previdência Social – Validade – Ação ajuizada pela viúva – Improcedência" (*RT*, *571*:138).
- "Correção monetária – Pretensão da seguradora à incidência a partir da citação ou do ajuizamento, alegando o não recebimento tempestivo da comunicação do acidente – Desacolhimento, por se tratar de redução da capacidade laborativa, apurável após intenso período de tratamento – Correção incidente a partir do 5º dia após a verificação do acidente – Sentença mantida" (*JTACSP*, Revista dos Tribunais, *115*:238).
- "*Correção monetária* – Incidência a partir do fato. Embora o seguro obrigatório seja de natureza contratual e tenha a sua causa no pagamento do prêmio, não menos exato que esse prêmio é pago pelo dono do veículo com a finalidade de reparar danos físicos de terceiros, no caso de acidentes de trânsito, de acordo com a única finalidade de tal seguro. A orientação deve, portanto, ser a mesma que vige na responsabilidade em geral decorrente da prática de ato ilícito, mesmo porque a correção monetária não representa nenhuma pena e nenhum acréscimo, mas mera atualização do poder aquisitivo da moeda aviltada pela inflação" (1º TACSP, EI 387.372-SP, 6ª Câm., rel. Carlos R. Gonçalves).
- "Atropelamento – Indenização – Alegação da seguradora de que o seguro valia só para o ano do licenciamento – Desacolhimento, visto que o pagamento do seguro é feito periodicamente – Validade deste até igual período do ano subsequente – Indenizatória procedente – Sentença mantida" (*JTACSP*, Revista dos Tribunais, *115*:146).
- "Acidente de trânsito – Seguro obrigatório – Exigência do causador do dano independentemente de culpa – Presunção de propriedade de quem se encontra na posse do bem – Cobrança procedente – Recurso provido" (*JTACSP*, Revista dos Tribunais, *116*:193).
- "Acidente de trânsito – Ajuizamento pela mulher da vítima contra seguradora do veículo colidente – Irrelevância do recebimento do seguro facultativo para afastar o seguro obrigatório – Indenizatória procedente" (*JTACSP*, Revista dos Tribunais, *111*:223).
- "Seguro obrigatório – Atropelamento e morte por veículo – Valor devido: 40 salários mínimos da época do pagamento – Aplicação da Súmula 37, que revogou a Súmula 15 do Tribunal – Recurso adesivo que recebe provimento, para afastar a restrição do pagamento

pela metade (redução de 50%), respondendo a seguradora pelo valor integral do seguro" (*JTACSP, 144*:132).

- "Seguro obrigatório – Proteção também do proprietário e motorista do veículo – O escopo do seguro obrigatório é a proteção indiscriminada de todos que se utilizam do automóvel, inclusive o motorista proprietário" (*RT, 522*:85).
- Tratando-se de seguro obrigatório de responsabilidade civil dos proprietários de veículos automotores, terceiro é sempre a vítima do acidente, mesmo que seja o condutor ou o proprietário do veículo (STF, *RT, 558*:247).
- "Seguro obrigatório de danos pessoais – Fixação da indenização com base em salários mínimos – Admissibilidade – As Leis ns. 6.205 e 6.423 não revogaram o critério de fixação da indenização (Lei n. 6.194/74, art. 3º) em salários mínimos" (STJ, REsp 12.145-SP, 4ª T., rel. Min. Athos Carneiro, j. 8-10-1991, *DJU*, 11 nov. 1991, p. 16151, Seção I).
- "Seguro obrigatório de veículos automotores de vias terrestres – Trator – Pagamento da verba a ser realizada pelo consórcio das seguradoras – Desnecessidade de apresentação do documento relativo ao veículo ou ao seguro – Inteligência da Lei 8.441/92" (*RT, 810*:248).
- "DPVAT – Acidente de trânsito – Nascituro – Indenização devida – Lei 6.194/1974, art. 3º, I, e CCB/2002, art. 2º – Exegese.
- "A beneficiária legal de seguro DPVAT que teve a sua gestação interrompida em razão de acidente de trânsito tem direito ao recebimento da indenização prevista no art. 3º, I, da Lei 6.194/1974, devida no caso de morte" (STJ, REsp 1.415.727-SC, 4ª T., rel. Min. Luis Felipe Salomão, j. 4-9-2014).

93. Semáforo com defeito

V. Colisão em cruzamento sinalizado, n. 16.4, *retro*.

Acrescente-se que, se o motorista percebe que o sinal está travado e permanece vermelho para o seu sentido de marcha, somente poderá efetuar o cruzamento em condições favoráveis, isto é, quando não estiver se aproximando nenhum veículo pela outra rua. Assim já se decidiu:

"Semáforo travado, permanecendo verde para os carros que trafegavam pela R. Silva Jardim (sentido do carro da apelada) e vermelho para os que provinham da R. Cel. Spinola de Castro (por onde circulava o carro da apelante). Assim, estes últimos forçosamente ultrapassariam o cruzamento com sinal fechado, o que, aliás, foi feito pelo carro da apelante, cujo condutor não redobrou a atenção devida nas circunstâncias e veio a causar o acidente. Cabia a este a cautela de esperar o momento oportuno para a travessia; assim não agindo, por sua imprudência provocou o acidente" (1º TACSP, Ap. 321.017, 3ª Câm., j. 29-2-1984, Rel. Alexandre Germano).

"Colisão em cruzamento – Sinalização existente – Falecimento do condutor de veículo abalroado por veículo de uso militar (tanque de guerra) – Alegação de que o semáforo estava defeituoso – Circunstância que, se comprovada, não autorizaria o condutor a ingressar no cruzamento sem as cautelas necessárias – Indenizatória procedente" (*JTACSP*, Revista dos Tribunais, *116*:94).

"Indenização por danos automobilísticos – Ação sumaríssima – Extinção sem julgamento de mérito por ilegitimidade passiva – CET, Cia. de Engenharia de Tráfego, sociedade de economia mista municipal, com competência na implantação, operação e planejamento do sistema viário da Capital, bem como na exploração econômica dos equipamentos a isso destinados – Falha do funcionamento do semáforo – Responsabilidade" (1º TACSP, Ap. 502.487-5-SP, 7ª Câm., rel. Ariovaldo Santini Teodoro, j. 1º-12-1992, v. u., *Boletim da AASP*, n. 1.799, p. 243).

"Acidente de trânsito – Semáforo com defeito – Responsabilidade da Cia. de Engenharia de Tráfego (CET) pelo serviço de sinalização do trânsito, bem como pela manutenção dos equipamentos destinados a tal serviço – Indenização devida" (*RT, 707*:82).

"Acidente de trânsito – Colisão de veículos em decorrência de defeito de semáforo, sinalizando trânsito livre para direções opostas – Omissão da Administração em tomar as providências necessárias ao restabelecimento da segurança do tráfego – Obrigação do Estado de indenizar os danos do veículo do autor" (*RT, 636*:161).

"Responsabilidade civil do Estado – Sinistro ocasionado por defeito em semáforos – Culpa concorrente do Município e do condutor do veículo que transitava na via em que o farol estava inoperante, diante do dever de atenção ao cruzar a rua – Inexistência de culpa do motorista que trafegava pela via em que o sinal estava verde, diante da impossibilidade de lhe ser cobrado qualquer dever de diligência" (STJ, *RT, 842*:151).

94. Sinal (semáforo) amarelo e vermelho

V. Colisão e sinal (semáforo) amarelo, in Livro IV, Título II, n. 16.6, *retro*.

95. Sinalização (inexistência)

V. Colisão em cruzamento não sinalizado, in Livro IV, Título II, n. 16.3, *retro*.

96. Solidariedade

V. Pessoas obrigadas a reparar o dano, in Livro II, Título IV, Capítulo I, n. 3, *retro*; *A responsabilidade solidária das pessoas designadas no art. 932 do Código Civil*, in Título I, Capítulo I, Seção II, n. 2; *Propriedade do veículo*, n. 86, *retro*; *Ilegitimidade (e legitimidade) passiva "ad causam"*, n. 58, *retro*.

V. ainda:

"Venda de veículo – Ausência de comunicação do fato ao Detran – Responsabilidade solidária do antigo proprietário pelo pagamento do IPVA, relativo a período posterior à venda – Comunicação exigida pelo art. 134 do Código de Trânsito Brasileiro" (TJMG, Ap. 0.0702.09.565172-6/001, rel. Des. Elias Camilo, Revista *Consultor Jurídico*, 25-4-2011).

97. Sucata

V. Comprovação do dano, in Livro IV, Título II, n. 29.2, *retro*.

98. Testemunha

V. Prova, in Livro IV, Título II, n. 87, *retro*.

99. Tradição

V. Propriedade do veículo, in Livro IV, Título II, n. 86, *retro*.

100. Transcrição (no Cartório de Títulos e Documentos) da venda do veículo

V. Propriedade do veículo, n. 86, *retro*.

101. Transporte de passageiros

V. Responsabilidade civil dos transportadores, in Livro II, Título I, Capítulo II (Responsabilidade contratual), n. 2, *retro*.

O transporte de pessoas em carroceria de veículo de carga é perigoso e proibido pelo art. 230, II, do Código de Trânsito Brasileiro, que atribui penalidades a quem conduz veículo "transportando passageiro em compartimento de carga, salvo por motivo de força maior, com permissão da autoridade competente e na forma estabelecida pelo CONTRAN".

Também é proibido "conduzir pessoas, animais ou carga nas partes externas do veículo, salvo nos casos devidamente autorizados" (art. 235).

A infração a esses dispositivos pode configurar culpa por eventuais acidentes, em razão da falta de segurança que tais condutas acarretam, especialmente em casos de solavancos e frenagens súbitas do veículo. Assim, com efeito, tem-se decidido:

"O empregado que, durante a jornada de trabalho, é transportado na carroçaria de um caminhão, e sofre danos resultantes de acidente de trânsito, pode propor ação visando a respectiva reparação contra o empregador ou contra o proprietário do veículo que o transportava" (*RSTJ, 118*:201).

"Acidente de trânsito – Imprudência caracterizada pelo transporte de pessoas em carroceria de veículo de carga, roborada face às condições da estrada – Culpa recíproca. É de se reconhecê-la no passageiro que preferiu esse local de transporte, agravada com o fato de alojar-se sobre a tampa lateral do veículo" (*JTARS, 63*:310, j. 23-4-1987).

102. Transporte gratuito

V. O transporte gratuito, in Livro II, Título I, Capítulo II (Responsabilidade contratual), n. 2.6, *retro*.

103. Trator

Os tratores são veículos lentos, destinados a executar trabalhos agrícolas. Por essa razão, não devem circular por vias ou estradas de trânsito rápido, pois o art. 219 do Código de Trânsito Brasileiro dispõe que constitui infração "transitar com veículo em velocidade inferior à metade da velocidade máxima estabelecida para a via, retardando ou obstruindo o trânsito, a menos que as condições de tráfego e meteorológicas não o permitam, salvo se estiver na faixa da direita".

A Resolução n. 734/89 do Contran possibilitava o trânsito desses veículos, fora das propriedades rurais particulares, apenas em caráter excepcional. O Código de Trânsito Brasileiro não faz nenhuma distinção entre eles e os demais veículos, sendo livre a sua circulação, desde que se submetam a todas as regras de trânsito, especialmente a que determina que se mantenham na faixa da direita.

Os abusos, nesse particular, são em grande número. É comum deparar-se, ao longo das estradas asfaltadas e de grande movimento, com tratores circulando pelos acostamentos, transportando pessoas, mas a todo momento ingressando na pista e criando situações de perigo para os carros e caminhões, pois, muitas vezes, eles trafegam ao entardecer, sem que estejam sequer dotados de lanternas traseiras. Desenganada a culpa de quem assim age, cometendo até, nessas circunstâncias, ilícito penal, como reconheceu o extinto Tribunal de Alçada Criminal de São Paulo (*JTACrim, 60*:270).

Decidiu esse mesmo Tribunal que:

"A condução de tratores por estradas asfálticas de alta velocidade, transportando pessoa na barra de tração, é prática reprovável pelos riscos evidentes que acarreta de acidente" (*JTACrim, 62*:277).

Por sua vez, decidiu o também extinto 1º Tribunal de Alçada Civil de São Paulo:

"Acidente de trânsito – Colisão provocada por trator que trafegava a baixa velocidade e em faixa inadequada, sem sinalização – Art. 89, XX, do CNT – Indenizatória procedente – Normalmente (ou pelo menos assim deve ser), os tratores, por serem veículos pesados e terem pouca condição de velocidade, trafegam pelo acostamento, com sinalização ostensiva, ou, então, transportados em caminhões. O trânsito em velocidade reduzida e em faixa inadequada constitui proibição prevista no art. 89, XX, do CNT" (*JTACSP*, Revista dos Tribunais, *92*:51).

"Acidente de trânsito – Danos causados por trator dirigido pelo preposto da ré – Responsabilidade objetiva da preponente, mesmo que o empregado não esteja a serviço na hora da colisão – Indenizatória procedente" (*JTACSP*, Saraiva, *81*:63).

"Acidente de trânsito – Desprendimento de pino de carreta atrelada a trator ocupada de passageiros (boias-frias) – Vítima que veio a falecer em virtude da queda e não por mal súbito estranho ao acidente – Existência de prova (exame de corpo de delito) a confirmar a tese – Culpa do condutor configurada – Indenizatória procedente" (Ap. 437.732/90, 8ª Câm. Esp., j. 8-8-1990, rel. Pinheiro Franco).

"Acidente de trânsito – Colisão provocada por trator – Indenizatória procedente – O trator é veículo lento, máxime quando reboca grade de arar terras, como no caso presente. Não deve transitar à noite ou ao entardecer em vias asfaltadas e de trânsito rápido, especialmente sem as lanternas traseiras" (*JTACSP*, Ed. Lex, *134*:65).

Acidente de trânsito – Condutor de trator que trafegava ao anoitecer sem iluminação no veículo, de forma imprudente – Culpa presumida – Admissibilidade – Infração secundária praticada pelo condutor do outro automóvel – Irrelevância – Culpa concorrente inexistente (*RT*, *811*:252).

104. Ultrapassagem

V. Contramão de direção, in Livro IV, Título II, n. 23, *retro*.
Determina o Código de Trânsito Brasileiro, no art. 29:
"(...)
IX – a ultrapassagem de outro veículo em movimento deverá ser feita pela esquerda, obedecida a sinalização regulamentar e as demais normas estabelecidas neste Código, exceto quando o veículo a ser ultrapassado estiver sinalizando o propósito de entrar à esquerda;
X – todo condutor deverá, antes de efetuar uma ultrapassagem, certificar-se de que:
a) nenhum condutor que venha atrás haja começado uma manobra para ultrapassá-lo;
b) quem o precede na mesma faixa de trânsito não haja indicado o propósito de ultrapassar um terceiro;
c) a faixa de trânsito que vai tomar esteja livre numa extensão suficiente para que sua manobra não ponha em perigo ou obstrua o trânsito que venha em sentido contrário".

A ultrapassagem pela direita, "exceto quando o veículo a ser ultrapassado estiver sinalizando o propósito de entrar à esquerda", constitui, pois, além de infração administrativa, manifesta imprudência, por surpreender os demais motoristas.

A propósito, asseveram Geraldo de Faria Lemos Pinheiro e Dorival Ribeiro que "a ultrapassagem pela direita atenta contra a segurança do trânsito, pois o condutor que vai pela esquerda pode não se acautelar com a aproximação de outro veículo e, mudando de faixa, atingirá aquele que vai ultrapassá-lo de modo proibido. A ultrapassagem pela direita, com utilização do acostamento, é infração que se reveste de maior grau de periculosidade e é conduta altamente reprovável, sendo de se lamentar que o legislador, que se preocupou com regras irrelevantes, não tenha criado um tipo especial para esse procedimento, com pena bastante severa" (*Doutrina*, cit., p. 230).

Segundo a Convenção de Viena, adotada pelo Brasil, "todo condutor deverá, antes de efetuar uma ultrapassagem, certificar-se de que: *a*) nenhum condutor que venha atrás haja começado uma manobra para ultrapassá-lo; *b*) quem o precede na mesma faixa de trânsito não haja indicado o propósito de ultrapassar um terceiro; *c*) a faixa de trânsito que vai tomar está livre numa extensão suficiente para que, tendo em vista a diferença entre a velocidade de seu veículo durante a manobra e a dos usuários da via aos quais pretende ultrapassar, sua manobra não ponha em perigo ou obstrua o trânsito que venha em sentido contrário" (art. 11, § 20).

Sendo a ultrapassagem manobra que requer atenção e a adoção de redobradas cautelas, não são permitidas ultrapassagens em lombadas ou em imediações de esquinas, ou curvas das estradas de longo percurso, como já decidiu o extinto 1º Tribunal de Alçada Civil de São Paulo: "Não resta dúvida de que a ultrapassagem de um veículo, com ingresso na contramão de direção pelo carro ultrapassador, é manobra permitida. Todavia, para ser realizada, é necessário que as condições de tráfego do local isso permitam. Ora, como é assente, não é viável que tal manobra seja realizada nas imediações de uma esquina, segundo o próprio apelante, em uma distância de cerca de vinte metros da mesma" (Ap. 274.904, 1ª Câm., j. 9-12-1980).

JURISPRUDÊNCIA

- "Acidente de trânsito – Caminhão do réu desprovido de sinalização traseira – Ultrapassagem inoportuna do autor, em curva – Fatos devidamente comprovados – Concorrência de culpas reconhecida – Indenizatória devida pela metade" (1º TACSP, Ap. 428.271/90, 2ª Câm. Esp., j. 3-1-1990, rel. Alexandre Germano).

- "Acidente de trânsito – Ultrapassagem feita em rodovia sem asfalto em meio a nuvem de poeira – Choque frontal daí resultante – Imprudência caracterizada – Indenização devida. A ultrapassagem feita em rodovia sem asfalto em meio a nuvem de poeira caracteriza inquestionável imprudência do motorista, cabendo-lhe, em consequência, responder pelos danos a outrem causados" (*RT*, *654*:171).

- "Acidente rodoviário – Veículo conduzido pela autora que, ao ultrapassar outro, veio a colidir com o do réu – Alegação de que o preposto deste estava em excesso de velocidade – Inocorrência, pois a autora, ao realizar a manobra, invadiu outra mão de direção, agindo sem as devidas cautelas, inobstante o fato da existência ou não de sinalização de solo – Culpa exclusiva da autora determinada – Indenizatória procedente" (1º TACSP, Ap. 438.669/90, 1ª Câm. Esp., j. 10-7-1990, rel. Elliot Akel). Automóvel que sai por detrás de coletivo parado, derivando para o centro da pista e iniciando operação de ultrapassagem, vindo a atropelar a vítima sobre a faixa de pedestre. É sabido que tal manobra exige cautela maior dos motoristas, pois pela frente ou por trás do ônibus é comum saírem pessoas visando à travessia da rua. Culpa do réu reconhecida (1º TACSP, Ap. 334.218, 2ª Câm., j. 5-12-1984, rel. Roque Komatsu).

- "Prova de que o acidente só ocorreu em virtude de ultrapassagem irregular feita pelo veículo do réu, em lombada onde havia dupla faixa na pista – Indenizatória procedente" (1º TACSP, Ap. 329.179, 8ª Câm., j. 11-9-1984, rel. Alexandre Loureiro).

- "Acidente ocorrido em razão de tentativa de ultrapassagem sem observância das cautelas devidas no momento em que o autor estava ingressando à esquerda – Tratando-se de cruzamento, a ultrapassagem não era permitida e, ao tentar fazê-lo, agiu com imprudência o motorista da apelante – Recurso improvido" (1º TACSP, Ap. 320.647, 3ª Câm., j. 22-2-1984, rel. Luciano Leite).

- "Responsabilidade civil – Acidente de trânsito – Motorista de caminhão que, em velocidade acentuada, vem a atropelar uma criança, causando-lhe a morte, ao tentar ultrapassar ônibus coletivo em ponto de desembarque de passageiros – Culpa caracterizada – Responsabilidade da empresa em face da prática do ato por seu preposto – Verba devida" (*RT*, *750*:329).

- "Acidente de trânsito – Ultrapassagem simultânea – Preferência do veículo vindo de trás. Age com culpa o condutor de caminhão que inicia ultrapassagem sem atentar para o fato de que o automóvel que trafegava logo atrás já iniciara a mesma manobra, tanto que abalroado lateralmente, vindo a capotar. Preferência de ultrapassagem daquele que vem atrás e já iniciara a manobra" (TJRS, Ap. 70.011.158.409, 12ª Câm. Cív., rel. Des. Orlando Heemann Júnior, j. 30-6-2005).

105. Velocidade excessiva

V. Imprudência, in Livro IV, Título II, n. 60, *retro*.

106. Venda de veículo

V. Livro IV, Título II, *Propriedade do veículo*, n. 86, *retro*; *Ilegitimidades ativa e passiva "ad causam"*, n. 57 e 58, *retro*.

107. Verba honorária

V. O cálculo da verba honorária, in Livro II, Título IV, Capítulo II, Seção I, n. 5.6, *retro*.

108. Via preferencial

V. Colisão em cruzamento sinalizado, n. 16.4, *retro*; *Colisão e preferência de fato*, n. 16.5, *retro*.

109. Vítima

V. A culpa exclusiva da vítima, in Livro III, n. 3, *retro*, e *Culpa concorrente*, n. 3.4, *retro*; *Culpa presumida do causador do dano (presunção em favor da vítima)*, n. 27.2, *retro*; *Pessoas que podem exigir a reparação do dano*, in Livro II, Título IV, Capítulo I, n. 4, *retro*.

Diante de culpa exclusiva do pedestre, que atravessa via sem se atentar aos deveres de cuidado, surge dever de indenização. Segundo esse entendimento, o 1º Juizado Cível de Cascavel (PR) condenou pedestre ao pagamento de danos materiais ao condutor do veículo, no valor de R$ 2.430,00. No caso, o motorista entrou com ação de indenização por danos materiais e morais contra pedestre que atravessou a rodovia em que dirigia e, cruzando em frente ao seu veículo, causou a colisão. A Polícia Federal fez levantamento no local e concluiu que a causa do acidente foi a conduta do réu, que fez a travessia da pista em local inapropriado. De acordo com o art. 69 do Código de Trânsito Brasileiro, quem for atravessar uma via deve certificar-se de que pode praticar o ato sem causar perito para terceiros. *Decisum*: 0042827-78.2019.8.16.0021, in Revista *Consultor Jurídico* de 24-6-2021.

BIBLIOGRAFIA

ACQUAVIVA, Marcus Cláudio & Oliveira, Juarez de. *Código Nacional de Trânsito.* São Paulo: Sugestões Literárias, 1973.

AGUIAR DIAS, José de. *Da responsabilidade civil.* 4. ed. Rio de Janeiro: Forense; 10. ed. 1997.

AGUIAR DIAS, José de. *Cláusula de não indenizar.* 3. ed. Rio de Janeiro, Forense, 1955.

AGUIAR DIAS, José de. Novos danos na responsabilidade civil. In: *Direito civil*: diálogos entre a doutrina e a jurisprudência. São Paulo: GEN-Atlas, 2018.

AGUIAR JÚNIOR, Ruy Rosado de. Responsabilidade civil do médico. *RT, 718:*33.

ALMEIDA, Dario Martins de. *Manual de acidentes de viação.* Coimbra: Livraria Almedina, 1969.

ALPA, G. & BESSONE, M. *La responsabilità civile.* 1980. Milano: A. Giuffrè, v. 1 e 2.

ALVIM, Agostinho. *Da inexecução das obrigações e suas consequências.* 3. ed. Rio de Janeiro: Ed. Jurídica e Universitária, 1965.

ALVIM, Agostinho. Aspectos da locação predial. Rio de Janeiro: Ed. Jurídica e Universitária, 1966.

AMERICANO, Jorge. *Do abuso do direito no exercício da demanda.* 2. ed. São Paulo: Saraiva, 1932.

ANTUNES VARELA, João de Deus Matos. *Das obrigações em geral.* Coimbra: Almedina, 1973.

ANZORENA, Arturo Acuña. *Estudios sobre la responsabilidad civil.* La Plata: Platense, 1963.

ARANTES, Artur Cristiano. *Responsabilidade civil do cirurgião-dentista.* São Paulo: Editora J. H. Mizuno, 2006.

ARAÚJO CINTRA, Antônio Carlos. *Teoria geral do processo.* 4. ed. São Paulo: Revista dos Tribunais.

ARRUDA ALVIM. *Manual de direito processual civil.* São Paulo: Revista dos Tribunais, 1986. v. 2.

ARRUDA ALVIM. *Código de Processo Civil comentado.* São Paulo: Revista dos Tribunais, 1975.

ARRUDA ALVIM. *Código do Consumidor comentado.* 2. ed. São Paulo: Revista dos Tribunais.

ATHIAS, Jorge Alex Nunes et al. *Dano ambiental:* prevenção, reparação e repressão. São Paulo: Revista dos Tribunais, 1993.

AVELAR, Juarez Moraes. *Cirurgia plástica – Obrigação de resultado.* São Paulo: Ed. Hipócrates, 2000.

AZEVEDO, Álvaro Villaça. Contrato de casamento, sua extinção e renúncia a alimentos na separação consensual. In: *Estudos em homenagem ao Professor Washington de Barros Monteiro.* São Paulo: Saraiva, 1982.

AZEVEDO, Antonio Junqueira de et al. Responsabilidade civil dos pais. In: *Responsabilidade civil – Doutrina e jurisprudência.* São Paulo: Saraiva, 1984.

AZEVEDO JÚNIOR, José Osório de. O dano moral e sua avaliação. *Revista do Advogado*, n. 49, dez. 1996.

BANDEIRA DE MELLO, Celso Antônio. Responsabilidade extracontratual do Estado por comportamentos administrativos. São Paulo, *RT, 552*:11.

BANDEIRA DE MELLO, Celso Antônio. *Prestação de serviços públicos e administração indireta*. 2. ed. São Paulo, Revista dos Tribunais, 1979.

BANDEIRA DE MELLO, Oswaldo Aranha. *Princípios gerais de direito administrativo*. 1. ed. Rio de Janeiro: Forense. v. 2.

BARASSI, Lodovico. *La teoria generale delle obbligazioni*. Milano: Giuffrè, 1964.

BARBI, Celso Agrícola. *Comentários ao Código de Processo Civil*. Rio de Janeiro: Forense. v. 1, t. 2.

BARROS, Octávio. *Responsabilidade pública*. São Paulo: Revista dos Tribunais, 1956.

BARROS, Zanon de Paula. Responsabilidade civil: colisão de veículos em cruzamento. São Paulo, *RT, 662*:233.

BARROS MONTEIRO, Washington de. *Curso de direito civil*. 5. ed. São Paulo: Saraiva.

BELCHIOR, Stélio Bastos. A responsabilidade civil no transporte aéreo. São Paulo, *RT, 327*:307.

BENÍCIO, Hercules Alexandre da Costa. *Responsabilidade civil do Estado decorrente de atos notariais e de registro*. São Paulo: Revista dos Tribunais, 2005.

BENJAMIN, Antonio Herman de Vasconcellos et al. *Comentários ao Código de Proteção ao Consumidor*. São Paulo: Saraiva, 1991.

BENJO, Celso. O "leasing" na sistemática jurídica nacional e internacional. São Paulo, *RT, 274*:18.

BERALDO, Leonardo de Faria. A responsabilidade civil no parágrafo único do art. 927 do Código Civil e alguns apontamentos do direito comparado. *RF, 376*:131.

BESSON, André. *La notion de garde dans la responsabilité du fait des choses*. Paris: Dalloz, 1927.

BEVILÁQUA, Clóvis. *Código Civil comentado*. 6. ed. Rio de Janeiro: Francisco Alves, 1940.

BEZERRA DE MELO, Marco Aurélio; LOPES DE OLIVEIRA, J. M. Leoni. *Direito civil:* responsabilidade civil. 3. ed. São Paulo: GEN/Forense, 2019.

BITTAR, Carlos Alberto et al. *Responsabilidade civil nas atividades nucleares*. São Paulo: Revista dos Tribunais, 1985.

BITTAR, Carlos Alberto. Responsabilidade civil nas atividades perigosas. In: *Responsabilidade civil – Doutrina e jurisprudência*. São Paulo: Saraiva, 1984.

BITTAR, Carlos Alberto. *Direitos do consumidor*. Rio de Janeiro: Forense Universitária, 1990.

BITTAR, Carlos Alberto. *Reparação civil por danos morais*. São Paulo: Revista dos Tribunais, 1993.

BITTAR FILHO, Carlos Alberto. Dano moral coletivo. São Paulo, *Revista de Direito do Consumidor*, n. 12.

BITTENCOURT, Darlan Rodrigues. Lineamentos da responsabilidade civil ambiental. São Paulo, *RT, 740*:53.

BITTENCOURT, Edgard Moura. *O concubinato no direito*. 2. ed. Rio de Janeiro: Ed. Jurídica Universitária, 1969.

BOMFIM, Silvano Andrade do. *Bullyng* e responsabilidade civil: uma nova visão do direito de família à luz do direito civil constitucional. *Revista Brasileira de Direito das Famílias e Sucessões*. Editora Magister e IBDFAM, n. 22, p. 61.

BONVICINI, Eugenio. *La responsabilità civile*. Milano: Giuffrè, 1924.
BRUNINI, Weida Zancaner. *Da responsabilidade extracontratual da Administração Pública*. São Paulo: Revista dos Tribunais, 1981.
BULOS, Uadi Lammêgo. *Constituição Federal anotada*. 4. ed. São Paulo: Saraiva, 2002.
BUSSADA, Wilson. *Acidentes de trânsito*. São Paulo: Ed. Pró-Livro, 1977.
CAHALI, Yussef Said. *Dano e indenização*. São Paulo: Revista dos Tribunais, 1980.
CAHALI, Yussef Said. *Responsabilidade civil do Estado*. São Paulo: Revista dos Tribunais, 1982; 2. ed. 1996.
CAHALI, Yussef Said. *Dano moral*. 2. ed. São Paulo: Revista dos Tribunais.
CAHALI, Yussef Said. *Dos alimentos*. 1. ed. 4 tir. São Paulo: Revista dos Tribunais.
CAHALI, Yussef Said. Responsabilidade dos bancos pelo roubo em seus cofres. São Paulo, *RT, 591*:9.
CAHALI, Yussef Said. *Divórcio e separação*. São Paulo: Revista dos Tribunais, 2002.
CÂMARA LEAL, Antônio Luiz da. *Da prescrição e da decadência*. 4. ed. Rio de Janeiro: Forense, 1982.
CÂMARA LEAL. *Comentários ao Código de Processo Penal brasileiro*. Rio de Janeiro: Freitas Bastos, 1943.
CAMMAROTA, Antonio. *Responsabilidade extracontratual*. Buenos Aires: Depalma, 1947. v. 1.
CAPITANT, Henri. *Les grands arrêts de la jurisprudence civile*. 3. ed. Paris: Dalloz, 1950.
CARBONNIER, Jean. *Droit civil*. 7. ed. Paris: PUF, 1969. v. 4.
CARRARD, Jean. O dano estético e sua reparação. *RF, 83*:406.
CARREIRA ALVIM, J. E. *Tutela antecipada na reforma processual*. Rio de Janeiro: Destaque, 1995.
CARVALHO, Afonso de. Novas decisões. Apud José Raimundo Gomes, Transporte gratuito e responsabilidade civil, *RJTJSP, 106*:15.
CARVALHO SANTOS, J. M. *Código Civil brasileiro interpretado*. Rio de Janeiro: Freitas Bastos, 1934.
CASILLO, João. Dano moral – Indenização – Critério para fixação. São Paulo, *RT, 634*:235.
CASTRO, Amílcar de. *Comentários ao Código de Processo* Civil. São Paulo: Revista dos Tribunais. v. 8.
CAVALIERI FILHO, Sérgio. *Programa de responsabilidade civil*. 2. ed. São Paulo: Malheiros, 2000; e 9. ed. 2010.
CAVALIERI FILHO, Sérgio. A responsabilidade civil prevista no Código de Trânsito Brasileiro à luz da Constituição Federal. São Paulo, *RT, 765*:87.
CAVALIERI FILHO, Sérgio. *Comentários ao novo Código Civil*. TEIXEIRA, Sálvio de Figueiredo (coord.). Rio de Janeiro: Forense, 2004, v. 13.
CAVALIERI FILHO, Sérgio. *Tratado de direito civil*. São Paulo: Revista dos Tribunais, 1985. v. 3.
CAVALIERI FILHO, Sérgio. Direito à própria imagem. São Paulo, *RT, 451*:12.
CHAVES, Antônio. *Lições de direito civil*. São Paulo: Revista dos Tribunais, 1974.
CHAVES DE FARIAS, Cristiano; BRAGA NETTO, Felipe; ROSENVALD, Nelson. *Novo tratado de responsabilidade civil*. 2. ed. São Paulo: Saraiva, 2017.
CHIOVENDA, Giuseppe. *Princípios de direito processual civil*.

COLOMBO, Leonardo A. *Culpa aquiliana.* Buenos Aires: TEA, 1947.
COVELLO, Sergio Carlos et al. Responsabilidade dos bancos pelo pagamento de cheques falsos e falsificados. In: *Responsabilidade civil – Doutrina e Jurisprudência.* São Paulo: Saraiva, 1984.
CREMONEZE, Paulo Henrique. *Prática de direito marítimo:* o contrato de transporte marítimo e a responsabilidade civil do transportador. São Paulo: Quartier Latin, 2009.
CRETELLA JÚNIOR, José. *Tratado de direito administrativo.* 1. ed. Rio de Janeiro, Forense. v. 8.
CRETELLA JÚNIOR, José. Responsabilidade do Estado por atos judiciais. *RF, 230*:46.
CRETELLA JÚNIOR, José. Responsabilidade civil do Estado legislador. In: *Responsabilidade civil – Doutrina e jurisprudência.* Cahali, Yussef Said (coord.). São Paulo: Saraiva, 1984.
CUNHA GONÇALVES, Luís da. *Tratado de direito civil.* v. 12, t. 2.
CUSTÓDIO, Helita Barreira. Avaliação de custos ambientais em ações jurídicas de lesão ao meio ambiente. São Paulo, *RT, 652*:14.
DALLARI, Adilson Abreu. *Regime constitucional dos servidores públicos.* São Paulo: Revista dos Tribunais, 1976.
DELGADO, José Augusto. Interpretação dos contratos regulados pelo Código de Proteção ao Consumidor. *Informativo Jurídico*, Biblioteca Min. Oscar Saraiva. n. 8.
DEMOGUE, René. *Traité des obligations en général.* Paris, 1923.
DENARI, Zelmo. Responsabilidade civil do fornecedor. *Revista do Advogado*, n. 33, p. 63.
DE PAGE, Henri. *Traité élémentaire de droit civil belge.* Bruxelles: E. Bruylant, 1939, v. 2.
DIEZ-PICAZO. *Fundamentos del derecho civil patrimonial.* Madrid: Civitas, 1996, v. 2.
DINAMARCO, Cândido Rangel. *Teoria geral do processo.* 4. ed. São Paulo: Revista dos Tribunais, 2019.
DINIZ, Maria Helena. *Responsabilidade civil.* São Paulo: Saraiva, 1984; 7. ed. 1993.
DINIZ, Maria Helena. Análise hermenêutica do art. 1.531 do Código Civil e dos arts. 16 a 18 do Código de Processo Civil, *Jurisprudência Brasileira, 147*:14.
DI PIETRO, Maria Sylvia Zanella. *Direito administrativo.* 2. ed. São Paulo: Atlas, 1991.
DIREITO, Carlos Alberto Menezes. Anotações sobre a responsabilidade civil por furto de automóveis em "shopping centers". São Paulo, *RT, 651*:235.
DIREITO, Carlos Alberto Menezes. *Comentários ao novo Código Civil.* TEIXEIRA, Sálvio de Figueiredo (coord.). Rio de Janeiro: Forense, 2004, v. 13.
DOHRING, Erich. *La prueba, su práctica y apreciación.* Buenos Aires: Ediciones Jurídicas Europa-América, 1972.
ENNECCERUS & LEHMANN. *Derecho de obligaciones.* Barcelona: Bosch Casa Editorial, 1935.
ERPEN, Décio Antônio. A responsabilidade civil, penal e administrativa dos notários e registradores. *Boletim do Colégio Notarial do Brasil* – Seção do Rio Grande do Sul, n. 1.
ESPÍNOLA, Eduardo. *Breves anotações ao Código Civil brasileiro.* Rio de Janeiro: Ed. Conquista, 1922, v. 1.
ESPÍNOLA, Eduardo. *Dos contratos nominados no direito brasileiro.* Rio de Janeiro: Conquista/Gazeta Judiciária, 1956.
ESPÍNOLA FILHO, Eduardo. O dano moral em face da responsabilidade civil (Prefácio). In: *O dano moral no direito brasileiro.* In: ÁVIO, Brasil. *O dano moral no direito brasileiro.* Rio de Janeiro: Livraria Jacinto Editora, 1944.
FADEL, Sérgio S. *Código de Processo Civil comentado.* Rio de Janeiro: Konfino, 1974. t. 4.

FEYH, José Urbano. Responsabilidade civil do Estado por depredações populares a bens particulares. *RF*, *112*:329.

FIORILLO, Celso Antonio Pacheco. *Curso de direito ambiental brasileiro*. 18. ed. São Paulo: Saraiva, 2018.

FISCHER, Hans Albrecht. A *reparação dos danos no direito civil*. São Paulo: Saraiva, 1938.

FONSECA, Arnoldo Medeiros da. *Caso fortuito e teoria da imprevisão*. 2. ed. e 3. ed. Rio de Janeiro: Imprensa Nacional, 1943.

FRANÇA, R. Limongi. Aspectos jurídicos da AIDS. *RT*, *661*:21.

FRANÇA, R. Limongi. Reparação do dano moral. *RT*, *631*:22.

FRONTINI, Paulo Salvador. A responsabilidade civil do órgão do Ministério Público, *Justitia*, 83/40.

GAGLIANO, Pablo Stolze; PAMPLONA FILHO, Rodolfo. *Novo curso de direito civil*. 18. ed. São Paulo: Saraiva, 2020. v. 3.

GALGANO, Francesco. *Diritto privato*. Padova: Cedam, 1987.

GALHANONE, Álvaro Luiz Damásio. *RT*, *565*:30.

GALLO, Paolo. *Pene private e responsabilità civile*. Milano: Giuffrè, 1996.

GARCEZ NETO, Martinho. *Responsabilidade civil*. 3. ed. São Paulo: Saraiva, 1975.

GARCEZ NETO, Martinho. *Prática de responsabilidade civil*. 1970.

GARCIA, Basileu. *Instituições de direito penal*. São Paulo: Max Limonad, 1956.

GIORDANI, José Acir Lessa. *A responsabilidade civil objetiva genérica no Código Civil de 2002*. Rio de Janeiro: Lumen Juris, 2004.

GIORGI, Giorgio. *Teoria delle obbligazioni nel diritto moderno italiano*. 7. ed. Editori Librai: Plazza della Signoria, 1887.

GIUSTINA, Vasco Della. *Responsabilidade civil dos grupos*. Rio de Janeiro: AIDE, 1991.

GOMES, Luiz Roldão de Freitas. *Elementos de responsabilidade civil*. Rio de Janeiro: Renovar, 2000.

GOMES, Orlando. *Obrigações*. 2. ed. Rio de Janeiro: Forense, 1968

GOMES, Orlando. *Transformações gerais do direito das obrigações*. São Paulo: Revista dos Tribunais, 1967.

GOMES, Orlando. *Alienação fiduciária em garantia*. São Paulo: Revista dos Tribunais, 1970.

GOMES DA CRUZ, José Raimundo. Transporte gratuito e responsabilidade civil. *RJTJSP, 106*:8.

GRANIZO, Martin. *Los daños y la responsabilidad objetiva en el derecho positivo español*. Pamplona: Aranzadi, 1972.

GRECO FILHO, Vicente. *Direito processual civil brasileiro*. São Paulo: Saraiva, 1986. v. 1.

GRINOVER, Ada Pellegrini. *Eficácia e autoridade da sentença penal*. São Paulo: Revista dos Tribunais, 1978.

GRINOVER, Ada Pellegrini. *Teoria geral do processo*. 4. ed. São Paulo: Revista dos Tribunais, 1984.

GUIMARÃES DE SOUZA, Mário. *O advogado*. Recife: [s.n.], 1935.

HENTZ, Luiz Antonio Soares. *Indenização por erro judiciário*. LEUD, 1995.

HUNGRIA, Nélson. *Comentários ao Código Penal*. 4. ed. Rio de Janeiro: Forense, 1958.

ITURRASPE, Jorge Mosset. *Responsabilidad civil*. Buenos Aires: Hamurabi, 1997.

JESUS, Damásio Evangelista de. *Prescrição penal*. São Paulo: Saraiva, 1983.

JOSSERAND, Louis. *Derecho civil.* Buenos Aires: Bosch, 1951.

KEEDI, Samir; MENDONÇA, Paulo C. C. de. *Transportes e seguro no comércio exterior.* 2. ed. São Paulo: Aduaneiras, 2000.

KFOURI NETO, Miguel. Graus da culpa e redução equitativa da indenização. São Paulo, *RT,* 839:47-68.

KISCH, Wilhelm. *Elementos de derecho procesal civil.* 2. ed. Ed. Revista de derecho privado, 1940.

LALOU, Henri. *Traité pratique de la responsabilité civile.* Paris: Dalloz, 1949.

LAZZARINI, Álvaro. Responsabilidade civil do Estado por atos omissivos de seus agentes. *RJTJSP,* 117:8.

LEITE, Iolanda Moreira et al. Responsabilidade civil do construtor. In: *Responsabilidade civil – Doutrina e jurisprudência.* São Paulo: Saraiva, 1984.

LENZ, Luís Alberto Thompson Flores. A responsabilidade civil frente à legítima defesa putativa. São Paulo, *RT,* 632:72.

LENZ, Luís Alberto Thompson Flores. A responsabilidade civil do transportador pela morte de passageiro em assalto aos coletivos. São Paulo, *RT,* 643:51.

LESSA, Pedro. *Do Poder Judiciário.* Rio de Janeiro: Livraria Francisco Alves, 1915.

LIMA, Alcides de Mendonça. *Comentários ao Código de Processo Civil.* 3. ed. Rio de Janeiro: Forense, 1979.

LIMA, Alvino. *Culpa e risco.* São Paulo: Revista dos Tribunais, 1960.

LIMA, Alvino. *A responsabilidade civil pelo fato de outrem.* 1. ed. Rio de Janeiro: Forense, 1973.

LIPPMANN, Ernesto. A responsabilidade civil do advogado vista pelos tribunais. *RT,* 787:141.

LIMA, Alvino. Assédio sexual, relações trabalhistas e danos morais. *Revista Síntese Trabalhista,* n. 146.

LOPES, João Batista. Perspectivas atuais da responsabilidade civil. *RJTJSP,* 57:14.

LUCARELLI, Fábio Dutra. Responsabilidade civil por dano ecológico. São Paulo, *RT,* 700:16.

LYRA, Afranio. *Responsabilidade civil.* Bahia: s. ed., 1977.

MAGALHÃES, Teresa Ancona Lopes de. *O dano estético.* São Paulo: Revista dos Tribunais, 1980.

MAGALHÃES, Teresa Ancona Lopes de et al. Responsabilidade civil dos médicos. In: *Responsabilidade civil – Doutrina e jurisprudência.* São Paulo: Saraiva, 1984 e 1988.

MAGALHÃES NORONHA, Edgard. *Direito penal.* 4. ed. São Paulo: Saraiva.

MANZINI, Vincenzo. *Trattado di diritto penale italiano.* Torino: Torinese, 1950.

MARCONDES, Ricardo Kochinski. Lineamentos da responsabilidade civil ambiental. São Paulo, *RT,* 740:53.

MARINONI, Luiz Guilherme. Tutela inibitória: a tutela da prevenção do ilícito. *Revista de Direito Processual Civil.* Curitiba: Gênesis, 1998. v. 2.

MARMITT, Arnaldo. *Perdas e danos.* Rio de Janeiro: Aide, 1987.

MARQUES, Azevedo. Comentário. *RF,* 78:548.

MARQUES, Cláudia Lima. *Contratos no Código de Defesa do Consumidor.* São Paulo: Revista dos Tribunais, 1992.

MARQUES, José Frederico. *Tratado de direito penal.* 2. ed. São Paulo: Saraiva.

MARQUES, José Frederico. *Instituições de direito processual civil.* Rio de Janeiro: Forense.

MARQUES, José Frederico. *Elementos de direito processual penal*. Rio de Janeiro: Forense.

MAZEAUD & MAZEAUD. *Traité théorique et pratique de la responsabilité civile, délictuelle et contractuelle*. 3. ed. Paris: Sirey, [1947-1950].

MAZEAUD & MAZEAUD. *Traité théorique et pratique de la responsabilité civile: délictuelle et contractuelle*. 4. ed. Paris: Sirey, [1947-1950]. v. 1.

MAZZILLI, Hugo Nigro. *A defesa dos interesses difusos em juízo*. 21. ed. São Paulo: Saraiva, 2008.

MEIRELLES, Hely Lopes. *Direito de construir*. 2. ed. São Paulo: Revista dos Tribunais, 1965.

MEIRELLES, Hely Lopes. Proteção ambiental e ação civil pública. São Paulo, *RT, 611*:7.

MEIRELLES, Hely Lopes. *Direito administrativo brasileiro*. 6. ed. São Paulo: Revista dos Tribunais, 1978.

MELLO, Rubens Camargo. Responsabilidade civil: colisão de veículos em cruzamento. São Paulo, *RT, 662*:233.

MELO, Diogo Leonardo Machado de. *Comentários ao Código Civil:* direito privado contemporâneo. Obra coletiva sob a coordenação de Giovanni Ettore Nanni. São Paulo: Saraiva, 2019.

MELO, Nehemias Domingos de. *Da culpa e do risco como fundamentos da responsabilidade civil*. São Paulo: Juarez de Oliveira, 2005.

MESSINEO, Francesco. *Manuale di diritto civile e commerciale*. Milano: A. Giuffrè, 1958.

MIRAGEM, Bruno. *Direito civil:* responsabilidade civil. São Paulo: Saraiva, 2015.

MILARÉ, Edis. Meio ambiente: elementos integrantes e conceito. São Paulo: *RT, 623*:32.

MIRANDA, Darcy Arruda. *Comentários à Lei de Imprensa*. São Paulo: Revista dos Tribunais, 1969; 3. ed. 1995.

MIRRA, Álvaro Luiz Valery. A coisa julgada nas ações para tutela de interesses difusos. São Paulo, *RT, 631*:79.

MONTENEGRO, Antonio Lindbergh C. *Responsabilidade civil*. Rio de Janeiro: Anaconda Cultural, 1985.

MORAES, Alexandre de. *Direito constitucional*. 6. ed. São Paulo: Atlas, 1999.

MORAES, Walter. Direito à própria imagem. São Paulo, *RT, 44*:11.

MOREIRA, José Carlos Barbosa. *Direito aplicado – Acórdãos e votos*. Rio de Janeiro: Forense, 1987.

MUKAI, Toshio. *Responsabilidade solidária da Administração por danos ao meio ambiente*. Conferência pronunciada no II Simpósio Estadual de Direito Ambiental. Curitiba, 1987.

MUKAI, Toshio. *Direito ambiental sistematizado*. Rio de Janeiro: Forense Universitária, 1988.

NACARATO NAZO, Georgette. *Da responsabilidade civil no pré-contrato de casamento*. São Paulo: Bushatsky, 1976.

NALINI, José Renato. A responsabilidade civil do notário. *RJTJSP, 130*:19.

NALINI, José Renato. *Registro de Imóveis e Notas:* responsabilidade civil e disciplinar. São Paulo: Revista dos Tribunais, 1997.

NATIVIDADE, Adalberto Moraes. *Trânsito para condutores e pedestres*. Publicação do DER, set. 1971.

NEGRÃO, Theotonio. *Código de Processo Civil e legislação processual em vigor*. 18. ed. São Paulo: Revista dos Tribunais.

NERY JUNIOR, Nelson. Responsabilidade civil por dano ecológico e a ação civil pública. *Justitia, 126*:175.

NERY JUNIOR, Nelson. *Código de Processo Civil comentado*. 3. ed. São Paulo: Revista dos Tribunais, 1997.

NERY JUNIOR, Nelson. Aspectos da responsabilidade civil do fornecedor no Código de Defesa do Consumidor. *Revista do Advogado*, *33*:76.

OLIVEIRA, Sebastião Geraldo de. *Indenizações por acidente do trabalho ou doença ocupacional*. 2. ed. São Paulo: LTr, 2006.

ORGAZ, Alfredo. *El daño resarcible*. Buenos Aires: Bibliográfica Argentina, 1952.

PACHECO, José da Silva. A nova Constituição e o problema da responsabilidade civil das pessoas jurídicas de direito público e privado prestadoras de serviço público. São Paulo, *RT*, *635*:103.

PAES, Paulo Roberto Tavares. *Leasing*. São Paulo: Revista dos Tribunais, 1977.

PAIVA, Alfredo de Almeida. *Aspectos do contrato de empreitada*. Rio de Janeiro: Forense. 1955.

PAMPLONA FILHO, Rodolfo. Responsabilidade civil nas relações de trabalho e o novo Código Civil brasileiro. São Paulo, *LTr*, v. 67, maio 2003.

PANASCO, Wanderby Lacerda. *A responsabilidade civil, penal e ética dos médicos*. Rio de Janeiro: Forense. 1979.

PASSOS, J. J. Calmon de. *Comentários ao Código de Processo Civil*. Rio de Janeiro: Forense.

PEREIRA, Sérgio Gischkow. O direito de família e o novo Código Civil: alguns aspectos polêmicos ou inovadores. São Paulo, *RT*, *823*:97.

PIÉRARD, Jean-Paul. Responsabilité civile, énergie atomique et droit comparé. *Revue internationale de droit comparé*, Année 1963.

PINHEIRO, Geraldo de Faria Lemos. *Anotações à legislação nacional de trânsito*. 2. ed.

PINHEIRO, Geraldo de Faria Lemos. *Doutrina, legislação e jurisprudência do trânsito*. 2. ed. São Paulo: Saraiva, 1987.

PINHEIRO FRANCO, Antonio Celso. A fixação da indenização por dolo processual. *JTACSP*, São Paulo, Revista dos Tribunais, *99*:9.

PINTO DE CARVALHO, Luiz Camargo. Observações em torno da responsabilidade civil no transporte aéreo. *Revista do Advogado*, AASP, n. 46.

PONTES DE MIRANDA, Francisco Cavalcanti. *Tratado de direito privado*. Rio de Janeiro: Borsoi. v. 26 e 54.

PONTES DE MIRANDA, Francisco Cavalcanti. *Comentários ao Código de Processo Civil*. Rio de Janeiro: Forense, 1974.

PORTO, Mário Moacyr. *Ação de responsabilidade civil e outros estudos*. São Paulo: Revista dos Tribunais, 1966.

PORTO, Mário Moacyr. *Temas de responsabilidade civil*. São Paulo: Revista dos Tribunais, 1989.

PORTO, Mário Moacyr. Responsabilidade civil do construtor. São Paulo, *RT*, *623*:7.

PORTO, Mário Moacyr. Responsabilidade do Estado pelos atos de seus juízes. São Paulo, *RT*, *563*:14.

POTHIER. *Traité des obligations*. Vanlinhout & Vandenzande, 1828.

QUEIROZ, José Wilson Nogueira de. *Arrendamento mercantil ("leasing")*. 2. ed. Rio de Janeiro: Forense, 1983.

REALE, Miguel. Diretrizes gerais sobre o Projeto de Código Civil. In: *Estudos de filosofia e ciência do direito*. São Paulo: Saraiva, 1978.

REIS, Clayton. A responsabilidade civil do notário e do registrador. São Paulo, *RT*, *703*:19.

RIPERT, Georges. *La règle morale dans les obligations civiles*. Paris: LGDJ, 1935.

RIZZARDO, Arnaldo. *A reparação nos acidentes de trânsito*. 8. ed. São Paulo: Revista dos Tribunais, 1998.

RIZZATTO NUNES, Luiz Antonio. *Comentários ao Código do Consumidor*. São Paulo: Saraiva, 2000.

ROCHA, João Coelho da. O dano moral e a culpa contratual. *Adcoas – informações jurídicas e empresariais*. São Paulo: Esplanada, 1998.

RODOTÀ, Steffano. *Il problema della responsabilità civile*, 1967, Adcoas, n. 1.015.158, Rio de Janeiro, 1999.

RODRIGUES, Dirceu A. Victor. *O Código Civil perante os tribunais*. São Paulo: Revista dos Tribunais, 1960.

RODRIGUES, Francisco Cesar Pinheiro. Indenização na litigância de má-fé. São Paulo, *RT*, 584:9.

RODRIGUES, Silvio. *Direito civil*. São Paulo: Saraiva, 1975. v. 4.

RUGGIERO, Roberto. *Instituições de direito civil*. Trad. Ary dos Santos. 3. ed. São Paulo.

SANCHES, Eduardo Walmory. *Responsabilidade civil das academias de ginástica e do "personal trainer"*. São Paulo: Juarez de Oliveira, 2006.

SANCHES, Sydney. *Denunciação da lide*. São Paulo: Revista dos Tribunais, 1984.

SANTOS, Antônio Jeová. *Dano moral indenizável*. São Paulo: Lejus, 1997.

SANTOS, Antônio Jeová. *Dano moral na Internet*. São Paulo: Método, 2001.

SANTOS, Ernane Fidélis. *Manual de direito processual civil*. 12. ed. São Paulo: Saraiva, 2007. v. 1.

SANTOS, Moacyr Amaral. *Comentários ao Código de Processo Civil*. Rio de Janeiro: Forense, 1976. v. 4.

SAVATIER, René. *Traité de la responsabilité civile en droit français*. Paris: LGDJ, 1951.

SAVI, Sérgio. *Responsabilidade civil por perda de uma chance*. São Paulo: Atlas, 2006.

SAVIGNY, F. C. de. *Le droit des obligations*. Trad. Gerardini et Jozon. Paris: A. Durand & Pedone Lauriel, 1873.

SCHREIBER, Anderson. Direito ao esquecimento. In: *Direito civil:* diálogos entre a doutrina e a jurisprudência, obra coletiva. São Paulo: GEN/Atlas, 2018.

SEABRA FAGUNDES, Miguel. O direito administrativo na futura Constituição. *Revista de Direito Administrativo*. v. 168.

SEBASTIÃO, Jurandir. *Responsabilidade médica*: civil, criminal e ética. 3. ed. Belo Horizonte: Del Rey, 2003.

SENTO SÉ, João. *Responsabilidade civil do Estado por atos judiciais*. São Paulo: J. Bushatsky, 1976.

SERPA LOPES, Miguel Maria de. *Curso de direito civil*. Rio de Janeiro: Freitas Bastos, 1971.

SILVA, José Afonso da. *Curso de direito constitucional positivo*. 5. ed. São Paulo: Revista dos Tribunais, 1989.

SILVA, Regina Beatriz Tavares da. *Reparação civil na separação e no divórcio*. São Paulo: Saraiva, 1999.

SILVA, Wilson Melo da. *Responsabilidade sem culpa e socialização do risco*. Belo Horizonte: Bernardo Álvares, 1962.

SILVA, Wilson Melo da. *Da responsabilidade civil automobilística.* São Paulo: Saraiva, 1980.
SILVA PEREIRA, Caio Mário da. *Instituições de direito civil.* Rio de Janeiro: Forense, 1961.
SILVA PEREIRA, Caio Mário da. *Responsabilidade civil.* 2. ed. Rio de Janeiro: Forense, 1990.
SILVEIRA, Alípio. *A boa-fé no Código Civil: doutrina e jurisprudência.* São Paulo: ed. Universitaria de Direito, 1972.
SOURDAT, M. A. *Traité général de la responsabilité civile.* 6. ed. Paris, 1911.
SOUSA, Álvaro Couri Antunes. *Overbooking:* responsabilidade civil do transportador aéreo à luz do Código de Defesa do Consumidor. São Paulo, *RT, 775:*65.
SOUZA, José Guilherme de. A responsabilidade civil do Estado pelo exercício da atividade judiciária. São Paulo, *RT, 652:*29.
STOCO, Rui. *Responsabilidade civil.* 4. ed. São Paulo: Revista dos Tribunais, 1999.
STOCO, Rui. *Tratado de responsabilidade civil.* 6. ed. São Paulo: Revista dos Tribunais, 2004; e 8. ed. 2011.
STOCO, Rui. Tutela antecipada nas ações de reparação de danos. *Incijur,* Joinville/SC, nov. 1999, p. 4.
TARTUCE, Flávio. *Direito civil.* São Paulo: GEN /Forense, 2017.
TARTUCE, Flávio. O tratamento da responsabilidade objetiva no Código Civil e suas repercussões na atualidade, in *Direito civil:* diálogos entre a doutrina e a jurisprudência, obra coletiva. São Paulo: GEN/Atlas, 2018.
TARTUCE, Flávio. *Manual de responsabilidade civil.* São Paulo: Forense/Método, 2018.
THEODORO JÚNIOR, Humberto. *Processo de execução.* 11. ed. São Paulo: LEUD.
TORNAGHI, Hélio. *Comentários ao Código de Processo Civil.* São Paulo: Revista dos Tribunais. v. 1.
TOURINHO FILHO, Fernando da Costa. *Processo penal.* 5. ed. Bauru: Jalovi, 1979.
TOURNEAU, P. L. *La responsabilité civile.* Paris: Dalloz, 1976.
TRIMARCHI, P. *Rischio e responsabilità oggettiva.* Milano: A. Giuffrè, 1961.
VALLER, Wladimir. *Responsabilidade civil e criminal nos acidentes automobilísticos.* Campinas, Julex Livros, 1981, v. 1.
VARELA, Antunes. *Das obrigações em geral.* 4. ed. Coimbra.
VARELA, Antunes. *A responsabilidade no direito.* São Paulo: Instituto dos Advogados de São Paulo, 1982.
VENTURINI, Beatriz. *El daño moral.* 2. ed. Montevideo: Fundación de Cultura Universitaria, 1992.
VICENTE DE AZEVEDO, Vicente de Paula. *Crime – dano – reparação.* São Paulo: Revista dos Tribunais, 1934.
WAINER, Ann Helen. Responsabilidade civil do construtor. São Paulo, *RT, 643:*232.
WALD, Arnoldo. *Obrigações e contratos.* 5. ed. São Paulo: Revista dos Tribunais, 1979.
WALD, Arnoldo. A introdução do "leasing" no Brasil. São Paulo, *RT, 415:*9.
WALD, Arnoldo. A responsabilidade contratual dos banqueiros. São Paulo, *RT, 582:*263.
WILLEMAN, Flávio de Araújo. *Responsabilidade civil das agências reguladoras.* Rio de Janeiro: Lumen Juris, 2005.

YARSHELL, Flávio Luiz. Dano moral: tutela preventiva (ou inibitória), sancionatória e específica. São Paulo, *Revista do Advogado*, n. 49.

ZANNONI, Eduardo. *El daño en la responsabilidad civil*. Buenos Aires: Astrea, 1982.

ZULIANI, Ênio Santarelli. Responsabilidade civil do advogado. *Seleções Jurídicas*, Rio de Janeiro, COAD, out./nov. 2002.